2014

北京市社会科学基金项目
阶段成果选编

[上]

北京市哲学社会科学规划办公室 编

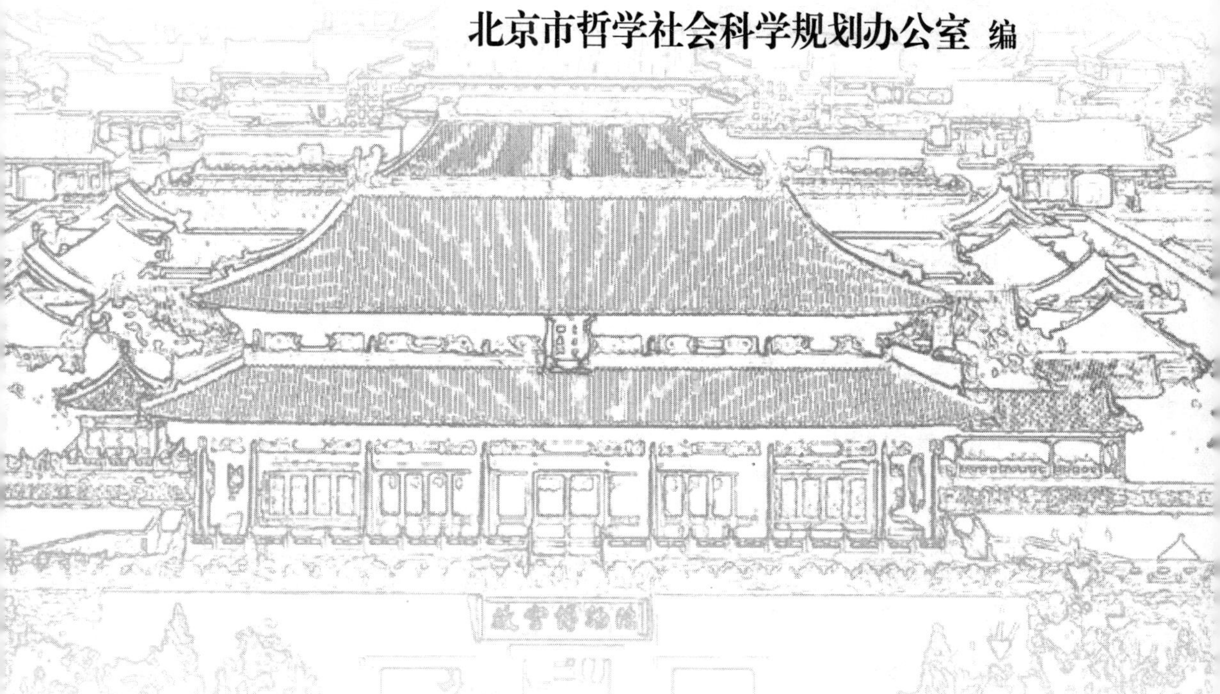

首都师范大学出版社
CAPITAL NORMAL UNIVERSITY PRESS

图书在版编目(CIP)数据

2014 北京市社会科学基金项目阶段成果选编 / 北京市哲学社会科学规划办公室编．—北京：首都师范大学出版社，2015.12

ISBN 978-7-5656-2649-4

Ⅰ．①2… Ⅱ．①北… Ⅲ．①社会科学－科技成果－汇编－北京市 Ⅳ．①C121

中国版本图书馆 CIP 数据核字(2015)第 290087 号

2014 BEIJINGSHI SHEHUI KEXUE JIJIN XIANGMU JIEDUAN CHENGGUO XUANBIAN

2014 北京市社会科学基金项目阶段成果选编

北京市哲学社会科学规划办公室　编

项目统筹　马　岩
责任编辑　欧家作
首都师范大学出版社出版发行
地　址　北京西三环北路 105 号
邮　编　100048
电　话　68418523(总编室)　68982468(发行部)
网　址　www.cnupn.com.cn
印　刷　北京东运印刷有限公司
经　销　全国新华书店
版　次　2016 年 1 月第 1 版
印　次　2016 年 1 月第 1 次印刷
开　本　787mm×1092mm　1/16
印　张　48.5
字　数　914 千
定　价　100.00 元（全二册）

目 录

哲学·科社·党建学科

经济·管理学科

法学学科

教育学学科

社会学学科

语言·文学·艺术学科

历史学学科

综合学科

城市学学科

哲学·科社·党建学科

ZHEXUE·KESHE·DANGJIANXUEKE

项目名称：马克思主义人的发展理论当代形态研究
项目编号：11ZXA020
项目负责人：陈新夏
项目信誉保证单位：首都师范大学

科学技术社会效应的人学反思

科学技术是一柄双刃剑，在极大地促进社会进步并造福人类的同时，也带来一些危及人类生存发展的问题。科学技术的社会效应本质上是就人的生存发展而言的，从人学特别是人的发展视角反思科学技术的双重社会效应，趋其利而避其害，对于在社会现代化进程中更加合理地运用科学技术以推进人的发展，具有重要的意义。

一

在当代，随着高新技术广泛、深入地介入人们的生产和生活，科学技术的负面社会效应也愈趋明显。从对人生存发展的影响看，科学技术的负面效应突出表现在以下几个方面：

一是人在生产中受到技术的控制，成了机器的组成部分甚至附属物。

在现代，随着技术的力量日趋强大，出现了人与技术的异化，人的创造物成了他的主人。“技术似乎经常是作为一种相对独立的自主力量在起作用，比操纵它的人类还有力量。”①“技术变成有自主权的了……技术一步步控制着文明的一切因素……人类自己也被技术击败，而成为它的附庸。”②随着技术的发展，工具变成了自组织系统，有自己的运行方式和节奏，人则成了机器的附属物、机器的配件，随着机器的运转而动作。在这种“人—机”系统中，作为客体的技术装置成了主体，控制人，作为主体的人则成了机器的部件，在生产过程中被客体化，成了附属于机器并被动地围绕机器转动的部件。人与机器等技术装置地位的转换，显然是一种主客体关系的颠倒，技术装置在生产中对人的控制，直接导致人的能力及其活动的片面化。在被技术装置控制

① [美]巴里·康芒纳：《封闭的循环——自然·人和技术》，侯文蕙译，长春：吉林人民出版社，1997年，第142页。

② [美]巴里·康芒纳：《封闭的循环——自然·人和技术》，侯文蕙译，长春：吉林人民出版社，1997年，第142—143页。

的同时，人只能作为机器的配角从事某一种或某一个环节的工作，被片面化为单向度的人。人可以被机器置换，并且，离开了机器这一“主体”，人便一无所是，一无所能。

机器大工业特别是信息技术的运用放大了人的能力，也使人产生错觉，似乎机器设备成了有生命的自组织系统，一方面，机器似乎有了独立于人的需要和运行轨道；另一方面，科技的力量增强，使其超越了人的控制而在一定程度上成为控制人的力量。与之相联系，技术成为权威或权威的根据，被抬举到近乎宗教的地位，异化为人们顶礼膜拜的对象。正如海德格尔所说：“在此在的一切领域中，为技术设备和自动装置所迫，人的位置越来越狭窄。以任何一种形态出现的技术设备装置每时每地都在给人施加压力，种种强力束缚、困扰着人们——这些力量早就超过人的意志和决断能力，因为它们并非由人作成的。”[①]又如弗洛姆所言：“工业社会蔑视自然界和一切非机器生产的东西以及那些不能生产机器的人们。今天，使人着迷的是机械性的东西、巨大的机器、无生命的东西，人甚至越来越迷恋毁灭力。”[②]

二是人在生活中形成对技术的依赖和崇拜。

在当代，科技已渗入社会生活的几乎所有方面，给我们生活带来的便利实在太大，对我们的生存介入实在太深，已经成为现代人生存方式的内在因素，以至于人们对科技的依赖已达到积重难返、不可逆转的境地，逐渐沉溺于其中难以自拔。人对技术的依赖不仅体现在生理机能上，更表现在心理上，并且技术越是先进，这种依赖性就越强。在当代，对技术的依赖已深深地渗透人们的生活世界和心理世界，技术已不仅是人生存的外在条件，而且成了人生活的内在因素，人们对技术的依赖如此强大，以至于不仅离开了技术不知道如何生存，甚至根本就不能想象如何去生存。从一定意义上说，对技术的依赖已成为商品拜物教、金钱崇拜之外的又一种“物的依赖性”。

三是科学技术的不当使用威胁着人类的生存。

弗洛姆曾指出：“技术的进步不仅威胁着生态平衡，而且也带来了爆发核战争的危险，不论是前种危险还是后种危险或两者一起，都会毁灭整个人类文明，甚至地球上所有的生命。”[③]这虽然是一个个案，但既非危言耸听，更非绝无仅有。科技的不当利用，例如运用于战争，将放大人类的破坏能力，甚至毁灭人类。即如斯塔夫里阿诺斯所说：“科学家警告我们，现代核武器以

① 孙周兴选编：《海德格尔选集》(下)，上海：上海三联书店，1996 年，第 1237 页。

② [美]弗罗姆：《占有还是生存》，关山译，北京：生活·读书·新知三联书店，1989 年，第 10 页。

③ [美]弗罗姆：《占有还是生存》，关山译，北京：生活·读书·新知三联书店，1989 年，第 4 页。

核冬天即人类自取灭亡的危险威胁着人类。然而，所有的国家都在继续准备自己，继续备战，仿佛我们不是在用氢弹、太空武器和毒气，而是在用长矛和弓箭打仗一样。”①

四是对科技的过分依赖使人的肌体及功能退化。

达尔文的进化论早已证明，人的生理器官及其机能的变化规则是“用进废退”。当代科技在许多方面代替了人的生理功能，最典型的如以车代步等。现代科技在替代人的某些机能而改善人的生活质量、方便人的活动的同时，也导致了人的一些生理器官和机能的退化或阻碍了其继续进化。弗洛姆曾在生物学的意义上分析过人的软弱性：“人和动物存在上的首要区别是一个消极的因素：人在适应周围环境的过程中，相对来说，缺乏调节的本能。而动物适应环境的方式却始终如一；……动物能通过主动地改变自身而使自己适应变化着的环境；……人是所有动物中最无能的，但这种生物学意义上的软弱性正是人之力量的基础，也是人所独有的特性之发展的基本原因。”②这里人与动物比较的本意在于说明人生存上的优越性，但却显示了人在自然生存能力上逊于动物之处及其原因。通过运用技术而最有生存能力的人，实际上正是在生理上最无能(就适应自然能力而言)的人。科学技术在给予人巨大能力和舒适生活的同时，也将人置于了高度的风险之中，因为一旦外部环境发生超出技术控制范围或能力的变化，或者人在一定情形下失去了外部条件的支持，人类似将面临严重生存的危机。离开了技术力量的支撑，人类势将成为所有高等动物中最弱势的种类。

五是新技术的发展使传统伦理面临新的挑战。

前面谈到，一些高新技术的使用，涉及对包括人在内的生物的重新设计，实质是对生命性质和发展过程的内在干预，这种内在干预将改变生物(乃至人)原有的生存状态和秩序，其可能的负面影响虽然迄今尚难以预测，但可以肯定的是，不仅会给人的生理或自然生存带来潜在的危机，也对传统的社会伦理提出了挑战。其中最显著的表现，是生命科学领域一系列高新技术给传统伦理带来的新问题和新困惑。例如基因工程和克隆技术等的不当使用(如克隆人)，将彻底颠覆传统的伦理关系和观念，给人们之间的人伦关系造成极大的混乱。这些新问题和新困惑，迫切地要求我们重建相应的价值文化和伦理规范。

---

① [美]斯塔夫里阿诺斯：《全球通史——1500年以前的世界》，吴象婴、梁赤民译，上海：上海社会科学院出版社，1999年，第3页。

② [美]弗洛姆：《为自己的人》，孙依依译，北京：生活·读书·新知三联书店，1988年，第55页。

二

科学技术的负面效应首先出现于西方，二战以后，随着科技的迅速进步及其负面效应的凸显，一些科学家和学者开始了深刻而系统的反思，他们认识到，科技是一柄双刃剑，既隐藏着一些新的机会，也隐藏着一些新的危险。他们揭示了科技产生负面效应的主要原因：

一是人们对科学技术的不当运用。正如许多有识之士所指出的，科技的价值不取决于其自身，而取决于人们对它的运用。巴伯曾正确地定位了科学和价值各自的社会功能，指出："作为一个整体的社会是建立在一系列道德价值之上的，而科学总是在这些价值的范围之内发挥作用。这些社会价值提出某些非经验的问题，即意义、邪恶、正义和拯救的问题，只关心经验问题的科学是不能对这些问题给出答案的。"①"科学的社会后果是不可避免的，因为科学在我们的社会中具有独特的强有力地位，所以它将不断地与社会的其他部分互动，既对于良好的事情也对于糟糕的事情。……我们已经看到，这个问题是一个'社会问题'，一种社会安排和社会价值的问题。"②"科学的社会后果是社会和政治的问题，它们只能通过社会和政治的过程加以控制。"③这些论述指明，科技本身主要是手段性的，科技的社会效应取决于人们对它的运用。

二是人们对科学技术负面效应的认识具有滞后性。科技自身具有双刃剑的特性，然而问题在于，"我们不可能在总体上，特别是在长期预言某种科学发现将具有何种特殊的社会后果"④，DDT 杀虫剂大规模运用给生态环境带来的毁灭性灾难就是典型的一例。蕾切尔·卡逊在《寂静的春天》中写道："这些喷雾器、药粉和喷洒药水现在几乎已普遍地被农场、果园、森林和家庭所采用，这些没有选择性的化学药品具有杀死每一种'好的'或'坏的'昆虫的力量，它们使得鸟儿的歌唱和鱼儿在河水里的欢跃静息下来，使树叶披上一层致命的薄膜，并长期滞留在土壤里——造成这一切的本来的目的可能仅仅是为了少数杂草和昆虫。"⑤"自从 DDT 可以被公众应用以来，随着更多的有毒物质的不断发明，一种不断升级的过程就开始了。……而所有的生命在这场强大的

---

① ［美］巴伯：《科学与社会秩序》，顾昕等译，北京：生活·读书·新知三联书店，1991 年，第 265 页。

② ［美］巴伯：《科学与社会秩序》，顾昕等译，北京：生活·读书·新知三联书店，1991 年，第 268 页。

③ ［美］巴伯：《科学与社会秩序》，顾昕等译，北京：生活·读书·新知三联书店，1991 年，第 269 页。

④ ［美］巴伯：《科学与社会秩序》，顾昕等译，北京：生活·读书·新知三联书店，1991 年，第 268 页。

⑤ ［美］蕾切尔·卡逊：《寂静的春天》，吕瑞兰、李长生译，长春：吉林人民出版社，1997 年，第 6 页。

交叉火力中都被射中。"[①]这种导致"寂静的春天"的灾难性后果显然是发明和使用DDT杀虫剂的人们所始料未及的。由于不能正确预见和驾驭其结果，人们手中的科技往往会成为无法收拾的"潘多拉的盒子"，给自然从而给人自身带来难以弥补的损害甚至毁灭性的灾难。

西方学者在上述反思的基础上，还进一步分析了科学技术负面效应对人生存发展的影响。

一是揭示了技术对人的异化。在对科技负面效应的反思中，一些人提出了"技术异化"问题，认为"技术异化"突出表现为科技超出人的控制，成为一种异己的、危害人类的敌对力量，即表现为人由掌握、控制科技的主人变为被科技控制的工具，其结果是它的使用在给人类带来利益的同时也带来了灾难。他们认为在当代，科技与人的异化已成为普遍的现象，而且异化的内涵大大超出了马克思当年的理解，一些人还将"技术异化"现象比喻为人成了技术的"奴隶"，形象地反映了技术与人的异化关系。

面对"技术异化"问题，西方学者展开了多向度的反思。胡塞尔认为，19世纪下半叶以来，科学的危机日趋加深，这并非科学自身的危机，而是科学发展及其社会效应造成了人的生存危机，科学张扬了工具理性，却遮蔽了人生存的意义。"在十九世纪后半叶，现代人让自己的整个世界观受实证科学支配，并迷惑于实证科学所造就的'繁荣'。这种独特现象意味着，现代人漫不经心地抹去了那些对于真正的人来说至关重要的问题。只见事实的科学造成了只见事实的人。……实证科学正是在原则上排斥了一个在我们的不幸的时代中，人面对命运攸关的根本变革所必须立即作出回答的问题：探问整个人生有无意义。"[②]海德格尔揭示了技术对人的负面影响，他指出："人就走到了悬崖的最边缘，也即走到了那个地方，在那里人本身只还被看作持存物。但正是受到如此威胁的人膨胀开来，神气活现地成为地球的主人的角色了。由此，便有一种印象蔓延开来，好像周遭一切事物的存在都只是由于它们是人的制作品。这种印象导致一种最后的惑人的假象。以此假象看，仿佛人所到之处，所照面的只还是自身而已。……但实际上，今天人类恰恰无论在哪里都不再碰到自身，亦即他的本质。"[③]一句话，现代科学的生存方式将使人类失去自己的本质，陷入难以自拔的生存危机之中。此外，马尔库塞对机械控制人的分析，弗洛姆对于人将成为机器附庸的警示，以及生态主义者对科技给自然带来的危机的分析等，也是这类反思的代表。

---

① [美]蕾切尔·卡逊：《寂静的春天》，吕瑞兰、李长生译，长春：吉林人民出版社，1997年，第6—7页。

② [德]胡塞尔：《欧洲科学危机和超验现象学》，张庆熊译，上海：上海译文出版社，1988年，第6页。

③ 孙周兴选编：《海德格尔选集》(下)，上海：上海三联书店，1996年，第945页。

二是指出了工具理性对价值理性的排斥。在对于科技负面效应的反思中，一些人对科技至上导致的“工具理性”的过渡膨胀展开了批评，认为科学技术的负面效应与工具理性的过度张扬相关，工具理性对价值理性的排斥是现代科学危机的症结之一。韦伯较早地注意到工业社会中工具理性张扬的倾向；胡塞尔认为仅仅有工具理性不够，还必须有价值理性和实践理性；霍克海默和阿多尔诺认为，工具理性本质上关心的是实现目的的手段，却很少关心目的本身是否合理；马尔库塞认为，在资本主义社会由于技术理性的过度张扬，将人变成了仅仅追求效率和效益的经济动物，技术的发展压制了个人的本性和自由。

丹尼尔·贝尔曾对于工具理性的制度性张扬做过生动的描述：“工业社会是围绕生产和机器这个轴心并为了制造商品而组织起来的。”[①]“工业社会，由于生产商品，它的主要任务是对付制作的世界。这个世界变得技术化、理性化了。机器主宰着一切，生活的节奏由机器来调节。……这是一个组织的世界——等级和官僚体制的世界——人的待遇跟物件没有什么不同。”[②]“在现代社会里，它的轴心原则是功能理性。”[③]“经济体系有自己的测量尺度，即实际效用。……这一体系本身是具体化的世界，其中只见角色，不见人。他在组织图表上突出的是科层关系与功能作用。其中，权威经过职位传递，而不经人遗传。社会交换(必须相互吻合的工作)只在角色之间进行。人因而变成了物件或‘东西’。”[④]对工具理性的信赖以至信仰，已经成为当代社会的普遍现象。

基于以上认识，西方一些有识之士指出，必须随着科技的进步对其自发倾向和社会运用必须做出适时的调节和规制。他们认为，这种调节和规制包括两个方面：其一是，使科技对自然的影响尽可能有利于自然的持续发展，或者最大限度地降低科技对自然的危害。尤其应当注意的是，由于现代技术极大地提高了人变革自然的能力，因而对可能深度影响自然性质以及改变自然物运行方式的各种新技术的运用，必须慎之又慎。其二是，基于科技的双重效应，必须对科技的运用进行价值规范。所谓价值规范，就是以人类的整体利益、普遍价值和普世理性规范和约束特定利益群体因自身利益追求而对

① [美]丹尼尔·贝尔：《后工业社会的来临》，高铦、王宏周等译，北京：商务印书馆，1984年，第2页。

② [美]丹尼尔·贝尔：《资本主义文化矛盾》，赵一凡等译，北京：生活·读书·新知三联书店，1989年，第198页。

③ [美]丹尼尔·贝尔：《资本主义文化矛盾》，赵一凡等译，北京：生活·读书·新知三联书店，1989年，第57页。

④ [美]丹尼尔·贝尔：《资本主义文化矛盾》，赵一凡等译，北京：生活·读书·新知三联书店，1989年，第57页。

科技的滥用，使科技的使用适应并有利于自然从而有利于人类的持续发展。

三

随着社会现代化进程的深入，在我国也面临着反思从而应对科技负面效应的问题。

反思科技的负面效应应当借鉴西方的理论，又要从我国的国情出发，特别是从推进我国人的发展的根本要求出发，对科学技术的社会效应进行人学的反思。从人的发展要求看，我国正面临着加速实现现代化从而发展科学技术的任务这一特殊背景，因而对科技的负面效应的反思应当特别注重全面性，即在充分肯定科技正面效应的前提下反思其负面效应。对此，可以从马克思的相关论述中得到启示。

早在19世纪，马克思就从人的发展视角对科学技术的双重效应做出了辩证的分析。一方面，他十分重视科学技术对于社会进步和人的解放的作用，正如恩格斯所指出的："在马克思看来，科学是一种在历史上起推动作用的、革命的力量。任何一门理论科学中的每一个新发现——它的实际应用也许根本无法预见——都使马克思感到衷心喜悦，而当他看到那种对工业、对一般历史发展立即产生革命性影响的发现的时候，他的喜悦就非同寻常了。"[①]另一方面，他又深刻地揭示了技术发展对人的负面影响，认为"技术的胜利，似乎是以道德的败坏为代价换来的。随着人类愈益控制自然，个人却似乎愈益成为别人的奴隶或自身的卑劣行为的奴隶。甚至科学的纯洁光辉仿佛也只能在愚昧无知的黑暗背景上闪耀。我们的一切发现和进步，似乎结果是使物质力量成为有智慧的生命，而人的生命则化为愚钝的物质力量。现代工业和科学为一方与现代贫困和衰颓为另一方的这种对抗，我们时代的生产力与社会关系之间的这种对抗，是显而易见的、不可避免的和无庸争辩的事实"[②]。

尤其难能可贵的是，马克思在洞察到科技负面效应的同时，又深刻地指明了其对于人的发展的必要性和历史必然性，认为"自然科学却通过工业日益在实践上进入人的生活，改造人的生活，并为人的解放作准备，尽管它不得不直接地使非人化充分发展"[③]。"直接地使非人化充分发展"一说既揭示了科技可能直接地使人"非人化"的效应，又肯定了这种"非人化充分发展"根本上是人的解放的条件，亦即指出了"非人化"在一定阶段上的必然性和必要性。这一论述显然是非常辩证而深刻的，对于在当代理解科学技术的双重效应，无疑颇具启示意义。

---

① 《马克思恩格斯选集》第3卷，北京：人民出版社，1995年，第777页。

② 《马克思恩格斯选集》第1卷，北京：人民出版社，1995年，第775页。

③ 马克思：《1844年经济学哲学手稿》，北京：人民出版社，2000年，第89页。

从人的发展的视角看，科技的社会效应首先并主要是正面的。众所周知，人类不辞辛苦、殚精竭虑地发展科学技术、进行发明创造，是为了增强自己改造自然的力量，使自然朝着有利于人生存发展的方向变化，是为了使自己生活得更加舒适和便捷。近代以来，科技的发展和使用前所未有地提高了人应对和改造自然的本领，提升了人类生存的能力，为人们创造了更多的财富，显著地提升了人们生活的品质，给人们带来了更为舒适、方便、精致的生活。在当代，科学技术已经成为第一生产力，成为造福人类最重要的手段。毫不夸张地说，离开了科技的支撑，人类不仅不能发展，甚至也不能生存。

从人的发展的视角看，虽然科技发展和运用之效果总体上有利于人的生存发展，但在一些情况下，又会与人们的初始动机相背离而出现负面效应，因而必须对其进行反思。爱因斯坦曾谆谆告诫加州理工学院的学生："如果你们想使你们一生的工作有益于人类，那末，你们只懂得应用科技本身是不够的。关心人的本身，应当始终成为一切技术上奋斗的主要目标。"[①]这一告诫提醒我们，科技具有双重效应，因而必须关注科技对于人的影响，使科学技术与人的生存发展相适应；这一告诫启示我们，科技的负面效应是可以防范或缓解的，因为科技异化为某种独立于甚至凌驾于人和社会的力量显然是不正常的，也就是说，负面效应并非科技发展和运用的宿命，本质上是人们对科技的不当使用所致——深层次原因是人们价值和认识方面的局限性，特别是他们价值定位和价值取向的失当所致。这一告诫还提示我们，对科学技术进行反思之根本尺度，是是否有益于人的生存和发展。

以人的发展为尺度，反思科技的负面效应必须遵循趋利避害的原则。海德格尔曾就此提出了颇具启示性的看法。他认为，反对技术崇拜并不能简单地等同于反对技术，而是要揭示技术的本性，从而让技术作为技术存在。为此，他提出了外在地对待技术的态度，即在手段层面利用技术，同时又不为其所奴役。他指出："盲目抵制技术世界是愚蠢的。欲将技术世界诅咒为魔鬼是缺少远见的。我们不得不依赖于种种技术对象：他们甚至促使我们做出精益求精的改进。而不知不觉地，我们竟如此牢固地嵌入了技术对象，以至于我们为技术对象所奴役了。但我们也能另有作为。我们可以利用技术对象，却在所有切合实际的利用的同时，保留自身独立于技术对象的位置，我们时刻可以摆脱他们。我们可以在使用中这样对待技术对象，就像它们必须被如此对待那样。我们同时也可以让这些对象栖息于自身，作为某种无关乎我们的内心和本真的东西。"[②]这一论述，昭示着一种正确选择的可能：合理地运用技术。

① 《爱因斯坦文集》第三卷，北京：商务印书馆，1979年，第73页。

② 孙周兴选编：《海德格尔选集》(下)，上海：上海三联书店，1996年，第1239页。

正如辩证法启示我们的，发展中出现的问题要靠新的更高层次的发展来解决。解铃还须系铃人。如果说科技的不当运用加速和加深了对自然和人的损害，那么同样的道理，科技的恰当运用必将修复和缓解其对自然和人的损害。从长远的观点看，经济、社会和人的发展根本上取决于科技的进步。由于科技的社会效应首先并主要是有利于人的生存和发展，由于修复和缓解科技的负面效应很大程度上要靠科技的发展和正当运用，因而限制或消除科技的负面作用，绝不等于限制甚至摒弃科技，而是要前瞻性地分析预测其可能的双重性，趋利避害地采取应对措施。我们固然不应重蹈西方科技发展与人的发展相分离、相异化即工具理性遮蔽价值理性的覆辙，但也不应矫枉过正，由反思科技的负面性而走向反科学的另一极端。

进而言之，对工具理性的反思同样应从人的发展要求出发。应当看到，工具理性的张扬对社会进步和人的发展首先具有正面的意义。近代以来的历史表明，人类生存方式之优越，就在于具有工具理性及依据工具理性所创造的科学技术、制度和规则。渗透着理性的科技、制度和规则的运用，既放大了人的体力和智力，提升了活动的效率和效益，改善了生产条件、降低了劳动的强度并缩短必要劳动时间，从劳动中解放了人，又创造出了更多更好的物质和精神财富，极大地提升了人们的生活质量，使人们享受到更为便利、舒适和更有乐趣的生活。正是由于工具理性显而易见的巨大威力，当代人类才凭借其创造了以往所不能望其项背的物质文明、精神文明和制度文明，并即将在未来创造新型的生态文明。为此，反思理性并非去理性化，并非反对工具理性，而是更加合理地运用工具理性，使其与价值理性相适应，充分发挥工具理性的优势而不为其负面效应所困扰。

（作者：陈新夏　首都师范大学教授）

项目名称：制度分析与构建视域下的道德冷漠研究
项目编号：12ZXC012
项目负责人：李志强
项目信誉保证单位：北方工业大学

道德冷漠的制度研究
——基于不同类型制度的分析

近几年，经历过“南京彭宇案”、“小悦悦被撞”等负面道德事件之后，社会各界对道德冷漠问题给予高度关注。道德冷漠现象的表现和特征有哪些？形成道德冷漠的原因和条件是什么？消除道德冷漠的措施和办法在何处？……诸如此类的问题都被广泛的探讨。学界更是提出多种理论分析和对策建议，其中制度视角的研究成为焦点。

道德冷漠的制度研究其意义具体地表现在：其一，在制度层面探讨道德冷漠形成的内在机制和外在条件，对于制度伦理学、道德社会学和道德心理学等多学科的理论构建都具有重要意义；其二，在制度层面探究消除道德冷漠的必要性、可能性和现实性，对于加强社会主义精神文明建设、社会主义道德建设乃至社会主义和谐社会建设都具有重要的实践意义。

一、道德冷漠与制度要素的关系

道德冷漠形成过程牵涉到个体自身之内的理性和情感，以及个体自身之外的规范制约和环境影响等多种要素，而制度性要素连接着上述诸要素。缺失公平、缺乏关怀的制度是道德冷漠发生的诱因，而体现公正、充满关怀的制度是消解道德冷漠的必要手段。换言之，从个体道德的角度来说，道德冷漠的产生是一种与个体的道德观念和道德行为相关联的复杂的个体现象；从群体道德的角度来说，道德冷漠的形成是与群体心态和习俗氛围相关联的复杂的社会现象。但无论是个体还是群体的道德冷漠，它都与制度性要素有着千丝万缕的联系。在一定程度上，制度性要素影响甚至左右着个体乃至群体道德冷漠发生、发展的范围和规模，以及消除、消解的可能性和现实性。

从日常生活中道德现象的角度来描述道德冷漠的外在表现，它既可能有对“常德”的无知，也可能有对“美德”的麻木，还可能有对“失德”的无视；从道德构成要素的角度来分析道德冷漠的内在实质，它既可能存在道德心理互感的缺乏，也可能存在道德情感的丧失，还可能存在道德行为的互不关心[①]；从道德发展过程的角度来解读道德冷漠，它既可能是道德判断的迟钝，也可能是道德选择的停滞，还可能是道德行为的延缓。总之，从如上三种视角对于道德冷漠的考察来看，某种形式的道德冷漠可能会涉及道德心理和道德行为、道德情感和道德理性，以及道德判断和道德选择等数种不同序列的道德发生发展的环节，完整形态的道德冷漠甚至会涉及上述所有环节。而制度要素无论对于个体道德心理的生成，还是对于道德行为的实施，或是道德情感的激发以及道德理性的坚守都起着重要的作用，这些作用表现为健全、合理的制度对于上述道德要素起着保障和支撑的作用，而缺损、不合理的制度对于上述道德要素则起着遏制和阻碍的作用。同时，制度性要素对于个体在道德判断和道德选择产生和发展之过程的影响也是广泛且显见的，它在整个社会环境之中对推动良好道德风气的形成以及不良道德风气的改善等方面所发挥的作用更是至关重要的。

二、道德冷漠形成的制度探源

首先，道德冷漠的制度追因。我们以当前社会出现的几种典型的道德冷漠现象进行制度追因，可以发现：其一，某些制度设计的弊端为道德冷漠者的冷漠观念或行为提供了辩护，如现代的科层制度使得体制之中人们的行为只对上级的命令和相应的制度负责，而不用考虑行为可能或必将带来的负面效果。典型的现象如某些医生漠视生命、见死不救的缘由是相关规定使然，医生也无力改变什么。其二，某些制度保障的缺失为人们的道德选择及其行为制造了困境，如社会对于危难之中的救助行为缺乏相应的补偿措施，使得人们在做出积极的道德选择并付诸道德行动之前顾虑重重。典型的现象如见义不为不是不想为而是不敢为，因为勇为之后可能或必将带来的风险使其退缩。其三，某些制度更新的落后加速了人与人之间的冷漠，如现代通讯技术的飞速发展就需要更完善、更合理的制度以支持和保障，这些技术给人们带来便利的同时，也隔断了人与人之间面对面的交流，减少了人与人之间的情感联系，弱化了人与人之间的道德关怀。典型的现象如网络上的“围观”虽然加强了人们在信息上的互通有无，却让冷漠成为一种“时尚”的习惯。其四，某些制度性因素造成的负面事件打击人们的道德热情，如近几年发生的数起被广泛关注的道德冷漠事件，在很大程度上都与各种制度性因素紧密相关。典型的现象如老人摔倒无人敢扶，因为扶起的结果可能被误解甚至被诬蔑为“肇事者”。

其次，几种突出的制度障碍。如上所述，当前各种制度设计的弊端、制

① 这两个观点分别参考万俊人(1998)和彭忠益(1998)所发表文章的观点。

度保障的缺失、制度更新的落后，以及制度造成的负面事件等都直接或间接地造成了个体乃至群体的道德冷漠，而这些制度性的原因对于道德冷漠的生成和扩散来说又突出地表现为几种障碍。具体来说：其一，随着我国城市化进程的加剧，竞争与生存的双重压力使得处在高节奏和高风险环境之中的人群越来越多，如此紧张的状态让这些人群尤其是弱势人群无闲暇甚至无能力顾及自身高质量的生活，就更不要谈关注他人的生活境遇了。其二，随着社会大分工的进一步深入，各行各业的从业人员只是社会化大生产之中的一个链接，很多职业行为及其所产生的结果被分离开来，人们可以用角色和分工的理由推卸相应的道德责任。[①] 其三，以现代传媒技术为载体报道出来的苦难和危机事件成为"家常便饭"，甚至被作为商品供大众娱乐消费，在如此反复、大量的刺激之下人们开始麻木，并产生"同情疲劳"(compassion fatigue)，道德冷漠的呈现再自然不过了。其四，由熟人社会向陌生人社会转变的宏观背景下，舆论约束和人情效应对于人们的道德观念和行为的影响正在式微，以往熟人之间的有效的道德调节方式正在失效，而适应于陌生人之社会关系的道德评价方式和标准却尚未真正建立起来，于是道德冷漠由此蔓延。

三、不同类型制度之下的道德冷漠

从个体道德发生发展的维度解读道德冷漠，它一般表现为道德判断的迟钝、道德选择的停滞以及道德行为的延缓等一系列过程。那么，我们进一步从便于学理分析的层面来考察道德冷漠形成过程之中的道德判断、道德选择和道德行为三个环节，可以说，它们都是具有相对独立意义的不同阶段，前一个阶段是后一个阶段的前提，即道德判断的迟钝导致了道德选择的停滞，道德选择的停滞又导致了道德行为的延缓；后一个阶段又是前一个阶段的进展，即道德选择的停滞是道德判断迟钝的结果，道德行为的延缓又是道德选择停滞的后果。典型意义上的、完整形态的道德冷漠现象甚至要经过上述三个阶段(环节)的逐一演进。但是对于三个阶段(环节)的划分又是相对的，即每个阶段(环节)都是彼此相连，不能分割的，任何一种道德冷漠现象或多或少地都带着上述三个阶段(环节)的某些特征。换句话说，对这些特征所做出的区分，仅是便于学理分析，即仅是便于我们考察不同类型和不同领域的制度性要素在道德冷漠产生、发展以及扩散的过程中的作用和影响而提出来的。

制度从类型上大致可分为正式制度和非正式制度两种。前者诸如组织结构、管理体制、政策法规、强制措施等；后者诸如文化观念、社会习俗、舆

---

① 有学者形象地比喻道：社会分工使职业行为及其结果分离开来，甚至形成了"有罪过，但无犯过者；有犯罪，但无犯罪者；有罪状，但无认罪者"的现象。见李建华、李好：《论行政忠诚的责任困境及其消解——以艾希曼之"平庸的恶"为例证》，《湖南师范大学社会科学学报》，2008 年第 3 期。

论环境、价值标准等。一般说来，正式制度对于人们道德观念和道德行为的影响是强制的、直接的和外显的，非正式制度对于人们道德观念和道德行为的影响是非强制的、间接的和潜在的。相应地，正式制度对于人们道德的影响和制约多直接作用于人们是否实施积极的道德行为，具体来说，构建合理的组织结构、完善科学的管理体制，制定配套的政策法规，采取适当的强制措施等都有利于人们实施积极的道德行为，给予道德关怀；反之，则阻止人们实施积极的道德行为，产生道德冷漠。概言之，正式制度对于道德冷漠的产生和发展的影响和制约主要体现在上面所说的第三个阶段，即它对于人们道德行为所产生的影响和制约一般要大于它对于人们道德观念的影响和制约。而非正式制度对于人们道德的影响和制约多直接作用于人们能否形成积极的道德观念，具体来说，确立先进的文化理念、形成有序的社会习俗、创造良好的舆论环境、坚持正确的价值标准等都有助于人们形成积极的道德观念，进而消除道德冷漠的心理或情感状态①；反之，则使人们形成消极的道德观念，进而滋生道德冷漠的心理或情感状态。概言之，非正式制度对于道德冷漠的产生和发展主要体现在上面所说的前两个阶段，即它对于人们道德判断和道德选择(即道德观念)所产生的影响和制约一般要大于对于人们道德行为的影响和制约。当然，正如道德冷漠的形成和发展的整个过程是阶段性和连续性的统一，我们对于不同类型的制度给不同阶段的道德冷漠所产生影响和制约的界定以及描述也是相对的，目的是为了有针对性地提出对策设计相对明确的思路。

四、消除道德冷漠的不同类型制度构建

在非正式制度层面，有如下几点需要注意：其一，当前社会的显著特征就是多元价值观并存，表现在价值分歧和价值冲突时常发生；功利主义和实用主义普遍流行，表现在放弃道德理想躲避崇高往往成为人们现实的价值选择。因而坚持社会主义核心价值体系，引领人们树立科学的价值观成为非正式制度建设的首要工作。其二，传统伦理思想之中虽然有“公德”的成分，但主要还是在强调“私德”，个人只有成就“私德”才谈得上如何面对公共生活的问题。另外一个方面，当前社会转型背景中的文化建设又在力推社会公德建设，反倒是在某些方面忽视了私德。要改变这种状况，就要确立既反映传统思想所重视的个人品德又反映当前社会建设所倡导的公共道德，且集两者于一体的社会主义道德文化体系。其三，熟人社会向陌生人社会的转型使得舆论环境在个体道德调节之中的作用逐渐变小，如何更有效地发挥其作用成为新

---

① 本文对于道德冷漠概念阐述之中的“心理”和“情感”两个概念只是在一般意义上使用的，严格意义上说，道德情感属于道德心理的一部分，道德心理则包含道德认知、道德情感和道德意志等方面。

的挑战。舆论环境的过于宽容或者过于苛刻都会对道德冷漠现象的发生以及消除产生不利的影响，因而整个社会要形成宽严相济的舆论环境。其四，网络、电视等大众传媒之中普遍流行着某些低俗文化，这突出地表现在电子媒介的娱乐本性和对苦难的过度兴趣，暴露网络空间中身体退隐的道德后果，包括伦常的松懈、人际的粗鲁、义务的冷淡、责任的飘零等。相应地，各种文化机制和制度要成为电子媒介和网络盛世的情形的超越性存在，在一定程度上缓解、抵御因信息技术所导致的道德冷漠。① 其五，当前群众性精神文明创建活动只注重达到“轰轰烈烈”的形式效果却不重视反映“深入人心”的实质内容，因而要消除道德冷漠，就要在宣传内容上下功夫，例如在新闻传媒、文艺作品之中大力宣传以见义勇为为代表的道德关怀的典型事迹，反映见义勇为者所遇到的问题，揭露见义不为的危害等方面的内容，才能引导人们确立积极的道德观念，进而在全社会形成理解、宽容、关爱的社会风气。

在正式制度层面，由于正式制度所产生的影响和作用一般是强制的、直接的和外显的，因而我们当前在一如既往地加强非正式制度建设的同时尤其要加强正式制度的构建。具体来说要重点解决如下问题：其一，要设计科学合理的组织结构。社会各个层级的组织结构是整个社会正常运转的机制保障，但当今社会却出现“组织中的个体行为的最终依据不是个人的良知，而是组织的纪律与规定，即使个人良知告诉自己，组织要求做的事情是错的，但因为组织的权威性，不但依然要去做，而且要做好，做得出色”②。这种情形正是诸如科层体制之下的不科学、不合理的组织机构导致的道德冷漠的缩影。鉴于要保证组织结构设计的科学性、合理性，就不能使个体淹没在森严的组织结构之中，即个体的组织行为不能完全被组织行为所替代，而要真正地体现个体真实的意志，也要真正地代表个体实际的责任。其二，健全中介组织的运作机制。现代社会要保证大规模危机干预、危难援助、危险防范等道德关怀行动的公正性，在很大程度上就要诉诸体现中立性的各类中介组织，诸如慈善机构、公证机构等。这些组织能够在一定程度上消解利益主体之间的权利不平等，协调各方的利益，保证人们之间正常的合作与沟通。但是需要注意的是，发挥中介组织的作用要避免政府权力的过多介入和干预，以及自身体制和运作机制的健全和合理，这已被社会实践所证明。③ 其三，要建立社会救助制度和公共安全机制。当社会出现危机、危难和危险的时候，有社会救助制度以迅速应对，才能让个体乃至于群体产生安全感，进而产生对于国家

---

① 高德胜：《电子媒介与“旁观者”的生产——论道德教育在电子媒介时代的选择》，《华东师范大学学报（教育科学版）》，2007 年第 4 期。

② 高德胜：《道德冷漠与道德教育》，《教育学报》，2009 年第 3 期。

③ 王建民：《转型时期中国社会的关系维持——从“熟人信任”到“制度信任”》，《甘肃社会科学》，2005 年第 6 期。

和社会的信任感，这些都是提高社会凝聚力、加强社会团结度的纽带，进而为道德冷漠现象的普遍消解提供广泛的社会心理前提。同时，与危机、危难和危险相配套的公共安全机制也能使道德冷漠尽可能少地发生。可以说，当前出现大量见危不救的一个重要原因正在于我国公共安全机制的缺失，如报警困难、出警不及时、警力覆盖不足等方面使我们一旦出现问题就转化为危机、危难或危险。只有强大的公共安全机制的保障，才能使道德冷漠出现的可能性降低。

参考文献

[1] 万俊人：《我们都住在神的近处》，沈阳：辽宁人民出版社，1998 年。

[2] 彭忠益：《道德建设中的"道德冷漠症"及其矫治》，《有色金属高教研究》，1998 年第 6 期。

[3] 王建民：《转型时期中国社会的关系维持——从"熟人信任"到"制度信任"》，《甘肃社会科学》，2005 年第 6 期。

[4] 高德胜：《电子媒介与"旁观者"的生产——论道德教育在电子媒介时代的选择》，《华东师范大学学报(教育科学版)》，2007 年第 4 期。

[5] 李建华、李好：《论行政忠诚的责任困境及其消解——以艾希曼之"平庸的恶"为例证》，《湖南师范大学社会科学学报》，2008 年第 3 期。

[6] 高德胜：《道德冷漠与道德教育》，《教育学报》，2009 年第 3 期。

（作者：李志强　北方工业大学教授）

项目名称：中共党史90年关于实现和维护国家统一的理论与实践及其基本经验研究
项目编号：11KDB027
项目负责人：齐鹏飞
项目信誉保证单位：中国人民大学

全面准确理解“一国两制”、全面准确理解“白皮书”

2014年6月10日，国务院新闻办公室发表篇幅长达2.3万字的《“一国两制”在香港特别行政区的实践》白皮书[①]，同时以七国文字对外发行，在海内外引起了巨大的反响。一时间，各种解读众说纷纭，高度评价鼎力支持者有之，极力反对肆意诋毁者有之，深感疑惑褒贬间杂者有之。而且，这种显性和隐性的影响尚处在持续发酵的过程中。

为什么“白皮书”的出台会引发如此强烈甚至是过激的反应？为什么方方面面会对“白皮书”出台的背景和目标指向、“白皮书”的价值和意义、“白皮书”的基本内容和主要观点等的解读呈现如此势成两极的不同意见——不仅是仁智互见，而且有的就是南辕北辙？笔者认为，这可能不仅与长期以来一些人对于“一国两制”方针政策缺乏全面准确的理解和认识有关，而且也与他们目前对于“白皮书”缺乏全面准确的理解和认识有关。所以，在基本原则方面上做一些有针对性的辩驳和澄清，应该是非常必要的。

一、必须全面准确地理解“白皮书”历史意义和现实针对性之辩证统一关系

“白皮书”的出台，绝非如某些人所言的，仅仅是针对当下举步维艰的香港政改问题或者特定的某些现象、某些事件、某些势力、某些个人，而是主要着眼于“一国两制”建设和发展的大局，着眼于“维护国家主权、安全、发展利益”和“保持香港长期繁荣稳定”的大局，着眼于保障包括香港和香港同胞之根本利益、长远利益在内的中华民族伟大复兴“中国梦”如期实现的大局。换言之，如果说“白皮书”仅仅是服务于当下的“应急”之作，那就太低估其巨大而深远的价值和意义了。可以明确地讲，“白皮书”的出台，既有鲜明而突出

① 全文见《人民日报》，2014年6月11日。

的现实意义，也有鲜明而突出的历史意义。

一方面，不必讳言，1997年香港回归以来，在“一国两制”的实践取得举世瞩目成功的同时，一些新情况新问题也在不断涌现，“长期积累的一些深层次矛盾日益突出”，在发展经济、改善民生、推进民主、促进和谐方面，在处理特区与中央关系、香港和内地关系方面，都出现了一些状况，泛政治化、泛意识形态化甚至是泛民粹化倾向严重，尤其令人担忧的是，一些人的国家认同和“人心回归”的问题并没有得以根本性解决，对于“一国两制”的基本国策、对于香港基本法长期存在模糊、片面甚至是错误的理解和认识——包括在以“双普选”为主要内容的香港政制民主化进程必须在香港基本法和全国人大有关决定的规定之基础和轨道上向前推动的基本原则问题上都不能凝聚共识并形成全社会的主流意见。出现这种反常情况的原因是复杂的、多方面的，其中，决定性的、本质性的因素就是“白皮书”所透彻分析的那样——“‘一国两制’是一项开创性事业，对中央来说是治国理政的重大课题，对香港和香港同胞来说是重大历史转折。在香港特别行政区各项事业取得全面进步的同时，‘一国两制’在香港的实践也遇到了新情况新问题，香港社会还有一些人没有完全适应这一重大历史转折，特别是对‘一国两制’方针政策和基本法有模糊认识和片面理解。目前香港出现的一些在经济社会和政制发展问题上的不正确观点都与此有关”①。所以，对于这些挑战不能回避，必须正视，必须做出正面的回应，来适时地正本清源、拨乱反正、以正视听。从这一特定的角度讲，“白皮书”是肩负这一使命和功能的。

另一方面，我们必须注意到“白皮书”发表的一个特殊历史背景和历史关节点——2014年是中英“联合声明”签署30周年、香港基本法颁布24周年、香港回归17周年，“一国两制”的科学构想提出并付诸实践已经有了几十年的历史积淀，一些阶段性、规律性的特征已经相对充分和明晰地呈现出来，我们已经有必要、有可能将我们在“一国两制”理论与实践探索过程中逐步积累

① 关于这一点，中央政府并不是第一次论及。早在1998年7月1日，江泽民在赴香港参加回归一周年庆祝大会发表重要讲话时，就已经富有前瞻性地指出：“香港的回归，是香港历史的一个重大转折。每个香港人，都在经受这一历史转折所带来的时代变化的检验。有些人由于过去长期形成的某些观念，对这一变化一时还不够适应，这并不奇怪。只要有一颗热爱祖国、热爱香港的赤子之心，珍惜自己享有的主人翁地位，珍惜做一个中国人的尊严，一时感到的不适应终究会适应过来。”（见《人民日报》，1998年7月2日）时隔四年以后，江泽民在赴香港参加香港回归五周年纪念大会暨特区第二届政府就职典礼发表重要讲话时又再次重申：“香港回归一周年庆典时，我曾经说过，香港的回归是香港历史的一个重大转折，每个香港人，都在经受这一历史转折所带来的时代变化的检验。只有顺应这一历史转折，真正认识当家作主的责任，才能以主人翁的姿态去认真谋划香港的发展和未来。广大香港同胞不仅是香港特别行政区的主人，也是国家的主人，应该不断增强国家观念和民族意识，自觉维护祖国的安全和统一，维护祖国和民族的整体利益。实现中华民族的伟大复兴，最终完成祖国统一大业，是全体中华儿女的共同心愿。包括香港同胞在内的所有中国人，都应该自豪地投身这一伟大事业，努力作出无愧于祖国、无愧于民族、无愧于时代的贡献。”（见《人民日报》，2002年7月2日）

的一些历史经验教训和现实启示，进行全面、系统、深入的回顾和总结、梳理和阐释，作为未来继续前行的借鉴和指导，来进一步丰富和发展“一国两制”的理论与实践。就这层特定意义而言，说“白皮书”的出台是香港“一国两制”建设和发展史上如中英“联合声明”签署、香港基本法颁布一般的具有“里程碑”意义的一个重大事件，也并不为过。

二、必须全面准确地理解“白皮书”对于“一国两制”方针政策的继承与发展之辩证统一关系

“白皮书”的出台，绝非如某些人所言的，是一个“推倒再来的全新的对港政策建构”，是对以往“一国两制”方针政策的重大改变、重大扬弃甚至是全面否定。如此这样讲，不是政治上的幼稚，就是别有用心。只要是认认真真、仔仔细细研读过“白皮书”的人，都不会得出这样的偏颇结论。“白皮书”的基本内容和主要观点，均非第一次出现，其核心要素、精神实质、具体原则，我们都可以在宪法、中英“联合声明”、香港基本法、全国人大及其常委会有关香港问题的决定等相关法律文件中追本溯源，都可以在历代中央领导集体有关香港问题的文件、讲话等(如历次党代会报告、历次政府工作报告；历次中央领导人会见英国客人和香港各界人士时的谈话，会见香港“草委会”、“预委会”、“筹委会”委员时的谈话，会见来北京述职的特区行政长官时的谈话，会见出席“两会”的香港人大代表和政协委员时的谈话；中央领导人出席香港回归庆典以及香港回归一周年、五周年、十周年、十五周年纪念大会时发表的重要讲话，出席香港基本法颁布十周年、二十周年和实施十周年纪念大会时发表的重要讲话……)的政策宣示中，寻找到相关历史支撑点。也就是说，“白皮书”就其基本内容和主要观点而言，就其核心要素、精神实质、具体原则而言，与以往中央长期实行的“一国两制”方针政策是一脉相承的、一以贯之的，是对以往中央长期实行的“一国两制”方针政策的全面传承，此一基本国策没有发生任何实质性、根本性的改变。对于这一点，早在 2012 年 12 月，中共十八大新选出的中共中央总书记在会见来北京述职的香港特区行政长官梁振英时就已经有过明确表态“三不变”——“大家都很关心中央领导集体实现新老交替后，中央对香港、澳门的方针政策会不会发生变化。今天，我想借此机会重申：中央贯彻落实‘一国两制’、严格按照基本法办事的方针不会变；支持行政长官和特别行政区政府依法施政、履行职责的决心不会变；支持香港、澳门两个特别行政区发展经济、改善民生、推进民主、促进和谐的政策也不会变。中共十八大提出的关于港澳工作的大政方针，同中央长期以来对港澳工作的方针政策是一脉相承的”①。如果再从根上说，就是“总设计师”邓

① 《习近平会见梁振英》，《人民日报》，2012 年 12 月 21 日。

小平的话——“一国两制”“五十年不变”，“五十年后也不变”[①]！当然，“不变”不是绝对的“不变”，绝对的“不变”是不符合事物发展规律的，是不符合辩证法精神的[②]。毕竟，“一国两制”事业作为一项前所未有“国家统一”和“国家治理”的伟大创举、伟大试验，是需要在不断的实践和探索过程中逐步总结正反两方面经验而不断深化、丰富和发展的。

所以，我们可以非常明确地讲，“白皮书”对于以往中央长期实行的“一国两制”方针政策也不是“一成不变”地简单照搬，而是有重大的创新和发展。这里所说的“重大的创新和发展”，主要是指两个方面：

（一）政府“白皮书”的这种政策宣示形式是“新”的。从20世纪80年代初“一国两制”的科学构想提出并付诸实践以来几十年的时间里，以政府“白皮书”的形式来宣示中央精神，这是第一次，也是1997年香港回归17年来的第一次。自中国政府创设“白皮书”发布制度以来，在迄今为止发布的全部88份“白皮书”中，关于香港问题专题的政府“白皮书”，这是第一个，也是唯一的一个。事实上，早在香港回归以后不久，内地的一些学者(也包括本人在内)，就已经在不断呼吁，要根据形势的发展变化，要根据“一国两制”在香港实践中出现的新情况新问题，适时研制和发布以香港问题为主题的政府“白皮书”，公开宣示中央在处理香港问题上的新经验、新认识和新精神、新指示，以增强中央对港立场、对港政策的透明度，以达到“明辨是非”和“释疑解惑”的目的。而且，这里，本人再次倡议，这种政府“白皮书”的政策宣示形式，在处理香港问题上，也要逐步摸索经验，以形成“惯例”和“通例”。一个非常可以说明问题的典型例证——我们以往就台湾问题所发布的两个政府“白皮书”，近年来在中国人权问题上、中国国防问题上、中日发生争端的钓鱼岛问题上所发布的一系列政府“白皮书”，就起到了非常好的效果和影响。

（二）“白皮书”对于中央的“一国两制”方针政策、对于“一国两制”在香港的实践，有一些“与时俱进”的新理解和新认识、新总结和新概括、新考量和新精神、新观点和新表述。在一定程度上、一定范围内，也可以说是“新意迭出”。这些所谓的“新意”，主要包括“白皮书”对于以往一些法律文件之原则性条款的进一步具体化、明晰化和可操作化，包括对于以往一些单一主题和相对分散、零星的政策宣示的有机整合和系统化，包括对于以往一些思想认识处于模糊状态而发展到目前实践经验已经给予充分支撑和论证之基本结论的全面提升和条理化，包括对于以往“一国两制”方针政策宣示、宣传和贯彻、

---

① 邓小平比较集中地论述这个问题，是在1987年4月16日会见香港特别行政区基本法起草委员会委员时的讲话。见《邓小平文选》第三卷，北京：人民出版社，1993年，第215—217页。

② 邓小平对于“一国两制”之“变”与“不变”的问题，也有精辟论述，比较集中的见邓小平：《保持香港的繁荣与稳定》(1984年10月3日)，《邓小平文选》第三卷，北京：人民出版社，1993年，第74页。

落实过程中有所侧重或有所忽略之某些侧面的总体平衡或突出强调，包括对于以往一些被认为是基本常识和基本共识而一直没有专门性论述的问题之突出强调和反复重申，包括对于香港回归 17 年来“一国两制”实践之正反两方面经验的逐一梳理和阐释，包括对于香港回归 17 年来“一国两制”实践过程中出现的新情况、新问题和深层次矛盾如何有效化解之有针对性的正面解答……这些所谓的“新意”，直接产生并依据于香港回归 17 年来“一国两制”的成功实践，是对以往中央长期实行的“一国两制”方针政策的全面继承和全面发展，必将极大地丰富和深化“一国两制”理论和实践探索、创新的思想内涵。所以，必须将“白皮书”置于“一国两制”方针政策的总体框架中来理解和认识，必须将“白皮书”置于“一国两制”理论与实践探索史的整个历史进程中来理解和认识。

三、必须全面准确地理解“白皮书”关于“全面管治权”与“高度自治权”之辩证统一关系

“白皮书”的出台，绝非如某些人所言的，就是片面强调中央对香港的“全面管治权”，而有意忽略甚至否定特区的“高度自治权”。对于这一问题，我们可以理解有些人无意识的“误解”，而不能接受有些人有意识的“曲解”。

的确，就“白皮书”对于中央对香港的“全面管治权”问题论述的全面性、系统性、深入性和明晰化、具体化、可操作化而言，是以往任何一个涉及香港的法律文件和政治文件中所没有企及的，而且还有一些新概括、新表述，如“白皮书”明确指出：“中央拥有对香港特别行政区的全面管治权，既包括中央直接行使的权力，也包括授权香港特别行政区依法实行高度自治。对于香港特别行政区的高度自治权，中央具有监督权力。”“中央直接行使对香港特别行政区管治权的权力主体包括全国人民代表大会及其常委会、国家主席、中央人民政府、中央军事委员会。”“全国人大决定香港特别行政区的设立，制定香港基本法以规定在香港特别行政区实行的制度，并拥有基本法的修改权。全国人大常委会拥有香港基本法的解释权，对香港特别行政区行政长官产生办法和立法会产生办法修改的决定权，对香港特别行政区立法机关制定的法律的监督权，对香港特别行政区进入紧急状态的决定权，以及向香港特别行政区作出新授权的权力。香港特别行政区直辖于中央人民政府，行政长官向中央人民政府负责，中央人民政府拥有任命行政长官和主要官员、依法管理与香港特别行政区有关的外交事务、向行政长官发出指令的权力。中央军事委员会领导香港驻军，履行防务职责，等等。中央依法履行宪法和香港基本法赋予的全面管治权和宪制责任，有效管治香港特别行政区。”如“白皮书”明确指出：“中华人民共和国是单一制国家，中央政府对包括香港特别行政区在内的所有地方行政区域拥有全面管治权。香港特别行政区的高度自治权不是

固有的，其唯一来源是中央授权。香港特别行政区享有的高度自治权不是完全自治，也不是分权，而是中央授予的地方事务管理权。高度自治权的限度在于中央授予多少权力，香港特别行政区就享有多少权力，不存在‘剩余权力’。”如“白皮书”明确指出：中央对香港的“全面管治权”绝不仅仅局限在人们一般性理解的外交和国防事务这一类涉及国家主权问题的狭窄范围，而是对特区除纯粹属于其内部自治事务范围外的一切事务均有管理权、治理权。如“白皮书”明确指出：“把香港基本法规定的属于中央的权力行使好，使中央与香港特别行政区的关系切实纳入法制化、规范化轨道运行。”如“白皮书”将中共十八大提出的“完善与香港基本法实施相关的制度和机制”①问题具体化、明晰化、固定化，将香港回归17年来在“一国两制”实践过程中已经探索相对成熟并行之有效的相关制度和机制如行政长官和立法会产生办法修改的“五步曲”法律程序、基本法解释的三个启动路径、全国人大常委会对于特区立法的备案审查工作程序、行政长官向中央述职的制度安排等，给予了充分肯定，等等。也就是说，中央对香港的“全面管治权”不是象征性的、名义性的、虚置性的，而是实质性的，有实际内容的，可操作性的。借用一位内地学者的话讲就是——“白皮书”仅仅是将“共同构成香港特别行政区的宪制基础”之宪法和香港基本法所赋予的中央对香港的“全面管治权”，由以往相对抽象状态的“不到位”，进一步具体化而阐释“到位”而已。

但是，我们必须同时注意到，“白皮书”对于以往已经说得非常充分、非常透彻的关于特区“高度自治权”的问题也没有任何忽略，而是再次特别强调、明确重申：“香港特别行政区成立后，保持原有资本主义制度和生活方式不变，法律基本不变。特别行政区依法保护私有财产权，保持自由港和单独关税区地位、保持财政独立，实行独立的税收制度，自行制定经贸、金融和教科文卫体政策，等等。根据香港基本法和全国人大常委会关于处理香港原有法律的决定，香港原有法律，即普通法、衡平法、条例、附属立法和习惯法，除同香港基本法相抵触或经香港特别行政区立法机关作出修改者外，予以保留。在此基础上，香港特别行政区依法实行高度自治，充分行使行政管理权、立法权、独立的司法权和终审权。”

说到这里，有一个反常现象必须提及——以往我们对于特区“依法实行高度自治”的问题，年年讲、月月讲、天天讲，说得非常多、非常全、非常透，而对关于中央对香港的“全面管治权”问题说得不多、不全、不透，甚至一度在实践中为了极力避“干预”之嫌而“不该管的绝对没有管、该管的有些也没有管”的时候，没有人觉得反常，觉得不全面、不平衡，怎么到了“白皮书”稍许

---

① 见胡锦涛：《坚定不移沿着中国特色社会主义道路前进 为全面建成小康社会而奋斗——在中国共产党第十八次全国代表大会上的报告》，《人民日报》，2012年11月18日。

“矫枉过正”，将以往说得不多、不全、不透的关于中央对香港的“全面管治权”问题回归应有的重要位置，说得比较全面一些、系统一些、深入一些、明晰一些，就有人觉得反常呢，觉得非常不理解、非常不安和不满呢？岂非咄咄怪事！

四、必须全面准确地理解“白皮书”关于“一国”与“两制”之辩证统一关系

“白皮书”的出台，绝非如某些人所言的，就是片面强调“一国”之“大同”的问题，而有意忽略甚至否定“两制”之“大异”的问题。“求一国之大同、存两制之大异”这是“一国两制”基本国策的“一体两翼”，任何一个方面都不可或缺。中央的对港立场、对港政策一贯如此，从来没有发生过动摇。中共十八大报告所言之——“全面准确贯彻‘一国两制’、‘港人治港’、‘澳人治澳’、高度自治的方针，必须把坚持一国原则和尊重两制差异、维护中央权力和保障特别行政区高度自治权、发挥祖国内地坚强后盾作用和提高港澳自身竞争力有机结合起来，任何时候都不能偏废”①，就是在这个层面上的高度概括。而“白皮书”则同样秉持“三个不可偏废”的指导思想和基本原则，将“‘一国两制’是一个完整的概念”的问题论述得非常充分、非常透彻。当然，我们同时必须特别注意到，“白皮书”在论述“一国”和“两制”之辩证统一关系时，的确是将其侧重点置于以往说得不多、不全、不透之“一国”是“两制”的前提、基础这个方面，进行了比较全面、系统、深入的梳理和阐释，进行了突出强调和重点论述。“白皮书”明确指出：“‘一国’是实行‘两制’的前提和基础，‘两制’从属和派生于‘一国’，并统一于‘一国’之内。‘一国’之内的‘两制’并非等量齐观，国家的主体必须实行社会主义制度，是不会改变的。在这个前提下，从实际出发，充分照顾到香港等某些区域的历史和现实情况，允许其保持资本主义制度长期不变。因此，国家主体坚持社会主义制度，是香港实行资本主义制度，保持繁荣稳定的前提和保障。”“白皮书”明确指出：“香港继续保持原有的资本主义制度，依照基本法实行‘港人治港’、高度自治，必须在坚持一国原则的前提下，充分尊重国家主体实行的社会主义制度，特别是尊重国家实行的政治体制以及其他制度和原则。内地在坚持社会主义制度的同时，要尊重和包容香港实行的资本主义制度，还可以借鉴香港在经济发展和社会管理等方面的成功经验。在‘一国’之内，‘两种制度’只有相互尊重，相互借鉴，才能和谐并存，共同发展。”但是，突出强调和重点论述坚持“一国”原则的问题、突出强调和重点论述“求一国之大同”的问题，并不意味着尊重“两制”差

① 见胡锦涛：《坚定不移沿着中国特色社会主义道路前进 为全面建成小康社会而奋斗——在中国共产党第十八次全国代表大会上的报告》，《人民日报》，2012年11月18日。

异的问题、“存两制之大异”的问题就已经不重要、就已经不是“一国两制”方针政策的有机组成部分和重要内容、就已经可以被忽略或漠视，并不意味着“一国两制”基本国策的科学内涵发生了任何改变，而仅仅是考量到香港回归17年来在“一国两制”贯彻落实的过程中，“一国”是“两制”的前提、基础的这个核心问题并没有被充分认识和高度重视，而是遭遇到太多的挑战和冲击，有动摇“一国两制”之根本的风险和隐患，所以必须加以突出强调和重点论述，以正本清源、明辨是非，有利于推动对于“一国两制”方针政策之全面准确的理解和认识。

在2014年春，有些人对于中央领导人在谈及香港问题时，仅提“一国两制”，而没有依惯例将“一国两制”、“港人治港”、高度自治三词并用，感到非常纠结，认为中央将改变“一国两制”基本国策的科学内涵，将放弃其中的“港人治港”、高度自治。这里，想谈一点个人的看法和正面回应：“一国两制”是一项基本国策，“五十年不变”，“五十年后也不会变”，这是中央政府的庄严承诺和担当，大家要有信任、要有信心；“一国两制”是一个完整的概念，“求一国之大同”和“存两制之大异”均不可偏废，“维护国家主权、安全和发展利益”和“保持香港长期繁荣稳定”均不可偏废。统称或简称“一国两制”一个词，并不意味着作为其中有机组成部分和重要内容的“港人治港”、高度自治就被屏蔽；同理，统称或简称“一国两制”一个词，也并不意味着以往没有明言但同样是其中有机组成部分和重要内容的“全面管治”、中央授权就不存在。往全了说，应该是“一国两制”、“爱国爱港”、“港人治港”、中央授权、高度自治，五句话、五个词。某些时候，根据形势的发展和需要，突出强调和重点论述其中的“港人治港”、高度自治，或突出强调和重点论述其中的“爱国爱港”、“中央授权”，均不损害“一国两制”方针政策的全面性、完整性，不代表“一国两制”基本国策的科学内涵发生了任何改变。一个也很能说明问题的典型例证：当年中日关系正常化谈判进程中，邓小平对于中日之间僵持不下的“历史遗留问题”——钓鱼岛问题，提出了“搁置争议、共同开发”的现实破解之道，也没有明言“主权属我”的前提和基础，但这并不意味着这个前提和基础不存在。现在我们有时简称“搁置争议、共同开发”八个字两句话，有时全称“主权属我、搁置争议、共同开发”十二个字三句话，意思是一样的。

对于香港回归17年来“一国两制”在香港的实践，一方面，必须看到其巨大成功的一面，这是主流、主要方面；另一方面，也要看到其在探索过程中出现的诸多新情况新问题，但这是支流、次要方面。没有这个正确认识和基本评价，就不可能全面准确理解“一国两制”、全面准确理解“白皮书”。目前，“一国两制”在香港的实践已经进入攻坚克难的“深水区”和矛盾多发期，“机遇前所未有，挑战也前所未有”，但是，“机遇大于挑战”！只要在“一国两制”方针政策的正确指引下，在中央政府的坚强领导和祖国内地的大力支持下，特区政府和香港同胞充分发扬在长期奋斗过程中形成的自强不息的拼搏精神、同舟共济的团结精神、灵活应变的创新精神，“集中精力发展经济、切实有效改善民生、循序渐进推进民主、包容共济促进和谐”，就一定可以克服前进道路上的各种艰难险阻，一定可以创造一个更加美好的明天。

（作者：齐鹏飞　中国人民大学教授）

项目名称：社会主义核心价值体系与当代中国的国家认同问题研究
项目编号：11KDC032
项目负责人：吴玉军
项目信誉保证单位：中共北京市委讲师团

自由：社会主义的应有价值追求

能否尊重和保护人的权利，在多大程度上实现人的自由，是衡量一个社会文明进步的重要尺度，是判断一个国家治理体系和治理能力现代化水平的重要标志。追求自由是人与生俱来的天性。人不是一架机器，不能按照一个模型铸造出来。每个人都有自己的特点，都希望生活在一个自由宽松的环境中，按照自己的意志而非在别人的奴役下生活。现代国家只有尊重个人的合法自由选择，充分保护和实现个体的自由权利，才能给人的发展提供良好的社会环境，才能使人们对未来拥有稳定的预期。

解放全人类，实现人的自由全面发展是马克思主义的崇高价值追求。科学社会主义的创始人马克思和恩格斯，将全部的精力献给了人类解放的崇高事业，致力于使人类摆脱盲目自然力的支配，摆脱一切剥削压迫和旧式分工的束缚，摆脱一切剥削阶级的思想观念。在马克思、恩格斯看来，共产主义是人自由而全面发展的社会，“代替那存在着阶级和阶级对立的资产阶级旧社会的，将是这样一个联合体，在那里，每个人的自由发展是一切人的自由发展的条件”①。社会主义作为共产主义的初级阶段，是对资本主义社会普遍存在的奴役、剥削和压迫等不自由现象的反抗，是追求“人的自由全面发展”的伟大事业，社会主义“制度将给所有的人提供健康而有益的工作，给所有的人提供充裕的物质生活和闲暇时间，给所有的人提供真正的充分的自由”②。在大力发展中国特色社会主义，培育和践行社会主义核心价值观的今天，我们必须高度重视自由的价值，切实采取有效措施，保护和实现人们的自由权利，在批判地继承资本主义自由的基础上，实现更高层次的自由。

一、保障公民的权利

保障人权不是资产阶级的专利，社会主义同样尊重和保护人权。毫无疑

---

① 《马克思恩格斯选集》，北京：人民出版社，1995 年，第 294 页。
② 《马克思恩格斯选集》，北京：人民出版社，1995 年，第 570 页。

问，近代资产阶级革命首先响亮地提出了自由、平等、人权的口号，在现实的政治实践中，将公民的基本权利以法律的形式明确下来，并通过一整套制度设计对之加以保障。无产阶级随着自身力量的逐步壮大，也提出了自己的人权要求，开展了争取人权的斗争。19 世纪 30 年代著名的英国工人宪章运动，就提出了取得普选权参与国家管理的要求。人类历史上的第一个无产阶级政权——巴黎公社，在存在的短短两个多月时间里，“在继承资本主义自由民主的基础上，初步开创了社会主义的自由民主”①。在发布的《告法国人民书》中，巴黎公社就明确指出，公社“充分保障人身自由、信仰自由和劳动自由。公民通过自由发表意见和维护自身利益的方式，经常参与公社事务；对此公社保证给予方便，负责监督并确保自由而正当的集会和出版权”②。不论是后来的苏维埃俄国，还是社会主义的中国，都以宪法和法律的形式明确了公民的基本权利，以及国家为保障和实现公民的权利所提供的具体支持。

但十分遗憾的是，由于现实的社会主义大都脱胎于经济文化比较落后的国家，封建思想根深蒂固，自由民主观念淡薄。譬如，在俄国，“深厚的封建君主专制的传统不仅使俄国走上社会主义道路后缺少可继承的资本主义自由民主的文明遗产，而且这种专制传统还渗透进社会主义体制，使苏联模式含有背离自由原则的先天的专制主义遗传基因”③。在具体的社会主义实践中，传统社会主义高度集中的计划经济体制，使得政治对经济、文化、社会、个人进行着严密的控制，企业的生产经营、公民的私人生活缺乏应有的自主与活力。在法治观念薄弱、人治观念盛行的情况下，重大社会问题往往诉诸群众性运动加以解决，而政治运动往往又伴随侵犯人权的严重问题。如此一来，“由于‘先天不足’尚未克服，‘后天’失策又连续不断，结果，现实社会主义国家总是授人以‘不自由’、‘专制’之柄，而资本主义国家则成了‘自由’的‘专利者’和‘自由世界’的‘代理人’”④。传统社会主义非但没有实现比资本主义更高层次的自由，反而连公民的基本权利都没有很好地予以保障。“社会主义与自由、民主相分离、相分割”，成了“20 世纪社会主义运动出现的怪事、憾事、错事、丑事、坏事”⑤。

社会主义应当是追求人的自由全面发展的伟大事业，社会主义应该在批

---

① 高放：《没有自由就没有社会主义——关于自由与社会主义的学术通信》，《江苏行政学院学报》，2005 年，第 1 期。

② 罗新璋编译：《巴黎公社公告集》，上海：上海人民出版社，1978 年，第 22 页。

③ 高放：《没有自由就没有社会主义——关于自由与社会主义的学术通信》，《江苏行政学院学报》，2005 年，第 1 期。

④ 林怀艺：《论社会主义与自由》，《云南社会科学》，2008 年，第 1 期。

⑤ 高放：《没有自由就没有社会主义——关于自由与社会主义的学术通信》，《江苏行政学院学报》，2005 年，第 1 期。

判地继承资本主义所取得的自由成果的基础上，大力发展民主政治，尊重和保障人权，确保公民享有宪法和法律规定的各项权利和自由，唯有如此，才能彰显社会主义制度的优越性，增强社会主义意识形态的吸引力和凝聚力。

保障个体的自由权利，需要确立人人平等的理念。任何人，不论其地位有多高，不论为社会发展做出多大贡献，都应该遵守宪法和法律的要求，绝不允许特权观念和特权行为的存在，绝不允许逾越宪法和法律侵犯他人权利的行为。尊重和保护公民的基本权利，必须对公共权力加以有效的规约。孟德斯鸠就指出："一切有权力的人都容易滥用权力，这是万古不易的一条经验。"[①]为此，必须采取切实有效的措施，将权力关进制度的笼子，防止公共权力的滥用。个体自由权利的保护，还必须防范"社会暴政"。在一个民主的社会中，多数人的意见占据压倒性地位，全社会就会形成一种压倒性的多数力量，少数人的意见和权益得不到重视和保护。这种社会的暴虐比其他种类的政治压迫更可怕，虽然它通常并不以极端的刑罚为后盾，却使人们有更少的逃避办法。在狂热的群众性运动中，那种具有独立思考和首创精神的人，往往会受到打击，其自由权利会受到摧残。也正因如此，两百多年前，美国联邦党人就警示道："在共和国里极其重要的是，不仅要保护社会防止统治者的压迫，而且要保护一部分社会反对另一部分的不公。在不同阶级的公民中必然存在着不同的利益。如果多数人由一种共同利益联合起来，少数人的权利就没有保障……在一个其体制使得强大的党派能很容易联合起来压迫弱小党派的社会里，老实说，无政府状态就会像在未开化的野蛮状态下一样占有优势，在那里弱者不能保护自己免遭强者的侵犯……"[②]

消除外在的任意专断力量的威胁，切实保障公民的自由，需要实行法治。法治意味着法律的权威、地位高于一切，是神圣不可侵犯的。无论什么人、什么阶层、什么政党，都没有凌驾于宪法和法律之上的特权。法治就是要凡事"皆有法式"，凡事"一断于法"，将明确稳定的规则作为"规矩"来规范国家和公民的行为。各级权力机关在履行自己职责的过程中，必须按照法律要求行事，绝不允许滥用权力，以权谋私，侵犯公民的合法权利。用法律治理国家，用法律推动经济社会发展，用法律保障人们的权益，用法律调节社会关系和利益纷争，是现代国家治理必须遵循的基本原则。

二、实现实质自由

社会主义高度重视公民的自由权利，但社会主义并不将自由视为天赋的

---

① [法]孟德斯鸠：《论法的精神》，张雁深译，北京：商务印书馆，1961年，第154页。

② [美]汉密尔顿、杰伊、麦迪逊：《联邦党人文集》，程逢如等译，北京：商务印书馆，1980年，第266—267页。

东西。在社会主义的视野中，“自由绝不仅仅意味着每个人享有某些抽象的自由权利，而且还意味着个人有能力、有资源享受这种权利”[①]。

马克思主义主张将实质的自由而非形式的自由在现实中加以实现。在马克思主义看来，资本主义的主导意识形态——自由主义的自由本质上是一种形式自由，缺少实质自由的维度。自由主义认为，自由的本质在于个体拥有不受外在专制力量控制的私人空间。基于对个体自由权利的尊重和保护，政府要确保一个程序化的框架，让不同的人都有平等的机会参与竞争。与之相适应，政府要充当“守夜人”的角色，消极地保护公民的权利不受侵犯，而非积极主动地促进其幸福的实现。为每个公民提供平等的机会，使其自由地开展竞争，从表面上看这是十分公正的。但是，我们需要认识到，拥有平等的竞争机会，并不意味着能够现实地参与竞争。“对于政治上没有权力，经济遭受剥削的工人和其他劳动阶级来说，法律上的自由与平等无异于空洞的政治口号，因为它们并没有反映到实际的社会经济生活当中，并不能改变普遍存在于社会中的、每一个人都可以感受到的压迫与剥削。因此，争取真正的社会权利和社会平等，正是 19 世纪出现的社会主义运动的基本目标。”[②]

形式化的自由，看似为人们提供了平等的机会，任何人都可以凭借自己的努力参与到竞争体系当中。实际上，外在社会条件对一个人能否获得机会，获得多大的机会，起到至关重要的作用。对于一个拥有巨额资本的富翁而言，他在现实中拥有的机会，一定要比一个一文不名的乞丐大得多。在资本主义社会，真正通行的是财富的自由，谁占有金钱、财富，谁就拥有权利和自由，越是有钱就越有机会。对于资本主导下的资本主义社会的状况，马克思恩格斯用一种讽刺的口吻评论道：“好一个自由！无产者除了接受资产阶级向他们提出的条件或者饿死、冻死、赤身露体地到森林中的野兽那里去找一个藏身之所，就再没有任何选择的余地了。”[③]也正因为如此，在马克思看来，法律所规定的权利如果没有相应的社会条件为支撑，是难以变成实现的。只有从政治自由解放发展到社会解放，才能使无产阶级的自由权利真正得到保障和实现。

“社会主义最大的优越性就是共同富裕，这是体现社会主义本质的一个东西。”[④]社会主义的自由以实现共同富裕为前提，社会主义不应建立在少数人极度富有、享有充分的自由权利，多数人极端贫困、无法享有实质自由的基础上。一方面，我们需要充分发挥市场在资源配置中的决定性作用，充分发挥

---

① 李强：《自由主义》，长春：吉林出版集团有限责任公司，2007 年，第 172 页。

② 唐士其：《西方政治思想史》，北京：北京大学出版社，2008 年，第 357 页。

③ 《马克思恩格斯选集》(第 2 卷)，北京：人民出版社，1995 年，第 360 页。

④ 《邓小平文选》(第 3 卷)，北京：人民出版社，1993 年，第 364 页。

市场的积极功能，促进社会生产效率的提高；另一方面，需要建立健全完善的社会保障体系，注重弱者生存和发展条件的改善，让每一个人，特别是弱势群体获得良好的生存和发展环境，将实质的自由而非单纯的形式自由加以实现。

三、追求精神自由

自由体现为个体在法律规定的框架内按照自己的意愿选择自己的生活方式，不受任何外在专治力量的支配。对自由的这种理解，并不意味着自由是与道德、公共利益无关的东西。如果一个人的内心世界为低级的欲望所支配，在现实生活中没有公共意识和责任感，我们很难称其为自由的。在自由问题上，我们应该做一种拓展性的理解，不能将自由仅仅理解为消极被动的权利保护问题；相反，还应将自由视作行动主体的一种积极主动的状态，自由应该体现为个体对积极健康人生的追求，对社会公共责任的担当。

在传统的自由主义观念，特别是在古典自由主义看来，自由是一种与道德无涉的东西。一个人，只要其基本权利没有受到外在任意力量的侵犯，就是自由的。道德属于私人的事情，只要自己的行为没有影响到他人的合法权利，其行为就是被允许的。自由是否与道德无涉？事实并非如此。在自由竞争充分发展的19世纪的英国，其社会问题就清楚地表明了这一点。当时的英国，酗酒、暴力、贫困等社会问题十分突出，道德、科学、爱情、性都可以借助货币这一一般等价物加以买卖。不仅社会主义对自由竞争的资本主义下的唯利是图、道德败坏的现实进行了严厉批判，自由主义内部的一些思想家，也对这种与道德无涉的自由观念提出了批评和质疑。众所周知，约翰·密尔是19世纪自由主义的忠诚捍卫者，他坚定地认为个体的自由权利是神圣不可侵犯的。在他看来："个人的行动只要不涉及自身以外什么人的利害，个人就不必向社会负责交代。"[①]但是，在论及个人应该过一种怎样的生活时，密尔特别强调了追求高级快乐的重要性。他认为："做一个不满足的人胜于做一只满足的猪；做不满足的苏格拉底胜于做一个满足的傻瓜。"[②]很显然，密尔已经不再把单纯的快乐作为生活的目标，而是把快乐以外的目的，即幸福作为生活的目标。在密尔的观念中，幸福概念包含着简单的快乐体验所不能涵盖的价值追求。幸福不仅包括对金钱、权势、名望的追求，像爱好音乐、追求健康、崇尚德行、追求个体的自由发展等也都是幸福应该涵盖的内容。

自由同时也意味着承担公共责任，具有奉献精神。现代社会能否良性运行，一方面需要建构自由、民主、公正的社会制度；另一方面，也有赖于个体德行水平的提升，需要每个社会成员具备理性、审慎的精神，具备正义感

---

① [英]约翰·密尔：《论自由》，北京：商务印书馆，1959年，第10页。

② [英]约翰·穆勒：《功利主义》，上海：上海人民出版社，2008年，第10页。

和公共情怀。“每当人民普遍倾向于只注重个人的私利而不考虑或关心他在总的利益中的一份时，在这样的事态下好的政府是不可能的。”①只有拥有正义美德的人才能了解如何运用法则，只有心存正义之人才能设计出正义制度，才能按照正义的原则来实施正义制度，才能遵守正义的制度。

社会主义所倡导的自由是与公民道德境界、公共责任感的提升紧密相关的。社会主义精神文明建设就是要培养有理想、有道德、有文化、有纪律的社会主义公民。社会主义反对极端个人主义，强调爱国主义、集体主义和社会主义教育。社会主义重视个体权利的保护和实现，尊重差异，包容多样，社会主义同时也强调公民对社会的奉献、对国家的忠诚，强调公民社会责任感和公共意识的养成。我们需要建设高度发达的社会主义精神文明，大力加强社会公德、职业道德、家庭美德、个人品德教育，丰富人们的精神境界，增强人们的精神力量；需要通过生动活泼、潜移默化的形式，培育知荣辱、讲正气、做奉献、促和谐的良好风尚，积极引导人们讲道德、尊道德、守道德，追求高尚的道德理想。这是社会主义所倡导的自由应该具备的基本内容。

四、坚持历史的、具体的自由

社会主义主张自由是历史的、具体的，超历史的、超现实的自由是不存在的。不容否认，自由、平等、人权具有普遍性。社会成员，不论其种族、性别、肤色、语言、宗教、社会出身、财产状况、文化水平等，在享有基本自由权利方面都应该是一律平等的。但是，人权的普遍性，并不意味着它是千篇一律的、实现形式是唯一的。自由权利从来都是植根于特定的历史情境中的，它的实现方式从来都是具体的、历史的。“人们每次都不是在他们关于人的理想所决定和所容许的范围之内，而是在现有的生产力所决定和所容许的范围之内取得自由的。”②

西方国家一直以人权卫士自居，声称其自由民主理念代表了历史发展趋势，堪称人类史上最完美的状态。自由民主体制，具体地说以美国为代表的西方自由民主体制是人类社会发展的方向，认为凡是不顺从西方，尤其是与美国人权观念相违背的政权都属于被改造或超越的对象。在这一问题上，最典型的是福山的观点。在《历史的终结》一书中，福山明确指出，苏联解体、东欧剧变、冷战的结束，标志着共产主义的终结，历史的发展只有一条路，即自由主义的经济和民主政治。③ 自由主义者的观点背后不仅蕴含了他们对自由主义的信奉，也体现了强烈的西方中心论色彩。自由主义者在自由主义和

① [英]J. S. 密尔：《代议制政府》，北京：商务印书馆，1982年，第25—26页。

② 《马克思恩格斯全集》(第3卷)，北京：人民出版社，1960年，第507页。

③ Francis Fukuyama, “The End of History?” *The National Interest*, 1989, Vol. 16, pp. 3—18.

非自由主义之间进行了价值高低的排序，将其他非自由主义的自由包括社会主义的自由列入价值链条的底部，成为被拷问、被改造的对象。显然，没有严格按照西方自由民主模式建设的国家，其形象是被诋毁了的。

西方国家以自由民主卫士形象自居表明，它们将资本主义的自由视为人类社会追求的终极目标，将资本主义世界视为人类历史发展的趋势。这是一种故步自封的自由观念，是自我陶醉、霸权的心态。自由是西方人的重要价值追求，而不是资本主义的专利；不仅法国大革命响亮地提出了自由、平等、博爱的口号；不仅美国《独立宣言》鲜明提出人生而平等，被造物主赋予内在的、不可剥夺的权利，自由也是人类共同的价值追求。在中国人的心目中，自由同样占据着重要的位置，并为中国人所崇尚。中国民族资产阶级在反对封建专制的过程中也明确提出了自由的口号，无论是邹容“竖独立之旗，撞自由之钟”的呐喊，还是孙中山“致力国民革命凡四十年，其目的在求中国之自由平等”的遗嘱，无不清楚地体现了这一点。我国宪法就明确规定，公民享有言论、出版、集会、结社、游行、示威、宗教信仰等广泛的自由，享有对于任何国家机关和国家工作人员提出批评和建议的权利，等等。对于公民的这些自由权利，其他公民、国家、社会不能以一些随意的借口加以侵犯。正如我们一再强调指出的，人们自由的实现程度与当时的社会发展水平紧密相关。由于国情不同，每个民族、每个国家，追求自由的方式各有不同，在自由内容实现的侧重点上也有所差异。英国式的自由不同于法国式的自由，德国式的自由也有别于英法式的自由。同样，发展中国家，在强调自由权利的时候，特别强调生存权和发展权的重要性，将之置于人权发展的优先位置，这是有其特定的历史和现实原因的。

自由的历史性和具体性表明，一方面，我们需要充分认识到，自由是人类的共同价值追求，我们崇尚自由，捍卫和保障人权，采取切实有效的措施实现人们的自由。处在发展过程中的社会主义，尽管还存在不完善、不尽如人意的地方，但社会主义为自由的实现开辟了广阔的发展空间。随着社会主义制度的完善和发展，人的自由权利将会得到进一步的保障和实现。另一方面，我们也需要清醒地认识到，任何社会的自由都不是完美无缺的。资本主义的自由存在很大的缺陷，社会主义在保护和实现人们的自由权利方面，也还有很大的提升空间。任何国家、任何民族，在自由观念上，都不应故步自封，应该随着历史和实践的发展与时俱进，不断汲取其他民族、其他国家的成果，根据自身特色进行创造性的发展。那种声称自由终结于西方自由民主的观点，是一种非历史的观点。在社会主义看来，自由理念的提升，人们自由的实现程度，会随着实践的发展而不断发展。正是这一意义上，社会主义崇尚自由，但没有终结自由。

（作者：吴玉军　北京师范大学教授）

项目名称：马克思主义中国化时代化大众化的路径与方法
项目编号：12KDB019
项目负责人：郭建宁
项目信誉保证单位：北京大学

构建当代中国哲学社会科学话语体系的三重维度

坚持和发展中国特色社会主义迫切要求与之相适应的中国哲学社会科学话语体系，决不能自说自话，更不能走自己的路说别人的话。如何在学习借鉴人类文明成果的基础上，用中国的理论研究和话语体系解读中国实践、中国道路，不断概括出理论联系实际的、科学的、开放融通的新概念、新范畴、新表述，打造具有中国特色、中国风格、中国气派的哲学社会科学学术话语体系，是理论界和学术界面临的重大而紧迫的时代课题，需要理论界学术界长期的、扎实的不懈努力。

一、在中国特色社会主义伟大实践中构建当代中国哲学社会科学话语体系

中国特色社会主义是当代中国发展进步的旗帜，中国特色社会主义道路、中国特色社会主义理论体系、中国特色社会主义制度，是党和人民九十多年奋斗、创造、积累的根本成就，必须倍加珍惜、始终坚持、不断发展。中国特色社会主义既坚持科学社会主义基本原则，又根据时代条件赋予其鲜明的中国特色，科学回答了在中国这样一个经济文化比较落后的国家如何建设社会主义的难题，既符合中国国情，又具有世界意义。

第一，中国特色社会主义伟大实践是打造中国话语体系的基础。

中国特色社会主义是马克思主义基本原理同时代特征和中国国情相结合的产物，中国特色社会主义使古老的中国焕发出勃勃生机。中国特色社会主义是凝聚党心民心，增强信心的精神纽带和精神支柱。中国特色社会主义代表了中国最广大人民的根本利益，是中国人民的共同理想，是全国各族人民的共同意愿。离开了中国特色社会主义，打造中国话语体系就失去了实践基础。

第二，中国特色社会主义伟大实践是打造中国话语体系的来源。

这主要包括两个方面：一是尊重群众实践创造，尊重群众首创精神，并善于理论概括、总结和提升。二是学者要致力于用中国的理论研究和话语体

系解读中国实践、中国道路，提出新概念、新范畴、新表述。

第三，中国特色社会主义伟大实践是打造中国话语体系的动力。

中国特色社会主义的成就举世瞩目，但是在发展中也面临许多突出的矛盾与问题，有许多风险与挑战。发展是硬道理，发展的感召力决定话语的影响力。为此，在当前的改革与发展中，要更加强调人民至上，更加注重公平正义，更加重视依法治国，更加着力改善民生，让全体人民共享改革的成果，从而使改革得到更广泛的社会支持，使中国特色社会主义始终保持蓬勃发展的生机与活力。

面对新形势新挑战，坚持与发展中国特色社会主义，关键是在新的起点上把中国特色社会主义伟大事业不断推向前进，坚持与拓展中国特色社会主义道路，坚持与发展中国特色社会主义理论体系，坚持与完善中国特色社会主义制度。改革开放的实践证明，只有解放思想，勇于探索，才能不断开创中国特色社会主义建设的新局面。在改革开放实践中，我们坚持解放思想和实事求是的统一，大力发扬求真务实的精神，自觉把思想认识从那些不合时宜的观念、做法和体制的束缚中解放出来，从对马克思主义错误的和教条式的理解中解放出来，从主观主义和形而上学的桎梏中解放出来，以实践基础上的理论创新回答了一系列重大理论和实际问题，为改革开放提供了体现时代性、把握规律性、富于创造性的理论指导，开辟了马克思主义的新境界。中国特色社会主义之所以具有强大的生命力，就在于它是实现改革开放的社会主义。中国特色社会主义的命题，是在改革开放的伟大实践中提出的；中国特色社会主义道路，是在改革开放的伟大实践中开辟的；中国特色社会主义理论体系，是在改革开放的伟大实践中形成的；中国特色社会主义制度，是在改革开放伟大实践中不断完善的。改革开放与中国特色社会主义就是这样内在地、有机地、不可分割地紧紧联系在一起。要坚持解放思想、实事求是、与时俱进、勇于变革、勇于创新、永不僵化、永不停滞，在全面深化改革中，完善和发展中国特色社会主义制度，推进国家治理体系和治理能力现代化。

二、在弘扬中华优秀传统文化中构建当代中国哲学社会科学话语体系

2014 年的 2 月 24 日，习近平总书记在主持中共中央政治局第 13 次集体学习时强调，培育和弘扬社会主义核心价值观必须立足中华优秀传统文化。这不仅对培育和弘扬社会主义核心价值观具有重要意义，而且对于构建当代中国哲学社会科学话语体系也具有重要指导意义。对此习近平总书记主要讲了三个方面：

第一是重要地位。习近平总书记指出，牢固的核心价值观都有其固有的

根本，抛弃传统、丢掉根本，就等于割断了自己的精神命脉。博大精深的中华优秀传统文化，是我们在世界文化激荡中站稳脚跟的根基。中华文化源远流长，积淀着中华民族最深层的精神追求，代表着中华民族独特的精神标识，为中华民族生生不息、发展壮大提供了丰厚滋养。中华传统美德是中华文化的精髓，蕴含丰富的思想道德资源。

第二是优秀中华传统文化的具体内涵。习近平总书记指出，要深入挖掘和阐发中华优秀传统文化讲仁爱、重民本、守诚信、崇正义、尚和合、求大同的时代价值。习近平总书记所讲的中华优秀传统文化六个方面的丰富内涵和时代价值，笔者认为是讲得比较全面、比较系统的。

第三是方法论。怎样正确地对待传统文化？习近平总书记指出，不忘本来，才能开辟未来。善于继承，才能更好创新。要有鉴别地加以对待，有扬弃地予以继承。他特别强调要处理好继承和创造性发展的关系，重点做好创造性转化与创新性发展。“重点做好创造性转化与创新性发展”，这句话笔者觉得特别具有方法论的意义，也是我们当前需要重点做的一件事情。

这三个方面，一是讲重要性，二是讲内涵、内容，三是讲方法，创造性转化与创新性发展。习总书记这一年多来，很多场合的讲话，比如 2013 年在“两会”讲中国道路与中国文化；2013 年的 8·19 全国宣传思想工作会议上的讲话阐释“四个讲清楚”。比如 2013 年 11 月他到山东曲阜，看了孔子研究院，讲民族的复兴，指出要有民族文化的复兴来支撑；2013 年 12 月第 12 次政治局集体学习讲文化软实力；2014 年 2 月 24 日第 13 次政治局集体学习，讲社会主义核心价值观；以及 2014 年 3 月他到欧洲访问，在德国，在法国，在欧盟总部，在联合国教科文组织，都讲了很多文化、文明方面的问题。2014 年 5 月 4 日在北京大学，习总书记又专门讲社会主义核心价值观。可以说，这一年多来，习总书记关于文化讲得特别多，也非常深刻、非常到位。过去我们讲文化，一般还是策略性的、具体措施的，而习总书记这些讲话是从战略的、总体的高度来把握的，因此应引起我们的高度关注和深刻领会。

文化是民族的血脉，人民的精神家园。对待传统文化应当有同情的了解，实事求是的态度，辩证的理性的思考。重点做好创造性转化和创新性发展，既是我们对待传统文化的立场、态度、方法，也是摆在理论工作者面前一个重大而紧迫的课题。必须坚守中华文化立场，以客观、科学、礼敬的态度来对待中华优秀传统文化，推动中华文化现代化。激活中华优秀传统文化的生命力，增强其影响力和感召力。

实现传统文化的创造性转化和创新性发展，必须处理好传统与现代的关系。传统文化是一个复杂的矛盾体，它的现代性问题需要具体分析，就拿“三纲五常”来说，“三纲”即君为臣纲、夫为妻纲、父为子纲，这完全是单向的、专制的、封建的。但是“五常”特别是“五伦”，则是强调君臣有义、父子有亲、夫妇有别、长幼有序、朋友有信，具体内容是要求君仁臣忠，父慈子孝，夫义妇听，兄良弟恭，长惠幼顺，这里讲的五伦关系就是双向的、互动的，其中一些内容可以成为构建现代社会的伦理关系的思想资源。因此，必须具体分析和仔细剥离，切忌一锅煮和一刀切。要全面认识祖国传统文化，取其精华，去其糟粕，使之与当代社会相适应，与现代文明相协调，保持民族性，体现时代性。

实现传统文化的创造性转化和创新性发展，就要处理好传承与创新的关系。中华民族具有悠久的历史和优良的传统。中华文化对于凝聚和团结全国各族人民，起着重要的纽带和基础作用。弘扬中华优秀传统文化对于增强民族自尊心、自信心、自豪感，使全国人民始终保持奋发有为、昂扬向上的精神状态，实现中华民族的伟大复兴，具有特别重要的意义。当然，任何一种优秀文化传统，只有与时俱进，不断扬弃与更新，才能永葆青春与活力。当今世界激烈的综合国力竞争，不仅包括经济实力、科技实力、国防实力等方面的竞争，也包括文化方面的竞争。保持和发展本民族文化的优良传统，同时实现文化的与时俱进和开拓创新，是关系民族前途和命运的重大问题。文化传承与文化创新是内在统一的。传承是基础、是前提，创新是方向、是生命，两者不可偏废。

实现传统文化的创造性转化和创新性发展，还要处理好文化的内容和形式的关系。一般在谈到新民主主义文化时，我们总是说新民主主义的内容，民族的形式；在论述社会主义文化时，我们又说社会主义的内容，民族的形式，这成了阐述文化的内容和形式的固定格式。其实，形式与内容是分不开的，民族性存在于内容和形式的统一之中。也就是说，民族性是形式，又不仅仅是形式。它不仅体现在形式中，也体现在内容中。而且只有不仅体现在形式中，同时也体现在内容中的民族性，才是真正有生命力的。

2014 年 5 月 4 日，习近平总书记在北京大学的讲话中指出，中华文明绵延数千年，有其独特的价值体系。中华优秀传统文化已经成为中华民族的基因，植根在中国人的内心，潜移默化地影响着中国人的思想方式和行为方式。我们生而为中国人，最根本的是我们有中国人的独特精神世界，有老百姓日用而不觉的价值观。这是对培育和弘扬社会主义核心价值观讲的，同样也适用于构建中国哲学社会科学话语体系。当代中国哲学社会科学话语体系和五千年的中华优秀传统文化，是内在衔接的，相互贯通的，辩证统一的，有机结合的，不可分割的。这样的哲学社会科学话语体系才是有主体性和影响力的。

三、在回答时代课题中构建当代中国哲学社会科学话语体系

哲学是时代的精华，问题是时代的声音。构建当代中国哲学社会科学话

语体系必须致力于回答时代课题，这就需要：

——具有国际视野。当代中国的哲学社会科学研究要有一种开放的眼光，要有一种世界的格局，要有一个国际的视野，切不可关起门来自说自话。要科学分析我国全面参与经济全球化的新机遇新挑战，深刻把握工业化、城镇化、信息化、农业现代化深入发展的新问题新特点。要进一步深化改革扩大开放，积极借鉴人类文明一切有益成果。要重视国际交流，在国际的交流和对话中提升中国哲学社会科学的影响力，增加我们的话语权。

——立足时代前沿。当今时代，世界多极化和经济全球化的趋势深入发展，国际环境复杂多变，综合国力竞争日趋激烈，影响和平与发展的不稳定不确定因素增多，我们仍将长期面对发达国家在经济科技等方面占优势的压力，面临许多可以预见和难以预见的风险与挑战。打造中国哲学社会科学话语体系必须立足时代前沿，顺应时代潮流，紧扣时代脉搏，把握时代特征，体现时代要求，回答时代课题，应对时代挑战。

——强化问题意识。当代中国和世界的变化、变革、变动，世界各种思想文化的交流、交融、交锋，人们价值观的多元、多样、多变，向我们提出了新课题新挑战。我们一定要拓展研究视野，强化问题意识，充分认识世界大变革大发展大调整产生的重大影响，充分认识后国际金融危机影响持续，领土、领海、岛屿争端强化，能源、气候问题压力加大，国际网络安全问题凸显等国际经济政治的新变化。深入研究中国特色社会主义道路、理论体系、制度。研究全面深化改革，推进国家治理体系和治理能力现代化。研究培育和弘扬社会主义核心价值观。研究社会主义经济建设、政治建设、文化建设、社会建设、生态文明建设，等等。特别是善于用中国的理论研究和话语体系解读中国实践、中国道路，不断概括出理论联系实际的、科学的、开放融通的新概念、新范畴、新表述。形成自己讲起来有底气，别人听起来也服气的学术话语体系。

——突出中国视角。马克思主义中国化是马克思主义与中国实践和中国文化相结合的成果。中国特色社会主义既坚持马克思主义基本原则，又具有时代特征，还有鲜明的“中国特色”。马克思主义中国化和中国特色社会主义是 20 世纪以来中国共产党人两个最重要的概念、命题和主张，就是走自己的路，讲自己的故事，有自己的创造。我们要以高度的理论自觉与理论自信，在学习借鉴人类文明成果的基础上，打造具有中国特色、中国风格、中国气派的哲学社会科学话语体系。讲好中国故事，阐释好中国特色。

——体现学术话语。必须明确，这里讲的中国话语体系是哲学社会科学学术话语体系，以新概念、新范畴、新表述为具体体现和重要支撑。这就给哲学社会科学界提出了很高的要求，应当说是很有难度的。要继续解放思想，实事求是，与时俱进，在中国特色社会主义伟大实践中进行理论创造。要具有世界的眼光、开放的意识、宽容的精神，平和的心态，维护学术自由，提倡学术争鸣，在探索与争鸣中，打造中国哲学社会科学话语体系。要明确学术的创新与进展不可能一蹴而就，需要长期的钻研与积累。要尊重学术规律，注重学术规范和学术道德，以甘坐冷板凳的精神，扎扎实实做学问。而切不可急功近利，搞学术“大跃进”，那样只会适得其反。现在的课题、项目很多，论文、著作更是不计其数，但是低水平重复的现象相当严重。增强学术含量，提升学术品位，克服低水平重复，是实现马克思主义中国化时代化大众化，繁荣发展哲学社会科学，构建当代中国哲学社会科学话语体系的重大课题，也是关键所在。对此，我们必须保持清醒的认识。

（作者：郭建宁　北京大学教授）

项目名称：新中国成立初期(1949—1956)的社会建设与社会认同研究
项目编号：12KDB026
项目负责人：宋学勤
项目信誉保证单位：中国人民大学

新中国成立初期(1949—1956)的社会建设与社会认同

——以北京市失业救济为中心的考察

一、新中国成立初期社会认同建构的基点：有实无名的社会建设

有关社会建设和社会认同的话题不是新问题，学界多有涉猎，取得了一定的成果。众多学者从不同的学科视点出发，深入思考了社会建设体系的重大理论问题，密切关注了当前社会建设实践问题，但较少探讨历史上的社会建设实践；对于社会认同问题，以往的研究中，学界较注意从心理层面讨论社会认同，而很少关注在具体社会生活中社会认同建构的方式方法、变迁样态，以及支撑社会认同建构和变迁的内在动力。实际上，社会认同力量的发挥需要社会建设的一些基础性结构的支撑。新中国成立初期，社会建设并没有被明确提上日程，官方文件中也没出现"社会建设"的提法，但并不意味着没有社会建设实践。新中国成立伊始，整个社会犹如一盘散沙，阶级阶层和社会群体的不断分化，如何培育和重建新的社会秩序，成为摆在走向执政地位的中国共产党面前的艰巨任务。1950年6月6日，毛泽东在中共中央七届三次会议上所做的报告中，列举了当时必须做好的八项重要工作，其中一项即为"必须认真地进行对于失业工人与失业知识分子的救济工作"，成为社会建设的核心内容。本文拟从当时北京市开展失业无业救济的实践入手，考察社会建设与社会认同之间的内在联系，以明晰新中国成立初期社会认同的成功建构以及在维护社会和谐方面所发挥的重要作用。

二、新中国成立初期社会认同建构的途径：通盘考量的民生关怀

新中国的成立带来了政权更替与社会巨变，使社会成员的原有身份类别变动不定，相互间的利益诉求日益多元分化。在北京，"公营企业的工人，在考虑工资或复工问题(但相对而言是比较安心的)；私营工厂的工人和商店店员，则担心失业(有些私营企业风传要裁员)或酝酿要求改善；国立大学的学

生，在考虑前途、公费，有的并在议论‘总吃小米吗?!’；私立学校教职员、学生在考虑私立学校能否办下去，政府对学校和学生生活能否给点津贴，在考虑职业、生活、前途了；大批失业知识分子则关心我们能否给以出路；三轮车夫因为现在坐车的人既减少，又恢复了电车，在纷纷问我们该怎么办？贫民则焦急地等待着，看我们对他们有什么新办法，等待着新的福音。绝大多数群众则关心金融、物价能否稳定，并希望物价降低，群众的思想感情复杂起来了”[①]。失业人员的不断增加是当时最严重的社会问题。而且处于底层的行业工人对新政权仍是质疑的："解放了还不是给资产阶级解放了，拉车的还是拉车，找着职业的考上学校的都是些念书识字的中小资产阶级，我们是他妈的玩完!"[②]政权更迭所带来的社会巨变，并不是立即能够为普罗大众所接受。能否满足民众的期待及获得他们的认同经历了一个过程；如何建构起个体成员新的身份与权利，如何提升底层民众的地位认知与社会认同考验着新政权的各项举措。中共执政之初，深谙民生问题的重要性，早在1948年毛泽东就提出："城市一经由我们管理，就必须有计划地逐步解决贫民的生活问题。"[③]

北平市接管后，新政府就开始了失业、无业人员的登记工作。1949年2月，北平市失业工人与失业知识分子(初中文化程度以上的)有10197人，此外还有无业的赤贫户6820户18975人。[④] 1949年11月12日，北京市召开的各界人民代表会议通过了试办失业救济的决定，会后制定了《救济失业员工决定试行细则》。1950年1月，北京市政府批准市劳动局设置救济科。同年3月，又批准了全市12个区公所和9个区政府从失业人员中选拔人员从事失业救济工作。同年7月22日，成立了北京市失业工人救济委员会，由此开始了失业救济工作。同年10月，全市有失业职工8645人，其中新中国成立以前失业的有2421人，新中国成立以后失业的有6224人。[⑤] 1951年5月开始对没有工作过的青年和技术人员、知识分子办理求职人员登记，到1951年6月底，共登记了2354人。[⑥] 1952年7月，北京市劳动就业委员会成立，专门负责组织对失业、无业人员的登记和介绍就业的工作。截至1955年年底，已向劳动部门办理登记的失业、无业人员累计达155000人，其中失业人员99000人(绝大部分是解放前遗留下来的)，没有工作过要求就业的56000人，经过介绍就业的约6万人，自己找到工作或有其他生活出路的54000人；参加劳

① 北京市档案馆编：《北平和平解放前后》，北京：北京出版社，1988年，第252页。
② 《进城以来各阶层的思想动态》(1949年6月11日)，北京市档案馆藏，档号：40—001—132。
③ 《毛泽东选集》第4卷，北京：人民出版社，1991年，第1324页。
④ 《北京志·劳动志》，北京：北京出版社，1999年，第20页。
⑤ 《北京志·劳动志》，北京：北京出版社，1999年，第20页。
⑥ 《北京志·劳动志》，北京：北京出版社，1999年，第20页。

动部门举办的各种技术、业务、文化训练班的超过26000多人(这些人训练后绝大部分已安置就业)。[1]

对各类失业、无业人员的安置问题，北京市通盘考量，对不同群体分别对待，多措并举。

一是对原有公教人员、企业职工以及原国民党军政人员的安排。1949年1月31日，北平市和平解放以后，中共北平市委、市政府对原有公教人员、企业职工实行“包下来”的政策，除少数年老或其他原因不适合工作的人员做其他处理外，都留下成为固定职工，留用人员按其原薪原职待遇，对于不能工作、生活困难的人员给以一般救济；对原国民党军政人员的安置，分别根据具体情况给以工作和生产出路，对于不能参加生产或工作、生活困难的旧军官给以一般救济。

二是对失业工人的救济。1950年开始对失业工人进行救济，由劳动部门与有关部门配合，采取资助还乡生产、组织生产自救、以工代赈或发放救济金等办法进行。对失业工人的救济，让这一人数较多的群体提升了地位认知，感受到了新旧社会的变迁，构建了普通民众对“新社会”的“好感”，他们对国家和共产党充满了感激之情，这种感激之情强化了对新社会的认同，也成了他们积极参加新社会建设的动力。

三是安排反革命分子和有政治历史问题的人就业。很多有历史问题或社会关系“复杂”的人以及反革命分子家属，长期找不到工作。为了解决此问题，北京市拟定了对各类人的分配原则：对有一般政治历史问题的人，均分配到非机要部门工作；对有严重问题的反革命分子，仅介绍到砂石厂等单位参加体力劳动。但是，这些原则实行起来，仍然遇到了一些阻力，主要是用人单位不愿用所谓有“政治历史问题”的人，而一些干部也怕“丧失立场”，不愿介绍他们就业。因此，针对这些问题，北京市政府在打通思想的基础上，又根据掌握的材料，实事求是地逐人做了结论，也给那些所谓有“政治历史问题”的人安排了生活出路。

四是安排失业高级知识分子就业。为了处理失业高级知识分子要求就业的问题，北京市委知识分子问题五人小组决定由统战部、人事局、民政局、劳动局、教育局等单位组成临时工作组。在北京市处理失业无业人员工作委员会的领导下，对失业知识分子进行了安排。

五是对病态生活人群的救治。新中国成立后，在北京存在着数量较多的两大病态生活群体，即娼妓群体与乞丐群体。1949年5月18日，北平市人民政府民政局召集公安局、纠察队、妇委、法院、卫生局、民政部、救济院等单位开会研究乞丐问题与妓女问题的救治工作。娼妓问题与乞丐问题的成功

① 《关于安排本市失业无业人员的报告》，北京市档案馆藏，档号：1-9-395。

救治，使多年累积的社会问题一下子获得解决，社会各阶层民众感受到社会的进步，感受到新政权的威望与力量，推进了广大民众对新政权与新社会的认同。

救济失业、无业人员问题，使原来生活在社会底层的民众在生活福利的改变下对“新社会”产生了新的认识，使社会各层面的民众感受到自己是国家的一分子。北京市在处理这些失业问题时，没有采取简单粗暴的手段，而是充分考虑各阶层民众的感受，因时制宜。新中国成立初期新政权对民生问题的关注，使中共的威信空前提高，以至新中国初期的头七年，成为后来人们深切怀念的一个时期。“那时候工作多，但人们不觉得累，那时困难多，但人们不气馁。那时的人们都有理想，相信有党领着，美好生活一定会在自己手里出现。”①甚至到“大跃进”运动以后，城市里大多数人“依旧感谢发生在50年代给他们的生活带来改善的变革，不愿意相信曾经使中国‘站起来’的领导如今应该对‘三年困难’负责。因此，对许多市民来说，尽管‘大跃进’危机带给他们难忘和痛苦的经历，但却不能泯灭他们在新秩序下建立起来的信心”②。这更雄辩地证明了：新中国成立伊始，伴随着国家与政府权力的更替引发了中国社会的总体变迁，而中国共产党与政府进行了系列的社会建设活动，开始对“新社会”的塑造且被大众认同并献身其中，与这一时期的社会建设有着潜在的联系。

三、新中国成立初期社会认同建构的经验：历史转折期对社会建设的高度重视

历史证明，新中国成立初期之“新社会”之所以促成了较广泛的社会认同，与当时的社会建设实践密切相关。新中国成立后，各层级制度的建立，不仅在宏观政治领域与经济层面影响中国的社会发展，而且也在微观生活层面的意义上改变和重塑每个社会成员的生活方式。而社会建设的重要任务则是通过各种社会制度的设计与执行，在基层社会与普通民众的社会生活中建构稳固的社会秩序，这也是建构有效的社会认同的重要路径。新中国成立初期社会认同的成功建构，可为当前的社会建设实践提供些许启示。

一是社会建设层面的就业与社会保障等诸因素对人们的利益意识和社会政治态度产生了极大影响。换言之，民众生活的切身利益意识影响其社会认同感的强弱，社会认同感反映了人们对社会的看法和对社会未来发展状况的预期。一般来说，社会经济状况较好的人或者说社会经济状况不断在改善的

---

① 黄新原：《真情如歌：五十年代的中国往事》，北京：中国青年出版社，2007年，第1页。

② [美]R. 麦克法夸尔、费正清编：《剑桥中华人民共和国史》，北京：中国社会科学出版社，1992年，第708页。

人，社会认同感较高。百废待兴之际，在社会缺乏足够的资源改善民生之时，中国共产党与政府成为社会建设主体，把关乎民生的失业救助等视为政府的中心工作，而且把它上升为“政治问题”。进行多层面的社会建设，不仅从物质层面上给民众带来实实在在的利益上的增进，满足民众的需求，而且在心理层面上获得了民众的支持和认同。社会认同与社会整合关系密切，如果一个社会上的大多数人有共识和认同感，则社会的秩序、稳定与和谐不期而自生，社会整合也就基本实现。相反，如果一个社会上的大多数人缺乏基本的共识与认同感，那么社会将处于各种矛盾与冲突之中。特别在政权更迭、社会转型时期，社会认同的建构就更为必要。新中国成立之初就处于这样一个社会在不断地被分解更新与重新整合的状态之中，只有凝聚人心、激发社会认同才能避免社会矛盾的尖锐化。新中国成立之初，政府对失业救济等方面问题的热切关注，都与事关社会认同的各种制度建设直接相关。新中国成立之初，中国共产党重新整合社会，同时国家以一个“救民于水火，为人民谋幸福”的救星形象出现，个体民众都希望“救星”的光辉福荫自己。正如吴晗所总结：“中国历来没有过失业保险制度，这次对于失业工人和贫苦市民系统地进行救济还是一个创举。事实证明：进行这样的失业救济，是必要的，也是可能的。”[①]对失业无业人员的成功救济安置，不仅彰显了中国共产党的执政能力，也使中国共产党建树了很高的威望，在安定民心，维护了社会稳定方面起到了重要的作用。

二是社会建设中具体社会问题的解决比单纯的意识形态宣传教育更能将新的意识形态观念深刻地嵌入普通民众的思想深处。一个新政权的建立，首当其冲的工作是使其意识形态社会化，让大多数社会成员接受和认可意识形态所倡导的思想观念，意识形态认同是其巩固执政地位的法宝。但不能简单地通过灌输与宣传的方式，将人们的思想意识硬性统一到执政党意识形态下面，这样做有时会适得其反。新中国成立初期的社会建设实践，虽然表面上是在导入一种新型的社会生活方式，但在其过程中却实现了意识形态认同的“政治”意义。社会问题与民众的日常生活紧密相连，因此，成功治理社会问题以及在治理过程中进行意识形态改造，更易于为民众所接受。我们看到，通过对各阶层、各党派、各团体等失业无业人员的救济治理，让他们意识到自己与民族国家和社会的紧密联系，让社会上对中共执政心存质疑或芥蒂的各色人群放弃原来的信仰，去接受和认可中国共产党所倡导的价值观念和道德规范。人总是要有信仰的，但只有当某种信仰所蕴含的价值理念和民众的价值追求相契合时，才能够形成意识形态上的感染力和向心力。当民众感受到

① 吴晗：《失业救济和普遍召开区各界人民代表会议的两项工作》，《人民日报》，1950 年 12 月 30 日。

一种新的制度结构更合理和更公正，且能够给自己和他人带来更多的利益和好处的时候，就会把这种信仰渗透到自己的行为方式中去，那么这种制度便能得到更多的拥护，而意识形态则通过制度而转变成社会整合力量。社会发展的每个阶段，相应的意识形态都会发挥一种社会整合功能，但在社会转型时期意识形态的作用尤为显著。因为在社会转型时期，社会成员的原有身份类别变动不定，相互间的利益诉求日益多元分化，这时期进行社会整合，要培育和塑造新的社会共同体，需建构起个体成员新的身份与权利并使之接受和认可，而新的身份与权利的认知让每个成员意识到自己是国家的一分子，从而才能使社会成员的行为目标达到高度统一。

三是政府对民生建设的重视及其作为与不作为，与资本积累有一定的关系，但要想获得广泛的社会认同却不能仅仅是运用经济手段，而是需要一个“脚踏实地办事的政府”[①]。有国外学者曾评价说，从 1948 年中国共产党进入城市起，城里人的态度很不统一。一部分人对新政府如何管理复杂的城市持怀疑态度，认为“中国共产党人既不会经营发电站，也不精通对外贸易之道，更无法处理城市生活的其他方方面面的复杂问题”[②]。但这些人“很快便发现电、煤、粮食和其他生活必需品的供应比过去更有保证。通货膨胀似乎难以克服，但是到了 1951 年，尽管中国参加了朝鲜战争，通货膨胀也得到了控制。在大城市，一些贫民窟得到了修整，新的工人公寓楼开始拔地而起，有效的城市管理环境开始形成”[③]。1951 年，燕京大学的一位教师记录了这种明显的变化：“我们终于有了一个期待已久的政府，这是一个不只是说说而已，且脚踏实地办事的政府。”[④]新中国成立初期，中共凭借着有限的资本推进社会建设与管理，重视民生建设，关心底层民众，人们感受到了政府的所作所为带来的变化，所以对生活条件将会改善普遍持乐观态度。一位英国传教士教授也同样感受深刻：“北京的生活效率普遍提高……对于一个深谙旧中国生活的人来说，简直难以相信。”[⑤]这一时期中国共产党进行社会整合所实现的不是被迫的服从，而是以“脚踏实地办事的政府”形象让各阶层民众从内心里建构对新社会的认同。新中国成立初期的社会建设实践，增强了民众的向心力与凝

---

① [美]R. 麦克法夸尔、费正清编：《剑桥中华人民共和国史》，北京：中国社会科学出版社，1992 年，第 685 页。

② [美]R. 麦克法夸尔、费正清编：《剑桥中华人民共和国史》，北京：中国社会科学出版社，1992 年，第 678 页。

③ [美]R. 麦克法夸尔、费正清编：《剑桥中华人民共和国史》，北京：中国社会科学出版社，1992 年，第 685 页。

④ [美]R. 麦克法夸尔、费正清编：《剑桥中华人民共和国史》，北京：中国社会科学出版社，1992 年，第 685 页。

⑤ [美]R. 麦克法夸尔、费正清编：《剑桥中华人民共和国史》，北京：中国社会科学出版社，1992 年，第 685—686 页。

聚力，在当时重塑社会的大背景下，对民众的这种本体性安全感的建构和维持在很大程度上是一种新的社会认同的成功重构过程。

（作者：宋学勤　中国人民大学副教授）

项目名称：用社会主义核心价值体系引领高校社会思潮的有效途径研究
项目编号：12KDB028
项目负责人：左　鹏
项目信誉保证单位：北京科技大学

高校思想政治理论课教学中的意识形态“漂浮”

高校思想政治理论课承担着对大学生进行系统的马克思主义理论教育的任务，是对大学生进行思想政治教育的主渠道。自2005年新课程设置方案实施以来，经过教育主管部门和全国各高校的共同努力，思想政治理论课教学状况明显改善，马克思主义在高校意识形态领域的指导地位进一步巩固和加强。但与此同时，我们也要清醒地看到，思想政治理论课教学与中央的要求、形势的发展、大学生的期待还有不少差距，马克思主义意识形态仍在一定程度上存在“漂浮”现象。

一、意识形态“漂浮”及其在思想政治理论课教学中的体现

所谓意识形态“漂浮”，是指大众传媒可以铺天盖地、大张旗鼓地宣传某种意识形态，可是，这种意识形态仍不能深入人心，甚至会引起人们的逆反心理而漂浮在表面。① 意识形态之所以会“漂浮”，是由其内在的结构要素及其互相作用状态导致的。

按照何怀远的观点，任何意识形态都由三个基本层面的要素构成，即认知—解释层面、价值—信仰层面和目标—策略层面。其中，认知—解释层面是意识形态中对其基本理念进行说明的内容，是意识形态的知识论前提；价值—信仰层面是意识形态中的价值观及其信仰成分，是人们进行价值选择、价值评价的根据，也是人们产生激情的观念基础；目标—策略层面是意识形态的基本理念所要实现的理想目标以及为实现这一目标而选择的方式、策略等，体现了意识形态探寻现实世界意义的实践导向。

这三个层面的要素相互支撑、相互影响，使得意识形态的发展呈现为一个既有相对稳定的内容，又不断实现内容更新的动态结构。如果三个层面中的任何一个出了问题，都会影响到意识形态的结构，进而影响到意识形态宣传教育的实际效果。比如，认知—解释层面对现实世界的描述失去了科学性，

① 何怀远：《意识形态的内在结构浅论》，《江苏行政学院学报》，2001年第2期。

实际上也就破坏了意识形态知识的可信性，让社会成员接受这样的意识形态，势必存在很大难度；价值—信仰层面不与社会主体的情感、利益紧密地联系在一起，一般很难调动人们追求意识形态的热情，意识形态就只能“漂浮”在人们的意识之外了；目标—策略层面缺乏可行性，社会就难以形成共同的实践意志，意识形态就难以变成强大的社会力量，观念的东西将永远是观念的东西，成不了现实的运动。

任何意识形态在其传播过程中都有可能出现上述“漂浮”现象，以思想政治理论课为主渠道的高校马克思主义意识形态的传播同样难以避免。从认知—解释层面看，尽管马克思主义作为我国的主导意识形态，深刻揭示了历史发展的客观规律，为人类社会进步指明了正确方向，但它不是故步自封的学说，而是开放的、与时俱进的理论体系。如果把马克思主义看成一成不变的僵死教条，或者把本不属于马克思主义的东西强加在马克思主义的名下，再用这样的马克思主义去解释现实、指导意识形态，结果只能是隔靴搔痒、难见成效。从价值—信仰层面看，尽管马克思主义的全部理论都立足于实现和维护最广大人民的根本利益，具有最鲜明的政治立场，但由于大学生正处在从不成熟走向成熟的特殊阶段，不仅富于理想信念，也特别关注自身发展，不仅具有强烈的社会责任感，也在一定程度上存在着“泛功利化”倾向，再加上受到一些不正确思想和导向的影响，就很容易将马克思主义理解为与己无关的“大道理”，缺乏最起码的认同感，甚至在不知其然的情况下就简单地将其拒之门外。从目标—策略层面看，尽管马克思主义确立了实现共产主义的最崇高的社会理想，近现代以来中国人民在不断的探索中找到了一条朝着这个目标前进的正确道路——中国特色社会主义道路，但这毕竟存在于他们身外，学业、就业、感情、人际交往、社会实践等才是他们必须正视的现实问题，而在学习、生活中同“富二代”、“官二代”的正面相遇还猛烈撞击着他们的心灵，思想政治理论课如果不能给他们提供解决现实问题的答案，抚慰他们受到撞击的心灵，那就不可能持久地吸引他们的眼球，实现马克思主义意识形态的有效传播。

二、思想政治理论课教学中意识形态“漂浮”的直接原因

造成思想政治理论课教学中意识形态“漂浮”的原因是多方面的，既有我国经济社会深刻变革的影响，也有主流意识形态建设未能跟上这种变革的影响。这两方面的影响反映到思想政治理论课教学中，直接导致了马克思主义意识形态的“漂浮”现象。

第一，从教育主管部门和各高校对思想政治理论课的领导和管理来看，尽管近些年来宏观指导更加有力、体制机制不断完善，各方面共同关心支持思想政治理论课的良好局面已初步形成，但育人为本、德育为先的理念在一

些高校还没有得到完全贯彻，各项工作推进的程度还很不平衡。比如，在思想认识层面，个别高校的领导和一些教学管理者、专业课教师尚未站到培养中国特色社会主义事业合格建设者和可靠接班人的高度看待思想政治理论课，只是把它当作纯粹的意识形态“说教”，甚至认为它“挤占”了专业课教学时间，“浪费”了教学资源，对教育主管部门的要求，消极应对有余，积极作为不足，善于打造轰轰烈烈的阵势，无意追求实实在在的效果。在机构设置层面，至今仍有个别高校没有建立独立的、直属学校领导的思想政治理论课教学科研二级机构。在已经独立建制的高校中，既不乏采取瞒天过海之术，“两块牌子，一套人马”，与原先的人文社会科学教学科研机构没有实质性分开的；也不乏独立之后原先的创收渠道受阻，学校下拨的专项经费不能全然补偿，影响到思想政治理论课教师的实际收入和工作状态的。在课程规划方面，虽然各高校都能按照“05 方案”的要求开设新四门课，但对“学分学时对应”的原则理解不尽一致，一般是 1 个学分对应 16 或 18 个学时，但也有达不到这个标准的，最低只对应 8 或 9 个学分，这就使得思想政治理论课的教学时数被“合法”压缩了。更为普遍的是，一些高校以“加强实践教学”之名，划出思想政治理论课的学分学时专作“实践教学”，而所谓的“实践教学”或者由学生“自主实践”，或者干脆归并到共青团组织的大学生社会实践中，把学生在校园内外开展的各种实践活动都算作思想政治理论课的实践教学。这样，从表面上看思想政治理论课的教学形式丰富了创新了，可实际上连最起码的教学时数都无法保证了。

第二，从思想政治理论课教师队伍建设来看，尽管近些年来培养培训工作的力度不断加大、选聘配备机制不断完善，教师的数量、结构和素质都发生了可喜的变化，一支“让党放心，让学生满意”的教师队伍正在形成当中，但从总体上看，教师队伍的状况还不能完全适应新形势新任务的需要。一方面，根据教育主管部门的要求，思想政治理论课专任教师按照师生 1∶350—1∶400的比例配备，但落到实处，师生比例之“师”到底是只计算给本专科学生上课的思想政治理论课教师，还是把给研究生上课的思想政治理论课教师一并计算进来，师生比例之“生”到底是指全体在校的本专科学生，还是只限于开设思想政治理论课年级段的本专科学生。同样是满足 1∶350—1∶400 的师生比例，但采用不同的标准计算，得出的教师人员编制相去甚远。就算有了额定编制，一些教学部门还是宁愿缺编也不愿满编或超编，因为缺编缺出来的工作量可以由在编教师超额完成，人头费可以由在编教师额外分享。另一方面，教育主管部门制定了严格的教师任职资格准入制度，要求思想政治理论课教师必须坚持正确的政治方向，热爱马克思主义理论教育事业，具有良好的思想品德和扎实的马克思主义理论基础，但在选人聘人时如何操作，很难找到一个可靠的评判标准。毕业于马克思主义理论专业并在相关核心期刊上发表了若干文章，就算达到这个标准了吗？不一定。因为马克思主义理论专业不同于其他专业，它既讲究科学性，也讲究意识形态性；思想政治理论课教师也不同于其他专业课教师，他们既要传授科学的理论知识，又要研究、解读、宣传党和国家的意识形态，他们既是在从事一种职业，也应是在践行自己的信仰和追求。但在实际中，不相信马克思主义的人，也可以把马克思主义当作一门“学问”来研究。更不能排除个别人，就是因为觉得这个专业“好读”，才报考这个专业、攻读这个学位的。临近毕业时，经过求职试讲，特别是展示自己在核心期刊上发表的文章，就可以被认为具备了较强的教学科研能力，就可能进入思想政治理论课教师队伍了。如此下来，教师的学历层次和研究水平确实大大提升了，但对马克思主义的真学、真懂、真信、真用问题并没有彻底解决。照本宣科、生搬硬套的有之，对学生关心的一些重大问题难以做出令人信服的解释；口是心非、永远的“假面人”有之，台上大讲马克思主义，台下甚至批判马克思主义；偷梁换柱、去意识形态化的有之，在马克思主义的幌子下宣讲一些非马克思主义甚至反马克思主义的东西。这样的思想政治理论课就算也能产生吸引力和感染力，但那已经不是马克思主义的吸引力和感染力了。

第三，从思想政治理论课教学方法改革来看，近些年来，通过鼓励教师转变教学理念，多媒体、互联网等现代教学手段已基本普及，研究式、参与式、案例式等多种教学方法被广泛采用，课堂内外、学校内外的实践教学活动普遍开展，思想政治理论课的教学面貌大为改观，但在这个过程中也出现了一些新的矛盾和问题。与其他课程相比，思想政治理论课最显著的特点莫过于它鲜明的意识形态色彩。如何从学术性和政治性的双重维度，对当代中国的马克思主义做出令学生信服的分析和解读，是思想政治理论课的基本任务。在经济社会深刻变革、互联网应用广泛普及的今天，面对学生对现实问题的迫切求解，面对主流意识形态的宏大话语体系，为了激发学生的学习热情，部分教师不得不借助于教学方法的改革，以技术化、娱乐化的形式来弥补外部理论阐释的滞后和不彻底性，掩盖自身政治信仰的模糊和不坚定性。确实，在开放、透明、多元的网络时代，学生对于“一张嘴、一支粉笔、一块黑板”的传统教学模式已经漠然甚至反感，如果适当引入现代传播技术，适度采用多样化的教学方法，适时引导学生走出课堂、接触社会，是有利于调动他们的学习积极性，吸引他们更多地参与到教学中来的。但是，教学形式的丰富是为了教学内容的深入，如果把教学内容高高挂起，专注于教学形式的翻新，就极有可能导致对理论问题的敷衍和回避，在“老师好、学生好、课堂好”的场景中淹没掉思想政治理论课教学的本质——马克思主义理论灌输。这就衍生出“三多三少”、“一高一低”的现象：例子多理论少，娱乐多快乐少，感动多感悟少；对技术的依赖越高，理论的说服力也就越低，理论解释变成了调侃和戏谑，滑向了娱乐化、碎片化、简单化的边缘。[①] 如此进行教学方法改革，好处是可以设立更多的项目、取得更多的经费、获得更多的奖项，但最终的效果恐怕更多的是停留在纸面、表现为业绩了。

第四，从思想政治理论课教学对象来看，当代大学生理想远大、充满活力、个性鲜明，喜欢独立思考，乐于学习各种知识，对不断改进的思想政治理论课的总体满意度持续走高，但受学习过程中功利思想的影响，远未达到真心喜爱、终身受益、毕生难忘的程度。由于大学思想政治理论课是中学思想政治课的继续，不少学生第一次走进大学思想政治理论课课堂时就对它抱有刻板印象：抽象、枯燥、背诵、考试。如果不能遇到让他们感觉眼前一亮的“精彩一课”、“魅力一师”，这种刻板印象就很难扭转，甚至会进一步强化。于是，对思想政治理论课的学习还是围绕考试这个中心。在平日的课堂上，感兴趣的地方就抬头听一会儿，不感兴趣的地方就埋头干自己的事情，甚至连最起码的课堂出勤都难以保证，就指望考前老师的“圈范围”、“划重点”了。造成这种窘境的责任应该不全在思想政治理论课和它的教学水平。在这个务实倾向和个人功利意识并存的时代，一些学生的学习也是以工具理性为导向的。无论学什么，事先都要问个“对我有什么用”、“对我将来的就业有什么帮助”。甭说思想政治理论课，就是一些表面上看来“实用价值”不大的基础课、专业课，也经常受到他们的冷落。对他们来说，这些课程的显性价值就剩下最后的考试了。考试及格，是他们如期毕业、拿到学位证书的必要条件；考试取得较高成绩，是他们在学期间评选各种奖项，毕业之际争取保送研究生或出国留学的有利条件。以如此的态度对待思想政治理论课，固然也可以调动学习积极性，提高对教学的满意度，但实际上只是记忆了一些浅尝辄止的概念、干瘪无味的教条。对一些重大的理论和现实问题，他们也许能够列举出几条标准答案，但这样的答案只能体现在作业或试卷中，很难转化为真诚的信仰、自觉的行动，思想政治理论课的教学效果大打折扣。

三、消除思想政治理论课教学中意识形态“漂浮”的现实对策

消除思想政治理论课教学中的意识形态“漂浮”，就是要使马克思主义理论的传播和灌输牢牢地附着于思想政治理论课教学的各个因素、各个环节，不为应付检查，不图业绩工程，实实在在地干好每一件事，务求思想政治理论课真正入脑入耳入心。

第一，教育主管部门和高校的主要领导要沉下来，站在加强和改进思想政治理论课的新起点上，以懂政治的教育家的标准要求自己，着力抓好体制

① 何海兵：《从“怎么教”到“怎么看”：马克思主义课程化传播的视角转换》，《唐都学刊》，2002年第2期。

机制建设，全面实现思想政治理论课教学状况明显改善的工作目标。近 10 年来，各地方各高校加强和改进思想政治理论课的政策频出、措施连连，取得的成绩不容否定，但存在的马克思主义意识形态“漂浮”问题也不可回避。有关部门和高校党委在总结经验的时候，应该深刻反思为什么一些具体的政策措施总是难以落到实处，为什么个别落到了实处的政策措施，形式上可以说搞得轰轰烈烈，大手笔、大投入，可实质上却很难说对学生思想产生了多大影响。其实，这里既有工作作风问题，也有思想认识问题。有关部门和高校党委一定要从战略和全局的高度，充分认识思想政治理论课在人才培养中不可替代、不可忽视的重大作用。在此前提下，一是狠抓落实，通过独立而完善的机构建设为思想政治理论课教学提供坚实的组织保障，通过科学而纯正的学科建设为思想政治理论课教师开辟广阔的发展空间；二是狠抓督查，成立不同层级的专家组，深入教学第一线，加强对思想政治理论课各项工作和各个环节的督导、巡视、检查，确保中央的一系列重大决策部署落到实处，既不打折扣，也不搞浮夸。

第二，要把进一步加强教师队伍建设作为思想政治理论课工作的重中之重，采取坚决有力的政策措施，建设一支数量充足、政治坚定、业务精湛、充满活力的高素质专业化教师队伍。消除思想政治理论课教学中的意识形态“漂浮”，使马克思主义理论乐于为学生所待见，易于为学生所接受，关键在于教师，瓶颈也在于教师。一方面，要明确有关师生比例的计算标准，足额配置教师编制并确保实编在岗，以解决教师数量不足、教学任务繁重、大班授课普遍等影响教学质量的外在问题；另一方面，要将思想政治理论课教师的任职资格标准具体化、可操作化，对新上岗教师实施严格的准入制度，对在岗教师建立完善的考评体系，既注重其显性的教学水平、科研能力，更注重其隐性的思想品德、政治信仰，由此解决教师素质良莠不齐这一影响整体教学质量的内在问题。要让所有的思想政治理论课教师明白，传道、授业、解惑也是他们的神圣使命，“要传道，必须信仰坚定；要授业，必须导向正确；要解惑，自己必须清醒”①。在工作中，不仅需要熟练掌握马克思主义理论，准确把握学生思想特点和关心的问题，而且需要树立自尊、自信、自强的责任意识，努力实现专业、职业、信仰的完美结合。

第三，要在坚守思想政治理论课教学目标——马克思主义理论传播和灌输的前提下，从学生的特点和需要出发，不断改革和创新教学方法。为充分调动学生学习的积极性和主动性，增强思想政治理论课的亲和力、吸引力和感染力，积极探索符合教育教学规律和学生学习特点的教学方法、教学模式，

---

① 陈先达：《论马克思主义理论教员的专业与信仰》，《中国高校社会科学》，2013 年第 1 期，第 12 页。

是加强和改进思想政治理论课的关键环节。但是，无论采用什么样的方法，构建什么样的模式，都应该以传播和灌输马克思主义理论为基本内容和根本目标。各种现代化的教育技术、教学手段都可以采用，但传统的以语言传递信息为主的课堂讲授不但不能简单摈弃，而且应该继续占据主导。课堂讲授也有它的方法和艺术，如果把这个掌握了，教学的亲和力、吸引力和感染力绝不比那些在改革中探索出来的新方法、新模式差，而对所讲授内容的真诚信仰就是它最有效的方法、最出色的艺术。在教学中，教师确实应该适应新的需要、探索新的方法，但方法一定是为目的服务的。醉心于方法的创新，而把应该达到的目的抛在一边，最终制造出来的只能是表面的繁荣。体现在思想政治理论课中，就是意识形态的“漂浮”。要使“漂浮”的意识形态沉降下来，前提是深入钻研教材，准确把握教学内容，确立进行理论灌输的坚定信心，重点是找准学生的兴奋点，在主客体的双向交流中，通过大众化、时代化的途径，完成理论灌输的任务。

第四，要坚持以学生为本，关注他们的思想实际，顺应他们思想成长的规律，不断激发他们自觉学习思想政治理论课的动力和热情。思想政治理论课教学中意识形态“漂浮”的最终消解，必然体现为学生对马克思主义理论传播和灌输的坦然接受，这是一个知、情、意、行等多种心理要素矛盾运动的过程。现实中，不少学生是带着对思想政治理论课的刻板印象走进大学校门的，教师的首要任务应该是通过生动的讲解使他们认识到，开设这样的课程并非社会主义中国所独有，而是世界范围内一种普遍的教育现象；国家的稳定发展、个人的成才进步，都需要一个明确的指向，马克思主义便是提供这种指向的科学理论；学生过去对马克思主义存在这样那样的看法，根源不在马克思主义本身，而在马克思主义被采取了应试化的教育方法；大学进行马克思主义教育，目的不是让学生参加某门课程的考试，而是让学生对个人、国家、社会的发展有一个正确的认识和把握。继而在整个授课过程中，密切学生的思想实际，积极回应社会上的热点难点问题。最后，改革考试方法，检查、测评的重点不再是学生对基础知识、基本概念的掌握情况，而是其思想水平、政治觉悟的提升情况。这样，一些传统的主要靠记忆能力得分的题型就不再适用了，考前的“圈范围”、“划重点”就没有必要了，转而通过材料分析、情景模拟、社会实践等形式，将学生的思想认知和实际表现结合起来进行考核。考试指挥棒的转变，势必影响学生对思想政治理论课的态度，进而带来学习方法和教学面貌的改观，意识形态的“漂浮”问题可望由此解决。

（作者：左　鹏　北京科技大学教授）

经济·管理学科

JINGJI·GUANLIXUEKE

项目名称：支持北京市绿色发展的能源政策体系研究
项目编号：10AbJG398
项目负责人：王　伟
项目信誉保证单位：华北电力大学

北京市交通绿色发展现状、问题及对策

大城市中能耗和污染物排放量较高的领域主要是工业、建筑和交通行业，2014 北京市公布的 PM2.5 来源解析中，机动车排放占到了 31.1%，由此决定了交通绿色发展的必要性。绿色交通是全新的交通理念，它是通过利用多元化低污染的城市交通运输工具，实现缓解城市交通拥堵、减轻环境污染、降低建设维护费用、促进社会公平等目标的一种协和式综合交通系统。随着城市规模的继续扩大，北京交通运输需求急剧增加，使得城市交通压力增大，污染物排放急剧增加，交通绿色发展问题日益突出。据北京市公安交通管理局官方微博数据：截至 2014 年 11 月底，全市机动车保有量 561.1 万辆，驾驶员 899.4 万人。撇开交通基础建设带来的污染，仅仅机动车排放物就占到各种排放总量的 40%—75%，而这种趋势还在逐步上升。机动化进程的加快，引发了城市生态问题，绿色交通作为北京城市经济社会可持续发展的重要方面，已经刻不容缓。

一、北京市交通绿色发展现状及成就

北京是全国的政治、文化中心，也是重要的综合交通枢纽城市。在社会经济发展推动和政策支持下，北京市交通运输事业进一步绿色发展，为首都各项功能的发挥提供了有力保障。

(一)加强交通基础设施建设，大力推广绿色交通方式

为发展“绿色交通”，构建“新北京交通体系”，北京市委、市政府共同编制的《北京交通发展纲要(2004—2020)》中提出了五项基本交通政策。在这些政策引导下，北京市着力改善城市交通基础设施，大力扩建城市道路、公路、轨道交通、停车设施和客运枢纽等。2005 年以来北京市交通基础设施建设取得了长足发展，据北京市统计局统计资料显示，截至 2011 年，北京市境内公路、道路总里程从 2005 年的 19015 公里增加到 28446 公里；道路里程从 2005 年的 4073 公里增加到 2011 年的 6258 公里；城市公共交通运营线路长度从 2005 年的 18328 公里(其中公共电汽车 18214 公里，轨道交通 114 公里)增加

到 2011 年的 19832 公里(其中公共电汽车 19460 公里，轨道交通 372 公里)；公共交通运营车辆从 2005 年的 19471 辆(其中公共电汽车 18503 辆，轨道交通 968 辆)增加到 2011 年的 24478 辆(其中公共电汽车 21628 辆，轨道交通 2850 辆)；公共交通客运量从 2005 年的 517769 万人次(其中公共电汽车 449793 万人次，轨道交通 67976 万人次)增加到 2011 年的 722552 万人次(其中公共电汽车 503272 万人次，轨道交通 219280 万人次)。①

北京市大力推广绿色交通方式。绿色交通方式从其绿色性来看，依次包括步行、自行车、公共交通(公共汽车、电车、地铁、轻轨)、共乘车等。步行、自行车、公共交通在占用交通面积、耗能和废气排放方面较小汽车有明显优势，是城市交通绿色发展、建设节约型交通体系的有效方式。其中着重提出公共交通优先政策，在规划、投资、建设、运营和服务等各个环节，为公共交通发展提供设施用地优先、投资安排优先、路权分配优先、财税扶持优先等条件。2009 年 7 月 3 日，北京市政府公布了《北京市建设人文交通科技交通绿色交通行动计划(2009—2015 年)》，确立了北京市“公交城市”的发展定位。公共交通的发展有效减少了私家车出行，降低了污染物排放，改善了空气质量。

(二)多元举措，降低机动车保有量和使用率

一是政府积极发挥引导功能，通过单双号限行和摇号限购的方式，主动控制城市汽车保有量，起到了一定的节能减排作用。二是全面供应符合第五阶段标准要求的汽柴油，实施积极鼓励政策，淘汰老旧机动车 37.7 万辆②。三是大力发展公共停车设施，鼓励人们乘坐轨道交通等公共交通工具。2011 年，北京市收费停车场共计有 5471 个，停车位 139.4 万个，其中朝阳区的停车泊位最多，达到 47.5 万个，约占全市停车位的 34.1%。居民小区停车位为 86.6 万个，占全部收费停车位的 62.1%；其次是路外公共停车位和共建配建停车位③。2013 年年初，北京市发改委表示将新增 3 万个停车位，主要集中在医院、学校、博物馆、展览馆等周边地区，同时将在四环外的地铁站新增 10 个“停车—换乘”(即 P＋R 停车场)设施。四是大力发展公交客运枢纽。2013 年，北京将全面建成 13 个大公交客运枢纽场站。这些措施提高了人们选择公共交通的优先性，降低了机动车的增长率和使用率，起到了一定的节能减排作用。

---

① 数据来自北京市统计局、国家统计局北京调查总队：《北京市统计年鉴 2012》，北京：中国统计出版社，2012 年。

② 北京市环境保护局：《2012 北京市环境状况公报》，http：//www.bjepb.gov.cn/portal0/tab181/，2013-05-31。

③ 北京市交通委员会运输管理局：《停车设施管理》，http：//www.bjysj.gov.cn/management/tcssgl/index.htm. 2012-04-30。

(三)加强信息化建设，大力发展智能交通系统

智能交通控制系统在解决当今复杂的交通问题和促进交通绿色发展方面发挥着重要作用。智能交通系统(Intelligent Transportation Systems，ITS)是将先进的信息技术、数据通信传输技术、电子传感技术、电子控制技术以及计算机处理技术等集成运用于整个交通运输管理系统。北京市大力发展智能交通系统，建成了北京市交通指挥中心系统、公路信息化系统、公共交通智能系统等。

北京交通指挥中心是以工作信息化为基础并最终服务于智能化交通运行协调指挥的中枢机构，已整合2800多项数据，接入6000多路视频和13个应用系统，初步建成集地面公交、轨道交通、出租车等综合运输方式和城市道路、高速公路监控调度、统计分析、气象保障和应急指挥为一体的新一代综合交通运输管理系统，实现了全市综合交通与运输的统筹、协调和联动①。

公路信息化系统包括北京市公路路网管理与应急处置系统及高速公路电子收费系统(Electronic Toll Collection，ETC)。公路路网管理与应急处置系统于2010年6月1日正式投入运行，是路政局业务数据汇聚、交换、处理的中枢，主要包括路网管理系统、公众服务系统、养护任务管理系统、路政巡查管理系统、应急处置系统五个子系统。截至2011年，北京市共建成ETC车道365条，用户达到37万，电子收费通行比例为18%，成为国内规模最大的不停车收费系统②。2014年，北京市ETC车道又增加了30条，到2014年5月份，北京市不停车收费车主已超过118万名，不停车收费通过量已经占到30%以上，高峰时段接近50%，根据测算，每年可减少污染物排放600多吨。

公共交通智能系统包括快速公交系统(Bus Rapid Transit，BRT)、公交智能调度系统、公交图像信息管理系统和公交车辆GPS监控调度系统。北京是国内最早实施大容量、成规模BRT系统的城市，现已建成并运行三条快速公交线路，实现了运营计划计算机编制、运营车辆实时监控、车站数字图像监控、计算机辅助实时调度、乘客信息服务、公交车路口信号优先、IC卡售检票等功能③。这些智能化系统的建立和运行，提高了交通运行效率，缓解了城市拥堵，减少了机动车能源消耗，降低了污染物排放。

(四)大力发展新能源汽车，促进交通结构清洁化

北京大力发展以电动汽车为主的新能源汽车产业。2010年，北京已示范应用电动公交车200辆、电动环卫车1060辆、电动出租车50辆。到2012年

---

① 孙静：《北京市交通运行协调指挥中心初步启用》，《交通标准化》，2011年第2期，第58页。

② 王雎：《关于提升北京ETC运营服务水平的思考》，《中国交通信息化》，2011年第12期，第38—40页。

③ 肖尧：《北京BRT单线运力世界第一》，《广州日报》，2011年11月5日。

年底，北京市计划推动私人购买新能源汽车 3 万辆，其中纯电动汽车 2.3 万辆、插电式混合动力汽车 7 千辆。在配套设施方面，北京市将给予充电站不超过建设投资 30%的财政补贴，充电设施以慢速充电桩为主，快速充电站、电池更换站为辅。“十二五”时期规划建设 256 个充电站、210 个配送站和 4.2 万个充电桩，实现与加油站 5 公里的服务半径水平，并通过智能化充电网络实现电池及充电能力智能化调配，试点太阳能、风能为电动车充电的技术[①]。同时建设了 19 座电动车充换电站，包括乘用车充换电站 1 座、公交环卫充电站 18 座；另有小营、四惠、高安屯等 39 座充电站正在建设当中，其中乘用车充电站 18 座、公交环卫充换电站 21 座，能满足 300 辆公交车、1220 辆环卫车和 850 辆乘用车的充换电需求[②]。截至 2014 年年底，北京市已建成 1500 个新能源小客车公共充电桩。在私人及租赁领域，2014 年 9 家车企新能源小客车上牌近 6000 台。

二、北京市交通绿色发展存在的问题

尽管各项政策对北京市交通绿色发展产生了积极作用，但由于经济社会的不断发展以及北京市常住人口居高不下对城市造成的压力，北京交通绿色发展仍然面临诸多问题。

(一)城市空间规划与布局不合理

目前，北京城市空间结构依然是单中心集中型结构，整个城市围绕一个中心区域，沿着建成区边缘逐渐向外部“摊大饼”式拓展。这种空间结构导致城市交通供给与交通需求矛盾突出，对绿色交通发展产生了不利影响，主要表现在两个方面：一是中心城区空间资源有限，过分集中的发展模式导致交通流的集中和不畅；二是中心城向外扩散模式不利于道路格局的优化。受城市布局影响，城市道路网层次换乱、结构不合理、支路通行能力低，交通压力集中于几条干道上，干道通行能力也急剧下降。北京市 1992 年以前的城市道路分为主干路、次干路和支路。北京 70%以上的道路是支路，即小胡同和比较窄的路，支路的连通性较差，难以形成循环，市民驾车偏向于走主干道和快速路。1992 年后市区环路升格成为快速路，但是相应的主干路建设却没有跟上步伐，尤其是南北走向的主干路建设较为落后，导致了东西环路快速路功能的逐渐丧失，进出环路密集的车流造成了严重的交通问题。

此外，由于历史原因，北京现保有大量大院及大街坊，拉宽了道路间距，破坏了城市道路网的系统性，使路网密度变小，交通流集中。从国外经验看，其大城市的道路网较密集，道路与道路间的距离不超过 100 米，这对步行和

① 聂小娴：《北京将建 4 万电动车充电桩》，《北京晚报》，2011 年 9 月 20 日。
② 赵媛媛等：《北京市两年内将建成百座电动车充电站》，《北京青年报》，2011 年 1 月 6 日。

自行车通行十分有利；而北京的平均道路间距超过了400米，支路系统没有发挥应有的集散作用，低密度的路网不利于缓解拥堵，限制了北京交通的绿色发展力度①。

(二)机动车发展速度过快

北京市机动车的保有量从2000辆发展到100万辆用了将近50年时间，而从100万辆增加到500万辆仅用了15年。北京机动车发展速度迅猛且结构不合理，导致在人均土地资源越紧张的地区，机动车的保有量越高，违背了城市可持续发展的规律。北京市70%以上的机动车集中在六环以内，其中人口最为密集的东城、西城两个城区人均机动车的保有量也最高，东城区为0.34辆/人，西城区为0.29辆/人②。不仅机动车的保有量过高，而且由于缺乏相应的调控及引导措施，机动车的使用率也偏高。北京市的小汽车年均行驶里程为1.5万公里，分别是伦敦和东京的1.5倍和2倍③。

此外，机动车车道的拓宽占用了步行交通和自行车交通的发展空间，自行车交通所需的道路资源远远少于机动车。国外大城市发展绿色交通，首先倡导的就是提高步行交通和自行车交通的出行比例，然而北京市在城市发展过程中自行车道不断被机动车停车所挤占，自行车的出行比例由2000年38.4%大幅度下降到2010年的16.4%，且自行车交通的衰退进一步引发了机动车的增长，空气污染和噪声污染随之加剧，迫使更多市民放弃自行车出行方式，从而形成了交通发展的恶性循环。

(三)交通基础设施建设滞后

近年来，北京市道路交通和轨道交通均有显著发展，北京市的公共交通出行比例由2000年的26.5%提高到2010年的39.7%。但是北京城市整体建设发展更为迅速，众多新楼盘和新小区如雨后春笋一般涌现，道路交通建设跟不上城市发展步伐，许多新建居住区域缺乏匹配的公共交通系统。地面公交车辆运行速度慢、轨道交通网络密度低、公共交通换乘不方便、准点率低、步行和自行车交通环境又不断恶化，导致许多市民宁愿选择小汽车出行。尽管自2007年北京施行公交票价改革之后，全市公共交通价格已非常低，但是由于上下班高峰时段公交车和地铁普遍拥挤，公共交通安全运营的风险也较高，很多人宁愿“堵”在路上，也不选择公共交通方式。

在机动车迅猛增长的同时，城区可供停车的场所严重不足，乱停乱放现象较为严重。根据国外发展经验，机动车保有量和停车泊位量的最佳比例为

---

① 仇保兴：《缓解北京交通拥堵：难点与对策》，《现代城市》，2011年第1期，第14—15页。

② 毛保华等：《北京城市交通发展的历史思考》，《交通运输体系工程与信息》，2008年第8期，第7—12页。

③ 郭继孚等：《北京依托公交优先发展缓解交通拥堵》，《建设科技》，2011年第17期，第50—53页。

1∶1.2，北京现有机动车 531.2 万辆，按比例至少应配有 637 万个停车位，但实际上北京市机动车的车位严重缺乏，“停车难”现象较为普遍。因此，北京市政部门将道路两旁划分出来作为公共收费停车场，致使本不宽敞的道路车辆通行更加困难。商业中心、医院、酒店、学校周边的“停车难”现象尤其严重，在这些场所周围寻找车位的同时往往还会加重该地的交通拥挤状况。停车困难导致一些市民乱停车，使城市交通雪上加霜。此外一些路段的交通标识不明确或者不符合驾驶人的思维习惯、公交站台的位置不合理等，都需进一步完善。

(四)新能源汽车发展面临挑战

在北京市相关政策的支持下，近几年北京新能源汽车产业发展迅速，特别是电动汽车领域，各大汽车企业都获得了一定的技术积累。但目前北京新能源汽车产业发展仍处于起步阶段，新能源汽车的发展整体仍停留在展示阶段，距商业性质的市场推广依旧有较大差距。北京市政府和汽车企业偏向于上整车项目，但对新能源车的核心技术和主要零部件的研究开发不足，资金投入力度不大，只能直接从国外购买零部件。目前，市面上的新能源汽车的销售价格普遍比普通汽车高出数倍，而市场的竞争性决定了产品必须具有合理的价格才能走向消费者。北京市政府对购买新能源汽车的市场行为有一定的财政补贴，但这些补贴都是针对汽车生产企业而非消费群体，这种政策对大众而言没有明显的激励作用。因此在未来几年，北京新能源汽车的产品需求依然会以公交车、环卫车、公务车等为主，政府部门依然是新能源汽车的购买主体。总体上，由于成本很高、市场需求不足，北京新能源汽车批量化生产和产品商业化还需较长的发展期。

(五)市民绿色出行意识有待提高

中国的机动化交通发展过程中，汽车不仅是一种交通工具，更被赋予身份意义，出现了汽车使用目的的异化，一部分市民出于体面的考虑购置私人小汽车。北京市很多私家车车主在使用汽车的过程中养成了对汽车严重依赖的习惯，私家车的使用频率越来越频繁。此外，上下班期间公交车辆和城市地铁过度拥挤，让市民感觉被“挤掉了尊严”，因而宁愿花更高的成本和环境代价选乘私家车。北京市统计局数据显示：到 2012 年年末，北京常住人口已达 2069.3 万人，统计数据显示，本市小汽车出行距离较短，过度使用小汽车，5 公里以下的出行比重为 44%，由此可见市民绿色出行意识仍较为淡薄。

三、进一步促进北京市交通绿色发展的建议

绿色交通是 21 世纪以来世界各国城市交通发展的主要潮流。欧盟和美国都把多元化交通、服务品质、生活品质和环境保护等作为交通发展的核心价值。北京市交通领域的绿色发展是绿色北京建设的重要组成部分，需要进一

步更新发展理念，转变发展方式，通过合理规划、政策调控、分类发展、优化交通结构、加强宣传教育等途径，进一步促进绿色交通建设。

（一）更新发展理念，合理规划北京城市交通与土地利用

城市发展要更新发展理念，倡导功能区的“小而全”发展思路。在规划整个城市的发展蓝图时，必须把城市交通规划和土地分配利用结合起来，加强区域建设和交通体系的统筹规划。尽快转变北京市的空间发展模式，防止“饼”越摊越大，严格控制新大型住宅区的建设，将注意力转向新城建设，新城尽量采取“工作区＋生活区”的模式，在一个区域内，应尽量为市民的教育、工作、生活、休闲和医疗等提供全方位配套，要尽量达到老子提出的“小国寡民，……甘其食，美其服，安其居，乐其俗。邻国相望，鸡犬之声相闻，民至老死不相往来”的状况，这样才能尽量避免市民的大范围、长距离移动，可以大幅度减少上班高峰期的人员交通需求，并运用这种模式合理引导，逐步控制和疏散城市中心区的人口和就业岗位，减少新建区和市中心间的日常出行，缓解旧城发展压力。

（二）强化经济调控，控制机动车保有量和使用率

促进交通绿色发展，要采用经济调控手段。首先，在车辆购置环节应提高车辆的购置税。考虑到不同时期能资源和环境的变化及约束，北京可以尝试高于国家政策水平来提高普通车辆的购置税水平，针对不同车型确定不同税率，大排放汽车尤其要缴纳更高购置税。其次，车辆在行驶过程中可征收道路拥挤费，道路拥挤费是在国外普遍推行的一种能有效控制机动车使用的政策，目前北京中心区域车辆高密度集中并高强度使用，可以试行征收道路拥挤费的方法来缓解交通拥堵。再次，强化机动车停车管理，实行弹性的停车收费制度。应适量取消部分道路路面两侧的占道停车位，提高城市特别是中心城区的停车费用，严厉处罚乱停车行为。最后要严格限制公务车数量及使用率，应加强公务车使用的监管力度，采取公务车发送单独类型牌照，便于公众监督，提高其使用经济性和节能性。

（三）强化分类发展，完善交通基础设施建设

完善的交通基础设施是城市绿色交通发展的基础。北京一方面处于城乡一体化、工业化和交通机动化高度重合的阶段，另一方面又面临能源、资源和环境的巨大压力。建立多层次、分类化的公共交通体系显得尤为重要。首先，要加大公交系统建设投入，进一步优化公交线路分配和布局，继续实行公共交通低票价政策，在部分线路和地区可以试行公交免费政策。其次，加强轨道交通建设，拓宽轨道交通网络覆盖面，完善常规交通与轨道交通的接驳换乘，缩短高峰时段车次间的时间间隔，优化地铁站内乘客等候区环境。再次，可试点提供差异化的公共交通服务，比如出台拼车路桥费或停车费奖励办法，要利用好现代化的信息手段，比如拼车软件等。鼓励大型办公区和商务区附近的人员拼车同行。最后要积极发展慢行交通。步行交通和自行车交通是“绿色交通”发展的重要组成部分，是实现“绿色北京”的重要支撑。一是打通社区及周边地段的自行车通道，改善微循环系统，多建设跨街步行桥梁及地道，保障市民安全出行。二是严厉处罚机动车占用自行车道驻车行为，该类行为一经发现则处以高额罚款。三是提供更多的公共自行车租赁点，作为公共交通接驳的补充方式。转变公共自行车的管理模式，将智能的电子技术应用其中，合理布局租赁地点，方便市民的使用和异地归还。四是设置电动自行车的公共充电装置，并逐步在道路使用权分配、停车等方面支持电动自行车的发展。

（四）优化交通结构，大力发展新能源汽车

新能源汽车作为新兴产业，其发展的重大意义不言而喻。首先，北京市要强化新能源汽车技术创新，利用北京新能源汽车产业联盟的发展基础，发挥北京市产学研平衡发展的创新优势，不断整合各行业、各领域的科技资源，加大研发投入力度和科技创新的效率，建设具有国际先进水平的新能源汽车示范基地。加强电控系统、电池、变速器等关键技术的基础研究，积极部署和准备新一代产品的研发。结合产业发展的长期规划，强化创新成果的产业化，不断提升北京汽车产业的核心竞争力，逐步把北京建设成为世界一流的新能源汽车研发基地、生产基地及高科技人才聚集地。其次，要引导和培育新能源汽车市场，发挥政府主导作用，加强新能源汽车在公交、环卫、出租、邮政等公共领域的推广，并不断加快市场化步伐，创新商业模式，为电池租赁、充电及维护提供广阔的市场空间，在汽车租赁业和物流业开展电动车的试点和示范。将新能源汽车的发展和能源结构优化及公交优先发展战略结合起来，走一条新型的新能源汽车产业发展道路，全面带动国家汽车工业跨越式发展。

（五）加强宣传教育，提高公民绿色出行意识

“绿色北京”建设，交通有责，人人有责，应从决策过程、实施过程、监督过程等方面全方位加强公民的参与和宣传教育，形成交通绿色发展的文化环境。首先，要鼓励市民参与交通决策，公众参与交通规划，利于政府部门采纳群众意见，也利于城市居民理解、支持并践行交通政策。其次，政府应加强组织领导，成立绿色交通宣传委员会，全面负责宣传活动的组织协调，督促检查和指导工作。编制绿色交通活动手册，围绕“绿色交通与健康”，开展城市公共交通周及“无车日”活动，开展城市道路和公共交通规划咨询以及车辆尾气和噪声污染、公共交通服务、道路安全等系列主题宣传，利用定点展示图板，印发宣传图册等多种方式大力宣传绿色交通理念，提高公众对绿色交通的认识，使公众自觉采用步行、自行车和公共交通等绿色交通方式出行，以大幅减少交通堵塞及交通污染，推动交通绿色发展。

（作者：王　伟　华北电力大学副教授
何晶轩　华北电力大学在读硕士研究生）

项目名称：北京居民消费价格指数波动规律及其驱动因素研究
项目编号：11JGA006
项目负责人：李孟刚
项目信誉保证单位：北京交通大学

北京市居民消费价格指数的波动特征及原因分析

随着经济发展和社会进步，北京市民整体收入水平和生活质量不断提高。然而，物价快速上涨却成为影响市民幸福感的一个重要影响因素，抑制物价快速上涨正成为一项重要议题。目前，国内外已有大量文献针对消费者价格指数波动特征进行研究。有大量文献运用回归分析、向量自回归等各种计量经济学模型以及小波神经网络等方法对居民消费价格指数波动特征进行分析，对各国 CPI 趋势性及周期性进行了大量研究；同时，也有大量学者针对通货膨胀影响因素进行了研究，这类研究集中在分析货币政策和宏观经济状况对 CPI 的影响上。近几年，随着金融市场快速发展，金融市场可吸收市场上大量流动性资金，也有一些研究针对金融市场如股票市场对 CPI 的影响进行研究。尽管学术界已有大量相关研究，但这些研究大多针对一国整体消费者价格指数的波动情况及驱动因素进行研究，少有研究从区域经济学角度出发，系统性地探讨地区居民消费者价格指数的波动特征及影响该地区价格指数波动的驱动型因素。本课题基于北京市经济发展自身特点，在已有通货膨胀理论基础上，采用时间序列分析模型和计量经济学分析方法，对北京市居民消费者价格指数波动特征及其驱动因素进行研究。

一、北京市居民消费价格指数的波动特征

(一)北京市居民消费价格指数的月度波动特征

1. 北京市 CPI 总指数的月度波动特征

通过对 2006 年 1 月至 2013 年 6 月北京市各月份 CPI 总指数进行几何平均分析，可以发现北京市 CPI 总指数的月度波动特征，如图 1 所示。CPI 总指数的月度波动呈现以下特点：(1)变化幅度上，每年 1、2 月指数波动幅度最大，1 月涨幅最大，2 月则跌幅较大，其余各月基本保持小幅度稳定增长，这主要是由于 1、2 月份受到春节影响，食品类价格出现较大幅度上涨造成的。除此之外，流通中现金供应增加也与北京市 CPI 变化具有明显相关性，

且CPI变化滞后于货币发行量，如2008年1月货币发行量增长31.21%、2011年1月增长42.50%之后，随即引发了较大幅度的CPI上涨。(2)指数数值上，8月之后各月的CPI数值普遍高于之前各月。分析表明，食品类与居住类价格上涨是主要原因，如2012年冬季本市蔬菜供应量减少、住房租金同比涨幅较高等，是北京市该年11月CPI上行的重要原因。

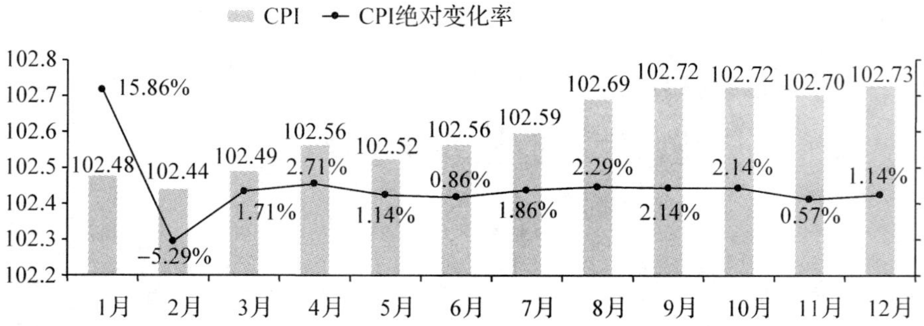

图1 北京市居民消费价格指数月度波动特征

2. 北京市CPI分指数的月度波动特征

通过对2006年1月至2013年6月北京市各月份CPI分指数进行几何平均分析，发现主要有以下特点：

(1)居住类价格指数基本呈现逐月增长的态势，是CPI上涨的动力。近年来，北京市房地产价格上升较快(住房价格1994年至2011年增了3倍)，另外周边地区居民到来北京置房、就业、消费等，都将对北京市房地产价格上涨产生推动作用，是促进全市CPI增长的主要因素之一，如图2所示。

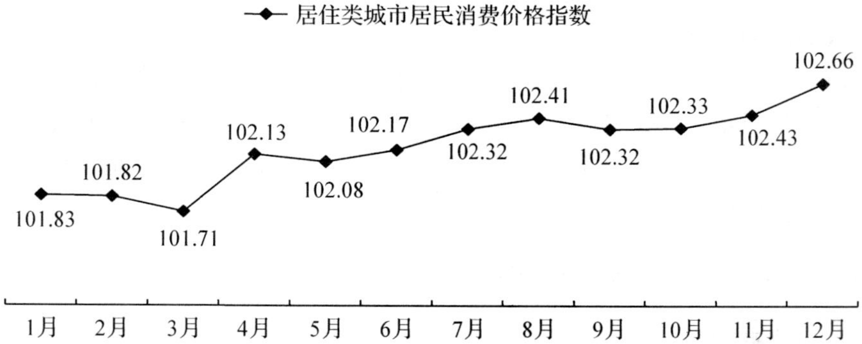

图2 北京市居住类城市居民消费价格指数月度波动特征

(2)食品类价格指数较高，各月均在107点以上，且波动性较明显，一般1月、3月、8月增幅较大，6月、10月增幅较小。1月、3月食品类价格上涨主要是春节因素与季节因素造成的，如2012年3月受“倒春寒”等因素影响蔬菜价格上涨明显，拉动全市CPI上涨了2.4个百分点；而2012年6月食品价格同比涨幅从5月的8.4%回落至6.3%，7月猪肉、鸡蛋、蔬菜价格分别下降 2.3%、6.6%和 2.0%，鸡蛋价格则连续 8 个月下降，这些对 CPI 增速放缓的影响不小；到 2012 年 10 月时，由于国庆节期间市场上供应的蔬菜、鸡蛋、猪肉都比较充足，市场销售量小于节前的正常销售量，肉禽及制品、鸡蛋以及鲜菜价格继续下降，大大影响了 10 月食品类 CPI，如图 3 所示。

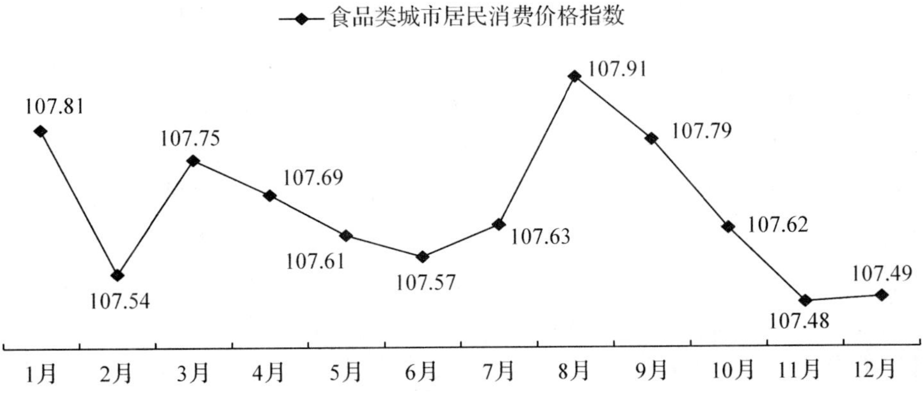

图 3　北京市食品类城市居民消费价格指数月度波动特征

(二)北京市居民消费价格指数的季度波动特征

通过对 2006 年 1 月至 2013 年 6 月北京市各季度 CPI 总指数进行几何平均分析，可以发现北京市 CPI 的季度波动特征，如图 4 所示。近年来北京市 CPI 普遍呈现出“逐季递增”的态势，一季度涨幅最小，四季度涨幅最高。通过相关分析发现，CPI 季度波动与食物价格指数关系不大，但与居住类价格指数高度相关，即住房类价格的持续上涨是推动北京市 CPI“逐季递增”的主要因素。如 2011 年，北京市执行了严格的房地产调控政策，如限购、打击投资和投机性购房、加大保障性住房供应等，导致该年 10 月商品住宅成交量骤减，二手房买卖市场惨淡，部分房源转售为租，租赁市场供大于求，出现租金下浮态势。但是 2012 年居住类价格在上一年较低基数基础上再次上涨，表现出了较大的涨幅。

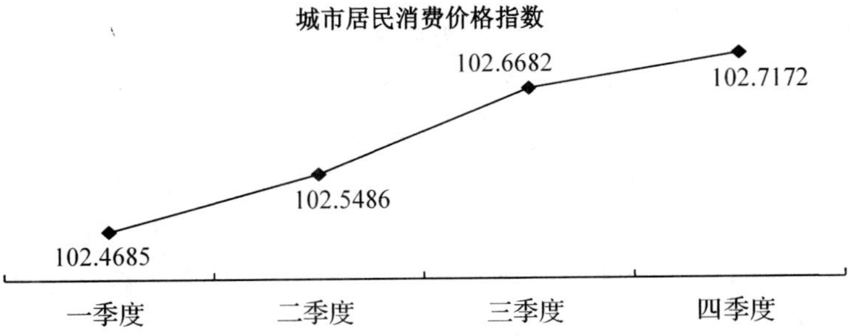

图 4　北京市居民消费价格指数季度波动特征

(三)北京市居民消费价格指数的年度波动特征

1. 北京市CPI总指数的年度波动特征

北京CPI年度波动表现为三个阶段。第一阶段是1978—1986年，全市以及城市和农村CPI波动情况完全一致，自然灾害较重年份CPI波动幅度较大，正常年份CPI波动较平稳，这一时期，我国尚处于计划经济体制，商品流通领域仍采用"统购统销"、"统购包销"等政策，是价格波动不明显的主要原因。

第二阶段是1986—1999年，全市CPI呈现明显上升态势。我国在1988年和1994年发生过两次通货膨胀，对北京市CPI产生了较大影响。1987—1988年通货膨胀的主要原因是政府为了满足社会固定资产的投资增长要求和解决企业的资金短缺问题，从1986年开始加大政府财政支出，不断扩大政府财政赤字，特别是1988年实行财政包干体制以后，社会需求进一步猛增。与此同时，为解决政府赤字问题，货币连年超量发行，市场货币流通量剧增，引发了物价大幅上涨。1993年上半年，通货膨胀压力又开始上升，主要由于金融业市场秩序混乱，国内金融市场大量资金集中于房地产市场，使得货币超量投放，信贷规模一再突破计划，通货膨胀全面爆发。

第三阶段是2000年至今，主要特征是全市CPI平稳上升，增幅相对小于前一阶段，仅在2007年CPI出现了较大幅度上升。首先，这一时期我国及北京市宏观经济运行情况良好，经济发展水平较快，居民可支配收入逐年增多，中央逐步提高居民收入在国民收入分配中的比重，着力提高低收入者收入，尤其是农民收入和低收入者收入的增长，有利于促进消费需求快速增长。其次，北京市消费结构升级，新兴服务业(生产性服务业、文化创意)引领作用突出，2011年以来，服务性消费的支出比重占北京市民整体消费支出的比例接近40%，服务项目涨幅对CPI的影响比较大(生产性服务业的价格指数是1978年的18倍)。再次，国内原材料成本、工资涨价因素，国际包括原油价格、大宗商品价格成本上涨因素都在推动CPI上涨，如2012年随着石油等大宗商品价格走高，近期国内已经上调了成品油价格，带来输入性通胀因素。

2. 北京市CPI分指数的年度波动特征

(1)2001—2012年，北京食品价格增幅最大，平均增长率高达60.699%。其中，2012年北京市食品价格定基比指数为184.568。

(2)居住价格将成为CPI的上涨动力。北京市居民居住价格指数增长率仅次于食品价格，上升态势明显。2001—2012年，居住价格指数平均增长率为55.412%，高于CPI平均增长率0.82%。除2009年受系统性金融危机影响致居住价格环比指数为89.8外，其他年份均高于100。

(3)地区衣着、交通和通信、娱乐教育用品及服务价格较2001年均有下降。2002—2012年，北京市居民衣着、交通和通信、娱乐教育用品及服务价格定基指数的平均值分别为91.63、88.01、93.18，均低于2001年价格水平。

二、北京市居民消费价格指数波动的驱动因素

为了能够模拟CPI数据走势，首先对CPI数据进行预处理，检验序列平稳性和随机性，根据检验结果决定选用平稳时间序列模型还是非平稳时间序列模型，随后根据模型选择对其进行识别、检验和预测。同时，为了研究在一定时间内驱动因素变量与CPI之间的长期关系和作用，需要建立多维时间序列模型，根据实际情况选用了向量误差修正模型(VEC模型)。结果显示，北京市居民消费价格环比指数为一阶单整时间序列，并且可以用ARIMA(1，1，1)模型来拟合。同时，从结构上看，2001—2012年，北京食品价格增幅对CPI贡献最大，居住价格对CPI拉动作用的潜力巨大。北京居民消费价格定基比指数与北京GDP、M_0具有长期动态均衡关系。

(一)北京居民消费价格指数长期呈上涨趋势

北京市居民消费价格环比指数为一阶单整时间序列。根据一阶单整时间序列的特点，可以推断出北京市居民消费价格环比指数呈单调发展趋势，根据宏观经济运行规律的实践判断，北京居民消费价格环比指数长期应呈上涨趋势，但涨幅受多种因素综合驱动影响。

(二)北京居民消费价格与前一年数值存在自相关性

北京市居民消费价格环比指数序列可以用ARIMA(1，1，1)模型来拟合，即北京市居民消费价格环比指数序列一阶差分后是平稳序列，且存在自相关性，根据ARIMA(1，1，1)模型的特点得知，北京市居民消费价格环比指数与前一年数值存在自相关性。

(三)食品价格仍是影响北京居民消费价格指数走势的关键因素

根据2001—2012年北京市居民消费价格分项定基比指数判断，2001—2012年，北京食品价格增幅最大，对CPI影响较大，由此判断，食品价格仍是影响北京居民消费价格指数走势的关键因素。

(四)居住价格成为推动居民消费价格水平的潜在增长因素

根据实证结果，2001—2012年，北京市居民居住价格指数增长率仅次于食品价格，上升态势明显。期间，居住价格指数平均增长率为55.412%，高于CPI平均增长率0.82%。除2009年受系统性金融危机影响致居住价格环比指数为89.8外，其他年份均高于100。由此说明，居住价格成为推动居民消费价格水平的潜在增长因素。

(五)北京居民消费价格指数还受国家整体宏观调控因素影响

北京居民消费价格定基比指数与北京GDP、M_0具有长期动态均衡关系，北京GDP是用来衡量北京市经济增长的一个主要指标，而M_0作为流通中现金，是银行体系以外各个单位的库存现金和居民的手持现金之和，这说明北京居民消费价格不仅与北京当地经济增长有关，还受国家整体宏观调控因素

影响。

三、北京市稳定物价水平的政策建议

（一）在国家宏观调控背景下加快经济结构调整

物价水平高低已成为经济运行的重要风向标，居民消费价格以及生产资料价格的变动走势，直接关系到经济能否健康、持续发展，因而宏观调控应围绕价格的变化而变化。宏观调控是国家从经济运行的全局出发，按预定的目标通过各种宏观经济政策、经济法规等对市场经济的运行从总量上和结构上进行调节、控制的活动。因此，宏观调控的主体是国家，调控的客体和对象是市场经济运行的过程和结果。一方面，根据需求结构、消费结构变化及时调整产业结构和产品结构；另一方面，合理引导消费需求，把消费需求引导到优化消费结构、优化产业结构的方向上去。

（二）采取切实有效措施管理通胀预期

管理通胀预期首先需要清晰的政策目标，这有助于市场形成稳定的政策预期，从而有利于稳定通胀预期。管理通胀预期要重点监控资产尤其是房地产价格。根据经验，通胀的信号不仅表现在 CPI 和 PPI 上，往往还表现在资产价格尤其是房地产价格上，也表现在一些不在 CPI 统计覆盖范围内的商品上。本课题研究结论显示，2001—2012 年，北京市居民居住价格指数增长率仅次于食品价格，上升态势明显，说明居住价格成为推动居民消费价格水平的潜在增长因素。为此，建议北京市政府加强对房地产市场的调控，实行有弹性、多层次的住房保障制度，打击房地产投机行为，合理调节各类人群的住房需求，稳定市场预期和价格。

管理通胀预期还要规范北京市政府的投资行为。根据我国经济运行的历史经验，投资的大幅增长是形成比较明显通胀的主要原因之一。而地方政府在推动城市化进程和基础设施建设过程中，具有很强烈的投资冲动。将投资回归到正常轨道，对北京市控制物价和管理通胀预期具有重要作用。

（三）保障农产品价格市场稳定

从北京市居民消费价格分项定基比指数判断，2001—2012 年，北京食品价格增幅最大，对 CPI 影响较大。为此，保障农产品价格市场稳定对北京市稳定物价水平至关重要。根据北京市的实际情况，建议北京市加大农产品市场监测力度，在农产品价格出现大的波动时，启动应急预案，稳定市场价格。具体来看，一是完善政府储备，增强保障市场供应物资基础；二是大力发展农业生产，提高农产品自给能力；三是强化区域合作，保障农产品货源供应；四是完善绿色通道政策，畅通运输分流渠道；五是加大执法检查力度，维护市场价格秩序；六是建立价格信息发布制度，正确引导社会舆论。

(四)提高编制北京 CPI 的科学性和有效性

无论是全国 CPI 还是北京市 CPI，在编制过程中，其权数的居民消费支出基本分类应符合代表性、稳定性和数据可取得性的要求。为更好地适应我国经济社会发展和城乡居民消费结构变化，切实保障 CPI 计算的科学性和准确性，CPI 编制方案需要进行动态调整。例如：2011 年我国对 CPI 调查方案进行了例行调整，涉及对比基期、权数构成、调查网点和代表规格品的调整。尽管如此，人们在日常生活中，常常会出现感受到物价和 CPI 数值不一致的情景。归根结底，还是 CPI 的编制问题。为提高北京市 CPI 编制的科学性和有效性，建议北京市在国家统计局调整 CPI 编制方法的大背景下，对编制北京市 CPI 也进行一些积极探索。一是着力推动现行 CPI 编制体系改革，逐步扩大 CPI 的取样范围。定期审查和及时调整 CPI 的代表性商品，科学地确定样本结构，及时淘汰过时的、缺乏调查价值的商品，增加一些已成为居民消费热点的商品，从而使样本结构更加合理，更具时代性。二是适时合理调整 CPI 构成中各项商品的权重，逐步降低食品类商品权重。从北京市居民的消费结构来看，居民最大的消费应该是居住类消费、教育及医疗消费。应该根据近年来北京市居民上述三项支出占家庭收入比重的变化来科学计算其在 CPI 中的权重。同时，建立北京市 CPI 构成中各类别价格权重的定期调整制度，并适当增加北京市 CPI 构成中各类别价格权重的调整频率，从而使北京市 CPI 数据更真实地反映经济的变化。

参考文献

[1] 黄守坤、林栋：《我国物价波动特征的实证分析》，《技术经济》，2008 年第 5 期。

[2] 傅俊辉、林春培、冯建勇：《居民消费价格指数的波动性分析》，《统计与决策》，2008 年第 19 期。

[3] 陈成忠、林振山：《中国居民消费价格指数波动的周期性及其驱动因素研究》，《经济问题探索》，2009 年第 8 期。

[4] 方燕、尹元生：《我国居民消费价格指数波动特征的实证分析》，《价格理论与实践》，2009 年第 4 期。

[5] 张海波、徐慧：《我国 CPI 波动的影响因素分析》，《统计与决策》，2009 年第 10 期。

（作者：李孟刚　北京交通大学教授）

项目名称：首都经济圈的目标定位及战略重点研究
项目编号：11JGA012
项目负责人：文　魁
项目信誉保证单位：首都经济贸易大学

关于推进京津冀区域协同发展的战略思考

习近平总书记于 2014 年 2 月 26 日在北京召开的座谈会上强调，实现京津冀协同发展是一个重大的国家战略，要坚持优势互补、互利共赢、扎实推进，加快走出一条科学持续的协同发展路子来，并具体提出 7 点要求。习总书记的讲话引起了京津冀三地的强烈反响，为推进京津冀协同发展指明了方向，提供了强大的推动力。怎样理解加快推进京津冀协同发展是一个重大的国家战略？推进区域协同发展关键要处理好哪些重大关系？在全面推进中有可能在哪几个方面率先实现战略突破？这些都是实践发展迫切要求我们予以回答并解决的重要问题。

一、从国家战略视角看推进京津冀协同发展的战略意义

从国家战略层面看，京津冀地区在促进中国的经济转型和经济崛起中担负着重大使命。

（一）打造中国参与全球竞争和国际分工的世界级城市群

中国作为世界第二大经济体，已经成为引领带动世界经济发展的重要引擎，迫切需要建设若干个具有世界影响力的城市群，为我国在全球范围内进行优质资源集聚和配置、产业重构和升级提供核心平台，并通过发挥它的集聚、辐射和带动作用，引领中国经济的科学持续发展。京津冀城市群是我国最重要的政治、经济、文化与科技中心，拥有完整齐备的现代产业体系，也是国家自主创新战略的重要承载地，其发展目标应当是打造世界级城市群。

（二）构筑中国乃至世界的研发创新、高端服务和“大国重器”的集聚区

京津冀地区是中国自主创新、高端服务、现代制造的核心区域，在加快中国工业化、信息化进程中担负着科技引领、产业支撑的重要使命。首都北京的产业已呈现服务主导和创新主导特征，如服务业占 GDP 的比重超过 80%，研发产业产值规模全国最大，技术市场交易量占全国 40%，文化创意产业位居全国前列，是区域现代制造的研发中心、创新中心、营销中心及管理控制中心，占据产业链条的高端位置。天津的产业呈现高端制造和技术集

约特征，航空航天、高端装备制造等八大优势产业产值已占工业的九成，正在着力打造先进制造研发转化基地、北方国际航运中心和国际物流中心。河北省产业呈现资源加工、资本密集特征，正在积极打造现代制造产业带和沿海重化工产业带。未来一个时期是京津冀地区经济转型、产业升级、合力打造世界级研发创新、高端服务和"大国重器"集聚区的重要阶段。

(三)中国未来最具活力的核心增长极和带动环渤海经济圈发展的核心区

京津冀地区人口1亿多，土地面积占全国的1.9%，区域生产总值(2012年)占全国的10.0%，已成为推动我国经济发展的主引擎之一，在全国生产力布局中起着战略支撑点、增长极和核心节点的作用。推进京津冀区域协同发展，有利于实现京津冀三地优势的有机整合，增强区域的整体优势，有望成为中国未来最具活力的核心增长极。通过京津冀地区的快速崛起，可以进一步激活和带动环渤海经济圈的发展。环渤海经济圈是以京津冀地区为核心，山东半岛和辽东半岛为两翼，腹地广阔，内联"三北"，外联东北亚，其经济总量和对外贸易占到全国的1/4，是中国乃至世界上城市群、产业群、港口群以及科技人才最为密集的区域之一。环渤海经济圈的振兴，对缩小我国"东西和南北"差距具有特殊重要的意义。

(四)带动中国北方向东北亚、西亚、中亚、欧洲全方位开放的门户地区

在当今世界，东北亚已经成为全球经济中最具活力和发展潜力的地区之一，区域GDP约占世界的1/5，占亚洲的70%以上；而蕴藏着丰富资源的中亚国家，正成为世界大国角力的重要区域。京津冀地区正处于东北亚经济圈的中心地带和连接欧亚大陆桥的战略要地。加快京津冀地区的快速发展，有利于实现我国新丝绸之路战略下对东北亚、中亚、俄罗斯以及欧洲的全方位开放，进而带动我国周边发展中国家的经济增长，扩大中国经济的影响范围，形成以中国为核心的亚欧大陆经济圈，进而降低美国通过海洋通道对中国政治经济的战略钳制。推进京津冀协同发展和快速崛起，关系到国家战略安全的大局，意义重大。

(五)探索区域空间优化、科学持续、协同发展、互利共赢的示范区

习近平总书记强调，实现京津冀协同发展，是面向未来打造新的首都经济圈、推进区域发展体制机制创新的需要，是探索完善城市群布局和形态、为优化开发区域发展提供示范和样板的需要，是探索生态文明建设有效路径、促进人口经济资源环境相协调的需要，是实现京津冀优势互补、促进环渤海经济区发展、带动北方腹地发展的需要。我们理解，京津冀地区既有首都经济圈面临的特殊区情，又有作为我国东部沿海发达地区面临的共性问题，探索京津冀协同发展的新路子，可在三个方面发挥全国示范效应：一是针对京津冀跨省区域合作的体制机制等深层次矛盾和问题，着力探索跨界治理、"抱团"发展、政府与市场调节相结合的新机制；二是针对首都北京面临的"首堵”、雾霾、水资源短缺等“大城市病”，着力探索超大城市通过功能疏解、空间优化、实现中心与外围共生互动的新路径；三是针对京津冀地区经济社会快速发展与资源环境形势严重的突出矛盾，着力探索建设生态友好、环境优美、宜居宜业、社会和谐的新模式，这些都可以为全国跨区域协同发展树立新典范，创造新经验。

二、推进京津冀协同发展关键要处理好四大关系

(一)中心城市与所在区域共生互动关系

从都市圈理论与实践来看，中心城市与所在区域存在着共生互动关系。中心城市的形成发展离不开所在区域的基础和支撑；中心城市在率先实现由制造经济向服务经济、创新经济转型升级过程中发挥着区域核心、科技引领和增长引擎的作用；所在区域在中心城市的集聚、扩散和阶段跃升的不同阶段，为其提供要素、拓展空间和发展平台等重要支撑。从京津冀来看，城镇体系的“中心—外围”特征明显。尽管近年来北京采取了一系列产业疏解的措施，但在市场机制的作用下，各种优质要素仍在向京津两大城市集聚，中心与外围经济落差仍在加大。这种区内发展水平差距过大以及“大的过大、小的过小”的城市规模结构，不仅拉低了区域整体的发展水平，而且因周边众多中小城市难以有效承接并快速发展起来，导致超大城市的功能和人口难以有效疏解，“大城市病”难以从根本上破除。因此，如何处理好中心城市与所在区域的关系，在中心城市功能疏解过程中带动中小城市发展，进而构造起合理的城镇体系，提升区域的整体发展水平，是我们当前迫切需要破解的一个重大课题。

(二)北京与天津两大核心城市分工合作关系

京津合作是推进京津冀区域协同发展的核心与关键。我们认为：一是“双核心”能否形成合力事关全局。京津作为相距仅有100公里的两个千万人口超大城市并肩而立，世界少有。京津各自优势明显。北京的首都优势、总部优势、科技人才优势、全国市场优势以及全国交通枢纽等得天独厚，是区域当之无愧的首位城市和核心；天津凭借现代制造优势、海港优势以及科技人才优势等也位居全国前列。但基于现行体制下的利益考量，京津“双核”始终未形成合力，区域龙头作用及其合力优势也远未充分发挥。京津双核心协调难，是影响和制约京津冀区域快速发展的要害所在。二是京津实力水平接近，合作领域更宽，影响更深远。北京与河北的合作，由于经济落差较大，更多的是互补性的资源合作、生态合作以及产业链布局的合作。与京冀合作不同，京津合作，由于经济技术水平接近，产业结构错位，资源禀赋各异，因此更多的是功能分工、强强联合、互补合作，如金融合作、科技合作、物流合作、海空港合作、生产性服务业与现代制造业合作、教育医疗合作等，合作领域

更宽，影响更深远。只有处理好京津的功能分工、优势互补与有机合作，京津冀协同发展才有可能取得突破性进展。三是只有京津联手，才有可能实现区域发展的战略目标。只有京津联起手来，京津冀才有可能实现打造世界级高端服务业基地、中国科技创新能力最强的科技高地、北方国际金融中心、国际航运中心和国际物流中心等战略目标。因此，处理好京津两市的分工合作关系，是推进京津冀协调发展的关键所在。

(三)经济社会生态协调发展关系

京津冀地区作为我国东部的发达地区，发展机会多，大量流动人口涌入北京、天津两个超大城市，使城市和区域的资源环境承载压力越来越大，特别是近年来大气环境污染已经成为制约京津冀区域发展的突出问题(2013 年全国前十大污染城市中有七个城市在京津冀地区)，这不仅影响到居民的身体健康与生活质量，也必然影响优质资源向京津冀地区的集聚，甚至出现高端人才、外资企业、研发机构等逃离外迁的现象，已影响到京津冀能否可持续发展。像京津冀这样一个重化工业占有较大比重的地区，能否在推进区域协同发展进程中，逐步化解加快经济发展与资源环境承载压力的矛盾、人民群众改善环境的迫切要求与环境治理的长期性矛盾、发展经济提高收入的迫切要求与淘汰落后产能的矛盾等，是我们亟待破解的新课题。

(四)市场调节与政府引导的关系

京津冀地区既不同于长三角市场化程度较高，又不同于珠三角主要在同一省域范围内进行区域合作，它是在国有企业比重较大、行政干预力量较强、市场发育不足的环境下和现行的财政、税收、行政区划的体制下进行跨省域区域合作，难度很大。因此，处理好政府和市场的关系，寻求政府行为和市场功能的最佳结合点，直接影响到区域协同发展的成效。我们认为，在实际推进区域协同发展的过程中，首先，要明确划分政府和市场的行为边界，如产业协作、企业创新、要素流动、资源配置等经济活动应该更多地由市场来调节，政府主要为其创造良好的环境和条件；在一些市场失灵的领域，如基础设施、公共服务、生态建设等则主要由政府来规划和协调。其次，要处理好地方政府与中央政府的关系，对一些具有共同利益并取得共识的重大问题，可以通过地方政府间的平等协商来解决；而对一些难以协调又关系区域整体利益的问题，由中央站在国家战略层面进行顶层设计和督导推动。如何探索建立一个市场调节与政府引导相结合的跨界治理协调机制，以保障通过区域的协同发展，使经济更具活力、社会更加公平、运行更有效率，是我们亟待回答和解决的一个重要命题。

三、推进京津冀协同发展的重要抓手

（一）顶层设计：以首都经济圈规划为导向，推进京津冀三地的战略对接

基于国家战略、区域整体利益和长远利益，在明确主体功能区划分、城市功能定位的前提下，立足三地的比较优势，进行区域规划和政策配套的顶层设计，对推进跨省域的区域协同发展意义重大。如城镇布局、产业布局、生态布局、交通体系以及重大跨区域项目等规划，应在中央层面做好京津冀区域规划的顶层设计，以避免重复建设，无序竞争。以区域规划顶层设计为导向，京津冀三地应主动将首都经济圈、环首都绿色经济圈、河北沿海经济带、正定新区以及滨海新区等战略规划与区域发展顶层设计进行对接，并进一步深化研究相关配套政策和体制机制，以保障规划的顺利实施。

（二）机制保障：探索建立横向与纵向结合、公平与效率兼顾的区域协调机制

科学高效的制度安排是推进区域协同发展的根本保障。第一，探索建立横向协商与纵向协调相结合的协调机构。横向协商机制主要表现为地方政府联席会议，通过平等的谈判和协商，共谋发展大计，协调各自利益，促进区域协同发展。纵向协调机制主要表现为超越地方行政区划的组织架构（如京津冀协同发展办公室），主要对京津冀区域发展进行顶层设计，审议区域内城市的总体规划和重大项目的规划安排，协调区域内的重大利益关系，以维护区域公平，保障区域整体利益和长远发展。这种以省级横向协商机制为基础、纵向协调机制为补充的区域协调模式，具有地方政府与中央政府共同参与、市场协调与政府协调有机结合的体系特征。第二，探索建立税收分享、成本分摊、生态补偿等多种协调机制。按照“优势互补、互利共赢”的原则，针对产业合作、基础设施合作和生态合作等，探索建立税收分享、成本分摊、生态补偿等多种跨界治理的协调机制。第三，要推出相关配套政策，为推进区域协同发展保驾护航。如建立特殊的首都财政政策、横向的财政转移支付、投融资体制创新、共同发展基金、碳汇市场等。第四，要创新区域合作模式，如探索构建“你中有我，我中有你”的命运共同体等。

（三）全面推进：建设交通、产业、城镇、生态、社会一体化的新首都经济圈

京津冀区域协同发展，必须打破“一亩三分地”的行政藩篱，实现三地“抱团发展”，闯出一条基础设施相连相同，产业发展互补互利，资源要素对接对流，公共服务共建共享，生态环境联防联控的路子来。为此，要充分发挥北京服务、天津制造与河北加工的优势，按照优势互补、共赢发展的原则，全面推进区域一体化，打造交通、产业、城镇、生态、社会一体化的新首都经济圈。一是交通体系建设先行。发展大交通，强化城市间的空间网络联系，实施基础设施共建共享。统一部署区域内重大基础设施建设，构建包括铁路、公路、空港、海港、管道、轨道交通的综合交通体系。二是推进区域内产业的转移、集聚、链接、融合，促进科技成果的产业化，做大做强优势产业链条与集群，实现区域的共同发展。三是优化城镇空间布局，加快推进大都市周边的新城开发与中小城市建设，将其建设成为生态、科技、宜居宜业的新兴城市。四是加强生态环境共建与联防，大力推进绿色生态屏障建设和低碳生态宜居家园建设，重点加强对 PM2.5 大气环境污染治理等方面加强合作。五是推进区域社会政策的一体化，完善区域社会保险转移接续、医疗保险异地就医结算、公积金异地互贷等制度，推进区域内基本公共服务等制度规则的对接，逐步实行政策互惠、资证互认、信息互通，创造有利于人才等要素自由流动的社会政策环境。

四、推进京津冀协同发展的突破口选择

根据区域经济发展的实践经验，一些拥有重大战略机遇，或面对迫切需要共同解决的问题并已取得共识，或通过合作有可能成为新增长点的地方，往往有可能成为区域协同发展的战略突破口。针对京津冀的发展实际，我们认为，如能抓住重大战略机遇，区域协同发展有可能在以下方面率先取得战略突破：

（一）以北京新机场建设为契机，共建国家级临空经济合作示范区

首都第二机场的建设，不仅是北京疏解城市功能、优化空间结构、打造新经济增长点的重要抓手，也为京津冀三地围绕新机场统一规划、整合资源、联手共建临空产业、航空城镇、交通体系、宜居生态等提供了合作平台和战略支点。京津冀应抓住机遇，共同申报建设国家级“临空经济区域合作示范区”，包括联合共建以航空、航海、航天一体化为核心，以地铁、高铁、市郊快铁为主干的国际航运中心、综合交通体系和基础设施体系；联合共建以航空物流和航空服务业、高端制造业、现代服务业和文化创意中心为主导的高端产业体系；联合共建以水、园、绿为主体的一流生态体系；联合共建以航空小镇为重点的绿色、智慧、宜居航空都市体系等。通过京津冀合力共建，完全有可能将其建成一个以高端产业为支撑、科技创新为驱动和生态环境为保障的绿色临空经济区和现代化城镇体系，成为国家区域合作示范新区。

（二）依托天津滨海新区，共建中国投资和服务贸易最便利的综合改革创新区

天津获准建立中国投资和服务贸易便利化综合改革创新区，这不仅是天津的机遇，也是京津冀协同发展的重大契机。从国家战略看，天津综合改革创新区是我国积极主动对外开放的重大举措，可以与上海自贸区形成“南北并进”的开放新格局，有利于培育中国面向全球竞争的新优势，打造中国经济的

“升级版”。从区域发展看，建设具有“贸易自由、投资便利、金融服务完善、高端产业聚集、法制运行规范、监管透明高效、辐射带动效应明显”等鲜明特征的“综合改革创新区”，无疑会给京津冀区域发展提供了一个强大的改革引擎，为我们破除体制性障碍，建设更宽松的发展环境提供了重要契机。建设这样一个创新区，天津必须依托京冀在人才、科技、金融等方面的支持，打整体牌，联手共建，充分用足用好先行先试的政策优势，积极探索京津冀三地在海港、空港、产业、科技、金融、物流、生态和社会政策等多方面的区域合作新模式与新途径，共同将京津冀地区建设成为中国北方的国际贸易中心、国际金融中心、国际航运中心和国际物流中心，打造更具国际竞争力和影响力的城市群。

(三)抓住京津冀三地优化空间结构的机遇，共建国家级“京津科技新干线”

北京近年来“南城行动计划”，城市空间发展重心南移；天津城市空间布局将“战略东移”调整为“东移北转”；河北重点打造环首都绿色经济圈，使廊坊成为重要的核心节点；京津冀三地空间布局的调整，反映了高端产业和优质要素向京津发展轴聚集，为三地合力打造一条“中关村—亦庄—廊坊—武清—北辰—东丽—滨海新区”的京津科技新干线创造了条件。实际上经过多年的建设和发展，京津发展轴已经集聚了若干个国家级开发区和高新区，充分利用现有的产业优势和园区基础，推进各功能区的进一步整合，进一步吸引国际资本、高端产业和优质要素向这里集聚，实现知识与产业的对接，服务与制造的对接。北京应充分发挥科技服务、金融服务、信息服务等辐射带动作用，发挥首都总部经济的引领作用，增强对区域要素整合和资源配置的能力；天津应发挥其现代制造、研发转化的优势，将其与北京产业关联密切的高新技术产业向西北板块转移，以智慧产业带连接北京的空间布局。河北廊坊应抓住北京产业外迁、首都二机场建设等新机遇，承接发展高端制造业、临空产业以及文化创意产业等。京津冀联手打造京津科技新干线，完全有可能将其建设成为面向世界的国家级高科技创新产业带。

(四)抓住北京中心城区功能疏解的机遇，共建首都绿色生活圈

缓解北京的人口资源环境压力，除了在北京周边加快建设新城、发展城市副中心以外，可以考虑把北京的一些满足全国市场需求的科技、教育、医疗、会展以及养老保健等功能疏解到周边地区。天津与河北应抓住北京功能疏解的机遇，积极推进城市组团建设，在首都周边共同打造首都绿色生活圈。河北省呼应首都城市功能疏解，正在积极建设“环首都绿色经济圈”，如通州、燕郊、三河、大厂、香河、蓟县、宝坻组团；房山、涿州、涞水、高碑店组团；大兴、固安、永清、廊坊、武清组团等。建设绿色生活圈要与生态廊道、公共服务设施同步建设。在距离北京与天津市区 50 公里左右的京津冀交界的地方，选择一些交通便利、城市功能完整、公共设施基础较好、资源环境还有一定承载空间的地方，京津冀共建满足全国市场需求的专科医疗中心、职业教育基地和休闲会展基地。建设一批康复中心和养老小镇，以优质的公共服务和宜居生态环境，把大都市的人口吸引到周边的田园小镇来生活。建设环首都绿色生活圈，既可缓解首都的人口资源环境交通压力，又可极大地带动周边新城建设及中小城镇发展。

（作者：文　魁　首都经济贸易大学教授
祝尔娟　首都经济贸易大学教授）

项目名称：北京生产性服务业集群发展的资源禀赋、模式选择与空间布局研究
项目编号：11JGA014
项目负责人：张晓涛
项目信誉保证单位：中央财经大学

北京市软件和信息服务业空间集群的动态演变

一、引　言

目前，中外学者多是从国家、区域、城市视角研究软件和信息服务业集群规律，缺乏对于城市内部软件和信息服务业集群空间分布及演变的探讨。北京作为全国软件和信息服务业的重要集聚区，该产业在城市内部不同区域空间分布、演化的规律值得探究。本文研究2003—2012年的十年间北京市软件和信息服务业空间集群动态演变的特征及其动力机制。由于产业集群的发展会带动城市人流、物流、资金流、信息流的变化，进而影响城市内不同区域的经济发展，其演变与发展规律也对城市的规划、产业布局有较大影响，因此，本文的研究对于北京市未来的城市发展规划也有一定的启示和参考意义。

二、北京市软件和信息服务业集群空间分布及演变：2003—2012年

本文首先对2003年和2012年北京市软件和信息服务业在不同邮编区域的空间分布进行对比，然后利用Mapinfo软件将所有软件和信息服务企业所在区域邮编在北京市电子地图中找到相应位置，将每一个企业在地图中标记成点，通过地图上的点分布，来分析软件和信息服务业2003—2012年空间布局的变化趋势。

本文所使用的数据主要来自《中国电信2003年北京大黄页》及《中国电信2012年北京大黄页》，依据其提供的地址，通过网络查询、电话咨询等多种手段获取邮编，并加以统计和整理。对于其中没有给出地址的软件和信息服务企业，通过网络查询做了详细的补充。由于2010年北京城八区合并为城六区，为了统一统计口径，将原东城区和崇文区加总的数据作为2003年东城区数据，将西城区和宣武区加总的数据作为2003年西城区数据。

2003年北京软件和信息服务企业共3576家，分布在153个邮编区域内。而到了2012年，该类企业的数量增加到4783家，分布的区域也有所扩展，分布在191个邮编区域内。表1按年份分类列出北京市计算机、软件企业分布比重排名前二十位的邮编。

表1　北京市计算机、软件企业分布比重排名前二十位的邮编区域(2003—2012年)

排名	2003年		2012年	
	邮编	百分比	邮编	百分比
1	100080	18.08%	100080	24.09%
2	100086	7.66%	100086	7.12%
3	100081	7.21%	100085	6.39%
4	100083	5.98%	100081	5.90%
5	100190	4.67%	100190	4.38%
6	100085	4.08%	100083	3.76%
7	100020	3.61%	100029	2.69%
8	100029	3.16%	100089	2.33%
9	100037	2.93%	100044	2.31%
10	100044	2.60%	100020	1.84%
11	100084	2.12%	100088	1.67%
12	100088	1.84%	100084	1.60%
13	100089	1.84%	100036	1.45%
14	100191	1.62%	100097	1.24%
15	100027	1.59%	100037	1.22%
16	100005	1.40%	100082	1.18%
17	100036	1.40%	100102	1.00%
18	100013	1.09%	100027	0.96%
19	100082	1.09%	100070	0.92%
20	100011	1.01%	100191	0.90%
	合计	74.98%	合计	72.95%

数据来源：《中国电信2003年北京大黄页》、《中国电信2012年北京大黄页》。

通过前十位区位邮编对比，2012年北京市软件和信息服务企业空间分布的集中度与2003年相比并未发生太大的变化，前十位合计比重维持在60%左右，分布最为密集的区域均为中关村核心地区(100080、100086)。该地区是以“中关村电子一条街”为核心的包括中国科学院以及北京大学、清华大学等重点高校的区域。2012 年比 2003 年的分布更为集中一些，主要表现在首位区域的比重有了大幅提高——由 2003 年的 18.08%上升到了 2012 年的 24.09%，以及首位邮编同次位、末位比重的差距明显。同时，还能发现一个显著现象：与 2003 年相比，2012 年前十位的邮编中除首位区域的比重增加以外，所有邮编区域所占比例均出现了不同程度的下降。

通过对比北京市软件和信息服务业 2003 年和 2012 年前二十位邮编的具体区位，可以发现北京市软件和信息服务企业的邮编分布发生了相当程度的变化：其一，除了首位邮编的比重表现出明显的增加外，上地信息产业基地(100085)和紫竹院路、万泉河路(100089)的比重也出现了大幅度的提升；其二，靠近郊区的四环路沿线区域(100097、100102、100070)比重上升，进入前二十的排名，而靠近中心城区的邮编区域(100005、100011、100013)却退出前二十位的名单，呈现中心向外围扩散的态势。

将上述聚集区绘制在了地图上，从图 1 中左右两图的对比中反映了 2003—2012 年的十年间软件业空间集群的演变情况。

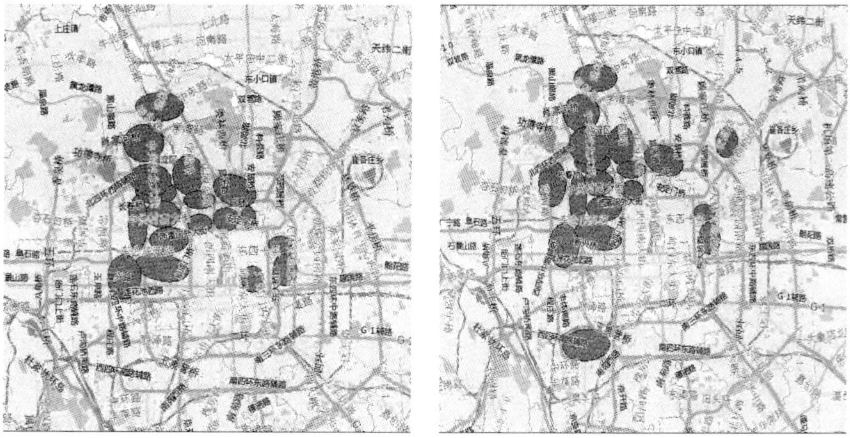

图 1　2003 年和 2012 年北京主要软件企业分布情况(前二十位)

北京 16 个区县 2003 年到 2012 年的十年间软件和信息服务企业比重的变化如表 2 所示。与 2003 年相比，2012 年软件企业比重增加的区县有 12 个，如海淀区、丰台区、石景山区、昌平区、大兴区等，北京市软件呈现明显的“郊区化”趋势。其中，增幅最大的是位于近郊区的海淀区，该区从 2003 年的 63.62%增加到 2012 年的 66.55%，增长近 3 个百分点；同样有较大增幅的还有近郊区的丰台区和石景山区。位于远郊区的 10 个区县中除了门头沟区外也都出现了一定程度的增长，其中靠近远郊区内沿的区县相对于外缘区县变动幅度要更加明显，比重下降的区县有 4 个，城市中心区有 3 个，东城区和西城区下降幅度最大。由此可见，软件企业在两个中心城区的分布变得更加分散和均衡了。

表 2 北京 16 个行政区县软件和信息服务企业比重的变化(%)

功能区	区县	企业数量（2003 年）	企业占比（2003 年）	企业数量（2012 年）	企业占比（2012 年）
首都功能核心区	东城	398	11.14%	373	7.80%
	西城	270	7.54%	301	6.30%
城市功能拓展区	海淀	2276	63.62%	3183	66.55%
	朝阳	410	11.47%	467	9.76%
	丰台	85	2.38%	189	4.00%
	石景山	30	0.84%	51	1.07%
城市发展新区	昌平	18	0.50%	49	1.02%
	大兴	10	0.28%	20	0.42%
	顺义	5	0.14%	24	0.50%
	通州	14	0.39%	34	0.71%
	房山	3	0.08%	21	0.44%
生态涵养发展区	门头沟	30	0.84%	17	0.36%
	怀柔	4	0.11%	13	0.27%
	密云	5	0.14%	11	0.23%
	平谷	10	0.28%	16	0.33%
	延庆	8	0.22%	14	0.29%

资料来源：根据《中国电信北京大黄页》计算整理。

三、北京市软件和信息服务业空间集群演变的特征

(一)海淀区优势地位未变

由图 1、表 1 可以发现，首位中关村核心地区(100080、100086)、上地(100085)和紫竹院路、万泉河路(100089)的比重出现了大幅度的提升，四地均位于海淀区；而且从区县层面(表 2)来看，软件和信息服务企业空间分布的不均衡性更加突出。2003 年和 2012 年企业分布的核心地区始终是位于近郊的海淀区，并以绝对优势领先于其他区县。经过多年的发展，海淀区已经成为北京市乃至全国规模最大的信息产业集群，特别是在中关村科技园区形成了高度聚集的布局，吸引越来越多的软件和信息服务类企业选择在此落户。

中关村的发展由 20 世纪 80 年代初的“电子一条街”，经过北京新技术产业开发试验区、中关村科技园区的建设，2009 年被国务院调整为国家自主创

新示范区，由“一区十六园”构成①，目标是成为具有全球影响力的科技创新中心。其中，海淀园作为示范区的核心区，尤为明显地培养和聚集了一批享有世界知名度的电子信息产业群体。联想、百度、用友、四通、北大方正、清华紫光等相继在此设立总部及研发中心，跨国公司如微软、黑莓、超微(AMD)等也在海淀园设立研发总部。根据 2011 年 10 月北京市政府发布的《中关村科学城发展规划》，中关村科学城②被定位为国家自主示范区核心区的核心，该区域是中国科技资源最为密集、科技条件最为雄厚、科研成果最为丰富的区域，被视为盘活示范区科技创新机制的“发动机”。按照中关村科学城规划布局，海淀区学院路沿线主要发展信息网络，并着力打造以学院路为核心的“中关村信息网络世纪大道”。目前，已有包括大唐电信科技集团、普天信息产业公司、彩虹集团在内的众多企业在学院路沿线建立研发基地或创新园，这进一步增强了中关村研发型企业的集聚效应。

同时，海淀区也集聚了一部分以市场营销和销售活动为主的软件和信息服务业企业。成立于 2010 年的中关村国家自主创新示范区展示中心，专门设立了“新一代信息技术展区”，为参观者展示软件和信息服务业的最新产品技术和服务提供展示及相应的交易服务。与之类似，上地信息产业基地的 IT 产业大厦(上地会展中心)、位于东北旺的中关村软件园提供的公共配套服务区和国际会展中心，也为企业提供成果展示、信息交流和市场拓展的服务。除此之外，有“电子商业街”之称的中关村大街汇聚了 E 世界数码广场、硅谷电脑城和科贸、鼎好电子城等众多商城，为软件和信息服务类企业提供了直接从事销售活动的平台。这些展示中心和电子城以其专业而完善的服务不断吸引更多的软件和信息服务业企业在此落户从事营销和销售活动。

(二)郊区化趋势显著

通过表 2 可以发现，北京市远郊区软件和信息服务业的比重正不断上升，其空间分布范围也在不断扩大，新的集聚地正在崛起。以昌平、大兴、顺义、通州、石景山为代表的远郊区呈现出软件和信息服务业分布范围不断扩大的趋势，而且其所包含的该产业企业的比重也出现小幅增加，软件园的郊区化趋势明显。

以中关村国家自主创新示范区为例，十六个环城科技园有一半以上位于这些远郊区。从产业集群的物理形态来看，中关村科技园的发展由明显的一园主导向区域边界发展，海淀园是人才培养、科技创新、成果孵化和高科技

① “一区十六园”，包括东城园、西城园、朝阳园、海淀园、丰台园、石景山园、门头沟园、房山园、通州园、顺义园、大兴—亦庄园、昌平园、平谷园、怀柔园、密云园、延庆园。

② 中关村科学城区域是指“东至原八达岭高速和新街口外大街，北至北五环及小营西路以南，西至西三环、苏州街和万泉河快速路，南至西北二环、西外大街和紫竹院路，以及沿中关村大街、知春路和学院路轴线形成的辐射区域”。

商务商贸中心，更加侧重发挥高技术的辐射功能，而位于边界的其他园区主要功能则是高新技术产业的发展基地，各个园区有着不同的功能定位和侧重产业。其中，昌平园重点向信息服务、材料、能源等国民经济支柱行业发展，由北京科技商务区、未来科技城、国际工程技术创新基地等功能区构成，已经成为高新技术产业的聚集地；丰台园是中关村科技园区最早的三个园区之一，是北京市重要的高新技术产业基地和丰台区核心的城市经济功能区，逐渐形成了以电子信息、生物医药等为主导的高新技术产业，中国中铁、华电重工、卓望信息技术(北京)有限公司等落户于此；石景山园则重点发展文化创意、高新技术产业及科技服务等特色产业，石景山园作为中关村园区的文化创意园和数字娱乐示范园，在发展以数字娱乐为特色的文化创意产业过程中逐渐树立了自己的品牌，园区现拥有以搜狐畅游、暴风网际为代表的娱乐互动门户企业，并有以东土科技、东方信联为代表的现代通信技术企业；大兴园则以生物医药产业为基底的软件服务业，园区以数字化、无线化、网络化产品为重点方向，引进医疗器械项目，巩固北京器械和诊断领域的领先地位；亦庄园也已形成电子信息产业的集聚，诺基亚、康宁、中芯国际等80多家著名跨国企业在此投资，北京经济技术开发区芯中心(亦庄开发区芯中心)的嵌入式软件企业尤为集中，包括云计算基地、北京工大计算机软件开发公司、久其软件等。科技园本身就是高等学校、科研院所及企业相结合的产物，在发展软件业这种高科技产业方面有着得天独厚的优势。除此之外，顺义林河开发区、密云工业园区、大兴—亦庄经济开发区等都有一定的软件信息服务业集聚；通州高新区内桑夏软件园的建设，将充分发挥其规模带动作用，为该区软件产业的发展起到示范作用，国家级软件及服务外包基地通州分园也将在通州落户。

根据《北京市国民经济和社会发展第十二个五年规划纲要》关于中关村建设提出的“两城两带”产业空间发展布局(如图2所示)和《中关村国家自主创新示范区空间范围和布局规划》，从产业价值链角度分析，以昌平南部和顺义西部为重点的北部郊区承担软件和信息服务业的研发服务功能，利用自身的资源优势，加速推进研发型企业的集聚；以大兴、亦庄、通州和房山为主的南部郊区承担相应的生产制造功能，通过整合产业空间资源，带动形成软件制造业和战略性信息服务业集群。虽然与城六区相比，位于远郊区的软件和信息服务企业仍占有极少比重，其产业集群的发展仍处于起步阶段，以昌平、大兴、亦庄、通州、房山为主的郊区将因其丰富的智力资源、廉价的租金、广阔的空间以及日益完善的基础设施成为北京市软件业新的以生产功能为主的集聚地。

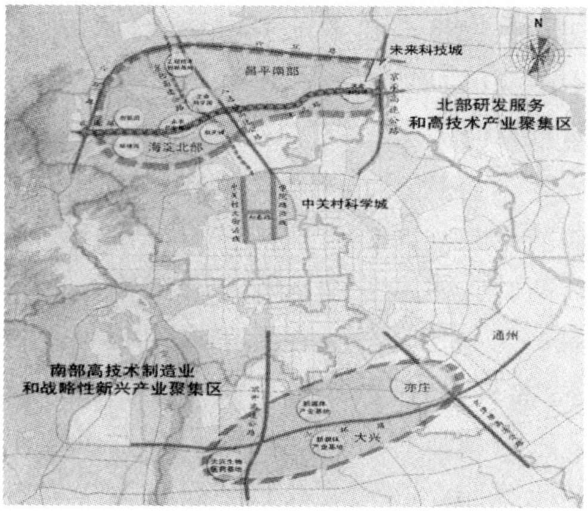

图 2　中关村“两城两带”产业发展布局

(三)传统中心区域的弱化

与郊区软件和信息服务业企业比重上升对比，部分传统中心城区的集聚作用减弱。通过 2003 年和 2012 年的企业空间分布图的差异对比(如图 1 所示)，可以非常直观地发现，北京市软件和信息服务业企业的分布并非像其他传统生产性服务业一样分布在人口密度更大、信息通达性更好的中心城区，而是向中心城区的外围不断扩散，且这种趋势愈加明显。表 2 中心城区不断下降的比重同样反映了这点：十年来软件和信息服务业比重下降的区县有 4 个，城市中心区就有 3 个，其中东城区和西城区下降幅度最大，朝阳区也有略微的下降趋势。

西城区的西城园、朝阳区的中央商务区(CBD)和电子城科技园以其完善的配套设施和服务吸引国内外知名企业的总部集聚，包括奇虎科技有限公司、人民网发展有限公司、北京互信互通信息技术股份有限公司，以及惠普、西门子、索尼爱立信、卡巴斯基等跨国公司和世界 500 强企业总部。

位于朝阳区的电子城科技园也集聚着一部分以从事营销活动为主的企业。电子城科技园位于朝阳区东北部，现包括东区(酒仙桥)、西区(望京)、北区及健翔园，占地 16.8 平方公里，园区内有国际电子总部、电子科技大厦、数码光电园等企业进行营销和销售的平台，区内大企业利用其便利的条件也建有全国性的营销网络。

四、结论及启示

软件和信息服务业已经发展成为北京重大战略支柱产业，其空间结构由内外部因素的变化而演变。通过对 2003—2012 年北京市软件和信息服务业集群空间演变的分析，发现其十年来呈现的特征：(1)海淀区优势地位未变，以中关村海淀园为核心高度聚集，处于价值链高端，承担总部管理、研发、营销功能；(2)郊区化趋势明显，形成环城科技园，主要处于价值链低端，承担生产加工功能，部分北部郊区也逐渐承担研发功能；(3)传统中心城区集聚效应减弱，所在企业主要发挥总部管理和营销功能。整体上，软件和信息服务业构成从城市中心带城市郊区、沿创新价值链的高端到低端呈梯状分布的格局。

从北京市软件和信息服务业集群空间分布形成机制来看，其动力机制与西方发达国家的状况既有相似又有不同，良好的创新环境、丰富的科研资源、交通及网络的通达性、社会资本的积累、面对面效应、成本、知识产权制度的进一步完善等都是影响北京软件和信息服务业集群发展的重要因素，但北京甚至中国的软件和信息服务业的空间演变机制更多偏向于政府引导下的市场机制，政府通过一系列的政策导向(优惠政策或园区政策等)使科技园区成为发展软件和信息服务业的理想区位，对企业区位决策产生着重要影响。同时，不同区县在价值链环节上有一定的互补和重叠，这也会影响到不同类型企业的区位选择和北京市软件和信息服务业的空间分布和演变。

软件和信息服务产业的规模效应和外部经济日益显著，北京市软件和信息服务业的发展应该依据产业空间布局的演变，结合不同区位所处价值链环节，对产业集群进行科学、有效的空间布局，把产业内部优势与区位的外部优势结合起来，充分最大化价值链每一环节的效益。具体而言，其未来的发展离不开企业自身创新能力的提升、社会资本的相互促进、政府政策的大力支持以及知识产权保护力度的加强等各种社会资源质量的提高。在创新引领、市场驱动、政策支持的共同作用下，北京市软件和信息服务产业的空间集聚和扩散科学演变，发挥集群的最大效用，进而促进北京市产业结构的调整和升级。

参考文献

[1] 任晶、袁树人：《东北区高新技术产业及其区位优化研究》，《东北亚论坛》，2004年第2期。

[2] Sternberg，R，Reasons for the Genesis of High－tech Regions—Theoretical Explanation and Empirical Evidence，Amsterdam：Elsevier，1996.

[3] 梁琦、詹亦军：《产业集聚、技术进步和产业升级：来自长三角的证据》，《产业经济评论》，2005年第2期。

[4] 魏江：《产业集群——创新系统与技术学习》，北京：科学出版社，2003年。

[5] (美)曼纽尔·卡斯泰尔：《信息化城市》，崔保国等译，南京：江苏人民出版社，2001年。

[6] Douglas Woodward，Beyond the Silicon Valley：University R&D and High－technology Location，Journal of Urban Economics，2006(1).

[7] Arne Isaksen，Knowledge-based Clusters and Urban Location：the Clustering of Soft-

ware Consultancy in Oslo, Urban Studies, 2004(5).

[8] Scott, A. Industrial organization and the logic of intra-metropolitan location. *Economic Geography*, 1983(3).

[9] 覃成林:《高新技术产业布局特征分析》,《人文地理》,2003 年第 5 期。

[10] Kurt Annen, Inclusive and Exclusive Social Capital in the Small－Firm Sector in Developing Countries, Journal of Institutional and Theoretical Economics, 2001(2).

[11] 李国平、卢明华:《北京高科技产业价值链区域分工研究》,《地理研究》,2002 年第 2 期。

[12] 郝莹莹:《从"硅谷"到"网谷":硅谷创新产业集群的演进及其启示》,《世界经济与政治论坛》,2005 年第 3 期。

[13] 何琼、刘宇、周飞跃:《北京地区软件产业郊区化的趋势、机遇及对策研究》,《工业技术经济》,2010 年第 3 期。

[14] 毕秀晶、汪明峰等:《上海大都市区软件产业空间集聚与郊区化》,《地理学报》,2011 年第 12 期。

[15] 刘玉:《基于功能定位的北京区域产业发展格局分析》,《城市发展研究》,2013 年第 10 期。

(作者:张晓涛　中央财经大学教授

张福心　中央财经大学硕士研究生)

项目名称：首都核心功能区旅游发展新模式研究
项目编号：11JGB041
项目负责人：宁泽群
项目信誉保证单位：北京联合大学

城市景区社区一体化中居民参与旅游发展的困境、成因与路径选择
——以北京什刹海旅游社区为例

一、引　言

随着我国居民休闲旅游活动的兴起，以城市中历史文化景区为目的地的都市游逐渐成为一种重要的休闲旅游活动。而景区社区一体化也成为城市旅游中重要的旅游目的地。当景区与社区联为一体的时候，社区居民作为社区的一部分也理所当然地可以参与到旅游中，成为旅游发展过程中最重要的核心利益相关者，正如道格拉斯·G. 皮尔斯（Douglas G. Pearce）所提出的："本地人参与程度越高，社区所获得的旅游效益就越大。"①然而在社区居民实际参与旅游的过程中，社区的经济发展水平、体制、政策、居民价值观念等诸多因素制约并影响了社区参与的程度和效果②。但上述这些影响因素大多基于乡村旅游社区参与的结果，而对于城市景区社区一体化中社区居民参与旅游发展相关研究，尤其是社区居民参与旅游发展中制约因素研究则比较少，本研究则以北京西城区什刹海社区居民为研究对象，重点考察社区居民参与旅游的现状、困境与成因，并在此基础上将城乡社区居民参与旅游的特征进行比较，提出城市旅游社区中居民参与旅游的可行路径。

本研究以北京什刹海社区为个案，主要是因为什刹海是北京城享有盛名的历史文化旅游景区和居民社区的统一体，是城市景区和社区结合的典型代表。什刹海风景区位于北京市区的西北部，地处市区的皇城与北二环路之间，紧邻故宫博物院、景山和北海公园 3 个北京市最著名的旅游景点组成的黄金旅游带。什刹海景区由前海、后海、西海水域、沿岸名胜古迹和民居民俗生

① 孙九霞：《旅游人类学的社区旅游与社区参与》，北京：商务出版社，2009 年，第 37 页。

② 潘秋玲，李九全：《社区参与和旅游社区一体化研究》，《人文地理》，2002 年第 4 期，第 38—41 页。

活组成，实际上是旅游景区、居民社区、行人街区的综合体，在空间上表现为“三区合一”的分布特点。社区内部历史文化底蕴深厚，文化古迹、胡同文化、老字号、公园景点等旅游资源丰富，社区内有31处文物保护单位，国家级3处，市级11处，区级17处，是京城内老北京胡同和历史文化遗产风貌保存最完好的地方。社区内共有29个社区居委会，居民42826户，常住人口105131人，社区内从事旅游接待业居民占常住人口的24.5%，通过调查发现社区居民参与旅游形式多样，主要包括家庭旅店、当地导游、经营酒吧、饭店/餐馆、在旅游经营场所上班、三轮车夫、卖各类特色旅游商品、经营老字号、经营旅行社和胡同游公司等。社区内每年接待游客数量600万—700万人次，其中外籍游客占到1/3以上，老北京胡同文化是其重要的特色，“胡同酒吧”、“三轮车胡同游”，胡同中的民俗接待户“北京人家”，都成为游客体验北京胡同与民俗文化的主要标志。

另外，在资料收集方法上，本研究主要采取问卷调查方法，辅之以访谈研究方法。调查问卷共由三个部分构成：一是从经济、心理、社会文化、政治四个方面测量社区居民的参与旅游程度，该部分采取量表测量，为里克特5点测量，分值越高表明参与旅游的程度越低；反之，则越高。二是社区居民参与旅游情况，包括参与旅游的形式、未参与旅游的原因等，旅游收入等。三是被调查人的个人人口信息特征。社区居民问卷调查和访谈于2013年3月进行，调查对象为什刹海社区的居民户，以家户为单位，采取入户调查的方式，共调查居民户151户，覆盖16个社区。访谈法则采取结构式访谈的方式，共设计了8个问题，主要针对社区内民俗接待户进行访谈，涉及参与旅游的途径、利润，与旅游者、政府、邻里的关系，是否参与培训、参与中遇到的困难等问题。

二、什刹海社区居民参与旅游的现状

从调查社区居民户参与旅游情况看，151户居民有43.0%参与到了旅游中，而57.0%的居民(共计86户)没有参与到旅游中。参与到旅游中的居民户年均收入为18.12万元。而参与旅游的形式共有11类：民俗旅游接待(家庭旅店/住宿)(16.9%)，在社区内当导游(14.4%)，经营酒吧(14.4%)，开饭店和餐馆(11%)，在旅游经营场所(酒吧、餐馆、家庭旅店、旅游企业等)上班(11%)，当三轮车夫(10.2%)，卖各类特色旅游商品(9.3%)，将房屋改成酒吧或饭店出租(8.5%)，经营老字号(2.5%)，经营旅游企业(旅行社、胡同游公司等)(0.8%)。而没有参与旅游的居民户中，今后想参与到旅游中来的比例为45.3%(共计39户)，想参与旅游的形式主要为民俗旅游接待(家庭旅店/住宿)，在社区内当导游，开酒吧，开饭店和餐馆。而今后不想参与旅游的居民户的比例为54.7%(47户)，主要原因在于：缺乏资金(33.6%)，有其他工作(22.4%)，不会经营(14%)及对参与旅游不感兴趣(10.3%)，没有人手(5.6%)等。从表1可以看出，什刹海社区居民参与旅游的意愿比较低，除“本地居民应避免好工作被外来者拥有”选项处于中立态度外，什刹海社区居民对其余选项均持反对态度，表明社区居民参与旅游的意愿比较低。

表1　什刹海社区居民参与旅游的意愿

题项	本地居民应有权利参与有关旅游发展的决定	旅游所需的产品和服务应尽可能由当地满足	本地居民应有权利直接决定有关旅游规划的问题	旅游所产生的利益要在当地广泛分配	本地居民应共同制定讨论环境问题	本地居民应避免好工作被外来者拥有	本地居民应决定风俗文化是否与旅游者同享
均值	4.32	4.01	3.79	3.97	4.25	3.22	3.40

注：均值介于1—5分之间，均值越小表明居民参与旅游的意愿越高；反之，则越低。

三、什刹海社区居民参与旅游过程中存在的困境

澳大利亚学者思切文斯(Scheyvens)于1999年提出了社区旅游增权理论，该理论是一种强调依靠社区内部力量，通过社区内部的共同努力而增加人们参与旅游能力的理论，所谓增权(empowerment)指的是“人们在不受任何行为限制的情况下，从自身利益出发采取行动，进而提高其个人能力的过程。”①增权是由权力、无权、去权等核心概念构建起来的②。思切文斯从经济、心理、社会文化和政治制度四个方面具体论述了旅游社区的增权和去权表现，为社区旅游增权提供了有效的理论框架，而本文拟参照思切文斯的相关理论框架，从经济、心理、社会文化和政治制度四个层面分析什刹海居民参与旅游过程中存在的困境。

(一)经济层面

从表2可以看出，所有题项均值居于3—4分之间，整体上表明什刹海社区居民户对下列八个题项处于中立和不同意之间，倾向于不同意。从题项内容上看，旅游给社区仅仅带来很少的、暂时的收益(Q3)，并没有增加很多就业机会(Q4)，以及许多居民并没有参与到旅游经营管理中(Q6)，且社区并未显著提高当地居民的生活水平(Q8)；但这些少量的收益却并没有被大量外地人或少数人所占有(Q1和Q7)，大量的旅游者的涌入也没有导致本地生活费

① Herbert-Cheshire L.，Contemporary Strategies for Rural Community Development in Austrilia：A Governmentality Perspective，Journal of Rural Studies，2000(16)：203—215.

② 左冰、保继刚：《从“社区参与”走向“社区增权”——西方“旅游增权”理论研究评述》，《旅游学刊》，2008年第4期，第58—63页。

用的提高(Q2)，旅游收益能够在一定程度上留在社区内并进行分配(Q5)。旅游收益分配状况这一点与思切文斯的经济去权表现并不一致，思切文斯认为社区中经济去权表现之一就是大部分收益流向当地精英、外地开发商、政府机构等，而什刹海社区的调查却显示社区的收益大部分可以留在社区中，并未外流。

表2　什刹海社区居民户参与旅游的收益分配表现

题项	外来投资者占用了本来属于当地居民的资源(Q1)	旅游者的大量涌入导致了本地生活费用的提高(Q2)	旅游为社区带来了持续的经济收益(Q3)	发展旅游为社区增加了很多就业机会(Q4)	大部分旅游收益并没有留在社区中(Q5)	许多居民参与到了旅游经营与管理中(Q6)	社区中只少数人能从旅游发展中直接获益(Q7)	社区居民的生活水平得到了明显的提高(Q8)
均值	3.46	3.86	3.89	4.01	3.59	3.38	3.45	3.31

注：均值介于1—5分之间，均值分越小表明居民参与旅游的收益分配程度越高；反之，则越低。

(二)从心理层面

从表3可以看出，什刹海社区居民户从总体看对发展旅游基本上没有太大兴趣(A1)，对社区旅游发展的现状持否定态度(A5)，虽然社区居民户在利益剥夺方面持中立态度(A2)，给社区带来一定的好处(A4)。因此，从整体上看什刹海社区居民户参与旅游的心理表现大体符合思切文斯的心理失权表现，社区居民为此感到沮丧、漠然，对待当地旅游业及发展问题不太关心与持否定态度，不愿接受各类经营技能培训(A3)，没有社区内部的自豪感和信任感。

表3　什刹海社区居民户参与旅游的心理表现

题项	我对发展旅游毫无兴趣(A1)	我觉得我的许多利益被剥夺了(A2)	我想系统地学习旅游经营技能(A3)	旅游业为社区带来的好处多(A4)	我对社区旅游发展的现状持肯定态度(A5)
均值	2.59	2.92	3.45	3.67	3.78

注：均值介于1—5分之间，均值分越小表明居民参与旅游的心理表现越高；反之，则越低。

(三)社会文化层面

从表4可以看出，什刹海社区居民户社区内部并不和谐，为了旅游利益相互之间存在一些拆台和报复的行为(B8)，但情况不严重；同时，社区居民之间很少相互帮忙(B4)，而且居民之间没有建立普遍的信任关系(B3)，社区居民之间失去了对传统胡同文化的认同与兴趣(B6)，且旅游并没有使本地的文化遗产得到很好的保护(B10)。应该说，从社会层面看，什刹海社区居民参与旅游的情况大体呈现失权状态，虽然居民之间关系并不和谐，社区文化失去认同与保护，但由于旅游利益分配纠纷并不严重，憎恨和妒忌现象并未普遍存在。

表 4　什刹海社区居民户参与旅游的社会方面表现

题项	许多居民为了旅游经济利益相互竞争和妒忌(B1)	旅游导致了本地风俗文化的破坏(B2)	社区居民大多诚实可靠(B3)	社区内居民之间有事情相互帮忙，彼此熟悉(B4)	了解胡同文化的本地居民越来越少(B5)	本地居民对胡同文化没有什么兴趣(B6)
均值	3.13	3.05	3.89	3.91	3.49	2.87
题项	社区居民大多数反对在胡同里开设酒吧等经营设施，因为这破坏了京味文化(B7)	为了旅游利益，居民之间相互存在拆台和报复行为(B8)	社区居民会自发地保护胡同文化和社区内的文化遗产(B9)	旅游促进了本地文化遗产的保护(B10)	旅游导致犯罪事件增加(B11)	旅游打扰了本地居民的正常生活(B12)
均值	3.38	2.94	3.48	3.52	3.21	3.48

注：均值介于1—5分之间，均值分越小表明居民参与旅游的社会表现越高；反之，则越低。

(四)政治制度层面

从表5可以看出，社区居民应该有很多机会和权利参与社区的旅游规划与决策(C2)，社区居民有很多机会监督社区旅游规划或决策的实施(C3)，政府也能够尊重与征求社区居民对旅游发展的意见和想法(C4和C5)。因此，从整体上看，社区内部和政府为什刹海社区居民户提供了一个人们旅游发展交流与监督的平台，旅游管理机构与政府会倾听居民的意见与想法，并愿意提供社区居民参与政策与规划制定的机会。所以，什刹海社区旅游发展过程中并不存在专制和以自我为中心的领导集体，社区整体上处于增权的状态。但从表5也可以看出，什刹海社区居民户自身对社区旅游发展的相关政策却了解不多(C1)，且从社区内部政治参与状况看(表6)，什刹海社区大部分居民参与选举、社区活动和社区内部重大问题等社区政治生活方面并不积极，这也可能影响到了旅游政治参与方面。

表 5　什刹海社区居民户参与旅游的政治方面表现

题项	多数居民了解社区旅游发展相关政策(C1)	居民很少有机会和权利参与社区旅游规划或决策(C2)	居民很少有机会监督社区旅游规划或决策的实施(C3)	政府的旅游发展政策并没有征求我们的意见(C4)	政府不尊重我们的旅游方面的想法和利益(C5)
均值	3.15	3.73	3.68	3.61	3.50

注：均值介于 1—5 分之间，均值分越小表明居民参与旅游的政治表现越高；反之，则越低。

表 6　什刹海社区居民户政治参与情况表

题项	我愿意参与社区组织的各类文体活动	我愿意参与一些社区组织的社团活动	我会为社区服务与保障工作当一名志愿者	居民一般都参与社区重大问题的讨论	我积极踊跃参与社区和居委会选举活动
均值	4.02	4.00	3.98	3.61	3.66

注：均值介于 1—5 分之间，均值分越小表明社区居民政治参与情况越高；反之，则越低。

上述四点总结了什刹海社区居民参与旅游过程中存在的困境，和笔者之前曾在京郊调查的乡村旅游社区居民参与情况相比①，整体上要好于乡村旅游社区居民参与情况，尤其表现在经济和政治参与方面。笔者调查的京郊乡村旅游社区在经济方面往往表现出去权状态，即大部分收益流向当地精英、外地旅游企业、旅游管理机构等手中，而在政治上往往处于失权的弱者地位。社区中往往存在一个精英集团，控制着村落中的旅游资源，这导致社区居民对旅游发展感到失望、沮丧与愤怒。而社区内部人际关系不和谐，经常为了一些事情而相互争吵与拆台，出现憎恨和妒忌现象，基本符合思切文斯所描述的旅游社区去权状态。此外，在居民参与的主动性上，什刹海旅游社区在经济和政治方面的主动性要强于乡村旅游社区，什刹海社区居民在参与各方主体中能够在一定程度上维护自身的权益，并拥有一定的话语权。而且，什刹海社区居民参与形式往往较乡村旅游社区居民多样，如前所述，什刹海社区居民参与旅游的形式共有 11 类，其选择参与旅游的形式整体上要多于笔者所调查的乡村旅游社区。

四、什刹海社区居民参与旅游困境的成因

从上述什刹海社区居民参与旅游的经济、心理、社会文化和政治制度分析可以看出，居民参与旅游的程度整体上比较低，且相对被动，通过调查的

① 笔者曾于 2010—2011 年曾多次跟踪调查京郊三个旅游自然村居民社区参与的情况，并从权力的视角对这三个社区参与特征进行了比较，详见《北京乡村旅游发展中的社区参与研究——基于权力结构的视角》，旅游教育出版社，2012 年版。

151 户社区居民发现，有 57.0％的居民(共计 86 户)没有参与到旅游中，参与的比重较低；从参与的积极性方面看，在我们所调查的样本中，有 47.7％的居民对社区内部参与旅游毫无兴趣，有 25.2％的居民对参与社区旅游表现出中立态度，仅有 27.1％ 的居民愿意参与到旅游中；在参与到旅游中的居民中，有 52.4％的居民表示对参与旅游没有多大兴趣，并表示今后不愿再从事目前的行业。从这些数据可以看出，什刹海社区居民参与旅游的意愿明显不足，这影响到了社区参与旅游的积极性。出现这些述情况的原因，主要有三点解释：

(一)受经济方面客观因素的制约

从前述可知，没有参与到旅游中的原因，有近八成的社区居民户认为主要在于缺乏资金(33.6％)，有其他工作(22.4％)，不会经营(14％)及没有人手(5.6％)。而参与旅游的资金缺乏成为制约社区居民参与旅游的最重要的因素。其次是有替代性的工作也成为制约旅游参与的主要因素，这一点似乎与乡村旅游社区参与的情况不同。在乡村旅游社区中，村民作为参与旅游的主体只能选择参与到旅游中去，无论是主动，还是被动，因为参与旅游是村民获取收益的重要的，有时甚至是唯一的选择，除此以外，往往没有其他更好的选择。笔者曾在京郊乡村社区调查时发现参与到旅游中的村民说得最多的一句话就是“除了搞旅游还能干什么?”乡村旅游社区往往地少人多，劳动力严重富裕，村民如果不想离家外出打工，唯一的选择也只能从事旅游接待业；而城市社区则不同，城市居民获取收益的方式相比较于村民来说较多样，往往在社区以外有自己的工作，因此可以选择是否参与到旅游中来，这相比较于村民来说有很大的自由选择权，而本研究所调查的什刹海景区中未参与到旅游中的 22.4％居民就是因为有其他工作。

(二)受到社区内部社会资本缺失的限制

社会资本是一个比较复杂的概念，直到目前，仍然没有一个明确的定义。不过，从测量社会资本的层面上看，大体上我们可以从两个方面来理解社会资本，一是从微观层面看，可以将社会资本理解为通过人际关系或社会网络为达到某种目的而对于个体来说可用的信息、观念和支持等资源①。二是从宏观的角度看，社会资本可以理解为社会组织的特性，包括信任、规范、网络和政治参与程度等②。我们在这里主要将社会资本理解为宏观层次的社会资本，即社会资本的内涵可以归结为信任、网络、规范、参与及表现出的共同

① 赵延东、罗家德：《如何测量社会资本：一个经验研究综述》，《国外社会科学》，2005 年第 2 期，第 18—24 页。

② 夏建中：《社会为中心的社会资本理论及其测量》，《教学与研究》，2007 年第 9 期，第 36—42 页。

认同感和凝聚力等特征，社会资本有助于社区群体内部提高紧密性和内在的凝聚力。一般来说，社区内部社会资本越高，则社区参与的程度越高；反之，则越低[①]。按照我们对社会资本的理解，笔者从社区信任、社区网络、社区规范和社区政治参与四个方面调查了什刹海社区居民户的社会资本情况，从表 7 可以看出，什刹海社区的社会资本整体上比较低，处于缺失状态，主要表现在社区参与程度(包括政治参与)低、社区内部信任程度低、社区内部关系不和谐、社区规范失去应有的作用。什刹海社区内部社会资本的缺失可以解释什刹海旅游社区参与不足的原因，社区信任程度低、社区网络不和谐和社区规范的缺失导致了社区居民参与旅游过程中存在一些拆台和报复的行为，对于保护胡同文化和历史遗产和周边环境问题并不关心，进而表现出对社区旅游参与不感兴趣，尤其是旅游政治参与过程中，虽然当地政府与旅游管理部门提供了参与制定旅游发展决策、监督与规划的平台与机会，但社区居民却没有太大的政治热情参与其中，而这与社区内部社会参与的环境是息息相关的，社区居民对社区内部的各种活动，包括政治活动，如选举、重大问题的讨论等都不太关心，那么对旅游政治活动也同样会表现出漠然的态度。

表 7　什刹海社区居民社会资本的测量

题　项		均　值	标准差
社区信任	社区内的居民之间诚信守信，值得信赖	3.83	1.045
	社区居委会值得信赖	3.68	1.093
	社区业主委员会值得信赖	3.81	1.044
社区网络（社区联结）	邻里之间经常互相帮助	3.97	0.941
	在社区中很容易找到朋友	3.72	1.061
	经常和社区中的朋友一起从事各类活动，讨论问题	3.60	1.099
社区规范	愿意为社区建设做出贡献	3.99	1.059
	社区公共事务应该有社区居民共同协商处理	3.92	1.123
	对老人和残疾人等弱势群体非常关心	4.07	0.931
	居民认同社区的规范制度	3.85	1.012
	在此社区感到自豪	3.90	1.018
	对社区中的居民公德感到满意	3.78	1.064

① 姚福喜、徐尚昆：《国外社会资本理论研究进展》，《理论月刊》，2008 年第 5 期，第 143—148 页。

续表

题　项		均　值	标准差
社区参与	我愿意参与社区组织的各类文体活动	4.02	1.128
	我愿意参与一些社区组织的社团活动	4.00	1.071
	我会为社区服务与保障工作当一名志愿者	3.98	1.086
	居民一般都参与社区重大问题的讨论	3.61	1.149
	我积极踊跃参与社区和居委会选举活动	3.66	1.148

注：均值介于1—5分之间，均值分越小表明社区居民所拥有的社会资本越高；反之，则越低。

(三)受社区居民之间，及与旅游者和外来人员关系的影响

如上所述，什刹海社区居民之间存在着不和谐与不信任，甚至在部分居民中还存在着矛盾与纠纷，而这些问题都严重影响了社区居民参与旅游的程度与积极性。除此以外，调查还显示，什刹海社区居民认为其与旅游者之间价值观方面存在冲突(40.6%)，并且不能与旅游者建立良好的关系(65.6%)。此外，社区居民还认为旅游者不尊重社区的传统文化(33.8%)，在某些问题上与旅游者存在冲突(30.5%)。而与外来参与旅游人员的关系上，有51.7%的本地居民认为从来不与如酒吧、餐馆、商铺等经商工作人员、三轮车夫等外来人员交往，有57.4%的本地居民认为无法与外来人员和睦相处，有33.1%的本地居民认为与外来人员在旅游方面有利益冲突。社区居民与旅游者和外来人员的矛盾与冲突也影响到了本地居民从事旅游业的积极性，由于与旅游者之间存在价值和文化方面的矛盾，与外来人员存在利益上的冲突，这些都使本地社区居民参与旅游的积极性不高，导致相当一部分社区居民对社区内部参与旅游发展的兴趣不高，甚至存在反感情绪。这也是社区居民参与程度不高的一个重要原因。

五、什刹海社区居民参与旅游的路径选择

从上述分析可以看出，什刹海社区居民之所以参与旅游的程度低，一是由于客观经济方面的原因；二是在于社区内部社会资本的缺失；三是由于社区居民之间，以及与旅游者和外来者等利益相关者之间的文化和利益方面的冲突与矛盾。

因此，要改变什刹海居民参与旅游的现状，首先，当地政府要在制度上和投资环境上营造稳定的氛围。调查发现，当地社区居民之所以不愿投资旅游一个重要的原因在于投入的人力或财力大，投资回报风险比较高。此外，社区居民对现有旅游政策的稳定性也比较担心。因此，从政府的角度看，虽然政府营造了良好的旅游政治参与环境，但这还远远不够，政府还需要努力

提供相关旅游项目，要让参与旅游的社区居民获取持续性的、稳定的和预期的丰厚收益，而且这一收益的水平足以吸引当地居民参与其中，这一收益足以弥补因失去其他工作所带来的损失。同时，政府还要积极创造条件，积极为当地居民户提供旅游中小额优惠贷款和定期开展免费旅游从业知识培训，破除当地居民参与旅游过程中资金短缺，不善经营的制约，并在政策上提供连续性的保障，打消本地居民参与旅游的后顾之忧。

其次，要创造和谐的社区内部人际关系，以及社区居民同旅游者，和外来经营者和工作人员之间的和谐关系，而要建立各群体之间的相互信任，这里的信任指的是信任“那些我们并不认识的人或可能与我们不同的人”①，从上述调查分析可以看出，什刹海社区内部之间，以及社区居民与旅游者和外来者之间均存在着不信任的问题，而社会信任的建设问题实际上就是社区社会资本的建设问题。如表 7 所示，社会资本包括社区信任、社区参与、社区网络和社区规范，而社区信任实际上就是社会信任，只是我们这里的社会信任不仅包括了社区居民内部的信任，还包括了社区居民与旅游者和外来者之间的信任。因此，笔者提出两点什刹海旅游社区社会资本建设的建议：第一，加强社区居民参与旅游意识的培育，主要表现在对什刹海的胡同文化和历史文化遗产保护与认同感的培育，通过各种活动使社区居民参与到历史文化和遗产的保护中去，让社区居民增强社区凝聚力和认同感，政府在保护胡同文化和遗产方面要采取政府、居民与民间组织共建的保护措施，给予社区居民和民间组织更多的保护权力，这样就可以调动居民参与旅游的积极性。第二，形成并践行社区的内在规范，形成社区道德、惯例与习俗等社区制度性因素，是重建社区社会资本的重要基础与保障。社区的外在规范与社区的内在规范一样，作为一种制度性因素都是社区信任产生与扩展的基础。社区信任基于社区的制度性因素，在社区居民长期不断的交往与互动过程中形成与进一步扩展。社区信任又是社区居民进一步交往与互动，以及社区社会关系网络乃至整个社区秩序进一步形成与扩展的前提。真正“自治、独立”的社区是一种以社区内在规范为主导的社区，在这种社区中形成的社区信任是充满人性化的信任，不仅扩展了社区社会关系的网络，而且有利于社区居民的全面发展。只有在社区规范得到践行的社区中，什刹海社区居民之间才能建立充分的信任，旅游社区内部，以及社区居民与旅游者和外来者的关系才能和谐，居民之间才能形成参与旅游的动力，社区旅游才能实现可持续发展。

（作者：时少华　北京联合大学副教授）

---

① Uslaner E M, The Moral Foundations of Trust, New York: Cambridge University Press, 2002. p. 15.

项目编号：北京市废品回收业的规范性发展研究
项目名称：11JGB047
项目负责人：罗道全
项目信誉保证单位：北京石油化工学院

北京市废品回收行业存在的主要问题及对策

废品的有效回收是建设资源节约型、环境友好型社会的一个主要方面，对于节约资源、推动循环经济的发展具有重要作用。建立合理有效的废品回收系统不仅有助于在整个社会范围内形成“自然资源—产品—再生资源”的循环经济环路，解决资源不足对我国经济发展的制约，而且有助于我国经济结构和所有制结构的优化，实现我国经济发展模式从粗放式到集约式的转变，对社会居民的健康生活也具有重要意义，可谓一举多得。北京市一直比较重视废品回收的有效管理，规定收废品必须持证上岗，各区县也纷纷在社区内建立废品回收网点。尽管取得了很多的进步，但是理论的先进并不代表操作的纯熟，北京市废品回收仍然存在很多问题，亟待改进和规范。

一、北京市废品回收行业存在的主要问题

(一)行业发展目标不明确，缺乏统一规划和长远目标

废品回收行业未形成以市场为核心的社会服务宗旨，缺乏行业协会的协调引导，企业发展随意性较大，再生资源需要哪些社会资源，能生产何种社会产品，满足哪些社会需要，这些核心问题不明确，企业按照各自对行业的理解所制定的发展计划无法体现再生资源产业的应有方向，对经济发展贡献率不足。回收站点的设置未纳入城市整体规划，未形成科学有序的回收网络体系，现有网点基本是自发设立，分布不够合理，多设在城镇郊区、城乡接合部和偏远农村，更有甚者直接在居民楼开设，位置隐蔽，鱼龙混杂，极易藏污纳垢，普遍存在“明点暗收”现象，有的收购站点设有暗分点，便于收赃销赃，无照经营的流动摊点更为突出，难以掌握和控制。

(二)行业经营欠缺规范，回收专业化程度较低

回收企业普遍存在变相和超范围经营，大部分站点只要价格合适，金银首饰、车辆等贵重物品都作为旧货交易调剂的品种。在废旧金属收购队伍中，置“生产性废旧金属”与“非生产性废旧金属”收购规定于不顾，什么都收，什么都卖，收购品种繁杂。部分经营者在执行登记验证制度上“耍滑头”，不登

记、漏登记、登记不详不清等现象普遍存在，更有甚者为逃避检查，采取消极应对和表面应付方法，导致登记、报备等管理制度无法落到实处。同时，由于缺乏资金和技术的投入，废品回收行业技术落后和不善管理的问题比较突出，市场竞争能力和抗风险能力较弱，行业经营管理和科技运用水平远低于其他行业。回收仍以手工劳动为主，缺乏专业知识，回收队伍松散，缺乏组织管理。从业人员结构复杂，素质较低，良莠不齐，个别企业存在收赃销赃现象。经营者的安全意识、环保意识不强，消防设施简陋，对危险物品缺乏安全管理。由于废品回收入行门槛低，所以从业人员结构复杂，未办理营业执照的流动收购者、废品回收站泛滥成灾，这也为少数偷盗者销赃提供了方便，给治安管理和群众财产安全、社会治安秩序带来了不良影响。

（三）废品回收利用率低，未形成产业化和规模化

废品回收基本处于自发状态，经营者“大利大干、小利小干、无利不干”，存在“有些品种大家抢，有些品种无人抓”的现象，不少可回收利用的品种未得到有效回收利用，往往形成城市垃圾，既造成资源浪费，同时又污染环境。回收网络体系不健全，导致供需双方缺乏畅通的营销采购平台，回收利用率不高，资源得不到充分循环利用。废品回收企业规模偏小，缺少龙头企业主渠道的带动，无法形成集约化经营。没有大型的综合性再生资源集散市场，再生资源加工业还是个空白，失却了废品附加值和经营商机。

（四）部门多头管理，监管难以到位

废品回收行业管理涉及众多部门，各部门职能分散，各管一摊，责任均分，压力均摊，看似职权分明，相互制衡，实际上遇到问题往往职责不清，联动不力，作用有限。发改、经贸等部门可制定和实施行业管理、规划、标准和产业发展政策，但并不管理废品回收站点的具体经营行为，缺乏有约束力的管理举措。虽然废旧金属收购属于特种行业，但行政许可法实施以后，已取消废品收购点的前置审批，只有在废品收购中出现较严重的违法行为，公安机关才能介入调查。工商部门只管核发营业执照，对从业人员无法掌控，对经营中的违规行为缺乏监管，对没有固定经营场所的流动摊点更无从管理。对现存的废品回收企业，环保、城管等部门，只有在企业有违法情节时方可依法处罚。对废品回收行业的管理整治，目前主要依靠风暴式的联合执法清理，缺乏长期有效的机制。同时，由于尚未建立再生资源回收行业协会，废品回收企业的自我管理、行业监督也无法实现。

（五）立法缺位

立法层面同样不足，中国在 2009 年开始施行《循环经济促进法》，此后国家环保部、商务部、发改委等部门联合制定《固体废物进口管理办法》，并于 2011 年 8 月 1 日起实施，但这两项与废旧物品回收相对接近的立法，由于没有针对性和可操作性，现实中缺乏直接指导意义。地方政府的产业引导政策同样进程缓慢，较新的政策出台于2006年，是年8月17日，北京市商务局、市发改委等11个部门联合出台了《关于推进北京市再生资源回收体系产业化发展试点方案的实施意见》，提出要在3—5年规范收购前端，用专业化物流和分拣加工代替初级摊群市场为主的运作模式。采取政府招投标的方式，培育若干家再生资源回收物流企业作为市场运营主体，逐步取代分散、个体的回收方式。6年多过去了，北京市个体分散的回收摊群网点非但没有被取代，反而在大公司缺位的情况下一度激增。

(六)社会对废品回收行业认知不足，循环经济观念尚未形成

废品回收行业的社会认同度目前还比较低，不少市民至今仍然把废旧物资回收利用当作“收破烂”、“捡废品”，甚至在一些人眼里低人一等，对“再制造”和“循环利用”不了解、不熟悉。所有这些，均影响了再生资源产业又好又快地发展。废品回收企业的部分管理者，思想观念落后于市场经济发展，遇到政策环境和市场环境的变化，就感到束手无策。整个社会对发展再生资源的意义和重要性认知不足，对其在循环经济中的作用缺乏深入认识，政策性配套措施不多。

二、规范北京市废品回收行业管理的对策建议

(一)建立网络和体系

在城市中按区域建立层次化废品回收层次网络结构，将城市的废品回收任务逐层细分，构建从分散到集中、从分拣到利用的立体式废品的回收结构。除了在各个社区、街道设立废品回收网点，直接开展废品收购之外，还应在其上设立区域分站，主要负责该区域内的废品集中、向更上一层运送废品、传递回收信息数据等工作。充分把握机构改革的契机，以区县政府及有关行政管理部门为监管主体组成行政管理网络，明确行政监督主体职责分工。建议由区县市场安全监管部门牵头，联合经信、规划、统计、公安、工商等各大职能部门，成立行业管理办公室，具体负责制定和实施行业发展规划和行业服务规范、经营网点布局管理及废品回收经营的日常监督检查工作，公安机关负责对生产性废旧金属回收和再生资源交易市场实施治安管理，工商行政管理部门负责对废品回收和交易市场的经营活动实施监督，环境运输和城市管理局、国土城建和水务局、卫生和人口计划生育局等有关部门应在各自范围内协同做好废品回收管理工作，在全区形成联合监管机制。通过政府积极引导，市场机制运作，逐步建立有利于行业管理，布局合理、网络畅通、设施先进、服务功能齐全、管理科学的废品回收利用体系。

(二)加强整顿

针对废品回收站点过多过滥的现状，建议城管、工商、公安等相关部门，进一步进行全面清理整顿，审核登记，落实责任制，加强行业的监督管理。

同时，探索政府监管回收总站、公司化运营分站、连锁回收点的发展方式，实行废品回收收、购、销统一经营管理。以城市居民为中心，坚守公司对政府负责、政府对市民负责的原则，由政府有关部门进行有效干预、管理回收总站，区域分站和连锁回收点实行公司化运营，借鉴其他行业的宝贵经验，如采取特许经营、承包经营、租赁经营等多种方式，提高处理质量，降低运营成本，实现效益双丰收。

(三)构建废品回收物流网络信息系统、网络中心

建立废品回收物流网站，使回收管理过程更加高效。例如，居民只需轻轻点击一下鼠标或拨通电话到“在线废品网络中心”，回收站信息管理中心将住址相近的客户安排在一条线路上并优化路线，“废品网络中心”再发信息到适当的“连锁回收点”，进行上门回收服务。不但解决了市民平时工作忙，没时间处理废品的问题，提高资源回收效率，有利于设施、设备的整合，也可降低经营成本。

(四)在废品回收中引入现代物流的思想

对回收各个环节进行集成化、系统化的管理，以“合理、方便群众为目标”，合理规划收购堆场用地。一方面，废品回收站作业时，要采用适当的物流设施、物流技术。另一方面，收购人员应充分理解回收物流的主要内容和重要性，按照废品收购行业规范，诚信经营，做到“四个统一”：衡器统一、服装统一、价格统一、服务统一，在整理废品时，做到清理废品时码放整齐，存放区干净整洁。

(五)建立健全废旧物品市场准入规范

政府制定准入规范，统一标准。审批部门严把市场主体准入关，从经营场地、硬件设施、安全条件、周边环境、注册资金、法人和用工人员资质等方面入手，在不违背依法审批的前提下，适当提高行业准入门槛，控制经营户数量。对现有废旧物资回收经营主体进行规范，进一步健全购销货台账制度，如实登记物品品名、数量、来源、日期和销售去向等，一旦发现有违法经营行为，只要符合吊销营业执照条件的，坚决予以打击取缔。通过年检等方式，对存在环境污染问题、重大安全隐患的废品收购站，责令整改，整改不合格的，不予通过年检，有计划地逐步取缔一部分不合格的收购站，尤其是压缩中心城区的网点，确保中心城区的环境不受污染。

(六)开展废品回收行业的布点规划

根据城市建设的需要，按照总量控制、合理布局和方便回收的原则，对全区废旧物资回收行业进行总体规划布局，试点建设能体现现代风格的规范化、专业化、标准化回收站，并按照公平自愿的原则逐步取代星罗棋布、鱼龙混杂的废品站。废品回收站经营权可由区政府纳入城市可经营项目，向社会进行招标。创新工作方式方法，整合和规范现有废品回收企业和网点的经营行为，探索把废品收购行业纳入公共安全视频监控系统建设总体规划，防范和及时查处存在的安全隐患和涉嫌违法犯罪活动。

（七）探索建立废品集散交易中心和加工基地

可选择城市郊区和村镇空旷地带，规划建设一些废品回收街、中转区和集散交易中心，并在条件具备的情况下，规划建设再生资源加工园区，逐步实现废品回收利用的集约经营，向产业化、规模化发展。这样既可壮大我市的再生资源产业实力，还可增加就业岗位，缓解就业压力，提高经济效益和社会效益。

（八）制定举报防范打击盗窃、破坏公共设施奖励办法

充分借鉴以往专项整治行动的好经验、好做法，教育经营业主确立合法经营理念，增强广大群众依法维权意识，积极举报无照废品收购站点。切实加大行业整治力度，从源头堵截电力线材等公共设施的销赃渠道。建立奖励制度，奖励举报有功的单位或个人，发动群众共同参与打击盗窃公共设施的犯罪活动。

（作者：罗道全　北京石油化工学院副教授）

项目名称：北京市农民工社会保障政策效应评估研究
项目编号：11JGB051
项目负责人：龚　晶
项目信誉保证单位：北京市农林科学院

社会排斥与农民工的主观幸福感
——基于对在北京务工农民工的调查

一、引　言

随着经济社会的快速发展和人们生活水平的显著提高，“幸福感”这一衡量更高层次满足感受的指标日益受到重视。农民工通常是指具有农村户籍而在城镇就业的人群，“夹在城乡之间”的特殊身份使他们成为学术界和政策界关注的重点；同时，也使他们的“幸福感”具有了更加深刻的现实含义。从某种程度上说，农民工的幸福感不仅是其综合状况的一个重要体现，而且是其市民化的一个关键衡量指标。因此，提升农民工的幸福感对于推进新型城镇化而言至关重要。那么，如何才能提升农民工的幸福感？回答这一问题首先需要弄清农民工的幸福感都受哪些因素的影响。

社会排斥既是衡量城市对农民工接纳程度的重要指标，也是农民工融入城市时的一个主要障碍。中国人民大学和工众网 2012 年联合发布的一项调查研究显示，有 30%的被调查农民工认为他们被城市拒绝和排斥。本文主要以问卷调查数据为基础，采用多元有序 Logistic 回归方法，分析农民工所面临的社会排斥与其主观幸福感之间的关系。全文共分为五部分：第一部分为引言；第二部分是理论基础和分析框架；第三部分介绍研究方法、数据来源，并对变量进行描述性统计；第四部分开展回归分析，并对分析结果进行简单讨论；第五部分得出结论，并说明相应的政策含义。

二、理论基础及分析框架

“社会排斥”一词最早产生于法国。1974 年，法国前国家社会行动秘书 Rene Lenoir 用社会排斥来形容那些被行政性地排斥在社会保护系统之外的个人或群体的状态。随着研究和实践的不断深入，社会排斥逐步得到英国乃至整个欧洲的关注。目前，社会排斥已经成为欧盟公共政策的核心内容之一，并逐渐引起世界各国的高度重视。

目前，对于社会排斥的定义，不同的机构和学者仍各执一词，没有形成一致意见。虽然现有定义的形式多种多样，但所体现出的基本特征大体一致，那就是，社会排斥具有多维度性(或综合性)、动态性和相关性等基本特征。其中，多维度性是有别于其他社会政策术语的重要特征，是指社会排斥涉及住房、教育、就业、医疗、法律、政治制度和社会关系等多个领域(Bradshaw，2003；Farrington，2002)。

Levitas 等(2007)从更加全面的视角审视社会排斥问题，并建立起了布里斯托尔社会排斥矩阵(BSEM)。该矩阵包含三大方面内容，即资源、参与和生活质量。这种维度划分方式能直观反映出社会排斥产生的原因，即是源于资源不足，还是由于参与受阻，或者是因为生活质量下降。但是，这种划分方式不利于区分经济、社会、政治、文化等不同类型要素对社会排斥的贡献程度。

实际上，可以将上述两种方式结合，形成以资源、参与和生活质量为第一分类，以经济、社会、政治和文化为第二分类的多分类体系。此外，在现实生活中，农民工除了因各种客观条件而被动地遭受各种排斥外，还会因为文化素质、收入水平、生活方式等方面与城市的显著差异而主观形成一种排斥心态，从而在一定程度上主动与城市隔离。从这一角度讲，农民工的社会排斥还可以划分为主动排斥和被动排斥。综合上述三种分类，可以形成如图 1 所示的维度结构。

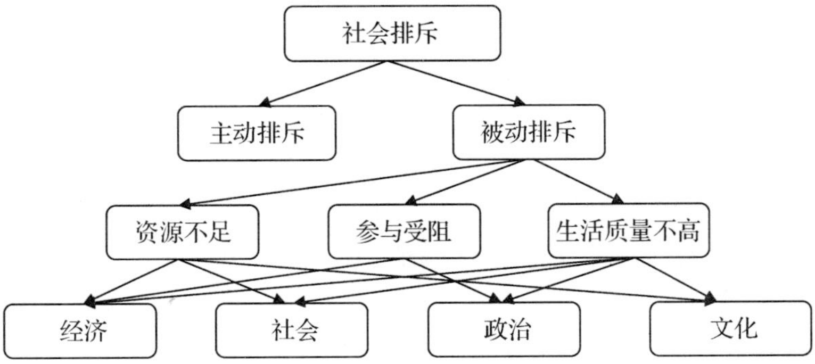

图 1　社会排斥的维度结构

三、研究方法及数据描述

(一)模型选择

作为心理学术语，主观幸福感专指评价者根据自定的标准对其生活质量所进行的整体性评估，具有主观性、稳定性和整体性三个特点。心理学领域的主观幸福感测量一般采用评定量表进行，然而，在其他领域，主观幸福感也可以由调查对象根据自我感受直接做出评价，一般分为很幸福、幸福、一般、不幸福和很不幸福五个有序分类。

对于社会排斥的测量，国外主要利用建立指标体系的方式。但是，不同研究机构和学者所建立的指标体系，除了所围绕的维度不同外，所反映的层面和计算方式也有一定区别。一些机构从宏观层面来测量某个国家或地区的社会排斥水平。例如，英国新政策研究所(NPI)从 1998 开始，每年都对英国的贫困和社会排斥状况进行观测，其指标体系包含收入、儿童、青少年、青壮年、老年和社区六大类，共 50 个指标，主要用年度变化情况来反映贫困和社会排斥的程度(Palmer, G., MacInnes, T & Kenway, P., 2008)。这些指标多为宏观层面，如贫困发生率、收入不平等程度、失业率、工作不稳定性等。另外一些学者则以家庭调查数据为基础，通过具体指标来判定社会排斥是否存在，进而利用调查对象的总体情况来反映中观层面的社会排斥状况。例如，伦敦经济学院社会排斥分析中心(CASE)以 1999 年英国家庭调查数据为基础，从消费、生产、政治参与、社会关系四个方面，对英国的贫困和社会排斥情况进行了研究。与宏观层面研究相比，他们所采用的多为具体的判定性指标，如是否拥有住房、是否缴纳或领取养老金、是否储蓄低于 2000 英镑等。

本研究以问卷调查为基础，专门针对农民工的社会排斥问题而进行，所以，不适宜采用英国新政策研究所那种宏观层面的指标体系，因此，本文借鉴了伦敦经济学院社会排斥分析中心的做法，以图 1 所示的维度结构为分类标准，以一系列判定性的问题作为指标，建立了测量农民工社会排斥水平的指标体系。需要说明的是，由于农民工举家外出打工的情况并不占主导，所采用的指标大部分针对农民工个人，而非整个家庭。

根据所研究问题的性质，本文选用了多元有序 Logistic 模型进行回归分析。该模型通常用于定性因变量存在 2 种以上的分类，且多分类呈有序排列的情况。利用此模型，可以将农民工的主观幸福感作为因变量，把农民工的个人属性因素和社会排斥因素等作为自变量进行回归分析，如果最终社会排斥变量进入回归，则说明其对农民工的幸福感有显著影响。

(二)数据来源

本文的研究数据来源于北京市农林科学院农业科技信息研究所“北京市农民工社会保障政策效应评估研究”项目组对在北京地区农民工的问卷调查。调查于 2012 年 5—7 月份进行，调查地点包括西城、海淀、朝阳、昌平、通州、顺义、大兴、房山等区县，调查对象包含了北京本地农民工和外来农民工，调查领域涵盖了商业、建筑、家政、物流、餐饮、农业等行业，调查内容涉及基本情况、工作状态、社会保障、商业保险、幸福感等多个方面，最终回收有效问卷 1066 份。

(三)变量选取及描述性统计

如上所述，本文选取农民工的主观幸福感作为因变量，选取个人属性、主动排斥和被动排斥三类大变量作为自变量。

1. 因变量及描述性统计

如上所述，主观幸福感通过农民工打分的方式赋值，共分为1—5分5个等级，其中，1代表“很不幸福”，2代表“不幸福”，3代表“一般”，4代表“幸福”，5代表“很幸福”，各分值的频次和比重如表1所示。描述性统计结果显示，该因变量均值为3.40，标准差为1.113。这说明接受调查的农民工总体幸福感介于“一般”和“幸福”之间，并不十分理想。

表1　因变量及描述性统计

因变量		频次	有效百分比(%)
主观幸福感	很不幸福=1	64	7.13
	不幸福=2	88	9.80
	一般=3	343	38.20
	幸福=4	235	26.17
	很幸福=5	168	18.71
	合计	898	100.00

注：表中频次加总后不等于有效问卷数，原因是部分问卷存在缺失值。

2. 自变量及描述性统计

自变量选取了个人属性、主动排斥和被动排斥三类大变量。其中，个人属性变量用来反映社会排斥变量之外可能会对主观幸福感产生影响的一些基本变量，如性别、年龄等。被动排斥变量则按照社会排斥的维度结构，进一步细分为资源不足、参与受阻和生活质量不高三类，而资源不足和参与受阻又分别细分为经济资源不足、社会资源不足、政治资源不足和文化资源不足以及经济参与受阻、社会参与受阻、政治参与受阻和文化参与受阻各四小类，每小类下面设计了不同数量的具体变量。变量的赋值、解释及描述性统计如表2所示。

表2　自变量的选取及描述性统计

分类	变量	解释	均值
个人属性	性别(女=1，2=男)	用以检验性别是否影响幸福感	1.62
	年龄(单位：岁)	用以检验年龄是否影响幸福感	34.15
	打工工龄(单位：年)	指累计打工年数，用以检验打工时间的长短是否影响幸福感	9.96

续表

分类			变量	解释	均值
个人属性			近6年打工城市数（单位：个）	近6年来打过工的不同城市的数量，用以检验打工经历是否影响幸福感	1.26
			每天工作时间（单位：小时）	打工期间每天工作的累计小时数，用以检验工作强度是否影响幸福感	10.29
被动排斥	资源不足	经济资源不足	家庭人口数（单位：人）	用以反映家庭劳动力资源充足程度，资源越少，受到排斥的可能性越大	4.36
			家庭总收入（1万元以下＝1，1万—3万元＝2，3万—5万元＝3，5万—7万元＝4，7万—9万元＝5，9万—12万元＝6，12万元以上＝7）	用以反映家庭货币资源充足程度，资源越少，受到排斥的可能性越大	3.01
			承包地面积（单位：亩）	用以反映家庭劳动力资源充足程度，资源越少，受到排斥的可能性越大	4.22
			个人月平均收入（单位：元）	用以反映个人货币资源充足程度，资源越少，个人受到排斥的可能性越大	3341.53
		社会资源不足	户籍所在地（外地＝1，北京＝2）	不同户籍的农民工在享受社会事业和公共服务方面存在巨大差距，就在京务工农民工而言，这种差距在京籍和非京籍之间表现得尤为明显	1.05
		政治资源不足	是否为党员（否＝0，是＝1）	对很多政治活动而言，是否为党员是决定能否参与的重要前提	0.05
		文化资源不足	受教育年限（单位：年）	一般来说，受教育年限越长，其文化素质越高，所能接触的文化资源就越丰富	8.73
	参与受阻	经济参与受阻	是否因客观原因未买商业保险（是＝1，否＝2）	商业保险是通过市场途径获取生活保障的主要方式，因付不起保险费等客观原因而未能购买保险，意味着在参与保险市场方面遇到阻碍	1.37
			通过何种渠道寻找工作（自己找＝1，得到外界帮助＝2）	如果无法获取有效的就业服务或者帮助，只能依靠个人力量寻找工作，则意味着在参与劳动力市场方面受到一定程度的阻碍	1.65

续表

分类			变量	解释	均值
		社会参与受阻	患病后是否有医疗支出（患病但无医疗支出＝0，患病后有医疗支出或未患病＝1）	患病求医是维持身体健康的基本条件，如果患病而未发生医疗支出，则说明生活质量有所恶化	0.17
			是否因客观原因未参加社会保险（是＝1，否＝2）	社会保障是社会服务的重要内容之一，如果因付不起保险费、雇主不给参保等客观原因而未参保，则意味着在参与社会保障事业方面受到阻碍	1.79
		政治参与受阻	是否参加打工地的党组织活动（否＝0，是＝1）	不参加打工地的党组织活动，则意味着无法融入当地的政治生活	0.10
		文化参与受阻	每月娱乐开支（单位：元）	娱乐开支越少，则意味着参与文化娱乐活动越少	33.90
	生活质量不高		婚姻状况（其他＝1，已婚＝2）	一般来说，正常的已婚状态要比未婚、离异或丧偶等状态生活质量更高	1.73
			孩子是否跟随（否＝0，是＝1）	孩子在身边能带来较大的心理慰藉	0.37
			每月休息日数量（单位：天）	每月休息时间越长，则意味着工作强度越小	1.58
			每月生活开支（单位：元）	包括衣食住行等多个方面，开支越高意味着生活条件越好	1553.99
			居住条件（与人合住＝1，自己租房或买房住＝2）	相比之下，个人租房和买房要比与他人合租或住集体宿舍生活质量要高	1.48
主动排斥			在北京归属感	在北京归属感（很差＝1，差＝2，一般＝3，强＝4，很强＝5）	3.09
			城里人对自己的认同感	城里人对自己的认同感（很差＝1，差＝2，一般＝3，强＝4，很强＝5）	2.97

四、实证分析及结果讨论

本文采用STATA统计软件进行了回归分析，结果如表3所示。从总体回归结果来看，个人属性、被动排斥和主动排斥三大类均有变量回归显著。其中，在个人属性大类里，每天工作时间回归显著，且方向为负。这一点与预计相同，每天工作时间越长，说明劳动强度越大，个人的主观满意度相应地就会降低。

表 3　回归分析结果

变量	系数	统计量
性别	−0.197	(−1.391)
年龄	0.0102	(1.27)
打工工龄	−0.0122	(−1.114)
近 6 年打工城市数	−0.106	(−1.311)
每天工作时间	−0.0759***	(−2.852)
家庭人口数	0.0386	(0.84)
家庭总收入	0.062	(1.25)
承包地面积	0.000941	(0.16)
个人月平均收入	0.000157***	(4.15)
户籍所在地	−0.638*	(−1.913)
是否为党员	0.235	(0.80)
受教育年限	−0.0165	(−0.705)
是否因客观原因未买商业保险	0.257**	(1.97)
通过何种渠道寻找工作	0.157	(1.15)
患病后是否有医疗支出	−0.207	(−1.257)
是否因客观原因未参加社会保险	0.157	(1.02)
是否参加打工地的党组织活动	0.214	(0.77)
每月娱乐开支	−0.000311	(−0.610)
婚姻状况	−0.144	(−0.728)
孩子是否跟随	−0.00904	(−0.0601)
每月休息日数量	−0.00348	(−0.159)
每月生活开支	−7.95e−05*	(−1.833)
居住条件	−0.0251	(−0.170)
在北京归属感	0.510***	(7.70)
城里人对自己的认同感	0.285***	(4.50)
LRχ^2	218.17	
Pseudo R^2	0.0839	
Prob>χ^2	0.0000	

注：*、**、*** 分别表示在 10%、5%和 1%水平上统计显著

在被动排斥大类里，资源不足、参与受阻、生活质量不高三小类也均有

变量回归显著，说明被动形成的社会排斥的确会对农民工的主观幸福感产生影响。在资源不足类变量中，个人月平均收入回归显著，且方向为正，符合预期；在参与受阻类变量中，是否因客观原因未买商业保险回归显著，同样方向为正，符合预期；在生活质量不高类变量中，每月生活开支回归显著，但方向为负，与预期不一致。这可能是因为生活开支增加带来生活质量提高的同时，也造成了一定的收入维持压力，进而降低了农民工的满意度。这一点可以从农民工的主观感受中得到验证。统计分析结果表明，仅有51.33%的农民工对自己目前的经济状况满意。上述3个回归显著的被动排斥变量都是经济领域的变量，说明经济领域的排斥对农民工主观幸福感的影响最为普遍。此外，在被动排斥中，还有户籍所在地回归显著，但是方向为负，意味着与外地户籍农民工相比，北京户籍农民工主观幸福感更低。这可能是因为随着城乡一体化进程的不断推进，北京市城乡基础设施、社会事业和公共服务的均衡水平持续上升，但是，城乡之间仍然存在巨大差距，尤其在收入水平方面。根据《北京市2013年国民经济和社会发展统计公报》公布的数据，2013年城镇居民人均可支配收入达到40321元，而农村居民人均纯收入只有18337元，二者之比为2.20∶1。

在主动排斥变量中，在北京的归属感和城里人对自己的认同感2个变量都回归显著，且方向为正，符合预期，说明进城农民工因遭遇客观排斥和因为文化素质、收入水平、生活方式等方面与城市存在巨大落差而形成的主动排斥对农民工的幸福感有着显著影响。

五、简要结论及政策含义

社会排斥是城市对农民工接纳程度的一个重要衡量指标，也是制约农民工市民化的一个重要因素。基于对在北京务工农民工的问卷调查，通过多元有序 Logistic 回归分析，可以得出如下几点结论：

(一)社会排斥因素影响农民工的主观幸福感

除了性别、年龄、每天工作时间等个人属性类变量外，社会排斥类变量也会对农民工的主观幸福感产生影响，且绝大部分都呈现排斥水平越高则幸福感越低这样一种反向关系。由此可见，要想改善农民工的待遇水平，增强其对工作和生活的满意度，消除社会排斥应是重要的政策内容之一。

(二)经济领域排斥的影响最为普遍

在资源不足、参与受阻、生活质量不高三类排斥变量中，回归显著的主要是经济领域的变量，如个人月平均收入、是否因客观原因未买商业保险、每月生活开支进入等，说明与社会、政治和文化等领域的排斥相比，农民工对经济领域排斥更为关注。因此，在制定应对社会排斥的政策措施时，应首先从经济领域入手。

（三）主动排斥问题不容忽视

主动排斥是农民工主观形成的一种排斥心态，可能表现为主动与城市隔离这种行为方式。主动排斥是综合影响常年累计的结果，在农民工群体中普遍存在，且根深蒂固很难消除。所以，要应对社会排斥所导致的不良影响，不仅需要采取经济、社会、政治、文化等方面的措施，还需要加强宣传教育和心理疏导，帮助农民工树立健康积极的城市融入心态。

参考文献

[1] 刘靖、毛学峰、熊艳艳：《农民工的权益与幸福感——基于微观数据的实证分析》，《中国农村经济》，2013 年第 8 期。

[2] 叶青：《主观幸福感概述》，《人力资源管理》，2013 年第 2 期。

[3] 章柯：《农民工幸福感调查：泉州第一　上海、东莞、深圳排倒数三名》，《乡村科技》，2012 年第 6 期。

[4] Bradshaw, J., How Has the Notion of Social Exclusion Developed in the European Discourse? The Economic and Labour Relations Review, 2004, 14(2).

[5] Farrington, F., Towards a Useful Definition: Advantages and Criticisms of Social Exclusion, GEOS View: Online undergradnuate Review of Geography and Environmental Studies, 2002.

[6] Levitas, R. et al., The Multi-Dimensional Analysis of Social Exclusion, a Research Report for the Social Exclusion Task Force, 2007.

[7] Palmer, G., MacInnes, T & Kenway, P., Monitoring Poverty and Social Exclusion 2008, New Policy Institute Research Report, 2008.

（作者：龚　晶　北京市农林科学院副研究员）

项目名称：促进北京市文化创意产业发展的财税政策研究
项目编号：11JGB093
项目负责人：丁　芸
项目信誉保证单位：首都经济贸易大学

优化北京市文化创意产业投资环境的财税政策研究

一、文化创意产业投资环境的重要性分析

（一）投资环境的界定

投资环境有狭义和广义之分。狭义的投资环境主要指投资的经济环境，广义的投资环境除包括经济的投资环境外，还包括政治、法律、社会文化等对投资可能发生直接间接影响的各种因素。本文中所指的投资环境为广义的投资环境，即投资对象在某一特定经济地域进行投资时，所面临的一系列当前的以及预期影响投资行为的各种条件和要素的总称，包括自然、经济、科技、管理、社会、法规和政治等各个方面，各个子系统之间以及子系统内部各因素之间相互关联、相互作用、相互影响和相互制约。

（二）投资环境对文化创意产业发展的重要性

首先，良好的投资环境是投资方获取期望利益关键的外部因素，选取拥有理想的投资环境的投资区位就成为首要任务。其次，企业效率模型还揭示了投资环境对企业经营机能产生较大的影响。企业经营机能是指企业内部资源组合、协调及其运作的方式，它涉及战略与计划、组织与控制、领导与激励、生产与采购、研究与开发、人事、营销、财务、公共关系等企业内部各个方面。它广泛地受到外界因素（如投资环境）的影响，并通过这种影响间接影响到企业的投资效益和企业的深层决策。从这两个方面来看，投资环境的好坏决定了文化创意产业发展的进程。

二、北京市文化创意产业投资环境的优势分析

北京作为我国的首都，其地位和作用都是独一无二的，在文化创意产业投资环境方面具有需求、文化和政府支持等多项优势。

（一）需求优势：经济增长支撑了人民对文化创意产业需求增长

收入水平是影响创意消费的重要因素，当基本的生存需求得到满足后，

对精神文化产品的需求也就越多。随着北京经济的稳步发展，近年来人民收入水平稳步增长(如图 1)，随之提高的是人民对文化娱乐的消费水平。据统计，2012 年，北京市城镇居民人均文化娱乐服务支出为 1658 元，同比增长 31.5%。

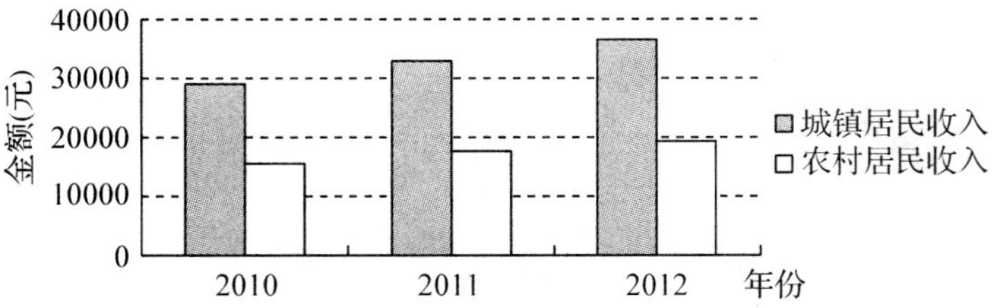

图 1　北京市人均收入统计表

(二)文化优势：丰厚的文化底蕴为文化创意产业的发展提供了源泉

北京是一座拥有悠久历史的城市，是中国政治、文化的中心，拥有众多闻名于海内外的历史文化遗产。3000 年的建城史和 850 年的建都史，使这个城市集中了 6 项世界遗产，1400 多处文物保护单位，并存有 7000 多处各个历史朝代的文物古迹。这些文化遗产无疑是北京发展文化创意产业的宝贵资源。而天桥文化、胡同文化、京剧文化，这些具有鲜明特色的“京味”文化又为文化创意产业提供了文化氛围和发展要素。北京的唯一性吸引世界各地的人来到北京，他们所带来的异域文化，更是为文化创意产业提供了多元的视角和丰富多彩的素材。

(三)政府支持优势：宏观、微观政策共促北京文化创意产业发展

首都的唯一性使北京的城市功能之一就是要发扬我国优秀的文化传统。党中央、国务院对首都城市功能的定位明确，即首都城市应承担文化传播的社会责任。在此基础上，北京市政府对文化创意产业高度重视，从财政、税收、融资等多个方面给予支持，对北京市推进文化创意产业的发展具有强大的政策导向功能。

1. 设立文化创意产业发展基金，从财政拨款、政府采购多方面支持文创企业发展

自 2006 年起，北京市政府每年安排 5 亿元文化创意产业发展专项资金(以下简称“财政专项资金”)，采取贷款贴息、项目补贴、政府重点采购、后期赎买和后期奖励等方式，对符合政府重点支持方向的文化创意产品、服务和项目予以扶持。同时，扩大对文化创意产品和服务的政府采购范围。凡纳入本市预算管理的机关、事业单位和社会团体，在采购文化创意产品和服务时，优先采购自主创新产品和服务。

2. 制定一系列支持文化创意企业融资的其他政策

(1)支持和引导担保机构为中小企业特别是中小文化创意企业、中小高新

技术企业的融资提供担保，并鼓励金融机构开展文化创意企业知识产权权利质押业务试点。(2)支持中关村科技园区非上市文化创意产业股份有限公司进入证券公司代办股份转让系统进行股份转让试点。(3)增强对首都特色产业小企业的信贷支持。对于具有北京特色的有前景的文化创意小企业，在风险可控的前提下，给予知识产权、版权、收益权等质押贷款支持；对于软件、文化艺术、休闲娱乐等有潜力的小企业，综合考虑业主及主要股东的个人资信情况，推出业主或股东负连带责任、收益权质押等方式的信贷支持。

三、北京市文化创意产业投资环境的问题分析

与国外发达国家相比，我国的文化创意产业起步较晚，发展缓慢，特别是在投资环境方面受到了很多束缚和限制。在这种大背景下，北京市的文化创意产业投资环境也面临同样的问题。

(一)从投资模式来看，我国文化创意产业投资市场欠发达

文化创意产业具有很强的意识形态性，因此，任何一个国家的文化创意产业都少不了政府的干预，但是每个国家政府的介入程度都有所不同，以此来看，世界上不同国家文化创意产业的投资模式大体分为四种，即市场主导模式、政府引导市场模式、政府行政指导模式以及政府管理模式。

1. 市场主导模式

这种类型的代表国家是美国。其投资来源包括政府资助、资本市场融资和外商直接投资，其中市场化的民间金融机构以风险投资形式介入是最主要的投资来源。

美国

- (市场主导型)
  - (1)政府资助
    - 设立社会中介组织，让其对文化组织或项目提供拨款
    - 采用资金匹配方式实行有限拨款
    - 对象是非盈利文化艺术团体
  - (2)资本市场融资(主要方式)
    - 融权资(5—7年)——风险投资基金，私募基金等
    - 夹层融资——介入债权和股权之间(一般几个月)
    - 优先级债务贷款
    - 发现AAA级债券
  - (3)外商直接投资：在美国建立跨国公司，促进了美国文化产业的发展

图2　美国文化创意产业的投资模式

2. 政府引导市场模式

这种类型的代表国家是英国，主要通过政府引导吸引大量的民间资本、社会资本进入文化创意产业，其中最典型的是“政府陪同资助”的政策，即企业资助某项文化项目，政府也加入其中，大大降低项目风险，并且能够鼓励企业的“新投入”。

英国

- （政府引导模式）
  - （1）政府资助
    - 通过中介非政府公共文化机构对文化产业提供资助，文化企业独立运作
    - 各类非政府公共文化中介通过具体分配拨款形式，负责贷款、联系全国各个文化领域的团体、机构和个人，形成全社会文化产业管理的网络体系
    - 政府资助有条件且是有限的，资助金额比例较小
    - 政府对企业投资文化产业实行“政府陪同资助”——企业资助某项文化项目，政府也加入其中共同参与，大大降低项目风险，并且能鼓励企业“新投入”
  - （2）社会资助——发行彩票筹集文化资金，并鼓励全体公民自愿支持文化产业发展

图3　英国文化创意产业的投资模式

3. 政府行政指导模式

这种类型的典型国家是韩国，即在文化创意产业的投资中，政府起到了至关重要的作用，并且投入了大量的财力和物力，建立了许多文化产业园区，吸引了大量的民间资本和其他市场资本进入文化创意产业领域，尤其是创业型风险投资公司成为韩国电影、动漫等投资的主力，大大促进了韩国文化创意产业的发展。

韩国

- （政府行政指导模式）
  - （1）国家文化产业预算——
    - 政府出资在各个市县建立“文化产业支援中心”
    - 2000年，文化产业预算突破国家总预算的1%
  - （2）文化产业专门投资组合——
    - 吸引民间资本和其他市场化资本的有效形式
    - 以动员社会资金为主，政府和民间共同投融资于文化产业
  - （3）其他——
    - 通过风险企业投资基金间接支援，投资中小文化企业
    - 以公共资金为启动资金，集中支援电子、软件、音像等需求量大、处于创业初期阶段的风险企业

图4　韩国文化创意产业的投资模式

4. 政府管理模式

这种类型的代表国家是法国。在这种模式下，政府拨款资助由交流部和文化部统一管理，由下设的司执行和掌握资金，由行业中心来对企业进行资助。

法国

（政府管理模式）
- 不可妥协的部分（指影像事业，包括广播、电影、电视、图书管理、档案、博物馆、文化展及相关领域）——政府支持
  - 中央政府直接提供资助、补助和奖励
  - 地方政府财政支持，地方政府预算通常是国家预算的两倍
- 参与市场运作的部分
  - 资本市场融资
  - 政府以减少文化企业大部分增值税的方式支持
  - 外商投资

图 5　法国文化创意产业的投资模式

通过上述四个典型投资国家的投资模式比较看出，每种类型都具备它的优势，都是在立足本国国情的基础上建立的。

相比之下，我国的文化创意产业还在起步阶段，市场化进程还很短，投资方式主要包括三类六种（如图 6 所示），这种投资模式不归属以上四类中的任何一类。今后的投资模式是逐步靠近以上四类中的一类抑或发展出具有中国特色的模式还有待进一步探索。例如，我国建立了文化产业投资基金来支持文化金融资本的发展，但是该基金还在不断的探索和实践的摸索中，暂时还未发挥明显的作用。

中国

（未定型）
- (1)政府资助——主要对象是国有文化企业单位
- (2)资本市场融资（不发达）
  - 二级市场融资
  - 债券融资
  - 风险投资
  - 银行贷款投资
- (3)设立文化产业投资基金：支持文化金融资本

图 6　中国文化创意产业的投资模式

(二)从投资方式来看，资本市场融资欠发达

从北京文化创意产业的构成来看，中小企业多，大型企业少。大型企业一般本身资金实力雄厚，中小企业自身资金不足，亟须投资。然而从资金的获得来看，大企业的融资渠道多，且易获得投资。对于中小企业来说，政府支持力度有限；上市机会很小；自身企业规模小、经营风险大的特点导致很难取得银行贷款和发行债券。因此，风险投资才是中小企业解决钱荒的首选。但是，目前我国政府却没有能够营造一个良好的风投环境。虽然近年来出台了许多扶持文化创意产业发展的政策措施，但是对于风险投资扶持政策却很少，相关的风向投资产业法规如《风险投资法》、《风险投资基金法》等一直没

有出台。此外，在市场进入方面也缺少对风险投资的扶持性政策法规。因此，政府在风险投资领域的作用还没有完全有效的发挥。

(三)从产权保护来看，知识产权保护体系不够完善

2013 年年初，“翰墨青衣戏曲动漫工作室”与“京艺斋”双方陷入了侵权与维权的纷争之中。近年来，诸如此类的文化创意产业侵权行为时有发生。侵权盗版行为不仅造成企业利润损失，更削弱了企业的发展后劲，从而映射出我国文化创意产业知识产权保护方面的诸多不足。首先，知识产权法律体系不够完善。对表演者、录音录像制作者的保护不充分，保护范围过窄，只有“复制权、发行权、出租权和通过信息网络向公众传播权”等四项经济权利，对于文化创意成果的法律保护仍然存在真空地带。其次，知识产权保护意识不强、能力不足。北京文化创意企业规模普遍较小，人数较少，精力大部分放在创意成果本身的制作和销售，较少或没有时间关注知识产权的保护。

四、优化北京市文化创意产业投资环境的财税政策建议

针对北京市文化创意产业投资环境的优势和问题，我们认为应从领导体制、政策保障、规划指导、资金支持、融资服务、交易平台建设、人才支撑等方面的进行强化，并重点从财政、税收两大方面提出完善北京市文化创意产业投资环境的政策建议。

(一)加大财政支持力度引导投资

1. 科学设置和使用文化发展专项资金

加大文化创意产业资金支持力度，科学设置和使用文化发展专项资金。具体来说：(1)加大对非营利文化企业和公共文化的财政资金支持，优化文化创意产业基础环境。(2)按行业设立专项资金，对这些专项资金进行统筹管理和使用，专款专用，重点支持动漫、网游等新兴产业，尽量向富有民族性、传统性、高雅层次的文化艺术倾斜，抢救濒临消失的传统文化，有针对性地促进文化创意产业均衡发展。(3)在“文化创意产业发展专项资金”的基础上，根据自身的情况设置“文化创意产业聚集区基础设施专项资金”，对园区内的环境整治、基础设施和公共服务平台建设等公共设施工程予以支持，为文化创意企业入驻发展提供良好的条件和环境。

2. 发挥财政资金的拉动放大作用，吸引民间投资进入文化创意产业

利用财政资金直接向文化创意企业注资。一方面，缓解文化创意产业资金短缺状况；另一方面，带动社会资金流入文化创意产业，充分发挥财政资金的拉动放大效应，建立起以政府投入为引导，企业资金为基础，汇集民间投资为主体的融资结构。当文化创意产业评估制度达到一定程度时，北京市可以参考学习国外经验，建立政府陪同投资模式，减少企业投资风险。

3. 积极拓展政府文化创意产品和服务的采购制度

在现行市场经济条件下，加大政府采购优质文化创意产品和服务的力度，通过政府采购降低文化创意企业自主创新的市场风险，缩短文化创意产业研发到产品消费的市场周期。政府应优选采购集思想性、艺术性、观赏性为一体，群众喜闻乐见、寓教于乐，符合社区基层群众，尤其符合青少年、老年人以及外来务工人员需求的大众文化产品和服务，以及优先采购体现北京文化特色、公益性特征明显和具有自主知识产权、自主创新的文化创意产品，并扩大其采购范围，引导大众消费健康文化产品。

(二)利用税收杠杆为文化创意产业投资创造宽松的税收环境

当前，文化创意产业总体税负相对较高、税收导向作用不明显成为制约文化创意产业发展的一个重要因素，利用税收政策为文化创意产业发展创造一个宽松的投资和发展环境具有很大的空间。

1. 丰富文化创意产业的税收激励方式

北京市支持文化创意产业发展的税收优惠政策主要以直接优惠为主，与此相应的间接税收优惠强调事前优惠，对投资取向的引导和激励效果显著。因此，北京市应着力丰富激励文化创意产业发展的税收优惠政策方式。具体包括：(1)允许符合条件的文化创意企业按其销售收入提取一定比例的创意开发基金，并准予其在计算应纳税所得中扣除；(2)对处于初创期和成长期的文化创意产业以及广播、电影、电视、动漫等固定资产投入较大的行业和企业允许其采用缩短折旧年限、提高折旧率等方式加速折旧；(3)允许企业将研究开发、技术转让、技术服务等费用按比例从增值税税基中抵扣；(4)加大对文化创意新兴产业和亚成熟产业税收抵免的力度，允许其对购买的先进设备按照一定的比例抵免所得税。

2. 完善支持文化创意产业“引进来”和“走出去”的税收政策

文化创意产业只有“引进来”和“走出去”，充分参与国际竞争才能实现文化创意产业发展环境的优化。因此，北京市应推动实施支持文化创意产业“引进来”和“走出去”的各项税收优惠政策措施。(1)加大对影视、文化用品、文化产业合作、文化技术等文化创意产品和服务出口的退税力度；对仍处于空白的国外新兴文化创意产业投资在进口关税和增值税上予以减免税；(2)文化创意企业通过独资、合资等方式在境外兴办文化实体，拓展海外业务，准许其在国外获得的利润享受 1—5 年的投资抵免政策；(3)建立海外文化创意产业投资风险准备金制度，允许海外文化投资企业计提海外投资损失准备金计入文化投资企业当期费用予以税前扣除。

3. 完善鼓励加大文化创意产业高端人才培养和引进的税收政策

优化投资环境的根本在于人才。因此，北京市应加大对文化创意产业高端经营管理服务人才和专业制作人才引进的税收政策。(1)对留学归国人才从事文化创意产业技术研发取得的收入可视同境外人员适用 4800 元的免征额；(2)设立文化创意作品评选制度，对富有创意、体现北京文化特色的作品，作者从该作品取得的收入免征个人所得税；(3)对文化创意企业以股票期权形式给予员工的个人奖励，在一定期限内给予减、免征收个人所得税政策。

参考文献

[1] 杨京钟：《中国文化产业财税政策研究》，厦门：厦门大学出版社，2012 年。

[2] 王文忠：《北京市文化创意产业投融资问题及对策研究》，首都经济贸易大学硕士学位论文，2008 年。

[3] 李连友、李宾：《基于投入产出方法的北京市文化创意产业对经济贡献分析》，《中央财经大学学报》，2012 年第 6 期。

[4] 徐丹丹：《北京文化创意产业发展的金融支持研究》，北京：经济科学出版社，2011 年。

（作者：丁　芸　首都经济贸易大学教授）

项目名称：金融共生视角下的北京市绿色农业金融发展机制研究
项目编号：11JGC100
项目负责人：张　伟
项目信誉保证单位：北京工商大学

北京市绿色农业发展与财政金融支持研究
——基于对北京市郊区的调查

绿色农业是基于生态经济学原理，充分利用农业科学技术，集节约能源、生态环保、循环利用、安全健康、绿色消费于一体的可持续发展农业生产、流通和消费模式。发展高效环保、可持续的现代化绿色农业，关系到我国农业结构调整，关系到农业生产条件和生态环境的改善，是我国农业发展的必然选择。发展绿色农业就是要将传统农业改造成科技含量高、高生产率、高收益率、环保型的可持续发展的现代农业，需要引进现代农业生产要素，需要农业基础设施建设、农业基础科学研究、农业科技成果推广、农业生态环境保护、农业教育与农民培训、农产品市场信息供给等一系列支持和服务，需要财政、金融的长效支持机制。

本文基于2012年和2013年对北京市房山区琉璃河绿色农业区发展，以及2011年年末对北京郊区农业金融供需状况实地考察的基础，探讨北京市绿色农业财政、金融支持的供给和需求，为财政、金融支农政策提供参考。

一、北京房山区琉璃河镇绿色农业谷概况

（一）地理位置与绿色农业资源

房山区琉璃河镇位于北京市的西南部，是“首都南大门”，与河北省涿州市接界。全镇总面积110平方公里，人口7.2万人。京石高速公路、京广铁路、107国道穿境而过，并设有客、货火车站各一座，距北京市区38公里。

琉璃河镇现有耕地面积62300亩，人均耕地占有量不足1.1亩。但琉璃河镇绿色农业资源丰富。琉璃河镇素有“京南梨乡”和“花果之乡”的美誉，全镇共有梨树19000多亩，占全区梨树种植总面积的51%，梨品种29个；地热资源丰富，井深2600米，水温达32摄氏度；林地面积68630亩，绿化覆盖率41%。镇东部地区为河流冲积平原，适宜林果蔬菜及油料作物的生长，无任何污染源，是发展绿色安全食品的优质地点。镇西部地区是大石河流域，适宜粮食、林木和花卉生产，水资源丰富，对农作物的生长极为有利。

(二)琉璃河镇绿色农业发展概况

近年来，琉璃河镇在农村城镇化过程中把农村城镇化与农村产业结构、农村工业化、农业产业化以及农村劳动力转移结合起来，围绕区域经济主导产业，建设具有比较优势的产业集群和工业园区，形成农业产业化、工业规模化和农村城镇化，促进经济、社会的协调发展。琉璃河镇按照“一城三区”(“一城”，即加快生态精品小城镇建设步伐；“三区”，即建设东部的旅游休闲区，完善中部现代高效农业区和开发西部以农产品加工为主的工业区)进行产业布局发展，其中发展绿色农业占有重要的地位。

2010 年，北京市政府与中粮集团有限公司签署共同建设中国北京农业生态谷项目的战略合作框架协议，项目建设地点位于琉璃河镇，占地总面积 17200 亩。中粮集团计划用 3—5 年的时间，投资 280 亿元进行建设。该项目是中央企业与地方合作统筹解决“三农”问题的一种模式创新，遵循基本农田不减少、农民全部上楼、劳动力充分就业、农业产业集聚发展的原则，采取政府引导、企业运作、机制创新、政策推动的建管方式，促进一、二、三产业高度融合，实现农村发展模式的创新。

依托有利的自然资源和政策支持，琉璃河镇大力发展绿色农业，截至 2013 年 1 月 1 日，琉璃河镇已发展蔬菜大棚 1000 亩，精品梨园 1.9 万亩，养殖肉鸭 1000 万只，建设采摘观光园 6 个，新引进发展企业 29 家，成立农村经济合作组织 18 家，入社农户 4295 户，占全镇农户总数的 29.4%，在镇域内带动规模生产基地 1.8 万亩，向内覆盖全镇 47 个行政村，对外辐射 10 多个省市，产品出口中国香港、新加坡、英国等 5 个国家和地区。“蔬菜、果品、肉鸭、生猪、面粉、休闲旅游”6 大产业发展迅速。琉璃河镇也被农业部确定为全国农产品加工基地。

二、北京房山区琉璃河镇绿色农业发展特色——以西地村为例

经过实地考察发现，这里的典型代表西地村的绿色农业模式最突出，其特色在于村民主要以合作社的形式参与。在西地村的合作社有专业人员指导大棚的构建，合作社建设的日光温室及水、电、路等配套设施属于 2011 年国家农业综合开发设施蔬菜项目，合作社本身拥有两名蔬菜专业技术员，长期为广大社员提供技术服务，另外，中国农业技术科学院、北京农业职业学院为合作社提供专业技术指导。合作组织为农民提供了产前、产中、产后服务，解决了小生产与大市场的矛盾，增强了抵御市场风险的能力；合作组织通过标准化生产、农产品加工，提高了农产品产量和质量，增加了农产品附加值，降低了农产品的经营和交易成本，增强了市场竞争力；合作社实行年终分配制度，以各户土地面积及资金注入情况相结合的方式进行，分配方案由社员大会集体确定。

表 1 房山区琉璃河绿色农业区(西地村)实地调查结果

项目	普通农民	绿色农业合作社成员
组织形式	每年签订合约进行土地租赁	合作社承包土地，分摊成本
种植主要作物	粮食经济作物以小麦、玉米、白菜为主，极少数会种少量(2亩以下)的蔬果	林果蔬菜作物(如西兰花、菜心、芥蓝)
种地年收入	5000—7000 元	25000—30000 元
政府补贴	基本的农业补贴、农村生活最低保障以及科教文卫补贴	除基本的农业补贴，还有国家对绿色农业优惠政策，扶持建设(诸如厂房建设补贴)，税收全免优惠
产业链构建	购种、种植由散户独自完成，收割雇佣专门的收割队，产品销售给粮食蔬菜公司的收购人员	从购种开始，合作社的技术人员整体规划，统一管理，大部分产品提供给肯德基、呷哺呷哺等餐饮企业
技术指导	由政府每年组织 1—3 次农业技术培训	除参加技术培训外，有专门的技术部门，并与中国农业技术科学院、北京农业职业学院等开展合作研究

注：表格由作者自制

西地村文勇爱农蔬菜种植专业合作社(后简称“文勇”合作社)成立于 2008 年 10 月，占地面积 750 亩，总投资 1000 万元(其中厂房与基地建设、科学技术购入都由政府免费提供，约 700 万元)，蔬菜年产量 380 万公斤，年收入 1500 万元，设施建筑面积 300 亩，合作社共有社员 150 户，其中注册社员 50 户，解决就业 280 人(其中农户 210 人)，人均年收入由 2006 年的 3000—5000 元提升到调查时的 3 万元以上。在种植过程中不仅降低了人力成本，也提高了产值，文勇合作社与肯德基、呷哺呷哺等商家合作，成为他们的供货方，每年创造经济效益约 500 万元。

琉璃河镇以绿色农业建设为主导，带动“蔬菜、果品、肉鸭、生猪、面粉、休闲”等六大主导产业的发展，年新增农村劳动力就业 6000 人，带动 5100 户农民从事种养业，户均增收 3400 元，形成区域税收 5900 万元，有 20 多个村的集体经济在区域经济发展中得到壮大。

三、琉璃河镇绿色农业发展中的一些问题

目前，房山区琉璃河镇绿色农业谷仍处于发展阶段，问题还比较多，我们将调查中发现的问题列举如下：

(一)政策法规体系不完善

农业是弱质产业，如果没有政府的支持，就不可能使绿色农业得到真正

的普及和发展。目前，国家缺乏必要的绿色农业政策法规，对绿色农业的总体目标、指导思想、发展措施和保障机制等缺乏纲领性的文件，对地方绿色农业建设也缺乏必要的严格要求。而作为北京市绿色农业基地，琉璃河镇政府还没有在发展过程中摸索出一套有效的绿色农业管理政策以及一套合理的指标检验体系，用以衡量绿色农业的程度以及发展规范。

(二)财政、金融支持仍需加强

琉璃河镇绿色农业的发展，在很大程度上得益于国家的财政、金融政策扶持。琉璃河镇为建设小镇发展农业，建设工程共投资 604 万元，涉及路村、东南吕等 6 个行政村，共完成农田防护林 400 亩，整修硬化农田机耕路 30 公里，改良土壤 500 亩，疏挖整形主干线排水沟 4500 米，修建干沟桥 6 座，渠系建筑物 100 个，更打、维修机井 27 眼。整个工程改善提高了 11000 亩农田的农业生产条件，为农业增产、农民增收创造了条件。琉璃河镇的各个合作社的发展，也得益于政府的财政、金融支持。

发展绿色农业的关键在于将传统农业改造成高生产率、高收益率、环保型的可持续发展的现代农业。改造传统农业需要引进现代农业生产要素，如高产量品种，化肥、农业机械等。需要政府加强农业基础设施建设、农业基础科学研究、农业科技成果推广、农业生态环境保护、农业教育与农民培训以及农产品市场信息供给等。政府在加强对绿色农业的财政支持同时，要加强金融支持，促进绿色农业产业化发展。但我们调查发现，相关服务建设不能适应发展要求。

(三)科技力量薄弱，缺乏专业人才

琉璃河镇绿色农业的发展虽然建立在一定的技术水平之上，但相对于成熟的绿色农业来说技术水平仍然不足，缺乏优化、配套的农业技术体系。目前在绿色农业实践中，还存在传统技术如何发展和高新技术如何引进等问题，尚未形成用现代农业科技装备、支撑的绿色农业格局。在技术推广方面，因技术推广服务体系不健全，成果数量少且转化率低，技术引入农业经济的速度也比较缓慢。

生态规划包括以下几个方面内容：绿色农业规划、生态产业规划以及生态景观规划。发展生态村的很多设想的实施需要生产者掌握较新的生产技术，掌握科学管理方法，了解新工艺，否则，不利于走持续生态科技化道路。目前，在琉璃河镇西地村的文勇合作社，定期与专业技术人员交流，并开设了培训课堂，已经能初步解决遇到的问题，但推广绿色农业的技术成为瓶颈。在我们的调查中发现，加入合作社的农民仅仅是全村的一部分，仍然在进行传统农业的农民不在少数，他们几乎都表示，不懂什么是绿色农业，也不会进行绿色农业生产，不知道如何加入。农民素质普遍偏低，技术推广难度较大。绿色农业的发展伴随的是新技术的推广和运用，文化素质的高低直接决定着农民对新技术的掌握和创新能力。村里年轻劳动力外出打工现象十分普遍，真正从事农业劳动的劳动力大多年龄偏大或文化水平偏低，这样对绿色农业的推广实施增加了难度，因此科技人员必须长期、详细地对农民进行技术上的培训。

(四)绿色农业产业化总体程度不高

发展绿色农业的根本目的是实现生态效益、经济效益和社会效益的统一，但在琉璃河镇绿色农业的发展仅仅是一部分农民在参与进行，有一部分农民从事农产品初级加工，但很少企业涉入产品深加工。还有一部分农民从事传统的农业生产，种植业比重大，看天吃饭，收入不高，同时土地分散，生产规模小，难形成规模效应。总体来看生态龙头企业规模小，数量小，产业化经营组织程度还比较低。

从人口方面来看，土地资源相对短缺，耕地面积还在不断减少，而人口在继续增加，农村剩余劳动力的转移也已经成为困扰农村地区可持续发展的一大障碍。要解决这一问题，必须通过在绿色农业中延长产业链、提高农业的产业化水平来实现。

虽然琉璃河镇的绿色农业越来越走上正轨，但是仍处于起步阶段。在生态旅游业的发展上存在欠缺。缺少特色景点、旅游资源和设施的设计结构欠合理、宣传力度不够等问题，在一定程度上限制了琉璃河镇第三产业的发展。加强对旅游业的发展建设工作，不仅可以增加农民收入，还可以扩大地区知名度，吸引商家增加机遇。

四、北京郊区农村地区金融供需状况

2011 年秋季，笔者指导北京工商大学经济学院金融系 2009 级学生陈晓雪、杨捷、张晓昱等以发放调查问卷为主、采访记录为辅的方式对北京密云(主要调研地)、大兴、昌平、门头沟、房山等郊区农村地区金融供需状况进行调研。我们采访了部分村委书记、会计和村民，以及当地村镇银行、信用社、私营小额信贷公司等，对当地经济状况和金融机构设置情况进行实地调查，实际发放调查问卷 100 份，回收 100 份，其中筛选出有代表性高质量调查问卷约 75 份。

(一)调查对象资金需求情况

从调查对象来看，村民文化水平大致处于高中以下阶段的占比约 85%，也有少部分大学以上文化的村民，但占比非常小。各区县总收入 2010 年年均约 5200 元/人。近五年来，村民家庭收入有增长但不显著。村民主要收入来源依次为农业、工资收入、自营工商业，来自农业的收入占总收入的比重为

30%—50%，家庭收入主要渠道有种植业、养殖业、工资收入、私营等。[①] 家庭支出的主要渠道为生产经营性支出及基本生活性消费支出。对于生活性支出，以买房、改建房屋支出占比最大，其次为子女上学、日常花销。家中在农信社或农行/其他正规金融机构的储蓄用于生活方面主要包括建房、子女上学、看病就医，当地村民普遍认为借钱不能够改变家里的生活条件；如果家中有了闲散资金会主要用来储蓄。村民储蓄的生产用途主要包括：(1)生产与投资；(2)农业上购买种子、化肥或饲料；(3)购买农机具或购置塑料大棚等生产设备；(4)农业上流动资金周转；(5)非农业生产(如搞运输、投资建厂及其他个体、私营经济)。村民储蓄的生活用途主要为：办婚事、子女上学、建房、养老、防止意外事件等。

(二)调查地区金融机构设置情况

各区县农村地区设置的金融机构数量由多至少分别为：农村商业银行 、村镇银行、农村资金互助社、邮政储蓄、农信社 、农行，在镇中心或县城还分布民营小额贷款公司。

最近这几年减少的金融机构有：农信社、农行、农村合作银行、村镇银行和农村资金互助社；增加的金融机构有农村商业银行和邮政储蓄。

离村最近的农信社/其他正规农村金融机构的平均距离约 0.5—1 公里。也有处于深山中的村落，距离较远，但数量较少，不足以作为参考。

在密云、门头沟等采访调研地区，均发现一些非正规金融组织，如私人钱庄、农村合作基金会，没有听说当地有政府组织的小额信贷项目。在走访密云的过程中，我们看到有四家民营小额信贷公司。通过对个体户的采访，我们了解到，这些小额信贷公司会不定期前来提供贷款信息。

(三)资金借贷情况

个体户和村民在生产或生活上出现困境需要借钱，首先考虑的借款对象为亲戚、朋友，而考虑高利贷、私人放款者的也有个例，但基本不会向银行、农村信用社或其他正规农村金融机构贷款。他们不愿意从其贷款的原因主要有：很难从那获得贷款、没熟人、无贷款指标、无抵押 、无担保。他们普遍认为贷款难以满足需要，主要原因依次为：1. 程序太复杂；2. 贷款额度太小；3. 利息太高；4. 对银行、信用社的贷款政策及规则，如贷款类型、对象、程序、限额、利率等了解不多。

大多数村民对信用社的评价为基本满意。但多数村民没有听说过农信社的小额贷款，或是了解但从未考虑过向其贷款。村民普遍希望以后采用的信用和担保方式是：1. 信用担保；2. 亲朋担保；3. 房产抵押；4. 家庭财产抵押、土地使用权抵押。

---

① 部分数据由密云村委书记提供。

假如可以从正规金融机构和民间金融组织做出贷款选择时，村民一般会选择正规金融机构，而民间金融组织一般为生活经济来源不稳定的人群所选。

从我们的调查发现，北京市郊区农村农民的金融需求和行为日益多样化。但是，农村金融服务仍不能满足农民的需要，农民从正规金融机构贷款还比较难，当前迫切需要根据农民资金需求，加快农村金融网点的布局，拓宽农民融资渠道，创新金融产品，提升金融服务农业发展的水平。

五、发展北京市绿色农业的财政、金融支持政策建议

(一)健全绿色农业的财政、金融支持与保护政策

绿色农业的发展需要相关政策的支持和配套措施的完善，如在财政、金融、税收、利息补贴等方面给予政策优惠与保护。但在实践中，我国对于绿色农业发展的政策、配套措施等还没有具体的安排。我们需要借鉴国际上农业支持与保护的经验，完善绿色农业财政、金融扶持的法律法规与制度保障，同时制定农产品质量安全、农业污染控制、生态环境保护、农产品市场准入等法律、法规和制度，明确各级政府、部门、单位的责任，加强扶持政策的连续性与有效性，调动和保护农民发展绿色农业的积极性。

(二)大力推进农业科技成果研发、转化、推广和普及

在充分考虑农业规模化、企业化、产业化发展前提下，加强绿色农业科技投入，加快优质新品种选育、节水农业、标准化生产等关键技术的研究和科技成果的推广工作，促进低投入、高产出、低消耗高效益以及节约资源、改良环境的绿色农业发展，同时加强对农民的职业教育和技术培训，大力发展生态循环农业，推动农业转型升级和农业可持续发展。

(三)积极推动绿色农业产业化发展

要根据特色资源与生态环境优势，对现有农业产业进行生态化改造，如大力推进现代绿色农业园区建设，对园区实施标准农田地力提升、小型农田水利建设、规模经营和服务、新型农作制度和先进绿色农业技术推广应用建设；大力推进高效绿色农业标准化生产、规范化管理，带动生态畜牧、水产、林果、蔬菜、旅游等特色优势农业产业快速发展。

(四)积极培育绿色农业经营主体，提高农民组织化程度

大力推进绿色农业标准化和品牌战略。积极培育农民专业合作社，积极引导农业龙头企业发展壮大，积极支持发展适度规模生态家庭农场，重点扶持和培育规模大、带动力强、辐射范围广的生态龙头企业。

(五)加快生态农产品市场体系建设

加强绿色农业标准化体系和农产品质量标准化建设，加强生态农产品市场流通与信息服务体系建设，大力支持生态农产品市场营销网络建设和农产品专业营销组织发展。

(六)完善支持绿色农业发展的农村金融体系

一是增加绿色农业信贷资金投入，对金融机构用于支持绿色农业的贷款给予适当的税收补贴和利率补贴，通过补贴扶持农业。二是不断完善相应的激励措施和风险补偿机制，如减免税收、财政贴息等配套政策。通过这些政策的实施积极引导调整信贷结构，增加对绿色农业企业和农产品加工企业的信贷资金。三是突破金融机构贷款门槛高、农村抵押物不足、担保障碍、抵质押限制，促进针对农户绿色农业的小额信贷服务。四是创新绿色农业金融产品，满足绿色农业发展对金融产品的需求。如积极探索开展土地承包经营权、集体林权等抵押贷款模式，开展适合农业主体资产权属特征的信贷业务。或根据绿色农业产业链的特点，有选择地支持一批具有一定生产规模、市场竞争力强、辐射带动面广的龙头企业做大做强，采取“公司＋农户”、“公司＋基地＋农户”、“公司＋合作社＋农户”和“公司＋养殖小区”等不同的产业化经营方式，加大对龙头企业中长期贷款的投放力度，大力发展绿色农业供应链金融，引导上下游企业利用新技术、新工艺进行精深加工和新产品研发，延长产业链条，提高附加值。此外，还可以由政府主导建立担保基金，为绿色农业提供融资担保，同时积极发展农业保险，为绿色农业发展的各个环节提供保障，以降低信贷支持绿色农业发展的风险。

总之，通过政府介入，运用农业财政和金融支持的方式，从绿色农业发展的要求出发，逐步加大财政金融支农资金投入，逐步建立起“政府扶持引导、金融机构贷款支持、民间资本参与、生产经营者投资”的多渠道、多层次的绿色农业投融资渠道，可以有效促进现代农业转型升级发展。

参考文献

[1] 戴宴清：《绿色经济发展背景下农业与农村金融服务体系建设研究》，《农业经济》，2012 年第 10 期。

[2] 邓启明、胡剑锋、黄祖辉：《财政支农机制创新与现代农业转型升级——基于浙江现代高效生态农业建设的理论分析与实践探索》，《福建论坛(人文社会科学版)》，2011 年第 7 期。

[3] 胡士华、谢佳：《绿色农业产业化发展与财政金融支持》，《生态经济》，2009 年第 2 期。

[4] 肖璐熠、刘刚：《论绿色农业产业化的金融政策支持》，《农业经济与科技》，2013 年第 9 期。

(作者：张　伟　北京工商大学副教授)

项目名称：世界城市视角下北京市重点小城镇可持续发展研究
项目编号：11JGC101
项目负责人：赵之枫
项目信誉保证单位：北京工业大学

因地制宜——新型城镇化背景下北京小城镇转型与发展

北京正处在建设世界城市、推进城乡一体化和实现经济社会转型的关键时期，推进新型城镇化是打破城乡二元的传统发展模式，促进经济社会持续发展的重要任务。小城镇在快速城镇化进程中始终扮演着重要角色，具有乡村和城市社区双重性质，起着连接城乡发展的特殊作用，是推进新型城镇化的重要载体。改革开放之初，以乡镇企业为支撑的小城镇发展成为解决城乡二元矛盾、拉动城镇化的重要力量，“小城镇，大战略”，形成了中国特色的自下而上城镇化道路。进入21世纪，随着全球化进程的加快和我国城乡经济社会的快速发展，城镇化的外部条件和农村建设的总体环境都发生着巨大变化，小城镇的地位和作用处于不断转型之中。

一、北京市郊区小城镇概况

(一)北京市郊区小城镇发展历程

第一阶段，(1978—1990年)，北京市城镇化水平从55%到73.5%，在城镇化高速推进阶段，通过乡镇调整，构建了北京小城镇基本格局。

1978年开始，北京市逐渐撤销人民公社恢复原有乡镇行政建制，到1985年全市恢复设置365个乡镇(其中乡350个，建制镇15个)。从1985年起设立建制镇，首批15个为县城。① 1990年在郊区广泛开展乡镇撤并工作②，基本奠定了未来北京远郊区县发展的格局。人口城镇化速度快，但城镇化水平和质量较低，二元化体制下城乡基本独立发展，基础设施水平较低。在小城镇发展起步阶段，北京市小城镇发展以国家“小城镇大战略”为指导，定位为服务农村的生产与生活。

第二阶段，(1990—2003年)，北京市城镇化水平从73.5%上升79.1%，

① 郭大力：《北京郊区小城镇发展30年》，《北京规划建设》，2009年第1期，第53页。
② 郭大力：《北京郊区小城镇发展30年》，《北京规划建设》，2009年第1期，第53页。

在城镇化稳定提升阶段，小城镇快速发展时期，房地产和工业区发展迅速。

20 世纪 90 年代伊始，北京市分批选择条件相对优越的小城镇作为试点进行建设，北京小城镇进入了快速发展的时期，城镇面貌发生了翻天覆地的变化。1994 年，将郊区城镇体系设立为 14 个卫星城、28 个中心集镇、92 个建制镇、134 个一般乡镇。[①] 1995 年，《北京市小城镇建设试点工作意见》，确定了小汤山、长沟、杨镇等 10 个小城镇作为第一批试点。2001 年，确定了 33 个中心镇。与之相配套的土地、户籍、收入三个方面的政策相继出台，吸引人口投资落户。依托于土地开发的房地产和工业园区建设发展迅速，工业大院也广泛分布。1997—2002 年的 5 年间，是北京市小城镇数量、规模发展最快的时期。小城镇数量由 1997 年的 115 个增加到 2002 年的 132 个，总人口从 198 万人增加到 326.4 万人，增加了 128.4 万人，平均每年增加 25.6 万人。[②] 2000—2001 年对乡镇区划进行了两次调整后[③]，2003 年北京市共有 143 个建制镇，每镇平均人口约 2.47 万人。这一时期北京中心城市快速扩张，活力增强，农村城镇化虽然进程加快，但城乡间、区域间发展差距拉大问题凸显。

第三阶段，(2003 年至今)，北京市城镇化水平从 2003 年的 79.1%上升到 2013 年的 86.2%，在城镇化成熟完善阶段，城乡统筹协调推进小城镇转型与发展。

2004 年，《北京城市总体规划(2004—2020 年)》，提出“打破城乡二元结构，大力推进城市化进程，构筑城乡一体、统筹协调发展的格局”。确定了中心城—新城—镇(包括重点镇和一般镇)的市域城镇结构。

2006 年，由于外来人口的激增、社会治安和管理的复杂化等问题相继出现，北京市政府正式叫停小城镇的改革试点。[④]

2008 年，北京市政府发布《关于率先形成城乡经济社会发展一体化新格局的意见》，明确要“进一步落实北京城市总体规划和区县功能定位，构建现代城镇体系”，明确提出了小城镇的功能和定位：“乡镇主要承担转移农村人口、聚集农村产业的功能，重点小城镇在郊区全市城镇化体系中处于重要的‘节点’位置。”

2009 年，中共北京市委十届七次全会，提出从建设世界城市的高度，加快实施人文北京、科技北京、绿色北京发展战略。建设国际一流水平的世界

---

① 张文茂、苏慧：《北京城市化进程与特点研究(上)》，《北京规划建设》，2009 年第 2 期，第 81 页。

② 张文茂、苏慧：《北京城市化进程与特点研究(上)》，《北京规划建设》，2009 年第 2 期，第 81 页。

③ 张文茂、苏慧：《北京城市化进程与特点研究(上)》，《北京规划建设》，2009 年第 2 期，第 81 页。

④ 赵方忠：《北京小城镇发展下一步》，《投资北京》，2011 年第 6 期，第 60 页。

城市，必须走经济、社会、资源、人口、环境相互友好的道路，统筹城乡区域发展，拓展首都新的发展空间，协同推进小城镇和新农村建设。同年，确定了42个建制镇为本市重点建设发展的小城镇。

2011年，北京市结合“十二五规划”提出百亿基金打造北京特色小城镇，即设立总规模100亿元的小城镇发展基金，投向42个重点小城镇。根据资源特点，打造旅游休闲特色镇、科技和设施农业示范镇、商务会议特色镇、园区经济特色镇和重点产业功能区配套服务特色镇。小城镇生态、休闲旅游等价值开始受到重视，小城镇逐渐注重特色引导发展。

长期以来，北京将小城镇定位于带动农村地区发展，重点任务放在了转移农业人口上，并没有真正从城镇化的背景下考虑发展小城镇的意义，更没有提高到建设世界城市的高度考虑小城镇应该担负的功能和发挥的作用，使得北京的小城镇长期处于非常低的层次上寻求发展。①

当前，在土地资源限制因素趋紧的现实条件下，应以建设世界城市的视角，在新型城镇化和京津冀协同发展背景下，重新审视与思考北京小城镇的定位。小城镇是北京进入城镇化质量提升阶段的发展重点。作为大都市区的小城镇，不应仅限于服务农村，更要服务于首都功能，积极谋求转型与特色打造，形成与中心城市的互动发展、京津冀格局下的协调发展，推进形成城乡一体化格局。

(二)北京市郊区小城镇面临的主要问题

1. 城乡产业协作不突出

(1)北京郊区小城镇产业发展缺乏特色，产业层次有待提升。部分小城镇建设过于依赖房地产开发，产业经济动力不足。大部分小城镇发展依托工业园区，但是产业特色不鲜明，产业区的整体发展缺少核心竞争力。受到眼前经济效益的驱使和发展水平客观条件的限制，一些镇在企业引进和培育上缺乏进行主动选择，产业类型和层次混杂，彼此缺乏联系。

(2)小型工业园区数量多，但是集聚相对薄弱，缺乏区域统一协调。与国家级、市级开发区相比，区县级工业园区发展较为滞后，数量多且分布广泛，几乎每个小城镇都有自己的工业园区，大多各自为政，优质企业、项目在区县级园区的沉降不多。小城镇内的多数园区以中等以下企业、项目为主，产业带动能力不强。同时，工业园区规模普遍不大，工业大院的形式还广泛存在，存在着一批高能耗、高污染、低效益，生产工艺和产品落后的企业。

由于缺乏区域之间的专业化分工，重复投资建设，产业之间过度竞争，经营规模难以扩大，规模经济效应差，相互之间的经济联系效应差，产业结构在地区之间缺乏协调，难以形成合力。

---

① 赵方忠：《反思北京小城镇发展模式》，《投资北京》，2013年第6期，第15页。

2. 城镇等级体系不明确

(1)小城镇发展条件迥异却在发展引导上趋同。北京的众多小城镇分布在从东南部平原区到西北部山区的发展条件迥异的不同区域。因区位条件、交通条件、自然环境、发展基础不同，导致其受中心城发展辐射力度不同、对外联系便捷程度不同、承担生态职能不同、城镇化发展阶段不同。但是，在政策发展方面缺乏差异化引导。

(2)小城镇之间缺乏协调发展。重点镇带动作用不明显，重点镇与一般镇规划缺乏衔接；镇与镇之间产业竞争多于协调；聚集效应不突出，对周边城镇不能起到城镇化带动作用。

(3)山区小城镇发展受限。山区小城镇区位交通条件普遍不佳，往往受到生态涵养区发展条件的限制；经济发展水平及产业结构较落后。第二产业发展受区位、交通、环境等多方面影响，发展动力不足，产业的规划和实施多停留在概念层面，缺乏影响力强的产业支持，直接影响当地居民的收入和城镇发展。

3. 土地利用不集约，品质不高

(1)建设用地紧张是北京市郊区小城镇普遍存在的问题。尽管被调查城镇的建设用地面积几乎都已经达到镇域面积的 20%—30%，但几乎所有被调查镇都在利用各种方法争取更多的建设用地。导致用地紧张的原因多种多样，有的是由于房地产开发占用了土地，有的是由于无计划的建设浪费了大量的土地，也有的是由于工业开发区后续投资不足，造成土地闲置现象。

(2)用地结构存在不合理现象，环境品质不佳，不注重城镇特色营造。为了达到发展经济的目的，往往是牺牲了城镇建设用地的有机构成，过度地为某种被认为具有良好发展前景的产业(如工业、房地产业等)提供建设用地。公共服务设施建设相对滞后，服务能力相对薄弱。北京小城镇普遍存在居住用地、产业用地开发建设快，公共服务设施实施慢的问题。

(3)土地使用不够集约。一方面，小城镇开发区地均产出有待提高。与市级以上工业开发区相比，小城镇工业用地布局分散，容积率低，土地利用粗放，难以发挥规模效益和集聚效益，土地浪费现象严重，地均产出与地均就业人数明显较低而资源消耗量却明显较高。另一方面，农村集体建设用地粗放。集体建设用地效益低，资源消耗大。

二、新型城镇化背景下北京小城镇的机遇与挑战

(一)区域生产网络的构建扩展了北京小城镇的成长空间

建设世界城市，要求在全球化与信息化背景下中心城市通过与周边腹地区域的紧密合作以应对挑战。随着世界经济的整合发展，以大都市区为核心的城市区域日益成为全球竞争的基本空间单元，通过各种生产服务活动的聚

集获得极强的经济吸引与辐射能力。[①]

作为地处大都市区的北京小城镇，可依托城市区域的竞争平台，获得与城市经济接轨的机会，能够较为容易地参与城市产业分工，成为城市生产基地的组成部分，从而摆脱传统的由农业发展带动轻工业等劳动密集型产业发展进而带动城镇化的传统模式。随着京津冀一体化进程的快速推进，区域产业转移与合作，北京小城镇面临新的调整机遇与成长空间。

在区域生产网络所提供的巨大资本环境和市场里，小城镇的发展潜力被大大提升，能够在更广阔的地域空间中发挥土地和劳动力上的比较优势。同时，城市区域所形成的开放的生产网络和开放的空间结构为小城镇发展提供了良好的外部环境，产业发展的要素组织超越了封闭区域内的同构竞争。在规模经济、分散风险以及区域资源利用机制的驱动下，产业的发展和联系不断克服空间的障碍，在城乡间和区域间进行重新配置，使得区域内部空间的分工与重组非常剧烈，重构了区域内部城镇间的发展关系。与以往小城镇大多依靠传统劳动密集型工业园区不同，近年来，会展经济、总部经济、文化创意、通用航空、科技农业等新兴产业纷纷在北京郊区小城镇落地。城镇之间需要屏弃盲目的无序竞争，不断寻求新的“竞争—合作”平衡，小城镇通过承接中心城市转移产业，向城乡互补、区域协作型产业发展方式转型。

（二）高速交通网络的建设完善提升了北京小城镇的发展平台

高速交通网络的建设完善是建设世界城市的必然要求，通过区域交通基础设施的布局实现区域内城镇关系与经济结构的变迁和重组。高速交通网络打破了既有的区域格局，形成了集聚和分散的新秩序。在密集的高速公路网的构建过程中，城镇的时空距离被压缩，区域发展变得紧密而匀质。城镇间客货运输的绝对优势日益缩小，产业发展的空间选择逐渐摆脱地理空间距离的简单约束。不以消费目的地为指向的产业门类，可以依托便捷的、网络化的区域交通体系在生产成本更低的小城镇地区集聚。[②]

2013 年年底，北京市市公路里程 21614 千米，公路网密度 1.32 千米/千米^2，其中高速公路总里程 906 千米，高速公路网密度 5.51 千米/百千米^2，位居全国第三，基本超过一般发达国家高速公路网密度。未来，北京还将积极推进京秦高速、首都大外环高速等项目，建成京昆高速，着力构建骨干快速交通体系。区域性交通网络建设加速提升了大批小城镇的交通可达性。高速公路网络有力地支撑了生产网络的匀质化，“网络＋等级”的演化趋势得到进

---

① 罗震东、何鹤鸣：《全球城市区域中的小城镇发展特征与趋势研究——以长江三角洲为例》，《城市规划》，2013 年第 1 期，第 10 页。

② 罗震东、何鹤鸣：《全球城市区域中的小城镇发展特征与趋势研究——以长江三角洲为例》，《城市规划》，2013 年第 1 期，第 10 页。

一步推进。

(三)高品质集约发展的诉求重构了北京小城镇的发展方式

在经济与城镇化快速发展的过程中，区域内的城镇建设用地价值必然不断提升，用地供需矛盾不断紧张，客观上要求区域向高品质集约发展方式转变。城市建设规模的扩大，使得生态保护与粮食安全的压力不断增大，国家土地政策对建设用地的控制日益严格。与此同时，随着国民经济的发展和生活水平的提高，人们对于环境品质的要求也越来越高，高品质集约化发展对于人才和资本均表现出较强的吸引力。在经历了以廉价土地和劳动力为主要特征的低成本竞争模式后，良好的建设环境和高效的管理体系日益成为区域吸引人才和资本的有效手段。①

向“管控红线”逐步逼近使北京市新增建设用地总量指标的压力逐步显现。根据“第二次全国土地调查”数据，比照《北京市土地利用总体规划(2006—2020)》耕地保有量21.47万公顷的目标，北京市到2020年仅有约1.24万公顷的占用空间。这使得北京市在未来建设用地供应方面面临较大压力。2013年，北京全市国有建设用地计划供应总量5650公顷。其中，新增建设用地控制在2770公顷以内。严格保持耕地总量、盘活存量用地、集约利用土地已经成为北京市无法回避的命题。

一方面，高品质集约发展的诉求为小城镇发展带来了新机遇。由于中心城市与小城镇相比面临更高的品质诉求和更为紧张的用地情况，因此产业准入门槛不断提高，产业空间内部的置换升级持续推进，“产业郊区化”已经成为许多中心城市发展的务实选择。在产业郊区化的过程中，具有一定基础和规模的小城镇通过承接中心城市产业转移步入新一轮快速工业化带动城镇化的发展阶段。一方面，高品质集约发展的诉求对小城镇发展提出了新要求。在用地条件日益紧张、生态环境压力巨大的情况下，小城镇发展必须改变分散、低效的发展模式，形成规模效应，提高产出效率。需要进一步发挥城镇建设水平对资本的吸引力，通过加快基础设施和公共服务配套建设，以及城镇综合职能的塑造来实现高水平招商引资。②

(四)社会消费需求的升级拓宽了北京小城镇发展的路径

发展型消费需求的历史变化和快速增长已成为中国转型的基本特征。国际经验表明，人均GDP已超过4000美元，标志着已从以衣食住行为目标的生存型阶段进入以人的自身发展为主要目标的发展型新阶段。2013年，中国

① 罗震东、何鹤鸣：《全球城市区域中的小城镇发展特征与趋势研究——以长江三角洲为例》，《城市规划》，2013年第1期，第11页。

② 罗震东、何鹤鸣：《全球城市区域中的小城镇发展特征与趋势研究——以长江三角洲为例》，《城市规划》，2013年第1期，第12页。

人均 GDP 为 5414 美元，北京市人均 GDP 达到 15052 美元，位居全国前列，已步入社会消费需求全面升级的阶段。

通常，当人们的衣食住行需求得到初步满足后，以人的自身发展为主要目标的发展型需求就会成为全社会的主要需求，并呈现不断快速增长的趋势。根据研究，人均收入超过一定阶段后，社会对农产品的需求增长将由上升转为下降，人们愈发期待的是良好的“生态环境”和自由、丰富的休闲、体验活动，典型如自主性的郊野旅游将日益成为城乡交通网络相对密集的大都市区域内的消费时尚。成长中的城市中产阶级向往在周末或假期“逃离”城市的喧嚣和繁忙，去享受乡村的自然美景与纯净空气。① 近年来，北京郊区旅游持续快速增长，截至 2013 年年底，接待乡村旅游人数 3750.9 万人次，同比增长 3.2%。以怀柔区为例，2013 年，怀柔观光休闲农业共接待游客 408.5 万人次，同比增长 4.1%；实现总收入 30736.8 万元，同比增长 6.9%。生态体验游带动山区民俗热，体验满族风情节、观赏汽车拉力赛、游览白河湾风景等山区旅游品牌吸引了越来越多的游客，成为促进民俗旅游发展的亮点。

一方面，公共消费需求的快速增长客观上要求小城镇成为承载社会公共服务的重要节点，而不仅仅是单纯的生产基地。在城乡统筹发展过程中，小城镇是实现城乡基本公共服务均等化发展的重要环节，其农村地域综合服务中心的职能将不断被强化。与此同时，高密度城市区域中的集体性生态、休闲消费需要乡郊地带来满足。自主性旅游模式的快速兴起尤其是城市区域内短途自驾出行的盛行，使得农村地域的生态、休闲和体验经济逐渐凸显，休闲生态旅游成为小城镇经济发展新的增长点。在通勤条件相对便捷的全球城市区域内部，大量的小城镇依托良好的自然生态环境，有可能成长为休闲娱乐、文化艺术以及影视等产业的集聚点。②

三、差异化的北京小城镇的转型与发展策略

作为一个紧密联系的整体，大都市区域内的小城镇的发展绝不是孤立的、自主的，作为区域内部的重要空间单元，小城镇的发展日益融入区域整体“网络＋等级”的演化趋势，在区域内部剧烈的分工、重组过程中加速成为区域整体需要它扮演的角色。作为城乡空间的结合点，小城镇的最终发展趋势将充分地体现大都市区域的城乡关系。③ 区域生产网络、高速交通网络、高品质集

① 罗震东、何鹤鸣：《全球城市区域中的小城镇发展特征与趋势研究——以长江三角洲为例》，《城市规划》，2013 年第 1 期，第 12 页。

② 罗震东、何鹤鸣：《全球城市区域中的小城镇发展特征与趋势研究——以长江三角洲为例》，《城市规划》，2013 年第 1 期，第 12 页。

③ 罗震东、何鹤鸣：《全球城市区域中的小城镇发展特征与趋势研究——以长江三角洲为例》，《城市规划》，2013 年第 1 期，第 11 页。

约发展和社会消费需求升级作为北京小城镇发展的客观背景，是推动小城镇加速差异化发展的主要外部因素，它们与小城镇自身区位和实力等发展资源禀赋的结合将直接决定小城镇未来的发展趋势。

（一）依托城市带动，与城市和区域产业转移相协调，实现城镇功能转型提升

近年来，随着中心城和郊区新城建设，一批临近中心城和新城城区的小城镇受到城市的辐射影响非常强烈，是中心城市未来空间扩展区域，地处其中的小城镇未来发展将与中心城市和新城城区一体化发展，其发展趋势是小城镇的消亡和社区化。例如通州区梨园镇和永顺镇，处在通州新城城区范围内，未来将作为通州新城一部分共同发展。

对于区位优势明显、地处城市强辐射区、区域交通便捷、产业基础良好、第二产业或者二、三产业具有明显比较优势、先发优势突出的小城镇，未来应积极依托城市带动，承接城市和区域产业转移，实现城镇功能转型提升。小城镇规模不断增大、职能不断完善，包括产业专业、土地指标等可支配的发展权力不断强化，在内外力量的综合影响下逐渐成长壮大。例如通州区台湖镇。

（二）突出城乡互补，依托农业资源，发展小城镇特色产业

距离中心城市较远、产业发展缺乏比较优势，或者地处生态涵养区、第二产业发展受到限制，在资源约束趋紧的格局下获得土地指标等发展优先权的可能性越来越小，继续发展第二产业的潜力和竞争力较弱，应依托农业资源，彰显“乡村经济”的特色，发展都市型现代农业、农业观光、乡村旅游等，与城市经济功能互补，突出城乡差异，规模不会也不宜有较大扩张，采取特色化的发展路径，形成小城镇特色产业。例如通州区于家务回族乡。

（三）提高城镇品质，立足乡村特色，强化服务城乡的综合职能

与中心城市相比，小城镇优美的自然环境、低密度的城镇形态是独特的特色优势。小城镇应立足乡村特色，注重提升城镇品质，大力推进公共服务设施建设，强化服务城乡的综合职能。

一方面，大量小城镇是乡村地区基本公共服务均等化发展的主要载体，满足广大乡村地区的公共服务需求，在广大农村的地域中体现“公平保障”职能。作为城乡统筹的重要节点和广大农村地域生产、生活服务中心，为农村地域提供较好的公共服务配套，推进城乡公平从而保障经济平稳快速发展。另一方面，作为地处大都市区的小城镇，也是为城市功能提供公共服务的重要载体。立足乡村特色，发展“生态型”养老、旅游、休闲、养生、创意文化等，为产业园区提供生产性服务，实现城镇功能转型提升，成为兼具特色和活力的小城镇。例如通州区西集镇。

（作者：赵之枫　北京工业大学教授）

项目名称：北京城市通勤成本与住宅价格关系研究
项目编号：11JGC113
项目负责人：王宏新
项目信誉保证单位：北京师范大学

基于多元合作治理的城市新建住宅质量管理体制创新探析①

改革开放以来，随着国民经济快速发展，我国建筑业发展也十分迅速，其中城市住宅又占有相当大的比重。与其他建设工程相比较，新建住宅质量关系到所有者或使用者的生命安全，是人居环境建设中的重要影响因素，这就要求政府在新建住宅质量监管中发挥重要作用。三十多年来，国家相继出台了多部与新建住宅质量相关的法律法规和规范标准，新建住宅质量在总体上不断提升。但是，由于住宅建设的产品特质与我国在城市住宅建设中形成的体制性原因，各地新建住宅质量问题仍层出不穷，从“楼歪歪”到“墙脆脆”，从别墅壁炉砸死幼童到房屋整体倒塌的质量事故不断上演，有关新建住宅质量问题的消费者投诉也呈上升趋势，反映了我国现行新建住宅质量管理体制存在着内在缺陷。党的十八届三中全会通过的《中共中央关于全面深化改革若干重大问题的决定》中关于“创新社会治理体制”的论述中提出，要“深化安全生产管理体制改革，建立隐患排查治理体系和安全预防控制体系”，这其中也必然包括与民生密切相关的新建住宅质量安全问题，与食品药品安全问题同等重要。基于此，本文基于多元主体协作治理的视角，结合我国现行新建住宅质量管理体制沿革，分析住宅交付前后各相关方的质量责任义务及存在的问题，深入探讨我国城市新建住宅质量管理体制创新及其中的市场、政府与行业三方角色重塑问题，提出构建我国城市新建住宅质量多元合作治理机制的政策建议。

---

① 本文受北京市哲学社会科学规划项目“北京城市通勤成本与住宅价格关系研究”（项目编号：11JGC113）、北京市社科联青年社科人才资助项目“北京城市通勤成本与住宅价格关系研究”（项目编号：2010SKL005）和北京师范大学文科青年教师发展培育项目“住宅用地市场波动与政策导向：理论与实证研究”的资助。

一、我国城市新建住宅质量管理体制发展回顾：从单一政府管理到多元管理体制转变

新中国成立起至20世纪70年代，我国逐步建立了以公有制为主体、实物分配、低租金运行的城市住房保障制度，即城市住宅建设由国家统筹安排，各级政府和国有企事业单位依靠财政拨款进行住宅建设，并以低租金的形式分配给本单位干部和职工使用。在住宅建设过程中，政府既是住宅建设的出资者，也是建成后的住宅所有者，勘察、设计、施工等建设相关单位均为国有企事业单位，它们是住宅建设任务的执行者。在这种严格计划经济体制下，由于住宅产权关系单一、住宅建设不存在开发与投资属性、也不存在不同利益主体的利益驱动与市场激励，施工企业均为国有建筑企业，政府是国有企业的"婆婆"，城市新建住宅质量的管理体制实质上是政府和国有企事业单位内部的质量管理部门对其自建的住宅进行质量自查自纠，政府既是新建住宅质量责任的监管主体，也是新建住宅质量责任的最终承担者。

随着20世纪80年代我国改革开放战略的实施，经济发展速度不断加快，我国城市住房需求不断增加，建设规模不断扩大，建筑市场发生了重大变化，建设单位与施工单位逐渐分开，建筑业利益主体开始呈现出二元格局，单纯施工企业自检已不能保证质量，质量监督管理从原来单一的施工单位内部质量检查制度转变为施工企业自控与建设单位组织质量验收相结合的制度。[①] 1984年，国务院发布《关于改革建筑业和基本建设管理体制若干问题的暂行规定》，提出全面推行建设项目投资包干责任制并大力推行工程招标承包制，改革单纯用行政手段分配建设任务的老办法，实行招标投标、由发包单位择优选定勘察设计单位、建筑安装企业。《规定》还提出针对一般民用建设项目，按城市建立有权威的质量监督机构。至1988年，随着建设工程监理制度开始在全国范围推行，标志着我国城市新建住宅质量管理出现了由施工企业、建设单位、政府、监理等多方共同监管的格局，初步形成了以政府为主导、多元建设主体质量管理体制。但是，由于这一阶段的城镇住房保障制度并未发生根本性变化，城市建设主体及其国有体制垄断的性质也未发生变化，以政府为主体的多元管理体制在本质上仍是计划经济管理体制。

1994年，国务院发布《关于深化城镇住房制度改革的决定》，提出住房制度改革的根本目的是要建立与社会主义市场经济体制相适应的住房制度，实现住房商品化、社会化；加快住房建设，改善居住条件，满足城镇居民不断增长的住房需求。这标志着我国城市住宅时代的真正开始：一方面，住宅建设主体向投资主体转变，并且出现投资主体多元化，住宅投资、开发、建设

---

① 杨艳、陆彦：《新建住宅质量政府监管职能定位分析与制度建议》，《工程管理学院》，2013年第1期。

企业相互分工和独立，并摆脱了隶属行政部门的地位，转变成为独立经营的住房商品生产单位，各类企业成为住宅市场中追求自身利益的多元主体之一；另一方面，住宅分配与流通货币化、商品化、市场化，住宅产权权属发生了根本变化，由政府和单位所有转变为个人所有。自此开始，政府在城市新建住宅质量管理体制中的角色开始发生根本性变化，即政府不再是新建住宅质量责任的承担者，而蜕变为新建住宅质量责任的监管主体。同时，伴随着1997年《建筑法》颁布、2000年《建设工程质量管理条例》实施以及多部相关法律法规和政策的出台，适应社会主义市场经济制度的城市新建住宅质量管理体制初步建立了起来，即由开发建设、勘察、设计、施工、监理、政府六方主体共同形成的多元管理体制：由开发建设企业即开发商取得城市国有土地使用权后委托勘察、设计机构和施工企业完成住宅的勘察、设计与施工；开发商作为住宅初始产权人对住宅的建设质量进行全面控制，对新建住宅质量承担首要责任；监理机构作为独立法人，受开发商委托并代表开发商对具体的建设行为进行服务性管理，对开发商负责；勘察、设计、施工、监理机构根据法律法规的规定和合同约定承担相应法律责任；城市政府则通过其质量监督机构对施工图设计文件审查、施工许可证审批和竣工验收备案等对新建住宅质量进行监督管理。

二、新建住宅质量多元管理体制低效及其成因

从现行新建住宅质量管理体制表面来看，在住宅的建设过程中，开发商、勘察、设计、施工、监理机构五方市场主体相互分工、相互合作、相互制约确保建设过程与建设质量符合标准规范，而政府质量监督机构也通过审查、验收等相应制度以确保住宅产品质量达标。然而，新建住宅质量问题贯穿工程建设全程。以北京住宅市场为例，通过对2012年交付住宅的质量检测后对所采集样本的质量问题数据分析发现，由于施工不规范导致的工艺瑕疵问题，毛坯、精装分别占总问题的80.44%和74.67%；由于成品保护不足，现场管理不到位，工人施工造成的二次破坏问题，毛坯、精装分别占总问题的12.52%和18.56%；由于设计上存在缺陷，未统筹考虑所造成的使用不便、使用不人性化问题，毛坯、精装分别占总问题的5.85%和4.15%；由于材料存在个别质量问题造成的使用不畅问题，毛坯、精装分别占总问题的1.18%和2.61%。这充分说明现行新建住宅质量管理体制中存在着内在缺陷，致使管理体制低效。①

深入地探讨体制低效背后的原因，可以发现当前的住宅质量管理体制是一组极其不稳定的质量保证契约体系：业主与开发商间具有根本性的交易契

① 《2012年北京房屋交付质量报告》，《中国房地产报》，2013年3月11日。

约，而开发商对新建住宅质量的保证却又悬于其与设计、施工、监理等乙方主体之间的契约，无论是开发商与业主的契约关系，还是开发商与各乙方的契约关系，违约成本与预防及惩处成本严重不对称(见图 1)。这种复杂的契约关系组合，在尚不完善的社会主义市场经济与法治体系中，存在着以下问题：

(一)业主在新建住宅质量监管体制中的缺位和法律地位中的弱势

在现行新建住宅质量管理体制中，业主作为最终产权人对新建住宅质量的监督权是缺位的，无论是开发商组织验收还是到政府部门备案，对于业主来说都是“黑箱”，被排除在了新建住宅质量监督管理体制之外，无法完全行使住宅所有权。[①] 这种局面既无法使作为住宅所有者的业主对住宅生产者进行监督与制约，也不会对建设相关单位在建设过程中进行行业自律与内部质量管理产生激励，业主只得将新建住宅质量的“最后一根稻草”寄希望于政府监督，政府就被“绑架”成为新建住宅质量的无限责任者和全能政府了，而单靠政府来解决新建住宅质量问题，也是极其不现实的，反而使问题更加复杂，增加社会总成本。

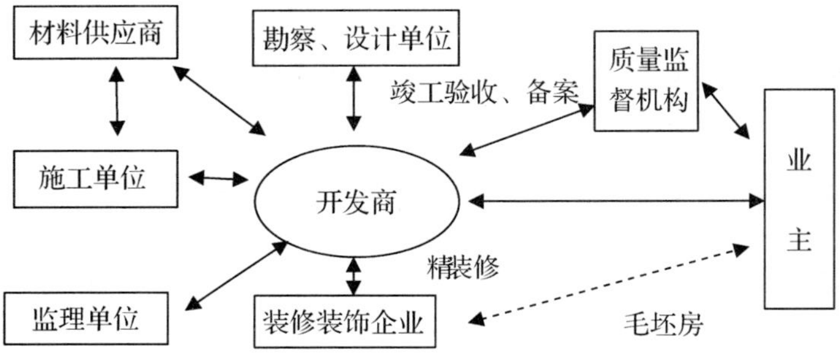

图 1　现行新建住宅质量管理体制各主体关系图

(二)验房业等中介组织功能滞后，难以发挥新建住宅质量监督职能

监理企业作为专业的质量监督者，无论是在住宅建设过程中进行监督还是在交付前验收环节的监督，对新建住宅质量保证起着至关重要的作用。但是，在我国现行新建住宅质量管理体制中，由于施工企业、监理机构均受雇于开发商，其往往为了承接工程业务而成为开发商的附庸，发现问题时也往往受制于开发商是否愿意被“摊上事”，无法对开发商和施工企业的质量行为予以制约。因此，在业主眼里，这些新建住宅质量责任主体就是一个利益共同体、“一家人”，监理机构也就失去了独立性和公正性。既是如此，有谁能代表业主的利益而去监督住宅的建设过程与结果呢？事实上，除了在装饰装修环节外，在整个住宅开发与建设过程中，任何单个购房者既无能力也无足

① 卢静、成虎、陆彦：《住宅交付后各相关方的质量责任分析与对策》，《工程管理学报》，2012 年第 10 期。

够热情去市场聘请自己的监理来监督整个工程建设质量。不仅如此，根据我国现有的房地产开发经营制度，理论上，在一幢新建住宅主体结构封顶前，这幢住宅的购房者还不知道在哪里呢！如此体制安排，为新建住宅质量埋下了大量的隐患。而在交房环节，因实行政府备案制，开发商与施工方、监理方自检自验，在对新建住宅质量“无知”的购房者面前，自然日子很好过。值得一提的是，近 10 多年来，国内兴起了“第三方验房”、“民间验房师”等专业验房机构(如长三角的“宜居检测”、京津冀的“优嘉优筑”和珠三角的“啄木鸟”等)，它们实际上是顺应市场需要、为购房者服务、为提升新建住宅质量服务的新型监理、服务咨询机构，但却长期受到现行体制的排斥，也不受开发商和政府“待见”而无法获得其应有的市场地位，数以千计的“民间验房师”无法获得政府部门认可的职业与执业资格，大大制约了其在市场中的良性发展，也有损于购房者在交付环节中的权利维护、新建住宅质量的保障与提升。

(三)备案制实质上弱化了政府质量监管角色与功能

在 2000 年之前，我国城市新建住宅质量验收实行的是政府验收制，城市质监站执行着较为严格的验收标准。如国务院 1998 年颁布实施的《城市房地产开发经营管理条例》仍规定“房地产开发项目竣工后，房地产开发企业应当向项目所在地的县级以上地方人民政府房地产开发主管部门提出竣工验收申请。房地产开发主管部门应当自收到竣工验收申请之日起 30 日内，对涉及公共安全的内容，组织质量监督、规划、消防、人防等有关部门或者单位进行验收”。但是，自 2000 年起，依据《建设工程质量管理条例》，住宅验收改为备案制，即“建设单位收到建设工程竣工报告后，应当组织设计、施工、工程监理等有关单位进行竣工验收，并自建设工程竣工验收合格之日起 15 日内，将建设工程竣工验收报告和规划、公安消防、环保等部门出具的认可文件或者准许使用文件报建设行政主管部门或者其他有关部门备案”。备案制在本质上是符合市场经济体制的，但在相应监管制度没有完善之前，事实上变成了开发商自检自验。虽然《建设工程质量管理条例》也提出“建设行政主管部门或者其他有关部门发现建设单位在竣工验收过程中有违反国家有关建设质量管理规定行为的，责令停止使用，重新组织竣工验收”，但事实上备案制是很难发现质量问题的。因而，在现行体制下，当市场无法通过竞争、法治等方式来保障新建住宅质量时，问题最终会因“政府备案”而回归到政府身上。但是，政府在新建住宅质量问题上，同样是外行，当这一个社会化大生产过程中所产生的问题对政府形成高度依赖时，客观上就夸大了政府在新建住宅质量管理体制中的作用，必然会造成了质量保证权力和责任的错位，使政府的角色最终会扭曲为新建住宅质量保证的直接和最终责任者，大大提高了购房者的交易成本和公共部门的治理成本。

从上述分析可以看出，现行新建住宅工程管理体制中、监管体制中，由于在现行体制中业主(住宅所有者或使用者),除与开发商有合同关系外,与勘察、设计、施工及监理四方质量责任主体均无直接合同关系,而新建住宅工程是一种专业知识含量极高、具有大量隐蔽工程的大宗资本品和耐用消费品,许多质量问题并不会在短期内显现,也不可能被业主轻易识别。换言之,新建住宅质量问题并不能在现行的行业管理体制中得以预防和解决,而一旦新建住宅质量问题暴露出来时,就会出现以下尴尬情形:与业主有直接合同关系的房地产开发企业,项目开发完成后其所属的项目公司即注销,出现质量问题时,却找不到开发商这一最重要的责任主体。虽然现有法律法规也明确规定新建住宅工程在保修期内出现质量缺陷时,业主可以以房屋所有人的身份直接向与之没有合同关系的施工单位发出保修通知,但是,除地基基础工程和主体结构工程外,大多住宅保修期在短短的2—5年,若业主发现房屋质量问题时已经过了新建住宅质量保修期的,施工单位可以以此为由拒绝承担保修责任;即使仍在保修期限,如果设计单位、施工单位和装修单位存在质量责任交叉或质量责任主体难以确定,就很容易出现设计、施工、监理和装饰装修单位之间相互推诿责任的情形,无法有效地追究保修责任、保障业主权益。① 也就是说,仅靠各主体之间的契约或法律关系,而没有多主体共同参与规范社会行为、调节社会利益,那么新建住宅质量问题将无法从根本上得以解决。而当以政府主导的行业监管体制失效时,住宅质量工程又会容易引发争议、上访乃至群体性事件,极易形成恶性社会问题,影响社会稳定与和谐发展。

三、基于多元合作治理视角的新建住宅质量管理体制创新建议

新建住宅质量对于保障城市人居环境非常重要,通过对现有新建住宅质量管理体制进行创新,以解决新建住宅质量问题、保障住宅所有者权益、规范建筑业和房地产业健康发展,既是我国当前亟待重视和解决的老问题,也是适应新型城镇化发展的必由之路。党的十八届三中全会提出创新社会治理体制,并进而提出“发挥政府主导作用,鼓励和支持社会各方面参与,实现政府治理和社会自我调节、居民自治良性互动”,这实质上就是学界近年来探讨的多元合作治理理论,学界目前多表述为多元协作治理、多元主体多中心治理等。如合作治理理论提出,社会发展呈现出多元治理主体迅速生成的局面,在多元治理主体并存的条件下,对“政府治理,公众参与”模式的替代应当是一种“合作治理”模式,即虽然政府在治理过程中发挥着引导的作用,但是参与到治理过程中的每一个治理主体都能够平等地在治理活动中发挥其应有的作用,对于关涉到公共利益的每一项公共事务,都能够平等地发表意见和积

① 张家瑞:《新建住宅质量管理体系中政府的角色定位》,《城市问题》,2011年第6期。

极地采取合作行动。[1] 多元协作治理理论也同样强调通过不同行动者之间的协作来解决集体行动困境问题，实现共同目标。[2] 多主体多中心治理理论则突破了以往单主体的行动格局，强调了张扬主体性以及民众的有效参与；它也冲击了单中心的权力结构，突出了交互主体性以及以民众为中心的治理模式。[3] 需要指出的是，尽管社会治理理论，尤其是适合中国特色社会主义国情的治理理论尚在探索的初期，但以政府为主导、积极发挥多元主体参与，以政府与其他社会各主体之间的合作治理无疑是当前学界的重要共识，也将成为今后中国社会治理的重要趋势。而在这一社会多元合作治理的理念指导之下，社会各行业的发展，也包括城市新建住宅质量管理体制创新，也应在这一视角下尝试探索。

因此，基于社会多元合作治理的视角，应重塑政府在新建住宅质量管理体制中的角色定位，科学理顺政府、市场与行业三方在新建住宅质量管理体制中的关系，实现城市新建住宅质量管理体制创新与重构（如图 2 所示）。

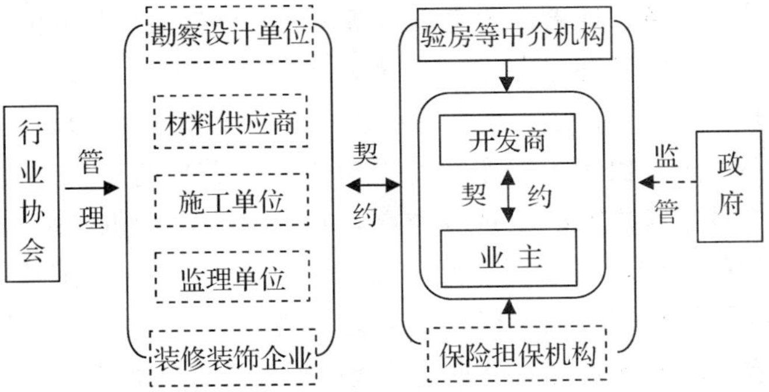

图 2　城市新建住宅质量管理多元合作治理机制

（一）提升业主在新建住宅质量契约中的权利主体地位，强化新建住宅质量责任追究制度

在多数发达国家，由于实行土地私有制，住宅多采用土地所有（业主）自建或集体筹资的方式建设，住宅建设工程的发起者大多就是新建住宅质量最终的利益相关者，建设单位直接受最终产权人的委托进行工程建设，为最终产权人服务。在建设相关企业的相互分工和竞争、合作机制下，市场这只“看不见的手”充分地发挥作用，因而很少出现新建住宅质量问题与纠纷。我国要在既有的城市土地国有制与城市房地产开发体制下根本解决新建住宅质量问题，就必须将住宅所有者即业主明确为新建住宅质量权利主体地位，由此提

① 张康之：《合作治理是社会治理变革的归宿》，《社会科学研究》，2012 年第 3 期。

② 杨立华、周志忍、蒙常胜：《走出建筑垃圾管理困境——以多元协作性治理机制为契入》，《河南社会科学》，2013 年第 9 期。

③ 魏波：《多主体多中心的社会治理与发展模式》，《社会科学》，2009 年第 8 期。

升业主在新建住宅质量管理体制中的地位，只有当业主对新建住宅质量说“不”且拒绝为质量瑕疵“买单”时，开发商才有根本上的激励去严把质量关，新建住宅质量隐患才能从根本上防微杜渐。为此，必须重构住宅产权合同关系，即在业主与开发商签订住宅买卖合同的同时，应同时签订业主与勘察、设计、施工、监理方的质量保证合同，变开发商与业主之间的单一合同为业主与住宅开发建设所有责任主体的多主体合同体系，业主自住宅交付之日起即与所有建设单位具有直接的、与开发商同等效力的质量保证法律关系。

在提升新建住宅质量权利主体之后，完善新建住宅质量责任追究制度是有效遏制住宅建设质量问题的有效手段。公共部门的监管重点应从企业资质管理转变为对建设相关单位的行为监管，强化新建住宅质量责任倒查和责任追究制度，对所有参与建设的主体的质量行为和活动结果予以执法监督，使对新建住宅质量及监管承担责任的各主体切实承担责任和义务，以充分保障业主权益。①

(二)构建开发商、政府、业主三方新建住宅质量综合验收体系

必须着眼于住宅最终是业主的住宅，从体制上纠正开发商自检自验的模式，构建由开发商自检自验、业主“一房一验”和政府总体验收三者相结合的综合验收体系。这是因为，业主与开发商之间是典型的委托—代理关系，开发商代表业主承担着住宅的全过程监督，新建住宅质量也理所当然蕴含在住宅生产的全过程之中，开发商必须依靠现有监理制度来严把质量关。但是，仅有开发商委托的监理来把关仅仅是必要条件，业主“一房一验”则代表着这是业主不可剥夺的财务权利，无论是开发商验收还是政府备案(甚至是政府验收)，都不能代替业主与他(她)所购住宅之间的产权一一对应关系。换言之，只有实现了业主的“一房一验”权利，这才是业主真正的不动产权利。但是，也应清楚地了解，业主关心他(她)所购买的住宅，事实上他们只关心属于自己完全支配的那部分建筑面积(一套房子)，而住宅的地基基础工程和主体结构工程及小区配套的社区设施等既涉及广义建筑和人居环境，也是自己住宅所必须依赖的重要组成部分。② 然而，单个业主对此却很少关心，而这部分建筑或人居环境质量如果出现问题，则会对单个、多个甚至全部业主造成损害，“公地悲剧”就会出现。基于此，除开发商自检自验和业主“一房一验”之外，由政府对涉及公摊和公共部分等人居环境设施进行验收就必不可少。事实上，公摊及其他公共部分的验收也可由业主大会或业主委员会来承担。但是，实践中，多数新建住宅小区的业主大会和业主委员会制度的建立都十分滞后于新建住宅质量验收，因而，地方政府行使社区公共产品的职能也就变得非常

① 张家瑞：《新建住宅质量管理体系中政府的角色定位》，《城市问题》，2011 年第 6 期。

② 吴良镛：《人居环境科学导论》，北京：中国建筑工业出版社，2001 年。

必要。

（三）积极发挥行业协会作用，完善新建住宅工程技术与质量管理标准体系

新建住宅工程技术与质量管理标准是住宅业健康发展的公共产品，它既可指导并强制建设相关单位在技术标准下科学、精细作业，也为广大购房者及各专业机构提供了科学的质量保证参考。与发达国家相比，我国建筑业技术与质量管理标准存在着立法分散、缺乏系统性、对住宅建设质量责任认定标准不明确、不统一和缺乏执行力等问题。特别是现行的法律法规大多集中于资质管理、合同示范文本等传统的行政管理方式上，缺少对现代新建住宅质量建设规范和技术标准的制定和修订，缺乏公共服务理念。因此，政府应当减少对微观工程建设的直接干预，而应充分发挥行业协会的作用，通过行业协会对相关行业的行业管理和服务，促进新建住宅工程技术和质量管理标准化建设，构建起符合中国国情的新建住宅工程技术与质量管理标准体系。

（四）大力培育验房专业机构，规范新建住宅质量管理行业与市场秩序

住宅建设是复杂的系统工程，业主作为最终的新建住宅质量利益主体，必须依靠市场、依靠专业力量为其提供咨询服务。专业的住宅查验（Home Inspection，简称“验房”）咨询机构是新建住宅质量监督管理的重要的社会力量，其有效的运作保证了质量管理具有较高的整体水平，在西方发达国家已经有五六十年的历史，发达的工程咨询业为业主管理新建住宅质量提供了专业保障。[①] 目前，国内市场上已经出现的“民间验房师”实质上就是市场自发产生的验房业，但由于缺乏行政主管部门的认可和重视，验房师无法取得政府认可的执业资格，也没有相应的行业标准和规范，使得行业发展中出现了鱼龙混杂和恶性竞争等乱象。政府应当通过对这一专业服务市场的认可和培育、引导、规范，以强化其作为第三方的作用、服务购房者专业咨询需求，通过约束各方主体的行为来维护住宅建设质量管理行业与市场秩序，为行业的整体发展营造良好环境。

（五）积极探索、有序推动新建住宅质量保险制度

新建住宅质量保险制度起源于法国，它主要承保住宅竣工验收之日起十年之内，因主体结构存在缺陷，发生质量事故而给购房者造成的损失及设计错误、施工工艺或建筑材料缺陷、造成建筑工程在竣工验收即建筑质量检查机构颁发的完工证书时未能发现的损害。[②] 法国政府早在 1928 年就实行房屋缺陷责任保险制，强制要求建筑师和承包商为其所建住宅进行责任投保。紧接着，英国住宅建造委员会也在 1936 年提出了担保保险计划，要求对新建住宅进行检测，并由建造商提供在交付后十年内的担保，因此也被称为“十年保

① 王宏新、赵庆祥：《房屋查验（验房）实务指南》，北京：中国建筑工业出版社，2011 年。

② 宋宗宇、曾林：《新建住宅质量保险的立法模式与制度选择》，《建筑经济》，2010 年第 8 期。

险”。二战后，美国政府也开始要求建筑商为房屋提供由联邦指定机构提供的担保或保证计划。1975 年起，美国承包商联合会(NAHB) 组建业主担保公司(HOW)，明确为新建住宅的缺陷提供十年担保。① 近年来，多数发达国家和地区均建立了强制性质量保险制度，已经进入了专业化、市场化、制度化的成熟阶段，凡涉及工程建设活动的所有主体(如业主、建筑师、总承包商、设计或施工等专业承包商、建筑产品制造商、质量检查公司等)均须向保险公司进行强制性投保。

自 2002 年始，国内一些省市在建设部的倡导下、参照国外新建住宅质量保险制度，也陆续开启了新建住宅质量保险试点工作。然而，试行十多年来也未“转正”，开发商缺乏投保动力，购房者也不关心，全社会对此险种知之甚少。究其主要原因，一方面是近 10 年处于卖方市场的房地产市场飞速发展，房价快速上涨并高位运行，开发商缺乏为新建住宅质量投保的动力，而购房者、政府和媒体对房价的关注远大于对新建住宅质量的关注；另一方面，很多保险公司不具备工程监管能力，在新建住宅质量认定制度尚未市场化的情况下，也不愿开拓新建住宅质量保险市场，而建设相关单位也如开发商一样，既无动力也不情愿花费大笔保费购买该险，一旦出现质量纠纷时，也大多通过各种途径摆脱新建住宅质量责任。以上几种合力相叠加，可以看到，无论是购房者、开发商和建设相关单位，还是保险公司、政府机构，对新建住宅质量保险的认识仍存在偏差。

新建住宅质量保险制度并不完全是市场的产物，绝不能仅仅依靠“看不见的手”，必须发挥政府的主导作用，用政府力量来推动住宅建设质量保险体制建立，并加快推行住宅“十年保险”制，以逐步建立既符合市场经济规律又符合我国国情的新建住宅质量保险制度，从而促进新建住宅质量水平的不断提升和人居环境不断改善。

（作者：王宏新　北京师范大学副教授）

① 季如进、张爽：《对新建住宅质量保险的再认识》，《建筑经济》，2009 年第 1 期。

项目名称：北京城市社区养老服务中照护人力资源开发研究
项目编号：11JGC123
项目负责人：方黎明
项目信誉保证单位：对外经济贸易大学

中国老年人生活自理能力的基本状况
——基于第六次人口普查长表数据的分析

一、问题的提出

对生活不能自理的老年人及其家庭进行支持是老龄政策的核心命题之一。我国老龄化问题已较严重，2010 年第六次人口普查的结果揭示，60 岁及以上老年人口约占我国总人口的 13.3%，其中 65 岁及以上人口约占我国总人口的 8.9%。随着老年人口尤其是 80 岁及以上的高龄老人的增加，老年人的生活不能自理问题和长期照料问题正变得越来越突出，家庭面临的照护压力剧增，但家庭本身的照护提供能力却极为脆弱。长期严格的计划生育政策的实施使得我国生育率维持在低水平上，其直接的结果是导致少子化和家庭小型化，而人口流动导致家庭核心化和大量空巢老年人的出现，社会和家庭结构的这些变迁严重削弱了家庭的照料提供能力。因此，迫切需要政府和社会力量介入生活不能自理老人的照护中，发展社会化的养老服务；而只有深入认识老年人生活自理能力的基本状况，尤其是认识老年人生活自理能力在不同年龄段、不同性别、城乡以及地区间的差异，政府才能够有的放矢地制定相关老龄政策，科学地规划养老服务体系建设。

国内学者在评估老年人生活自理能力上主要采用了两种方法：其一，采用日常生活独立指数(Index of Independence of ADL)，该指数[①]分项评估调查对象吃饭、大小便控制、上下床、如厕、穿脱衣服和洗澡六项日常生活活动的依赖程度，这主要应用在一些老年问题的专项研究中，如王德文等(2004)、尹德挺(2007)、顾大男与曾毅(2006)及尹尚菁与杜鹏(2012)等基于中国老人

① 该指数由美国医师 Katz 及同仁创立，其将吃饭、大小便控制、上下床、如厕、穿脱衣服和洗澡六项日常生活活动，予以三个等级的评分，即独立、部分依赖和完全依赖，之后对每一个问题进行打分，最终通过累加各个问题的分数得到老年人 ADL 的总分。如果评估对象没有能力执行其中一项 ADL，则可视之为一项功能限制(functional limitation)。如果一个人在完成这些日常活动上都存在障碍，则意味着对他人照料的依赖性比较大，需要长期的、密集的日常生活照顾。

健康长寿调查数据的研究，以及中国老龄科研中心基于 2006 年城乡老年人的抽样调查研究；其二，采用生活自理能力总体自评办法，这主要见诸使用人口调查数据进行的研究中，这些研究利用人口调查中总体自评健康状况中涉及的生活能否自理问题来分析我国老年人生活自理状况，此类型数据无法分项评估老年人各项日常生活自理能力的状况和依赖程度。如杜鹏与武超(2006)基于 2004 年全国人口变动抽样调查数据及周国伟(2008)基于 2005 年全国 1%抽样调查数据的研究就采用了生活自理能力总体自评的方式。

以上研究丰富了我们对中国老年人生活自理能力问题的认识，但上述研究有待进一步深入。首先，就数据样本的代表性而言，绝大部分研究采用的调查数据没有涵盖所有省市县的老年人，因而还不能全面反映我国老年人生活自理能力的整体水平。尽管有些研究采用了全国人口抽样调查数据，但由于这些抽样调查排除了一些偏远地区，因而，调查结果仍然可能存在偏差。其次，就数据采集的时间而言，现有文献所用的数据都在 2009 年以前采集，而最近几年，我国加强了公共卫生、医疗保障、养老保障以及农村自来水等基本公共服务体系的建设，这些因素可能影响我国老年人生活自理能力的基本态势。因此，需要更新的数据来揭示我国老年人生活自理能力的近况。

本研究采用的 2010 年第六次人口普查的长表数据解决了上述问题。首先，长表数据的超大样本规模将在相当高的程度上解决样本小而导致的统计偏差。第六次人口普查长表部分在全国共获取了约 1766 万个 60 岁及以上的老年人样本。由于长表数据是在人口普查对象的基础上随机抽取 10%的人口进行调查，同时，长表数据老年人的样本规模接近 2000 万，因此，具有较高的全国代表性，为准确了解我国老年人的生活自理能力状况奠定了坚实的数据基础。其次，在抽样时间点上，第六次人口普查在 2010 年 11 月份进行，因而，能够反映在城乡公共服务体系逐步健全后我国老年人的生活自理能力的近况。

本文将基于第六次人口普查的长表数据分析中国老年人生活自理能力的基本状况。某群体老年人生活自理能力状况以其自评生活不能自理比例来衡量，即自评生活不能自理能力的老年人数量占该群体老年人总数量的比例，该比例越高意味着该群体老年人生活不能自理的概率越大。

二、老年人生活自理能力的基本状况

下文将在概述我国老年人生活自理能力的总体状况后，重点比较处在不同年龄段、不同性别、不同婚姻状态、城乡以及不同地区的老年人生活自理能力的差异，并初步揭示导致这些差异的原因。

(一)老年人生活自理能力的总体状况

第六次人口普查长表数据揭示，总体而言，我国老年人生活自理能力较好，约 97.1%的老年人生活能够自理，仅有 2.9%的老年人生活不能自理。这一结果与以前大部分研究结果存在较大的差异。如周国伟(2008)基于 2005 年我国 1%人口抽样调查数据发现，我国老年人口生活不能自理比例约为 15.2%，杜鹏与武超(2006)基于 2004 年全国人口变动抽样调查数据，测算出这一比例约为 8.9%。与此前研究存在如此巨大的差异可能有下列原因：其一，此前的研究使用的样本可能存在偏差，高估了我国老年人生活不能自理问题的严重性。无论是周国伟(2008)还是杜鹏与武超(2006)的研究，所使用的数据的样本规模都难以与本研究所使用的近 2000 万超大老年人样本规模相媲美。其二，第六次人口普查长表部分中没有分项询问老年人生活自理能力状况，只是总体自我评价是否具有生活自理能力，由于调查问题设计的主观性致使调查结果波动性比较大，调查对象出于自尊原因，可能只有在完全丧失某项甚至数项生活自理能力的情况下，才认为自己丧失了生活自理能力，而在部分生活不能自理或依赖程度不高的情况下认为自己仍有生活自理能力，从而降低了调查中的老年人的生活不能自理比例。因此，长表数据反映的可能是依赖程度较高的生活不能自理的情形。故不能根据长表数据就断定我国老年人生活不能自理比例很低，从而忽视养老服务体系建设的急迫性，而要针对长表数据中的老年人样本，再进行随机抽样的调查，进一步详细客观地考察老年人的生活自理能力状况，以矫正由于调查问题的设计可能导致的偏差。

(二)年龄和性别与老年人的生活自理能力

与此前文献的研究结论相一致，第六次人口普查的长表数据揭示，低龄老年人生活自理能力明显好于高龄老年人(见图 1)。其实，80 岁以下老年人的生活不能自理问题并不突出；而跨过 80 岁的门槛后，老年人的生活自理能力明显恶化，其中，80—84 岁老年人生活不能自理比例为 6.8%，85—89 岁老年人的生活不能自理比例上升为 11.2%，而 90 岁及以上老年人的生活不能自理比例高达 20%。在所有老年人中，80 岁及以上高龄老人仅占 11.7%，而在生活不能自理老人中，80 岁及以上高龄老人所占的比例高达 41.4%。可

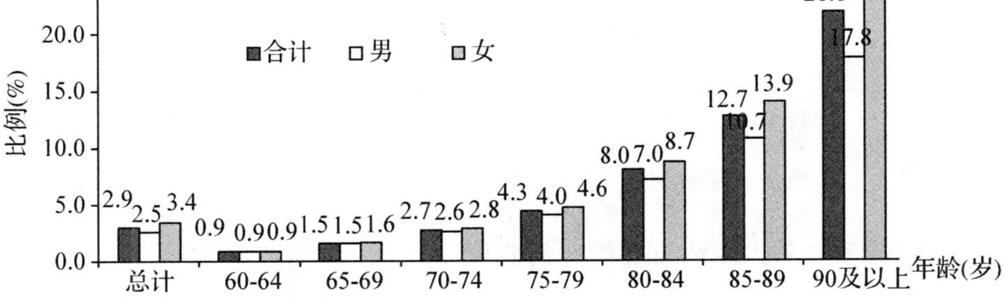

图 1　老年人生活不能自理比例的年龄与性别差异

见，高龄老人是生活不能自理的高风险群体。

女性老年人更易丧失生活自理能力。就合计的生活不能自理比例而言(见图1)，男性老年人的生活不能自理比例为2.5%，而女性老年人生活不能自理比例为3.4%；如果分年龄段来看，在70岁之前，男女性老年人生活不能自理比例较为接近，从70岁开始，女性老年人的生活不能自理比例超过了男性老年人，并且随着年龄的增大，这一差距愈加明显；就所有生活不能自理老年人而言，女性老年人约占58.4%。因此，同男性老年人相比较，女性老年人更易丧失生活自理能力。这也与此前文献的研究结论相一致。男女性老年人生活不能自理比例存在显著的差异可能有两个原因：其一，男女性别差异导致男女性老年人健康状态和身体机能存在一定差异，通常而言，女性面临更多的健康问题，身体机能更为脆弱，因而更易遭受生活不能自理的风险；其二，女性寿命通常更长从而在高龄老人中占的比例更高，而上文揭示高龄增加了生活不能自理的风险。

(三)婚姻状态与老年人的生活自理能力

不同婚姻状态下的老年人的生活自理能力存在较大的差异。总体而言(见图2)，有配偶的老年人生活自理能力整体较好，生活不能自理比例仅为2.0%；而丧偶的老年人更易丧失生活自理能力，其生活不能自理比例高达5.5%，相当于前者的2.75倍。值得注意的是一直处于未婚状态的老年人生活不能自理比例为4.1%，仅次于丧偶老年人。不同婚姻状态下老年人生活不能自理比例存在较大的差距可能有下列原因：(1)同离婚老年人以及有配偶老年人相比较，丧偶老年人通常年龄较大，而上文揭示老年人年龄越大生活不能自理比例也就越高。(2)婚姻生活能够提高生活质量，改善身体健康状态，从而降低生活不能自理的风险，这从相对于有配偶的老年人，一直处于未婚状态的老年人生活不能自理比例更高可以看出。

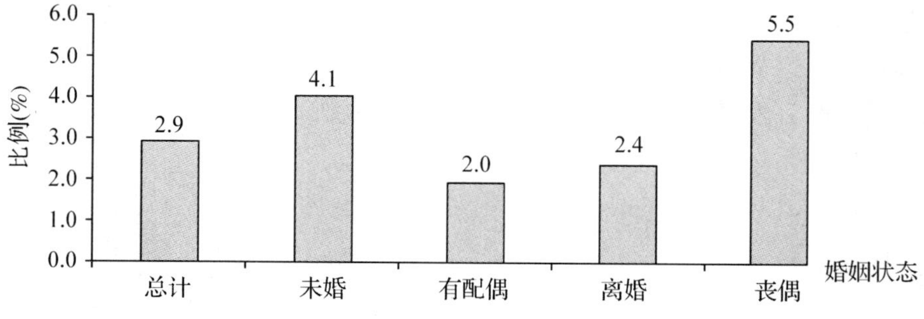

图2　不同婚姻状态下老年人生活不能自理比例的差异

(四)城乡老年人生活自理能力的差异

就城乡比较而言，居住在城镇的老年人的生活不能自理比例稍低于居住在乡村的老年人。前文分析结果表明，年龄和性别对老年人的生活不能自理比例有较大影响，为了控制住城乡之间老年人的年龄结构和性别结构的差异对城乡老年人生活不能自理比例的影响，获得城乡其他因素的差异对老年人生活不能自理比例影响的净效应，表 1 比较了处在不同年龄段城乡男女性老年人的生活不能自理比例。结果表明，居住在城市和镇各个年龄段的男女性老年人的生活不能自理比例均稍低于居住在乡村的老年人相应的生活不能自理比例。这有下列原因：(1)居住在城市和镇的老年人因为拥有较好的生活条件和医疗条件，健康状态通常优于乡村老年人，而良好的健康状况有助于改善生活自理能力。(2)居住在城镇的家庭生活基本设施的普及程度较高，使得其老年人维持生活自理的能力优于乡村地区。城镇家庭普遍拥有自来水、天然气、淋浴设备和室内冲水马桶等生活设施；而乡村许多地方缺乏这些基本生活设施，体弱多病的老年人在饮水、做饭、洗澡和大小便等基本生活需求上维持独立面临诸多困难，致使乡村地区老年人生活不能自理比例较城镇高。

表 1　老年人生活不能自理比例的城乡差异

	城市			镇			乡村		
	小计	男	女	小计	男	女	小计	男	女
总　计	2.3	2.1	2.5	2.6	2.3	2.9	3.3	2.8	3.9
60—64 岁	0.6	0.7	0.6	0.8	0.8	0.8	1.0	0.9	1.1
65—69 岁	1.1	1.2	1.0	1.4	1.4	1.4	1.7	1.6	1.9
70—74 岁	1.9	2.0	1.9	2.3	2.4	2.3	3.1	2.9	3.3
75—79 岁	3.6	3.4	3.7	3.9	3.7	4.0	4.8	4.4	5.2
80—84 岁	6.7	6.0	7.4	7.1	6.5	7.6	8.7	7.7	9.5
85—89 岁	11.0	9.8	12.3	11.5	9.6	12.7	13.6	11.5	14.9
90 岁及上	20.5	16.8	22.5	19.8	16.7	21.1	23.1	18.7	25.0

在生活不能自理的老年人中，居住在城市、镇和乡村的老年人分别占 20.4%、15.3%和 64.3%。可见，我国生活不能自理老年人主要分布在乡村地区。而目前我国养老服务设施和养老护理人员主要分布在城镇地区，农村社会化养老服务体系建设还处于艰难起步阶段，这势必影响乡村地区生活不能自理老年人及其家庭的生活质量，使得他们面临老人照料压力大和收入减少等诸多的困难。

(五)老年人生活自理能力的地区差异

老年人的生活自理能力与地区经济社会发展水平和生态环境质量(含空气质量)存在较大的相关性，存在着明显的地区差异。前文揭示高龄老人生活不能自理比例较高，为了控制住不同地区高龄老人比例不同对当地老年人生活不能自理比例的影响，以考察地区间的其他因素(如地区经济社会发展水平、生态环境等)对老年人生活自理能力影响，表 2 分别对长表数据中各省级地区老年人的生活不能自理比例以及老年人中 80 岁及以上高龄老年人的比例进行排序，并分别将各地区高龄老年人的排序数减去其老年人生活不能自理比例的排序数。如果这个差值的绝对值越大，就表明该地区非年龄结构因素对老年人的生活不能自理比例的影响就越大；反之，则表明该地区非年龄结构因素对老年人生活不能自理比例的影响就越小。根据此差值的大小，可以将全国 31 个省市分为 3 组，第一组差值小于－4，处于该组的省市，其非年龄结构因素有助于老年人的生活不能自理比例的降低；第二组差值大于等于－4 但小于 5，处于该组的省市，其非年龄结构因素对老年人的生活不能自理比例的影响较小；第三组差值大于 4，处于该组的省市，其非年龄结构因素增加了老年人的生活不能自理比例。结果表明，处于第一组的基本都是经济社会发达地区或生态环境质量较好的地区，如尽管广东省老年人中高龄老年人的比例在全国排在第三位，但其老年人生活不能自理比例在全国最低。尽管广西、海南、江西和湖南的经济社会发展水平落后于发达地区，高龄老年人的比例也相对较高，但这 4 个地区生态环境质量较好，导致这些地区的老年人的生活不能自理比例也相对较低。第二组省市中的老年人的生活不能自理比例在全国的排序与其高龄老人在全国的排序较为接近，意味着非年龄结构因素对当地老年人的生活不能自理比例影响较小。值得注意的是在该组中，上海市老年人中高龄老人所占的比例在全国最高，其老人生活不能自理比例在全国排第五，可见，上海高度发达的经济社会发展水平虽然在一定程度上降低了老年人的生活不能自理比例，但其效果难以与广东省相媲美，这可能与上海市地域狭小、人口密集和生活节奏快等带来的生活压力存在一定的联系。天津也存在类似的问题，该市高龄老年人的比例在全国排 11 位，但其老年人生活不能自理比例排位更前，位居第 7 位，这可能与该市较为恶劣的空气质量密切相关。第三组除了北京市，其余地区均位于中西部，经济社会发展水平较为滞后，这意味着落后的经济社会发展水平增加了老年人的生活不能自理比例。北京市高龄老人的比例在全国位居第 9 位，但其老年人的生活不能自理比例却位居全国第 2 位，这意味着同其他地区相比较，在非年龄结构因素中，尽管北京市经济社会发展水平在全国名列前茅，但也难以抵消长期以来恶劣的空气质量对当地老年人的健康状况产生的负面影响，从而导致当地老年人的生活不能自理比例偏高。

表 2　老年人生活不能自理比例的地区差异

组别		不能自理比例	不能自理比例排序	高龄比例	高龄比例排序	排序差值
第一组	广　东	1.80	31	14.64	3	−28
	福　建	2.00	30	14.15	4	−26
	浙　江	2.37	27	14.12	5	−22
	广　西	2.31	28	13.44	6	−22
	江　苏	2.39	26	13.25	7	−19
	海　南	3.08	19	15.59	2	−17
	山　东	2.68	23	12.89	8	−15
	江　西	2.16	29	11.24	17	−12
	辽　宁	2.74	22	11.74	12	−10
	湖　南	2.97	21	11.62	13	−8
第二组	上　海	3.71	5	16.75	1	−4
	安　徽	3.39	12	12.12	10	−2
	重　庆	3.12	18	11.28	16	−2
	吉　林	2.62	24	9.54	22	−2
	河　南	3.19	16	11.48	15	−1
	四　川	3.31	13	11.48	14	1
	湖　北	3.03	20	9.81	21	1
	黑龙江	2.51	25	8.48	26	1
	天　津	3.63	7	11.86	11	4
第三组	北　京	4.43	2	12.29	9	7
	河　北	3.46	10	10.45	19	9
	陕　西	3.24	15	8.61	25	10
	新　疆	3.18	17	7.98	28	11
	贵　州	3.40	11	9.37	23	12
	云　南	3.90	3	11.21	18	15
	宁　夏	3.30	14	7.75	29	15
	山　西	3.71	4	10.02	20	16
	内蒙古	3.53	8	8.37	27	19
	甘　肃	3.53	9	6.68	31	22
	西　藏	5.45	1	9.18	24	23
	青　海	3.68	6	6.96	30	24

三、主要发现及政策启示

(一)主要发现及讨论

通过对第六次人口普查长表数据的分析，本文揭示了中国老年人口生活自理能力的基本状况：

(1)总体而言，我国老年人生活自理能力较好。60岁及以上老年人生活不能自理比例仅为2.9%。但不能据此就断定我国老年人生活不能自理比例极低，而忽视养老服务体系建设的急迫性，因为这种低生活不能自理比例与长表调查问卷关于健康问题的主观设计以及没有分项询问老年人各项生活自理能力的依赖程度有着密切的关系。

(2)老年人生活自理能力存在较大的群体差异。研究发现年龄和生活自理能力密切相关，高龄老年人更易丧失生活自理能力；相对于在婚老年人，丧偶和从未结婚的老年人更易丧失生活自理能力；各个年龄段的城镇老年人的生活不能自理比例均低于乡村老人；女性老年人比男性老年人更易丧失生活自理能力，在高龄群体中尤为明显；经济社会发展水平较高的地区的老年人生活不能自理比例相对较低。

(3)地区生态环境对老年人生活自理能力有重要影响。杜鹏与武超(2006)的研究发现经济社会发达地区的老年人生活自理能力普遍较好，不过其研究没有控制住地区之间老年人年龄结构的差异，因而其研究中地区间老年人生活自理能力的差异可能是地区间老年人年龄结构的差异所导致的。在控制住地区间高龄老人比例的差异后，本研究发现，有些地方，如北京市和天津市，尽管它们的经济社会发展水平位居全国前列，但当地糟糕的空气质量恶化了当地老年人的生活自理能力；而有些地方尽管经济社会发展水平处于中等水平，但其优良的生态环境改善了当地老年人的生活自理能力。

(二)政策启示

上述发现为规划我国的老龄政策体系提供了重要启示。

首先，要树立基本公共服务均等化的基本理念。它包括城乡基本公共服务均等化和地区间基本公共服务均等化。城乡和地区间老年人生活自理能力的差异很大程度上是由于城乡和地区间公共卫生、医疗保健、自来水和养老服务等基本公共服务的差距所导致的。因此，在老龄政策的规划中，树立基本公共服务均等化的理念：(1)要促进城乡基本公共服务均等化发展。乡村地区集中了中国大部分的生活不能自理老年人，并且这些老年人因为没有离退休金，通常严重依赖家庭成员的供养。但目前政府把养老服务体系建设的重点放在城市地区，这违背了基本公共服务均等化的基本原则。因此，在老龄政策规划中，政府需要在乡村地区投入更多的资源。一方面，积极推动农村养老保障体系、自来水和燃气等基本公共服务体系的建设，逐步增加农村老年人主要生活来源和日常生活的独立性和自主性；另一方面，通过乡村公共卫生部门，积极倡导和推广健康的生活方式，贯彻健康老龄化的理念，从而降低乡村地区老年人的丧失生活自理能力的风险；同时，基于乡村地区老年人居住分散的客观现实，政府需要通过公共财政补贴的方式，推进社区和邻里互助的养老方式。(2)逐步实现地区间基本公共服务的均等化。经济社会发展滞后地区的老年人收入更低，当地医疗服务、公共卫生和养老服务等基本公共服务较为落后，导致这些地区老年人的生活不能自理比例更高。因此，要积极推动地区间包括养老服务在内的基本公共服务均等化，提高落后地区老年人的生活自理能力。

其次，在老龄政策规划中要引入性别平等的维度，重视女性老年人的保护。同男性相比较，她们的生活不能自理比例更高，因劳动参与率更低从而拥有离退休金的比例更低，因此，女性老人生活不能自理后不仅更加依赖其他家庭成员的供养，而且更有可能给家庭带来沉重的经济压力，因而更加脆弱，其基本权益也更易遭受侵害。因此，在老龄政策和养老服务规划和实施中要贯彻性别平等的理念，妇女权益保护部门要作为利益攸关者积极介入。

最后，重视生态文明建设。优良的生态环境有助于改善老年人的生活自理能力。然而，我国经济高速发展在很大程度上是依赖于大规模投入的粗放式发展，对生态环境造成了灾难性的破坏，这也影响了包括老年人在内的全体人口的健康状况。加强生态文明建设不仅是改善老年人生活自理能力的一项重要举措，而且是利国利民的国家大计。

参考文献

[1] 国家统计局：《2010 年第六次全国人口普查主要数据公报(第 1 号)》，2011 年 4 月 28 日。

[2] 曾毅等：《老年人口家庭、健康与照料需求成本研究》，北京：科学出版社，2010 年。

[3] Katz S, Downs T D, Cash H R, et al, Progress in development of the index of ADL, *Gerontologist*, 1970, 10(1).

[4] 尹德挺：《中国高龄老人生活自理能力纵向动态研究》，《人口学刊》，2007 年第 6 期。

[5] 王德文等：《高龄老人日常生活自理能力及其影响因素》，《中国人口科学》，2004 年第 1 期。

[6] 顾大男、曾毅：《1992～2002 年中国老年人生活自理能力变化研究》，《人口与经济》，2006 年第 4 期。

[7] 尹尚菁、杜鹏：《老年人长期照护需求现状及趋势研究》，《人口学刊》，2012 年第 2 期。

[8] 全国老龄工作委员会办公室：《全国城乡失能老年人状况研究报告》，2010 年。

[9] 周国伟：《中国老年人自评自理能力：差异与发展》，《南方人口》，2008 年第 1 期。

[10] 杜鹏、武超：《中国老年人的生活自理能力状况与变化》，《人口研究》，2006 年第 1 期。

（作者：方黎明　对外经济贸易大学副教授）

项目名称：北京市人口家庭老龄化对储蓄、消费和社会保障的影响研究
项目编号：12JGA010
项目负责人：姚 洋
项目信誉保证单位：北京大学

人口结构变化对北京市的影响分析

一、引 言

老龄化是未来影响北京经济发展的重大事件。北京在经济文化上的优势，一直以来都吸引着大量外地青年劳动力入京工作，但根据2010年新的养老保险条例，迁移进来的人员在缴纳一定年限的社保后，都可享受当地的基本养老保险待遇。进京人员必然会充分利用北京的医疗和养老条件，使得北京在未来比其他城市和地区承担更大的养老压力。基于老龄化对经济发展的重要性和北京未来不容乐观的老龄化形势，本文认为，了解老龄化的发展趋势，预测和估计人口老龄化对政府、企业和个人行为的影响，对于北京市未来经济发展和养老保障具有重要的现实意义。

本文利用标准的、个体寿命为3期的世代交叠模型，探讨人口增长率或生育政策对北京经济增长和储蓄的影响。模型发现：(1)人口增长率对人均消费和经济增长都呈现非线性的影响；(2)人口增长率对居民储蓄呈现负向影响。进一步，本文将基准模型中的个体寿命推广到有限多期，引入子女独立年龄、生育年龄、企业投资、现收现付养老制度等因素，增加模型和现实的吻合程度。结合北京市1992—2011年的统计数据，本文对拓展模型中的参数进行校准，并对北京市2010—2080年经济增长率、储蓄率、人口结构和养老金缺口等数据进行模拟预测。模拟发现：如果养老保险体系能实现收支平衡，(1)当人口增长率从0增加至0.12时，人均实际GDP增长率从0.076增加至0.1；(2)居民储蓄占GDP的比例从0.11下降至0.1，居民储蓄倾向从0.365下降至0.34；(3)提高个人和企业养老缴费比例，对经济增长都一定的促进作用，但影响有限。另外，本文发现，调整生育政策在中期内会改善北京市的老年抚养比、劳动力数量和养老金缺口：(1)若放开二胎政策，在2055年，北京市老年人人口比例约为0.32，比现行政策下约减少18个百分点；(2)若放开二胎政策，在2050年，北京市劳动力数量约为1300万，比现行政策下约多出300万；(3)若放开二胎政策，在2055年左右，北京市老年人口

抚养比和总抚养比约为 0.6 和 1，比现行政策下约减少 0.5 和 0.2。但本文的理论和模拟也表明，全面放开二胎政策，其对经济和人口的长期效果并不明确。

二、基准设置

本节引入一个标准的世代交叠模型。个体存活三期：幼年期、青年期和老年期，分别用 K、Y、O 表示。个体在幼年期由父母照顾，无须进行个体消费等方面的单独决策；在青年期，个体生养一定数目的子女，其税后工资收入用于个体的当期消费、子女的教育支出和用于养老的储蓄；在老年期，老年人不再工作，利用储蓄收入和政府转移收入，进行消费和健康投资。与 Croix and Doepke(2003)、Manuelli and Seshadri(2009)等文献类似，本文假设个体除了关心自身的物质消费行为，还关心子女的人力资本水平和自己晚年的健康水平。个体的行为可描述为：

$$\max: \ln c_{yt} + \beta(\ln c_{ot+1} + \rho \ln g_{t+1}) + \theta \ln h_{t+1} \tag{1}$$

$$\text{s.t.} \quad c_{yt} + ne_t + s_t = (1 - \tau_s) w_t h_t (1 - \varphi n) \tag{2}$$

$$c_{ot+1} + g_{t+1} = R_{t+1} s_t + T_{t+1} \tag{3}$$

其中 c_{yt}、c_{ot+1} 为个体在青年期、老年期的消费，g_{t+1} 为个体老年时的健康投资，h_{t+1} 为第 t 期出生的幼儿在第 $t+1$ 期成年后的人力资本水平，s_t 为个体的储蓄，φ 为个体对子女的平均照顾时间，w_t 为当期的工资水平，R_{t+1} 为第 $t+1$ 期的资本收益率。n 为个体的子女数量，τ_s 为政府对个体征收的个体养老保险税，T_{t+1} 为政府的转移支付。

企业的利润函数为：

$$\max: AK_t^{\alpha} H_t^{1-\alpha} - (1 + \tau_P) w_t H_t - r_t K_t - K_t \tag{4}$$

其中 τ_P 是政府对企业征收用于社会养老的税收。

个体人力资本为 $h_{t+1} = e_t^{\gamma} h^{-1-\gamma}$。当期物质资本为 $K_t = S_{t-1}$。假设第 t 期年轻人的数量为 L_{yt}，则该期的总储蓄为 $S_t = L_{yt} s_t$，总人力资本为 $H_t = L_{yt} h_t$。假设第 t 期未成年人的总数量为 L_{kt}，老年人的数量为 L_{ot}，则当期的社会预算约束为：

$$Y_t = L_{yt} c_{yt} + L_{ot}(c_{ot} + g_{ot}) + L_{kt} e_t + K_{t+1} \tag{5}$$

社会养老保险体系采用现收现付的方式(Pay as You Go，PAYG，Yew and Zhang，2009)。政府按照一定的政策规定，如参照上一期的社会平均工资水平，对当期老年人进行转移支付，则

$$T_t = \eta w_{t-1} h_{t-1} \tag{6}$$

在稳态时，当期的养老税收收入应该刚好等于当期的养老支出，则

$$L_{yt}(\tau_s+\tau_P)w_t h_t = L_{ot}T_t \tag{7}$$

三、参数校准

根据《北京统计年鉴》、《中国统计年鉴》、经济普查和国家统计局等数据库的数据，北京市 80 岁以上的老年人口比例均值为 1.26，本文将死亡年龄设为 $D=80$。另外，本文将独立年龄设为 $I\in(20,24)$，结婚生育年龄设为 $B\in(25,29)$，退休年龄设为 $R\in(55,59)$。据统计数据，城镇居民食品支出从 1992 年的超过 50%下降到 2011 年的 30%左右，衣物、居住等其他的消费支付项目基本稳定。健康支出比例均值约为 6.51%，教育支出比例 14.34%，其他为消费支出。

1992 年后北京市常住人口增长率为 3.15%，令 $n=1.0315$。令 $\gamma=1$，结合 $\rho=\frac{g_{t+1}}{c_{ot+1}}=\frac{g_{t+1}}{0.1334\times c_{t+1}}$，$\rho=0.6166$。利用受教育的青少年人口比例 30.74%、非老年人比例为 86.66%，结合 $\theta=\frac{ne_t}{c_{yt}}=\frac{1.0315\times e_t}{0.8666\times c_t}$，$\theta=0.2156$。1993—2011 年，企业存货投资比例的均值为 13.07%，$\sigma=0.1307$。1993—2011 年北京市劳动收入占 GDP 的比例均值为 46.23%，结合 $1-\alpha=\frac{w_tH_t}{Y_t}$，$\alpha=0.5377$。

四、数值模拟

(一)人口增长率与经济增长率

根据理论模型，经济增长率表达式为：

$$\Delta=\beta R-1=$$

$$\beta\left[1+A\left(\frac{(1-\tau_s)\beta(1+\rho)(1-\varphi n)-(1+\theta\gamma)\beta n(\tau_s+\tau_p)}{\theta\gamma[(1-\tau_s)(1-\varphi n)+\beta n(\tau_s+\tau_P)]}\right)^{\alpha-1}-\delta-\sigma\right]-1 \tag{8}$$

假设季度时间折现因子为 0.93，资本折旧因子为 $\delta=0.033$，父母照顾每个子女的时间成本为 $\varphi=0.25$，企业生产函数参数 $A=1$；根据北京市人力资源和社会保障局的规定，个人养老保险缴费率为 0.08，企业养老保险缴费率为 0.2，$\tau_s=0.08$，$\tau_P=0.2$。

图 1 描述了人口增长率变化对北京人均实际 GDP 增长率的影响。当人口增长率从 0 增加至 0.12 时，人均实际 GDP 增长率也随之增加，从 0.077 增加至 0.1。对于这个结论，有三点需要说明。首先，(8)式表明，人均实际 GDP 增长率和人口增长率之间不存在简单的线性关系。图 1 的结论只能表明，在 0.12 以内的人口增长率内，两者存在正相关关系。事实上，如果将增长率

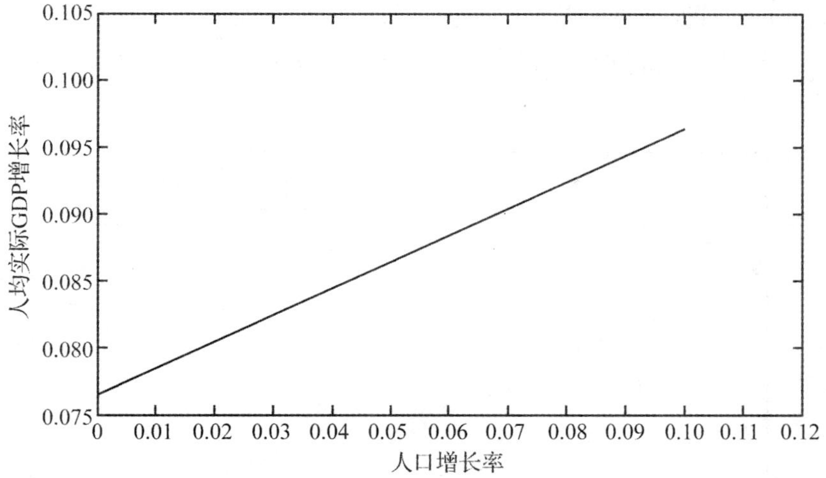

图 1　人口增长率变化对人均实际 GDP 增长率的影响

的范围扩大，两者便呈现复杂的非线性关系。其次，图 1 描述的人均实际 GDP 增长率，是北京市个人、企业、政府等处于理想的稳态条件下的增长率。一旦个人的生活习惯、企业的投资策略和政府的养老政策发生重大变化，经济的增长率也会发生变化。最后，1992 年以后，北京市人口增长率为 3.15%，GDP 增长率为 11.32%，和模型估计的 8.3%的增长率比较接近。两者相近仅表明模型的结果和现实数据在均值处接近，但并不意味着真实的经济表现和模型一致。在本文模型中，经济增长的动力来自人力资本利用和平衡的养老保险体系。现实和模型结果的差距表明，北京市在合理利用养老保障体系、合理转化人力资本方面，还存在改进的空间。

(二)人口增长率与个人储蓄率

稳态时居民储蓄占产出的比例(s_t^Y)和居民储蓄占收入的比例(s_t^W)分别为：

$$s_t^Y = \frac{s_t}{y_t} = \frac{\dfrac{(1-\alpha)(1-\tau_s)(1-\varphi n)}{(1+\tau_p)}}{1+(1+\theta)\dfrac{(1-\tau_s)(1-\varphi n)+\beta n(\tau_s+\tau_P)}{(1-\tau_s)\beta(1+\rho)(1-\varphi n)-(1+\theta\gamma)\beta n(\tau_s+\tau_p)}} \tag{9}$$

$$\begin{aligned} s_t^W &= \frac{s_t}{s_t+(1+\theta)c_{yt}} \\ &= \frac{1}{1+(1+\theta)\dfrac{(1-\tau_s)(1-\varphi n)+\beta n(\tau_s+\tau_P)}{(1-\tau_s)\beta(1+\rho)(1-\varphi n)-(1+\theta\gamma)\beta n(\tau_s+\tau_p)}} \end{aligned} \tag{10}$$

图 2 描述了人口增长率变化对居民储蓄率的影响。人口增长率从 0 增加至 0.1 时，居民储蓄占产出的比例从 0.092 下降至 0.084，居民储蓄占收入的比例或居民储蓄倾向从 0.35 下降至 0.325。居民储蓄率较李扬和殷剑峰(2007)低约 9 个百分点，居民储蓄倾向则高 4 个百分点。个体储蓄占产出比

率低的原因可能是，本文基准模型中假设成年个体或劳动者没有任何资本收益，只有劳动收入，降低了他们收入占 GDP 的比例，进而导致个人储蓄量下降。

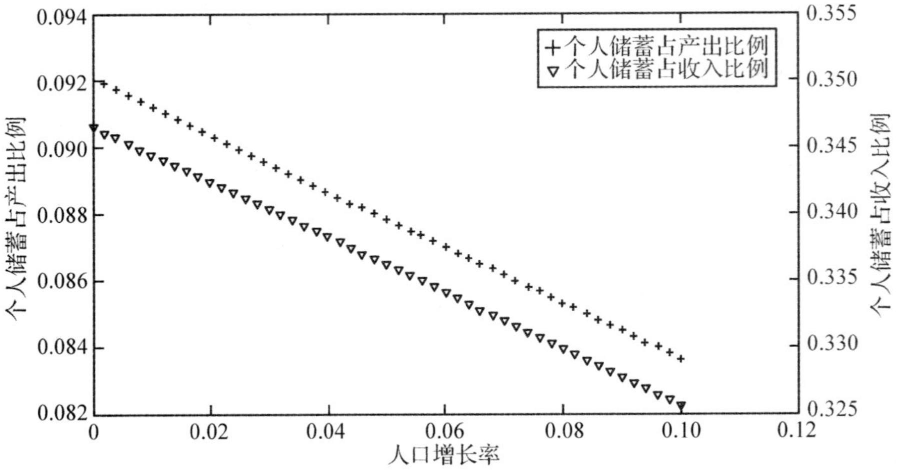

图 2　人口增长率变化对储蓄率的影响

（三）养老缴费率与经济增长率

图 3 描述了企业和个人养老金缴费率变化对经济增长率的影响。在其他参数不变的情况下，假设个体养老缴费率从 0 增加至 0.15，企业养老金缴费率从 0 增加至 0.3，经济的增长率大致在 0.05 至 0.15 的区间内缓慢增加。两者正相关的原因可能是，由于养老金无摩擦地在代际之间进行转移，老年人的生活得到保障。成年人养老负担降低，增加了投资子女教育的资金能力，因而有利于人力资本积累和经济增长。但同时我们也应注意到，养老缴费率增加带来的经济增长，即使在稳态情形下，也是非常缓慢的。在现实中，税收带来的价格扭曲、养老金挪用等各种问题，会严重限制税率增加的正面效果。

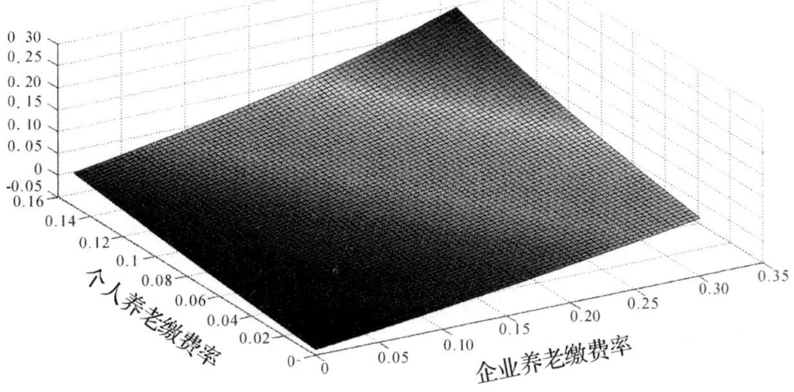

图 3　养老缴费率变化对经济增长率的影响

（四）生育政策变化对人口结构的影响

假设北京市生育年龄为25岁。假设北京市在2080年之前，人口预期寿命为78岁。世界银行的数据显示，2012年美国人的预期寿命为78岁。在2080年，北京市的人均GDP和医疗条件不一定能超过美国当前的水平，所以本文对北京市人均寿命的假设有一定的合理性。在78岁之前，本文假设各年龄段的人口能顺利转移，即下一期年龄i的人口等于本期年龄为$i-1$的人口，$i \leqslant 78$。对于超过79岁，不到85岁的人口，本文假设他们以0.5的概率衰减。超过85岁的人口，本文假设他们以0.1的概率衰减。另外，如果放开二胎政策，本文假设妇女的平均二胎年龄为27岁。

图4预测了不同政策北京市18—64岁的劳动力的数量。本文发现，如果严格执行一胎政策，劳动力总量会持续下降，在2080年，如果没有外来劳动力加入，北京市的劳动力总量将会出现不足370万的灾难性后果。放开二胎后，2028年左右，劳动力数量有一个短暂的回升，在2035年后，劳动力数量再次下降，但下降幅度大为缓和。在2080年，劳动力数量约为1000万。

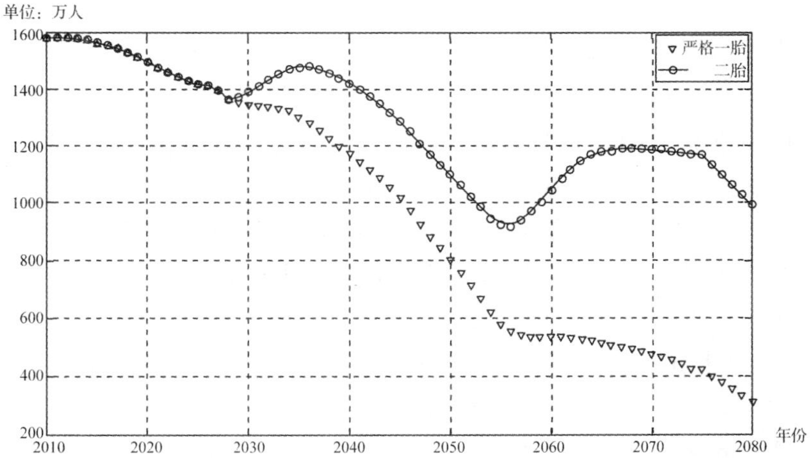

图4　不同生育政策下北京市的劳动力总量

图5描述了不同生育政策下北京市老年人的抚养比。本文发现，在严格的一胎政策下，2057年北京市的老年人抚养比将超过1.1。而在二胎政策下，2057年该比值接近0.6。这个结果和王正联和曾毅(2013)的研究结果也比较接近。在放开二胎政策后，总抚养比在2010年至2025年之间相比有大幅提升，最大增幅接近20%。这说明婴幼儿数量增加，人口的养育负担在短期内有加重的可能，这个现象为目前大多数研究所忽视。在中期，放开生育有利于减轻成年人的抚养负担，但其长期效果不太明确。

（五）生育政策变化对养老金缺口的影响

养老金各年度累计结余在2010年的现值为：

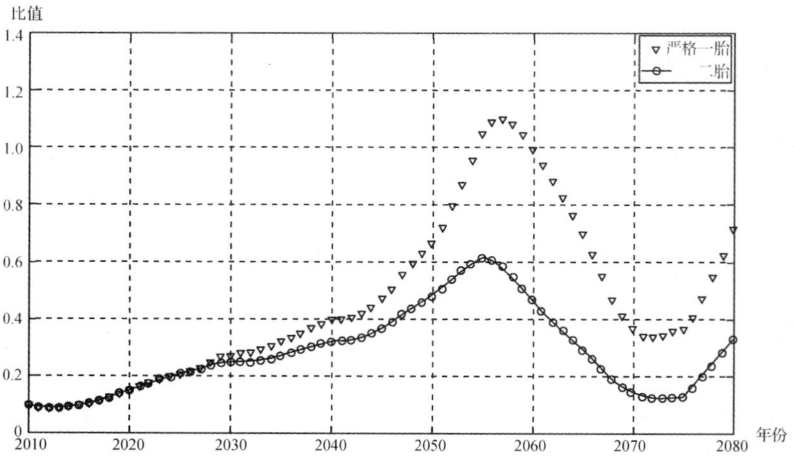

图5　不同生育政策下北京市的老年人口抚养比

$$PAOD_t = \frac{AOD_t}{(1+r)^{t-2010}} \tag{11}$$

其中 $AOD_t = AOD_s + \sum_{s}^{t}(1+r)^{t-s}OD_s$，$OD_t = (\tau_s + \tau_P)w_t h_t L_{yt} - \eta w_{t-1} h_{t-1} L_{Ot}$

2010年北京市法人单位平均工资5.5464万元(《北京统计年鉴》，2011)，本文将其作为基年人均工资。1992年后北京人均实际GDP增长率8.165%(《北京统计年鉴》)，本文将其作为北京市未来工资的平均增长率。据发改委1997年的文件(国发[1997]26号)，退休时的基础养老金月标准至少为北京市上年度职工月平均工资的20%。加上个人缴纳部分的退休返还，补偿率至少为44%。① 根据北京市基本养老保险收入和支出情况，本文假设补偿率为2012年水平，η=73.22%。据人社部估计，我国男性职工退休年龄为60岁，女干部退休年龄55岁(人民网，2012)。本文取其均值，假定未来退休年龄为57岁。2011年金融机构贷款年利率为6%(中国人民银行网站)，本文假设其为长期贷款利率。2010年北京市基本养老保险累计结余1765412万元(《北京统计年鉴》，2011)，本文将其作为基年的累计养老金结余。在上述数据的基础上，根据(11)式，本文便可估算出未来北京市养老金缺口的发展趋势。

图6描述了2010—2080年，在不同生育政策下北京市根据当期养老金结余贴现值的发展趋势。在2010年，北京市基本养老金累计结余176.5亿，15—64岁人口占总人口比例高达82.7%，良好的养老基础奠定了北京市在2024年之前基本呈现养老金盈余状态。但一胎政策下，北京市在2024年后会

① 假设个人缴纳30年养老金，缴费率为8%，根据国发[1997]26号文件的规定，这部分养老金10年内返还，因此，可简单认为每年返还率至少为24%。

出现养老金缺口，最高接近6000亿。在二胎政策下，2024—2065年，当期的养老金也将出现缺口，最大约为4800亿。在2065—2073年，养老金再次出现当期盈余。2074年后，养老金再次出现赤字，最大接近4000亿。

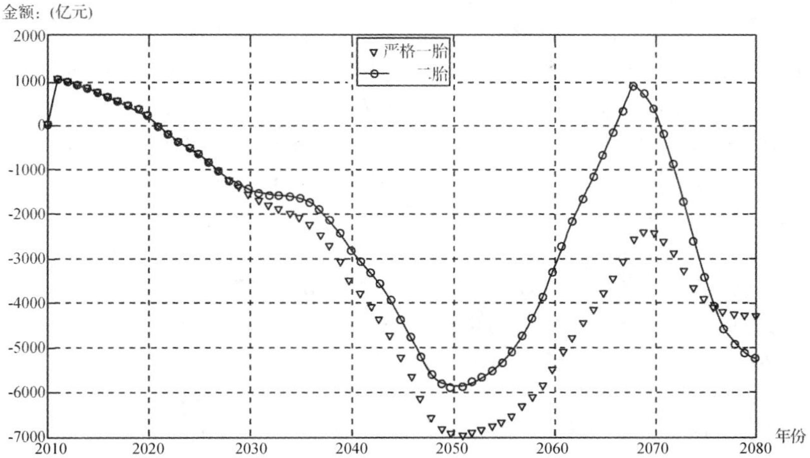

图6　不同生育政策下当期养老金结余

五、小　结

本文通过构建一个世代交叠的理论模型，结合北京市1992—2011年的数据，分析和预测了北京市2010—2080年人口结构变化及其经济影响。本文发现，放开生育政策，在中期内有利于改善北京市人口抚养比、劳动力数量和养老金缺口，但其长期影响并不确定。

本文主要政策建议如下：

(1)在科学预测的情况下，北京市应根据实际情况，可以考虑适当调整生育政策。在相当长的时期内，中国以及北京市人口基数较大，是一个不争的事实。在较大人口基数的情况下，贸然调整生育政策，可能会引发灾难性的后果。但若不顾人口老龄化的事实，固守现有生育政策，可能也非善策。所以，在适当的时候，采用灵活的、符合实际的政策，科学引导北京市人口基数和结构的转变，是未来政策制定的重要环节。

(2)提高教育水平，大力培育人力资本，是解决老龄化问题、促进经济发展的关键。本文的理论和模拟都表明，在长期，不存在一个唯一的生育政策既促进经济增长，又改善人口结构。人口结构和经济增长的关系是非线性的。今天利用某一项政策获得人口红利，未来这些红利必将变为人口负担。更为关键的是，人口数量和质量是相互替代的。通过调整生育政策来增加人口基数，进而改善人口结构，必然不利于人力资本积累。而发达国家的经验早已证明，人力资本才是创新和经济发展的核心。因此，在调整人口结构的同时，提升人口质量，才真正有利于解决老龄化及相关问题。

参考文献

[1] Chamon，Marcos D and E. S，Prasad，Why are Saving Rates of Urban Households in China Rising，*American Economic Journal*：*Macroeconomics*，2010，2(1)，93－130.

[2]Croix David de la and M，Doepke，Inequality and Growth：Why Differential Fertility Matters，*American Economic Review*，2003，93(4)，1091－1113.

[3]Manuelli，Rodolfo E and A.，Seshadri，Explaining International Fertility Differences，*Quarterly Journal of Economics*，2009(5)：771－807.

[4]Mankiw，N. G.；D. Romer and D. N. Weil，A Contribution to the Empirics of Economic growth，*Quarterly Journal of Economics*，1992，107(2)，407－437.

[5]Mason，Andrew and T.，Kinugasa，East Asian Economic Development：Two Demographic Dividends，*Journal of Asian Economics*，2008，19，389－399.

[6]Romer，David，*Advanced Macroeconomics*，4th Edition，USA：McGraw Hill，2012.

[7]Song，Zheng；K.，Storesletien and F.，Zilibotti，Grwoing Like China，*American Economic Review*，2011，101(1)，196－233.

[8]Yew Siew Ling and J.，Zhang，Optimal Social Security in a Dynastic Model with Human Capital Externalities，Fertility and Endogenous Growth，*Journal of Public Economics*，2009，93，605－619.

[9]白重恩、钱震杰：《国民收入的要素分配：统计数据背后的故事》，《经济研究》，2009年第3期。

[10]北京市人力资源和社会保障局：
http：//www. bjld. gov. cn/LDJAPP/search/fgdetail. jsp? no＝10713

[11]北京市统计局等：《北京市2010年人口普查资料》(上、中、下)，北京：中国统计出版社，2011年。

[12]http：//www. sdpc. gov. cn/jyysr/zcfg/t20050714 _ 35691. htm

[13]国家统计局：《中国国内生产总值核算：历史资料，(1952－2004)》。北京：中国统计出版社，2007年。

[14]国家统计局：http：//www. stats. gov. cn

[15]李扬、殷剑峰：《中国高储蓄率问题探究——1992—2003年中国资金流量表的分析》，《经济研究》，2007年第6期。

[16]吕盛鸽、宣丹萍：《北京市人口老龄化系数预测》，《统计研究》，2012年第3期。

[17]http：//finance. people. com. cn/GB/18240146. html

[18]http：//www. worldbank. org/

[19]王正联、曾毅：《北京市人口家庭老龄化预测分析》，2013年工作论文。

[20]王德文、蔡昉、张学辉：《人口转变的储蓄效应和增长效应——论中国增长可持续的人口因素》，《人口研究》，2004年第5期。

[21] http：//www. pbc. gov. cn/publish/zhengcehuobisi/631/2012/20120706181352694274852 / 20120706181352694274852 _ . html

[22]曾毅：《试论二孩晚育政策软着陆的必要性与可行性》，《中国社会科学》，2006年第2期。

（作者：姚　洋　北京大学教授
贺大兴　北京大学讲师）

项目名称：北京新能源产业发展的融资支持研究——基于绿色金融的视角
项目编号：12JGA012
项目负责人：徐丹丹
项目信誉保证单位：北京工商大学

基于结构方程的北京市新能源产业融资支持研究

一、引 言

我国政府在“十一五”期间确立了建设资源节约型、环境友好型“两型”社会的发展目标。“十二五”期间，我国把新能源产业列入了国家重点支持的七大领域之一，并确认为重点战略性新兴产业。中央和北京市高度重视发展新能源产业，颁布了一系列发展新能源的重要政策规范。北京市政府和金融机构对新能源产业提供了较多的资金支持，满足了北京市新能源产业的一部分融资需求。然而由于新能源产业起步晚，产品设计开发的技术水平不足，缺乏产品多样性和质量保证，存在市场需求不足，缺少持续稳定的市场拉动这一问题，进而导致新能源企业常会陷入融资渠道少、政策支持不足、资金来源单一等融资困境。因此，对北京市新能源产业的融资影响因素进行研究，并据此给出北京新能源产业融资支持建议，具有十分重要的现实意义。

国外学者的相关研究主要集中于新能源产业融资的经验分析，Ali(1981)总结了石油危机引起的能源安全问题，并率先提出了发展新能源产业的融资支持渠道：世界银行项目、产业基金、指数抵押债券等。Derrick (1998) 以光伏产业为例研究了新能源产业的融资问题，认为欠缺适当的融资机制是制约新能源发展最为重要的因素。Wiser & Pickle (1998)、Reddy (1999)从新能源企业角度出发，认为长期不够稳定的能源政策会增加融资成本，而稳定可预测的政策则可以减少新能源企业融资成本，同时指出新能源公司应从农村市场入手，与农村商业银行合作为农户提供新能源设施购买方案融资。Painuly等 (2003) 认为发展中国家缺乏适当的融资机制，而能源服务公司(Energy Service Companies)可作为一种尝试。Szabo & Waldau (2008)分析了欧洲新能源市场的竞争加剧情况，认为市场化取向对于新能源产业的良好发展有重大推动作用，竞争将减少企业的融资负担。Liming (2009)提出了适用于发展中国家新能源产业的融资支持模式：如专项补贴、可再生能源服务公司、低利率长期贷款、风险投资与私募股权。而国内学者对新能源产业融资问题研究主要分为政府政策支持和金融机构资金支持两个角度。在政府政策支持方面，赵媛、郝丽莎(2004)将新能源产业的政策支持分为前生产阶段、生产阶段、市场化阶段与消费阶段四大部分，并对每一部分都提出了相关政策支持建议。刘松万(2009)认为新能源产业的支持必须从新能源技术的研发与财政资金支持两方面来实现。卢现祥、王宇(2012)指出，政府应该构建起一个具有正向鼓励和逆向限制的激励政策体系。在金融机构资金支持方面，付俊文、范从来(2007)认为金融机构要积极进行金融创新，开发能源金融产品，扩大资金来源。同时金融机构必须完善金融服务体系，防范金融风险。朱世宏等(2011)提出要创新金融工具和信贷管理制度，大力支持新能源产业。陈柳钦(2011)认为加大商业银行对绿色产业的资金支持，或专门为绿色产业建立政策性金融组织、投资引导基金或产业投资基金对形成一个良好全面的投融资环境是极为有力的。

综上所述，国外的研究侧重发达国家新能源产业融资模式方面的经验介绍，缺乏针对发展中国家能源结构与金融结构特点的新能源产业融资支持研究。国内的研究则多从定性角度对区域发展新能源产业的金融支持政策方面做了初步的分析，但从定量分析角度的系统性研究还不多见。据此，本文对新能源产业融资支持现状进行描述性分析，通过结构方程模型实证深入研究北京新能源产业融资的影响因素及其相互关系，并根据实证分析结果，从政府、企业和金融机构三方面给出北京新能源产业融资支持建议，以期对北京市新能源产业的发展有所帮助。

二、北京市新能源产业融资支持现状分析

(一)北京市新能源产业融资支持现状

新能源产业作为战略性新兴产业的核心产业受到我国政府各类专项资金的支持，金融机构对新能源产业的支持表现在侧重新能源企业和环保企业的金融支持业务和信贷调整方向，减少对高污染、高能耗企业的贷款发放，加大对新能源企业和环保企业的信贷额度等方面的绿色信贷支持。在融资中，大部分企业过度依赖银行贷款，而国内商业银行的资金投放，倾向于挑选大型企业，如由国有大型发电集团公司投资的新能源项目，尤其是风力发电项目。而其他一些中小型独立投资的项目，从风险防范的角度，则很少有机会得到商业银行的支持。总体来看，由于新能源产业投入大、风险高，目前的融资方式主要以间接融资为主，辅以直接融资。

(二)北京市新能源产业融资支持存在的问题

近些年，由于政府政策和资金支持，新能源在北京市已经取得了很大的发展，作为资金来源的主要渠道，金融机构对其资金支持也起到了相当大的

作用，但是由于新能源起步时间较晚、风险高，新能源产业的融资支持依然存在许多问题，笔者通过对150余家新能源企业的走访调研和问卷发放，分析如下：

1. 宏观支持政策广度不足，深度不够

目前，北京市针对新能源产业发展出台的相关政策，只局限于太阳能产业，除此以外，针对北京市其他新能源产业相关的政策措施却几乎没有。一方面，新能源企业所能获得的优惠政策范围窄，大多优惠政策面向产业基地而不特指新能源产业；另一方面，企业从优惠政策中获得的资金支持相比于企业所需的总体资金量只能占很小的一部分。因此，北京市政府针对相关新能源产业的支持措施还远远不够，这些新能源产业缺少一个相关的、长久有效的资金来源以支持其可持续发展。

2. 缺乏持久有效的融资渠道

除了宏观政策资金支持不足外，由于新能源产业发展正在起步，未来前景不明朗，银行对新能源企业的相关限制较大，贷款额度太小，审批周期过长，这都导致银行贷款这一融资渠道的不畅通。与此同时，北京市新能源产业大多属于中小企业，很难通过直接融资方式及除银行贷款以外的间接融资方式进行融资。调查数据显示的北京市新能源企业近五年来融资过程中遇到的困难，如图1所示。

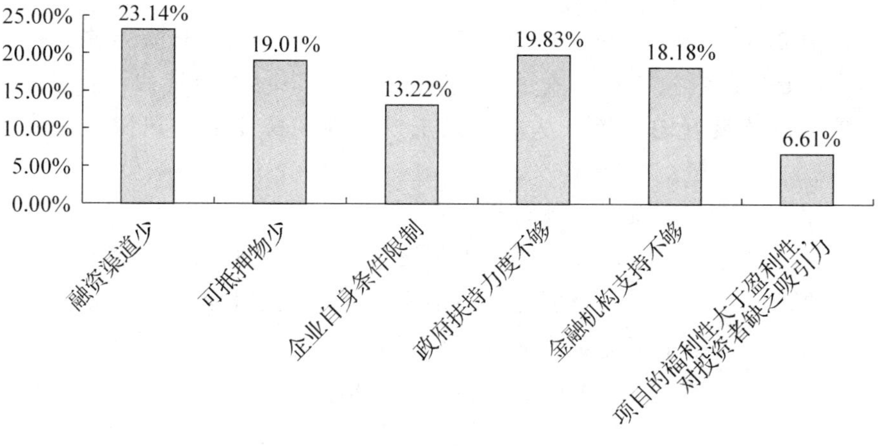

图1　北京市新能源企业近五年来融资过程中遇到的困难分布图

数据来源：笔者通过问卷调查整理获得

从图1可以看出，北京市新能源企业近五年来在融资过程中遇到的问题中最主要的就是融资渠道太少、政府扶持力度不足以及金融机构支持力度不足这些外部原因。因此，北京市的新能源产业缺乏有效的融资渠道。

3. 新能源企业资金来源严重依赖银行贷款

从问卷调查看，北京市新能源企业资金来源大多局限于商业银行的贷款，其他的金融机构，如证券、基金、保险公司等对新能源企业的资金支持还很少见。这一方面是由于大多数新能源企业属于小型规模未上市企业，也没有能力以发放公司债券等形式进行融资。另一方面，风险资本大多选择市场前景较好、规模较大的企业进行投资，而大多数的企业尚无法达到这样的要求。调查数据显示的北京市新能源企业 2008—2012 年年均资金来源比例，如图 2 所示。

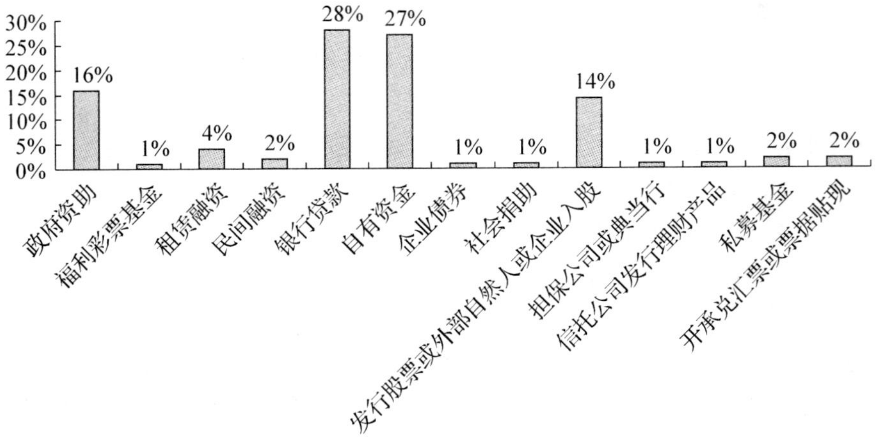

图 2　北京市新能源企业 2008—2012 年年均所需资金来源比例图

数据来源：笔者通过调查问卷整理获得

从图 2 可以看出，2008—2012 年，新能源企业年均所需资金来源所占比重最大的是银行贷款和自有资金。这造成了一旦银行拒绝贷款，新能源企业很难获得持续良好的发展，从而增大了投资新能源企业的风险，造成恶性循环。

4. 银行信贷对新能源产业门槛过高

虽然新能源产业的资金来源严重依赖银行信贷，但相比于企业所需的所有资金来源来看，银行信贷所能解决的资金需求还很有限。一方面，出于自身利益的考虑，由于新能源产业存在的风险较大、企业的规模较小、可用来担保的担保物不足等，使得商业银行给予的信贷量、授信资格的审核更为严格；另一方面，来自政策性银行的资金总量、授信范围、支持力度等都存在严重的不足，使得新能源企业真正从银行能融得的资金很少。调查数据显示的北京市新能源企业融资遭到银行拒贷的原因，如图 3 所示。

如图 3 显示，北京市新能源企业无法从银行获得贷款存在的原因中，最主要的原因包括企业没有有效抵押的资产，以及银行无法提供所要求期限的贷款；其次，企业的资信等级太低和信贷规模紧张也是重要的原因。由此可以看出，企业无法从银行获得足够的贷款，一方面来自企业自身规模等级和资产量的问题；另一方面，是银行资格审批严格，信贷规模紧张。

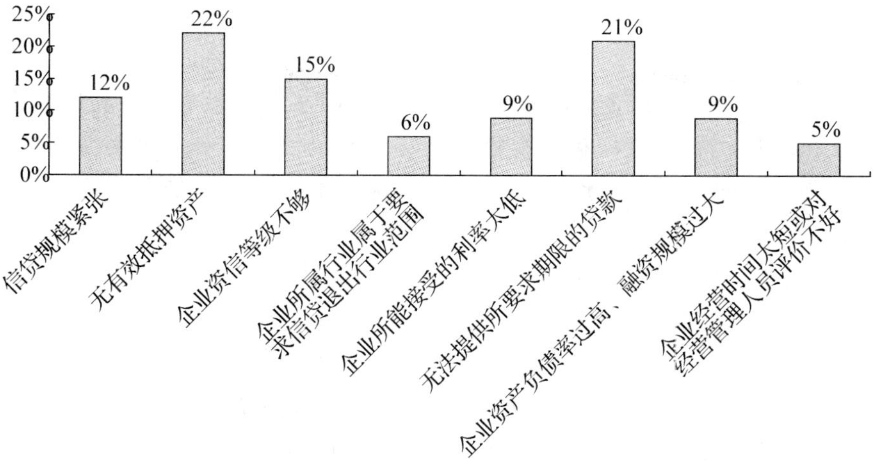

图 3　北京市新能源企业融资遭银行拒贷原因分布图

数据来源：笔者调查问卷整理

三、基于结构方程模型的北京市新能源产业融资影响因素实证分析

(一)研究方法和模型介绍

1. 研究方法

通过上述分析，可以看到北京市新能源产业融资影响因素主要包括金融机构(主要是银行信贷)、政府支持和新能源企业自身的一些因素。而这些影响因素以及企业融资情况对企业后续融资模式选择的影响程度很难通过直接观测获得数据和测量，所研究的内容均是基于问卷回答者的主观感受，因此存在着无法直接以数据测量的特点，同时主观感受也存在着测量误差。而结构方程模型正是以态度、行为评价作为潜变量，同时允许各潜变量存在误差，避免了传统回归分析不允许因变量存在误差，且无法同时检测多个变量的问题。因此，以结构方程模型进行分析是最为合理的。

2. 模型介绍

结构方程模型可以分为测量模型(Measurement Model)和结构模型(Structural Model)。测量模型反应观测变量(X、Y)与潜变量之间的关系(η、ξ)，结构模型反应潜变量之前的关系。具体表达式如下：

$$X=\Lambda_X\xi+\sigma$$

$$Y=\Lambda_Y\eta+\varepsilon$$

$$\eta=B\eta+\Gamma\xi+\zeta$$

其中 Λ_X、Λ_Y 分别代表观测变量与潜变量的关系，σ、ε、ζ 分别代表残差矩阵，B 表示内生潜变量 η 的构成因素之间的相互影响，Γ 表示外生潜变量 ξ 对内生潜变量 η 的影响。

(二)研究假设与样本分析

1. 研究假设

由于本文重点分析企业融资满意度的影响因子及对融资行为的影响程度，根据文献整理、本文分析和问卷收集反馈，设定模型共有五个潜变量：企业融资行为、企业融资满意度、企业自身状况、银行绿色信贷和政府支持。并假设：

(1)企业自身情况直接影响企业融资满意度。

(2)企业获得银行绿色信贷情况直接影响企业融资满意度。

(3)企业获得政府政策资助情况直接影响企业融资满意度。

(4)企业融资满意度直接影响下一轮企业选择何种融资模式。

基于上述假设，建立潜变量间的结构模型如图 4 所示。

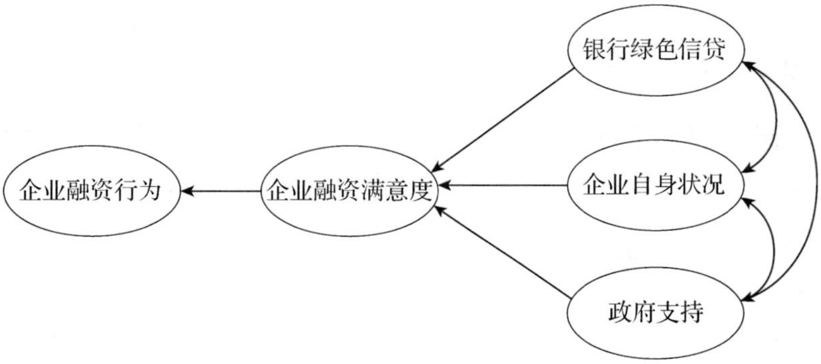

图 4　SEM 研究假设路径图

由图 4，本研究有 5 个一阶构面，并假定银行绿色信贷、企业自身状况、政府支持满意度之间存在相关关系。

2. 潜变量的观测指标的选择

由于企业自身状况、政府和银行绿色信贷支持满意程度、企业融资满意度实际上是一些无法直接观测获得数据的变量，必须以适当的可观测的变量加以反映，为此我们分别选取代表企业自身状况、政府支持满意度、银行绿色信贷满意度、企业融资满意度、企业融资行为的可观测变量，定义如表 1 所示。

表 1　研究变量汇总表

潜变量	内涵	观测变量
企业自身状况	企业自身状况主要通过企业固定资产规模和年收入来评价	➢ 企业成立时间长短(a1) ➢ 企业固定资产规模(a2) ➢ 企业年均收入(a3)

续表

潜变量	内涵	观测变量
银行绿色信贷满意度	银行绿色信贷指的是对环保型企业的贷款，其满意度是指企业对从银行获得贷款情况的满意度评价	➢ 银行利率满意度(a4) ➢ 银行贷款使用期限(a5) ➢ 贷款审批时间(a6)
政府支持满意度	政府支持满意度是指企业获得政府各项优惠政策情况的满意度评价	➢ 获得政府资助频率(a7) ➢ 获得产业基地政策优惠程度(a8) ➢ 获得新能源产业政策优惠程度(a9)
企业融资满意度	企业融资满意度是指企业在进行融资活动时，对融资情况的满意度评价	➢ 银行拒贷频率(a10) ➢ 企业年融资额满意度(a11) ➢ 融资模式满意度(a12)
企业融资行为	企业融资模式的选择可由对各种模式的满意优先度评价来衡量	➢ 银行贷款优先度(a13) ➢ 资本市场优先度(a14) ➢ 民间融资优先度(a15) ➢ 关联方资金优先度(a16)

注：以上观测变量均经过一阶 CFA 验证后所保留

根据表 1 所选择观测变量和研究假设，可建立北京市新能源企业融资情况的结构方程模型，如图 5。

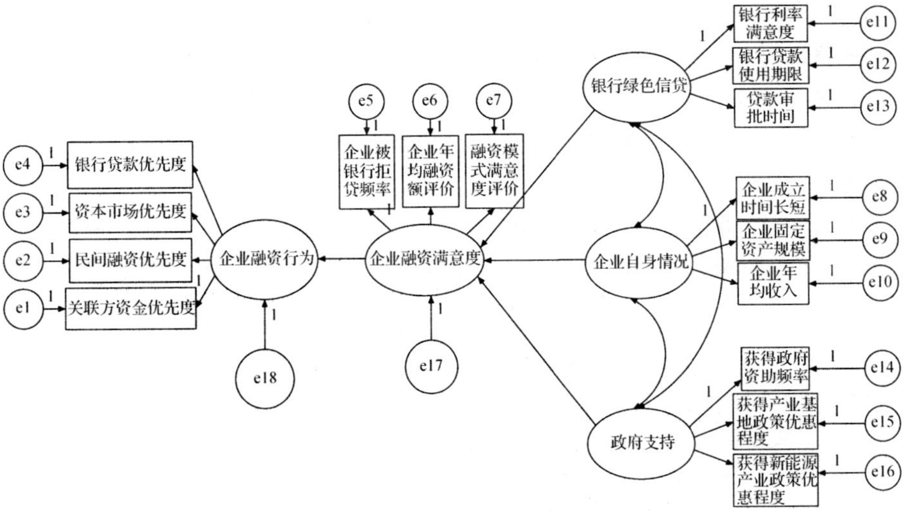

图 5 北京市新能源企业融资情况的 SEM 路径结构图

3. 数据收集和分析

(1)数据来源和收集。为了保证问卷设计的有效性和可靠性，先在 5 家新能源企业进行了采访调研，以确定问卷的题目和选项，并咨询了中关村国家自主创新示范区金融科技处的相关专家，对问卷做出了进一步的修改。其次，选择北京市 15 家新能源企业做了问卷的预试，修改了问卷中难以回答或太过敏感的问题，最终形成了北京市新能源产业融资情况调查问卷。由于北京市新能源企业集中于九大新能源产业基地，因此在北京市金融局与北京市发改委的帮助下，向该九大新能源产业基地发放了155份问卷，回收有效问卷127份。一般学者认为结构方程模型的样本量应至少为100份，低于100份的问卷，数据产生的矩阵不够稳定，导致数据产生的信度较低。Kline(1998)也提出当样本数低于100之时，几乎所有的SEM分析都是不稳定的。因此，本次调研回收127份问卷，是可以继续进行模型分析的。

(2)信度检验。对问卷整体及各潜变量进行信度检验，数据结果如表2所示。

表2 新能源产业融资情况问卷信度系数

潜变量	Cronbach's Alpha	项数	信度
问卷整体	0.926	16	高
企业自身情况	0.930	3	高
银行绿色信贷	0.756	3	高
政府资助	0.779	3	高
企业融资满意度	0.830	3	高
企业融资行为	0.901	4	高

问卷整体Cronbach α系数为0.926，问卷整体具有很好的信度。五个潜在变量的Cronbach α系数分别为0.930、0.756、0.779、0.830、0.901，说明各题项与潜在变量的相关系数较高。因此说明问卷的信度非常好，问卷具有较高的一致性和稳定性。

(3)效度检验。本文选用KMO(Kaiser-Meyer-Olkin)值和Bartlett球形检验作为结构效度检验指标。对问卷整体进行检验，结果如表3所示。

表3 新能源产业融资情况问卷效度分析

KMO和Bartlett的检验

取样足够度的 Kaiser-Meyer-Olkin 度量		0.847
Bartlett 的球形度检验	近似卡方	605.586
	df(自由度)	120
	Sig.	0.000

上表显示KMO值为0.847，Bartlett球形度检验sig值为0.000，均符合要求，说明问卷具有很好的结构效度，适合做因子分析。

（三）实证研究

1. 模型拟合优度检验

判断模型拟合度的指标有 P、GFI、RMR 等指数，具体指标与判断标准见表 4。

表 4 拟合度配适指标及判断标准

配适指标	判断标准	指标数据	拟合程度
P	＞0.05	0.297	理想
χ^2自由度比	＜2	1.071	理想
GFI	＞0.9	0.735	略差
RMSEA	＜0.1	0.038	理想
PCFI	＞0.5	0.630	理想
ECVI	理论模型值应小于独立模型和饱和模型值	3.713；5.551；3.743	理想
AIC	理论模型值应小于独立模型和饱和模型值	181.930；272.00；183.399	理想

由表 4 可见，有多项指标达到标准，两项指标接近标准，一项指标低于标准。由于本次调研数据有限，可以说模型拟合较好，其结果是可以接受的。且 M. I. 指标并未显示需要调整误差变量间的关系，说明该模型是最优模型，不需要进行修正。

2. 模型的参数估计

结构方程模型中潜变量与观测变量之间的参数估计见表 5。

表 5 参数估计结果

	未标准化路径系数	S. E.	C. R.	P	显著性	标准化路径系数
企业融资满意度←银行绿色信贷	0.219	0.075	2.912	0.004	显著	0.365
企业融资满意度←企业自身情况	0.119	0.102	1.162	0.245	不显著	0.196
企业融资满意度←政府支持满意度	0.482	0.136	3.536	***	显著	0.702
企业融资行为←企业融资满意度	1.174	0.262	4.481	***	显著	0.872
a16←企业融资行为	1.000					0.873
a15←企业融资行为	1.096	0.224	4.890	***	显著	0.894
a14←企业融资行为	1.015	0.178	5.693	***	显著	0.918
a13←企业融资行为	0.813	0.200	4.072	***	显著	0.733
a10←企业融资满意度	1.000					0.866

续表

	未标准化路径系数	S. E.	C. R.	P	显著性	标准化路径系数
a11←企业融资满意度	1.293	0.223	5.808	***	显著	0.926
a12←企业融资满意度	1.023	0.214	4.770	***	显著	0.809
a4←银行绿色信贷	1.000					0.736
a5←银行绿色信贷	0.954	0.215	4.432	***	显著	0.834
a6←银行绿色信贷	0.693	0.161	4.289	***	显著	0.861
a1←企业自身情况	1.000					0.921
a2←企业自身情况	0.654	0.131	5.013	***	显著	0.829
a3←企业自身情况	0.822	0.174	4.728	***	显著	0.838
a7←政府支持满意度	1.000					0.916
a8←政府支持满意度	0.642	0.108	5.929	***	显著	0.855
a9←政府支持满意度	0.614	0.199	3.091	0.002	显著	0.600
银行绿色信贷←→企业自身情况	0.016	0.179	0.088	0.930		0.018
企业自身情况←→政府支持满意度	0.470	0.212	2.221	0.026		0.605
银行绿色信贷←→政府支持满意度	0.188	0.157	1.195	0.232		0.238

注：S. E. 是标准化误差，C. R. 是临界比率值，相当于 t 值或 z 值。如果 $t>1.95$，则 $P<0.05$；如果 $t>2.58$，则 $P<0.01$。*** 表示 $P<0.001$

表 5 显示，银行绿色信贷和政府支持满意度对企业融资满意度有显著影响，而企业融资满意度也显著影响了企业融资行为。但表 5 也表明，企业自身情况对企业融资的满意度为不显著，这有可能是因为北京市目前新能源产业发展得较快较好，企业的融资受自身的成立时间、资产规模及收入水平的影响较小，只要属于新能源企业均能在银行及政府渠道获得资金支持，银行和政府对其资金供给限制相比于其他行业较低，这也与现实情况相符。且由于模型的拟合程度较理想，模型总体结果反映了本文所研究问题的基本特征，因而证实了本文假说模型构建的合理性。

四、结论与政策建议

（一）结论

基于对上述实证数据分析，可以得出如下结论：

（1）企业自身因素对企业融资满意度的影响较小，也就是说企业自身的成立时间、资产规模和收入状况并不显著影响银行对企业的贷款，这说明如今银行以及政府对新能源企业的绿色信贷的标准降低，只要企业属于新能源企业，银行和政府部门会以低于一般企业的要求选择为该企业贷款，这也说明银行信贷和北京市新能源发展政策在北京发展和实施得较好。

(2)政府对企业资金的供给对企业融资满意度的影响最大，说明新能源企业的发展受政府支持的力度较大，因为这类企业还属于新兴产业，市场需求不足，亟须政府通过宏观调控制定一些优惠扶持政策以帮助其发展。

(3)银行信贷对企业融资情况影响的路径系数为 0.365，高于企业自身对融资满意度的影响(0.196)，低于政府支持对融资满意度的影响(0.702)。这说明，目前银行贷款成为企业非常重要的资金来源。

(4)企业融资满意对企业融资行为影响的路径系数达到 0.872，这说明企业现有的融资情况在很大程度上影响了企业后续融资模式的选择。

(5)从表 5 最后三行的标准化路径系数来看，企业自身状况与银行信贷间的相关程度很低(0.018)，相比较而言，企业自身情况与政府支持间的相关程度较高(0.605)。这说明企业的成立时间、固定资产规模以及年均收入状况对银行是否向其贷款的影响不大，但对政府是否选择为其投资的影响较大。

(二)政策建议

1. 政府方面

(1)完善产业发展促进政策体系，加大投资力度。通过表 5 可知，在政府扶持方面，企业享受产业基地的优惠政策的影响系数达到 0.916，而享受新能源产业的优惠政策的影响因素只有 0.855。从这两个数据可以看到，北京市新能源企业受到的政府扶持政策主要是针对中关村科技产业园区，而甚少针对新能源产业单独出台发展优惠政策。这在一定程度上限制了新能源产业作为一个单独的、有强大发展潜力的一种产业类型得到特殊扶持而得以快速发展。

(2)加大财税信贷支持力度，降低扶持门槛。一方面，通过表 5 可以看到，政府支持对企业融资满意度的影响最大，其标准化路径系数达到 0.702，这说明政府的扶持可以在很大程度上满足企业资金的需求，因此政府可以通过增加财税信贷政策，以更多的优惠促进新能源产业发展，并且在新能源产业链的研发、投资、生产、消费各个环节都应当给予一定的扶持。

另一方面还可以看到，企业自身状况与银行信贷间的相关程度较低，标准化路径系数只有 0.018，相比较而言，企业自身情况与政府支持间的相关程度较高，标准化路径系数达到 0.605。这说明政府对企业的扶持受企业成立时间、资产规模以及年均收入的影响很大，资产规模大且年均收入高的企业往往更容易获得政府的资助。但由于北京市绝大多数的新能源企业还处于起步阶段，资产规模、年均收入等都不高，而正是这些企业才需要更多的资助。因此对于政府资助，门槛太高很可能无法覆盖到真正有融资需求的企业，这在很大程度上导致政府颁布的一系列以扶持中小型新能源企业的初衷难以实现。因此，政府应当在一定程度上降低对扶持对象的门槛限制，使更多的企业得以享受到政府的资金扶持。

2. 企业方面

(1)加强自身财务管理。根据笔者对北京市新能源企业的调查及问卷反馈可知，银行贷款和政府资助目前是新能源企业融资的最主要的外部渠道。通过图 2 可以看到，北京市新能源企业通过银行贷款获得资金的比例最高，达到 28%，而政府资助的比例达到 16%，是属于第二位的外部融资渠道。同时，根据表 5 可知，以企业成立年限为基准，企业年均收入情况的未标准化系数达到 0.822，而企业固定资产规模未标准化系数为 0.654，可以看到，以企业年均收入为代表的企业财务状况指标是影响企业自身状况的最大因素，而企业自身状况也在很大程度上影响企业获得银行信贷(0.018)和政府资助(0.605)。因此，企业要获得银行贷款和政府扶持必须在提高年均收入的基础上建立良好的企业信用，同时保持财务状况的透明，定期向贷款人提供企业资金周转情况，使银行能随时获得企业的财务信息。

(2)充分利用多种融资渠道。目前，北京市新能源企业最主要的融资渠道就是银行贷款，而通过其他融资渠道筹集资金的情况很少，因此企业应积极探索其他融资渠道，如尝试进入新三板市场融资和吸引外资注入。

3. 金融机构方面

(1)加强银行信贷扶持力度，降低金融扶持门槛。从图 2 和图 3 可以看到，北京市新能源企业融资的最主要途径是银行信贷，但是在银行绿色信贷过程中存在着较多的拒贷情况，主要原因包括企业没有有效抵押资产、企业资信等级不够等。同时，根据实证结果表 5 显示，企业遭银行拒贷与企业融资满意度之间的系数达到 0.866，企业遭银行拒贷的频率极大地影响了企业融资的情况。因此，银行可以在一定风险控制的基础上降低对企业贷款的限制，例如降低对抵押资产、资产负债率以及盈利水平等的限制，同时加快信贷的审批，延长贷款使用期限。

(2)加强金融产品创新。金融机构在对新能源产业金融投资时可以加强金融产品的创新，增加金融产品种类，针对不同的企业类型、企业规模和产品种类提供不同的信贷产品。

参考文献

[1] Liaqat Ali, Financing New and Renewable Sources of Energy, *Economic and Political Weekly*, Vol. 16(20), 1981.

[2] Derrick, Financing mechanisms for renewable energy, *Renewable Energy*, 1998(15).

[3] Ryan Wiser, Steven Pickle, Financing Investments in Renewable Energy: The Role of Policy Design, *Renewable and Sustainable Energy Reviews*, 1998, 2(4).

[4] Amulya Reddy, Goals, Strategies and Policies for Rural Energy, *Economic and Political Weekly*, Vol. 34, 1999, 34(49).

[5] Painuly, et al, Promoting Energy Efficiency Financing and ESCOs in Developing Countries: Mechanisms and Barriers, *Journal of Cleaner Production*, 2003 (11).

[6] Sandor Szabo, Arnulf Jager Waldau, More Competition: Threat or Chance for Financing Renewable Electricity?, *Energy Policy*, 2008, 36(4).

[7] Huang Liming, Financing Rural Renewable Energy: A Comparison Between China and India, *Renewable and Sustainable Energy Reviews*, 2009, 13(5)

[8] 郝丽莎、赵媛:《世界新能源政策初探》,《江苏省能源研究会成立二十周年纪念暨第十届学术年会热电专委会第十二届年会暨学术报告会论文集》,2004 年。

[9] 刘松万:《发展新能源产业的财政政策与措施》,《山东社会科学》,2009 年,第 11 期。

[10] 卢现祥、王宇:《论国外发展低碳经济的财税政策支持体系》,《经济与管理评论》,2012 年第 2 期。

[11] 付俊文、范从来:《构建能源产业金融支持体系的战略思考》,《软科学》,2007 年第 2 期。

[12] 朱世宏、胡国松、丁欣:《节能与新能源产业金融支持研究》,《西南石油大学学报》,2011 年第 2 期。

[13] 陈柳钦:《新能源产业发展的金融支持研究》,《金融发展研究》,2011 年第 6 期。

[14] Cortazar, G., Schwartz, E. S., A Compound Option Model of Production and Intermediate Inventories, *The Journal of Business*, 1993, 66(4).

[15] 史丹、夏晓华:《新能源产业融资问题研究》,《经济研究参考》,2013 年第 7 期。

[16] 张雪兰、何德旭:《加快构建商业银行"绿色信贷"机制》,《中国金融》,2008 年第 5 期。

[17] R. B. Kline, *Principles and Practice of Structural Equation Modeling*, New York: Guilford Press, 1998.

[18] 荣泰生:《Amos 与研究方法》,重庆:重庆大学出版社,2010 年。

[19] J. P. Gilford, *Psychometric Method*, New York: McGraw—Hill, 1954.

[20] Hair, Anderson, Tatham, Black, *Multivariate Date Analysis with readings*, New Jersey Englewood, 1992.

(作者:徐丹丹　北京工商大学教授
刘　超　北京工商大学硕士研究生
张舒婷　北京工商大学硕士研究生)

项目名称：首都社会稳定视角下的互联网治理对策研究
项目编号：12JGA014
项目负责人：王天梅
项目信誉保证单位：中央财经大学

网络群体性事件从众意向的影响因素研究

一、引　言

在网络环境下，事件的传播特点和现实环境有所不同，如传播速度快、影响范围广、易受舆论影响。因此虚拟社区的普通用户在参与热点话题时更容易产生从众行为，造成舆论扩散，从而形成网络群体性事件。网络群体性事件从众意向研究是分析影响事件发生发展因素的切入口。有关从众意向研究主要集中在社会学、管理学等领域，不少学者都通过建立模型的方式对特定环境下的从众行为进行实证研究和预测。应用最广的 Fishbein 合理行为理论模型被认为是预测消费者行为意向的典型模型之一，探究了个体态度和主观规范对于行为意向的影响。

本文以网络群体性事件为研究环境，通过对 Fishbein 合理行为模型的修正，从个体态度、社会影响、意见领袖和虚拟社区四个方面分析影响普通用户从众意向的因素，探讨变量间的关系，明确其作用，以此为依据提出网络群体性事件管理和控制的建议。

二、理论基础与文献回顾

Fishbein 模型是 Ajzen 和 Fishbein 于 1967 年提出的，描述了研究对象的态度受到其属性的信念强度和评价程度的影响。在此基础上，经过对态度与行为的不一致性测试，Fishbein 将其发展为合理行为模型。合理行为理论与之前态度模型最大的不同是考虑了研究对象所形成的具体行为意向对实际行为的影响，因此可知合理行为模型中行为意向是由个体态度和主观规范的重要度共同决定的，而行为意向则会进一步决定实际行为。合理行为模型的数学表达如下：

$$B - B_1 = w_1 Aact + w_2 S_n$$

公式中 B 表示实际行为，B_1 表示行为意向，$Aact$ 表示对某种行为的态度，S_n 表示主观规范，w_1、w_2 分别为其权重。态度是个体对某一对象好恶的心理评价程度，而主观规范则是指社会环境对行为的影响，即前者偏重于研究对象本身的评价，后者偏重于主观环境的评价。

Fishbein 合理行为模型产生于西方文化背景下，因此国内的学者通过多种方式对其进行了修正。李东进等人通过选取具有中国文化特色的面子意识和群体一致这两个变量取代了原模型中的主观规范，从而形成中国文化背景下合理行为模型的修正模型，用以增强模型在特定文化环境下的解释力。林欣在研究年轻人品牌服装消费行为时加入了价值观、物质主义和独特消费品需求三个个体因素进行讨论，验证了消费者的个性特征对 Fishbein 模型适用性的影响。以上两个模型均应用于消费者行为研究，而李峰等人则将 Fishbein 模型扩展至群体性事件的研究范畴。他们根据从众动机中的规范性和信息性两类，在合理行为模型的基础上进行了危机事件下从众意向模型的研究，并对 Fishbein 模型进行了修正，提出了规范性社会影响和信息性社会影响两个变量，使模型在对危机情况下的从众行为具有更好的解释能力。

综上所述，Fishbein 合理行为模型以从众动机为基础，在变量选取、数据测量、统计分析等方面都具有良好的可操作性，特别是在对于特定环境下的从众行为研究中具有较强的借鉴价值，可以清晰地显示各类诱因对于从众行为的影响程度，对于文化差异、交叉领域等方面具有较强的适应性。

三、研究模型和研究假设

根据文献梳理和分析，本文将从从众心理和网络环境两个角度进行研究，文中网络群体性事件定义为虚拟社区中发起、大量用户以转发回复等方式参与、用以表达共同意愿的活动。本研究借鉴了李峰等人在危机事件下对 Fishbein 模型的修正，除了研究个体态度、规范性社会影响、信息性社会影响对行为意向的影响外，还加入意见领袖影响力和虚拟社区可信性两个变量用于测量网络情境对于行为意向的影响。具体模型见图 1。

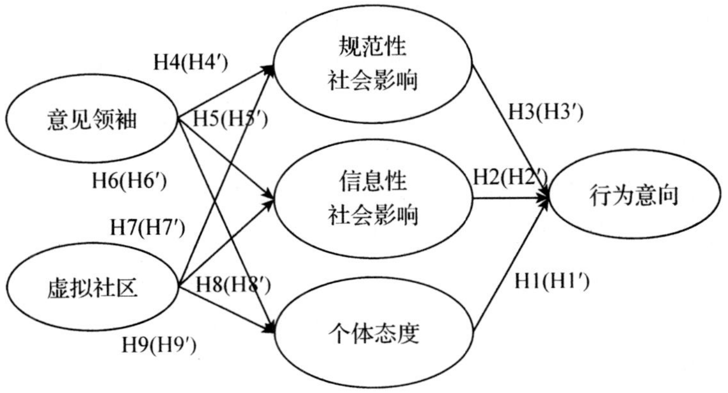

图 1　网络群体性事件中从众意向模型

网络群体性事件往往源于热点话题，因此热点话题的类型有可能会对用户的行为意向造成影响。根据热点话题的内容，可以将传播正能量事件的行为作为“正向从众行为”，而批判负能量事件的行为则为“负向从众行为”。本文将对比研究两种性质的从众行为意向，设定 H1～H9 为正向从众行为的研究模型假设，H1'～H9'则为负向从众行为的研究模型假设。

态度是指个人所形成的总体评价，具体包括以认知为基础的态度、以情感为基础的态度和以行为为基础的态度。国内外已有的研究均表明态度对于意向具有一定影响。在研究美国消费者购买汽车时，Etter 发现态度对购买意向影响显著；关于台湾地区消费者网上购物研究中，Shuw-Ing 认为态度直接影响购买决策；而李峰等人对于危机事件下的研究也表明个体态度对从众意向有正向影响。因此，本研究提出如下假设：

H1(H1')：个体态度对从众行为意向具有正向影响。

社会影响在心理学中的定义为在社会环境的影响下，引起个体观念、态度、情绪及行为发生变化的现象。规范性社会影响是指个人为了获得他人的喜爱和接纳而从众，会导致个人公开顺从团体的信念和行为，其机制来自人希望被接受的需要；信息性社会影响是指个人为了获得关于某个事物的观点看法等信息时，他人提供的信息对个人造成影响，其机制来自个人客观信息的收集分析能力。

Muzafer Sherif 所做的“自动移动光效果实验”和 Solomon Asch 所做的“线段实验”分别验证了信息性社会影响和规范性社会影响将导致从众意向的产生。有学者通过实证研究发现信息性从众和规范性从众两者之间存在显著差异，大学生被试者在瑞文智力测验的情境下信息性从众行为多于规范性从众行为。因此，本研究提出如下假设：

H2(H2')：信息性社会影响对从众行为意向具有正向影响。

H3(H3')：规范性社会影响对从众行为意向具有正向影响。

意见领袖在信息扩散中的作用主要是提出话题并传播信息，在此过程中对其他用户产生影响。有学者认为网络中的从众行为的形成有两点原因：一是由于“意见领袖”的引导形成“沉默的螺旋”，二是人数众多导致个体责任意识的消失。因此，本研究提出如下假设：

H4(H4')：意见领袖影响力对规范性社会影响具有正向影响。

H5(H5')：意见领袖影响力对信息性社会影响具有正向影响。

H6(H6')：意见领袖影响力对个体态度具有正向影响。

虚拟社区可以看作现实社区在网络环境的实现，其为有着相似兴趣、专业或背景的用户建立了一个交流平台，便于用户之间进行互动。在虚拟社区中，用户的行为往往会受到社区环境的影响。程秀芳将信息来源可靠性理论引入网络口碑的研究中，并提出口碑接收者所感受到的网站可信性越高，通过此站点发布网络口碑的可信度越高，其网络口碑影响力越大。因此，本研究提出如下假设：

H7(H7')：虚拟社区可信性对规范性社会影响具有正向影响。

H8(H8')：虚拟社区可信性对信息性社会影响具有正向影响。

H9(H9')：虚拟社区可信性对个体态度具有正向影响。

四、问卷设计

(一)问卷场景设计

考虑到研究场景应具有代表性，所以首先通过专家访谈和信息搜索列出微博内容的分类类型，选取其中关注度较高、影响范围较广的话题。微博内容较多，话题广泛，但整体上可分为正向信息和负向信息，分别选取两类中的典型话题作为研究情境。

在新浪微博公布的2012年年度盘点中，"微公益"以超过1亿次的提及量成为关注热点。传统的公益活动在地理环境、影响范围、后续反馈等方面有一定制约，而新浪微公益平台上线后，其透明、公开、快速的特点受到了用户好评。公益活动与现实生活有较为紧密的关系，同时对于空间环境要求较低，因此本研究选取公益类话题作为研究话题。然后，选取若干名被访者进行访谈，了解微博用户最有可能参与的情境，最后结合近期新浪微博上的热点公益话题设定正式实验情景。以此确定的正向从众情景为"蓝色行动关注自闭症"。

同时，通过观察整理近期的热门话题，发现负向信息中大量是与公共安全相关，例如食品安全、药品安全、环境污染等。随着网络平台的发展，公共安全信息也越发受到重视。此类信息在早期都是由少数媒体或个人曝光，之后意见领袖发声传播，普通民众转发参与，最终形成较强的舆论。由于公共安全与人们息息相关，负向信息更容易引发人群关注，因此将其也作为研究话题。通过访谈和筛选，最终确定的负向从众情景为"水源污染事件"。

(二)调查问卷及测量变量的设计

问卷包括说明部分和主体部分。说明部分主要对问卷来源、研究目的、调研方法进行了简单说明，使问卷填写者明晰问卷内容。并保证严格按照《统计法》要求进行调查，采用匿名制，提高问卷的有效性和真实性。

主体部分包括三部分。第一部分为情境说明部分，简单描述了微博话题，并罗列了该话题中主要意见领袖的微博。采用与真实微博环境相似的排版结构，保证内容简单易懂，便于填写者理解调研情境。为了避免影响填写者的判断，问卷中不会出现正向、负向的标记。第二部分为人口统计变量和虚拟社区用户习惯的测量。问卷针对20—35岁阶段虚拟社区主要活跃用户设计，人口统计变量中只包括性别和工作经验两项，虚拟社区用户习惯包括是否有新浪微博、是否实名认证以及每天花在虚拟社区的时间。第三部分为对自变量、中间变量和因变量的测量。对意见领袖影响力测量的量表来源于现象总结和案例归纳；对虚拟社区可信性测量的量表参考程秀芳的研究量表，但调研背景修正为虚拟社区；对规范性社会影响测量的量表则基于 Muzafer Sherif 的理论，将李峰采用的参与行为调整为网络情境下的转发行为；对信息性社会影响测量的量表借鉴了夏雨禾论文中粉丝数量、微博数量、转发量的指标；对个体态度测量的量表则在李峰原有设计的基础上进行了调整，去除情感影响；对行为意向测量的量表则在 Fishbein 理论的基础上，采用了网络环境下特有的转发、提起等行为。总体量表共包括 18 个测量指标，均采用李克特 7 点量表进行测量。所有变量测量题项都是在理论文献与定性研究的基础上形成的。

(三)调查问卷的初测试

在问卷正式发放前，通过小范围的初测试可以检验本研究的研究变量测量项是否有效、合理。初测试的样本分为两类，一类为在校学生，一类为在职工作人员。问卷分为正向情境和负向情境两类，两种问卷各发放 60 份，其中学生样本和工作样本比例为 1∶1。最终，回收到的有效正向情境问卷为 56 份，有效负向情境问卷为 53 份。

根据统计结果得知，具有两年以上工作经验者平均每天花在虚拟社区的时间为 0.67 小时，而不具有两年以上工作经验者则为 1.28 小时。通过后续访谈得知前者基本上在虚拟社区主要以浏览信息为主，不会有较多主动行为，如发言、转发、评论等；而后者的主体为在校学生，是微博转发行为的主要来源，具有较强的代表性。因此，在正式问卷发放中学生样本和工作样本的比例为 2∶1。

对于问卷质量的测评方式是探索性因子分析，其目的在于确认量表因素结构或一组变量的模型。具体包括信度分析、内容效度以及因子抽取。首先，通过 SPSS 软件分析获得正向情境的整体信度为 0.926，负向情境为 0.880，且两个情境下各个因子的信用均高于 0.7。其次，本研究在设计变量的测量项时参考了以往研究的成熟量表，因此问卷具有较好的内容效度。最后，通过旋转矩阵因子抽取，正向情境中的 KMO 值为 0.878，负向情境中为 0.843，两者的 Bartlett 检验显著性为 0.000，说明数据适合做因子分析。

由以上数据可知，初测试的探索性因子分析基本达到要求。两类问卷的信度达到要求，旋转后获得六个成分和已设定的变量相符，问卷的设计是具有一定有效性和科学性的。但同时，也发觉信息性社会影响的信度略低，因此，对问卷测量项的说明进行了修正，使得问题更加明确。

五、数据收集、分析和讨论

(一)数据收集和样本统计

在通过初测试后进行了正式问卷发放，两类问卷分别发出300份，包括200份学生样本和100份工作样本。发放的方式有现实发放和网络发放两类，前者包括校园发放、随机发放，网络发放则主要为邮件发放。问卷发放时采用了一定奖励措施，提高了问卷的回收率以及调研对象在填写问卷时的可靠性。经过回收整理获得结果见表1。

表1　问卷回收统计结果

类别		发出数	回收数	回收率	有效数	有效率
正向情境	学生样本	200	126	63.00%	119	59.50%
	工作样本	100	59	59.00%	54	54.00%
	合计	300	185	61.67%	173	57.67%
负向情境	学生样本	200	128	64.00%	115	57.50%
	工作样本	100	61	61.00%	57	57.00%
	合计	300	189	63.00%	172	57.33%

在统计中，未能回收的问卷主要是因为随机投放和网络发放。通过对数据的分析，可知样本是具有一定代表性的。分析表明，未回收问卷的填写者与有效问卷的填写者在性别和工作经验上没有显著差异。因此，可以确定问卷调研回收的数据具有无偏性，具体样本统计结果如表2。

表2　样本构成

情境	性别	工作经验	新浪微博用户	实名认证	每天花在虚拟社区的时间
正向情境	男　49.13%	两年以下　69.36%	是　86.18%	是　33.71%	0.5小时以内　47.40%
					0.5～1小时　27.75%
	女　50.87%	两年以上　30.64%	否　13.87%	否　66.47%	1～2小时　20.23%
					2小时以上　4.62%
负向情境	男　48.26%	两年以下　65.70%	是　88.95%	是　36.63%	0.5小时以内　43.02%
					0.5～1小时　30.81%
	女　51.74%	两年以上　34.30%	否　11.05%	否　63.37%	1～2小时　23.26%
					2小时以上　2.91%

(二)测量方程检验

首先根据经验法则进行聚合效度检验，包括：第一，Cronbach's α 系数大于 0.7，组合信度 CR 大于 0.8；第二，平均抽取方差 AVE 大于 0.5；第三，所有标准化的因子负荷要大于 0.5 且达到显著水平见表 3。

表 3 聚合效度

因子		正向情境					负向情境				
		标准化因子负荷	T 值	Cronbach's α	组合信度 CR	平均抽取方差 AVE	标准化因子负荷	T 值	Cronbach's α	组合信度 CR	平均抽取方差 AVE
规范性社会影响	S1	0.83	12.76	0.847	0.850	0.655	0.82	12.25	0.845	0.845	0.648
	S2	0.89	14.18				0.72	10.24			
	S3	0.77	11.51				0.86	13.06			
信息性社会影响	I1	0.82	11.59	0.741	0.802	0.570	0.65	8.83	0.764	0.808	0.541
	I2	0.81	11.45				0.70	9.69			
	I3	0.56	7.32				0.84	12.21			
意见领袖影响力	L1	0.78	11.57	0.812	0.816	0.598	0.88	13.51	0.859	0.865	0.683
	L2	0.90	14.02				0.77	11.29			
	L3	0.74	10.69				0.83	12.58			
虚拟社区可信性	N1	0.74	10.67	0.799	0.805	0.579	0.74	10.58	0.832	0.837	0.631
	N2	0.77	11.07				0.82	12.06			
	N3	0.85	12.66				0.82	12.14			
个体态度	A1	0.88	14.43	0.909	0.909	0.769	0.83	12.51	0.840	0.847	0.650
	A2	0.96	16.71				0.85	12.98			
	A3	0.87	14.19				0.74	10.65			
行为意向	B1	0.88	14.29	0.897	0.898	0.747	0.95	16.18	0.898	0.903	0.758
	B2	0.93	15.76				0.91	15.27			
	B3	0.84	13.30				0.74	11.08			
拟合优度指标		$\chi^2=210.61$，$\chi^2/df=1.755$，RMSEA=0.066，GFI=0.88，NFI=0.95，NNFI=0.97，IFI=0.98，CFI=0.98					$\chi^2=256.85$，$\chi^2/df=1.934$，RMSEA=0.074，GFI=0.87，NFI=0.93，NNFI=0.95，IFI=0.96，CFI=0.96				

然后进行区别效度检验：第一，因子 AVE 值的平方根要大于和其他因子的相关系数；第二，一个测量项与其对应因子的载荷要大于这个测量项与其

他所有因子的载荷；第三，对于任何两个因子，如果把测度项合在一起形成因子，进行模型拟合，模型的拟合度会显著地低于两个因子分别对应这些测度项的情形，见表 4。

表 4　区别效度检验

	正向情境						负向情境					
	S	I	L	N	A	B	S	I	L	N	A	B
S	0.80						0.81					
I	0.43	0.74					0.30	0.75				
L	0.32	0.44	0.83				0.41	0.44	0.77			
N	0.50	0.50	0.47	0.79			0.39	0.58	0.48	0.76		
A	0.45	0.58	0.41	0.51	0.81		0.54	0.60	0.59	0.62	0.88	
B	0.52	0.71	0.26	0.52	0.69	0.87	0.64	0.44	0.44	0.43	0.80	0.86

在正向情境中行为意向与信息性社会影响的相关系数较高，因此将两者合并后再次拟合。但新因子对应测量项的标准化因子负荷有半数不到 0.5，且模型整体的 RMSEA 也超过了可接受最高值 0.08。因此，合并修改无效，原模型的区别效度通过检验。

(三)结构方程检验

结构方程模型中的路径关系，通常采用标准化系数体现，系数越大则表示在因果关系中的重要性越高，模型中显著性水平由 P 值衡量。

1. 正向情境的结构方程检验

由此可以得出假设检验结论，除了 H2'不能通过检验无法接受之外，其他假设均达到 0.5%以上的显著水平，可接受研究假设。

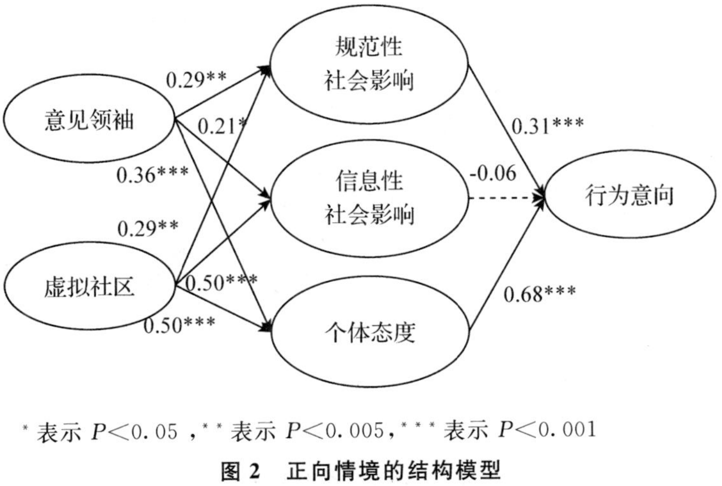

* 表示 $P<0.05$，** 表示 $P<0.005$，*** 表示 $P<0.001$

图 2　正向情境的结构模型

由于信息性社会影响无法直接对行为意向构成直接影响，因此本研究对正向情境的模型进行了修正，去掉原假设H2，设置信息性社会影响对规范性社会影响、个体态度两项因子的关系路径。增加如下两项假设：

H2a：信息性社会影响对规范性社会影响具有正向影响。

H2b：信息性社会影响对个体态度具有正向影响。

通过LISREL再次对修正模型进行拟合，获得新的拟合数据。H2a的路径系数为0.02、T值为0.23，不能通过检验，而H2b的路径系数为0.26，T值为3.01，达到0.5%的显著性水平，接受该假设。由此可知，信息性社会影响虽然对行为意向没有直接作用，但该因子通过影响个体态度对行为意向造成了间接影响，这与李峰等人的研究有一定契合之处。

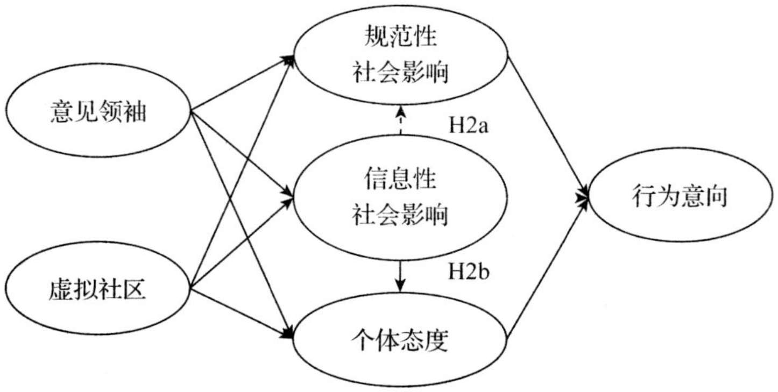

图3　正向情境的修正模型

2. 负向情境的结构方程检验

负向情境中，结构方程模型的拟合如图4，由图4可知系数中最高的为虚拟社区对规范性社会影响的路径，不能达到显著性水平的则有两条。由此可以得出假设检验结论，H1'、H2'、H3'、H5'、H7'、H8'和H9'均达到0.5%以上的显著水平，接受研究假设；而H4'和H6'不能通过检验。

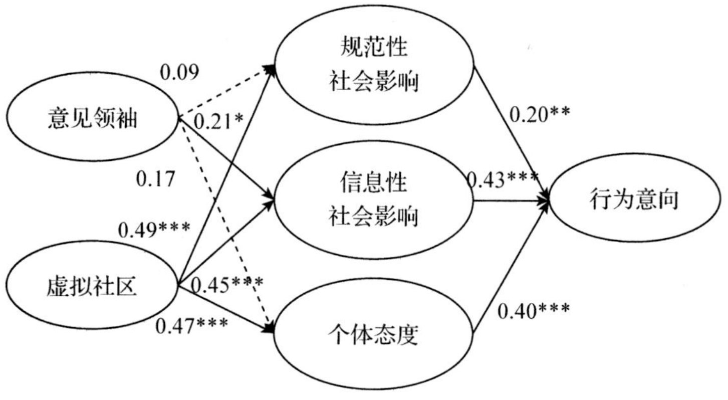

图4　负向情境的结构模型

个体态度对于行为意向的影响在正向情境中要大于负向情境。而信息性社会影响则刚好相反，甚至在正向情境中，信息性社会影响仅通过影响个体态度来发挥间接作用。规范性社会影响在两类情境下均会对行为意向产生一定影响。意见领袖影响力在正向情境中对三个中间变量均会产生正向影响，在负向情境中，则只对信息性社会影响产生作用，而无法判定对其他两项因子也有作用。虚拟社区可信性在本研究中的两类情境下均表现为对三个中间变量产生正向影响。

六、结论与讨论

(一)网络群体性事件从众意向的关键影响因素

1. 个体态度的影响效应

两类情境中个体态度均对于行为意向有正向影响，同时在直接对行为意向产生作用的三条路径中，个体态度的路径系数都保持了较高的水平。但相较而言在正向情境中，个体态度的路径系数远大于另外两个直接作用因子，可知此类情境下个体态度对行为意向的影响是全部研究因子中最大的。在负向情境中，个体态度的作用则与信息性社会影响相似，两者对于行为意向均有一定影响。

2. 信息性社会影响的影响效应

信息性社会影响在两类情境中有着截然不同的作用，可知该因子受到情境影响较大。通过对虚拟社区用户行为的观察，可以发现用户认为传播负向信息会带来风险，对于转发此类信息会存有一定迟疑，因此信息的真实性、有效性和本身的质量都会影响用户的行为；而对于正向信息，用户往往认为是好事值得宣传，不会带来对自己的负面影响，则转发行为的概率会增强，并不会太在意信息质量。

3. 规范性社会影响的影响效应

在网络环境中虽然没有明确的群体区分，但用户通过相互关注、参与微群等方式仍会形成一定群体。当有一些信息在某一群体中热议并传播时，该群体内的用户不论是出于兴趣或者压力，也往往会随之参与信息传播。规范性从众心理最大的特点是迫于群体的压力而产生从众意向，无论是在现实生活还是虚拟社区，人们都处于一定的群体中，因此规范性社会影响始终都存在一定作用。

4. 意见领袖的影响效应

随着网络的发展，意见领袖的门槛逐步降低，也不再局限于专业领域。虚拟社区内的意见领袖往往拥有较高的知名度，当用户看到意见领袖发出的正向信息时，意见领袖本身的影响力会进一步强化用户对正向信息的态度和判定，从而促使用户产生从众行为意向。但反之，在遇到负向信息时，意见领袖的意见仅能增强用户对于信息的基本判定，但对于用户的态度本身不会产生影响，更不会造成对用户不从众的压力。

5. 虚拟社区的影响效应

可信性是判定一个虚拟社区是否优秀的重要指标，不同程度的可信性也将导致用户群体、话题内容的不同。可信性越高的平台，其上的虚假消息会越少，用户对于信息真实性的判定也会越高，对群体意见的认可性会越强，从而产生从众意向的可能也会增强。在数据上则表现为虚拟社区可信性对信息性社会影响、规范性社会影响和个体态度均有正向影响。

(二)网络群体性事件的干预措施策略研究

网络在为人们提供高速信息生活的同时，也为网络信息监管和秩序维护带来了较大的挑战和压力。作为网络典型行为之一的从众行为，是形成网络群体性事件的重要部分，因此研究网络环境下的从众意向，将有利于更好地开展网络监管和政府信息发布。基于研究结论，在对网络信息进行监管时提出以下几点建议。

首先，规范虚拟社区建设，建立健全管理体系。政府可以通过设立法律法规进一步规范虚拟社区网站，提升虚拟社区的可信性。此外，由于目前涉及网络信息监管的部门较多，使得管理重叠、成本较高，应当进行一定的整合。参考金融行业有学者提出建议银监会、证监会、保监会合并为金融业监督委员会，也应当整合相关部门设立信息网络监督委员会，完善管理体系，明确工作职责，从宏观上把握政策方向。

其次，培养官方意见领袖，间接影响公众行为。目前，已经有许多政府部门开设了官方微博，并采用贴近民众、解决实事的方式拥有了一定的影响力，例如公安方面的“平安北京”、“江宁公安在线”等，政府机构方面的“微博云南”、“桃源县人民政府”等。但仍有许多官方微博缺少影响力，未能起到良好作用。因此官方微博还需采用多种方式传播信息、积极参与网络“问政”，对于民众关心的热点话题应当公开、有效、及时地回应，从而增强自身影响力，才能在关键时刻发声，影响公众行为。

最后，关注信息真伪判定，掌握民意发展趋势。对于网上热议的话题信息，政府相关部门应当联合虚拟社区网站，及时做好真伪判定，对虚假消息、恶意攻击、误传讹传等进行修正。需要特别注意的是，由于正向情境下网民的从众行为并不直接受到信息性的影响，因此反而容易忽略信息真伪，造成虚假信息传播。因此，对于正向信息的鉴别更应加强。

总而言之，面对网络复杂多变的监管环境，应当从虚拟社区、意见领袖、信息质量、群体规范等多个角度共同作用，才能达到较好的效果。无论何种方式都要经过一定时间才会奏效，并非一蹴而就，因此网络监管任重道远，需要长期的坚持。

(三)不足之处与进一步研究方向

本研究虽然取得了一定的结论，但仍存在不足和局限，针对这些问题可以继续修正研究方法，进一步深入研究相关课题。

首先，本研究所选用的样本限制了结论的普适性。虽然在前期研究中已经通过采用学生样本和工作样本来保证样本的代表性，但是回收后的样本数不足以进行分组检验，且并未涉及虚拟社区中所有类型的用户。因此，通过采用更广泛的样本，能够获得更具有普遍性的结论，也有利于制定有效的网络监管机制。

其次，研究情境的选择具有一定的主观影响。无论是正向情境，还是负向情境都是研究者通过观察和简单分析确定的，因此都只选择了一个情景进行调查，未能考察其他情景是否也有相同结果。此外，网络信息中除了部分能准确区分正向、负向之外，还有一些是无法判定正、负向的，因此在进一步的研究中也可以将扩展研究情境作为一个角度。

最后，问卷调查方法本身存在缺陷。在调研过程中，被调查者可能会受到很多因素的影响，而其自身的知识水平、理解能力等因素也会影响其对问卷的理解程度从而造成误差。

参考文献

[1] 李东进、吴波、武瑞娟：《中国消费者购买意向模型——对 Fishbein 合理行为模型的修正》，《管理世界》，2009 年第 1 期。

[2] 林欣：《基于 Fishbein 模型的品牌服装消费行为研究》，东华大学硕士学位论文，2007 年。

[3] 李峰、沈惠璋、张聪：《我国危机事件下从众意向模型——基于 Fishbein 合理行为模型的修正研究》，《管理学报》，2012 年第 3 期。

[4] (美)阿伦森：《社会心理学》，侯玉波译，北京：中国轻工业出版社，2007 年。

[5] Etter W W, Attitude Theory and Decision Theory: Where is the Common Ground?, *Journal of Marketing Research*, 1975, 12(4).

[6] Shwu-Ing W, The Relationship between Consumer Characteristics and Attitude toward Online Shopping, Marketing Intelligence & Planning, 2003(21/1).

[7] 张琼琼、刘泽文：《信息性从众行为和规范性从众行为比较研究》，《社会心理科学》，2010 年第 3 期。

[8] 邹妍艳、李波：《“人肉搜索”：网络集群行为解读》，《中国传媒大学第三届新闻学与传播学博士学术研讨会论文集》，2009 年。

（作者：王天梅　中央财经大学教授
孙宝文　中央财经大学教授
范　峥　中央财经大学硕士研究生）

项目名称：我国特大城市 CBD 金融集聚差异化发展研究
项目编号：12JGA015
项目负责人：王曼怡
项目信誉保证单位：首都经济贸易大学

特大城市 CBD 金融资源差异化发展研究

特大城市是新经济和当代社会发展的新现象，改革开放以来，伴随着我国对外开放程度的不断加深，经济得到飞速发展，城市规模不断扩大，我国许多城市初步形成了金融资源集聚区域，比如上海陆家嘴金融贸易区、北京金融街、深圳世界金融中心、北京 CBD，等等。通过国内外金融资源集聚成功案例可以看出，大多金融资源集聚在本地区的中央商务区。金融资源集聚的发展与中央商务区的发展相互促进、相辅相成，而不同城市的中央商务区由于其资源禀赋的不同而形成了 CBD 区域内金融资源的差异化发展。综合考虑区位特点与经济发展程度等因素，本文选取北京、上海、深圳、沈阳四个特大城市，对其 CBD 金融发展进行综合评价，并对其金融资源分布的差异性进行度量与分析，从而得出相应的政策建议。

一、特大城市 CBD 金融发展的综合评价

金融发展理论认为，金融业是经济发展的“引擎产业”，金融业能够通过自身的发展来刺激其他经济发展要素，从而推动整个经济的发展。特大城市是城市化发展的产物，是世界人口社会活动的重要聚集空间。而 CBD 作为中心城市的重要的功能区和区域资源配置的控制中心，越来越成为衡量一个地区，甚至一个国家的对外开放程度与经济竞争力的重要标志。因此，特大城市 CBD 的金融发展程度对一个城市乃至一个地区都会产生深远影响。

(一)北京 CBD 金融发展综合评价

首都北京作为我国对外交流的窗口，已经成功迈入服务业时代，从 1995 年开始，北京第三产业结构比重就超过 50%，并逐年递增，进入服务业发展的黄金时期。金融产业作为现代服务业的重要组成部分，已成为推动经济增长的重要原动力，大力发展金融产业也成为加快经济增长的关键因素。

2009 年，根据首都经济的发展需要，北京市政府决定将北京 CBD 向东扩张，新增加面积约 3 平方千米。北京作为我国的首都，处于政治、文化中心的核心地位，是我国对外交流的窗口，吸引了大量外资企业，而北京 CBD 作

为首都经济发展的重要区域，囊括了北京外资企业总量的70%以上，形成了大型的现代服务业集聚区域。其中，金融产业的集聚现象尤为突出，北京CBD聚集了众多世界知名的银行、证券、保险等金融机构。在北京的外资银行中，70%将分行入住CBD，并且全市6家外资汽车金融公司均落户在CBD及周边地区。目前，CBD不仅在北京市范围内拥有金融机构的数量和种类是最多最全的，而且建设成为国际金融产业龙头的趋势更加明显。

近年来，北京市CBD依托其丰富的公共文化资源、国际文化资源和产业文化资源，深入实施科技创新和文化创新的“双轮驱动”战略，加快转变经济发展方式，带动城市发展模式的转变和居民生产生活习惯的转变。北京通过各种渠道最大限度地发挥人才资源和智力资源密集的优势，努力把北京市打造成为国际文化融汇的大都市，并且从中受益。

(二)上海CBD金融发展综合评价

依托原有或新兴的区位优势与政策优势，上海逐渐形成了七个风格明晰、个性迥然的CBD——陆家嘴、淮海中路、徐家汇、人民广场中心区、虹桥、南京西路静安寺、五角场新江湾城，引领着上海大都市的城市经济发展。

上海陆家嘴CBD是目前中国金融集聚相对最完备的城市，其中金融贸易占地28平方千米，为我国唯一的以“金融贸易”定位的国家级开发区。如今已聚集了全球130多家银行与金融机构、世界500强企业的绝大部分地区总部以及数百家中外资的金融和贸易机构、跨国公司以及中介服务机构，它被称为“最典型的CBD中心”和“最具中国特色的CBD中心”。陆家嘴CBD具有相对完备的市场要素市场，集中了我国的证券、期货、产权、黄金等市场。另外，拥有350多家国内外的金融机构，180多家跨国公司地区总部，100多家国内大企业以及4000多家涉及法律、会计、咨询等的中介服务机构。淮海中路则是上海最早成熟的CBD，香港广场、上海广场等数不胜数的甲级写字楼烘托出这个上海最密集的CBD。而徐家汇是一个因为交通聚集而形成的具有CBD功能特色的商业中心。人民广场CBD是上海市中心城区规模最大、商业功能最全、时尚品牌最集聚的商务商贸中心，被称为上海市中心的“超巨CBD”。

目前，上海CBD同业拆借市场、证券市场、期货市场、外汇市场、黄金市场、产权市场已然构成了健全的全国性金融市场体系。2009年，上海金融机构在全国银行同业拆借市场合计拆入拆出金额约占全国市场的22.5%。上海证券交易全年股票成交额在全球证券交易所中排名第三。上海期货交易所各交易品种累积成交量跃居全球商品期货和期权交易量第二位。现货黄金场内交易额排名全球第一。至2013年年末止，上海市各类分行级或分公司以上级别金融单位共787家，汇集金融从业人员22万多名。上海CBD金融业已经形成了一定规模的集聚。

(三)深圳CBD金融发展综合评价

深圳新一轮城市总体规划提出，深圳将建立三级城市中心体系，包括2个城市中心、5个城市副中心、8个组团中心。2个城市中心即福田中心和前海中心。福田中心包括福田中心区、罗湖中心区，主要发展市级行政、文化、商业、商务等职能。前海中心，包括前海、后海和宝安中心区，主要发展区域功能的生产性服务业与总部经济。

经过多年的发展，金融产业早已成为深圳名副其实的四大支柱产业之一。截至2011年10月末，深圳17家证券公司在机构数量和总资产、净资产、营业收入、净利润等指标方面继续保持全国第一，17家基金管理公司共管理基金269只，基金份额和资产净值均占全国1/3，仅次于上海；深圳金融产业以不足全市1%的人口创造了全市13.5%的GDP，居全国第一。从2010年深圳金融业的增加值来看，在全国排名第三，为1279.27亿元，占上海的66.21%，北京的69.21%；是广州的2.08倍，天津的2.28倍，重庆的2.66倍，同比增幅为10.6%；高于上海5.7个百分点，北京2个百分点，广州2.4个百分点，也从侧面显示了深圳强大的金融产业集聚能力。

(四)沈阳CBD金融发展综合评价

2010年4月6日和2011年9月16日，国务院分别批复了《沈阳经济区新型工业化综合配套改革框架方案》和《沈阳经济区新型工业化综合配套改革试验总体方案》，明确提出“以沈阳金融商贸开发区为主体，开展国家优化金融生态综合试验，加快建设区域性金融中心”，标志着沈阳金融商贸开发区建设国家优化金融生态综合试验区和东北区域金融中心正式上升为国家战略，沈阳金融商贸开发区成为继上海浦东新区、天津滨海新区之后，我国第三个金融创新先行先试区，也成为CBD金融集聚的试点。

沈阳金融商贸开发区自成立以来，紧紧抓住东北振兴和沈阳金融业开放的有利契机，以楼宇建设为载体，以外资金融机构引进为主攻方向，使东北区域金融中心建设取得了快速发展。目前，开发区已聚集金融机构108家。其中包含在沈的全部中资银行和外资银行、英国恒安人寿保险公司等42家国内外保险公司，以及香港华富嘉洛证券、银河期货、华安基金等30家证券、期货、基金公司。沈阳金融商贸开发区已经形成了与国内其他城市相比，更为完整的现代金融的市场体系，包括资本、货币、外汇、信贷、金融期货、产权交易、保险市场等。整个交易规模也日益在扩大，许多全国性的金融机构的主要营运中心、交易中心、票据中心、守信评审中心、数据处理中心、研发中心等，都已经纷纷汇聚这里。2011年，沈阳金融商贸开发区金融机构存贷款余额已达沈阳全市的3/4、全省的1/4、东北的1/8。金融聚集和辐射能力迅速扩大，金融洼地效应加速显现。

二、金融资源城市分布的差异性分析

为考察金融资源的地区分布及差异特征，本文对 2003—2012 年北京、上海、深圳、沈阳的金融机构存贷余额等相关原始数据予以考核，通过分析不同年份金融存贷款余额的比值变化，揭示了各地区银行业发展、金融资产使用效率以及金融深化程度的分布差异。

(一)银行业发展规模

1. *存款资源分布差异*

引入金融机构存款反映了金融机构的形成规模和动员储蓄功能。通常意义上的戈氏和麦氏两种指标①都是从总体上衡量一国的金融发展规模，以往很多以中国金融总体发展情况为研究对象的文献中，都将其作为对中国金融发展规模的指标。由于中国缺乏各省区金融资产和 M2 的统计数据，无法直接使用戈氏和麦氏指标，只能利用存、贷款数据作为金融资产的一个窄的衡量指标去揭示中国金融机构的发展规模，本文利用 2003—2012 年全部金融机构存、贷款数据来衡量一个省区金融机构的发展规模。

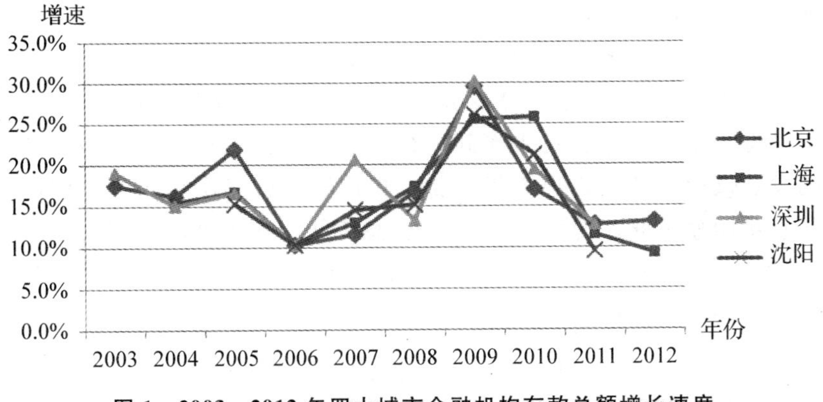

图 1　2003—2012 年四大城市金融机构存款总额增长速度

通过图 1 的分析，可以看出四个特大城市金融机构存款增速的情况。其中，北京、深圳和沈阳增速最快的时期都在 2009 年，分别达到 29.5%、30.2%和 26.0%，这与 2008 年北京举办奥运会的后效应相关。在以后的 2010—2012 年间，四大城市的金融机构存款总额增速均放缓，且相比于其他城市，沈阳的增速始终比较缓慢。上海金融存款的总额增长速度一直平缓且稳健上升，一直到 2010 年才开始下降。深圳，增速差从 2009 年的 30.2%一直回落到 2011 年的 12.7%，下降一半以上。

① 戈德史密斯在其著作《金融结构与金融发展》一书中，使用金融中介资产的价值与 GNP 的比率作为一国的金融发展指标；麦金农在衡量一国金融增长时，主要使用货币化率指标，以此衡量经济货币化程度。货币化率＝M_2/GDP

表1 四大城市金融机构存款总额 单位：亿元

年份	北京		上海		深圳		沈阳	
	存款总量	增长率	存款总量	增长率	存款总量	增长率	存款总量	增长率
2003	20476.00	17.4%	17318.38	13.4%	7071.94	19.0%	2691.70	18.4%
2004	23781.30	16.1%	19994.05	15.4%	8136.21	15.0%	3206.43	19.1%
2005	28969.90	21.8%	23320.86	16.6%	9486.71	16.6%	3696.62	15.3%
2006	33793.30	10.3%	24924.65	10.3%	9540.42	10.3%	4100.89	10.3%
2007	37700.30	11.6%	28168.50	13.0%	11495.79	20.5%	4696.67	14.5%
2008	43980.70	16.7%	33055.11	17.3%	13011.24	13.2%	5404.78	15.1%
2009	56960.10	29.5%	41486.49	25.5%	16938.75	30.2%	6809.83	26.0%
2010	66584.60	16.9%	52190.04	25.8%	20210.75	19.3%	8254.24	21.2%
2011	75001.90	12.6%	58186.48	11.5%	22782.39	12.7%	9040.68	9.5%
2012	84837.30	13.1%	63555.25	9.2%	29662.40	30.2%	10441.60	15.5%

从表1中可以看出，从绝对规模来讲，四大城市通过国民经济的迅速发展而积累的金融资源是显著增加的。其中北京增加4.14倍，上海增加3.6倍，深圳增加4.19倍，沈阳增加3.88倍。在2003—2012年间，北京的存款总量始终位于第一位，且在十年间，存款总额增长三倍；上海和深圳金融业存款的发展仅次于北京，也逐年增长；相比于其他三个城市，沈阳的金融机构存款总量明显偏低，其2011年的存款总额相当于2006年深圳的存款总量，但“十一五”规划后存款量也有明显增长，增速较快。因此，从相对规模来看，四大城市金融资源的存款差异逐渐增大。

表2 2011年年末四大城市存款结构 单位：亿元

	北京		上海		深圳		沈阳	
	存款余额	占比	存款余额	占比	存款余额	占比	存款余额	占比
储蓄存款	19690.60	26%	17958.22	31%	8389.06	32%	3778.3	42%
单位存款	47015.80	63%	34941.43	60%	14918.79	58%	4709.2	52%
财政存款	1070.30	1%	1834.36	3%	571.19	2%	273	3%

从金融机构存款的结构分析，各地区银行体系的资金来源分布差异性较大，北京和深圳的单位存款在资金来源中的占比较大，这表明，沈阳和深圳企业销售回款良好、效益较高；而储蓄存款的增加，有可能是因为大量的剩余劳动力被游离出来，在发达地区打工，由此伴随而来的是货币资金的回流，导致了储蓄存款的增加。

2. 贷款资源分布差异

金融机构贷款规模的增长速度是反映城市金融生态主体发展差异的重要指标。一方面，从历年的贷款总额增长的情况看，四大城市的增速均呈波动形态，其低谷均出现在2005—2007年，共同的波峰出现在2009—2010年；另外，在2009年后，贷款的增速明显放缓。另一方面，“十一五”时期是金融机构贷款增速最快的一个时期，这与前文金融机构存款情况是一致的。在2009—2010年间，除了上海呈现增长趋势，其他三个城市贷款增幅均下降，但降速的差异不大。

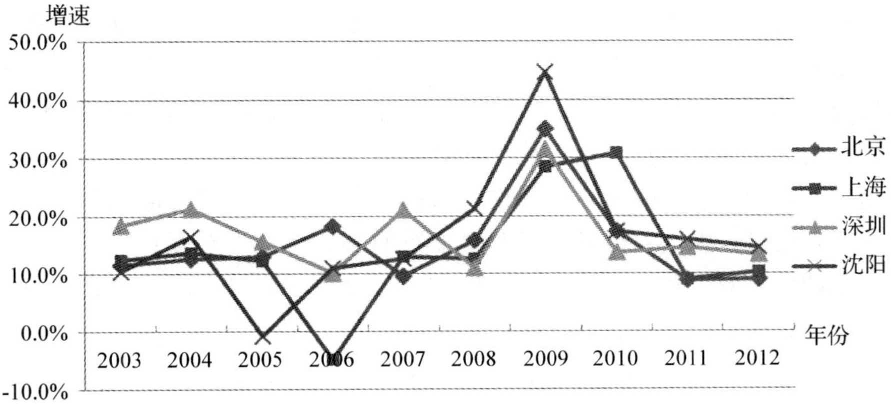

图2　2003—2012年四大城市金融机构贷款总额增长速度

表3　四大城市金融机构贷款总额　　单位：亿元

年份	北京		上海		深圳		沈阳	
	贷款总量	增长率	贷款总量	增长率	贷款总量	增长率	贷款总量	增长率
2003	12057.7	11.5%	13168.1	12.4%	5411.96	18.4%	2035.34	10.4%
2004	13577.7	12.6%	14972.0	13.7%	6571.56	21.4%	2371.45	16.5%
2005	15335.5	12.9%	16798.1	12.2%	7596.75	15.6%	2355.65	−0.7%
2006	18131.6	18.2%	15968.9	−4.9%	8353.82	10.0%	2614.37	11.0%
2007	19861.5	9.5%	18019.4	12.8%	10121.37	21.2%	2942.97	12.6%
2008	23010.7	15.9%	20294.8	12.6%	11234.05	11.0%	3572.59	21.4%
2009	31052.9	35.0%	26086.6	28.5%	14783.39	31.6%	5170.92	44.7%
2010	36479.6	17.5%	34154.2	30.9%	16808.12	13.7%	6068.37	17.4%
2011	39660.5	8.7%	37196.8	8.9%	19244.68	14.5%	7039.97	16.0%
2012	43189.5	8.9%	40982.5	10.2%	21808.34	13.3%	8070.70	14.6%

通过表 3 可以看出，一方面，从贷款总量看，金融机构贷款总量一直是北京居于第一位，然后是上海、深圳和沈阳，虽然增速不同，但排名一直没有变化；另一方面，随着时间的推移，各城市间的两极分化不仅非常严重，而且有扩大的趋势。在历年的金融机构贷款总额中，数额最大的城市和最小的城市的差距从 2003 年的 10021 亿元增长到 2011 年的 32620 亿元。

(二)金融资产使用效率

由上可知，“十五”以来，我国金融机构的存款、贷款规模得到了显著的扩张，虽然规模的扩大，很多省区及城市的经济水平得到了显著的增长，但随着规模的日益膨胀，可扩展的空间也逐渐变得有限。这也可以看出我国早期的政府部门非常重视金融发展中“量”的扩展，没有将金融增长与金融发展相区分。金融资产使用效率用全部金融机构的贷款总额与存款总额之比表示，它反映的是金融机构将存款转化为贷款的效率。存贷款余额的比例是反映一个地区的存款总量转化为在该地区投放的贷款的比例，即该地区存款资源的利用率，也可以反映一个地区信贷资金的自给程度。当贷存比越高时，意味着资金的使用效率较高，银行产生的利润也会较高，但过高的贷存比也会导致银行承担风险的能力变弱。

表 4　2003—2012 年金融资产使用效率　　　　(单位:%)

年份	北京	上海	深圳	沈阳
2003	0. 59	0. 76	0. 77	0. 76
2004	0. 57	0. 75	0. 81	0. 74
2005	0. 53	0. 72	0. 80	0. 64
2006	0. 54	0. 64	0. 88	0. 64
2007	0. 53	0. 64	0. 88	0. 63
2008	0. 52	0. 61	0. 86	0. 66
2009	0. 55	0. 63	0. 87	0. 76
2010	0. 55	0. 65	0. 83	0. 74
2011	0. 53	0. 64	0. 84	0. 78
2012	0. 51	0. 64	0. 74	0. 77

从表 4 中可以看出，从 2003 年开始，北京和上海的贷存比都呈下降趋势，说明存款的增速大于贷款的增速，这与商业银行调整资产负债结构以及国有商业银行降低不良贷款比例、完善公司治理机制和 IPO 等因素有一定关系，也与近年来北京和上海的金融政策相关，使得金融机构存款规模迅速扩

张。从深圳来看，存贷比比较高且总体没有处于下降趋势，反映该地区金融机构存款资源基本没有外流，作为金融资产使用效率最高的城市，说明其金融机构存贷规模没有过度扩张，而是合理增速，并兼顾了金融资源配置的合理性。相比于北京与上海，沈阳的贷存比一直处于上升，说明了资金的使用效率逐年增强，沈阳的老工业企业多，技术水平相对比较落后，较高的贷存比说明存款资源有力地扶持地区改造升级。

本文同时也计算了各地区的存贷差，从存贷差分析，如果一个地区产出的价值可以用存款表示，该地区投入的价值则用贷款表示，那么，从这个意义上，银行新增存贷差为正的地区则代表着银行资金流入该区域，为负则表示银行资金流出该区域。但从存贷差分析，发现四大城市的存贷差均呈正，表明了银行资金流入该区域。

由上看出，增加的存贷差和逐渐下降的贷存比的主要原因归结如下：一是由于伴随着银行商业化运营，商业银行的风险管理意识不断增强，改变了其过度依赖存贷款利差收入的单一盈利模式，银行资产多元化程度不断提高，债券等低风险权重的资产占比不断增大。从货币创造原理看，银行购买债券与发放贷款具有相同效果，都会派生出等量存款，存差因此加大，贷存比反而下降。

二是在金融改革过程中，政府对四大国有商业银行的不良资产进行了大规模的剥离与核销，截至2005年年末，至少有数万亿的贷款被剥离、核销或实行债转股。结果，贷款余额下降，转换成等额的信誉好的、有担保的优质资产或等额核销所有者权益，但并不影响负债方存款余额，使商业银行资产负债结构发生巨大调整，存贷差额会相应扩大。

三是金融体系外汇资产增长较快。近几年来我国国际收支持续呈现双顺差，企业、居民将获得的大量外汇转换为人民币存款，这体现在银行资产负债表上就是资产方的外汇资产增加、负债方的人民币存款增加。由于是以非贷款的形式向居民和企业部门提供资金，因此存差扩大，贷存比下降。

(三)金融深化程度

金融深化程度，不仅可以指金融机构经营规模的大小，也可以反映金融发展与经济发展的联动程度。金融深化程度又称金融相关比率，戈德·史密斯(1969)提出衡量一国金融发展水平的存量和流量指标，其中最主要的是金融相关率(FIR)。

金融相关率的影响因素有很多，经济货币化率、资本形成率、企业外部融资率、金融机构新发行工具比率等与金融相关率呈正比例关系。一般来说，金融相关率越大，经济中储蓄与投资分离的程度越大，外源融资和间接融资的比率越大，企业活动的规模与能力相应增强。金融相关率比值较低的则说明经济单位中，内部融资的比重较大，金融交易范围较小，因而资金流动性比较差，金融发展程度较低。

表 5　2003—2012 年四大城市金融相关比率　　　　单位：%

年份	北京	上海	深圳	沈阳
2003	6. 48	4. 55	3. 48	1. 31
2004	6. 19	4. 33	3. 43	1. 26
2005	6. 43	4. 38	3. 45	1. 27
2006	6. 60	3. 94	3. 08	1. 28
2007	6. 15	3. 79	3. 18	1. 19
2008	6. 03	3. 79	3. 11	1. 22
2009	7. 24	4. 49	3. 87	1. 16
2010	7. 30	5. 03	3. 86	1. 30
2011	7. 06	4. 97	3. 65	1. 36
2012	7. 16	5. 18	3. 97	1. 30

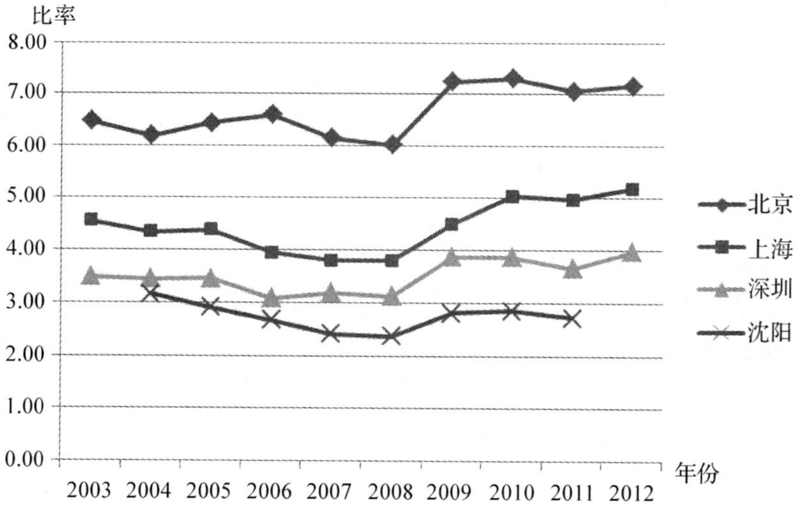

图 3　2003—2012 年四大城市金融相关比率

如图 3 所示，2003—2012 年间，四大城市的金融深化程度均呈稳步上升的波动趋势。金融深化程度的拐点均出现在 2008 年。研究初期，在 2003 年，金融深化程度的差异还很小，北京 6.48，上海 4.55，深圳 3.48，随后四大城市均进入了金融深化的发展阶段，才出现明显的分化趋势。从四大城市历年的金融深化走势看，北京一直是金融深化程度最大的，上海次之，沈阳的金融深化程度最低。从金融深化程度的涨幅来看，上海涨幅较大，这也反映了金融市场化的程度差异，北京、上海开放较早，市场化程度较高，金融发展也明显加快。

三、我国特大城市 CBD 金融集聚差异化发展的政策建议

当前我国在金融、教育、媒体等各大领域均出现了不同程度的同质化现象，在各特大城市 CBD 中也同样遇到了同质化问题，引起了社会各界的高度关注。我国以发展特大城市 CBD 支持经济发展的国家战略需要对此进行调整，才能更好地发挥金融作为经济的加速器，支撑实体经济又好又快发展的功能。

（一）打破区域限制，推进区域金融的跨区协调发展

区域金融发展的溢出效应严重受到政府行为、法律环境、地区的人文环境以及两地间的经济实力差异度的影响。因此，如何有效地突破这种区域间的有形或无形的限制是促进金融核心区向周边有效辐射的关键所在。具体的政策建议有以下三点：

第一，作为金融核心区不要紧盯着自己的行政区域，要考虑向与其经济实力接近的临接地区延伸机构和业务，在提升本地区金融发展影响力的同时带动周边临近地区金融业的协调发展。因此，作为金融核心区的行政机构要尽量减少对于金融业发展的行政干预，鼓励本地区的优秀金融企业向周边延伸和发展。

第二，作为接受金融核心区辐射的地区要保持一个开放的心态接受金融核心区先进的管理思想和金融资源的输入，借此改善和提升本地区金融发展的水平，同时要着力提升自身的经济实力，这样才能更大限度地接受核心区的辐射。

第三，区域行政机构之间要做好区间金融辐射的协调和制度安排。由于金融集聚效应的存在，一旦地区间放松管制，区域间金融业发展的差距不断拉大，大量的金融资源会快速向金融核心区集聚，但随着时间变化金融集聚效应会不断减弱而金融扩散效应会经历先以递增速率、递增后以递减速率递增的持续增加的过程，从而实现周边地区金融业的良性发展。因此，在加强区域金融辐射的过程中，两地政府必须做好相关沟通和协调工作，制定切实可行的制度和方案，在避免金融非核心区短期内遭受巨大阵痛的同时，有效地促进两地金融的良性互动和协调发展。

（二）合理利用资源禀赋特性进行差异化分工

通过搭建能实现发展快的特大城市与发展慢的特大城市 CBD 间的金融合作平台，探索差异化分工合作路径。我国当前部分发展快的特大城市正经历发达国家早期的产业空心化过程，即产业以制造业为中心的物质生产和资本大量地、迅速地转移到发展慢的特大城市，这使得发展慢的特大城市面临着以下双重压力：一方面是从发展快的特大城市引进的技术的可复制性逐渐下

降，另一方面是大量低效率使用自身资源的现状难以长期维持。因此，为能更充分发挥两个特大城市 CBD 的金融加速器作用，应搭建特大城市 CBD 间的金融合作平台，探索差异化分工合作路径。

（三）建立和谐的金融生态系统

在金融生态系统运行效率高、资本市场相对发达的经济体中，金融生态系统能够降低信息交易成本，提高资金转化效率，促进资金的优化配置，优化配置的资金又将促进要素生产力的提高、资本的形成，最终促进经济增长。作为服务于省区经济增长的金融生态系统也只有适应本土经济增长的需求，更高效地发挥自身的市场功能，才能促进经济的高速增长，并且借助于经济增长的反作用力为自身的进一步发展提供可靠的基础。首先，要让本地金融机构适应金融产业发展战略和金融文化建设的需要，政府部门要加大对本地社会人文环境的投入，不失时机地推动财务、教育基础设施、职业道德宣传等方面的建设，让企业对金融文化环境的重要性有新的认识，并提供必要的法规、资金的支持，建设更多的人文教育配套设施，为金融文化环境提供良好的硬件环境。其次，对于金融生态竞争力落后的省区，更应加强人口素质和社会人文环境的培育。大力发展教育、文化事业，积极落实国家“科教兴国”的战略决策。金融企业要加强企业内部的制度文化建设。由于金融业相对来说其风险引发的后果往往更为严重，这使得金融业内部的制度文化建设显得更为重要。只有企业深入实际调查，努力增强金融文化环境建设的科学性、实效性，才能为金融文化环境提供优良的软件环境。

参考文献

[1] 白钦先：《论以金融资源学说为基础的金融可持续发展理论与战略——兼论传统金融观到现代金融观的变迁》，《广东商学院学报》，2003 年第 5 期。

[2] 王力：《中国区域金融中心研究》，北京：中国金融出版社，2007 年。

[3] 黄解宇、杨再斌：《金融集聚论：金融中心形成的理论与实践解析》，北京：中国社会科学出版社，2006 年。

[4] 张凤超：《金融地域系统研究——关于金融一体化的一种解释》，北京：人民出版社，2006 年。

[5] 张世晓：《区域金融集聚演化机制实证研究》，武汉：湖北人民出版社，2011 年。

[6] 陈铭仁：《金融机构集聚论：金融中心形成的新视角》，北京：中国金融出版社，2011 年。

[7] 曹源芳：《中国区域金融中心体系研究：以金融地理学为理论视角》，北京：中国金融出版社，2010 年。

[8] 蒋三庚：《中央商务区研究》，北京：中国经济出版社，2008 年。

（作者：王曼怡　首都经济贸易大学教授）

项目名称：北京市 PM2.5 治理的政府规制政策工具比较分析和选择
项目编号：12JGA033
项目负责人：王红梅
项目信誉保证单位：中央财经大学

北京市 PM2.5 治理的政府规制政策工具比较分析和选择

一、引　言

近年来，随着我国城镇化进程的不断加快，环境问题日益凸显并成为我国经济社会发展过程中一个迫切需要解决的问题。环境是与公众生活息息相关的重要领域，随着收入水平和知识水平的提高，公众对于健康生活环境的需求也不断增加。然而，以雾霾为首的大气污染问题已经成为我国城市发展所面临的巨大考验。

首都北京作为受雾霾影响较为严重的城市之一，已经采取了诸多措施加以应对。2013 年，北京市出台并实施了《北京市 2013—2017 年清洁空气行动计划》和 84 项重点任务，开启了"向 PM2.5 宣战"元年，打响了以防治 PM2.5 为重点的大气污染防治攻坚战。但就目前而言，其治理效果却十分有限。2013 年，北京空气中六项污染物仅有二氧化硫和一氧化碳两项年均浓度达到国家标准，其余四项污染物均超标。在重污染天数方面，2013 年北京五级和六级重污染天数累计为 58 天，占全年总天数的 15.9%，平均每隔 6 天或 7 天，就会出现一次重污染天气过程①。

笔者认为，北京市大气污染治理效果不显著存在多方面的原因，其中之一就是环境治理政策工具还存在优化组合的空间。本文针对北京市现有大气污染治理政策工具的实施现状，对不同政策工具进行比较分析，并提出了北京市 PM2.5 治理的政策优化组合方案。

二、相关研究评述

(一)环境政策工具的分类研究

国际上最初以市场和行政作为划分环境政策工具的标准，将其分为命令

① 数据来源：北京市环境保护局网站。

控制式工具和市场化工具[①]。随着环境治理理论和实践的不断发展，以公众为主导的自愿参与式政策工具逐步进入政策领域。经济合作与发展组织(OECD)将政策工具划分为三类，分别是直接管制式、市场机制式以及劝说式手段三类[②]。世界银行则对市场机制式的政策工具进行了细分，分为利用市场和创建市场两种类型[③]。

国内学者对于环境政策工具分类的研究不少，但结论基本一致。基于政策工具对被规制者的强制性，将环境政策工具分为三大类，分别是命令控制型、市场激励型和公众参与型政策工具，本文延续了这种普遍的划分方式。

(二)环境政策工具的比较和选择研究

国外学者对不同类型政策工具的比较主要从经济学角度着手，注重对经济效率的考量，包括成本收益、静态效率、动态效率等方面。随着环境问题的日益复杂，涉及的领域越来越广泛，单纯的效率标准已经无法适应现实要求。经济合作与发展组织(OECD)将有效性、可接受性、监督的可行性以及相应的管理费用等标准作为补充与经济效率一同进行考量。瑞典学者托马斯·思德纳在《环境与自然资源管理的政策工具》一书中提出了政策工具比较选择的五大标准，分别是效率(静态和动态分配效率、公共基金的使用效率及处理成本)、效果、公平、激烈相容以及政治上的可行性[④]。

国内学者在这个领域的研究大都是综合西方学者的观点，在政策工具的比较和选择上给予多角度评价。宋英杰在《基于成本收益分析的环境规制政策工具选择》一文中指出，“成本—收益分析”法适应了行政改革效率化的要求，有利于加强管制机构的独立性和权威性[⑤]。刘丹鹤教授在其《环境规制工具选择及政策启示》中，主张通过静态效率收益、动态创新激励、行政管理成本、政策激励相容、实施机制条件等方面的权衡和比较来进行政府规制政策工具的选择[⑥]。朱喜群则在《论政府治理工具的选择》中从强制程度、直接程度、自治程度和量化程度来分析政府规制政策工具的选择[⑦]。

(三)环境政策工具的优化组合研究

国内外学者都认为没有一种政策工具是完美的，是能够应对所有问题的，要么是政策工具本身存在某种缺陷，要么是其适用条件过于苛刻。因此，寻

---

① [美]K. 哈密尔顿：《里约后五年：环境政策的创新》，北京：中国环境科学出版社，1998 年。

② 肖璐：《环境政策工具的发展演变》，《价格月刊》，2007 年第 1 期。

③ 经济合作发展组织(OECD)：《2001—2010 年环境战略》，2001 年。

④ [瑞典]托马斯·思德纳：《环境与自然资源管理的工具》，上海：上海人民出版社，2005 年。

⑤ 宋英杰：《基于成本收益分析的环境规制政策工具选择》，《广东工业大学学报(社会科学版)》，2006 年第 3 期。

⑥ 刘丹鹤：《环境规制工具选择及政策启示》，《北京理工大学学报(社会科学版)》，2010 年第 4 期。

⑦ 朱喜群：《论政府治理工具的选择》，《行政与法》，2006 年第 3 期。

求政策工具的优化组合以实现政策功效的互补成为管理者和学者们的共识。不过，该领域的研究进展还停留在应然层面，大多数学者都是从政策工具自身的优、劣势以及适用条件出发，认为环境政策工具应当进行优化组合，而在具体实践中很少能够提供突破性的指导。

从目前的研究来看，国内外学者对于环境政策工具的分类已经比较成熟，且理论一致性的程度也比较高。环境政策工具的比较和选择的标准也越来越全面和深刻，摆脱了以往单纯注重经济效率的状态，能够兼顾政治性、社会性等多种重要因素。相比之下，对于环境政策工具优化组合的研究还存在较大的空间，目前的研究多数停留在理论层面，与实践的结合程度比较低，没有最大限度地发挥理论的指导作用。

三、北京市 PM2.5 治理的政府规制政策工具现状及比较分析

为有效控制 PM2.5 环境污染问题，北京已经采取了多种应对措施，如扩建检测网络、充分利用经济杠杆、全面压减燃煤、淘汰老旧机动车、加快油气油品升级、区域联防联控、鼓励社会全民行动等。这些措施总体上可以归为三种类型，分别是命令—控制型、经济激励型和公众参与型。笔者将对这三种不同的政策手段逐一进行分析，并试图归纳其特点及适用范围。

（一）“命令—控制”型环境政策

“命令—控制”型环境政策（Command and Control，简称 CAC），指行政当局根据有关法律、法规和规章、标准，直接规定活动者污染可以排放的数量及方式。根据具体实施方式，分为技术标准和执行标准两类：前者指政府通过对企业必须采用的污染控制技术进行规定；后者指政府对企业的产量或排污量进行强制限制。北京市目前主要应用以下几种强制手段：环境影响评价、“三同时”制度、污染物排放标准、限期治理制度、严重污染企业关停并转、排污申报和许可证制度、企业环境目标责任制、污染物排放总量控制等，如表 1 所示。

“命令—控制”型政策工具具有一定的优势。首先，短期效果显著，政府对企业排污限制落实具体而迅速。其次，实施效果的确定性强。在环境标准制定合理的情况下，政府利用权威、立法来迫使污染者执行某项标准，从而有效实现环境政策目标。再次，适于处理突发性事件。当某个地方的 PM2.5 环境污染严重超过“环境容量”时，不可能再依靠市场机制如征税来解决，此时“命令—控制”型环境政策可能是唯一的选择，也是最有效的手段。

表 1　北京市 PM2.5 治理的“命令—控制”型政策实施现状

政策工具	实施部门	开始时间	作用对象	作用机制/实施范围
污染总量控制制度	环保部门	2004 年	各类污染源	以北京市环境质量达标为要求，确定排放配额和减排比例
污染企业关停并转	环保部门	2007 年	重污染工业	重污染天气限制“三高”企业生产作业
		2007 年	“三高”企业	结构降耗——内涵式降耗
机动车限行	交通部门	2009 年	机动车	以淘汰黄标车、老旧机动车为主，发展油品升级
“三同时”制度	建筑部门	2010 年	建设项目	项目在设计、施工、运行阶段的环保措施
污染物排放标准	环保部门	2011 年	火电行业	以火电行业为主，兼顾钢铁、水泥、燃煤锅炉等其他企业
目标责任制	建筑部门	2011 年	扬尘	将扬尘防治情况纳入建筑企业信用征信体系
排污许可证制度	环保部门	2012 年	大气污染物排放单位	企业需按规定设置监测点位和采样监测平台
环境影响评价	环保部门	2012 年	大气环境质量指标	区域联防联控、五环六环大面积造林

在保持优势的同时，“命令—控制”型政策工具也存在很多局限性。第一，信息需求量大，成本高。在传统的强制手段中，政府为有效控制各类 PM2.5 污染源排放，必须要了解控制信息和大量产生污染的产品。第二，缺乏灵活性。为使政策对新的环境状况做出反应，政府需要根据不同的生产工艺和产品制定详细的规定，而这需要时间和大量的数据支持，因此很难对环境状况的变化及新技术的应用及时做出反应。第三，牺牲效率换取公平。标准的制定往往是“一刀切”，并没有考虑到企业间的技术差异以及污染物处理的成本差异，造成了资源的严重浪费，同时也阻碍了市场资源配置功能的发挥。第四，存在寻租可能。寻租会导致腐败和滋生官僚主义，致使政策效果与预期相差甚远，出现“政府失灵”现象。

(二)经济激励型环境政策

经济激励型环境政策，是根据价值规律，利用价格、税收、信贷、投资、保险、微观刺激和宏观经济调节等经济杠杆，调整市场产生和消除污染行为的一类政策。这类政策鼓励利用市场信号来做出行为决策。

北京市 PM2.5 治理的经济激励型环境政策体现了“污染者付费原则(PPP 原则)”，具体包括收费政策(排污收费、产品收费、使用者收费、管理收费)、环境税收政策、价格政策、排污权交易制度、补贴政策、环保投资与信贷政策、押金制度等，如表 2 所示。

表 2　北京市 PM2.5 治理的经济激励型政策实施现状

政策工具	实施部门	开始时间	作用对象	作用机制
收费政策	国土资源行政管理部门	2007 年	产品收费	矿产资源开采
	市政市容行政主管部门	2012 年	管理收费	垃圾、渣土、砂石等散装车辆密闭运输
	环保部门	2013 年	使用者收费	“谁受益，谁补偿”的生态补偿
	市人民政府、各区政府	2013 年	排污收费	排污申报登记并缴纳排污费，根据具体情况提高征收标准
价格政策	市发展改革委	2007 年	汽车下乡	乡镇
		2009 年	房价	调控
		2010 年	机动车	限购
		2012 年	电价	阶梯电价
排污权交易制度	市环保部门、市金融管理部门、市财政部门	2011 年	总量控制为前提	制定排污权交易实施办法；建设交易平台、监督管理；制定基准价格和管理制度
补贴政策	市发展改革委	2012 年	散煤治理	发展清洁能源
		2012 年	新能源车	停车费、电价、道路通行费
环境税收政策	—	—	—	—
押金制度	—	—	—	—

相比于“命令—控制”型政策工具，经济激励型政策工具有着浓厚的市场经济特色。首先，可以增加政府财源。在刺激当事人削减污染的同时，可以筹集环境治理资金，缓解污染治理中资金紧张的局面。其次，具有较高的政策灵活性。对政府机构来说，修改或调整一项收费标准比调整一项法律或规章制度更容易和迅速。对污染者来说，他们可以在一个规定的财政预算范围内自由选择污染控制手段。最后，治理成本相对较低。污染企业为达到规定的环境标准可以选择最佳的方式，使 PM2.5 环境治理的边际成本等于污染收费，从而实现最低成本。

目前，经济激励型政策工具在我国的应用程度还比较低，可供选择的市场化工具也比较少。北京市目前广泛采用的市场化工具只有排污收费，没有严格意义上的大气环境税，只存在与大气环境相关的绿色税种。虽然已经在多个区域开展了排污权交易试点，但这些试点大都存在政府介入的现象，成为变相的“命令一控制”手段。另外，经济激励型政策工具对于市场机制的发育程度有着很高的要求，其选择和应用的过程主要是通过市场中介来发挥作用。此外，经济激励型政策的间接时滞性在一定程度上也限制了其作用的发挥，使得这种政策不适于处理紧急情况。

(三)公众参与型环境政策

公众参与环境政策(Public Participatory Environment，简称 PPE)，主要包括环境信息手段和自愿协议两大类。前者指各种信息传播中介将污染行为主体的有关信息公开，通过社会舆论的压力，产生改善行为的动力。后者指政府、企业和非营利组织间为提高自然资源的利用效率、改善环境质量而签订的一种非法定协议。前者的较高公开水平使后者能够充分发挥作用。如表 3 所示。

表 3　北京市 PM2.5 治理的公众参与型政策实施现状表

政策工具	实施部门	开始时间	作用对象	实施范围
环境标志	公安交通管理部门	2005 年	汽车环保标志	机动车
ISO14000	市建设委员会、中国环保产业协会	2008 年	大气测试	提供大气测试服务、环境管理认证检测等
环境信息公开	环保监测中心	2011 年	27 个监测子站	二氧化硫、二氧化氮、PM10
社会舆论监督	政府部门	2012 年	PM2.5 小时浓度、成因等	知情、参与监督
清洁生产式	政府办公厅	2013 年	《北京市清洁空气行动计划》	8 个方面 52 项措施
听证会	市人大常委会	2013 年	大气污染防治条例	五年立法规划从起草到审议公开征求民意

随着我国公民社会的逐步发展，社会公众的主人翁意识得到了加强。作为非政府的社会力量，公众对于环境治理的广泛参与，能够通过不同参与机制向政府反馈社会各阶层、各组织的需要和意见，从而减少政府跟踪、检查等活动的执行，有助于降低政府管理成本。同时，能够形成良好的社会氛围，促使政府、企业及公民个体都认识到自身参与大气环境保护的重要性和紧迫性。

但在实际中，要想最大限度地发挥公众在 PM2.5 环境治理方面的作用，我们还有很长的路要走。这一方面是由历史因素决定的，我国长期以来自上而下的环境政策忽视了公众的参与，而且地方行政干预更阻碍了公众环境意识的提高。另一方面，我国非政府组织发展还不成熟，政府对其支持力度也不够，在一定程度上也制约了其作用的发挥。

表4　北京市PM2.5治理环境政策工具比较矩阵

<table>
<tr><td rowspan="2">标准和条件</td><td colspan="2">命令—控制型</td><td colspan="4">经济激励型</td><td colspan="2">公众参与型</td></tr>
<tr><td>技术标准</td><td>执行标准</td><td>环境税费</td><td>押金返还</td><td>补贴</td><td>排污交易</td><td>环境信息</td><td>环境协议</td></tr>
<tr><td>作用形式</td><td colspan="2">政府</td><td colspan="3">利用市场</td><td>创建市场</td><td colspan="2">社会公众</td></tr>
<tr><td>静态效率</td><td>成本高</td><td>成本高，相对于技术标准，更具灵活性</td><td colspan="4">减污成本存在差异时，市场化政策可节省成本</td><td>以多种渠道提供激励，促进规制效率提高</td><td>企业主动优化资源配置</td></tr>
<tr><td>动态效率</td><td colspan="2">成本高，不能起到激励作用</td><td colspan="4">节省成本，提高跨期效率。补贴会扭曲市场的进出条件。必须注意排污交易和押金—返还的细节。在技术快速进步的情况下，数量型政策效果不理想</td><td>受信息质量、数量以及传递方式影响</td><td>受公民消费偏好和利益集团影响力变化的影响</td></tr>
<tr><td>企业偏好</td><td colspan="2">企业较喜欢，只为通过此可以设置企业进入壁垒</td><td>企业不喜欢税收而喜欢收费</td><td>占用较多资源是企业反对的原因</td><td>最受排污企业欢迎</td><td>依初始分配方式而定，免费分配方式更受企业欢迎，可形成市场进入</td><td colspan="2">公众的环境支付意愿强烈，企业能从形象改善中获益时受欢迎</td></tr>
<tr><td>政府偏好</td><td colspan="2">操作性容易管理，可能出现寻租问题</td><td>更偏好收费而不是税收</td><td>易于管理，有寻租可能</td><td>提供较多寻租机会</td><td>拍卖方式可获得收入，在不同分配方式下，寻租可能性不同</td><td colspan="2">节省资源</td></tr>
<tr><td>适用范围</td><td>控制技术比控制污染总量容易时</td><td>普遍适用</td><td>空气污染治理效果最佳</td><td>有毒有害</td><td>环保功能产品研发推广</td><td>空气污染效果最佳</td><td>接近最终消费者的可见性污染</td><td>产品受声誉影响大的企业</td></tr>
</table>

如前所述，笔者对北京市大气环境治理所采取的各类环境政策分别进行了评价，目的是分析出不同政策工具的特点、使用条件和适用范围。接下来，

笔者将从作用形式、静态效率、动态效率、企业偏好、政府偏好和适用范围六个方面，对不同政策工具进行比较研究。其中，静态效率比较是在不考虑时间因素与技术进步的条件下，对不同的环境政策在实现相同的环境目标所付出的成本大小进行比较分析。而环境政策的动态效率比较是从长期的角度来衡量不同环境政策在促进大气环境质量改善方面的不同。

四、北京市 PM2.5 治理的环境规制政策工具选择

任何环境政策工具都有其优越性和局限性，任何一项环境政策的有效实施都受到一定条件的约束。在前文对北京市 PM2.5 治理的环境政策工具自身属性评估和比较分析的基础上，采用协同性环境政策组合的设计思路，依据研究确定的多元标准，对照北京市 PM2.5 治理的实际情况和现实条件，研究不同环境政策组合的协同联动机制，来优化环境政策组合的选择。

(一)PM2.5 治理政策工具的选择标准

PM2.5 治理政策工具的选择应考虑如下几个关键因素：政策效果，指通过政策执行能够有效地实现 PM2.5 环境治理的既定目标；经济效率，是指环境效益与经济效益的统一，即在既定费用的前提下最大限度地改善环境质量，或者以最小的成本实现既定的政策目标；可操作性，是指易于监督和执行，能够满足政策实施所必要的最低信息强度的要求；灵活性，指为了保证环境治理目标的实现，可以根据外部条件变化对政策进行相应的调整；可接受性，指政策的制定要尽可能满足社会伦理、公平正义以及主要政治集团的利益要求。

(二)PM2.5 治理政策工具协同组合的原则

第一，兼顾经济发展和大气环境保护的原则。北京市 PM2.5 治理的最终目标是为了实现环境与经济的协调发展，因此，环境政策的组合对各方面的利益要统筹兼顾。

第二，互补性原则。每一种环境政策都有其各自的优劣势，因此要通过组合的方式来最大化政策效果。但是如果政策组合不合适，就会出现“制度挤出”的情况。因此，必须要考虑互补原则，避免不同环境政策间的排斥性，从而使环境政策组合发挥一加一大于二的效应。

第三，兼顾效率与公平的原则。不同环境政策势必会导致环境资源分配结果的差异，涉及公平要义；而环境政策的实施又产生费用分摊的问题，涉及效率要义。对于公平性的考虑会影响效率，这是为考虑公平而不得不承担的机会成本。若不考虑公平，同样会导致社会的不稳定，效率也无从谈起。

第四，充分考虑选择的时机。由于环境活动常处于不断变化中，因此，应根据不同时期的客观要求和大气环境发展状况来选择 PM2.5 治理的环境政策组合，其运用也必须准确把握时机。环境政策的演变过程也正是表明了环

境政策在应用过程中的时机原则。因此，政府在选择PM2.5治理的环境政策时，应在掌握环境经济发展动态的基础上来选择不同环境政策所运用的时间。

(三)北京市PM2.5治理的环境规制政策建议

在合理优化组合的基础上，根据外部环境和PM2.5治理的相互作用机制中不同环节上经济体的反馈和应对，笔者提出如下政策建议：

1. 针对北京市PM2.5主要来源是汽车尾气和燃煤锅炉的区域性特点

(1)使用轻烃燃料代替传统燃料。轻烃燃料是天然气开采过程中的伴生气体，用于天然气管网无法到达的区域，并提供清洁燃气。轻烃燃料既可以取代燃煤锅炉，同时又可弥补天然气管网的不足，具有很强的灵活性。目前，北京市尚有数千台燃煤和燃油锅炉在运行，由此可见使用轻烃燃料的减排潜力巨大。

(2)政府与企业合力推广清洁能源应用市场。轻烃燃料是天然气开采过程中的伴生气体，如果北京市政府能够与中石油等企业联合推广轻烃领域的价格和供应合作，那么轻烃的应用市场将更加广阔。

(3)太阳能集热器代替燃煤锅炉。太阳能行业的前期科研投入巨大，加上一直缺少国家的优惠政策和补贴，所以其行业发展受到了很大的制约。如果政府可以考虑采用类似家电下乡的政策和强制性政策进行推广，将会在很大程度上减少细颗粒物的排放。

(4)控制总量，优化存量。在机动车政策限购和产品升级的双重压力下，仍然要不断提高排放标准，加速淘汰老旧机动车。做到总量控制的同时，优化存量，完成制定的老旧车辆淘汰任务。

(5)倡导使用新能源汽车。积极研究针对新能源汽车免除车牌拍卖、摇号、限行等限制措施，并利用停车费、电价、道路通行费等扶持政策，大力推广应用混合动力、纯电动等新能源汽车，使新能源车的规模达4万辆以上，督促汽车企业加快产品升级、推出新能源产品的步伐。

(6)强化油品标准。环保部门应对各类别汽油车、柴油车实施严格的“国Ⅴ”标准。同时，政府应给予大规模设备改造所需的资金以及适当的时限，提高各垄断巨头生产高标准油品的意愿，逐步普及97号油的使用。

2. 针对国家在产业结构调整、能源结构调整、生产方式转变以及城市交通和工业布局等方面的规划调整

(1)加快推进工业转型升级，切实推进内涵式降耗。在制定北京基础产业退出标准时，要综合考虑企业的单位产出能耗与排污比，综合考虑产业的整体社会效益。如金隅水泥自主研发建成的依托水泥窑无害化、资源化处置城市生活污水处理厂污泥生产线。对这类产业应该实施积极的引导，而非简单地依产业类型或规模实施关停或减产。

(2)鼓励重点行业加大节能减排新技术研发与产业化应用。引导企业积极

研发环保新技术、新工艺、新产品和新设备，对优于相关标准产品的市场开拓，从资金、市场准入、政府采购等多个方面加大支持力度。例如，对研发和销售高于国家标准的汽车厂商或产品，政府要采取相应的鼓励措施。

(3)打造工业生态园区，集约推进工业节能减排。遵循环境再利用、再循环的原则，合理规划产业园区建设，推动首都工业向生态园区集聚发展。通过合理布局，引导入区企业形成投入与产出间共生网络系统，提高能耗与排放的集约化应用和管理程度，并将节能环保指标纳入到园区发展的考核标准中。

(4)打造“绿色工厂”。绿色工厂是兴起于发达国家的一个模式，首先要在最大限度上降低能耗；其次，要在源头上控制污染物，主要是工业“三废”的排放。推广我国现有的成熟模式，比如广汽丰田实施100%回收重新利用和零排放，东风日产践行从商品规划到车辆循环再利用的全价值链等。

(5)完善脱硝政策，强化氮氧化物排放指标监管。加大对电力、钢铁、水泥等行业氮氧化物的监测和治理，明确规定氮氧化物的减排指标并强制实施，减少由于二次污染所产生的细颗粒物(PM2.5)污染。

(6)推行电价环保政策。经济政策上完善高耗能差别电价政策，出台燃煤发电机组脱硫电价政策，降低小火电机组上网电价政策、促进可再生能源发展的电价政策、峰谷分时电价和阶梯电价政策。鼓励终端用能部门降低煤炭直接燃用比重，提高电力、太阳能、风能、天然气等清洁能源的使用，控制和消减大气颗粒物的排放。

3. 针对大气环境治理中所出现的投资机会

(1)借助节能环保产业，拉动经济增长。“十二五”期间国家开征环境保护税，对高耗能、高污染企业将是一次重击。而未来环保行业借助国家政策的利好，将逐渐步入黄金发展期，首都节能环保产业潜力巨大，在拉动经济增长方面前景广阔。如对现有建筑加大节能改造补贴支持力度；强化建筑领域节能，对新增建筑执行更加严格的节能设计标准；城镇地区新建建筑集中安装太阳能热水系统；组织大面积节能建筑的供热计量改造，对老旧简易楼进行改造等。此外，环保概念股在未来拥有极大潜力。

(2)对于抑制日常发电和工业生产燃煤过程中产生的细颗粒物，工业除尘是最有效的方式，对PM2.5关注度的提升有望加快火电除尘器的升级和非火电行业除尘器覆盖的进度，从而给工业除尘行业带来快速发展。对于汽车使用过程中产生的细颗粒物，未来排放标准不断提高将成为趋势，中短期和长期都将利好那些研发生产满足新排放标准的燃油喷射系统、尾气后处理系统以及进气系统等汽车部件的相关企业。此外，随着公众对PM2.5认知度的提高，居民会更多关注家居、办公场所室内空气质量，从而带动空气净化设备的市场需求。

如何实现经济和环境保护的协调发展是全世界面临的共同课题。我国作为世界上最大的发展中国家，在工业化和城镇化过程中所暴露出的环境问题已经非常严重。当前，全社会已经形成了共识，这种牺牲环境来换取经济高速增长的模式是不可持续的。北京作为我国的首都，是向世界展示中国风采的窗口，必须充分认识到当前大气污染形势的严峻性，通过制定科学合理的政策，运用有效的政策工具组合，举全社会之力，充分调动企业和全体民众的积极性，为恢复北京的蓝天共同努力。

参考文献

[1] 杨进怀：《水土保持在治理北京空气可吸入颗粒物 PM2.5 工作中的作用及思考》，《前沿》，2012 年第 2 期。

[2] 宋英杰：《基于成本收益分析的环境规制政策工具选择》，《广东工业大学学报(社会科学版)》，2006 年第 3 期。

[3] 刘丹鹤：《环境规制工具选择及政策启示》，《北京理工大学学报(社会科学版)》，2010 年第 4 期。

[4] 朱喜群：《论政府治理工具的选择》，《行政与法》，2006 年第 3 期。

[5] [瑞典]托马斯·思德纳：《环境与自然资源管理的政策工具》，上海：上海人民出版社，2005 年。

[6] 秦颖、徐光：《环境政策工具的变迁及其发展趋势探讨》，《改革与战略》，2007 年第 12 期。

[7] 刘小兵：《政府管制的经济分析》，上海：上海财经大学出版社，2004 年。

[8] 王林生、张汉林：《发达国家规制改革与绩效》，上海：上海财经大学出版社，2006 年。

[9] 沈满洪：《环境经济手段研究》，北京：中国环境科学出版社，2001 年。

[10] 彭应登、钟良、刘翠玲：《北京 PM2.5 污染特点及防治途径》，《节能与环保》，2012 年第 3 期。

[11] 邓集文：《中国城市环境治理信息型政策工具选择的机理基于政治学的视角》，《湘潭大学学报》，2012 年第 5 期。

[12] 郝吉明：《中国 PM2.5 来源、污染特征与控制策略》，《中国地球物理》，2012 年第 2 期。

[13] 李万新：《中国的环境监管与治理理念、承诺、能力和赋权》，《公共行政评论》，2008 年第 5 期。

[14] 吴巧生、成金华：《论环境政策工具》，《经济评论》，2004 年第 1 期。

[15] 张海柱：《环境政策论争的话语分析——以 PM2.5 争议与环境空气质量标准修订为例》，《太平洋学报》，2012 年第 6 期。

[17] 肖璐：《环境政策工具的发展演变》，《价格月刊》，2007 年第 1 期。

[18] 经济合作与发展组织(OECD)：《2001—2010 年环境战略》，2001 年。

[19] [美]K. 哈密尔顿：《里约后五年：环境政策的创新》，北京：中国环境科学出版社，1998 年。

[20] Fischer C, Parry I, Pizer W. Instrument choice for environmental protection when tech-

nological innovation is endogenous, *Journal of Environmental Economics and Management*, 2003, 45.

[21] Parry I, Pollution taxes and revenue recycling, *Journal of Environmental Economics and Management*, 1995, 29.

（作者：王红梅　中央财经大学副教授）

项目名称：北京居民农产品供应保障体系建设研究
项目编号：12JGB027
项目负责人：郭崇义
项目信誉保证单位：北京工商大学

水产食品流通环节的食品安全问题及调控

近些年在水产品的流通环节发生了多起食品安全事件，如河鳗含孔雀石绿事件、福寿螺感染管圆线虫事件、阳澄湖大闸蟹含硝基呋喃事件、多宝鱼药物残留超标事件、《纽约时报》的“毒水水产”事件、输韩冷冻水产品注水事件等。这些事件打击了相关产业，损害了消费者的健康，败坏了相关产业的社会形象。尽管政府加大了监管力度，降低了事件发生的概率，但水产食品的安全问题依然存在。为了进一步解决这些问题，我们很有必要对水产品在流通环节的食品安全问题进行深入探讨。

一、水产品流通组织：食品安全问题分析的框架

(一)水产品流通主体和环节

水产品从水域到餐桌要经过若干环节，有若干组织和个人参与。不了解这些环节和主体，就难以有效地进行监管。水产品流通主体是指参与水产品从生产到消费流通过程的企业和个人，其起点是水产品的生产者，终点是消费者。这些主体可分为生产环节(养殖、捕捞)、加工环节、批发环节(产地批发、中转批发、销地批发)、零售环节(超市、农贸市场、水产品专业市场、餐饮)、物流仓储环节等几大类。本文仅重点讨论批发、零售环节。

1. 批发环节的流通主体

批发环节的流通主体根据其性质可分为批发企业、个体批发商、批发市场三大类，其中批发企业和个体批发商合称为批发商。批发商在水产品流通中的主要功能有采购、批发、储存、分拣、物流、安全检查等。批发市场是批发商的集聚场所。尽管超级市场、统一配送、订单形式、直销等的快速发展会对水产品批发市场的经销规模产生一些影响，但水产品批发市场仍在水产品流通中起着非常重要的作用。

批发商或批发市场根据其在流通中的位置可进一步划分为产地批发商或批发市场、中转批发商或批发市场和销地批发商或批发市场。产地批发商或批发市场位于水产品的生产地，产地批发商直接从生产者手中收购水产品。

中转批发商或批发市场分为两种情况：一是从事水产品进出口的代理商；二是将一个大区域的水产品集聚起来销往其他区域。销地批发商或批发市场位于大中城市，组织外地水产品为本地区的零售环节服务。

2. 零售环节的流通主体

零售环节的水产品流通主体主要包括以下几类：水产品交易市场、经营水产品的零售商店、食品服务机构、各种摊贩及无店铺零售。

水产品交易市场分为两类：一是位于综合农贸市场中的部分，二是专业水产品市场。水产品市场的主要特点是摊位经营，经营主体是个体摊贩，个体摊贩通常从水产品批发市场进货。经营水产品的零售商店主要有以下几种类型：超级市场、大型超市、生鲜超市、仓储商店、便利店、其他商店。这里将超级市场、大型超市、生鲜超市等几种零售类型统称为超市。超市作为一种现代化的零售类型，其典型特征之一是连锁化发展。随着超市的连锁化发展，其在水产品流通中发挥着越来越重要的作用。食品服务机构指提供食品服务的机构，如餐饮店、宾馆、娱乐场所、社会机构的后勤部门(学校、医院、工厂)、军队等。这些食品服务机构从批发市场、农贸市场、专门基地采购水产品，经过加工后销售给消费者。无店铺零售采取网上交易、送水产品上门等销售形式，具有价格低廉、方便快捷等优点。

(二) 水产品流通模式

由图 1 可知，水产品从生产者到消费者有多种流通的组织方式。一个典型的水产品流通渠道是：养殖或捕捞者——产地批发商或批发市场——(加工商)——中转批发商(进出口商)——(加工商)——销地批发商或批发市场——零售商、农贸市场、食品服务机构——消费者，物流商和仓储商贯穿中间。在这个典型的以各种流通主体广泛介入的渠道中，如果跳过某个或某些中间环节，则可以形成不同流通模式。例如，如果没有中间商参与，由生产者直接到消费者，则形成直销的流通模式；如果零售企业直接从产地采购，则形

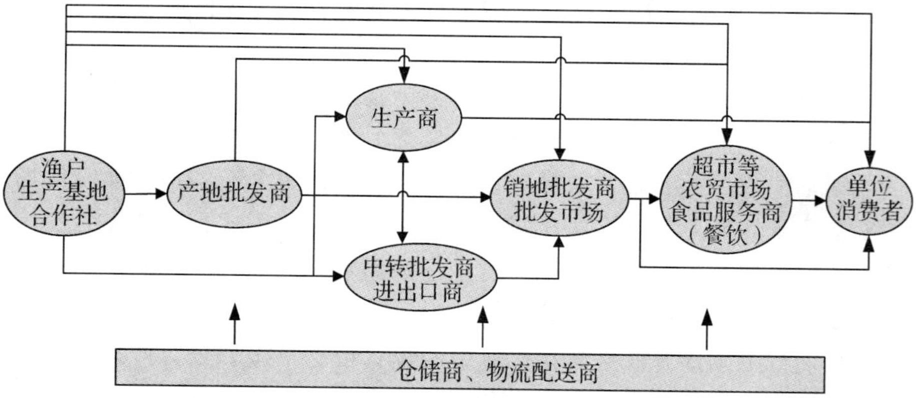

图 1　水产品流通主体组织方式

成零售企业直采型模式。

在这些模式中，经过长期博弈，总会形成一些实力较强的流通主体。这些主体在水产品流通链条中起重要作用，如在定价、质量把控等方面。目前已经形成了几种以某个强势流通主体主导的水产品流通模式：销地批发市场主导型、龙头企业(连锁超市、农产品加工企业)主导型、产地批发商主导型、中转批发商(进出口商)主导型。核心流通主体利用其强势地位，对其他渠道成员造成压力，形成较为稳定的渠道关系。因而，识别这些水产品流通中的主导主体，对其重点监管非常必要。

二、水产品流通中存在的安全问题

在批发、零售环节存在的水产品食品安全问题可分为两类：一是上一环节延续过来的问题，二是本环节新生的问题。

(一)批发环节的水产品安全问题

1. 从生产环节延续来的食品安全问题

水产品在生产或加工之后，经过批发商的采购进入批发环节。如果生产环节把控不严，其业已存在的食品安全问题(生物性危害、化学性危害和物理性危害)会延续到批发环节。

以水产品的进出口为例，据国家质量监督检验检疫总局进出口食品安全局发表的信息，2012 年 10 月、11 月、12 月检测出多起进口水产品的安全问题(见表 1)。这些检测出来的问题都已依法做退货、销毁或改作他用处理，未在国内市场销售。没检测出来的问题则进入下一个流通环节。

表 1　2012 年 10 月、11 月、12 月进境水产品不合格信息

产品名称	产地	不合格原因描述	处理措施	进境口岸
冻格陵兰庸鲽鱼头	美国	镉超标	销毁	山东
冻黄金鲽鱼	美国	检出副溶血性弧菌	退货	山东
冻鱼肉	越南	检出孔雀石绿	退货	厦门
章鱼烧(冷冻鱼糜制品)	中国台湾	大肠菌群超标	退货	珠海
紫芋卷(冷冻鱼糜制品)	中国台湾	大肠菌群超标	退货	珠海
北欧泡芙(冷冻鱼糜制品)	中国台湾	菌落总数超标	退货	珠海
鱼包蛋(冷冻鱼糜制品)	中国台湾	菌落总数超标	退货	珠海
创意海鲜球	越南	菌落总数超标	退货	厦门
翡翠虾卷	越南	菌落总数超标	退货	厦门
鱼美人酷辣香味海苔	泰国	大肠菌群超标	销毁	北京
海苔末	中国台湾	铅超标	退货	厦门
鱼酱	日本	镉超标	退货	山东

续表

产品名称	产地	不合格原因描述	处理措施	进境口岸
冻大马哈鱼	美国	检出一氧化碳	退货	山东
冻红鲑鱼头	美国	未办理进境动植物检疫审批	销毁	山东
冻真鳕鱼	美国	携带有害生物	销毁	山东
冻整条太平洋真鳕鱼	日本	货证不符	退货	山东
生带头南美白虾	泰国	检出副溶血性弧菌	退货	上海
冻煮鱿鱼耳	秘鲁	挥发性盐基氮超标	退货	山东
冻煮鱿鱼翅膀(熟耳)	秘鲁	腐败变质	销毁	辽宁
冻带鱼	泰国	镉超标	退货	山东
冻肉鲳鱼	泰国	镉超标	退货	福建
冷冻巴沙鱼	越南	非法进口	退货	江苏
冻虱目鱼	中国台湾	检出副溶血性弧菌	销毁	厦门
冻章鱼段	韩国	货证不符	退货	山东
干紫菜	韩国	违规使用化学物质 聚二甲基硅氧烷	退货	江苏
豆豉小鱼干罐头	中国台湾	菌落总数超标	销毁	厦门
约克原味鱼脆酥片	马来西亚	违规使用化学物质柠檬黄	退货	厦门
三联盒海苔	韩国	检出金黄色葡萄球菌	销毁	山东
海苔杏仁脆片(麻辣)	中国台湾	大肠菌群超标	退货	厦门
台鲜屋干贝酱罐头	中国台湾	违规使用化学物质维生素 E	销毁	厦门
台鲜屋小鱼干酱罐头	中国台湾	违规使用化学物质维生素 E	销毁	厦门

资料来源：根据国家质量监督检验检疫总局进出口食品安全局 http：//jckspaqj. aqsiq. gov. cn/发布的信息整理

2. 批发环节新生的食品安全问题

批发环节涉及产地批发、中转批发和销地批发，每类批发又涉及数量众多的批发商。批发商在采购、储存、分拣、物流、批发水产食品的过程中，出于各种原因，有可能产生新的食品安全问题。

批发商的盈利模式就是赚取水产品的进销差价。为了使这种差价最大化，其措施不外乎降低成本、减少损耗、增加重量、提高价格。这几个措施如果采用非法的手段，便会产生各种各样的新生食品安全问题。

根据这个措施框架，对近两年的新闻中反映出的问题进行归纳，问题如下：(1)用假水产品冒充真水产品，低成本高收益。如用鱼粉明胶合成假鱼翅。(2)人为增加水产品的重量，当价格不变时，可提高销售额。如海参里加糖、加胶。(3)对水产品保水、保鲜，以便减少损耗。如使用火碱、福尔马林、浓盐水等。(4)使水产品更美观，以便提高批发价格。如使用胭脂红等化学色素对海米进行染色。

(二)零售环节的水产品安全问题

1. 从批发环节延续来的食品安全问题

零售商从批发商手里采购水产品时，如果把控不严，其批发环节已存在的食品安全问题会延续到零售环节。此时的食品安全问题的来源有两个：一是从生产环节延续到批发环节的问题再一次延续到零售环节，二是批发环节新生的食品安全问题(包括仓储物流中产生的问题)延续到零售环节。

2. 零售环节新生的食品安全问题

零售环节涉及超市、农贸市场、餐饮等类型，每一类又涉及规模各异、数量众多的、现代化水平不同的经营主体。零售商在采购、储存、分拣、物流、销售水产食品的过程中，出于各种原因，有可能产生新的食品安全问题。

同批发环节一样，零售环节追求高利润的基本手段也是降低成本、减少损耗、增加重量、提高价格。表 2 总结了零售环节新生的食品安全问题。

表 2 水产品零售环节的食品安全问题

原因	食品安全问题
降低成本、提高价格	(1)销售时，伪造产地(河蟹)、冒充野生(甲鱼)、以次充好； (2)给鲜活水产品做“美容”(用高锰酸钾或黄粉把普通甲鱼染成黄色，用洗虾粉清洗小龙虾)； (3)包装简陋； (4)没有冷藏设施。
保障质量	(1)滥用农药、甲醛以防苍蝇、防腐。
减少损耗、提高存活率	(1)在运输水体中加入孔雀石绿、丁香酚等； (2)在暂养水体中加入孔雀石绿、福尔马林、过氧碳酸钠等。
增加重量	(1)注水(给黄鱼注水，可增重 10%—20%)； (2)甲醛浸泡(用甲醛浸泡鱿鱼比温水泡发重三倍)。

再以餐饮企业为例，餐饮企业的水产品安全问题除了采购问题及表 2 中的问题外，在其对水产品加工过程中，还有可能存在其他一些问题：如(1)水产品存储或加工场地的卫生与安全问题；(2)食品添加剂滥用、非法添加非食用物质等问题。(3)加工工艺的卫生与安全问题；(4)工作人员的卫生与安全问题。

三、水产品流通环节食品安全问题的原因分析

水产品食品安全的影响因素有很多，这里仅探讨两个关键问题。

(一)过度追求利润、诚信问题与监管漏洞

我国水产品流通环节多，每个环节主体多，规模大小不一，法律意识参差不齐。商人的行为受市场支配，为了攫取高额利润，有的企业不是采取正当的营销手段，而是选择以消费者的健康为代价的违反法律或不道德的手段来实现。假冒伪劣、非法添加、滥用化学品等手段频频出现在水产品的流通中。诚信本来是中华民族的传统美德，现状却令人担忧。当违法、不诚信与水产品流通结合起来，食品安全问题就会存在。这就需要政府的介入。

近些年，政府在食品安全的监管方面投入大量人力、物力和财力，并且建立了各式各样的监管网络和体系，但水产食品的质量安全问题并未因此消除，反而不时出现。其原因，一方面在于政府投入的有限性与水产品食品安全问题产生源的多样性、复杂性与隐蔽性；另一方面在于监管网络存在漏洞，监管体系的有效性仍需提高。

这里以质量检测体系的漏洞为例说明监管网络的问题。目前，我国初步形成了监督抽查、委托检验、企业自检相结合的检测体系，但以企业自检为主的检测体系存在漏洞，如对质量安全检测不够主动、全面，检验检测中心使用率不够高，难以核实数据的真实性等。

(二) 信息不对称与“柠檬市场”

1970 年乔治·阿克洛夫发表了《柠檬市场：质量不确定和市场机制》的论文，提出“柠檬市场”(也称为次品市场)理论。该理论可对水产品的食品安全问题给出解释：买方拥有的关于水产品的信息较少，不知道水产品的真正质量，只能通过市场上的平均价格来判断，但由于难以分清商品好坏，买方只愿意付出平均价格，以避免信息不对称带来的风险损失。

水产品在流通过程中，在不同交易环节和主体间交易时，存在信息不对称问题。一般而言，卖方拥有的水产品的信息多于买方掌握的信息。随着水产品由生产者流通到消费者，信息越来越少。水产品有好有坏，提供好商品的就要吃亏，提供不好商品的便得利，于是好商品便会逐步退出市场，从而出现低质品充斥市场，高质品被逐出市场的局面。在这个情况下，消费者便会认为市场上的商品都是坏的，就算面对一件价格较高的好商品，也会持怀疑态度，为了避免被骗，最后还是选择坏商品。根据柠檬市场理论，逆向选择、信息不对称、劣质驱逐良质，为水产品的食品安全问题提供存在空间。

四、水产品监管的国际借鉴与调控

(一) 美国、欧盟、日本的水产品质量安全监管

美国、欧盟和日本是水产质量安全水平较高的国家或地区。水产品是食品的重要组成部分，这些国家或地区对水产品的监管依据既有食品安全方面的法律法规，也有专门针对水产品的法律法规(见表 3)。可以看出，世界上水

产品质量安全监管先进的国家或地区都建立了较为完善的水产品质量安全监管体系，强调风险管理，注重监管措施的有效落实。

表 3 美国、欧盟和日本的水产品质量安全监管

国家/地区	法律、法规	监管特点
美国	有关水产品质量安全的法律、法规累计多达 30 余部，如《联邦食品、药品和化妆品法令》、《食品安全现代化法案》、《公众健康保护法》、《食品质量保护法》、“水产品及水产加工品与进口的安全卫生法规”、《进口食品预先申报》。	(1)职能明确、法律完备、标准统一；(2)缺乏统一领导机构；(3)强调预防为主的理念；(4)涵盖整个供应链；(5)HACCP 体系；(6)风险评估、风险管理。
欧盟	9 个水产品的卫生指令：21/492/EEC、92/11/EEC、93/140/EEC、93/351/EEC、93/383/EEC、95/51/EEC、96/22/EEC、96/23EEC、2377/99EEC。	(1)高效、透明、稳定、可靠、可持续的管理体系；(2)涵盖整个供应链；(3)协调机构协调各利益相关者；(4)HACCP 体系；(5)风险评估、风险管理。
日本	《食品卫生法》、《综合卫生管理制造过程》、《食品安全基本法》。	(1)保障体系完善、监管措施严厉；(2)HACCP 体系；(3)风险评估、风险管理。

资料来源：根据孙波：《中国水产品质量安全管理体系研究》整理

（二）我国的水产品监管

我国对农产品(涉及水产品)的法律法规可分为三个层次：国务院、部委、地方。其中国务院发布的法律、法规、政策主要有：《中华人民共和国农产品质量安全法》(2006)、《国务院关于加强食品等产品安全监督管理的特别规定》(2007)、《国务院关于全面加强产品质量和食品安全工作的意见》(2007)、《中华人民共和国食品安全法》(2009)、《中华人民共和国食品安全法实施条例》(2009)、《国务院关于加强食品安全工作的决定》(2012)等。

部委发布的规章主要有：国家工商总局的《流通环节食品安全监督管理办法》(2009)、农业部的《动物检疫管理办法》(2010)、农业部的《农产品质量安全监测管理办法》(2012)、卫生部的《餐饮服务食品安全监督管理办法》(2010)、国家质量监督检验检疫总局的《进出口水产品检验检疫监督管理办法》(2011)。

从风险管理角度的法规规章主要有：《国家食品安全事故应急预案》(2011)、《卫生部食品安全事故应急预案(试行)》(2013)。

从监管部门看，涉及水产品监管的部门有农业部、国家卫生和计划生育委员会、国家质检总局、食品与药品监督管理局、工商总局、商务部等 15 个部门。为了加强协调，2010 年国务院设立国务院食品安全委员会，其主要职责是：分析食品安全形势，研究部署、统筹指导食品安全工作；提出食品安全监管的重大政策措施；督促落实食品安全监管责任。

可以看出，近些年，我国农产品、水产品的监管不仅强化了部门领导，而且还建立了相对完善的监管体系，强化了应急管理。对水产品的质量安全问题的解决起到了积极的监管作用。但同时我们又要看到，水产品的质量安全问题并未根除，各种安全因素依然存在，监管体系依然存在漏洞，水产品质量安全问题的解决尚需时日。

(三) 我国的下一步调控重点

我国的水产品质量安全的监管除了借鉴国家先进经验外，还要考虑我国的发展阶段和特殊的环境条件。可通过检测重心前移解决延续性安全问题；通过教育和加强处罚解决各环节的新生安全问题；通过追溯制度和信息公开解决信息不对称问题。具体调控重点建议如下：

第一，检测重心前移、强化政府检测。一方面，水产品的质量安全不是“检”出来的，而是上一环节延续来的，或本环节新生的，因而，水产品的质量安全应从“源头”抓起，将检测重心前移。由目前的偏重于超市、批发市场、餐饮企业的事后检测，转向于偏重生产者、产地批发市场或批发商的事前检测，各环节并重的方式。另一方面，由于企业自检缺乏动力，因此应切实加强政府抽检的制度建设。增加政府在检测上的资金、设备、人力等方面的投入。进一步扩大监测的品种和参数。

第二，诚信教育与诚信管理、监督与处罚。一方面，加强对水产品经营者的诚信教育，一旦出现诚信问题，就要被记入资料库，据此对经营者进行信用评级，并实施差别化的监管。另一方面，强化法律法规政策的执行力，加大处罚力度，对水产品安全方面的严重违法行为涉及的相关责任人员，除常规性处罚外，还应依法予以在一定年限内不得从事水产品生产经营活动的处罚。

第三，完善追溯制度和信息公开。建立水产品可追溯体系对水产品的食品安全具有重要性和紧迫性。加强水产品质量安全追溯体系建设，需要落实索证索票和购销台账制度，逐步实现水产品生产、包装、储运和销售全过程的信息跟踪。在水产品流通的每一个环节都可以向上游(或下游)环节追踪查询。建立水产品流通的统一的信息平台，通过全程追溯，减少信息不对称，并对水产品经营者造成威慑。

参考文献

[1] 郭崇义、庞毅：《基于流通实力的农产品流通模式选择及优化》，《北京工商大学学报(社会科学版)》，2009 年第 7 期。

[2] 楼明：《我国餐饮行业存在的食品卫生与安全问题及其控制措施》，《江苏商论》，2006

年第8期。
[3] (美)乔治·阿克洛夫:《柠檬市场:质量的不确定性和市场机制》,《经济导刊》,2001年第11期。
[4] 孙波:《中国水产品质量安全管理体系研究》,中国海洋大学博士学位论文,2012年。
[5]Regattieri A, Gamberi M, Manzini R, Traceability of food products: General framework and experimental evidence, *Journal of Food Engineering*, 2007(2).

(作者:郭崇义 北京工商大学副教授)

项目名称：北京农产品价格形成机制研究
项目编号：12GJB030
项目负责人：董志勇
项目信誉保证单位：北京大学

复合型现代农业经营体系的构建策略探析[①]

2013年中央农村工作会议提出："加快构建以农户家庭经营为基础、合作与联合为纽带、社会化服务为支撑的立体式复合型现代农业经营体系"。作为一个首次提出的概念，"复合型现代农业经营体系"的表述与内涵经历了怎样的演变？尤其是在全面深化农村改革这一重大背景下，如何正确理解复合型农业经营体系的本质特征及其构建难点，从而从策略上有效把握构建复合型农业经营体系的方向与重点，具有重要意义。

一、农业经营体系相关文献简述

"农业经营"的含义较广，既涵盖农产品生产、加工和销售各环节，又包括各类生产性服务，是产前、产中、产后各类活动的总称。"体系"泛指有关事物按照一定的秩序和内部联系组合而成的整体，既包括各类农业经营主体，又包括各主体之间的联结机制，是各类主体及其关系的总和（赵海，2013）。农业经营体系涉及农业经营对象、经营内容、经营手段、经营方式、经营制度等各个方面，是建设现代农业的决定因素，也是衡量农业发展水平的主要标志（蔡元杰，2013）。国内学者主要围绕农业经营主体、农业经营组织方式以及农业经营体制创新等方面展开研究。

（一）农业经营主体

一般而言，农业经营主体是指直接或间接从事农产品生产、加工、销售和服务的任何个人和组织（张义珍，1998）。随着我国农业农村经济的不断发展，农业经营主体已经呈现出多样化的特征，由改革初期相对同质性的家庭经营农户占主导的格局向现阶段的多类型经营主体并存的格局转变，尤其是以专业大户、家庭农场、农民专业合作社和农业企业为代表的新型农业经营主体日益显示出广阔的发展空间和市场潜力（黄祖辉、俞宁，2010）。

---

① 基金项目：国家社会科学基金青年项目"契约选择视角下的农民专业合作社联合社运行机制研究及其政策设计"（批准号：13CJY080）。感谢吴诗锋博士提出的评论与建议。

新型农业经营主体是指建立在家庭经营制度之上，具有相对较大经营规模，与现代农业与市场经济相适应的农户或农业经济组织(郭庆海，2013)。不同学者对新型农业经营主体类型进行了不同的划分，如家庭农场、农民专业合作社和农业企业三类(郭庆海，2013)，专业大户、家庭农场、农民合作社和农业企业四类(楼栋、孔祥智，2013)，以及种养大户、家庭农场、农民合作社、龙头企业和经营性农业服务组织五类(张照新、赵海，2013)。这些不同类型的新型农业经营主体构成了建设现代农业的微观基础。

与传统农业主体相比，新型农业经营主体在经营规模、辐射带动、盈利能力、资金来源、市场导向、产品认证、品牌建设、销售渠道等方面具有明显优势(黄祖辉、俞宁，2010)，对提高农业生产的专业化、标准化、规模化、集约化经营水平有重要作用(孙中华，2012)。各类主体的变化趋势受到当地自然禀赋、经济发展和土地流转情况的影响(于亢亢等人，2012)。楼栋、孔祥智(2013)发现多种形式新型农业经营主体的产生是各市场主体根据自身实际情况对各类劳动交易费用进行综合比较后，选择不同的剩余权利赖以实现的最优组织结构的结果，为多种形式新型农业经营主体共存提供了理论解释。

如何完善新型农业经营主体？楼栋、孔祥智(2013)从加强组织领导、加大金融扶持、优化农技服务、完善基建配套等方面提出了具体建议。孙中华(2013)分别针对新型职业农民、专业大户和家庭农场、农民合作社、农业产业化龙头企业、经营性农业服务组织五个方面提出了发展建议。张照新、赵海(2013)从土地流转，政策性农业保险，加大扶持力度，农业转移人口市民化、人才队伍建设等方面提出了新型农业经营主体摆脱困境、创新体制机制的路径选择。以上建议均侧重于政府扶持角度，忽略了对新型农业经营主体自生能力演化的考察，即市场本身在培育主体方面的作用。

(二)农业经营组织方式

农业经营组织通过把分散的农户组织起来，有助于提高农业经营的组织化和社会化程度，在加强信息收集与传递、普及生产技术、提供社会服务、组织引导农民按照市场需求进行生产和销售等方面发挥重要作用，是实现“小农户”与“大市场”对接的桥梁和纽带。王礼力等人(2002)认为农户选择进入哪种农业经营组织取决于成本收益的比较，而农户交易成本与生产成本在加入农业经营组织前后的对比，成为农户组织化选择的决定因素。袁迎珍(2004)进一步指出，小规模经营无力承担高昂的交易费用，成为我国农业经营组织制度发生变迁的主要诱因。

从组织方式上看，主要有“合作社＋农户”、“公司＋农户”和“龙头企业＋合作社＋农户”三种形式(张晓山，2006)，也即横向联合、纵向延伸、纵横一体三大类。周立群、曹利群(2001)认为，合作社和“龙头企业＋农户”这两种组织形式都存在着一些缺陷，前者主要是受制于资金不足和缺乏抵押性资产，后者主要是契约不能对当事人构成有效约束。为了克服这些缺陷，有必要引入组织中介，形成新的组织形式——“龙头企业+合作社+农户”或“龙头企业+大户+农户”。苑鹏(2008)以北京市密云县奶牛合作联社为例，对农民专业合作社联合社的出现、运作与问题进行了分析，认为走向联合是农民专业合作社发展的必然趋势。黄宗智(2010)指出，从耕作者的视角看，合作组织的优越性是很明显的，主要是因为它能使耕作者获得来自加工和销售的利润的一部分，而不是只看着它完全流入龙头企业或中介商人之手。

针对以上不同发展模式，郭晓鸣等人(2007)从制度经济学视角，对龙头企业带动型、中介组织联动型和合作社一体化三种不同的农业产业化模式进行了比较分析，认为合作社一体化模式是最优的农业产业化模式，农业产业化模式呈现出由龙头企业带动型模式向中介组织联动型模式和合作社一体化模式逐次演化的路径。聂辉华(2012)在一个统一的关系契约分析框架下，从理论上比较了单期和多期条件下“农户+市场”、“龙头企业+农户”和“龙头企业+农场”三种主要的农业产业化模式及其衍生模式的生产效率，并分析了产权、声誉、抵押和风险态度对最优农业契约的影响。发现在单期条件下，由于契约不完全和敲竹杠效应，所有模式都无法实现最优效率；在多期条件下，如果贴现率足够低，“龙头企业+农户”和“龙头企业+农场”这两种模式都可以实现最优效率；如果市场价格波动比较大，则“龙头企业+农场”模式优于“龙头企业+农户”模式。另外，一些学者则进一步考察了农业合作组织内部的治理、激励与绩效问题，如黄胜忠等(2008)，徐旭初(2009)，徐旭初、吴彬(2010)，谭智心(2011，2012)等。

(三)农业经营体制创新

综观农业发展的国际经验，农业经营无非就是走两条道路，一条是主要建立在专业化、商品化、市场化、机械化基础上的规模型大农(场)经济，另一条是主要建立在生物化、技术化、保护型、密集型基础上的小农经济。在农业发展的新阶段，我国应建立和创新一种将自给性的小农经济与商业性的大农经济紧密结合、并行发展的新的农业“双轨并行”制度(胡必亮等，2003)。邵峰(2003)提出要进行“四位一体”的农业经营体制创新，即将发展专业大户作为农业生产主体的创新；将发展龙头企业作为农业市场主体的创新；将发展专业合作社作为农业服务主体的创新；将发展行业协会作为农业管理主体的创新。阮文彪(2004)认为农业经营体制改革创新是一个长期发展战略，要坚持一个基础，即坚持以农业家庭经营为农业微观组织基础，多种产权组织形式并存和多种经济成分共同发展；围绕一个中心，即农业改革与发展必须围绕农业家庭经营组织效率持续增长这一中心，尤其是要提高农业家庭经营制度效率，以有效节约和降低广大农户参与市场的交易成本；深化三大改革，即土地产权制度改革，交易组织制度改革，收益分配制度改革。

目前，我国现有政策制度难以适应现代农业的发展要求，迫切需要加快农业经营体制机制创新。陈晓华(2012)认为，推进农业经营体制机制创新的重点任务是夯实家庭承包经营制度基础，大力培育专业大户、家庭农场，大力发展农民专业合作社，培育壮大龙头企业，强化农村集体“三资”管理，创新农村集体经济发展新路子，构建新型农业社会化服务体系。尹成杰(2013)指出：农业经营体制创新，既要尊重传统小规模农户的主体地位，保证农户有产业发展空间，获得合理经营收益；也要出台强有力的政策，支持专业大户、家庭农场、农民合作社、农业产业化企业等新型农业经营主体发展壮大，以适应建设现代农业的需要。蔡元杰(2013)提出构建新型经营体系，迫切要求加快建设富有效率的新型产业体系、组织体系、市场体系、科技体系和制度体系。

二、复合型现代农业经营体系：概念演变与内涵审视

改革开放三十多年来，随着我国工业化、城镇化建设的快速推进，我国农村发生了深刻变化。一是农业生产方式的变化。农业机械化水平不断提高，预计到2013年年末，农机总动力超过10.6亿瓦，耕种收综合机械化水平超过59%。农业发展模式由提高土地生产率向提高劳动生产率转变。二是农民就业与收入来源多元化。非农化就业趋势导致大量农村劳动力转移到城镇和工业部门，要素非农化、农业副业化、农民兼业化、农村空心化、农民老龄化“五化”问题日益严重，农业后继乏人问题日益凸显。三是农村人地关系的变化。农村劳动力的跨区域流动对土地经营规模产生了显著影响，劳均耕地规模逐步上升，农民对土地的依赖性有所降低。四是土地承包经营权主体同经营权主体发生分离，在很大程度上改变了农业生产关系。以上变化对农村基本经营制度产生了重要影响，农业生产经营面临诸多新问题与新挑战。应对这些问题的核心，在于创新农业经营体制机制，构建更清晰、更完善的农业经营体系。

同时，随着我国农村土地流转速度加快，农业经营逐步由传统分散经营向适度规模经营转变，农业规模经营比例明显上升，新型农业经营主体不断发展壮大。据统计，截至2013年11月末，全国依法登记的农民合作社95万家，家庭农场87.7万家，龙头企业超过12万家，加上各类农业社会化服务组织，初步形成了以承包农户为基础、农民合作社为纽带，龙头企业为骨干，各类社会化服务组织为支撑，多种所有制关系并存、多种生产经营主体共生的农业经营格局(孙中华，2013)。这为加快构建新型农业经营体系提供了必要的基础和相对成熟的条件。

十八届三中全会上，中央提出了全面深化改革的重要决定，明确指出了加快构建新型农业经营体系的具体要求。“复合型现代农业经营体系”正是在

这一重大背景下提出来的，是为了应对农村内外部环境变化，对当前和未来农业农村发展形势做出的综合研判。

（一）复合型现代农业经营体系的概念演变

在党的十八大报告首次提出“新型农业经营体系”这一概念之前，学界并没有将“农业经营体系”作为一个完整的概念加以研究，相关研究大多以农业经营主体、农业经营组织、农业经营模式、农业经营体制等提法散见于各类文献之中。

自党的十一届三中全会启动农村改革以来，我国逐步在广大农村建立了以家庭承包经营为基础、统分结合的双层经营体制，小规模分散的家庭经营成为传统农业生产经营的最主要方式，经营主体单一、经营方式粗放，社会服务体系欠缺成为传统农业生产经营的主要特征。随着农村形势发展变化，以家庭联产承包经营为主的传统农业经营管理模式日益不能适应现代化农业的发展要求，客观上要求探索构建真正意义上的农业经营体系。

党的十八大报告提出，坚持和完善农村基本经营制度，培育新型经营主体，发展多种形式规模经营，构建集约化、专业化、组织化、社会化相结合的新型农业经营体系。这是对新形势下农村改革发展做出的重大部署，指明了改造传统农业、转变农业经营方式、发展现代农业的方向（孙中华，2013），为我们更好地理解新型农业经营体系提供了一个框架性思路。

2013 年中央农村工作会议进一步提出，要不断探索农村土地集体所有制的有效实现形式，落实集体所有权、稳定农户承包权、放活土地经营权，加快构建以农户家庭经营为基础、合作与联合为纽带、社会化服务为支撑的立体式复合型现代农业经营体系。这是对家庭经营为基础、统分结合双层经营体制的创新和发展，为今后一个时期加快农业经营体系创新指明了具体方向。

一是从整体视角看，“立体式复合型”把握了农业经营体系的科学内涵与有机特征，是对“新型农业经营体系”表述的明晰化。所谓“立体式”，侧重描述多角度、多方位、多层次、多渠道、多元化、多形式的农业经营体系，而非仅仅是农业经营体系各组成要素之间的简单组合，其中，经营主体可以多元化，合作与联合方式可以多样化，社会服务子体系本身也可以是立体的；所谓“复合型”，不仅是对“单一型”传统农业经营方式的创新和发展，也是对未来新型农业经营体系发展方向和路径的具体把握。

二是从微观组成看，“以农户家庭经营为基础”是指构建复合型现代农业经营体系要坚持家庭经营的基础性地位，强化家庭经营的主体功能，这是由农业生产特征和家庭社会经济属性共同决定的，是对农民权益的尊重与保护；“以合作与联合为纽带”是指在家庭经营的基础上充分发挥各类经营主体的功能优势，探索多元互动、多元互补的合作与联合方式，从而形成有机连接的纽带，发挥协同效应；“以社会化服务为支撑”是指将各种生产要素更好地注入家庭生产经营中，为农民提供全方位的生产经营服务，对经营主体发展、经营体系完善起到良好的催化促进作用。

三是从核心机制看，复合型现代农业经营体系构建的核心与根本是土地权利问题。“不断探索农村土地集体所有制的有效实现形式”，就是从机制创新角度指明了完善农村土地承包经营权制度的具体方向，这将极大地促进土地流转和适度规模经营，也为完善农业经营体系提供持续动力；“落实集体所有权、稳定农户承包权、放活土地经营权”，就是要在保证农民对土地的承包权的同时，加快促进土地经营权的自由流转，只有放活了经营权，才能加快改善传统经营模式的弊端。

(二)审视农业经营体系的内涵变迁：联系与区别

随着农村改革发展变迁，农业经营体系从无到有、从方向确立到路径明晰，其内涵经历了一个演变、拓展与升华的过程，中央对农业经营体系的理解越来越深刻，对构建新型农业经营体系的思路也更加清晰。如何从动态演进视角审视农业经营体系的内涵变迁，抓住农业经营体系变迁中的不变与变化的内容，对于我们理解农业经营体系的本质内涵，把握构建复合型现代农业经营体系的方向和重点，具有重要价值。

1.“一个不变”，即坚持家庭经营。家庭经营在任何时候都是农业生产最基本的经营形式(尹成杰，2013)。家庭经营不等于小农经济，家庭经营可以实现规模化，也同样可以建成现代农业(刘奇，2013)。我国现阶段实行的家庭承包经营、统分结合的农村基本经营制度，仍然是未来农业经营体制创新的基础，也是构建复合型现代农业经营体系的法律和制度基础。

2.“三大变化”，即宏观架构不断完善、微观主体不断丰富、发展主线不断突出，逐渐适应现代农业发展要求。

一是宏观架构不断完善。一直以来，中央对“农业经营体系”没有明确的提法，只是在农村基本经营制度基础上进行探索创新。党的十八大报告提出构建集约化、专业化、组织化、社会化相结合的新型农业经营体系，标志着农业经营体系宏观架构的初步形成。这“四化”之间紧密联系、相互促进、互为条件，构成一个统一的整体，其中集约化和专业化属于分的层次，着眼于提高农业生产效率；组织化和社会化属于统的层次，着眼于提高农产品市场竞争能力(赵海，2013)，是对农村基本经营制度架构的丰富与细化。2013 年中央农村工作会议提出加快构建立体式复合型农业经营体系，通过“基础一组带一支撑”这一多维框架将农业经营体系各要素组成密切联系，使得农业经营体系的宏观架构更为立体、更加完善。

二是微观主体不断丰富。自 20 世纪 80 年代初农村基本经营制度建立以来，在很长一段时间里，农业经营的市场主体只有农户，集体经济组织、专业合作经济组织、工商企业等只是作为“统”的层次，强调对农户的服务功能。

党的十七届三中全会提出，有条件的地方可以发展专业大户、家庭农场、农民专业合作社等规模经营主体，首次将这些组织纳入农业经营主体范畴。党的十八大提出培育新型农业经营主体，农村集体经济组织、农民专业合作组织、工商企业等的功能定位由提供社会化服务向农业经营主体转变，之前的各类服务组织被提高到与农户同等重要的位置，微观主体不断丰富。

三是发展主线不断突出。党的十六大提出有条件的地方可按照依法、自愿、有偿的原则进行土地承包经营权流转，逐步发展规模经营；十七大提出稳定和完善土地承包关系，按照依法自愿有偿原则，健全土地承包经营权流转市场，有条件的地方可以发展多种形式的适度规模经营；十八大提出发展多种形式规模经营。十八届三中全会进一步指出：鼓励承包经营权在公开市场上向专业大户、家庭农场、农民合作社、农业企业流转，发展多种形式规模经营。随着形势的发展变化，中央对加快土地流转与规模经营的认识越来越清晰，加快构建新型农业经营体系的发展主线越来越突出。

三、复合型现代农业经营体系构建的难点

复合型现代农业经营体系构建的难点在于仍存在诸多的制度性障碍在短期内难以破除，主要体现在以下几个方面：

（一）农业经营主体扶持机制有待完善

近年来尽管各类农业经营主体不断发展壮大，但未来仍面临诸多问题亟待解决：一是登记注册制度与信息监测机制尚未建立。由于各级政府层面对家庭农场的界定标准、登记办法、扶持政策并未出台专门的规定，导致各地出现家庭农场登记提交的材料、组织形式不一致等问题。国内尚没有部门或机构开发了相应的信息统计系统，缺乏对新型农业经营主体发展进行统计监测与跟踪研究。二是农村金融保险支持体系有待完善。农村金融供给无法满足农业经营主体的资金需求。据调查，分别有47%的专业大户、59%的农民专业合作社和57%的农业企业因授信担保困难、申请手续繁复、隐性交易费用高等问题存在资金融通方面的困难（黄祖辉、俞宁，2010）。同时，我国农业保险发展缓慢，覆盖面有限、保障水平不高，农民参保意愿不强，无法有效分散农业经营面临的自然风险冲击。此外，农村银保市场之间也缺乏有效互动。三是新型职业农民培养机制有待完善。目前农村实用人才占农村劳动力的比重仅为1.6%，受过中等及以上农村职业教育的比例不足4%，生产经营人才严重缺乏（张照新，赵海，2013）。受农村经济社会发展水平和农民总体素质的制约，目前的培训投入远不能满足职业农民培育的实际需求，农民本身也缺乏培训与创业的意愿，缺乏对农村职业技术教育和农民科技培训的激励、监督和保障机制。

(二)土地流转与规模经营仍然面临制度性障碍

如何放活土地经营权是未来实现土地规模利用和集约经营的重点，主要面临以下几方面问题：一是农村土地流转制度缺位导致土地流转不规范。土地流转存在二轮延包不完善、确权不到位等制度安排不完善问题，是导致土地流转困难的根源。农户之间自发的土地流转多为口头协议，土地流转管理和服务组织缺位，容易造成双方主体资格不明确，导致土地纠纷多发。二是土地承包经营权入股的具体制度安排尚不清晰。目前我国农村土地流转形式中占主导地位的仍然是转包和出租，占到总流转的78.2%[①]。尽管政府鼓励土地承包经营权入股，但同时又强调土地用途管制，这使得农民入股获取收益的空间有限，一旦出现经营风险，农民权益无法得到保障。三是农村社会保障体系不完善。当前我国农村社会保障制度存在管理分散化、覆盖面窄、保障层次低、保障水平低、筹资方式不公平等问题。最低生活保障制度建设缓慢，养老保障的社会互济性低、保障能力弱，农村合作医疗可持续发展面临困境。农村社会保障制度没有全面建立起来，无法有效替代土地所担负的生存、就业等保障功能。

(三)农业社会化服务相对滞后

目前，农业社会化服务已基本覆盖农业生产各环节，但仍存在服务水平不高、机制不活等问题。一是农业社会化服务体系不健全。公共服务机构供给不足，服务能力不强，尚不能成为农业社会化服务的依托力量。专业服务公司实力较弱，农村经纪人队伍规模小、组织松散、管理不规范，难以发挥有效作用。现有社会化服务在农业生产各环节分布不均衡，尤其是产后环节的服务较为薄弱，无法满足农民多层次、多形式、多元化的服务需求。二是农业社会化服务组织职能分工不明晰。公益性社会服务组织和营利性服务组织之间的角色经常串位。原本应由农业技术部门承担的职责却往往推给乡村集体，政府农业技术部门时常插手营利性组织或合作经济组织承担的职能(宋洪远，2010)。三是农业社会化服务投入支持不足。公益性农业社会化服务在农技推广、动植物疫病防控和农产品质量安全监管等方面，缺乏完善的支持配套政策。四是农业社会化服务市场监管力度有待加强。由于缺乏良好的市场监管机制与完善的绩效考评机制，部分地方社会化服务组织侵害和剥夺农民的利益的现象仍然存在，严重制约了农民的利益实现。

(四)农业组织化程度仍然偏低

目前我国农业生产经营仍存在着“小生产”和“大市场”的矛盾，面临自然、市场和质量安全“三重风险”，迫切需要解决农业生产组织化程度偏低问题(孙

---

① 国务院发展研究中心农村经济部课题组，《中国现行农村基本经营制度变革研究》，2013年中国农村发展高层论坛论文集。

中华，2013)。一是农民参与组织化的选择渠道有待拓宽。尽管现有农民合作社带动成员达到7221万户，不到农户总数的30%，还有相当一部分农户没有被各类组织覆盖，市场风险抵抗能力较弱。同时，部分合作组织自身规模小、实力弱、发展困难，对农户的带动能力不足。二是农民专业合作社的内部机制有待完善。一些农民专业合作社内部制度不健全，民主决策机制不完善，运作管理随意性大，不规范问题普遍存在，经营收益往往被少数负责人占有，面临能人治社与民主决策困境，难以发挥基础性作用。三是龙头企业和农户间的利益联结机制还不健全。龙头企业与农户缺乏长期稳定的利益链接，不能有效发挥骨干作用。在一些"公司＋农户"的利益联结中，农民处于绝对劣势，话语权不高，议价能力不强，只能获取小一部分增值收益。受农产品特性和交易复杂性的约束，农业产业化经营的"公司＋农户"组织方式时常面临订单履约率不高的窘境(万俊毅，2008)。

四、复合型现代农业经营体系的构建策略

当前和今后一个时期，要围绕复合型农业经营体系的重点领域和关键环节，以夯实微观基础、推进机制创新、发挥组织纽带、强化服务支撑为重点，加快构建机制灵活、运转高效的复合型现代农业经营体系。

(一)积极培育新型农业经营主体

构建复合型现代农业经营体系的重点是加快培育新型农业经营主体，夯实建设现代农业的微观基础。新型经营主体在不同地区、不同产业和不同环节，有各自的适应性和发展空间，应充分突出各类主体的特色与优势，发挥对小规模农户的示范带动作用。一是大力提升新型经营主体。研究制定职业农民认定标准，拓宽职业农民培育渠道，加快培养新型职业农民。探索专业大户、家庭农场的差异化认定标准，鼓励有条件的地方建立家庭农场注册登记制度，推动规模经营农户不断拓展经营领域和经营规模。加快完善合作社人才库建设、运行机制建设、服务规范化建设，推进农民专业合作社提升发展。积极支持龙头企业通过并购重组等方式发展壮大，完善农业产业化基地建设，促进农业企业集群发展。二是强化经营主体间的互动与合作。引导同行业各主体、产业上下游各主体以及工商企业、科研机构和农民之间，通过土地、资金、技术、品牌等入股，或以合同制、订单制、委托制、代理制等方式，开展生产和服务合作，形成紧密的风险共担、利益共享的共同体(蔡元杰 2013)。三是制定针对性的扶持政策。加大技术、资本、知识等资源投入，扩大阳光工程和农村实用人才认定与培训规模，探索将农业职业培训纳入国家中等免费职业教育范围。通过扩大补贴范围、新增补贴倾斜、设立专项发展基金财税优惠等方式，帮助各类经营主体解决基础建设、设施用地、融资保险、人才培养、品牌培育等方面的实际困难，引导建立合理的利益激励机

制和风险防范机制。

（二）稳妥推进土地流转与适度规模经营

推进土地适度规模经营，不能简单地等同为土地大规模流转，应该因地制宜、顺势而为，把握适度原则，渐进稳妥地走中国特色的规模经营道路。一是加快推进农村土地确权登记颁证这项基础性工作。逐步扩大试点范围，加快完成包括农村集体建设用地在内的农村集体土地所有权的确权登记颁证工作，加快推进农村土地承包经营权的确权登记颁证工作，通过土地确权颁证稳定农民土地预期，避免土地权属不清、账实不符而产生纠纷。二是建立土地公开交易平台，强化土地流转服务和管理。加快建立不同等级、不同层面的土地交易流转平台，促进土地加快流转。针对工商资本租赁农户承包地进入农业，探索建立风险保证金制度，同时明确土地流转政策边界，研究更有效的耕地保护办法，量质并保，探索推进永久基本农田划定工作，遏制耕地流转的“非农化”问题。三是完善流转双方的利益分配机制。鼓励转入土地的新型经营主体与转出土地的农户建立稳定合理的利益联结机制，避免土地流转的短期化影响到农业稳定经营，探索推广实物计租货币结算、租金动态调整、土地入股保底分红等实践可行的利益分配办法，稳定土地流转关系，保护双方合法权益。同时，健全完善各级服务网络，完善纠纷调解仲裁体系建设。四是建立基层土地信托服务中心，探索推进农村土地证券化试点。充分发挥金融创新对农村土地流转的支持作用，通过土地信托、土地证券化等方式为农业发展筹集资金，将土地承包经营权或使用权转变成为可销售、可流通的金融产品，扩大农业经营的融资渠道。

（三）积极探索农业经营组织模式创新

提高小农户的组织化程度，关键在于促进农民专业合作社的提升发展，发挥农民合作社的组织纽带作用，提高合作社的合作服务和产业化经营能力。一是努力探索农业生产全过程合作。全过程合作意味着农民在整个生产过程中实现全方位的合作，合作贯穿农业生产的全部程序（王曙光，2012），如农业生产上游环节的合作创新，包括化肥、种子、生产工具和机械、农药、信贷等合作；农业生产中游环节的合作创新，包括生产过程、技术培训、灌溉、农作物管理等领域的合作；农业生产下游环节的合作创新，即农产品加工、品牌建设、营销等领域的合作。二是积极推动农业生产全要素合作。农业生产涉及人力、土地、资金、技术、管理、信息等多方面的要素。通过推进农业生产全要素合作，能实现各种生产要素的合理有效配置，实现农业生产各个环节的有效配合，实现在更高程度的规模经济和范围经济，提高农民合作社的市场竞争力。三是大力推进各经营主体之间的合作。通过联合社形式，实现合作社之间的合作，将农民合作社做大做强，促进要素在更大的范围内得到自由、高效的配置。推动龙头企业与专业合作社深度融合。推广“龙头企业＋专业合作社(专业协会、集体经济组织)＋农户”的组织带动模式，鼓励农民以承包土地入股合作社或龙头企业，鼓励龙头企业开展开展利润返还、股份分红等多种方式，带动农民增加收入(赵海，2013)。

(四)加快构建农业社会化服务新机制

加强农业社会化服务体系建设，要将“存量优化”与“增量改革”相结合，继续强化农业公益性服务体系，积极培育市场服务组织，不断创新服务方式手段，支持各类市场服务组织为农民提供低成本、便利化、全方位的服务。一是着力优化公益性农业服务体系。引导公共服务机构转变职能，逐步从经营性领域退出，主要在新品种新技术示范推广、土壤环境监测、农作物统防统治、区域疫病防控、产品质量监管等基础性领域开展服务。通过政府订购、定向委托、招投标等方式，扶持社会力量广泛参与农业产前、产中、产后服务。支持在农业社会化服务中开展应用性研究和教育、培训、推广，促进农科教有机结合和农业科技成果有效转化(孙中华，2012)。二是积极培育经营性服务组织。通过降低准入门槛，加强监督管理，加大经营性服务组织发展的扶持力度。专门围绕产后服务这一短板，重点支持专业化农业服务公司、专业服务队等发展。采取多种有效方式，对农业经营性服务组织在农产品加工、储藏、包装、品牌、信息、融资、保险等方面给予支持。三是大力促进社会化有效服务模式的示范推广。挖掘实践有效的服务模式，总结各地在“公共服务机构＋农资农技服务公司＋农户”、“农民专业合作组织＋社会化服务组织＋农户”、“龙头企业＋农户＋基地”、“农资经营公司＋农户＋基地”等服务模式开展中的经验与教训，积极推广制度完善、程序规范、形式多样、内容丰富的社会化服务。

参考文献

[1] 赵海：《新型农业经营体系的涵义及其构建》，《农村工作通讯》，2013 年第 6 期。

[2] 张义珍：《我国农业经营主体的现状与发展趋势》，《新疆农垦经济》，1998 年第 5 期。

[3] 黄祖辉、俞宁：《新型农业经营主体：现状、约束与发展思路——以浙江省为例的分析》，《中国农村经济》，2010 年第 10 期。

[4] 郭庆海：《新型农业经营主体功能定位及成长的制度供给》，《2013 中国农村发展高层论坛论文集》，北京：中国农业出版社，2013 年。

[5] 张照新、赵海：《新型农业经营主体的困境摆脱及其体制机制创新》，《改革》，2013 年第 2 期。

[6] 孙中华：《大力培育新型农业经营主体夯实建设现代农业的微观基础》，《农村经营管理》，2012 年第 1 期。

[7] 于亢亢等：《现代农业经营与建设主体演变的中美比较》，《农业技术经济》，2012 年第 12 期。

[8] 楼栋、孔祥智：《新型农业经营主体的多维发展形式和现实观照》，《改革》，2013 年第

2 期。
[9] 孙中华：《培育新型经营主体 增强农村发展活力》，《2013 中国农村发展高层论坛论文集》，北京：中国农业出版社，2013 年。
[10] 王礼力等：《论农户选择农业经营组织形式的成本决定》，《西北农林科技大学学报(社会科学版)》，2002 年第 3 期。
[11] 袁迎珍：《农业合作组织：历史变迁和制度演进——推进我国农业经营组织化的新制度经济学分析》，《经济问题》，2004 年第 2 期。
[12] 张晓山：《创新农业基本经营制度 发展现代农业》，《农业经济问题》，2006 年第 8 期。
[13] 周立群、曹利群：《农村经济组织形态的演变与创新——山东省莱阳市农业产业化调查报告》，《经济研究》，2001 年第 1 期。
[14] 苑鹏：《农民专业合作社联合社发展的探析——以北京市密云县奶牛合作联社为例》，《中国农村经济》，2008 年第 8 期。
[15] 黄宗智：《中国的隐性农业革命》，北京：法律出版社，2010 年。
[16] 郭晓鸣等：《龙头企业带动型、中介组织联动型和合作社一体化三种农业产业化模式的比较》，《中国农村经济》，2007 年第 4 期。
[17] 聂辉华：《最优农业契约与中国农业产业化模式》，《经济学季刊》，2012 年第 1 期。
[18] 黄胜忠等：《农民专业合作社治理机制及其绩效实证分析》，《中国农村经济》，2008 年第 3 期。
[19] 徐旭初：《农民专业合作社绩效评价体系及其验证》，《农业技术经济》，2009 年第 4 期。
[20] 徐旭初、吴彬：《治理机制对农民专业合作社绩效的影响——基于浙江省 526 家农民专业合作社的实证分析》，《中国农村经济》，2010 年第 5 期。
[21] 谭智心：《不完全契约、非对称信息与合作社经营者激励——农民专业合作社“委托—代理”理论模型的构建及其应用》，《中国人民大学学报》，2011 年第 5 期。
[22] 谭智心：《不完全契约、内部监督与合作社中小社员激励——合作社内部“搭便车”行为分析及其政策含义》，《中国农村经济》，2012 年第 7 期。
[23] 胡必亮等：《我国应选择一条“双轨并行”的农业经营制度》，《经济研究参考》，2003 年第 79 期。
[24] 邵峰：《论农业经营体制创新》，《农业经济问题》，2003 年第 9 期。
[25] 阮文彪：《农业经营体制创新的长期战略和总体构想》，《现代经济探讨》，2004 年第 9 期。
[26] 陈晓华：《现代农业发展与农业经营体制机制创新》，《农业经济问题》，2012 年第 11 期。
[27] 尹成杰：《深化农村改革与全面实现小康》，《2013 中国农村发展高层论坛论文集》，北京：中国农业出版社，2013 年。
[28] 蔡元杰：《构建富有效率的新型农业经营体系》，《农村工作通讯》，2013 年第 9 期。
[29] 刘奇：《家庭经营是新型农业经营体系的主体》，《农民日报》，2013 年 6 月 3 日。
[30] 宋洪远：《新型农业社会化服务体系建设研究》，《中国流通经济》，2010 年第 6 期。
[31] 万俊毅：《准纵向一体化、关系治理与合约履行——以农业产业化经营的温氏模式为

例》，《管理世界》，2008 年第 12 期。
[32] 王曙光：《金融助推新型农业经营体系发展空间广阔》，《中国城乡金融报》，2012 年 11 月 21 日。

（作者：董志勇　北京大学教授）

项目名称：打造具有“北京精神”的“世界城市”文化——北京市文化创意产业特色与定位研究
项目编号：12JGB050
项目负责人：倪　宁
项目信誉保证单位：中国人民大学

电影中北京文化形象表达的创新路径

城市形象，“凝聚和体现着城市的功能、理念、整体价值取向以及由内向外的辐射力和由外向内的吸引力”①。作为一种大众娱乐文化，电影讲述的“每个故事都有一个发生地点，电影中的城市元素比一般的产品和品牌更容易被观众接受，不易产生抵触情绪”②。《罗马假日》、《达·芬奇密码》等经典影片，不仅是电影艺术的地标，同样赋予故事发生地城市罗马、巴黎以浪漫、神秘的文化气质，引人向往。电影催生了全世界无数的游客沿着电影故事中的场景和路线去游览、体验和分享电影故事中的城市文化。

2009 年 12 月，北京市正式提出了建设世界城市的发展目标，世界城市所需要的现代化与本土化相融合的文化以及文化创新和引领能力，既可以通过电影作品来展示，也可以通过电影来构建和传播。但是，对于这一有效路径的应用，却应当有创新，以获得更好的效果。

一、量身定做：让北京成为中国梦想之都

由于文化本身的包容性和复杂性，一般可进一步区分为器物、习俗制度、价值观等文化层次和类别，使文化讨论精细化。

观众观看电影时，首先通过银幕画面呈现的是故事发生地的形象和景观，也就是器物的层次：摩肩接踵的人潮、拥堵的车流、闪着霓虹灯的高楼大厦、大规模的工地与扬尘和写字楼、办公室……与这些视觉符号相匹配的经理人、白领、官员、移民、北漂、大学生等阶层及其生活轨迹，呈现了城市生活的风俗习惯和运行制度规范，指向了繁忙、创业、亲情、成功、梦想等当代生活价值。在符号与意义之间建立起默契而自然的联系，正是电影等文化作品

① 李宗诚：《定位理论在城市形象宣传策划中的应用》，《苏州大学学报（哲学社会科学版）》，2009 年第 3 期。

② 司若：《电影与城市营销》，《当代电影》，2011 年第 1 期。

意义生产的路径和秘密。

但由于城市化、现代化进程的趋同性，回到电影艺术以及城市文化多样性的视角来看，不难发现城市电影中的画面和场景语言越来越相似。如果不借助故事、台词或者标识，很难将一座现代化城市与另一座城市区分开来。因此，借助电影进行城市形象和文化传播，需要加大电影中城市符号的差异性和辨识度。量身定做因此成为一种改善型的创新策略获得其价值。

量身定做就是要使城市文化形象在电影中成为有机而且有意义的元素，它的出现使故事合理而出人意料。对北京城市形象量身定做的表达，需要在视觉听觉形象、行为形象方面把握其特色，以更好地凸显北京城的文化底蕴和文化引领能力。

很多电影对北京的视觉形象表达，主要呈现了最富北京特色的历史文化符号，如四合院、胡同、军队大院等，像《阳光灿烂的日子》等影片，就呈现了神秘大院里的青春时光和青涩爱情；同时，作为现代大都市的北京形象也成为青春、时尚电影故事的发生场景，如三里屯、国贸 CBD、“798”以及众多富有情调的特色餐厅等。这些城市视觉形象都带着特有的记忆空间和时代体验，意义丰富，一方面展现出北京所具备的独特的传统与现代交织交融的文化历史多样性，另一方面也使得观众能够随着人物命运和故事发展更好地体验北京文化的多样性。在听觉形象表达上，相关电影段落大量运用京味儿方言、京剧、鸽哨等有传统北京特色的对白、音乐、音效，也有摇滚音乐、酒吧喧嚣，用声音作为线索引领观众进入北京的城市氛围。

视觉听觉通过标志性的文化地标符号，提供了故事发生的空间维度，而故事中所展现的人物命运、事件、风尚等，则让城市有了行为、动感和生命。

北京城在各个历史时期都有着历史性的事件和活动，堪称历史现场和策源地；而在当下的世界城市建设过程中，北京又与时俱进地呈现出现代都市、东方都市、中国首都、创意城市等多层次的行为形象。这种多元性使北京有可能作为多种类型和题材的电影故事发生的场景，适宜将“爱国、创新、包容、厚德”的北京精神通过多样化的故事和人物命运得以体现。换句话说，在这里，一切梦想皆有可能。

综上所述，量身定做就是要实现故事与城市的有机结合。这就不能仅仅停留在将城市作为电影中无明确身份标签的城市类别景观，而是要通过独特的故事呈现城市文化的独特性，而城市作为行为空间使故事变得合理和必然。这样，在两者间就建立起相对清晰的对应关系。这样，电影故事就成为不断呈现和释放独特的城市文化景观和价值内涵的意义编码—解码过程。

因此，我们建议以世界城市为发展目标的北京，尽快地建立起“梦想”与北京之间的唤起和响应，使北京成为中国梦想之都。无论是在电影里还是在现实中，北京都应当成为中国梦发生、实现的现实时空。这样，北京在世界城市序列中能够呈现其具备历史特色的视觉听觉形象和行为形象，并由此诠释“爱国、创新、包容、厚德”的文化价值观。

当然，作为中国梦想之都，北京的行为形象不仅仅是历史变幻、政治风云等大历史类型的“中国梦”，也应当注重创业打拼、浪漫相遇、文化碰撞、励志治愈等市民和都市层次的“我的梦”。随着社会主义现代化建设的全面推进，北京不仅是传统意义上的政治、经济、文化创新策源地，更是社会、生态等领域重大发展创新的策源地。就像《中国合伙人》所呈现的梦想故事：教育创业、全球化与互联网等，都离不开北京的城市文化价值观所赋予的可能性与必然性，从而展现出个人创业梦想与北京创新、包容精神的关联，呈现了这种城市氛围所激发的个人梦想和价值实现。电影中的北京城市文化形象获得了与时俱进的丰富和创新，而不被标签化、脸谱化，给当下观众以全新的文化分享和意义共鸣。

当然，对北京城市形象的量身定做，建立中国梦与北京的关联，要以电影艺术和市场为指标，追求长远的艺术感染力，而非短期的宣传效应，否则不仅会破坏电影的艺术性和票房，最终也会透支这一路径的生命力。

北京市有关部门政府应当有意识地与国内外电影企业、导演合作，一方面以优惠的政策和支持吸引电影摄制组到北京创作取景拍摄，使北京更多地被电影镜头聚焦、创意城市气氛更为浓厚；一方面鼓励艺术家量身定做兼具艺术性和商业性的北京梦想题材电影。通过市场对电影创作和电影制作的资源配置，使城市形象的表达和传播得以良性地运行，最大限度避免城市文化形象传播落入宣传片和风光片的窠臼。

同时，电影虽然是文以载道的文化作品，但其娱乐性是首要的，也是其教育性能否实现的前提。因此，对于影视作品中的北京形象，各方应当持相对宽松的态度，避免以单纯的政治和宣传思维过度解读电影的娱乐元素，要把解释权和意义生产的决定权交给艺术家和观众。像纽约，就在《2012》、《24小时》等灾难片中被毁灭；在黑帮、反恐影视中，纽约街头充满了车祸、枪战，曼哈顿在银幕上常常成为恐怖袭击的目标。但随着故事的发展，城市温暖和光明的一面却被展现出来，使观众心灵产生了强烈的震撼和共鸣，最终获得了更深入的传播效果。北京在取得巨大的建设成就的过程中，也同时伴生了生态环境的恶化、交通拥堵、贫富差距加大等大城市病，适合通过灾难片、科幻片等来体现人与自然冲突、社会价值观变化等的故事。北京有关部门应当更加尊重艺术和市场的规律，让北京的银幕形象有更大的变化和拓展，从而摆脱形象的固化和局限，释放出更大的形象塑造可能。

量身定做除了注重城市形象传播所基于的梦想故事、梦想价值选择，还应当更注重那些面向年轻受众的电影。像《非诚勿扰》、《北京遇见西雅图》、《杜拉拉升职记》、《失恋33天》、《中国合伙人》等，反映当代青年的生活，与观众血脉相通、同悲共喜，容易获得年轻人的共鸣。这也使得影片中的北京与现代、时尚的青年生活完成了对接，赋予北京吸引当下年轻人的情感和温暖，使北京形成古老与现代、传统与青春相交织的多元包容文化形象。

二、网络微电影：城市文化传播的隐形翅膀

互联网时代的到来，电影不断被注入互联网基因。在传统电影之外，通过网络面向青年传播的微电影正在脱颖而出，成为视觉传播时代的新锐力量。传统电影与新兴的网络微电影，在表达城市形象上各有特点。

传统电影已经形成了相对成熟的大投入、大制作、大产出的投资制作模式，以及后电影产业链等商业模式，整体制作精良，以画面、制作、特效呈现视觉奇观。但出于传播环境和投资风险的控制，主旋律电影往往难以脱离“说教式”、“宣教式”的痕迹；商业大片则受限于投资制作成本，植入城市形象的成本越来越高。例如 2014 年的《变形金刚 4》中，重庆的武隆、北京的盘古大厦等都付出了可观的植入代价，结果却未能完全实现预定的植入形式。在这样的背景下，微电影传播手段价值显现。

微电影的投资小、时长短、制作周期短，便于快速、低成本地植入广告，目前已经成为很多视频网站和工作室看重的“蓝海”。同时，它符合互联网“长尾理论”的规律，以颠覆“二八法则”的思维实现了以小对多的广泛传播。微电影因其“微”，不仅专业的电影公司可以制作，个人也能轻而易举地完成，形成数量众多的 UGC(用户创作内容)生产模式。这种反精英和反专业的“草根”生产形式使微电影表达的内容和主题更加贴近现实，与观众生活的距离进一步缩短，观众的共鸣和参与感更强。

微电影是适合移动互联网时代通过分享而获得精准传播的电影形式。从传播效率看，微电影依托于手机、平板电脑等移动新媒体，观看时间短，解放了受众观看电影在时空上的限制。更具价值的是，移动互联网使微电影的受众很大程度上也变成了意义生产者。基于众多社交网络平台，受众的评论、互动成为与微电影内容本身同样有价值的内容。在分享传播的过程中，实现了受众积极参与的意义再生产。受众会不断形成新的讨论或者“恶搞”而形成新的变形版本，这些新文本的加入，形成又一轮的话题，不断创造出脱离微电影文本的新意义。这种移动互联网所创造出来的意义生产的独特方式，使微电影获得不断增强的传播动力，也在传播中实现信息增值。与流行已久的网络视频相比，微电影具备明显的电影艺术品位、叙事手法和较为精致的画面。因此，微电影的艺术生命力、感染力更强。

微电影的种种特质，使我们可以使用它作为传播城市文化和形象的创新路径，同时也需要进行更多的实践和研究，积累更多的认识。

传统的电影往往直接表达正面、主流和城市形象和文化，从而影响观众

认同、维护、传播积极城市形象的行为。微电影故事主要讲述相对小众群体或个性化的行为和活动，注重故事性、情节性，而不是大银幕上的画面和特效奇观。可以说，微电影对城市形象和文化的传播以城市视觉听觉形象为辅、以城市行为形象为主。通过故事发展和人物行为，以点带面地呈现城市及其市民的生活状态、心理状态和城市中各种价值观的整合与碰撞。而植入其中的城市形象和文化虽然没有通过精美和大银幕有意地呈现，但通过具体的细节和场景，让观众感受着城市的环境和价值。像正在流行的北京大学“仰望星空”的微电影，通过一个学生对冷门专业的坚持从而实现自我梦想的故事，成为2014毕业季和招生季的热门话题。虽然其中并未刻意去展现北大校园的“一塔湖图”地标风景，但受众能够体会到支撑片中主人公因热爱而选择冷门专业的动力，正是来自北大“兼备并包”、“独立思考”的价值观。宏大抽象的文化价值观通过个体行为故事呈现，这是微电影的微言大义的魅力所在。可以说，结合了电影物质和互联网基因，这两种艺术和技术的优秀血统，使微电影完全具备了网络时代的北京文化特质构建和传播路径的能力。

微电影的微小，也使其碎片化特征明显。对此，可以扬长避短地为我所用。例如，围绕某一形象和文化传播主题形成系列作品，将城市形象和文化化整为零，从各个侧面和角度进行呈现和传播。这可以避免一部电影为维护主线情节的连贯统一而限制城市形象的捕捉广度和挖掘深度。例如表现北京城市的文化底蕴，很难通过一部电影表现得面面俱到。但是如果拍摄成单主题系列微电影集合，则可以更生动、更全面地表现。比如，凸显北京城的文化底蕴，可以是一群人在不同地点的不同故事——一位垂垂老者，在皇城根下追忆着老北京的故事，翻看着泛黄的旧照片；可以是一位少年，在国家图书馆中徜徉书海，探求真理；可以是一位上层人士，在国家大剧院中，观看各国文艺团体所呈现的不同民族的精粹；可以是一家三口，在小吃街头，品尝着各地的美食风味……虽然这些景象很难融合到一个连贯的故事情节中，但是适合用微电影来表达。受众在观看每一部微电影时，都能集中感受着城市形象某一侧面，耳濡目染，而一系列作品的叠加，就构建出一个完整鲜活的北京城市形象。所以一个成功的表达北京城市形象的微电影集合，是一组形散神聚的微电影协同作用的结果。每一部微电影有针对性地把握城市形象和文化某一侧面的特点和要素，干净有力、准确明晰，通过微电影艺术手段的巧妙构思安排，给受众留下润物细无声的零距离体验和记忆。

同样，微电影在呈现城市形象和文化时，除了全面、正面反映传播者的意图之外，更注重其真实性和时代性。在网络传播环境中，如果仍然一味地要求“正面”、“纯粹”，以宣传思维来驾驭艺术和传播规律，难免有“唱高调”嫌疑。这会降低受众观看的兴趣和共鸣，减少受众观看时的代入感，甚至使受众持“对抗”式的解码立场，使正面文章被反面读。

当然，微电影本身也具有双面性。作为一种新生的艺术形式，目前的微电影在形象构建和文化传播方面还需要认真地研究，以更好地发挥其效用。

微电影在草根创作、UGC内容生产的背景下，无法对微电影实现像电影那样的许可证、剧本、放映管理，这既使微电影得以大量产出，也使得其泡沫化现象严重，当然也可能造成对城市形象和文化表达的个人化、情绪化、片面化。

与此同时，互联网视频的受众特征和文化特质，“人人都是导演”的情形使微电影的质量良莠不齐。微电影的故事和主题在进一步下移、下沉的同时，也难免出现“三俗”的情形。打上“情色”或者“潜规则”标签的微电影更易受网民欢迎，迎合窥视欲的微电影内容在网络上更容易引发狂欢。这也对微电影制作公司产生了不容忽视的影响。在激烈的眼球竞争中，不少微电影常常以“情色微电影”、“宅男电影”、“女神电影”为噱头博取眼球。《末日告白》、《身度》等微电影充斥着赤裸裸的涉性镜头，《身度》导演甚至在前期宣传期就大方表示：“女一号王月身材傲人，片中与多名男子上演高难度激情戏，尺度相当火辣，这部影片是宅男的福音。”那些不以“情色微电影”为标签的微电影也普遍以黑丝、长腿、乳沟等镜头作为身体奇观展示在镜头上。“约炮”、“车震”也作为重要桥段毫不避讳地出现在微电影中，甚至成了一种竞争力。“干爹”、“基友”等网络语言以及粗口等也成为微电影引发网友点赞的时尚。这类微电影的主题本身就着眼潜规则、阴暗面和欲望，这类故事与北京不断地建立联系，使北京的每个角落都充满了性暗示。

凡此种种，构建出误读的“色情城市”形象和文化。如果众多微电影长期不能全面、平衡地呈现北京城市形象的特质和文化内涵，借助网络平台的传播效应，甚至可能会歪曲、误导受众对北京形象和文化内涵的认识。要想更好地利用微电影这一载体表达北京城市形象，需要使微电影注重艺术性、传达主流价值观，应当通过法律、自律等手段，通过分级制度、受众媒介素养、制作方提升品位等，改变微电影以情色、乱伦、阴暗等博眼球的现状。

但是，政府如果直接制作微电影，虽然具备宣传城市形象和文化的权威性，但往往在艺术性和传播力上受到局限。因此，引导商业制作公司以艺术和文化追求为导向，充分表达准确、深刻的北京城市形象，是既定的路径和思维。而一些非营利性团体(如宣传环境保护、关注弱势群体、大型活动志愿者团队等)，也会自发地通过多种方式去塑造和宣传北京城市形象，这也是值得重视的传播力量。

一些非政府非营利团体和个人在微电影中表达正面城市形象的同时，有时候也需要表达一些负面、消极的问题。通过人与自然、人与人、人与自我的伦理道德冲突引人深思，唤醒人们心中建设性的力量。例如，微电影《爱情败给了80元钱》讲述的就是不懂得珍惜真爱，最后被诱惑和欺骗而悔不当初的故事。这个迷茫的故事呈现的是人与自我、社会的冲突及解决，虽然并不完全阳光，但年轻的爱情梦想也使故事发生地北京具备了同样的文化气质。

借助微电影进行中国梦想之都的构建和传播，除了重视微电影主题、内容之外，也要做好微电影的传播和营销工作。安排合理的传播计划、选择良好的播放平台。针对微电影的传播平台特点，应在社交网络平台上加强与受众的互动，吸引受众深度参与。特别是微电影可以采用一些开放式结局，在听取受众建议之后，采纳好的建议以续拍后作，使受众成为编创队伍中的一员。

电影作为文化创意产业的重要门类，形象和意义的延伸是其价值和意义创造的规律，从而形成了蔚为壮观的衍生品等后电影产业链。对于北京而言，成功的电影或者微电影放映传播期间，应当利用好电影效应，将观众的认知和认同转化为吸引力，使观众转化为来到北京的旅游者、消费者、投资者甚至文化创意产业的人力资源。这种好感、向往和归属的不断转化并不是简单的线性过程，而这正是相关部门需要深入研究和重视的关键问题，促进这种转化源源不断地发生。

参考文献

[1] 北京市人民政府制定、国务院批复：《北京城市总体规划(2004—2020)》，2002 年。

[2] 张晓明、胡惠林、章建刚：《文化蓝皮书：2010 年中国文化产业发展报告》，北京：社会科学文献出版社，2010 年。

[3] 冯惠玲：《北京奥运的人文价值》，北京：中国人民大学出版社，2010 年。

（作者：倪　宁　中国人民大学教授
翁昌寿　中国人民大学副教授
宋博思　中国人民大学硕士研究生）

项目名称：控制机动车污染排放的碳税政策研究：以北京为例
项目编号：12JGB061
项目负责人：方　虹
项目信誉保证单位：北京航空航天大学

碳减排政策工具实施的国际经验及中国的选择[①]

一、碳税与碳交易的比较分析

碳税是针对二氧化碳排放所征收的税。碳税是一种污染税，它是根据化石燃料燃烧后，碳排放量的多少来征收税费的。政府部门先为每吨碳排放量确定一个价格，然后通过这个价格换算出对电力、天然气或石油的税费。从国际实践来看碳税通常是一种从量税，即以排放的碳的含量为标准进行征税。碳税对一个单位量的温室气体排放增加固定的税收价格，目的是刺激公司以及个人减少温室气体的排放。碳税税率的设定好坏直接关系到这种机制的运作效果。如果征收碳税过低，控制减排的效率不会太高，因为企业和个人都会愿意为自己的多排支付这部分费用；而如果征收的碳税过高，这必然会影响企业的利润、工作机会甚至终端消费者的利益。

碳交易是在一定区域内，在污染物排放总量不超过允许排放量，或者逐年降低的前提之下，内部各排放源之间通过货币交换的方式，相互调剂排放量。首先设置一个体系内排放量上限(总量)，然后按此上限分配给各排放源，各排放源再将自己配额总数分配给下一级的排放源，并且依此类推。如果每一级排放源能够使其实际排放量小于分配到的排放许可额度，它就可以将余下的额度到排放市场上出售，否则就必须到市场上购买排放权；如果排放源在体系内超过了所允许的排放上限就会受到惩罚，这样便产生了碳交易。

碳交易是总量控制与排放交易，一开始就规定了温室气体排放的总量，政府通过一定原则给企业发放排放配额。而企业得到排放的配额主要有两种方式：政府一开始发放的免费配额或者拍卖。由于温室气体的排放总量一开

① 国家自然基金："中国进出口商品中环境污染的测度、演化机理及规制研究"(项目编号：71073007)、自然基金："全球气候变化背景下污染密集型产业国际转移的利益均衡：模型构建与实证研究"(项目编号：71273022)、北京市哲学社会科学规划项目："控制机动车污染排放的碳税政策研究：以北京为例"(项目编号：12JGB061)、广义虚拟经济研究专项："广义虚拟经济视角下国际贸易的逻辑及中美贸易利益研究"(项目编号：GX2011－1014(M))。

始就被设定，因此每一单位的排放量的价格是波动的，完全符合市场供需原理。即如果市场需求大，碳价便高；如果市场需求小，碳价便低。因此，碳交易并不会在第一时间给企业带来冲击，因为刚开始政府都会给企业发放免费的配额，这让企业先接受国家对温室气体排放的控制。总量交易的规则创造出一种激励机制，私人部门可以通过自行研发，或者在排放权市场上进行交易，以实现减排目标。

碳税是“价格型”工具，政府确定碳税税率，企业依据减排成本决定排放水平，排放总量会因宏观经济环境的变化进行动态调整；碳交易是“数量型”工具，政府确定排放总量限额，并允许价格随市场供求变化进行波动。从理论和各国的实践来看，碳税和碳交易各有优势，笔者从减排量、碳价格模式、减排机制、减排成本、减排收入分配以及减排制度设计方面进行比较（见表1）。

表1　碳交易与碳税政策的减排作用比较

	减排量	碳价格模式	减排机制	减排成本	减排收入分配	减排制度设计
碳交易	确定，通过设定总额排放量实现，效率高	碳排放权交易价格波动大	减排激励性强	成本控制灵活，可减少减排成本	公平性	复杂、烦琐，实施和操作成本高
碳税	不确定，通过影响碳排放成本达到控制碳排放目的，目标难以实现	碳排放权交易价格基本稳定	减排激励性较弱	实施简单，成本低廉	公平性	透明，管理成本较低

资料来源：作者整理。

在理想状态下，碳税与碳交易都会产生一样的效果，因为这两种方式都是给二氧化碳等温室气体增加了经济价值，刺激企业实行节能减排。但是，碳交易与碳税二者是有区别的，主要区别在于：

（一）减排机理不同

温室气体排放具有“负外部性”，外部性产生扭曲的根源是微观主体的个体成本与社会成本不同。从经济学原理出发，解决办法：一是政府运用税收手段进行干预，使个体成本等于社会成本，微观主体基于自身决策的排放水平，就会与社会最优水平相一致，即征收碳税，通过征收碳税对价格的改变来引导经济主体的行为，达到降低排放数量的目的；二是在权利界定清晰的前提下，私人部门的交易能达成个体最优与社会最优的统一，在这一过程中，交易机制和价格发挥着重要的作用，即碳交易，碳交易则属于数量干预的范畴，在规定排放配额的前提下，由价格机制来决定排放权在不同经济主体之间的分配。

(二)成本转嫁方式不同

在碳税制度下，对于被征税的主体来说，其成本主要通过采用新的技术降低排放量和提高产品价格将成本进行转嫁。前者，碳税发挥了减排和促进新技术使用的目的；后者，碳税的作用较小，因为经济主体实际并没有减少排放，而只是带来了产品价格提升。在碳交易机制下，对于经济主体来说，排放的总量是确定的，因此不能按照原有的排放量单纯通过提高价格获得成本补偿。经济主体的减排行动需要通过采用新技术，或者购买排放权来实现，而这两种方式都具有实际的减排效果。显然，从经济主体的成本转嫁方式看，碳交易比碳税的减排效果更有效。

(三)产业国际竞争力影响不同

对于高碳产业是比较依赖碳排放发展的产业，碳税和碳交易对此类产业国际竞争力的影响不同。在国际市场，这些产业的国内碳税价格信号无法传递到他们的国际用户，会造成其国际竞争力下降。而碳交易的制度可以给企业更多的选择，企业可以通过国内和国际两个市场获得排放权，企业可以通过对于市场价格的判断，更好地制定自身的减排决策。

(四)实施的阻力不同

碳税作为一种税收，具有更加广泛的征收范围，在增加政府收入的同时，有可能使低收入的人群承担并不公平的责任，其实施的阻力相对会比较大。碳交易给予企业更大的灵活处理权限，碳交易的运行则是在国际共同认可的框架下进行，因此一些国际性企业应当更容易接受碳交易的方式。

二、发达国家碳税与碳交易的实践透视

(一)碳税实践的先行者

在发达国家，碳税的征收已有 20 多年的历史。早在 1990 年，碳税就开始在北欧国家金融监管施行。芬兰于 1990 年率先开征碳税，其后荷兰、挪威、瑞典、丹麦以及英国等国家也开始使用碳税这种机制。北欧国家碳税实践的特点是：征收的碳税是从原有的环境税过渡而来，在税率、税基等方面进行相应的调整；将碳税用于削减劳动者个人所得税和企业的社会保障税，实现“税收中性”；对不同行业实施差别优惠和补贴政策，特别是能源密集型行业和对外贸易行业等易受碳税政策影响的行业，以保护各国产业的核心竞争力。

(二)碳交易的国际实践

自《京都议定书》明确了发达国家和经济转轨国家的总量减排目标后，不同类型的国家或区域碳交易机制相继成立。欧盟排放交易体系（EUETS)是全球最重要的减排机制，自 2005 年成立以来，其总交易额占全球碳市场的 90%

以上。美国运行的有5种区域碳交易体系：芝加哥气候交易所(CCX)、加州气候交易所(CaCX)、区域温室气体倡议(RGG)、西部区域气候行动倡议和中西部温室气体减排协议。碳交易实践的特点：内部为不断增强交易体系的透明度、连续性和有效性，采取紧缩排放限额、提高排放许可拍卖比例及扩大体系覆盖范围等举措。欧盟将京都协议下清洁发展机制项目签发的碳排放许可的输入总量限定在EuETS总减排量的50%以内，为企业提供减排灵活性的同时，降低其履约成本。可以说，欧盟排放交易体系是全球碳市场的引擎和气候政策的支柱。

(三)碳税与碳交易的综合运用

除单独运用碳税和碳交易两种减排工具之外，一些国家和地区综合应用两种减排工具。

英国通过碳排放交易，鼓励企业参与碳减排，通过碳税和碳基金政策，推动碳减排。对参与碳交易的企业给予碳税减免。英国减排实践的特点：6000家参与《气候变化协议》的工业和商业组织，在实现相对减排目标后，可获得80%的气候变化税减免，以此激励更多企业加入减排交易体系。

澳大利亚采取由碳税过渡至碳交易办法。碳税管制对象包括500家最大型的排放者，占澳大利亚碳排放总量的60%。2011年11月，澳大利亚议会通过了一揽子清洁能源法规，建立碳价格机制。2012—2015年，碳价格机制为固定价格阶段，为23澳元/吨，之后每年提高2.5%。从2015年7月起，碳价格机制过渡至排放交易阶段。澳大利亚碳价格机制的特点在于采取阶段进行，减小市场运行初期不确定性因素对碳市场的冲击，规避出现碳价格过高导致企业减排成本增加，或是碳价格过低导致企业低碳投资动力不足，以帮助企业顺利向排放交易过渡。

日本为了推动全社会的减排，其碳税的最终方案在2005年10月形成，正式征收碳税则是在2007年1月。其征收对象是使用化石燃料的单位。征收范围既包括作为煤炭、石油、天然气等消费大户的工厂企业等，又包括家庭以及办公场所。2008年，日本政府试行J-VETS(Japan Voluntary Emission Trading Scheme)，该体系的参与者自愿设置碳减排目标。J-VETS试图在日本国内建立一个以小排放者为主体的自愿排放交易体系和碳抵消体系。2010年4月，日本东京都总量限制交易体系正式启动。2013年4月启动强制性碳排放交易机制，该机制覆盖工、商业排放源。

(四)国际碳金融市场发展呈现的新特点

《哥本哈根协议》的签署为碳金融市场带来新的机遇。《哥本哈根协议》中明确规定了发达国家在2020年以前每年筹集1000亿美元资金用于解决发展中国家的减排需求，此类资金中的很大一部分将通过哥本哈根绿色气候基金发放。这些资金将有多种来源，包括政府资金和私人资金、双边和多边筹资，以及另类资金来源。这将为碳金融市场的参与者带来新的机遇，投资者可以借此设计更多的金融产品，以满足各种资金需求。新的减排需求可能为市场带来更大发展空间。作为全球最大的碳金融市场，欧盟表示如果达成令人满意的国际公约，欧盟将采纳更大力度的减排目标：到2020年，温室气体排放量在1990年基础上减少30%，这将导致在2013—2020年每年约有300百万吨二氧化碳当量的额外需求。同时，欧盟委员会建议：目前基于项目的机制未来将限于不发达国家，并建议主要新兴经济体允许在行业(如钢铁，水泥和电力等)协定基准之外产生的额外减排配额进行交易，市场参与度有望进一步提高。

三、中国构建碳减排政策的选择

由于两者方式操作的不同，两者也具有不同的确定性。碳税和碳交易之间谁更可取？研究表明，对于排放量变化，是环境危害更敏感还是减排成本更敏感。如果环境污染更敏感，那么温室气体排放总量则需要被确定，因此碳交易更胜一筹；相反，如果对于排放变化的排污成本非常敏感，那么减排成本则需要被更好地确定下来，因此固定的碳税就更加可取了。

当前在气候变化政策中，这碳税和碳交易两者一直被广泛讨论。一些经济学家认为碳税更可取，理由是每年新增的温室气体量较小，因此环境污染并不太敏感。也就是说，减排成本会更加敏感，因为要企业突然改变他们的生产方式所需成本比较昂贵。但长期来看，碳税是否更具有优势并不清楚，因为在大气中日积月累的温室气体量可能会导致持续的环境危害。因此，我们认为两种方式并存，采取混合模式。

在全球绿色振兴、低碳竞争的大环境下，中国政府应在借鉴国外先进的经验和总结国内试点经验的基础上，根据实际国情和形势变化，加快完善碳交易制度和碳税制度，探索联合运用两种市场化政策工具的适宜方式，使它们机制互补、作用融合、效力更强，不但促进实现“十二五”时期的一系列约束性指标，而且促进完善包括财税、金融、价格等在内的一整套绿色化政策机制的框架，以此来保障我国的生态文明建设，并作为发展中大国推动以应对气候变化为核心的全球绿色发展进程。借鉴各国在构建碳税和碳交易实践中的经验，中国在具体构建碳交易体系时要注意以下几个方面：

(一)加强碳税和碳交易市场的基础性工作

在政策试点前要落实对象行业的MRV(measurable，reportable，verifiable，即可测量，可报告，可核实)情况，确保基础性统计工作能够支撑政策的落实，应突破有关MRV的国际政治性和敏感性问题，大力宣传有中国特色、服务于国内发展的MRV，对区域内排放大户的数据核查，基本“摸清家底”，并出台了一系列适合本地情况的分配方法，加强碳定价标准的研究，为碳税与碳交易政策的最终落实打好基础。

(二)重视发挥碳交易试点示范方式的作用，完善碳交易市场体系

试点示范现已成为我们政策机制形成的一个必要阶段，对于碳交易市场机制的形成完善也不例外。2011 年，中国因区域总量交易机制试点成为全球的关注焦点。在国家发展改革委员会发布的《关于开展碳排放权交易试点工作的通知》中确定北京、天津、重庆、上海、湖北、广东、深圳七省市于 2013 年年底启动碳交易试点工作，其中，广东省配额总量约 3.88 亿吨，使之在规模上一跃成为世界第二大碳市场；湖北省配额总量 3 亿吨，将成为世界第三大碳市场。此外，上海碳市场配额约 1.6 亿吨，深圳约 0.33 亿吨，北京约 0.5 亿吨，天津发放了 1.6 亿份配额；7 个市场总计配额约为 11 亿吨，并于 2015 年建成全国碳市场。

(三)加强制度建设，引导和规范中国碳市场健康发展

碳交易市场建设工作庞杂，涉及法律法规、交易规则制定、相关基础设施准备以及人员能力建设等，在诸多方面我国还处于空白，需要加快建立起自己的碳交易系统。当前，试点省市应结合各自应对气候变化总体规划和顶层设计，在完善相关法律法规、政策制度的整体框架下，探索建立碳交易系统的基本原则、步骤路径、机制设计等细节。并应紧密结合各地的减排实际和发展需要，在原有基础上探索建立各具特色的区域碳交易体系。

(四)科学规划碳交易体系，公平合理分配碳排放许可

碳交易市场机制能运行顺畅，作用到位，需具有完备市场要件，其中涉及多方面工作，主要包括：形成较全面的法律体系和管理制度，关键是完善有关碳交易的法律法规制度和健全政府监管机制。健全的法律制度是碳交易体系高效运行的前提，明确碳排放许可的权利属性，为科学制定减排目标、分配方案，实施排放监测、报告和核查机制以及对碳排放权进行定价等提供法律依据和保障。健全的政府监管机制是保证市场高效运行的必要条件，通过加强市场的监测、及时掌握和分析市场运行动态，有效规避在市场运行初期暴露出的漏洞和风险，并积极应对与国际碳市场的协调问题。中国碳市场从减排出发，最终还将回归到减排，市场价格和监管手段能否最终对企业形成激励和倒逼，促进实体经济真正通过技术改造等方式实现减排。

(五)择机推出与碳税的综合运用

由于碳税与碳交易各有优势，综合使用可兼顾各自的优点。中国可在碳交易试点过程中，择机选择减排工具的综合使用。可以借鉴发达国家经验，通过税收减免，激励更多企业加入减排交易体系，尤其是帮助能源密集型企业降低减排成本。

(六)探索碳金融创新，为低碳经济发展服务

金融机构在全球碳市场上扮演着重要角色，特别是国际化的商业银行一直致力于提升碳市场流动性和创新减排项目融资方案。因此，加快培育商业银行、投资银行等机构投资者，大力发展做市商制度，促进买卖交易、活跃市场以及价格发现；鼓励商业银行积极探索买卖经纪、碳排放配额保管、账户登记和交易清算服务等中间业务；加快金融创新，丰富金融工具，帮助企业管理风险和实现融资；吸引各类投资主体的碳基金应广泛参与 CDM 市场，为减排项目提供融资服务。

参考文献

[1] Chavez C A, enforcement Villena M G, and incomplete Stranlund J K, The choice of policy instruments to control pollution under costly information, *Journal of Applied Economics*, 2009, 12(2).

[2] 贺卫、蒋丽琴：《发达国家温室气体减排态度分析》，《湖南财政经济学院学报》，2012 年第 2 期。

[3] 王彬辉：《美国碳税历程、实践及对中国的启示》，《湖南师范大学社会科学学报》，2012 年第 2 期。

[4] 苏蕾、曹玉昆、陈锐：《欧盟碳排放权交易体系现状及启示》，《世界林业研究》，2012 年第 6 期。

[5] 尹小平、王艳秀：《日本碳交易的机制与成效》，《现代日本经济》，2011 年第 3 期。

[6] 黄海燕：《应加快探索对碳交易和碳税的联合运用》，《中国经济导报》，2012 年 3 月 3 日。

（作者：方　虹　北京航空航天大学教授

杜　萌　北京航空航天大学硕士研究生

彭　博　北京航空航天大学博士研究生）

项目名称：民营经济与国有经济法律保护差异性的制度经济学分析——基于北京市的调研
项目编号：12JGB064
项目负责人：马丽娜
项目信誉保证单位：中国政法大学

民营经济和国有经济宪法保护差异性的政治经济学成因分析

民营经济是全世界自由经济体中经济增长和繁荣的主要发动机（恩纳斯特·J. 珀扎）。改革开放30多年来，民营经济已经成为中国重要的微观经济主体，是近20年中国经济增长的重要引擎。被称之为"潮头巨浪"（钟永生2006）。相关数据显示，近30年来我国民营经济平均每年以30%的递增高速成长，其发展速度成倍地高于全国经济增长速度，占GDP的比重已超过1/3。截至2010年年底，民营经济注册资金从2005年的6.13万亿元增长到19.21万亿元，增长幅度高达213.38%，从业人数从2005年的10724.6万人增长到16415.2万人，累计增幅达到53.1%，税收贡献总额从2006年的5168.7亿增长到11149.94亿万元。而且还吸纳了80%的新增非农劳动力。然而同民营经济贡献不相称的是，和国有经济和外资经济相比，其受到的市场待遇大不相同。由于与国有企业相比在政府心目中的位置有着巨大差异，从而导致民营企业长期在意识形态、法律和政策上都处于被歧视的地位。外部环境尤其是法律环境不利，不仅影响民营经济在未来中国经济发展中发挥作用的程度，更影响民营企业自身的制度创新和变革。这已经成为民营经济发展最为关键的制约因素之一。

制约民营企业发展最大的法律障碍是按照所有制性质对国有经济和民营经济不同程度的保护规定，所有制歧视导致不公平的法律环境。本文拟从宪法的角度进行分析。

一、我国宪法中民营经济不公平的法律地位和差异性法律保护的具体表现

第一，宪法规定不同所有制不平等的法律地位。虽然1999年和2004年的宪法修正案界定了法律规定范围内的个体经济、私营经济等非公有经济是社会主义市场经济的重要组成部分，但这并没有从根本上改变民营经济的法

律地位。宪法规定公有制经济是主体，国有经济是主导，非公有制经济自然就居于从属地位，导致非公有制经济在发展中受到种种不应有的限制，无法享有和国有经济一样的公平待遇。

第二，宪法对不同所有制的保护的力度是不均等的。我国目前仍然按照生产资料所有制性质将财产划分为国家财产、劳动群众集体组织的财产、公民个人的财产和社会团体的财产，并且对不同所有制性质的财产采取不平等的保护措施。经过 2004 年修宪，私人财产权保护有了更明确的宪法依据，但私人财产权仍没有被明确规定为公民基本权利，缺乏基本权利属性。同时对于公共财产和私有财产的保护，宪法“采用的原则是不平等的，对公共财产的保护采取更为积极和主动的政策，而对私有财产的保护显得消极和被动，在具体保障力度上明显向公共财产倾斜，导致两种财产权保障不平等”①。对于公共财产，宪法规定：“社会主义公共财产神圣不可侵犯”，“国家保护社会主义的公共财产。禁止任何组织和个人用任何手段侵占或破坏国家和集体的财产。”而对私有财产的保护却没有这样大的力度——“公民的合法私有财产不受侵犯”。表面字义的表述两者似乎区别不大，但实际上是一种差别对待的反映。民营经济的发展不得侵害公有制经济的主体地位，但并没有对等地规定国有经济的发展不得侵害民营经济的合法权利。中国宪法制度的这个限定性前提，导致现实中对两者保护的不均衡，使得我们的一些法律仍然存在片面的保护国有财产的倾向，忽视民营企业的应有的平等权益。

第三，宪法本身关于非公有制经济的保护不是很健全，留有许多空白地带，加上宪法自身的抽象性和原则性，使得在现实中非公有制经济的调节多是依靠政策手段进行的。② 法律具有权威性、一定时期的稳定性，而方针政策则是一定时期服务于某种需要的产物，其具有的灵活性和多变性，更容易为人的意志所左右。

第四，缺乏对中小企业的宪法扶持制度。我国民营经济大都是中小企业，规模小，竞争力差，抗风险能力弱。市场经济国家大都有针对中小企业的特殊的扶持政策。我国的中小企业不仅没有受到特殊的扶持和照顾，反而由于其整体实力较弱，在产业进入、税收、市场融资等方面受到约束和歧视。目前看，中小企业产业分布范围狭窄，主要分布于第三产业，特别是餐饮业、运输和其他服务行业，没有形成规模，造成其竞争能力不足，难以发展壮大。因此，目前我国民营企业做大做强的案例很少。

第五，非公有制经济内部保护不平等，尤其是非公有制经济中的个体经

---

① 张军：《非公有制经济法律地位的变迁及其启示》，《法学研究》，2007 年第 4 期，第 160—179 页。

② 杨海坤：《论非公有制经济的宪法保护》，《法商研究》，2004 年第 2 期，第 26—32 页。

济，得到的仍然是"次国民待遇"。[①] 在我国，公有制经济和非公有制经济不仅法律环境不平等，在非公有经济内部地位、待遇也不均等：私营经济不如外资经济，个体经济不如私营经济。为了实现经济领域多种所有制经济的平等，许多西方国家宪法直接确立了多种经济形式的平等保护原则，如确立非歧视性待遇原则，在融资、税收、土地使用和对外贸易方面，向非公有制经济开放化、透明化、公平竞争化；确立非禁即入的原则，允许非公有资本进入法律法规未禁入的基础设施、公用事业及其他行业和领域。

第六，其他法律关于民营经济法律保护的修改与完善滞后于宪法。宪法是国家根本大法，是一切现行法的基础，它具有使一切其他法律都必须遵从的原则。宪法做出纲领性规定之后，其他法律必须与之配合。目前看，其他法律和宪法有明显紧密步伐不一致性，甚至大大落后于宪法，从而使宪法对非公有制经济保护的规定没有得到其他相关法律落实。

马克思主义认为，法律属于上层建筑，上层建筑是由经济基础决定的。造成目前民营经济和国有经济宪法层面不公平的法律地位和差异性法律保护的根本原因是由社会主义经济制度决定的。因此分析其根本的、深层次的经济原因，才是从根本上解决问题的关键。

二、法律问题的政治经济学成因分析

(一)马克思主义制度变迁理论认为，人类社会制度的变迁，主要是由生产力的发展和生产方式的变迁来解释的。在马克思的理论体系中，社会制度的本质或基础正是人们在生产过程中结成的关系即社会生产关系体系的、生产力的发展推动生产关系的变化，进而导致包括政治、法律、意识形态在内的整个社会制度的变革

马克思主义经济学是研究生产关系及其发展规律的科学，因此马克思总是研究在某一历史条件下的社会基本制度，注重从本质上剖析各种社会经济制度。在马克思看来，社会制度包括两个层面，经济基础及竖立其上的政治法律和文化等上层建筑。制度首先指现实的社会经济关系，是一种客观的社会存在；当现实的社会经济关系反映在人们观念中或政治及法律形式上时，它就表现为社会政治法律制度和意识形态，这些作为政治法律制度体现一定的观念形成了约束和调整人们行为的规则。在这里，马克思区分了作为经济基础的制度和作为上层建筑的制度并揭示了两者之间的辩证关系。对社会制度进行研究，首先应分析作为整个社会制度经济基础的生产力及与之相适应的生产关系，然后才能对建立在经济基础之上的上层建筑的政治法律和道德进行说明。否则很难把握其基本性质及形成与变迁的客观原因。可见，我国

---

① 杨海坤：《论非公有制经济的宪法保护》，《法商研究》，2004 年第 2 期，第 26—32 页。

的法律制度一方面由社会主义的经济基础决定，我国宪法制度的变迁中，一直是伴随着作为经济基础的基本经济制度内容的变化而修改和完善；另一方面反映经济基础的本质要求。

(二)我国的基本经济制度决定了非公有制经济的地位。非公有制经济在我国宪法上的地位变迁，民营经济法律地位的确定，是伴随着我国社会经济体制改革步伐，尤其是伴随着市场化过程中的以所有制结构为内容的基本经济制度理论的确立和深化而进行的

1992 年，党的十四大提出了建立社会主义市场经济体制的改革目标。市场经济这种经济体制即资源配置方式要求在所有制问题上，必须打破单一的公有制的一统天下，允许多种经济成分长期存在、共同发展。十四大报告明确提出："在所有制结构上，以公有制包括全民所有制和集体所有制经济为主体，个体经济、私营经济、外资经济为补充，多种经济成分长期共同发展。"1993 年修宪将市场经济目标模式法律化，将宪法修改为："国家实行社会主义市场经济。""国家加强经济立法，完善宏观调控。""国家依法禁止任何组织或者个人扰乱社会经济秩序。"这些宪法修改使我国市场经济发展进入一个新的历史时期。

1997 年，党的十五大对所有制的认识更进一步，指出"公有制为主体、多种所有制经济共同发展，是我国社会主义初级阶段的一项基本经济制度"，"个体和私营等非公有制经济是我国社会主义市场经济的重要组成部分"。1999 年，宪法也适时做了修改，在宪法中出现了"基本经济制度"这一新概念："国家在社会主义初级阶段，坚持公有制为主体、多种所有制经济共同发展的基本经济制度。""国家保护个体经济、私营经济的合法的权利和利益。国家对个体经济、私营经济实行引导、监督和管理。"民营经济在中国经济中的地位由"补充"上升为"重要组成部分"。实际上，以所有制为核心内容的条款自《共同纲领》起，便出现在新中国的历部宪法和宪法性文件当中。

中共十六大进一步深化了这一基本经济制度的内容，从解放和发展生产力的高度，提出"必须毫不动摇地巩固和发展公有制经济"，"必须毫不动摇地鼓励、支持和引导非公有制经济发展"，"坚持公有制为主体，促进非公有制经济发展，统一于社会主义现代化建设的进程中，不能把这两者对立起来"。据此，2004 年十届全国人大二次会议通过的宪法修正案，提出"国家保护个体经济、私营经济等非公有制经济的合法的权利和利益。国家鼓励、支持和引导非公有制经济的发展，并对非公有制经济依法实行监督和管理"。2005 年 2 月 24 日，国务院下发了《国务院关于鼓励支持和引导个体私营等非公有制经济发展的若干意见》(以下简称《意见》)，这是改革开放以来，国家最为全面和最为系统的关于促进非公有制经济发展的政策性文件。《意见》以指导立法、规范司法和行政执法的政策权威，明确提出：放宽非公有制经济市场准入；

加大对非公有制经济的财税金融支持；完善对非公有制经济的社会服务；维护非公有制企业和职工的合法权益；引导非公有制企业提高自身素质；改进政府对非公有制企业的监管；加强对发展非公有制经济的指导和政策协调。《意见》的出台，标志着我国非公有制经济政策和制度已经基本形成，公有制经济与非公有制经济共同发展的格局基本确定。

2007 年 10 月，党的十七大在继续强调两个"毫不动摇"的基础上，提出了坚持平等保护物权，形成各种所有制经济平等竞争、相互促进新格局的方针。为此，国务院又于 2010 年 5 月发布了关于鼓励和引导民间投资健康发展的第二个 36 条意见，进一步拓宽了民营经济的投资空间。

可见，伴随着市场化改革的深入，尤其是以所有制结构为内容的基本经济制度的确立及不断深化和完善，一方面民营经济从无到有[①]，从完全没有地位到有一定地位，从易变的有方针政策地位到有稳定的法律地位，从有不完全的法律地位到有完全的法律地位，最终成为社会主义市场经济体制的重要组成部分。另一方面，我们也清楚地看到，在公有制经济是主体，多种所有制共同发展的基本经济制度中，不同所有制的地位是不平等的。公有制经济始终是主体，作为主体地位必然要有数量和质量的保障；国有经济居于主导地位，维持和保证主导，必然享受优惠和倾斜；而非公有制经济则是从属的地位，身居从属地位必然服务服从于国家发展公有制经济的需要。这是基本经济制度赋予的不同所有制的非均等地位。基本经济制度的客观依据是因为我国社会主义初级阶段生产力水平不高、不平衡，并且多层次。国有经济长期被看作是代表和适应现代社会化大生产和先进生产力水平的经济体；而民营经济则被认为是适合生产力水平不高、现代化程度低的经济体。随着改革开放的实践探索，随着有关社会主义理论的突破与创新，国营经济改革不断深化，其产权制度和经营机制增加了许多新的内容，例如国有企业的现代企业制度改革，要求明晰产权，实行公司治理结构，尝试着使其成为市场经济中的一般主体等，但目前它的经营管理者仍由国家委派，存在官企职位互换，以及其在国家经济生活中的特殊性，在很多领域依然居于垄断地位和享有特殊优惠。

这些经济基础层面的界定，在法律层面宪法的反映，就是我国宪法依据基本经济制度的内容确定的国有经济和民营经济的不公平的法律地位，不均等的法律保护。

---

① 十年"文化大革命"期间，私有经济几乎绝迹。

(三)非公有制经济在社会主义阶段的历史局限性决定其地位。民营经济和国有经济在宪法层面不同的待遇，其深层次的原因还在于它本身在社会主义历史时期的局限性

局限性表现在以下几方面：

其一，马克思依据人际交往关系的发展或者说是人的自由个性发展程度不同，把历史形态交替的人类社会划分为三种形态，指出："人的依赖关系(起初完全是自然发生的)，是最初的社会形态，在这种形态下，人的生产能力只是在狭窄的范围内和孤立的地点上发展着。以物的依赖为基础的人的独立性，是第二大形态，在这种形态下，才形成普遍的社会物质交换，全面的关系，多方面的需求以及全面的能力体系。建立在个人全面发展和他们共同的社会能力为他们的社会财富这一基础上的自由个性，是第三个阶段。第二阶段为第三阶段创造条件。"[①]在这一论述中，第一形态是建立在自然经济基础上的资本主义以前的社会形态。在这一形态中以一定范围的共同生产和个体劳动为基础，人与人之间凭借血缘、暴力、宗法关系维系起来，从而存在种种人身依附。第二形态是以资本为基础的发达商品生产和市场经济时代。劳动者逐渐摆脱了各种的人身依附，获得了独立的人格。这是资本主义较之于第一社会形态所发生的历史性飞跃。而获得独立人格的人们却拜倒在商品、货币以及资本面前，物支配人成为一种普遍的客观存在。

马克思所论述的人类社会的第三形态，是产品经济或者更确切地说"自由人经济"[②]，按照马克思理论体系的基本逻辑，只有当生产力和交往关系发展到特定的高度，资本的狭隘性和局限性才成为资本本身无法突破的限制，从而资本生产方式才由更高的形式所取代。"未来的产品经济或自由人经济，社会生产以个人全面发展及人们自由地联合起来实施对自然与社会的自觉控制和协调为基础。生产的目的是实现人们的共同富裕及个性得到自由和全面的发展。这里的自由，含着双重含义：其一，摆脱了一切人身依附。——一部分社会成员对另一部分社会成员不再具有人身强制；其二，摆脱了物对人的统治。——人不再是商品、金钱的奴隶，而成为具有自由个性的全面发展的人。"[③]

我国的社会主义初级阶段不属于马克思所预见的社会历史发展的第三大形态，而属于资本生产和市场经济时代，也就是"第二大形态"。第二大形态的经济特征是发达的商品经济、市场经济时代，正如马克思所说，正是由于发达的商品生产和交换，才形成普遍的社会物质交换，全面的关系，多方面

① 《马克思恩格斯全集》第46卷(上册)，北京：人民出版社，1980年，第104页。

② 郛名扬主编：《〈资本论〉与当代》，北京：华文出版社，2001年，第138—139页。

③ 郛名扬主编：《〈资本论〉与当代》，北京：华文出版社，2001年，第138—139页。

的需求以及全面的能力体系。但由于我国的社会主义市场经济尚不成熟、不发达，再加上我国市场经济的政府主导特性，政府是强政府，政府具有双重身份，既是政治权力的拥有者，又是生产资料的所有者。因此在我国人际交往关系即生产关系体系中，既存在着人对物的依赖，物（商品、货币、资本）支配人的现象，也存在人对人依附关系。目前这个依附关系主要表现为个体对国家的依附。我国非公有制经济的宪法地位虽然得到了很大程度的提高，但是在这种特定的契约关系中，社会主义国家政府意识形态的好恶，双主体地位的能力，非公有制经济从属地位就是必然了。

其二，社会主义的发展规律决定了非公有制经济的历史局限性。从我国社会制度的性质看，我们是社会主义国家，从社会主义发展趋势、最终目的和其本质要求看是要消灭剥削、消除两极分化的。非公有制经济不是社会主义不可或缺的组成部分，而是社会主义市场经济的重要组成部分。马克思设想的未来社会，是社会主义的高级阶段，到那时资本完成历史使命，人的自由个性充分发展，没有阶级、没有剥削，也没有私有制存在的。因此，私有经济及民营经济是社会主义历史时期具有历史局限性、暂时性的经济形式。这必然决定在社会主义初级阶段的基本经济制度是公有经济为主体，非公有制经济居于从属地位。坚持公有制经济的主体地位，是社会主义的一条根本原则，也是我国社会主义市场经济的基本标志。可见，社会主义的本质决定了非公有制经济的从属地位。

（四）非公有制经济是社会主义市场经济这种资源配置方式及经济体制的组成部分，不是社会主义肌体的重要组成部分。社会主义市场经济的双重属性即社会主义性质和市场经济，决定了既要发展非公有制经济，又要限制其发展

其一，从资源配置方式即经济体制看，我们选择的是社会主义的市场经济，市场经济本质是市场主体公平竞争等价交换，要求主体多元化，离开包括民营经济在内的非公有制经济，就不是市场经济。民营经济天然地与市场有着不解之缘，本质的联系，它生于市场，长于市场，活跃在市场竞争最激烈的领域，是构造市场经济体制的最重要的微观基础。在市场经济中公有制经济与民营经济不是相互对立、此消彼长的关系，是可以取长补短、共同发展的。改革开放以来正是民营经济的快速发展为社会主义市场经济创造了一个多元竞争、充满活力的环境。

其二，非公有制经济是社会主义市场经济的重要组成部分。市场经济是经济体制，是我国选择的资源配置方式，民营经济只是成为社会主义市场经济肌体的一部分，并没有被确定为社会主义制度的组成部分。正因为如此，从我国改革开放以来历次党的代表会议上，关于所有制结构中公有制经济和非公有制经济的关系，从来没有从根本上改变过非公有制经济补充、从属地位。从1987年党的十三大第一次承认民营经济的地位起，就把它定位在社会主义公有制经济必要而有益的补充地位。党的十四大虽然提出各种经济成分共同发展是党的方针政策，但仍明确了民营经济在所有制结构中的补充地位。十五大把非公有制经济提升到社会主义市场经济的重要组成部分，从制度外引入制度内，从方针政策变为基本经济制度，虽然没有特别指出其“补充地位”，但都强调了我国所有制结构要坚持公有制经济的主体地位，这意味着民营经济仍然只能处于补充的辅助地位。十六大提出必须毫不动摇地鼓励、支持非公有制经济发展。公有制经济和非公有制经济不是对立的，要把这两者统一于社会主义现代化建设的进程中。但非公有制经济居于从属地位没有变化。这些在宪法中的反映和体现，就是民营经济的发展不得侵害公有制经济的主体地位，是中国宪法制度所要求的限定性前提。

三、结　语

造成民营经济和国有经济不平等法律地位和不均等法律保护的深层次的原因，不是法律本身，而是反映社会主义生产关系本质的社会主义基本经济制度，社会主义市场经济。因此解决这些法律问题的途径和方法，也不能仅仅依赖宪法及由它决定的各部门法本身的修改与完善，而是要进一步深化社会主义市场经济体制改革，加快市场化的步伐，按照市场经济的要求继续进行所有制领域的改革，优化所有制结构，完善基本经济制度理论。

（作者：马丽娜　中国政法大学教授）

项目名称：首都风电产业链环境动荡性测度与柔性优化配置研究
项目编号：12JGB067
项目负责人：赵振宇
项目信誉保证单位：华北电力大学

首都风电产业链发展环境及柔性优化策略研究

一、引　言

增加能源供应、保障能源安全、保护生态环境，是实现首都经济和社会可持续发展的重大战略任务。风电作为清洁能源，可以有效降低碳排放、减少环境污染，缓解对化石能源发电的需求。在倡导绿色能源的当下，风力发电凭借其技术相对成熟、成本相对较低等优势发展迅速并得到了北京市的政策支持和大力推进。但影响风电产业的因素多，首都风电产业在快速发展的同时也遇到诸多难题，同时也对风电产业链柔性提出了更高的要求。因此，亟待深入分析北京风电产业的发展环境、探讨风电产业链柔性优化策略。

二、首都风电产业链发展现状与特点

（一）北京市风电装机及风电场概况

自2011年发布《北京市“十二五”时期新能源和可再生能源发展规划》以来，北京市一直大力发展新能源与可再生能源。近年来，北京市累计风电装机的数据如表1所示。

表1　2007—2013年北京市累计风电装机发展情况

年份	北京市累计风电装机总量（MW）	全国累计风电装机总量（MW）	北京市占全国比例（%）
2007	49.5	5906.40	0.84
2008	64.5	12019.60	0.54
2009	152.5	26341.35	0.58
2010	152.5	45252.30	0.34
2011	155.0	62928.20	0.25
2012	155.0	75945.19	0.20
2013	156.5	92038.49	0.17

数据来源：中国风能协会网站。

北京市风电场数量少，鹿鸣山官厅风电场是北京最具代表性的风电场，位于延庆县西北端官厅水库两岸，目前与北京电网并网运行，在10m高度年平均风速为5m/s，在70m的高度年平均风速为7.11m/s，平均风功率密度约为$422W/m^2$。国家能源局“十二五”第二批风电项目核准计划中拟核准的鹿鸣山官厅风电场三期项目，目前已经相继完成风机主机、辅机、塔筒吊装施工招标以及工程项目管理招标。除了鹿鸣山官厅风电场外，其他几座风电场一般只做示范或政府项目用，如位于延庆县的八达岭风力发电试验站以及在2014年6月启动建设的位于昌平区的大唐昌平青灰岭风光发电示范项目。

(二)首都倡导风电等绿色能源具有示范作用

北京是国际型大都市，每年需消耗大量能源以满足巨大的城市需求。随着能源供应的日益紧张以及对低碳生活理念的倡导，大力推广应用绿色电力将有利于首都的环境保护和可持续发展。根据国家风电政策导向，北京市出台了相应的配套政策，如《北京市能源发展及节能规划》、《北京市节能监察办法》、《加快发展循环经济建设资源节约型环境友好型城市行动计划》等。作为首都，北京有责任有义务根据国家的方针政策，挑起能源改革的重担，改善当前的用电结构，逐步增加可再生能源发电比例，并以其具有标志性、示范性、导向性、形象性的首都效应，引领全国绿色能源发展。

(三)风电产业链延伸至外省，自身主要定位于研发设计环节

风电产业链主要涉及研发设计、风电设备制造、风电场开发建设、风电电网接入以及相关服务等。依附大城市功能定位的优势，北京主要侧重于风电产业链中的研发设计环节，每年邀请国内外风电行业专家和学者在京举办技术交流会、展览会等，大力推动了全国风电产业的发展。此外，北京地区的物流、保险、金融等服务业相对发达，凭借第三产业发展优势，可为风电产业链发展所需要的相关服务提供有力支持。同时，北京优良的市场和人力资源也吸引了众多大型风电企业落户，如国电联合动力、金风科技、华锐风电、中广核风电有限公司等。大企业的纷纷落户又加速了北京地区风电市场资源的流转，使得北京逐渐具备了发展风电产业链中高端产业的环境优势。

三、影响首都风电产业链发展的环境因素分析

首都风电产业链已初具规模，要优化配置风电产业链柔性，必须先摸清有哪些环境动荡因素影响首都风电产业链的发展，然后再针对这些因素构建产业链柔性的优化配置模式，进而形成应对复杂环境问题时的解决思路，提出解决方案并做好相应准备，实现首都风电产业链健康稳定发展。

(一)资源开发因素

北京地区自身风能资源并不丰富，开发潜力有限。北京地处平原，属于风能资源一般区域，其风向有明显的季节性变化，且风速受地理环境的影响

较大，城区、谷地、盆地年平均风速较小，山区和风口处风速较大；北京地区仅有三个主要风口，分别位于延庆县康庄地区、密云县古北口地区以及永定河两岸，形成三条风带，风带内年平均风速大于3m/s，最大风速约在20～23m/s。总体匮乏的风能资源导致北京地区风电开发潜力不足，风电场建设和长远发展受到极大限制。

（二）电网建设因素

北京地区电网基础条件成限制因素。从区域分布来看，北京风电的发展主要集中在延庆县，大容量风电进入延庆电网后，由于当地不能完全消纳，要向北京主网架推送。然而，延庆电网却是典型的受电电网结构，物质基础薄弱，如被迫转为送电电网，亟须改变该地区的电网结构以及与北京主网架的联络能力，使其尽快具备大规模风电接入电网系统的条件，提升电网接纳风电的能力。另外，北京有不少变电站和输电线路已运行超过20年，为了保障电网的安全运行，需要尽快改造升级。但北京地区土地资源日益紧张，变电站站址和线路走廊资源十分有限，偏高的工程造价使得电网项目启动难度大，新增供电能力受到限制。

（三）调控技术因素

风电并网加大了电网调控的难度。一方面，北京电网的负荷呈日峰谷差大、年波动大、尖峰负荷持续时间短等特点，给电网调峰带来困难；另一方面，由于北京地区装机基本上都是供热机组，使得电源的调峰能力小，两者之间形成了很大矛盾。不仅如此，北京电网的电源结构目前正在发生改变，风力发电机组、太阳能发电装置、燃气供热机组、“三联供”等电源快速发展且对电网运行的影响日益明显。风电的间歇性、不稳定性特点对北京电网提出了更高的技术要求，如有功功率和无功功率要求、并网电压要求、继电保护要求、低电压穿越要求和电能质量要求等，使得电网面临严峻的安全运行考验，加大了电网调控的难度。此外，北京电网为非独立控制区，电力平衡在京津唐电网内统一安排。在冬季，特别是夜间，风力丰富而电网负荷处于低谷时段，华北地区富余风电出力会大量输送到京津唐电网消纳，从而导致北京本地风电机组出力受到较大约束。

（四）竞争因素

较之风电，其他清洁发电项目更具竞争潜力。北京地区受到环保压力相继关停淘汰了百万千瓦小火电机组，火电发展受到限制。目前，北京电网的外受电比例高达70%以上，因此，充分开发本地资源，大力推广可再生能源和能源综合利用已是大势所趋。由于北京市的生物质、太阳能、燃气等可再生或清洁能源资源较之风能资源更加丰富、来源更有保证，北京市开发生物质、太阳能以及燃气资源初具发展潜力。从清洁能源开发力度看，北京市发展燃气发电和生物质发电较之发展风力发电的力度更大，燃气和生物质发电势必会对风电发展产生一定的替代效应并带来竞争压力。

(五)政策因素

北京风电产业发展的配套政策尚未健全。北京市风电起步较晚，需要政府大力扶持，因此政府出台的相关配套政策以及明确的专项规划会对风电产业的发展状况产生显著影响。然而，有关风电发展的很多方面目前都没有配套政策，如大型风电机组成套装备的标准如何制定，风电场建设与电网建设如何协调，风电场项目立项审批阶段电网企业如何参与，用于风能电源接入的电网建设费用如何承担，电网配套接入设备的投资如何回收，以及风能电源的并网准入条件，风能电源的并网调度管理等，这些标准、运行管理办法及其配套政策尚在探索研究，亟待尽快出台并有效实施。

四、柔性优化配置模式与策略研究

基于上述影响首都风电产业链发展的环境因素分析，同时考虑风电产业发展特点，可进一步构建首都风电产业链柔性优化配置模式，如图1。该模型提出了首都风电产业链在多种环境因素影响下的柔性优化模式和策略，并分析如下。

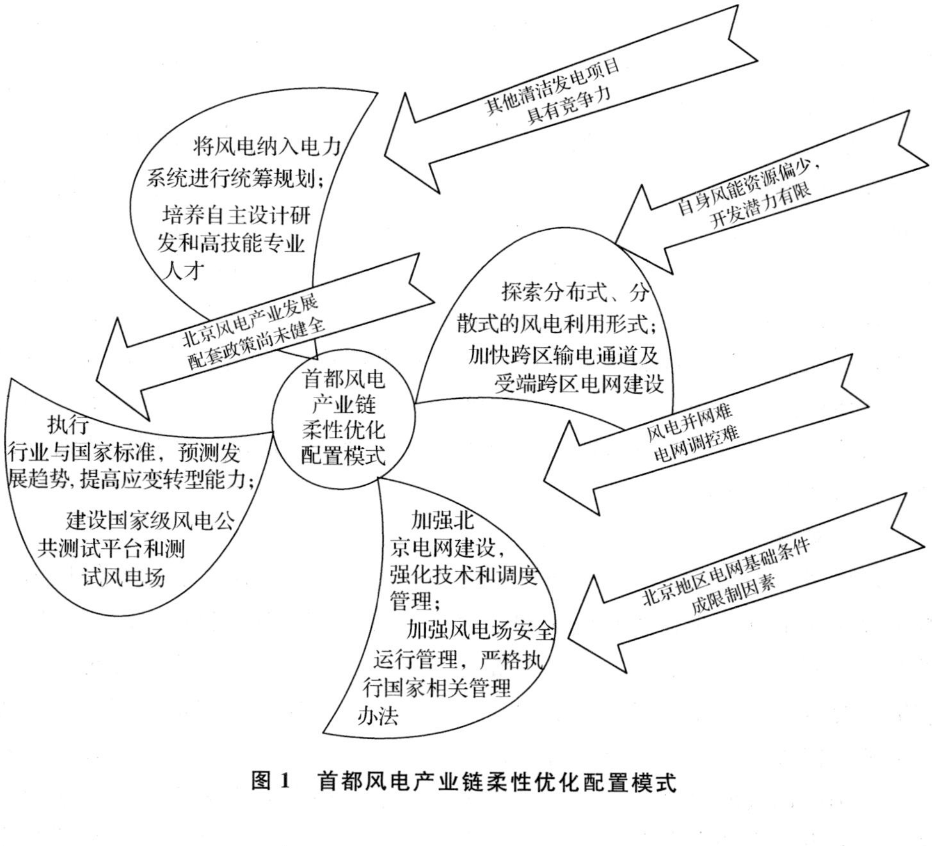

图1 首都风电产业链柔性优化配置模式

(一)探索发展新模式

北京风能资源相对匮乏，应探索对风电发展模式的创新。结合北京风能资源特点，可以转变发展思路，积极探索分布式发电与分散式发电的风能利用形式，以摆脱风资源不足的限制。分布式发电主要在用户侧并网，电压较低、容量较小，适合采用中小型风机；而分散式发电采用的风机单机容量较大，能解决北京局部地区用电问题，避免远距离送电，且由于总容量较小，对电网影响也较小。此外，首都还可尝试将分散式风力发电与光电、小水电互补，并配以储能，建成微网系统。

(二)改善电网建设，加大风电比例

由于北京市风能资源有限，单纯靠本地区的风力发电很难满足自身发展需要，可以考虑从外省购入风电。位于北京周边的内蒙古、河北、山西等省(自治区)拥有着丰富的风电资源，年发电量也非常可观。较多地购入这些省份的风电，不仅可以促进北京地区用电结构的改善，还可带动北京周边风能资源丰富省份风电的发展，改善当地的环境状况，从而也间接缓解北京地区雾霾、大气污染等环境问题。因此，为促进对风电的规模开发和高效利用，必须加快首都跨区输电通道及受端跨区电网的建设，电网基础条件的改善是大力发展风电的重要前提。

(三)提高风电并网能力

由于风力发电具有随机波动性和间歇性特点，对北京地区电网的风电容纳能力提出挑战，需要北京地区电网加强自身建设，强化技术和调度管理，提高风电功率输出的预测精度，优化调度。同时，为确保电网稳定运行也需对大规模风电上网的电能质量有更高要求。在提高风电并网能力时，可以考虑建立风电场功率预测预报体系，从而显著提高风电集中开发区域电网运行消纳风电的比例；建成北京周边风电基地配套外输通道，以解决风电远距离输送北京地区的消纳问题；还可利用储能技术，如抽水蓄能以辅助并网运行。

(四)加强风电场安全运行管理

2011 年，酒泉、张家口等地风电机组因不具备低电压穿越能力在系统电压跌落时脱网，引起系列反应，造成大规模脱网事故。国内其他地方还有风电机组烧毁、风塔倒塌、叶片材料不合格成批更换报废等现象发生，造成巨大经济损失。风电机组的质量是风电质量的重要方面，但是有的质量问题并非缘自风电机组本身，而是由于安装和运营过程中存在的管理缺陷。因此，北京地区必须高度重视风电场安全运行管理问题，严格执行国家出台的一系列规范风电开发建设的管理办法，在风电设备、风电场建设、风电场管理、电网接入以及运行安全监管等方面严格把控，加强风电场的安全运行管理。

(五)把握政策动向

北京风电行业起步较晚，目前发展仍然需要当地政府和国家政策的推动。

在行业标准方面，2011 年，国家能源局相继批准发布了《大型风电场并网设计技术规范》、《风力发电机组振动状态监测导则》等十八项能源行业风电标准，涉及风电并网、风电场运行维护管理、风电场规划设计、风力机械设备、风电电气设备，覆盖了风电产业的关键部分；而风能资源测量评价和预报、风电场施工与安装的标准还在制定中，不久也将出台。届时，一套全面完整的风电标准体系将在我国首次确立。在国家标准方面，关于并网机组的国家标准已经颁布 40 项，尚有 26 项正在编制中。在紧跟国家政策的同时，北京风电行业还要能够预判国家政策动向，准确把握未来国家清洁能源政策的发展趋势，提前做好相关准备工作；风电相关企业也要加强自身对新机制的认识与学习，提高自身的应变能力和转型能力。

(六)规范行业发展

在风电公共技术研发及测试方面，我国公共技术服务平台还不完善，尚未掌握大型风电机组测试关键技术，且缺少先进完备的公共测试系统，也没有完善的测试标准体系，与先进国家的差距仍然较大。虽然部分风电企业建设有风电测试平台，但是功能相对简单，不具备公共性和独立性，难以提供高质量的第三方服务。北京地区具有较强的资源与研发优势，应积极争取承担国家级风电公共测试平台和测试风电场的建设工作，提供面向全国的风力发电检测、认证和权威机构评估服务。

(七)将风电纳入电力系统规划

目前，北京周边风资源丰富省份普遍存在风电场弃风、并网难、整体运行效率低等问题，风电在电力系统中处于边缘地位。面向清洁能源的电力统一规划功能的缺失使得风电并网难的矛盾更加突出。为了充分发挥风电的效益、提升北京地区消纳风能等清洁能源的比例，必须把风电纳入电力系统进行统筹规划：应将风电和其他电源、电网、蓄能及负荷进行优化配置，制定综合规划、协调发展；研究火电、水电和风电的打捆外送方案，以及抽水蓄能和天然气调峰电源的配置；研究大规模风电输出功率预测和调度管理方案；研究间歇供电的适应性问题；研究坚强智能电网对大规模风电的输送等。

(八)发展培养专业人才

专业及复合型人才数量及素质是整个风电产业链发展的基础，对风电产业链有着深层影响。目前，虽然国家对风电行业扶持态度明确，风电发展保持着高速增长态势，但风电领域的专业人才却相当匮乏。预计到 2020 年风电人才缺口将在 40 万左右，其中高端人才缺口占比将高达 40%。而目前国内开设风电专业的大学尚很少，高校培养的相关人才仅为 2000 多人，即使加上每年其他各层次专业技能教育培养的风电人才，也不超过 5000 人，远远不能满足风电发展的需要，实际经验丰富、技术水平高的专业人才更为缺乏。北京具有全国领先的教育资源，应积极提供相关教育支持，增加培养风电专业人才，尤其要大力培养自主设计研发人员和高技能人才，为风电产业的可持续发展提供源动力。

五、结　论

发展风电是北京绿色能源发展的重要内容。要实现首都风电产业链的可持续发展，必须认清首都风电产业链的发展环境及影响因素，包括资源开发因素、电网建设因素、调控技术因素、竞争因素和政策因素。通过对发展环境及影响因素的分析，进一步构建首都风电产业链柔性优化配置模式，提出首都风电产业链在多种环境因素影响下的柔性优化配置路径，有针对性地提出产业链柔性优化配置的策略建议，包括探索发展新模式、改善电网建设加大风电比例、提高风电并网能力、加强风电场安全运行管理、紧握政策动向、规范行业发展、将风电纳入电力系统规划以及发展培养专业人才。研究成果可为首都风电产业的健康发展提供借鉴。

参考文献

[1] 赵振宇、范磊磊：《可再生能源法规、政策分析及其对发电结构的影响》，《可再生能源》，2010 年第 4 期。

[2] 张印宝、刘颖等：《北京电网风电并网运行分析》，《农村电气化》，2011 年第 10 期。

[3] 国家能源局：《国家能源局关于印发"十二五"第二批风电项目核准计划的通知》，国能新能[2012]82 号。

[4] 王海超、周双喜等：《基于相关规划理论的风电最大接入容量计算》，《现代电力》，2009 年第 3 期。

[5] 张宁、周天睿等：《大规模风电场接入对电力系统调峰的影响》，《电网技术》，2010 年第 1 期。

[6] 单业才：《"首都标准"引领北京电网发展》，《国家电网》，2006 年第 7 期。

[7] 王健、周作春等：《提高北京电网经济性的举措》，《能源技术经济》，2012 年第 5 期。

[8] 刘辉、沙立成等：《北京电网的现状、存在的问题及对策》，《能源技术经济》，2012 年第 4 期。

[9] 陈振斌：《我国风电发展现状及进一步发展的思考》，中国科学院老科协主办的"为发展我国风电进一言"主题沙龙，2012 年。

[10]《〈"十二五"国家战略性新兴产业发展规划〉之新能源》，http：//www.fenglifadian.com/news/china/34370HI32.html，2012—07—30。

[11] 施鹏飞：《规范化管理是我国风电健康持续发展的重要保证》，中国科学院老科协主办的"为发展我国风电进一言"主题沙龙，2012 年。

[12] 贺德馨：《对中国风能可持续发展的几点思考》，《风能》，2011 年第 4 期。

[13] 陆宇：《在转折和调整中前行——2011 年中国风电要闻及点评》，《中国能源报》，2011 年 12 月 19 日。

[14] 许洪华，胡书举：《建立我国风电领域公共研究与测试的权威机构》，中国科学院老科

协主办的“为发展我国风电进一言”主题沙龙，2012 年。

[15] 汪宁渤、王健东等：《对大规模风电并网“难”问题的探讨》，《风能》，2011 年第 10 期。

[16] 赵振宇、甘景双等：《风电产业链发展影响因素及解释结构分析》，《可再生能源》，2014 年第 6 期。

[17]《风电行业前景光明每年需求人才新增超万人》，http：//news. bjx. com. cn/html/20130814/452902. shtml，2013-08-14。

（作者：赵振宇　华北电力大学教授
侯丽颖　华北电力大学硕士研究生）

项目名称：提升北京市文化消费需求研究：基于供需均衡的视角
项目编号：12JGB069
项目负责人：陈斌开
项目信誉保证单位：中央财经大学

促进北京市文化创意产业融资的对策研究

自2004年北京市提出发展文化创意产业以来，北京市文化创意产业发展初具规模，支柱产业的地位进一步确立。目前，北京地区已经上市的文化创意企业50家，其中，软件、网络及计算机服务业38家，广播、电视、电影业7家，旅游、休闲娱乐业3家，新闻出版业2家。2004—2013年，文化创意产业在地区生产总值中的比重由9.5%增加到12.2%，文化创意产业占第三产业的比重从14.0%提高到16.1%，文化产业已经成为仅次于金融业的第二大支柱产业。

2011年，《北京市"十二五"时期现代产业建设发展规划》明确提出增强文化创意产业的软实力，着眼于提升首都文化中心地位，充分发挥文化创新的驱动作用，将北京建设成有国际影响力的中国文化创意产业的创造、传播和运营中心。2011年10月15日，中共北京市委书记刘淇在《人民日报》上撰文指出，推动首都文化大发展大繁荣，必须把握好三个原则，其中一个就是"坚持以文化创新为动力"，进一步推动科技和文化融合，加快形成科技创新与文化创新"双轮驱动"的发展模式。2012年，北京市政府正式提出科技与文化"双轮驱动"战略，将文化创意产业的发展提到了经济发展的战略高度。

"双轮驱动"战略需要金融的支持。但是，从现实来看，北京市文化创意企业在整体上处于生命周期前期(初创期、成长期和成熟前期)，这个特点决定了商业银行向文化创意企业发放的贷款存在着较大的风险。在风险难控的情况下，以盈利为目的、以风险控制为生命线的商业银行向文化创意产业发放贷款的意愿不强，商业银行对文化创意产业的信贷支持力度较小，文化创意产业的培育和发展过程中面临着较大的信贷资金缺口。北京市文化创意产业的发展受到资金不足的制约，因此文化创意产业发展的关键是要解决融资问题。换句话来说，创意产业要发展，资金投入是重点。本文将针对当前文化创意产业"融资难"问题的原因展开分析，并在此基础上提出相应的政策建议。

一、北京市文化创意产业"融资难"问题及其原因分析

北京市文化创意产业融资难的问题既有融资需求方文化创意企业自身的问题，也有融资供给方银行、创业板、风投和基金的问题，同时还有融资环境的问题，包括金融市场不健全和政府相关配套支持政策不到位的问题。

(一)北京市文化创意产业融资需求方面的问题分析

北京市文化创意产业"融资难"问题与当前文化创意产业本身的特征高度相关。目前，北京市文化创意产业主要存在以下四个方面的问题：

第一，文化创意企业一般经营时间短、信誉度低。北京市文化创意产业蓬勃兴起比较晚，各类文化创意产业基地和聚集区建设只是近年才开始，因为经营时间短，众多文化创意企业普遍存在自身财务制度不健全、信誉度比较低等问题，一般不能达到银行和投资者的要求。

第二，原创力不够强。一般而言，北京市大多数的文化创意是没有多少技术含量的，极易被复制或模仿。这就形成了一种恶性循环：文化创意企业由于原创力不强、创新性有限，得不到风险投资的青睐；由于很难得到风险投资的支持，文化创意企业缺乏创造的积极性，缺乏创新的动力。

第三，资产价值评估难。北京市文化创意企业80%以上都是中小型企业，由于投资金额有限且自有资金比例较高，厂房或土地等有形资产大都是以租赁为主，所以，在企业资产构成中主要组成部分是无形资产，其价值难以被有效评估。

第四，没有稳定现金流。文化创意企业没有持续的现金流，比如影视剧的拍摄、文艺活动的举行，都是"项目性"的，不能产生稳定和持续的现金回报。这就给根据财务报表判断资金回报情况的银行借贷带来了很大问题。

(二)北京市文化创意产业融资供给方面问题分析

金融市场不完善是北京市文化创意产业"融资难"的直接决定因素。金融市场的问题主要体现在以下四个方面：

第一，银行贷款融资门槛仍然较高。目前，银行贷款审批程序烦琐，与中小企业贷款项目转换快、资金需求突发性强的要求相矛盾。同时，银行对中小企业贷后监管困难也是导致中小企业融资难的因素之一。

第二，基金机构发展不成熟。风险投资行业本身存在诸多缺陷致使其难以为文化创意企业提供融资。首先，国内风投起步晚，专业化人才偏少；其次，风投公司规模小，运作不是很规范。再次，风险投资行业市场化程度不够，缺乏有效的退出机制。

第三，资本市场对接程度低，多层次立体的资本市场体系还没有建立起来。国内资本市场长期以来以主板市场发展为主，建立大中小全方位多层级的资本市场还有相当长的路要走。资本市场上市条件对于文化创意企业来说

是相当苛刻的，无论是在主板上市、还是中小企业版上市，企业规模、盈利情况、净资产情况和融资规模等规定，客观上限制了文化创意企业的上市融资。

第四，金融服务创新产品落后，不能适应文化创意企业需求。目前，银行提供的金融服务主要还是担保、有形资产抵押等传统信贷方式，在知识产权等无形资产质押贷款以及其他配套金融服务方面仍显不足，在整合、创新运用信贷、股票、债券、私募基金等手段支持文化创意产业发展上，还有很长的路要走。

（三）北京市文化创意产业的融资环境问题分析

以相关政策为依据，北京市政府积极利用知识产权法律体系、文化体制机制、财政税收政策以及其他产业政策等对文化创意产业进行支持，为北京市文化创意产业的发展创造一个良好的环境，但是这些环境方面又都存在着不可忽视的问题，表现在以下三个方面：

第一，以知识产权为核心的法律体系环境的不完善不利于文化创意企业的融资。北京市文化创意产业的知识产权保护主要存在两大问题：一是知识产权体系的法律法规不够完善。目前，我国产权保护相关的法律主要有《专利法》、《商标法》和《著作权法》。我国《著作权法》规定，作者必须申请著作权登记，这就意味着作者要做多次著作权登记，这对文化创意企业的资金带来不小的压力。二是知识产权保护意识不强、能力不足。可以看出，北京市现行的知识产权保护环境与文化创意产业对知识产权保护的需求之间存在较大差距，这一差距大大提高了成本，降低了文化创意企业的利润，使得资本进入文化创意产业带有阴影，进而对文化创意产业的融资带来巨大的负面影响。

第二，文化体制制约文化创意产业融资。相对于其他产业，文化创意产业的市场竞争不充分，政府的管制还是十分严格，门槛很高，阻碍了社会资本融资渠道的通畅。许多文化单位“事转企”力度不足，尽管披上企业的外衣，但是距离真正作为市场主体的企业差距较大。

第三，担保信用体系不完善影响文化创业产业融资。目前，我国缺少专门的文化创意产业担保公司，而众多中小企业担保机构大都存在资本金不足、放大倍数较低和担保费率过高等问题，其对中小企业贷款的担保作用已十分薄弱，对不熟悉的文化创意企业更难发挥担保作用。同时，由于我国资信评级市场不规范，评级标准不统一，商业银行难以依靠信用中介机构对文化创意企业进行准确评级和授信。因此，这导致许多刚起步的文化创意企业难以获得金融机构贷款的青睐。

二、纾解北京市文化创意产业“融资难”的对策分析

针对北京市文化创意产业融资难存在的问题，本部分将从银行、资本市

场的金融创新，投融资主体的制度创新和投融资环境改善四个方面探索出适合北京市文化创意产业的融资模式，支持首都文化事业的大发展和大繁荣。

(一)以银行为基础的投融资方式和工具创新

就文化创意企业来说，银行是其主要的投资主体，通过各类银行贷款产品为企业提供资金支持。目前，北京市有北京银行、交通银行北京分行等少数几家银行针对文化创意企业开展针对性贷款，大多数商业银行对文化创意企业的贷款仍然处于跟随状态。但是，对于大部分商业银行来说，适合文化创意企业的贷款产品仍然很少，因此在贷款方面仍需要进一步尝试、大胆创新，设计出更好、更适合文化创意企业的投融资方式和产品。具体包括以下几个方面：

第一，开展以版权价值为核心的贷款融资方式。版权作为文化企业的核心资产，是文化企业参与经济活动最重要、最关键的资产形态，也是文化企业可抵质押的主要资产。通常情况下，文化企业的主要收益也更多地表现为版权等无形资产的开发收益，同时，这部分收益也是文化企业可以提供还款来源的主要保证。因此，以版权等无形资产的价值为核心，发展版权等无形资产质押并锁定未来收益现金流的模式是文化创意产业融资创新的必由之路。

第二，应收账款质押贷款融资模式的创新。从法律上讲，应收账款是一种债权，应收账款质押是一种权利质押。由于应收账款在中小企业的企业资产中占据较大比重，在其他可供担保的财产较少的情况下，应收账款质押制度的设立有利于打破中小企业融资难的困境。从国外的立法来看，应收账款作为一种普通债权来设定质押，也得到许多国家如德国、瑞士等的立法承认。

第三，开展风险贷款。风险贷款是一种将风险投资与银行贷款相结合的融资模式。银行之所以愿意放贷给初创期的文化创意企业，就是因为他们不看重这些企业有形的抵押资产，而看重知识产权这样的无形资产；不看重以经营活动产生的现金流作为还款来源，而看重风险投资资金作为还款来源。风险贷款产生的原因是对于初创期的文化创意企业来说，虽然他们有很好的创意，并且开始有批量产品进行生产，但往往却因为支付房租、员工的工资等出现了困难而使项目前功尽弃。在这样的情况下，由银行“风险贷款”给予支持，就会使其渡过这一难关，甚至有可能走上持续发展的道路。

第四，积极开发信用卡贷款。针对小微文化创意企业的信用贷款有其独特优点，凭借着无抵押、流程短的优势，信用卡贷款可有效满足“小、频、快”的信贷需求。由于信用卡贷款风险比较高，除了贷前的资质审核，信用卡发放小微文化创意企业贷款应有严格的贷后监控和催缴管理。而且，由于银行对小微文化创意企业开设的信用卡融资服务往往没有免息期，而是大多采用协议价，因此这种贷款模式比较适合流动资金一时短缺、很快可以还款的客户，不应将其作为长期融资工具。

上述四种投融资工具的创新都是基于传统商业银行的经营方式提出的解决办法，但是由于利润最大化的限制，传统商业银行能够为文化创意产业提供的贷款仍远远满足不了需求。因此，我们可以另辟蹊径，直接建立以金融创新为导向的文化产业银行助力文化创意产业的发展。

（二）以资本市场为基础的投融资方式和工具创新

银行贷款属于间接融资渠道。无论贷款种类上如何创新，银行必须考虑风险。因此，银行贷款对文化创意企业贷款的要求较高，一旦企业出现经营上的波动，企业的还贷压力就会变得很大，导致企业经营受到影响。目前，我国超过50%的税收、60%的GDP都是由中小微企业创造的，因此，有必要大力发展文化创意企业的直接融资渠道，以创业板市场和“新三板”市场为依托，加强文化创意企业的上市融资。

除股票市场外，债券市场是企业融资的重要渠道。目前，我国银行间债券市场发展迅速，规模不断膨胀，但是，银行间债券市场传统的金融工具无法为非金融中小企业，尤其是中小文化创意企业进行融资。然而，银行间债券市场是中小企业融资的一个“金矿”，如何开发和利用这个市场为文化创意产业服务是目前学术界和商业界关注的问题。目前，利用银行间债券市场为文化创意企业融资主要有两个思路。一是资产支持票据。资产支持票据通常由大型企业、金融机构或多个中小企业把自身拥有的、将来能够生成稳定现金流的资产出售给受托机构，由受托机构将这些资产作为支持基础发行商业票据，并向投资者出售以换取所需资金。二是开展中小企业集合票据融资业务。对于中小型文化创意企业，由于经营风险比较高，难以有稳定的未来现金流以及高质量的文化资产，资产支持票据融资就比较困难。但是考虑到企业的联合可以获得相对比较稳定的现金流，因此可以集合发行债券融资。

开展以信托为基础的融资业务可以缓解文化创意企业融资难问题。在分业监管的背景下，信托业始终是融资创新的重要载体。在目前银行监管体制下，银信合作项下的信托贷款是文化创意企业融资的一个重要渠道。信托贷款既有效满足了优质借款人对低成本融资的需求，又开辟出理财市场发展的新天地。开发信托产品为中小文化创意企业融资可以采用集合信托方式。中小企业集合信托主要是针对成长型中小企业，以信托公司作为融资平台，通过发行信托直接向社会筹集资金的融资方式。这类项目大多由地方政府牵头，并且由国有担保企业承担连带责任担保。由于中小企业集合信托产品由企业和政府共担风险，因此市场对该新产品的认购会比较踊跃。

（三）加强投融资主体的创新、增加文化创意产业融资渠道

第一，需要大力发展文化产业投资基金。促使民间资本投资于文化产业的有效途径是大力发展私募股权投资基金，这不仅可以为亟须扩张发展的文化创意企业引入资金，更重要的是帮助它们建立一整套预算方案、审计和财务管理制度。通过资金方对资金使用的有力监管，从而保证了严格的成本控制。虽然国外有比较成熟的私募基金和风险投资基金为文化创意产业提供融资支持，但是国内民间的私募基金和风险投资基金，尤其是针对文化创意企业的私募基金和风险投资基金的发展比较落后。大部分私募基金和风险投资基金对文化创意企业的投资非常不规范，很多投资是依靠关系网络来进行，缺乏相应的评估和监管环境。并且，在资本市场发展不完善、资本退出不完全的情况下，民间私募基金和风险投资基金的发展受到了很大限制。在中国资本市场发展滞后的情况下，大力发展文化产业基金是替代民间私募和风险投资基金的较好方法。文化产业基金是有别于传统的银行业金融机构，是新型的金融业态形式之一。传统银行业低风险收益的经营模式注定难以适应绿色、环保和知识型的新兴产业发展。而产业基金灵活的经营方式和高风险收益的经营模式与创新型企业的发展相匹配，特别是创新型企业大多缺少传统商业银行可接受的抵质押物品，在信贷额度紧张的背景下更难得到银行的垂青和资本市场的厚爱。

第二，有必要建立文化产业银行。商业银行作为投资主体有其局限性，这是因为商业银行在贷款时由于更加看重贷款的风险，更容易“嫌贫爱富”，从而无法为中小文化创意企业提供充足的贷款。文化产业银行的设立则有助于解决这一问题。专注于文化创意企业业务的文化产业银行在贷款方面的创新将会有效降低贷款的风险。通过溢出效应，文化产业银行的创新将有助于降低其他商业银行向文化创意产业发放贷款的风险，从而提高了银行业向文化创意产业类企业发放贷款的整体意愿水平，起到“鼓励金融机构加大信贷支持”的作用。

更进一步来说，文化产业银行可以引入风险投资基金，使其与银行业务对接，支持文化创意产业的融资。例如，利用文化产业银行的政策银行的性质，为私募基金和风险投资基金投资于高风险的文化创意提供一定的担保，设立风险补偿基金。并且，当私募基金和风险投资基金投资时为其提供一定的配套贷款。

（四）改善和创新投融资环境

第一，需要规范文化创意产业相关法律法规。当前北京市文化产业的发展秩序并不规范，发展环境并不很完备，建立健全北京市文化产业尤其是文化创意产业相关的政策法规就显得尤为重要。具体包括：制定合理的准入法规，继续扩大民间资本和海外资本可以进入的领域，对民营资本进入文化创意产业提供税收等政策优惠；确立不同投融资主体平等的法律地位，保障投资权益；完善知识产权保护政策，确保文化创意企业的合法权益，为文化创意企业的可持续发展提供动力；为新金融的发展提供法律保障，为创新性的金融产品和金融工具提供立法保障，同时加强监管，即保障金融创新有利于文化创意产业，也要控制风险。

第二，建立文化创意企业信息服务平台。针对中小文化创意企业，由于企业信息不对称，为了实现借贷双方的信用平等与信息对称，有必要建立全面高效的信用记录与查询系统，把相关企业分散在银行、财政、税务、工商、统计等领域的信息数据集中起来，形成文化创意企业的信息服务平台，为文化产业投资机构提供真实的、低成本的模块化信息。这个信息服务平台可以由政府出面协调，将各个银行、小额贷款公司、担保公司、中介机构的中小企业信用信息整合，将“中小企业金融服务平台”的征信模块扩容，真正起到征信的作用。也可以单独建立一个中小企业信用信息库，以体现信用记录的重要性。文化创意企业信用信息平台的建立，一是能使银行贷款有的放矢，降低信贷风险；二是能促进中小企业建立诚信意识，利于金融和文化两个市场可持续发展；三是能使拥有良好信用记录的中小企业优先获得贷款，提高优质企业的竞争能力。

第三，建设规范的中介服务体系。利用文化版权进行抵押贷款需要解决两个方面的问题：首先是文化企业版权等无形资产的资本化问题，只有完成了资本化过程，也就是说，明确资产价值额度，明确资产流动可控制性，明确资产变现的可操作性，才能够以此为基础进行抵质押；其次是文化企业版权等无形资产的未来收益问题，只有建立完善的开发预售机制及完工保证机制，方可确保版权等无形资产开发收益成为未来还款的保障。因此，必须大力推动完工保证机制的建设，主要方式是设立专业的完工担保公司，这是开展各类文化金融服务所必须具备的第三方信用增进机制。就文化产业服务体系而言，可以从中介服务机构和知识产权评估机构两个方面建设和完善文化产业中介服务体系。由于文化创意企业具有“轻资产”的性质，以它们的资产、专利等抵押贷款比较困难，为争取融资提供有利条件，应大力推进文化产业融资担保中介机构的建立、完善，更好保证文化产业融资。

第四，搭建文化创意企业与银行的沟通合作平台。政府相关部门应理清发展思路，运用产业政策引导投资资金流向。可以由北京市政府文化创意企业主管单位与当地金融机构合作，定期或不定期召开各层次文化创意企业与金融机构的座谈会以及多种形式的企业与金融机构的对接活动，由主管单位介绍文化创意产业的发展经营情况，金融机构通报金融运行情况及有关货币信贷政策或投融资的趋势，文化创意企业推广介绍自己的项目，再由双方根据市场原则，进行双向选择。

第五，为文化创意产业的投融资提供财税支持。在完善文化创意产业融资渠道、建立多层次融资体系的同时，北京市政府还应进一步完善财政税收政策和产业政策为文化创意企业的融资提供更宽松的环境。有必要加强对文化创意产业发展的财政支持力度，优化财政支出的结构，将文化产业专项资金的重点放在融资较难的新兴产业上；加大对新兴的文化创意产业发展的税收优惠政策；与中国人民银行、银监会等部门合作，加大对中小型文化创意企业贷款的政策性支持。

北京市文化创意产业还不成熟，大多数企业还处于初创期和成长期，因此文化创意企业发展在不同发展阶段上需要不同的金融服务，单一融资模式不能"包治百病"，而需要组合担保、银行、保险、信托、文化产业基金(包括私募和风投基金)等多种金融机构，动用多种金融手段，形成"组合方案"，这样才能在"全产业链"上分享中国文化产业成长的机会。另外，金融还需与财政相结合，以北京市政府对文化创意产业的支持为契机，将金融工具创新和融资环境建设结合起来，共同推动对文化创意产业的融资。

（作者：陈斌开　中央财经大学教授）

项目名称：北京市高技术企业员工心理契约对知识共享的影响研究
项目编号：12JGC081
项目负责人：尹洁林
项目信誉保证单位：北京信息科技大学

高技术企业研发人员心理契约对知识共享的作用机制

在知识经济时代，知识是推动社会发展的重要因素，也是组织获取长期竞争优势的关键，现代管理之父彼得·德鲁克认为："知识业已成为企业资源要素中最重要的要素之一，其他要素都必须依靠知识来更新和装备。"而知识的创造和应用，离不开知识的共享，知识共享可以使组织内的知识达到加乘的效果，为组织创造更高的价值。因此，组织成员之间的知识共享，将使知识生产效率大大提高，数量和质量呈螺旋状不断扩大和上升。研发人员作为高技术企业中最主要和最关键的知识拥有者和传播者，其知识共享的意愿决定着整个企业知识共享和知识传播的水平，从而影响着企业长期竞争优势的获取和保持。

人本主义心理学家罗杰斯认为，"心理安全"是创造活动的一般条件。反过来说，心理不安全就会成为创造活动的壁垒。知识共享的主要障碍之一是心理上的不安全感。可见，心理不安全是知识共享人为障碍产生的深层次的原因。因此，消除心理不安全感是实现知识共享的基本要求，尤其是隐性知识共享。已有学者的研究表明，心理契约的建立和维持可以减少雇佣双方的不安全感。因为心理契约一方面可以对正式协议起到补充作用；另一方面，心理契约反映了员工对正式协议的理解和内化，而且心理契约的动态性可以使员工的心理需要不断得到满足。我国学者梁启华、余光胜(2006) 研究发现，默会知识(隐性知识) 之所以难以转化与共享，与心理契约及心理契约违背密切相关。由此，从心理契约视角来研究知识共享成为知识管理研究的一个新方向。

基于上述分析，在高新技术企业和其研发人员之间建立良性的心理契约能够保持研发人员的心理安全和期望张力，激发他们的工作热情，调整雇佣双方的关系，对员工的知识共享、技术创新等有着十分重要的意义。

一、高技术企业研发人员心理契约的结构

(一)心理契约的概念

“心理契约”一词最先出现于社会心理学，20世纪60年代被组织行为学家应用到管理领域。组织心理学家Argyris首先在其《理解组织行为》一书中，用心理工作契约来刻画下属与主管之间的关系，但并未对这一概念进行明确界定。后来，Levinson在《组织诊断》一书中，明确提出“心理契约”这一概念，认为它是“组织与雇员之间隐含的、未公开说明的相互期望的总和”。这些期望都具有内隐特性，其中一些期望(如工资)在意识上清晰些，而另一些期望在意识上则比较模糊，如长期晋升方面的期望等。之后，Schein将其定义为“在组织中，每个成员和不同的管理者以及其他人之间，在任何时候都存在的没有明文规定的一整套期望”。以上是关于心理契约概念的早期观点。

心理契约概念在其产生的初期并未受到重视。直到20世纪80年代后期，面对雇佣关系发生的剧烈变化以及心理契约违背屡见不鲜的现实，学者们才开始对心理契约及其相关问题给予关注，而对心理契约概念理解的深化是其中一个非常重要的内容。在概念理解的深化过程中，产生了学派的争论。一派以美国学者Rousseau、Robinson、Morrison等人为代表，强调心理契约是雇员个体对双方交换关系中彼此义务的主观理解，可以称之为“Rousseau学派”；一派以英国学者Guest、Conway、Herriot、Pemberton等人为代表，强调遵循心理契约提出时的原意，将其看作雇佣双方对交换关系中彼此义务的主观理解，可以称之为“古典学派”。两派在20世纪90年代以后针对心理契约的概念及其相关问题展开了激烈的争论。

1.“Rousseau学派”的界定

Rousseau不同意把心理契约定位在组织层面上的观点，她认为组织是抽象的，它作为契约关系的一方只是提供了创造心理契约的环境，并不能反过来与其成员形成心理契约。因此，以她为代表的一些研究者认为，有关心理契约的研究应该集中在员工水平上进行。他们指出，组织作为契约关系中的一方，其作用在于提供了形成心理契约的背景和环境。如果用组织代理人(如雇主、高层管理者)代替组织会出现一定的偏差，因为员工是与组织而不是与组织代理人之间形成契约关系。以其“研究心理契约的动机就是让雇员说话”的目标为指引，Rousseau提出了一个更加狭义的定义，认为心理契约是个体在雇佣关系背景下对雇佣双方相互义务的一种理解和信念。

2.“古典学派”的观点

Herriot & Pemberton认为最早由Argyris所提出的心理契约可以被定义为“雇佣关系双方，即组织和个体对关系中所包含的义务和责任的理解和感知”。这个由Argyris和Schein所支持的定义不同于Rousseau等所倡导的定

义。他们反对 Rousseau 提出的单层次研究，认为对心理契约的研究应该回归到当初 Argyris 对心理契约的认识上来，并认为心理契约是组织和个人在雇佣关系中彼此对对方应提供的各种责任的知觉，这种知觉或来自对正式协议的感知，或隐藏于各种期望之中。Herriot 和 Pemberton 代表了古典学派的观点。

3. 本研究对心理契约概念的界定

本文赞同 Herriot 和 Pemberton 的观点，即认为心理契约是组织和个人在雇佣关系中彼此对对方应提供的各种责任的知觉，组织方面的心理契约可以通过研究其“代理人”(直线经理、人力资源管理者、高层管理者等)对责任的知觉来展示。但本研究的焦点集中在契约内容的一部分：员工的心理契约。选择这个角度的原因来自两个方面：其一，在高技术企业中，大多数关键的组织活动和组织目标都是基于研发人员的活动完成的，研发人员已经成为高技术企业中最具竞争优势的资源，了解研发人员的心理契约有助于管理者了解研发人员的内心世界，为激励手段的选择提供理论依据；其二，研发人员目前已经成为高技术企业资源争夺的焦点，在高技术企业中具有无可比拟的地位，并且在雇佣关系中已经成为强势的一方，在这样的状况下，研究研发人员的心理契约比研究组织的心理契约具有更重要、更现实的意义。

(二)高技术企业研发人员的特点

1. 高技术企业的定义

高科技企业是一种知识密集型、技术密集型的经济实体，企业的负责人一般熟悉本企业产品研究、开发、生产和经营的科技人员，并且是本企业的专业人员。在高科技企业中，具有大专以上学历的科技人员一般占企业职工总数的 30%以上。从事高新技术产品研究、开发的科技人员占职工总数的 10%以上。

2. 高科技企业研发人员的特点

研发人员是指在工作中运用理论和实践知识解决复杂问题的知识员工，他们主要从事理论研究、产品开发、工程设计等创造性的工作。研发人员具有以下特点：

第一，研发人员追求职业生涯发展，即指员工在企业内部与外部的发展以及组织提供的发展机会，而不包括工作本身的特性。因为研发人员所从事的研发工作本身具有很大的挑战性和自主性，所以在他们看来，工作的挑战性和自主性是工作本身的特性，而不是一项组织责任。这些生涯发展包括了：内部晋升、专业技能培训等。

第二，研发人员对脑力和体力要求很高，工作强度大，因此主要以年轻人为主。由于研发人员工作年限短，起始工资不会很高，如果薪酬设计不合理就会导致研发人员产生不公平感，这种不公平感可能会导致优秀研发人员的流失。此外，由于研发人员中年轻人居多，他们面临着较大的生活压力，比如购房、抚养小孩儿等，因此对物质报酬的需求较高。对于高科技企业中价值创造的主导者研发人员来说，业绩报酬是一个较重要的激励因素。

第三，研发人员具有较高的创新精神和专业的知识与技能，他们对职业的忠诚度远高于对组织的忠诚度，造成了具有较高流动性的局面。因此，研发人员对稳定的工作这一因素要求并不高，而是希望有较舒适的工作环境、有长期激励与短期激励以及良好的福利。

（三）高技术企业研发人员心理契约的结构

从国内外学者关于心理契约结构的研究中，我们不难看到这样一个规律，即心理契约二维结构中的关系维度由于包含指向工作和指向人两个方面的内容，所以当环境特别强调其中一个方面的内容时，这个方面就会从关系维度中破裂出来，而独立成一个维度。比如，知识型员工非常重视个人职业的发展、事业的成功和从工作中获得的成就感，所以按照上面所述的规律，知识型员工的心理契约应该是三维的，即指向工作方面的内容会从关系维度中破裂出来。朱晓妹和王重鸣在研究中国背景下知识型员工的心理契约结构时证实了该结论，他们在研究中得到了知识型员工心理契约的三维结构，并分别命名为物质激励、发展机会、环境支持，其中发展机会和环境支持就是从二维结构中的关系维度中破裂出来的。按照这样的逻辑结构，研发人员作为知识型员工中的一个特殊群体，具有一般知识型员工的许多特点，比如追求职业发展、看重事业成功，因此其心理契约中指向工作方面的内容会从关系维度中破裂出来，即研发人员的心理契约也是三维结构。

笔者认为，由于研发人员是知识型员工中的一个特殊群体，因此研发人员心理契约维度的构成应该和一般知识型员工类似，而差异主要在于两个群体对于心理契约各维度的看重程度不同。

有关知识型员工心理契约的结构和内容，国内学者朱晓妹和王重鸣曾开展过深入的研究，并设计了针对中国知识型员工的问卷，但他们的问卷有一个比较大的问题就是关于物质激励维度的条目在措辞方面不太合适，没有体现出交易维度所具有的基于经济交换的、狭窄义务的特点等。除此之外，该问卷的另一个问题就是，到目前为止，还没有其他学者用它继续开展过工作，所以其信效度不一定能保证。

课题组认为，Rousseau于2000年在其个人网站上发布的心理契约问卷适用于中国知识型员工。主要原因在于：问卷中的平衡型契约反映了知识型员工的需求和特点。平衡型契约包含三个子维度：（1）外部雇佣能力——员工在组织外部的竞争力不断增强，有义务不断学习，提高自己在人才市场上的竞争力；雇主也要为提高员工的雇佣能力做出贡献。（2）内部发展——员工有义务不断学习和发展目前所服务的组织看中和需要的技能；雇主有义务为员工创造在组织内部的职业发展机会。(3)动态绩效——为了保持和提升组织的竞争力，员工有义务为组织不断变化的新目标付出努力；组织有责任提升员工的学习能力，以帮助他们达到不断提高的绩效要求。这三个子维度恰当地反映了知识型员工区别于一般员工的需求和特点。因此，以职业发展为核心的平衡型心理契约应该是知识型员工心理契约的一个极为重要的组成部分。除此之外，该问卷在国外已经被多次使用，信效度都比较理想；与此同时，该问卷在中国文化背景下使用同样取得过令人满意的结果。

基于以上分析，笔者认为，研发人员的心理契约由三个维度构成，即交易型心理契约、关系型心理契约、平衡型心理契约。

二、高技术研发人员的心理契约对知识共享的作用机制

在关系型心理契约中所交换的资源是社会情感方面的。拥有关系型心理契约的员工都对自己所服务的组织有着强烈的归属感和忠诚度，他们会想方设法用一些行动回报组织给予他们的支持和尊重。拥有这一类型心理契约的员工是亲组织型的，和工作伙伴的关系也往往比较和谐，而是否愿意分享隐性知识一般被认为是亲组织行为态度的组成部分。

从平衡型心理契约的概念和所开发的问卷条目来看，它是以技能和事业的发展、动态绩效要求和长期雇佣等为特征的。拥有平衡型心理契约的雇员，由于感受到了组织在职业发展、技能更新以及晋升方面给予的支持，他们对所从事的工作充满热情、乐意接受不断变化的目标和工作要求，他们会将组织的成功视为自己的成功。当组织倡导员工之间进行知识共享时，他们一般都会响应倡导，欣然与同事分享知识。

而在交易型心理契约中所交换的资源是基于金钱和经济的，范围非常狭窄。拥有交易型心理契约的员工由于看不到组织在个人发展和情感方面给予的关心，他们仅仅会把注意力放在经济交换上，对所在的组织没有认同感，认为自己和组织之间完全是交易的关系。拥有交易型心理契约的员工作为隐性知识共享方时可能往往会更多地考虑自己的利益关系，不愿意因失去知识垄断损失经济利益。基于以上讨论，给出以下假设：

假设 1a：交易型心理契约负向影响知识共享意愿；

假设 1b：平衡型心理契约正向影响指向知识共享意愿；

假设 1c：关系型心理契约正向影响指向知识共享意愿。

尽管平衡型心理契约和关系型心理契约有一些相似和相通之处，但从根本上来讲，它们是不同的两个概念，两者的一个重要区别就在于认同的对象不同。关系型心理契约表达了员工对自己所在组织的认同。平衡型心理契约却表达了员工对自己所从事工作的认同，而不管这个工作是由哪个组织所提供的。由于这两种心理契约在本质上是不同的，所以它们对组织结果变量的

影响机制应该也不同。

所谓情感承诺，是指员工对于组织的情感依附、认同和参与程度，是一个基于社会情感的概念。关系型心理契约是员工和组织之间的一种基于社会情感交换的关系，拥有关系型心理契约的员工对组织有着深厚的情感和强烈的认同，愿意全身心地投入到组织中去，也就是说他们对组织的情感承诺很强。一些实证研究证实了关系型心理契约和情感承诺之间的这种正向关系。

Fishbein和Ajzen的态度——行为理论指出，员工的工作态度是其意图和行为的基础。情感承诺可以被看作是员工对其工作环境的态度反应，这种态度会对员工其后的意图和行为产生影响。学者们发现，低水平的情感承诺会严重地影响员工知识共享的意愿。基于上述理论和实证的考虑，我们提出下面的假设：

假设2：关系型心理契约对研发人员知识共享意愿的影响通过情感承诺起作用。

所谓工具性信念，是指相信某些行为会带来特定的结果，因此做出这些行为是为了达到一定的目的。工具性信念是员工行为的重要驱动器，这些行为当然包括知识共享行为。虽然到目前为止，笔者并没有看到关于工具性信念与知识共享行为关系的研究，但却有一些关于工具性信念与组织公民行为关系的研究(知识共享行为是组织公民行为的一种)。Haworth & Levy研究发现，员工会根据自己对于组织公民行为的工具性信念来做出相应的组织公民行为，即员工越是相信组织公民行为会给自己带来好处，他们在工作中就越愿意表现出组织公民行为，否则相反。此外，Hui，Lam & Law在他们的研究中也发现，那些由于相信组织公民行为会为其带来晋升等好处而在工作中表现出组织公民行为的员工更有可能在组织中获得真正的晋升。从工具性信念的定义以及上述的研究中，我们不难发现，工具性信念是个体的一种理性的想法，这种想法能够促成某种目的的达成。而平衡型心理契约是员工对组织在职业和个人发展方面为自己承担责任的理性评价，表达了员工对个人发展的重视和对所从事职业的理性认同，这种认同会促使员工倾其所能做那些能够带来职业成功的事情。因此，笔者认为，拥有平衡型心理契约的员工之所以会有知识共享的意愿主要是因为他们相信知识共享行为会给他们未来的职业发展带来好处。于是，提出以下假设：

假设3：平衡型心理契约对研发人员知识共享意愿的影响通过工具性信念起作用。

基于上述分析，研发人员的心理契约对知识共享的作用机制如图1所示。

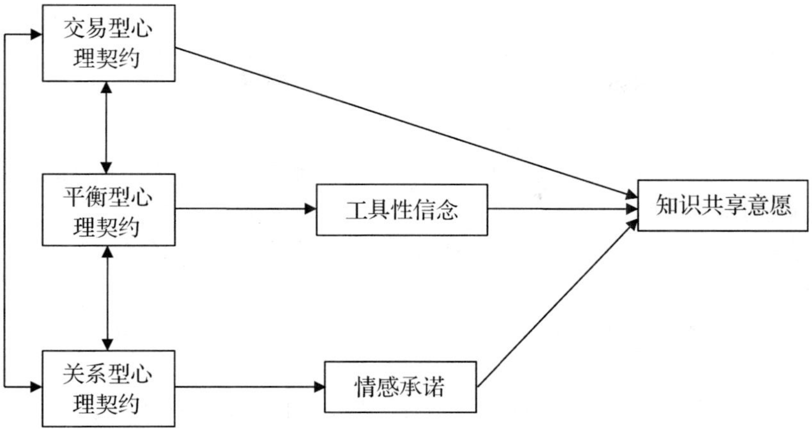

图 1　研发人员的心理契约对知识共享的作用机制

三、下一步研究计划

到目前为止，项目的大部分工作已经完成，包括高技术企业研发人员心理契约的结构、研发人员心理契约对知识共享的作用机制模型等，相关问卷也已经下发，并且回收了大部分。下一步的工作主要是：(1)对问卷的结果进行整理和分析，验证之前所提出模型的正确性；(2)根据实证研究的结果，并结合对北京高技术企业研发人员和一线经理的访谈，提出促进北京高技术企业研发人员知识共享的策略；(3)梳理整个研究过程，完成研究报告的撰写工作，并提交结题相关材料。

参考文献

[1] Coyle-Shapiro J., & Neuman J. H, The Psychological Contract and Individual Differences: The Role of Exchange and Creditor Ideologies, *Journal of Vocational Behavior*, 2004(1).

[2] Haworth C. L., & Levy P. E., The Importance of Instrumentality Beliefs in the Prediction of Organizational Citizenship Behaviors, *Journal of Vocational Behavior*, 2001(59).

[3] House R. J., Shane S. A., & Herold D. M., Rumors of the Death of Dispositional Research are Vastly Exaggerated, *Academy of Management Review*, 2006(1).

[4] Hui C., Lam S. K., & Law K. S., Instrumental Values of Organizational Citizenship Behavior for Promotion: A Field Quasi－Experiment, *Journal of Applied Psychology*, 2000(8).

[5] Jaros S., An Assessment of Meyer and Allen's Three-Component Model of Organizational Commitment and Turnover Intentions, *Journal of Vocational Behavior*, 1997(51).

[6] Sturges J., Guest D., Conway N., & Mackenzie D. K., A Longitudinal Study of the

Relationship between Career Management and Organizational Commitment among Graduates in the First Ten Years at Work, *Journal of Organizational Behavior*, 2002(23).
[7] 包玲玲:《雇佣关系对知识共享与助人行为影响机制研究》，华中科技大学博士学位论文，2011 年。
[8] 关培兰、张爱武:《研发人员心理契约的结构、内容和感知现状》，《武汉大学学报(哲学社会科学版)》，2006 年第 5 期。
[9] 顾远东、周文莉、彭纪生:《组织支持感对研发人员创新行为的影响机制研究》，《管理科学》，2014 年第 1 期。
[10] 何明芮、李永建:《心理契约类型对隐性知识共享意愿影响的实证研究》，《管理学报》，2011 年第 1 期。
[11] 李永周、黄薇、刘旸:《高新技术企业研发人员工作嵌入对创新绩效的影响——以创新能力为中介变量》，《科学与科学技术管理》，2014 年第 3 期。
[12] 卢福财、陈小锋:《知识员工心理契约、组织信任与知识共享意愿》，《经济管理》，2012 年第 4 期。
[13] 庞娟、侯玉君:《研发人员心理契约违背的原因与规避研究》，《生产力研究》，2014 年第 12 期。
[14] 袁建昌、崔淑娜:《高新技术企业如何促进研发人员之间的隐性知识共享》，《经济导刊》，2011 年第 9 期。
[15] 张大为:《员工关系对知识共享的影响研究》，大连理工大学博士学位论文，2011 年。
[16] 郑强国、王勇:《高技术企业研发人员非货币薪酬激励——基于北京市的实证研究》，《工业技术经济》，2009 年第 7 期。

(作者：尹洁林　北京信息科技大学副教授)

项目名称：北京市粮食价格形成机制研究
项目编号：12JGC087
项目负责人：李 宁
项目信誉保证单位：北京工商大学

完善我国粮食价格形成机制研究的文献综述

价格机制是市场经济体制的核心机制，粮价为百价之基，建立合理、稳定的粮价形成机制是市场经济体制得以健康运行的必要条件，完善粮食等主要农产品价格形成机制也是在新形势下推动农村改革继续发展的重要条件。

近年来，全球范围的主要粮食价格以罕见的速度上升成为社会各界高度关注的热点问题。世界银行（World Bank，2008）指出在过去3年中全球基本农副产品价格上涨达到80%。联合国粮食及农业组织（The Food and Agriculture Organization of the United Nations，以下简称FAO，2008）、世界粮食计划署（World Food Programme，以下简称WFP，2010）指出，粮食价格上升过快使得33个国家存在引发动乱的隐患，甚至可能引发战争。从上述情况看，在长期努力实现稳定国内粮食价格是各国政府实现粮食安全战略的重要内容。

中国粮食价格自2006年以来也呈现持续上升的态势，这说明随着全球经济一体化进程的深入发展，中国国内的粮食价格不可避免地受到国际粮食市场变化的影响。中国是世界上低收入人口最多的发展中大国，在任何时候保证国内粮食安全都是国家第一位的战略目标，而稳定粮食价格从而提高国民在经济上对粮食的可获得性是在市场经济体制下实现粮食安全的必由之路。综上所述，研究在经济全球化和贸易自由化背景下如何完善粮食价格形成机制以实现合理粮食价格水平的稳定性成为当前十分迫切的任务。

近年来，针对粮食价格形成机制问题进行的相关研究已有不少，本研究从以下六个方面进行总结评述。

一、关于近年来国际粮食市场价格剧烈上涨的主要影响因素的研究

（一）生物燃料产业发展对粮食价格剧烈上涨产生影响

Lester R. Brown（2007）指出，燃料乙醇行业的迅猛发展导致全球粮食和食品价格普遍上涨。经济合作与发展组织（Organization for Economic Co-operation and Development，以下简称 OECD)、FAO(2007)指出，制造生物燃料造成全球农产品市场结构性变化，可能使未来 10 年内农产品价格持续上升。Paul R. Krugman(2008)指出，能源价格上升导致农业生产成本上升，从而带动粮食价格上升。而以玉米、甘蔗等基本农产品进行生物燃料制造，使得世界性粮食库存下降，造成全球性粮食价格上升。Donald Mitcher(2008)认为，原油价格上涨对粮价上涨的贡献达到 65%左右。胡冰川、徐枫和董晓霞(2009)认为生物质能源发展是影响国际农产品价格波动的最主要因素，而其他因素对国际农产品价格变化不产生影响。

(二)金融经济活动对粮食价格波动产生影响

李全根(2008)、姚建华和张锐(2008)、蔡文著和黄中伟(2008)认为，目前粮食价格上升与以粮食为主题的国际金融市场投机活动和美元贬值有直接关系。盛保富(2008)和丁声俊(2008)进一步指出，跨国粮商有可能利用其雄厚投机资本在期货市场炒作造成粮食价格短期暴涨。Piesse Jenifer 和 Thirtle Colin(2009)指出，美元贬值和农产品市场投机盛行是导致 2006—2008 年世界粮食价格暴涨的重要原因。常清、秦云龙(2007)认为，全球粮价上涨的真正推手是发达国家，发达国家依靠其在国际经济体系中的有利地位和雄厚资金支持，以操纵国际粮食价格来满足自身需要。但常清、李婧(2008)认为，应当理性分析粮食价格形成机制和决定价格的因素，不能简单地认为期货投机是近期粮价上涨的主要因素。

Lillian Cheung，Jessica Szeto，Chi-Sang Tam 和 Steven Chan(2008)对亚洲国家粮价变化情况进行分析，认为只是增加粮食产量并不能有效稳定粮价，因为粮价稳定很大程度上取决于货币政策，因此各国政府还需要进行更为广泛的政策干预。高帆、龚芳(2011)认为 2000 年以来国际货币发行过多造成的通货膨胀和能源价格上升造成粮食生产成本上升是导致国际粮价上涨的主要因素。

但也有研究者认为金融经济活动因素不能起到使粮食价格长期维持在高水平的作用。如姜长云(2009)认为，国际金融危机深化导致能源价格和消费者信心下降，将会使国际市场对粮食及其制品的需求下降；同时使得股市下跌，粮食市场的大量投机资金撤出，将使粮食价格呈现下降趋势。

(三)粮食库存变化导致粮食价格变化的研究

不少研究者注意到粮食库存变化是导致粮食价格涨跌的重要因素。苗齐、钟甫宁(2006)认为过高粮食库存量是导致历史上中国粮价长期低迷的重要原因。吕新业、孙瑜(2009)估算了 1980－2003 年间的各年中国粮食库存量，其估算结果与同期国内粮食价格水平变化情况较为接近，即库存量低时对应粮价较高，反之亦然。

联合国(United Nations，2008)认为，近期世界市场粮价剧升主要是因为库存和生产不足导致。丁声俊(2008)提出，为防止粮价过度波动，国家可以适当增加稻谷储备，同时在粮食主销区充实地方粮食储备。王文斌、戴金平(2009)对国际粮食价格与粮食产量、粮食消费和粮食库存之间的关系进行协整分析，认为粮食库存变化是影响国际粮食价格波动的关键因素。田维明(2009)也指出粮价短期暴涨与全球粮食储备不足以及各国采取粮食贸易保护措施有关。

二、国际粮食市场价格对国内粮食市场价格产生影响的研究

国家发改委价格监测中心(2007)指出，国际粮食价格对中国国内粮食价格的影响渠道主要是粮食进出口贸易造成国内粮食供应量变化从而影响粮价，以及国际粮食市场信息对国内粮食市场主体(心理预期)的影响。宁高宁(2008)进而指出，近年来人们的心理预期对粮食价格波动产生重要影响。

但不少研究者认为中国粮食市场相对于国际粮食市场有较为显著的独立性。如朱险峰(2007)对近年来国内外粮食市场价格进行对比分析，认为国际粮食市场价格波动对国内粮价影响不大，其主要原因是海运费居高不下、美国粮食单产水平有明显优势和美国巨额粮食补贴政策有利于其巩固国际粮食市场份额。毛学峰(2009)认为，中国国内粮食市场在相当程度上独立于国际粮食市场，主要是因为政府干预作用较强。潘苏、熊启泉(2011)发现国际粮食现货市场价格对国内粮食现货市场价格影响较小。主要原因是国内对国外粮食品种的需求量小、国家适时对粮食国际贸易采取控制措施和国内支持粮食生产的政策效果明显。

但也有一些研究者认为国际粮食市场价格变化对国内粮价变化有明显的影响，至少在特定粮食品种之间具有这种相关性。如丁守海(2009)认为无论从长期还是短期来看，各种粮食品种国内价格受国际市场影响都是显著的。罗锋、牛宝俊(2009)指出国际大豆价格波动对国内大豆价格影响显著。

综上所述，随着经济全球化和贸易自由化不断深入，中国国内的粮食市场价格变动受到错综复杂的国内外相关因素的影响，完善粮食价格机制将是长期的艰巨任务。

三、关于国际粮食市场定价权问题的研究

梅新育(2008)认为，定价权反映的是企业对商品市场的控制力，它与企业占据的市场份额、商品本身的可替代程度以及行业进入门槛有关。

多数研究都认为，目前国际粮食市场定价中心是美国芝加哥商品交易所(简称 CBOT)，即以美国为首的发达国家粮食企业拥有全球性粮食定价权，如卢毓俊(2007)、黄晓凤(2008)和吴君杨(2008)等。尽管近年来中国农产品期货市场发展较快，具备了一定的价格发现能力和套期保值功能(赵进文，

2004；刘凤军、刘勇，2006；蒋舒、吴冲锋，2007；陈雨生、乔娟，2008；邵永同、高旺盛，2008)，但仍然在国际粮食市场上没有定价权，即中国粮食期货价格对国际粮食期货价格和现货价格变动影响有限(张屹山、方毅、黄琨，2006；夏天、冯利臣，2007；丁丽君，2007；王骏、蒋荣兵，2008；王骏、姜荣兵、刘亚清，2008；邱雁、刘小和，2008；肖湘雄、熊文华、高志杰，2008)。同时，国内粮食期货市场的套期保值能力仍然不能满足粮食产业发展的需要(胡秋灵、丁暤，2008)，在有限的粮食期货品种市场之间发展不平衡(姚传江、王凤海，2005；刘庆富、张金清，2006)。刘岩(2008)和蔡胜勋(2008)指出，中国小农户不具备直接利用粮食期货市场进行套期保值和引导生产的能力，同时也缺乏帮助他们间接利用期货市场的专业性合作组织等中介机构。常清(2008)认为，增加中国期货市场上的机构投资者数量是提高中国定价地位的前提。

上述研究表明，发达国家的跨国农业企业通过操纵期货市场和进行全球性产业链整合而掌握了世界市场上粮食等主要农产品的定价权，这对于发展中国家分散经营的小规模农户构成很大的竞争压力。研究完善中国粮食价格形成机制需要重点考虑来自发达国家跨国农业企业的消极影响。

四、政府粮食政策干预对稳定国内粮食价格的效果的研究

Colin Poulton，Jonathan Kydd ，Steve Wiggins 和 Andrew Dorward (2006)对非洲国家的研究表明，实施稳定粮价政策对发展中国家非常必要，必须以政府适度的市场干预来应对粮食市场的市场失灵问题。United Nations (2008)指出，中国国内粮食价格并未像同期世界粮食市场价格那样波动剧烈，其中中国政府采取的粮价稳定政策对此居功甚伟。

但是在世界经济自由化程度不断加深的历史背景下，一些国家的国内粮食价格稳定干预政策会对另外一些国家的粮食安全造成威胁。Yu Tun－Hsiang，Tokgoz Simla，Wailes Eric 和 Chavez Eddie(2011)定量分析了2007－2008 年各国为保持国内粮价稳定而采取的贸易限制措施的效果，发现贸易限制措施起到了推高世界粮价的作用，其中缺粮的发展中国家受到伤害最大。

就中国的政府干预政策对粮食价格变化的影响而言，冯云(2008)认为，中国粮食进出口逆向调节政策对粮价波动有影响，推动农业生产技术进步政策是粮价波动的内在原因。鲁晓东(2010)认为，粮食最低收购价格在保护农民种粮利益、促进粮食生产稳定发展、维护粮食市场稳定中发挥了重要作用。而张智先(2009)指出，自国家实行最低收购价格政策以来，多次提高最低收购价格，各收储企业为多收购粮食，竞相加价收购，从而使得近几年形成粮价稳步走高的局面。同时，加大了农民对后市价格的期望，促使了农民惜售行为的产生。同时指出，政策收购的主要弊端是对市场价格造成一定扭曲，

对下游加工业造成了较大冲击。

五、中国粮食价格形成机制的研究

何予平(2008)将一国粮食定价机制划分为三种：一是市场定价制，二是政府统筹制，三是宏观调控制。市场定价制的主要特点是通过大宗农产品期货交易市场的供求关系来决定粮食基准价格。政府统筹定价机制的特点是粮食购销通过一个半官方的粮食机构进行，粮食机构通过“试错法”决定粮食的基本价格。宏观调控制定价机制的基本特点是市场作为基础性的定价机制，但同时存在另外一种粮食供给制度，保证市场所定价格在一定幅度内波动。王岩(2009)指出中国粮食定价机制存在的问题。一是粮食经济运行缺乏内在的自动调节机制；二是粮食市场体系仍不健全，难以正确引导粮食的价格形成；三是粮食价格补贴影响了财政补贴效果的发挥。田娟、周子元(2008)认为由于中国农业产业发展不均衡，能够适当调整农产品价格的机制还未形成。在农产品从生产到销售给消费者的过程中，共存在三个利益团体，分别为农民、流通企业和消费者。大型的、集团性的流通企业或垄断组织在农产品定价的博弈中，在流通领域里往往处于主动和有利的地位，成为价格的制定者，而作为生产者的农民和消费者则往往处于被动和不利的地位。胡卓红、申世军(2008)指出农产品流通成本高是导致农产品价格高涨的重要因素，而农产品物流环节多和价格形成链条长、农民组织化程度低和农产品交易成本高、运输和过路费用高、服务收费高和农产品批发市场发展不足、物流技术落后和运输损失率高、铁路等交通基础设施落后等均是造成农产品流通成本高的重要原因。高焰辉、董金移、张悦(2009)认为国内没有完善的粮食价格形成市场，在面对国际市场时也就难以形成有效的竞争力。

综上所述，针对完善中国粮食价格形成机制研究而言，已有研究尚存在以下不足：(1)缺少对中国自产粮食和进口粮食的价格链条形成过程和影响因素的定量研究，而这正是对粮食市场进行准确政策干预的不可替代的基础性工作；(2)缺少国际粮食价格变化对中国国内粮价变化的影响渠道的研究，这不利于对防范国际粮价对国内粮食市场冲击的措施的正确选择。

六、关于完善粮食价格形成机制和稳定粮价的对策的研究

常清、秦云龙(2008)认为，解决国际粮食价格不稳定持续上涨的问题，最为根本的是切实削减发达国家的高额农业补贴和农产品进口关税。郭砚莉，汤吉军(2009)基于不确定性和沉淀成本角度质疑农产品自由市场定价，反对自由放任政策。Milan Brahmbhatt 和 Luc Christiaensen(2008)认为，亚洲各国应当加强合作，通过增加生产、减少对国际粮食市场尤其是稻谷市场的过分限制、采取行动促使发达国家谨慎发展生物燃料产业、加强对国内穷人和

工薪阶层的食物安全支持、采取税收等措施实现国内粮食安全、采取可持续生产经营方式包括加强水资源管理和提高粮食利用水平等实现粮食安全。国际农业发展基金会(简称 IFAD)、联合国世界粮食计划署(简称 WFP)和 FAO(2011)认为，未来粮食价格呈现显著的不稳定性会给较为贫困的发展中国家带来较高的社会成本，因此需要各国政府通力合作，采取改进粮食市场信息系统、提高库存水平等以减少粮价不稳定波动造成的损失。OECD(2011)认为，在未来 10 年国际粮价将继续保持在相对高位，粮价长期居于高位将对世界粮食安全造成威胁。但高粮价也会产生促使各国增加对农业投入的作用，从而从长远看有利于提高农业生产力。

在稳定中国粮价的政策建议方面，丁声俊(2008)、程国强(2008)认为，应当从严格保护耕地资源、加强粮食市场宏观调控、建立健全粮食预警报机制、调整和保持玉米深加工业的适度规模等方面稳定粮价。郑风田、孙瑾(2008)建议加强农民的组织化程度来提高其定价地位。中国价格协会课题组(2008)提出，要确立粮食等主要农产品的目标价格、最低收购价格和市场价格为内容的“三元价格形成机制”。韩俊(2008)认为，要形成合理的农产品价格形成机制，需要综合考虑农产品市场供求、直接生产成本、人力成本以及农民从事其他产业的收益情况等因素，完善农产品最低保护价政策和国家专储收购政策。

在完善中国最低粮食收购价格政策方面，张延安(2008)提出，应当向粮食主产区进行必要的财政补助，使其达到全国平均水平的公共服务。孙乃会、刘永洲和肖文超(2008/2010)指出对粮食生产大县要采取充分的倾斜财政扶持政策。方鸿(2009)提出应根据粮食生产要素适当补偿法来制定粮食最低收购价格。

七、简要的评述和研究展望

2006 年以来的国际粮食市场价格暴涨作为一种突发现象和威胁多数国家粮食安全的严重事件受到社会各界的高度关注，国内外研究者进行了卓有成效的研究工作，对本研究有重要的借鉴意义。本研究认为，进一步地完善粮价形成机制与稳定粮价问题的研究工作需要从以下几个方面着重进行：

第一，在影响粮食价格涨跌的主要因素方面，本研究认为粮价呈现长期涨跌趋势的根本原因是粮食供求失衡所致，因此要保障粮食价格长期稳定，首先要关注影响粮食生产的主要因素；使粮价呈现短期暴涨暴跌现象的关键因素是粮食库存量，因此政府控制必要的粮食库存是控制短期内粮价剧烈变化的必要手段；近年来的新兴经济因素如生物质燃料产业发展、与货币政策有关的金融经济活动因素和粮食期货投机等因素不会成为长期影响粮食价格变化的主要因素，只会在短期内影响粮食价格变化。

第二，通过实地调研，了解粮食价格形成机制的内容和各类主要粮食品种从生产到销售的整个价格形成过程，从中了解粮食产业链条上各相关主体的经济收益分配情况，对于了解中国粮食价格变化特征有重要的作用。

第三，在借鉴已有相关研究成果的基础上，对国际粮食市场价格影响国内粮食价格的可能性、程度、主要途径及发展趋势进行实证研究，以能够提出使国内粮食市场避免受到国际粮食市场变化过度冲击的有效对策。

第四，对国际粮食市场的定价权问题进行实证研究，以了解造成国际粮食市场价格变化的根源和对完善中国粮食定价机制的借鉴意义。

第五，在借鉴已有相关研究成果的基础上，对中国粮食价格形成过程中各类粮食市场的价格的相互关系和其中的决定性环节进行实证研究。

第六，上述实证研究应当建立在分粮食品种的基础上，以便获得符合实际的研究成果。

参考文献

[1] 蔡胜勋：《我国农民利用农产品期货市场的再思考》，《河南大学学报(社会科学版)》，2008年第3期。

[2] 蔡文著、黄中伟：《国际粮食价格波动根源及其对我国的启示》，《价格理论与实践》，2008年第9期。

[3] 常清：《期货价格信息与政府的决策》，《价格理论与实践》，2008年第1期。

[4] 常清、李婧：《利用价格功能调节石油消费》，《价格理论与实践》，2008年6期。

[5] 常清、秦云龙：《国家小麦储备与小麦价格变动关系分析》，《价格理论与实践》，2007年第S1期。

[6] 常清、秦云龙：《国际粮价上涨的主推与助推力量何在？》，《中国外汇》，2008年第12期。

[7] 陈雨生、乔娟：《中国玉米期货市场套期保值功能的实证分析》，《农业技术经济》，2008年第2期。

[8] 程国强：《本轮农产品价格上涨的影响与调控建议》，《中国经济时报》，2008年2月21日。

[9] 丁丽君：《国内玉米期货价格与现货及国外期货价格之间的关联分析》，《时代金融》，2007年第5期。

[10] 丁声俊：《论国家粮食储备和粮食价格》，《粮食科技与经济》，2008年第3期。

[11] 丁声俊：《形成粮食和谐价格机制，促进经济社会稳定发展——纪念我国粮食改革30周年》，《价格理论与实践》，2008年第8期。

[12] 丁守海：《国际粮价波动对我国粮价的影响分析》，《经济科学》，2009年第2期。

[13] 方鸿：《中国粮食最低收购价合理确定机制研究》，《经济与管理》，2009年第4期。

[14] 冯云：《中国粮食价格波动的实证分析》，《价格月刊》，2008年第2期。

[15] 高帆、龚芳：《国际粮食价格的波动趋势及内在机理：1961—2010年》，《经济科学》，2011年第5期。

[16] 高焰辉、董金移、张锐：《外资与中国粮食安全》，《中国外资》，2009 年第 9 期。
[17] 国家发改委价格监测中心课题组：《国际市场粮价演变与国内粮价关系分析》，《中国物价》，2007 年第 8 期。
[18] 郭砚莉、汤吉军：《农产品定价不宜自由市场化》，《生产力研究》，2009 年第 24 期。
[19] 韩俊：《一份粮食市场改革开放的可贵献礼》，《粮油市场报》，2008 年 7 月 5 日。
[20] 何予平：《世界各国粮食定价机制与变化趋势》，《中国粮食经济》，2008 年第 9 期。
[21] 胡冰川、徐枫、董晓霞：《国际农产品价格波动因素分析——基于时间序列的经济计量模型》，《中国农村经济》，2009 年第 7 期。
[22] 胡秋灵、丁皞：《中国农产品期货套期保值绩效实证分析》，《统计与信息论坛》，2008 年第 9 期。
[23] 胡卓红、申世军：《当前农产品价格上涨中的流通成本研究》，《价格理论与实践》，2008 年第 8 期。
[24] 黄晓凤：《国际粮食价格的走势及中国政策选择》，《世界农业》，2008 年第 11 期。
[25] 姜长云：《国际金融危机对粮食价格走势及上下游行业的影响》，《中国禽业导刊》，2009 年第 2 期。
[26] 姜长云：《如何看待 2006 年底的粮价上涨》，《中国经贸导刊》，2007 年第 6 期。
[27] 蒋舒、吴冲锋：《中国期货市场的有效性：过度反应和国内外市场关联的视角》，《金融研究》，2007 年第 2 期。
[28] 李全根：《应对粮价异常波动的对策研究》，《南京财经大学学报》，2008 年第 4 期。
[29] 刘凤军、刘勇：《期货价格与现货价格波动关系的实证研究——以农产品大豆为例》，《财贸经济》，2006 年第 8 期。
[30] 刘岩：《中美农户对期货市场利用程度的比较与分析》，《财经问题研究》，2008 年第 5 期。
[31] 刘庆富、张金清：《我国农产品期货市场的价格发现功能研究》，《产业经济研究》，2006 年第 1 期。
[32] 鲁晓东：《正确认识今年小麦收购形势 顺势而为做好市场稳定工作》，《中国粮食经济》，2011 年第 8 期。
[33] 卢毓俊：《我国农产品套期保值交易中存在的问题及对策》，《价格月刊》，2007 年第 6 期。
[34] 罗锋、牛宝俊：《国际农产品价格波动对国内农产品价格的传递效应——基于 VAR 模型的实证研究》，《国际贸易问题》，2009 年第 6 期。
[35] 吕新业、孙瑜：《我国粮食库存规模研究（1980—2003）》，《农业经济问题（2009 年增刊）》，2009 年 9 月。
[36] 毛学峰：《国内粮价独立于国际粮价的特殊性分析——兼论农民从粮价上涨中的获益程度》，《价格理论与实践》，2009 年第 3 期。
[37] 梅新育：《多种方式化解国际高粮价》，《江苏经济报》，2008 年 4 月 21 日。
[38] 苗齐、钟甫宁：《我国粮食储备规模的变动及其对供应和价格的影响》，《农业经济问题》，2006 年第 11 期。
[39] 宁高宁：《大粮食》，《中国企业家》，2008 年第 18 期。

[40] 潘苏、熊启泉：《国际粮价对国内粮价传递效应研究——以大米、小麦和玉米为例》，《国际贸易问题》，2011 年第 10 期。
[41] 邱雁、刘小和：《国内外市场豆油价格相互关系分析》，《价格月刊》，2008 年第 4 期。
[42] 邵永同、高旺盛：《中美小麦期货价格与现货价格传递关系的比较研究》，《技术经济》，2008 年第 11 期。
[43] 盛保富：《全球粮价上涨的成因、趋势与影响》，《对外经贸实务》，2008 年第 9 期。
[44] 孙乃会、刘永洲、肖文超：《粮食生产大县急需加大扶持力度》，《农民日报》，2010 年 10 月 15 日。
[45] 田娟、周子元：《试论我国农产品价格形成机制存在的问题及其对策》，《中国资产评估》，2008 年第 11 期。
[46] 田维明：《国际农产品市场剧烈动荡与中国的对策》，《中国发展观察》，2009 年第 2 期。
[47] 王骏、蒋荣兵：《全球三大植物油期货市场国际关联性研究》，《南京农业大学学报(社会科学版)》，2008 年第 3 期。
[48] 王骏、蒋荣兵、刘亚清：《世界玉米期货市场国际关联性研究：基于中、美、日三国实证分析》，《中国农业大学学报》，2008 年第 3 期。
[49] 王文斌、戴金平：《国际粮食价格与其产量、消费和库存——基于时间序列的实证研究：1980—2007 年》，《国际贸易问题》，2009 年第 5 期。
[50] 王岩：《我国粮食定价机制的变迁研究》，辽宁大学硕士学位论文，2009 年。
[51] 吴君杨：《争取进口大宗商品国际定价权的对策研究》，《价格理论与实践》，2008 年第 5 期。
[52] 夏天、冯利臣：《中国玉米期货市场的价格引导作用究竟有多大？——基于 VECM 模型的实证分析》，《产业经济研究》，2007 年第 6 期。
[53] 肖湘雄、熊文华、高志杰：《农产品期货市场间波动信息传导与国际定价效率》，《统计与决策》，2008 年第 20 期。
[54] 姚传江、王凤海：《中国农产品期货市场效率实证分析：1998—2002》，《财经问题研究》，2005 年第 1 期。
[55] 姚建华、张锐：《中国粮价上涨与粮食安全的宏观分析》，《农业现代化研究》，2008 年第 4 期。
[56] 张延安：《促进农业主产区经济发展的思考》，《财政研究》，2008 年第 7 期。
[57] 张屹山、方毅、黄琨：《中国期货市场功能及国际影响的实证研究》，《管理世界》，2006 年第 4 期。
[58]张智先：《国家粮油收储政策回顾与分析》，《粮食与油脂》，2009 年第 8 期。
[59] 赵进文：《我国期货市场与国际期货市场关联度分析与协整检验》，《中国软科学》，2004 年第 5 期。
[60] 郑风田、孙瑾：《我国农产品产业链中利益错位问题研究》，《价格理论与实践》，2008 年第 12 期。
[61] 中国价格协会课题组：《价格改革：三十年跨越三大步》，《中国经济导报》，2008 年 7 月 29 日。

[62] 朱险峰：《国际市场粮价演变与国内粮价关系分析》，《粮食科技与经济》，2007 年第 5 期。

[63] Lester R. Brown，Exploding U. S. Grain Demand for Automotive Fuel Threatens World Food Security and Political Stability，世界环境，2007(1)：51— 52.

[64] Colin Poultona，Jonathan Kydda，Steve Wigginsb，Andrew Dorwarda，State Intervention for Food Price Stabilisation in Africa：Can it Work?，*Food Policy*，Volume 31，Issue 4，August 2006，Pages 342—356.

[65] Donald Mitchell，A Note on Rising Food Prices ，World Bank Policy Research Working Paper No. 4682，World Bank，2008.

[66] FAO. Crop Prospects and Food Situation，http：//www. fao. org/giews/english/cpfs/index. htm，2008.

[67] FAO，Growing Demand on Agriculture and Rising Prices of Commodities，February 2008，http：//www. ifad. org/events/gc/31/roundtable/food. pdf.

[68] FAO，WFP，Crop and Food Security Assessment Mission to Ethiopia，26 February 2010，http：//www. fao. org/docrep/012/ak346e/ak346e00. htm.

[69] FAO，IFAD and WFP，Reach 22 Million People with Massive EU Investment in Agriculture，2008. http：//www. fao. org/news/story/en/item/115616/icode.

[70] Lillian Cheung，Jessica Szeto，Chi—Sang Tam and Steven Chan，Rising Food Prices in Asia and Implications For monetary policy，Hong Kong Monetary Authority Quarterly Bulletin，September，2008.

[71] Milan Brahmbhatt，Luc Christiaensen，Rising Food Prices in East Asia：Challenges and Policy Options，2008，http：//siteresources. worldbank. org/eastasiapacificext/resources/ea _ rising _ food _ prices050508. pdf.

[72] OECD，FAO. Agricultural Outlook 2007 — 2016，2007，http：//www. oecd. org/dataoecd/6/10/38893266. pdf.

[73] Paul Krugman，Grains Gone Wild，NY Times，April 7，2008.

[74] Piesse Jenifer & Thirtle Colin，Three Bubbles and a Panic：An Explanatory Review of Recent Food Commodity Price Events，*Food Policy*，vol. 34(2)，pages 119—129，April 2009.

[75] Yu，Tun—Hsiang & Tokgoz，Simla & Wailes，Eric & Chavez，Eddie，A Quantitative Analysis of Trade Policy Responses to Higher World Agricultural Commodity Prices，*Food Policy*，Elsevier，vol. 36(5)，pages 545—561，October，2011.

[76] United Nations，The Latest Developments Related to the Review Process on Financing for Development and the Implementation of the Monterrey Consensus. Report of the Secretary-General. 25 July 2008.

[77] World Bank，Rising Food Prices：Policy Options and World Bank Response，Paper Prepared as Background to the Meetings of the Development Committee，April，2008. http：//siteresources. worldbank. org/news/resources/risingfoodprices _ backgroundnote _ apr08. pdf.

（作者：李　宁　北京工商大学副教授）

项目名称：北京市人群拥挤踩踏事故隐患研究
项目编号：12JGC090
项目负责人：程礼盛
项目信誉保证单位：北京化工大学

多出口验票台布局对行人疏散的影响①

一、引言

在地铁站等交通枢纽的高峰期或在奥运会、演唱会等大型活动中，人群会大量聚集。在这些场合，谣言、火灾、爆炸、恐怖袭击等很可能会导致人群拥挤踩踏等群体性伤害，甚至进而引起次生事故。出口需要具有较大的通行效率，以便在发生这些紧急事故的时候能够对人员进行及时疏散。因此，出口设计引起了研究者的强烈兴趣。

在紧急事故中，行人涌向出口，并由于恐慌而发生相互拥挤碰撞，尤其是在接近出口的区域。这种碰撞会降低行人的疏散效率，即所谓的“欲速则不达”[1]。有研究表明，在出口前设置障碍可以在一定程度上减少行人间的碰撞，进而提高疏散效率[2,3]。对于多出口场景，行人疏散过程比较复杂，不仅与人群密度、行走速度有关系，还与出口前的人群分布有关系[3,4]。

体育场、娱乐场、交通枢纽等公共场所，往往具有多个出口，以便容纳更大的人流。在这些场所，人群的疏散过程更为复杂，因为多出口选择行为会导致人群密度的改变和人群的重新分布[5,6]。Huang 等人[7]研究了人群在含多个出口的房间中的出口选择行为，发现如果出口均匀分布，会减少所需的疏散时间。Yue 等人[8]和 Zhao 等人[9]通过研究多出口布局的影响，也得出了类似的结论，发现对称的布局比非对称的布局具有更高的疏散效率。Guo 等人[10]对出口进行了归类，发现疏散时间与行人对出口的偏好程度也有一定关系。另外，他们还研究了行人在可视和不可视环境中的出口选择行为[11]。本文针对北京地铁站，研究了多出口验票台布局对行人疏散的影响。这些多出口验票台分组并排在一起，因而与以往研究中分散排列的多出口有着显著区别。

① Liao W C, Zheng X P, Cheng L S, Zhao Y, Cheng Y, Wang Y F, Layout Effects of Multi-exit Ticket-inspectors on Pedestrian Evacuation, *Safety Science*, 2014, 70.

二、模型与模拟细节

(一)元胞自动机模型

有多个模型可以用于人群疏散的研究，例如流体动力学模型、社会力模型、基于智能主体的模型等。本文采用元胞自动机模型，因为其不仅具有更高的计算效率，还能够通过制定规则来考虑与出口选择行为相关的各种因素。在模型中，采用二维网格场景，每个网格元胞具有被占据或未被占据两种状态。在一个时间步中，行人可以移动到相邻的元胞或待在原地。由于多出口非对称排列会带来疏散的非均衡效应[7-9]，本文只考虑三种对称验票台布局：平行式、凸形式、凹形式。

在元胞自动机模型中，常用静态地板场来反映行人向出口移动的潜在趋势或势能。在实际中，行人的出口选择行为受多方面因素的影响，比如建筑结构、行人心理、疏散标识、能见度、对环境的熟悉程度等。对这些因素进行综合评估后，行人 i 才选择向出口 k 移动并离开。本文只考虑两个最重要的因素：行人到出口的距离(Spatial Distance，SD)和出口前的人群密度(Ocupied Density，OD)。SD 和 OD 在很大程度上决定着人的出口选择行为。行人 i 选择出口 m 作为逃生路径的概率的算法与 Yuan 等人[12]和 Zheng 等人[13]的工作类似，SD 由式(1)计算：

$$r_i^m = \sqrt{(x_i - x_m)^2 + (y_i - y_m)^2} \tag{1}$$

式(1)中 (x_i, y_i) 为行人 i 的坐标。如果出口前没有其他行人，行人 i 选择出口 m 的概率将随着 r_i^m 的减小而增大。出口 m 前的 OD 由式(2)计算：

$$d_i^m = \frac{\sum_{j=1}^{w} c_j^m}{w} \tag{2}$$

式(2)中 w 为出口 m 前的元胞数，c_j^m 则表示元胞是否被占据，被占据则为 1，否则为 0。如果不考虑 SD，行人 i 选择出口 m 的概率将随着 d_i^m 的减小而增大。

单独考虑 SD 和 OD 的出口选择概率分别用式(3)和式(4)计算：

$$p_{i-r}^m = 1 - \frac{(k-1)\,(r_i^m)^{k_r}}{\sum_{i=1}^{k} (r_i^m)^{k_r}} \tag{3}$$

$$p_{i-d}^m = 1 - \frac{(k-1)\,(d_i^m)^{k_d}}{\sum_{i=1}^{k} (d_i^m)^{k_d}} \tag{4}$$

式中 k_r 和 k_d 为常数。综合考虑 SD 和 OD，则行人 i 选择出口 m 的概率为

$$p_i^m = \frac{\alpha p_{i-r}^m + \beta p_{i-d}^m}{\alpha + \beta} \tag{5}$$

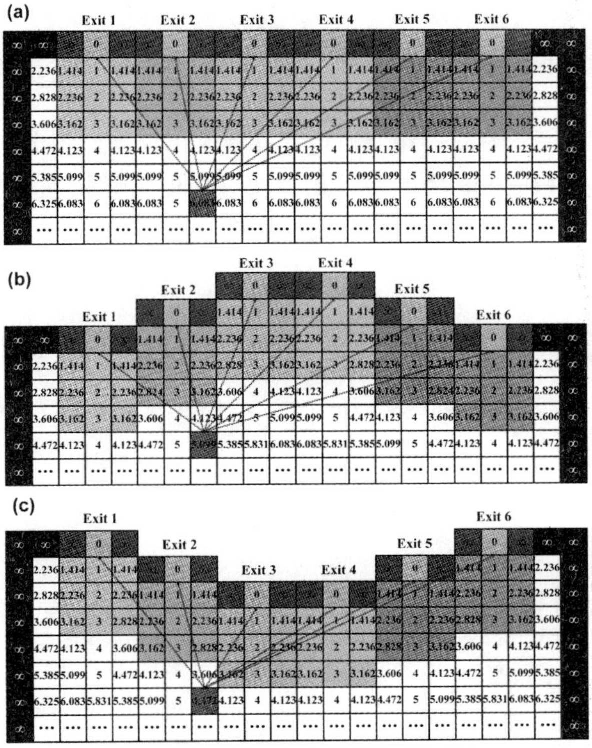

图 1　多出口验票台布局示意图

注：(a)平行式、(b)凸形式、(c)凹形式；黑色元胞表示墙体，棕色元胞表示验票台，黄色元胞表示出口，其余元胞为疏散区域；红色元胞与出口之间的连线表示到出口的距离，出口前用不同颜色标注的 9 个元胞为用来计算出口前人群密度的面积

式中 α 和 β 分别为 SD 和 OD 对出口选择行为的影响系数，由式(6)和式(7)计算：

$$\alpha = \frac{1}{k}\sum_{i=1}^{k}\left|1-\frac{kr_i^m}{\sum_{i=1}^{k}r_i^m}\right|^{k_\alpha} \tag{6}$$

$$\beta = \frac{1}{k}\sum_{i=1}^{k}\left|1-\frac{kd_i^m}{\sum_{i=1}^{k}d_i^m}\right|^{k_\beta} \tag{7}$$

式中 k_α 和 k_β 分别为 SD 和 OD 对出口选择影响的权重系数。由于 SD 和 OD 对出口选择的影响转化成了概率，都具有 0 到 1 的取值范围，因此 k_α 和 k_β 都取 0.5。

本文为每个出口引入一个次静态地板场来考虑行人在出口附近区域的相互作用。行人 i 根据最大概率 $\max\{p_i^m\}$ 先选择出口 m 作为其移动目标，然后根据次地板场来确定往哪个元胞移动。次地板场根据以下规则进行赋值：出口所在元胞赋值为 0，建筑墙体、验票台所在元胞赋值为 ∞ ，其余元胞根据其到出口 m 的距离进行赋值：

$$subSFF_{(x,y)} = \{r^m_{x,y}\} \tag{8}$$

疏散过程按如下步骤进行：(1)计算各行人到各出口的选择概率，确定目标出口；(2)计算相应的次地板场，确定要移向的目标元胞；(3)更新所有行人的当前位置；(4)重复以上步骤，直至终止时间。

(二)模拟细节

模拟场景由 30×30 个元胞组成，每个元胞的尺寸为 0.4m×0.4m，大致为一个人占据的面积。验票台含有 6 个出口。在模拟的起始阶段，行人随机分布在场景中。行人的移动速度约为 1m/s，因此时间步长为 0.4s。人群密度按式(9)计算：

$$\rho = \frac{N}{A} \tag{9}$$

式中 N 为人数，A 为面积。在模拟的过程中，如果有行人从出口离开，则同时在远离出口的位置随机插入同等数量的行人，以保持平均人群密度不变。

三、结果与讨论

(一)参数校核

行人的初始分布对疏散具有重要影响[14]。为了消除这种影响，模拟了 60 分钟，其中前 20 分钟用于系统稳定，后 40 分钟用于统计采样。在实际中，行人主要根据到出口的距离和出口前的拥挤程度来决定往哪个出口移动，因此需要先对模型中的两个重要参数 k_r 和 k_d 进行校核。由于这两个参数反映的是行人在出口选择的过程中对 SD 和 OD 的重视程度，与场景无关，因此本文采用 Fang 等人[6]的实验结果进行参数校核。在他们的实验中，场景为教学楼，有两个平行排列的出口，参与人员为本科生，情境为紧急情况。在相应的模拟中，这些条件与实验保持一致，并且涵盖实验的整个人群密度区间。迭代模拟了不同 k_r 和 k_d 取值的疏散过程，如图 2 所示。计算了模拟流率相对于实验流率的残差均方根(Residual Mean Square，RMS)和确定性系数(Coefficient of Determination，CD)，如表 1。CD 表示模型参数能够反映实验结果的可靠性程度，越接近 1，表明参数取值越能够重现实验结果[15]。从图 2 和表 1 可以看出，k_r 和 k_d 分别取值 0.5 和 1.2 的时候，RMS 具有最小值，CD 具有最大值，模拟结果与实验数据吻合得最好，可靠性在整个人群密度区间达到 99.25%。

需要指出的是，Fang 等人[6]的实验参与人员为本科生，具有较窄的年龄和身体状况分布，并且实验只是近似紧急情况，行人在穿过出口的时候并无严重的拥挤冲突。因此，本文所得到的结果适用于成人在紧急情况下的疏散，

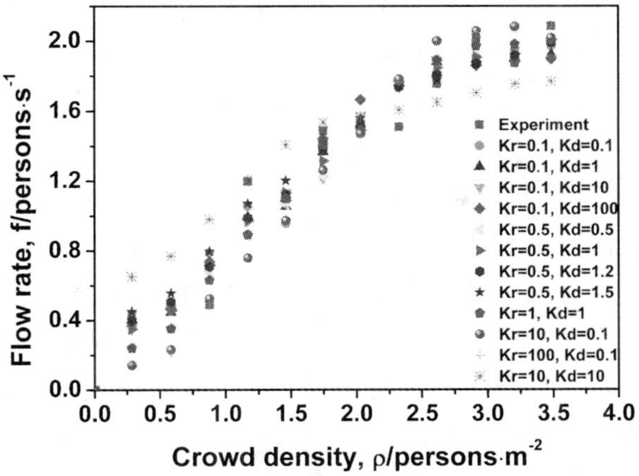

图 2　不同 k_r 和 k_d 取值条件下的模拟流率与实验流率对比

比如北京地铁站内的早晚高峰。

表 1　不同 k_r 和 k_d 取值条件下的残差均方根和确定性系数

k_r	k_d	RMS (persons/s)	CD
0.1	0.1	1.2216	0.9896
0.1	1	1.2109	0.9903
0.1	10	1.3559	0.9876
0.1	100	1.1768	0.9898
0.5	0.5	1.5960	0.9848
0.5	1	1.1604	0.9910
0.5	1.2	0.9918	0.9925
0.5	1.5	1.0486	0.9916
1	1	1.3111	0.9888
10	0.1	1.9490	0.9763
100	0.1	1.8269	0.9772
10	10	1.9656	0.9727

(二)疏散效率

人群及时疏散是在紧急事故中减少人员伤亡的关键。计算了三种验票台布局人群穿过出口的流率，如图 3 所示。总体来说，行人流率与人群密度之间呈负指数关系。图中的曲线在低密度区域迅速增长，然后当人群密度达到约 1.0 persons/m^2的时候增速放缓，最后逐渐达到稳定。在低密度区域(0～0.5 persons/m^2)，行人之间基本上没有拥堵，周围有大量的富余空间可用于移动，所以流率增长得较快；三个验票台布局的行人流率相差较小，所以在该密度条件下验票台布局对行人疏散的影响较小。在中等密度(0.5～3.3 persons/m^2)，行人移动的可用空间减少，场景中逐步出现局部拥堵，行人之间表现出黏滞效应，所以流率增速放缓。在该密度区间，三种布局的行人流率具有较大差异，表明不同布局对行人疏散效率具有显著的影响。这是因为不同的布局会导致人群拥堵分布的差异。在高人群密度区间(3.3～5.5 persons/m^2)，凹形验票台布局具有最高的行人流率。在极致拥挤(约 5.5 persons/m^2)的条件下，三条曲线收敛于同一流率，这是因为行人不再拥有可移动的空间，从而不能选择出口，而只能从就近的出口离开。在这种情况下，验票台布局对疏散效率的影响几乎可以忽略。

从流体力学的角度，行人在极低密度条件下的动力学应类似于理想流体[16]。图 3 中的直线表示的是理想流体，其经过单位截面积的流率与流体密度成正比。这是在低密度区间(0～0.5 persons/m^2)三种布局的行人流率近似线性增长的原因。随着人群密度的增大，行人之间的相互作用增强，行人流逐渐偏离理想流体，并表现出一定的黏滞效应，对行人疏散带来副作用。因此，行人流率在中高密度区间的增速放缓，并最终达到饱和。

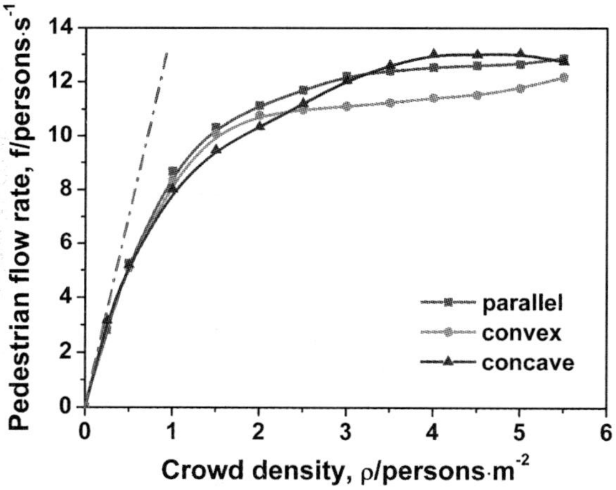

图 3　总行人流率随人群密度的变化关系；虚线表示理想流体

为了深入分析疏散过程，计算了三种布局的 6 个出口的行人流率，如图 4 所示。从图中可以看出，不同的验票台布局会导致行人流率在各出口的不同分布。平行式、凸形式、凹形式三种布局的行人流分别呈均衡、非均衡和半均衡分布。对于凹形式布局，当人群密度高于 3.5 persons/m^2 的时候，各出口的流率趋于均衡；但对于凸形式布局，各出口的流率总是非均衡状态，两侧出口的流率总大于中间出口。在实际中，行人在低密度的时候一般趋向于选择距自己近的出口，只有当就近的出口发生拥堵的时候才会选择稍远的出口。对于凸形布局，出口前的拱形拥堵首先出现在两侧，行人如想从中间的出口离开则必须先穿过这些拱形拥堵的人群。所以凸形验票台中间出口前的人群密度要低于其他出口，进而使得其通行能力得不到充分利用，如图 5(b)所示。然而对于凹形式布局，拱形拥堵首先出现在中间出口，不会对行人到达两侧出口造成影响，如图 5(c)所示。因此，出口的位置是影响出口选择行为的一个关键因素。

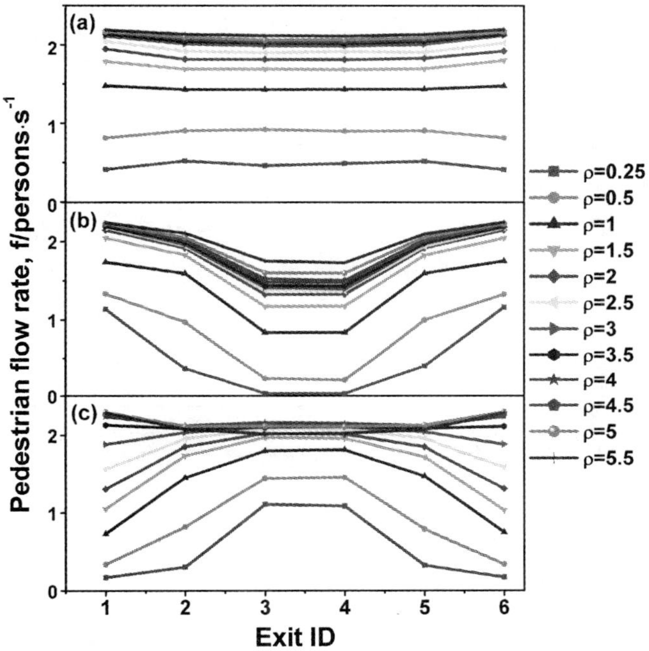

图 4　不同人群密度条件下三种布局各出口的行人流率分布

(a)平行式　(b)凸形式　(c)凹形式

当出口得到充分、均衡利用的时候，疏散效率会比较高。由于本文中的验票台对称排列，所以图 5 只绘制了三个出口的流率。从图 5 可以看出，在中高密度区间，平行式和凹形式布局的各出口的通行负荷相对比较均衡，而凸形式布局的出口流率则在整个密度区间都不均衡。所以，从出口利用率的角度看，多出口验票台不应选择凸形布局。

根据以上分析，如果出口得到均衡利用，则总行人流率和出口前的局部人群密度 ρ' 之间存在正相关关系。局部人群密度 ρ' 与全局人群密度 ρ 之间的关系如图 6 所示，人群分布与全局人群密度之间的关系如图 7 所示。疏散过程可以分为两步：第一步是从疏散区域移动到某个出口附近，第二步是穿过出口离开。从图 6 和图 7 可以看出，在低密度区间，出口前的局部密度高于全局密度。行人拥有较富余的空间，可以自由选择出口，并且行人之间的相互作用较弱，从而能够很容易地到达目标出口附近。这种情况下，疏散效率主要由第二步控制。随着人群密度的增大，行人之间的相互作用逐渐增强，

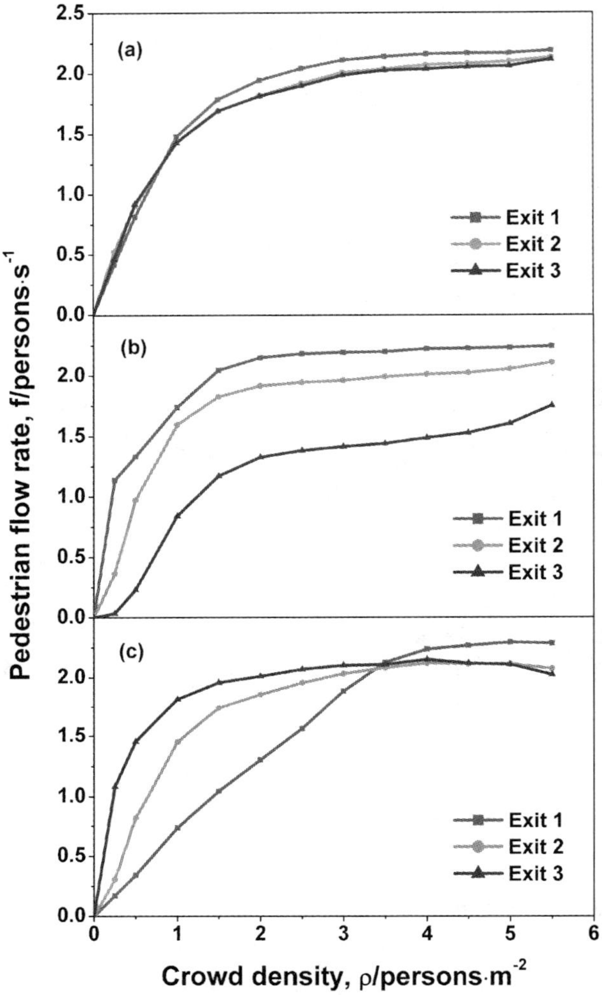

图 5　三种布局各出口的行人流率随人群密度的变化关系

(a)平行式　(b)凸形式　(c)凹形式

并出现黏滞效应，行人必须克服这种效应才能接近目标出口附近。此时局部密度低于全局密度，疏散效率由第一步控制。在图 6 中，还绘制了三种验票台布局当 $\rho' = \rho$ 的临界点，分别为 A、B、C。该临界点能够表示验票台布局抵制出现黏滞效应的能力。临界点的密度越高，表明黏滞效应越不明显，抵制出现黏滞效应的能力越强。从图 6 可以看出，凹形式布局的临界点 C 大于平行式和凸形式布局的临界点 A、B。这说明凹形式布局对黏滞效应的形成具有更强的抵制力。另外，凹形式的局部密度相对于全局密度偏离得更小，说明其更能缓解人群在出口前的拥堵。从图 7 可以看到，在凸形式布局的中间出口附近，存在一个低局部密度区域，这进一步证实了行人必须克服两侧拱形拥堵所带来的阻拦才能抵达中间出口的结论。

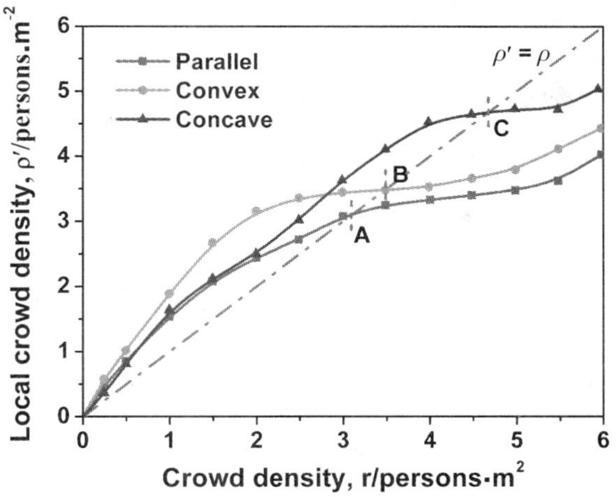

图 6　出口前的局部人群密度与全局人群密度的关系

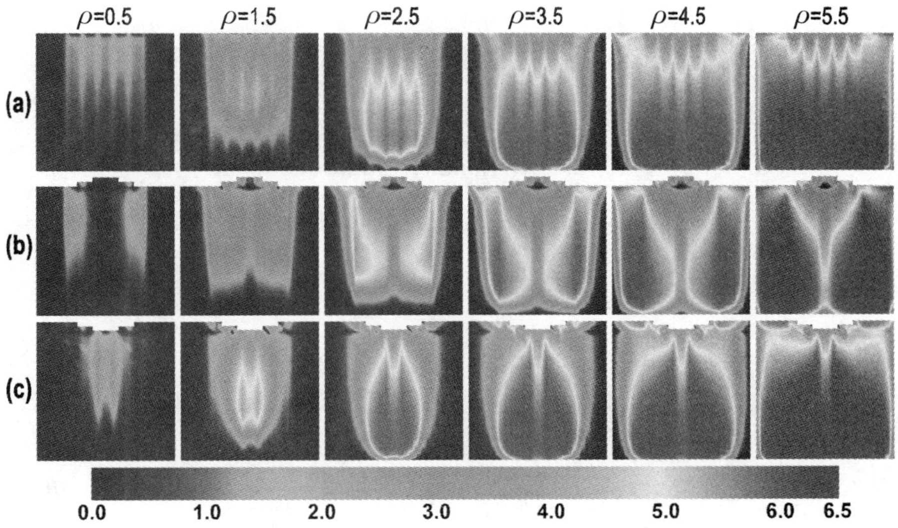

图 7　三种验票台布局的人群密度分布

(a) 平行式　(b)凸形式　(c)凹形式

密度单位为 persons/m^2

(三)疏散安全

疏散过程中的安全程度可用争抢频率来表示[17]。在实际中，如果两个或多个人同时争抢一个位置，便存在受伤的风险。在模拟中，这种行为则表现为两个或三个行人在一个时间步中争抢同一个元胞。在本文中，争抢频率定义为单位时间内行人争抢同一个元胞的次数。争抢频率越低，疏散过程越安全。图 8 显示的是三种验票台布局的争抢频率与人群密度之间的关系，其插图为每个人的平均争抢频率。在低密度区间，行人拥有较富裕的空间，因此争抢频率较低，出现群体性事故的风险比中高密度的情形低得多。在高密度区间，行人难以移动，根本没有空间来争抢，而只能等待。因此，在中等密度区间行人之间具有更高的碰撞受伤风险。从图 8 中可以看到，凹形式验票台布局在中等密度区间具有相对较小的争抢频率，而凸形式布局则在中高密度区间具有最高的争抢频率。因此，从疏散安全的角度考虑，在进行多出口验票台布局设计的时候，应选择凹形式布局，而非凸形式。

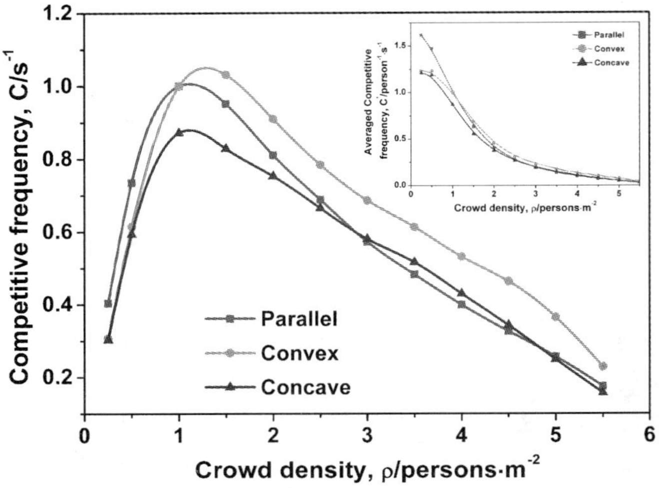

图 8　争抢频率随人群密度的变化关系

四、结　论

首次利用修正的元胞自动机模型研究了地铁站内多出口验票台布局对行人疏散过程的影响，考虑了平行式、凸形式、凹形式三种布局。结果表明，验票台布局对行人的疏散效率具有显著影响，在高人群密度条件下，凹形布局具有最大的通行流率，而凸形布局则由于人群分布不均而具有最小的通行流率。这是因为不同的验票台布局会引起行人流在各出口前的分布差异，进而导致行人到达出口的难易程度出现差异。从疏散效率的角度，凹形布局能够更快地对行人进行紧急疏散。还研究了疏散过程中行人争抢有利路径以更快抵达出口的频率。这种争抢是一种安全隐患，因为争抢频率越高，也就意味着越有可能出现人体碰撞和人群混乱，风险越大。结果还表明，在中等密度的条件下，行人争抢的频率较高。对不同的验票台布局来说，凸形验票台布局具有最高的行人争抢频率，而凹形布局则具有最低的频率。因此，从疏散安全的角度，凹形验票台布局是更好的选择。

参考文献

[1] Helbing D, Farkas I, Vicsek T, Simulating Dynamical Features of Escape Panic,

Nature, 2000, 407(6803).

[2] Yanagisawa D, Tomoeda A, Nishinari K, *Conflicts at an Exit in Pedestrian Dynamics*. Berlin: Springer-Verlag Berlin, 2010.

[3] Alizadeh R, A Dynamic Cellular Automaton Model for Evacuation Process with Obstacles, *Safety Science*, 2011, 49(2).

[4] Liu S B, Yang L Z, Fang T Y, et al, Evacuation from a Classroom Considering the Occupant Density around Exits, *Physica A-Statistical Mechanics and Its Applications*, 2009, 388(9).

[5] Zhao H, Gao Z Y, Reserve Capacity and Exit Choosing in Pedestrian Evacuation Dynamics, *Journal of Physics A-Mathematical and Theoretical*, 2010, 43(10).

[6] Fang Z M, Song W G, Zhang J, et al, Experiment and Modeling of Exit-Selecting Behaviors During a Building Evacuation, *Physica A—Statistical Mechanics and Its Applications*, 2010, 389(4).

[7] Huang H J, Guo R Y, Static Floor Field and Exit Choice for Pedestrian Evacuation in Rooms with Internal Obstacles and Multiple Exits, *Physical Review E*, 2008, 78(2).

[8] Yue H, Guan H Z, Shao C F, et al, Simulation of Pedestrian Evacuation with Asymmetrical Exits Layout, *Physica A—Statistical Mechanics and Its Applications*, 2011, 390(2).

[9] Zhao D L, Yang L Z, Li J, Exit Dynamics of Occupant Evacuation in an Emergency, *Physica A—Statistical Mechanics and Its Applications*, 2006, 363(2).

[10] Guo R Y, Huang H J, Logit—Based Exit Choice Model of Evacuation in Rooms with Internal Obstacles and Multiple Exits, *Chinese Physics B*, 2010, 19(3).

[11] Guo R Y, Huang H J, Wong S C, Route Choice in Pedestrian Evacuation under Conditions of Good and Zero Visibility: Experimental and Simulation Results, *Transportation Research Part B-Methodological*, 2012, 46(6).

[12] Yuan W F, Tan K H. An Evacuation Model Using Cellular Automata, *Physica A-Statistical Mechanics and Its Applications*, 2007, 384(2).

[13] Zheng X P, Li W, Guan C, Simulation of Evacuation Processes in a Square with a Partition Wall Using a Cellular Automaton Model for Pedestrian Dynamics, *Physica A—Statistical Mechanics and Its Applications*, 2010, 389(11).

[14] Seyfried A, Passon O, Steffen B, et al, New Insights into Pedestrian Flow through Bottlenecks, *Transportation Science*, 2009, 43(3).

[15] Cameron A C, Windmeijer F A G, An R-Squared Measure of Goodness of Fit for Some Common Nonlinear Regression Models, *Journal of Econometrics*, 1997, 77(2).

[16] Steffen B, Seyfried A, Methods for Measuring Pedestrian Density, Flow, Speed and Direction with Minimal Scatter, *Physica A-Statistical Mechanics and Its Applications*, 2010, 389(9).

[17] Lopusniak M, *Modeling of Escape Routes According to Occupancy, Economy, and Level of Safety in Slovak Republic*, Berlin: Springer—Verlag Berlin, 2010.

（作者：程礼盛　北京化工大学讲师）

项目名称：基于电子商务交易平台的供应链融资模式研究——以北京小微企业为例
项目编号：12JGC099
项目负责人：晏妮娜
项目信誉保证单位：中央财经大学

面向小微企业的互联网金融模式创新与决策优化

一、引　言

随着我国电子商务的快速发展，互联网金融正成为一股新兴融资力量迅速蔓延，并日益成为破解小微企业融资难的利器。小微企业平均存活时间比较短、缺少可抵押物、抗风险能力差等问题导致小微企业容易受到信贷配给，其融资愈加困难，从而阻碍了小微企业的健康快速发展。小微企业融资难的问题广泛存在，人们开始探索各种创新的融资模式来解决这一难题。电子商务的蓬勃发展，让电商和金融机构看到了商机并萌生了基于电子商务交易平台的互联网金融的管理模式创新。新型电子商务交易平台的融资模式从结构上改变了传统金融机构独立面向小微企业开展融资贷款的方式，利用信息化、平台化支撑的征信体系，将网络交易历史转换为信贷信用，更符合小微企业融资的特点和需求。因此，在破解小微企业的融资困境中，电子商务交易平台开始承担越来越重要的角色。

近几年来，国内外理论界关于中小企业融资问题进行了内容丰富的研究。我国关于如何解决中小企业融资难的问题在理论研究和实际运作层面均取得了丰硕的成果。但是，面向小微企业的电子商务交易平台融资模式设计与策略优化，作为一个新的学术研究领域，国内外研究成果尚不多见。目前为止，比较有代表性的有：江岚(2011)研究了网络联保贷款模式的运作机理，分析了贷前风险类型匹配问题与贷后影响偿贷表现的重要因素，并以阿里巴巴为例进行了实证分析，验证了贷前风险自我匹配现象，低风险贷款者会选择同样具备较低风险的借款者结成联保小组。吴艳玲等(2009)从社会资本的视角对网络联保的有效性进行了分析，研究表明网络联保是基于信息技术的发展和正规金融经营模式的一种信贷模式再造，它是对社会资本的有效利用。曾江洪和刘欣(2011)通过对社会资本在网络联保信贷中的作用机制分析，建议企业选择合作伙伴时可较少考虑企业策略违约的概率，应主要关注投资项目的成功概率。吴义爽(2009)研究表明网络联保模式借助无限连带责任和网络信息披露机制，将不同域内的博弈关联起来，可以有效治理非对称信息下中小企业融资中的机会主义行为，使得信贷市场实现分离均衡。吕士伟(2009)提出网络联保贷款作为正规金融的制度创新，提出了大型银行服务中小企业的全新模式，同时实现了互助联保应用领域的跨越。除了网络联保融资模式，国内还有一些学者对其他电子商务交易平台融资模式进行了研究。比如刘源等(2007)提出了银行主导的虚拟供应链的电子商务模式，即银行从可信第三方支付的角度切入并主导B2B模式的电子商务运作的新思路，使得交易平台具有虚拟供应链和绩效评估的功能，并探讨了该模型对解决中小企业融资难和银行放贷难等问题的现实意义。李卫姣和马汉武(2011)将供应链融资模式融入B2B电子商务中，提出了基于B2B的供应链融资模式，并对该模式的概念、运作机理，电子订单融资和电子仓单融资进行了研究，最后对应用基于B2B的供应链融资模式的供应链进行收益和风险分析。在企业实践的基础上，李明锐(2007)研究了通过第三方电子商务交易平台所进行的供应链贷款模式和还贷模式，以及控制银行风险的一些办法。

目前，国内外学者关于电子商务交易平台融资的研究视角主要是基于模式设计、风险规避及偿还机制，关于电子商务交易平台融资模式的可行性及有效性分析的研究已经比较丰富，目前最缺乏的是深入的理论研究；从研究方法看，目前的研究主要是范式研究和案例分析等定性阐述，很少运用定量工具从决策优化的视角对电子商务融资体系中参与主体之间的博弈进行分析，而这正是本文立足探讨的内容。

二、面向小微企业的互联网金融模式分析

(一) 网络联保模式

网络联保是在联保模式上的创新和延伸，其产生起源于在我国浙江地区专门为中小企业定制的一种贷款模式。具体概念是指由3家或3家以上的中小企业通过电子商务交易平台组成一个联保体，共同向银行申请贷款，同时企业之间实现风险共担。当联合体中有任意一家企业无法归还贷款，联合体其他企业将承担连带责任进行偿还。

网络联保模式传承了联保模式的连带责任机制，又具有互联网金融所带来的创新性改变。首先，申请贷款的网络联保体内的小微企业无须抵押即可获得融资。其次，小微企业利用其在第三方电子商务平台进行贷款，从申请、审核到最后贷款的批复的所有流程均在网络平台上进行操作，实现了贷款过程电子化和网络化。最后，电商平台通过建立自己的网络信用评价体系，对小微企业的历史交易记录进行统计分析，并以此为信贷额度评价的重要依据。

（二）网络信用池融资模式

在网络联保模式中，联保体内的企业是基于合作伙伴关系或基于信任组成的联保体，联合体成员的选择及联合体的组建结构直接影响了网络联保模式的可行性。对于一些融资规模较小，且信用条件不太好的小微企业或一些新成立的小微企业，由于相互之间缺乏必要的信任基础而较难组建联保体。针对这一类小微企业的融资需求，本文设计了基于集聚优势的网络信用池融资模式。网络信用池是指电商根据在其网络交易平台上从事电子商务活动的各小微企业的信用等级和融资需求，筛选出信用较好的企业纳入网络池中，汇集总的融资需求后以电商的名义向银行申请贷款，并根据最终申请到的贷款额度，以一定的融资利率、按一定比例再借贷给网络池中的小微企业。各企业若能按期还款则可累积其信用等级，否则电商保有对其追溯赔偿的权利，即当网络信用池中的企业发生破产或违约行为时由电商来承担连带责任。

（三）两种互联网金融模式的对比分析

对比上述两种互联网金融模式，都是以电子商务交易平台为中介，其共同之处主要体现在以下三个方面：第一，这两种互联网金融模式都采取了基于连带责任的信贷模式，在一定程度上降低了银行的信贷风险；第二，由电子商务交易平台的信用评价体系所提供的企业信用等级和数据交易仍然是作为贷款能否批复的审核评价标准；第三，两种互联网金融模式下，电商都具有对违约企业进行的“网络信息披露”机制及“网络外部性”。小微企业通过电子商务平台获得了新的融资渠道，由此更加信任电商平台。由于社会关系网络的存在，电子商务平台将会获得很多潜在客户的信任。基于这样一个正面效应，将会有更多的企业加入电子商务平台，并能有效实现多方共赢。

但是，从不同参与主体的角色来看，上述两种融资模式各具特色，其不同点如表 1 所示：

表 1　网络联保与网络信用池融资模式的异同点

		网络联保模式	网络信用池模式
不同点	小微企业	①同一联保体内的企业互相承担连带责任。 ②联保体直接向银行提交贷款申请，并由银行提供直接融资。	①网络信用池中的企业相互独立，且不需为对方承担连带责任。 ②企业向电商提出贷款申请，由银行提供间接融资。
	银行	银行的授信对象是网络联保体，因此需要对网络联保体进行贷前评估和贷后监控。	银行的授信对象是电商，因此需要对电商进行贷前评估和贷后监控。
	电商	担当中介的角色，为小微企业提供平台组建联保体，并为银行提供信用评价参考。	兼具借款人和贷款人的双重角色，并对网络信用池中的企业承担连带责任。

三、面向小微企业的互联网金融决策分析

(一)模型框架

根据上述模式描述，图 1 分别描述了网络信用池融资模式和网络联保融资模式的模型框架。另外，为便于模型描述，各变量说明如下：上标 p 和 j 分别代表网络池融资模式和网络联保融资模式；下标 b，e 和 i 分别代表银行、电商和第 i 个小微企业。假设网络联保体或网络池中有 n 个企业，$i=1,2,\cdots,n$；第 i 个小微企业获得的贷款额是 l_i；L 是联保体/网络池的总贷款额，即 $L=\sum_{i=1}^{n} l_i$；假设第 i 个小微企业的违约概率是 p_i，电商的违约概率是 p_e，且各违约概率独立同分布；X_i 是第 i 个小微企业的预期收益；R_b 是银行贷款利率；R_f 是无风险利率；R_i 是网络池融资模式下电商对第 i 个小微企业的贷款利率；f_i 是第 i 个小微企业向电商缴纳的交易佣金；M_e^p / M_e^j 分别是网络池模式/网络联保模式下电商向银行预付的担保金；M_i^p 是网络池模式下第 i 个小微企业向电商预付的担保金；$\pi_b^p/\pi_e^p/\pi_i^p$ 分别表示网络池模式下银行/电商/第 i 个小微企业的期望利润；$\pi_b^j/\pi_e^j/\pi_i^j$ 分别表示网络联保模式下银行/电商/第 i 个小微企业的期望利润。

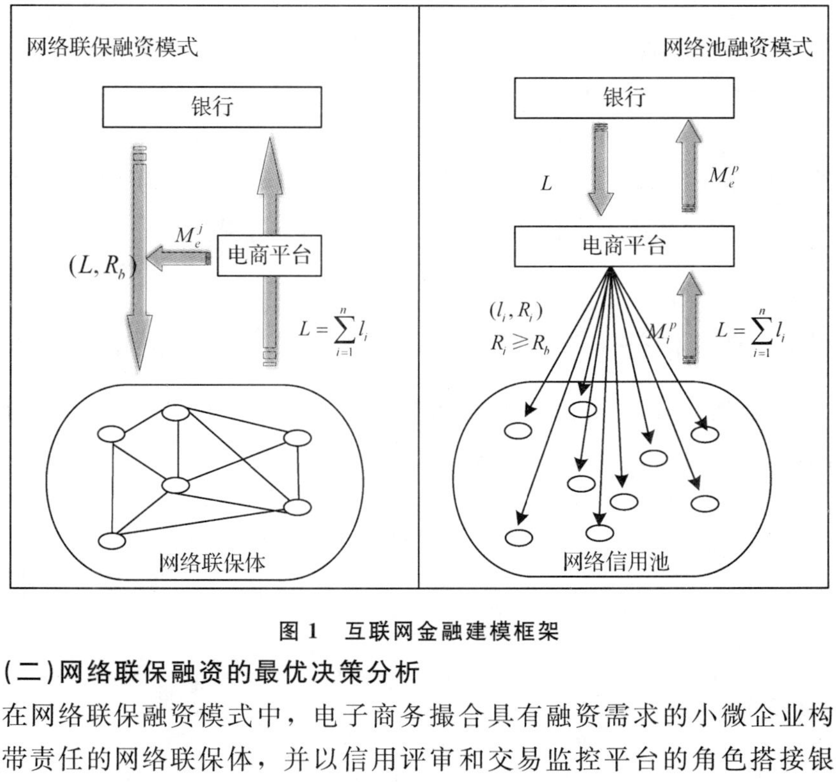

图 1　互联网金融建模框架

(二)网络联保融资的最优决策分析

在网络联保融资模式中，电子商务撮合具有融资需求的小微企业构建具有连带责任的网络联保体，并以信用评审和交易监控平台的角色搭接银行与

网络联保体的融资桥梁。在此模式下，电商平台通过向每个小微企业收取交易佣金用 f_i 实现增值。由于联保体内成员承担个人无限连带责任，假设只要联保体内至少存在一家小微企业履约，则履约企业能替违约企业偿还债务；只有当联保体所有企业均违约时，需由电商承担相应的连带责任向银行进行赔付。因此，银行的收益函数如式(1)所示：

$$\pi_b^j = (1 - \prod_{i=1}^{n} p_i) L (R_b - R_f) + \prod_{i=1}^{n} p_i [M_e^j - L(1 + R_f)] \tag{1}$$

进一步地，假设竞争性资本市场下银行平均利润为零，即 $\pi_b^j = 0$ 。此时，银行应向电商平台收取的最优担保金为：

$$M_e^{j*} = L \cdot \left[1 + R_b - (R_b - R_f) / \prod_{i=1}^{n} p_i \right]。$$

在网络联保模式下，电商平台的最优决策是如何制定合适的网络联保规模，以实现其预期利润最大化，即 $\max\limits_{n} \pi_e^j = \sum\limits_{i=1}^{n} f_i - \prod\limits_{i=1}^{n} p_i M_e^j$ 。

假设网络联保体中各小微企业向电商平台缴纳的交易佣金是相等的，即 $\sum\limits_{i=1}^{n} f_i = n f_i$ 。另外，为简化分析，假设各小微企业的融资额度和违约概率相等，即 $l_1 = l_2 = \cdots = l_n = l$, $L = \sum\limits_{i=1}^{n} l_i = nl$ 且 $p_1 = p_2 = \cdots = p_n = p$ ，则电商平台的利润函数如式(2)所示：

$$\begin{aligned} \pi_e^j &= n f_i - nl p^n [1 + R_b - (R_b - R_f) / p^n] \\ &= n f_i + nl(R_b - R_f) - n p^n l (1 + R_b) \end{aligned} \tag{2}$$

由式(2)可知，电商平台要想通过提供网络联保融资服务获得增值，必须满足 $p^n \leqslant [f_i + l(R_b - R_f)] / l(1 + R_b)$，即当 $n \geqslant \left\lceil \frac{\ln[(f_i + l(R_b - R_f)) / l(1 + R_b)]}{\ln p} \right\rceil$ 时，$\pi_e^j > 0$ ，其中$\lceil \cdot \rceil$表示上取整函数。

另外，对网络联保体中的第 i 个小微企业而言，当联保体中有 m $(0 < m < n)$ 个企业违约时，其需承担的连带责任为 $\sum\limits_{j=1}^{m} l_j (1 + R_b) / (n - m)$ ，此时第 i 个小微企业的收益函数如式(3)所示：

$$\begin{aligned} \pi_i^j = X_i - \prod_{i=1}^{n} (1 - p_i) l_i R_b - (1 - p_i) \\ \prod_{j=1}^{m} p_j \left[l_i R_b + \sum_{j=1}^{m} l_j (1 + R_b) / (n - m) \right] + p_i l_i - f_i \end{aligned} \tag{3}$$

类似地，假设 $l_1 = l_2 = \cdots = l_n = l$ ，且 $p_1 = p_2 = \cdots = p_n = p$ ，则式(3)可转化为：

$$\pi_i^j = X_i - (1 - p)^n l R_b - (1 - p) p^m \left(\frac{nl R_b + ml}{n - m} \right) + pl - f_i \tag{4}$$

根据式(4)对 π_i^j 求关于 m 的一阶导可得：

$$\partial \pi_i^j / \partial m = -l(1-p)p^m\{(nR_b+m)[(n-m)\ln p+1]+(n-m)\}/(n-m)^2$$

因此，由一阶最优性条件可知，当 $m \leqslant \lfloor \frac{n-nR_b}{2} \rfloor$ 且 $n \geqslant \lceil \frac{-4}{\ln p(1+R_b)} \rceil$ 时，第 i 个小微企业的期望收益能实现最大，其中 $\lfloor \cdot \rfloor$ 表示下取整函数。此时，为确保其期望为益为正，其融资额度需满足：

$$l \leqslant \frac{X_i - f_i}{(1-p)^n R_b + (1-p)p^{\frac{n(1-R_b)}{2}} - p}。$$

由此可见，当联保体达到一定规模时，由于参与企业数量太多，导致监管力度降低，成员道德风险作祟，容易产生违约心理。反之，当联保体的规模控制在较小范围内时，小微企业相互之间联系紧密，激励作用明显，并且每个小微企业的期望利益会随着违约企业个数的减少而增加。另外，联保体各参与企业需根据自身盈利能力、联保体的规模及融资利率来确定合理的融资额度，以避免因额度过大而造成自身的破产损失及联保体的关联风险。

(三)网络信用池融资模式的最优决策分析

在网络信用池融资模式中，电子商务交易平台将通过交易信用模型对每个具有融资需求的小微企业进行信用评价，并根据信用等级、融资额度、融资期限等因素划分网络信用池，并对小微企业进行“打包”，然后向银行贷款后，再根据每个小微企业的信用情况授以贷款额度为 l_i、贷款利率为 $R_i^p(R_i^p \geqslant R_b)$ 的融资。当网络池中有企业发生违约，将由电商企业来承担连带责任。假设电商违约概率与网络信用池中企业的违约概率相互独立，即 $cov(p_i, p_e)=0$，为防范电商违约而造成的损失，银行需要电商在贷款前提供担保金 M_e^p，此时银行的收益函数如式(5)所示：

$$\pi_b^p = (1-p_e)L(R_b - R_f) + p_e[M_e^p - L(1+R_f)] \tag{5}$$

假设在竞争性资本市场中银行平均利润为零，即 $\pi_b^p=0$，其中 R_b 与 R_f 为外生变量，则银行的最优决策是需要向电商平台收取的担保金额度。由一阶最优性条件，令 $\pi_b^p=0$ 可得，$M_e^{p*} = L\cdot[1+R_f-(R_b-R_f)(1-p_e)/p_e] = L\cdot[1+R_b-(R_b-R_f)/p_e]$，即电商的担保金额 $M_e^p \geqslant L\cdot[1+R_b-(R_b-R_f)/p_e]$ 时，银行的期望利润大于零。

在网络池融资模式中，电商先通过汇总小微企业融资需求向银行贷款，然后再将所获融资以一定利率放贷给小微企业，其收益函数如式(6)所示：

$$\pi_e^p = \sum_{i=1}^{n}[(1-p_i)l_iR_i^p + p_i(M_i^p - l_i) + f_i] - (1-p_e)\sum_{i=1}^{n} l_iR_b + p_e(L - M_e^{p*}) \tag{6}$$

由于电商平台期望通过提供互联网金融服务实现增值，即 $\pi_e^p \geqslant 0$。由此可知，电商平台向网络池中的第 i 个小微企业提供的融资利率必须满足 $R_i^p \geqslant$

$[R_f l_i + p_i(l_i - M_i^p) - f_i]/(1-p_i)l_i$ 才能保证互联网金融服务的增值性。

因此，当电商平台给定融资利率 R_i^p，第 i 个小微企业在网络池融资模式下的收益函数如式(7)所示：

$$\pi_i^p = X_i - (1-p_i)l_i R_i^p + p_i(l_i - M_i^p) - f_i > 0 \qquad (7)$$

另外，电商平台为了吸引小微企业采取网络信用池融资方式，则需确保每个小微企业的期望收益大于零，即当 $R_i^p \leqslant [X_i + p_i(l_i - M_i^p) - f_i]/(1-p_i)l_i$ 时，$\pi_i^p > 0$。

由此可知，当 $\dfrac{R_f l_i + p_i(l_i - M_i^p) - f_i}{(1-p_i)l_i} \leqslant R_i^p \leqslant \dfrac{X_i + p_i(l_i - M_i^p) - f_i}{(1-p_i)l_i}$ 且 $X_i \geqslant R_f l_i$ 时，网络池融资方式对于小微企业和电商平台而言都是可采纳的融资方式。另外，电商平台需要根据每个小微企业的融资需求(l_i)和违约概率(p_i)制定差异化的融资利率。

四、网络融资策略分析

通过上述决策优化分析，可以发现不同互联网金融模式下各参与主体的融资决策有所差异，具体如表 2 所示。

表 2 网络融资决策对比分析

	银行	电子商务平台	小微企业
网络联保模式	电商所提交的担保金比率的制定主要取决于联保体集体违约的概率。	当联保体成员的平均违约率偏高时，应适当扩大联保体规模以降低联保体的违约风险。	当小微企业的平均贷款额增加时，可相对减少联保体的规模。当联保体规模较小时，单个小微企业的期望利益会随着违约企业数目的增加而降低。
网络池融资模式	电商所提交的担保金比率的决定主要取决于电商自身的违约概率。	要谨慎设定融资利率，如设置过高则无法吸引小微企业采纳网络池融资；设置过低可能不足以抵消所承担的连带责任。	单个小微企业的期望利益不受网络池规模的影响。小微企业需要平衡其预期收益与采纳网络池融资所需付出的融资成本，以决定是否采纳网络池融资。

通过上述分析可以发现，网络联保模式与网络信用池融资模式的有效实施需采取不同的策略。

1. 网络联保融资模式

在网络联保模式中，银行的关注重点在于网络联保体内各成员的偿还能力和偿还意愿。因此，银行应加强与电商平台的紧密合作，对其提供的联保体的信用数据进行认真审查，避免信息不对称带来的风险，同时线下派监察员密切关注小组成员的经营活动和财务状况等。另外，银行应与电商之间协商签订与贷款金额相关的担保协议，以降低银行遭受联保体集体违约带来的损失。

从电商平台的视角看，当联保体的平均违约风险偏高时，应适当扩大联保体规模以充分利用联保体成员之间的连带责任，而减少因联保体整体违约给电商带来的风险。在网络联保模式中需要注意以下几点：首先，在组建网络联保体时，若企业的平均信用越高，集体违约可能性相对偏小，则电子商务所需提供的担保金额也就相对较少。因此，在联保体的审核阶段，作为第三方的电子商务平台应注意观察联保体中企业的平均信用及其成员个数，以控制自己所需提供的担保金额度。其次，在网络联保体申请条款上应严格限制，保证对小微企业的基本信息和信用状况的充分了解，并确保联保体内企业的风险处于同一水平，避免集体违约给自己造成损失。再次，电商平台应加强对小微企业的考察，注意其线上和线下行为，线上通过互联网监控企业经营动态和行为，线下则要了解其财务状况、银行流水账等以防止其出现违约迹象。最后，电商平台应加大建立“网络信息披露”机制和惩罚力度较严的违约机制，通过多门户、多平台的沟通合作，加大网络信息的辐射面，同时扩宽与其他电商的资源共享和广泛合作，以实现“多方共赢”。

对网络联保体中成员来讲，当联保体中成员的平均贷款额偏高时，联保体的规模不宜太大。因此，小微企业应根据自身情况来选择与之匹配的联保小组成员。若是企业自身信用良好，且具备较好的还款能力，那么就需要寻找和自己风险类型相匹配的企业来组建网络联保体，且成员数目不宜过多，这也是网络联保模式中特有的风险类型“自然匹配”原则。

2. 网络池融资模式

在网络池融资模式中，银行的关注重点在于电商平台本身的信用水平和经营状况。从电商平台的视角看，在设定贷款利率时应充分考虑网络池中各小微企业的偿还能力和偿还意愿，对于贷款企业的历史信用记录等信息需进行全方位的考察，并在贷前加强审核力度，贷后加强监管，以确保各小微企业能按时还款，降低破产损失和违约风险。另外，电商平台应不断升级优化网络信用系统，扩大自己的客户与合作伙伴，优化网络融资模式在审核、监督、执行等过程中的各项细节，以确保网络融资模式的有效运行。

对小微企业而言，其融资决策受电商设定的利率和自身盈利水平的影响。若电商设定的利率过高，其融资成本高于其预期收益，则小微企业将选择退出网络池。另外，选择哪种融资模式取决于小微企业自身的还款能力与风险偏好。若企业对自身还款能力有把握，而又不愿意或不能够与其他小微企业组成联保体时，选择网络池模式则是一种有效的融资途径。

五、结　论

本文针对小微企业的信贷特点和融资需求，基于互联网金融的业务创新，分析了网络联保融资模式和网络池融资模式的最优决策，并对比分析了两种融资模式的决策特点及适用性。结论表明，在网络联保模式下，电商平台应制定合理的网络联保体规模并控制各参与企业的融资额度，以最大限度降低各参与企业的破产风险及违约风险。在网络信用池融资模式下，电商平台应通过制定合理的融资利率以吸引小微企业选择网络池融资，通过合作博弈实现互联网金融业务的增值，从而实现多方共赢。未来进一步的研究方向是，设计更加灵活有效的互联网金融模式，并在更加现实的资本市场环境下（如考虑交易费用、信息不对称）研究各参与主体的最优决策。

参考文献

[1] Steven K., Mohanbir S, E-Hubs: The New B2B Marketplaces, *Harvard Business Review*, 2000(5).

[2] Michael S. H. H., Implications of e-Commerce for Banking and Finance, *Research Memorandum*, 2001(6).

[3] Robert H., Richard B., Olav J., E-business Financing: Preliminary Insights from a Developing Economy Context, *Journal of Information, Communication and Ethics in Society*, 2008, 6(3).

[4] Sun X. W., Bao J. L., Research on the Innovation and Development of the Third-party B2B E-commerce Model of China, 3rd International Conference on Advanced Computer Theory and Engineering (ICACTE), Chengdu, 2010.

[5] 江岚：《网络联保贷款偿还激励机制研究——基于阿里巴巴平台数据的实证研究》，浙江大学硕士学位论文，2011 年。

[6] 吴艳玲、章宇娟、朱赟：《网络联保的有效性分析——基于社会资本的视角》，《中国商界》，2009 年第 10 期。

[7] 曾江洪、刘欣：《基于社会资本视角的中小企业网络联保信贷模式研究》，《首都经济贸易大学学报》，2011 年第 4 期。

[8] 吴义爽：《关联博弈、机会主义治理与中小企业融资的制度创新》，《经济学家》，2009 年第 5 期。

[9] 吕士伟：《大银行、小企业与网络联保》，《金融发展研究》，2009 年第 9 期。

[10] 刘源、周永务、卢广彦：《银行主导虚拟供应链的电子商务模式初探》，《现代管理科学》，2007 年第 11 期。

[11] 李卫姣、马汉武：《基于 B2B 的供应链融资模式研究》，《科技与管理》，2011 年第 4 期。

[12] 李明锐：《企业利用第三方电子商务平台的融资模式——供应链融资》，北京交通大学硕士学位论文，2007 年。

（作者：晏妮娜　中央财经大学教授）

项目名称：建设世界城市背景下北京小城镇可持续发展模式选择与评价研究
项目编号：12JGC103
项目负责人：万冬君
项目信誉保证单位：北京建筑大学

大城市郊区小城镇与主城区联动发展模式研究

一、引　言

小城镇是联结我国城市和农村发展的重要纽带，在接受城市辐射的政治、经济、文化、社会等各项功能的同时，通过发挥自身的辐射作用，带动周围农村地区的发展。在我国城市和农村间存在二元经济矛盾的背景下，发展小城镇具有重要的战略意义。我国学术界对小城镇的研究，始于 20 世纪 80 年代著名学者费孝通先生发表的《小城镇大问题》这一文章。在这之后，小城镇发展问题逐渐成为我国社会、经济领域的一个研究热点，相关研究围绕着城镇化、发展模式、小城镇建设、资金来源等角度展开，研究的目的多为建设与发展小城镇，以履行小城镇在我国社会发展中的特殊职责。随着我国社会的发展与变迁，对小城镇的研究也形成了新的需求。尤其是近些年来，随着北京等大城市规模的逐步扩张，交通拥堵、环境污染、城乡差距过大等问题相继出现，大城市郊区小城镇在解决城市扩展问题和推进新农村建设两个方面将发挥更加重要的作用。在城镇化、城乡发展一体化背景下，大城市主城区与郊区小城镇、农村地区的发展应协调一致，主城区的发展，不能仅使自身受益，同时应对郊区小城镇、进而对广大的农村地区发挥带动、辐射作用。由此可见，对大城市郊区小城镇与主城区联动发展的研究具有重要的理论和现实意义。需要说明的是，本文所指大城市郊区小城镇，仅指与主城区在空间上间隔一定距离的小城镇，不包括城中镇；本文所指大城市，包括特大城市在内。

二、大城市郊区小城镇发展中存在的问题分析

与普通小城镇相比，大城市郊区小城镇在地缘、交通、产业、资金、服务、人力资源等方面均占有较为明显的发展优势和机遇。然而，在北京等大城市，郊区小城镇，尤其是远郊小城镇的发展还存在一系列问题，与大城市主城区的发展水平尚存在较大差距。

（一）小城镇分散发展，缺乏统一规划

在区域一体化背景下，小城镇的发展应与城市主城区乃至更大范围行政区的发展保持统筹协调的关系，这需要以城市乃至区域的统一规划为前提和基础。当前，我国很多城市郊区小城镇的发展规划，主要依据其行政区编制并实施，缺乏从区域及城市整体功能、区位特色、经济圈、产业链等方面的优化布局。一方面，形成了小城镇定位不明确、分散发展的格局；另一方面，小城镇的发展与主城区、邻近行政区的发展出现了割裂现象，从根本上导致小城镇与主城区、邻近行政区在发展水平上存在明显的差距。

（二）基础设施相对薄弱，配套设施缺乏

基础设施是支撑小城镇发展的重要物质基础，在我国小城镇分散发展的背景下，基础设施建设投资较为分散，建设水平不高，导致小城镇基础设施相对薄弱。在城镇化背景下，各地政府为招商引资，对道路建设、景观绿化等反映小城镇外在形象的基础设施给予了较多的投入，在一定程度上改善了小城镇的投融资环境，但对于给排水、垃圾处理等体现小城镇内在功能和建设质量的基础设施则投入不足，导致小城镇供水设施陈旧、水质差，缺乏污水处理环节、生活污水直接排入城镇水系。这意味着，小城镇基础设施的建设，一方面，尚不能满足当前生产和生活的需要；另一方面，未能给未来经济、社会的发展留有足够的余地，导致小城镇基础设施配套的缺乏，形成了小城镇发展的瓶颈制约。

（三）产业结构不合理，聚集功能不强

产业发展是推动小城镇发展的重要力量，大城市郊区小城镇与普通小城镇相比，具有无可比拟的区位优势和产业优势。但当前我国大城市郊区小城镇中，普遍存在着产业结构不合理、聚集功能不强的问题。小城镇产业的发展往往以自我为中心，缺乏同周边地区产业的协调与互补，造成了镇际间产业结构雷同、恶性竞争的现象。此外，由于小城镇缺乏相应的配套设施，未能吸引高知识技术含量等高水平的产业，产业结构等级较低，对产业、资金、劳动力的聚集功能不强。

（四）融资渠道单一，建设资金不足

一直以来，我国小城镇建设资金主要来源于各级政府有限的财政投入，导致我国小城镇发展中普遍存在建设资金不足的问题。部分大城市郊区小城镇在吸引社会资金方面已取得一些进展，例如，我国第一只专注于小城镇建设的股权投资基金——北京市小城镇发展基金已于2012年正式启动，有利于充分发挥政府资金对社会资金的引导作用。但由于普遍存在的资金运作渠道不畅、融资配套政策不完善、项目吸引力不足等问题，社会资金难以投入小城镇建设领域。建设资金的不足，直接导致了前文提到的小城镇基础设施薄弱、产业结构不合理等问题。

(五)污染企业外迁，导致生态环境破坏

近些年来，由于我国大城市的逐步扩张以及城市地价的上涨，一些重度污染、技术含量低的工业企业外迁至郊区小城镇。一方面，导致小城镇产业发展呈现低水平状态；另一方面，导致部分小城镇生态环境遭到破坏。具体来看，这些外迁企业由于缺乏先进的设备和工艺，且缺乏工业污水及废弃物处理设施，导致零成本或低成本排污，对地表水、地下水、土壤、空气造成了严重的污染，威胁到供水安全及农产品质量，为小城镇的未来发展埋下了隐患。

综上，由于大城市郊区小城镇与主城区在发展上处于割裂的状态，导致我国大城市郊区小城镇发展中存在着一系列问题，因此，需要实现大城市郊区小城镇与主城区的联动发展。

三、大城市郊区小城镇与主城区联动发展模式的构建

(一)大城市郊区小城镇与主城区发展的互动机理分析

由于地域上的客观联系，大城市郊区小城镇与主城区在经济、社会、资源、环境等方面，彼此之间均存在着互动关系，具体如图 1 所示。

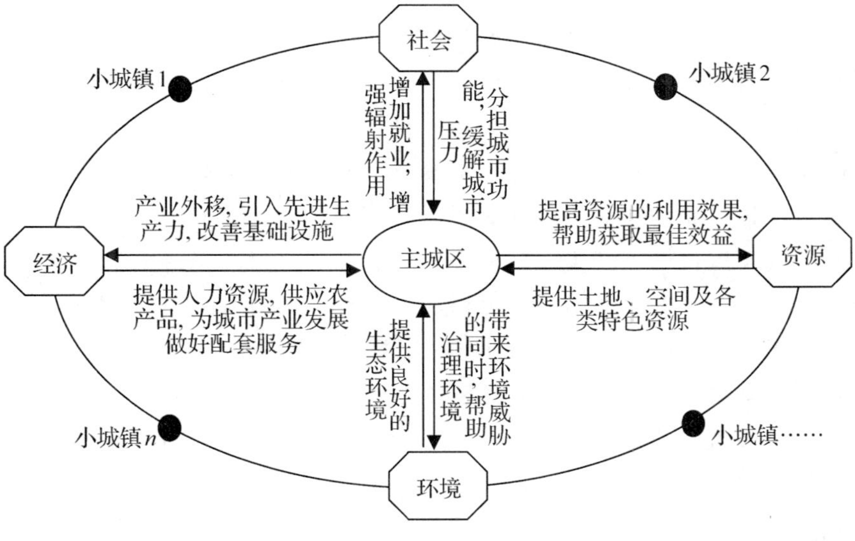

图 1　大城市郊区小城镇与主城区发展的互动机理

由图 1 可知，大城市郊区小城镇与主城区间在经济、社会、资源、环境发展中存在相互交融、相互促进的作用关系，应在其基础上构建大城市郊区小城镇与主城区联动发展模式，以形成以主城区为中心、以郊区小城镇为主体的功能互补、发展有序的城镇体系。

(二)大城市郊区小城镇与主城区联动发展的基本要素

大城市郊区小城镇与主城区的联动发展，是指联动发展主体之间相互影

响、相互作用，在区域发展一体化背景下对联动发展客体进行重新配置、优化组合，以获取预期的联动发展目标。联动发展主体、客体和目标构成了大城市郊区小城镇与主城区联动发展的基本要素，具体如图2所示。

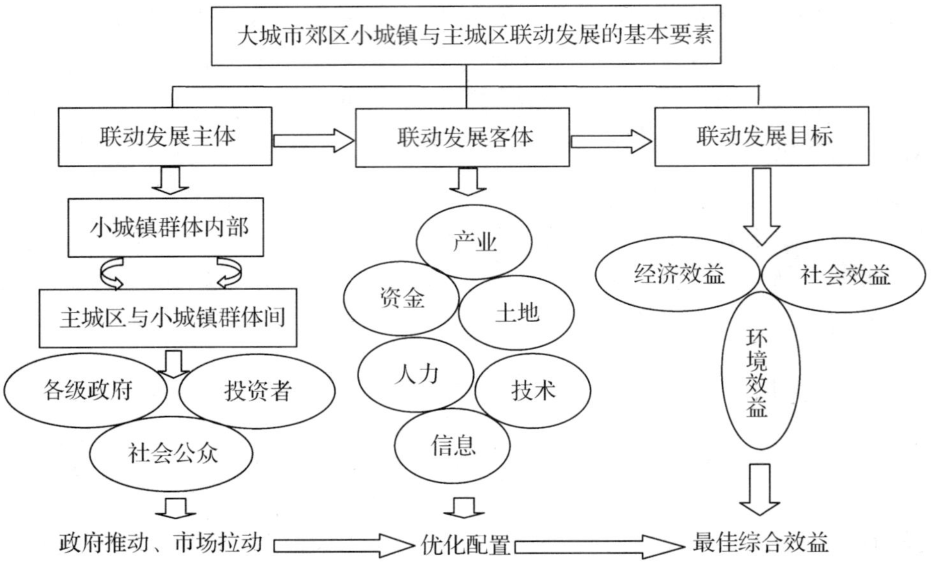

图2　大城市郊区小城镇与主城区联动发展的基本要素

由图2可知，大城市郊区小城镇与主城区联动发展的主体，宏观层面上为主城区与小城镇群体，既包括小城镇群体内部的联动发展，也包括主城区与小城镇群体间的联动发展；落实到微观层面，包括各级政府、投资者、社会公众等主体；联动发展客体包括产业、资金、土地、技术、人力、信息等要素；联动发展目标体现为经济效益、社会效益和环境效益。大城市郊区小城镇与主城区联动发展主体在“政府推动、市场拉动”原则下，相互影响、相互作用，对联动发展客体诸要素进行优化配置，实现最佳的综合效益。

(三)大城市郊区小城镇与主城区联动发展模式的框架

基于大城市郊区小城镇与主城区发展的互动机理，将各项基本要素组合起来，构建二者联动发展模式的框架，如图3所示。

由图3可知，市、区(县)级政府与小城镇政府、投资者、社会公众为联动发展模式的主体。其中，市、区(县)级政府负责总体规划，明确小城镇的区域功能定位，提供资金支持，打造融资平台，完成对小城镇的产业转移，扶持重点项目以拉动小城镇与主城区的联动发展，并且提供政策支持和制度保障；在此基础上，各类型小城镇政府结合自身资源及特色条件，打造产业集群，积极建设与发展小城镇；投资者和社会公众在政策引导下，在资金、土地、人力资源、技术支持、信息共享、舆论监督等方面，参与小城镇的建设与发展。小城镇的建设与发展信息，动态地反馈回上级政府，以便及时对

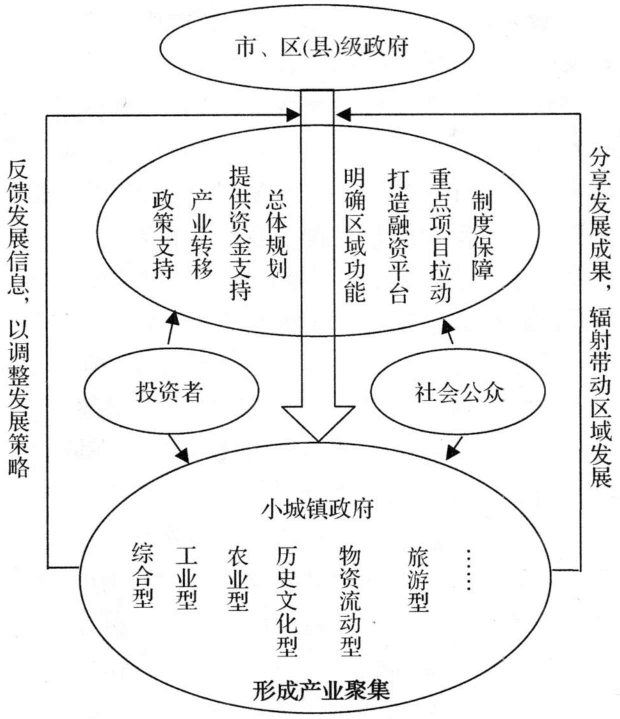

图 3　大城市郊区小城镇与主城区联动发展模式的框架

发展战略做出调整。各类型小城镇取得自身发展的同时，与主城区分享发展成果，辐射带动整个区域的发展，逐步缩小城乡差距。

通过构建大城市郊区小城镇与主城区的联动发展模式，能够促进主城区与小城镇发展间的良性互动，有利于实现区域资源整合与优势互补。

四、大城市郊区小城镇与主城区联动发展的保障措施

(一)在区域一体化背景下编制小城镇发展规划

为将大城市郊区小城镇纳入城市乃至区域发展体系之中，实现二者的联动发展，应在区域发展一体化背景下，依据城市功能拓展的需要和小城镇自身的区位、交通、特色资源、产业基础等特点，编制小城镇发展的总体规划，推进小城镇的区域整合，合理配置小城镇的功能，明确小城镇在城市乃至区域发展中的功能定位。在总体规划中，应统筹考虑小城镇的发展需求与空间布局，为其未来发展留有一定的余地；统筹规划主城区与小城镇各类基础设施的布局与衔接，明确与邻近行政区城市基础设施的衔接计划。

(二)构建一体化财政投入机制和多元化融资机制

我国小城镇的发展普遍面临着资金瓶颈的制约，应从财政资金和社会资金两个方面增加资金投入、拓宽融资渠道。由于我国当前财政体制的束缚，

小城镇及农村地区与主城区相比，仅能获得较少的财政投入，为实现小城镇与主城区的联动发展，应确保小城镇及农村地区能够获得与主城区均等的财政投入机会和发展基础，为此应构建城乡一体化的公共财政投入机制，推进城市基础设施和其他公共服务设施向小城镇和农村地区延伸。除财政投入外，应构建多元化融资机制、打造多方位投资主体，综合运用土地、税收、参股、贴息、担保等手段，吸引除政府外的国有及民营企业、农村集体单位、乡镇企业、外商、市民及农户等社会投资主体，将社会资金投入小城镇建设领域。

（三）打造依存主城区的小城镇产业集群

产业是支撑小城镇发展的重要基础，为实现大城市郊区小城镇与主城区的联动发展，二者应在产业发展上建立关联。近年来，随着大城市主城区功能与产业结构的调整与优化，部分产业与企业逐步外迁或制订了外迁计划。各级政府部门应就主城区与郊区小城镇的分工与协作进行统筹规划，结合郊区小城镇特点及项目需求，综合协调外迁项目的选址。小城镇应发挥自身资源优势，积极争取有利于自身发展的外迁企业落户，面向主城区市场，优化产业结构，聚集、整合产品相似、原料相近的企业，引导优质企业向小城镇集中，逐步完善产业链条，提升配套能力，促进产业协同，打造依存主城区的小城镇产业集群。

（四）以重点项目拉动小城镇发展

为有效吸引社会资金，并建立小城镇与主城区的产业关联，应通过设置重点项目将有雄厚资金实力的各类投资者纳入小城镇建设与发展体系中。在操作上，由政府负责重点项目的规划并投入必要的启动资金。重点项目可涵盖基础设施和公共服务设施建设、旧镇改造和新镇建设、产业园区开发建设、特色产业培育、产业结构调整、绿色产业开发等领域，以点带面，带动小城镇及其周边区域的发展，推动形成小城镇与主城区相关联的产业链条。

五、结　语

大城市郊区小城镇与主城区之间通过聚集与扩散作用相互影响，在经济、社会、资源、环境等方面，彼此之间均存在着互动关系。本文首先分析了大城市郊区小城镇发展中存在的问题，包括：小城镇分散发展，缺乏统一规划；基础设施相对薄弱，配套设施缺乏；产业结构不合理，聚集功能不强；融资渠道单一，建设资金不足；污染企业外迁，导致生态环境破坏。在此基础上，分析了大城市郊区小城镇与主城区发展的互动机理，从联动发展主体、客体、目标三个方面分析了大城市郊区小城镇与主城区联动发展的基本要素，构建了大城市郊区小城镇与主城区联动发展模式的框架。最后，提出了大城市郊区小城镇与主城区联动发展的保障措施，包括：在区域一体化背景下编制小城镇发展规划、构建一体化财政投入机制和多元化融资机制、打造依存主城区的小城镇产业集群、以重点项目拉动小城镇发展。相关研究有待在后续研究中深入。

参考文献

[1] 许玲：《大城市联动小城镇的定位拓展与功能整合》，《改革》，2016 年第 11 期。
[2] 季洁、邢海峰：《浅析大城市郊区小城镇发展的特点、问题及规划对策》，《小城镇建设》，2010 年第 7 期。
[3] 王志宪：《我国小城镇可持续发展研究》，北京：科学出版社，2012 年。
[4] 文魁：《小城镇，大战略——以现代小城镇托举北京特大城市的战略思考》，《前线》，2013 年第 5 期。
[5] 徐晶、王要武：《基于产业集聚的小城镇投资环境优化评价研究》，《土木工程学报》，2009 年第 7 期。
[6] 中国建筑设计研究院小城镇发展研究中心：《大城市周边地区重点小城镇发展研究》，《小城镇建设》，2006 年第 8 期。
[7] 梁卓、陈超等：《大城市郊区农村环境污染现状及治理对策》，《农业环境与发展》，2010 年第 1 期。
[8] 仇保兴：《我国小城镇建设的问题与对策》，《小城镇建设》，2012 年第 6 期。
[9] 张欣妍、何郑等：《新农村建设区域联动发展研究》，http：//wenku. baidu. com。
[10] 李君、杜磊、李玉龙：《城镇化背景下我国小城镇发展协同度测度模型》，《工程管理学报》，2014 年第 2 期。
[11] 王宇宁、运迎霞：《城乡统筹视角下大城市郊区小城镇发展模式探索——以天津市“三区联动”为例》，《现代城市研究》，2013 年第 5 期。
[12] 吴树波：《建立小城镇基础设施建设多元化投融资机制的思考》，《集团经济研究》，2006 年第 10 期。

（作者：万冬君　北京建筑大学讲师）

法学学科

F A X U E X U E K E

项目名称：信访与多元纠纷解决途径衔接机制研究
项目编号：11FXA002
项目负责人：王敬波
项目信誉保证单位：中国政法大学

信访的性质、制度定位与制度功能

一、问题：信访究竟是什么

中国信访制度自1951年正式建立以来[①]，已历经60余年。这个被誉为中国共产党所独创的政治发明在特定历史时期，在深化政权合法性、贯彻政策执行、监督官僚体制（包括司法体制）和缓和社会矛盾等方面起到过至关重要的作用。然而，伴随着中国经济迅速发展所带来的利益冲突加剧、体制转型时期因特有的规则缺失而引发的腐败以及诸多社会不公现象等问题的出现，旨在"表达"民情的信访在数量上呈现出"激增"之"势"，在方式上表现为"激烈"之"形"，"信访洪峰"此起彼伏。[②]

针对"信访洪峰"，党和政府也积极采取了诸多举措，[③] 并在客观上取得一些成效，从2005年起，全国信访总量连续5年保持了下降态势，[④] 然而，一个不争的事实是，全国信访总量仍高位运行，集体访、赴京访、重复访仍然偏多，第五次信访潮尚未退去。[⑤] 新形势下中国信访制度在现实运行中遭遇着

---

① 有学者认为中国古代就存在类似信访的制度，如《吕氏春秋·自知》记载："尧有欲谏之鼓，舜有诽谤之木，告善之旌。"参见胡中才：《古代"信访"史话》，武汉：湖北人民出版社，2000年。

② 参见张红：《农地纠纷、村民自治与涉农信访》，《中国法学》，2011年第5期。

③ 如国务院富有针对性地于2005年5月1日颁布了新《信访条例》，2008年6月发出了在全国开展"县（市、区）委书记大接访"活动的通知，并于2009年通过一系列文件将定期接待群众来访的主体拓宽到各级各部门领导干部，将组织中央和国家机关干部下访规范化，强化了各级各部门矛盾纠纷化解的日常工作制度。

④ 参见《中国人权白皮书：信访总量连续五年保持下降》，http：//news.sohu.com/20100926/n275265794.shtml，2011－7－15。但与此同时，也有部分网络舆论对此持怀疑态度，认为是地方截访以及地方维稳力度的加大才导致信访量下降。参见朱达志：《"信访总量"引发质疑》，《中国经济时报》，2010年9月27日。

⑤ 2009年8月，中央政法委有关负责人在答记者问时说，从2004年开始，全国多数地方的涉法涉诉信访高发势头得到遏制，总体上呈现稳中有降的局面，总量由2004年的319万件次下降到2008年的208万件次，下降了34.8%。但是，涉法涉诉信访总量仍然较高，每年还有200万件次以上。参见周本顺：《在全国涉法涉诉信访工作会议暨信访领导干部培训班的讲话》，载中共北京市委政法委员会编：《北京市涉法涉诉信访工作资料汇编》，2010年10月内部刊。

诸多困境，具体表现在：在法律上并不具备行政管理职能和裁判权力的信访机构①却在实际工作中被要求践行多方面、多层次的工作内容，以致不堪重负；② 实践中作为我国多元纠纷解决机制之一的信访救济，③ 超越国家正常的司法救济，成为社会矛盾聚集的窗口，“信‘访’不信‘法’”成为部分民众的共识；④ 实践中政府应对“信访洪峰”的诸多创新性举措，⑤ 却加速着本来就被“备受指责”的信访制度进一步的异化，一些超出既有法律规范，但却能解决问题的“超常规”措施广为应用，信访制度由此被诟病。

面对这一“剪不断，理还乱”的困局，国内实务界和理论界都开始对其进行反思，并提出种种改革方案，⑥ 但如果细究这些方案，大致可将其分为两类，即“取消信访论”和“强化信访论”。“取消信访论”认为当下的信访制度充满了“人治”色彩，与现代“法治”的诸多精神、原则背道而驰，因而主张采取“休克疗法”，撤销信访部门。“强化信访论”则强调为了更好地化解矛盾，信访部门应该具有更多职能和权力，建议“构建大信访格局”，并要求尽快制定增强信访部门职权的相关立法。然而，这些争论看似针锋相对，但细究起来，不仅无益于问题的解决，而且会“内卷”出更多、更复杂的问题，加剧中国信访困境问题，并影响当下的举步维艰的维稳工作。破解信访制度困境的关键不在于简单地“取消”抑或“强化”，而首先应在于对“什么是信访”、“信访的性质是什么”、“信访的法律定位如何”以及“信访的制度功能到底是什么”等这样一些关涉信访的“元问题”进行厘定，只有对这些基本的“元问题”的澄清，才能科学地、理性地对待信访制度，从而发挥其制度功效。

---

① 有关这一点我们可以从 2000 年中共中央办公厅、国务院办公厅关于印发《国家信访局职能配置、内设机构和人员编制规定》(厅字〔2000〕5 号)的通知第 1 条规定中得到印证。

② 如信访部门既要处理公民对国家机关及其工作人员的批评、建议与要求，乃至对其失职行为的检举、揭发，还要受理公民对侵害自己合法权益行为的控告，甚至还要承担许多间接的、高层次的政治要求。其中包括但不限于全面落实科学发展观、发展社会主义民主政治、维护人民群众合法权益、加强党风建设尤其是干部作风建设、密切党和人民群众的血肉联系、全面建设小康社会、构建社会主义和谐社会、考核地方政府绩效等。参见《中共中央国务院关于进一步加强新时期信访工作的意见》。

③ 参见张嘉军、乔苹苹、金江峰：《信访压力与多元化纠纷解决机制》，http://www.hapa.gov.cn/Article/zw/szs/zz/201009/170555.html。访问时间：2011 年 7 月 15 日。

④ 于建嵘：《信访的制度性缺失及其政治后果——关于信访制度改革的调查》，http://www.chinareform.net/2010/0116/10272.html。访问时间：2011 年 6 月 6 日。

⑤ 如 2005 年《信访条例》将实行多年的“分级负责，归口管理”的信访工作原则，修改为“属地管理，分级负责”，造成该原则被异化为上级将信访压力转移给基层的“便捷”通道，基层被置于“风口浪尖”，形成了基层信访矛盾化解能力与上级政府强调基层信访矛盾解决力度的反差。领导干部大接访、下访、关口前移和包案等创新性举措，更是加剧了群众信访依赖与基层信访功能有限性的冲突。

⑥ 具体参见陈小君等：《涉农信访与社会稳定研究》，北京：中国政法大学出版社，2011 年，第 362 页。

二、信访的性质：政治属性与法律属性兼具

信访是一个具有中国特色的制度。但目前在信访工作实践中由于信访制度的性质定位不明确，导致了信访功能的紊乱，使信访制度难以有效地发挥其应有的作用。因此，从理论上厘清信访的性质，有助于信访工作的开展与完善。

信访作为中国共产党的政治发明，其性质应从中国共产党在各个历史时期有关信访的政策、文件和法律中探寻。[①]

1951 年 5 月 1 日，毛泽东在《必须重视人民的通信》的批示中指出："必须重视人民的通信，要给人民来信以恰当的处理，满足群众的正当要求，要把这件事看成是共产党和人民政府加强和人民联系的一种方法，不要采取掉以轻心置之不理的官僚主义态度。"[②]在这段话中，毛泽东将信访看作"是共产党和人民政府加强和人民联系的一种方法"，同时告诫对信访工作不要采取官僚主义态度，可知他此时仅仅是将信访定位为密切联系群众的方法，反对官僚主义还没纳入。在 1953 年 1 月 5 日所写的《反对官僚主义、命令主义和违法乱纪》一文中，他以信访为例对官僚主义进行了严厉批判："……这样一方面的官僚主义，则在许多地区、许多方面和许多部门，还是基本上没有解决。即如处理人民来信一事，据报，有的省人民政府就积压了七万多件没有处理，省以下各级党组织积压了多少人民来信，则我们还不知道，可以想象是不少的。这些人民来信大都是有问题要求我们能给他们解决的，其中许多是控告干部无法无天的罪行而应当迅速处理的。"[③]仅仅过了半个月，1953 年 1 月 19 日《人民日报》的社论《认真处理人民群众来信大胆揭发官僚主义罪恶》同时指出："我们必须继续展开对官僚主义的斗争。我们希望全体人民群众充分地运用这种最方便、最自由、最经济而又直接的写信方法，大胆地及时揭发各地各种官僚主义的现象。"[④]至此，通过信访反对官僚主义已经成为信访制度的明确定位。

新中国建立信访制度的标志——由政务院颁布的《关于处理人民来信和接见人民工作的决定》规定："各级人民政府是人民自己的政府，各级人民政府的工作人员是人民的勤务员。各级人民政府应该密切地联系人民群众，全心全意地为人民服务；并应鼓励人民群众监督自己的政府和工作人员。因此，各级人民政府对于人民的来信或要求见面谈话，均应热情接待，负责处理。"[⑤]该《决定》也是将信访定位为密切联系群众、为人民服务以及监督政府。监督政府除了相关违法、违纪问题外，另一个重要问题就是反对政府的官僚主义。

---

① 参见林华：《信访性质的溯源性追问》，《中国政法大学学报》，2011 年第 6 期，第 21—25 页。

② 参见《毛泽东文集》(第 6 卷)，北京：人民出版社，1999 年，第 164 页。

③ 参见《毛泽东选集》(第 5 卷)，北京：人民出版社，1977 年，第 72 页。

④ 参见《认真处理人民群众来信大胆揭发官僚主义罪恶》，《人民日报》，1953 年 1 月 19 日。

⑤ 参见《关于处理人民来信和接见人民来访工作的决定》，1951 年 6 月 7 日。

由此可见，密切联系群众与反对官僚主义也是《关于处理人民来信和接见人民工作的决定》的信访定位。

1957 年 5 月 28—31 日，全国第一次信访工作会议通过了《中国共产党各级党委机关处理人民来信、接待群众来访工作暂行办法(草案)》以及《关于加强处理人民来信和接待人民来访工作的指示(草案)》两个文件。这两个文件以及 1963 年 10 月通过的《国家机关处理人民来信和接待人民来访工作条例(草案)》在信访的定位上仍然延续传统的思路，着眼于联系群众和反对官僚主义。①

1982 年 2 月颁布的《党政机关信访工作暂行条例(草案)》第 1 条规定："正确处理人民群众来信来访，是各级党委和政府的一项经常性的政治任务。做好这项工作，对于发扬社会主义民主，贯彻执行党和国家的方针政策，改进领导作风，密切党群关系，调动人民群众建设社会主义的积极性，推动我国社会主义现代化建设，巩固人民民主专政，都有着重大的意义。"②在这个文件中，除去比较宏观的目标外，"改进领导作风"、"密切党群关系"才是信访制度的重点和特色所在。

1989 年 11 月颁布的《中共中央办公厅、国务院办公厅关于进一步加强信访工作的通知》指出："在党中央、国务院和各级党委、政府的领导下，信访工作在反映社情民意、维护安定团结、促进廉政建设、为民排忧解难、沟通领导机关同人民群众的关系等方面，做了大量工作，取得了明显的成效。……但是，从全国的情况看，信访工作中还存在着一些需要进一步解决的问题……上述问题的存在，不利于密切党和政府与人民群众的关系，不利于加强社会主义民主与法制的建设，不利于调动群众的积极因素。"③这个文件在信访定位方面概括了"反映社情民意"、"维护安定团结"、"促进廉政建设"、"为民排忧解难"、"沟通领导机关同人民群众的关系"五个方面。"反映社情民意"和"沟通领导机关同人民群众的关系"可以概括为密切联系群众，"促进廉政建设"的一个重要方面是反对官僚主义，而"为民排忧解难"和"维护安定团结"是密切联系群众和反对官僚主义的直接结果和目标。那么，密切联系群众和反对官僚主义也可以看作是这一文件的信访定位。

1995 年制定的《信访条例》与 2005 年修订的《信访条例》在其第 1 条都做出了相同的规定。密切联系群众仍然是信访的主题，整个条例并没有关于信访权利作为一种独立法律权利的规定。"保护信访人合法利益"和"维护信访秩序"是针对 1992 年以后，司法救济途径不畅通以及大规模、群体性信访大量增多两个现实迫切性问题所提出的。

---

① 参见李慕洁编：《应用信访学》，北京：华龄出版社，1991 年版，第 17 页。

② 参见《党政机关信访工作暂行条例(草案)》，1982 年 2 月 28 日。

③ 参见《中共中央办公厅、国务院办公厅关于进一步加强信访工作的通知》，1989 年 11 月 19 日。

2007 年颁布的《中共中央、国务院关于进一步加强新时期信访工作的意见》对信访的定位是："信访工作是党和政府的一项重要工作，是构建社会主义和谐社会的基础性工作。做好新时期的信访工作，对于全面落实科学发展观，发展社会主义民主政治，维护人民群众的合法权益，加强党风建设尤其是干部作风建设，密切党和政府与人民群众的血肉联系，全面建设小康社会、构建和谐社会，具有十分重要的意义。"除去如"科学发展观"、"建设小康社会"、"构建和谐社会"等这一时期主流政治文件的必备政治话语外，"维护人民群众的合法权益"、"加强党风建设尤其是干部作风建设"、"密切党和政府与人民群众的血肉联系"是新时期的信访定位，而"维护人民群众的合法权益"通过密切联系群众和加强党风建设两项手段实现，而党风建设的重要内容就是反对官僚主义。因此，维会社会稳定、反对官僚主义与密切联系群众依然是新时期信访不变的核心定位。

由此可见，尽管各个时期有关信访的代表性文件虽然内容有所不同，但对信访性质的定位是大致相同的，都将信访作为一种"经常性的政治任务"使用，将其视为一种政策意义上的党和政府与民众密切联系、反对官僚主义的渠道和手段。因此，信访在性质上"是一种政治意义上的执政党治理术，一种政治意义上的社会控制手段——政权合法化的手段以及实现社会有效治理的工具"。①

既然信访在性质上更多是以"密切联系群众"、"反对官僚主义"这样的政治意义存在的，那么，信访是不是法律意义上一种独立的法律权利呢？2005 年修订的《信访条例》尽管是专门规范信访工作的行政法规，但是，如果我们仔细研读就会发现其对信访工作的法律规范仅局限于"信访渠道—信访事项的提出—信访事项的受理—信访事项的办理和督办"等程序化的规定，而它对信访的性质、功能等基本"元问题"的规定却语焉不详。它的立法精神与原则仍按照我党对信访工作的一贯态度，相对于传统的信访文件，只是增加了很多技术性和程序性的规定。因此说，《信访条例》这一涉及信访活动的法律规范的颁布并没有改变信访的整体政治色彩。同时，需要明确的是，信访在我国宪法中并不是作为公民的一项基本权利存在的。《宪法》第 27 条第 2 款和第 41 条第 1 款并没有明确规定，也不能从中直接推导出"信访权"的存在，相反，它仅仅是批评权、建议权、申诉权、控告权和检举权这些宪法所规定的公民基本权利的形式或者说是这些公民基本权利的行为方式而已，"信访权"本身并不是一种公民的基本权利，也不是某种公民基本权利的具体构成因子。

虽然基于这样的判断，但是权利救济还是应成为信访的制度最为重要的功能。目前学界普遍认为，权利救济作为信访的制度功能之一无须赘言，因

① 林华：《信访性质的溯源性追问》，《中国政法大学学报》，2011 年第 6 期，第 24 页。

为它能够吸纳社会大量的利益矛盾和冲突，是我国多元纠纷解决机制中的重要一环。[①] 特别是各地采用"枫桥经验"与信访结合来化解社会矛盾，也体现了信访的纠纷解决属性。[②] 习近平总书记也指出"各级党委和政府要充分认识'枫桥经验'的重大意义，发扬优良作风，适应时代要求，创新群众工作方法，善于运用法治思维和法治方式解决涉及群众切身利益的矛盾和问题，把'枫桥经验'坚持好、发展好，把党的群众路线坚持好、贯彻好"。[③]《信访条例》第 5 条也规定了人民政府解决信访纠纷的职责。[④] 我们也认为信访应是政治属性与法律属性兼具的一种制度。在多元纠纷解决视域下法律意义上的信访是：与政府权力运行、公共政策制定、公务人员行为相关的公民利益诉求事项，简言之：信访是因政府及其工作人员不依法行政而引发的"官与民"的矛盾纠纷。

三、信访的制度功能：作为多元纠纷解决机制之一

鉴于 30 余年来，信访制度一直在我国宪法框架下定位模糊，这种定位的模糊造成了信访制度与主体政制之间出现了诸多不协调甚至相互冲突的问题。因此，我们认为当代中国信访制度改革之出路在于使信访制度在宪法框架下的位置与功能名实相符，实现"救济的归救济，信访的归信访"。

既然在宪法框架下，信访制度应作为次要政制，对以人民代表大会制度、司法制度为代表的主体政制起到配合、补充、润滑的作用，那么，信访的制度功能也应相应地进行调整。我们改革的路径不是要废除信访制度，而是在依据信访制度性质的基础上，摆正其在宪法框架下的位置与功能，使其回复到宪法框架下次要政制位置，并继续发挥其"密切联系群众"和"反对官僚主义"的政治功能。与此同时，努力提升人民代表大会制度、司法制度等主体政制的功能，使之与信访制度在国家宪法框架体系下的应有位置相一致。要达至上述目标其关键是要把握好一个"度"的问题。

---

① 参见姜明安：《改革信访制度创新我国纠纷和救济机制》，《中国党政干部论坛》，2005 年第 5 期；班文战：《我国信访制度的权利救济功能及其有效性分析》，《政法论坛》，2010 年第 2 期。

② 例如，云南省普洱市在全市 103 个乡镇设立综治维稳中心，整合派出所、司法所、人民法庭、信访办等力量，集中受理、调处化解矛盾纠纷。参见新华网：《"枫桥经验"50 年历久弥新助力"平安中国"》，http：//news. xinhuanet. com/politics/2013－10/09/c _ 117639443. htm。访问时间：2014 年 3 月 28 日。

③ 《习近平：把"枫桥经验"坚持好、发展好 把党的群众路线坚持好、贯彻好》，http：//news. xinhuanet. com/politics/2013－10/09/c _ 117639443. htm。访问时间：2014 年 3 月 28 日。

④ 《信访条例》第 5 条第 2 款：县级以上人民政府应当建立统一领导、部门协调，统筹兼顾、标本兼治，各负其责、齐抓共管的信访工作格局，通过联席会议、建立排查调处机制、建立信访督查工作制度等方式，及时化解矛盾和纠纷。中央纪委监察部举报网站：《信访条例》，http：//www. 12388. gov. cn/html/law/10. html，http：//www. 12388. gov. cn/html/law/10. html。访问时间：2014 年 3 月 28 日。

(一)法律框架下信访政治功能的明确与完善

要把握好这个“度”，一方面，我们要明确并完善信访的政治功能，将其民众的政治参与功能、沟通民意功能以及社会监督功能用法律制度的形式予以明确。

首先，在信访制度的民众政治参与方面，新中国成立初期，由于缺乏成熟的市民社会，人民进行自发式政治参与的程度和范围极其有限，动员式政治参与在相当长时期内非常普遍。在毛泽东时代，各种形式的群众运动就是政府主导的动员式政治参与，以此来贯彻领导人的意志并对社会进行整合。在政治运动年代，信访还被国家用来进行意识形态宣传。

把信访归结为一种政治参与，乃是因为它同其他的政治行为一样会对政府决策和公共行动产生积极的影响。如果说把代议制之下的群众选举议员、人大代表和政府官员的行为称之为“用手投票”。在这种投票中，投票人的直接目的往往是解决某个具体的纠纷并讨回自己的利益或公道。这种投票大多是以谴责声讨的方式投出的反对票和不信任票，而不是赞成票或弃权票，这种投票表达的是对政府的不满。[①]

其次，在信访制度的沟通民意功能方面，在现代国家治理过程中，国家决策的正确性和有效性很大程度上取决于是否掌握真实而充分的信息。在解决中央政府或上级地方政府信息来源的有限性问题上，信访提供了一种重要的补充机制。通过信访的方式，几乎所有的公民都可以向国家反映几乎所有的社会问题和政治问题。从实践情况看，国家信访机构接受的来信来访涉及的问题确实涵盖了社会生活的各个方面。这些信访活动在给国家提出要求、带来压力的同时也带来了大量珍贵的第一手的信息，而这些信息有助于国家及时地了解社会动态并制定和调整政策，是国家政治生活的“晴雨表”。[②] 信访制度体现了权利表达机制的作用。公民的各种权利诉求通过信访部门得以反映，由信访部门进行梳理并送达至相应的负责机构。这是国家和公民之间的一种沟通渠道，是一种柔性的权力与权利之间的交涉过程，是信访的权利得以实现的机制。

最后，在信访制度的社会监督功能方面，我国现行的权力监督体系，如政府监督、司法监督、人大监督和党的监督，属于自上而下的内部监督。自上而下的内部监督在实践中确实不易，必然造成实践中的低效。中国的市民社会尚未完全形成，缺乏批判力，给政治腐败提供了温床。信访在一定程度上起到了监督行政机关以及其他国家机关依法行使职权的作用。特别是 20 世纪 90 年代以后，来信来访提供了大量线索和证据，在国家查处官员的贪污受贿等违法乱纪活动中发挥了作用，促进了国家机关的廉洁和法治建设。

---

① 李宏勃：《法制现代化进程中的人民信访》，北京：清华大学出版社，2007 年，第 219 页。

② 李宏勃：《法制现代化进程中的人民信访》，北京：清华大学出版社，2007 年，第 223 页。

2005 年修订的《信访条例》第 2 条规定："本条例所称信访，是指公民、法人或者其他组织采用书信、电子邮件、传真、电话、走访等形式，向各级人民政府、县级以上人民政府工作部门反映情况，提出建议、意见或者投诉请求，依法由有关行政机关处理的活动。"信访事项主要包括三种：反映情况；提出建议、意见；投诉请求。其中，提出建议、意见属于公民行使监督权，反映情况既可能是行使监督权也可能是行使救济权。可见，2005 年修订的《信访条例》明确了信访的监督功能。

2006 年 8 月，全国人大通过了《各级人民代表大会常务委员会监督法》，规定各级人民代表大会常务委员会可以根据人民来信来访的途径，确定常务委员会听取和审议本级人民政府、人民法院和人民检察院的专项工作报告的议题，明确将信访监督列为人大监督政府和司法机构的重要形式。从某种意义上讲，这表明了最高权力机关对信访监督作用的认可和肯定。

信访制度是我国实践中保障公民行使监督权的最具实效意义的具体制度，信访制度的监督在某种意义上是社会民众对官僚系统的监督，与我国现行的权力监督体系相比，其最大的特点就在于，这是一种社会监督，是现行权力监督体系之外的外部监督。

信访制度上述制度功能的实现，有利于中国社会整体秩序的稳定，信访制度在此过程中充当了"社会安全阀"的作用。国家对信访作为社会安全阀的重要功能是有清醒认识的，这主要是因为信访能够暂时消解冲突双方的敌对情绪；信访能够使冲突双方彼此了解；信访能够化解矛盾，平息冲突。因此，国家不断强调要把矛盾解决在基层，要把解决问题和疏导教育相结合，以避免怨气的升级和矛盾的激化。如果信访机制运作得好，无疑会大大化解敌对情绪、稳定社会秩序。

(二)法律框架下分流、弱化信访权利救济功能

要使信访制度在宪法框架下的位置与功能名实相符，就必须在将来信访制度的功能设计上分流、弱化信访的权利救济功能。"信访制度严格说并不是一种特定的纠纷解决程序，然而，从实践中的作用和效果看来，信访制度却在我国的纠纷解决系统中具有不可替代的地位。"① 现阶段囿于我国权利救济机制并不健全的实际，我们既不能因为信访救济与法治为敌就片面地取消信访的救济功能。信访救济之所以在既有的权利救济体系中占有重要地位，是因为它对于偏于程序正义疏于实体正义的司法救济而言是一种替代性纠纷解决方式；对于畏惧诉讼之程序繁复、成本高昂的人民群众来说是一种可以"接近正义"的便利通道；对于某些在当地投诉无门、胜诉无望、执行无路的疑难案件当事人来说，是一条可能的出路；对于困于司法不公和司法腐败的中国当

① 范愉：《非诉讼纠纷解决机制研究》，北京：中国人民大学出版社，2000 年，第 561 页。

下社会而言，是一个必要的安全阀和矫正机制。因此，在建设法治社会的漫长过程中，我们仍然必须为人们保留将信访作为“底线救济”的权利。与此同时，我们也必须清楚地认识到，信访作为纠纷解决机制有着明显的不足：第一，信访具有非规范性。非规范性是指信访过程从接受问题到问题的解决有很大的任意性，它没有可以严格遵守的规范。第二，非程序性。理想的纠纷解决制度的重要特点是它的严格程序性。但是信访从收取信息到纠纷的处理，不可能有严格的程序。因为信访机构事实上只能是一个传递纠纷信息的机构，实际解决纠纷的机构仍然是信访所涉及的问题的机关，因此为信访制定统一的解决纠纷的程序是不可能的。事实上，林林总总的信访规定（包括新的《信访条例》）只是一些对信访工作的要求与处罚性规定，并不是解决纠纷的程序性规定。第三，非专业性。解决纠纷是一个高度专业性的工作，在现代社会，解决纠纷的最终依据是法律，因此，它要求纠纷裁判者有专业的法律知识。这种专业性还包括专业地对法律进行解释与适用的方法，以及尊重法律的职业习惯与道德。这些都是信访人员所不具备的。第四，缺乏交往理性。合理的纠纷解决程序是建立在交往理性之上的，这个交往理性的核心是争议的双方面对面的、公开的、建立在规范认同（法律、习俗等）之上的、依据一定程序的平等的对话。而信访作为纠纷解决机制在许多情况下双方当事人并不直接接触，同时它并不强调对规范的遵守，而是千方百计地，甚至是不计成本地“息讼”。它的结果极容易走向两极：一是漠视当事人的正当要求对当事人进行打压甚至欺骗，迫使其放弃要求；一是在当事人的压力与更高的权力有所压迫下赋予当事人不适当的利益。第五，结果的高度或然性。纠纷解决机制追求的价值之一就是结果的相对同一性，即相同的案件相同的结果。但是信访的结果却是高度或然的。其原因不仅在于前述制度本身的缺陷，还在于信访官员追求的最高目标是“息讼”，而不是纠纷的合理解决。诚如有的上访者所说：像撞大运一样，上访者们都希望自己是幸运的那一个。当听到有人因领导批示而解决了问题时，所有的人便又都充满了希望。但是，这个希望十有八九是虚幻的。因为信访解决问题的结果不具有一致性与连续性。[①]

因此，在信访救济的未来制度创新中，应该发挥信访救济的独特优势，集中矫正其不讲程序、缺乏规范、充满“人治”色彩的根本弊端，将信访救济规范和改造为现有司法救济的过滤机制、补充机制和疑难案件协调处置机制。

所谓过滤，是指在尊重信访人基本权利的情况下，把能够通过司法途径实现救济的案件转移到司法中去，树立司法作为权利救济首要救济方式的原

① 周永坤：《信访潮与中国纠纷解决机制的路径选择》，《暨南学报（哲学社会科学版）》，2006 年第 1 期。

则。实现“诉访分离”。需要强调的是，对于这一点 2014 年年初党和国家已经做出了部署和改变。为了深入贯彻党的十八大精神，全面落实依法治国基本方略，适应刑事诉讼法、民事诉讼法修改实施对依法处理涉法涉诉信访问题的要求，提高对涉法涉诉信访问题处理的法治化水平，2013 年 4 月经中央政治局常委会议审议通过，由中央政法委牵头制定的《关于依法处理涉法涉诉信访问题的意见》(以下简称《意见》)。《意见》明确了涉法涉诉问题的解决出路在于法治化，提出了实行诉讼与信访的分离制度、建立涉法涉诉信访事项导入司法程序机制、严格落实依法按程序办理等制度。

所谓补充，是指在现有司法救济有限的情况下，将不能通过司法救济的案件纳入信访渠道，现如今人民法院不予立案但又涉及公民宪法基本权利维护的案件。在某种意义上，信访的权利救济功能应当属于我国宪法监督机制的重要组成部分。因为信访制度的运作在很大程度上彰显了宪法监督制度的意蕴。经由常态纠纷解决机制仍不能解决，或无法为常态纠纷解决机制所容纳的信访事项，并不因此而必然被“终结”。这是因为，秩序价值固然弥足珍贵，但对公民合法权益的保障，却是一国政治正当性的基本维系与根本使命。更何况，秩序价值与权利保障价值的张力，却是可以通过制度设计来消解。这就是宪法监督机制的价值所在(西方有的国家称之为宪法诉讼或违宪审查)。在中国的宪法体制之下，理应由作为最高权力机关的人大抑或实际上处于领导地位的党委提供这种权威性的终局性救济，[①] 而不能由并非作为最高权力的法院和行政机关所做出的决定来终局性地决定公民的权益。应该说，当下的信访制度虽然在程序和组织架构上无法和理想的宪法监督机制相提并论，但其所蕴含的价值却是与宪法监督制度一致的，即通过设置信访制度，实现党委领导与基层民众的直线联系，从而冲破各种利益束缚，克服体制内的阻力，保障民众的合法权益。而这一点，正是将信访制度改造成为中国的宪法监督机制的要义所在。并且，对于相关程序和组织架构的改革，是社会转型期中国政治改革的基本路径(如大部制改革和省管县改革)，就此而言，信访制度改革似乎找到了一条施行起来相对较为简单的“捷径”。

所谓疑难案件协调处理，是指在既有的司法救济遭遇种种困难，尤其是司法救济受到基层地方关系网阻隔而无法正常实现时，将案件转到信访渠道，通过信访救济来处理。这种机制虽然比较难于规范，但对于目前尚面临种种体制缺陷的中国社会来说却是不可或缺的。它一方面可以像日本苦情处理机制那样，发挥社会安全阀的作用；另一方面可以发挥信访机制的独特优势，突破地方重重关系网的封锁，借助高层的力量来矫正地方政府或来自社会底层的违法行为。

---

① 我们更同意以后者作为权威机关施行宪法监督，因为这更符合中国国情。

总之，信访制度作为我国目前多元纠纷解决机制之一，在目前的中国应成为司法制度正面且积极的促进力量，而不是消解、弱化司法制度。未来应将信访制度融入我国既有的宪法框架内，将其改造成为一项具有中国的特色的法律制度，发挥其应有的制度作用。

参考文献

[1] 胡中才：《古代"信访"史话》，武汉：湖北人民出版社，2000 年。

[2] 张红：《农地纠纷、村民自治与涉农信访》，《中国法学》，2011 年第 5 期。

[3] 朱达志：《"信访总量"引发质疑》，《中国经济时报》，2010 年 9 月 27 日。

[4] 周本顺：《在全国涉法涉诉信访工作会议暨信访领导干部培训班的讲话》，《北京市涉法涉诉信访工作资料汇编》，2010 年 10 月内部刊。

[5] 张嘉军、乔苹苹、金江峰：《信访压力与多元化纠纷解决机制》，http//www.hapa.gov.cn/Article/zw/szs/zz/201009/170555.html。访问时间：2011 年 7 月 15 日。

[6] 于建嵘：《信访的制度性缺失及其政治后果——关于信访制度改革的调查》，http//www.chinareform.net/2010/0116/10272.html。访问时间：2011 年 6 月 6 日。

[7] 陈小君等：《涉农信访与社会稳定研究》，北京：中国政法大学出版社，2011 年。

[8] 范愉：《非诉讼程序(ADR 教程)》，北京：中国人民大学出版社，2012 年。

[9] 林华：《信访性质的溯源性追问》，《中国政法大学学报》，2011 年第 6 期。

[10]《毛泽东文集》(第 6 卷)，北京：人民出版社，1999 年。

[11]《毛泽东选集》(第 5 卷)，北京：人民出版社，1977 年。

[12]《认真处理人民群众来信大胆揭发官僚主义罪恶》，《人民日报》，1953 年 1 月 19 日。

[13] 李慕洁编：《应用信访学》，北京：华龄出版社，1991 年。

[14]《江西省信访工作会议举行 孟建柱吴新雄等讲话》，http：//jiangxi.jxnews.com.cn/system/2007/05/30/002490041.shtml。访问时间：2014 年 3 月 28 日。

[15] 姜明安：《改革信访制度创新我国纠纷和救济机制》，《中国党政干部论坛》，2005 年第 5 期。

[16] 班文战：《我国信访制度的权利救济功能及其有效性分析》，《政法论坛》，2010 年第 2 期。

[17]《习近平：把"枫桥经验"坚持好、发展好 把党的群众路线坚持好、贯彻好》，http：//news.xinhuanet.com/politics/2013－10/09/c_117639443.htm。访问时间：2014 年 3 月 28 日。

[18] 李宏勃：《法制现代化进程中的人民信访》，北京：清华大学出版社，2007 年。

[19] (美)科塞：《社会冲突的功能》，孙立平等译，北京：华夏出版社，1989 年。

[20] 范愉：《非诉讼纠纷解决机制研究》，北京：中国人民大学出版社，2000 年。

[21] 应星：《作为特殊行政救济的信访救济》，《法学研究》，2004 年第 3 期。

[22] 周永坤：《信访潮与中国纠纷解决机制的路径选择》，《暨南学报(哲学社会科学版)》，2006 年第 1 期。

（作者：王敬波　中国政法大学教授）

项目名称：土地管理制度改革与农民权利保障问题研究
项目编号：11FXB014
项目负责人：邓海峰
项目信誉保证单位：清华大学

《环境保护法》修改的理念基础与制度期待

一、《环境保护法》修订的理念与价值基点

一定时期的伦理道德思想将影响主体的法律理念的内容和结构，进而决定一国在该特定历史阶段所追求的法律价值的具体内容和结构。[①] 人类中心主义伦理思想所滋养的工业文明是以经济主义为理念基点的。此种理念对经济增长的期待是无止境的，主张经济增长是个人幸福和社会福利的唯一源泉。该理念指导下的"大量生产—大量消费—大量废弃"的生产生活方式忽视了生态系统的供养与净化能力，从而导致全球性生态危机爆发。[②] 环境伦理学者为挽救日益恶化的地球生态，呼吁人们重新审视人与自然的关系，提出人类作为物种之一，和地球生物圈内的其他物种是平等的，人类应当尊重其他生物生存的权利，寻求跨越人域的人与自然的和谐与公平。[③] 在这一趋势下，虽然人类社会的实证法尚无法实现对代表更高层次正义的伦理法进行完全的认可和重述，但传统的人类中心主义思想却得到了修正。它已开始逐渐摆脱工业文明的思维惯性，将生态主义作为理念基点，开辟体现生态文明的发展路径。与强调经济优先相对，生态主义更加注重生态保护先行，承认和尊重自然环境的价值，主张将人类的物质生产限制在生态系统的承载限度之内[④]。它要求经济应服从于人类和环境的终极目标，经济活动本身不应成为目的。[⑤]

树立生态优先理念不仅有深厚的理论基础，而且实践中也有成功案例的支持。20 世纪 50 年代后半期到 70 年代前半期，日本片面追求经济振兴，未能制定出合理有效的防治污染的政策措施，企业和政府官员也没有对国家有

---

① 竺效：《环境资源法之法律目的研究》，《环境资源法论丛》，2004 年第 4 期。

② 卢风：《论环境法的思想根据》，《清华法治论衡》，2010 年第 1 期。

③ 周辉、陈泉生：《环境理念初探》，《时代法学》，2004 年第 2 期。

④ Kenneth E. Boulding：The Economics of the Coming Spaceship Earth，收录于 Environmental economics：A reader. 1992，pp. 27—35。

⑤ 蒋伏利：《现代经济学的生态缺失》，《绿色中国》，2009 年第 7 期(A 上半月)。

关环境的立法引起足够重视，直到影响极为恶劣的“四大公害事件”相继发生，日本才真正地意识到公害问题的严重性和防治公害的紧迫性。[①] 为了顺应环境保护国际化的潮流和趋势，摆脱国内经济发展和环境保护的困境，日本不再坚持“产业优先”的发展理念，逐步树立了环境利益优先的现代环境价值观，开始以国民健康和环境利益为出发点开展环境保护工作，最终使得日本从严重的环境污染国发展成为风光优美的公害防治先进国。[②] 与日本发展路径相似而环境危机更趋严峻的我国应从日本的环保实践中汲取经验，尽快贯彻环境利益优先理念，避免环境悲剧的不断产生。

我国环境法要想实现诸如日本式的彻底革新，在理念与制度构成上就必须处理好分布于不同层域之间的三重冲突关系。第一，为维护与增进作为人类共同生存基础的生态系统，每个人的义务(责任)应如何分配，法律才能平衡？第二，作为人类世代所居住的地球只有一个，后代人也有居住的权利，而前代人在地球的保全方面造成过破坏，因此，在前代人、当代人、后代人之间形成的自然“债”，法律应如何平衡？第三，人仅是自然的一员，其他自然界的物种也应具有某些权利，那么人与其他物种的权利如何衡平？[③] 这三重冲突分别对应着代内公平、代际公平与种际公平，共同构成了环境正义的内涵，需要人们在环保实践中予以综合考虑。环境法上的公平是人类在应对新型困境中提出来的，它充实了传统的公平价值观，并对其造成了冲击，极大地拓宽了法的价值空间。当下，在上述三重矛盾中，最为紧张的是代内公平与种际公平。因此，我国环境法应在率先搭建代内公平和种际公平协调机制的基础上，进一步寻求代际公平实现的制度可能。代内公平意味着环境利益和负担在不同地区、不同国家间的平等分配。而“种际公平则需遏制人类私欲的膨胀，以种群利益为单位，改变其他物种对人类无偿提供资源的观念，建立生态享有回报机制”[④]。

环境立法理念由经济主义到生态主义的转变将是中国必须进行的一场革命，这是一场关系到国家命运和民族未来的革命。为保证其公平进行，必须践行体现环境正义的价值目标，努力创设一种公平、正义、和谐的生态秩序。

二、强化涉环境要素主体的法律责任

环境法律基本制度既是环境法体系的外在表现形式，也是环境法治理念

① 张磊：《日本环境法理念的转变对我国环境法发展的启示》，《淮海工学院学报(社会科学版)》，2011 年第 12 期。

② 张磊：《日本环境法理念的转变对我国环境法发展的启示》，《淮海工学院学报(社会科学版)》，2011 年第 12 期。

③ 郑少华：《生态主义法哲学》，北京：法律出版社，2002 年，第 156 页，

④ 周辉、陈泉生：《环境理念初探》，《时代法学》，2004 年第 2 期。

与法律精神的固有载体。因此，环境法基本制度的良好运行是检验一国环境法治水平的基本尺度。通常，我国的环境法律基本制度主要依靠各类涉环境要素主体的主动与被动行为付诸实践。一方面，作为主动推行主体，各级政府及其职能部门通过行使审批、验收、收费、颁证、下达限期治理决定等权力，来保障各类制度的落实。[①] 由于现行环境保护法对于监管主体的授权性规定明显多于义务性规定，因而法律对主动主体的责权配置不均衡；加之法律创设的部分义务性规定不具备现实操作性，使公权力主体缺乏有效的法律制约，进而导致执法实践中管理部门不认真履行职责，监督不力，有法不依，违法不究现象的普遍泛滥。另一方面，现行法律对作为主要义务主体的公民与企业的法律责任设定过轻，致使环境负外部性长期得不到有效的制度制约。尽管这一状况已被多位环境法学者提出和关注，但已有的研究成果主要着眼于对环境责任缺失状况与成因的宏观分析，没能提出更多可操作的微观建议。[②] 为尽快赋予环境保护法以实践性，本文将从环境保护责任主体与基本制度相对应的角度，提出如下具体制度建构建议。

（一）调整环境监测管理制度

环境监测是环境保护工作的技术基础，监测数据关系到环境执法的公正性和政府决策的科学性。但我国较长时间以来，同一地区、同一流域不同部门公布的环境质量数据不同、评价不一，这对环境保护工作和环境监测机构的公信力都造成了负面影响。究其原因，环境监测的技术手段和规范标准建设滞后对此有一定影响，但主要问题还是集中在环境监测体制独立性不足这一核心症结上。

目前，我国环境监测机构主要隶属于各级人民政府的环境行政主管部门，其工作内容与职责范围由规范性法律文件予以明确，监测任务由环保部门分配和布置，经费主要由同级人民政府财政拨款。尽管我国已经建立起不同级别的环境监测站点体系，但隶属于不同级别环保行政主管部门的监测站之间只具有业务上的指导关系，不存在行政管理关系。[③] 由于我国大部分地区都已经强制性地将环境保护效果纳入地方各级人民政府的政绩考核指标体系，这在强化地方政府环保压力的同时，也必然导致少数环保压力突出、法治观念淡薄的地方政府萌生粉饰甚至伪造环境监测数据的想法。由于现有环境监测机构均隶属于各级人民政府及其环保部门，这在客观上就造成了被监督者本人实施监督行为的失序行政架构，使前述不当想法具有了付诸实施的现实条件。应该说这种行政管理体制是造成我国基层环保数据严重失真的重要原因

① 李挚萍：《我国环境法基本制度的总体评价和未来走向》，《现代法学》，1998 年第 1 期。

② 杨飞：《完善政府环境责任的法律问题研究》，东北林业大学硕士学位论文，2010 年。

③ 张卫先：《我国现行环境监测体制述评》，《中国环境监测》，2009 年第 3 期。

之一。如在沱江特大污染事故中，川化集团二厂排放的废水中 NH_3N 高达 1000—2000mg/L，厂方监测机构一直将造假数据报送给环保部门，而当地环保部门领导得知污水处理厂报出的真实数据后出于某种原因未能及时向上级报告。在这种故意的漠视和瞒报放任下，该厂肆意将浓度超过 7000—8000mg/L 的 NH_3N 废水排入沱江，最终给当地造成超亿元的重大财产损失。[①]

这说明赋予环境监测机构以有效的独立性，阻断其与地方人民政府及其环保部门之间的不当物质依赖与利益连接，将有利于提高环境监测机构依法独立履行职责的法律地位及监测数据的可信度和准确性。[②] 为此，我们具体设计了两种方案：第一，改变各级环境监测机构隶属于同级人民政府环保部门的管理体制，由环境保护部统一对全国环境监测机构实行垂直管理。第二，为减少上述管理体制变更的难度并便利工作的衔接，可分阶段实现环境监测体制的调整，先建立准垂直的环境监测管理体制。据此，地方环境监测机构由现行的隶属于地方各级环保部门变更为向环境保护部派驻各地的区域环境保护督察中心负责。与此同时，健全监测责任制度，明确和强化环境监测人员的法律责任，对篡改和提供虚假环境信息的机构和人员予以处罚，通过加大处罚力度来抑制环境监测人员和机构的作假冲动。上述体制革新将为各级地方政府和环境管理部门的绩效考核提供真实、准确的信息，为企业排放行为确立准确、公正的外部数据约束，并为区域乃至全国的宏观环境决策提供科学依据。

（二）赋予环境计划（规划）对外效力

"规划(Planning)无疑已经成为正在膨胀的行政国家的一部分。"[③]环境规划是行政规划的一种，担负着从整体上、战略上来研究和解决环境问题的任务。中国各类环境规划在性质上属于行政机关的内部行政行为，各级人民政府根据环境保护计划，逐级制定环境保护目标责任制，通过与环境保护相关的项目许可制度或者与企业签订环境保护目标责任合同书，实现环境规划的目标。[④] 然而现实中许多根据环境规划取得环境保护相关项目或建设工程许可的行政相对人经常故意违反环境规划的要求，以降低项目运行成本或工程建设成本的方式谋取私利。更有甚者，竟与行政机关工作人员恶意串通，假借实施环境计划(规划)的名义，违法获取相关项目，骗取国家环境保护资金与

① 成鑫平：《关于创新监测体制确保环境监测数据公正性的思考》，《环境保护与循环经济》，2008 年第 11 期。

② 杜万平：《对我国环境部门实行垂直管理的思考》，《中国行政管理》，2006 年第 3 期。

③ Richard O. Brooks, The Legalization of Planning Within the Growth of the Administrative State, 31, Adminis—trative Law Review, 1979. p. 67。

④ 汪劲：《环境法学》，北京：北京大学出版社，2006 年，第 217 页。

优惠政策。囿于现行环境计划(规划)属于内部行政行为的性质，其难以对上述行政相对人产生具有足够威慑力的法律效力。实践中此种现象只能通过双轨制的方式加以解决。对于相对人，多依据《行政许可法》追究其行政责任或者依据《合同法》等民商事法律解决财务争议；对行政机关工作人员则以违反环境规划为由做出行政处分。这种双轨制割裂了对恶意串通双方的主观恶性认定，在降低双方法律责任强度的同时，严重减损了环境计划(规划)制度的权威性。

传统行政法学理论认为："计划不过是事业的一种蓝图，以公告事业计划对国民加以限制，仅停留在法律赋予计划的一种附带性效果，而不是对特定个人的具体处分。因此，争讼该计划自体，缺乏争讼的成熟性乃至具体的案件性。"[①]随着环保实践的发展，理论界已对上述传统认识提出了质疑。规划虽然具有未来性，但并不能因此就认定某些强制性行政规划不具有法律效果，因为相对人的行为会影响强制性行政规划目标的完成，某些强制性规划也会对人们的权利义务或利益造成影响和限制。[②] 事实上，强制性规划可按对象是否特定区分为两类。由于对象不特定的规划仅对相对人产生间接的影响和限制，如综合性城市规划，它虽带有强制性，但对未来目标的设定概括且抽象，所以约束力主要应针对行政机关，不能直接适用于行政相对人，在性质上更接近于抽象行政行为。对于对向特定的规划，如内容较为具体的省级以下环境规划和专项规划，尽管其形式上仍属"超个别"的一般行为，但因其对相对人的权利义务或法律上的利益进行较为明确的限制或施以具体化的影响，且其强制约束力在规划期内会必然发生，所以在性质上更接近于具体行政行为。[③]

认识这一点对于救济因行政相对人不法行为而引起的环境规划目标落空现象有着重要的现实意义。因为如果仍沿用规划仅具有内部效力的观点，通常会使相对人的责任被制度性地降低，从而导致环境规划威慑力的下降甚至丧失。通过赋予对象特定的规划本身以对外效力而非借助于依附规划的许可或者合同的效力来强化对行政相对人的约束，将相对人与审批机关及其负责人的责任追究合并于一体，将彻底扭转现行立法对恶意串通违反规划现象无力制裁的被动局面。

(三)强化规划和建设项目批准机关的法律责任

我国的环境影响评价实践开始于 20 世纪 70 年代，2002 年通过的环评法

---

① [日]室井力主编：《日本现代行政法》，吴微译，北京：中国政法大学出版社，1995 年，第 57 页，

② 郭庆珠：《行政规划的法律性质研究——与王青斌先生商榷》，《现代法学》，2008 年第 6 期。

③ 郭庆珠：《行政规划的法律性质研究——与王青斌先生商榷》，《现代法学》，2008 年第 6 期。

将规划纳入了环评范围，并将通过环评审核作为审批规划和建设项目的前置条件。但现实状况与立法期待相去甚远，特别是规划或建设项目批准机关在规划与建设项目未取得环境影响评价批准文件之前违法审批的现象屡禁不止。例如，尽管根据环评法的规定，煤炭矿区总体规划属于能源专项规划，应当在上报审批前依法开展环评，编制环境影响报告书。但是新疆伊犁伊宁矿区、内蒙古大雁矿区等12个国家级矿区的总体规划在未开展环评（或已开展尚未完成）的情况下即已通过国家发改委的审批。[①]

规划或建设项目一旦获得批准，环境影响评价制度所能起到的预防功能便丧失殆尽。环境危害的潜在性、累积性和灾害放大性决定了其一旦发生，往往会给公共安全和生态系统造成难以衡量的重大损害，甚至会产生不可逆转的严重后果。因此，目前世界各国的环境立法对环境违法都设置了严格的责任追究制度。鉴于我国目前公众参与制度及公益诉讼制度尚未完备，期待通过公民社会的监督作用抑制环境违法更需时日，因此法律实践中急需强化对上述违法审批机关及其行政人员的法律责任来保证并提升环评的实施效果。在环境影响评价法修订之前，结合我国的实际情况，我们认为通过完善《环境保护法》监督检查和法律责任两部分的规定可以起到较好的替代效果。具体建议如下：对于规划或建设项目的审批机关在该规划或建设项目尚未取得环境影响评价批准文件前，已经审批该规划或建设项目的，负责审批环境影响评价的各级环境保护行政主管部门有权提请同级人民政府撤销审批机关的批准文件。规划或者建设项目批准文件被撤销后，审批机关自撤销之日起五年内不得再受理或变向受理包括该规划或者建设项目全部或部分内容的审批申请。

三、明确环境容量资源的国家所有权

在环境保护领域，传统的“命令加控制”方法曾扮演过重要角色，并将在未来继续发挥重要作用。[②] 但是，这种方式存在着行政成本高昂和执法效率低下等局限。随着理论界对污控机制运行规律的不断探索，将传统的公法方法与新兴的市场机制相结合已成为各国环境立法者的共识。因此，我国在修改环境保护法时也应当顺应潮流，充分引入市场机制。[③] 重点污染物的排污权交易制度就是一种利用市场调节手段保护环境的有力工具。其最早起源于美国，现已成为世界范围内控制传统有形介质污染物与应对气候变化的有效手段。作为已被发达国家实践证明了的一种有效的污染防治措施，重点污染物的排

① 汪劲：《环保法治三十年：我们成功了吗》，北京：北京大学出版社，2011年，第82页。

② 邓海峰：《排污权——一种基于私法语境下的解读》，北京：北京大学出版社，2008年，第42—43页。

③ 曹明德：《对修改我国环境保护法的再思考》，《政法论坛》，2012年第6期。

污权交易制度将是丰富我国未来环境管理手段的重要尝试。但由于我国《行政许可法》第九条明确规定“依法取得的行政许可，除法律、法规规定依照法定条件和程序可以转让的外，不得转让”，这使我国在推进排污权交易制度的过程中面临着法律障碍。与此同时，仅就我国排污许可的性质及行政管理普遍规律的角度而言，也不便于规定其可以在相对人之间直接进行转让，这进一步强化了排污权交易制度推进的制度障碍。

事实上，物理层面的各种排污行为是对各类环境要素所蕴含的环境容量资源的一种用益，如向水体排放污染物是对水体环境容量资源的利用。据此，我们就可以通过在立法中明确水体环境容量资源所有权并在该所有权之上创设具有财产权属性的水体环境容量使用权的方法回避前述行政许可法的制度障碍。基于法律非禁止交易的财产均具有可交易性的财产权处断原则，我们在承认排放许可是公权力凭证的同时，可由《环境保护法》抑或单行环境要素保护法赋予排污许可以财产权凭证的私权属性，这将从根本上解决排污许可的可交易性问题。由于我国《物权法》已经明确物权法定原则，因此作为特别法的《环境保护法》有必要对属于具体形态排污权上位权利的环境容量资源所有权做出规定，以完成其财产权化的法律程序。考虑到我国实行自然资源国家所有的制度，因此作为典型自然资源的环境容量资源亦应由法律明确为国家所有，并由国务院环境保护行政主管部门与国家自然资源管理部门根据环境保护工作与资源用益形势的需要，对环境容量资源的配置与国有资源收益方式做出具体规定。

四、完善环境公益诉讼的整体性法律根据

环境问题的严重性以及环境利益的基础性迫使我们重新考虑传统程序救济机制的合理性，对不同层次的环境利益予以特殊救济，因此承认和建立更有利于保护环境利益的环境公益诉讼制度便应运而生。环境公益诉讼根据被诉主体的不同，可分为对环境损害者的环境民事公益诉讼和对环境管理者的环境行政公益诉讼。前者作用于全体环境用益人，而后者则针对不同的环境监管者。[①] 鉴于2012年8月修订的《民事诉讼法》第五十五条已初步为环境民事公益诉讼制度提供了法律根据，因此建议环境保护法应从完善公益诉讼制度整体性法律布局的高度，进一步明确环境行政公益诉讼制度，从而强化环境保护领域依法行政的法律监督力度与威慑力度。

环境保护所具有的公共性特征决定了政府在环境保护的过程中始终扮演着重要的角色。由于现代政府本身就是多目标管制的行政权力集合体，在实

① 参见吕忠梅、吴勇：《环境公益诉讼实现之诉讼制度构想》，《环境公益诉讼》，北京：法律出版社，2007年，第26页。

现社会管理的过程中，政府通常难以做到始终将环境保护作为最高的施政目标。这在我国部分仍然“唯GDP论”的地方政府间表现得尤为明显。为片面追求GDP的提升，这些地区的政府或者对环境污染行为漠然处之，或者对资源破坏现象淡然应对。更有甚者，一些环境违法事件的最终责任主体就是一味实施地方保护主义的政府部门。环境损害的长期性与隐蔽性致使此类损害的后果通常由全社会来共同承担而难以直接与特定化的民事主体相对接。基于传统行政诉讼中“诉的利益”理论的限制，实践中便难以寻得适格的告诉主体对此类致害行为提起诉讼。这在事实上造成了环境受害人对因政府行为导致环境损害的监督困境。[①] 环境行政公益诉讼制度的建立，打破了政府难以被作为环境损害责任人的制度漏洞，这不仅有利于规范政府依法行政的外部监督机制，更为扩大政府决策行为的司法审查范围创设了法律根据。因此，我们建议《环境保护法》的修订应当实现与民事诉讼法在公益诉讼布局上的立法呼应，以有效解决因“政府管制失灵”和“政府不当干预”而出现的环境违法现象。

《环境保护法》的修改和完善是一项系统而复杂的工程，更是关乎未来中国发展模式的重大立法选择。旧有的发展模式已经严重透支了生态环境的承载力，这要求新的《环境保护法》必须坚守民族发展的生态底线，全面推进生态文明法治建设的彻底转型。

（作者：邓海峰　清华大学副教授）

① 参见汪劲、田秦：《绿色正义——环境的法律保护》，广州：广州出版社，2000年，第56页。

项目名称：现代社会大规模侵权责任之研究
项目编号：11FXC027
项目负责人：程 啸
项目信誉保证单位：清华大学

多数人侵权责任的规范目的

一、引 言

在现代社会的侵权行为尤其是机动车损害责任、产品责任、医疗损害责任、环境污染损害责任中，加害人为多人的情形极为常见。因多数人对同一受害人实施侵权行为时，侵权行为与损害结果之间的因果关系形态表现为多因一果或多因多果，故而受害人如何证明因果关系的存在、加害人如何向受害人承担侵权责任、加害人内部的责任怎样分担等问题，较之于单独的侵权行为更为复杂。从比较法上来看，许多国家或地区的民法对多数人侵权责任（Haftung mehrerer Personen）都有特别的规范，如《德国民法典》第830条与第840条、《日本民法典》第719条、《瑞士债务法》第50条、《荷兰民法典》第166条、《俄罗斯联邦民法典》第1080条与第1081条、我国台湾地区“民法典”第185条等。

在我国《侵权责任法》颁布之前，[①] 规范多数人侵权责任的法律规范主要是《民法通则》第120条、《最高人民法院关于贯彻执行〈中华人民共和国民法通则〉若干问题的意见（试行）》（以下简称《民法通则意见》）第148条以及《最高人民法院关于审理人身损害赔偿案件适用法律若干问题的解释》（以下简称《人身损害赔偿解释》）第3、4条。这些法律规范确立的多数人侵权责任可分为两类：其一，共同侵权行为，包括共同加害行为（《民法通则》第120条、《人身损害赔偿解释》第3条第1款）、共同危险行为（《民法通则》第120条、《人身损害赔偿解释》第4条）以及教唆帮助行为（《民法通则》第120条、《民法通则意见》第148条）；其二，其他的多数人侵权责任，即《人身损害赔偿解释》第3条第2款规定的：“二人以上没有共同故意或者共同过失，但其分别实施的数个行为间接结合发生同一损害后果”的情形。

---

① 《侵权责任法》于2009年12月26日由第十一届全国人民代表大会常务委员会第十二次会议通过，自2010年7月1日起施行。

由于未能正确地认识到多数人侵权责任的规范目的，因此上述法律规范确立的多数人侵权责任体系存在诸多问题。首先，依据《人身损害赔偿解释》第 3 条第 1 款，作为狭义共同侵权行为的共同加害行为不以共同故意即意思联络为必要，而是既包括“共同故意”，也包括“共同过失”造成他人损害的情形。同时，多个加害人即便没有“共同故意或共同过失但其行为直接结合造成同一损害的”，也构成共同加害行为。这一规定不仅完全忽视了共同加害行为的规范目的，而且使得共同加害行为与共同危险行为的区分变得十分困难，不利于我国共同侵权行为制度内部的和谐。其次，《人身损害赔偿解释》第 3 条第 1 款与第 2 款以“直接结合”还是“间接结合”造成同一损害后果为标准，将“二人以上没有共同故意或者共同过失”分别实施的数个行为发生同一损害后果的情形区分为两类。如果是直接结合的，则构成共同加害行为；如果是“间接结合”，则由侵权人按过失大小或原因力比例各自承担相应的赔偿责任。可是，究竟什么是“直接结合”、什么是“间接结合”，难以界定。法院在处理案件中也无法适用，实践中甚至因此出现不少滥科连带责任的现象。

我国《侵权责任法》不仅在总则部分（第 2 章）采用众多的条文（第 8—12 条）对多数人侵权责任重新做出了规范，构建了一个全新的多数人侵权责任体系，而且还在规定特殊侵权行为的分则部分（即第 4—12 章），就一些特殊侵权行为中的多数人侵权责任做出了具体的规定（如第 36 条、第 51 条、第 67 条、第 74 条、第 75 条、第 86 条等）。依据《侵权责任法》的规定，多数人侵权责任包括以下两大类：其一，共同侵权行为，具体包括第 8 条的共同加害行为、第 9 条的教唆帮助行为以及第 10 条的共同危险行为。其二，无意思联络的数人侵权，即“二人以上分别实施侵权行为造成同一损害”的情形。依据因果关系形态的不同，《侵权责任法》将无意思联络的数人侵权分为两类，分别由第 11 条与第 12 条加以规范。

笔者认为，较之以往的立法和司法解释，《侵权责任法》确立的多数人侵权责任体系更为科学合理。它不仅正确地认识到了多数人侵权责任的规范目的，还以意思联络为标准合理地区分共同侵权行为与无意思联络数人侵权。应当说，《侵权责任法》确立的多数人侵权责任不仅内部更加和谐，也更有利于司法实践的正确适用。

要对我国《侵权责任法》确立的多数人侵权责任体系有一个整体性把握并在司法实践中正确地加以适用，至少应先从理论上清楚，多数人侵权责任的规范目的为何，即《侵权责任法》为何对多数人侵权责任加以特别规范。

二、侵权责任法中的“肇因原则”

迄今为止，过错责任原则都是侵权责任法公认的基本归责原则，该原则统治了侵权法的绝大多数领域。凡是法律没有例外规定适用其他归责原则（如无过错责任)的侵权行为，都应当适用过错责任原则。我国《民法通则》第106条第2款以及《侵权责任法》第6条第1款明确承认了过错责任是侵权责任法的最基本归责原则。过错责任之所以能够统治侵权法的大多数领域，关键在于只有它才真正有助于实现侵权法协调人的自由与权益保护的关系这一基本任务。19世纪的立法者和理论界认为，原则上，人们只能是在因过错给他人造成损害时才承担赔偿责任，否则人们的行为与活动自由(menschliche Handlungs-und Bewegungsfreiheit)将受到极大的限制。如果一个人尽到了最大的注意仍然不能预见到损害的发生，那么他就没有过错，无须对该损害负责，否则个人的自由生活方式将会彻底终结。[①] 按照过错责任原则的要求，侵权责任以自己责任为其基本形态。自己责任意味着：任何人应当对自己的行为负责，确切地说对自己有过错的行为负责；任何人也只对自己的过错行为负责，对别人的过错行为不负责；无行为则无责任。[②] 连带责任作为自己责任的例外，只是法律基于特别考虑做出的例外规定。

在奉行过错责任原则、贯彻自己责任的侵权责任法中，侵权赔偿责任的成立不仅要求受害人原则上应证明加害人存在过错，还以“肇因原则(Verursachungsprinzip)”为基本规则。[③] 依据肇因原则，受害人的侵权赔偿请求权只能针对那些给其造成了损害的人提出，受害人应当证明究竟何人的行为造成了其损害。申言之，肇因原则要求受害人负担因果关系的证明责任，其要获得侵权赔偿请求权，就必须既要证明加害行为与其权益受侵害之间存在因果关系，即责任成立的因果关系(haftungsbegruendende Kausalitaet)；同时，还要证明权益受侵害与其遭受的损失之间存在因果关系，即责任范围的因果关系(haftungsausfuellende Kausalitaet)。[④] 当加害人是单独一人之时，加害人实施的侵权行为与损害之间的因果关系形态表现为“一因一果”或“一因多果”，受害人在证明责任成立的因果关系与责任范围的因果关系时通常没有太大的困难。可是，当加害人是多人，他们共同或分别实施侵权行为而给受害人造成了多个或同一损害，此时因果关系形态就表现为“多因一果”或“多因多果”。受害人想要证明每一个加害人的侵权行为与其损害之间的因果关系，往往会因为缺乏证据而面临很大的困难。例如，甲、乙、丙三人合谋伤害丁，甲上前拦住丁，乙望风，丙殴打丁。如果受害人丁想要甲、乙、丙三人均向其负损害赔偿责任，除了证明他们的过错之外，还要证明他们的侵权行为与自己遭受的损害之间存在因果关系。丁要证明丙的殴打行为与自己的损害之

---

① Ernst von Caemmerer, Reform der Gefaehrdungshaftung, Berlin: De Gruyter, 1971, S. 11.

② 谢怀栻：《外国民商法精要》(增补版)，北京：法律出版社，2006年，第11—12页。

③ 王泽鉴教授翻译为“肇致损害原因原则”，参见王泽鉴：《侵权行为》，北京：北京大学出版社，2009年，第369页。

④ Staudinger/Belling(2008)，§830 Rn. 1.

间的因果关系并不困难，可是他想要逐一证明甲拦住自己的行为、乙望风的行为分别与自己所受的损害存在责任成立的因果关系与责任范围的因果关系，就非常困难。再如，A、B、C三人比赛扔石头，看谁扔得最远。三人均向远处各投掷了一块石头，其中一石击中路人丁的头部，造成严重的伤害。对此结果，甲、乙、丙三人均未料到。至于受害人丁更是无从知道击中自己的石头是何人所扔。此时依据肇因原则，受害人丁如果不能证明究竟是何人所扔的石头击中自己，就不可能获得侵权赔偿请求权。

由于在多数人从事侵权行为时，受害人面临因缺乏证据而无法证明加害人的侵权行为与自己所受损害存在因果关系的困难，因此侵权法上特别确立了以共同侵权行为为主体的多数人侵权责任制度，以消除受害人的此种困境，保护受害人的合法权益，实现社会的公平正义。易言之，侵权责任法特别规定多数人侵权责任制度尤其是共同侵权行为制度的主要的目的就是为了消除受害人因缺乏证明因果关系的证据(die Beweisnot)而面临的困境。[①] 这正是我国《侵权责任法》对多数人侵权责任做出详细规定的原因和目的所在。

三、多数人侵权责任中因果关系的特殊性

多数人侵权责任是与单独的侵权责任相对应的概念。单独的侵权责任也称单独的侵权行为，是指由一个加害人实施的侵权行为。当单独的一个加害人实施侵权行为造成他人损害时，侵权人应当如何承担侵权责任，如果法律有特别规定时(如《侵权责任法》第41条以下规定的产品责任适用无过错责任的归责原则)，则按照法律的特别规定。否则，都应依据《侵权责任法》第6条第1款确立的过错责任原则处理。有些时候，虽然是多个加害人对同一受害人实施侵权行为，但他们是分别的、各自独立的实施侵权行为，且给受害人造成的是不同的损害，这种情况也不属于多数人侵权责任。因为这种情形只是多个单独的侵权责任的累积而已，仍可以分别按照单独的侵权责任加以处理。例如，甲和乙均仇恨丙，某晚甲将丙的房子点燃，后乙路过，又将丙打伤。显然，此种情形中甲、乙都是单独实施侵权行为，他们给丙造成的也是不同的损害，因此他们属于单独的侵权行为人(Alleintaeter)，应依据《侵权责任法》第6条第1款分别确定甲、乙的侵权责任。

多数人侵权责任并非规范所有的加害人为多人的情形，而只是那些因果关系比较特殊的多数加害人造成他人损害的情形。多数加害人使得多数人侵权责任不同于单独的侵权责任，而因果关系的特殊性则将“数个单独侵权责任的累积”排除在多数人侵权责任之外。与单独的侵权责任和数个单独侵权责任的累积相比，多数人侵权责任在因果关系上的特殊之处表现为以下情形之一：

① Staudinger/Belling(2008)，§830 Rn. 1.

(一)多个加害人的侵权行为是造成损害的共同原因

当多个加害人不是分别地实施侵权行为造成受害人损害，而是共同实施侵权行为导致损害的发生，那么基于这种“共同性”，多个加害人的行为就是损害的共同原因。这个所谓的“共同性”表现为以下两种情形：

其一，主观上的共同性，即多个加害人是基于主观上的共同故意即意思联络而实施加害行为。申言之，多数加害人在实施侵害他人权益的行为中，不仅主观上意识到彼此的存在，具有共同追求的目的，而且客观上也为达致此目的而付出了共同的努力，他们各自承担了有一定数量的、相互之间有一定联系的行为部分。

其二，客观上的共同性，即多个加害人虽然在主观上没有共同的故意，而是分别实施侵权行为，但是他们的侵权行为给受害人造成了“同一损害”。所谓“同一损害”既不是指仅给受害人造成了一个损害或造成同一性质的损害，也不意味着受害人遭受的损害是不可分割的，而是指各个分别实施侵权行为之人的侵权行为均与受害人遭受的损害是具有责任成立的因果关系，[①] 即每一个侵权人的侵权行为都对损害的发生具有原因力。申言之，如果受害人遭受了多个损害，则各个侵权人的行为与这多个损害之间都具有责任成立的因果关系；如果受害人仅遭受了一个损害，则每个侵权人的行为都和这个损害具有责任成立上的因果关系。由于每个加害人的侵权行为都与受害人遭受的损害之间具有责任成立的因果关系，所以他们的行为是损害的共同原因。

(二)多个加害人的侵权行为是造成损害的择一原因

当多个加害人虽然是分别地实施危及他人人身、财产安全的行为，其中只有一个或数人行为现实地造成了损害后果，但是不能确定具体的侵权人，此时损害的发生原因必定存在于该数个加害人当中，非此即彼。如果将多个加害人的行为作为一个整体来观察的话，可以发现，他们的行为与受害人的损害之间显然是存在因果关系的。

四、作为肇因原则例外的多数人侵权责任制度

由于多数人侵权责任在因果关系上存在上述特殊性，不同于单独的侵权行为或数个单独侵权行为的累积，因此受害人要证明加害人的侵害行为与自己所受损害之间的因果关系往往面临很大的困难。正因如此，侵权责任法上才有必要特别设立多数人侵权责任制度，来消除受害人的此种困难，实现对

---

① 责任成立的因果关系(Haftungsbegruendende Kausalitaet)是指，在加害行为(Verletzungsverhalten)与受害人的法益受侵害(Rechtsgutverletzung)的后果之间存在一个相当的因果联系(ein adaequater Kausalzusammenhang)。Vgl. Brox/Walker, Besonderes Schuldrecht, 32Aufl. Beck, 2008, S. 491.

加害人的保护。

(一)共同加害行为

在共同加害行为中，由于数个加害人之间往往存在分工，并非都是直接从事加害行为的人，所以每个加害人的行为对损害的作用方式以及作用范围是不同的。例如，在团伙实施侵权行为时，头目负责侵权方案的拟定，而手下又各有分工。按照肇因原则的要求，受害人想要团伙的每一个成员都向其承担赔偿责任，势必要逐一证明每个人的行为与其权益受侵害之间的责任成立因果关系(原因力的有无)以及权益受侵害与损害之间的责任范围因果关系(原因力的大小)。对此，受害人显然是难以做到的。为了改变受害人的这种困境，侵权法上特别设立以"意思联络"为构成要件的共同加害行为制度。通过将那些具有意思联络的数个加害人实施的侵权行为评价为一个侵权行为，使各个加害人承担连带责任，侵权法可以有效地实现减轻受害人因果关系证明责任的规范目的。

首先，由于多个加害人在具有意思联络的情况下实施的侵权行为构成共同加害行为；他们需要承担连带责任，所以受害人没有必要逐一地证明每个加害人的行为与损害之间的责任成立的因果关系。[①] 他只需要证明多个加害人之间具有意思联络(即他们知道并且愿意协力导致所追求的后果)且他们中任何一人的行为与其损害存在责任成立的因果关系，则具有意思联络的全部加害人的行为与权益被侵害之间的责任成立因果关系就表现为可能的因果关系(moegliche Kausalitaet)。因为意思联络使得数个加害人的行为被整体化评价为一个侵权行为，各个加害人虽然只是承担其中的一部分行为，但是他们的行为因主观上对共同目标的追求和客观上的共同协力而成了一个侵权行为，该侵权行为与受害人的权益遭受损害之间当然存在因果关系。

其次，无论具有意思联络的多个加害人是造成了受害人一项还是多项损害，受害人都无须证明每一个加害人的加害行为对其损害的原因力(造成的损害的程度)，即责任范围的因果关系，因为意思联络使得加害人的行为被整体化评价为一个侵权行为，受害人的损害都是这个侵权行为所造成的，所以任何其行为被纳入整体性评价的加害人都要就全部的损害承担赔偿责任，亦即全体加害人承担连带赔偿责任。

再次，加害人除非能够证明自己与其他加害人之间没有意思联络，否则他不能以某一损害并非自己实际造成的，或者受害人遭受的损害超出了自己的预见范围，或者自己实际造成的损害部分很小等为由要求减轻或免除责任。

最后，加害人之间的意思联络应由受害人负证明责任。侵权法必须平衡加害人与受害人双方的利益，不能完全偏向一方。既然侵权法已经减轻了受

---

① Staudinger/Belling(2008), § 830 Rn. 1.

害人在证明因果关系上的难度，那么在主观要件上就应当对受害人提出更高的要求，即受害人应当证明加害人之间的意思联络。如果受害人不能证明加害人之间的意思联络，就不能减轻其在因果关系上的证明责任。他想要每一个加害人都对其承担责任，就必须依据肇因原则逐一证明每一个加害人的行为与其损害之间的因果关系。

由此可见，意思联络作为共同加害行为的构成要件是由共同加害行为的规范目的所决定的。正因如此，德国迄今为止的通说与法院的判例都认为，共同加害行为必须以意思联络为其基本构成要件。《德国民法典》第 830 条第 1 款第 1 句规定："二人以上共同实施的侵权行为引起损害的(durch eine gemeinschaftlich begangene unerlaubte Handlung)，每一个人就损害负责任。"第 2 款规定："教唆人和帮助人视为共同行为人(Ansifter und Gehilfen stehen Mittaetern gleich)。"依据德国民法学说与判例，所谓"共同实施(gemeinschaftlich begangene)"是指数个加害人"知道且意欲协力导致损害结果的发生(sie in bewusstem und gewollten Zusammenwirken den angestrebten Erfolg herbeifuehren)"。[①] 意思联络表明，多数加害人在共同实施侵害他人权益的行为中，不仅有共同追求的目标，相互意识到彼此的存在，且客观上也为达致此目的而付出了共同的努力——各自承担了有一定数量的、相互之间有一定联系的行为部分(Tatbeitrag)。当具有意思联络的数人加损害于他人时，即便无法查明具体造成损害之人或各加害人的加害部分，同样构成共同加害行为。因为意思联络足以使因果关系这一构成要件得以满足。简言之，共同的意志产生了共同的原因。[②]

在我国《侵权责任法》颁布之前，由于人们并未认识到共同加害行为制度的上述规范目的，所以不少人认为，共同加害行为以意思联络为要件不利于保护受害人。按照这些人的观点，多个加害人之间即便没有意思联络，只要他们的行为具有客观上的密切关联性，就构成共同加害行为，并承担连带责任。[③] 可问题是，这种观点不仅使得共同加害行为减轻受害人因果关系证明责任的努力付诸东流，而且还导致了连带责任被任意地扩大了，使加害人对于超出自己意志范围的损害后果也要负责，严重背离了自己责任。有鉴于此，《侵权责任法》第 8 条才规定："二人以上共同实施侵权行为，造成他人损害的，应当承担连带责任。"该条中的"共同实施"应当仅指共同故意实施，即要求数个加害人之间存在意思联络时，才能构成共同加害行为。

---

① BGH NJW 1972，40.

② Staudinger/Belling(2008)，§ 830 Rn. 13.

③ 邓大榜：《共同侵权行为的民事责任初探》，《法学季刊》，1982 年第 3 期。夏国强：《关于共同造成他人损害的问题》，《法学研究》，1982 年第 1 期。最高人民法院民事审判第一庭编著：《最高人民法院人身损害赔偿司法解释的理解与适用》，北京：人民法院出版社，2004 年，第 51 页以下。

(二)教唆帮助行为

在教唆、帮助他人实施侵权行为的案件中，教唆人和帮助人并非是直接的、具体的实施加害行为的人。如果按照致害原因原则，受害人证明直接实施侵害行为者的行为与损害之间的因果关系并无太大困难，但是要证明并没有具体直接实施加害行为的教唆人、帮助人的行为与损害之间的原因力和原因力的大小，是非常困难的。毕竟教唆人或帮助人并未直接参与实施侵权行为。为消除这种困难，侵权法上规定教唆人、帮助人也视为共同加害行为，他们要与直接加害人一起就受害人的全部损害承担赔偿责任。此一规定就使受害人无须证明教唆人、帮助人的行为与损害之间的因果关系，而只要证明存在教唆行为或帮助行为，即可使得教唆人或帮助人与直接侵权人一起承担连带责任。正因如此，《侵权责任法》第 9 条第 1 款规定："教唆、帮助他人实施侵权行为的，应当与行为人承担连带责任。"此外，由于实践中也会存在教唆帮助无民事行为能力人或限制民事行为能力人实施侵权行为的情形，故此，该法第 9 条第 2 款规定："教唆、帮助无民事行为能力人、限制民事行为能力人实施侵权行为的，应当承担侵权责任；该无民事行为能力人、限制民事行为能力人的监护人未尽到监护责任的，应当承担相应的责任。"

(三)共同危险行为

共同危险行为(Beteiligte)不同于共同加害行为以及教唆帮助行为之处在于：受害人仅仅知道哪些人参与从事了对自己的人身财产具有危险的活动，但是根本就不知道具体引发损害的是参与人中的哪一个或哪一些。如果按照肇因原则，受害人既然连应当针对何人提出侵权赔偿请求权都不知道，自然不能获得赔偿。而且由于参与实施危险活动的人都是各自独立从事的行为，他们相互之间并不知道也并非意欲对损害的产生共同发挥作用，所以也没有意思联络，不构成共同加害行为。简单地说，责任成立的因果关系是不明确的，遑论责任范围的因果关系。这里存在的只是参与人从事的危险活动与损害之间存在潜在的可能的因果关系。此时，为了消除受害人难以确定具体的加害人是谁的困难，侵权法上特别规定在具体加害人不明的情形下实施因果关系的举证责任倒置,[①] 即除非参与危险活动之人能够证明其行为与损害之间不存在因果关系，否则他们都应当向受害人负担连带赔偿。一方面，这样的规定并非全无正当性基础，因为虽然受害人不能确切地证明具体的加害人，但是加害人就隐藏在多个参与人之中，非此即彼，也就是说，加害人参与的危险活动与受害人的损害之间存在的是择一的因果关系或选择的因果关系(alternaetive Kausalitaet)；另一方面，通过实行举证责任的倒置也有助于查明真

① 《德国民法典》第 830 条第 1 款第 2 句并非一个独立的请求权基础，而只是一项证明责任的分配规则。BGHZ67，14；72，355. vgl. Brox/Walker，Besonderes Schuldrecht，S. 558.

相，使受害人不会因为其无法提供具体针对某个人的因果关系的证据而丧失其损害赔偿请求权。《侵权责任法》第 10 条规定："二人以上实施危及他人人身、财产安全的行为，其中一人或者数人的行为造成他人损害，能够确定具体侵权人的，由侵权人承担责任；不能确定具体侵权人的，行为人承担连带责任。"这一规定的立法目的就是为了消除受害人因证据的缺乏而无法证明因果关系的困难，从而特别令每一个参与了此种危险活动之人向受害人负连带赔偿责任。①

(四)无意思联络的数人侵权

在无意思联络的数人侵权中，加害人之间并无共同故意即意思联络。同时，无意思联络的数人侵权中，各个加害人的侵权行为与受害人的损害之间的责任成立的因果关系也是非常明确的，并非择一的因果关系。故此，无论是共同加害行为还是共同危险行为都无法解决无意思联络的数人侵权时的责任问题。然而，这并非意味着受害人就不存在因果关系证明上的困难。因为依据肇因原则，受害人要加害人承担侵权责任还必须证明存在责任范围上的因果关系。在无意思联络数人侵权的情形中，由于受害人因多数人的侵权行为遭受了"同一损害"，而每一个加害人的侵权行为对损害的原因力程度各异，故而依然会存在受害人如何证明责任范围的因果关系的困难。为了解决这个问题，我国《侵权责任法》依据无意思联络数人侵权中因果关系类型的不同，分别在第 11 条和第 12 条对无意思联络数人侵权做出了专门的规定。其中第 11 条规定："二人以上分别实施侵权行为造成同一损害，每个人的侵权行为都足以造成全部损害的，行为人承担连带责任。"第 12 条规定："二人以上分别实施侵权行为造成同一损害，能够确定责任大小的，各自承担相应的责任；难以确定责任大小的，平均承担赔偿责任。"②

五、小　结

综上所述，我国《侵权责任法》之所以在第 8 条至第 12 条专门对共同加害行为、教唆帮助行为、共同危险行为以及无意思联络的数人侵权做出规定，目的就在于消除受害人于多数人侵权时面临的因果关系证明上的困难。在我国很长一段时间内，理论界与实务界并未真正认识到多数人侵权责任的规范目的，而是简单地从多数人侵权责任尤其是共同侵权行为的后果——侵权人承担连带责任——有利于保护受害人的角度出发，界定各类多数人侵权责任

① 对共同危险行为制度的法律发展史的介绍，参见 Constantin Kruse，Alternative Kausalitaet im Deliktsrecht——Eine historische und vergleichende Untersuchung，Muenster：LIT Verlag ，2006.

② 尽管在立法过程中，曾有人质疑此种规定之必要性，但是立法者考虑到在侵权责任法中对无意思联络的数人侵权做出规定，有助于建立完善的数人侵权责任制度，因此仍然进行了规定。参见王胜明主编：《中华人民共和国侵权责任法解读》，北京：中国法制出版社，2010 年，第 55 页。

的构成要件，进而随意地扩张共同加害行为的适用情形。可问题是，这种观点不仅使得共同加害行为乃至整个多数人侵权责任的规范目的——减轻受害人因果关系证明责任——落空，导致连带责任在实践中被任意地扩大，也不利于正确地理顺各类多数人侵权责任之间的适用关系，构建一个和谐的多数人侵权责任体系。

（作者：程　啸　清华大学副教授）

项目名称：美国问责机制对中国的启示与借鉴
项目编号：12FXA0033
项目负责人：应松年
项目信誉保证单位：中国政法大学

美国专门问责机构研究[①]

美国政府问责办公室以及总监察长办公室，构成美国最具标志性意义的、并被俗称为“看家狗性质(watchdog)”的现代化专业问责机构。前者设立于美国国会内，代表议会履行其监督制衡功能，后者存在于多个联邦行政机关之中，助益于在行政系统内实现自我监督与控权。本文旨在通过对这两个最能反映出美国本土特色，并且最具视觉冲击力的问责机构从设立至发展历程的梳理与解析，以期尽可能地展现问责理论在美国本土环境中的构成及其发展，特别是美国人民在确保政府的可问责性方面所做出的努力与贡献。

一、美国政府问责办公室的设立及其基本职责

作为确保政府对民负责的最为重要的问责机构，美国国会于 1921 年成立的总审计署(后于 2004 年更名为政府问责办公室)构成美国最为典型的问责机构之一。作为联邦议会中的独立机构，美国问责办公室通常被称为“国会的调查分部”或者“国会看家狗”[②]，其所担负的审查纳税人所缴钱款的使用情况，并向议员和政府机构领导人建议如何改善政府工作的问责使命与职责，充分体现了美国独特的宪政背景之下，议会天然所具有的对政府的监督与制衡之功能。

(一)美国政府问责办公室的设立和发展

美国政府问责办公室从设立到发展，经历了别具美国本土特色的轨迹特征。正如美国学者所揭示的，“政府问责办公室自 1921 年成立至今，尤其是第二次世界大战以来，其在组织结构以及使命和职能等方面的变化是巨大的，这种极具视觉冲击力的变化其实正是有关‘确保美国政府能够切实地为美国人

① 本文系北京市哲学社会科学规划项目“美国问责机制对中国的启示与借鉴”(编号：12FXA003)的阶段性成果。

② 参见美国政府问责办公室官网：http：//www.gao.gov/about.

民的利益担负好问责"的认识不断深入和复杂的充分反应'[①]，"事实上，从美国联邦政府建立之日起，美国议会就担负着确保美国政府要为其项目实施以及公共资金使用情况对民负责的基本职责，只是议会问责的程度以及具体问责机制并未在宪法中明确规定，正因为如此，这构成200多年来美国人民积极探寻与争论的目标所在"[②]。

1. *政府问责办公室的前身——总审计署的设立和发展*

为了解决第一次世界大战后美国财政管理的混乱状态以及当时行政的普遍无效率，美国议会于1921年颁布的《预算和审计法》明确将原本财政部履行的公共财政的审计职能授予新成立的机构——总审计署，至此，总审计署(the General Accounting Office，GAO)正式设立。根据《预算和审计法》的相关规定，总审计署不仅独立于行政机构，而且还享有对联邦公共财政资金进行调查并审计的权力[③]。尽管后来的议会立法对总审计署的职责权限进行了阐释乃至扩大，但1921年生效施行的《预算和审计法》仍然构成总审计署运行的基本法律依据。

为了能够满足国会乃至国民的现实需要，总审计署的职责权限历经着与时俱进的调整。在第二次世界大战结束以前，总审计署仍然继续财政部时代的审计方式，实行项目审计，并采取集中于华盛顿审核的模式，重点对公共财政基金使用情况的合法性和正确性进行审查。当美国卷入第二次世界大战以后，美国政府在军事上的巨大投入令总审计署的审计工作变得不堪重负。到了1945年，总审计署的职员已经上升至14000人，但仍然积压了35000000张票据未被审计[④]。

可以说，第二次世界大战对传统审计方式的改革具有一定的刺激作用。二战结束以后，总审计署开始逐渐推行一些新的审计和会计制度：审计署的审计方式从过去的对行政机关的每一笔花费的审计转向更加广泛的全面审计(comprehensive audit)，同时将财政活动的控制和内部审计明确为各行政机关自己的责任，总审计署不再进行集中审计，原则上仅对行政机关的会议制度和内部审计制度是否健全进行审查。可见，在这种审计模式之下，总审计署的职责主要是对行政机关提供指导和帮助，仅在必要时才对各行政机关的内部审计就地抽样审核。据统计，实现新审计制度以后，总审计署的职员被大幅削减，从二战结束时的15000人减少到4000人左右。

---

① Frederick C. Mosher，The GAO：the Quest for Accountability in American Government，Colorado：Westview Press，Preface.

② Frederick C. Mosher，The GAO：the Quest for Accountability in American Government，Colorado：Westview Press，p. 238.

③ Budget and accounting act of 1921，sec. 301，Pub. L. 67—13，42 Stat. 20.

④ 参加美国政府问责办公室官网：http：//www. gao. gov/about/history/earlyyears. html。

20 世纪六七十年代，美国社会又接连发生了一系列减损政府威信的事件，比如美国在越南战争中的失利、1963 年暗杀总统事件、1972 年的尼克松总统水门事件等。为了尽快清除上述事件带来的阴霾，重获美国人民的信任，美国国会切实强化对政府部门的控制。1974 年，美国国会扩大了总审计署的职权范围，明确增加其在项目评估(program evaluation)方面的职责以确保对政府活动监督的有效性。至此，当代意义上的总审计署的职责权限基本形成。由于工作重心的转变，总审计署的职员构成也做出了相应地调整，在原有的会计、审计和法律专家的基础上，总审计署还招募了各种各样的专门性人才，具体包括科学家、保险精算师以及医疗、公共政策、计算机等各类专家。可以说，曾经专攻于审查各行政机关每一项花费的合法性与正确性的总审计署，现如今已经成功转型为一个能够代表国会从事最棘手的审计工作，并且对实施中的政府项目开展评估的"看家狗"性质的专业性机构，美国国会对总审计署的依赖程度进一步加深。

2. 2004 年以后的发展：从总审计署向政府问责办公室的转型

2004 年 7 月 7 日，根据美国国会通过的《总审计署人力资源改革法案》(GAO Human Capital Reform Act)的相关规定，总审计署的法定名称正式变更为政府问责办公室(the Government Accountability Office，GAO)[①]。从某种意义上来说，总审计署名称的变更一方面标志着一个现代化的、专业性较强的审计机构的正式形成，另一方面，也充分体现出美国国家审计权的首要目标已经由最初的旨在实现对政府财务活动正确性与合法性的审查转向对政府项目的评估。如今的政府问责办公室的职责范围几乎涵盖了联邦政府在世界范围内所从事或准备从事的每一个活动，从军事动态到合同签订乃至食品安全、气候变化等方面，从国内项目直至国际项目，政府问责办公室无一不参与其中。目前，政府问责办公室已经发展成为一个拥有包括经济学家、社会科学家、公共政策分析师、电脑专家以及从外交政策到卫生保健领域等各方面专家组成的 3200 名员工的专业性机构。政府问责办公室注重于提供给公众有关政府活动的最为真实和客观的画面，除了要探寻政府是否存在违法活动或者不恰当活动的蛛丝马迹之外，更重要的是，通过审查政府项目和政策在多大程度上达至预期目标以及对美国人民现实需要的满足度来开展以结果为导向的绩效评估，从而提出切实可行的改进建议，帮助政府改善业绩，辅助议会确保联邦政府能够为美国人民的利益担负好问责[②]。正如总审计署第八任主计长 David M. Walker(执政期限为 1998 年至 2008 年)所概括的，"在形

---

① GAO Human Capital Reform Act，sec. 8，31 USC 731 note.

② 参加美国政府问责办公室官网：http：//www. gao. gov/about/history/articles/working－for－good－government/08－gaohistory _ present. html。

式上，GAO名称的变更仅是很小的变化，但却揭示出一个很大的问题，即为了满足国民的现实需求，联邦政府必须将其'所做作为'进行与时俱进的调整就变得非常必要，注重以结果为导向的对政府项目和政策的绩效评估正是现代意义上的GAO的使命与职责所在，我们始终坚信公众有权掌握政府从花钱直至做出决策的各方面有关其运作的具体信息，毕竟代议制政府的生存之道必然体现为对享有知情权的选民的依赖。毫无疑问，我们的GAO有一段光荣的历史，但我们的角色并不仅仅借助我们的过去来定位，当然，我们仍然以GAO而闻名，但我们的新名字(政府问责办公室)已经清晰地揭示出我们当前的第一要务乃是提高联邦政府的绩效，确保联邦政府能够切实地对美国议会以及美国人民负责"①。

(二)美国政府问责办公室的职责和使命

美国政府问责办公室的使命体现为对国会完成其宪法责任的支持，以及帮助政府改善业绩，确保联邦政府能够切实地为了美国人民的利益服务而担负好问责。问责办公室在美国国会中的地位很独特，需要恪守以下三个方面的核心价值②：(1)问责(accountability)。问责构成问责办公室工作的本质属性，该职责应当有助于对联邦政府项目及其运行实施监督，以提高政府运作的经济性(ecomony)、效率性(efficiency)、效果性(effectiveness)以及可靠性(credibility)。(2)廉洁(integrity)。廉洁是指问责办公室为自身设定的工作准则，即办公室为国会提供的信息应当符合专业(professional)、客观(objective)、以事实为基础(fact-based)、超党派(nonpartisan)、超意识形态(non-ideological)、公平(fair)以及均衡(balanced)的基本要求。(3)可靠(reliability)。可靠是指问责办公室追求的工作目标，即办公室提供的报告、证人证言、法律意见及其他方面的服务必须是高质量的(high-quaility)、适时的(timely)、准确的(accurate)、有用的(useful)、清晰的(clear)以及公正的(candid)。

为了辅助国会形成对政府的有力监督和制衡，政府问责办公室的职责使命以实现以下四大战略性目标(Strategic goals)为基础，而每一项战略目标又可以通过一系列具体指标(objectives)来衡量，具体包括③：(1)战略目标一：探寻能够对美国人民的公共财政安全以及健康状况构成威胁的难题，以便能够为议会和联邦政府提供适时的、高质量的服务，前述难题具体涵盖医疗卫

① David M. Walker, GAO Answers the Question: What's in a Name, http://www.gao.gov/about/rollcall07192004.pdf，2013年4月2日访问。

② GAO 90 years (1921—2011) performance and accountability report, p.6, http://www.gao.gov/assets/590/586262.pdf，2013年4月8日访问。

③ GAO 90 years (1921—2011) performance and accountability report, p.7, http://www.gao.gov/assets/590/586262.pdf，2013年4月8日访问。

生、养生教育、有关工人、家庭和儿童的福利与保护、财政安全、司法的有效性、社区建立的可行性、稳定的财政体制以及消费者保护、自然资源和环境的管理以及基础设施共 9 项指标；(2)战略目标二：通过积极应对全球化的挑战并对日益变化的安全威胁做出回应，以便能够为议会和联邦政府提供适时的、高质量的服务，前述挑战和威胁具体涵盖国内安全、军事能力和战略部署、美国外交政策利益以及全球市场影响力共四个方面；(3)战略目标三：帮助改善联邦政府以成功应对各种挑战，具体需要通过对政府使用公共财政资金的角色和定位的评价、有关欺骗、浪费和滥用职权行为的调查以及政府亟待解决的管理难题与项目风险的探寻共三项指标来实现；(4)战略目标四：最大限度地实现其在为国会提供高质量、适时的服务方面的价值，力争成为联邦机构的楷模，具体依托于专业化的网络与合作平台、多样化的工作环境、强大的人力资源管理以及服务所追求的效益性、效果性以及高质量的核心理念共四项指标来实现。

实践中，政府问责办公室的大部分工作都是根据国会委员会或委员会分会的要求，或者由公共法律委员会报告的要求而展开，办公室还在其负责人——主计长[①]的授权之下展开调查。为了切实践行前述四大战略目标，政府问责办公室的职责权限主要包括以下八方面的内容[②]：(1)评估联邦政策和项目以及各行政机关的绩效；(2)审计政府机构的运作，以确定联邦资金的支出是否合法、高效率以及高效益；(3)调查有关非法和不恰当活动的指控；(4)分析联邦项目资金的使用情况；(5)就政府项目和政策在多大程度上达到目标进行调查；(6)发布法律决定和意见，判断行政机关是否存在违反现行法律法规的行为；(7)进行政策分析，提出交由国会考虑的选择方案；(8)有权采取一些辅助性手段和措施以帮助国会履行其监督政府权以及决策权。可以看出，政府问责办公室对政府的监督与制衡职能主要通过对政府活动相关信息的收集和处理(包括分析)，从而向国会提交书面报告、参与国会举行的听证、直接将简报上呈给国会议员以及发布法律意见书等形式展现在公众面前。据统计，政府问责办公室以电子文本形式发布的文件每年将近 900 件，除此之外，该办公室出版的法律决定和法律意见书每年均维持在 300—400 个

① 政府问责办公室的负责人是主计长，由总统提名参议院同意后任命，任期十五年，除参议院和众议院两院决议以外，不能免职。主计长在政治上保持中立，不为任何政党目的而服务，当然也对总统独立。目前政府问责办公室的主计长为 Gene L. Dodaro，2010 年 12 月 22 日被正式任命，是 1921 年总审计署成立以来的第九任主计长。

② GAO 90 years(1921－2011) performance and accountability report，http：//www.gao.gov/assets/590/586262.pdf，2013 年 4 月 8 日访问。

之间[1]。

（三）美国政府问责办公室的组织结构

实践中，为了确保前述四大战略性目标的实现，政府问责办公室的内部组织结构经常变更（当前组织结构图见表一）。目前政府问责办公室的职员将近3200人，除传统的会计师和律师外，还有各种社会科学和自然科学的专门人员，具体包括企业、行政、经济、保险、数学、工程以及电脑等各类专家，其中有大约四分之三的员工在位于华盛顿哥伦比亚特区的总部工作，其余员工则分布在问责办公室遍及美国的其他十个分部内。而在分部工作的员工也参与总部有关调查、审查、评价以及研究工作的具体开展，以尽可能地促进政府问责办公室前述四大战略性目标的实现。

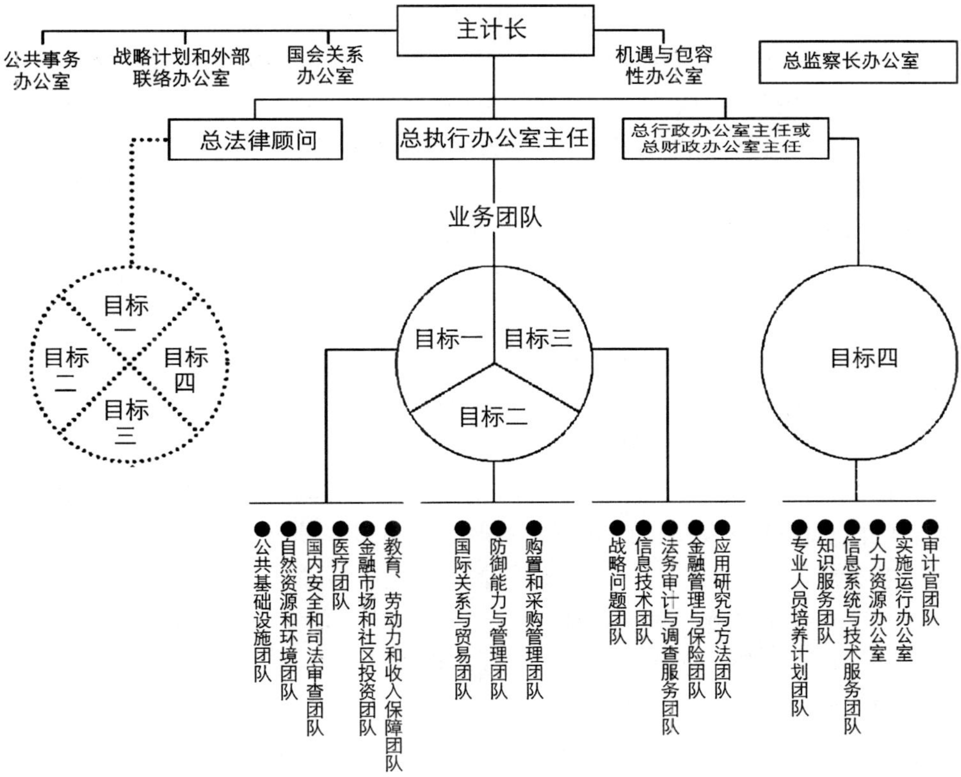

图1　当前美国政府问责办公室组织结构图

二、总监察长办公室

在美国的宪政体制中，议会承担着最基本的监督职责，以确保各行政机关能够严格遵循立法意旨，并以最为有效的方式管理项目，切实地对人民负

① GAO 90 years（1921—2011）performance and accountability report，p. 12，http：//www.gao.gov/assets/590/586262.pdf，2013年4月8日访问。

责。而议会对政府的监督与制衡，或由议会直接行使，或由议会通过立法设立的机构和人员间接完成。在美国，为了确保联邦政府的廉洁度以及可问责性，议会已经颁布了一系列旨在消除腐败与欺骗行为的法律规范，典型如1978年尼克松水门事件之后，《公务员改革法》(Civil Service Reform Act)、《政府道德法》(the Ethics in Government Act)以及《1978年总监察长法》(the Inspector General Act of 1978)的通过与施行。依据《1978年总监察长法》设立的总监察长办公室(the Office of Inspectors General，简称为OIG)，作为美国议会在行政系统内设立的自我监督与控权机制，充分表明了议会希望在行政系统内设立一个专门性的机构以彻底解决当时联邦政府项目实施中已经普遍存在的无效率以及腐败浪费等问题的意图与决心。

事实上，自1978年总监察长办公室正式依法成立以来，美国议会多次在公开场合对其在提高联邦政府的廉洁度以及问责性方面所做出的卓越贡献给予了热切的赞扬，行政部门自身的肯定也同样如此，比如在2003年，时任总统布什就在公开场合鼓励总监察长办公室要继续担任"美国政府得以积极应对各种挑战和困难的领头羊"角色，而在2009年3月，就在美国总统奥巴马向联邦政府各部门首长宣布其执政备忘录时，他也对总监察长办公室在有效预防与消除政府项目实施中的欺骗行为方面所作出的贡献给予了高度的肯定。基于此，本部分将通过对总监察长办公室自1978年成立至今30余年来在其职责职权以及法定依据发展变化的梳理与解析，以期尽可能地展现美国人民为在政府系统内探寻有效的可问责机制过程中的所思所为。

(一)总监察长办公室的基本职责

根据《1978年美国总监察长法》的相关规定，总监察长是由总统提名、经参议院同意而任命并直接向其所在行政机关首长负责的高级行政官员①。同时，基于履职的实际需要，总监察长既要独立于所在的行政机关，又要免受立法部门对其可能施加的政治影响。自1978年总监察长办公室依法成立30多年来，议会已经在联邦政府机构内依法设立了67位总监察长，同时，这些依法设立的总监察长也因此成了2008年成立的总监察长廉洁与效益委员会(全称为Council of the Inspectors General on Integrity and Efficiency，简称为CIGIE)的成员。

总监察长负有监督所在行政机关一切活动的审计与调查之职责，阻止欺骗与滥用职权行为等违法失当行为的发生，确保所在行政机关的行政首长以及国会能够对政府项目及其实施情况了如指掌，以促进实现联邦政府项目的经济性和效益性。具体说来，总监察长从事的活动主要包括调查(investigations)、审计(audits)以及核查(inspection)三个方面，其中调查旨在确定其所

① Inspector General Act of 1978, § 3, 5 U.S.C. App. 3.

在单位及人员是否存在违法犯罪行为，而审计的目的在于审查所在单位有关公共财政资金的支出是否合法及合理，核查则注重解决针对特定问题而制定的政策或者法规的评估问题。国会成员有权要求总监察长办公室开展针对其所在机关特定事项的调查活动，而有关审计工作的开展，则既可以由总监察长办公室直接启动，也可以由总监察长所在的行政机关的官员或者在国会议员的要求之下启动。实践中，总监察长也会主动地适用一些既定的实体和程序规则以确保其工作的高质量，比如，美国政府问责办公室负责人主计长发布的政府审计标准(以黄皮书而著称)就已经在总监察长开展的审计活动中得到普遍使用。

总而言之，正如有美国学者所总结的，“总监察长的使命是微妙的，因为他们所调查的违法犯罪行为往往都是其所在单位的行政官员做出的，故总监察长在工作时必须谨慎小心”①。同时，我们也应当看到，对于收受回扣以及贿赂等必然是由行政机关内部工作人员和外部人员共同参与的违法犯罪行为，总监察长的调查工作在实践中将会非常复杂，如果所涉事项本身又将总监察长牵扯其中的话，调查工作又将变得更加复杂②。需要注意的是，在美国宪政体制之下，总监察长虽然依法承担着重要的问责功能，但其并不享有直接的制裁权，总监察长负有将其所在单位的项目运转情况适时地汇报给行政首长和国会、提供一定的救济并监督相关主体的反应等基本职责，而对于重大犯罪案件的调查，则应当由国会设立的独立委员会负责实施。

(二)总监察长办公室的组织法依据

1.《1978 年美国总监察长法》

1978 年 12 月 12 日，时任卡特总统签署的《1978 年美国总监察长法》在 12 个联邦行政机关设立了总监察长办公室，随后的 1988 年修正案又将总监察长办公室的数量增加至 67 个。实际上，早在 1961 年，美国国务院对外援助办公室就设立了总监察长办公室，这是美国联邦行政系统内设立的第一个总监察长办公室。虽然《1978 年美国总监察长法》的颁布比美国联邦行政系统内出现的首个总监察长办公室晚了 17 年，但《1978 年美国总监察长法》的生效施行至少为实践中联邦行政系统内已经存在的总监察长办公室合法地位的取得提供了实体法上的依据。

《1978 年美国总监察长法》明确授予了总监察长办公室独立地享有确保其所在机关项目实施的经济性(ecomony)、效率性(efficiency)和效果性(effec-

---

① Carmen R. Apaza, Integrity and Accountability in Government , Farnham: Ashgate, p. 31.

② 根据 2008 年修订后的《2008 年总监察长改革法》的相关规定，如果调查事项涉及总监察长的利益时，此时的调查工作将转由联邦总监察长廉洁与效益委员会(即 CIGIE)开展。

tiveness)的使命要求。归纳起来，《1978 年美国总监察长法》的重要条款①主要涉及以下五大方面：

(1)关于总监察长的职能(Founction of the Inspector General)。该法明确规定总监察长办公室负有为促进政府项目实施的经济性、效率性和效果性提供指导与帮助以及阻止并探寻任何欺骗与滥用职权行为的基本职责；同时，总监察长办公室要对其所在行政机关的项目及其实施情况提供改进和完善的建议。

(2)对举报的调查(Investigation of Whistleblowing)。该法规定总监察长可以接受来自本单位内部员工有关项目及其实施中违法失当行为的举报，并对其展开调查，但未经举报人(英文表述为 Whistle-blower，直译为吹哨子的人)同意，总监察长不得泄露其身份，以确保举报人免受任何可能的报复。

(3)关于总监察长的独立性(Independence of the IG)。独立性构成总监察长履职的基础，该法从不同视角为确保总监察长得以独立地履行做出了明确规定，具体涵盖总统对总监察长的任命②、总监察长挑选并雇佣自己所需员工的能力以及总监察长有权获取助益于其审计和调查工作开展的信息共三大方面。同时，关于免职问题，该法明确规定仅能由总统行使，而且总统在做出免职决定前必须告知参、众两院免职的理由。此外，该法也明确规定总监察长所在机关的主要负责人(包括行政首长和副职)不得阻止或者干涉总监察长实施的审计、调查乃至发布传唤令等一切活动。

(4)关于工作报告的要求。该法对总监察长负有的报告义务做出了比较细致的规定。总监察长每年需要向国会准备并呈交两份半年度工作报告③，这两份报告要能够涵盖其所在行政机关开展的全部活动，并需要在每年的 4 月 30 日以及 12 月 31 日之前通过其所在行政机关的行政首长转呈议会，而行政首长呈交议会时不得对报告内容进行变更，但要附上他对总监察长报告的评论。

(5)关于与其他联邦机构的合作问题。根据《1978 年美国总监察长法》的相关规定，总监察长要能够与国会政府问责办公室的负责人——主计长保持长期的协调与沟通。实践中，政府问责办公室也多次在公开场合强调与总监察长办公室的合作对于其准确掌握政府项目实施状况的重要性。总监察长在实

---

① Inspector General Act of 1978，§ 3，§ 4，§ 5，§ 6. 5 U. S. C. App. 3

② 《1978 年美国总监察法》明确规定，有关总监察长的挑选，仅能以是否在审计、财政分析、法律、政策分析、公共管理以及调查方面的忠诚度以及能力为依据，不得考虑政治联盟(political affiliation)问题。

③ 总监察长的半年报告具体应该包括半年来所发布的一系列审计报告、能够展现审计报告中所涉有争议成本全部价值的数据表格、改善措施实施后所投入资金将会获得的美元收益、通过审计以及调查所暴露出来的问题描述以及导致刑事起诉和定罪的案件说明，其中有关改进措施的阐释构成该报告的重要内容。

施调查后，只要其有正当理由认为涉嫌犯罪的，总监察长就有权将案件移交司法部，但该案件是否进入刑事诉讼程序，司法部有最终决定权。对于司法部拒绝起诉的案件，总监察长有权启动行政程序，并建议案件当事人提起民事诉讼。此外，不同行政机关的总监察长之间的信息共享与合作也非常重要，目前已经形成了多个依据议会立法或者行政命令而成立的旨在于加强总监察长们之间沟通与交流、并能够对总监察长们实施有效监督的机构，总监察长在被任命的同时又成为这些机构的成员，比如总监察长廉洁与效益总统委员会(the Presidential's Council of Inspectors General on Integrity and Efficiency，PCIE)[①]、廉洁与效益行政委员会(the Executive Council on Integrity and Efficiency，ECIE)以及总监察长廉洁与效益委员会(Council of the Inspectors General on Integrity and Efficiency，CIGIE)等等。

2.1988年修正案

《1978年美国总监察长法》颁布生效后，国会又制定了一些旨在于强化总监察长办公室在确保政府活动及项目实施的经济性、效果性以及可问责性功能方面的法律规范，这些立法无疑为总监察长办公室监督控权使命的发挥带来了新的机遇与活力。其中1988年出台的修正案(名称为A Bill to Amend the Inspector General Act of 1978)最为典型，该法案不仅在一些联邦行政机构内设立了总监察长办公室，明确要求总监察长负有对其所在行政机关的行政首长报告并受其监督的义务，授予了总监察长对其所在单位员工一定的解雇权，同时也对总监察长向国会提交的半年度工作报告所应涵盖的信息范围做了扩大化的补充规定。

3.《2008总监察长改革法》

为了巩固总监察长办公室在联邦政府体系内的重要地位，2008美国国会颁布的《2008年总监察长改革法》[②]的主要内容可以概括为以下五个方面：

(1)进一步强化总监察长的独立性。为了保障总监察长的独立地位，该法案明确要求总监察长办公室的财政预算(涵盖全部预算以及培训需求)要独立于其所在的行政机关，同时具体预算额度要在办公文件中清晰地反映出来，显然这种要求对于提高透明度进而确保总监察长办公室获得充分的资金支持，尤其是防止所在机关对其可能实施的惩罚性预算削减大有裨益。

(2)有关总监察长的工资补贴。该法案明确规定总检察长有权享受与其身份和职责相适应(成比例)的工资补贴，但额度过高的奖金不被允许。经总统任命的总监察长，该法案对其工资晋升的空间及其额度做出了明确规定。而

① 对于实践中存在的一些未经总统提名程序而被任命的总监察长，虽然其无法成为总监察长廉洁与效益总统委员会的成员，但要加入廉洁与效益行政委员会。

② Inspector General Act of 2008，sec. 2—sec. 9，Public Law 110—409 110th Congress.

一些指定的联邦机构(Designated federal entities，DFE)设立的总监察长，相关立法也已经明确规定其应当位于一定的行政级别之上，或者至少要高于其所在行政机关内大多数高级行政官员的级别，同时，这些指定机构的总监察长享受的工资补贴也不得低于其所在单位高级行政官员的平均额度。除此以外，该法案还明确规定总监察长不得收受任何现金形式的津贴或者奖励。实践中，议会也已经注意到许多总监察长已经主动地拒绝了其所在单位发放的奖金，目前议会也正在考虑通过立法将这种拒绝权的行使延伸至所有总监察长。

(3)关于总监察长的任命，该法案明确规定总监察长的任命仅能以候选人在会计、审计、财政分析、法律、公共管理以及调查方面的专业技术能力和素质为依据，不得受政治因素的影响。

(4)关于设立总监察长廉洁与效益委员会(Council of the Inspectors General on Integrity and Efficiency，CIGIE)。为了促进总监察长的工作，又能够对总监察长的工作形成有效的监督，该法案设立了总监察长廉洁与效益委员会。该委员会致力于通过发布政策、制定准则等举措以提高整个总监察长群体的专业水平和能力，进而助益于实现总监察长在促进政府活动和项目实施的廉洁度、经济性和效果性的基本追求。

(5)关于设立廉洁度委员会。为了实现对总监察长的监督与问责，该法案又在总监察长廉洁与效益委员会内设立了廉洁度委员会(the Integrity Committee)。该委员会作为专门受理针对总监察长以及总监察长办公室的高级成员所涉的违法失当行为的举报、调查以及监督的机构，其负责人(委员会主任)由美国联邦调查局官员来担任，同时该委员会成员还包括政府道德委员会(the Office of Government Ethics，OGE)的主任以及特殊法律顾问办公室(the Office of Special Counsel)的特殊法律顾问。该委员会针对特定案件实施调查的程序和结果，还负有向国会定期报告的义务。

4. 总监察长问责功能的实现

根据前述有关总监察长办公室组织法的相关规定可以看出，总监察长所独具的问责功能在其内容构成方面是颇为丰富的，具体涵盖了从确保相关法律法规在其所在单位的合法性适用(关注合法性)、保证所在单位实施的活动及执行的项目的经济性和效益性(关注绩效)以及强化所在单位运行机制和管理手段的效果性(关注能力建设)共三个方面的内容。显然，议会的初衷乃是希望这三种最为基本的并能够确保政府可问责的方法能够和谐地共生(即通过合法性问责促进绩效问责，通过能力建设为基础的问责促进合法性问责)，但在实践中，很多总监察长们已然在这三种方法之中做出了选择，很多监察长更愿意将其监督功能的发挥局限在合法性问责上。其理由很容易理解，正如有美国学者所揭示的："合法性问责能够挖掘到政府活动以及项目实施中所存在的大量违法失当性行为，极具视觉冲击力，因而也更容易赢得国会乃至行政部门信任的机会，更重要的是，依靠合法性问责而获得的改进举措的成本也更加低廉，又具备清晰的司法性，自然更容易获得认可并得到高效地实施。”①。但随之而来，问题就产生了：依靠合法性问责而获取的改进举措难道真的有助于提高政府自身能力建设吗？总监察长对美国代议制政体的贡献到底是应当通过其所能发现的违法失当行为的数量来衡量，还是在于其希冀彻底根除违法失当行为的追求？答案不言自明。

三、结　语

每一种问责机制从产生至发展，均有其独特的历史、文化乃至政治背景的现实依赖。从美国人引以为荣的政府问责办公室以及总监察长办公室不难看出，虽然这两个专门性的问责机构成立之初的基本初衷乃在于服务于美国人民的现实需要，但这并不意味着美国人民就掌握了实际的问责权，而且无论是政府问责办公室还是总监察长办公室，尽管他们的问责功绩显赫，但仍然无法捕获政府活动及其项目实施中所存在的一切违法失职行为，问责的有效性必然会在残酷的现实中大打折扣。同时，我们也已经看到，美国问责机制从设计理念到运作实施也并非尽善尽美，其中也不乏存在一些“温柔的陷阱”，毕竟美国代议制政体下的民主更多的仅具有形式意义。

当然，我们必须承认，民主问责的实现更多的仅是我们过于理想化的期待而已。民主问责极具诱惑力，但却很难实现。与此同时，也必须注意，在审视民主问责的功能定位时，我们必须要在民主问责机制在制衡强大的行政权、培育公民社会以及回应民众的现实需要方面的积极作用，与民主问责在可能招致一个被控制的、更为苛刻的政治疆域的风险方面的消极作用展开充分的权衡。我们将民主问责机制视为能够为政权稳定的合法性与正当性保驾护航的美好初衷需要在揭露民主问责可能招致的权力滥用以及例外状况发生的频率之后的紧迫性方面做出中肯评价。显然，理清这些紧张关系，对于我们得以重构最适宜当代所需的民主问责无疑具有重要的启示作用。

（作者：曹　鎏　中国政法大学讲师）

① Paul C. Light，Monitoring Government：Inspectors General and the Search for Accoutability，Washington DC：the Brookings Institution，p. 4.

项目名称："十二五"期间北京地方电力立法研究
项目编号：12FXB006
项目负责人：王学棉
项目信誉保证单位：华北电力大学

电力行政执法协同模式探讨

自从国家启动电力体制改革，将"政企合一"改为"政企分立"以来，电力行政执法便陷入了困境，直至今日仍未完全解决。问题主要在于电力企业不再具有行政执法权，具有行政执法权的政府综合经济管理部门由于受编制、技术、经费等限制，实际上很难全面履行电力行政执法监督职能，使电力行政执法职能形同虚设，基本上处于缺位状态。如何解决电力行政执法的困境，实务界和理论界都在探索。

从目前的理论研究和实践探索来看，已提出的电力执法模式大致有以下四种：

第一种是联合执法，即电力管理部门、电网经营企业、公安机关通过联合的方式进行电力行政执法。联合执法由于将电力管理部门的行政职权、电网经营企业的技术力量和公安机关行政拘留权合并在一起，确实有效地解决单个主体在电力行政执法中会面临的一些问题，如执法力量不够、执法权限不够等。但是这种模式存在的问题也是一目了然的，一是三家"联合"没有法律依据，二是电网经营企业参与执法没有法律依据。行政机关与企业这种非公权力组织之间联合执法，严重违反了公权力之间以及公私权力之间的分工原则，连法理依据都不存在。实质上就是"一人执法，他人越权"。此外，联合执法往往是运动式执法，难以形成长效机制，且有可能弱化平时执法的力度。如果说行政机关之间的联合执法尚有一定的合理性，可在一定范围保留的话，行政机关与企业之间的联合执法则必须完全杜绝。[1]

第二种是非常设机构行使行政执法权。《国务院办公厅关于加强电力设施保护工作的通知》(国办发[2006]10号)中要求"地方各级人民政府要切实负起责任，加强电力设施保护工作的组织领导，成立由政府分管领导任组长，发展改革、电力监管、公安、工商、林业、土地、建设等相关部门以及电力企业负责人参加的电力设施保护工作领导小组，落实职责分工，统筹研究保障措施，加强信息通报交流，及时解决电力设施保护工作中的重大问题"。有些地方电力立法对此也有规定，如《云南省电力设施保护条例》第7条规定：县级以上人民政府成立电力设施保护领导组织，负责本行政区域内电力设施保护的领导和协调工作。这种模式的优点是电力设施保护领导小组及下设的办公室属临时机构，不会受行政编制等问题的困扰。存在的问题则是电力设施保护领导小组及下设的办公室不能以自己名义行使行政执法权，而只能针对不同的违法行为，分别由电力设施保护领导小组中的公安、工商、土地等部门以各自名义分别开展行政执法工作。在此过程中，电力设施保护办公室仅是发挥协调、信息沟通的作用，因而并不能从根本上解决问题。

第三种是很多电网企业法制工作人员一直在呼吁的委托电网企业进行行政执法的模式。因为《行政处罚法》第 17 条规定："法律、法规授权的具有管理公共事务职能的组织可以在法定授权范围内实施行政处罚"。他们认为电网经营企业可以作为被授权的电力行政执法主体。该观点的理由大致是：(1)管理公共事务职能是指某一组织可以提供涉及全体社会成员公共利益的公共产品与公共服务，这一职能为个人无法或不愿完成，该职能的行使将使全体社会成员受益。电网经营管理的是公共物品，牵涉供区内全体公众的共同需求、共同利益，电网企业完全具备公共事务管理职能，符合《行政处罚法》的授权条件。(2)电力体制改革的重心是政企分开，通过立法授权将电力行政执法交由电网经营企业行使并未改变其企业性质，不存在与电力体制改革的大方向相冲突的问题。(3)电网经营企业具有较充分的人力、物力等资源，且具有一定技术和经验，如能由电力企业来行使电力设施和电能保护的行政执法权，能够弥补当前电力管理部门电力行政执法能力之不足。(4)电网经营企业即使在体制改革后仍属于具有国家垄断和社会公用性质的企业，符合作为授权行使行政执法权的主体条件。如果以地方立法形式授权地方具有独立法人地位的电网经营企业行使该区域内的电力设施和电能保护的行政执法权，电网经营企业行使电力行政执法权就具有了法律依据。(5)通过法律法规授权获得的针对电力设施和电能保护的行政执法权有着严格的执法范围限定，作为被授权的执法主体，不得将行政执法权用于处理与其他民事主体的合同法律关系。[2]

上述观点和理由显然忘记了《行政处罚法》还有第 19 条的规定：受委托组织必须是依法成立的管理公共事务的事业组织。事业组织与企业的区别在我国是非常明显的。更不用说将行政执法权授予企业，一方面与法治社会的分权趋势不相一致，否则的话，铁道部也就不用拆分了。另一方面也有违"法官不能是自己的法官"之程序正义思想。电网企业作为供用电合同的一方当事人，同时又享有行政执法权，当电网企业与另一方发生纠纷时，必然难以抑制利用行政执法权来解决民事纠纷的冲动，从而集运动员与裁判员于一身。虽然有些电网企业的法务工作人员认为只要严格限定执法的范围，在处理与其他民事主体的法律关系时，要求执法主体不得行使行政执法权就可以解决上述问题。这种制度设计显然不具有可信性和操作性。我们不能忘了，制度都是由人来操作的，书本上的法是一回事，行动中的法是另一回事，不依法办事的人有的是。法律不得以只能将所有的人视为坏人，从源头上进行防范，不让他享有干坏事的机会。至于电网经营企业具有较充分的人力、物力等资源，且具有一定技术和经验就更不是可以委托其进行电力行政执法的充分条件。因此，这种呼吁除了得到电网企业内部部分人的附和外，在社会上基本上没有引起任何反响。实践中这种模式也从未得到采纳，甚至连试点都没有过。

第四种是设立专门机构负责电力行政执法。如湖北省荆州市于2006年5月19日成立了事业编制的荆州市电力行政执法监察大队。荆州市的电力行政构架划分为电力行政调控、电力行政执法和电力行政监督三个管理内容。电力行政调控的工作由市经济和信息化委员会的电力科分管，电力行政执法和行政监督的职能则划归荆州市电力行政监察大队。该机构设有“一室三科”，即办公室、电力设施保护科、供电秩序保护科和监察科。职能是：负责电力设施保护、供用电秩序维护、电力执法监管，对涉电违法行为依法实施行政处罚。同时，市经济和信息化委员会还授权其办理和查处荆州市范围内的电力行政案件。[3]这种模式的好处是完全符合政企分开的改革要求，从根本上解决了执法主体问题。尽管该模式尚未在全国得到全面贯彻，但为越来越多的地方所采纳，如安徽砀山县、宿州市，四川泸州市、古蔺县，陕西西安市、辽宁沈阳市等。该模式目前存在的主要问题是：由于电力行政执法大队的人力有限，难以真正执法到位。2007年的一篇有关西安电力执法的报道：《十年电力法难倒八人执法队》形象地反映了这一问题。时至今日，登录西安市发展和改革委员会的网页，电力执法监察大队仍旧只有8人。

综上所述，尽管目前的这四种模式均不完美，但建立电力行政监察大队这一模式已逐渐占据上风。只是该模式未能彻底有效解决“有权力的无能力”这一问题。委托电网企业负责电力行政执法的模式虽然不符合政企分开的改革要求和现代法治理念，但其具有执法能力却也是一个不争的事实。有无一种模式能够彻底地解决“有权力的无能力，有能力的无权力”呢？

对于这个难题，笔者认为协同模式也许能够予以破解。通过协同模式来破解电力行政执法之难源于该模式在交通执法领域的成功应用。大城市乱停车是交通管理中最为头痛的问题。应对该问题的措施之一就是对乱停车的车主罚款。但乱停的车太多，交警太少，难以对乱停的车进行取证。不取证的话又无法对车主进行罚款。为疏导交通，很多地方都建立了交通安全协管员队伍。不过，交通安全协管员的人数虽多，但不论是地方法规还是公安部的规章，均规定其不得实施行政处罚和行政强制措施。如《北京市实施〈中华人民共和国道路交通安全法〉办法》第78条第4款规定：“市和区、县人民政府组建的道路交通安全协管员队伍，协助交通警察维护道路交通秩序，劝阻、告知道路交通安全违法行为。”《河北省实施〈中华人民共和国道路交通安全法〉办法》第 66 条规定：公安机关交通管理部门聘用的道路交通安全协管员，协助交通警察维护交通秩序，宣传道路交通安全法律、法规，但不得实施行政处罚和行政强制措施。公安部 2008 年 11 月 15 日出台的《交通警察道路执勤执法工作规范》第五条规定：“交通协管员可以在交通警察指导下承担以下工作：(1)维护道路交通秩序，劝阻违法行为；(2)维护交通事故现场秩序，保护事故现场，抢救受伤人员；(3)进行交通安全宣传；(4)及时报告道路上的交通、治安情况和其他重要情况；(5)接受群众求助。交通协管员不得从事其他执法行为，不得对违法行为人作出行政处罚或者行政强制措施决定。”可见，“有能力的无权力，有权力的无能力”的现象在交通执法领域同样存在。

北京市对该问题的解决经历一个从摸索逐步到完善的过程。2005 年 7 月之前，交通安全协管员可以用摄像机拍摄动态违法画面，如机动车走公交车道或“轧实线”，还可对违章停放的车辆贴条罚款。不过由于交通安全协管员执法身份不被认同，“贴条”常遭到司机抵制。此后，北京市交管局出台《交通协管员七条禁令》，叫停交通安全协管员“拍照取证机动车轧线、走公交车道”等权力，而仍保留了对违章车辆“贴条”的权力。由于交通安全协管员在乱停车辆上贴的是《违法停车处理告知单》，于是有市民以交通队委托交通安全协管员贴条儿并拍照取证属于违法将交通队诉至法院。尽管原告败诉，但直接张贴在车辆上的《违法停车处理告知单》确实给人一种交通安全协管员已经对车主的停车行为定性为“违法停车”的印象。2008 年 6 月，按公安部要求，北京交通管理局正式下发通知，停止交通安全协管员粘贴《违法停车处理告知单》的工作。自 2011 年 4 月 1 日起，交通安全协管员再次获得贴条权力，但所贴条的名称发生了重大变化。当他们发现机动车未在道路停车泊位内停放的，张贴的是《北京市交通协管员道路停车记录告知单》，同时填写《北京市交通协管员道路停车记录报告单》。在车辆前车门的玻璃上粘贴《北京市交通协管员道路停车记录告知单》后，通过相机或摄像记录停车事实，将《报告单》和图像视频资料报告给交管部门，由交通警察审核确认属于违法停放机动车行为的，依法予以处理。从《违法停车处理告知单》改为《道路停车记录告知单》，不仅仅是一种名称的变化，更是一种行政执法方式的变化。即交通协管员的任务仅是对停车的事实进行取证，至于该行为是否违法，是否需要给予行政处罚，需交由具有行政执法权的交通警察进行认定，然后依法做出处理。在这个过程中，人员众多的交通协管员负责取证，人数较少的交通警察负责审核证据并做出处理，二者之间形成一种协作关系，“有能力的无权力，有权力的无能力”得到了较好的解决。

显而易见，只要对这种协作模式稍加调整就可以应用到电力行政执法中来。交通协管员是交通管理部门专门聘用的，需要给他们支付工资。电力行政管理部门受经费限制，既无能力也无必要额外聘请人员协助进行电力行政执法。通过制度设计，可以充分借用电网企业的专业技术队伍资源、技术资源。具体而言就是由电力行政管理部门同电网经营企业签订一个协作合同，约定当电网企业工作人员在日常工作中如发现存在违反电力法律法规的行为时，如在电力设施保护区内修建建筑物，就可以按法定方式进行取证，然后将证据提交给电力行政管理部门，由电力行政管理部门对电网经营企业员工调取的证据进行审查，并对构成违法需要承担行政责任的行为做出处理。

这种模式下电网经营企业的行为有别于一些地方电力法规中规定供电企业的报告行为。如《云南省查处窃电行为条例》第 9 条第 3 款规定：检查中发现窃电行为应予处罚时，供电企业应当报告电力行政管理部门，由电力行政管理部门依照该条例第 12 条的规定处理。二者的区别主要表现在以下几个方面：第一，供电企业报告行为的重点在于强调只有电力行政管理部门才有处罚权，并不包含二者之间在电力行政执法上的合作。第二，这种规定并没有要求供电企业进行取证，很有可能供电企业仅是告知电力行政管理部门，具体的取证工作依然由电力行政管理部门来做。对于那些证据不立即调取就会灭失的违法行为以及电力行政管理部门取证不及时的违法行为，都将无法进行处罚。第三，供电企业的报告行为一般仅发生在自己的利益受到损害时，协同模式下供电企业的取证和报告行为可以不限于本企业利益受损的情形，对协作合同中约定的其他违法行为均可以进行取证。第四，电力行政管理对于供电企业的报告无动于衷的话，属于行政不作为，供电企业可以提起行政诉讼。在协作中如出现此类行为，供电企业则不能提起行政诉讼。

参考文献

[1] 吴鹏、范学臣：《“联合执法”的问题及完善路径》，《中国行政管理》，2006 年第 5 期。

[2] 王君安、杨军、廉高波：《现行体制下电力行政执法模式探讨》，《电力技术经济》，2007 年第 4 期。

[3] 张郑江：《电力行政执法荆州破题》，《国家电网》，2006 年第 10 期。

（作者：王学棉　华北电力大学教授）

项目名称：北京食品安全法律对策研究
项目编号：12FXB008
项目负责人：徐久生
项目信誉保证单位：中国政法大学

风险社会下食品安全的体系刑法观
——以修正案(八)对食品安全犯罪的修改为线索

一、引　言

食品是维系人类生存的前提，也是社会发展的基础。随着经济的发展，当今中国已经走出了“我饿”的时代，进入了“我害怕”的时代。在工厂化生产的今天，食品已不再匮乏，但食品安全问题日趋严重。就食品而言，这是最好的时代，也是最差的时代。刑法修正案(八)对食品安全问题的现状做出了回应，提出了新的应对手段。这种人造危险的泛滥印证了贝克风险社会理论的正确性，用风险社会理论对食品安全问题的刑法规制问题进行分析，能更好地找到解决食品安全问题的正确方法。

二、风险社会下我国食品安全已成问题

两次工业革命带来了产业化，最终导致了社会变革。在食品行业中，工业化使食品行业走向现代化。随着现代化的进程不断加快，普遍的工业化产生了普遍的风险，食品安全风险开始显现。风险与早期的危险相称，是与现代化的威胁力量以及现代化引致的怀疑的全球化相关的一些后果。[19]贝克认为，风险社会中的风险必须和现代化的反思相结合。在风险社会中，风险不同于古典社会中的自然风险，而是以“人造风险”为主。

(一)中国食品安全问题的表现

计划经济时代，生产力落后，食品匮乏，数量是食品安全的核心问题。改革开放以后，市场经济得到发展，资源配置效率提高，生产力得到了极大的解放，食品数量问题得到解决。但是市场这只“看不见的手”开始暴露出自身的缺陷，自发性导致商人唯利是图，食品质量成了食品安全的核心问题。仅2012年，被披露的重大食品安全事件就有“酒鬼酒深陷‘塑化门’事件”、“张裕葡萄酒藏农药事件”、“辛拉面被曝含致癌物”、“立顿检出高毒农药”等。整个食品行业充满着“弗兰肯施泰因”现象，由人制造的食品违反了人类

的本意，不再使人类受益，反而成了侵害、消灭人类的工具。市场失灵导致了商业行为的异化，进而导致了整个社会的异化。

面对激烈的市场竞争，安全常常被牺牲为对最低成本的追求，这种对安全的漠视具有极大的社会危害性，“三鹿奶粉”事件中“三聚氰胺”毒奶粉导致大面积的婴幼儿住院治疗，并且造成了多名婴幼儿死亡。食品安全问题不仅出现在没有营业执照的“黑作坊”中，还蔓延到老字号、知名大公司之中，甚至开始出现在一些全球知名的跨国公司中。食品安全问题走向全行业化的趋势，挑战着公民的信心底线。由于食品安全问题的日趋严重，相关的监管措施开始加强。《食品安全法》规定了最严格的食品安全标准，并且分部门对食品安全进行监管，以期能够解决“监管难”的问题。但是，中国的食品安全问题并没有因《食品安全法》的出台得到解决，食品安全问题仍然难以得到遏制，并且呈扩大趋势，整个社会的发展笼罩在食品安全的风险之下。

（二）食品安全风险的中国化特点

风险社会是对科学技术的质疑，也是对工业化生产模式的质疑。工业机器给人类社会带来了辉煌的成就，但过度的现代化使人类不再受益。现代风险有着自身的特点，如人为化、后果的延展性、建构本性等。但这种现代化的风险在中国有其特殊性，与贝克风险社会中倾向于“第二现代性”的风险不同，在中国的风险社会定义中存在第一现代性和第二现代性“双重强调”①的共时性困境。中国的现代化发展时间较短，并没有发达国家那样进行完整的现代化发展周期，在自身残留“第一现代化”因素的同时走向“第二现代化”，中国的现代化是一种“压迫式”的现代化，同时拥有工业化和自反性现代化的特征。具体来说，中国的食品安全问题存在“第一现代性”的“毒奶粉事件”、“地沟油事件”，也存在“第二现代性”的“KFC速成鸡事件”、“黄金大米事件”。“第一现代性”的食品安全问题的性质与前工业化时期相比并没有发生变化，而“第二现代性”的食品安全问题的性质发生了异变，“变异性食品”、“转基因食品”的出现使科学理性本身成了不稳定因素，这种隐性风险的存在使其与“第一现代性”的食品安全问题迥然不同。“第二现代性”的风险在科学的名义下似乎是披上了合法的外衣，但大部分创造的驱动力不是人类的真实需求，而是对利润的渴望。“第二现代性”的食品安全风险的本质仍然是人造风险，和“第一现代性”的食品安全风险是一致的。“第二现代性”的食品安全风险具有隐蔽性，其法律界限是不明确的，导致行为的界限也具有不明确性。但不明确的风险不意味着比“第一现代性”的风险要小。“第二现代性”的食品安全

---

① 本文中的“第一现代性”主要指的是大工业社会中因过分追逐生产力和利润而产生的风险，在食品安全问题上体现为制假、售假以及销售有毒、有害食品；“第二现代性”指的是因科技发展的不确定性而产生的潜在风险，如转基因食品的大量出现，此时与贝克的风险社会的含义相近。

风险虽然具有形式合理性，但其潜在危害性将是灾难性的。

双重风险的叠加给食品安全问题带来了新的复杂性，就我们所经历的风险无所不在而言，我们只可能做出如下三种反应：否认、漠视和转型。对于日趋严重的食品安全问题，只有转型的姿态才可以正确应对风险社会的挑战。食品安全问题转型的构想在制度层面的实践就是制度的变革，在刑法层面的实践就是相关刑事立法的重构，而这一切体现在刑法修正案(八)对食品安全犯罪的修改之中。

三、刑法修正案(八)对食品安全犯罪的修改

刑法修正案(八)对食品安全犯罪高发、食品安全风险激增的态势做出了回应，既有对现有条文的修改，也在分则条文中规定了新的罪名条文，以期在刑法体系内对食品安全问题的规制进行制度再造。

(一)刑法修正案(八)对食品安全犯罪的具体修改

在《刑法》第一百四十三条“生产、销售不符合安全标准的食品罪”中，既有对犯罪构成的修改，也有对刑罚的修改。在犯罪构成方面，将“卫生标准”修改为“安全标准”；在刑罚方面，在三年以下有期徒刑或者拘役的量刑条款中取消了单处罚金的规定，在加重条文中增加了“其他严重情节”的量刑规定，在罚金的计算上取消了参照销售金额的规定。《刑法》第一百四十四条“生产、销售有毒、有害食品罪”与其类似，取消了拘役刑和罚金刑参照销售金额的规定。《刑法》第四百零八条之一创设了食品监管渎职罪，针对国家机关工作人员在食品安全监管方面的滥用职权和玩忽职守行为，进行了刑法规制。

刑法修正案(八)对食品安全犯罪的修改趋势是犯罪圈扩大、刑罚加重，对食品安全犯罪的打击力度加大。生产、销售不符合安全标准的食品罪将“卫生标准”修改为“安全标准”，应当认为，“卫生标准”是“安全标准”的一种。[①]刑法修正案(八)的修改将虽然符合卫生标准但是不符合安全标准的生产、销售食品行为纳入了刑法规制的范围，行为的范围有所扩大。在刑罚方面，不仅取消了单处罚金的规定，而且取消了对销售金额的参照规定。刑罚规定对解释同样具有重要的提示作用。一般认为，单处罚金的刑罚针对轻罪，其取消显示出生产、销售不符合安全标准的食品罪的“重处罚”的刑事政策。取消了参照销售金额的规定是鉴于其严重限制了罚金刑的惩罚力度，食品价金一般数额较小，但不安全食品却有可能对人体健康造成极大的危害，如果强行参照销售金额将导致罚金数额与犯罪危害程度不相称，违反了罪刑相适应的刑法原则。在司法实践中，食品生产者、销售者出于经济利益的考虑，往往

---

① 《食品安全法》第二十条中规定，食品安全标准应当包括下列内容：(五)食品生产经营过程的卫生要求。

不会记载准确的销售金额，因而销售金额成了适用罚金刑的一个“人造障碍”。食品安全犯罪是经济犯罪，具有贪利本质，罚金刑是最好的惩治工具，刑法修正案（八）对罚金刑的修改使其更具有司法适用性。出于减少死刑的人道主义考量，刑法修正案（八）大面积减少了刑法分则中的死刑规定，其中绝大部分集中在经济犯罪领域。但在食品安全犯罪中，生产、销售有毒、有害食品罪仍然保留了死刑，这充分说明了该种犯罪严重的社会危害性。[①]

（二）风险社会下刑法规制方法的局限性

刑法是社会的，必然要随着社会变迁而发生相应的嬗变，刑法修正案（八）的修改是对风险社会下食品安全问题的回应。虽然其加重了处罚，但并没有形成有效的威慑，食品安全犯罪仍然处于高发的态势，这在实践层面上印证了刑法修正案（八）的相关修改在应对风险社会的冲击时自身存在的局限性。

1. 风险的不确定性和法律的确定性之间存在矛盾

在风险社会中，风险的产生在于大工业时代科技的发展突破了社会制度的可控界限，导致在技术工业发展过程中产生的威胁——以现存的制度性标准衡量——既不可计算也不可控制。风险社会中的风险是一个变量，随着时间和地点的变化，具体的风险量是不同的。风险与危险相比是一个较为中性的名词，而危险则完全是负面意义的，风险到危险或者实害的转化需要一个过程，风险存在积极的因素，最后的结果可能含有正效应。在大陆法系国家，法律适用的基本逻辑是司法三段论，只有确定的大前提（法律规范）才可以推出确定的法律结论，其正确性在于演绎逻辑的形式逻辑本质。法律制度为了实现正义的价值追求，要求法律必须具有确定性。食品安全犯罪高发是风险社会人造风险的集中表现，而将其入罪则存在“不确定性”和“确定性”的矛盾。刑法修正案（八）通过罪和刑的修改调整了食品安全风险的规制手段，但食品安全风险仍然在变化发展，其不确定性仍然存在，此次修改并没有从根本上解决刑法典和食品安全风险之间的内在矛盾。

2. 面对混合风险的无奈

本文的第二部分已经阐述了食品安全风险的中国化特点，即“第一现代性”和“第二现代性”的混合风险。刑法修正案（八）将生产、销售不符合卫生标准的食品罪修改为生产、销售不符合安全标准的食品罪，扩大了刑法的调整范围，但其主要规制的仍然是“第一现代性”的食品安全风险。《食品安全法》

---

① 生产、销售有毒、有害食品罪规定“致人死亡或者有其他特别严重情节的，依照本法第一百四十一条的规定处罚”，而《刑法》第一百四十一条是《生产、销售假药罪》，其中规定有“致人死亡或者有其他特别严重情节的，处十年以上有期徒刑、无期徒刑或者死刑，并处罚金或者没收财产”。

对食品安全标准进行了法定化，并且强制执行。[1] 在对食品安全犯罪的“安全标准”进行解释时，必须参考《食品安全法》的相关规定。而在《食品安全法》中，食品安全标准的主要内容为相关产品的致病性微生物、农药残留、兽药残留、重金属、污染物质以及其他危害人体健康物质的限量规定、食品添加剂、专供婴幼儿和其他特定人群的主辅食品的营养成分要求等，[2] 从中可以看出，其仍然停留在“第一现代性”的风险规制上。由此可知，刑法的“安全标准”也主要体现在“第一现代性”的食品安全风险上。在刑法修正案（八）的修改意见征求过程中，有学者建议对利用高科技手段添加有毒、有害物质的行为做出前瞻性规定，但最后刑法修正案（八）并没有对“第二现代性”的食品安全问题做出具体规定。随着生物科技的发展，未来“KFC 速成鸡”、“转基因黄金大米”等类似的食品安全问题将会不断出现，“第二现代性”的食品安全问题将离我们越来越近，现行刑法的食品“安全标准”并不能保证安全的食品。

3. 责任主体的缺失

现代刑事责任具有属人性质，中国大陆刑法中的责任主体为自然人和单位两种。刑事责任不同于民事责任，民事责任之本质在损害赔偿，刑事责任之本质为刑罚。虽然刑法中有共同犯罪的规定，但最终的量刑仍然是独立进行的，因而刑事责任不存在连带责任。由于刑事责任的特殊性质，在适用刑法时必须确认具体的责任主体。在风险社会中，由于风险链的存在，新的危险破坏了传统的安全计算的支柱，危险几乎不能再被归因于确定的犯罪者。在现代化食品的生产、销售过程中，从牛肉到汉堡要经过饲养、屠宰、加工、运输、烹饪、出售等多道工序，任何一个环节出现问题都会导致不安全食品的出现。职业的过度专业化体系及其正式组织在面对工业发展促成的风险时是失败的。它也许促进了生产力的发展，但不适合对危险的限制。在食品生产中究竟哪个公司、个人需要对不安全食品负责，在许多情况下是无法查明的，因而将会导致无法归责的困境出现。在监管过程中，监管部门责任和职权存在交叉，导致了“有组织地不负责任”现象的存在。例如，在食品监管渎职罪中，刑法规定了“负有食品安全监管职责的国家机关工作人员，滥用职权或者玩忽职守的”的犯罪行为，但具体到个案，一个食品安全监管渎职案件往往涉及工商行政管理部门、卫生行政管理部门、农业行政管理部门、质量监督管理部门等多部门，即使在一个部门体系内还有不同的业务部门，因而要找出真正的责任主体也是相当困难的。

4. 食品安全的全球化风险和刑法的本土性之间的矛盾

危险的普遍化伴随着工业化，这种情况是独立于生产地的食品链实际上

① 《食品安全法》第十九条规定：“食品安全标准是强制执行的标准。除食品安全标准外，不得制定其他的食品强制性标准。”

② 参见《食品安全法》第二十条。

将地球上所有的人连接到一起。由于世界经济的全球化发展，食品安全风险也具有全球化的特征，国界的限制被彻底打破。美国的疯牛病感染牛肉会对千里之外的澳大利亚产生威胁，中国的“三聚氰胺”毒奶粉也会漂洋过海出现在欧洲人的餐桌上。任何一个国家的食品安全危机都可以演化成整个世界的安全危机，大规模的风险突破了文化、语言、宗教和体制的自足性。刑法是一个国家的基本法律制度，具有本土性的特征，其管辖范围受制于国家的主权界限。从法系的角度而言，中国是大陆法系国家，与英美法系国家的法律制度存在很大的区别。与同为大陆法系的德国、日本等国家相比，食品安全犯罪的规定也存在差异。更何况，每个国家的食品安全标准存在区别，这直接导致了刑法规制的本土性特征。食品安全犯罪不同于毒品、恐怖主义等国际社会重点打击的犯罪，缺少相关的国际条约，国家之间缺乏有效的合作。在规制食品安全犯罪时，刑法有着自己的调整对象和调整界限。刑法修正案(八)虽然扩大了食品安全犯罪的规制范围，但无法解决全球化风险和刑法本土性之间的内在矛盾，因而其无法应对全球化食品安全风险的挑战。

现行刑法在调整食品安全风险时有着自己的局限性，并不是应对所有风险的充分命题。将刑法放在消除所有风险的制度预设之中，只能将自身陷入“牢笼困境”。贝克风险社会理论中的风险与前工业社会自然主导的风险不同，人是现代社会中最大的风险因素，因而风险和人类世界的发展呈正相关的关系。风险社会中风险的存在本身是合理和不合理的矛盾综合体，风险在本质上不可消除。

四、以体系刑法观审视刑法修正案(八)的修改

刑法中的正义，不是所谓平均的正义，而应该是分配的正义。刑法应当将重心放到风险的分配上，使整个社会安全、有效地运行。风险的分配在本质上就是利益的分配，社会如何才能对利益以及与之相对立的利益实现正确的管理是一个经久不衰的话题。风险社会理论是一个社会学命题，是从社会学的整体视角出发对人类社会现代化的集体性反思。刑法自成体系，是基本的法律制度之一，本质上属于社会制度。只有将刑法制度放在体系之中进行思考和适用，重新审视刑法修正案(八)的修改，才能正确地进行制度重构。

(一)刑法体系内的反思与重构

概念法学认为，法律制度是由一个概念金字塔构成的严密体系，只有在严密的法律体系中才能寻找到法律的真实含义。在刑法体系中，条文之间并不是孤立的，上下条文之间、总则和分则之间都存在着内在联系。只有将刑法视为一个体系，方能获悉个别法条的意义。体系解释的预设前提就是刑法体系的本体必须是协调、统一的，因而在立法上出现体系矛盾就是对刑法体系的背离。在规制食品安全犯罪的过程中，对刑法修正案(八)的修改必须在

刑法的体系内进行再审视。

第一，从罪的角度来说，刑法修正案(八)对食品安全犯罪的修改必须在刑法体系中进行反思，才能正确适用。首先，以食品监管渎职罪为例，其行为表现方式存在“滥用职权”和“玩忽职守”两种方式，而在《刑法》第三百九十七条的规定中，这两种行为方式分别规定为“滥用职权罪”和“玩忽职守罪”。食品监管渎职罪将这两种行为方式进行了合并，其理由为：实践表明，滥用职权与玩忽职守罪的区分，往往遇到困难，引发争议，并且引发不必要的上诉、申诉。应当认为，这种理由是不成立的，因为其破坏了刑法的体系，造成了人为的不协调。食品监管渎职罪的主观方面一般由过失构成，但也不排除间接故意。“滥用职权”和“玩忽职守”的主观心态并不相同，如果将其合并为“食品监管渎职罪”，则会在刑法体系中产生一个罪名同时拥有故意和过失两种主观心态，与刑法的基本理论不符。以节约司法成本为名将罪名不断进行合并虽然能在表面上简化刑法的适用，但实质上破坏了刑法的罪名体系，这也与刑法罪名规定不断细化的趋势不符。刑法的适用实践是刑法是否合理的重要参照，适用困境是刑法改革的动力，但这种改革必须在刑法的基本理论中进行，否则将破坏刑法的体系。其次，刑法修正案(八)对生产、销售不符合安全标准的食品罪进行了修改，将“卫生标准”修改为“安全标准”，扩大了刑法规制的范围。其司法适用必须在刑法体系内进行，厘清其与生产、销售有毒、有害食品罪的关系。生产、销售有毒、有害食品罪是抽象危险犯，而生产、销售不符合安全标准的食品罪是具体危险犯，刑法对于两者的介入时间是不同的，也可以看出生产、销售有毒、有害食品罪具有更强的法益侵害性。生产、销售有毒、有害食品罪是指在生产、销售食品的过程中加入有毒、有害的非食品原料，而加入非食品原料本身属于不符合食品安全标准的行为，[①] 两者属于一般法条和特殊法条的关系。虽然在生产、销售食品的过程中加入的非食品原料可能不是有毒、有害的，但如果有足以造成严重食品中毒或者其他严重食源性疾病的危险，可以构成生产、销售不符合安全标准的食品罪。因而在司法适用时，关键在于对非食品原料的有毒、有害性进行确认，只有这样才能够正确区分两罪的适用范围。

第二，从刑的角度来说，刑法修正案(八)普遍加重了食品安全犯罪的刑罚，但仍然要对其量刑情节进行明确化才能正确量刑。以生产、销售不符合安全标准的食品罪为例，主刑三到七年的刑期增加了“其他严重情节”的规定。根据最高人民法院、最高人民检察院《关于办理生产、销售伪劣商品刑事案件具体应用法律若干问题的解释》的规定，“生产、销售不符合卫生标准的食品被食用后，造成轻伤、重伤或者其他严重后果的”，应认定为“对人体健康造

① 参见《食品安全法》第八十五条第一项。

成严重危害”。虽然“卫生标准”已经修改为“安全标准”，但该解释仍然是具有参考价值的。“其他严重情节”和“对人体造成严重危害”在条文结构上属于并列项，参考上下文的规定进行体系解释，“其他严重情节”必须和“对人体造成严重危害”具有相当性。刑法修正案(八)不仅加重了刑罚，而且扩大了法官的自由裁量权。但自由裁量权是有界限的，而在刑法体系内进行解释能够明确自由裁量权的适用范围。霍姆斯曾经说过：“法律的生命在于经验，而不在于逻辑。”为了明确“其他严重情节”的具体范围，必须出台相关的司法解释或者发布指导性案例进行司法经验的总结，将其具体化以指导司法实践。

(二)法律体系内的反思与重构

在风险社会中应对食品安全风险，不仅需要刑法体系的自我完善，而且需要在整个法律体系内进行反思和重构。

首先，刑法典的分则规定与民法、商法、经济法、行政法、诉讼法等其他法律部门都有关联性，特别在空白罪状中，往往要参考其他部门法的相关规定进行解释。例如，在生产、销售不符合安全标准的食品罪中，对“食品安全标准”的解释必须参考《食品安全法》的相关规定。《食品安全法》第二十一条第一款规定：“食品安全国家标准由国务院卫生行政部门负责制定、公布，国务院标准化行政部门提供国家标准编号。”因而，“食品安全标准”应当是具体、明确的。然而，《食品安全法》公布施行前，我国已有食品、食品添加剂、食品相关产品国家标准 2000 余项，行业标准 2900 余项，地方标准 1200 余项，①相关的食品安全标准必须尽快得到整合和清理。只有明确了“食品安全标准”的具体规定，才能正确适用生产、销售不符合安全标准的食品罪。法律体系不仅是一个概念，而且还是一种规则，法律科学必须成为并且保持其作为一种真正的体系性科学。法律秩序应当是统一的，法律体系的理性完善不仅需要部门法的内部完善，还需要与其他部门法进行有效衔接，其他部门法的修改完善可以更好地明确刑法相关构成要件的含义，从而正确适用刑法的相关规定。

其次，刑法是其他部门法的最后保障，只有当其他部门法不足以制止某种危害，为了保护某种重要的法益时才可以适用刑法，动用“必要的恶”来惩罚犯罪行为。在法律体系中控制现代风险，首先是侵权法规制的范畴，其次是行政管理法规制的范畴，最后才能上升到刑法的局面。在应对食品安全风险的法律体系中，有民法、刑法、经济法、行政法等相关部门法共同进行规制，其部门法内均有相关的制度性规范，如民法中的惩罚性赔偿制度、行政法中的行政许可制度、经济法中的消费者权益保护制度。刑法具有谦抑性，其对食品安全的行为规制范围小于其他部门法。在适用刑法的过程中必须遵

① 参见卫生部等 8 部门关于印发《食品安全国家标准“十二五”规划》的通知(卫监督发〔2012〕40 号)。

循罪刑法定原则，明确刑法的规制范围。例如，刑法只对食品生产、销售行为进行了规制，食品流通行为由《食品安全法》进行规制，在适用刑法时不能将流通行为进行类推解释将其入罪。当然，如果行为人明知是不符合食品安全标准的食品而收获、加工、包装、运输、储藏，为生产、销售该食品提供帮助的，可以作为生产、销售不符合安全标准的食品罪的共犯追究刑事责任。刑法没有将食品流通行为进行规制是认为其行为的危害性比不上食品生产、销售行为。这在经济发展的早期，应当是适当的。但随着现代化生产的专业化分工，物流业不断发展，食品流通成了食品工业中的重要环节。分工的现代化产生了新的风险，食品流通领域风险将不断加大，社会危害性也将不断加强，未来有入罪的必要。

最后，在风险社会中，危险成为超国界的存在，成为带有一种新型的社会和政治动力的非阶级化的全球性危险。在法律体系内，国际法可以克服刑法的本土性缺陷，有效应对食品安全风险的全球化危机。就国家之间而言，签订关于食品安全方面的合作协议可以有效地统一食品安全监管方面的标准，进行信息共享，从而有利于加强国际合作。例如，中国与日本、韩国签订了《中日韩三国关于食品安全合作备忘录》，将食品安全作为未来国家间合作的重点。除了国际条约以外，国际组织也在应对食品安全风险的过程中发挥了很大作用。联合国粮农组织(FAO)和世界卫生组织(WHO)在1963年就建立了国际食品法典委员会，如今的法典成员占世界人口的99%，对食品安全标准的国际协调做出了很大的贡献。中国是国际食品添加剂和农药残留法典委员会的主持国，并且当选为国际食品法典委员会亚洲区域执行委员，主办了国际食品添加剂法典会议、农药残留法典会议，充分借鉴了国际食品标准制定和管理的经验。① 虽然食品安全的国际化合作还停留在食品安全标准、信息交换等方面，但随着食品安全犯罪的国际化风险不断加大，加强国际的食品安全刑事合作将会越来越重要。

(三)社会制度内的反思与重构

风险社会下的风险产生集合了政治、经济、科技、文化等多种要素，现代社会的风险并不是单要素的。风险社会不仅对刑法提出了挑战，而且对社会治理提出了挑战，因此，对风险的应对应是全方位的。

食品安全风险的控制和分配需要在整个社会制度的体系内进行，它一般具有跨越刑法乃至法律领域的意义。首先，在经济制度上，市场经济的缺陷是导致食品安全风险的重要因素，生产力的过度发展异化了生产本身。因而，从经济手段上来说，应当鼓励绿色产业的发展，引导资本流向，对绿色食品

① 参见卫生部等8部门关于印发《食品安全国家标准"十二五"规划》的通知(卫监督发〔2012〕40号)。

生产企业采取减税、补贴等手段。在世界风险社会中，每个人都会受到风险的威胁，但具体到个人，个人承受的具体风险是不同的，其承受能力也存在差异。建立和完善相关的食品安全责任保险制度，使风险的分配社会化，增强个体的食品安全风险抵御能力。其次，在科技制度上，必须在科技理性中加入社会理性。风险社会是对现代化的反思，而现代化的反思首先要对科技进行反思。在风险社会中，“定义关系”被革命了，知识和无知结合在一起。在食品安全犯罪领域，对“安全”的定义是食品安全刑法规制的关键所在，对其定义离不开科学的数据化分析，但在面对“第二现代性”的食品安全风险时，科学自身就是危险源之一，其定义往往是无效的。科技是现代生产力发展的第一要素，人类社会的科技进步是无法逆转的。社会理性并非要抑制科技的发展，而是使科技发展产生的风险处于可控范围之内，从而正确定义食品安全的“可容许的危险”，使之符合社会整体利益。最后，在管理制度上，必须使相关管理部门的职责具体化、明确化，以应对“有组织的不负责任”。对于一些界限模糊、无法划分的“三不管”地带，刑事责任无法规制，但可以在行政法上用连带责任进行追责，从而调动相关管理部门的积极性。食品安全风险本质上是一种社会风险，必须在加强行政管理的同时建立社会管理的相关制度，发展相关的行业协会，加强自我管理，建立企业间的食品安全合作机制，在食品生产的过程中进行信息的充分交流，以利于食品安全事故发生后的及时补救。

当然，社会制度体系不仅指经济、科技、管理制度，还包括文化、政治等制度。风险社会的风险具有系统性，系统性的风险必须系统性地应对。只有在社会制度的体系内对食品安全问题进行反思，才可以消解刑法规制的局限性，从而体系性地应对食品安全风险。

五、结　论

风险社会下，食品安全事故不断涌现。在中国，食品安全风险有其特殊性，即“第一现代性”和“第二现代性”的风险混合。刑法修正案(八)对食品安全犯罪做出了修改，加强了刑法规制的力度，但并不能完全应对食品安全风险。单纯的刑事规制具有自己的局限性，因而必须进行体系性的思考，将其放在刑法体系、法律体系、社会制度体系中进行反思与重构。在刑法体系内，食品安全犯罪需要进一步完善罪刑体系，并在刑法体系内进行准确适用。在法律体系内，需要完善相关的部门法来配合刑法的适用，进行有效衔接。同时要坚持刑法的谦抑性原则，明确与其他部门法的相关界限。在社会制度体系内，经济、科技、管理制度的变革可以解决刑法所不能解决的食品安全风险问题。只有坚持体系的刑法观，在体系内进行制度重构，才能系统性地解决食品安全问题。

参考文献

[1] (德)乌尔里希·贝克：《风险社会》，何博闻译，上海：译林出版社，2004 年。

[2](德)乌尔里希·贝克：《世界风险社会》，吴英姿、孙淑敏译，南京：南京大学出版社，2004 年。

[3] Jason Czarnezki，Yanmei Lin，Cameron Field. Global Environmental Law：Food Safety &China，http：//papers. ssrn. com/sol3/papers. cfm? abstract _ id=2133551.

[4]劳东燕：《公共政策与风险社会的刑法》，《中国社会科学》，2007 年第 3 期。

[5](德)贝克、邓正来、沈国麟：《风险社会与中国——与德国社会学家乌尔里希·贝克的对话》，《社会学研究》，2010 年第 5 期。

[6]Miguel A.，Altieri & Peter Rosset，*Ten Reasons Why Biotechnology Will Not Ensure Food Security*，*Protect the Environment*，*or Reduce Poverty in the Developing World*，Richard Sherlock & John D. Morrey，Rowman &Littlefield Publishers，2000.

[7](德)汉斯·海因里希·耶赛克、(德)托马斯·魏根特：《德国刑法教科书》，徐久生译，北京：中国法制出版社，2001 年。

[8]高铭暄：《风险社会中刑事立法正当性理论研究》，《法学论坛》，2011 年第 4 期。

[9]陈晓明：《风险社会之刑法应对》，《法学研究》，2009 年第 6 期。

[10]张军：《刑法修正案(八)条文及配套司法解释理解与适用》，北京：人民法院出版社，2011 年。

[11]韩忠谟：《刑法原理》，北京：北京大学出版社，2009 年。

[12]卢建平：《风险社会的刑事政策与刑法》，《法学论坛》，2011 年第 4 期。

[13](日)大塚仁：《刑法概说》，冯军译，北京：中国人民大学出版社，2003 年。

[14](德)克劳斯·罗克辛：《刑事政策与刑法体系》，蔡桂生译，北京：中国人民大学出版社，2011 年。

[15](德)卡尔·拉伦茨：《法学方法论》，陈爱娥译，北京：商务印书馆，2003 年。

[16]周道鸾：《中国刑法罪名解释——原由、发展与司法适用》，北京：法律出版社，2011 年。

[17]于志刚：《“风险刑法”不可行》，《法商研究》，2011 年第 4 期。

[18]陈兴良：《“风险刑法”与刑法风险：双重视角的考察》，《法商研究》，2011 第 4 期。

[19]南连伟：《风险刑法理论的批判与反思》，《法学研究》，2012 年第 4 期。

（作者：徐久生　中国政法大学教授

曹震南　中国政法大学硕士研究生）

项目名称：北京市中小企业社会责任法律规制研究
项目编号：12FXB016
项目负责人：林艳琴
项目信誉保证单位：北京师范大学

中小企业社会责任法律规制

企业社会责任自20世纪初由西方学者倡导以来，一直存在很大的争议。之所以如此，乃因企业社会责任作为一个多学科交叉兼容的研究领域，汇集着来自经济学、管理学、法学、社会学、伦理学等多学科研究视野的投射。[①] 应该说，企业社会责任的概念自其产生以来，经历了一个多世纪的发展，其内涵也不断地变化发展中。我们以为，法律意义上的企业社会责任是一种积极的责任。它是指作为社会组成部分的具有营利性的企业除追求企业利益最大化外还负有的、旨在维护和促进公共秩序、安全和公共利益的义务。这种义务是建立在企业衡平其营利性和社会性的基础上的。具体而言，法律意义上的企业社会责任包括对消费者、对雇员、对债权人的责任，也包括对环境等涉及社会公共利益的责任。[②] 中小企业社会责任实质上是一种被称为责任的企业义务。因此在中小企业发展过程中，越来越需要中小企业在追求营利的同时，兼顾消费者、雇员等其他利益相关者的利益。这就要求中小企业在维护企业和股东利益，追求营利的同时，承担一定的社会责任。

可是这样的社会责任，对中小企业来说，为什么一定要履行；中小企业又该如何正确履行自身的社会责任；在履行社会责任中有哪些特殊性；凡此种种，需要我们从法律上进行规制，使法律在中小企业社会责任领域发挥其应有的功能。

一、中小企业社会责任问题的提出

《中华人民共和国中小企业促进法》第2条第1款规定：中小企业，是指在中华人民共和国境内依法设立的有利于满足社会需要，增加就业，符合国家

① 周林彬、何朝丹：《试论"超越法律"的企业社会责任》，《现代法学》，2008年第2期，第37页。

② 林艳琴：《企业社会责任法律规制解读》，《首都师范大学学报（社会科学版）》，2008年第2期，第52页。

产业政策，生产经营规模属于中小型的各种所有制和各种形式的企业。依照《关于印发中小企业划型标准规定的通知》(工信部联企业〔2011〕300号)的规定，中小企业划分为中型、小型、微型三种类型，具体标准根据企业从业人员、营业收入、资产总额等指标，结合行业特点制定。可见，中小企业是指与所处行业在从业人员、营业收入、资产总额等规模上较大型企业小的组织体。

一定程度上讲，中小企业是我国社会主义市场经济的重要组成部分。他们在完善我国社会主义市场经济体制、增加就业、促进社会发展等方面发挥了不少独特的作用。现已成为我国社会经济发展中重要的力量。据统计，我国中小企业提供了近80%的城镇就业岗位，创造的最终产品和服务价值相当于国内生产总值的60%，纳税额约占国家税收总额的50%。① 但当从法律的角度探讨中小企业社会责任时，我们发现：虽然很多中小企业主动参与社会事业，承担社会责任，但仍有不少中小企业不甚明了"企业社会责任"的概念，有的甚至不知道SA8000的认证在我国1997年就已经存在。我国"企业社会责任"的积极推动者——中国企业联合会的会员中中小企业所占的比重较低。更为严重的是，不少中小企业唯利是图，拖欠员工工资、欠缴社会保险，等等。总而言之，当前我国中小企业承担社会责任至少存在如下问题：

(一)自然环境方面

中小企业在应对环境保护方面缺乏应有的措施，对环境造成极大的污染。中小企业的环境污染问题已经成为社会问题，有时引发矛盾。据《南方日报》2011年9月30日A25版《环境污染为祸经济转型/环保部停批园区外危险化工项目》报道：2010年，环保部曾对危险化学品生产的相关企业进行摸底排查，发现1.8万家化工企业中，有3607家存在环境隐患。在对石油、医药化工、炼焦这3个行业的43510家企业的排查中发现，存在环境风险的占了81.3%；而地处大江大河沿岸、人口集中区以及饮用水源地上游等环境敏感区的化工企业占了86.2%。2010年1月至2011年8月，环保部接报的危险品引发的突发事件达239起。环保部副部长张力军说："近年来，化学品引发的突发性环境事件呈明显上升趋势，严重影响了环境安全和社会稳定。化学品污染物进入环境，对人体健康和环境造成重大威胁。"②另据新京报2009年8

① 《中小企业社会责任》，《第一财经日报》，2012年10月22日，http://www.yicai.com/news/2012/10/2176271.html，2013年10月25日访问。

② 《环保部今起停批工业园区外所有化工项目、化工项目引发群体事件地区一律限批》，http://www.legaldaily.com.cn/index_article/content/2011-09/15/content_2957378.htm?node=5955，2013年11月1日访问。

月 1 日报道[①]：湖南浏阳市镇头镇数千群众上街表达对一家化工企业污染的担忧。群众称，之所以上街，是因为镇内一工厂排放镉超标，导致环境污染。可见，中小企业在自然环境保护方面缺乏社会责任的问题值得关注。

（二）对待消费者方面

近年来，消费者权益被侵害的事件常见诸报道。据《开封日报》2013 年 3 月 13 日"2012 年度侵害消费者权益典型案例"[②]的报道，其中 9 个案例中关于"劣质磷肥 致使麦田减产：2012 年 5 月 14 日，杞县官庄农民黄某等人联系本地化肥经销商到通许县消费者协会投诉，反映通许县某化肥批发商销往杞县官庄的磷肥存在质量问题，使用该磷肥的麦苗发生不同程度的死亡，受害小麦面积近百亩"和"赠品出现质量问题不予调换 ：2012 年 1 月 9 日，市民赵某在鼓楼区某品牌专卖店购买了一双价值 495 元的皮鞋，当时该店正搞买一赠一促销活动，商家便赠给赵某一双同样价格的皮鞋。可是，赵某穿了获赠的皮鞋两个月后，出现了断底现象，当赵某要求商家调换时，商家以赠品不在"三包"范围内为由，不予调换"都反映了中小企业在对待消费者权益方面极为需要改善。

（三）对待员工方面

据 2010 年的相关报道[③]，以工资和薪酬待遇为核心矛盾的劳动纠纷事件和职工权益被严重侵犯事件呈高发态势，其中，因欠薪而导致的农民工讨薪被打等恶性事件频发；要求提高工资待遇的突发性职工群体性事件增多。该报道称，造成这些事件增多的原因，据中华全国总工会分析，主要有三方面：职工劳动报酬增长缓慢；企业特别是外资、建筑施工企业劳动用工管理不规范、工作条件差；工资支付保障制度落实不到位，不依法按时足额支付工资，对诈骗手段逃避工资支付或欠薪逃逸行为无力打击，恶意欠薪成本低。

二、中小企业社会责任失范的原因

综上可见，与大企业相比，由于在规模、人力、物力、社会影响力等方面的差别，中小企业在履行社会责任方面还存在不少问题，已经成为影响社会和谐的重要因素之一。究其原因很多，我们认为主要有：

（一）中小企业履行社会责任的认识不足

企业社会责任理论是随跨国公司社会化传入我国，许多中小企业在认识

---

① 《湖南浏阳数千人上街抗议化工企业污染》，http：//news. sina. com. cn/c/2009－08－01/014016047310s. shtml，2013 年 11 月 1 日访问。

② 《2012 年度侵害消费者权益典型案例》，http：//www. kf. cn/kfrb/html/2013－03/13/content _ 111233. htm，2013 年 11 月 1 日访问。

③ 《职工权益被严重侵犯事件近期呈高发态势——全总：建立工资正常增长等三大机制维护职工权益》，http：//zqb. cyol. com/content/2010－09/03/content _ 3404406. htm，2013 年 11 月 1 日访问。

和理解企业社会责任方面存在偏见或缺失。有的中小企业甚至认为企业承担社会责任是一种无利润的投资，且是一种单向付出，会影响经济效益，增加生产经营成本。[①] 此外，有的中小企业在经营上存在着社会利益低于经济效益的理念，片面追求企业的经济效益。为了实现经济效益最大化，置社会利益于不顾，视社会效益的实现为副产品，企业对社会利益的索取大于回报[②]。

（二）中小企业自身面临的生存压力较大

虽然经过多年的发展，我国中小企业取得了一定的成绩，但也存在妨碍中小企业健康发展的若干因素，主要表现在以下几个方面[③]：(1)中小企业市场竞争力不强，管理和技术水平较低。一些中小企业技术创新和产品创新的能力较低，管理水平低，过度依靠低价竞争，难以在市场竞争中取胜。(2)生产方式较为落后。许多中小企业技术设备较为老化、生产工艺也较为落后。原有粗放型发展模式已成为其可持续发展的较大障碍。(3)中小企业融资困难的问题依然存在。由于中小企业资产规模较小、抗风险能力较弱、稳定性和自身积累都不足，难以从外部获得更多的资金支持。许多中小企业在发展过程中主要靠自有资金或向亲友借款或采用民间集资、拆借等方式筹资。此外，由于资本市场门槛高等各种原因，中小企业直接融资的渠道较小，一般较难通过资本市场公开筹集资金。可见中小企业融资成本较高。(4)社会化服务体系不够健全。中小企业的发展离不开社会的全方位服务，包括政府政策引导和行业协会的指导等。除了中小企业市场准入还存在障碍外，仅就现有的中小企业行业协会而言，其服务理念和所能提供的服务项目相对满足不了中小企业发展的需要，从某种程度而言，制约了中小企业的发展。此外，中小企业职工的养老、福利、保险等社会保障水平较低，影响了中小企业的用工。这也在很大程度上制约了中小企业的可持续发展。

（三）规制中小企业社会责任的法律法规不健全

一般地，我们将《中华人民共和国中小企业促进法》第 8 条[④]、第 9 条[⑤]的规定，看作是规制中小企业履行社会责任的法律规定。此外，《中华人民共和

---

① 分别参见李长友：《循环经济视野下企业社会责任的法律支持》，《吉首大学学报（社会科学版）》，2007 年第 1 期；张立娜：《构建和谐社会视域下中小企业社会责任研究》，山东大学硕士学位论文，2009 年。

② 李长友：《循环经济视野下企业社会责任的法律支持》，《吉首大学学报（社会科学版）》，2007 年第 1 期。

③ 文治国：《中小企业发展面临的主要问题及对策》，http：//www.yingchengnet.com/2009－06/09/cms773447article.shtml，2014 年 7 月 4 日访问。

④ 第 8 条："中小企业必须遵守国家劳动安全、职业卫生、社会保障、资源环保、质量、财政税收、金融等方面的法律、法规，依法经营管理，不得侵害职工合法权益，不得损害社会公共利益。"

⑤ 第 9 条："中小企业应当遵守职业道德，恪守诚实信用原则，努力提高业务水平，增强自我发展能力。"

国公司法》第 5 条[①]、《中华人民共和国合伙企业法》第 7 条[②]要求中小企业要承担社会责任，但具体的操作性内容规定不足，几乎没有。从实际情况看，有关执法部门的监督力度还有待提高。有时候，一些地方政府为了当地经济利益，对中小企业违法违规的行为欠缺处罚，也就谈不上对中小企业主动承担社会责任的监督了。

总之，无论从整个社会大环境还是从中小企业自身来看，中小企业履行社会责任都还有待进一步规范和提高。

三、中小企业社会责任法律规制的必要性

从企业社会责任的起源和发展来看，最早出现企业社会责任的时候，主要依靠伦理和道德的约束，和法律的关系不大。随着环境和制度的变迁，由于企业社会责任的概念复杂、边界模糊、内容比较庞杂，单纯依靠伦理和道德的力量无法保障企业社会责任实施时法律便应运而生。如果没有法律对中小企业社会责任进行规制，则不仅不会实现企业对社会责任的承担，而且还有可能使企业的基本利益受到损害。[③] 可见，对中小企业社会责任进行法律规制具有如下的必要性：

（一）协调中小企业的企业经济利益和社会责任之间的矛盾

由于中小企业的企业经济利益与社会责任之间存在着矛盾，必然需要国家在合法理、合经济规律、合中小企业本性的基础上进行干预。为防止国家直接干预的负面效应如政企不分、企业办社会等情形的发生，则需要对企业社会责任进行法律规制，以划定干预的边界，使中小企业得到合理健康发展。

（二）符合企业社会责任由道德性走向法律性的内在要求

企业社会责任最初往往被理解为是道义上的责任，具有很强的道德性。企业承担社会责任的动机是为了自身长期的经济效益，当企业的经济效益与承担社会责任产生冲突，就会严重削弱其承担社会责任的积极性，此时通过道德自律来承担社会责任就显得微弱无力，必须使得企业社会责任的某些层面具备法律性并受法律约束。因此，在由于企业的逐利本性致使道德约束的经常失效的情况下，就会导致用法律对企业社会责任进行规制。这是企业社

① 第 5 条："公司从事经营活动，必须遵守法律、行政法规，遵守社会公德、商业道德，诚实守信，接受政府和社会公众的监督，承担社会责任。"

② 第 7 条："合伙企业及其合伙人必须遵守法律、行政法规，遵守社会公德、商业道德，承担社会责任。"

③ 吴凡：《企业社会责任法律规制》，《河北理工大学学报（社会科学版）》，2008 年第 1 期，第 85 页。

会责任由道德性走向法律性趋势的必然要求①。

（三）市场经济和我国经济发展的必然要求

企业是市场的重要组成部分，是市场活动的主体，其责任范畴势必影响整个社会的运行。中小企业作为市场经济活动的主体，对整个国家的经济社会发展起着至关重要的作用，因此非常有必要规制其权利和义务。同时，我国正处于经济社会发展的转型期，多元利益主体产生的同时各种矛盾也随之出现，市场弊端和社会失范行为开始显露。倡导和落实企业社会责任应该是构建和谐社会的一个重要内容。② 同时，多年社会经济发展的经验表明，中小企业社会责任的履行需要把握好度，如果中小企业社会责任过小，必将直接损害社会利益，间接影响中小企业自身的发展；如果社会责任过大，则直接影响企业积极性的发挥。因此，对中小企业社会责任进行法律规制则能够更好地通过法律方式确认企业与社会之间的法律关系，从而发挥企业的营利职能，服务于社会③。

四、中小企业社会责任法律规制的理论依据

经济全球化将资本在经济社会生活中的地位扩大至全球范围。国际企业社会责任运动最早产生于关于企业生产经营过程中的劳工标准问题的争论。在随后的讨论中，企业社会责任范围不断扩大，扩大至环境保护和社会公益事业等。④ 可以说，企业社会责任运动是随着经济全球化的推进以及以劳工问题为中心的新问题而产生的⑤。当然，企业社会责任内容的发展离不开法学理论的发展。20 世纪西方法学领域最重大的事件或者说最突出成就是社会学法学的出现。从一定意义上说，如果没有社会学法学的社会本位以及个人利益与社会利益衡平思想的出现，企业社会责任是不可能在 20 世纪获得及时且迅速地形成并得到广泛而持续的认同。⑥ 社会学法学的社会利益⑦观倡导社会本位，强调社会连带和社会合作，在坚持社会利益独立性观点的同时并没有把

---

① 龙新、王福生：《和谐语境下企业社会责任的法律规制》，《上海商学院学报》，2008 年第 1 期，第 17 页。

② 张立娜：《构建和谐社会视域下中小企业社会责任研究》，山东大学硕士学位论文，2009 年，第 2 页。

③ 吴凡：《企业社会责任法律规制》，《河北理工大学学报(社会科学版)》，2008 年第 1 期，第 85 页。

④ 杜中臣：《企业的社会责任及其实现方式》，《中国人民大学学报》，2005 年第 4 期，第 41 页。

⑤ 常凯：《论企业社会责任的法律性质》，《上海师范大学学报(哲学社会科学版)》，2006 年第 5 期，第 37 页。

⑥ 王艳梅：《公司社会责任的法理学研究》，吉林大学博士学位论文，2005 年，第 41 页。

⑦ 社会利益包括了一般安全、个人生活、维护道德、保护社会资源(自然资源和人力资源)的利益以及经济、政治和文化进步方面的利益。见王艳梅：《公司社会责任的法理学研究》，吉林大学博士学位论文，2005 年，第 38 页。

社会本位推向极致。而是将个人利益与社会利益之间的平衡和协调发展作为法律的终极关怀。这些思想，同企业社会责任所体现的价值和内涵是一致的。[①] 这之后的国家干预经济理论[②]为企业社会责任的传播提供了较好的机会。在多次大规模的企业社会责任运动中，要求加强国家对企业实施干预的声音总是不绝于耳。可见，国家干预经济与企业社会责任之间的关系是密切的。20 世纪 80 年代，经济伦理学在欧洲和日本的发展，进一步促进了企业社会责任的发展。此时的人们普遍认为，伦理价值、伦理关系和伦理责任是现实生活中从事经济活动的人和组织所无法回避的[③]。企业在追求利润的同时需要关注伦理道德，毕竟企业的生存与发展，依赖与其相关的群体和社会，仅仅以股东利益为中心并不符合企业发展的终极目标。

综上，法学上社会利益观的确立，为法律有效解决和应对企业和社会之间利益冲突问题提供了更为坚实的理论基础和更为务实的操作指南。

五、意大利、德国对中小企业社会责任法律规制的实践

20 世纪以来，在企业实务界，已经广泛认同企业在追求利润目标之外还应承担社会责任。企业通过社会责任行动，力图解决社会问题，也已逐渐成为一种普遍的现象[④]。从意大利、德国对中小企业社会责任法律规制的社会实践上看，有许多值得我们学习和借鉴的地方。

(一)意大利对中小企业社会责任法律规制的社会实践

中小企业在意大利经济中地位较为特殊。不过，意大利中小企业规模较小。它的发展基本上依赖于企业与地方社区的关系，往往不具备全国性的声誉影响。而且中小企业群体间存在明显的内在差异性。基于此，意大利政府为了降低对企业社会责任审核与认证的交易成本，较为重视企业社会责任的标准化和规范化要求；同时意大利政府也尊重当地中小企业的发展特点，积极构建企业社会责任与企业社会资本投资、企业与其核心利益相关者关系之间的联系，形成企业承担社会责任的自愿自觉动机。[⑤] 2002 年年初，意大利

---

① 王艳梅：《公司社会责任的法理学研究》，吉林大学博士学位论文，2005 年，第 40 页。

② 国家干预经济理论认为：市场是资源配置的有效机制，但市场不是万能的，它仍然不能解决人类所面临的全部问题。换言之，政府在市场经济中的干预作用之所以重要，是因为在理论上可以自我调整、自我实现的市场经济在现实中却总是令人失望，总是存在着诸多"市场失灵"的地方。正是由于市场失灵存在，才有了政府干预的必要和可能。见王艳梅：《公司社会责任的法理学研究》，吉林大学博士学位论文，2005 年，第 50—51 页。

③ 王艳梅：《公司社会责任的法理学研究》，吉林大学博士学位论文，2005 年，第 56 页。

④ 龙新、王福生：《和谐语境下企业社会责任的法律规制》，《上海商学院学报》，2008 年第 1 期，第 18 页。

⑤ 李轩复、郭毅：《意大利中小企业社会责任推行模式对我国的启示》，《生产力研究》，2009 年第 22 期，第 167—169 页。

政府劳动者工会和社会政策部成立了一个“特别工作小组”，负责起草符合意大利中小企业特点的社会责任道德责任管理标准。同年 12 月，该行动小组向政府提交了企业社会责任标准的框架性文件，明确提出企业需要为其生产经营活动而给社会、经济和环境等方面造成的后果承担责任。① 当然，意大利政府也明确表示，在企业社会责任履行中非常有必要给中小企业提供支持，以便中小企业拟定自身的企业社会责任方针。②

与此同时，意大利政府还努力加强全社会企业社会责任意识。2003 年，意大利政府组织企业、工会、行业协会等进行多边对话，目的是强调企业社会责任标准对企业可持续发展的影响，推广企业社会责任文化，促进彼此间的经验交流，增加企业执行社会责任标准的透明度。③

意大利政府除了通过创建对话推行企业社会责任外，还制定社会报告标准，建立通用的透明度较强的自我评估体系。意大利推进企业社会责任是以一系列公共活动的方式表现出来的。在活动的最初阶段，政府会成立委员会或工作组，力图让企业、商业组织、大学、社会组织和工会等各方与政府代表一起参与讨论各方所希望开展的行动，谋求各方共识，以便政府的行动能全方位覆盖社会的呼声和视角。④

此外，为推动中小企业履行社会责任，意大利行业协会在对中小企业承担社会责任的引导、协调、监督、服务、自律等方面发挥了积极作用。通过发布行业规则约束中小企业的内部行为。如意大利制革者协会自 1999 年起就拥有自己的道德规范，之后还发布了关于社会和环保方面的责任书，要求会员单位遵守欧盟所规定的关于在工作场所保证工作者人权和保护环境、自然资源等方面的条款。⑤

通过这些活动，意大利中小企业不仅建立了实现自身发展与满足社会需求之间的统一关系，明确了承担社会责任的具体行动要求；还逐步意识到，承担社会责任将有利于企业与其核心利益相关者之间建立稳固的关系，有利于企业集聚优质资源，实现可持续发展。⑥

---

① 详见张蔚：《我国中小企业社会责任法律实现机制研究》，河北经贸大学硕士学位论文，2011 年，第 16 页。

② 参见周翼翔：《国外中小企业社会责任推进模式及其启示》，《浙江树人大学学报》，2012 年第 3 期，第 49 页。

③ 参见张蔚：《我国中小企业社会责任法律实现机制研究》，河北经贸大学硕士学位论文，2011 年，第 17 页。

④ 参见周翼翔：《国外中小企业社会责任推进模式及其启示》，《浙江树人大学学报》，2012 年第 3 期，第 49 页。

⑤ 参见张蔚：《我国中小企业社会责任法律实现机制研究》，河北经贸大学硕士学位论文，2011 年，第 17 页。

⑥ 李轩复、郭毅：《意大利中小企业社会责任推行模式对我国的启示》，《生产力研究》，2009 年第 22 期，第 167—169 页。

(二)德国对中小企业社会责任法律规制的社会实践①

德国虽然不是研究企业社会责任理论先进的国家，但却是最早赋予企业社会责任理念法律效力的国家。在德国，尊重劳动者的利益以及为公共福利负责的观念渗透在不同时代的企业法中。德国最为成功的企业社会责任立法制度是职工参与制度的建立。②

需要指出的是，在德国，企业社会责任的中央部门主管机构是联邦劳动与社会保障部。制定国家企业社会责任（以下简称“CSR”）战略是该机构的主要职责之一。CSR 战略特别鼓励中小企业、员工和消费者都参与到企业社会责任能力建设中。它主要由两部分内容组成：德国企业社会责任活动框架说明（以下简称“说明”）和德国企业社会责任政治行动计划（以下简称“计划”）。在“说明”中包含的主要内容是：(1)对德国企业社会责任现状和发展情况进行全面总结；(2)对企业社会责任形成统一认识，并在此基础上形成相关各方的行动措施；(3)特别强调德国企业的社会责任活动相关的国际规范。在“计划”中包含的主要内容是：(1)在企业社会责任活动中需要清晰认识政府的角色，并进行明确的定位；(2)详细介绍在“计划”的框架内与企业社会责任活动实践有关的公约、目标、课题和措施。这些“说明”和“计划”的实施，使得德国中小企业社会责任的承担有了明确的目标。

(三)对我国的启示

(1)从意大利和德国中小企业社会责任践行的情况看，在企业承担社会责任过程中，必须充分发挥政府的主导作用，政府对中小企业社会责任的实现起着积极的推动作用。

(2)企业社会责任是一项需要全社会关注的事情，需要所有的社会群体积极参与。因此，需要充分调动社会各方力量，实现多种法律机制的共同配合。这就要求中小企业自身建立健全企业内外部管理机制，同时社会各方也要求中小企业遵守社会道德，并切实支持积极履行社会责任的。③

(3)守法是各国中小企业的普遍选择。因此，需要提高中小企业自身守法意识，积极倡导守法环境。我国的中小企业应该以长远的眼光，遵守法律法规，谋求长期的利润。

---

① 除非特别说明，关于德国中小企业社会责任法律规制的社会实践均参见殷格非、孙继荣：《德国：将企业社会责任提升至国家战略》，《WTO经济导刊》，2010 年第 1 期，第 70—73 页。

② 参见陶亚杰：《中小企业社会责任法律制度研究》，西南政法大学硕士学位论文，2011 年，第 22 页。

③ 德国中小企业社会责任法律规制的社会实践均参见殷格非、孙继荣：《德国：将企业社会责任提升至国家战略》，《WTO经济导刊》，2010 年第 1 期，第 73 页。

六、我国中小企业社会责任法律规制的设想

规范中小企业行为，引导中小企业社会责任活动，把中小企业社会责任纳入到法制化的轨道中，既有利于中小企业营利目的的实现又有利于其社会责任的承担。不过，在对中小企业社会责任进行法律规制时需要充分关注不同类型企业社会责任的差异性。因为不同类型的企业在性质、功能、地位等方面可能存在较为明显的差异，其对社会的影响力也各不相同，因而应区分不同类型企业对其应承担的社会责任给予不同的法律规制①。

就我国中小企业社会责任法律规制而言，规制的重点应在立法约束层面。主要注重中小企业基本法律义务的履行。就目前而言，我国中小企业社会责任履行的重要方面是遵纪守法，保障员工权益。此外，需要充分注意中小企业的特点，制定符合中小企业自身实际要求的企业社会责任评定标准与奖励规范，激励和约束中小企业社会责任的履行和实现，从而调动中小企业履行社会责任的积极性。

参考文献

[1] 郭沛源、崔征：《企业社会责任的四大热点法律问题》，《中国企业社会责任》，2007 年第 4 期。

[2] 崔丽：《俄罗斯企业社会责任履行现状及对我国的启示》，《河北法学》，2012 年第 2 期。

[3] 张蔚：《我国中小企业社会责任法律实现机制研究》，河北经贸大学硕士学位论文，2011 年。

[4] 陶亚杰：《中小企业社会责任法律制度研究》，西南政法大学硕士学位论文，2011 年。

[5] 汪洋：《试论我国中小企业社会责任的法律规制》，山东大学硕士学位论文，2012 年。

[6] 廖永威：《企业社会责任外部促进机制的法学研究》，华东政法大学博士学位论文，2009 年。

（作者：林艳琴　北京师范大学教授

刘晓杰　北京师范大学博士研究生）

① 陈晓星：《企业社会责任法律规制的理性思考——兼评中国〈公司法〉第 5 条之规定》，《中国商法年刊》，北京：知识产权出版社，2010 年，第 51 页。

项目名称：北京市突发公共事件应急管理中的法律问题
项目编号：12FXC030
项目负责人：郭　殊
项目信誉保证单位：北京师范大学

完善北京市突发公共事件应急管理法律机制研究

一、现代都市突发公共事件的特点

当前突发公共事件应急管理越来越受到政府的重视。由于城市作为现代文明的集中体现地，聚集了大量人口，承担了政治、经济、文化中心等功能。城市管理体系是否顺利运转，直接关系到社会的安全和稳定，所以对城市突发公共事件的应急管理研究显得尤为重要。[①]北京作为中国的首都，是中国政治和文化中心，也是环渤海地区的经济中心，更是世界性的大都市，城市化水平很高。北京目前有近万公里的地下管线、近万座高楼和数以千万计的人口，而近年来北京的环境污染、公共设施事故、暴雨洪水灾害、公共疫情等灾害和事故也变得越来越频繁。

构建灾害应急管理与社会动员的法律机制需要做到以下几个方面：(1)突发公共事件应急管理的立法，既包括实体法更包括程序法；(2)应急管理的执法，包括应急防范机制与处理机制；(3)应急管理的保障机制，包括应急管理所需的物质条件、环境条件的保障；(4)应急管理的社会动员机制，其中包括应急管理的宣传教育和社会组织服务采购；(5)灾害应急管理的权力监督和权利救济。北京市应该结合现代化大都市的特点从以上几个方面寻找和研究其突发公共事件应急管理法律机制中存在的问题与不足，从而有针对性地进行改进和完善。

二、北京突发公共事件应急管理法律机制的现状与不足

政府在应对突发公共事件时采取的应急措施可能会造成社会公众个别利益的一些损失，这是应急管理机制中的公益与私益、自由与秩序、合意与强

① 池宏、祁明亮等：《城市突发公共事件应急管理体系研究》，《中国公共安全·学术版》，2005年第3期，第21页。

制之间的特有张力所决定的，而这种张力只能靠建立配套法律机制来缓解和平衡。学界认为，这些问题基本上都可以转化为如何用宪法和行政法来理性地、均衡地配置行政权和相对方权利，尤其是紧急行政权与公民权利的相对平衡。通过构建合适的法律机制来确立政府防治突发公共事件的机制应该采取何种模式才是有效的。[①]当然，要建立起一个完备的得以良好运行的法律机制，并不是一朝一夕便可成就的，而是一个复杂的综合、权衡和选择，并不断加以调整完善的过程。北京市近年来在突发公共事件应急立法方面已经取得了较大的进展。

从立法层面来说，近年来北京市自然灾害与突发事件频发，给城市管理带来了严峻的挑战。为了加强应对突发灾害和事故，北京市人大和政府各部门也加紧立法工作。尤其是2012年的7·21特大暴雨洪水灾害之后，出台了不少针对公共危机和应急管理的专门法律规范，例如《北京市人民政府印发北京市关于进一步加强地质灾害防治工作意见的通知》、《北京市人民政府关于印发北京市空气重污染日应急方案(暂行)的通知》、《北京市人民政府关于进一步加强和改进消防工作的意见》等。

近年来北京市的突发灾害应急法制建设得到了逐步的完善。但是与一些国家先进的应急法制体系相比而言，目前北京市灾害应急管理法律机制的建设尚未健全和完善，具体而言，还存在以下问题与不足：

(一)灾害应急管理立法不健全，法律体系尚未完全建立

即使近年来北京市加强了灾害应急立法，但灾害应急管理法制仍不健全，法律体系仍未完全建立起来。主要表现在：部分灾害应急立法内容“偏理论，轻实践”，“重实体，轻程序”，采取应急处理措施所应遵循的紧急状态的确认、宣布、应急处理、终结等方面程序规定不足；行政执法的授权依据不充分、不明确，关于各部门联合执法所依据的具体法律规范并未明确指出，且各个执法组织的分工也并未提及；立法中缺乏必要的对紧急行政权加以有效监督制约的法律规定，导致对紧急情况下行政越权和滥用权力的监督机制不健全；现有立法缺乏对突发事件处理中公民权利保障底线的完备规定，且危机管理的权利救济机制不完善，不利于维护公民的合法权益。

北京市社会动员法制建设不到位，仍然过多依靠行政命令的手段，对法律手段运用不够。社会动员主体权责的分配、行动规范等方面都需要有一个法治化的框架来调节，北京市关于突发灾害应急管理中社会动员方面的法律法规或者单行条例很少。社会动员法律法规的缺失，会影响动员的力度和效果，甚至会造成对公民权益的侵害，更是对长远的制度化建设和法治化进程

① 应松年主编：《突发公共事件应急处理法律制度研究》，北京：国家行政学院出版社，2004年，第90页。

会有消极影响。[①]

(二)灾害应急管理的行政执法尚有不足，执法效果仍待改善

灾害应急管理的执法主体混乱，职责不清，职责交叉和管理脱节的现象并存，各部门之间的协调能力不足，协同性较差。从纵向的组织管理来看，应急管理存在着部门化的倾向，各相应管理部门的垂直管理比较完备，但各部门之间的职责分工关系并不十分明确，有些部门对自己的职责比较清楚，但是对于其他部门的职责则完全不了解。例如北京应急委下属的十四个专项指挥部，各自的责任范围都有规定，但对于其他专项指挥部的职责却未必清楚，在相关的文件中也没有规定在不同的城市灾害中各相关专项指挥部该如何协调和沟通。除此之外，在灾害来临之时，需要多方共同配合的情况下，往往出现重复处理的情况，严重地影响了灾害应急执法的效果和效率。

在我国突发事件管理中，与突发事件相关的信息的报告、公布制度不健全，没有明确统一、规范的信息公布程序，导致了灾害应急中的社会动员往往产生"适得其反"的后果。若要社会动员发挥正面的作用，必须反思突发公共事件中的信息管理制度。信息沟通顺畅，社会动员就能充分发挥应对危机的作用。

(三)灾害应急管理的重要一环——社会动员机制未能得到充分发挥

目前，北京的灾害应急管理模式为代理模式，它是要整合庞大成熟的机构部门，形成一种平稳的一体化城市应急处理体系，由市政府牵头、统一接听，然后各自指挥、反馈与监督。[②] 这种模式反映在现实的公共应急管理体制中，就是政府对灾害应急处理进行全权代理，各类社会组织、公众都处于被动员、被安排的处境之中，缺少了主动性和主人翁意识，最终导致应对公共危机变成是政府的内部事务。政府确实应该在应急管理中发挥主导作用，但主导作用不是全部作用。政府在公共应急管理中应充分重视，并保障、促进社会中介组织和公众的积极参与，发挥其作用。这样，既可减少政府公共应急管理的成本，又有利于公共应急管理的效率。社会动员机制中，非常重要的即是非政府组织和志愿者团队。

北京市目前的应急志愿者管理还有许多不足，大部分志愿者仍处在一种自发组织的状态，在真正面对灾难的时候往往显得力不从心，甚至出现"好心办坏事"的情况。如何进一步从技术层面做一些改进和调整，完善应急志愿者法制，建立一套成熟而可用的应急志愿者体系是亟待解决的一个重要的法制

---

① 韩大元、莫于川：《应急法制论——突发事件应对机制的法律问题研究》，北京：法律出版社，2005 年，第 64 页。

② 王雅莉：《中国城市的应急机制建设》，《太原城市职业技术学院学报》，2006 年第 3 期，第 2 页。

领域。

三、国外突发事件应急制度和实践的借鉴

突发公共事件应急管理的法制建设是北京市城市建设的重要一环，是开展安全生产应急管理工作的重要基础。世界上很多国家政府和企业对此也高度重视，美国、法国、德国、俄罗斯、日本等发达国家相关的应急管理法制建设和研究则有着较长的历史和丰富的经验。其中，美国政府早在20世纪60年代初就组织有关部门、应急专家和专业人士开展了应急管理的立法工作；日本则是世界上较早制定有关灾害应急管理法律法规的国家。目前，我国安全生产应急管理法制的全面、深入研究刚刚起步，有必要借鉴这些发达国家的先进经验来为我国的应急法制建设提供参考。

(一)在立法上，建立系统完备的灾害应急法律体系

从世界范围来看，在应对突发性灾害的时候，国家立法起着很重要的作用。大多数国家都具备完备的灾害应急法律制度。

首先，大部分国家直接在宪法中规定了紧急状态制度，给政府的行政紧急权力划定明确的宪法界限，如《德国基本法》。其次，有的国家制定统一的紧急状态法来详细规范在紧急状态时期政府与公民的关系，以保障政府在紧急状态下充分、有效地行使行政紧急权力，同时又很好地限制政府的行政紧急权力，以保障公民不因紧急状态的发生而使一些基本的宪法权利遭到侵害。如《法国紧急状态法》规定部长会议宣布紧急状态，内政部长可以命令关闭紧急状态区域的剧场酒店和公共场所，还规定了军事法庭受理有关的重罪或者轻罪案件。另外，有的国家还通过立法制定相应的法律措施来应对突发性灾害。以国外预防传染病的立法为例，俄罗斯制定了《联邦公民卫生流行病防疫法》。除此之外，各国还在完备的立法基础之上，逐步形成了一个较为完整的应急管理法律体系。

(二)在行政执法上，形成了高度完善的应急组织管理体系

在一些发达国家，已经基本建立了以政府首脑为核心的上通下达的成熟的应急管理组织体制。日本自20世纪90年代起，就建立起一套从中央到地方的应急管理体制。[①] 这个应急管理体制以完备的法律体制为依托，在最高指挥官首相的领导之下，由内阁官房负责整体协调和联络。除中央、地方政府和专门组织机构外，日本的各企业、机关、学校、医院、街区等都有各自的管理组织和应变措施。

整合庞大复杂的应急管理组织体系，保证应急管理各部门在危机状态下

① 岳世平：《发达国家构建应急管理体系的经验借鉴》，《行政管理改革》，2010年第11期，第55页。

高效、协调地联系和协作，除了建立具有会商决策功能的综合体系外，建立常设的占主导地位的综合协调部门也是十分重要的。从世界各国的经验来看，处理紧急状态的机构有综合性的协调机构和专门的处置机构两种。前者如美国的“政府有关部门处理恐怖活动对策委员会”作为政策协调机构，由国务院领导，国家安全会议、联邦调查局、中央情报局、国防部、联合参谋部、财政部、交通部、司法部等部门的人员组成。一旦政策确定，则由各个部门分头执行。后者如法国巴黎的警察指挥中心、美国的特殊武器战术队、德国的第九边防警察大队等。①

(三)在保障机制方面，构建了制度化、常规化的保障机制

为有效应对生化武器、传染病和其他威胁公众安全的突发事件，许多国家都开展了广泛的科学研究与实验，为其提供必要的知识、技术和设备供给，并建立多级实验室反应网络。社会媒体充分利用现代信息手段，对不同类型的公共安全预警预防制度和应急制度进行广泛宣传和普及，促进突发性灾难得到及时有效地解决，以尽快恢复正常生活秩序。各类公共安全指挥系统定期进行不同范围、不同级别突发事件的应急预演。美、日、韩等国都将应急管理经费纳入国家预算体系，建立应对危机基金，有稳定的资金保障。为应对突发性灾难事件，许多发达国家都有足够的物质储备，如美国还建立了一个全国性的资源目录，一旦危机爆发，能清楚地知道从什么地方调配什么资源，动用哪些设施。

(四)社会动员机制完善

大部分发达国家都注重在灾害应急工作中发挥企业和社会组织的作用。虽然政府在应对所有的突发事件过程中负有法定的领导责任，但是企业和社会组织也是应急管理过程中的重要参与者。如加拿大多伦多市就与一系列私营部门发展出良好的公私合作关系，在危机事件结束之后，以安全、经济的方式提供废墟处理服务。除了企业之外，非政府组织在国外城市的突发事件应急管理体系中的作用是巨大的。②

四、对北京市突发公共事件应急管理法律机制的改进措施

北京作为中国的首都，世界超级大都市之一，能否建立起一套运转高效的应急管理体系是衡量北京市政府管理能力的一项重要指标。前文已经讨论了北京应急法制建设的现状及其不足，并且对国外先进经验进行了分析和借鉴。以下提出几个方面的改进设想，以供北京市完善突发公共事件应急法律

① 高家伟：《域外参考：外国政府的应急机制》，《法制日报》，2003 年 5 月 8 日。

② 万鹏飞、于秀明：《北京市应急管理体制的现状与对策分析》，《公共管理评论》(第四卷)，北京：清华大学出版社，2006 年，第 58 页。

机制参考。

(一)完善北京突发公共事件应急管理的地方立法体系

目前，北京市已经制定和颁布了一些应对突发公共事件的地方性法规、地方政府规章和其他规范性文件。但从整体上看，地方立法体系尚不完善。为了使政府应急管理法制进一步完善，使应急管理工作有法可依、执法必严、违法必究，就有必要健全和完善突发公共事件应急管理的地方立法。

1. 增强突发事件应急预案的规范性和可操作性

各级各类应急预案应当符合《突发事件应对法》等相关法律法规，需要对发布于《突发事件应对法》出台之前的应急预案进行清理和修订，要对下级部门的有关应急预案根据上级部门相应应急预案的修改和补充而及时做出相应的修改和补充，以保障其规范性与协调性，保证其符合《立法法》的要求。

2. 健全北京市应急管理的相关配套机制

北京市人民政府及其职能部门应当依据《突发事件应对法》的规定，根据不同部门的分工，结合本地区实际，研究制定能够在各部门之间协调整合的相关配套制度。主要有以下几个方面的制度需加强建设：关于突发事件分级、应急预案调研与制定修订程序、突发事件应急管理培训制度、志愿者组织与机构设置制度，应急物资储备及保障制度，突发事件信息报告员制度，社会动员制度，财产征用制度，突发事件信息发布制度，灾害救助制度等，从而真正履行《突发事件应对法》授权地方政府的法定职责。①只有在整合基础上建立起的配套制度，才能将散落在不同部门的不同规定中的具体制度系统化。从根本上避免各个应急管理机构因自行立法、沟通不善而导致的权限冲突、重复处理等情况，从而提高突发公共事件应急执法的效果。在立法中增加关于应急执法机关违法的责任追究条款，规范其应急管理执法行为也十分必要。

3. 完善应急管理中的社会动员机制

动员制度是我国整个公共危机管理法律体系的有机组成部分，动员法治化程度的高低是衡量我国灾害应急管理法律体系完整与否的一个重要指标。建立一套完整有效的社会动员规章制度，用法律制度来规范动员的主体、客体、方式、手段与内容等，将动员纳入法律框架之内，确保社会动员工作有法可依，有章可循，并能依法执行，这样才能确保社会动员的规范化、制度化和法制化。对社会动员的主体进行合法化界定，将动员主体明确化、规范化和法制化，才能避免民间反动帮派、宗族恶势力等反社会不良群体进行的恶性动员；对动员主客体的权责义务的划分，在动员过程中的经费筹集、奖惩措施、优惠政策以及动员机构自身运行管理等方面的明确规定，都有利于

① 孟大川：《论突发事件应急管理的法治理念与法律制度》，《四川文理学院学报》，2010年第1期，第41页。

更好地调动和发挥动员的力量，使社会资源得到最大限度的整合以共同应对危机。同时，政府需要制定相应法律政策，对民间力量行为进行规范和指引，为社会动员多元主体提供法律上的保障。①

(二)加强突发公共事件应急管理的配套职能制度

1. 进一步建立和完善社会动员的良性互动机制

应急管理是一项公共性很强的管理活动。如果把它看成是一项公共服务的话，则政府不应被视为唯一供应者和生产者，企业、非政府组织和个人在防灾减灾工作中扮演着重要角色，应被视为公共产品的合作供应者或生产者。

首先，积极动员企业和非政府组织。北京市应当在应急体系的实施办法中明确规定，在紧急状态时，辖区内的企业应协助承担为本市提供物资、人员等救助资源的义务。但对企业资源的利用，政府应尽可能少地采用政治动员的方式，应更多地采用购买企业服务的方式。另外，鼓励企业针对自己的产品设置相应的应急预案来应对，预防和应急管理诸如爆炸、化学物品泄漏、火灾和漏油等事件。北京市应当进一步落实与非政府组织的合作意愿，与非政府组织建立长期稳定的合作伙伴关系。政府以及立法机关应积极制定一些法规规章，为非政府组织和政府之间的合作提供制度上和法律上的保障。

其次，构建完善的志愿者系统，发挥志愿者在灾难应急管理中的作用。在这方面，北京可借鉴日本防灾志愿者网络建设的经验，成立"防灾志愿者网络专门委员会"，负责对本地区选拔的减灾志愿者带头人进行技术培训，再由他们对一般的志愿者进行组织和训练。经过训练并进行网络登记的志愿者才可以参与到灾害应急救援中。这样，就将灾害发生后临时赶往灾区进行"无序志愿服务"的志愿群众排除在外，也减少了诸如"4·20 芦山地震"之后因大量民间志愿者无序涌入灾区造成的救援道路阻塞影响救灾等问题。

2. 进一步建立和完善应急信息管理制度

应急管理最大的特点之一在于不确定和环境的复杂性，完善的信息管理对于应急管理能力的提高至关重要。对于危机管理中的信息沟通，既要重视信息在正式沟通渠道中的传播与过滤，同时也要警惧和防止非正式沟通渠道中不良信息的产生和危害；既应该将危机实情和政府举措等相关信息及时公布，让公众广泛知晓，避免谣言、流言的产生，同时也要把民众的顾虑、意见和需求及时反馈给政府，使政府及时准确把握各方面的灾情民意，以采取有效措施应对危机。如果正式沟通渠道能及时提供全面、可信的信息，就可以有效避免各种不良信息和谣言的影响，公众也不会产生盲信盲从、非理性的行为。所以，信息沟通在危机动员中具有十分重要的作用。一个比较完善的应急管理信息和决策支持系统包括资料库、知识系统、规范模型危机的预

① 吴开松：《当代中国危机动员研究》，华中师范大学 2006 年博士学位论文，第 62 页。

警系统、电子信息技术的应用平台等。应急管理需要一个宏观的决策识别系统，这也需要政府管理体制的改变。当前政府应急管理的社会化程度还不够，要把现代信息技术运用于政府的应急管理之中，充分运用现代科技手段，提高政府应急管理的能力。

3. 进一步建立和完善政府应急管理的保障措施

为有效应对威胁公众安全和社会稳定的突发事件，许多国家都开展了广泛的科学研究与实验，为其提供必要的知识、技术和设备供给，并建立多级实验室反应网络。社会媒体充分利用现代信息手段，对不同类型的公共安全预警预防制度和应急制度进行广泛宣传和普及，促进突发性灾难得到及时有效地解决，以尽快恢复正常生活秩序。各类公共安全指挥系统定期进行不同范围、不同级别突发事件的应急预演。充足的物质资源是政府应急管理的基础，因此，为确保危机来临时政府能有效地调动各种社会资源予以应对，应当在危机爆发前就确保充足的物资储备。具体而言，就是要求政府在年度预算中确立专门的应急管理预算，并且设立专门的基金，用于应对各种突发事件和危机，同时，建立相应的制度以确保基金能有效使用。此外，政府还要建立、完善各种危机情况下可能需要的资源储备制度，尤其是一些战略资源的储备制度，建立资源目录，以便在关键时期能有效调动资源。

（三）健全灾害应急处置和社会动员的法律监督机制

政府在危机管理中需要运用行政紧急权力，采取一系列紧急措施（包括大量的行政强制措施），必要时还可中断某些法律的实施，甚至暂停或限制公民的部分宪法权利（但不得限制和剥夺生命权、健康权、宗教信仰权等最基本的人权）。具有极大的优先性、紧急性、强制性和权威性，因此具有恣意和滥用的特殊条件和可能，必须对其加以有效的监督和约束，这是现代法治的基本要求。① 建立有效的信息公开机制，做好危机发生后的传播沟通工作是有效监督政府危机管理的一项重要措施。

政府应当增加关于灾害的危机程度、危机处理和控制等方面的透明度，充分和及时地进行信息公开。这不仅可以增强公众的防范意识，消除不必要的社会恐慌，而且还可以提高政府的公信度和国际形象。因此，政府要善于运用合理的方式来公布和澄清重大问题，加大社会透明度。社会公众与广大市民有权了解突发公共事件的处理情况以及涉及人民生命财产安全的重大问题。只有在第一时间向社会公众和市民公告，才能得到理解和支持。政府在应急管理过程中应及时与市民进行沟通，保障市民的知情权。增加市民对突发事件的了解，有助于市民及时从危机事件的冲击中恢复到正常状态，及时采取措施应对危机，同时也有利于配合政府开展相关工作，减小危机事件的

① 莫于川：《公共危机管理的行政法治现实课题》，《法学家》，2003 年第 4 期，第 117 页。

危害性。在通讯技术、网络技术非常发达的今天，如果政府在公共危机发生时不能及时、准确地发布有关信息，各种不真实、不准确的信息就会到处流传，引起社会极大的恐慌，从而不利于突发灾害的应急处理。因此，突发公共事件应急管理中的信息公开透明也是十分重要的。

五、结 语

近年来，北京的突发公共事件频繁发生。2012 年 7 月 21 日的特大暴雨洪水灾害、2011 年持续至今的雾霾天气、近期的 H7N9 禽流感疫情及 2003 年的“非典”疫情等公共卫生事件，这些都属于难以完全预测和预防的突发公共事件，每一次发生都造成一些损失，甚至是悲剧，也为现代大都市的建设和发展带来了全新课题。北京目前的应急法制建设仍有不足，需要不断进行完善。健全北京的突发公共事件应急管理的法律机制与体系，使其得以良好运作，更好地为建设美丽北京，实现“中国梦”服务。

（作者：郭　殊　北京师范大学副教授）

项目名称：北京市最低生活保障法律制度研究
项目编号：12FXC032
项目负责人：李海明
项目信誉保证单位：中央财经大学

《城市居民最低生活保障条例》的定位、境遇与制度完善

自1999年《城市居民最低生活保障条例》(以下简称《低保条例》)颁布实施以来，我国的城市居民最低生活保障(以下简称“低保”)制度已经成为我国社会救助领域中极为重要、极为基础的制度，也是立法层次最高的社会救助法律制度。然而，《低保条例》的法律味道却远不如四年后出台的《工伤保险条例》，在相应的理论研究与实务操作领域也极少听到法律学者的声音。那么，为什么实践中非常重要的低保制度却给人一种弱法治化的印象呢?《低保条例》究竟内生了哪些理念呢? 以下正是围绕《低保条例》的定位、境遇来思考这些问题及其出路。

一、《低保条例》的定位及相关分析

《低保条例》第一条明示该条例的宗旨是规范城市居民最低生活保障制度，保障城市居民基本生活。仅就此而言，《低保条例》的立法目标比较单一，与我国台湾地区“社会救助法”所确定的“照顾低收入及救助遭受急难或灾害者，并协助其自立”的目标相比要单薄一些。而事实上，《低保条例》的实践是在特定的背景下展开的，并有着多元的目标，与立法第一条有着较大的差异。

(一)《低保条例》是企业改革分流催生的，定位于收入保障

最狭义的低保政策可追溯到1993年的上海实践之前，其中对“三无”人员和“三无户”的救济与照顾则可追溯到更早，如新中国刚成立之际或者更早。而事实上，低保制度与对“三无”人员的救济制度之间有很大跳跃，它是在国企改革的背景下催生的政策。20世纪90年代，“在短短几年中，就在城市中迅速形成了以失业人员、下岗职工、停产半停产企业的职工和一部分被拖欠养老金的退休人员以及他们的赡养人口为主体的城市贫困群体”[①]。低保正是

① 王海燕、修宏方、唐钧：《中国城乡最低生活保障制度：回顾与评析》，《哈尔滨工业大学学报(社会科学版)》，2011年第2期。

为了救助城市新生而又数量可观的贫困群体，也无怪乎之后有学者分析城市低保对象时会发现有劳动能力者所占比例甚高。

正是因此，低保制度的出发点是应急性的，即为解除企业改革所分流出来的人员及其家庭的生活问题，具有补贴收入的性质。如从《重庆市城市居民最低生活保障暂行办法》(1996 年)的规定来看，低保覆盖了企业执行最低工资标准，银行贷款、财政贴息、部门及企业自筹一部分生活费的困难企业职工生活费发放，社会保险机构发放离退休费、失业保险金，以及原有的城市“三无”人员救济等内容。当一项应急措施逐渐稳定下来后，有些内容独立为其他制度，如最低工资制度、养老保险过渡制度、失业保险制度等，而维持既定标准线的收入则同原有的针对“三无”人员的救济整合为城市低保制度，并保留了这一政策的最大特色，即收入保障(维持)。就此而言，低保制度是为有劳动能力的人设计的一项制度，这不仅使得低保制度会与促进低保对象就业联系在一起，而且使得低保制度在设计上仅仅考虑低保对象的收入水平。从法律规范来分析，新闻报道中开宝马车领低保者可能恰恰是没有任何收入的无业者。

(二)《低保条例》是行政部门执掌推进的，定位为民政工作

民政部从地方经验中发现了低保的制度价值和政策意义，并大力推动了《低保条例》的出台和落实。而得益于民政部门既有的传统的基层民政组织，城市低保得到迅速而有效的推行。而且民政部门并没有拘泥于《低保条例》，而是在城市低保制度的基础上发展了分类救助、专项救助等《低保条例》中没有的内容，并又单独推行了农村低保制度。从民政部门的视角来看，低保制度已经拓展为社会救助制度体系。因此，当下的《低保条例》定位于民政工作，并具有如下特点：(1)不太区分低保制度与社会救助制度，理论研究中也笼统地关注低保及相关事项，如与廉租房制度联系在一起，关注问题、重视对策，具有务实性；(2)研究城市低保制度却忽视《低保条例》，极少有关于《低保条例》的规范分析，传统的法规范分析在低保制度研究中备受冷落。

《低保条例》的颁布标志着低保工作的成效，也意味着低保工作进入了以民政工作为思维起点的反思与整合阶段。而依托《低保条例》的文本解释并不能满足民政工作的需要，民政部门没有动力去更改低保制度的基础性设计，而是致力于社会救助体系的构建与拓展。定位于民政工作的《低保条例》自然会被冷落。

(三)对《低保条例》定位的检讨与省思

当下我国的《低保条例》最应当检讨之处在于其定位，《低保条例》的上述定位与低保制度的法治化不足互为表里，为当下低保制度的症结所在。低保制度虽然在形式上是一项统一的行政给付制度，却在民政体系中由各地方政府各自为政，并与其他民政工作或社会救助制度纠结在一起，这可能增进了低保制度的现实价值，却也限制了《低保条例》的权威性和独立性。进一步分析，由于最初的低保制度没有在较高的法治化环境中实施，其后的多种社会救助制度与低保制度互相作用，呈现较强的政策性、较弱的法制性。低保制度的定位已经拉偏了社会救助的法制化进程。

重新解读与建构基本生活保障的立法宗旨，厘清收入保障的机理对低保制度乃至社会救助制度走向现代化至关重要。随着国企改革的顺利进展与社会结构的急剧转型，低保制度从原来的"将有限的资金用到最需要的人身上"①逐步异化为"过低的标准、过度的适用"。把保障基本生活转化为补贴底线收入，看似具有简化操作上的优势，却在法理上不妥。一方面，过低的保障线会弱化生活保障的效用，其最终会使真正需要低保者难以得到保障，如"三无"人员；另一方面，以收入为参照系则意味着就业/劳动收入并不能满足生活所需，基于此的低保不仅不符合我们视之为常识的劳动价值理论，而且不符合现代人权的基本观念。劳动及获得赖以生活的工资是一项宪法权利，② 在此之上的行政给付往往需要特定的理由，如基于家庭、生育、教育等的政府补贴。

那么，我国的低保制度将何去何从呢？大致有两种选择：一种是缩小低保制度的社会功能和适用范围，将低保制度定位为真正的最后安全阀；一种是扩大低保制度的社会功能和适用范围，将低保制度发展为分享经济成果的福利机制。就前种之立法例而言，日本的生活保护法即规定生活保护以生活贫困者活用自己可以利用的资产、能力或其他为要件，且民法上的抚养义务及其他法律规定的扶助优先生活保护；实践中，厚生省的理解极为严格，纵然有司法上的否定及学理上的批判，却不能否认生活保护适用范围之狭小。③ 就后种之立法例而言，法国的家庭给付作为所有由家庭补贴所发放的给付，不仅不断增加并多样化，而且公共权力没有能够确定一个内在一致的家庭政策的中枢。④ 给付多样化往往会导致定位上的模糊，法国的家庭给付与我国的低保给付在这一点上甚为相似。我国的低保制度的抽象定位是前种，是狭窄的小低保；具体操作是后种，是放宽的大低保。从与《低保条例》的立法宗旨保持一致的角度出发，应该缩小低保制度的社会功能和适用范围，明确保障

---

① 参见中国城市居民最低生活保障政策研究课题组：《中国城市低保政策评析——以辽宁省的个案研究为例》，《东岳论丛》，2005 年第 5 期。

② William P. Quigley, The Right to Work and Earn a Living Wage: A Proposed Constitutional Amendment, *New York City Law Review*, 1998, 2: 139—182.

③ 参见邹文星：《日本生活保护法第 4 条对修改中国〈城市居民最低生活保障条例〉的启示——对加藤案件和中嶋案件的探讨》，《环球法律评论》，2005 年第 5 期。

④ 参见(法)迪贝卢、普列多：《社会保障法》，蒋将元译，北京：法律出版社，2002 年，第 120—121 页。

最低限度生活的目标以及其在社会救助体系中的补充地位。

二、《低保条例》的现实问题及境遇分析

《低保条例》的背景与定位是与《低保条例》的现实问题相对应的，尤其是在低保制度自身并不足以保障收入的情况下，民政工作的内容不断拓展，《低保条例》的现实问题给人以非常明显的弱法治化印象。当下低保制度在文本、执法、申领与救济上的问题多令人担忧。

(一)《低保条例》条文陈旧、立法滞后

自《低保条例》颁布实施以来，社会救助的实践日趋丰富，而社会救助的立法却极为缓慢，在实践出现极大突破的情况下，《低保条例》却并未有相应的修改。如，在低保对象的认定上，《低保条例》以收入水平为依据，当共同生活的家庭成员人均收入低于保障线时，即享有获得基本生活物质帮助的权利；而在更广泛的社会救助制度上，低收入家庭认定依据是《城市低收入家庭认定办法》(2008 年)，该《办法》所认定的城市低收入家庭标准主要包括家庭收入和家庭财产两项指标。实践中，认定低保对象会考虑申请者的家庭经济状况，而《低保条例》却仍然保持不变，有废置之嫌疑。在低保待遇上，低保给付与专项给付、临时给付的关系不清，而事实上专项给付、临时给付已经成为低保给付的重要内容，而《低保条例》对此未有回应。

在《低保条例》的最初实施中，其与失业制度紧密地交合在一起，而在低保制度的持续推进中，其又与多项社会救助制度联系在一起，但是，《低保条例》既不能反映这种变化，也不能成为这些变化的“通则”。此种情形，不免令人担忧《低保条例》的立法境遇，如下两个问题可能会影响《低保条例》的命运：其一，低保给付与其他社会法上给付的关系该如何处理；其二，低保立法是否会在社会救助立法后被废置或被吸纳。笔者以为，不能跟上实践发展步伐的《低保条例》的处境是极为尴尬的，其在法律体系中被化于无形的可能性是存在的。值得注意的是，在城市低保制度之外，自 2007 年起又在全国推行农村低保制度，至今并无专门立法。同时，农村低保与城市低保的实践相互独立，并重演城市低保推行过程中的问题，乃至在低法治化问题上比城市低保更严重，可被认为是城市低保实践在最低生活保障立法境遇下的尴尬示范。

(二)低保给付的不公：社会责难与低法治的叠加

《低保条例》的实施是以低收入家庭的认定和最低生活保障给付为核心的，并由民政行政部门执掌，转化为一项具体的行政给付行为。从执法者的角度来看，低保中的难题是资格认定问题。城市低保工作的现实困境主要表现在难以确定共同生活的家庭成员、收入核实困难，低保基层服务机构的力量单薄而任务繁重、经费及待遇差，进而在审核程序和信息化管理上均有待落实和完善，该等问题引发了低保领域中的贪污贿赂、渎职等职务犯罪，诈骗型

犯罪。[①] 对于执法人员而言，认定资格困难、工作环境不佳，为其不当行使职权带来诸多说辞；对于申请人员而言，申领低保不是一个法律问题，而是一个心理问题，一旦突破心理上的障碍，申领低保成为“吃低保”，其涉及的骗保问题缺乏应有的罪责感。

《低保条例》所面临的执法困境凸显了低保的低法治状况，也说明低保政策尚未在法制体系中凝结出稳定的内核，其效用端赖地方政府的发挥。尽管低保作为一项社会政策，具有明显而迅速的反贫困作用，在维护社会稳定、推进经济发展上发挥了重要的作用，但却是以弱化法治为原则的。低保工作的现实困境还不仅是执法的难题，而且还是政策赋予《低保条例》的执法空间问题。正因为如此，《低保条例》的执法是一种控制性或计划性执法，而不是审查性执法，执法的尺度不是由法律设定的，而是由政府设定的。而当前述带有明显社会责难的问题与低法治的给付行为叠加在一起时，低保给付不公的刻板印象必然会被不断强化而成为低保实践中最实质的问题。

（三）低保申领的两难困境：权利缺失与权益溢出

符合《低保条例》所规定的低保申领条件者所面临的守法困境也是《低保条例》所面临的重要问题。但该问题未受到应有的重视，反而在另外一个方向得到了强化。在低保对象管理的思维下，有人提出加大对低保对象多元化收入的监控力度，对隐形就业的清理主动性和力度采取严格的社区公示，旁听审批，低保户参加公益劳动、政策学习，等等。[②] 诸种建议多于践行并得到了积极的评价。然而，这对符合低保资格者却构成了守法负担。换言之，申领低保除了资质上的审核外，在程序和实体上都会负担相应的义务。从现实来看，有些限制非申领人所能控制或被迫放弃，如家庭成员犯罪受刑罚的、临时就业低收入者视同收入的、户籍不合格的、不堪公示的、不符合对具体生活的限制的、不愿受管理义务劳动的，等等，可称为对低保对象的制度性社会排斥。[③] 申领低保不得不承受巨大的被管压力和舆论压力，其理念之陈旧令人担忧。

《低保条例》的守法境遇凸显了低保实践的伦理性责难，申领低保成为接受恩赐，而接受恩赐需严格服从审核与管理。在这个过程中，低保对象的隐私、名誉被忽视或侵犯，生活、自由被限制或侵害。而奇怪的是，恰恰是沿着这样的路径，延伸出低保制度的身份化，所谓贫困者一旦拥有低保身份，

---

① 参见吕珈慧：《城市低保工作的现实困境及刑事法律风险研究》，《中国民政》，2011 年第 3 期。

② 参见李春燕：《城市居民最低生活保障制度管理研究——以武汉市武昌区为个案》，华中科技大学硕士学位论文，2006 年。

③ 参见单琦：《城市低保制度对受保对象的制度性社会排斥》，《重庆科技学院学报（社会科学版）》，2010 年第 9 期。

不但可以享受低保救助金，而且还会获得身份所赋予的其他特权，诸如医疗补助、教育补贴等优惠及福利政策。[①] 在实践中，将低保给付与其他社会救助给付绑定在一起，形成低保是其他社会救助给付的前提的印象，社会救助项目的框架与体系在理论和实践中都非常模糊。

(四)低保诉讼过于寥寥，低保申领权难以保障

在行政案件中，低保案例非常少见，在某涉及低保金、残疾金、五保待遇关系的案例中，民政局在取消当事人低保待遇的同时，又为其办理了集中供养五保手续并发放五保金，当事人不服诉至法院。法院判决未支持当事人的逻辑是，当事人认为自己不应享受五保待遇而应享受低保待遇，可按照程序向有关部门申请，有关部门可依法办理。[②] 就此来看，法院并未对低保资格进行实质性判断，而低保争议也极少会进入司法程序中。从民政局取消当事人低保待遇的同时又为其办理集中供养五保待遇来看，行政主管部门的积极作为缺乏应有的司法监督。事实上，低保申领权救济的实践是空洞化的，通过一般的诉讼程序救济低保权益几乎是无法想象的。

在刑事案件中，有若干以办低保为名的诈骗案件，与低保权益争议无关；有挪用救济款、低保金的个案，并不属于典型的低保争议案。与低保认定有直接关系的刑事案件，有乡民政所所长因低保管理中致使多人违规享受低保而被判玩忽职守罪，免予刑事处罚的；[③] 有县民政局低保主任及工作人员擅自违规批准 121 户 242 人享受低保，涉及资金 700 多万元，被判滥用职权罪，免予刑事处罚的。[④] 可见，低保认定虽然有刑事上的风险，但在司法实践中并不构成严重犯罪。这在客观上损害了低保的法治化环境，使得低保争议更缺乏救济上的自信，低保争议进入司法程序者也愈加稀少。

三、《低保条例》的制度完善

基于对《低保条例》定位和境遇中的认识，本着重塑低保法理和完善低保制度的原则提出如下建议：

(一)厘清低保制度的地位，制定统一的《最低生活保障条例》

完善低保制度尤其需要厘清其与《社会救助法》的关系，在社会救助立法中项目结构比较混乱的前提下，低保制度也很难与其他社会救助厘清关系。从实际情况来看，低保立法是社会救助立法的先行者，低保制度兼容相关的社会救助制度乃至社会法制度，呈现对象识别上的收敛性、保障内容上的扩

---

① 参见崔凤、杜摇：《城市最低生活保障“身份化”探析》，《江海学刊》，2010 年第 6 期。

② 参见李岐丰与平度市古岘镇人民政府要求支付低保金及残疾金行政纠纷上诉案，(2011)青行终字第 93 号，北大法律信息网。

③ 参见张国栋玩忽职守案，(2009)扶刑初字第 118 号，北大法律信息网。

④ 参见尚荣铎、郑文梅滥用职权案，(2011)桐刑初字第 262 号，北大法律信息网。

张性，而随着社会立法的推进和完善，低保制度会呈现保障范围上的扩张性和保障内容上的收敛性。同时，低保实践甚至有与社会福利制度混搭的倾向，只是在社会福利立法声音孱弱的情况下，这种混搭不被注意而已。笔者认为，应该本着保障最低生活的思路将低保制度限制在适当的范围内。

在具体制度的设计上，一方面应当提高最低生活保障的给付水平，另一方面应当剥离专项救助、临时救助为独立的社会救助或社会福利制度，在此基础上可明确低保制度的补充性地位。当下应当尽快纠正低保制度在社会救助制度中基础性地位的思维，理顺最低生活保障与相关社会法上制度的关系。其一，最低生活保障是综合性、补充性给付，它应当与其他社会救助制度保持适当的距离，也应当与其他社会福利、社会优抚制度保持适当距离，当下社会救助中的临时给付、单项给付不应当建立在低保基础上，而应是独立的社会救助项目或社会福利、社会优抚制度。其二，最低生活保障是基本生活保障，应可维持基本的衣食住行，却不应当对衣食住行进行具体区分，也不宜继续保留家庭教育费用，最低生活保障的起点应当从家庭转移到个人，将以个人的生活保障为起点的制度设计与基本养老制度保持相应的衔接与区分。低保不等于给付低至鸡肋，更不宜成为模糊的一系列给付。低保给付的"低标准"应该是足够的基本生活救助，应该高于目前的标准，但必然低于目前基于低保资格的一系列给付的综合。

目前对于《社会救助法》的立法多有争议。本着塑造相对理想的低保制度的前提，社会救助法的内部专项救助与低保制度应该是并列的，低保申领与专项救助不宜兼得，否则必将混淆低保与相关制度的目标。因此，低保制度在社会救助项目中有排他性的效果，享受低保待遇则不宜再享受专项救助，但是享受低保待遇不应该影响其他社会福利待遇。此外，将《城市居民最低生活保障条例》更名为《最低生活保障条例》，实现城乡同一的、"广覆盖"的最低生活保障，此无须赘述。

（二）设立独立的低保管理机构，强化低保机构建设

社会救助的法制化进程与社会救助机构建设之间具有内部关联。低保作为一项民政业务仅仅是在原有的民政机构中附加了职能，却并未形成独立的管理机构、专业的管理队伍。根据《低保条例》的规定，低保申请由街道办事处或镇人民政府受理、进行初审，并由县级人民政府民政部门审批。而实践中，由社会救助事务所或社区受理、调查，街道办事处或乡镇政府审批，县级人民政府民政部门备案。虽然实践做法与法律规定相比，管理结构的重心已经下移，却仍然是散附在民政行政体系中，尚未成为独立的低保管理机构。

加强低保机构建设首先应当设立独立的管理机构，其次应当确保专业化的管理队伍。低保机构应当与乡镇政府、街道办事处保持业务上的独立性，与民政体系保持管理上的独立性，社会救助机构应当独立、自主地进行低保审核，纠正当下事实上存在的社区、街道(乡镇)、区县三级审批机制。增加低保机构的权限，加大其工作人员的审核责任，使低保给付常规化、动态化、服务化，重新形成一个具有明确服务对象的服务实体和管理实体。为此，低保给付与管理才会慢慢替代低保认定与申领，成为低保实践的重心。

(三)完善低保资格认定制度，确保低保申领者人性尊严

低保资格认定是目前低保工作的重点和难点。根据《低保条例》的规定，低保是以收入水平为标准，并在此基础上有专项给付、临时给付等，而这本属于低收入家庭认定标准，故有《城市低收入家庭认定办法》及相关规则。低保资格认定在技术上当然应该借鉴低收入家庭的认定思路，如考虑低保申请人的收入和经济状况。在理论上，低保制度所保障的基本生活是一种最低生活消费，实践中关于奢侈品或高消费的排除标准也有其合理性。但是，消费水平往往因人而异，不宜标准化、刚性化。在实践中，还涉及低保给付与申领者消费的一致性问题，低保给付是否允许申领者积累的问题，低保保障的是财产维持还是消费维持，等等。笔者认为，应当以消费维持为原则并兼顾财产维持之考量，在制度上保证申领人应有的基本生活消费，并适当允许其自由支配低保金。

在低保认定程序上，一方面确保能够真实地了解申领者的收入和经济状况，另一方面应当切实保护申领者的权益，强调保护申领者的人性尊严。这里应该思考两个问题：一个是福利或救助与人性尊严之间的关系，一个是公共政策执行与人性尊严之间的关系。在受助与尊严关系的阐释上，值得肯定的观点是，尊严往往是依赖与独立、竞争与合作的平衡，否认依赖的、自给自足的尊严是一种极端的尊严观念，确立平衡的尊严观念是提供穷人有尊严地存在的前提。① 在给付过程与尊严的关系上，给付过程是公权力执行公共政策的过程，其对个人资讯、名誉、自由等均可能造成影响，同样需要给付行为与人性尊严之间的平衡。当下《低保条例》明确规定“采取适当形式以户为单位予以公布，接受群众监督”，并在实践中成为重要的审核制度组成部分；更有甚者，将低保申领者纳入社区劳动管理中。这些是应当尽快纠正的不当现象，盖因为低保申领既非与社区的契约，也非对政府的寄生，而是政府负担的义务，在低保资格审核后，政府应当由专门机构来执行其保障责任，以保障低保申领者的权益。减少对低保申请人的折腾，尤其减少多次公示下的折腾现象，尤为必要。

(四)配备低保争议处理专门人员，优化低保争议处理程序

在强化社会救助机构独立性、专业化的基础上，应当在民政体系和司法

---

① Amy L. Wax, Social Welfare, Human Dignity, and the Puzzle of What We Owe Each Other, *Harvard Journal of Law and Public Policy*, 2003, p. 27.

体系之间设立一种监督机制或救济机制。在放弃三层审核的情况下，倘若能够设置低保争议裁判官，则既可以救济低保申领者的权益，又可以逐步重构社会救助制度的运作机制，并有效地与司法机制相衔接，应当是《低保条例》制度完善的一个方向。在美国法上有社会保障行政法官制度，行政法官受理并处理补充保障收入(supplemental security income)的申诉，其决定受到社保行政中的申诉委员会的审查。① 倘若配备类似的低保争议法官，那么低保争议法官是兼容法官、行政官、检察官的职位，既承担对低保工作监督检查的职能，又承担对低保争议的裁判职能，其编制设置可归属法院，其日常工作可归入民政，其目标是达到低保管理机构的紧口审核，裁判官的松口裁决，把低保争议处理及早纳入到司法体制内，并由低保争议法官进行低保争议的事实审和法律审。笔者认为，在加强低保机构建设的前提下，低保工作必然扁平化，假设兼有低保审核和给付权限时会出现为免责的紧口给付，相应的配备低保争议处理专门人员则是一个不错的松口救济途径。

四、结　论

借用台湾省学者的观点：财政状况不佳，不一定是社会福利造成的，尤其不必然是社会救助的影响，政府如能排除万难而在社会救助方面有所作为，则将深得民心。当下我国的低保制度应当尽快地法治化以寻求低保制度的公平、公正，但也必须适当承认“应保尽保”的副作用。故应当将最低生活保障定位为一种项目上独立的、功能上补充的社会救助项目，实现最低生活保障的常规管理、综合给付，并维持适当宽松的申领环境。

参考文献

[1] 许琳：《社会保障学》，北京：清华大学出版社、北京交通大学出版社，2005 年。

[2] 杨巧赞：《城市“低保”面临的挑战与对策》，《民政论坛》，1999 年第 5 期。

[3] 刘喜堂：《当前我国城市低保存在的突出问题及政策建议》，《社会保障研究》，2009 年第 4 期。

[4] 杨山鸽：《试论北京市低保资格审核的规范化》，《北京社会科学》，2011 年第 3 期。

[5] 王海燕、修宏方、唐钧：《中国城乡最低生活保障制度：回顾与评析》，《哈尔滨工业大学学报(社会科学版)》，2011 年第 2 期。

[6] 中国城市居民最低生活保障政策研究课题组：《中国城市低保政策评析——以辽宁省的个案研究为例》，《东岳论丛》，2005 年第 5 期。

[7] 吕珈慧：《城市低保工作的现实困境及刑事法律风险研究》，《中国民政》，2011 年第 3 期。

① Daniel F. Solomon, Summary of Administrative Law Judge Responsibilities, *Journal of the National Association of the Administrative Law Judiciary*, 2011, p. 31.

[8] 单琦：《城市低保制度对受保对象的制度性社会排斥》，《重庆科技学院学报(社会科学版)》，2010 年第 9 期。
[9] 崔凤、杜摇：《城市最低生活保障“身份化”探析》，《江海学刊》，2010 年第 6 期。
[10] 李岐丰与平度市古岘镇人民政府要求支付低保金及残疾金行政纠纷上诉案，(2011)青行终字第 93 号，北大法律信息网。

（作者：李海明　中央财经大学副教授）

2014

北京市社会科学基金项目
阶段成果选编

[下]

北京市哲学社会科学规划办公室 编

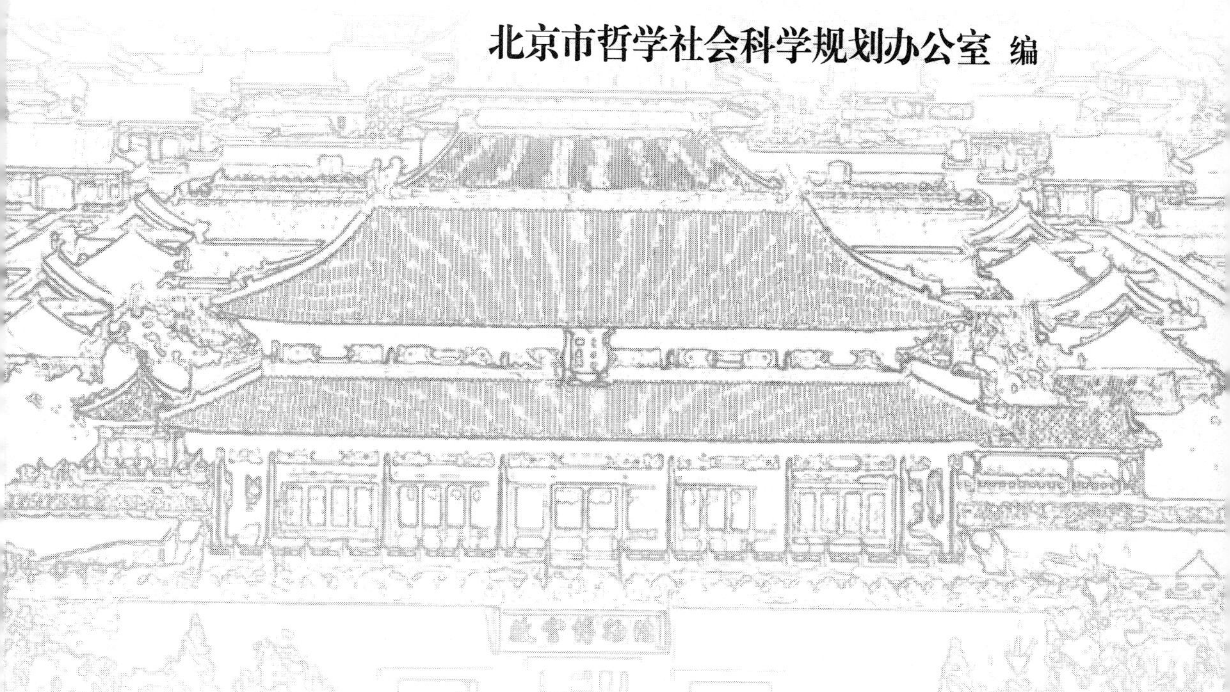

首都师范大学出版社
CAPITAL NORMAL UNIVERSITY PRESS

教育学学科

J I A O Y U X U E X U E K E

项目名称：北京市义务教育阶段教育质量监测与评价体系研究
项目编号：11JYB007
项目负责人：边玉芳
项目信誉保证单位：北京师范大学

对北京市开展教育质量监测与评价的思考与建议

《北京市中长期教育改革和发展规划纲要(2010—2020年)》在“序言”部分明确指出要以优质育人为核心，全面实施素质教育，努力建成公平、优质、创新、开放的首都教育体系；在“战略目标”部分明确指出到2020年要建成公平、优质、创新和开放的教育。随着北京市义务教育的基本普及与新课程改革的不断推进，如何评价义务教育质量，高标准地实现首都义务教育均衡发展的目标成为关注的焦点。当前，北京正处于一个新的、深入推进时期，面临诸多挑战。如何根据已有的基础教育基础，结合北京市的实际情况，开展切合本市的教育质量监测和评价工作已成为了当前教育工作的一个重点和难点。

2011年9月，“北京市教育督导与教育质量评价研究中心”挂牌成立，表明北京市正式开始基础教育质量的监测与评价的工作。该中心设在北京教育科学研究院，由办公室、督导及评价理论研究室、工具研发及组织实施室、信息与数据处理中心四个部门组成，主要职责是根据市政府教育督导室的督导规划和工作安排，开展对全市各级各类教育的督导服务与质量监测评价工作，全面把握教育质量发展状况，科学诊断教育质量问题，深入剖析教育质量问题成因，为教育行政部门和教育督导部门提供决策依据。

本文立足世界各国和国际大型教育评价项目的成功经验，结合我国国家层面的质量监测工作，试图为北京市相关工作的开展与实施提供一些可资借鉴的经验与建设性的意见。

一、关注学生综合素质和能力培养，促进学生的全面发展

随着人们对教育质量的认识不断发展与深入，基础教育质量监测的目标也在不断发生改变，从仅关注学生的学业成绩到对课程的关注，直至对学生素养的全面重视。[1]作为首善之区的北京市，其整体教育发展水平处于全国前列。《北京市中长期教育改革和发展规划纲要(2010—2020年)》在战略部署中

明确要求："坚持能力为重。着力提高学生学习能力、实践能力、创新能力。"因此，在开展监测与评价工作时，不能仅局限于学生的学业成就，应当以能力为导向，全面围绕如何促进学生综合素养和能力的培养，依据高标准、严要求的原则来进行合理设计，以便全面推进本市的素质教育，实现本市教育质量的进一步提升，培养出能够成功适应未来生活的合格公民。

(一)从能力角度出发，实现对学生跨学科综合能力的有效评价

纵观世界各国可以发现，基础教育质量监测的内容主要可以分为关注核心学科、关注所有学科和跨学科监测三大类型。TIMSS、PISA、加拿大、德国和我国港台地区，仅关注语言/阅读、数学和科学等最为基础和重要的学科并进行监测。[2-6]美国、英国等国家定期对各学科进行监测，但对核心学科监测的频率更高。而跨学科监测是当前教育质量监测的一个重要发展趋势，能够实现对学生综合能力的全面考察，各国都在探索本国跨学科监测的可能性。到目前为止，仅澳大利亚全面实现了对读写、数学、科学、现代信息和沟通、推理应用与认知及公民身份等学科的综合测查。[7-8]

因此，北京市的基础教育质量监测与评价工作应明确定位于促进学生综合素质与能力的提升，扭转基于学科的测试观念，采用跨学科测评的方式实现对学生知识综合运用能力的考察。当前，北京市已经积累了大量的基于学科的学业质量监测经验，例如北京教育科学研究院基础教育教学研究中心在2003年开始承担北京市义务教育教学质量监控与评价项目，已经对五年级和八年级13门学科进行了监测，在义务教育质量监控与评价方面做了大量的理论研究与实践探索。[9]因此，北京市有能力开展从能力角度出发的，跨学科的综合能力测查。当然，立刻全面实现打通所有学科的测试不仅在我国，在全球范围也还存在诸多的技术问题有待克服。因此，建议北京市采用逐步推进的方式进行。即先在小范围学科之间实现跨学科的测查，例如科学、社会科学等，待经验积累成熟之后，逐步扩大跨学科测查的范围。

(二)关注非学业部分的监测，实现对学生综合素养的全面、科学评价

传统的学业质量监测主要考察学生的学业成绩，把关注点放在提高学生学业成绩上，而教育质量监测将关注点从学业扩展到其他非学业的部分，如心理健康、艺术修养、创新精神和实践能力等。香港的基础教育质量监测采用"学生情意及社交表现评估套件"(APASO)，考查学生的自我，包括自我概念、他人自我、学校自我、社会自我、未来自我等维度，实现了对学生的心理健康、人际关系、价值观等的监测。[10]我国国家层面的基础教育质量监测也同样重视除学业之外，包括学生的思想品德和公民素养、学生的身体和心理健康水平、学生的艺术素养、学生的实践能力和创新意识等领域在内的非学业部分的监测。[11-12]

北京市要全面实现提高学生综合素养的目标，仅对学业进行监测是不够的。必须对与学生全面发展有关的思想品德与公民素养、身体与心理健康、艺术素养、实践能力和创新意识等各方面进行全面监测。对每一个方面监测的开展，都需要进行精心设计、工具的编制和预试等多个阶段的工作。因此，在监测工作开展初期，建议北京市逐步开展这些相关方面的工作，避免一下子铺开可能带来的各种潜在问题。

二、有选择地进行影响因素的监测，实现对教育质量的诊断功能

教育质量，是学生自身与家庭、教师、学校、社会等多方面因素共同作用的结果。因此，在教育质量监测中纳入对影响因素的测查，有助于探明各种问题的原因，发挥监测对教育的诊断作用，帮助教师、学校和教育管理者发现教育中存在的问题，有针对性地进行改进，从而提升教育质量。从国际和其他国家/地区各监测项目的实践经验来看，影响因素可以分为学生、教师、学校和区域四个层面。

不同的国家对于影响因素的监测有不同的做法。有的采用专项调查的方式，对影响因素进行监测，例如 2008 年 OECD 设立“教与学国际调查项目”(Teaching and Learning International Survey，TALIS)监测影响学生发展的教师层面因素。[13]而有的则与本国或本项目的监测目标相结合，有选择地进行影响因素的监测。例如日本的“全国学历学习状况”调查测查了学校规模、教职员工数量、设施完备状况、学生学习生活状况、教育教学措施、主要科目指导方法、学校管理、校长权限等方面。[14]

对于影响因素的监测，北京市已有相关项目的经验积累。例如北京市义务教育教学质量监控与评价项目中对教师的课堂教学情况进行了有效的测查，该因素属于教师层面的影响因素。但需要指出的是，实现对所有影响因素的监测是不现实也是不科学的，因此，北京市应当根据当前基础教育监测与评价的主要目的和目标，合理地从各层面或者相关选择需要监测的影响因素，为当前的教育决策、具体教育改进计划的制定与落实提供依据。同时，随着本市监测工作的推进，工作重点和目标的改变，相应地调整相关影响因素的监测，在不同阶段实现对教育质量不同侧面的深度分析与诊断。

三、采用横断与追踪设计相结合的方式，实现对教育质量的全面监测与评估

基础教育质量监测工作主要有两种设计模式：横断设计模式和追踪设计模式。横断设计是在同一时间对不同年级的学生进行监测，并进行横向比较，以了解不同年级学生的教育状况，把握整体教育质量。而追踪设计是有针对性地对同一批学生进行追踪监测，考查随着年级的增长这批学生的学业及相关方面的发展状况。横断设计实施方便，一次监测能够实现对多个年级的同

时测查，因此成为目前教育质量监测实施的主要模式，国际和大部分国家/地区的基础教育质量监测都主要采用横断设计，如 TIMSS、PISA、美国的 NAEP、澳大利亚的 LANNA、英国、日本和中国香港等。[15-16]

追踪设计虽然对监测工作的各个方面都有较高的要求，但能够实现对教育质量的全面动态把握，发现各种教育规律。有的国家部分开展监测工作。而较为成熟的国家采用两者相结合的方式。即采用横断设计进行大规模的监测，选择一个小样本进行多年的追踪。采用两种模式结合的设计能够有效弥补两种设计各自的缺点，从而获取更为客观科学的评估结果。

就北京市而言，一方面，已经采用横断设计的方法开展过多年的教育评价研究；另一方面，有足够的教育统计、教育测量和评价的专业力量，因此有能力采用两种方式相结合的设计模式对本市进行教育质量监测与评估。采用这种设计模式，不仅能够全面了解北京市的教育现状，同时，经过多年追踪数据的积累，还能够对各项政策实施、措施改进的效果进行科学的监测与评估。

四、充分考虑到学段的划分和国际比较的可能性，选取合适的监测对象

综合来看，世界各国及各大评价项目的监测对象的选择主要有两不同的类型：固定年级或年龄对象，例如 TIMSS 以四、八年级的学生为监测对象，[2] PISA 以十五岁儿童为监测对象；[3] 按学段选择监测对象，香港的“全港性系统评估”根据学段，对每个学段末的年级（小三、小六及中三）进行监测。[10]

就北京市而言，具体选择哪个或哪几个年级作为监测对象，需要兼顾监测工作的各方面的目标与功能。因为每个年级都有其特殊的意义。例如，一年级，是基础教育的起始年级，学生在起始年级学习与生活的适应状况会直接影响到其后续多年的学校学习状况；六年级，是小学段学习的结束，但学生又面临较大的升学压力。此外，我国的课程是按照学段来划分的，不同的教材在不同年级的知识内容安排不同，只有在完成了一个学段的学习时，学生在知识的掌握上才会一致。另外，如果考虑到国际比较的可能，则需要选择能够进行国际比较的年级才能实现。这些因素都是在设计监测方案过程中需要考虑的重要方面。

五、明确监测结果的服务对象，进行代表性抽样，有针对性地开展监测工作

综观世界各国和大型教育评价项目可以发现，监测服务的对象并不相同。例如 PISA、TIMSS 等国际大型教育评价项目立足于国际层面的监测与比较；

美国、加拿大、巴西、澳大利亚、新西兰、英国、法国、日本等在国家层面上开展基础教育质量监测工作，旨在对全国基础教育质量现状和发展趋势进行有效监测；此外，美国、加拿大各个州仍开展各自专门的立足于州层面的区域教育质量监测工作，而德国仅在各个州层面开展监测工作，我国香港和台湾也开展了区域层面的监测工作。还需要指出的是，监测的服务对象并不是单一的，在进行国家层间监测的同时，美国、德国、巴西还能够提供州层面的结果，英国能够提供地区、学校和学生个人的结果，而澳大利亚则能够提供教师、学生和家长的监测结果。

在开展监测工作前，明确监测结果的服务对象具有重要的意义，因为这关系到监测方案的设计。北京市基础教育质量监测与评价工作首先是服务于北京市层面的，但同时是否还要服务于区域层面、学校或者学生个体层面则需要视情况而定。不同的服务对象直接决定着监测方案中抽样的设计。如果仅关注于北京市层面，那么从各个区域进行代表性抽样即可。如果同时还要服务于区域层面，那么各个区域的抽样则需要进一步细化。因此，监测结果的服务对象也是开展监测工作、设计监测方案不可忽视的一个方面。

六、采用灵活多样的形式，借助各方力量，形成具有北京特色的基础教育质量监测与评价模式

北京具有其独特的地理位置、学术专业力量等方面的优势，因此，在开展北京市基础教育质量监测与评价工作的时候，应当采用多种灵活的合作方式，与相关的专业技术机构、国际项目、世界各国合作，一方面，学习当前测量与评价领域最先进的技术，充分了解各种监测模式，积累大量的相关经验，能够有效缩短独自尝试摸索的时间；另一方面，能够进行有效的国际比较研究，进一步了解北京市基础教育质量在国际层面的具体位置与现状，为进一步的改进与提升教育质量工作提供新的视角。此外，还能够在学习积累的同时探索出具有北京市自身特色的基础教育质量监测与评价模式，为我国省市区域层面监测工作的开展与推进提供指引。

参考文献

[1] 辛涛、李峰、李凌艳：《基础教育质量监测的国际比较》，《北京师范大学学报（社会科学版）》，2007 年第 6 期。

[2] http：//timss. bc. edu.

[3] http：//www. oecd. org/pisa.

[4] School Achievement Indicators Programme，http：//www. cmec. ca/programs/assessment/pancan/saip2001/Pages/default. aspx.

[5] Institute for Educational Progress，Introducing the IQB，http：//www. iqb. hu－berlin. de/institut/dateien/flyer _ iqb _ en. pdf.

[6] http：//tasa. naer. edu. tw.

[7] Ministerial Council for Education，Early Childhood Development and Youth Affairs (MCEECDYA)，Ainley，J.，Fraillon，J.，& Freeman，C. (2010). National assessment program：ICT literacy years 6 & 10 report 2008. National Sample Assessment of ICT Literacy. http：//research. acer. edu. au/ict _ literacy/2.

[8] Victorian Curriculum and Assessment Authority. 2007 School's Guide Achievement Improvement Monitor Implementation Year 9. http：//www. vcaa. vic. edu. au/prep10/aim/teachers/publications. html＃H3N1003C.

[9] 王云峰、胡进、张咏梅：《北京市义务教育教学质量监控与评价系统的构建》，《教育科学研究》，2009 年第 9 期。

[10] http：//www. hkeaa. edu. hk/tc.

[11] http：//www. eachina. org. cn/eac/zxjj. htm.

[12] 董奇：《构建具有中国特色的基础教育质量监测体系》，《人民教育》，2007 年第 Z2 期。

[13] http：//www. oecd. org/education/preschoolandschool/oecdteachingandlearninginternationalsurveytalishome. htm.

[14] 项纯：《日本最新全国学力调查及结果分析（小学部分）》，《教育科学研究》，2008 年第 6 期。

[15] 周红：《美国国家教育进展评估（NAEP）体系的产生与发展》，《外国教育研究》，2005 年第 2 期。

[16] 洪志忠：《美国学生学业成就质量监测：NAEP 的经验》，《全球教育展望》，2008 年第 6 期。

（作者：边玉芳　北京师范大学教授
王烨晖　北京师范大学讲师）

项目名称：北京市在家教育的立法规范研究
项目编号：12JYA002
项目负责人：余雅风
项目信誉保证单位：北京师范大学

义务教育阶段在家教育立法的必要性与可行性

一、在家教育的界定及其法律问题

在教育民主化、多元化的背景下，让所有的学生依循同样的课程、统一的教材、整齐划一的进度，企图达成相同的教育目标，借此希望所有的学生都能取得令人满意的成绩，忽略学生的天生能力、气质倾向和喜好差异的学校教育越来越受到非议和质疑。在家教育逐渐成为区别于学校教育的教育形态，逐渐得到部分家长的认可，在北京、上海、广州等城市出现了义务教育阶段适龄儿童没有进入学校而是在家由父母自行教育的现象。

(一)在家教育的界定

采用“在家教育”描述义务教育阶段适龄儿童不去学校而是在家进行教育，不同的学者对其进行了不同界定。王志菁认为在家教育是“学生不到学校接受一定的课程内容和教学时间，而是以家庭为中心，并由父母以儿童需要进行教导的一种教育方式，它是目前学校教育方式以外的另一种教育选择。”[①]洪国本认为，在家教育是：父母依孩子的多元需求，选择不上学校改由家长为自己的宝贝规划最适合其能力、性格与兴趣的教育课程的一种教导方式：其师资包含参与在家自行教育的父母或者外聘师资；课程则依循学校的课程、教材内容或由家长群体自行研发设计；场所可以是家中、学校、社区等，它是一种体制外的另类选择。[②] 方慧琴认为在家教育是：父母基于享有受教育权，得为子女最大利益安排最适当的教育方式，在家教育乃有别于学校教育的一种教育形态，父母是最主要的教学者，因此，父母依其教育信念，考量子女个别学习的需求，亲自规划教育课程，由父母执行教育活动，或者安排其他师资协助，以满足子女学习上的需要，课程内容着重弹性、多元、适性与实

① 王志菁：《美英两国在家教育之比较研究》，台湾暨南国际大学比较教育所，第45页。

② 《台北市国民小学在家自行教育学童生活适应学习适应与社会适应研究》，台北师范学院国民教育研究所。

用，教学场所包括家中、学校、社区等，是有别于学校教育的一种教育方式。①

上述定义从不同角度诠释在家教育的含义，概括起来主要包括以下方面：教育主体是年满六周岁的义务教育阶段适龄儿童，具备到学校接受教育的能力，从而与因身体缺陷不能进入学校接受教育的儿童相区别；父母是最主要的教学主体，其他人为辅助教师；以家为主要的教学场所，学校、社区等也是教学场所；教学时间弹性化，不局限于早八点晚五点的限制；根据学生的兴趣、能力、性向及需求谨慎选择教材；采用一对一或者一对二的个别化教学模式；亲子关系即师生关系，子女即学生，教师即父母的教学关系；最终目标是家长教育选择权的落实和教育理念的实践。根据学生的兴趣实施教育，是在家教育与学校教育最主要特征。

（二）在家教育折射的法律问题

学校教育是实现义务教育的唯一方式。《中华人民共和国教育法》（以下简称《教育法》）、《中华人民共和国义务教育法》（以下简称《义务教育法》）明确规定了义务教育制度。《义务教育法》第五条规定："各级人民政府及其有关部门应当履行本法规定的各项职责，保障适龄儿童、少年接受义务教育的权利。适龄儿童、少年的父母或者其他法定监护人应当依法保证其按时入学接受并完成义务教育。依法实施义务教育的学校应当按照规定标准完成教育教学任务，保证教育教学质量。社会组织和个人应当为适龄儿童、少年接受义务教育创造良好的环境。"第十二条规定："适龄儿童、少年免试入学。地方各级人民政府应当保障适龄儿童、少年在户籍所在地学校就近入学。父母或者其他法定监护人在非户籍所在地工作或者居住的适龄儿童、少年，在其父母或者其他法定监护人工作或者居住地接受义务教育的，当地人民政府应当为其提供平等接受义务教育的条件。具体办法由省、自治区、直辖市规定。"《中华人民共和国未成年人保护法》（以下简称《未成年人保护法》）第十三条规定："父母或者其他监护人应当尊重未成年人接受教育的权利，必须使适龄未成年人按照规定接受义务教育，不得使在校接受义务教育的未成年人辍学。"第十八条规定："学校应当尊重未成年学生受教育的权利，……不得违反法律和国家规定开除未成年学生。"

结合以上规定，义务教育涉及三个主体义务。首先是政府。政府的义务体现在政府提供财政支持，让未成年人获得就学机会；政府在监护人不让子女接受义务教育时，要采取措施保障未成年人接受义务教育。另外，《教育法》和《义务教育法》还规定政府要对义务教育的实施进行管理，包括教材、教

① 方慧琴：《在家自行教育及其推展》，见台北市立师范学院附设国民小学主编《在家自行教育成果展》，第 69—80 页。

师和教学设施等的管理及组织考试、进行教育督导和教育评估等。其次是未成年人的监护人。未成年人的监护人有义务让子女接受并完成义务教育，不能让就学的子女辍学。最后是学校，即不能随便开除或变相开除学生，以免剥夺学生的受教育权。从这儿部法律的规定看，学校教育是义务教育的唯一实现方式，但在家教育的出现和蔓延从实践上否定了这一结论，不但对现行法律产生冲击，而且产生诸多现实问题。

1. 在家教育的儿童无法获得学籍

学籍是学生接受教育的身份证明，在家教育的孩子游离于学校教育之外，不属于学校管理的范畴，按照现行法律的规定无法获得学籍。特别是在全国中小学学生学籍信息管理系统使用后，中小学生均获得终身使用的学籍编码。若没有获得相应的学籍号，在家教育的儿童就没有相应的学籍。

2. 父母及其他监护人面临违法困境

《义务教育法》第十一条规定："凡年满六周岁的儿童，其父母或者其他法定监护人应当送其入学接受并完成义务教育；条件不具备的地区的儿童，可以推迟到七周岁。适龄儿童、少年因身体状况需要延缓入学或者休学的，其父母或者其他法定监护人应当提出申请，由当地乡镇人民政府或者县级人民政府教育行政部门批准。"在家教育的义务教育阶段适龄儿童，在达到义务教育入学年龄后，并且不存在由于身体状况延缓入学或者休学，其父母或者其他法定监护人应该送其入学接受义务教育，否则便为违法。

3. 在家教育的儿童出路不畅

《中华人民共和国高等教育法》第十九条规定："高级中等教育毕业或者具有同等学力的，经考试合格，由实施相应学历教育的高等学校录取，取得专科生或者本科生入学资格。本科毕业或者具有同等学力的，经考试合格，由实施相应学历教育的高等学校或者经批准承担研究生教育任务的科学研究机构录取，取得硕士研究生入学资格。硕士研究生或者具有同等学力的，经考试合格，由实施相应学历教育的高等学校或者经批准承担研究生教育任务的科学研究机构录取，取得博士研究生入学资格。"按照这一规定，在家接受教育的儿童面临无学籍、无相应学历和学力而无法通过正常途径进入更高阶段学校接受教育的困境。

二、在家教育立法的必要性

从以上揭示在家教育存在的问题来看，立法是预防和解决上述问题的有效手段，在家教育立法的必要性主要体现在破解在家教育相关主体的违法难题；规范在家教育日常教学活动，确保学习质量；赋予在家教育儿童合法身份，保障其受教育出路畅通。

(一)立法是破解现阶段在家教育问题的有效方式

围绕父母对儿童教育呈现以下趋势：在人类社会早期，父母对子女享有绝对教育权，国家并不直接干预父母对子女的教育。进入工业社会，为了适应机械化生产的需要，国家逐渐将教育确定为国家事务，逐步建立起公立学校制度，从而培养具有一定知识与技能的生产者，具有强制性的义务教育教育制度逐渐发展成熟，国家对儿童教育权享有绝对优势。到了近代，伴随着父母教育权的逐渐觉醒，为了对子女进行公立学校不具备的宗教教育，部分父母选择在家进行教育而不去学校，美国“皮尔斯案”认为，教育是一项给予那些“养育儿童并引导命运的人”的个人权利，重新确立了父母对其子女教育的合法性。世界范围内，美国、英国、俄罗斯等国家都从立法上确立父母教育权的合法性，在家教育逐渐成为与学校教育平行的教育形式，在家教育的儿童能够同样享受政府的财政支持、共享公立学校的教学资源并接受相关教育行政部门的监督。从我国教育法律体系上看，义务教育阶段父母教育权属于缺失地位，在家教育也不被相关立法认可，父母、义务教育阶段适龄儿童、教育机构办学者等面临各自的违法困境。因此，有必要对在家教育进行立法，破解在家教育相关主体的违法难题。

立法给予在家教育儿童身份，保障其受教育出路畅通。在家教育儿童受教育出路不畅根源于相关立法的缺失，造成儿童的学习没有获得相应的身份，在家教育的儿童学习后不能获得相应的学籍导致其无法顺畅接受高中教育，而通过立法可以明确在家教育，儿童在通过相应阶段学习后能够获得相应的学籍，从而保障其顺畅接受教育。

(二)保障义务教育阶段父母的教育权

父母与国家都有对儿童教育的权利，以父母为代表的家庭教育与国家为代表的学校教育是教育的两种主要形式。然而依据《义务教育法》的相关规定，义务教育阶段适龄儿童必须进入学校接受学校教育，不能在家进行自行教育，从法律上排除了父母对义务教育阶段儿童的教育权。但是，义务教育阶段父母教育具有其合理性。第二次世界大战后，世界各国逐渐将亲权界定为宪法权利，许多国际条约也对父母亲权进行明确规定。

父母教育权作为自然权利，这种权利先于国家或先于法律存在。国家不能否认父母享有对其子女的教育权。应确立父母教育子女的权利与责任，将教育子女的责任视为“与生俱来的权利”。父母亲权并非是由国家赋予，而是一种自然权利，只需由国家加以承认。

相关国际条约对于父母对子女的教育权进行了明确的规定。1948 年，联合国大会通过的《世界人权宣言》第二十六条第三项规定：“教育的目的在于充分发展人的个性并加强对人权和基本自由的尊重，父母对其子女所受的教育的种类，有优先选择的权利。”表明父母对其子女的所受的教育具有优先选择权，肯定父母是最关心子女利益者。1959年，联合国大会通过的《儿童权利宣言》第七条规定：为儿童有受教育的权利，父母负有辅导、教育儿童最重要责任者，必须以儿童最佳利益为辅导原则。《儿童权利公约》第十八条第一项规定：养育儿童是父母责任，父母或其他法定监护人应负养育儿童的主要责任，说明养育儿童是父母的主要责任，而主要责任只是负有儿童养育与发展的不可旁贷的责任，不仅强调父母的道德责任，而且强调父母在保障儿童权利的法律责任。《欧洲人权宣言》提出：不能剥夺任何人的教育权利，国家在行使任何它认为与教学有关的职能时，应尊重家长确保此类教育和教学与他们的宗教和哲学相符合的权利。《经济社会文化国际条约》规定：尊重父母和法定监护人的下列自由：为他们的孩子选择非公立的但系符合于国家所可能规定或批准的最低教育标准的学校，并保障他们的孩子能按照他们的信仰接受宗教和道德教育。

按照《义务教育法》的规定，以义务教育代表的国家教育权与家庭教育权之间的冲突如何协调是困扰在家教育合法性的关键问题。按照国际人权法的规定，国家要履行的消极不作为义务主要体现在三个方面：一是承认并尊重人的受教育权利；二是尊重父母对子女所应受教育种类的优先选择权；三是不得干涉个人或者团体设立和管理教育机构自由。在三种消极义务中，第一项和第三项已经得到我国法律的认可，而第二项尚存很大争议。[①] 国际法律文件转化为我国法律需要一个对接的过程，虽然，我国政府签署以上部分条约，但是义务教育阶段父母对子女的教育权并未被我国法律认可。

三、在家教育立法的可行性

立法是解决问题的重要途径，在家教育作为区别于学校教育的教育形态，有其合理存在依据。伴随着我国在家教育的增多，父母的教育诉求越来越强烈，相关立法势必提上立法日程。随着社会发展，新的教育实践在一定程度上动摇了以往单一国家教育权的立法逻辑，教育发达国家及我国台湾地区在家教育相关立法，为我国立法提供了借鉴。

(一)关注教育多元化逐渐成为教育立法的价值取向

1920年德国《基础学校法》的颁布标志着德国开启义务教育制度的先河。世界范围内的普及义务教育运动使得国家教育权成为各国教育法的立法宗旨。我国《教育法》、《义务教育法》等相关法律确立了义务教育阶段国家教育权的合法性，义务教育阶段适龄儿童应该进入国家举办的各级各类学校接受义务教育，义务教育具有强制性、免费性与普遍性。

从《义务教育法》的立法背景看，新中国成立以来，公民受教育水平较低，

---

① 尹力：《儿童受教育权：性质、内容与路径》，北京：教育科学出版社，2011年，第131页。

整个社会无法对教育形成正确的认识。义务教育阶段适龄儿童的入学率极低，必须通过立法，利用法律的强制性，保障义务教育阶段适龄儿童入学率。据公开资料显示，1949 年我国义务教育入学率为 20%；1986 年《义务教育法》颁布实施后，义务教育阶段儿童入学率上升到 90%。伴随着义务教育免费政策的实施，部分经济发达地区义务教育入学率达到了 100%，数据充分体现了法律强制性保障儿童入学的巨大效力。

具有强制性、免费性与普遍性的义务教育制度有其合理性。然而随着社会的变迁，教育在培养公民素质、提升国家竞争力等方面的重要作用已经得到整个社会的认可与重视，让孩子接受教育已经成为父母的内化行为，父母对教育诉求发生一些变化。由让孩子接受基本教育转为让孩子接受适合的教育，充分考虑学生的个性、能力与兴趣的多元化教育成为社会的教育诉求。

在学校教育存在忽视学生个性能力差别，教学内容整齐划一，教学评价相对单一的弊端逐渐显现的时候，充分考虑学生个体兴趣、能力、性格等方面的差异，为学生提供多样、可供选择的教育方式是现在教育发展的必然方向。在家教育正是适应了当前教育发展的趋势，对在家教育进行立法，使得儿童在教育主体、教学内容等方面有更多的选择。

教育行政部门已经注意到这一问题，普通高中教育多样化的政策探讨在一定程度上标志对提供多样化教育的重视。由于教育有其自身发展规律，因材施教是教育的不二法则。伴随未来社会对具有不同技能的创新性人才的需求，多样化将逐渐成为教育立法的重要价值取向。

可选择性是当代我国教育发展必然的选择，重视和尊重选择就是重视和尊重个性。教育法制对可选择性的规范涉及：受教育者具有选择教育——何种类型的学校、何种类型的课程以及何种类型的教师——的权利与机会；学制本身具有可选择的特征——为受教育者在不同阶段提供尽量多样的发展可能性，在制度的多个层面或者阶段上，或者在同一层面、阶段的不同方向上为受教育者提供多种可选择的机会。①

(二)国外相关法律为我国立法提供了有益借鉴

在美国、英国、法国、俄罗斯等国家都专门针对在家教育进行了立法，确认了在家教育也是接受义务教育的一种形式，认定了在家接受教育的合理性。并制定了相关配套政策确保学生能够享有受教育权，充分发展个性，确保其顺利接受高等教育。这些法律主要涉及父母教育资格的认定、家庭条件的评估、向政府部门申请、批准、监督与考核等环节。

美国各州的在家教育法令内容各不相同，大致包括以下内容：通报在家

① 劳凯声：《变革社会中的教育权与受教育权——教育法学基本问题研究》，北京：教育科学出版社，2003 年，第 220 页。

教育的意图，签订承诺书；施教者的资格；日常学习记录；学生测试、评估记录；课程要求；上课的时间总量等要求。有些州的法规包括上述各项内容，有的则只包括一部分。按照州政府对在家教育管理的程度差异，大致可以把美国在家教育各州不同的法律分为四类。第一类：几乎没有规定。州政府不要求父母签订任何承诺书的，也不要求学生参加全国性的标准测试。第二类，较少规定的。州政府要求父母要上报通知其准备实行在家教育，并做了少量关于父母和教师任教资格要求。第三类，较多规定的州政府要求父母上报通告，并要求学生进行全国性的学业测试和专业评估，还要求成绩和评估结果要上报州政府。第四类，严格规定的。州政府要求父母上报通告，并要求学生进行全国性的学业测试和专业评估，并且要求除成绩和评估结果要上报州政府之外，还有其他具体要求。

四、义务教育阶段在家教育的立法构想

教育法律体系是我国法律体系的重要组成部分，而《义务教育法》是教育法律体系的重要部分，旨在规范义务教育相关的问题。在家教育造成对现行《义务教育法》的冲突，因此，需要全方位梳理相关立法，为在家教育提供立法规范。

(一)修订《义务教育法》第十一条规定

《义务教育法》第十一条规定："凡年满六周岁的儿童，其父母或者其他法定监护人应当送其入学接受并完成义务教育；条件不具备的地区的儿童，可以推迟到七周岁。适龄儿童、少年因身体状况需要延缓入学或者休学的，其父母或者其他法定监护人应当提出申请，由当地乡镇人民政府或者县级人民政府教育行政部门批准。"

相对于旧《义务教育法》，虽然采用了父母可以自由裁量的"应当"表述，但删除了"特殊情况"，只对"因身体状况需要延缓入学或者休学的"情况进行规定，缩窄了父母可选择的范围，除了因身体状况造成的延缓入学或者休学，其他情况下，应当送孩子入学接受教育。因此，针对在家自行教育孩子的实际，应该表述为：适龄儿童、少年因身体状况或者选择在家教育等，需要延缓入学或者免予入学，其父母或者其他监护人，应当提出申请，由乡镇人民政府或者县级人民教育行政部门批准，在家自行教育具体办法由省、自治区、直辖市规定。

(二)考虑义务教育阶段在家教育学生的学习年限

《义务教育法》第二条规定："国家实行九年义务教育制度，义务教育是国家统一实施的所有适龄儿童、少年必须接受的教育，是国家必须予以保障的公益性事业。适龄儿童、少年的父母或者其他监护人以及有关社会组织和个人有义务使适龄儿童、少年接受并完成规定年限的义务教育。"这一条款确立

九年制的义务教育，学生应该在学校接受规定年限的教育才算是接受义务教育，但是在家自行教育孩子的学习时间较为灵活，教学内容也与学校存在不同，因此，应该考虑在家自学孩子实际，另外添加对在家自行教育孩子接受教育年限的规定，或者指明在家自行教育孩子可以不受教育年限的限制。

（三）各地制定专门在家教育的法律规范

《义务教育法》第五条规定："各级人民政府及其有关部门应当履行本法规定的各项职责，保障适龄儿童、少年接受义务教育的权利。"各省、自治区、直辖市的人民代表大会及其常务委员会，为贯彻国家的教育法律，可根据本地区的实际情况和需要，制定适用于本地区的在家教育条例，从而使相关法律规范适应我国经济发展不均衡、教育发展差距大的现状，保证这一法律规范具有贴近本地区实际、操作性强等特征。

（作者：余雅风　北京师范大学教授
茹国军　北京师范大学博士研究生）

项目名称：青少年利他行为的影响因素及培养途径
项目编号：12JYA003
项目负责人：陈英和
项目信誉保证单位：北京师范大学

共情对亲社会行为的影响及神经基础

亲社会行为是指那些能使他人获益的行为，包括助人、分享、安慰、捐赠和合作等行为(Eisenberg & Fabes，1998)。亲社会行为不仅能够促进个体适应社会，还能够维持整个社会的存在和发展，具有重要的进化意义和现实意义。尽管各种人群都重视亲社会行为的价值，但人们的行为表现并不一直是亲社会的。因此，亲社会行为的影响因素得到了国内外研究者的重视并进行诸多探讨。先前的研究主要集中在使用行为实验考察个体的人格因素和外在的社会因素对亲社会行为的影响，比如个人的道德价值观(Balconi & Terenzi，2012)、人格特质(Carlo，Hausmann，Chistiansen，& Randall，2003；De Cremer & Van Lange，2001)、家庭教养方式(李丹，2000)以及社会情境(Levine，Prosser，Evans，& Reicher，2005)等；另外，也有研究从个体发展的角度考察了心理理论、观点采择等认知因素对个体亲社会行为的影响(Takagishi，Kameshima，Schug，Koizumi，& Yamagishi，2010；丁芳，郭勇，2010；余宏波，刘桂珍，2006)。

众所周知，个体的亲社会行为都不是在无意识状态下表现出来的，而是经过大脑分析后作出的决策及行为表现。但是，究竟有哪些脑区参与这个过程，以及这些脑区的活动特征如何，这些问题一直是一个"黑箱子"。近年来，随着认知神经科学技术的迅速发展，心理学家开始关注亲社会行为的神经基础，试图揭开"黑箱子"之谜。大量研究表明，共情与亲社会行为有紧密联系，它能够激发亲社会动机(De Vignemont & Singer，2006；De Waal，2008；寇彧、徐华女，2005；张振红、李伟强，2011)，所以在认知神经科学领域中，共情对亲社会行为影响的神经基础也得到了广泛研究。

虽然关于共情的界定仍存在较大分歧(刘聪慧、王永梅等，2009)，但是越来越多的学者开始接受 Gladstein(1983)提出的两成分理论。该理论认为共情包括情绪共情和认知共情两种成分。前者是普遍意义上的共情，是对他人情绪状态的情绪反应；后者则是对他人目的、企图、信仰的理解，主要与推测他人观点有关。新近的神经生理学研究为这种划分提供了证据(崔芳、南云等，

2008；潘彦谷、刘衍玲等，2012）。研究证明，情绪共情和认知共情是两个相互独立的成分，每个成分涉及不同的神经系统。情绪共情主要是感受他人的情绪，与之相关的脑区是额下回（inferior frontal gyrus）、顶下小叶（inferior parietal lobule）以及前部扣带皮层（anterior cingulate cortex）、脑岛（insula）和杏仁核（amygdala）等。其中额下回和顶下小叶是镜像神经元系统（mirror neuron system）的一部分，镜像神经元是体会他人情感的神经基础，参与模仿等过程；而脑岛和杏仁核则在感到痛苦和情绪共情时被激活（Decety & Michalska，2010；Decety，Echols，& Correll，2010；Keysers & Gazzola，2006；Rizzolatti，Fabbri－Destro，& Cattaneo，2009；Shamay-Tsoory，2011）。认知共情则是对他人的想法、意图进行理解，并由此推测其未来的行为，涉及的脑区是内侧前额叶皮层（medial prefrontal cortex）、颞上沟（superior temporal sulcus）、颞顶联合区（temporoparietal junction）和颞极（temporal poles）等（Carrington & Bailey，2009；Frith & Singer，2008；Van Overwalle & Baetens，2009）。情绪共情参与对早期共情自动的、自下而上的加工过程，而认知共情则参与对后期共情的有意识的控制、评估过程（Decety & Michalska，2010；Shamay-Tsoory，2011）。虽然二者是相互独立的成分，但在功能上又是紧密联系的，前者有利于个体产生亲社会动机，后者则有利于个体选择有效的方式帮助别人（Smith，2006）。也就是说，情绪共情和认知共情可能通过不同的神经基础共同影响个体的亲社会行为。

一、情绪共情对亲社会行为的影响及神经基础

行为社会科学研究表明，亲社会动机导致亲社会行为，情绪共情诱发亲社会动机（Batson et al，1988），也就是说情绪共情是影响亲社会行为的一个重要因素（Eisenberg & Miller，1987；Penner，Dovidio，Piliavin，& Schroeder，2005）。在社会神经科学研究领域，研究者通过 fMRI 技术和 ERP 技术来确定参与情绪共情的大脑网络（Decety & Lamm，2006；Hein & Singer，2008；Singer & Lamm，2009）。研究发现，当被试观察到他人正在经历痛苦时，会激活前扣带回皮层和前部脑岛，激活水平与被试自我报告的情绪共情能力相关（Singer & Lamm，2009；Hein，Silani，Preuschoff，Batson，& Singer，2010），但这种激活水平可能受到其他因素的影响，如对情境的评估（Lamm，Batson，& Decety，2007）、人格特征（Bird，Silani，White，Frith，& Singer，2010）等。Hein 等人（2010）使用 fMRI 技术直接考察了情绪共情与亲社会行为之间的关系。该研究发现，前部脑岛的激活水平与被试的共情关注相关，共情关注能够激发助人行为。具体表现为：当被试看到群体内成员遭受痛苦时，左侧前部脑岛的激活水平要高于看到群体外成员遭受痛苦时的激活水平；当他们看到群体外成员遭受痛苦时，左侧前部脑岛的激活水平下降，右侧伏隔

核(nucleus accumbens)的激活水平提高。最重要的是，研究者证明了由见证他人遭受痛苦而引发的大脑反应能够预测其稍后的帮助行为。左侧前部脑岛的激活水平与之后帮助组内成员的程度相关，而伏隔核的激活水平预测了稍后拒绝帮助群体外成员的行为。这些研究表明，提供帮助和拒绝提供帮助涉及两套不同的神经生理过程，还为人们偏向于帮助组内成员这一行为表现提供了神经生理方面的支持。

此外，Balconi 和 Canavesio(2013)采用 ERP 技术证明了个体在面对亲社会情境时的大脑反应及是否表现出亲社会行为都与情绪共情特质直接相关。研究发现，在亲社会情境中，情绪共情特质越明显的个体所诱发的 N200 成分的振幅越大。由于该成分通常与刺激的情绪性有关(Balconi & Pozzoli，2009)，而且当情境中的对象明显需要帮助时，情绪共情特质越高的个体越容易做出帮助决策，所以该研究直接证明了情绪共情特质能够预测个体在亲社会情境中的电生理活动及其行为反应。

情绪共情是个体对他人情绪的“感同身受”，是将他人的情绪表征转化为自身的情绪表征(崔芳等，2008)，从这种观点来看，情绪共情作用的发挥离不开情绪。又有研究表明情绪共情受个体暂时的情绪状态的影响。例如，当个体在愤怒或抑郁时，可能不会体验到他人的心理状态，从而影响了对他人的情绪共情(Baron－Cohen & Wheelwright，2004)，而积极情绪则可能会促进个体对他人的情绪共情(Eisenberg，2000)。从神经基础角度说，情绪共情出现的时间和与情绪相关的脑区开始发育的时间是一致的(崔芳等，2008)；Preston 和 De Waal (2002)的感知一行为模型(perception-action model)提出情绪感知所激活的神经机制也与情绪生成有关，由此而引发的多项研究不断证明情绪共情与情绪紧密联系。在对亲社会行为的影响上，情绪共情的作用同样离不开情绪。如前所述，在探讨情绪共情影响亲社会行为的神经基础时，也涉及与情绪有关的脑区(脑岛)、成分(N200)。Dickert，Sagara 和 Slovic (2011)综合了情绪共情和情绪两个因素探讨其对亲社会行为的影响，他们发现捐赠决策主要受情绪管理的动机的预测，而捐赠的数量则受制于个体的情绪共情程度。Telle 和 Pfister(2012)也发现消极情绪能够直接导致更多的亲社会行为，而积极情绪对亲社会行为的影响则要通过共情的中介作用。因此，在探讨情绪共情对亲社会行为的影响时，结合情绪进行分析将是一种更全面、合理的思路。

二、认知共情对亲社会行为的影响及神经基础

虽然越来越多的研究者从概念上区分了情绪共情和认知共情，也有研究证明了二者涉及不同的脑区(Boston，2007；Gonzalez－Liencres，Shamay－Tsoory，& Brüne，2013)，但只有少量研究直接区分两种共情在亲社会行为

中的作用。例如，Masten，Morelli，和 Eisenberger (2011)发现个体在看到他人受苦时，激活前部脑岛、背侧前扣带回皮层等与情绪共情有关的脑区，以及背外侧前额叶皮层、内侧前额叶皮层等与认知共情有关的脑区，其中前部脑岛和内侧前额叶皮层的激活程度越高的个体在接下来表现出越多的亲社会行为，并且探索性中介分析结果表明，只有内侧前额叶皮层的激活水平在情绪共情特质与亲社会行为表现的关系中起中介作用。由于内侧前额叶皮层参与观点采择(Hynes，Baird，& Grafton，2006)、感知他人与自己的相似点等过程(Mitchell，Banaji，& Macrae，2005)，所以 Masten 等人认为，思考被观察者在哪些方面与自身相似是认知共情过程的一个重要方面，而认知共情能促进亲社会行为。由此可见，看到他人受苦能够引发个体的情绪共情，对受苦者与自身的相似性思考引发认知共情，二者都能促进个体的亲社会行为，但情绪共情特质要通过认知共情才能对亲社会行为产生作用。

认知共情是对他人情绪的思考、理解，是一种高阶认知功能，如理解他人心理或采纳他人观点(Baron-Cohen，2009；Baron-Cohen & Wheel-Wright，2004)，与之类似的两个概念是心理理论和观点采择。心理理论是指个体对自己和他人心理状态的认识，并由此对相应行为做出因果性预测和解释(Brüne，2005)，主要涉及认知系统。而观点采择是指个体设身处地地理解与感受他人想法与情感的能力(Ku，Wang，& Galinsky，2010)，一般分为情感观点采择和认知观点采择。刘聪慧等人(2009)将心理理论与观点采择理论作为理解共情的相关理论，并对三者关系进行了详细论证，虽然三者有诸多不同，但从认知——对他人理解这个角度来看，认知共情、心理理论、认知观点采择是相似的。此外，从关于共情对亲社会行为的影响及神经基础的现有文献来看，研究多关注“情绪共情”，而直接探讨“认知共情”作用的研究较少。因此，本文将心理理论和认知观点采择放在认知共情的标题下综述其对亲社会行为的影响及神经基础。

已有研究表明心理理论和合作行为有显著的正相关，高水平的心理理论能力有助于个体准确认识他人心理状态，预测他人行为，为合作行为提供必要条件(Paal & Bereczkei，2007)。这一结论得到了脑成像研究的支持(Mc-Cabe，Houser，Ryan，Smith，& Trouard，2001)。McCabe 等人要求被试分别与人和计算机配对完成“信任与互惠”游戏，结果发现那些表现出合作行为的被试，在与人配对完成游戏时其前额叶皮层的激活程度高于其与计算机配对完成游戏时的激活程度，而那些没有表现出合作行为的被试，在两种配对条件下的前额叶皮层的激活程度没有差异。这是因为，人人间的合作需要个体推断对方的心理状态，即需要心理理论的参与，而前额叶皮层参与心理理论过程(Gallagher et al.，2000)，因此在合作行为中激活了与心理理论有关的脑区；而人机互动以及非合作行为不需要心理理论过程，前额叶皮层的激活不明显。

Morishima，Schunk，Bruhin，Ruff 和 Fehr(2012)使用 fMRI 技术检验了大脑结构与个体的亲社会行为偏好之间的关系。结果显示，亲社会行为偏好与右侧颞顶联合区的灰质体积有显著的相关，这说明了颞顶联合区在亲社会行为上的特殊作用。又有研究表明，颞顶联合区参与正确表征、理解他人的观点（Decety & Lamm，2007；Frith & Frith，2007；Saxe & Kanwisher，2003；Young，Dodell-Feder，& Saxe，2010)，而理解他人观点是认知共情、心理理论和认知观点采择的共同点，因此认知共情、心理理论、认知观点采择影响亲社会行为时均能激活颞顶联合区等区域(Völlm et al.，2006；Vogeley et al.，2001)，但还需要更严格的研究具体比较三者在影响亲社会行为时的神经基础的异同。

综合上述研究来看，情绪共情和认知共情都能促进亲社会行为，但在这个过程中所激活的脑区不同，前者主要激活前部脑岛和前扣带皮层，诱发与情绪有关的 N200 效应；而后者主要激活内侧前额叶皮层、颞顶联合区等与认知相关的区域。

三、亲社会行为的性别差异：来自共情神经基础之性别差异的视角

在人们的主观印象中，女性通常会比男性更容易表现出亲社会行为，实证研究也发现了类似现象(Skoe，Cumberland，Eisenberg，Hansen，& Perry，2002；朱止丰，白丽华，2009)。Chiu，Evans 和 Lee(2011)提出女性比男性有更多的亲社会行为有可能是因为女性比男性更容易共情，在需要帮助的情境下，女性比男性更容易产生怜悯之心。已有研究证明，女性在体验和表达共情等社会认知和情感功能上比男性更有优势(Gerdes，Segal，& Lietz，2010；Kret & De Gelder，2012)。新近研究通过 fMRI 技术对这一差异的神经基础进行了考察。Schulte-Rüther，Markowitsch，Shah，Fink 和 Piefke(2008)让被试观察情绪图片，然后关注自己或他人的情绪状态。结果显示，在关注自己的情绪时，女性被试在右侧额下回和颞上沟(superior temporal sulcus)上的激活程度要强于男性，而男性则在左侧颞顶联合区上的激活程度相对更强；相对于基线任务，在关注他人的情绪时，女性在右侧额下皮层上的活动增强，而男性被试脑区激活程度则没有显著变化。由于额下回是镜像神经元系统的一部分(Koski，Iacoboni，Dubeau，Woods，& Mazziotta，2003)，镜像神经元是观察者对他人情绪状态进行反应的神经基础，参与情绪共情等过程(Gallese，2003)；而颞顶联合区参与认知共情、心理理论和认知观点采择等过程(Völlm et al.，2006；Vogeley et al.，2001)，所以在评估他人的情绪反应时，男女被试可能采用了不同的策略，女性更多地采用了与情绪、与自我相关的策略，

产生更多的情绪共情；而男性则更多采用了与认知相关的策略，产生更多的认知共情(Derntl et al.，2010)。Mercadillo，Díaz，Pasaye 和 Barrios(2011)发现了类似的结果，当个体观看能够引发同情的图片时，女性激活的区域一般是与情绪、共情、道德等有关的脑区，如基底区(basal regions)、扣带回和额叶皮层，而男性则激活枕叶皮层(occipital cortex)和旁海马(parahippocampal gyrus)等与视觉、空间表征有关的脑区。这些结果说明男女被试在面对他人表现出相同的情绪时，激活的大脑区域不同，进而可能表现出不同的亲社会行为反应。

四、问题与展望

亲社会行为是人类及其他生物进化进程中的一个重要方面。大量研究探讨了亲社会行为的影响因素，其中共情是广受关注的热点(Balconi & Canavesio，2013；Telle & Pfister，2012)。早期研究从行为学层面考察了共情对亲社会行为的影响，而神经科学研究则为进一步考察该问题提供了来自神经生物学层面的证据。本文对情绪共情和认知共情在亲社会行为中的作用及其潜在的神经基础进行了梳理。虽然这些对亲社会行为神经基础的研究有助于我们更深入地理解亲社会行为，但该领域还存在诸多问题，如对脑区功能解释的模糊性，对影响因素的探讨缺乏系统性等，未来的研究者可以结合这些问题进一步探讨。

(一)完善脑区功能的解释

如前所述，文中提到了许多在亲社会相关任务中被激活的脑区，如背外侧前额叶、前部脑岛、后部额下回等，但脑结构与脑功能之间并不是简单的对应关系，已有研究对这些脑区功能的解释并不完善。如已有研究证明前额叶皮层参与观察模仿、理解他人意图(Dovidio，Piliavin，Schroeder，& Penner，2006)，是与认知共情有关的脑区；另外又有研究证明前额叶皮层敏感于不公平分配(Sanfey et al.，2003)。此外，多个脑区的功能可能相似，如在感受到他人痛苦时，被激活的是参与情绪共情的脑岛和杏仁核等脑区(Shamay-Tsoory，2011)。因此，这些脑区在亲社会行为功能上可能并不独立，而是相互影响的。那么，这些功能在亲社会行为中的关系是递进关系——某个脑区起到中介的作用(Paulus，Kühn-Popp，Licata，Sodian，& Meinhardt，2013)，还是几种功能并行地发挥作用？对于这些问题还缺乏较综合的探讨。这种模糊性可能是研究者独立考察某些脑区功能时有不同发现的原因，因此，今后的研究需要同时考虑多个脑区的协同作用。Declerck，Boone 和 Emonds(2013)在这方面进行了初步的探索。

Declerck 等人(2013)在前人研究基础上提出一个模型。该模型认为，有三个大脑系统参与合作性决策，分别是与奖赏有关的系统、认知控制系统和社会认知系统。其中与奖赏有关的系统是中脑边缘系统，涉及腹侧被盖区、腹侧纹状体，以及腹内侧前额叶皮层等，如慈善捐助、做出合作性决策以及获得金钱奖赏都激活了腹侧纹状体，说明亲社会决策与获得奖赏是分不开的，这种奖赏可以是金钱补偿、奖金、地位，也可以是获得称赞、情绪的改变(Fehr & Camerer，2007)。可以看出，这部分系统更多的是与情绪共情、情绪有关的。但合作性决策不仅仅是奖赏系统激活的结果，还会受到认知控制和社会认知系统的调节。认知控制系统涉及外侧前额叶、背外侧前额叶和外侧眶额皮层，主要参与对冲突的调节及评估过程，包括对奖赏力度的评估以及对惩罚的评估(避免惩罚是合作的一个强大诱因)。而社会认知系统主要参与对他人的理解，涉及内侧前额叶皮层(尤其是背内侧前额叶皮层)、颞顶联合区(包括后部颞上沟)，这两个系统则与认知共情有更紧密的联系。

尽管 Declerck 等人(2013)尝试综合探讨这些脑区在合作性决策上的功能，但这对于完全回答上述问题还远远不够。并且，该模型的提出只是基于对以往研究的综合，其有效性还有待于今后巧妙的实验设计来检验。因此，在今后探讨共情对亲社会行为的影响及神经基础时，既要考察脑结构，也要关注脑区功能；既要考虑单一脑区的不同影响，也需要对若干具体脑区进行细致和深入的分析。对这些问题的回答在很大程度上依赖于多种认知神经科学技术的结合。由上述内容可见，fMRI 技术和 ERP 技术的运用对于研究共情对亲社会行为影响的神经基础起到了极大的推动作用。但在这些研究中，研究者要么使用 ERP 技术，要么使用 fMRI 技术，前者具有高时间分辨率的优势，后者则有较强的空间分辨率。因此在以后的研究中，如果将高时间分辨率的生理电技术和高空间分辨率的成像技术联合使用，共同探讨共情对亲社会行为的影响及神经基础，将使结果更具有说服力。

(二)综合影响因素

通过前面的综述，我们可以看出，关于亲社会行为神经基础的研究虽有不少，但研究者们均从某一个角度出发，如共情、情绪和公平等因素(Morishima et al.，2012)，但这些研究缺乏系统性。因为多种因素之间可能会相互影响。例如，捐赠决策主要受情绪管理的动机的预测，而捐赠的数量则受制于个体的情绪共情程度(Dickert，Sagara，& Slovic，2011)；消极情绪能够直接导致更多的亲社会行为，而积极情绪对亲社会行为的影响则要通过共情的中介作用(Telle & Pfister，2012)。再如，女性被试在看到消极情绪的图片时诱发的 N200 和 LPP (late positive potentials)振幅要高于男性被试，但是这种效应只与情绪共情相关，而与认知共情无关(Groen，Wijers，Tucha，& Althaus，2012)；情绪共情出现的时间和与情绪相关的脑区开始发育的时间是一致的(崔芳等，2008)；在影响亲社会行为时，情绪共情和情绪都涉及脑岛、N400 等成分。因此，未来的研究在考察共情对亲社会行为的神经基础时要考虑到多种因素的共同作用。

(三)结合病理研究

在病理学研究中，可以通过检验脑损伤病人的相应行为来考察相应脑区对行为的影响。例如，虽然脑损伤病人的研究证明了情绪共情和认知共情是共情的两个独立的成分(潘彦谷等，2012)。腹内侧前额叶皮层在认知共情中起重要作用(Shamay-Tsoory，Aharon-Peretz，& Perry，2009)。相对于正常被试和其他脑区损伤的被试，腹内侧前额叶皮层损伤的被试表现出更少的宽容，不那么值得被信任，这是因为他们不能体验社会情绪(Krajbich，Adolphs，Tranel，Denburg，& Camerer，2009)。也有研究发现腹内侧前额叶皮层参与计算捐赠的数量(Hare，Camerer，Knoepfe，O'Doherty，& Rangel，2010)，但是并没有研究直接探讨腹内侧前额叶皮层损伤的病人在亲社会行为中的表现，即并没有研究探讨认知共情能力降低的脑损伤病人在亲社会行为中的表现是否受到影响。因此，在未来的研究中，心理学家和认知神经科学家可以加强与临床神经科学家的合作，在初步确定某些脑区在共情中的作用后，再检验相应脑区损伤病人的亲社会表现，从而为亲社会行为的神经基础提供更强有力的证据。但这一点的实现存在一定难度，研究者要注意心理学实验的伦理原则。

参考文献

[1] Balconi，M. & Canavesio，Y.，Prosocial Attitudes and Empathic Behavior in Emotional Positive Versus Negative Situations：Brain Response (ERPs) and Source Localization (LORETA) Analysis，*Cognitive Processing*，2013(1).

[2]Balconi，M. & Pozzoli，U.，Arousal effect on emotional face comprehension：frequency band changes in different time intervals，*Physiology & behavior*，2009(97).

[3]Balconi，M. & Terenzi，A.，Neuropsychology of moral judgment and risk seeking：what in common?，*Neuroscience and the economics of decision making*，2012(5).

[4]Baron-Cohen，S.，Autism：the empathizing-systemizing (E-S) theory，*Year in Cognitive Neuroscience*，2009(1156).

[5]Baron-Cohen，S. & Wheelwright，S.，The empathy quotient：an investigation of adults with Asperger syndrome or high functioning autism，and normal sex differences，*Journal of autism and developmental disorders*，2004(2).

[6]Batson，C. D.，Dyck，J. L.，Brandt，J. R.，Batson，J. G.，Powell，A. L.，McMaster，M. R. & Griffitt，C.，Five studies testing two new egoistic alternatives to the empathy-altruism hypothesis，*Journal of personality and social psychology*，1988(1).

[7]Boston，D. W.，Toward a neuroscience of empathy：Integrating affective and cognitive perspectives》，*Neuropsychoanalysis：An Interdisciplinary Journal for Psychoanalysis and the Neurosciences*，2007(9).

[8]Bird, G. , Silani, G. , Brindley, R. , White, S. , Frith, U. & Singer, T. , Empathic brain responses in insula are modulated by levels of alexithymia but not autism, *Brain*, 2010(5).

[9]Brüne, M. , "Theory of mind" in schizophrenia: A review of the literature, *Schizophrenia Bulletin*, 2005(1).

[10]Calder, A. J. , Lawrence, A. D. & Young, A. W. , Neuropsychology of fear and loathing, *Nature Reviews Neuroscience*, 2001(5).

[11]Carlo, G. , Hausmann, A. , Christiansen, S. & Randall, B. A. , Sociocognitive and behavioral correlates of a measure of prosocial tendencies for adolescents, *The Journal of Early Adolescence*, 2003(1).

[12]Carrington, S. J. & Bailey, A. J. , Are there theory of mind regions in the brain? . A review of the neuroimaging literature, *Human Brain Mapping*, 2009(8).

[13]Chiu, L. I. , Evans, A. D. & Lee, K. , The neural correlates of reasoning about prosocial-helping decisions: an event-related brain potentials study, *Brain research*, 2011 (1369).

[14]Decety, J. , Echols, S. & Correll, J. , The blame game: The effect of responsibility and social stigma on empathy for pain, *Journal of Cognitive Neuroscience*, 2010(5).

[15]Decety, J. & Lamm, C. , The role of the right temporoparietal junction in social interaction: how low-level computational processes contribute to meta-cognition, *The Neuroscientist*, 2007(6).

[16]Decety, J. & Lamm, C. , Human empathy through the lens of social neuroscience, *The Scientific World Journal*, 2006(6).

[17]Decety, J. & Michalska, K. J. , Neurodevelopmental changes in the circuits underlying empathy and sympathy from childhood to adulthood, *Developmental Science*, 2010(6).

[18]Declerck, C. H. , Boone, C. & Emonds, G. , When do people cooperate? . The neuroeconomics of prosocial decision making, *Brain and cognition*, 2013(1).

[19]De Cremer, D. & Van Lange, P. A. , Why prosocials exhibit greater cooperation than proselfs: The roles of social responsibility and reciprocity, *European Journal of Personality*, 2011(S1).

[20]Derntl, B. , Finkelmeyer, A. , Eickhoff, S. , Kellermann, T. , Falkenberg, D. I. , Schneider, F. & Habel, U. , Multidimensional assessment of empathic abilities: neural correlates and gender differences, *Psychoneuroendocrinology*, 2010(1).

[21]De Vignemont, F. & Singer, T. , The empathic brain: how, when and why?, *Trends in cognitive sciences*, 2006(10).

[22]De Waal, F. B. , Putting the altruism back into altruism: the evolution of empathy, *Annual Review of Psychology*, 2008(59).

[23]Dickert, S. , Sagara. N. & Slovic, P. , Affective motivations to help others: A two-stage model of donation decisions, *Journal of Behavioral Decision Making*, 2011 (24).

[24]Eisenberg, N. , Emotion, regulation, and moral development, *Annual Review of Psychology*, 2000(1).

[25] Eisenberg, N. & Fabes , R. A. , Handbook of child psychology, New York: Wiley, 1998.

[26]Eisenberg, N. & Miller, P. , The relation of empathy to prosocial and related behaviors, *Psychological Bulletin*, 1987(1).

[27]Fehr, E. & Camerer, C. F. , Social neuroeconomics: the neural circuitry of social preferences, *Trends in cognitive sciences*, 2007(10).

[28]Frith, C. D. & Frith, U. , Social cognition in humans, *Current Biology*, 2007(16).

[29]Frith, C. D. & Singer, T. , The role of social cognition in decision making, *Philosophical Transactions of the Royal Society B: Biological Sciences*, 2008(1511).

[30]Gallagher, H. L. , Happe, F. , Brunswick, N. , Fletcher, P. C. , Frith, U. & Frith, C. D. , Reading the mind in cartoons and stories: an fMRI study of 'theory of mind' in verbal and nonverbal tasks, *Neuropsychologia*, 2000(1).

[31]Gallese, V. , The roots of empathy: the shared manifold hypothesis and the neural basis of intersubjectivity, *Psychopathology*, 2003(4).

[32]Gerdes, K. E. , Segal, E. A. & Lietz, C. A. , Conceptualising and measuring empathy, *British Journal of Social Work*, 2010(7).

[33]Gladstein, G. A. , Understanding empathy: Integrating counseling, developmental, and social psychology perspectives, *Journa of counseling psychology*, 1983(4).

[34]Gonzalez-Liencres, C. , Shamay-Tsoory, S. G. & Brüne, M. , Towards a neuroscience of empathy: Ontogeny, phylogeny, brain mechanism, context and psychopathology, *Neuroscience and Biobehavioral Reviews*, 2013(8).

[35]Groen, Y. , Wijers, A. A. , Tucha, O. & Althaus, M. , Are there sex differences in ERPs related to processing empathy-evoking pictures?, *Neuropsychologia*, 2012(1).

[36]Hare, T. A. , Camerer, C. F. , Knoepfle, D. T. , O'Doherty, J. P. & Rangel, A. , Value computations in ventral medial prefrontal cortex during charitable decision making incorporate input from regions involved in social cognition, *The Journal of Neuroscience*, 2010(2).

[37]Hein, G. , Silani, G. , Preuschoff, K. , Batson, C. D. & Singer, T. , Neural responses to ingroup and outgroup members' suffering predict individual differences in costly helping, *Neuron*, 2010(1).

[38]Hein, G. & Singer, T. , I feel how you feel but not always: the empathic brain and its modulation, *Current opinion in neurobiology*, 2008(2).

[39]Hoffman, E. , McCabe, K. & Smith, V. L. , Social distance and other-regarding behavior in dictator games, *The American Economic Review*, 1996(3).

[40]Hynes, C. A. , Baird, A. A. & Grafton, S. T. , Differential role of the orbital frontal lobe in emotional versus cognitive perspective-taking, *Neuropsychologia*, 2006(3).

[41]Keysers, C. & Gazzola, V, Towards a unifying neural theory of social cognition, *Pro-*

gress in brain research, 2006(156).

[42]Koski, L., Iacoboni, M., Dubeau, M. C., Woods, R. P. & Mazziotta, J. C, Modulation of cortical activity during different imitative behaviors, *Journal of Neurophysiology*, 2003(1).

[43]Krajbich, I., Adolphs, R., Tranel, D., Denburg, N. L. & Camerer, C. F., Economic games quantify diminished sense of guilt in patients with damage to the prefrontal cortex, *The Journal of Neuroscience*, 2009(7).

[44]Kret, M. E. & De Gelder, B., A review on sex differences in processing emotional signals, *Neuropsychologia*, 2012(7).

[45]Krueger, F., Grafman, J. & McCabe, K., Neural correlates of economic game playing, *Philosophical Transactions of the Royal Society B: Biological Sciences*, 2008(1511).

[46]Ku, G., Wang, C. S. & Galinsky, A. D., Perception through a perspective-taking lens: Differential effects on judgment and behavior, *Journal of Experimental Social Psychology*, 2010(5).

[47]Lamm, C., Batson, C. D. & Decety, J., The neural substrate of human empathy: effects of perspective-taking and cognitive appraisal, *Journal of cognitive neuroscience*, 2007(1).

[48]Lee, D., Game theory and neural basis of social decision making, *Nature neuroscience*, 2008(4).

[49]Levine, M., Prosser, A., Evans, D. & Reicher, S., Identity and emergency intervention: How social group membership and inclusiveness of group boundaries shape helping behavior, *Personality and Social Psychology Bulletin*, 2005(4).

[50]Masten, C. L., Morelli, S. A. & Eisenberger, N. I., An fMRI investigation of empathy for 'social pain' and subsequent prosocial behavior, *Neuroimage*, 2011(1).

[51]McCabe, K., Houser, D., Ryan, L., Smith, V. & Trouard, T., A functional imaging study of cooperation in two-person reciprocal exchange, *Proceedings of the National Academy of Sciences*, 2001(20).

[52]Mercadillo, R. E., Díaz, J. L., Pasaye, E. H. & Barrios, F. A., Perception of suffering and compassion experience: Brain gender disparities, *Brain and cognition*, 2011(1).

[53]Mitchell, J. P., Banaji, M. R. & MacRae, C. N., The link between social cognition and self-referential thought in the medial prefrontal cortex, *Journal of cognitive neuroscience*, 2005(8).

[54]Morishima, Y., Schunk, D., Bruhin, A., Ruff, C. C. & Fehr, E., Linking brain structure and activation in temporoparietal junction to explain the neurobiology of human altruism, *Neuron*, 2012(2).

[55]O'Doherty, J. P., Buchanan, T. W., Seymour, B. & Dolan, R. J., Predictive neural coding of reward preference involves dissociable responses in human ventral midbrain

and ventral striatum., *Neuron*, 2006(1).

[56]Paal, T. & Bereczkei, T., Adult theory of mind, cooperation, Machiavellianism: The effect of mindreading on social relations, *Personality and individual differences*, 2007(3).

[57]Paulus, M., Kühn-Popp, N., Licata, M., Sodian, B. & Meinhardt, J., Neural correlates of prosocial behavior in infancy: Different neurophysiological mechanisms support the emergence of helping and comforting, *NeuroImage*, 2013(66).

[58]Penner, L. A., Dovidio, J. F., Piliavin, J. A. & Schroeder, D. A., Prosocial behavior: Multilevel perspectives, *Annual Review of Psychology*, 2005(56).

[59]Preston, S. D. & De Waal, F. B. M., Empathy: Its ultimate and proximate bases, *Behavioral and Brain Science*, 2002(25).

[60]Sanfey, A. G., Rilling, J. K., Aronson, J. A., Nystrom, L. E. & Cohen, J. D., The neural basis of economic decision-making in the ultimatum game, *Science*, 2003(5626).

[61]Saxe, R. & Kanwisher, N., People thinking about thinking people: the role of the temporo-parietal junction in "theory of mind", *NeuroImage*, 2003(19).

[62]Schulte-Rüther, M., Markowitsch, H. J., Shah, N. J., Fink, G. R. & Piefke, M., Gender differences in brain networks supporting empathy, *Neuroimage*, 2008(1).

[63]Shamay-Tsoory, S. G., The neural bases for empathy, *Neuroscientist*, 2011(1).

[64]Singer, T. & Lamm, C., The social neuroscience of empathy, *Annals of the New York Academy of Sciences*, 2009(1).

[65]Skoe, E. E., Cumberland, A., Eisenberg, N., Hansen, K. & Perry, J., The influences of sex and gender-role identity on moral cognition and prosocial personality traits, *Sex Roles*, 2002(46).

[66]Smith, A., Cognitive empathy and emotional empathy in human behavior and evolution, *Psychological Record*, 2006(1).

[67]Spitzer, M., Fischbacher, U., Herrnberger, B., Grön, G. & Fehr, E., The neural signature of social norm compliance, *Neuron*, 2007(1).

[68]Rizzolatti, G., Fabbri-Destro, M. & Cattaneo, L., Mirror neurons and their clinical relevance, *Nature Clinical Practice Neurology*, 2009(1).

[69]Takagishi, H., Kameshima, S., Schug, J., Koizumi, M. & Yamagishi, T., Theory of mind enhances preference for fairness, *Journal of experimental child psychology*, 2010(1).

[70]Telle, N. T. & Pfister, H. R., Not only the miserable receive help: empathy promotes prosocial behaviour toward the happy, *Current Psychology*, 2012(4).

[71]Van Overwalle, F. & Baetens, K., Understanding others' actions and goals by mirror and mentalizing systems: a meta-analysis, *NeuroImage*, 2009(3).

[72]Vogeley, K., Bussfeld, P., Newen, A., Herrmann, S., Happe, F., Falkai, P., Maier, W., Shah, N. J., Fink, G. R. & Zilles, K., Mind reading: neural mecha-

nisms of theory of mind and self-perspective, *Neuroimage*, 2001(1).

[73]Völlm, B. A., Taylor, A. N., Richardson, P., Corcoran, R., Stirling, J., McKie, S., Deakin, J. F. & Elliott, R., Neuronal correlates of theory of mind and empathy: a functional magnetic resonance imaging study in a nonverbal task, *Neuroimage*, 2006 (1).

[74]Young, L., Dodell-Feder, D. & Saxe, R., What gets the attention of the temporo-parietal junction?. An fMRI investigation of attention and theory of mind, *Neuropsychologia*, 2010(9).

[75]Zheng, H. & Zhu, L., Neural mechanism of proposer's decision-making in the ultimatum and dictator games, *Neural Regeneration Research*, 2013(4).

[76]崔芳、南云等:《共情的认知神经研究回顾》,《心理科学进展》,2008 年第 2 期。

[77]丁芳、郭勇:《儿童心理理论,移情与亲社会行为的关系》,《心理科学》,2010 年第 3 期。

[78]寇彧、徐华女:《移情对亲社会行为决策的两种功能》,《心理学探新》,2005 年第 3 期。

[79]李丹:《影响儿童亲社会行为的因素的研究》,《心理科学》,2000 年第 3 期。

[80]刘聪慧、王永梅等:《共情的相关理论评述及动态模型探新》,《心理科学进展》,2009 年第 5 期。

[81]潘彦谷、刘衍玲等:《共情的神经生物基础》,《心理科学进展》,2012 年第 12 期。

[82]余宏波、刘桂珍:《移情,道德推理,观点采择与亲社会行为关系的研究进展》,《心理发展与教育》,2006 年第 1 期。

[83]张振红、李伟强:《移情与亲社会行为关系的研究进展与展望》,《中国健康心理学杂志》,2011 年第 9 期。

[84]朱止丰、白丽华:《儿童亲社会行为研究综述》,《铜仁职业技术学院学报》,2009 年第 4 期。

(作者:肖凤秋　北京师范大学教授
郑志伟　中国科学院教授
陈英和　北京师范大学教授)

项目名称：北京市社会教育资源共享及云服务建设研究
项目编号：12JYB010
项目负责人：周　围
项目信誉保证单位：北京交通大学

面向社会教育的云服务公众需求分析与研究

一、引　言

社会教育机构以社会文化机构和科普教育职能机构为主，如博物馆、美术馆、文化宫等，这些机构在社会教育和知识普及方面发挥着重要的作用①。社会教育信息化是国家重点建设内容之一，《国家中长期教育改革和发展规划纲要(2010—2020 年)》中提出，“整合各级各类教育管理资源，为社会公众提供公共教育信息，不断提高教育管理现代化水平”；同时，“充分利用优质资源和先进技术，创新运行机制和管理模式，整合现有资源，构建先进、高效、实用的数字化教育基础设施”②。社会教育资源共享及服务建设离不开新的信息化技术。近年，云计算的普及与发展为教育信息化及社会教育资源共享提供了很好的平台。

云计算是一种通过 Internet 以服务的方式提供动态可伸缩的虚拟化资源的计算模式，根据这种计算方式，网络中共享的信息及软硬件资源可以根据需要提供给网络中的计算机及相应的设备。随着云计算的普及，云计算在教育领域中的应用将带来教育技术观念的转变及教育资源和学习方式的变革③。利用现代信息技术和网络媒体，延伸博物馆等社会教育机构的教育资源，基于云计算服务促进社会教育资源共享是社会教育未来的发展方向。

二、社会教育信息资源服务困境及云服务的提出

教育信息化的历史使命是提升教育质量、促进教育均衡、支撑终身学

① 王捷：《研究性学习的社会教育资源开发，《上海教育科研》，2001 年第 5 期，第 15—17 页。

② 《国家中长期教育改革和发展规划纲要(2010—2020 年)》，北京，人民出版社，2010 年，第 3—4 页。

③ 陈康、郑纬民：《云计算：系统实例与研究现状》，《软件学报》，2009 年第 5 期，第 1338—1340 页。

习[①]。从国内社会教育信息化进程来看，硬件环境的建设稳步发展，为社会教育和终身学习的发展提供了良好的物质环境，但是，在电子资源建设实践进程中还有以下问题需要关注：

第一，资源标准化问题。现有的社会教育资源没有很好地被运用，部分资源不符合相关资源管理标准的要求，停留在素材水平层面的较多，资源无法弹性扩展，资源粒度大，重用性弱。

第二，资源共享和管理问题。众多的社会教育机关团体和组织所开发管理的资源类型广泛，缺乏统一管理制度和共享机制，资源孤岛现象严重。

第三，资源个性化问题。缺乏面向学习者的个性化教育服务，资源搜索、资源评价、科学组织资源等方面的服务能力有待进一步发展。

从某种程度来说，当前资源发展面临的困境与资源设计和信息化技术建构存在一定的联系，改变传统的资源提供模式和方法，创建新型资源服务环境，是大势所趋。以美国为例，约五年一度颁布的《国家教育技术计划》[②]对技术促进教育应用和创新起到了很大的推动作用，也使得美国的教育信息化走在了世界的前列。美国国家教育技术计划从1996年开始至今共发布了四次，其中在数字化资源建设和利用方面可以看到，四个计划分别从鼓励数字化资源建设(1996年)，到实现更多资料的数字化资源建设(2000年)，再到建设符合学生需求并能实现有效利用的资源建设(2005年)，最后到建设并利用新的科学研究及新技术支持下的能满足随时随地按需学习的数字化资源建设(2010年)。可以说，美国国家在数字化资源建设上也是在技术更新的基础上不断推进的，而且数字化资源的建设越来越侧重于促进个性化按需提供、基于新技术新模式的资源建设和服务方式。因此，随着云计算、大规模在线开放课程等概念的提出和相关技术的发展，移动设备的普及，社会教育资源服务也应与时俱进，开展新型服务应用模式。

云服务在各行各业开始普遍应用，其在社会教育领域的应用也进入探索阶段。以博物馆信息化建设发展为例，博物馆信息化发展近年来取得了较大的进步，但信息资源建设仍面临存储技术、检索与虚拟信息展示、信息资源重复建设、信息需求与资源共享的困境[③]。在云计算环境下，通过和云基础设施企业的合作，博物馆藏品信息资料处理发生巨大的变革，云存储模式不但可以确保藏品信息资料服务器的可靠运行，降低硬件设施投入维护费用，而

① 黄荣怀：《教育信息化助力当前教育变革：机遇与挑战》，《中国电化教育》，2011年第1期，第36—40页。

② National Education Technology Plan, Transforming American Education: Learning powered by Technology, 2010. http://www.ed.gov/sites/default/files/netp2010.pdf.

③ 卢民：《基于云计算的数字博物馆信息化建设研究》，《博物馆研究》，2012年第1期，第3—8页。

且随着移动应用的发展，还可以利用成熟的云技术提供博物馆藏品信息 APP 等移动信息服务。例如，2011 年 Google 与全球多家博物馆合作推出谷歌艺术计划（Art Project）[①]，提供超过 30000 件艺术作品的高分辨率图片，使用"街景视图"云计算技术，让用户通过画廊徜徉在世界顶级艺术机构里。谷歌艺术计划是社会教育机构提供资源、企业提供技术和平台的信息化合作典范，它提供了教育资源面临的标准化、共享、个性化等问题的解决思路，最大限度地发挥了博物馆的社会教育与服务功能。其他如欧洲虚拟博物馆（European Virtual Museum）[②]面向全球公众开放，通过手机 WAP 可直接访问数字化文物作品；我国国内也有博物馆如首都博物馆开展了部分展览的 APP 服务。这些案例应用极大地拓展了社会教育机构服务的质和量。

三、面向公众的社会教育资源云服务模型

社会教育资源云服务是教育资源服务提供者为满足云时代的用户需求，基于"云服务"的技术理念，设计并构建的"透明服务"、"云端"、"一站式"等社会教育资源服务新模式[③④]，它具有易获取、易使用、成本低、按需扩展、数据安全等服务特性[⑤⑥]。结合云计算的典型服务模型，我们可以构建社会教育资源云服务模型，如图 1 所示，社会教育组织基于自有教育文化资源，利用自身或云计算服务运维商提供的云计算基础构架（IaaS）、标准化开发环境和平台（PaaS），提供面向公众的学习应用和资源服务（SaaS）。最终用户可以利用传统 PC 或移动智能设备通过终端软件访问使用这些资源。

四、社会教育云服务公众需求调查

云计算在中国已经进入了应用阶段，很多企业已经依据自己的需要，在企业系统内部进行了云服务架构建设和资源整合。有些企业还开发了面向公众用户的云服务并逐渐得到认同和使用。公众对于云服务有了一定的认知，但是社会教育云服务在现阶段还没有相关的调查资料，公众对社会教育的需

---

① 谷歌艺术计划（Art Project），http：//www. google. com/culturalinstitute/project/art－project。

② 欧洲虚拟博物馆，http：//www. europeanvirtualmuseum. net.

③ 杨志和：《教育资源云服务本体与技术规范研究》，华东师范大学博士学位论文，2012 年，第 15 页。

④ Wei Zhou，Binyue Cui，Yizhi Wang，Qingguo Shi，Shigeki Yokoi：Exploration of Public Education Resource Sharing and Cloud Services，*Proceedings of The 8th International Conference on Computer Science & Education*（*ICCSE* 2013），2013，pp. 1277—1280.

⑤ 张进宝、黄荣怀、张连刚：《智慧教育云服务：教育信息化服务新模式》，《开放教育研究》，2012 年第 3 期，20—25 页。

⑥ 冯秀珍、郝鹏：《云计算环境下的信息资源云服务模式研究》，《计算机科学》，2012 年第 Z2 期，第 110—113 页。

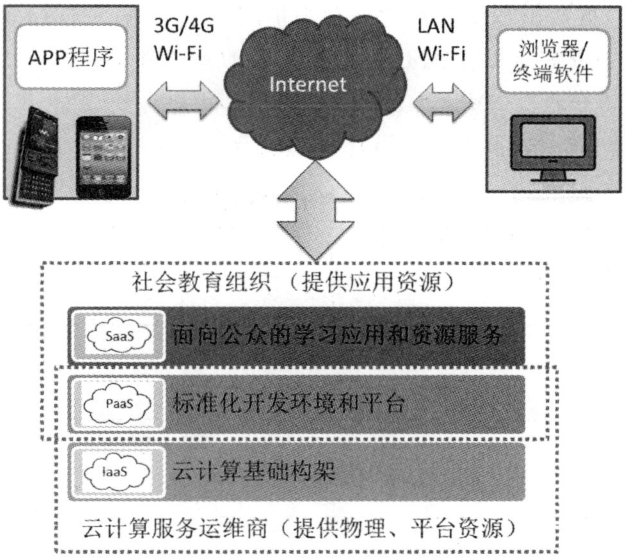

图 1　社会教育云服务应用模式

求还需深层次挖掘，为强化社会教育的广度和深度，设计合理有效的社会教育云服务势在必行。为此，本研究从公众角度出发，对公众的社会教育资源云服务的认知程度和需求进行了调研与初步探索。图 2 是问卷调查设计。问卷由个人基本情况、云服务、社会教育云服务的认知和需求组成。问题大部分采用选择题的形式即封闭式问答，同时充分考虑受访者对问题的理解，对术语都做了简短介绍和举例，力求完整客观，不影响公众对调研对象的评价。采用纸质问卷的调查方法，通过面对面接触得到真实信息，并设置两名问卷调研助手，随时解答受访者问题。调研结果对今后的信息服务标准制定、社会教育云服务相关研究具有参考价值。

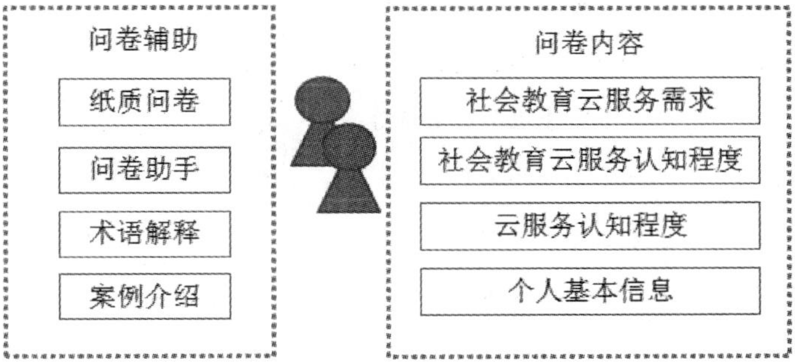

图 2　问卷调查设计

社会教育范围比较广泛，这次我们重点关注社会教育需求人群。2013 年 12 月选择四天时间在首都博物馆进行，共发放调查问卷 420 份，收回有效问卷 409 份。调查受访对象是来馆的普通观众。男女比例分别为 50.50％和 49.50％，受访者年龄构成状况如表 1 所示。其中 20～40 岁年龄段人数最多，达到 82.00%。此年龄段是信息化社会力量的中坚，他们的所思所想，反映出社会对信息化服务需求的主流心态。以他们的意见作为主要参考对象，能够反映出社会总体情况。40 岁以上受访人数占 10.00%。整体上，受访对象年龄比例和我国互联网人群上网人群比例相吻合。

表 1　受访者年龄构成比例

20 岁以下	20～30 岁	30～40 岁	40～50 岁	50 岁以上
7.62%	43.00%	39.31%	6.88%	3.19%

表 2　受访者学历构成比例

初中以下	高中	大专	大学	硕士以上
0.49%	4.88%	13.17%	55.61%	25.85%

五、公众需求分析

(一)云服务的认知

问卷首先对云服务的基本概念做出解释和举例，然后由受访对象对云服务及社会教育云服务的认知等情况进行了调研。对于问题“你是否知道云服务”，69.35%受访者回答“知道并使用过”，其余人员回答“不知道”或者“不清楚”。在回答“知道”的受访者中，使用范围广的服务应用如表 3 所示。被人们熟知的云服务主要集中于存储、知识共享及备份、日常应用等几个方面。其中，基于云的网络存储最受欢迎，其次是网络相册服务、短信备份及云音乐。

表 3　云服务使用比例(多选题)

网络存储	如百度云、360 云盘等	81.22%
网络相册	如百度相册、网易云相册等	48.41%
短信云备份	如 360 手机助手云端等	44.44%
云音乐	如苹果 iCloud 等	41.27%
在线笔记	如有道云笔记等	30.42%
在线办公	如 Google Docs 等	20.90%
企业应用	如阿里云等	19.58%
在线设计	如 CAXA 设计云平台等	3.17%
其他	如迅雷云点播、云查杀等	37.57%

对于云服务需求(多选题)的回答如表 4 所示。现代生活中，手机作为大众化的移动终端成为人们获取信息的一个主要工具，受访人群中 59.80%希望获得基于移动设备的云服务；50.38%的受访者对于大容量的存储服务有需求；作为学习需求，位居第三，占近 40%。另外，我们还对不同学历人群对云服务的需求做进一步统计，图 3 表示学习需求与学历的关系。

表 4　云服务需求比例(多选题)

移动化需求	容量需求	学习需求	娱乐需求	办公需求
59.80%	50.38%	38.93%	36.64%	34.86%

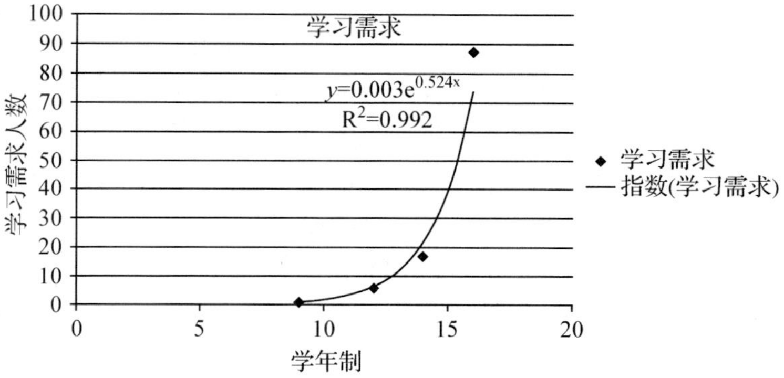

图 3　学习需求与学历的关系图

由散点图(图 3)可知，判定样本相关系数 $R^2=0.992$，由于 $R\geqslant 0.8$，学历和学习需求之间存在高度相关性。而针对不同学历人群的其他如移动化需求、容量需求、办公需求和娱乐需求，则与用户的学历没有明显相关关系。

(二)社会教育云服务的认知

为确保问卷内容清晰，问卷首先对社会教育云服务的内容、典型应用做了文字说明，并在调查过程中对部分受访者的进一步提问进行了解释和回答。从结果上看，只有 28.14%知道或者使用过社会教育方面的云服务。回答“知道”的用户对数字博物馆、图书馆的应用较为熟悉(表 5)。

表 5　社会教育相关云服务使用(多选题)

数字博物馆	如数字博物馆网站、博物馆手机应用等	26.89%
数字图书馆	如在线国家图书馆等	27.87%
数字艺术馆	如 798 在线艺术馆等	10.51%
远程教育云	如国家开放大学教育云服务等	15.65%
其他		2.69%

（三）社会教育云服务的需求

对于“使用社会教育云服务的终端”的回答如表6所示，手机和个人电脑是访问教育资源的主要设备，分别占74.13%和58.21%。这一数据表明，将来移动学习具有很大的市场，基于移动终端访问云服务也是未来网络技术发展的主流。

表6　设备使用比例（多选题）

个人电脑	手机	平板电脑	PDA	其他移动终端
58.21%	74.13%	41.04%	5.72%	4.98%

受访者对于“如果使用社会教育云服务，您最希望获取哪些教育资源”这个问题的回答如表7所示：专业知识需求最大，其次是学校教育相关知识。在传统互联网中，权威部门提供的专业知识资源相对较少，云服务则提供一条很好的传播渠道。学校教育相关知识需求也占有近半数比例，说明社会教育起到了辅助学校教育的作用。在调查过程中，有些观众提到小众艺术资源、特定历史时期，这些目前还只是在博物馆中以纸质或模型方式展示，网络搜索也没有权威性，因此如果能从官方发布的云服务中快捷得到，将为用户学习提供很大便利。同时，调查数据显示出基于云服务的社会教育资源的需求有很大的市场。

表7　希望获取的社会教育资源（多选题）

专业知识	学校教育相关知识	行业技能	其他
60.79%	43.18%	30.02%	4.96%

受访者对于“如果使用社会教育云服务，您最希望获取哪种形式的教育资源”这个问题的回答如表8所示：图文资料和影音资料比例较高，而云计算技术可以实现用户快速下载所需资源，并能在线存储，方便用户随时随地管理自己获取的社会教育资源。因此，基于云服务的社会教育资源共享将为人们提供更迅速、更便捷的途径进行终身学习。

表8　社会教育资源形式（多选题）

图文资料	影音资料	文档资料	其他
56.39%	54.89%	37.59%	1.50%

受访者对于“您希望在何种场合使用社会教育云服务”这个问题的回答如表9所示：受访者希望接受社会教育的场合还是以家庭、公共设施为主。博物馆、科学馆等社会教育场所成为人们离开家后首选的社会学习场所。因此，如何通过构建在线博物馆及博物馆相关知识的普及互动平台将对社会教育的

普及起到一定的积极推进作用。

表 9 社会教育服务使用场合(多选题)

在家	博物馆等公共设施	学校	其他
62.19%	49.75%	22.39%	35.32%

此次调研还对公众关心的云服务的其他特性也进行了调查。受访者对数据安全性、稳定性、网络畅通性尤为重视。有些受访者还提出一些建议，如“应尽量完善服务安全性，杜绝泄露个人信息”，“更广的服务覆盖，速度更快”，“随时方便快捷的享受云服务”等。

六、结 论

此次社会教育云服务公众调查，通过对结果的分析，可以得出以下初步结论和建议：

(1)公众对云服务有了很强的认知度，大部分人都在使用云服务的网络存储、相册、音乐等功能。但社会教育方面的应用还不多，使得公众对其认知程度有限。建议相关部门加强社会教育云服务方面的宣传、开发和建设，加快普及，扩大其公众认知度，使其为更多人接受与使用。

(2)云服务是专业知识、学校教育辅助资源的一个很好的传播渠道，是普及文化知识的有效网络手段。公众对社会教育云服务的学习需求已经逐渐超过了娱乐需求和办公需求。同时，公众对资源的需求也突出地显示出来，社会教育资源云共享会成为重要的社会服务之一。

(3)公众对云服务在需求上还重视安全性、稳定性、网络畅通性。云服务的内容和功能应丰富，以满足各层次人员需求。将来的云服务使用场所是在家和公共设施，设计者应该设计不同学习场景，使服务方便、快捷、个性化，寓教于乐。这些都对社会教育云服务提出了要求，为更好地满足社会性云服务提供了参考依据。

(4)受访者的受教育程度与社会教育资源云服务需求之间存在显著相关关系，学历对学习需求的影响很大。因此，在公众教育水平素质高的地区开展云服务学习更有效。另外，在社会教育资源形式与内容方面应根据用户受教育的不同水平有所变化，从而有利于社会教育云服务的普及。

(5)社会教育方面云服务不同于纯商业服务。目前，大部分社会教育云服务由政府部门来组织实施，使得服务的开展滞后，服务种类有限。在此可以借鉴欧美国家案例经验，认真研究用户需求，商业性与公益性兼顾，结合开源低成本信息通信技术开发用户应用及云服务平台，为用户创造一个友好、高效的社会教育资源共享平台。

学习是人类认识自然和社会、不断完善和发展自我的必由之路。全民学习、终身学习的学习型社会的提出，从深度和广度上对学习和社会教育提出了新的更高的要求。随着云计算服务的普及，越来越多的公共服务会登录云端，资源开放共享，拓宽美术馆、博物馆等社会教育机构的优势及其在社会教育方面应有的作用①。

致谢：

调查问卷得到首都博物馆社会教育部的帮助和支持，在此深表谢意。

（作者：周　围　北京交通大学高级工程师）

① 黎加厚：《走向教育技术“云”服务》，《中国信息技术教育》，2010年第1期，第73—77页。

项目名称：国外高等教育模式本土化研究
项目编号：12JYB016
项目负责人：王　群
项目信誉保证单位：北京航空航天大学

从理念、文化、体制三个维度分析中外合作办学的冲突

为了建设创新型国家，中国急需培养具有国际资质和全球化竞争力的高端人才，需要引进国外的优质教育资源。中外合作办学正在成为中国高校引智和培养高素质科技人才的重要方式，在推动高等教育国际化，促进中西科技文化交流，带动高等教育改革与发展方面发挥着重要作用。

不同的文化、不同的教育体制下，人才有着各自的背景与轨迹，西方人才培养模式到中国后，必然面临着文化的冲突、体制的磨合。

由北京航空航天大学与法国中央理工大学集团（由法国 4 所中央理工大学组成）于 2005 年共同创建的北航中法工程师学院（以下简称"中法学院"）的发展就充满了创新实验的艰难。学院发展的每一步都要突破国内原有模式，面临新的挑战，包括教学理念、教学体制、课程体系、教学内容、教学方法、教学组织形式以及学院的运行管理、师资管理模式等，它必须要跨越中法两国高等工程教育中的现实差异，探索和实践能把两国成功经验融为一体、适合我国国情的新型的人才培养模式。

本文从理念、文化、体制三个维度对中外合作办学面临的冲突进行分析。

一、理念不同

加拿大学者许美德站在西方的角度，从比较的视角研究西方大学对中国大学的影响以及中外大学的文化交流。在其专著《中国大学 1895—1995 年：一个文化冲突的世纪》中，作者从文化和政治的角度，在宏观和微观两个层面考察中国近代大学发展。她认为，在整个的 20 世纪中，显而易见的是在中国存在这种矛盾和冲突：既要获得西方科学和技术可能带来的经济和社会利益，同时又要竭力维护本国的文化知识传统，保持自己的民族特色。[①]

① （加）许美德：《中国大学：1895—1995 一个文化冲突的世纪》，许洁英主译，北京：教育科学出版社，2000 年，第 50 页。

中国教育学会会长顾明远教授指出："对后发型国家来说，高等教育国际化是诱人的，因为高等教育国际化带来了与发达国家一流大学共享课程与师资、快速提高高等学校办学水平的机遇；同时，高等教育国际化也是一把双刃剑，特别需要警惕的是高等教育国际化可能会使中国高校失去自己的传统与特色，失去自身独立的价值体系。在这样一种两难的处境下，中国高等教育国际化如何发展的确是一个亟须深入研究的大问题。"①

北京航空航天大学副校长、北航中法学院第一任院长郑志明教授在接受笔者访谈时指出，法国是教育强国，中国是教育大国。中法合作，二者的出发点不同。法国是为了达到文化扩张、教育扩张的目的，中国是为了实现教育国际化的需求。我们需要利用法国的积极性，做好根植于我国人才培养体系的建设。这里面，有合作，也有斗争。

(一)培养目标不同

首先，中外合作办学必须在中国的法律法规下实施。《中华人民共和国高等教育法》第三条明确规定，国家坚持以马克思列宁主义、毛泽东思想、邓小平理论为指导，遵循宪法确定的基本原则，发展社会主义的高等教育事业。因此，中法工程师学院的教育首先要符合中国高等教育法，培养"社会主义事业的建设者和接班人"。因此思想政治理论课、马克思主义哲学课都要按照中国的要求保质保量完成。同时，还要做好高等学校思想政治教育工作，开展形势与政策教育。因此，中法学院的课程设置中，第一至第三年每学期均安排 8 学时 0.2 学分的"形势与政策"课程。

由于中法工程师学院学生毕业时，不仅要获得法国工程师文凭，也要获得北航理学学士文凭和工学硕士文凭，因此，授予学位还必须符合《中华人民共和国学位条例》。总之，中法工程师学院的教育教学工作不仅要符合法方的要求，也要符合中国的法律和法规。

中外合作办学目标定位要以本国的战略发展为前提。中国工业与信息化部部长苗圩在北航中法工程师学院毕业典礼上致辞强调，希望毕业生牢记"责任、荣誉、国家"三个词。作为中国第一所航空航天大学，北航以"培养国家的优秀建设者和领军领导人才"为人才培养定位。因此，作为北航的二级学院——中法工程师学院需贯彻"本着坚持国家利益，学校利益和学生利益的原则，将中法两国高等教育的成功经验在北航中法工程师学院融为一体"的指导思想，进行法国工程师模式在中国的本土化实践。

法方的培养目标是希望输出法国工程师培养模式，扩大法国在华影响，为法国在华企业服务。从历史的角度看，早在 1867 年，法国外长在致驻北京法国公使函中就有如下的指示："中国人是富有远东民族的观察力的人民，对

① 吴坚：《当代高等教育国际化发展》，北京：人民教育出版社，2009 年，第 1 页。

于他们中的那些善于思考的人们来说，在其头脑中树立我们法国观念和文明的优越地位的最好机会，不是徒劳地一再炫耀武力和商业方面的成就，而是让他们来这里进行实地考察和研究。当他们走出国门，试图了解世界的时候，要把他们吸引到我们的国度。我们要鼓励中国政府，尽可能多地派遣人员来我国学习，学习专业，学习我们的语言，并把有关我国的学校、学术机关以及产业设施等方面的情报亲自提供给他们的政府。我们方面则要为这些人员的学习提供必要的方便，以便使他们能把学到的成果很快带回自己的国家。这是我们的最好政策。"①

法国人对中法工程师学院首届毕业生的效果评价之一就是以在法国公司就业为标准。例如在中法工程师学院首届学生毕业之际，巴黎中央理工大学教授及中法工程师学院项目管理人员安娜教授介绍说，这些法国企业需要类似中法工程师学院毕业生之类的具备多元文化素质的优秀员工。例如斯伦贝榭公司 2011 年签约 6 名中法毕业生就业，道达尔集团已签约两位同学就业。中央理工集团将继续与中国开展这种多元文化的培养办学，长期支持并开展中法工程师学院的办学培养工作。

来自法方的首席物理教师杜拉克认为："物理学远不是我要传授给他们全部的东西，我要让他们体会到用简单、原始方法推导出科学规律的快乐；同时，作为一名在中国的法国教师，我还要在教学的同时传播法国，乃至欧洲的文化，为他们在理论学习的旁边打开新的兴趣点。"②

从这里可以看出，在中西文化交流时，而中西文化交流双方的利益取向不同。因此，我们要保持清醒的认识。

(二)人才观不同

1. 对"通用"的认识不同

1988 年，法国全国雇主委员会主席曾指出："我们不需要那些为某一个具体部门培养出来的人，他们的知识范围狭小，像是封闭在一个堡垒一样，而且通常他们都有一些坏习惯，认为自己的领域是神圣不可侵犯的，这些人被证明是很难发展的。"因而，他强调说，"只要有了坚实基础和良好的学习方法，这样的学生无论在他的一生发生什么情况，都可以使他的才能得到充分发挥。"③

法国独特的"通用工程师"概念意味着：理论基础扎实、工程能力强、综合实力高、发展潜力大，适应的专业范围宽，具有在不同领域创业的能力。在

① 斯巴蒂：《清末留欧学生——福州船政局对近代技术的输入》，《中国近代教育史资料汇编·留学教育卷》，上海：上海教育出版社，1991 年，第 260 页。

② 陈璀：《北航就是我的家——记中法友谊的民间使者、北航中法工程师学院外籍教师杜拉克》，《北京航空航天大学合作交流简讯》，2012 年第 1 期，第 91 页。

③ 沈永赋：《法国企业同学校的结合》，《世界教育信息》，1989 年第 7 期，第 29—31 页。

我国，真正理解并接受工程通才教育理念的考生和家长却是凤毛麟角。其理解上的困惑首先来自中法两国对“通用工程师”的理解差异。在实践探索过程中遇到的最大的融合难题是关于学科的融合难题：即通用与专业；中法工程师学院是培养国际化通用工程师，而传统院系是培养专业人才；恰恰在中国高等教育中：没有学科就没有一切。

中国的企业和法国的企业对通用工程师的认识也是不同的。中国的企业人力资源部门首先要考虑毕业生的专业。在笔者进行的前期调查和访谈中，有三分之二的学生今后希望到国企和中央企业工作。但用人单位对通用工程师模式不了解是他们的一个很大的担忧。同时，由于是按“通用”模式培养，没有中国大学和企业认同的专业，学生对自己的定位和发展方向有时觉得没有信心。①

2. 对素质教育的认识和实施不同

强调素质教育是中法教育的共同点，从巴黎中央理工大学的教学实施方案可以看出，工程师的素质教育与能力的培养(从业的适应能力、解决问题的能力、处理各种人际关系的能力、从全球出发考虑问题的开阔视野等)是通过精心设计与组织的一些活动和项目来落实的。虽然重视工科学生的人文社会科学素质教育的理念在我国教育界也已深入人心，但在如何实现素质教育方面中国在当前存在一个误区：认为素质教育可以通过上几门人文教育方面的课程来实现。单纯地增加课程势必要增加学生的负担，而为了减负，牺牲的只能是实践教育环节与工程教育的学时。

二、文化背景不同

研究文化差异对管理的影响，最初是由荷兰科学家霍夫斯泰德(Hofstede)在20世纪80年代初形成的国家文化模型。根据研究成果，霍夫斯泰德对文化下了这样一个定义：文化是在同一个环境中的人们共同的心理程序，不是一种个体特征，而是具有相同的教育和生活经验的许多人所共有的心理程序。不同的群体、不同的国家或地区的人们，这种共有的心理程序之所以会有差异，是因为他们向来受着不同的教育、有着不同的社会和工作，从而也就有不同的思维方式。

霍夫斯泰德主要基于工作目标上价值观和信念的差异来建立文化模型。按照其最新研究，霍夫斯泰德认为这种文化差异可分为六个维度：权力距离(Power Distance)，不确定性规避(Uncertainty Avoidance)，个人主义/集体主义(Individualism/Collectivism)以及男性化程度/女性化程度(Masculinity/

① 王群、郑晓齐：《法国通用工程师培养模式在中国本土化的研究：北航中法工程师学院学生问卷分析》，《高等工程教育研究》，2012年第1期，第28—33页。

Femininity)，实用主义(Pragmatism) 和放纵度(Indulgence)。

从霍夫斯泰德对中国和法国的文化对比图中可以看出，如果以 50 为中间值，中法在不确定性规避维度方面差异最大，中国为 30，法国为 86，差值达到为 56；其次为个人主义维度，中国为 20，法国为 71，差值为 51。虽然实用主义和放纵度维度两国差值都达到了 24，但笔者认为差值为 23 的男性化程度更能说明问题。因为赋值为 66 的中国超过了中间值 50，属于偏男性化国家；而赋值 43 的法国低于中间值 50，属于偏女性化国家。而实用主义方面，中国和法国都高于 50，都属于实用主义强的国家。在放纵度方面，中国和法国都低于 50，都属于放纵度低的国家。而在权力距离方面，中法两国最相近，不仅都属于权力距离高的国家，而且差值最小，仅为 12。因此，本文着重从三个维度，即不确定性规避、个人主义/集体主义、男性化程度/女性化程度分析文化背景的不同带来的冲突①。

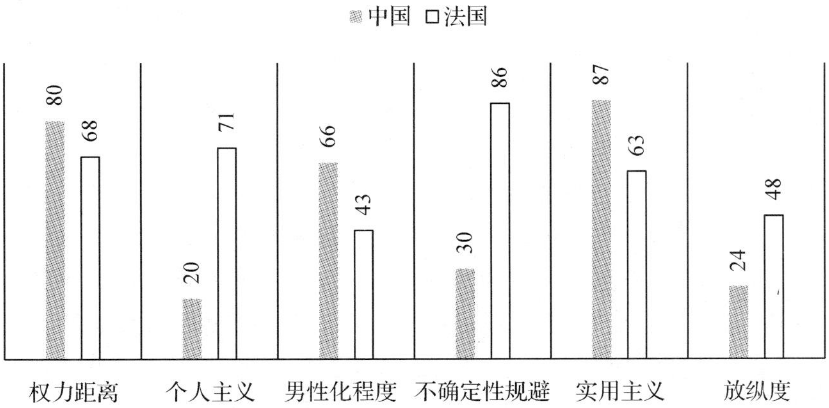

图 1　霍夫斯泰德对中国和法国的文化对比

(一)不确定性规避

不确定性规避指的是一个社会感受到的不确定性和模糊情景的威胁程度，并试图以提供较大的职业安全，建立更正式的规则，不容忍偏离观点和行为，相信绝对知识和专家评定等手段来避免这些情景，其强弱是通过不确定性规避指数来表示的。

法国是不确定性规避程度高的国家，达到 86 ，因此，法国制定的标准相当的多，法国人推崇的是专业化和逻辑清晰以及精益求精的精英意识。这可以从《法国工程师认证》一书中看出，为了确保工程师培养的质量，法国工程师职衔委员会 CTI 为申请颁发工程师学历的高等教育机构建立标准，明确工程师学位及文凭颁发所需的全部需求。在评估中，注重事实，注重证据。法

① Geert Hofstede, Gert Jan Hofstede and Michael Minkov, Cultures and Organizations: Software of the Mind, Revised and Expanded 3rd Edition, McGraw-Hill, 2010, pp. 255—258.

国人明确指出，(工程师教育)质量的控制：如果没有按照预先确定的、标准的评估模式对学生学习和能力进行评估，这样的工程师学习是不可信的。①

而中国人愿意摸着石头过河，先把事情做起来，边做边完善，这在法国人看来是无法理解的。法国前总理拉法兰在关于北航中法工程师学院发展的“推动中法关系的现实主义合作”研讨会上指出，中国人民不把创造视为其文化的精髓。他们更热衷于接受人的一生变换无穷的想法：现有存在的不是零起点，从那里展开的是一个个不断循环的改变，为此形成了生命周期。相反，我们的西方文化注重的是创造者和创造。比如说，签订一份协议，总是从长计议，然而当人们按照中国变换观念行事时，这份协议即使是在签字后第二天还可以重新协商，甚至可以无限期修改，因为从根本上说，一切都是可以改变的。②

(二)个人主义和集体主义

从“霍夫斯泰德文化模型”中的“个人主义和集体主义”维度来看法国崇尚个人思考、个人自由、个人成就、个人竞争的哲学，是一种以个人为核心的社会价值取向。这种个人主义哲学可以追溯到欧洲“文艺复兴”时期兴起的“人文主义”。人文主义反对宗教神学和神道的禁锢，主张人的“个性自由和解放”，因此法国人习惯于突出个人，以个人为核心。

伏尔泰指出，西方对中国这个东方国度了解较晚。直到 17 世纪，耶稣会教士马蒂厄·里西(中国人称之为利玛窦)才作为首批传教士中的一员前往中国。当时，甚至直到现在，中国人在哲学和文学方面仍然落后于我们大约两百年。他们对先师尊敬崇拜，因此无论做什么事都必须受制于那些他们不能逾越的界限。中国拥有最悠久的历史，伦理道德和治国理政方面的智慧臻于完美，这是别国所无法企及的。然而，科学的进步需要创新和大胆的冒险精神，而中国由于两千多年来的封闭以及对权威的怯懦，让科学技术这一重要的社会发展动力停滞不前。③

英国哲学大师罗素在谈到中西文化对比时说：“西方的生活方式要求竞争、开拓、不断变化、不满和破坏。”④“而节制和保守的特征融入了所有中国文学和艺术之中，融入了今天教养有素的中国人和人际交往之中。”

中国以儒家为主的传统文化则提倡“人伦”、“礼教”、“三纲五常”。尽管近代中国的先进分子受到西方人文主义和启蒙运动的影响奋起“要民主，要科

---

① 熊璋、于黎明等编译：《法国工程师学历教育认证指南》，北京：科学出版社，2012 年，第 11 页。

② RAFFARIN J. P., Discours de Clôture, Paris: Fondation Bru, 2011.

③ (法)伏尔泰：《路易十四时代》，王晓东编译，北京：北京出版社，2007 年。

④ (英)罗素：《罗素文集(第 1 卷)》，呼和浩特：内蒙古人民出版社，1997 年，第 17 页，23 页，286 页。

学”，但随之而来的几十年连绵不断的民族战争和阶级争斗，需要统一意志，集中指挥，个人的自我实现、个性的自由均须让位于集体意志和集体利益。因此，中国人讲究集体价值、集体主义，并以集体为中心。①

这种个人主义和集体主义的差异决定和造成中法工程师学院双方人员在对待和处理许多问题上存在着差异，甚至截然不同的看法和认识。中方管理人员有的抱怨说，法国人其实骨子里挺傲慢的。比如说，需要找法国教师来学院任教。法方管理人员在法国找到教师，他认为合适，也不和中方商量，回来就叫中方管理人员签字认可。这让中方管理人员觉得很为难。还没一起商量就把事定了？从这里也可以看出，个人主义和集体主义的冲突。法国人觉得从他的专业角度，此事一个人就可以决定，而中方认为要事先商量，集体决定。

（三）男性化和女性化程度

从霍夫斯泰德文化模型中的“男性化和女性化”维度可以看出中法的差异。中国是一个偏男性化国家，追求的是事业成功的价值取向，男人们被认为应果断，关注事业。法国则是偏女性化的国家，人们强调的是社会生活的质量，在工作时间内，非常努力，劳动生产率较高但不会因工作而牺牲生活乐趣。法国人喜欢大量的闲暇时间。这些因中法文化差异带来和形成的碰撞和分歧是不可避免的。

中方的先进工作者往往是一心扑在工作上而无暇顾及家人的典型和楷模。中国“五加二”、“白加黑”的工作方式，使法国人很不适应。据中法工程师学院中方管理人员介绍，别说法国人了，就是从法国回来的留学生到中法工程师学院工作，都要有一个适应过程。从法国回来的留学生有两个特点：一是高度重视休假；二是如果他原先在国内干事节奏适中，等他从法国回来，发现在国内他已变成慢性子了；如果原来是急性子，那么，从法国回来，发现他的节奏正好。

三、体制不同

（一）基础教育体制不同

与法国学生的成长环境不同，中国学生从小学到中学都是应试教育的学习氛围。学生到中法工程师学院接受法国工程师培训模式的教育，不仅面临文化冲击，也会面临较大的不适应。

在笔者对中法工程师学院学生的问卷调查中，在回答到中法工程师学院的适应情况时，只有12.6％的学生回答“很快适应”，有66.8％的学生回答“经过一段时间才适应”，有20％的学生回答“至今还未适应”。这反映了不同

---

① 陈斯琳：《中法文化差异在跨文化管理中的碰撞》，《企业文化》，2006年第7期。

的文化和教育环境下成长起来的学生在新的文化和教学模式下面临的冲击和困惑。[①]

在课堂上，法国教师深有体会。数学首席教师波利感到，中国学生的计算能力特别强，算起来特别快，但是不大愿意在课堂上提出自己的意见；中国学生的记忆能力很强，可能和从小就开始背诵唐诗宋词有关。但他们也有自己的问题，那就是他们并不善于管理自己的知识。对于老师强调过的重点，可能过六个月就忘记了。而像法国学生学的东西，即使已经过去几十年，还能记得比较清楚。他认为，这是他应该带给中国学生改变的一个方向。[②]

同样，在实验课程中，也体现了学生动手能力与主动性的缺失。与中国实验教学中的教师先讲解、演示，学生模仿、验证的实验课教学方式不同，法国教师主讲的实验课程，课堂上一般没有课前讲解、演示这一环节。学生进入实验室后，依照课程讲义，可以直接开始动手实验。在实验过程中遇到棘手的问题再请老师帮助解决。中国学生在最初接触这种授课方式时，表现出明显的不适应。要么一开始不知道做什么，要么就是每做一步都期待能够得到老师的肯定和确认，缺乏独立自主的实验探究能力和自信。

从这里可以看出两种不同的基础教育体系所造成的人与人之间的差异。

(二)合作办学需要协同管理

北航中法工程师学院是一个中外合作办学机构，中外合作办学过程涉及不同文化背景、不同管理体制下互相协调的诸多现实问题，需要处理好内外管理系统的协同和创新。

中外合作办学外部管理系统主要反映在政府层面的管理。如，政策、法规、环境、审批等宏观管理方面。依据 2003 年国务院颁布的《中华人民共和国中外合作办学条例》规定，国务院教育行政部门负责全国中外合作办学工作的统筹规划、综合协调和宏观管理。地方教育主管部门负责审批和管理中外合作办学事务；国家外国专家局和地方外事部门和公安部门也对其进行管理；中外合作办学外部管理系统也反映外方参与管理的特点。由于中外合作办学在中国的实践还不到 10 年，在日常管理、审批程序、政策督导诸方面还缺乏清晰的上下贯通渠道。有时存在着主管部门因为不熟悉政策，或者因为职责不清，或者认识不足，各部门之间要么互相推诿责任、要么互相争夺管理职权的现象，使得中外合作办学面临着既没有直接上级主管部门，又存在众多

---

① 王群、郑晓齐：《法国通用工程师培养模式在中国本土化的研究：北航中法工程师学院学生问卷分析》，《高等工程教育研究》，2012 年第 1 期，第 28—33 页。

② 于松民、彭睿：《偶像级外教的中国情缘——访北航中法工程师学院法方教师波利》，http：//ecpkn. buaa. edu. cn/zwwz/xyxw/2011-07-15-1920. html，2012-7-12/2012-7-15.

上级主管部门的客观困境。[①]

因此，中法工程师学院在管理中，既要符合国际管理的规则，又要对学院内部的管理体制与机制进行改革，创建一个新的适宜的办学管理体制与运作机制，同时也要为学院创造新的发展机遇。因此，中法工程师学院必须要跨越中法两国高等工程教育中的现实差异，探索和实践能把两国成功经验融为一体、适合我国国情的新型的人才培养模式。学院发展的每一步都要突破国内原有模式，面临新的挑战：学院的现有模式既不是法式的，也不是中式的，既有法式的、也有中式的元素，是中法教学元素的综合。它是传统与现代的教学理念、教学模式和教育管理之间相互碰撞、相互磨合、相互适应的产物。

(三)企业的社会职能的差异

法国工程师学校与企业始终保持密切的联系，旨在培养能为企业带来创新与活力的工程师。工业界代表在学校中始终保持其地位，无论在学校领导机构，还是在教学中，使得学校的教育大纲能够超前把握企业界的需求。通过参观工业基地、邀请实践操作者讲课、研究企业案例、研究设计、实习等各种形式，使学生在整个学习过程中，不断增强实际动手能力和解决企业实际问题的能力，学生既“好用”(上手快，适应强)又“耐用”(后劲足，潜力大)。大学和企业在相互作用中共同促进了人才培养质量的提高和工业技术的进步，实现了互利双赢。如巴黎中央理工大学每年需要 800 多个学生实习岗位，而相关企业能提供 3000 多个岗位供选择，可见学校和企业在学生实习环节的合作上已走上互利双赢、良性循环的轨道。[②]

目前，在中国，校企之间的合作有待加强。需要政府为校企合作模式提供政策保障，调动企业的积极性，加强校企合作，充分发挥行业、企业在工程师教育中的作用。

四、结　论

通过对以上三个维度的分析，可以看出，由于理念、文化、体制的不同，中外合作办学必然面临着冲突。培养目标和人才观的不同形成了理念的不同；对于中法合作办学而言，不确定性规避、个人主义和集体主义、男性化程度和女性化程度是文化冲突的原因；在高等工程教育方面，基础教育体制的差异、企业社会职能的不同以及中外合作办学面临的政策的磨合造成了体制上的冲突。由此形成了中外合作办学冲突分析的三维结构图，见图 2。

---

① 阳金萍：《提高高校中外合作办学水平的关键因素分析》，《长春工业大学学报(高教研究版)》，2005 年第 2 期。

② 呼文亮：《法国大学与企业的关系》，北京：北京航空航天大学出版社，2006 年。

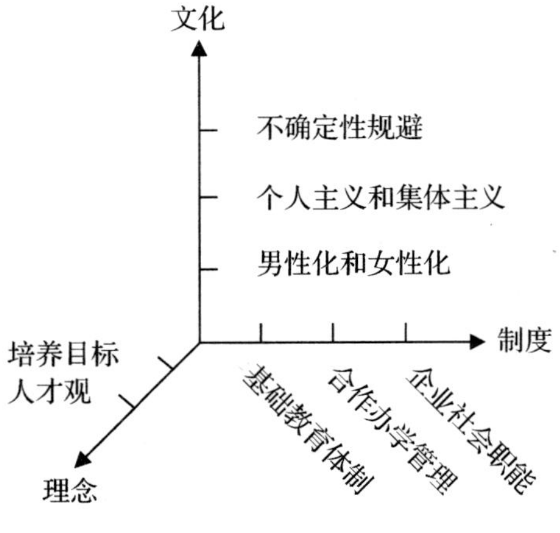

图 2　冲突分析的三维结构图

（作者：王　群　北京航空航天大学副研究员）

项目名称：基于就业筛选机制的高校毕业生薪酬期望研究
项目编号：12JYB017
项目负责人：马永霞
项目信誉保证单位：北京理工大学

高校毕业生薪酬期望的理性分析
——基于筛选理论的视角

一、引　言

自1999年高校扩招以来，我国高校毕业生的人数逐年激增。与此同时，高校毕业生就业难度却日渐增大。高校毕业生就业难问题已经成为社会各界普遍关注的重大问题。学界在关于这一问题的研究中，较多从劳动力市场分割理论、工作搜寻理论等就业的相关理论视角出发，结合高校毕业生就业市场的现实状况，对毕业生就业行为加以分析和探讨。其中从毕业生主观方面所做的研究较为缺乏，在为数不多的国内研究中，主要是围绕毕业生就业期望问题所做出的分析。普遍认为当前高校毕业生的就业期望(主要是薪酬期望)高于市场的实际薪酬给付标准，呈现出不理性的趋势。

本项目组将高校毕业生的薪酬期望定义为毕业生在初次就业时所能接受的最低工资底线(可等同于工作搜寻理论中的保留工资)，即毕业生只有找到等同或高于这一工资水平的工作时，才会选择就业，否则会继续进行工作的搜寻或自愿选择暂时性失业。该项目旨在结合筛选理论的分析框架，针对我国当前毕业生就业市场上的现实状况，分析在特定的筛选机制下我国高校毕业生薪酬期望所呈现的基本态势，并分析该种筛选机制下可能诱发毕业生薪酬期望出现偏差的局部性影响因素。

二、筛选理论的主要观点

所谓筛选，事实上包含了两层含义：第一，教育水平是个人能力的信号，较高的教育水平代表较高的劳动生产率；第二，较高的教育水平是个体进入高档职业阶层的通行证。[1]筛选理论代表思彭斯(Michael Spence)认为，就业市场上存在的信息不对称状况使得雇佣行为成为一种带有风险性的投资行为。[2]雇佣关系中的求职者(即高校毕业生)对自己的真实能力有清楚的认识，是雇佣行为中的信息优势方。而作为雇佣方的用人单位，由于其对求职者真实能力的获知发生在雇佣行为之后，处于信息的劣势地位，极大地增加了其雇佣决策的风险性。同时，这种信息不对称的存在会造成就业市场上“劣币驱逐良币”现象的发生，给潜在的高能力求职者造成损失。因此，为了克服信息不对称所造成的不利影响，求职者有极大的动机主动地向雇佣方传递个人能力信息，以增加被雇佣的可能性。而作为信息劣势方的雇主，也会通过对其信息的甄别来降低雇佣的风险性。另一位筛选理论代表经济学家约瑟夫·斯蒂格利茨(Joseph E. Stiglitz)则从雇佣方的角度，着重分析了信息劣势方在信息不对称的情况下所采取的克服风险的雇佣策略。

通过以上论述，我们知道筛选理论将教育视为一种在就业市场上发挥重要作用的信号。无论对于求职者或是雇佣方，都可以依据教育信号发送减少信息不对称所带来的弊端。那么，作为影响求职结果的一个重要因素，高校毕业生在进入就业市场前所拟定的薪酬期望，无疑也是其依据所拥有的教育水平所发出的信号之一。因此，本文结合我国高校毕业生所面临的现实就业环境，分析毕业生薪酬期望的整体态势，并针对特定筛选机制下可能诱生薪酬偏差的影响因素加以探讨。

三、我国高校毕业生就业市场上的筛选机制

当前，我国劳动力市场还很不完善，不仅存在主要劳动力市场和次要劳动力市场的区分，还呈现出不同地区间、城乡间、行业间、部门间等多重分割的状态。这一现实状况，不仅严重阻碍了劳动力资源在就业市场中的合理流动，也极大地制约了劳动力资源的有效配置。

依据筛选理论的假设，教育的信号机制在分割劳动力市场上往往比在均质劳动力市场上更具有价值。因为在市场经济条件下，求职者可以自由地选择职业。作为理性人，每一个求职者都期望能获得工资收入高、工作环境好、社会地位高的工作岗位。但就业市场上的这种工作岗位十分有限，必然不能使每位求职者都如愿以偿。因此，众多求职者之间必将为获得高工资的工作岗位展开激烈的竞争。而对于求职者而言，在现实的就业筛选机制下，通过接受教育并获得学历证书可能往往是其进入主要劳动力市场就业的最主要和最有效的途径。

无论在不同的劳动力市场中还是在同一劳动力市场中，工作岗位往往都存在阶梯状的分布状态，每一项工作对于求职者的技能和生产率都有着不同的要求，所处的阶梯位置越靠前，其工资水平就越高。因此，求职者的薪资水平往往也取决于其目标职位所处的位置，由其掌握特定工作技能所需的培训成本决定，培训成本越低者在求职者队伍中的相对位置越靠前。[3]在信息不充分的状况下，雇主往往会将教育水平作为反映个人能力培训成本高低的重要标志。依据这一观点，教育是雇佣方用于筛选求职者并决定其工作报酬的

主要依据。正是这一依据促使越来越多的人投资教育，以求获得可供发送的学历信号，增加就业砝码。

与就业市场上雇佣方的工资制定规则相比较，毕业生薪酬期望的形成则较为复杂。不仅取决于个体人力资本含量和学历水平，还受到其他多方面因素的影响，呈现出多元化的状态，如通常认为高校毕业生普遍倾向于获得薪资水平较高的职位。但很多毕业生为了获得城市劳动力市场就业机会或在工作稳定性高、福利待遇好的国有企事业单位中就业的机会，往往会在薪酬期望上保持较大的弹性，这在一定程度上可以解释“大学生零薪酬”就业现象的存在。而相反，如果毕业生短期内无法找到符合其就业期望的职位，同时又迫于个人或家庭的压力而急需实现就业时，往往会调整其求职的目标，并且会在降低就业市场层次的同时，将较高的薪酬底线作为一种补偿性措施，从而形成高于市场平均工资水平的薪酬期望。社会上之所以会普遍认为毕业生抱有过高的薪酬期待，一部分原因就在于许多毕业生都是在主要劳动力市场的求职中遭遇阻碍或失败的情况下，退而求其次地选择并不十分满意的就业市场上的工资，其整体的就业环境和条件与毕业生求职的理想状态间存在落差。因此，一些毕业生会在“委屈求成”的心态下，试图获得较高的薪酬以作为弥补。当然，这种现象并不是在所有毕业生求职行为中都会产生的，但也从侧面反映出高校毕业生薪酬期望在求职心态的影响下具有较大的多样性和复杂性。

四、教育筛选机制下的高校毕业生薪酬期望

通过以上对毕业生就业市场上的教育信号功能和筛选机制的分析，可以得出当前高校毕业生在就业市场上的求职行为，主要受到个人教育水平及就业市场筛选机制的影响。而薪酬期望正是基于内外多重因素影响下产生的职业选择标准，也可视为毕业生向雇佣单位发出的一种求职信号。虽然，我们已经肯定了毕业生薪酬期望具有异质性，但由于面临同一种就业筛选机制，毕业生薪酬期望还是呈现出了一些较为明显的特征值得我们关注。

目前，关于毕业生薪酬期望的研究并不多见，但大量关于毕业生就业情况的调查分析都涉及对这一重要就业影响因素的分析。这其中既包括基于个别省份及学校的小样本的调查，如张建武和崔慧斌考察了广东省毕业生的薪酬期望的状况。[4]翁杰和周必或则分析了浙江省毕业生的保留工资状况。[5]也有建立在全国范围的抽样数据基础上的大样本分析，如李锋亮、陈晓宇等人采用北大教育经济研究所 2007 年对全国高校毕业生就业状况的大规模调查数据先后分析了毕业生的保留工资、影响因素及其对工作搜寻结果的影响。[6]这些研究成果均不同程度地反映出了高校毕业生薪酬期望的状况，并且显示出一些集中性的特征。本项目试图在对已有研究结果的分析基础上，结合课题

组成员的认识对毕业生薪酬期望的基本态势加以总结和归纳：

(一)高校毕业生薪酬期望随着学历层次及学校层次的变化而变化

基于实证数据分析结果，毕业生薪酬期望受到其学历层次及学校类别的重要影响。整体上而言，学历层次越高，其对就业薪酬的期望就越高，毕业于重点院校的学生明显持有高于普通院校学生的薪酬期望。事实上，这一情况与就业市场上实际制定起薪的规则是相吻合的。

依据毕业生就业市场的筛选机制，教育水平即学历层次是求职者提供的一项最为重要的信号。虽然，伴随高等教育大众化和研究生的扩招，高校毕业生的学历信号功能已经相对弱化，但其依然是雇佣方用以鉴别求职者能力水平的首要依据。雇佣方不仅会根据求职者的学历层次来决定是否雇佣，还会依据学历信息，给出预估的与其劳动效率相吻合的工资。依据经验，雇佣行为往往会遵循如下的规则：硕士生的劳动能力要高于本科生，所以就会为硕士层次的求职者给付更高的起薪。[7]同样道理，学校层次差异也促使雇佣方在雇佣行为中暗含了依据学校层次来预测求职者能力并决定其起薪的规则，即学校层次较高、声誉较好的高校毕业生劳动能力更强，因而倾向于给这样的求职者以更高的薪金。正是由于就业市场上这一雇佣机制，决定了毕业生往往会依据自己的教育水平及学校层次来制定薪酬期望，这种薪酬期望的产生既包含求职者对自己真实能力的评价，也是一种迎合雇佣方偏好的举措，目的在于依靠教育信号来增加就业砝码。

(二)高校毕业生薪酬期望随着就业地区及就业单位性质的变化而变化

从就业地区角度而言，选择在广州、深圳、上海、北京等发达城市或直辖市工作的毕业生，其拟定的薪酬期望会明显高于选择在中、西部地区就业的毕业生。这不仅取决于对地区间实际薪资水平存在差距的认识，还涉及毕业生对于未来生活成本的预期。因为发达地区的生活成本往往远高于不发达的地区，这使得毕业生在选择就业地区的同时，必然会据此设定相应的薪酬预期。

此外，毕业生薪酬期望还会伴随其目标就业单位性质的不同而产生较大的差异。工作岗位和所在工作单位的性质也都影响着就业起薪，进而影响毕业生的薪酬期望。在筛选理论发展的后期，萨卡洛普洛斯(Psacharopoulos)针对不同雇佣单位所依据教育信号制定薪酬标准的强度，提出了就业市场上存在着“强筛选”和“弱筛选”[8]的不同筛选机制。而在我国分割的劳动力市场上，这种强弱的区分主要体现在不同工作单位及部门的性质上。在“非竞争性”的部门中，如公立的政府机关、学校、科研院所等单位，多数岗位往往属于“强筛选”，即工资标准的制定较多地依赖于学历信号。在雇佣行为发生的前后，都会持续这种高学历高工资的给付规则。而在一些“竞争性”的工作部门中，如私立的企业及外企等单位的研发部门中，雇佣方在雇佣行为发生前会依据教育信号来决定工资水平，通常高学历对应较高的起薪。但是雇主在雇佣后会依据对劳动者生产效率的观察来调整工资的给付标准，即其工资制定规则对于教育信号的依赖不具有持续性，称之为“弱筛选”。这也可以理解为：工作的稳定性会影响到初始工资的水平。一般说来，那些比较稳定的工作单位，比如政府机关、学校、科研单位等，起薪都不是很高，但雇员不必担心雇佣发生后的降薪风险，并且这些单位雇员往往可以享受到优厚的福利待遇。因此，倾向于在这类工作单位就业的毕业生，往往可以接受较低的薪酬水平。

(三)高校毕业生薪酬期望随着家庭收入水平的高低而变化

许多研究都关注到家庭收入与毕业生薪酬期望所存在的相关关系。大量研究结果均证实：来自低收入家庭的毕业生的薪酬期望显著低于高收入家庭的毕业生。如北大基于对全国范围毕业生的抽样调查结果，及翁杰对浙江省的调查结果都显示出这两者间的正向相关关系，即高收入家庭的毕业生拥有高于低收入家庭毕业生的薪酬期望。

这种现象的存在比较容易理解，正如前文中所提到的，假定在求职毕业生拥有同等学力及能力的情况下，在其找寻到符合薪酬期望的工作前，需要承担大量的搜寻成本，而家庭收入水平的状况直接影响到其所能进行的工作找寻的时间及强度。虽然，一些研究证实了高的薪酬期望最终与高的起薪呈现正相关，但同时也证明了越高的薪酬期望所获得的就业机会可能越少，即找寻的时间和成本都更大。因此，不能仅仅关注求职者的学历或能力水平，而忽视了其找寻的结果还受到经济承受能力的影响。本项目组认为，如果在个人学历和能力相当的情况下，来自低收入家庭的毕业生会迫于经济承受力的不足，选择较低的薪酬期望，从而减少就业的时间和成本、获得更多就业机会，尽早顺利实现就业。

(四)高校毕业生薪酬期望随着性别的差异而变化

薪酬期望的性别差异一直是国外学者在研究收入期望时所关注的焦点。普遍的研究认为，毕业生薪酬期望呈现出较为明显的性别差异，体现为男性毕业生的薪酬期望通常高于女性毕业生。以我国的劳动力市场为例，女性劳动者在就业市场上处于弱势地位，容易遭受职业歧视。这的确是现实存在的状况，也在很大程度上挫伤了部分女性毕业生的求职信心，进而产生较低的薪酬期望。但是，也有很多研究表明，薪酬期望的性别差异不是单一的相关关系，还会受到其他相关因素的影响。我国学界的相关研究就显示：薪酬期望的性别差异受到所学专业的影响较大，如理工科专业毕业生通常具有较强的专业性技能，因此，在就业过程中，性别因素对其就业的影响相对较弱，毕业生薪酬期望并没有出现明显的性别差异。而相对于人文社科专业的毕业生而言，他们所掌握的通常是软性知识，具有较大的可替代性。这种情况下，性别因素的影响力就较为显著，即女性毕业生会处于劣势地位。因此，基于对就业市场的认识，这些专业的女性毕业生在择业时，会考虑到性别的差异性，从而持有较为保守的薪酬期望。

针对这一问题，结合我国就业市场的现实情况，我们认为高校毕业生薪酬期望还是在较大程度上体现出了性别的差异性。对此，可以做如下解释：虽然，专业性质会减弱性别对就业的影响力，但就我国高校毕业生的现实状况而言，性别差异往往很大程度上决定了其所学习的专业的属性(理工科专业中男性毕业生的比例远大于女性)，因此，专业的性别差异就导致毕业生在择业时的薪酬期望也会因性别呈现较大的差异性。

(五)高校毕业生的薪酬期望随着学科专业的变化而变化

高校毕业生所学专业是决定其在就业市场上可选择的工作和岗位范围的主要因素之一。虽然，在目前的就业市场上，不同专业的毕业生在职业选择上具有较大的自由度。但在许多雇佣单位所给出的招聘岗位中，处于较高层次、待遇较好、晋升机会较大的职位往往都会对毕业生的专业性技能提出较高的要求。并且会相应地支付给能胜任该职位的毕业生以较高的起薪。因此，只有通过专业学习获得该技能的毕业生，才能在此类就业岗位的竞争中占据优势地位，获得这些高薪的职位。据此可知，那些所学专业具有较强专用性的毕业生掌握的人力资本较一般的求职者更加具有不可替代性，其在就业市场上就享有较为宽松的职业选择机会。因此，这些专业毕业生的薪酬期望也会因其能力的不可替代性而呈现出高于其他非技能型专业毕业生的趋势。

五、高校毕业生偏差性薪酬期望的局部归因分析

(一)偏差性薪酬期望产生的客观诱因

1. 教育信号功能的相对弱化

在信息不对称的就业市场筛选机制下，高校毕业生被假定为是异质分布的，企业主要依据教育信号机制来确定工资水平。依据该理论的观点，大学生通过教育获得的文凭只是显示他们能力的一种信号，并不必然反映出他们真实的生产力水平。而在高等教育降低入学门槛后，越来越多的人可以在能力较弱的情况下，依旧比较容易地获得高等教育学历，这一现象的出现和扩展促使了教育信号功能的弱化。虽然，这种影响力并没有阻止到整体教育水平对不同求职者能力的区分效果，但弱化的教育信号机制会促使雇主通过降低工资标准来减少发生逆向选择的风险。

此外，教育信号功能的相对弱化还会导致就业市场上出现“非正常”性雇佣行为的发生。所谓“非正常”性雇佣是指雇佣方将原来只需要有高中学历或者更低学历者承担的工作岗位提升到要求具有高等教育学历的劳动者来承担。[9]这些岗位往往处于低位，原本工资标准就低于高等学历者所能承担的工作岗位的工资水平。不难想象，如果这种“非正常”性招聘大量存在于就业市

场中，必然会导致高校毕业生起薪水平的下降。这表明在毕业生就业市场中，雇佣方依据教育信号机制来确定工资水平，大学毕业生供给的外生性增加也导致工资水平呈现下降的趋势。这种“非正常”性雇佣行为不仅导致毕业生人力资源的浪费，也导致毕业生实际起薪下降，而相对应的，毕业生的薪酬期望就会显得过高。

2. 高等教育投资成本的增加

高等教育投资成本既包括个人及其家庭投入到高等教育中的货币成本，也包含其因接受高等教育所付出的机会成本。伴随着我国高校入学门槛的不断降低，高等教育的投资门槛(学费)却在不断走高。与之相应的，求职者为获得学历信号支付的成本越来越高，而这种成本的增加自然会转化为毕业生对于未来回报的高期望。根据传统的人力资本理论，人力资本投资增加将有利于促进人力资本预期收益的增加，而实际上人力资本的实际收益却随着就业市场的供求变化不升反降。这种转变的速度和幅度在很大程度上超出了高校毕业生的预期范畴，即其对于能接受的薪酬水平的调整滞后于就业市场的工资水平的变化。因而，不可避免地会呈现高于实际水平的薪酬期望。

(二)偏差性薪酬期望的主观诱因

1. 部分毕业生存在“学历幻觉”

从以上分析中可以看出，在学历门槛降低的情况下，教育的信号功能已经相对弱化。从雇佣方角度而言，虽然在信息不对称情况下，雇佣方仍旧会主要依据条件概率即学历水平来进行雇佣决策。但在不同的单位和部门中，这一筛选具有强弱之分。许多雇佣单位在考虑学历信号时，暗含了对求职者真实能力的怀疑。基于这种不确定，雇主通常会选择降低某一学历层次的毕业生的起薪来减少风险。但在多数毕业生看来，学历的作用并没有发生本质的变化，因为他们获得学历的时间成本以及个人知识含量的增加是事实发生的。基于这种认识，毕业生在经济可承受的范围内，通常宁愿延长求职的时间而不会轻易选择降低对薪酬的期望。雇主与求职者之间之所以出现这种偏差，主要原因是双方的关注点不同：雇主更加看重毕业生学历背后的学习能力以及与之相关的潜在生产效率，而求职者则更在乎其获得这一学历的过程中所花费的时间和货币成本。这种偏差的产生，自然也导致实际工资水平与期望值难以达成一致。

2. 相同学历下高能力者的“示范效应”

在信息不对称的前提下，教育水平(学历)作为劳动力在市场上的筛选信号向雇主传递着就业者生产能力的信息。但在异质的劳动力市场中，相同学历的求职者中也存在潜在劳动生产率较高和潜在劳动率较低的区别。理性的雇主为了降低筛选错误带来的损失，将选择根据平均定价的原则来确定需求价格。很显然，在这种情况下，那些潜在生产效率较强的求职者不会满意雇主支付的较低工资水平，而自愿选择继续找寻或失业。而对于那些学习能力一般的求职者而言，由于其劳动生产率相对较低，他们本该接受雇主支付的相对较低的工资水平，但在学历信号的筛选机制下会产生毕业生的学历幻觉。因此，潜在生产效率较低的求职者也会不满足于现有的工资水平，而会选择一个与高能力的同等学力者相同的预期工资水平，即高能力者较高的薪酬预期对后者起到了示范和带动作用。这样，相同学历但不相等能力的毕业生的薪酬期望往往呈现出趋同的现象，并且这种趋同往往在高能力者的示范作用下体现为整体趋高的走向。

六、结　论

从以上几个方面的分析可以看出，我国高校毕业生的就业市场不仅是多重分割的，而且存在着严重的信息不对称，这促使教育信号在就业选择中发挥着重要的筛选功能。高校毕业生基于现实就业市场中的筛选机制，依据自身的受教育状况来拟定求职的薪酬期望。在信息不对称的筛选机制下，作为影响毕业生就业结果的一个十分重要的方面，毕业生薪酬期望往往会受到主客观多重因素的影响和作用，这导致教育水平对毕业生薪酬期望及就业结果的影响呈现多元化。因此，对于在特定的市场筛选机制下所催生的毕业生薪酬期望，我们不应简单地概之以理性或非理性的判断，而应当结合高校毕业生个体的状况和外在环境的影响，加以理性地认识和客观地分析。

参考文献

[1] 孙百才、赵宏斌：《研究生教育质量与研究生就业：文凭筛选视角》，《高教探索》，2007 年第 3 期。

[2][7][8]李锋亮：《教育的信息功能和筛选功能》，北京：北京大学出版社，2008 年。

[3]陈爱娟、廉永杰、弋敏：《扩招后大学毕业生就业影响因素分析》，《黑龙江高等教育》，2005 年第 1 期。

[4]张建武、崔惠斌：《大学生就业保留工资影响因素的实证分析》，《中国人口科学》，2007 年第 6 期。

[5][9]翁杰、周必彧：《基于劳动力市场工资匹配的大学生失业问题研究》，《中国人口科学》，2009 年第 3 期。

[6]李锋亮、陈晓宇、陈鑫磊：《高校毕业生保留工资影响因素的实证分析》，《北京大学教育评论》，2010 年第 7 期。

（作者：马永霞　北京理工大学教授）

项目名称：心理健康教育视域下首都大学生生命价值观问题的质性研究及预防研究
项目编号：12JYC027
项目负责人：徐　洁
项目信誉保证单位：北京化工大学

德育生命化视角下大学生生命意义观问题的研究[①]

一、引　言

尼采曾说过："知道为什么而活的人，便能生存。"这说明了生命的意义是人生存的主要动力。马克思主义生命观认为，人是生物生命和价值生命的统一，人在满足自身的生理需要后，自我意识就会被价值问题所困扰，人的生命又是自为生命，也就是说人的生命活动是追求价值、追寻"意义"的过程。

真正的教育是关注学生生命的活动，生命关怀是德育以人为本的根基，但是近年来，传统德育模式的缺陷助长了大学生生命意义缺失的现象出现，而且大学生生命意义感的缺失会威胁到大学生自身的健康发展。为了更好地对大学生进行生命意义观的教育，帮助他们认识并实现自身的生命意义，本文采用质性研究的方法，从大学生的立场诠释并构建个体心理世界对生命的真正认识和态度，分析出大学生生命意义观存在的问题及原因，进而在德育生命化的视角下进行反思，以期挖掘出当前大学生生命意义观教育的实效性策略。

二、大学生的生命意义观

生命意义观是指个体对自己的生命追问何为意义，怎样体验和创造意义的感受、想法及态度，是生命价值观的主要内容。古希腊哲学家苏格拉底曾说过："未经审视的人生是不值得过的"，意思是说不经过反思的人生是无趣的、苍白的。在苏格拉底看来，人一生的行为都是在不断地追求人生的意义，不断地"认识你自己"。人是追求意义、追问理由的存在，正因为人对于自己

---

① 北京市社会科学基金青年项目(2012—2014)——心理健康教育视域下首都大学生生命价值观问题的质性研究及预防干预，编号12JYC027。

生存意义的理性思考，才使人成为具有不同自我意识的能动主体。奥地利精神医学家弗兰克尔也认为人的一生中最艰巨的使命和活着的目的就是寻找生命的意义。他认为"生命的意义在每个人、每一天、每一刻都是不同的，"[①]每个人都有自己独特的和无法替代的使命，而且，生命的意义是非常具体和实在的，人的意义是人诸种活动之后的"凝结"。

大学生正处在自我意识由幼稚走向成熟的过渡期，生理和心理都未完全成熟，自我觉察能力不足，自我管控能力不健全，缺乏辨别力和抵制力。清楚自己生命意义的大学生，会有明确的人生目标，能有条不紊地安排好自己的生活，即使遭受挫折，处在生命中最困顿的时刻，都能感受到自身克服苦难所带来的意义感。但是在面对多元文化碰撞、时代竞争激烈、物质生活丰裕等现实的冲击时，还有部分大学生容易遭遇自我认同危机，迷失于对外部世界的追求中，缺乏生命内省，出现价值观的混乱和意义感的缺失。而生命意义感缺失的个体，会陷入"存在的虚无"的状态，"更倾向于选择放弃努力，产生抑郁、焦虑和物质滥用的概率更大，更倾向于求助心理咨询与治疗，更倾向于产生无助感，甚至会有更多的自杀念想"[②]。因此，对大学生群体进行生命意义观教育有着深刻的意义。

三、大学生生命意义观现存的问题

为了从大学生的角度了解他们关于生命意义的真实想法，探索传统德育中大学生生命教育的不足，本研究采用了质性研究的深度访谈法，以半结构式的访谈提纲为工具，就"你觉得人为什么要活着？什么样的人生是最有意义的？在日常生活中什么时候或什么样的事情会让你体会到强烈的意义感和价值感？"等问题对18名在读本科生进行了访谈。并借助Nvivo8软件根据访谈的录音进行了文字稿的逐字转录和4位字符的编码，第一位数字指代的是受访者的年级；第二位字符代表性别，M代表男，F代表女；第三、四位字符代表受访者的序列编号。在经过开放性编码、主轴编码、选择性编码三级编码分析后，总结出以下三类大学生生命意义观存在的问题。

（一）生命价值迷失

生命价值是人对自身生命的终极目标的思索，是对"为何而生"的追问。

许多受访者认为有意义的生活要有能力满足自身的生存需求，"可以保持、维持自己正常的生活(2F08)"。但是由于大学生自身的分辨力、抵制力不够，部分大学生受市场经济追逐利益的负面影响，错误地认为"活得好"就是

① （美）弗兰克尔：《活出生命的意义》，吕娜译，北京：华夏出版社，2010年，第132页。

② 戴莹、杨道宇：《成己与成物："生命自觉"的教育学内涵》，《现代大学教育》，2013年第1期，第12页。

“活得富裕”。例如，有大学生认为“只要你有钱你什么都能做，有钱可以不工作，有钱可以到处住。必须得有钱，然后才能创造出一个比较理想化的环境(1M04)”。在金钱面前，甚至有同学认为“现在这个社会是一种已经不把人当成人的一个社会，是一个把人当成钱的社会(3M11)”。这样的想法无疑是物质主义价值取向的鲜明写照。

趋乐避苦的天性使一些学生认为“活得好”等于“活得快乐”，认为人生苦短，需及时行乐。大学生刚刚脱离父母，可以自由支配自己的生活费，再加上身边无人随时管束，难以抵挡感官享乐的吸引力。例如，有大学生在访谈中提到活着“主要的目标就还是要让自己生活得更快乐一些吧(4F16)”。除此之外，同学之间存在频繁举办各种聚餐，经常去 KTV 等娱乐场所消费的现象，他们出入这种场所时享受感官上的刺激，在接受服务时产生成功者的错觉，认为这样的生活就是幸福的生活，就是有价值的生活。

“适者生存”的理念使部分学生认为在竞争中取胜是实现自己人生价值的标准。现代社会飞速发展，竞争日趋激烈，尤其生活在快节奏的大城市，“人才”的力量深深影响着大学生。例如，一位大四的受访者(4F16)谈到自己在准备考研的原因时说：“还是说出去比较好听嘛，然后找工作的时候一说，我是研究生啊，我是海归啊，拿出去首先感觉会比别人有优势。”他们不仅把学习成绩看作竞争的对象，甚至认为其他一切都是可以比较的。在与人相处时，他们更容易把同学看作竞争对手而不是可以同自己共同进步的朋友。

在现代社会中，很多大学生把实现生命价值定位在现实的“成就”上，即物质生活充裕＋感官享受＋比别人强＝生活幸福＝生命价值，这样的价值取向混淆了大学生的价值观，抑制了大学生的内省能力，缺少了对自我生命真正内在价值的关注。

(二)意义的缺位

人需要清楚自己生命的意义，清楚自己生命意义的人能够豁达看待人生的得失，选择真正适合自己的道路，活出个性的自我。

意义的缺位首先很明显地表现为大学生缺少对自身生命意义的思考。在和大学生的交流中，很容易发现，大学生讨论的问题越来越现实，例如找工作、交友聊天等，很少会听到他们关于自身生命意义的问题：“觉得这个话题好像太严肃了，大家都不太会谈这个吧(3F12)。”由于“人的本质不是单个人所固有的抽象物，在其现实性上，它是一切社会关系的总和”[①]。人的社会性，使得一些学生为了“合群”，得到他人的认同，会放弃思考这些问题。但是不思考就导致了对自己生命认识不深刻，在当下价值多元化的时代，大学生越来越缺少对自己生命意义的理性思考而易于随波逐流。

---

① 《马克思恩格斯选集》(第一卷)，北京：人民出版社，1995 年，第 56 页。

在负性主观体验下大学生也会产生意义的缺位。例如，大学生在目标迷茫、心情烦躁的状态下，容易感到无聊，觉得生活没有意义。受访者(2M08)感觉现在的生活没有意义，是因为“不知道自己想干什么，可能是特别迷茫的时候。就感觉无所事事，无聊”。受访者(3M13)说：“上图书馆看书，也是静不下心来，就是总会闪现出很多消极的念头。那时候就感觉特别的无聊。”大学阶段给予了大学生很多自由的时间和空间，但是这样的自由在一定程度上放纵了部分自制力差的学生，使他们在目标混乱、心情烦躁的时候靠手机、电脑等打发时间，浪费生命。

大学生在自我实现的目标没有达到时，会降低自己的认同感，在极度自卑和孤单的情况下会感觉活着没有意义。例如，受访者(1F03)说“这学期成绩比上学期来讲不太好，……所以那天查完成绩就跟我妈说，我不想活了，不想活下去了……不知道为什么，那天那么伤心。就觉得有点失望，对自己产生一种否定，就觉得那么努力还是不行，说不定自己是真的不行啊，会觉得没有必要再进行下去的那种感觉。”对自我价值的肯定是人们感受自身生命意义的基础，一些学生在追求目标的过程中遇到挫折，否定自我能力，产生自我认同危机。

大学生由于缺少对生命意义问题的思考，在产生负性主观感受及丧失自我认同感的时候会出现意义的缺位。因此，大学生需要明晰并构建自己的生命意义，发现自身的独特使命，活出真正的自我。

(三)理想信念混乱

理想和信念是生命价值观内容的最高层次，体现了个体对生命价值的追求方向。

当今大学生在理想信念的选择上呈现出模糊性的特点。例如，受访者(1M05)说：“没听说过什么人有比较长远的想法或长远的目标。事实上我说我要追求信仰，是填补一种空虚感。我不知道我为什么要活着。”受访者(1F03)说：“其实像我们这一批人，都有一种感觉，好像对人生的规划不是特别的清晰，而且虽然报考的时候说××有理想，但也不是特别明显。”在现代社会追求技术、物质主义和工具理性盛行的背景下，相当一部分大学生不再对理想信念进行深入思考。

大学生的理想信念还呈现出了现实性的特点。例如，对于部分学生来说“要学好专业课的目的是最后找到好工作(1M02)”。还有很多学生将人生的奋斗目标定义为“买房、买车、赚钱”。在积极要求入党的学生中，有很大一部分是为了给将来找工作增加资本，还有很多学生为图“旱涝保收”而报考公务员，这些都凸显了大学生的人生理想越来越现实。

利己性也成为大学生理想信念中的一个突出特点。在当下利己主义迅速膨胀的时代，部分学生受其影响，强调个性独立，只关注小我，而不会去关注整个社会。受访者(3F12)在接受访谈时说:“我自己不是那么高尚,有意义的工作我做不了,不是为我这样的人设计的。”“社会大众还是让他们去担心吧,咱们做不来这种事情,也没有能力。”甚至在追逐自身利益的过程中,存在利己主义思想的人会认为一切对他追求目标有威胁的潜在因素都会被视为“眼中钉”,而当心理扭曲到一定程度时,则会走向极端。

大学生的理想信念被物欲的追求代替,呈现混乱的状态。但是理想信念对人的思想、行为起着引导作用,大学生只有在积极的理想信念的指引下,才能沿着正确的道路不断奋进,最终实现自己生命的意义和中华民族的伟大复兴。

通过研究我们发现,大学生在人生追求上出现了生命价值迷失的现象,而且又由于缺乏对自身生命意义的清晰认识与构建,加之理想信念的混乱,使大学生的生命意义问题凸显。如果不能及时加强对大学生的正确引导和教育,很容易使他们在错误的道路上渐行渐远,无法实现真正有意义的人生,高校育人的真正目标也就无法达到。

四、大学生生命意义观存在问题的成因分析

传统德育模式的弊端是导致大学生生命意义观诸种问题的重要诱因。具体而言,是传统的德育教育欠缺了生命的维度。

(一)传统德育人性化的不足

教育深刻地影响着大学生价值观的形成。“大学教育的两个根本目的就是要教会学生思考自己的人生,有能力选择和践行自己的价值信念,活出自己的价值;培养有社会责任感的公民,未来可以在自己力所能及的范围内承担相应的社会责任,推动整个社会的进步。”①然而,传统的德育模式把学生当作吸收知识的“器皿”,随着高等教育市场化,大学成了为市场输送“商品”的场所。一些大学为了提升学校的就业率,在培养学生的过程中,只注重对学生职业技能和专业知识的培训,甚至有些学校把用人单位对自己毕业生的满意度作为考核教育成败的标准。在这样的教育背景下,大学生的人生理想越来越现实,误将追逐利益当作人生的最大目标,以市场为导向选择专业和工作,认为“活得富裕”、“活得快乐”才是实现了自己的人生价值。而且,面对激烈的市场竞争,一些大学生把同学看成竞争对手,不能共同学习进步。总之,这样忽视个性差异,按照统一培养标准,把学生当作“产品”的德育,“势必使德育沦为‘控制’、‘训练’、‘改造’、‘加工’的技术操作,最终导致道德知识

① 周保松:《走进生命的学问》,北京:生活·读书·新知三联书店,2012年,第156页。

无法触及大学生灵魂而没有内化成学生的德行”①。

（二）德育工作者生命教育意识的缺乏

教师是人类灵魂的工程师。学校中的每一位教师都是德育工作者，都承担着塑造学生灵魂的责任，但是传统的教学，把教师作为教学的手段，强调教师在教学中的工具价值，把学生看作学习的机器。在教学的过程中，教和学仅仅被简化为掌握学科知识，考查的标准也只是通过考试看成绩。这就导致了一些教师，在教学过程中过于注重专业知识的传授，只完成学校规定的教学任务，跟学生没有过多的交流，更不要提对学生生活有深入的了解，缺乏对学生在精神意识方面的引领，例如启发学生对个人人生目标的思考以及增强其应对各种负性主观感受的能力。“教学无视学生个体生命的特点和个性表征，致使学生的生命意义在机械的‘输入——输出’中不断消解，沦为学习和考试的机器。”②

（三）德育教学方式单一

德育教学应是学生积极接受和主动内化的过程。但是传统高校的德育工作多是采取简单说教的方式给学生灌输教科书上的知识和德育思想，教师讲，学生听，忽视了学生的主体地位，没有把教育看作教师和学生双方互动的过程。而且，大班授课的模式也没有真正做到“因材施教”，忽视了教育对象的个性和差异。在这种德育方式的影响下，我们培养出了很多统一的“机器”，缺少主动思考的能力。另外，我们的教学缺乏让学生“走出去”的环节，这就使大学生失去了体验生命的经历。但是，实践是人的根本存在方式，人的成长需要爱心、勇敢、自信等体验。以知识为本位导向，只追求知识学习和智力发展的教学忽视了大学生的情感体验和心理需求，最后导致了“单向度的人”的出现，也导致了许多大学生在面对学业等压力时容易否定自己，进而怀疑自己的人生。

（四）德育内容不切实际

我们的德育课程基本上是以传授道德知识为目的的，采用同检验智育成效相同的考试方式，使得德育工作严重地脱离了学生的生活实际。例如，“从传统德育的内容上看，抽象化、理想化的色彩较浓”③。高校的德育主要是为社会政治意识形态功能服务，在传统的德育教育活动中，辅导员、“两课”教师等是德育工作的骨干，他们讲解爱国主义、集体主义等“高、大、全”的抽象内容，追求模板式的趋同的培养标准，把进行道德教育的课堂变成了宣传

① 刘利、申涤尘：《“去生命化”高校德育范式的现实缺憾及取向》，《现代教育科学》，2011 年第 3 期，第 55 页。

② 袁丹、田慧生：《有效教学的生命向度》，《中国教育学刊》，2013 年第 8 期，第 41 页。

③ 贺彩艳、王东维：《生命化德育的内涵与教育体系》，《求索》，2013 年第 11 期。

政治知识的地方。有学者调查发现，大学生认为学校德育内容中，政治和学习能力方面的教育占了8项，日常生活和品德教育各占1项。[①] 这就说明了德育远离了现实生活，与大学生日常生活相关的情感生活、人际交往生活等脱节，在一定程度上无法帮助大学生清晰确定自己的人生理想，真正把个人价值和社会价值结合起来，甚至会适得其反，让一些大学生产生利己主义态度。总之，这样的德育内容无法使大学生清楚如何实现自己的人生意义，最终会脱离实际而无用。

五、德育生命化视角下大学生生命意义观问题的反思

在大众生活方式急剧变化的当代，再原封不动沿用过去的德育模式，不仅会导致教育工作效率低下，而且会衍生很多严重的现实问题。德育工作亟待补充生命的维度。在德育生命化的视角下，从生命出发，尊重生命，关注生命，能够促进大学生得到全面发展，实现生命的意义。

(一)德育回归人性化

大学生的人生理想越来越现实，追求物质主义、享乐主义、竞争主义等问题，教育在其中承担着很大的责任。如知名生命教育研究专家肖川所说："良好的教育一定致力于引领学生用自己的眼睛去观察，用自己的心灵去感悟，用自己的头脑去判断，用自己的语言去表达。良好的教育使得一个人成为真正的人，成为他自己，成为一个不可替代的、立于天地之间的大写的人。"[②]也就是说，真正的教育不是单纯的传授知识和技能，而是启发大学生去关注自己的生命。教育如果没有从人性出发，就算大学生学到了再多的技能，取得了再多证书，也无法使其真正实现自己的人生价值。在教育中，要启发大学生对生命意义的思考。针对大学生当中的物质主义、享乐主义、竞争主义的问题，要教导个体正确认识人和物、人和人的关系。德育教育除了帮助大学生发现自己身上的独特使命，使其学好知识和技能外，还要培养其具备对价值的判断力和思考力，树立共赢意识，使其能深入思考自己的人生理想，合理安排好自己的生活。

(二)塑造生命化的教师

教育是促进生命成长的事业，教师在学生的生命成长中扮演着重要的角色，这就要求教师自身具有较高的素养，告别"教书匠"的称呼，能够在教学中启发学生对生命的思考，真正成为灵魂的教者。具备生命教育意识的教师，会有目的地以实现学生的全面发展为终极目标去设计教学内容，不会用简单

---

① 周顺文：《高校德育内容及对大学生影响程度的调查研究》，《重庆交通大学学报(社会科学版)》，2009年第3期，第111页。

② 肖川：《教育的理想与信念》，长沙：岳麓书社，2002年，第132页。

统一的标准去衡量和评价所有的学生。在确定德育目标时，教师要从学生个体实际出发，根据大学生学年、年龄等个体差异性的现实，将不同的德育内容与大学生的生活需求有机结合起来，启发大学生树立生活规划意识，鼓励他们积极为未来努力，不至于在相对自由宽松的环境中迷失目标，靠打游戏、玩手机度过自己的宝贵青春。而且在教育的过程中，教师并不是高高在上的指挥者，而要把学生作为主体，及时跟其沟通交流，发现其存在的实际问题，做好危机干预工作，有针对性地搜集提炼教育资源，培养其情绪调节能力，建立一个除学习成绩之外的包括学生心灵、作风等品质的评价体系，帮助大学生领悟生命的意义。

(三)构建生活化的德育模式

德育的主阵地是课堂，因此，构建生活化的德育模式首先要使课堂教学生活化。要结合大学生的生活实际如学习生活、情感生活等有针对性地设置教学内容。例如对大学生进行挫折教育。挫折是成长的过程中必然要经历的，鼓励大学生战胜如恋爱、就业、人际关系中遇到的困难，在战胜苦难的过程中实现自己生命的意义。其次，德育的教学方法要改革。改革德育的教学方法，一方面可以把社会上或者身边的案例引入到课堂中，另一方面要增强大学生的积极生活体验。积极心理学“主张教育要以人固有的、潜在的建设性力量以及美德和善端为出发点，激发人的内在积极力量和优秀品质，以帮助人最大限度地挖掘自己的潜力并获得美好的生活”①。根据积极心理学的理念，鼓励大学生正确认知并接受自我，明确自身的理想信念，敢于冲破“从众”构建的安全感的藩篱，发现自己生命的意义；另外鼓励大学生参加社会实践，让其在做志愿服务的过程中，正确认识自己和他人的关系，通过承担责任，感受真正有价值的生活，实现个人价值和社会价值的统一。最后，丰富德育生活化的渠道。除了带领大学生阅读中国传统的经典著作外，可以利用互联网建立校园公共交流服务平台，通过微博、人人网等微媒体展开对“生命意义”问题的讨论，增进大学生对自身生命意义的思考。

(四)实现德育生态化

“生态心理观认为，个体的所有行为都有其相应的空间和时间背景，个体的行为与周围环境处在一个相互作用的生态系统中，人和环境都是统一体中的一部分，其中任何一方的活动必然会影响到另一方。”②德育生态化旨在塑造一个和谐向上的生命教育的环境，强调德育内部教育系统及其外部环境系统的配合。内部教育系统指的是高校自身的教育、管理部门，外部环境系统则包括社会、社区、家庭、大众传媒和网络环境。内部教育系统环境要注意营

---

① 王滟明、邹简：《哈佛积极心理学笔记》，北京：中国言实出版社，2011年，第2页。

② 刘维良：《学校心理健康教育实施与管理》，重庆：重庆大学出版社，2006年，第232页。

造良好的教育氛围，把生命教育和自身的本职工作结合起来。例如，学校可以通过举办各种活动来进行生命教育的宣传，营造良好的生命教育氛围。外部的社会环境要为高校德育提供物质基础、教育经费、教育设施，社区环境要营造有利于培养大学生道德素养的氛围，家庭环境要注重家长的言传身教工作，做好道德的表率作用，大众网络和媒体环境则要积极传播正能量的信息。只有内部教育系统与外部环境系统形成一个合力才能形成一个全方位的德育环境，才能实现德育的生态化，推进大学生生命教育工作顺利开展。

总之，德育是关怀人的生命成长的教育，其根本目标是引导大学生探索生命的意义进而提升生活的质量。在我们的教育面临各种压力的今天，更应该关怀大学生的生命，使大学生先成人再成才，帮助其发现自己生命的意义并努力追求，从而成就美丽人生。

（作者：徐　洁　北京化工大学副教授）

社会学学科

S H E H U I X U E X U E K E

项目名称：首都流动人口聚集区：新社会生态与社会管理创新
项目编号：09AbSH058
项目负责人：王雪梅
项目信誉保证单位：中共北京市委党校

从“整治”到“善治”
——首都城乡接合部流动人口聚居区治理反思

随着首都经济的快速发展，城市化进程也不断加快，大量流动人口[①]涌入首都北京。进入首都的相当一部分流动人口倾向于集中居住，通常在城乡接合部[②]形成聚居区。流动人口聚居区在北京已有近20年的历史。最早进入学者研究视野的是浙江村，此后，关于聚居区的提法多见于流动人口管理机构。在政府看来，聚居区是犯罪、问题的符号象征，是城市之“痈”，唯有对其“整治”，方可消除城市“病灶”。城乡接合部经过多次以流动人口聚居区为重点的整治，最新一次的整治见于2010年，北京市整体启动了城乡接合部50个“重点村”的城市化改造工程。此次整治与以往历次整治有何不同？效果如何？存在哪些问题？怎样实现流动人口聚居区“善治”？本文将围绕这些问题展开讨论。

一、重点村整治

(一)50个“重点村”整治的决策与执行

2000年以来，首都处在空间快速扩张阶段，城乡接合部亦具有很强的时段性。目前，城乡接合部在行政界线上主要集中在首都功能拓展区四区与城市发展新区六区的接壤地带[③]。聚居在这个区域的流动人口，在数量上占全市流动人口总量的52.63%，占这些地区实有人口总量的55.29%；在地域分布上，涉及77个街道乡镇、1673个社区(村)，其中流动人口超过户籍人口的“倒挂村”667个，倒挂且聚居总量在万人以上的社区(村)81个，其中倒挂5

① 本文指在北京居住半年以上、非京籍户口的外地人口，其中主要是乡—城迁移人口。

② 泛指城市建成区与非建成区的接壤地带，是一个随着城市产业和住宅区不断向域外扩散，从而使原来以农村为主的市郊地带较快演变为兼有城乡特色的特殊空间。

③ 首都城市功能拓展区四区即朝阳、海淀、丰台、石景山，城市发展新区六区即大兴、通州、顺义、昌平、房山、门头沟。

倍和10倍以上的社区(村)50个。[①]

2009年12月，北京市流管委向市委常委会提交了数万字的调研报告，50分钟的影像资料，对全市城乡接合部进行了全景扫描，指出城乡接合部普遍存在违建严重、安全隐患突出、环境卫生恶化、交通秩序杂乱、基础设施不足、治安隐患严重六大问题。问题凸显的50个村(即流动人口倒挂在5倍以上的流动人口聚居区)都是矛盾最突出、问题最典型、社会影响最大的市级挂账整治督办“重点村”。

此前，北京市委十届五次全会做出了率先形成城乡经济社会发展一体化新格局的战略决策，并把解决城乡接合部问题列为城乡一体化的一项重要任务；时任市委书记刘淇、市长郭金龙等主要领导多次深入流动人口聚居地调研，对此问题关注已久、深思已久；市人大代表、政协委员逐年都有相关议案、提案提出……决策者逐渐形成以下共识：

其一，城乡接合部建设是世界性难题，不少发展中国家的首都都有贫民窟现象，一些发达国家的国际性大城市也难以避免，1992年洛杉矶大骚乱、2005年巴黎大骚乱、2011年伦敦大骚乱等都与贫民窟现象脱不了干系。

其二，都市病，易患难治，北京推进科学发展，不能任其滋长，必须尽早根治。

其三，北京市在2009年展开了城乡接合部建设试点工作，海淀区四季青镇北坞村和朝阳区崔各庄乡大望京村成为试点村。经过一年的实践，两个村的城市化改造取得了积极进展。

其四，随着北京市人均GDP达到1万美元，根本解决城乡接合部问题的时机已经成熟。

据此，市委、市政府做出决策：2010年，北京市将对城乡接合部地区人口密度高、卫生环境脏乱、违章违法建筑多的50个市级挂账整治督办重点村(这50个村是根据首都综治委，接合治安和环境整治要求确定的名单)进行集中整治，通过整治建设，全面改善其生产生活环境，消除存在的各种隐患，经过两年时间的努力，对这些区域进行整体建设城市化改造。

2010年2月，北京市召开城乡接合部建设动员大会，正式启动50个重点村的建设改造。2012年3月，北京召开城乡接合部建设总结表彰大会，宣布本市50个重点村建设两年目标任务圆满完成：全市50个重点村旧村拆除工作已基本完成，回迁安置楼正在按照动迁后两年回迁目标加紧施工，集体经济产权制度改革全面启动，集体产业规划发展，转移就业、社区建设、绿地回建等工作稳步推进。

具体而言，这50个重点村分布在朝阳、海淀、丰台、石景山、房山、顺

---

① 以上数据引自北京市流动人口和出租房屋管理委员会2008年统计调查资料。

义、大兴、通州、昌平9个区34个乡镇(街道)，涉及61个行政村127个自然村。其中，位于中心城区38个、规划新城地区12个。从“绿隔”划分，位于“绿隔”地区34个，非“绿隔”地区16个。村域总面积约85.3平方公里，户籍人口21.4万，流动人口超过100万。投资超过1800亿元。

从政府的角度来看，50个重点村的改造是“一石三鸟”之策。首先，实现了城乡接合部面貌改变，消除了“城市病灶”。其次，也为城市带来更大的发展空间，实现了城乡双赢，16.9平方公里的平衡资金用地，有的提供了城市保障性住房的用地，有的解决了周边大学的发展空间，有的保障了高端产业的发展……还有13平方公里用于绿化。再有，如此大范围、大面积的改造，也有人口调控方面的考虑，整治后流动人口数量确实有所减少。举例来说，丰台区有8个重点村，当时的流动人口大概是17万。改造后，大概还有三分之一多一点还在丰台区域，三分之一多一点到其他地方去了，还有差不多三分之一的人确实回去了。

(二)50个“重点村”整治的特点

不同于以往城乡接合部的单一环境改造，这是在城乡一体化战略部署下的持续性改造行动，对城乡接合部建设进行了多方面的探索。

1. 确立“调、拆、建、转、管”五大任务，赋予当地农民多项权利

“调”，包括调规划、调立项、调土地等，(规划部门“一村一策”调整规划)，本质是调城乡二元的体制性障碍，赋予农民以资源权。“拆”，是旧村拆除，本质是破掉原有生产、生活、生存方式，同时拆迁补偿赋予农民合理财产权。“建”，包括建回迁小区、建集体产业等，赋予农民生存权和发展权。“转”，包括转制(农村集体产权制度改革)、转居(解决农民社会保障)和转移就业，本质是赋予农民以市民一样的平等权，成为有资产的新市民。“管”，管的本质是运行方式，加强基层民主建设，赋予农民民主权。

2. 通过创新工作机制，突破重点村建设面临的种种难题

规划、国土、住建、发改、金融等部门解放思想，开拓创新，积极探索推进城乡一体化的体制机制和制度建设。优惠政策集成使用，全市共汇集了绿化隔离地区建设、规划、立项、土地储备、拆迁等10类33项政策，在50个重点村发挥叠加效应；诸多部门协作，提高行政效能。采取了用“土地收储”等办法解决资金周转问题等创新举措。经初步测算，完成整体迁建，资金需求2321.1亿元。钱从哪里来？北京作为特大型城市，探索一条成功的经验，就是实行了土地储备政策。国土部门为重点村建设优先安排用地指标，优先统筹融资抵押物，优先土储上市，用“昨天的钱”平衡资金。金融监管服务部门积极搭建政银企沟通平台，推广土地储备贷款、委托贷款、股权投资信托等七种融资模式，推出专项金融产品，用“明天的钱”启动资金。市政府为重点村大市政建设计划投入138亿元，建立风险应急资金，设立3亿元拆

迁奖励资金，用"今天的钱"激活资金。

3. 高度重视当地农民的利益期盼，回应利益诉求，使农民切实受益

摸底调查表明，村民们盼望是具体的：很好的住房、稳定的就业、完善的保障、优良的公共服务、现代化的社区管理，成为有资产的新市民。但一旦触及拆迁，他们便开始担心：拆迁如何补偿？回迁房能否称心如意？宅基地历史遗留问题如何处理？集体资产还有没有？眼前的房租收入没了，自己就业能力不足，将来的生活怎么保障？回应农民期盼，50 个重点村拆迁整理出来的 45 平方公里土地，7.8 平方公里建回迁安置房，3.3 平方公里建集体产业，13 平方公里回建绿地，4 平方公里建设公共基础设施，16.9 平方公里用于平衡建设资金，完善城市功能。这确保了农民安置能上楼、农民长远生计有保证、城市长远发展目标能够实现。

北京市城乡办相关负责人在接受媒体专访时表示："现在重点村全部启动集体经济产权制度改革，6.9 万农民成为股东，量化总资产 80.6 亿元、净资产 39.1 亿元。10 个村 10824 人已完成整建制农转居，还有 19 个村 36793 人正在进行。集体产业发展、促进农民转移就业和新型社区建设等工作同步推进。"①

突破集体建设用地不能建设出租房屋的制度瓶颈，鼓励农村集体经济组织集资贷款利用集体土地建设公租房，即集体建设用地公租房试点政策。这项政策也在重点村改造中被寄予厚望：在集体土地上建租赁房的模式采用占地而非征地的方式，农民会有租赁房屋收入的逐年分红，收入持续稳定。而且当地"上楼"农民可以参与公租房社区的物业管理，成为产业园区的工人，也解决了就业问题。

> 北京是第一个获批试点的城市，唐家岭是第一个启动的试点。"趸租房"是北京市城乡接合部改造中的一个专有名词，也被称为"人才公租房"。所谓"趸租"，是通过从农民手中长期租赁富余的定向安置房，将这些房源纳入公租房中，专项用于中关村科技园等重点企业工作人员的租赁居住和过渡周转。由海淀区公租房管理机构与唐家岭、土井村民签订整体 5 年的合同，并负责为房屋进行统一装修，租户可拎包入住。房管局每年定期将租金收益汇至居民账户。为加强管理，两个村还各成立了一个物业公司。新建的两个小区有 29 栋楼 4647 套住房，如今有 2000 套房屋趸租给海淀区公租房管理机构，剩下的又有一半被村民用来出租，这就是所说的 3000 多套。镇里也与周边学校合作，将房屋租给学校用作员工宿舍，大量信息产业从业人员也将成为本地区新的住户。经过这样

① 《瞭望东方周刊》2014 年 2 月 24 日对北京市城乡办负责人的专访。

一系列改造，唐家岭的外来户们当然不一样了。[①]

（三）整治的“意外后果”

1. 流动人口向周边地区转移居住，周边再度成为流动人口聚居区，问题凸显

以在50个挂账督办的重点村中排名第一的唐家岭为例[②]。唐家岭位于海淀山后，隶属于西北旺镇，是城乡接合部中一个典型的行政村，地处北京市规划的绿化隔离地带，东临京包快速路，西与航天城、永丰产业基地相隔，南依上地信息产业基地和中关村软件园，北靠生命科学园区。据2009年统计，该村北京户籍人口2872人，登记在册的流动人口37108人，高峰时有5万流动人口在此聚居。2010年年初，拆迁尚未正式启动，唐家岭村聚居区的外来务工人员就开始陆续向周边村庄转移，其普遍认同的新目的地是马连洼、史各庄、永丰乡、六里屯等地。租客小刘说：“像永丰屯、六里屯，公交车438路、384路都能到，每月200—500元单间，和现在差不太多。”唐家岭虽然被整体改造了，但随着周边产业的发展，以及像小刘一样的北漂、蚁族租客的大量存在，另外的“唐家岭”村很快浮出水面。

2010年年初，在马连洼后营村，一幢四层小楼正进行最后的装修，走进楼内阴暗的过道，两侧不大的屋子一间挨着一间。施工人员说，房子大多是春节后开始盖的，房东偶尔过来看看，“都说要低调，不能让自己村成为第二个唐家岭”。离城区更近是优势，房东日迎客十余拨，房没盖完已遭抢定，村民称一年半回本，“这房子过几天才能完工，不过30多间已经全部预租出去啦！”在这片几百户人家的村落内，大兴土木的比例，与当年的唐家岭、六郎庄比毫不逊色。

小牛坊村隶属永丰乡，距唐家岭仅有3公里。它与唐家岭类似，都是“瓦片经济”养活的乡村。随着唐家岭的拆迁，到2011年时，村中的出租屋已基本饱和。几乎10倍于村民人数的外来人口，给小牛坊村带来了巨大的压力，治安情况差、安全隐患突出、环境卫生恶劣、挤街占道，唐家岭面临的问题正在这里复制着。实际上，当时小牛坊同样在等待着整体拆迁。海淀“北部新区规划”里，北清路沿线未来都要变成高新产业区，涉及西北旺、上庄、温泉、苏家坨四镇，当时，小牛坊村西侧的耕地已经完成了征地，土地性质变更为建设用地，用于建设农民回迁房。2012年前后，小牛坊也完成了拆迁。这里的租户们，再一次迁移……

2013年6月，笔者顺着唐家岭旧址，一路向北，越过北清路，走入属于

---

① 《五十座“唐家岭”的变迁》，来源：首都之窗，2013年2月26日。

② 资料来源：北京行政学院领导干部培训案例：《城市化背景下的流动人口聚居区治理——以唐家岭为例》。

昌平区管辖的皇后店村，这里的景象与当年的唐家岭如出一辙。调查得知：这个村也是在唐家岭拆除后的近三年里“兴盛”起来的。

类似于唐家岭，50 个重点村拆除的直接后果，是周边地区面临更深的发展困境，承受人口激增引发的巨大社会压力；基础设施捉襟见肘；违章建设再掀高潮；社会管理面临更大的挑战。

2. 城乡接合部迅速向外推移，流动人口聚居区加速扩散、蔓延

在北京市启动 50 个重点村改造之前，有学者根据人口向外扩散和周边地区流动人口增长的趋势预测，城乡接合部从一个乡镇扩展到邻街乡镇需要 3—5 年的时间，由此推断，北京市城乡接合部将向东部和南部大规模扩散，未来 10—20 年，现在乡村所在的平原地区将完全变成城乡接合部。届时，将会发生大规模的人口和产业聚集，新的城乡接合部将仍然是流动人口的主要聚居地，聚居区出现的问题会更多(姚永玲，2010)。显然，随着 50 个重点村的拆除，城乡接合部迅速向外推移，流动人口聚居区加速扩散和蔓延。

二、聚居区治理反思

显然，就上述“后果”来看，50 个重点村的整治与以往历次城乡接合部整治并没有什么不同：城乡接合部仍将长期存在大量的流动人口及其聚居区。消除了既有的 50 个“城市病灶”，还将存在和产生更多的“病灶”，城乡接合部问题并没有得到根治。为此，我们需要思考：为什么城乡接合部会产生和继续存在流动人口聚居区？聚居区问题的根源何在？流动人口聚居区整治策略有何偏误？针对这些问题，本文的观点有：

(一)城乡接合部满足流动人口的住房需要

首都经济高速增长，就业容量扩大，吸引大量流动人口。2000 年以来，北京市流动人口总量加速膨胀，2000 年为 256.1 万，2012 年增长到 773.8 万。12 年间增加了 517.7 万，年均增加约 43.1 万。[①] 北京市流动人口以从事商业、服务业等第三产业居多，就业地点分散、大多选择租赁房屋。然而，北京市公共住房制度排斥流动人口，正规住房市场则以价格门槛将收入普遍偏低的流动人口排除在外。因此，流动人口只能寻求非正规租赁渠道。流动人口巨大的住房需求在城乡接合部找到了出口。(冯晓英，2011)

2006 年，北京市 1%的流动人口调查发现，居住在农民原建房和农民个人及村委会专门搭建的待租房中的流动人口占全部流动人口的 70.9%。2008 年，北京市流管委统计，城乡接合部地区有出租房屋 79.7 万户 367.2 万间，占全市出租房屋总数 92.9 万户的 85.8% ，占全市出租房屋总间数 404.3 万间的 90.8%。北京市公共住房制度排斥流动人口，正规住房市场以价格门槛

---

① 数据来源：《北京人口发展研究报告(2013)》。

(高昂价格与租金水平)将收入普遍偏低的流动人口排除在外。

可见，城乡接合部低水平地满足了流动人口的住房需求。流动人口的住房需求，对城乡接合部的空间要求均是刚性的，在未来20年来，城乡接合部仍将是解决外地人住房需求的主空间。

(二)聚居区是流动人口重要的生存空间，是他们融入城市的"跳板"

背井离乡的农民们在决定进入城市时，需要放弃的不仅仅是曾经一成不变的物候与作息，更包括一整套已经习惯的社会习俗和关系网络。他们不敢彻底摆脱农村，不敢在建立起稳固的城市社会安全网之前放弃原有的网络。因此，他们需要以城乡接合部为基地，推动社会网络的整体迁徙和再造，从而形成了数量众多的流动人口聚居区。

聚居区流动人口可以大体分成三类：第一类以单身为主，仅仅在聚居区里租赁房屋居住，在聚居区以外地方就业。第二类，已婚夫妇为主，不仅在聚居区租赁房屋，而且在聚居区内或附近就业。第三类，以家庭为主，已婚夫妇及其子女，和其他家庭成员均在此租赁房屋，在聚居区就业或聚居区以外地方就业，但子女在聚居区附近接受教育，家庭在社区内有社会交往，展开较多的日常生活。

三类流动人口对聚居区的依赖程度不同。聚居区或者为他们提供了住房，或者提供了自雇劳动的机会，或者提供了四方街邻的关系网络。对他们而言，聚居区不仅是一堆住宅而已，其中的居民形成繁复紧密的联系网络，并且利用其中的空间做生意并经营非正式企业，借此在社会上得以向上流动。

无论如何，聚居区从来不是终点。在乡下移民精心筹划的社会流动旅程当中，进入聚居区只是第一步。聚居区的居民不认为自己是"穷人"，而是成功的都市人，只是必须先经历这个贫穷的阶段。聚居区催生了一个新兴的中等收入群体。

城乡接合部流动人口聚居区的主要功能是作为他们迁徙过程的落脚，是外来人口融入城市的跳板……聚居区为流动人口提供了缓冲性生存空间。

在相当长时期内城乡接合部仍将且必须承担为流动人口提供重要的生存空间和融入城市的跳板的功能。

(三)流动人口聚居并不必然构成"问题"，聚居区被污名化

城乡接合部流动人口聚居区往往因社会治安问题较多，容易"藏污纳垢"，成为整治的动因。2010年，进入城市化改造工程的50个重点村，全部是矛盾最突出、问题最典型、社会影响最大的市级挂账整治督办重点村。但统计数据证明，流动人口犯罪嫌疑人的数量占总量不足1%，学者冯晓英提出：是聚居区导致藏污纳垢，还是藏污纳垢污名化了聚居区？她还指出，真正的恶性案件大多在公安部门可控视线范围内；如果分析案件高发的原因，与公共服务不足、社会管理缺位有关，也与流动人口群体边缘化导致心理失衡有直接关系。

(四)过度聚居引发的问题，凸显城乡接合部的社会制度困境

城乡接合部的一个突出特征就是流动人口聚居。当流动人口在村域范围内聚居总量达到万人，并且超过户籍人口 5 倍以上时，属于过度聚居。由此引发一系列社会服务和管理问题，如治安秩序、环境卫生差；交通拥堵；房屋、用水、消防存在安全隐患；违法违章建设泛滥；基础设施和公共服务压力增大，等等。这些问题凸显了城乡接合部的社会制度困境：城乡规划体制、公共服务投入机制、城乡交叉管理体制、人口二元管理体制等。

1. 交叉管理

城乡接合部很多地区农居混杂，土地国有、集体性质并存，街道与乡镇按照辖区属地管理与按照身份和土地权属性质进行管理，就出现了在管理上的城乡交叉的特殊区域——这些区域往往也是流动人口过度聚居区。

城乡交叉管理在城市化进程中难以避免，作为一种现存的行政管理模式，由于管理主体、管理对象、管理权限、管理重点、管理方式、管理目的等不尽相同又相互交叉，且交叉管理地区大多为待拆迁或改造的地区，在人力、物力、财力、精力等方面的投入很少能够纳入乡镇或街道的重点，因此权责分配不清、公共服务提供不足、资源力量凝聚不够等问题普遍存在：

其一，对于管理事项存在重复管理或无人管理。在实际工作中，街道、镇认识不一致、理解不一致、落实不一致，对地界交叉区域的管理事项、权限、责任划分不认可，推诿扯皮、议而不决或决而不行的现象时有发生。尤其是在同一片集体土地上，既有镇政府负责的事宜，也有街道办事处管理的事务，且执法尺度不统一，降低了管理效率。

其二，街镇交叉管理下的公共服务难以到位。以海淀区上地街道辖区的树村为例。① 该地区基础设施匮乏、管理服务相对薄弱，又是待拆迁地区，实行城乡交叉管理后，更难成为街道或镇村的工作重点，在人力、物力、财力配备上投入明显不足，导致较长一段时间里，尽管参与管理的各方也努力维护该地区的安全稳定，着力解决群众反映的突出问题，但这一地区的公共服务需求和供给矛盾较为突出，管理水平相对滞后。例如消防问题，村民翻建的违章建筑多为二三层，每层有数量不等不足 10 平方米的小屋子，建筑之间的距离最窄处不到 1 米，一旦发生火灾，消防车道无法通过，同时村内也缺少消防管线，一旦发生火灾，极易导致群死群伤事件。早些年，树村地区在汛期经常积水，为保证树村地区安全度汛，街道投入资金修建、改造和清理雨污水管线。近几年街道投入数百万元，改造了近 3000 延米的雨污水管线。这些措施极大地改善了树村地区的排雨污水情况。2008 年，村委会投资 80 余万元改造了树村、后营、厢黄旗三个村的自来水管道 15000 米，保障了群众

① 资料来源：北京行政学院中青年领导干部培训班研究案例：《城乡交叉管理与树村的困境》。

用水安全。同时，街道为改善出行环境，投资112万元拓宽了后营道路，对缓解村内交通拥堵起到了明显作用。但由于市政设施不足，大量违法建设存在，在消防安全、房屋安全、供电安全和道路安全等方面仍存在较大隐患。

其三，对于居住人群存在管理与服务不到位。城乡交叉管理地区主要是通过“街—居”或“镇—村”组织来承担农民、居民、农转居人员与外地人员的管理和服务。由于管理主体不同，同一区域内的人群享受的公共服务和公共产品不一样常引发“社会不公正”。例如，对于本地农民，村“两委”有时在执行政策时利用集体经济收益对农民进行补贴，本地居民却无法享受这一待遇，造成居民的强烈不满。对于农转居人员，户籍和行政关系虽已脱离农村集体经济组织，但部分人员仍然占有股份，应该保留着对村集体经济组织各项事务的知情权以及监督权，个别村“两委”在换届选举、做出重大决策部署、使用集体资金时并未向其告知，同时居委会也忽视对这部分人员的管理与服务，造成管理与服务的死角。再如，一个由居民和农民共同组成的家庭的下水管道需要维修时，就存在该村委会管还是该居委会管的两难问题。

对于流动人口，居委会认为，他们是租住在农民家中；村委会认为，他们应当属地管理。村、居“两委”难以准确掌握实有人口情况，不接管这些人群的事务，隐藏着许多社会不稳定、不和谐的因素。

2. 二元结构体制

城乡交叉管理地区呈现鲜明的二元结构特点，二元结构体制是造成问题的总根源。一是城乡社会身份不一致。城乡二元体制将城乡居住人群分成了居民和农民两种不同的社会身份，这两种社会身份在地位上存在差异，造成同一区域内的人群享受不同的公共服务和公共产品等。对于这两种身份人群的管理，必然形成管理体制的不一致。二是土地性质不一致。城区土地基本属国家所有，农村土地属于农民集体所有，土地性质为集体土地。由于街、镇对同一区域集体性质的土地具有不同的行政管辖权，由此产生了各种争端。三是基础设施投入不一致。长期以来，在城乡二元体制下，基础设施的投入是以城市为重点，城市的基础设施全部列入大市政，由国家财政承担，而农村地区的基础设施大部分由集体经济负担。

城乡交叉管理地区作为由农村演变而来的地带，虽然近期政府投入有所增加，但是尚未纳入城市统一规划和建设之中。城乡二元投资体制经费投入的矛盾导致街道、镇在进行基础设施管理时出现推诿扯皮，形成部分区域的管理真空。

(五)重点村整治是面对双重城市化问题的单方解决策略

首都作为特大城市，除了解决自身城市化问题以外，还由于大量流动人口进入，面临双重城市化问题。北京市决策层要求首先明确一个认识，重点村建设虽要调整各种利益关系，但农民利益处于最主要、最核心、最脆弱的位置。“核心是解决好农民的出路问题。”北京市的建设方案中，政府充分让出收益，把农民的利益摆在第一位。然而无论是从高层决策意图，还是实际政策执行结果来看，城乡接合部、50 个重点村整治，均没有充分考虑流动人口城市化问题。首先是流动人口的住房需求问题。一方面，新的产业区将吸纳更多流动人口；另一方面，50 个重点村的拆除，忽视流动人口对聚居区住房的刚性需求，大幅减少了低廉住房供给，规模更大的流动人口只能向更外缘迁移，形成新的流动人口聚居区。

三、从“整治”到“善治”——流动人口聚居区治理创新

在治理理论中，“善治”理论是核心。“善治”就是公共利益最大化的社会管理过程，其本质在于它是政府与公民对公共生活的合作治理。善治的基本要素包括六个方面：(1)合法性，即社会秩序和权威被自觉认可和服从的性质和状态；(2)透明，即政治信息的公开性，使每一个公民都有权获得与自己利益相关的政府政策信息；(3)责任性，即人们应当对自己的行为负责；(4)法治，其直接目标是规范包括政府官员在内的公民的行为，管理社会事务，维持正常的社会生活秩序，终极目标在于保护公民的自由、平等和其他政治权利；(5)回应，即责任性的延伸，它要求公共管理人员和管理机构必须对公民的要求做出及时和负责的反应；(6)有效，即管理必须有效率。（俞可平，2000）

善治理论体现了不同的社会群体之间的互动关系。运用善治理论，创新流动人口聚居区治理，就是要统筹考虑城市发展、城乡接合部当地农民和聚居于此的流动人口的利益和需求，寻找共同利益、寻求公共利益最大化。

聚居区善治的前提是善待流动人口，创新流动人口聚居区治理，要实现三个转变：从忽视到重视流动人口的住房需求；从漠视到回应流动人口的居住、就业、日常生活、社会支持、社区归属、城市社会融入等多方面的利益诉求；从误解到理解流动人口聚居区问题的根源。

善治需要观念突破。流动人口聚居区治理是多目标的集合，其根本目的是通过改善生存环境、创造发展机会，提高参与能力，实现不同社会身份群体的和谐共荣。“善治”的基本路径是互动与合作，它是政府与公民对公共生活的合作治理，体现了政府与社会，以及社会不同群体之间的互动合作关系。

在全球化背景下，城市社会空间正经历着复杂而深刻的变化，居住空间分异现象在多种地域尺度上存在。只要有阶层分化和群体差别，居住空间分异就不可避免。居住空间分异是具有特定特征和文化的人群聚居在不同的空间范围内，整个城市形成一种居住分化甚至相互隔离的状况。它反映不同社会群体对城市空间资源和社会资源的占有状况，与该群体的社会经济地位密切相关。聚居区流动人口与城市居民空间距离和社会距离的拉大，很容易造

成社会分裂，影响社会稳定，这在西方城市的发展过程中已有前车之鉴。与“代沟”概念相类似，社会群体之间由于缺乏交流形成的互相不理解、不沟通的隔离状况称为“群沟”。运用善治理论，创新流动人口聚居区治理，政府要问政于流动人口，为其提供必要的服务，致力于缩小群沟。

创新流动人口聚居区治理，需要借鉴国际经验。聚居区的发展到底需要什么样的资源？桑德斯提出了四个要点：土地所有权、商业机会、自主经济和互助的社会网络。这些要素，无论怎么归纳，最重要的目标都是给新移民提供“门路”，也就是成为真正的公民所需的工具和机会。（桑德斯，2012）

在社会融合方面，欧盟移民社会融合政策的核心原则就是反对歧视，要求成员国给予移民国民待遇，实现全面彻底的社会融合政策。为此，欧盟国开发一套共同的测量指标来监控成员国工作。欧盟于2004年提出了欧洲公民资格和融合指数用来监测流动人口社会融合状况。该指数包含劳动力市场融合、长期居住、家庭团聚、入籍和反歧视五个方面共99个指标，其中，“家庭团聚”是人性关怀的重要体现。2007年，该指数进一步被修改为“移民整合指数”，不仅将“政治参与”纳入了移民整合指数，也将移民整合指标增加到140个政策指标，而且政策考察范围扩大到当时欧盟的25个成员国。（翟振武、杨凡，2010）

家庭的团聚一旦受到限制，流动人口聚居区及其支持网络就无法成形，人口行为就会因此改变，就可能被迫仰赖非正式而且越来越趋向犯罪化的网络与体制。不是外来移民在大城市立足造成的结果，而是未能成功立足导致的后果。布德罗斯·丹尼斯（鹿特丹伊拉斯谟斯大学学者）针对在禁令限制下无法把亲人接到身边团聚的外来移民进行研究发现，外来移民一旦无法把自己的亲人与乡村邻居等人际网络一起带过来，就比较容易陷入孤立而缺乏社交生活的状态，从而易产生犯罪行为及社会保守心态。

城乡接合部绝非静态僵固，而是充满活力，沿着发展进程积极前进，至于这样的发展进程究竟会通往哪里，就要看我们做出什么样的决定。人类学家帕尔曼在《边缘性的迷思》中写道：“在表面脏乱之下，隐藏着一个精心规划的社区……在一般认知中的这些边缘社区，其实都是奋力追求地位提升的社区，构建这些社区的人都是活力充沛、诚实正直、充满能力的人……”笔者同意桑德斯在《落脚城市》中表达的观点：“在世界各地，对待城乡接合部的态度都是一种抉择——建构社区的未来，或者确立社区没落的命运！如果我们不关注这些新进人口，市郊就会成为充斥残酷与暴力的地区，把我们内心的恐惧化为现实。”

参考文献

[1] 冯晓英：《由城乡分治走向统筹共治——中国城乡接合部管理制度创新研究：以北京为例》，北京：中国农业出版社，2007 年。
[2] 冯晓英：《当代北京流动人口管理制度变迁研究》，北京：北京出版社，2008 年。
[3] 姚永玲：《北京市城乡接合部管理研究》，北京：中国人民大学出版社，2010 年。
[4] 翟振武、杨凡：《世界城市人口调控的政策措施及启示》，“北京社会建设论坛(2010)”，北京：中国人民大学，2010 年。
[5] 冯晓英、高勇：《北京社会服务管理创新》，北京：社会科学文献出版社，2011 年。
[6] (加)桑德斯：《落脚城市》，上海：上海译文出版社，2012 年。
[7] 俞可平：《治理与善治》，北京：社会科学文献出版社，2000 年。

（作者：王雪梅　中共北京市委党校副教授）

项目名称：首都经济圈有条件现金转移支付(CCT)发展战略研究
项目编号：11SHC024
项目负责人：唐丽霞
项目信誉保证单位：中国农业大学

首都发展对周边贫困县发展的影响
——来自河北丰宁的案例

对于环首都贫困带问题的关注最早来源于亚洲开发银行在进行《河北省经济发展战略》研究中的一个子课题。该报告在以张家口、承德为重点的24个县经济社会发展状况为重点进行分析的基础上提出了“由于历史和主客观等多方面的原因，河北北部与京津接壤地区，特别是环首都地区，形成了贫困人口集中的贫困带”判断。虽然从2011年开始，河北省开始助推“首都经济圈”的概念，希望能够更多地获得北京发展的溢出效应，将环首都经济圈建设成河北省经济发展程度最高的区域，2011年1月12日，“河北省加快环首都绿色经济圈产业发展协调工作办公室”(简称“环首办”)挂牌。省一级的“环首办”成立后，环京14个县市也成立了各自的“环首办”，希望能够借力首都发展的区位优势促进社会经济的发展。在2011年“两会”上，“环首都绿色经济圈战略”被纳入国家“十二五”规划，上升为国家发展战略层面，但并未出台实质性的政策文件，支持力度不大。本研究将以丰宁县调研资料为基础，来分析首都经济社会发展对周边地区产生的影响。

一、已有的文献研究回顾

环首都贫困带概念提出后，一些研究开始关注该区域贫困问题产生的原因以及应对机制。左停等(2009)曾著文提出首都经济圈贫困带的贫困现状表现在多个方面，并从区位、历史变迁、体制三个方面分析该区域贫困问题突出的原因，提出立足长远制定和实施扶贫政策、借“首都经济圈一体化”之力解决“环首都贫困”、建立健全生态补偿机制的建议。张佰瑞(2007)提出环京津贫困带具有典型的生态性贫困的特征，主要表现为生态恶化型抑制和保护压力型抑制两个方面。焦君红等(2008)从京津冀之间的生态环境与发展关系角度提出环境权利与义务的失衡是贫困带形成的重要原因。李雪飞(2008)以承德为例，从基础设施薄弱、工业发展滞后、产业培育缓慢和自然灾害频发四个方面分析了环首都贫困带的贫困诱因。白丽和王健(2013)认为由于环首都贫困带处于京津冀上风上水的位置，是京津生态屏障和水源涵养地，是国家“退耕还林(草)工程”、“京津风沙源治理工程”和“21 世纪首都水资源可持续利用工程”的重要实施地区。根据国家生态功能区划，环首都贫困带被列入限制开发地区，国家和地方政府不断加大对这一地区资源开发和工农业生产的限制，在这些地方山区全面禁牧，严格控制高耗水农业，大规模关停高污染企业等，生态和经济发展之间的矛盾导致这些地区越发贫困。王玫、李文廷(2008)对环京津贫困带生态建设制约因素做了分析，认为行政区划限制了区域生态环境合作共建。这些研究共同的观点是发达地区掠夺式增长抑制了落后地区的发展。

一些研究对首都北京发展对环首都贫困带的挤压程度进行了一些量化的估算。首先，是发展的资源，尤其是水资源。为保证北京的水资源，官厅水库自 1953 年累计向首都供水 392 亿立方米，建官厅水库淹没土地 113 平方公里，动迁 81 个村庄 4.16 万人，累计经济损失达 6.6 亿元(王晓海、王晓霞，2005)。密云水库 1960—2000 年 41 年间共向北京市供水 330 亿立方米，平均每年 8.05 亿立方米，占北京市用水总量的 20.1%，其中承德市提供 194.75 亿立方米，承德市平均每年向密云水库提供水量 4.75 亿立方米，占密云水库多年平均入库水量的 39.5%(宋秀清，2006)。北京使用水资源所给予的补偿转移支付非常低，只有 0.2 元/吨，与“南水北调”2 元/吨的标准也相去甚远，使得水资源短缺的河北省农业发展问题越发凸显，这直接制约了以农业为主的环首都经济圈周边河北四市的经济发展。对水资源的挤压是环首都贫困带形成的直接推手(陈国松，2012)。

其次，是发展机会。环首都贫困带大部分县市处于北京的上风上水位置，是北京的生态屏障、城市供水源头、风沙源重点治理区，环首都贫困地区投入巨资维护北京的生态环境，关闭所有污染企业、禁止发展一切耗水型和污染性产业。不同的研究者对这一损失有不同的估算。王晓海和王晓霞(2005)发现赤城县近年来先后关停小采矿、小造纸等企业二十多家，仅此一项该县就少收入二十多亿元，减少就业机会近 5 万个。为保证潮白河水质，1999 年至今，已关闭企业 38 家，取缔 100 个矿山企业，企业的年产值在 300 万到 1000 万之间，其中丰宁某企业上缴的利税占到该县财政收入的一半以上。发展机会的挤压还体现在农业产业结构的调整上，滦、潮河流域 20 世纪 90 年代最高峰时水田面积 55 万亩，目前水田面积压缩到 30 万亩，亩均纯收入减少 700 元，农民因压缩稻田每年纯收入减少 1.75 亿元。禁止放牧、舍饲圈养后，山羊从 300 万只减少到 100 万只，按每只羊减少纯收入 200 元计算，农民每年减少收入 2 亿元(宋秀清，2006)。也有的研究认为实行禁牧政策，导致承德山羊减少 1000 多万只，直接经济损失 5.5 亿元(王晓海、王晓霞，2005)。

再次，环首都贫困带生态环境投入治理。从1989年开始，承德地区在治理生态环境的投入超过了20亿元，每年投入近2亿元，平摊到每个县为3000万元(王晓海、王晓霞，2005)。承德市每年平均要拿出2亿元进行生态恢复建设(宋秀清，2006)。

环首都贫困带的提法虽然能够让社会各界关注河北省这些贫困区县的发展，但只是从北京发展对周边地区的挤压角度出发，忽视了北京发展对周边地区的辐射和带动作用。而实际上，在区域梯度发展状况下，发达地区对于落后地区发展的辐射效应是非常显著的。因此，在这样的背景下，2010年河北省在“十二五”规划中提出了建设“环首都经济圈”，并出台了《关于加快河北省首都经济圈产业发展的实施意见》(赵永新、张红，2011)。之后，“环首都经济圈”被纳入北京市及国家的“十二五”规划(王锐，2011)。2010年，河北省开始编制“环首都经济圈”发展规划，将其建设目标定位为有效承接首都产业专业和功能分散，接受首都人才、技术、信息等高级要素的溢出，提升河北经济发展水平(梁慧超、沈红丽、齐晓丽，2011)，经济圈是生产布局的一种地域组合形式，主要从地域的自然资源、经济技术条件和政府的宏观管理出发，组成某种具有内在联系的地域产业配置圈(赵永新、张红，2011)，和之前“贫困带”概念相比，更强调了发达地区的发展对于周边地区的溢出效应和带动作用。

在环首都经济圈视角下，一些研究者分析了首都北京对周边地区的发展辐射作用。张亚明等(2012)从辐射作用的强弱将首都经济圈分成不同的区域。三河市和涿州市这两个地区的城市规模和经济联系量都很大，三河市和涿州市的经济水平比较高能够带动周边地区发展，与北京地区的经济联系量大，能够充分吸收、转化北京地区的溢出效应，充分发挥“二传手”作用，促进区域协调发展，是首都经济圈的亚核心标准区域。香河县，城市规模处于环首都经济圈区域的中上等水平，但与北京市的经济联系量处于环首都经济圈14个地区的中下水平，吸收北京的溢出效应能力弱，无法实现与首都核心城市的对接。固安县、廊坊市安次区、滦平县、赤城县、大厂回族自治县、丰宁县、兴隆县、涿鹿县、涞水县和怀来县，其中固安县和廊坊市安次区与北京的经济联系量处于中等偏下水平，其城市规模太小，无法承担起环首都经济圈亚核心的作用，另外的8个地区均处于与北京的经济联系和城市规模极小的区域。再说廊坊市广阳区，虽然广阳区与北京的经济联系量处于中等靠上，但其城市规模较小，不能够起到引领边缘地区发展的作用。也就是说，和北京的相对区位、经济联系程度以及经济规模总量等决定其受北京经济发展辐射作用的强弱。梁慧超等(2011)的研究也证明首都经济圈不同区县对首都技术吸收能力差异很大，吸收能力较强的是三河市、香河县和大厂回族自治县以及涿州，较差的县是丰宁县、涞水县和赤城县。

无论是从掠夺式发展出发的“贫困带”还是从辐射溢出效应出发的“经济圈”，提出的事实依据是首都和周边地区的发展差距。对首都经济圈贫困带问题的研究呈现了两个方面的特点，研究视角的宏观性和更多关注生态层面和政策层面。研究的方法也多采用的是规范性解释研究，缺少系统的实证研究，也缺乏对生活在这一区域的贫困村的发展和贫困群体生计的关注，在对策上从理论层面分析的较多，并且主要讨论的都是首都如何和经济圈内的县域经济发展进行互动，但实质性的可操作的具体性政策建议相对比较少。

二、首都发展对周边贫困县发展的限制性作用

(一)丰宁县为保证首都水资源供给所做的努力

丰宁县有五条河流，其中三条属于潮白河流域，潮河、汤河和天河，这三条被称为北三河，它们都注入密云水库，为北京供水；其余两条为天津供水。丰宁县水资源总流量为5.37亿立方米，其中地表水3亿立方米，其余为地下水。丰宁县流域内年平均降水量为470毫米，年地表径流量为2.86亿立方米，2000年由于干旱严重导致供水量减少，自2000年起减少为北京供水，目前每年为北京供水1.1亿到1.2亿立方米。密云水库56.7%的储水量来自丰宁。1999年，水利部和北京市共同进行了“为21世纪北京可持续发展提供水资源保障”的调研，这次调研得出的结论是：由于永定河流域的过度开发、水污染以及水土流失等问题，官厅水库已不能成为北京21世纪可持续发展的水资源保障，承德市是北京周边唯一水资源较为丰富、生态保护较好的地区，现在是北京的绿色屏障和主要水源涵养区，也是唯一能为北京可持续发展提供可靠水资源保障的地区。此次调研发现潮白河流域也面临很多的问题，包括潮白河密云水库上游年排污废水总量350万吨(其中张家口赤城县向白河排污50万吨)，有排污企业70个(其中赤城县排污企业10个)。白河水质为4类，黑河水质为3类，潮河上游水质较好，基本稳定在3类；由于铁矿开采和流经城镇较多，下游水质明显下降，为5类和超5类，影响密云入库水量的50%。近年急剧增加的小金矿、小铁矿以及木材、石材加工等小型企业排污和水土流失造成的面源污染是造成下游水质类别下降的主要原因。1994年以前，潮河入密云水质基本为3—4类水，水质较好；随着小铁矿和其他乡村工业的发展，1995年以后，潮河中下游和入密云基本为超5类水，基本上失去使用价值，主要超标物质为铁和挥发酚，铁的超标倍数逐年增加，1995年超标3倍，1997年为39倍，1998年150倍，水质急剧恶化[①]。当时，调研组得出结论，如果不采取措施，“密云水库可能在5—8年内变成第二个官厅水

① 《永定河、潮白河上游水资源状况调查报告》，《中国水利报》，2000年9月22日。http://www.envir.gov.cn/info/2000/9/922389.htm.

库，”那北京就难以再找到清洁的水源。因此2000年以后，丰宁县在水资源利用和管理上进入了极其严格的阶段。

2001年，丰宁县在评估潮河水质等级时，北京市要求其定为2级，2级是保护区等级，要求零排放，而河北省的意见是评为3级。丰宁县也曾经找国家水利部和环保总局进行协调，但协调无果。将水质定为2级意味着丰宁县必须加大对水源保护的投入。虽然丰宁县并没有对当地居民的用水进行限制，水价为每立方米2.2元，但高于承德市其他县城的水价，例如隆化县的水价为1.8元。此价格高出平均水价的原因即是成本高。十年前，北京市政府每年会向丰宁县政府支付100万的环保奖励资金，发了5年的时间，由于一些原因而停发。

调研发现，丰宁县为了保障首都水资源的供给，其主要的努力为三个方面：(1)涵养水源；(2)保护水源；(3)节约用水。

涵养水源是指丰宁县通过一系列的造林活动，来恢复水源林的植被条件，从而起到涵养水源的作用。调查发现，丰宁县近年来实施了很多国家的林业工程项目，具体包括：(1)京津风沙源治理。该项目2007开始实施，范围是张承地区，项目内容包括水土保持、造林绿化(林业局)和种草(农牧局)。2008年之前，该项目造林每亩补贴50元，2012年之前，每亩造林补贴100元；2012年以来，每亩造林补贴200元。造林的资金主要来源于中央财政资金。(2)小型水土保持项目，主要包括水源保护林工程建设、生态公益林、退耕还林还草、禁牧等。该项目2009年开始实施，每年覆盖范围为4—5平方公里；项目资金为每平方公里20万元左右；项目资金也主要来源于中央财政。(3)首都水资源项目。该项目内容包括水土保持、农业节水和河流生态；项目实施时间为2003—2007年，每年提供100万元的资金，资金主要来自于北京市政府。2007年项目结束，不再提供资金。(4)京冀水源林保护项目，从2009年开始实施，现在已经开始了第二期，项目在潮河源头造林，每亩造林给500元补贴，资金主要来源于北京市。

虽然丰宁县涵养水源的造林项目资金多会得到中央财政和北京市财政的转移支付的支持，但是支付资金标准过低，根据河北省林业厅(2010[①])的测算，河北省山地和丘陵防护林的造林成本约为每亩800元，而在丰宁县实施的各项造林工程中，最低的造林补贴只有每亩200元，最高的也仅为每亩500元，与造林实际成本差距甚远，而丰宁县本身又是国家级贫困县，县级财政无力进行大规模的造林投入，因此这些造林项目的实施出现了两种结果：一是进度非常慢，以京津风沙源治理项目为例，该项目已经实行了十年多，但

① 河北省林业厅：《关于实施不同造林补助标准的调研报告》，http：//www.hebly.gov.cn/showarticle.php？id=18964。

到目前为止才完成了 1/3。二是当地选用幼苗作为造林树苗，以降低造林成本，但本来丰宁县自然环境就比较恶劣，缺水，种植的幼苗成活率非常低。

作为水源涵养林，通常都是生态林，需要进行维护，并且是没有经济回报的。目前实施的造林项目通常都只重视造林，安排了造林补贴专项资金，但是管护费用却很少考虑，按照河北省林业厅的核算，一亩林的管护成本大约 30 元，丰宁县全县约有 190 万亩公益林，目前一共有大约 5000 名专业护林员，每人的平均工资为 5000 元，每年仅此一项投入 2500 万元；此外，森林面积大，防火任务就比较重，专业扑火队员有 200 人，每年县级投入 200 多万元进行防火投入。

除了造林、维护等直接成本外，丰宁县对于涵养水源的投入还在于减少了木材的砍伐从而少了一项重要的财政收入来源。根据丰宁县林业局的测算，按照丰宁目前木材的蓄积量为 800 万方，每年砍伐 10 万方是不会影响到森林的可持续发展，但目前每年核准的砍伐指标大约只有 3 万方，按照目前每方木材 1000 元的价格，仅此一项，丰宁县就少收入 7000 万元。其中 190 万亩公益林执行严格的封山育林管护政策，这也就意味着这些林木不能为当地的经济发展做出直接贡献。调查发现，在和北京相邻的杨木栅子乡，以前每年能有 3000—5000 方的砍伐指标，但现在该乡镇没有任何集体财政收入，所有支出均靠上级转移支付。

保护水源是指丰宁县为了保持潮白河上游不受到污染而采取的一系列的措施，主要包括关停污染企业、停止对有污染和高耗水企业的招商以及环境整治或垃圾污水处理等。从 20 世纪 90 年代中期以来，丰宁县先后关闭和改造了电镀、造纸、化工等污染企业 20 余家，全县每年减少利税 3 亿多元。到 2004 年，丰宁县几乎没有工业企业；2010 年，丰宁县人均财政收入为 1361 元，人均财政支出为 2972 元，地方财政主要依靠财政转移支付。丰宁县在保护水源方面严格要求企业的环保指标和污水处理措施，企业只要不符合这两项要求就不会被引进。丰宁县要求企业污水的零排放，矿业企业的洗矿水必须经过沉淀，沉淀后达标则作为循环水，不达标则继续沉淀到达标为止，从 2013 年丰宁县政府网站公布的招商引资的项目情况来看，一共有 9 个项目，有 3 个属于生态和农业项目、2 个文化创意项目、3 个会展产业和旅游项目、1 个工业园项目，均为无污染企业。

表 1　丰宁部分被关停或者被否决的企业和投资

时间	企业及投资规模	关停或否决原因
20 世纪 90 年代初期	造纸、电镀、化工、皮毛和屠宰场十余家	污染

续表

时间	企业及投资规模	关停或否决原因
20 世纪 90 年代初期	黑龙江某亚棉麻企业计划投资 3000 万	耗水量大，并有工业污水污染
2006 年	江锦江集团计划在丰宁投资氟产业，初步投资 5 亿元，总投资 20 亿	污染
2011 年	某皮革制造企业计划投资 2000 万	产生大量污染废水

资料来源：实地调研

为了更好地保护水源地环境，减少污染，丰宁县在环境整治方面也进行了大规模的投入，投资 1.2 亿元，在城区建污水处理厂一座。在环境整治方面，北京市政府也给予丰宁县一些支持，如 2012 年，北京市拨付承德市 2000 万元资金，分配给丰宁县、滦平县和兴隆县，用于河道治理和沿岸垃圾污水处理。另外，北京市曾于 2008 年和 2009 年曾投入 600 多万元在丰宁县建立了三个垃圾处理厂，但是这些支持和丰宁县的投入相比仍然还十分不足。

在保护水源上，对丰宁农村经济和农民收入有着最直接的影响的举措是限制畜牧业的发展。统计数据显示，丰宁县的大牲畜、牛以及猪的数量在 2004 年出现了急剧减少的趋势。2004 年羊的存栏量最多，大概为 37 万只，2007 年急剧减少，2011 年年底存栏最低，为 7 万—8 万只。见下图所示。

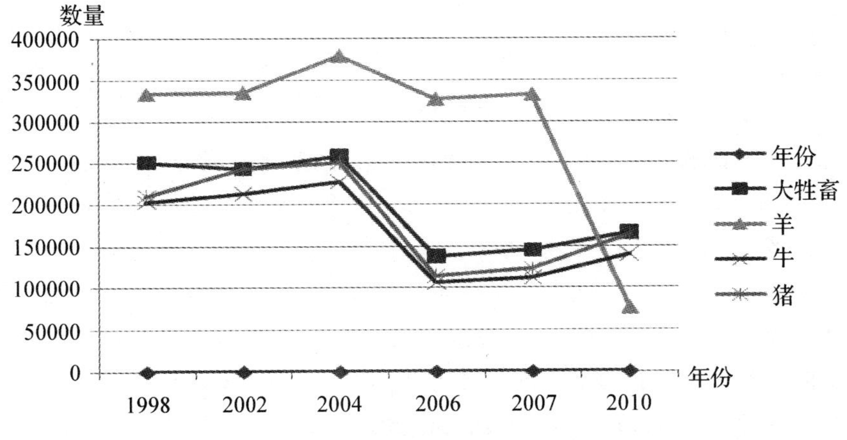

图 1　1998 年到 2010 年丰宁县各年牲畜存栏量趋势图

资料来源：丰宁县统计年鉴 1998、2002、2004、2006、2007、2010 年。

和北京相邻的村庄受到养殖业限制的影响更大，调查发现，邻近北京的大草坪村和东坡村均采取了全面禁牧措施来保护流域生态环境。调研的村民表示："过去家家都有牛、骡子和马，最少都有三四头，现在最多一头，并且大部分农户家都没有了。全村现在骡子和马也就四五只，牲口变得很少。"除了养殖业发展受到限制以外，相邻的村庄发展其他产业也受到限制，如一些村庄计划发展大棚蔬菜，但是丰宁县政府规定在潮白河流域周围不能发展大棚蔬菜，只能发展生态旅游。由于基础设施条件简陋，尤其是公路交通不方便，生态旅游投入大，邻近北京的乡镇在发展生态旅游和民俗旅游方面并没有优势。

2006 年东坡村开始实施禁牧，2009 年林业公安局开始严格巡查。禁牧前村里面 190 多户基本家家有 2—3 只，整个村有 400 多只。家家都有牛、骡子、马，平均每家 1 头。现在村里面只有 2 头牛，毛驴 50—60 头，马 10 匹。全面禁牧不让放养，农户只能每天割草喂牲畜。禁牧政策实施前，村里面家家户户都养羊，养殖方式是放养，现在养殖方式是半圈养半放牧，羊的品种从山羊变为土绵羊或者新引进的品种，农户的收入由种植和养殖两方面变为单一的种植收入。同时由于圈养技术不成熟，成本高，育肥效果不好、对劳动力的需求多、易生病等特点使得农户舍饲牲畜的积极性不高，年轻劳动力更倾向于外出打工。40 岁以上的女性劳动力则闲置起来，收入减少。全面禁牧时期，很多农户害怕受到队里的惩罚而将自家牲畜贱卖掉，这时农户的损失不仅包括不能养殖牲畜获得收益，还包括贱卖牲畜的损失。

在禁牧初期，当地政府采取了严厉处罚的方式来限制农户放牧行为，不少农户因为偷牧被罚款。

在节约用水方面，丰宁县也采取了一些具体的措施和行动。在工业方面，改造工矿企业的工艺水平，2008 年和 2009 年在当地的钼矿开采中引进干选装置。对于农民影响最为直接的是"稻改旱"项目的实施。潮白河流域从 2007 年实施"稻改旱"工程，实施范围有 9 个乡镇 67 个行政村，3.6 万亩稻田全部改为旱田，涉及 1.32 万户 4.64 万农民。"稻改旱"工程实施后，每年可节水 2500 万立方米。为了推动稻改旱项目的顺利进行，2007 年，北京市给每亩稻田的补助为 450 元；2008 年，提高到每亩 550 元。虽然有补贴，但是从水稻和玉米的生产收益比较来看，种植水稻的收益仍然要高于玉米。2010 年，种一亩水稻的纯收入为 1610 元，但现在种植一亩玉米的纯收入仅为 900 元，加上 550 元补贴为 1450 元，仍低于原有的纯收入。

表 2　丰宁县水稻和玉米种植投入和产出比较

水　稻	玉　米
一亩需要劳动力大概 20 个工时	1 亩需要劳动力大概 10 个工时
化肥：20 斤尿素 30 元左右	底肥：20 斤二胺 30 元左右 苗肥：50 斤尿素 60 元左右
不用除草剂	除草剂 1 瓶 10 元
不用农药	不用农药
1 亩地种植成本 30 元(除去劳动力成本)	1 亩地种植成本 100 元(除去劳动力成本)
水稻亩产 1200 斤	玉米亩产 1000 斤
稻米 2007 年的价格 1.2 元/斤	玉米 2007 年的价格 0.5 元/斤
稻米 2010 年的价格 2.2 元/斤	玉米 2010 年的价格 1 元/斤

(二)丰宁县为维稳所做的努力

由于丰宁县紧邻离北京的地理位置，使其在安保、防火、计划生育等联保方面面临更多的要求，尤其在北京举行重大活动的时候。现在丰宁县以五乡联保联合的形式进行维稳，调研中不止一位调查对象表示："在重大活动例如 2008 年奥运会以及'两会'期间安全投入都比较大，在丰宁县周围设有各种安检通道，对我们的外出造成了很多不便。"

维稳的另一项工作是森林防火。丰宁县的森林防火时间从十一月开始一直到第二年的清明之后。防火费用由丰宁县承担。全县用于森林防火护林员的支出：5000 元每年×5000 人＝2500 万元，专业扑火队 200 多人大概支出为 200 多万元，而且全县每年还要由森林公安局对火险区实施森林防火项目大概支出为 200 万元。乡镇也配有部分扑火器材和人员等。据一些村干部表示，每年防火季节，县乡干部都要驻村开展工作，通常一住就是一个月，村里要提供一些招待以及防火的支出，每年大约需要 15000 元。对于很多村庄来说，由于没有任何集体经济来源，这些费用是一笔不小的负担。

三、北京市发展对丰宁县的积极影响

(一)北京市对丰宁县的生态补偿政策

北京市和天津市对环京津地区的生态服务提供了一些补偿，主要集中在水资源保护上。水源保护生态补偿主要体现在以下几个项目(白丽，2013 年)：(1)1996—2004 年，北京每年向承德市的丰宁、滦平两县提供资金 100 万元；1997 年向张家口市赤城县提供资金 50 万元，用于局部小流域综合治理工程，防止水土流失，涵养水源。(2)2001—2005 年，开展 21 世纪初首都水资源可持续利用工程，建设期为 5 年，在河北省的投资有 39.84 亿元。主要实施的项目有水土保持、节水、水污染防治、关停小矿山和小冶炼厂、京承水资源保护、生态农业、水质水量监测等。(3)2006 年 10 月 11 日，北京市与河北省正式签署了北京市人民政府、河北省人民政府《关于加强经济与社会发展合作备忘录》，标志着河北向北京无偿供水的历史终于结束了。在水资源和生态环境治理合作方面，北京将安排资金支持张家口、承德地区的水资源环境治理和生态水源保护林的营造。(4)2007—2011 年，北京市支持官厅、密云水库上游的怀来、赤诚、滦平和丰宁四县每年营造生态水源保护林 2 667 hm^2，5 年造林 1.3 万 hm^2，年投资 2 000 万元。(5)2012—2015 年，北京市拟继续投入 8 亿元建设资金，在原有四县的基础上扩展范围，将涿鹿、沽源、崇礼、承德、兴隆五县新纳入工程建设范围，共营造 5.3 万 hm^2 生态水源保护林。

表 2　环首都贫困带水源补偿标准及目标值

成本项目/环境服务类型	主要行动措施	实际补偿	目标值	生态补偿依据
涵养水源林补贴	2007—2011 年营造水源涵养林 1.3 万 hm^2；2012—2015 年营造水源涵养林 5.3 万 hm^2	2007—2011：7500 元/hm^2；2012—2015：15000 元/hm^2	7500 元/hm^2	生态林建设的直接成本和机会成本
农业节水改造	实施“稻改旱”工程	2006 年：6750 元/hm^2；2008 年：8250 元/hm^2	15000 元/hm^2	改种玉米等其他作物后的实际产值损失
水资源节约和水环境治理	北京向张承地区支付补偿用于节水灌溉、生活垃圾处理、源头治理、工业污染治理等工程	2005 年起，连续 5 年每年支付资金 2000 万元	张家口地区年减少产值 100 亿元；承德潮白河流域每年损失利税 10 多亿元	关停企业的损失、失业职工的生活保障生活、工业污染治理投入成本
潘家口库区移民补偿	国家以及天津市支付给河北省库区移民建设费	国家给予库区移民每人每年 600 元补助；天津市政府 1999 年一次性支付 8567 万元	潘家口水库移民支出近 5 亿元	移民的财产损失、机会成本和遗留问题

资料来源：白丽、王健：《环首都贫困带生态补偿标准探析》，《广东农业科学》，2013 年第 5 期。

由于丰宁县对北京生态环境和水资源供给方面的作用以及做出的发展机会的放弃，北京市也采取了一些针对性的生态补偿政策。但现阶段关于北京和丰宁县的发展合作主要局限于水资源保护和生态治理方面。由于北京市水资源供应局面严峻和跨流域供水，1995年至今在京冀地区开展了多层次、多形式的水资源利用合作和生态补偿项目，包括农业节水、水污染治理、小流域治理、生态水源林、“稻改旱”、“21世纪首水计划”、“京津风沙源治理”、“森林防火”、“森林防火基础设施建设”和“林木有害生物联防联治”等项目。

但是对于水源补偿，目前主要还是计划经济色彩浓厚的行政调控和行政命令，少有的一些补偿多数为临时性的协议，在很大程度上仍属于短期工程，且存在资金补偿不到位的情况。因此，无论是退耕还林还是水源补偿，均没有按市场化的运作方式进行科学计算，也没有形成制度固定下来，环首都贫困带水源补偿的实践标准以及根据成本法计算的补偿目标值，实际补偿值与目标值之间的差异充分体现了水源保护补偿的不公平性（白丽，2013）。并且建立在生态补偿理念上的环境项目总是受制于项目的周期性，在调研期间，丰宁县的相关人员不止一次地表示对一期项目结束后是否会继续的担忧。此外，从目前补偿机制来看，大部分的补偿项目是针对生态环境维护的直接成本的，并没有考虑到当地经济发展所承担的机会成本；补偿主要针对直接环境投入主体，而没有考虑到其他因为环境维护受到影响的主体，针对农户的直接补偿则几乎没有。

（二）北京市发展对丰宁县经济的拉动作用

河北已经成为北京主要的蔬菜来源，根据相关研究①，北京市大约27.9%的蔬菜来自河北省。由于紧邻北京的特殊地理位置，丰宁县制定的“十二五规划”的政策目标为：建设为生态县、休闲旅游基地、发展无烟工业。打造设施农业，实施农业产业化：陆地蔬菜、批发蔬菜、设施蔬菜和有机奶都。在牧草、饲料、药品、添加剂等方面严格控制奶源的源头，目标为北京提供优质的有机奶，优质的羊肉、鸡蛋等。目前，丰宁已经成为独有的夏秋高品质错季蔬菜生产供应基地。2011年，丰宁县蔬菜种植面积达到10.83万亩，其中露地菜10.08万亩，年产量28万吨，产值2.52亿元；设施蔬菜0.75万亩，年产鲜菜7万吨，产值1.45亿元；全年蔬菜年总产值3.97亿元。而且，丰宁县还是河北张、承地区优质时差蔬菜产业带7个重点县之一和环首都经济圈绿色有机蔬菜基地。2008年曾被北京奥组委列为“白菜、菜花、芹菜等7种

① 《北京市场蔬菜来源地分布的调查研究分析》，http：//blog.china.alibaba.com/blog/yes686/article/b0-i26987059.html。

奥运蔬菜生产基地”。[①] 除此之外，丰宁县 228 万公斤设施蔬菜种植基地新建项目于 2013 年 11 月底投产，到 2013 年春节，成品蔬菜将投放北京市场，这不仅增加了丰宁县当地的收入，也为北京市提供了高品质的蔬菜。调查发现，丰宁县坝上地区已经成为反季节蔬菜生产基地，蔬菜主要销往北京。

根据北京市统计局的调查[②]，在北京居住的农民工来源地广泛，涉及 30 个省、自治区，但主要集中在河北、河南、安徽、山东、四川五大农业省，来自这五个省的农民工占全部农民工总数的 64%。其中，排在前三位的是河北省、河南省、安徽省，所占比重分别为 21.3%、18.0%和 8.8%。实地调查发现，丰宁县紧邻北京，北京的劳动力价格高于丰宁县。所以农户家中有年轻劳动力的基本上都到怀柔区打工，而且由于 20 世纪六七十年代怀柔区和丰宁县之间频繁的嫁娶活动等产生的人口流动，使得丰宁县当地很多人在北京怀柔都有亲戚，这也为当地村民到怀柔打工提供了良好的条件。丰宁县户籍人口 40 万，常住人口 33 万，净输出劳动力 7 万人，丰宁县的劳动力的主要输出地为北京。

四、简短结论

北京的发展对丰宁的影响主要表现为环境生态方面严格限制和保护导致的发展机会的放弃，尤其是招商引资方面的限制在很大程度上限制了丰宁经济发展和财政能力，从而也导致了丰宁县政府在针对农民的转移支付上能力不足，转移支付主要以国家和省级财政为主，因此水平总体偏低。农业产业结构的调整，尤其是禁牧以及耗水型产业发展受限，减少了农民收入来源。虽然靠近北京，为劳动力转移提供了有利条件，但是劳动力市场的选择性也直接导致了年龄偏大(超过 45 岁)或者女性劳动力输出的困难。因为放弃发展机会而导致了收入减少并没有得到有效的政策扶持，从而造成了环首都经济圈贫困问题十分突出。建立在流域生态补偿和水资源利用基础上的转移支付机制虽然在一定程度上促进了北京和周边地区的合作，但是这种合作并没有建立在完全对等的关系上，仍然带有强烈的行政干预的色彩，生态补偿项目的周期性、核算标准的有限性以及补偿对象的限定性使得目前转移支付水平远远低于发展投入。

参考文献

[1] 左停、刘晓敏、王智杰等：《首都经济圈的贫困带成因与消除贫困的建议》，《乡镇经

---

① 曹艳蕊：《浅谈丰宁县蔬菜产业的发展思路》，《农业科技通讯》，2012 年第 6 期，第 25—26 页。

② 北京市统计局、国家统计局北京调查总队：《农民工已成为北京市经济建设中不可缺少的力量》，http://www.bjstats.gov.cn/rdht/bxgz/200606/t20060609_43926.htm。

济》，2009 年第 5 期。

[2] 张佰瑞：《我国生态性贫困的双重抑制效应研究——基于环京津贫困带的分析》，《生态经济》，2007 年第 5 期。

[3] 焦君红、王登龙：《环京津贫困带的环境权利与义务问题研究》，《改革与战略》，2008 年第 1 期。

[4] 李雪飞：《关于加快环京津贫困带经济发展问题的思考》，《承德民族师专学报》，2008 年第 4 期。

[5] 白丽、王健：《环首都贫困带生态补偿标准探析》，《广东农业科学》，2013 年第 5 期。

[6] 王玫、李文廷：《环京津贫困带生态环境现状及发展对策》，《河北学刊》，2008 年第 6 期。

[7] 王晓海、王晓霞：《"环首都贫困"及其根源解析》，《调研世界》，2005 年第 7 期。

[8] 宋秀清：《论京津与承德滦、潮河流域生态与水资源补偿机制的建立（下）》，《河北水利》，2006 年第 6 期。

[9] 陈国松：《发达地区掠夺式增长与地区差距——以环首都贫困带为例》，《理论与改革》，2012 第 5 期。

[10] 赵永新、张红：《环首都经济圈产业发展问题研究》，《产业与科技论坛》，2011 年第 9 期。

[11] 王锐：《基于辐射理论的"环首都经济圈"发展研究》，《经济论坛》，2011 年第 5 期。

[12] 梁慧超、沈红丽、齐晓丽：《"环首都经济圈"技术吸收能力影响因素分析》，《北京工商大学学报（社会科学版）》，2011 年第 7 期。

[13] 张亚明、杨丽莎、唐朝生：《区域分工视域下产业协调发展研究——以环首都经济圈为例》，《生态经济》，2012 年第 1 期。

（作者：唐丽霞　中国农业大学副教授）

项目名称：北京市社会建设和管理体制机制研究
项目编号：12SHB025
项目负责人：唐　军
项目信誉保证单位：北京工业大学

北京市社会组织管理体制改革的思路与对策

党的十八大报告提出，加快形成政社分开、权责明确、依法自治的现代社会组织体制，将现代社会组织体制与社会管理体制、基本公共服务体系、社会管理机制并列起来，作为社会建设和社会体制改革的四大重要目标。为贯彻十八大精神，党的十八届二中全会通过了《国务院机构改革和职能转变方案》(后简称《方案》)，对改革社会组织管理体制做出了重大部署。北京市是我国社会组织数量最多、增长最快的城市之一，但由于管理体制不尽完善，社会组织的功能并没有得到有效发挥。本文在大量调研的基础上，参照国内外的实践经验，对北京市未来社会组织管理体制提出改革的思路与对策。

一、北京市社会组织管理体制改革的背景

在中国，社会组织的主体是由各级民政部门登记注册的各类社会团体、基金会和民办非企业单位这三类组织。改革开放以来，北京市社会组织获得快速发展，截止到2012年12月底，北京市共登记社会组织7975个，其中市级社会组织1826个，区县社会组织6149个；社会团体3402个，民非4354个，基金会219个。另外，备案社区社会组织11813个。这些社会组织广泛地分布于宗教、法律、文化、教育、工商服务、社会服务、农业及农村发展、体育、卫生、生态环境、科学研究、国际组织等领域。社会组织吸纳从业人员13.3万人，占全市就业人口的1.24%；年总收入340.9亿元，占全市GDP的2.10%；民办医疗机构每年接诊558万余人次；民办教育和培训机构在校生达136万人；社会组织投入公益领域资金达134.9亿元。[①] 社会组织已经成为促进北京市经济社会发展的重要力量。

但与世界发达国家尤其是世界城市的目标相比，社会组织发展还有较大差距。目前，北京市每万人拥有社会组织5.9个，而发达国家一般超过50个。就国际平均水平而言，社会组织的平均就业人口占经济活动人口的5%，

① 本文数据如无特殊说明，均由北京市民政局提供。

占第三产业就业人口的10%，总支出平均占GDP的5.40%。[①] 北京市社会组织对经济发展的贡献率较低。从社会组织自身的能力来看，社会组织资源整合能力弱，筹募资源的渠道单一，缺乏劝募手段和形式；社会组织专业性不足，在3026家社会团体中，平均专职人员仅1.44人，负责人兼职比例高达65.40%；社会组织财务管理制度不健全，高达51.28%的社会组织没有建立财务管理制度，仅有22.56%的社会组织建立了捐赠公示制度。

社会组织管理体制不合理是阻碍北京市社会组织发展的关键因素，主要表现在以下几个方面：第一，社会组织立法滞后。在地方性立法层面，北京市尚未出台一部有关社会组织的地方立法或政府规章，社会组织规范管理和发挥作用缺乏法律依据。第二，社会组织"双重"管理体制存在很多弊病。"双重"管理导致多头管理与注册困境并存；分级登记与分级管理并存；监管责任推诿与监管内容重复并存；干预过度或放任不管并存；限制竞争与限制活动地域并存等困境。第三，社会组织登记管理机构不健全。一方面，登记管理机关职责定位不适应社会发展的需求，特别是在涉外社会组织的管理上，民政部门缺少相应的法律依据。另一方面，区县登记管理机关力量薄弱；北京市16个区县登记管理机关正式编制仅有45人，最少的仅有1个编制。难以全面履行登记、管理、监督和执法等职责。另外，北京市民政局和社工委在管理职能上存在较为严重的交叉等。面对这些问题，亟须加快社会组织管理体制机制创新，不断提高服务管理水平和自我发展能力，努力增强社会组织的创造活力。

二、北京市社会组织管理体制改革的目标与思路

(一)北京市社会组织管理体制改革的目标

中共十八大报告明确提出："加强社会建设，必须加快推进社会体制改革。要围绕构建中国特色社会主义社会管理体系，加快形成党委领导、政府负责、社会协同、公众参与、法治保障的社会管理体制，加快形成政府主导、覆盖城乡、可持续的基本公共服务体系，加快形成政社分开、权责明确、依法自治的现代社会组织体制，加快形成源头治理、动态管理、应急处置相结合的社会管理机制。"可见，形成现代社会组织体制是当今中国社会体制改革的一个重要内容。

北京市社会组织管理体制改革的目标理应统一到中央的部署上来，"形成政社分开、权责明确、依法自治的现代社会组织体制"应是北京市社会体制改革的内容，同时也是社会组织建设的任务。为了实现这一任务，社会组织管

① 廖鸿：《改革社会组织管理体制更好地发挥社会组织积极作用》，《中国机构改革与管理》，2014年第2期，第76页。

理体制就需要做出改革和创新。结合北京市的具体情况，形成职能清晰、权责明确、协调有序、运转高效的社会组织管理体制可以作为现阶段社会组织管理体制改革的基本目标。为此，还可以确立其下两个分目标或是阶段性目标：其一是理顺现有平行的社会组织管理主体之间的关系，特别是北京市民政局及其下级机关与北京市委社会工作委员会、北京市社会建设工作办公室及其下级机关之间的关系，其核心内容是明确双方的职能定位和权责区分，既避免职能权责的交叉重叠又避免职能权责的空白遗漏；其二则是建立合理的垂直型社会组织管理体系，特别是与国家民政部民间组织管理局相匹配、相适应的市民政局民间组织管理局或社团管理局及其下级机构，以及与市委社会工委、市社会办相匹配、相适应的区、县及其以下各级机构。

(二)北京市社会组织管理体制改革的思路

以《方案》为参照，以形成职能清晰、权责明确、协调有序、运转高效的社会组织管理体制的目标为导向，结合对国内外社会组织管理经验的总结以及对北京市社会组织管理体制现状的把握，可以针对北京市社会组织管理体制改革提出如下几点思路：

1. 尊重既有制度安排，推进社会组织管理体制改革

作为历史沿革最久远、上下关系较顺畅的管理机构，北京市民政局在北京市社会组织管理中发挥了非常重要的作用，也取得了比较突出的成绩。随着国家推进和谐社会建设战略方针的确立，北京市委社会工委、市社会办作为推进首都社会建设的重要领导机构于 2009 年正式成立，它的一项重要职责就是“宏观指导本市社会组织建设与发展，拟订并组织实施社会组织建设的规划和政策措施，协调推进社会组织改革和发展工作”。在工作实践中，社会工委、社会办在枢纽型社会组织体系的建设、社会组织党建、社会组织培育等方面开展了一系列较具创新性的工作，也取得了实际的成效。客观地说，两个部门在社会组织管理方面各有所长；但不可否认的是，这两个部门在涉及社会组织管理的实际工作中又存在一定的职能交叉和职责重叠现象，亟待区分职能、理顺关系。进而以之为契机，将涉及社会组织管理的其他各个部门的职能设置和职责划分做通盘考虑，建构起适应首都社会经济社会发展需求的社会组织管理体系。

2. 完善政策法规体系，保障社会组织规范有序发展

随着社会建设和社会管理工作的不断推进，社会组织的发展不断加速，但原有的规章条例已经无法满足对数量和种类日益增多的社会组织实施有效管理的要求。为了保障社会组织实现规范有序的发展，特别需要突破原有的双重管理体制，建立符合“政社分开”要求的系统化的政策法规体系。其他如税收政策、薪酬政策、职称评定政策、资金支持政策等也亟待系统规划和科学设计，由此形成完善的政策法规体系，确保社会组织的发展规范和有序。

3. 强化政府监管职能，促进社会组织平稳有序发展

无论是“政社分开”还是“政府职能转移”，除了要解决“不该管的管得过多”或者“职能越位”的问题之外，还要解决“该管的没有管好”或者“职能缺位”的问题。反映在社会组织管理体制方面，就是要适当收缩或简化政府操作的审批、登记等程序或手续，着力建构系统化、多手段的监管体系，包括专业化的评估体系和政治性的党建体系，以此促进社会组织自身的管理制度建设和运作能力提升，最终实现社会组织的平稳有序发展。

4. 加强公共服务购买，提升社会组织自我发育能力

尽管北京市社会组织发展水平在国内居于领先位置，但与发达国家的水平相比较，特别是与国家和北京市经济社会发展的需要相比较，仍然显得非常不足。除了传统的分类、审批、登记等环节对社会组织发展形成的制约之外，社会组织自身的资源获取手段有限、专业化和职业化水平较低也是其中的重要原因。为此，以政府为主体，协同其他各种社会单元，加强向社会组织购买公共服务，不仅可以直接地改善社会组织的经济条件，而且可以借助特定指向的服务购买，间接地为社会组织明确发展方向、增强专业能力发挥作用，促进社会组织的自我发育和独立生长。

三、推进北京市社会组织管理体制改革的对策

(一)改革社会组织的登记管理制度

为加快形成政社分开、权责明确、依法自治的现代社会组织体制，根据党的十八大精神和中央有关规定，《方案》提出，改革社会组织管理制度：一是逐步推进行业协会商会与行政机关脱钩，强化行业自律，使其真正成为提供服务、反映诉求、规范行为的主体。探索一业多会，引入竞争机制。二是对行业协会商会类、科技类、公益慈善类、城乡社区服务类社会组织实行民政部门直接登记制度，依法加强登记审查和监督管理。根据《方案》的要求，对北京市社会组织的登记管理制度改革提出如下建议：

1. 实施社会组织直接登记制度

按照《方案》的要求，对北京社会组织进行分类和界定，对于符合行业协会商会类、科技类、公益慈善类、城乡社区服务类四类社会组织类型的，新成立的社会组织统一由民政部门直接登记，不再需要业务主管单位审查同意。下放非公募基金会、异地商会登记管理权限，地市级基金会和异地商会的管理权限下放到区县；改革行业协会登记制度，允许行业协会吸收异地同行会员，跨地区开展活动；逐步推进涉外社会组织登记管理试点，完善境外非政府组织备案机制，建立境外非政府在京活动报告制度。对于基层社区社会组织可以直接在街道办事处或乡镇备案，探索社区社会组织由备案转为登记的条件和程序。增强竞争性，允许同一行业根据需要成立多个行业协会。允许

吸纳非本地籍会员加入本地行业协会。

2. 降低社会组织登记的门槛

降低社会组织登记对人、财、物的要求，在借鉴广州、南京等地经验的基础上建议：(1)降低开办(注册)资金要求。成立社会组织，开办(注册)资金由 30000 元以上降至 5000 元以上(不含固定资产)。相关行业对社会组织开办(注册)资金有准入要求的，按照行业要求执行，科技类民非的最低注册资金由 100 万元降低为 50 万元。(2)降低住所要求。在不影响业务活动正常开展的情况下，允许若干社会组织申请登记同一活动场所。(3)降低人员配备要求。允许配备兼职的具有从业资格的财务人员，对成立之初确有困难的社会组织，可以通过委托财务托管的方式开展财务活动，将公益服务类社会组织会员数量由原来的 50 个降至 20 个。(4)放宽社区社会组织登记条件。对社区社会组织，只要求具备 3000 元的注册资金即可备案，对办公、活动场所的要求也相对放宽，只要具有相对固定的活动场地即可。

3. 简化社会组织的登记程序

简化社会组织的登记程序，受理申请后的审批程序缩短至 10 个工作日。除依据国家法律法规另有规定外，将社会团体申请筹备成立环节与成立登记环节进行合并。社会团体发起人凭登记管理机关同意拟成立社会团体名称的批复，开展筹备工作，并于筹备完成后，向登记管理机关申请成立登记。简化民办非企业单位名称预先核准。减少核准事项，登记管理机关仅对民办非企业单位名称进行审核。举办者在申请成立登记时拟定的名称及其他有关材料不符合规定的，由登记管理机关给予指导，一次性告知改正。

4. 需要解决的问题

目前，北京市民政部门的登记管理机关的职能定位不清晰，对登记管理机关的职能叙述较为原则，市社团办内设处室的职能一直未予以细化和明确。随着社会组织直接登记的放开，民政部门登记管理的工作量会大幅度上升，特别是区县登记管理机关力量薄弱，16 个区县登记管理机关正式编制仅有 45 人，平均不足 3 人，难以全面履行登记、管理、监督的职责。

(二)科学划分社会组织的管理机构与职能

社会组织管理体制改革的目标是要建立健全统一登记、各司其职、协调配合、分级负责、依法监管的社会组织管理体制。目前，北京市负责社会组织发展与管理的机构主要是北京市委社会工委、市社会办和北京市民政局，其他还包括具有枢纽型组织性质的群团、行业联合会等。此外，与社会组织有关的还包括税收、财政、发展规划等部门。在改革的过程中，要科学地划分和界定这些部门的机构和职能，建议如下：

1. 建设社会组织发展与管理的综合协调机构

社会组织管理体制改革涉及各个不同的部门，需要建立一种有效的协调机制，加强不同职能部门在社会组织发展管理中的相互配合与协调。建议在北京市委社会工委、市社会办成立“促进社会组织改革与发展联合工作领导小组”，小组由相关部门的成员单位组成，建立不同成员单位之间的定期联席会议制度和日常的协调机制，解决社会组织发展和改革中面临的难题。明确部门职责分工，加快制定培育发展社会组织的具体方案和政策措施。机构编制部门负责牵头推动政社分开、管办分离；民政部门负责推进社会组织管理体制改革和规范管理；发展改革部门负责制定向社会组织放权的指导意见和具体放权目录；财政部门负责建立健全政府购买服务制度，制定并公布各级政府年度购买社会服务与管理事项目录，负责培育发展社会组织的资金保障；税务部门负责社会组织税收减免政策的制定；人力资源社会保障部门负责制定社会组织权益保障政策；统计部门将社会组织发展相关数据列为国民经济统计项目。各职能部门、各社会组织业务主管(指导)单位按照职责分工做好相关工作。

2. 合理划分社会工委、社会办与民政部门的职能

北京市委社会工委、市社会办承担的主要职责包括：(1)制定本市社会组织的发展规划。研究本市社会组织发展的全局性、方向性问题，提出社会组织发展的专项规划和政策建议，做好规划和政策落实的协调、服务工作。(2)负责社会组织的党建工作。按照中央关于加强新经济组织和新社会组织党建工作的要求，加强社会组织党建工作。一是在社会工委设立社会组织党工委。统一管理本级、指导下级社会组织党建工作。党工委应有机构、级别、人员编制和工作经费，保证社会组织党建工作有效开展。二是在同一系统或同一行业社会组织中建立社会组织党总支。社会组织党总支负责领导和管理各个党支部的有关工作。三是采取多种形式建立党支部。有 3 名以上党员的社会组织，可独立建立党支部；不足 3 名党员的社会组织，可由多个同系统、同行业的社会组织联合组建党支部。(3)社会组织的培育与扶植工作。购买社会组织的服务，建立社会组织的孵化器，社会组织人员的培训。(4)组建枢纽型组织对社会组织进行业务指导。(5)社会组织人才的培养。研究制定社会组织专职工作人员权益保障政策，保障社会组织从业人员的合法权益。督促社会组织建立和完善工作人员劳动用工制度，完善社会组织人员流动、人员招聘、户籍管理、档案管理、职称评定、福利保障等具体政策措施。鼓励有条件的社会组织建立年金制度，作为养老保险的补充，提高社会组织专职人员的社会保障水平。加大社会组织专业人才培育和引进力度，促进社会组织人才队伍职业化、专业化和年轻化。制定社会组织专职工作人员管理办法。建立社会组织人才培训长效机制，提高社会组织从业人员整体素质。

北京市民政局的职能：(1)制定社会组织管理与监督的具体法规与政策。贯彻执行有关社会组织(社会团体、民办非企业单位和基金会)工作的法律、

法规、规章和方针、政策；结合本市实际，组织和参与起草本市社会组织建设与管理的地方性法规、规章草案和政策措施。(2)负责社会组织的登记备案。(3)负责社会组织的年鉴评估。(4)社会组织的执法查处。监督管理社会组织的活动，查处违法行为，实施行政处罚；依法对非法社会组织实施查处和取缔。

3. 组建北京市社会组织管理局

按照全国都设立民间组织管理局的惯例，改变社会组织发展规划制定、登记管理、培育扶持、监督管理、行政执法等职能于任务分割的现状，建议北京市编办在市社团办的基础上，组建北京市社会组织管理局，从规范工资事业单位转为行政管理部门，纳入一级财政预算管理，代表市民政局行使独立管理权限，实现社会组织建设与管理权一盘棋，发挥整体合力。区县一级比照成立社会组织管理局，统筹协调本地区社会组织建设与管理工作。

(三)健全“枢纽型”社会组织的工作体系

“枢纽型”社会组织是社会组织管理体制改革的一种探索，是激活人民团体参与社会管理和公共服务、促进人民团体改革的一种方式，是新形势下建立健全社会动员机制、激发社会活力、提升社会组织能力的一种路径。对于促进“政社分离、管办分离”，形成以“以社管社”的社会组织管理体制具有非常重要的作用。

1. 枢纽型社会组织的工作职责

北京市枢纽型社会组织是指对同类别、同性质、同领域的社会组织进行联系服务和管理的大型联合性组织。经北京市社会建设领导小组认定后，授权其承担以下三个方面的工作职责：第一个方面，就是在政治上发挥桥梁纽带作用，负责在所联系和管理的社会组织中，贯彻执行党的路线方针政策，开展党建工作。第二个方面，就是在业务上要发挥龙头引领和聚合作用，团结带领本领域的社会组织形成合力，共同发展。第三个方面，就是在日常管理和服务上要发挥平台作用，承担有关社会组织的业务主管单位职责，或者业务指导单位职责，负责进行日常的联系服务和管理。

2. 枢纽型社会组织目前发挥的功能

一是解决社会组织因找不到业务主管单位而无法登记的问题。二是促进社会组织规范化发展。枢纽型社会组织作为业务主管部门，要根据它的特点制定社会组织的准入条件，要提出该领域的社会组织的整体规划和布局。比如，科技类的、社会科学类的、慈善公益类的社会组织，要规划出北京市的发展数量、发展方向和发展重点，要提出结构布局调整安排相关措施，还要制定出评估标准、规范性管理办法。而不仅仅是对社会组织进行简单的登记。三是探索中国特色的社会组织管理模式。就是要结合中国具体的政治体制和基本国情，通过探索中国特色的社团管理模式，在新的形势下激发包括群众团体在内的社会组织的创造活力。

3. 枢纽型社会组织的改革方向

(1)组织体系建设。通过市级枢纽型社会组织、区县级的枢纽型社会组织、街道成立的社会组织联合会或者社区建设协会等不同的形式，积极培育发展街道层面的枢纽型社会组织，构筑起市、区、街三级枢纽型社会组织工作体系。

(2)明确枢纽型社会组织的职能。贯彻执行党的方针政策。团结带领相关社会组织贯彻执行党的路线方针政策和国家法律法规，为制定相关政策提供意见和建议；行业指导。制定自律公约、服务标准，引导相关社会组织完善法人治理结构，开展诚信建设；人才培养和专业化建设，为社会组织提供专业知识和业务的培训；增强社会组织自身能力建设。推动社会组织党建和群团建设与机构建设、队伍建设同步进行；通过授权、委托等方式，整合相关社会组织，在相同品牌下开展服务，促进服务项目品牌化、标准化和专业化；资源支持。各级财政要提供一定数额的工作经费，扶持枢纽型组织带领其他社会组织共同发展；在社会组织孵育基地为枢纽型组织提供服务推介、信息发布、政策咨询、培训交流等服务；积极承接政府转移职能和购买服务项目，并组织相关社会组织共同实施，通过项目合作带动相关社会组织发展；发挥专业优势和资源优势，与相关社会组织优势互补，形成合力。

(四)转移政府职能，为社会组织发展提供空间

2012 年 3 月 19 日举行的第十三次全国民政会议上，时任国务院总理温家宝在谈到建立“构建政府管理与社会自治相结合、政府主导与社会参与相结合的社会管理和公共服务体制”时表示：“政府的事务性管理工作、适合通过市场和社会提供的公共服务，可以适当的方式交给社会组织、中介机构、社区等基层组织承担，降低服务成本，提高服务效率和质量。”结合这次行政机构改革方案，对北京市加快政府职能转变，促进政府向社会组织转移职能提出以下建议：

1. 加快社会组织去行政化进程

规定机关工作人员原则上不得在协会、学会、各类社会组织兼职；确需兼职的，必须按干部管理权限审批，并依有关社会组织管理规定办理兼职手续。为了在事业单位分类改革中给社会组织保留空间，北京市应该规定凡是社会组织能够有效提供的公共服务，原则上不再设立新的事业单位，不再增设事业编制。同时，鼓励具备条件的部分公益类和经营服务类事业单位根据职能定位向社会组织过渡。需要新设的公共服务将由各级、各部门以购买社会组织服务等方式提供。

2. 制定政府向社会组织转移职能的内容与目录

政府有关部门可以将行规行约制定，行内企业资质认定及等级评定，行业调查、统计、培训、咨询、考核、宣传，社区事务、公益服务，产品检验检测，专业技术职称和执业资格评定等属于行业管理与服务、社会事务管理与服务、专业技术管理和服务等性质的职能向社会转移。政府各个职能部门应该根据改革的要求，制定本部门转移职能的具体目录。

3. 根据政府转移职能事项的性质认定承接主体

承接转移职能的社会主体主要是行业协会、商会等社会团体，也包括民办非企业单位、基金会等社会组织及市场中介组织。个别事项因社会组织及市场中介组织不具备条件的，也可以暂考虑转移给事业单位承接，作为过渡性安排。要根据政府转移事项的性质，对承接主体的条件进行限定。

(1)充分竞争性事项。转移职能可以通过充分竞争提供服务，有效降低社会成本和促进行业发展，不限定社会主体承接的，属于充分竞争性事项。如宣传培训、业务咨询、行业统计、行业调查、法律服务。

(2)适度竞争性事项。转移职能可以通过适度竞争提供服务，有效降低社会成本和促进行业发展，但过度竞争会造成服务质量下降或难以监管，可由特定的若干个社会主体承接的，属于适度竞争性事项。如社区事务、公益服务、著名商标认定、名牌产品评价、成果(产品)评审和认定、行业评比、等级评定等。

(3)非竞争性事项。转移职能不宜通过竞争方式提供公共服务，或采取竞争方式提供服务成本很高，原则上只适宜由一个社会主体承接的，属于非竞争性事项。如企业资质认定、人员职业资格评定和执业资格注册、行业标准制定、行业准入审核等。

4. 政府转移职能承接主体的监督与评估

按照转移职能的分类，承接主体应当符合以下条件：(1)承接适度竞争性事项的社会主体，应当符合以下条件：应当依法注册登记，具有独立承担民事责任的能力；具有健全的法人治理结构，完善的内部管理制度、信息公开制度和民主监督制度；具有独立的财务管理、财务核算和资产管理制度，以及依法缴纳税收、社会保险费的良好记录；具有承接该职能所必需的场所、设备、专业技术人员和相关资质；社会信誉良好，三年内年检合格；相关法律、法规、规章设定的其他条件。(2)承接非竞争性事项的社会主体，除应符合承接竞争性事项的条件外，还应符合以下条件：具有全行业代表性；实现行业自律管理，具有很高的社会公信力。

在评估的基础上，对承接政府转移职能的社会组织的资格进行限定。以国家民政部出台的社会组织等级评估为依据，将社会组织的等级分为五个级别，5A 为最高，依此类推。取得 3A 以上等级的社会组织才具有承接政府职能转移、政府购买的资格。

加强原政府职能部门对实施效果的评估。职能事项向社会转移后，职能转出部门应明确监管职责，制定后续监管措施，及时开展监督检查和考核评估工作，确保转移职能后承接主体开展相关工作的质量和绩效。

（五）加强对社会组织的监督与管理

社会组织的登记管理办法改革后，社会组织与业务主管部门脱离了关系，在实行管理制度改革后，怎样加强对社会组织的监管。建议克服单纯依靠登记管理机关监管的做法，形成全方位、多层次的协同监管体系。登记管理机关依法履行登记管理职责；相关业务指导单位履行具体的业务管理和指导；社会组织开展业务活动涉及相关部门职能的，由相关部门、登记管理机关依法监管，形成各部门各司其职、协同监管的社会组织管理体制。

1. 建立部门联合监管机制

建立健全促进社会组织发展和规范管理的法规政策，为社会组织健康发展提供法治保障。政府职能部门要依法履行服务指导和监督管理职能，依法承担相应的管理责任。建立和完善公安、民政、司法、财政、审计、税务、物价、工商、工商联等相关单位和银行金融机构各司其职、各负其责、信息共享、协同监督、齐抓共管的联合监管机制。民政部门负责社会组织的准入登记，业务指导单位（行业主管部门）负责实施业务指导和行业管理，其他部门在职责范围内实施监督管理。

2. 建立社会组织自律监管机制

建立健全规范运作、诚信执业、信息公开、公平竞争、奖励惩戒、自律保障六大机制，推行社会组织监事监督制度，增强监事监督职能，扩大社会监督渠道，提高运作透明度，促进监事专责监督、会员自主监督、社会公开监督相结合的自律监督制度建设。指导枢纽（联合）型社会组织依托健全的组织系统，通过服务引导、竞争合作的方式，整合资源、提高集约化程度，加强对同类型、同性质、同行业、同领域社会组织或聚合在同一服务链的社会组织实行统筹协调、监督指导和自律管理，制定并遵守社会组织行为规范和活动准则，共同履行社会责任。

3. 建立分类监管机制

形成登记审批、日常监管、税务稽查、违法审查、信息披露、公共服务、行政处罚等各环节信息共享、工作协调的社会组织管理机制。健全社会组织管理制度，根据社会组织宗旨和业务范围建立分类监管机制。对行业协会商会等工商经济类社会组织侧重于维持市场经济秩序的监管；对社会服务类社会组织侧重于提高服务质量的监管；对公益慈善类社会组织侧重于资金筹集使用情况的监管；对城乡基层社会组织和群众生活类社会组织侧重于引导和服务的监管。

4. 建立健全退出机制

健全社会组织负责人管理、资金管理、年度检查、查处退出等制度，对社会组织出现完成宗旨、自行解散、合并分立、无法按照章程规定的宗旨继续开展活动等情形的，应在进行财产清算后，办理注销手续。对活动不正常、运作能力弱和社会认可度低的社会组织，应引导其合并或注销。对不符合设立条件、弄虚作假骗取登记的，组织机构不健全、管理混乱、超过一年未开展活动、符合注销条件但不办理注销手续的，连续两年或累计三年未年检的，连续两年年检不合格或连续三年年检基本合格的社会组织，实行有序退出。对违反国家法律造成后果的，依照法律追究责任，并予以撤销。

5. 建立信息公开机制

建立社会组织信息披露机制，搭建信息管理平台，实现信息共享和社会监督。建立信用信息动态记录、社会评价、诚信公示、失信惩戒和黑名单等信用管理制度，将社会组织公益服务和自律建设情况纳入社会诚信管理体系。

6. 建立等级评估机制

建立和完善社会组织评估制度和各类社会组织评估指标体系。遵循政府指导、社会参与、分类评定、动态管理、客观公正的原则，通过竞争的方式，推行第三方评估，形成公平公开公正、科学规范有序的评估机制。等级评估经费由各级政府财政列入预算，不得以任何形式向受评对象收取费用。

（作者：唐　军　北京工业大学教授
刘金伟　北京工业大学副教授）

项目名称：社会排斥视角下北京市流浪儿童救助保护出口问题及应对策略
项目编号：12SHC023
项目负责人：薛在兴
项目信誉保证单位：中国青年政治学院

从机构救助到社区为本的流浪儿童救助保护体系

一、当前流浪儿童机构救助面临的困境

2003年，国务院颁布了《城市生活无着落的流浪乞讨人员救助管理办法》（以下简称《管理办法》，我国对流浪乞讨人员的社会政策从强制遣返转变为社会救助。根据《管理办法》，我国对流浪乞讨人员采取短期、自愿的机构救助模式。救助的内容包括饮食、住宿、紧急医疗和联系家人、协助返家五项内容。在一些流浪儿童比较集中的城市，会单独建立服务流浪儿童的救助保护机构。十年来，我国流浪儿童救助保护工作取得了巨大的成就，救助保护了成千上万的流浪儿童，但也始终面临着不少困境：

第一，设施、经费、人员问题。设施和场所有限、经费不足、专业人员不足是约束许多地方开展流浪儿童救助保护工作的重要因素。“长沙大房子模式”就因经费不足现已无法继续运转。

第二，流浪儿童“离家容易返家难、进站容易出站难”的问题。“离家容易”是指由于流浪儿童流出地和流入地经济发展水平差异，流出地在预防和制止针对儿童的暴力等方面工作不力等原因，导致源头预防不够，流浪儿童在规模上呈增长趋势；“返家难”是说由于当前流浪儿童机构主要对流入到本地的流浪儿童负责，对由本地流出并返回本地的流浪儿童关注不够，特别是对流浪儿童的家庭进行救助、辅导和干预的工作很少开展，导致流浪儿童被送回家也很难融入而发生再次流浪的情况；“进站容易”是指随着制度完善，目前在流入地大城市流浪儿童进入救助站受到救助已经比较容易；“出站难”是指有精神疾患及其他部分长期滞留的孩子很难被安置出去，存在就学难、就业难、返家难、收养难等一系列问题。长期收养儿童已经成为救助站最为沉重的负担。

第三，社会尚未形成合力。杨钊、蒋山花认为救助保护机构缺乏合作，

没有形成合力。[①] 王久安、张世峰、张齐安认为，由于单纯依靠民政的力量，流浪儿童的家庭所存在的实际困难难以解决，安置工作不容易落实。[②]

第四，集体养护容易使流浪儿童产生“机构病”。有些流浪儿童因为某些原因（如不记得家庭住址）不能返家，只能长期滞留在救助保护中心，依靠集体养护。但鞠青指出，集体养护会造成的儿童身心健康和社会适应性问题。[③] 德国学者施皮茨对有母亲照料的和孤儿院的弃婴两组儿童进行了比较后发现，后者普遍发育迟缓、生病比例高，并且许多孩子还异常忧郁。

综观以上机构救助保护中存在的问题，我们不难发现，所有这些问题的根源是机构集体养护的问题。流浪儿童问题本质是社会排斥，现有救助保护机构不仅不能消除社会排斥，反而进一步加剧了他们的社会排斥。其主要表现为：流浪儿童救助保护虽说经历了由公安到民政、由收容遣送到救助保护的过程，但是实际运行体现的不是儿童优先原则而是控制为主，目前的救助保护机构的目标多为“为儿童找家”，忽略了对流浪儿童更深层次的了解，使得流浪儿童回家后又再次到街上流浪；救助保护机构封闭的环境把儿童和社会隔离开来，降低了流浪儿童的社会参与程度，加重了流浪儿童的标签效应，影响了其身心健康发展；流浪儿童救助保护机构是一个临时救助保护机构，只是负责满足流浪儿童的基本生活需求，缺乏可持续性，而且国内近百所流浪儿童救助保护中心根本实现不了对上百万的流浪儿童的救助保护服务；救助保护机构和政府相关部门之间配合不够，流浪儿童的教育、就业、就医等问题也无法解决。

二、以社区为本的流浪儿童救助保护体系的构建

美国学者迈克尔·谢若登（Michael Sherraden）提出了“资产建设理论”，主张社会政策的重点不应再放在传统的收入再分配上，而是应该强调授权于个人，促进个人资产的长期积累，以推动个人、家庭和社区的发展，并以这种发展构成社会整体的长期发展。谢若登“资产建设理论”对改革我国流浪儿童救助保护体系，解决当前面临的困境有着重要的启发意义。首先，流浪儿童不仅仅需要消费资源，从长期来看，更需要资本，特别是人力资本和社会资本。前者离不开教育和培训，后者则要求实现流浪儿童和社区的融合。其次，对流浪儿童的社会工作应该是使他们增能而不是相反。机构救助容易造成流浪儿童过度依赖的生活习性。再次，流浪儿童救助保护工作不应该单单

---

① 杨钊、蒋山花：《我国城市流浪儿童救助方式转换研究》，《重庆工商大学学报》，2006年第2期，第20页。

② 王久安、张世峰、张齐安：《关于流浪儿童救助保护情况的调查报告》，《民政论坛》，1999年第4期，第10页。

③ 鞠青：《启动制约流浪儿童救助瓶颈》，《社会福利》，2004年第2期，第33页。

是救助机构一家的事情，只有把流浪儿童置于现实的社区之中，才有可能调动社区所有可能的资源去提供服务。基于以上认识，我们提出社区为本的流浪儿童救助保护体系作为中国流浪儿童救助保护未来的发展取向。

(一)以社区为本的流浪儿童救助保护体系的目标

以社区为本的流浪儿童救助保护体系是基于儿童福利的一种理念或主张，也是儿童福利服务的实施和体现。该体系的目标是为社区内儿童创造良好的生活条件，预防儿童问题出现，从源头上减少流浪儿童的数量；为社区内流浪儿童提供生活救助服务、发展性服务，帮助流浪儿童解决现实困难，使他们能够返回自己的家庭和社区中；通过社区支持减少社会排斥，保护儿童权利和促进儿童福利。

(二)以社区为本的流浪儿童救助保护体系的原则和政策依据

1. 原则

以社区为本的流浪儿童救助保护体系在具体的实践中要体现以下几个原则：

一是儿童最大利益的原则。1989 年 11 月，联合国通过的《儿童权利公约》规定：“关于儿童的一切行动，不论是由于公私社会福利机构、法院、行政当局或立法机构执行，均应以儿童的最大利益为一种首要考虑。”

二是预防优先原则。预防优先的目标就是防止儿童问题的出现，进而减少流浪儿童的产生。

三是侧重社会支持和服务的原则。以社区为本的流浪儿童救助保护体系的重点是为流浪儿童提供社会支持和服务，促进流浪儿童身心和社会发展，减少社会对他们的排斥，增强社会融合，让流浪儿童融入正常的社会生活当中。

2. 政策依据

建立以社区为本的流浪儿童救助保护体系的政策和法律依据是我国已经颁布和实施的一系列保护儿童权利和利益的政策和法规。具体如下：

1982 年 12 月通过的《宪法》；1980 年 1 月通过的《刑法》；1991 年 9 月通过的《未成年人保护法》；2001 年 4 月通过的新《婚姻法》；2003 年 6 月通过的《城市生活无着落的流浪乞讨人员救助管理办法》；2011 年 8 月《国务院办公厅关于加强和改进流浪未成年人救助保护工作的意见》等。

(三)以社区为本的流浪儿童救助保护体系的基本内容

1. 参与主体

流浪儿童救助保护体系的运行需要政府部门、社区、非政府组织以及社区内儿童的通力合作，需要社会各界的支援，更需要儿童的积极参与。流浪儿童救助保护体系的运行核心在社区，但离不开其他参与主体的支持。因此，只有明确这四个主体在以社区为本的流浪儿童救助保护体系中的地位、职责、权利和相互关系才能使体系运行畅通。同时，流浪儿童救助保护体系要用法规或契约来规范不同主体之间的关系。具体来看，参与主体的权责如下：

第一，政府部门。国家在社会发展中起着重要的作用，政府一直是扶持救助保护流浪儿童群体的主要支持者。虽然改革开放后政府的职能有所转变，但是政府作为以社区为本的流浪儿童救助保护体系的重要外力支撑，仍然有着重要的引导和支持作用。政府部门应该强化自我责任意识，承担起流浪儿童救助保护过程中应该承担的责任，从法律、政策上支持、重视保护流浪儿童的各种权益，并在舆论上对流浪儿童进行支持。另外，政府相关部门还要采取直接的支持，加大资金投放力度，加强人员培训，吸引优秀的专业社工人才充实流浪儿童救助保护工作人员队伍。

流浪儿童救助保护中心（或未成年人保护中心）是该体系政府部门这一参与主体的重要组成部分。这是因为，在我国，流浪儿童救助保护中心是开展流浪儿童救助保护工作的主要部门，它有相当丰富的资源优势和经验优势。要想在现有资源上开展流浪儿童的救助保护工作，离不开流浪儿童救助保护中心的帮助。在本文构建的救助保护体系当中，流浪儿童救助保护中心的权责是在政府层面联合其他部门共同开展流浪儿童救助保护工作，同时对非政府组织进行支持和指导，并向上级有关部门倡导流浪儿童救助保护政策法规的建立和完善。

第二，社区居委会。社区是该救助保护体系的依托，是联系其他三个参与主体的重要纽带。因此，社区居委会和工作人员承担着多重责任。社区管理部门及其工作人员要转变管理观念，变管理为服务，积极主动地和其他参与主体沟通，把信息反馈给政府和非政府组织，为流浪儿童救助保护体系的有序运行奠定基础。

第三，非政府组织。改革开放以后，随着政府和企事业单位的部分社会职能剥离出来，一大批社会团体迅速发展，成为维护社会弱势群体的一支新的力量，人们将其称为“非政府组织”或“第三部门”。非政府组织的非营利性、公益性和志愿性等特征决定了它在流浪儿童救助保护中可以发挥政府部门不可比拟的作用。

非政府组织可以保护流浪儿童，为流浪儿童提供服务。非政府组织不仅给流浪儿童带来慈善性的福利，更重要的是可以帮助他们争取社会参与的机会。还可以增加流浪儿童群体和社会以及政府之间的联系。非政府组织通过与社区居委会的合作，可以弥补居委会在开展流浪儿童救助保护工作是时常出现的人力、物力、财力、经验的不足。

第四，社区内儿童。本文所谓的社区内儿童指的是社区内所有儿童，既包括社区内常住的儿童，也包括一般意义上的流动儿童，还包括在社区内生活的流浪儿童。以社区为本的流浪儿童救助保护体系坚持的是“以人为本”的救助理念，它不仅从物质上对流浪儿童提供支持，还对社区内儿童提供精神上的支持。社区内儿童在该体系中有着双重的角色，他们既是参与主体，又是服务的对象。正因为如此，社区内儿童应以主人翁的态度融入以社区为本的流浪儿童救助保护体系的构建、运行和维护工作当中，通过多部门的协调改变自身现状，为自己的发展创造良好的条件。

2. 管理体制及各个主体之间的相互关系

本文的流浪儿童救助保护体系是以社区为依托，对照国内其他流浪儿童救助保护模式的管理体制，笔者认为以社区为本的流浪儿童救助保护体系的组织框架如图 1 所示。

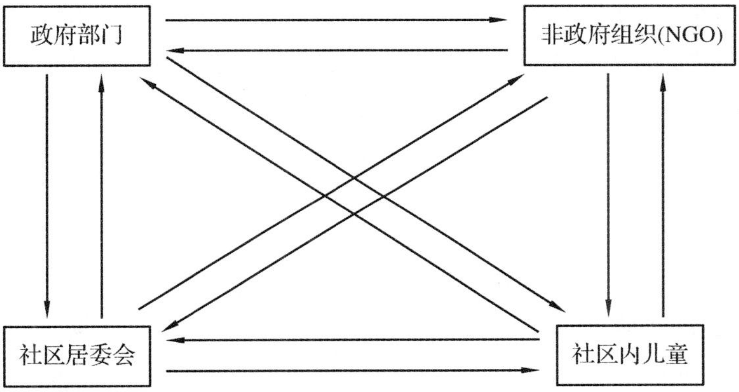

图 1　社区为本的流浪儿童救助保护体系组织框架图

系统的本质属性是要求系统内部的各个组成部分、要素之间协调运行。因此，要想成为一个有序的有机系统，明确各个主体间的相互关系至关重要。具体来说，这四个主体间的互动关系如下：

第一，政府部门与社区。从政府来看，要明确政府与社区管理部门是指导与协助、服务和监督的关系，政府要适当放权给社区，通过政策上的引导，接受社区管理部门的意见和建议，为社区管理提供良好的环境；在社区层面，居委会要代表社区和政府开展互动，作为社区的发言人向政府表达社区的利益和需求，反映社区群众的意见或建议，并在一定程度上监督制约基层政府的行为，确立政府与社区组织互相监督、互相促进的和谐发展关系。

第二，政府部门与非政府组织。政府要通过制定法律法规、政府购买服务等方式支持非政府组织的活动。同时，非政府组织要接受政府的监督和管理，并争取政府部门的各种支持，积极参与政府的有关项目。和政府建立良好的互动关系，为社区内儿童提供更优质的服务。

第三，政府部门与社区内儿童。首先要明确政府部门和社区内儿童两者之间是一种间接的互动关系。即政府部门是通过社区和非政府组织为社区内儿童提供政策、实物和心理支持，社区内儿童则通过社区和非政府组织来表达自己的问题和需求，寻求帮助。当社区和非政府组织无力解决社区内儿童的问题和需求时，可以直接向政府部门求助。

第四，非政府组织与社区。非政府组织要在政府的有关政策和制度的支持下与社区进行直接的互动，根据社区的信息，通过服务平台为社区内儿童提供多种支持和服务。非政府组织通过整合社区资源，促进社区发展。社区在获得支持和服务的同时，要调动社区居民和社区内儿童积极参与并配合非政府组织开展工作，形成实质意义的互动体系，而不是虚设机构。

第五，非政府组织和社区内儿童。非政府组织源于民间，在与被救助对象的沟通和联系上较政府更为容易，它可以通过服务平台为社区内儿童提供服务；同时，社区内儿童也可以直接或间接地提出需求或意见，经由非政府组织向政府或其他社会力量寻求支持和帮助。

第六，社区内儿童和社区。儿童生活在社区内，是社区的成员之一。社区在政府的支持下有义务对社区内儿童进行帮助和服务，社区内儿童在接受帮助和服务的同时，也要积极配合社区的各项工作，共建和谐家园。

3. 服务内容

本文将流浪儿童服务体系界定为：在流浪儿童保护中心领导下的，以社区居委会为信息平台，以社区的非政府组织为服务平台，为社区内儿童（包括流浪儿童）提供多样化、专业化的服务的有机系统。如图 2 所示。

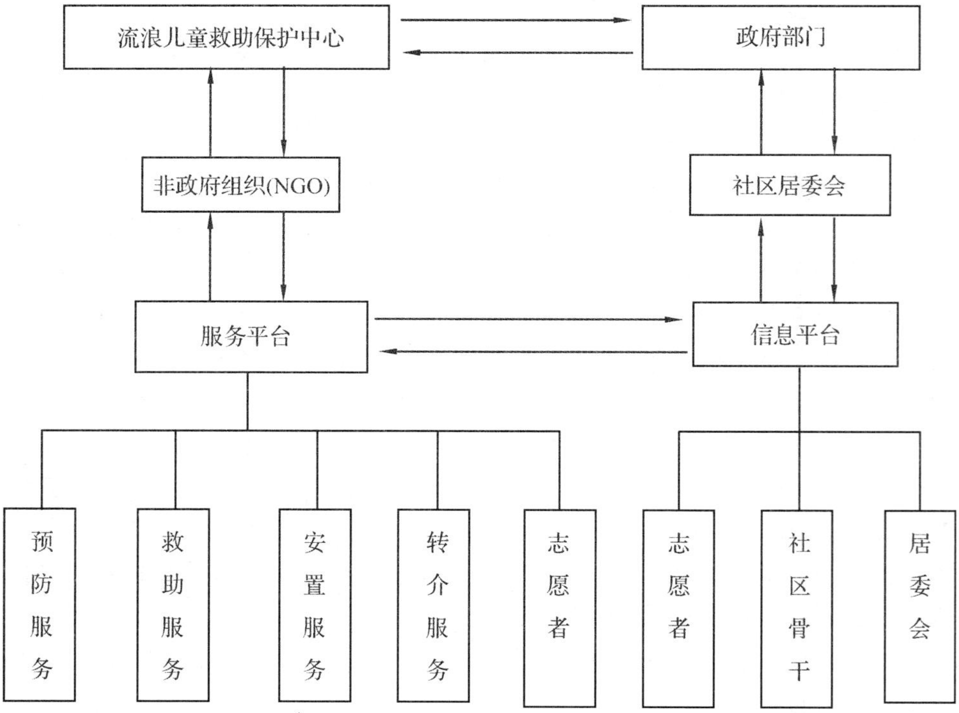

图 2　社区为本的流浪儿童救助保护服务体系

具体来说，包括以下几方面内容：

(1)信息平台层面。信息平台是整个体系运行的基础，是联系社区和政府、社区和非政府组织以及社区和社区内儿童的重要桥梁。信息平台主要包括人工信息平台和网络信息平台两个方面。人工信息平台，主要是建立和完善社区内儿童信息的收集和反馈机制，信息主要包括社区内儿童的家庭信息、社区内儿童在学校的信息、社区内儿童自身的情况和特点等；网络信息平台，主要指通过互联网对外发布相关的政策、法规以及救助服务内容等，保证相关信息能够快速通常地传达给有需要的人。人工信息平台建设主要由居委会负责，而网络信息平台建设主要由社区内的非政府组织负责。

第一，居委会工作人员。居委会工作人员是信息平台建设的领导者，他们自身有一定的领导能力，又有一定的群众基础，熟悉社区情况的同时还了解相应的社会政策，对开展信息平台建设十分有利。在这里，居委会工作人员主要负责社区内资源的管理和调配工作。

第二，社区骨干。社区骨干是信息平台建设的中坚力量。社区骨干包括社区各个楼栋院长、社区积极分子等。社区骨干在信息平台的建设过程中充当信息传递员的角色，信息收集和反馈的工作主要由他们去做。

第三，志愿者队伍。志愿者队伍是信息平台的补充力量。社区内居民众多，事情庞杂，仅仅依靠居委会工作人员和社区骨干是不够的，志愿者队伍除了可以弥补人力上的不足，还可以补充社区骨干获得的信息，使得信息更加全面，有利于服务的开展。信息平台下的志愿者队伍主要是指社区内的居民志愿者。

(2)服务平台层面。服务平台是以社区为本的流浪儿童救助保护体系的核心，主要承担面向社区内儿童提供各种服务的工作，完善服务平台的工作内容对流浪儿童救助保护工作的开展具有重要意义。流浪儿童救助保护工作需要专业的知识、方法和技巧，而社区工作人员大多不具备满足这些要求的条件，所以，由专门的非政府组织承担具体的服务工作可以解决这一问题。其开展服务的资金来源可有多种途径，可以是政府购买，也可以是社会捐赠等方式。

第一，预防服务。从源头上防止流浪儿童的形成是减少流浪儿童数量的有效方法，这就要求在预防工作上下功夫。笔者认为，流浪儿童的预防工作可以从以下几个层面开展：一是社区居民意识教育层面；二是儿童日常照顾服务层面；三是对高危儿童服务层面。提高社区居民儿童保护观念，可以通过社区内宣传栏、发放宣传单张、开展儿童保护教育培训、亲子讲座等居民乐于接受又易于接受的方式开展。儿童日常活动方面，首先要对社区内儿童建立常规数据档案，要包括儿童和家庭的基本信息，还可以借助志愿者的力量开展课外服务、计划性的主题活动等，如杨柳巷社区的“四点半乐园”(即对放学后的儿童在一个小时内进行托管）。对高危儿童的服务方面，首先根据儿童家庭的类型对儿童进行分类并登记，其次通过各种测评软件对这些家庭的儿童进行测评（如防止虐待儿童监测软件等），然后根据儿童家庭和儿童自身的情况开展服务，如对困难家庭进行政策帮扶或社区福利支持，对高危儿童进行心理疏导等。

第二，救助服务。救助服务的对象是社区内的流浪儿童。对流浪儿童实施救助，可以减少流浪儿童治安案件的发生，降低流浪儿童犯罪率。从成都市流浪儿童救助中心工作人员的访谈中笔者了解到，在成都未成年人治安案件中，70%以上的未成年人是流浪儿童或有过流浪经历，其中，少管所的未成年人中流浪儿童或有过流浪经历更是达到了80%以上。由此可见，流浪儿童的救助服务工作至关重要。借鉴已有的流浪儿童救助经验，笔者认为流浪儿童的救助服务可以从以下几个方面开展：一是物质上的帮助与扶持；二是精神和心理上的安抚和劝导；三是有关流浪儿童发展方面的服务。救助服务的另一个重心是学业和就业辅导。这里要强调的是，辅导的重点不是课本知识的传授，而是学习动机和就业能力的培养，要在传授知识的同时进行法律法规的教育让其知法懂法守法，并学会运用法律武器维护自己的合法权益。

第三，安置服务。流浪儿童流浪的原因多是因为家庭贫困、父母离异或家庭不和。安置服务对流浪儿童的生活至关重要。《联合国儿童权利公约》以及各界学者和实际工作者都认为家庭或类似家庭的环境最有利于大多数儿童成长和发展。正因如此，流浪儿童救助保护的最终目标是回归家庭、回归社区、回归主流社会。在流浪儿童的安置模式上，可以有以下几种方式：一是长期安置模式，即流浪儿童所生活的当地政府、社区或学校接收模式；二是流出地家庭寄养模式，即流浪儿童的原户籍地负责流浪儿童接收工作；三是流入地家庭寄养模式；四是工作安置模式，这是一种为年龄较大的流浪儿童进行安置的方式，即为符合条件的儿童提供岗前培训，培训合格后即可上岗，这一安置模式要求非政府组织要与外界建立起流浪儿童就业渠道；五是福利院安置模式；六是临时安置模式，即为前五种安置模式安置前的救助安置。

流浪儿童安置服务要注意的一点是防止流浪儿童的重复流浪。如何从根本上解决这一难题呢？这就需要工作人员在安置前和安置后做好相应的工作。安置前，要充分了解流浪儿童的成因，根据流浪儿童的实际情况，选择合适的安置方式；安置后，要定期回访，了解流浪儿童在回归家庭后的生活、学习和心理情况，以确定是否需要做后续的介入工作，进而巩固救助保护的成果。

第四，转介服务。当社区非政府组织解决不了社区内儿童的问题时，就要进行相应的转介服务。例如，对社区内有盗窃、抢劫行为的流浪儿童的救助就需要转介到公安部门。

第五，志愿者。服务平台下的志愿者有两方面的含义：一是指志愿者管理，二是指志愿者提供的服务。随着社会的发展，人们意识的提高，社会上呈现出越来越多的志愿者。然而，这些志愿者大多缺乏有效的管理，造成资源的浪费。非政府组织一方面要加强对志愿者的管理，实现资源优化配置；另一方面要增加志愿者服务技能培训，通过志愿服务，弥补自身人力、财力等方面的不足。

以社区为本的流浪儿童救助保护体系的实现需要很多条件，比如完善的社区儿童服务体系，社区儿童福利机构的能力建设，遍布全国社区的社会工作人才队伍，对儿童保护和发展责任的认识以及相关法律法规的调整，等等。但我们有理由相信，在儿童优先理念的指导下，在我国社会工作事业蓬勃发展的今天，以社区为本的流浪儿童救助保护体系的实现是完全有可能的。

参考文献

[1] 鞠青：《启动制约流浪儿童救助瓶颈》，《社会福利》，2004 年第 2 期。

[2] 杨钊、蒋山花：《我国城市流浪儿童救助方式转换研究》，《重庆工商大学学报》，2006 年第 2 期。

[3] 王久安、张世峰、张齐安：《关于流浪儿童救助保护情况的调查报告》，《民政论坛》，1999 年第 4 期。

[4] Xue Zaixing. On Urban Street Children in China: a Social Exclusion Perspective. *International Social Work*, 2009(52): 3.

（作者：薛在兴　中国青年政治学院副教授）

语言·文学·艺术学科

YUYAN·WENXUE·YISHUXUEKE

项目名称：《红楼梦》版本传播与北京宣南文化
项目编号：10WYB068
项目负责人：曹立波
项目信誉保证单位：中央民族大学

《红楼梦》中国书店程甲本考辨

《红楼梦》中国书店程甲本，由中国书店收藏，署名“红楼梦乾隆年间程甲本”（以下称“中国书店程甲本”）。按中国书店程甲本出版说明所言，这是一部保存完好的程甲本[①]。然而，此书却并非一部纯粹的程甲本，其中有40回的文字并不属于程甲本系统。尽管如此，这部书因有前人朱笔校订而有着珍贵的价值。本文将对这部程甲本的外部特征、早期收藏者信息、朱笔校订的特征以及与其他版本的关系等加以探讨。

一、中国书店程甲本的外部特征

中国书店程甲本全部4函36册。第1册包括程伟元序、高鹗叙、绣像以及目录。从第二册起为小说正文，每册或三回、四回、五回不等。行款半页10行，行24字，白口，单鱼尾，四周双边。

与被誉为“标准的程甲本”——中国社会科学院文学研究所藏程甲本（下文简称“社科院程甲本”）相较，二者在书籍的形态特征上存在一些差异。胡文彬、周雷先生曾就社科院程甲本的外部特征加以描述：

> 这是一部相当标准的程甲本，全部四函，二十四册。……第一册包括序、像、目、“一至三”回……这是程甲本装订上的特征。第一册内容：程伟元序、高鹗叙、图赞二十四页、目录、正文第一至三回。第二十四册末页最后一行文字为：“红楼梦第一百二十回终 萃文书屋藏板”。……正文全用木活字排印，四周双边，外框高17.1厘米，宽11.6厘米；内框高16.5—16.6厘米，宽10.9—11.1厘米。白口，象鼻刻《红楼梦》书名，鱼尾下刻第×回及该回页码。每面十行，每行二十四字。[②]

---

① 中国书店程甲本出版说明：“中国书店所藏‘程甲本’，版式精致，保存完好，与早年收藏的‘程乙本’堪称双璧，并且两书文字均有前人朱笔校订，其珍贵价值不言而喻。”（（清）曹雪芹：《〈红楼梦〉乾隆间程甲本》，北京：中国书店，2013年。）

② 文雷：《论程丙本》，《红楼梦学刊》，1980年第4辑。

通过比对，二者在文本内容、版式行款等方面大致相同。但也有不同，如两部书装订总册数不同，以致每册装订的文本内容不同。这样看来，中国书店程甲本并非一部“标准”的程甲本。

二、中国书店程甲本早期收藏者考证

“历数《红楼梦》的诸多版本，包括一些早期抄本的庋藏与流传，刻本的初次印行，到再版翻刻，甚至一些未见抄本的流转踪迹，都曾经与琉璃厂有着千丝万缕的联系。”①而中国书店程甲本的刊行也与琉璃厂有着直接的关系。中国书店坐落于北京琉璃厂(海王村)，这套程甲本也是由中国书店向有关人士购进并刊行的。

中国书店程甲本上的印章，提供了此套程甲本早期收藏者的一些信息。中国书店程甲本上有“杨”字圆印、“猗欤又云”印、“继振章”印②等(见表1)。这表明中国书店程甲本很可能被杨继振收藏过。杨继振是清代一位有名的书画收藏家。清人恩华《八旗艺文编目》、震钧《天咫偶闻》中均有记载：

> 《蜀石经春秋左氏传经注考异》：汉军杨继振著。继振字又云，号莲公，别号燕南学人，晚号二泉山人，隶内务府镶黄旗。官广东盐运同知。(《八旗艺文编目》编目一)③
>
> 杨幼云继振，汉军人，居旧鼓楼街，家有星凤堂，富于收藏，赏鉴尤精。终日闭门，不闻世事，但与古为缘。(《天咫偶闻》卷四)④

杨继振不仅乐于收藏金石、图书、古币等，据清人叶昌炽《藏书纪事诗》记载，他还有在藏品上留下各式印章的雅好。

> 昌炽案：昌炽以童子受知幼云。先生不独藏泉最富，金石图书亦皆充韧。近渐散佚，昌炽得其奇零小种，藏印累累，每册有“杨”字圆印、“石筝馆猗欤又云”印；两纸粘合处，有“雪蕉馆”骑缝印。……又题后曰：“予藏书数十万卷，率皆卷帙精整、标识分明，未敢轻事丹黄、造劫楮素。至简首卷尾，钤朱累累，则独至之癖，不减墨林，窃用自喜，究之于书，不为无补。”(《藏书纪事诗》卷六)⑤

从叶昌炽的叙述中可见，“杨”字圆印、“猗欤又云”印等也频繁见于杨继

---

① 张俊、曹立波：《〈红楼梦〉版本的流传与北京琉璃厂》，见曹立波：《红楼梦版本与文本》，北京：中华书局，2007年，第170页。

② 所见“继振”章取右边部首，可见表1。

③ (清)恩华：《八旗艺文编目》，沈阳：辽宁民族出版社，2006年，第6页。

④ (清)震钧：《天咫偶闻》，北京：北京古籍出版社，1982年，第85页。

⑤ (清)叶昌炽：《藏书纪事诗(附补正)》，上海：上海古籍出版社，1989年，第687—688页。

振其他藏书。另外，《乾隆抄本百廿回红楼梦稿》(以下称“杨藏本”)①的早期收藏者也是杨继振。鉴于此，我们可将中国书店程甲本与杨藏本上的印章做一个比较，见表 1。

表 1　中国书店程甲本与杨藏本相似印章比较表

	又云	继振章	杨	又云	猗欤又云	江南第一风流公子
中国书店程甲本						
杨藏本			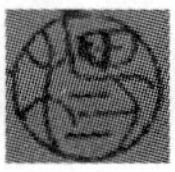			

由表 1 可见，中国书店程甲本与杨藏本有一些形状相同或相似的印章，由此可以推断，二书应被同一收藏者即杨继振收藏过。

另外，在中国书店程甲本上还常见一署名为“黄氏去尘”的印章(见表 2)。经查明，“黄氏去尘”是杨继振的妾氏。

> 余尝见其所藏王廉州册页上有幼云跋，其印曰：“江南第一风流公子”。又有黄氏去尘小印，其妾也。(震钧《天咫偶闻》卷四)②

> 幼云风雅好古，所蓄古钱，历朝皆备……其妾黄氏去尘，亦通翰墨，书画碑帖中每见其小印，即幼云所藏。(崇彝《道咸以来朝野杂记》)③

按震钧、崇彝二人所述，杨继振的妾氏黄氏“亦通翰墨”，“黄氏去尘”印也常见于杨继振所藏书画碑帖中。换言之，有“黄氏去尘”小印，应与杨继振藏品密切相关。

另外，通过比较中国书店程甲本与杨藏本上印章在各个章回的分布规律，亦可印证杨继振曾为中国书店程甲本收藏者的事实。见图 1、图 2。

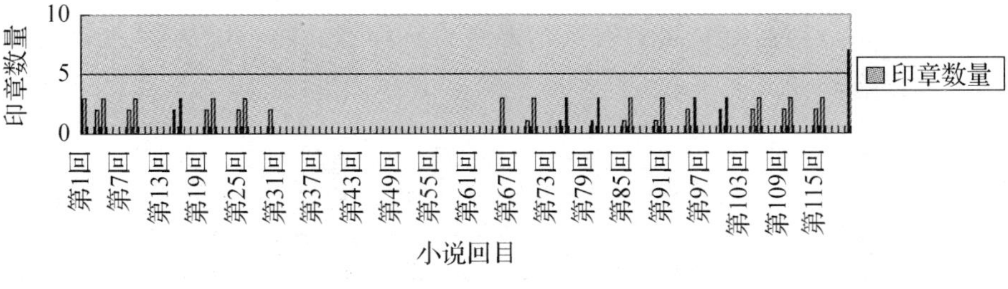

图 1　中国书店程甲本正文印章分布规律图

① (清)曹雪芹：《乾隆抄本百廿回红楼梦稿》，上海：上海古籍出版社，1984 年。以下杨藏本选文同。

② (清)震钧：《天咫偶闻》，北京：北京古籍出版社，1982 年，第 85 页。

③ 崇彝：《道咸以来朝野杂记》，北京：北京古籍出版社，1982 年，第 20—21 页。

由图 1 可见，中国书店程甲本在第一回、第四回、第九回、第十六回、第二十一回、第二十六回、第六十六回、第七十一回、第七十六回、第八十一回、第八十六回、第九十一回、第九十六回、第一百一回、第一百六回、第一百十一回、第一百十六回等回的首页钤有 3 个印章，见表 2 印 1、印 2、印 3。

在第三回、第八回、第十五回、第二十回、第二十五回、第三十回、第七十回、第七十五回、第八十回、第八十五回、第九十回、第九十五回、第一百回、第一百五回、第一百十回、第一百十五回、第一百二十回的最末页也盖有印章。其中，除了第七十回、八十回、八十五回、九十回末页盖有 1 个印章(见表 2 印 5)，第一百二十回末页及倒数第 2 页钤有 7 个印章(见表 2 印 4、印 5、印 6、印 7、印 8、印 9、印 10)之外，其他各回的末页均钤有 2 个印章，见表 2 印 4、印 5。

表 2　中国书店程甲本正文印章图示

正文回首 3 章、回末 2 章	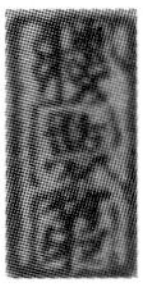 印 1	 印 2	 印 3	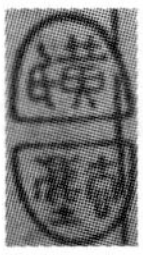 印 4(黄氏去尘)	 印 5
第一百二十回其他图章	 印 6	 印 7	 印 8	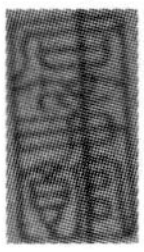 印 9(石筝馆)	 印 10

可以看出，中国书店程甲本正文中印章分布是有规律的：前 8 回以 4 回为一单位，分别在每 4 回的首页与末页钤有印章；从第十五回起，小说以 5 回为一单位，分别在每 5 回的首页与末页钤有印章。而小说从第三十回至第六十五回没有印章。

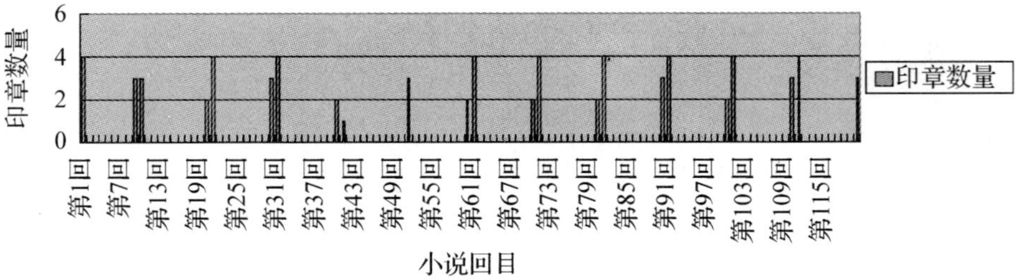

图 2　杨藏本正文印章分布规律图

从图 2 可见，杨藏本正文的印章分布也有规律可循，中国书店程甲本以 5 回为一单位，而杨藏本以 10 回为一单位(前 9 回除外)：在每一个 10 回的第一回与第十回分别盖有印章。

可见，中国书店程甲本与杨藏本正文的印章分布具有相似的规律，正如杨继振所言“简首卷尾，钤朱累累”(叶昌炽《藏书纪事诗》卷六)。这再次印证了中国书店程甲本曾为杨继振藏品的事实。

总之，通过考证中国书店程甲本上印章的样式、分布规律等现象，我们基本可以推断中国书店程甲本的早期收藏者为杨继振。另外，杨继振既为中国书店程甲本的早期收藏者，相应的，中国书店程甲本上的朱笔校订与杨继振有无关系也值得进一步探讨。

三、中国书店程甲本朱笔探析

中国书店程甲本中除了钤有印章，还有大量朱笔校订文本的痕迹，这是此套程甲本的一大特点。

(一)朱笔批改的形式

中国书店程甲本上朱笔批改的样式是多样的，有改正“错”字、调整次序、增补漏字、删改①等多种形式，兹分别举例说明。

1. 改正“错”字

例(1)第二十二回 3b 页 8 行②：

中国书店程甲本：點絳唇鑑鏹頓挫——朱笔：将“鑑”改为“鏗”

社科院程甲本：點絳唇鑑鏹頓挫③

程乙本④：點絳唇鏗鏹頓挫

程甲本中的“鑑鏹頓挫”是错的，程乙本为“鏗鏹頓挫”，中国书店程甲本朱笔将“鑑”改为“鏗”是正确的。

2. 调整次序

例(2)第一百十二回 5b 页 10 行：

中国书店程甲本：他和鮑二爺打架来着，還見過的呢——朱笔：在“爺”与“打架来着”间置一“∽”符号

---

① 除了以上四种形式之外，朱笔也常补全程甲本中不清楚的字。

② 本文所选例证，有些参考了曹立波先生《红楼梦东观阁本研究》(见曹立波：《红楼梦东观阁本研究》，北京：北京图书馆出版社，2004 年)，杜春耕先生所列国图程甲本 34 处贴改(见(清)曹雪芹：《程甲本红楼梦》，北京：北京图书馆出版社，2005 年)。

③ (清)曹雪芹：《绣像红楼梦》，据社科院藏程甲本影印，长春：吉林文史出版社，2000 年。以下社科院程甲本选文均同。

④ (清)曹雪芹：《桐花凤阁批校本程乙本红楼梦》，北京：北京图书馆出版社，2001 年。以下程乙本选文均同。

社科院程甲本：他和鮑二爺打架來着，還見過的呢

程乙本：他和鮑二打架來着，爺還見過的呢

程甲本中，此伙计的回话对象是贾琏，面对贾琏而称奴才鲍二为爷，是不恰当的。朱笔校订者使原句变为“他和鮑二打架來着，爺還見過的呢”，语句通顺，程乙本相同。

3. 增补漏字

例(3)第七回 10a 页 4 行：

中国书店程甲本：秦氏又嘱了他兄弟一回——朱笔：在“嘱”后加一“咐”

社科院程甲本：秦氏又嘱了他兄弟一回

程乙本：秦氏又嘱咐了他兄弟一回

《红楼梦》一些抄本如庚辰本[①]、戚序本[②]此处亦作“嘱”[③]。从语法上讲，“嘱”单独使用未尝不可，意为“托付”[④]，如《辞源》引《后汉书·卓茂传》：“亭长为从汝求乎？为汝有事嘱之而受乎”说明，此句中，“嘱”单独使用。“嘱咐”连用表示“关照吩咐”意，更符合口语习惯，程乙本便作“嘱咐”，中国书店程甲本朱笔的改动不算错。

4. 删改

例(4)第三回 9a 页 10 行：

中国书店程甲本：便知是這位表兄一，因陪笑道——朱笔：在“一”上点个“红点(圈)”，表删除意

社科院程甲本：便知是這位表兄一，因陪笑道

程乙本：便知是这位表兄，一面赔笑道

程甲本中的“一”是多余的，程乙本将“因”改为“面”，朱笔将“一”去掉。面对程甲本的同一处错误，朱笔与程乙本的改法不同，但都将句子变通顺了。

可以看出，朱笔校订者力图纠正程甲本之纰漏——这与程乙本目的相同。程甲本因急于发行，其中“间有纰缪”，程乙本发行正是为了改订程甲本中的纰缪[⑤]。而朱笔也是针对程甲本的纰漏之处加以修订的。上文所举数例显示，朱笔对程甲本所做改动与程乙本大体相吻合。这提示我们应该注意：朱笔对程甲本的批改是否依照程乙本？是不约而同还是有所依傍？朱笔校订是否具

---

① (清)曹雪芹：《脂砚斋重评石头记》(庚辰本)，北京：人民文学出版社，2006 年。后文不再另行作注。

② (清)曹雪芹：《戚蓼生序本石头记》，北京：人民文学出版社，2006 年。后文不再另行作注。

③ 庚辰本第七回 8b 页 6 行：“秦氏又嘱了他兄弟一回”；戚序本第七回 15a 页 9 行：“秦氏又嘱他兄弟一回”。

④ 商务印书馆编辑部：《辞源》，北京：商务印书馆，2010 年，第 559 页。下文“嘱咐”意解释亦出自《辞源》。

⑤ “因急欲公诸同好，故初印时不及细校，间有纰缪，今复聚集各原本详加校阅，改订无讹。惟识者谅之。”见程乙本中高鹗、程伟元《红楼梦引言》。

有独立的价值？

(二)朱笔校订的独特价值

事实上，朱笔校订者对程甲本的修改并不与程乙本完全一致，主要有以下四种情况。

1. 有些朱笔与程乙本对程甲本的修订均可讲得通

例(1)第五回 3b 页 4 行：

中国书店程甲本：忽胡思之間，聽見山後有人作歌曰——朱笔：在“忽”与“胡思之間”间置一“∽”符号

社科院程甲本：忽胡思之間，聽見山後有人作歌曰

程乙本：正在胡思乱想，聽見山後有人作歌曰

程甲本原文中“忽”的出现有些突兀，故朱笔将“忽”提到“听”之前，使原句变为“胡思之間，忽聽見山後有人作歌曰”，问题得以解决。甲戌本①、己卯本②、庚辰本、戚序本、蒙府本③、杨藏本等《红楼梦》抄本正是这样的语序④。可见，程甲本上的一些错误，是由活字摆印颠倒错落而致。而程乙本将“忽”字改为“正在”，这样句子也变通畅了。二者的改动皆可。

2. 有些朱笔修改比程乙本好

例(2)第一百十二回 4b 页 7 行：

中国书店程甲本：賈璉又跳下道：趕回去料理清楚再来回——朱笔：将“跳”改为“跪”

社科院程甲本：賈璉又跳下道：趕回去料理清楚再來回

程乙本：賈璉又回来道：侄兒趕回家去料理清楚

程甲本中“跳”字讲不通，程乙本为“賈璉又回来道”。朱笔将“跳”改为“跪”。从字面上讲，二者皆可。若从上下文看，朱笔比程乙本好。且将此段上下文补全：

> 贾琏然后跪下说：“这便怎么样？”贾政道：“……你如今竟换了一个人了……你跪在这里是怎么样呢？”贾琏也不敢答言，只得站起来就走！贾政又叫道：“你那里去？”贾琏又跳下道：“赶回去料理清楚再来回！”(第一百十二回程甲本)

结合语境，之前贾琏在回贾政话时是跪着的，贾政训斥他“你跪在这里是

① 曹雪芹：《脂砚斋重评石头记(甲戌本)》，北京：人民文学出版社，2010 年。

② (清)曹雪芹：《脂砚斋重评石头记》(己卯本)，北京：人民文学出版社，2010 年。

③ (清)曹雪芹：《蒙古王府本石头记》，北京：北京图书馆出版社，2007 年。

④ 舒序本：“正胡思之间，忽听的后有人作歌曰。”卞藏本：“正胡思乱想之间，忽听山后有人作歌曰。”甲辰本同程甲本。(曹雪芹：《舒元炜序本红楼梦》，北京：国家图书馆出版社，2012 年。曹雪芹：《卞藏脂本红楼梦》，北京：北京图书馆出版社，2006 年。(清)曹雪芹：《甲辰本红楼梦》，沈阳：沈阳出版社，2006 年)

怎么样呢”，贾琏方起来。贾琏刚起来，贾政又要训斥他，故贾琏再一次跪下。因此，“又跪”是最符合语境的一种表达方式。像东观阁本此处便为“又跪”①。可见，朱笔比程乙本的修订似乎更理解原创的意图。

3. 程乙本未改，而朱笔改了

例(3)第七十三回 2a 页 7 行：

中国书店程甲本：焉能闡發聖賢之奥——朱笔：在“奥”前加“微”

社科院程甲本：焉能闡發聖賢之奥

程乙本：焉能闡發聖賢之奥

程甲本原文读起来略显生涩，故朱笔在“奥”前加一“微”，使原句变为“焉能闡發聖賢之微奥”。参照《红楼梦》其他抄本，如庚辰本、戚序本、蒙府本、杨藏本等，此处亦作“微奥”②。

4. 有些朱笔修订是错的

例(4)第二回 1b 页第 6 行：

中国书店程甲本：當夜用一乘小嬌便把嬌杏送進衙內去了——朱笔：将两个“嬌”的“女”字旁改为“车”字旁

社科院程甲本：當夜用一乘小嬌便把嬌杏送進衙內去了

程乙本：當夜用一乘小轎便把嬌杏送進衙內去了

程甲本中的“小嬌”是错误的，程乙本为“小轎”。朱笔将两个“嬌”的“女”字旁改为“车”字旁，后一个“嬌”字的改动是错误的，“嬌杏”变为“轎杏”。

可见，朱笔并非依照程乙本而改动，与其一致的地方，有些是凭借上下文语感对程甲本错误的地方做出的修订。例如：

例(1)第七回 3b 页 9 行：

中国书店程甲本：釧笑道：我也是這麼說呢——朱笔：在“钏”前添一“金”

社科院程甲本：釧笑道：我也是這麼說呢

程乙本：金釧兒道：我也這麼說呢

“钏”指“金钏”，程甲本漏掉“金”字，朱笔的改动是正确的，程乙本同。

例(2)第一百八回 11 b 页 6 行：

中国书店程甲本：素常你到这里伤心，常听见林姑娘——朱笔：“伤心”与“林姑娘”间置一“∽”符号

社科院程甲本：素常你到这里伤心，常听见林姑娘

---

① 东观阁本第一百十二回 5a 页 4 行：贾琏又跪下道：“赶回去料理清楚再来回!”(清)曹雪芹、高鹗:《东观阁本·新增批评绣像红楼梦》，北京：北京图书馆出版社，2004 年。后文不再另行作注。

② 庚辰本第七十三回 2a 页 4 行：“焉能闡發聖賢之微奥”；戚序本第七十三回 2b 页 4 行：“亦能闡發聖賢之微奥”。甲辰本同程甲本，列藏本恰缺此句。

程乙本：素常你到这里，常听见林姑娘伤心

程甲本原文语句并不通顺，朱笔将“伤心”改到“林姑娘”后面，使其变为“素常你到这里，常听见林姑娘伤心”，语句通顺，程乙本相同。

诸如此类例证还有很多，校订者很容易根据上下文语意对程甲本错误的地方进行修订。

但是，我们接着要问，中国书店程甲本所有的朱笔都是根据上下文语意而改吗？有没有参考其他的本子？答案是既照顾到上下文，也参考了其他版本，兹举例说明。

例(1)第五回5a页1行：

中国书店程甲本：假作真時真作假，無為有處有還無——朱笔：将第二个“作”改为“亦”。

社科院程甲本：假作真時真作假，無為有處有還無

程乙本：假作真時真亦假，無為有處有還無

从文义看，程甲本原句可以讲通。如果熟知其他《红楼梦》抄本，可知多数抄本中此句为“假作真时真亦假”，如甲戌本、己卯本、庚辰本、戚序本、蒙府本、杨藏本、卞藏本、舒序本等(此处甲辰本同程甲本)。可见，朱笔校订者不尽然是修改错字，他应该也参考了其他版本，对程甲本中不符合其他版本的地方也加以修订。

例(2)第二十六回3a页5行：

中国书店程甲本：是了，前兒晚上這兒拿了去了——朱笔：将“這”改为“莺”

社科院程甲本：是了，前兒晚上這兒拿了去了

程乙本：是了，前兒晚上這兒拿了去了

程甲本、程乙本中的“這兒”是不通的，小说中从未出现“這兒”其人。将此段补全：

> 一面說，一面出神，想了一回，方笑道：“是了，前兒晚上這兒拿了去了。”…… 說着自己便出房來。出了怡紅院，一逕往寶釵院内來。(程甲本第二十六回)

结合上下文语境，仅能推测“這兒”是宝钗房中的。朱笔却将其改为“莺儿”，他的依据正是其他《红楼梦》抄本，如戚序本等，此处为“莺儿”。可见，朱笔对中国书店程甲本的修改，在凭借语境的同时，也参考了其他版本。

例(3)第一百二回1a页8行：

中国书店程甲本：你還心地明白些，諸事也別說，只管吞着不肯得罪人。——朱笔：在“諸事”后加“該管的”

社科院程甲本：你還心地明白些，諸事也別說，只管吞着不肯得罪人。

程乙本：你還心地明白些，諸事該管的，也別說，只管吞着不肯得罪人。

从句意来看，程甲本原文语句不太通顺，程乙本在“諸事”后加“該管的”，改动后语意差强人意，但是句子读来仍觉磕磕巴巴，并非十分恰当。若根据上下文语境，此处应有更好的修改方式，但是，朱笔此处改动却与程乙本相同，这应说明，此处朱笔与程乙本有关。

既然参考了其他的本子，那么是不是所有的修订都参考了其他的本子？答案是否定的，例如：

例(1)第六十八回 1a 页 2 行：

中国书店程甲本：苦尤娘賺入大觀園，酸鳳姐大閙寧國府——朱笔：将“娘”改为“嫂”

社科院程甲本：苦尤娘賺入大觀園，酸鳳姐大閙寧國府

程乙本：尤苦娘賺入大觀園，酸鳳姐大閙寧國府

此句中，朱笔将“娘”改为“嫂”，大抵考虑了贾珍的妻子尤氏称为“尤娘”有些拗口，故将其改为“尤嫂”。朱笔的改法是独特的，参看《红楼梦》其他版本，如己卯本、庚辰本、戚序本、蒙府本、杨藏本、甲辰本、东观阁本等，此处无一不是“苦尤娘賺入大觀園”。可见，中国书店程甲本朱笔未必所有改动都参考其他版本。

例(2)第一百十一回 6b 页 8 行：

中国书店程甲本：榮府規例一時二更，三門掩上，男人便進不去了——朱笔：将“時”改为“到”

社科院程甲本：榮府規例一時二更，三門掩上，男人便進不去了

程乙本：榮府規例一交二更，三門掩上，男人便進不去了

程甲本中的“一時二更”说不通，朱笔将“時”改为“到”，使其变为“一到二更”，可以讲通。这也是朱笔的独到改法，例如杨藏本、程乙本此处便为“一交二更”，与朱笔不同。

从上文所举例证能够看出，不少朱笔是与程乙本对程甲本的修订相吻合的，有例证能够证明朱笔在纠正程甲本讹误时确实与程乙本有关。但是，朱笔并不与程乙本完全吻合，有些与程乙本相异的地方显示出朱笔与庚辰本等早期抄本、东观阁本等的相似之处。甚至有些朱笔的修改方式是独有的，并不见于其他版本，是朱笔校订者根据文本上下文语境对程甲本加以修订的。这说明，朱笔校订者在修正程甲本时多参照上下文语境，有时也参考其他版本，包括早期抄本、程乙本等。然而，朱笔校订者只力图修改程甲本文字上明显的错误。同样是对程甲本中有纰漏的地方进行修订，程乙本有时会从小说整体考虑，致力解决前后文矛盾①，而朱笔仅对程甲本做些顺序调整、补全

① 例如程甲本第二回 6 页：“不想次年又生了一位公子。”根据文义，元妃与宝玉的年龄相差不只一岁。故程乙本为：“不想隔了十几年又生了一位公子。”

漏字、修改错字、删除多余的字等较小幅度的修订。但是，朱笔校改却多在解决程甲本由活字摆印出现的颠倒错落的问题——这正是朱笔的独特价值。

(三)朱笔的分布

前文已对印章在文本各回的数量分布进行了统计，此处也不妨将朱笔在各回的数量分布做一统计，见图 3。

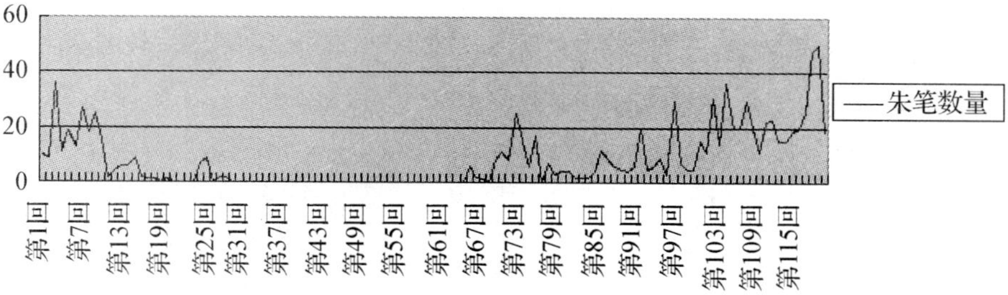

图 3　中国书店程甲本朱笔在各回的数量分布图

通过图 3 能够看出，朱笔批改的数量大，分布广。值得注意的是，从第三十一回至第六十五回，没有朱笔字迹。这与图 2 所示小说印章分布规律是一致的。

据此，我们可以推测：第一，小说正文中朱笔在各回的分布规律与印章分布规律一致，那么，朱笔应与印章主人即杨继振、黄氏去尘等有关系。第二，中国书店程甲本的第三十一回至第六十五回并未留下阅读过的迹象，那么这段文本应有其独特之处。因此，有必要对小说各个章回的文字内容进行考察，尤其是第三十一回至第六十五回，以探究中国书店程甲本与其他版本的关系。

四、中国书店程甲本与程甲、程乙本的关系

中国书店程甲本上除了表 1、表 2 列出的印章外，在小说的第九十九回 4a 页 1 至 6 行天头处有一朱文圆印与一白文方印，见表 3：

表 3　中国书店程甲本第九十九回 4a 页 1 至 6 行天头处朱文圆印与白文方印

印 1	印 2①

三十多年前，胡文彬、周雷二位先生曾经在社科院程甲本上发现这两枚

① 为方便观看，此处将印章翻转 90°。

印章：

> 笔者在一九七五年十二月校阅文学研究所藏的那部程甲本时，发现在第 13 回第 6 页上面第 1—6 行的天头处，钤有两个纸头商标的朱色印记，盖在纸的背面，但从正面也能看清字迹。上方为朱文圆印，楷书四字，印文作“万茂魁记”；下方为白文方印，篆书四字，印文作“东厂扇料”。……但根据“东厂扇料”这个商标，却可以大体上判定，“万茂魁记”是属于北京城里的一个纸店。“东厂”可以有两种解释：一种是指“东西厂”的“东厂”；另一种是指“琉璃厂”的“东厂”。[①]

由此，可以确定中国书店程甲本上的这两枚印章与文雷先生在社科院程甲本上所见印章是一样的[②]，这证明了中国书店程甲本之“程甲本”身份。

中国书店程甲本既与标准程甲本不完全一致，又有可证明自己是程甲本的一些特征。而通过比对中国书店程甲本的文本，发现中国书店程甲本的具体文字从第一回至第三十回、第六十六回至第一百十五回属于程甲本系统，第三十一回至第六十五回、第一百十六回至第一百二十回属于程乙本系统。表 4、表 5、表 6、表 7 即采用抽样调查方式所列中国书店程甲本、社科院程甲本、程乙本异文比较表。

表 4　中国书店程甲本、社科院程甲本、程乙本第一回至第三十回异文表

	回目	中国书店程甲本	社科院程甲本	程乙本
1	第一回 11b 页 8 行	士隱知投人不著，心中未免悔恨。	士隱知投人不著，心中未免悔恨。	士隱知道了，心中未免悔恨。
2	第六回 7a 页 9 行	所以我帶了他進等奶奶下來	所以我帶了他進等奶奶下來。	所以我帶了他过来，等着奶奶下来。
3	第十一回 1b 页 4 行	這樣年紀日子原不敢請他老人家來	這樣年紀日子原不敢請他老人家來	這樣年紀這個日子原不敢請他老人家來
4	第十六回 2a 页 9 行	偺家的大小姐晉封為鳳藻宮尚書	偺家的大小姐晉封為鳳藻宮尚書	偺家的大姑奶奶封為鳳藻宮尚書
5	第二十一回 3a 页 2 行	不長進的毛病兒多早纔改	不長進的毛病兒多早纔改	不長進的毛病兒多早晚纔改呢
6	第二十六回 11a 页 10 行	馮紫英笑道：今兒說的也不蓋興。	馮紫英笑道：今兒說的也不蓋興。	馮紫英笑道：今兒說的也不盡興。

① 文雷：《论程丙本》，《红楼梦学刊》，1980 年第 4 辑。文雷，即胡文彬和周雷两位先生。

② 印 2 应为“本厂扇料”，这一章印在纸界是常见的。“万茂魁记”应指一个“纸厂”，并以此发展成一个品牌名。例如史上有名的“曹云记”、“桃记”宣纸均以“记”为名。“本厂扇料”之“本厂”大抵是各家纸厂的自称。

表 5　中国书店程甲本、社科院程甲本、程乙本第六十六回至第一百十五回异文表

	回目	中国书店程甲本	社科院程甲本	程乙本
1	第六十六回 7b 页 10 行	湘蓮聽了，跌足道：這事不好！斷乎做不得。	湘蓮聽了，跌足道：這事不好！斷乎做不得。	湘蓮聽了，跌腳道：這事不好！斷乎做不得。
2	第七十一回 4b 页 6 行	這日晚間伏侍過賈母晚飯後	這日晚間伏侍過賈母晚飯後	這日伏侍過賈母晚飯後
3	第七十六回 6b 页 5 行	只坐笛韻悠揚	只坐笛韻悠揚	只聽笛韻悠揚
4	第八十一回 12a 页 4 行	也幾過是風雲月露	也幾過是風雲月露	也不過是風雲月露
5	第八十六回 3b 页 1 行	張王氏哭稟道：小的的男人是張大	張王氏哭稟道：小的的男人是張大	張王氏哭稟：小的的男人是張大
6	第九十一回 5a 页 10 行	金桂：太太請裡頭坐，沒有外人	金桂：太太請裡頭坐，沒有外人	金桂道：太太請裡頭坐，沒有外人
7	第九十六回 6b 页 1 行	竟把林姑娘撂除開，非是他人事不知還可	竟把林姑娘撂除開，非是他人事不知還可	竟把林姑娘撂開，除非是他人事不知還可
8	第一百一回 3b 页 6 行	鳳姐剛有要睡之忌	鳳姐剛有要睡之忌	鳳姐剛有要睡之意
9	第一百六回 3b 页 2 行	不是珍老大得罪朋友，何重如此？	不是珍老大得罪朋友，何重如此？	不是珍老大得罪朋友，何至如此？
10	第一百十一回 7a 页 3 行	豈知探了幾天的信，一些也沒有想說。	豈知探了幾天的信，一些也沒有想說。	豈知探了幾天的信，一些也沒有想頭。

通过表 4、表 5，可以看出在文本第一回至第三十回、第六十六回至第一百十五回中，中国书店程甲本的文字与社科院程甲本的文字相同，与程乙本文字不同。

表 6　中国书店程甲本、社科院程甲本、程乙本第三十一回至第六十五回异文表

	回目	中国书店程甲本	社科院程甲本	程乙本
1	第三十一回 1a 页 7 行	襲人勉強笑道：好好見的，覺怎麼樣呢？	襲人勉強笑道：好好的，覺怎麼呢？	襲人勉強笑道：好好見的，覺怎麼樣呢？
2	第三十六回 3a 页 9 行	這事其實不在我手裡	這也抱怨不着我	這事其實不在我手裡
3	第四十一回 9a 页 10 行	這不是玉皇寶殿？	這不是玉皇寶殿四字？	這不是玉皇寶殿？

续表

	回目	中国书店程甲本	社科院程甲本	程乙本
4	第四十六回 4a 页 1 行	一面說，一面便過來接他手內的針線道："我看看你扎的花兒。"看了一看，又道："越發好了。"	"我看看你扎的花兒越發好了。"一面說，一面便進來接他手內的針線看了一看，只管讚好。	一面說，一面便過來接他手內的針線道："我看看你扎的花兒。"看了一看，又道："越發好了。"
5	第五十一回 10a 页 8 行	那大夫見這隻手上有兩根指甲	那太醫見這隻手上有兩根指甲	那大夫見這隻手上有兩根指甲
6	第五十六回 5a 页 4 行	姑娘說誰好，竟一派人就完了。	姑娘竟說誰好，竟一派人就完了。	姑娘說誰好，竟一派人就完了。
7	第六十一回 7a 页 10 行	只得帶出來交给上夜的媳婦們看守	只得帶了出來交與上夜的媳婦們看守	只得帶出來交给上夜的媳婦們看守

表 7　中国书店程甲本、社科院程甲本、程乙本第一百十六回至第一百二十回异文表

	回目	中国书店程甲本	社科院程甲本	程乙本
1	第一百十六回 2a 页 3 行	門上也横書着四個大字	門上横書四個大字	門上也横書着四個大字
2	第一百十七回 5a 页 4 行	你們曾問他住在那裡	你們曾問住在那裡	你們曾問他住在那裡
3	第一百十八回 6a 页 9 行	巧姐到底是個小孩子	那巧姐到底是個小孩子	巧姐到底是個小孩子
4	第一百十九回 7a 页 5 行	平兒道：這還等得幾時嗎？	平兒道：這還等得幾時呢？	平兒道：這還等得幾時嗎？
5	第一百二十回 14b 页 1 行	空空道人便問	空空道只便問	空空道人便問

通过表 6、表 7 能够看出，在文本的第三十一回至第六十五回，第一百十六回至第一百二十回中，中国书店程甲本的文字并不同于社科院程甲本，而与程乙本文字相同。

可见，中国书店程甲本并非一个纯粹的本子，而是一个由 80 回程甲本（第一回至第三十回、第六十六回至第一百十五回）与 40 回程乙本（第三十一回至第六十五回、第一百十六回至第一百二十回）混合的本子[①]。

---

① 笔者在写这篇文章之前，曾拜访过杜春耕先生。杜先生对中国书店程甲本的见解对笔者深有启发，其中关于中国书店程甲本包括 80 回程甲本与 40 回程乙本的结论，便直接获益于杜春耕先生。另外，文中所参考中国书店程甲本影印本是由曹雪芹学会提供的，感谢曹雪芹学会老师们的关照。

问题在于，混合的现象从何时起？是从杨继振收藏之前，还是之后。因为此本从文本的第三十一回至第六十五回既没有印章，也没有朱笔校订——这一部分是属于程乙本系统的。但是，同样属于程乙本系统的第一百十六回至第一百二十回却既有印章，又有朱笔校订。对此现象，有两种推测：

第一，重订本。我们现在所见中国书店程甲本 120 回中，只有其中的 85 回，即有印章及朱字的第一回至第三十回、第六十六回至第一百二十回是被杨继振收藏过的。而文本的第三十一回至第六十五回并未被杨收藏，至少是后补进去的，所以这一段文本并未有杨章及朱字。

第二，混配本。中国书店程甲本是一个由 80 回程甲本与 40 回程乙本拼凑成的混配本。这种情况是存在的，例如文雷先生曾考证青石山庄本及其底本胡天猎本是由 65 回程丙本与 55 回程甲本拼凑而成①。再如，在北京大学图书馆藏一有胡适藏印及题字的程甲本，但此程甲本第一百零一至第一百零五回为程乙本②。大概杨继振等发现了这套书的第三十一回至第六十五回并非属于程甲本系统，因此并未加朱笔及印章，而同样属于程乙本系统的第一百十六回至第一百二十回未被杨等发现，所以依然盖有印章。

这两种情况都是有可能存在的，从中国书店程甲本上的朱笔校订看，校订者是参考了其他版本的，也包括程乙本，所以他对程乙本应该比较熟悉，能将其辨别出的可能性也很大。另外，程甲本与程乙本混配的情况是有的。鉴于此，中国书店程甲本是一个混配本的可能性更大些。

中国书店程甲本并非一个纯粹的程甲本，而是一个由 80 回程甲本与 40 回程乙本拼凑而成的混配本。中国书店程甲本的早期收藏者为杨继振。这个本子上留有大量前人朱笔校订的笔迹，这应与杨继振及其妾氏“黄氏去尘”有关。这些朱笔校订有着独特的价值，它根据文本上下文语境，凭借语感，有时也参考其他版本(包括早期抄本、程乙本)等，力图修改程甲本文字上明显的错误，致力解决程甲本由活字摆印出现的颠倒错落的问题。

参考文献

[1]范晔：《后汉书》，北京：中华书局，1965 年。

[2](清)曹雪芹：《乾隆抄本百廿回红楼梦稿》，上海：上海古籍出版社，1984 年。

[3](清)曹雪芹：《绣像红楼梦》，据社科院藏程甲本影印，长春：吉林文史出版社，2000 年。

---

① “青石山庄本及其底本胡天猎本……是一个由两种程高排印本拼凑起来的配本。在这个配本中，有六十五回(第一至六十回、第七十一至七十五回)不同于程甲本，与程乙本则大同小异，可以定名为‘程丙本’；而其余的五十五回(第六十一至七十回、第七十六至一百二十回)，却是地地道道的程甲本。”(文雷：《论程丙本》，《红楼梦学刊》，1980 年第 4 辑。)

② 藏于北大图书馆，典藏号(索书号)：SB/813.351/5510.1。

[4](清)曹雪芹:《桐花凤阁批校本程乙本红楼梦》，北京：北京图书馆出版社，2001 年。
[5](清)曹雪芹:《程甲本红楼梦》，北京：北京图书馆出版社，2005 年。
[6](清)曹雪芹:《甲辰本红楼梦》，沈阳：沈阳出版社，2006 年。
[7](清)曹雪芹:《脂砚斋重评石头记》(庚辰本)，北京：人民文学出版社，2006 年。
[8](清)曹雪芹:《戚蓼生序本石头记》，北京：人民文学出版社，2006 年。
[9](清)曹雪芹:《蒙古王府本石头记》，北京：北京图书馆出版社，2007 年。
[10](清)曹雪芹:《脂砚斋重评石头记》(己卯本)，北京：人民文学出版社，2010 年。
[11](清)曹雪芹:《〈红楼梦〉乾隆间程甲本》，北京：中国书店，2013 年。
[12](清)震钧:《天咫偶闻》，北京：北京古籍出版社，1982 年。
[13]崇彝:《道咸以来朝野杂记》，北京：北京古籍出版社，1982 年。
[14](清)叶昌炽:《藏书纪事诗(附补正)》，上海：上海古籍出版社，1989 年。
[15]曹立波:《红楼梦东观阁本研究》，北京：北京图书馆出版社，2004 年。
[16](清)恩华:《八旗艺文编目》，沈阳：辽宁民族出版社，2006 年。
[17]曹立波:《红楼梦版本与文本》，北京：中华书局，2007 年。
[18]沈康年编:《古文字谱》，昆明：云南人民出版社，2006 年。
[19]陈振濂主编:《中国篆书大字典》，杭州：浙江古籍出版社，2008 年。
[20]商务印书馆编辑部:《辞源》，北京：商务印书馆，2010 年。
[21]文雷:《论程丙本》，《红楼梦学刊》，1980 年第 4 辑。

（作者：曹立波　中央民族大学教授
曹　明　中央民族大学博士研究生）

项目名称：消费文化视域中的西方现代设计发展研究
项目编号：11WYB011
项目负责人：龚小凡
项目信誉保证单位：北京印刷学院

消费文化视域中的法国“新艺术”运动招贴

长期以来，艺术史、美学研究的聚焦点大都在纯艺术领域，包括设计活动在内的实用艺术在艺术研究中处于边缘化状态。20 世纪以来随着设计活动对人类生活的有力参与及广泛影响，其正在受到越来越多的关注与重视。始于 20 世纪前半叶的西方学界对现代设计的系统研究是艺术发展史中的一个“新大陆”，20 世纪 80 年代以来，国内学界在现代设计的研究方面也进行了富有成效的工作，但还存在一些有待改进的方面，如较多从设计领域内部做史料的梳理，缺乏对设计现象的成因、设计与其他社会活动的相互关系及作用等深层次内涵的探讨。本文拟从消费文化的角度考察在现代招贴的早期发展中法国“新艺术”运动(Art Nouveau)招贴的状况，以探讨生活方式、消费实践与设计活动的关系，从而为认识当代的社会生活，特别是消费生活与设计的关系提供启示与借鉴。

英国学者迈克·费瑟斯通在他的《消费文化与后现代主义》一书中梳理消费文化的谱系时指出，许多研究都将消费文化追溯到 18 世纪的英国以及 19 世纪的法国、英国和美国，认为当时的广告、百货商店、度假胜地、大众娱乐及闲暇等的发展，是当代消费文化的起源①。从现代设计史的角度看，19 世纪末至 20 世纪初法国“新艺术”运动中的现代招贴是工业革命、科技革命刺激下法国旺盛的商业活动及消费需求的产物，是那个时代消费文化最具代表性的一种视觉表达形式。

19 世纪 80 年代到 1914 年第一次世界大战，欧洲主要国家的生产力大幅提升，工业产品生产持续增长，人们的生活水平普遍提高，从而在历史上被称为“美好年代”。那个时期普遍的商业繁荣直接促进和推动了服务于商业活动的现代招贴的产生与繁荣。在 19 世纪 90 年代到 1910 年左右出现的国际性设计运动——“新艺术”运动中，现代招贴是一个十分重要且令人瞩目的领域，

① (英)费瑟斯通：《消费文化与后现代主义》，刘精明译，南京：译林出版社，2000 年，第 165 页。

比较典型地反映了那个时代的消费生活与设计的内在关联与互动。

招贴，英文为“poster”，也译为海报(海报在实际使用中更多地与文化活动招贴相联系)，是一种具有可复制性和可传播性，以图形、文字等平面设计表现手段传递商业、文化等信息的户外印刷广告。商业招贴是存在最早、发展历史最长的一种广告形式，也是招贴中最基本、最重要的类型。19世纪之前的早期招贴以文字为主，以图为主的现代招贴在19世纪后半期发展起来。现代招贴以画面明晰、视觉效果强烈、具有个人风格和可彩色印刷为基本特征。在19世纪、20世纪之交的“新艺术”运动中，欧洲许多国家的招贴都有突飞猛进的发展，而法国招贴则被认为位于现代招贴发展的前列①，是现代招贴早期发展的一个范本，因而也成为解读那个时代消费生活与设计互动的一个典型样例。早期现代招贴以商业招贴为基本类型，产品招贴和娱乐招贴是法国“新艺术”运动招贴中与当时的社会生活及消费实践关系最为密切的两种类型。

一、产品招贴：“新产品—新生活”

19世纪、20世纪之交，法国经济的持续稳定发展是现代招贴出现及发展的物质基础。1910年，法国国民生产总值为261亿美元②。相较19世纪70年代，工业产量增加了两倍，国民收入增加了一倍。1895—1913年，电力、金属制造、化学工业、服装和纺织品加工的年增长率分别为14.5%、11.2%、4.7%、2.7%，服装和纺织品加工的总产值增加额为13.98亿法郎，食品业的总产值增加额为20.27亿法郎③。产品的批量生产与持续增长带来了争夺市场与客源的压力，作为产品主要促销手段的现代招贴广告也就应运而生。在那个没有电视、广播等现代传播媒体的时代，招贴是受众最广泛因而也最具影响力的广告媒体。现代招贴是工业化生产和现代商业发展的产物，它的产生与繁荣标志着社会经济与物质生产发展的新阶段，意味着一个存有大批量待售商品，需要持续释放消费压力的现代市场正在形成。

19世纪晚期，以大型百货商店为代表的新型消费空间在法国的出现与现代招贴的发展繁荣相伴随。这些百货商店与之前流行的为法国诗人波德莱尔所钟情的拱廊街商店不同，它们采用新的销售和经营方式：大批量库存、大批量购买、较低价格、快速流通，商店可自由出入，不满意可退货。1852年开张的巴黎第一家百货商店便宜百货(Bon Marché)，到1869年的交易额已达

① 朱国勤：《现代招贴艺术史》，上海：上海书店出版社，2000年，第12页。

② (英)彼得·马赛厄斯等主编：《剑桥欧洲经济史》第8卷，王宏伟等译，北京：经济科学出版社2004年，第3页。

③ (法)乔治·杜比主编：《法国史》中卷，吕一民等译，北京：商务印书馆，2010年，第1032页。

700万法郎[1]。直至第一次世界大战，便宜百货一直是世界最大的百货商场。这种新的聚集和销售商品的方式顺应了生产领域大批量产品供给的趋势，同时也开启了一个大众消费的时代。

大量聚集而待销售的商品促生了推介产品的强烈商业诉求，现代商业招贴正是以其审美化的劝服方式引发消费意向，将潜在的消费者变为现实的购买者。在法国“新艺术”运动的产品招贴中，食品、酒类、药品以及新的工业产品是招贴广告中最常见的商品。自19世纪50年代到1910年，法国的人口仅从3650万上升为4150万，远低于当时的英国、德国、荷兰等国家[2]。而从19世纪中期到第一次世界大战，法国人消费食物的数量却出现了大幅增长，面包和葡萄酒的销量增长了50%，肉类、啤酒和苹果酒的消费量翻了一番，其他酒类增加了两倍，糖和咖啡增加了三倍[3]。以巧克力为例。16世纪经由西班牙传入欧洲的巧克力深受儿童的喜爱，法国巧克力的销量从1849年的350吨上升到1889年的1.5万吨[4]。与此相对应，在那一时期的法国招贴中，人们可以看到许多关于巧克力的招贴。法国现代招贴的代表人物阿尔丰斯·穆夏(Alphose Mucha)的一幅招贴中，一位母亲端着冒气的巧克力热饮，两个孩子一左一右正在跳起来去争抢。这一生动的虚构场景旨在传达一个劝导性陈述，即这是值得品尝的美味。商品招贴中的人物虽涉及男女老幼，但招贴的主人公其实不是人而是物。招贴作为促推商品消费的直接产物，以形象化的方式传达出作为广告诉求的物质主题与消费意向。而且，招贴在推销商品的同时，也在构建一种对待消费的态度与理念，即一种关于消费的文化。这种消费态度与理念具有鲜明的物质性特征，它鼓励通过消费获得物质享乐，把物质享受与人生快乐紧密联系起来。

在法国“新艺术”运动的产品招贴中，与日常生活相关的新产品招贴占有主导地位。由于工业化和科学技术的快速发展，19世纪欧洲呈现出生气蓬勃的创造力，新的发明创造不断出现，新的产品不断推出。19世纪后半期，在法国举办的五次大型世界博览会成为展示和推广新产品的最好平台，同时也引导了大众消费的发展趋势。“辛格缝纫机、照相机和家庭用电在1855年博览会上成为最抢眼的项目之一；冰箱、打印机、电话、电梯和最原始的留声

① (美)大卫·哈维：《巴黎城记》，黄煜文译，桂林：广西师范大学出版社，2010年，第175页。

② (英)H.J.哈巴库克等主编：《剑桥欧洲经济史》第6卷，王春法主译，北京：经济科学出版社，2002年，第56—57页。

③ (英)科林·琼斯：《剑桥插图法国史》，杨保筠等译，北京：世界知识出版社，2004年，第226页。

④ (法)菲利普·阿利埃斯等主编：《私人生活史》，周鑫等译，哈尔滨：北方文艺出版社，2008年，第350页。

机在 1878 年也深受欢迎。这些物品很快在巴黎市场上卖掉了。”[①]

法国现代招贴在将产品呈现给受众时，并非仅仅限于对产品本身或产品实用功能的展示，而是赋予产品某种象征性并给以阐释，将新产品与新的理念、新的生活方式联系起来，从一开始就成为招贴的重要构造方式。以当时的自行车招贴为例。1867 年的巴黎世界博览会上，法国人皮耶·米修展示了他的前轮较后轮大并设有踏板的自行车，获得极大反响，自行车便开始了持续的改进与大量生产[②]。1898 年，法国自行车数量达到 37.5 万辆，到 1914 年，达到 350 万辆[③]。而围绕着各种样式与品牌的自行车，甚至包括自行车轮胎，引发了激烈的广告大战。一些自行车招贴将骑自行车刻画为一种上层阶级新的优雅生活方式，画面中那些身着得体正装的骑车男士仿佛过去时代马背上的骑士；也有招贴将画面的背景设置为山地、树林，凸显出自行车拓展个人生活空间及时尚休闲的内涵；有的招贴把自行车乘骑者设计为女性，引发了具有分歧性的社会反响：一些人认为自行车是发展个人自由，也包括女性自由的工具；而另一些人认为，穿长裤骑自行车的女性失去了女性的魅力，也将使女性逃离应有的家庭责任。可以看出，招贴并非对商品做“镜式”的客观呈现，它将物品与种种社会文化内涵及形象的阐释、塑造连接起来，正如人们在自行车招贴中看到的，它也是凝聚性别争议、社会风习流转的场域。

“新产品—新生活”，是法国“新艺术”运动产品招贴的重要创作和生产逻辑。作为消费文化的一个早期重要媒介，现代招贴在推广商品的同时，也成为那个时代消费文化的重要视觉表现形式，并表现出消费文化将在 20 世纪的未来时间里更加凸显的特征：开掘商品的多重内涵，引导消费者以多种方式更加灵活地看待和使用产品。从中可以看到，消费文化既有鲜明的物质性特征，同时通过物质产品与抽象观念、含义的连接也使其超越物质性，使商品象征化、符号化，并通过消费达成二者之间的贯通。

现代招贴是 19 世纪、20 世纪之交伴随西方社会生活的发展变化而出现的新的视觉审美文本。情景化是这一时期招贴的基本构造方式，彩色石版印刷、色彩单纯、平涂是它的技术与造型特点。在法国“新艺术”运动的产品招贴中，示范性引导是招贴设计的基本思路，情景化——通过将产品置于消费者熟悉的日常生活环境中，描绘人物对商品享用的情景——是这些招贴的主要构造方式。这种方式一方面通过戏剧化的处理强化产品与主题，另一方面也表现

---

① （英）科林·琼斯：《巴黎城市史》，董小川译，长春：东北师范大学出版社，2008 年，第 250 页。

② 李政亮：《光影巴黎：广告海报中的城市故事》，南京：南京大学出版社，2011 年，第 177 页。

③ （英）科林·琼斯：《剑桥插图法国史》，杨保筠等译，北京：世界知识出版社，2004 年，第 224 页。

了绘画语言对招贴的影响。早期现代招贴也的确曾被视为绘画的一个分支，在一些艺术史、设计史著述中将其称为“招贴画”。女性与儿童是这些招贴中最为常见的人物形象，美女加特定商品是女性产品招贴形象的基本组合方式。

现代招贴以彩色印刷为主，法国“新艺术”运动招贴基本采用石版套色印刷。18 世纪德国人发明的石印术到 19 世纪上半叶已成为非常流行的招贴印刷技术，其基本原理是画家用一种油性物质在石板上作画，然后利用水油不融特性将石板浸水，涂抹油墨，最终将图像转印到纸上。19 世纪中期开始流行的石版三色套印技术为彩色招贴的印制提供了技术条件。用这种方法制作出来的印刷品在细节、色调变化上都可与原作媲美。石版三色套印技术适用于大面积色块组成的图像，这也是这一时期招贴色彩单纯而平涂的一个重要原因。如经常作为招贴范例而被提到，由索菲尔-亚历山大·斯坦林(Theophile-Alesandre Stainlen)设计的消毒奶广告，画面主体是一个身着大红衣裙，端着一只大碗喝奶的小姑娘，画面单纯的大红色块极富装饰性，具有强烈的视觉效果。

二、娱乐招贴：叛逆中的享乐与感官文化

娱乐性招贴在法国“新艺术”运动招贴中数量大、艺术性强、社会影响广泛，是现代招贴中非常有代表性的一个类型。消费文化不仅注重物质消费，同时也具有精神上的享乐主义特征；肯定并强化与消费相关的情感宣泄、心理体验和精神梦幻是消费文化的重要内涵。19 世纪的资产阶级文化表现出富于张力的异质性特征，如主要体现于社会现代化进程中的工具理性与主要在文化艺术领域，具有感性化、心理主义特征的审美现代性；勤奋、克制、守则的工作伦理与叛逆、自我放纵的享乐主义；波德莱尔式的孤独沉思漫游与波西米亚群体的部落式狂欢等，都是资产阶级文化复杂性的表征。由于这一时期招贴的商业动机及大众文化属性，法国“新艺术”招贴更多地表达了消费文化中的享乐主义与“美好年代”的乐观主义。

法国“新艺术”招贴的繁荣反映了那个时代法国娱乐消费生活的繁荣。历史学家认为，以 1900 年巴黎世界博览会为契机，法国的消费主义势头十分强劲，并通过休闲娱乐消费将这种趋势推向了高潮。这种娱乐消费的繁荣在巴黎得到了集中的表现，而巴黎也正是“新艺术”运动招贴发展最集中、最繁荣的地方。到 19 世纪晚期，巴黎已成为国际性的现代化都市。伴随着人口增长带来的人群聚集以及对休闲观念的体认，休闲娱乐日益成为都市生活方式的一个重要部分。19 世纪末的巴黎有众多休闲娱乐场所，仅咖啡馆在 1885 年就

有 4.2 万家[①]。这些咖啡馆中有相当数量都带有歌舞表演，其表演项目除了音乐舞蹈，还有诗歌朗诵、幕间短剧、杂技、绘画与招贴展等各类活动。后来，这些咖啡馆中的一些转变为主要上演哑剧、杂技、轻歌剧、幕间喜剧的杂要歌舞场或游乐场，有的杂要歌舞场演变为大众化的剧场。与歌舞咖啡馆近似的还有带各种表演形式的小酒馆。“美好年代”是巴黎人观看戏剧的鼎盛时期，“1870 年至 1890 年间，巴黎的戏剧观众数量增加了一倍，到 1910 年又增加了一倍，而且还在继续增长。1900 年巴黎世博会期间，有 50 万人一周去看一次戏，一半的巴黎人一个月去看一次戏”[②]。这些娱乐场所，除了国立歌剧院、喜剧院、法兰西剧院等四家接受政府资助外，其余都是商业性的。这就要求它们的运作必须面对大众和市场，而娱乐招贴广告也就成为这种商业化运作必不可少的环节和手段。

在 19 世纪、20 世纪之交的法国娱乐招贴中，最为普遍的是为娱乐场所和为特定的剧目、表演及演员制作的招贴。红磨坊歌舞厅是 19 世纪末巴黎蒙马特区的著名娱乐场所，曾被视为巴黎夜生活的象征。曾有一幅招贴，将同建于 1889 年的红磨坊和埃菲尔铁塔并列于画面之上，将它们共同作为法国“美好年代”的象征。被称为现代招贴之父的朱利斯·谢列特(Jules Cheret)、著名的画家及设计师亨利·德·图卢兹-劳特累克(Henri de Toulouse-Lautrec)都曾为它设计过招贴。特别是作为红磨坊常客的劳特累克，红磨坊因他的招贴而知名度大增，这成为招贴广告有力推进娱乐消费的典型范例。

各娱乐场所的剧目、表演节目及知名演员也是娱乐招贴通常表现的内容。穆夏的第一张招贴就是为当时的著名歌舞明星沙拉·伯恩哈特(Sarah Bernhardt)的歌舞剧《吉斯蒙达》设计的，画面以头戴花环的女演员为中心，人物的头饰、衣饰以及招贴上的文字都运用了具有典型“新艺术”风格的植物纹样曲线，是“新艺术”运动招贴中的代表性作品。19 世纪末的法国娱乐界已有“演艺明星”的概念与运作，一些场所支付高薪让知名表演者留驻，以吸引和留住观众。劳特累克设计的红磨坊招贴上的舞女形象，就是当时红磨坊的“康康舞”明星拉·古吕(La Goulue)。明星招贴也成为娱乐招贴中最引人注目的一部分。

法国“新艺术”运动的娱乐招贴表现了消费文化追求快感和享乐主义的特征。迈克·费瑟斯通在分析消费社会时曾强调，绝不应将其仅仅看作对物质主义欲望的释放。从法国 19 世纪、20 世纪之交的大众娱乐消费中，我们可以

---

① (美)大卫·哈维：《巴黎城记》，黄煜文译，桂林：广西师范大学出版社，2010 年，第 233 页。

② (英)科林·琼斯：《巴黎城市史》，董小川译，长春：东北师范大学出版社，2008 年，第 276 页。

看到那个时期消费文化在心理、情感方面的表现。在当时的资产阶级文化秩序中，大众娱乐消费场所可以说是正统文化中的一个异端。正如人们在巴黎蒙马特地区的娱乐场所看到的，在这里，社会上层的名流、中产阶级、社会下层以及边缘人群混杂相处，社会身份与界限暂时性地模糊和消弭，人们体会着从跨阶层的社会定位与区分中摆脱出来，在一种“有序的失序”中自我放纵和情感宣泄的快感。这种叛逆中的享乐是大众娱乐场所具有吸引力的重要因素。当时的娱乐招贴通常都选用暖色，特别是红色和黄色作为色彩的基调，以表达那种群体狂欢的氛围与热度。而劳特累克的娱乐招贴中常有的倾斜、不平稳构图，则是这种娱乐消费空间中的躁动与激荡不安的视觉化表达。

法国“新艺术”运动的娱乐招贴表现了消费文化中以女性身体为重要表征的感官文化特征。在那些娱乐招贴中，女性形象占有突出位置。无论是谢列特招贴中那些明艳欢快的女郎，还是劳特累克招贴中散发着神秘诱惑气息的女性，身体的性意味都被着意地刻画与渲染。娱乐招贴的这一特征是那个时代消费主义逻辑下身体消费的一个缩影。鲍德里亚曾指出：“身体的地位是一种文化事实。”[①]中世纪的身体被宗教化的精神、灵魂所压抑，被认为是不洁的，潜伏着堕落的危险性。文艺复兴时期，伴随着“人”的解放，“重新获取”的身体作为人的自然属性的载体，被视为人的肯定性力量，身体常常作为自然美的范例而被欣赏和崇拜。工业革命以后，随着工业化的进程与物质生产力的释放，一方面身体被视为劳动力的载体；另一方面，身体，特别是女性的身体，在被视为美的对象被欣赏时，也被视为可消费性的物品，一种特定的视觉消费品。在当时的大众娱乐场所及娱乐招贴中，身体与性的消费性都被放大并强化。

这种消费娱乐中的身体与工业生产中的一般性物品具有某种同质性。从性质上说，它将原生态的身体视为资本的一种形式，通过指向商业消费的开发、训练和包装而成为对生产者来说“可出售”、对消费者来说“可购买”的物品。曾在法国大众娱乐消费场所流行的，以高踢腿、露出舞者衬裙和底裤为“卖点”的康康舞就是这种典型的娱乐消费品。劳特累克所设计的一系列展示舞者高踢腿的康康舞招贴，被认为大大提升了红磨坊的知名度，而知名度将会以门票收入及饮料销售的增长标示出来，从中不难看出招贴与消费的相互作用和循环。对身体的展示和肉体快感的表达成为现代招贴的一个基本特征，它将身体、性和快感都纳入到生产与消费的循环之中。

三、现代招贴：大众消费的传播媒介与实用艺术的发展

19 世纪晚期的法国是现代招贴的发源地，法国“新艺术”运动招贴数量大，

① (法)鲍德里亚：《消费社会》，刘成富等译，南京：南京大学出版社，2001 年，第 140 页。

发展繁荣，各式招贴不仅遍布大街小巷，还出现了专门的招贴刊物和招贴展览，形成了风靡一时的“招贴热潮”，并产生了“招贴之父”谢列特以及劳特累克、穆夏等对现代招贴发展有重大影响的代表人物。在现代招贴的早期发展中，法国“新艺术”运动招贴反映着那个时代招贴发展的技术条件、招贴与流行文化及传统艺术的关系、实用艺术的发展。

现代招贴是现代城市景观的一个重要组成部分。现代招贴伴随着城市化的进程而形成和发展，并且是现代都市的典型性表现。19 世纪中期以后，印刷机对各类绘画作品的印刷复制速度已达到每小时 10000 张①。速度提升，成本降低，为大量制作招贴提供了技术条件。19 世纪 80 年代，仅谢列特一人每年设计的招贴印刷出版量就达 20 万张之多②。而三色、四色彩色石版印刷使招贴有了绚丽的色彩。这一时期的招贴常有巨型制作，谢列特的招贴最高达 2.5 米，而斯坦林的更是超过了 3 米，形成强烈的视觉冲击力。由于大量张贴的需要，1886 年巴黎出现了专门用来张贴广告的圆形立柱，并因其设计师布里埃尔·莫里斯而得名“莫里斯柱”。那个时期，“广告遍及巴黎街头，墙上、建筑物上、公共汽车上、三明治公告板上、公共便器上以及莫里斯柱上，广告随处可见，莫里斯柱已经成为巴黎特色街景的一部分”③。现代招贴是伴随工业革命发展而出现的新的视觉审美资源，那些色彩鲜艳、尺幅巨大、遍及巴黎各个角落的招贴成为城市空间一种新的视觉形象，为城市空间增添了新的审美元素。因而，现代招贴不仅是传递商品信息、引导消费的功用性媒介，也是传播消费文化并体现日常生活审美化的一个早期表现形式。

现代招贴作为消费文化的一种视觉传达符号具有大众流行性。它是 19 世纪、20 世纪之交引导、促进大众消费的最具影响力的传播媒介，商场商品的打折、娱乐场所的低票价信息都通过它而发布传播，招贴本身便是大众化消费的一个标志。招贴被认为是一种“街头艺术”(street art)，不同于绘画、雕塑等纯艺术形式，需要进入画廊或博物馆才能欣赏到，招贴遍布城市的各个角落。作为视觉形象的一种文本，招贴是流行文化的一种载体，绘有演艺明星形象的大幅招贴参与着城市流行文化的构成与传播。招贴上呈现的女性容颜亮丽，衣着入时，成为许多城市女性的时尚样板与偶像。谢列特招贴上典雅而不失活泼的美丽女性被称为“谢列特女郎”，被认为代表着古板的维多利亚时期女性向具有现代感的“欢乐一代”女性的转变，她们的服饰、发型、仪态为许多巴黎女性所模仿，普通女性通过追随招贴女郎而追随时尚。招贴某

---

① 朱国勤：《现代招贴艺术史》，上海：上海书店出版社，2000 年，第 6 页。

② 王受之：《世界平面设计史》，北京：中国青年出版社，2002 年，第 101 页。

③ (英)科林·琼斯：《巴黎城市史》，董小川译，长春：东北师范大学出版社，2008 年，第 276 页。

种程度上成为时尚的发布平台并非招贴设计的初衷，而是消费大众对招贴功能的自我开发与使用，他们对这一新的视觉传播文本进行了富于创造性的“消费”。

现代招贴是兼具实用性与审美性的视觉符号，是实用艺术伴随社会生活发展而产生的一个新类别。在各个艺术类别中与招贴关系最为密切的莫过于绘画。在“新艺术”运动时期，许多绘画理念、技巧被直接移用到招贴设计中，这在劳特累克、谢列特的招贴中都有明显表现。而早期的招贴设计者大都也有跨越绘画与设计的经历，不少人从绘画转向设计，或兼具绘画与设计，如现代招贴的重要先驱劳特累克同时又是后印象主义画派的重要画家。但也正是谢列特、劳特累克等设计师注意到招贴设计语言的特殊性，一种不再强调透视和明暗处理，使招贴形象简化、夸张、平面化，注重视觉效果的设计语言及表现方式开始形成，招贴创作逐渐脱离绘画而独立，最终形成属于自己的、新的视觉语言。

以法国“新艺术”运动招贴为代表的现代招贴是在传统艺术走向商业化以及实用艺术快速发展的背景上蓬勃发展起来的。19 世纪的欧洲，随着工业化进程的发展，艺术创作出现了走向商业化的明显趋向：在法国艺术创作活动的组织中，科学院体制开始走向市场体制，画商对艺术创作的影响逐渐超过有皇家参与的沙龙评委会，艺术品的销售由政府订购为主而转向商业化的画廊及更广泛的市场。同时，不断增长的商业化需求将绘画、雕塑等传统造型艺术引向包括招贴在内的家具、室内设计、书籍装帧、陶瓷、首饰及工业产品等广泛的设计领域。一些设计师提出艺术不仅仅是绘画、雕塑这些架上艺术，也包括具有审美价值的日常生活用品，他们希望通过设计改善日常生活，并用具有个性、美感和技巧的产品“征服那些鄙视实用艺术的人”。19 世纪中期，约翰·拉斯金(John Ruskin)等人倡导的打破纯艺术与实用艺术分界及等级的观点，至 19 世纪、20 世纪之交，已为越来越多的人所认同，设计所属的实用艺术类别在艺术系统中一直被作为“次要艺术”的边缘化状态开始发生改变。当时巴黎街头几乎无处不在的“新艺术”运动招贴正是以设计为代表的实用艺术在公众与商业生活中日益扩大的影响力的体现。

四、结　语

法国“新艺术”运动招贴是早期现代招贴的一个范例，是现代招贴发展的第一个高潮。在其之后，20 世纪的装饰艺术运动招贴、“图钉风格”平面设计、嬉皮士海报、后现代主义平面设计都一再从新艺术运动招贴中汲取灵感与养分。20 世纪初兴起的现代主义设计倡导功能决定形式和注重理性与秩序的设计风格，在招贴及平面设计中多用简洁的抽象几何图形，排斥装饰性风格。一段时间里，现代主义设计成为设计领域的主导性风格。及至 20 世纪中期之后，随着现代主义设计中单一、冷漠、模式化等局限性的逐渐显露，人们又一再返回新艺术运动，重温并拾取其中的植物主题与有机形态，新艺术运动招贴所体现的亲切感、华美的装饰性及富于意蕴的风格再次被新时代的人们所喜爱，并成为当代招贴及平面设计多元化风格中的有益元素。

从社会与媒介的角度看，现代招贴是在回应批量化生产及大众化市场需求中产生的"新媒体"，是 19 世纪、20 世纪之交的工业化生产、商业发展、社会消费需求及石版彩印技术所催生的新型传播媒介。现代招贴既是商业信息的载体，同时也代表着一种新的图像生产方式和新的审美资源。如今，电子及数字媒介、多媒体手段及动态影像已成为商业广告的主流形式，而"新艺术"运动招贴为代表的早期现代招贴已成为富有特色的文化艺术物品而被人们所收藏，其艺术审美价值随着时间的推移也为更多的人所认识和珍视。

法国"新艺术"运动招贴所具有的商业性、复制性、批量生产与广泛传播使其成为那个时代典型的大众文化文本。比起同时代的绘画、摄影、插图等图像形式，招贴具有最鲜明的商业性，其大尺幅与鲜艳夺目的色彩具有更大的视觉冲击力，遍布城市空间，在公众密集场所的"免费供给"，更使招贴成为其他媒介难以企及的大众"消费品"。作为大众文化的一个样本，早期现代招贴所体现的视觉化、娱乐化特点在 20 世纪后来的大众文化、视觉文化中将得到更为充分的发展。

现代招贴是承载、传播消费文化的视觉符号。它在传达商品信息的同时，也赋予商品符号象征价值，并推介一种鼓励消费和乐于享用新产品的生活方式。鲍德里亚认为商品的符号价值是消费文化的核心价值，而费瑟斯通认为新生活方式的建构是消费文化的核心。① 相比较而言，新艺术运动招贴所传达的符号象征价值与产品的物质性及其实用功效有着较为紧密的联系，及至 20 世纪的后现代社会，符号与影像，以及通过消费方式形成的风格化生活成了消费文化的主要内涵与特征。

从消费与设计的关系看，现代招贴既是消费实践的产物，同时又通过商品推介、消费态度、消费方式的倡导返回消费实践，由此可见消费与设计活动的影响与互动。物化于产品之上的设计通过消费而影响人们的生活方式，从而参与并塑造现实生活。在人类文明中设计活动已有长久的历史，但如何在生产与消费中充分发挥设计的活力与正能量，推进一种优质、美好而健康的生活，仍是摆在当代人们面前的一个重要课题。

（作者：龚小凡　北京印刷学院教授）

---

① 杨魁、董雅丽：《消费文化理论研究——基于全球化的视野和历史的维度》，北京：人民出版社，2013 年，第 315 页。

项目名称：北京地名的文化语言学研究
项目编号：11WYB012
项目负责人：杨建国
项目信誉保证单位：北京语言大学

北京地名理据解读及地名建设

一、地名及其解读原则

(一)关于地名

“地名”一词最早出现在《周礼》中，《周礼·夏官司马第四》记载：“原师掌四方之地名，辨其丘陵、坟衍、原隰之名，物之可以封邑者。”这时的地名范围不广，数量也不大，主要用单音节词(字)表示，自然地物方面如用“江”指长江，“河”指黄河；封国、都邑也用一个字表示，如北京有史为证的最早的两个城邑一个是“蓟”，一个是“燕”。《史记·周本纪》记载，周武王灭商后，封“帝尧之后于蓟”，“封召公奭于燕”。

随着社会的发展，地名的概念范围及其语音形式得以扩展，数量也在递增。到了东汉，《汉书·地理志》已记录了4500多个地名。《说文解字》记载：“地名者，从地也，万物所陈列也。”意谓地名是世间万物在地表上分布的指示符号系统。

中国现代地理学体系建立后，进一步明确了地名的概念：“地名是一定的社会群体为特定的地域所约定的专有名称。各种类别、各种层次的地名形成一定的系统，地名最基本含义还是在于指明一定地域的方位、范围和所属的地理类别。”①

现代地名学将地名分为通名和专名两部分。从构词角度看，地名中绝大多数是以通名来表示所属的地理类别或地物类型，主要以专名来表示相互之间的区别。少数以通名或数词、方位词、区别词来显示区别，如学院路与学院胡同、旧鼓楼外大街、六铺炕一巷等。

地名作为一种语言符号，是人类社会发展到一定阶段的产物。人们为了生存和发展的需要，给地理实体赋予代号，同别的地方区别开来，以此来达到识别和交流的目的。因此，指示方位和表示地理实体是地名最重要和最基

① 李如龙：《汉语地名学论稿》，上海：上海教育出版社，1998年，第6页。

本的功能。在地名命名方面，官方除注重指位性外，还注重文化性，地名表现出雅正的文化品格；坊间注重通俗性，地名带有随意性和一定的低俗性。低俗的地名不能满足物质生活得到改善后人们精神生活的需要，因此谐音改名、谐音雅化改名等就成为一个普遍的社会文化现象。也有因政治因素、经济因素等改名的，情形比较复杂。但改名一方面造成原有命名理据的脱落，另一方面也会增加社会成本，因此地名的命名和改名需要慎之又慎。

(二)地名理据的解读原则

地名是人类文明的产物，是不同社会发展阶段人们的认知取向与情感特征等投射到地物及生活区域的印记。地名是一定的社会群体为特定的地域所约定的专有名称，它由音、形、义三部分组成，受地理环境、历史、民族、语言、政治、文化等多种因素影响。它不仅体现一个地区的自然地理特征，更重要的是反映着一个地区各个时代人们的社会生活，是一个地区历史文化现象的见证。

相应地，地名理据的解读原则可以确定为：第一，从通名及其变化情形，去考察地理环境；第二，从专名及其变化情形，去考察历史文化因素对地名命名及其变更的影响，包括政治、经济、军事、民族、宗教、教育、语言等多种因素。

考察历史文化因素，可以从两个路径进入：一是从通名和专名中梳理出文化符号，再运用文化符号解析法进行分析；二是运用系统论的方法，在北京地名系统中选择一些通名，再通过将通名相同的地名聚类的方法建构若干个地名文化子系统，进行文化理据解读。

对北京地名进行理据解读尤其是文化理据的解读，很容易掉入望文生义的陷阱之中。避免误读的最好方法就是分清地名的历史与现状，分别确认北京地名的命名理据和更名雅化后的理据脱落及重构，而不是想当然，自以为是。从共时层面切入，观察正在使用的地名及其分布特点；再参考明代张爵的《京师五城坊巷胡同集》、清代朱一新的《京师坊巷志稿》、清末民初陈宗藩的《燕都丛考》以及日本多田贞一的《北京地名志》等文献做历时考察，看哪些地名有曾用名，原来地名和现地名的语音及文化联系。语音联系包括谐音、音转、弱读、脱略等，文化联系包括谐音雅化、去类别标志、隐喻、避讳、用典等。语音联系最典型的一类例子，是“姓氏＋家＋庄”这类地名，弱读成为“姓氏＋各＋庄”，脱略成为“姓氏＋庄”。北京地名中文化联系最广泛的要数谐音雅化类地名，数以千计；去类别标志最多的是“寺”；隐喻类地名如干面胡同、昆明湖；避讳类地名如隆庆→延庆；用典的地名其语源多见于儒家典籍。

二、北京地名的理据解读

地名的理据可以概括为自然理据和人文理据。自然理据主要表现在通名中，人文理据一部分表现在通名中，更多地由专名承载。一个组合地名往往包含“前、后、左、右、东、西、南、北”这样的方位词或“大、小、新、旧”之类的区别词，它们也是构成地名理据的有机组成成分。地名作为专有名词，它们的背后有着丰富的东西，包括自然地貌、社会生态、人文寄托、故事传说等，解读清楚并非易事。

封建时代，官方给地名命名基本上遵循礼制，讲求用典；更名往往是因改朝换代或因皇帝之故。坊间地名“都是当地的居民在社会生活中为地理实体所起的名称，每个地区的居民生活在相同的文化圈之内，他们所起的地名往往反映当地的文化特征和居民的心理特征，所以从沿用至今的地名，可以透视其历史文化特征”。[①]

地名作为语言表征，具有相对稳定性，其中蕴含着思想文化信息，地域差异信息、民族迁徙与融合信息、生活形态变化信息，等等。

(一)通名蕴含的理据

我们从北京16个区县2万多个城乡地名中梳理出的通名是106个，张清常先生统计的通名是97个[②]，数目上略有出入。北京地名的通名，很好地反映了山地占北京面积2/3的地形特点，以及历史上水系纵横交错的水文特点，“山、峪、岭、梁、河、沟、涧、水、湾、洼、湖、潭、滩”出现得较多；同时，北京作为首都和文化中心，涉及政治、商业、手工业、宗教、祭祀、民族、教育、军事等的历史文化信息十分丰富，如“司、厂、旗、市、窑、寺、宫、坛、监、门、关、营、屯、堡、庄”等。表示历史上军队和军营驻扎情况的街巷名多用“营”字，营房对京城街巷名有较大的影响。海淀的“旗”多，延庆的“营”多，平谷的“屯”多。需要注意的是，通名中的“关、宫、园、厂、堡”等具有多种指称意义，“岱、卷”等少量的通名甚至难以给出合理的解释。极个别的地名，如“故宫东门外”没有通名。

需要特别注意的通名中，源自蒙古语的“海、胡同”，源自满语的“旗”透露出民族迁徙与融合的信息；“滨河、河沿、沟沿、河槽”等以及众多的“××桥”(不是今天的立交桥)名中则隐含着北京的水文情况；北京城里带“坑”的地名，与北京修筑城墙及建筑取土有关；“条”在现代汉语中多被用作量词，在

① 邹嘉彦、游汝杰：《社会语言学教程》，台北：五南图书出版股份有限公司，2007年，第234页。

② 张清常：《北京街巷名称史话——社会语言学的再探索》，北京：北京语言文化大学出版社，1997年，第58页。

北京地名中则成了与街巷、胡同等列的通名，表示细长形的街巷。表示居民聚落的通名“园”、“村”、“庄”是原有的城郊村。随着城市化的推进，它们成为城中村、城中园，融入都市后，仍沿用以前的地名。

（二）专名蕴含的理据

专名蕴含的理据，情形十分复杂，解读起来容易掉入字表义的陷阱，特别需要分清原始理据和变更后的新理据。

1. 地名的原始理据

地名的原始理据指该地名最初命名时的依据。一直沿用的地名，保存着原始理据，如砖塔胡同，自元代沿袭至今，是北京城里得名最早的胡同。故有“先有砖塔，后有北京城”一说。这里所说的砖塔，就是指位于西城区砖塔胡同东口的“万松老人塔”，俗称西四砖塔，是仅存的坐落在市区的唯一一座砖塔。万松老人是金末元初著名的佛学大师，在他圆寂后，人们修了这座塔。

原始理据直白的，一目了然。如北京得名于钟楼和鼓楼的街巷名称有 9 个。钟楼和鼓楼位于老北京城中轴线的最北端，同为明清京师报时台。钟楼、鼓楼不是北京所独有的，中国古代都城都要建筑鼓楼和钟楼，用来报时。元代在大都也建有钟楼和鼓楼，距离明清的钟鼓楼不远，因而在地名中以“旧”字加以区别。再如，北京外城有不少地名是以居民所从事的手工业制作行业来命名的。反映造纸业的，如造纸胡同、白纸坊等；反映砖瓦、琉璃等制造业的，如西砖胡同、细瓦厂、黑窑厂街、琉璃巷等；反映铸造业的，如铁匠胡同、铜铁厂胡同、香炉营等。理据无须过多解释。

原始理据易遭到误读的主要有两种情形：第一种，以比喻等修辞手法（从认知的角度看，称为隐喻）来命名的地名，如干面胡同，是去禄米仓运输禄米必经之地，车马行走，尘土飞扬，居民戏称为“下干面”，故名。容易将其理据误读为“制作或销售干面”。第二种，得名于传说故事的地名，如白桥大街。旧时，从南方运粮来北京的粮船，由于水门狭窄，无法进入内城，一部分粮食便屯于东便门的南面，即今白桥大街的北头。而“气筒”杨家，就是负责保管粮仓者之一。因为他在粮仓周围安装许多通气筒，使粮仓上下左右能够得以通风，所以没有腐烂发霉现象。“气筒”杨家，也就因此闻名，发了大财。而有些好事之徒，大概出于嫉妒心理，便找到一个巨大的石头，上刻“卧虎桥”三字，竖在“气筒”杨家门口对面。杨家从此开始倒运。后来，杨家请到一个专看阴阳宅的风水先生，发现原来是“卧虎桥”巨石从中作祟，就想出一个解救的办法：找来石匠竖起一座碑，上刻“白桥”两字，立于“卧虎桥”对面，以取“白瞧”的谐音。① 如果不了解这个传说故事，很容易将其理据误读为“白色的桥梁”。

---

① 段柄仁：《北京胡同志》（上），北京：北京出版社，2007 年，第 461 页。

2. 地名的理据变化

一般而言，地名更名后其原始理据也随之变化。具体又可分为三种情形：第一种，理据完全重构；第二种，理据部分重构或解构；第三种，理据隐含在谐音中；第四种，理据因俗称而发生转换，但能产性有别。

第一种，理据完全重构。如明代的大桥胡同，因东段河道有大桥而得名；清代因为降清明将祖大寿在此，改名祖家街；1965 年改名富国街。

第二种，理据部分重构或解构。部分重构，如红居街一带因有关帝庙(旧称红庙)得名。这里属北京南郊，民国后称大红庙村，新中国成立前村内仍有关帝庙。庙内所供关帝像为红脸，该庙便称作红庙。大红庙村由此得名。新中国成立后建设一批房屋，曾命名大红庙居民区。1965 年采用简称法，大红庙取“红”，居民区取“居”，产生了“红居”地名群：红居街、红居东街、红居南街、红居西街、红居斜街。部分解构，如牌楼地名，东单、西单，东四、西四，这四个两两对称的地名原先都带“牌楼”二字，原来的建筑实体已拆，但这四个地名仍起着坐标的作用。“单”即一个牌楼，“四”即四个牌楼。东四、西四都在十字路口，原来各有四座三孔单层牌楼，1957 年道路扩建时拆除。这四个母地名产生了 30 多个子地名。

第三种，理据隐含在谐音中。这种因谐音转换或谐音雅化而产生理据变化的地名最多。如韶九胡同，明代称烧酒胡同。清代沿称。此地为明清时光禄寺所属烧酒作坊，故名。宣统时，以其谐音改为韶九胡同。“韶九”，源自《尚书·益稷》：“箫韶九成，凤凰来仪。”箫韶九成意为箫韶音乐奏了九章，《箫韶》为中国古代音乐名篇。烧酒→韶九，除了语音联系，意义已完全发生变化。再如，干鱼(胡同)→甘雨(胡同)，除了语音联系，意义也是风马牛不相及。

第四种，理据因俗称而发生转换，但能产性不一样。按照“××门大街”、“××门内(外)大街”、“××门东(西)大街”、“××门南(北)大街”等构式，共得到 127 个以城门命名的街巷地名。城门实体虽大多不存，但地名未变且具有衍生能力。其中××门的俗称，其传播力不可小觑，但在用于地名时又有细微的区别。正阳门俗称“前门”，地安门俗称“后门”。因皇宫坐北朝南，故而南为“前”、北为“后”。但用于地名时，前门取代了正阳门，而后门没有取代地安门。我们推测，是“(走)后门”的消极文化义制约了人们对称谓的取舍，消解了语言的经济原则。另外，城门附近的酒店、餐厅等，喜欢用“门”的别名来命名，如“哈德门饭店”，就保留了元代城门的称呼和记忆。

三、北京地名建设

通过《北京历史地图集》中明万历—崇祯年间(1573—1644 年)、清乾隆十五年(1750 年)、民国六年(1917 年)绘制的北京城街巷胡同图，考察街巷名称的使用情况，可以了解哪些地名具有稳定性，哪些地名发生了变化，命名理据是完全脱落，还是半脱落。我们如何看待地名的理据重构？这对北京地名的规范管理和地名建设有何助益？

（一）稳定性强的地名特点

地名一旦确定，一般不会轻易改动。封建时代因区别于前朝或避讳等原因，地名会有更改，如大明门→大清门，隆庆州→延庆县。信息时代，因改名容易导致信息不畅，交际不便，加上成本支出不菲，因此，改名慎之又慎。一般而言，行政区域级别越高，牵涉因素越多，其地名稳定性越强。

明、清、民国三个时期的北京地图显示，北京旧城区有许多街巷名称三个时期完全相同，没有发生任何变化。有雅的，如“西长安街、广宁门大街、广宁伯街、李阁老胡同、王府仓胡同”；有俗的，如“菜市大街、骡马市大街、羊肉胡同、石老娘胡同”。这说明雅俗可以共存。

进一步总结具有稳定性的地名，可以发现如下特点：第一，因城门而得名的街巷稳定性强；第二，与市民日常生活密切相关的市场、店铺等街巷名稳定性较强；第三，表示王侯、官衙及具有人文色彩的街巷地名也有一定的稳定性。

（二）地名的变异特点

社会变化，语言文字变化，地名也会因缘改变。主要原因有三个：一是随着社会进步，改变了“东富西贵，南贱北贫”的城市生态格局，地名需要与时俱进；二是民族融合，由同姓聚居到异姓杂居带来的语音变化；三是居民社会构成的变化，低俗地名不能满足新生代居民的价值取向。

进一步总结地名的变异路径，可以发现如下特点：第一，通过谐音雅化，如打劫巷（明）→打街巷（清）→大吉巷（民国）；第二，通过省字＋谐音简化，如三保老爹胡同（明）→三伯老胡同（清）→三不老胡同（民国）；第三，通名发生变化，如西城兵马司（明）→兵马司胡同（清）→兵马司（民国）；第四，名随时迁，如锦衣卫后街（明）→刑部后身（清）→司法部后身（民国）。

（三）地名更名后的理据脱落及重构

地名的理据就是地名的得名之由。一个地名产生，总是有理可据的。谐音雅化后，原来的理据通过语音还可以回溯；但即使准确地找到了原始理据，那也是明日黄花。我们倾向于认为，只要不是音讹导致的地名变异，都可认定为理据重构。“打劫巷”反映的是明代的社会治安现象，“大吉巷”寄托着新居民的美好愿望。“打街巷”本身不知所云，理据模糊。“三保老爹胡同”理据清晰，“三伯老胡同、三不老胡同”理据重构困难，属于典型的音讹现象。但积非成是，也只能将错就错。一般而言，有四种情形：

第一，原名以附近的参照物为理据，如果参照物更名，那么此街的理据也随之改变，地名更名有据可依，“司法部后身、府右街”等均属于这一类。

第二，原名以街巷附近的参照物为理据，后由于改变参照物或采取谐音等手段，使原街巷理据发生脱落，并创建新的理据。以辟才胡同为例，该街巷在明代为大石佛寺，因寺庙得名；到了清代此街因劈柴厂得名，原名中的大石佛寺这一理据脱落，重构了新的理据——劈柴，更名为劈柴胡同；清末教育家臧佑宸在此建辟才学校，取开辟人才之意，从此该街更名为辟才胡同，在这一过程中“劈柴”这一理据脱落，并重构了新的理据——开辟人才。

第三，原街巷名以寺堂庙宇为理据，但是随着寺庙的消失，宗教寺庙的理据消失或者人为地去宗教化，重构了新的理据。如兴华胡同，明代称兴化寺胡同，因内有兴化寺而得名，清代称兴花寺胡同，又称兴化寺街，1965 年因去“寺”导致理据半脱落，并重构新的理据——振兴中华，更名为兴华胡同。“弘善胡同、善果胡同、成方街、宝产胡同、兴盛胡同、云居胡同、龙泉胡同、莲花胡同、地昌胡同、长椿街、石灯胡同、大玉胡同、灵佑胡同、铁鸟胡同、承恩胡同、国英胡同、正觉胡同”等均属于这一类型。

第四，原街巷地名不利于民族团结和国际交流合作，通过谐音方式建立新的理据。如安南营→(大/小)安澜营，鞑子桥→达智桥胡同。

(四)北京地名管理及建设的几点思考

1986 年国务院颁布了《地名管理条例》，1996 年民政部制定了《地名管理条例实施细则》。这为地名的科学化、规范化管理提供了指导意见，操作性比较强。但由于地名的历史传承性和鲜明的地域性，很难在正字正音上一刀切。

学界一般将地名演变的原因归并为语言文字的发展、国家和民族的兴衰、避讳、传讹、避免异地同名、行政辖区变化六个方面。除此之外，政治因素、经济因素和文化因素都是特定历史时期制约或诱发地名变更的原因。新中国成立后，北京地名更名大体经历了四个阶段：第一个阶段是 1951 年前后，清理带有歧视或侮辱少数民族性质的地名，如将“鞑子桥”改为“达智桥胡同”。第二个阶段是 1965 年前后，对地名进行整顿，包括去除重复地名、谐音雅化部分俗名、淡化宗教色彩等。第三个阶段是“文革”时期，受极“左”思潮影响，地名被随意政治标签化。第四个阶段，改革开放以来，随着城市建设、拆迁和区县合并改名，胡同名快速消失，新小区涌现，行政区划中“县”名减少、“区”名增加，“崇文”、“宣武”分别被东城区、西城区合并，引发了一些争议。

1. 如何保护老地名

联合国第五届地名标准化会议第六号决议指出：“地名是民族文化遗产。”第六届地名标准化会议第九号决议指出：“地名有重要的文化和历史意义，随意改变地名将造成继承文化和历史传统方面的损失。”老地名列入非物质文化遗产，促进了地方政府的保护意识，减少了地方乱更名的冲动。但与此相关的问题还不少：什么样的地名有保护价值，必须保护？因为汉字简化、普通话正音等带来的地名字形变化、地方音与普通话读音不一致的问题如何解决？

如前门附近的“大栅栏”，街牌的标音为普通话音“dàzhà lán”，北京人读作“dàshílànr”，以哪一种为规范？北京地名有不少带儿化音，在街牌语音标注时是不是都应标注？川底下村的“川”该不该恢复为“爨”？村名中的异读字，字形的规范音与当地的乡音不一致，怎么解决？

2. 如何看待雅化后的地名

雅与俗相对。对地名做雅化处理，就意味着原来的名字不雅。客观上，明清时期北京“东富西贵、南贫北贱”的城市生态格局，导致了外城和关厢的居民中小手工业者、小作坊主、小商贩居多，他们的身份和生活境况决定了居住地名字的品位和格调，或许是不经意，或许是太随意，总而言之流传下来的地名不雅甚至粗俗。如以动物皮毛、粪便、尾巴命名的“粪场大院、粑粑楼胡同、羊尾巴胡同、猴尾巴胡同”等，确实听起来不雅，雅化处理是必要的。但主观上，人们对“俗”的认知不完全一致，对一些中性的、可改可不改的地名雅化处理，就带来了争议甚至批评，如以服饰、器物、称谓等命名的“裤子胡同、汤锅胡同、豆腐陈胡同、佟府夹道”，分别改为“库司胡同、汤公胡同、豆腐池胡同、同福夹道”，改名后反而切断了历史联系，丢失了文化理据。因此，需本着雅俗共赏的原则和慎重评判的态度，来对待保留着市井气息的地名。

3. 如何给新地名命名

近些年，北京扩容的步伐加速，旧城改造的力度加大，许多条胡同变小区，立交桥、城铁站等都需要命名，我们注意到，北京市激活了传统地名资源，提高了已有地名的利用率，既唤醒了北京记忆，又方便了市民的生活。如地铁站名健德门，立交桥健德桥，都是挖掘元代的地名资源。但命名是一门学问，需要在城市建设的整体格局中本着尊重历史、传承文化的原则，本着指位与文化兼备的原则，统筹规划。北京历史悠久、文化博大精深。新街道、新小区等的名称一定要集指称意义与实用功能、赋予意义与美学功能于一体。命名一方面要充分重视并挖掘可以利用的历史文化因素，反映当地的历史、地理和人文特征；另一方面也要避免刻意求新求雅，崇洋媚外或刻意复古都是不好的倾向，最重要的是，应避免命名的随意性，防止因短视而影响地名的生命力。

（作者：杨建国　北京语言大学教授）

项目名称：老北京土话比较研究
项目编号：11WYB020
项目负责人：卢小群
项目信誉保证单位：中央民族大学

北京方言元音格局的实验语言学研究

一、引 言

北京方言包括北京市城内六区的土话和北京市郊区十个区县的方言土语。本文的研究对象是北京两个城区(东城区/海淀区)、八个郊区(通州区/顺义区/房山区/大兴区/昌平区/怀柔区/平谷区/门头沟区斋堂镇)、两个郊县(密云县/延庆县)共十二个区县方言的一级元音。

课题组采用语音实验的方法对北京方言元音进行研究。具体的步骤是：首先，以《方言调查字表》中的元音代表字为样本，分赴上述十二个调查点进行田野调查，每个区县选取一名发音人，让其以本地方音读出元音代表字；然后，从中截取 3 个例字进行声学实验，采用 V 值的计算方法(石锋，2007)，描写所调查方言点的元音格局，并做进一步的对比分析，以期呈现出北京方言元音格局的大致面貌。

二、实验说明

(一)发音人

根据《方言调查字表》所记录的条目，课题组对十二位发音合作人进行了方言调查。所选择的发音合作人都满足以下条件：1. 土生土长的北京当地居民，且三代以上人口在当地定居；2. 年龄在 50—80 岁之间；3. 有一定文化，能识文断字；4. 不会说别处的方言，发音清晰，辨音能力强。

通过对《方言调查字表》三千七百多字的调查，我们整理出了这十二个区县的声调系统、同音字表、音节表以及元音、辅音表。在此基础上确定了本文的分析对象为北京方言十二个区县的七个一级元音。它们是舌面元音[a]、[i]、[y]、[u]、[ɤ]，两个舌尖元音[ɿ]、[ʅ]。

(二) 发音样品

我们在录音材料中对应不同单元音韵母各自选取了三个单字作为实验例字，共得到 3×7=21 个有效样本。实验例字如表 1：

表 1　北京方言单元音格局实验例字

[i]	[y]	[u]	[a]	[ɿ]	[ʅ]	[ɤ]
皮	鱼	普	巴	姿	支	歌
比	居	布	爬	次	池	可
离	虚	土	马	私	是	河

(三)实验方法

使用南开大学“桌上语音工作室”(Minispeech Lab)对样品字进行声学实验，依次选择九个测量点，测算出每组样品的实验例字不同测量点的平均值。并从中找到最大值和最小值测算出元音的 V 值。元音 V 值图的计算公式①如下：

$$V1=[(B1x-B1min)/(B1max-B1min)]\times 100$$

$$V2=[(B2x-B2min)/(B2max-B2min)]\times 100$$

三、北京方言元音格局的表现形式

“按照石锋(2002)的理论，依据单元音跟音节中其他结构成分的组合关系，可以划分出四个元音级别。在汉语中，出现在单韵母中的元音是一级元音。”“一级元音的格局是全部元音的基础，具有典型的代表性”②本文讨论的元音格局专指一级元音的格局。北京各区县一级元音的舌位高低、唇形圆展、舌位前后不尽相同。城区和郊县、近郊和远郊的表现形态各异。十二个方言点的元音声位图和声学元音图如图 1、图 2 所示。

从图 1 可以看出北京市十二区县一级元音的舌位活动范围和共振峰值。在十二个方言点中，舌位最前、最后、最低的元音分别是[a]、[i]、[u]。但舌位最高的元音有的方言点是[i]，有的方言点是[y]。另外，舌尖前元音、舌尖后元音一级央、中元音[ɤ]又呈现出各自的分布特点。总之，从元音声位图来看，北京市十二区县的一级元音既有共性，也有差异。

① 石锋、时秀娟：《语音样品的选取和实验数据的分析》，《语言科学》，2007 年第 2 期。

② 石锋：《语音平面实验录》，北京：北京语言大学出版社，2012 年，第 172 页。

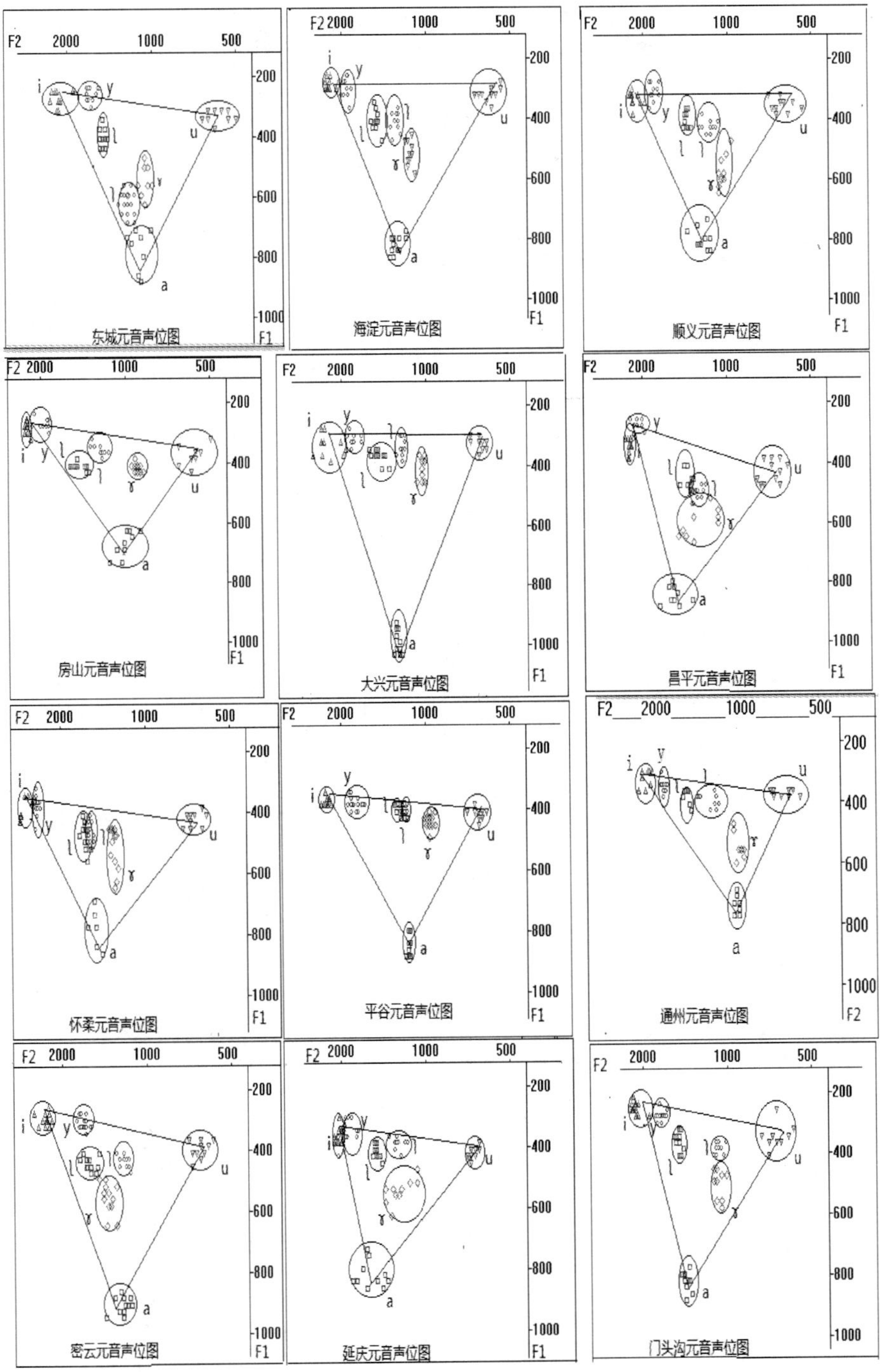

图 1　北京市十二区县一级元音声位图

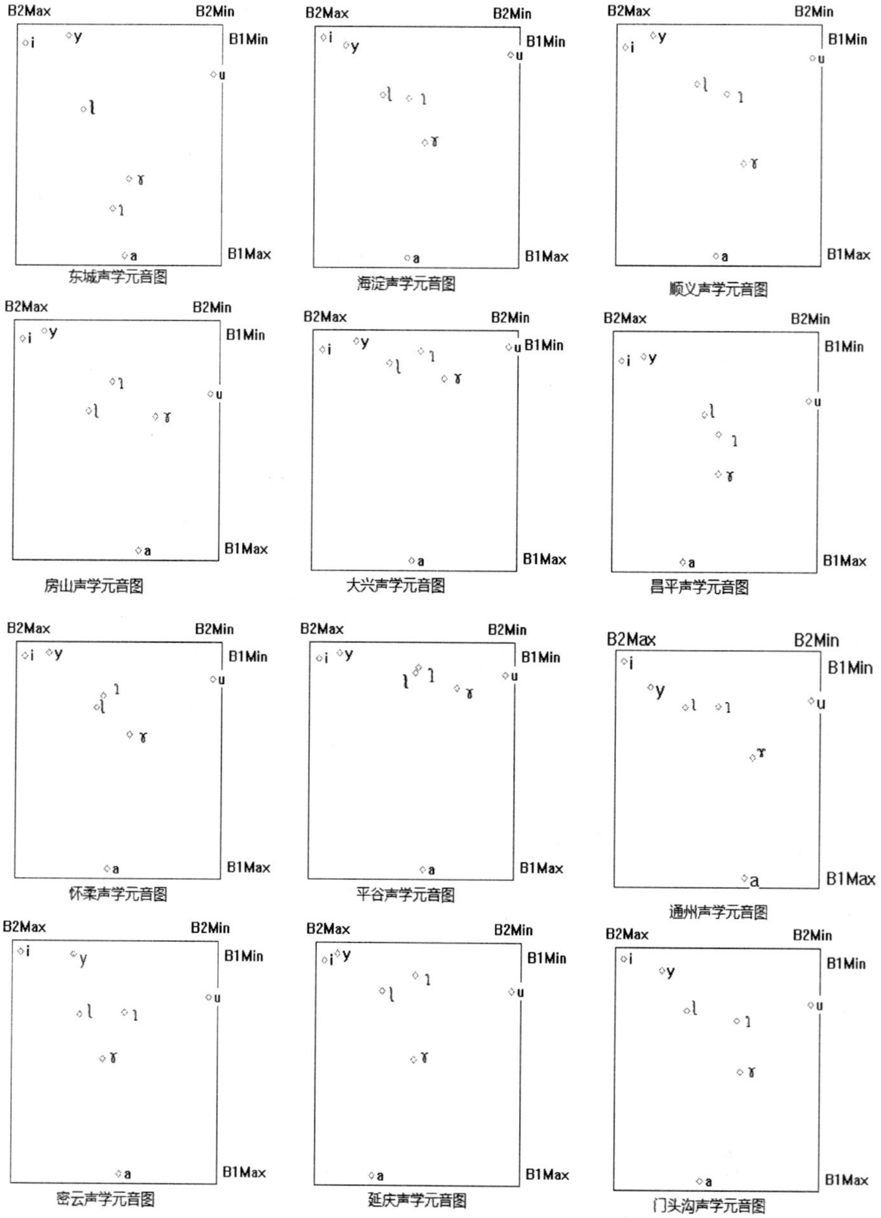

图 2 北京市十二区县一级元音声学元音图

从图 2 中可以观察到不同一级元音的相对位置。各个方言点的一级元音舌位相对位置大体一致却不完全相同。例如，图 1 中的言点一级元音[a]是舌位最低的元音，但图 2 中可以看出，各个方言点的元音[a]舌位前后并不相同。昌平、延庆、门头沟的舌位靠前，房山、平谷、通州、密云的舌位靠后，其余几个方言点的舌位居中。

通过对图 1、图 2 的分析可以看出，北京不同方言点一级元音之间既有共性，也有差异性特征，这些共性和差异性特征是本文分析、讨论的重点。

四、北京方言元音格局的对比分析

(一)城区方言一级元音的对比分析

东城区和海淀区作为北京城市中心区，其方言最能代表老北京土话的特点。这两个方言点的单元音舌位较为接近，东城方言点的单元音舌位整体上比海淀方言点靠后。具体来说，东城方言点的单元音[a]的第一共振峰值为800Hz左右，第二共振峰值为1000Hz至1300Hz；而海淀方言点的单元音[a]第一共振峰值大致处于800Hz至900Hz、第二共振峰值为1100Hz至1500Hz之间，可以明显看出东城方言点的舌位比海淀靠后。

前、高元音[i]、[y]的对比更为明显，东城方言点单元音[i]的舌位几乎覆盖了海淀方言点[i]、[y]的舌位。和元音[i]、[y]、[a]相比，两个城区方言点的元音[u]有大部分交叉，但海淀方言点的元音[u]比东城略靠前。如图3所示：

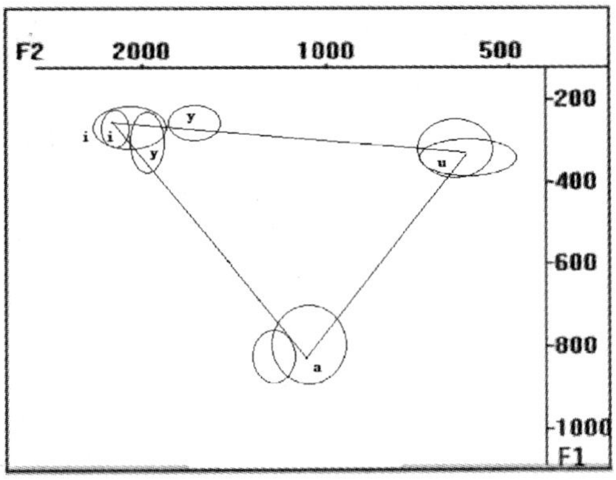

图3　北京城区方言点(东城、海淀)单元音[i]、[y]、[u]、[a]元音声位对比图

从舌尖元音[ɿ]、[ʅ]的相对位置来看，两个方言点的舌尖后元音[ʅ]交叉部分很多，海淀方言点元音[ɿ]的舌位几乎覆盖了东城方言点，两者的发音情况非常接近，都位于第一共振峰300Hz至500Hz、第二共振峰1500Hz左右的位置。

比较特殊的是东城方言点的舌尖前元音[ɿ]。[ɿ]的舌位前后位置和海淀相当，也位于第二共振峰1500Hz左右，但因为东城的[ɿ]舌位略低，第一共振峰值大致是600Hz左右，所以从声位图上来看和海淀元音[ɿ]没有交叉部分。图4是北京城区方言点(东城、海淀)单元音[ɿ]、[ʅ]元音声位对比图。

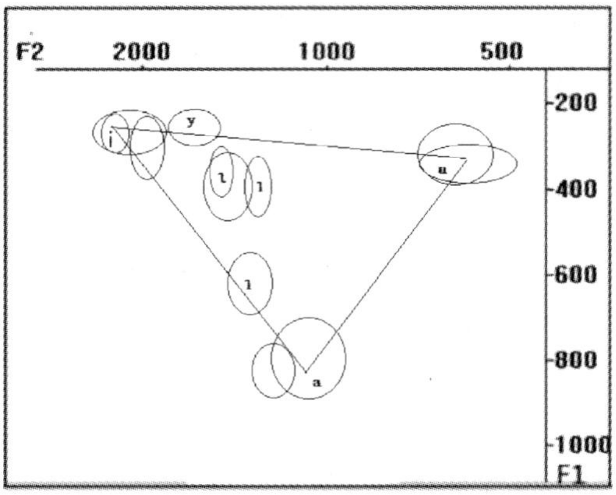

图 4　北京城区方言点(东城、海淀)单元音
[ɿ]、[ʅ]元音声位对比图

元音[ɤ]和[a]、[i]、[u]、[y]的情况相似，从图 5 可以看出，东城方言点的元音[ɤ]舌位也比海淀靠后。两者虽然有交叉部分，但是面积不大。具体来说，东城[ɤ]的第一共振峰值略高于 1000Hz，而海淀的[ɤ]第一共振峰值则位于 1200Hz 左右。

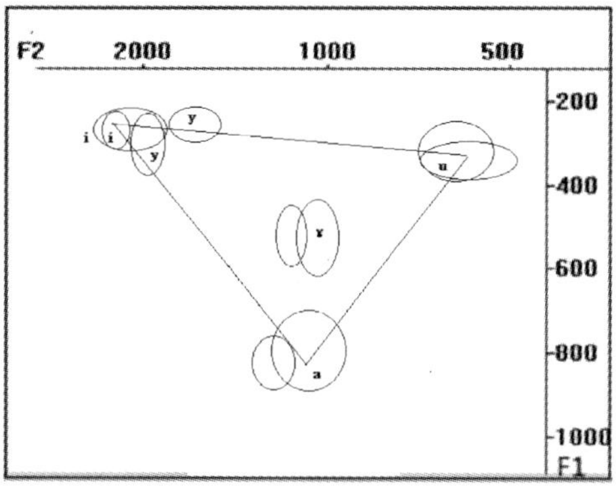

图 5　北京城区方言点(东城、海淀)单元音
[ɤ]元音声位对比图

总体来说，城区两个方言点的单元音舌位非常接近，从声位对比图上来看几乎都有交叉部分，只是海淀的舌位比东城略微靠前。最为特殊的是东城元音[ʅ]，由于东城方言点的舌位略低，所以从声位对比图上来看和海淀元音[ʅ]没有交叉部分。

(二)城区方言与近郊方言单元音韵母的对比分析

门头沟、昌平在地理位置上紧邻海淀，位于西北方；顺义、通州位于东北方，房山、大兴位于西南方。这六个县区位于北京近郊，在发音上有相似之处，也有各自特点。

元音[i]、[y]是前、高元音，[u]是后、高元音，[a]是央、低元音。这几个元音的相对位置比较明显，我们先来比较城区和近郊方言的这四个元音。图 6 是海淀、东城两个城区方言点和门头沟、昌平、顺义、通州、房山、大兴六个近郊方言点的元音声位图：

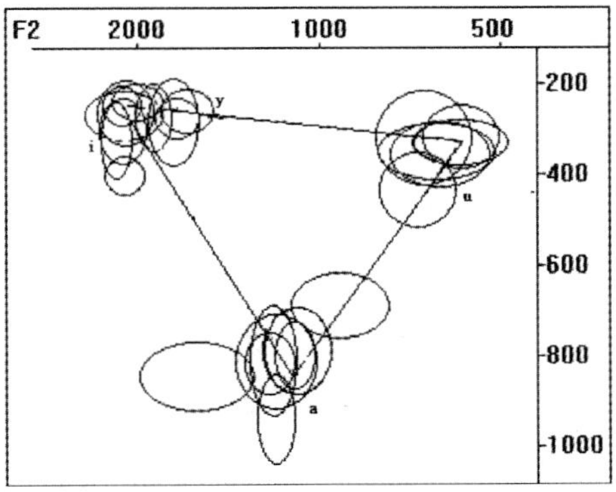

图 6 北京城区方言和近郊方言元音[i]、[y]、[u]、[a]元音声位对比图

从图 6 可以看出，近郊方言中，门头沟、顺义、大兴和城区方言读音比较接近。以元音[a]为例，门头沟、顺义和海淀、东城的第一共振峰值都比 1000Hz 略高，第二共振峰都在 700Hz 至 900Hz 之间。大兴方言点的元音[a]舌位较低，第一共振峰值处于 800Hz 至 1000Hz 之间。而房山区的元音[a]和其他区县相比，舌位较为靠上、靠后，是半低元音。昌平的元音[a]舌位较为靠前，通州元音[a]较为靠后，都和城区元音[a]的舌位差别较大。但是从整个声位图的相对位置来说，图中八个区县的元音[a]都是央、低元音，在具体发音时，有的稍微靠前(如昌平)，有的稍微靠后(如通州、房山)。

和元音[a]稍有不同，元音[u]的舌位较为集中，相对位置都是后、高圆唇元音。但是从舌位的具体位置来看，昌平、房山、通州、门头沟的元音[u]大致处于第一共振峰 200Hz 至 400Hz，第二共振峰 300Hz 至 500Hz 的位置，相比于海淀、东城、顺义、大兴来说，舌位较低，其中舌位最低的是昌平方言点。

前、高元音[i]、[y]的位置比较接近，在声位图中有时会出现舌位相交的现象。为了更清楚说明[i]、[y]的相对位置，我们做了对比图(图 7)：

图 7 中的左图是元音[y]、[u]、[a]的声位图，右图是[i]、[u]、[a]的声位图。如图 7 左图所示，元音[y]的第一共振峰值集中在 200Hz 至 400Hz 之间，第二共振峰值大多集中在 1500Hz 至 2000Hz 之间，比较特殊的是房山和大兴方言点，第二共振峰值超过了 2000Hz。总体来说，元音[y]的相对位置

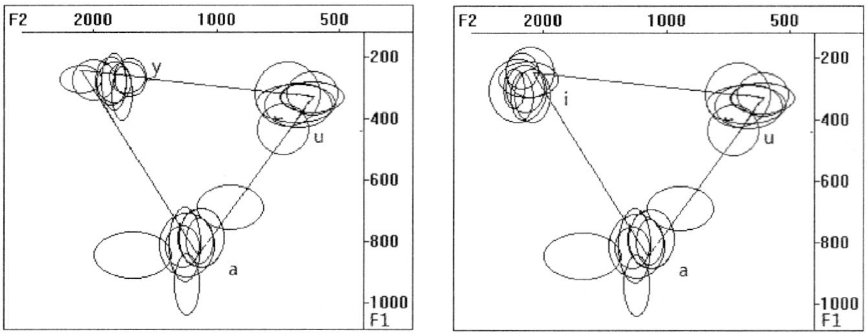

图 7　北京城区方言和近郊方言[y]、[u]、[a]及[i]、[u]、[a]声位对比图

是前、高、圆唇元音。和元音[y]相比，[i]的是不圆唇元音，舌位靠前，集中处于第一共振峰 200Hz 至 400Hz、第二共振峰大于 2000Hz 的位置。其中，门头沟的元音[i]舌位较高，大兴方言点的元音[i]舌位靠前。从这几个区县的声学元音图来看，海淀、东城、通州、门头沟的元音[i]的舌位明显高于元音[y]；而昌平、大兴、顺义、房山四个区县则正好相反。

就[i]、[y]、[u]、[a]四个单元音来说，北京近郊方言和城区方言非常接近。较为特殊的是昌平、房山。昌平的特点是发音时舌位靠前且舌位较低。房山的特点是发音时舌位靠后。大兴、门头沟、顺义、通州则和城区方言的发音相似度较高。

上文比较了北京近郊方言和城区方言的四个舌面元音。这四个元音的相对位置明显，所以我们将这四个元音放在一张图中进行比较。图 8 是以城区元音[i]、[u]、[y]为基准的八区县舌尖前元音[ɿ]声位图。

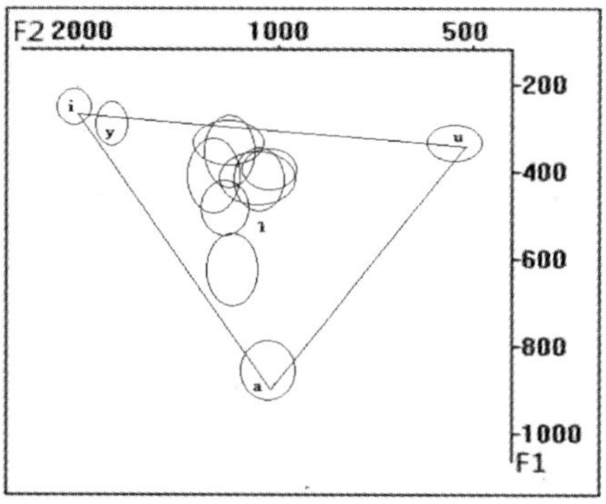

图 8　北京城区方言和近郊方言舌尖前元音[ɿ]声位对比图

从图 8 中可以看出，近郊区县的前元音[ɿ]的舌位前后位置大体集中在第二共振峰 1000Hz 至 1500Hz 之处，但是舌位高低差异较大。其中，顺义、门头沟和海淀的舌位最为接近，位于第一共振峰 400Hz 左右的位置；其次是大兴、通州、房山，集中在 300Hz 至 500Hz 之间。舌尖前元音[ɿ]舌位最低的是东城方言点，第一共振峰值位于 600Hz 左右。从图 5 中可以清楚看出东城方言点的元音[ɿ]和其他方言点的差异。

相对于舌尖前元音[ɿ]，舌尖后元音[ʅ]在声位图上的位置更为靠前，这是因为“声学元音图反映的是总体的舌体特征，而不只是舌尖的位置”①。图 9 是北京近郊方言中舌尖后音[ʅ]的声位图。

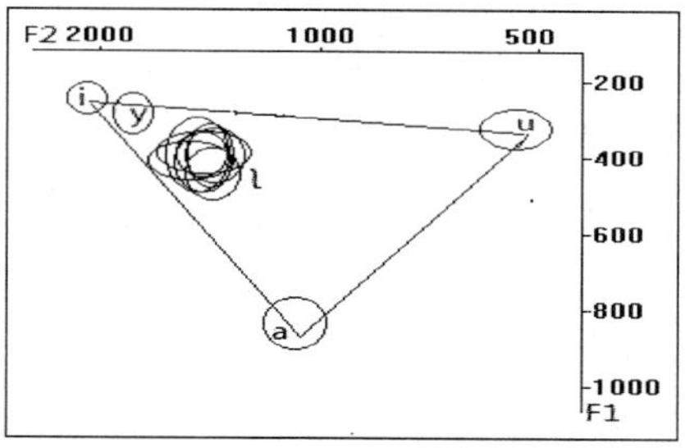

图 9　北京城区方言和近郊方言舌尖后元音[ʅ]声位对比图

由图 9 可知，城区方言点和近郊方言点的元音[ʅ]舌位较为接近，第一共振峰值位于 300Hz 至 500Hz 之间，第二共振峰值为 1500Hz 左右。其中，舌位较为靠前的是门头沟、房山方言点，舌位较为靠下的是昌平方言点。和海淀、东城的舌尖后元音[ʅ]最为接近的是大兴、顺义、通州。

在北京话的五个舌面元音中，舌面后、半高、不圆唇元音[ɤ]比较特殊，因为该元音和其他单元音相比，“常常表现不稳定，具有游移性”②。在我们调查的这几个近郊区县中，除了房山方言点的[ɤ]比较集中，其他几个方言点的[ɤ]游移性都很大。如图 10：

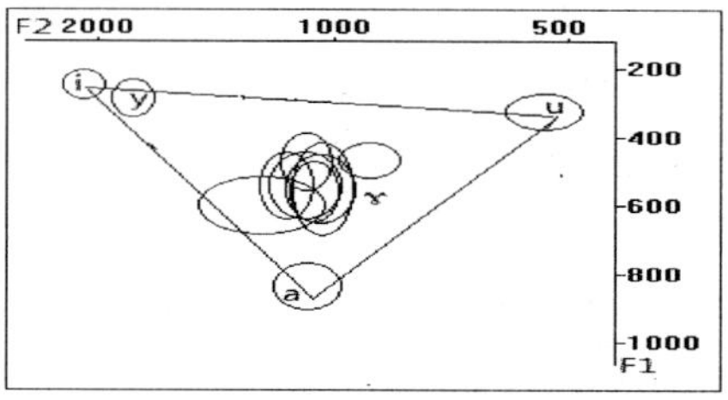

图 10　北京城区和近郊方言元音[ɤ]对比图

在六个近郊方言点中，门头沟、顺义、大兴、通州的中元音[ɤ]和城区方言点在声位图上的分布很相似，大致位于第一共振峰 400Hz 至 700Hz、第二共振峰 1000Hz 至 1500Hz 之间的位置。比较特殊的是昌平方言点和房山方言

① 石锋：《北京话的元音格局》，《南开语言学刊》，2002 年第 1 期。
② 石锋：《北京话的元音格局》，《南开语言学刊》，2002 年第 1 期。

点，从图 10 中可以清楚看出，昌平方言点[γ]的舌位靠前，且较低；而房山则相反，舌位高，且靠后。

通过对北京城区的两个方言点和近郊方言点七个单元音的比较可以发现，和城区方言发音最为相似的近郊方言点是顺义、通州。顺义、通州本身就互为邻里，而且在它们紧邻东城区，和城区比较接近，所以在发音上相似度也最大。另外四个方言点中，大兴和门头沟的发音也和城区相似度较高，和城区方言相似度较低的是昌平、房山。昌平的特点是舌位靠前且舌位较低；房山的特点是舌位较高且舌位靠后。

(三)北京城区方言和远郊方言单元音的对比分析

从地理位置上来看，怀柔、密云、延庆、平谷距离北京市区较远，属于远郊。这几个方言点的元音图和海淀、东城的元音图比较起来，差距相对于近郊元音图较大。如图 11 所示。

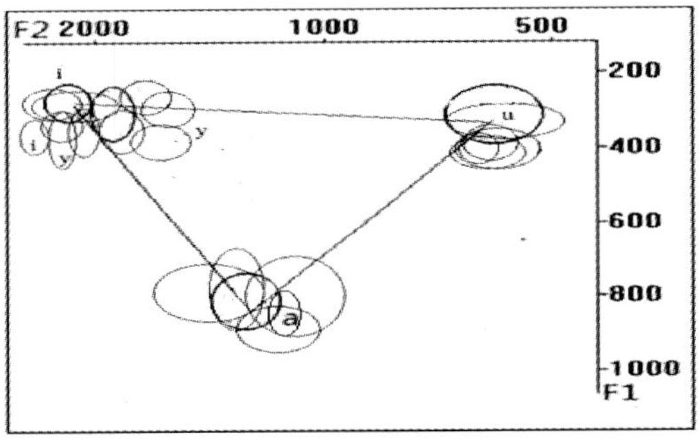

图 11　北京城区方言和远郊方言元音
[i]、[y]、[u]、[a]元音声位对比图

和近郊方言点不同，远郊方言这四个舌面元音和城区元音差别较大。反映在声位图上，这几个方言点的元音图和海淀、东城元音图相交的部分不多。相比较而言，元音[a]的位置较为集中，第一共振峰值为 800Hz 左右，第二共振峰值位于 1000Hz 至 2000Hz 之间。其中，怀柔、延庆的元音舌位较为靠前，密云、平谷的元音[a]接近海淀元音而略微靠后。

和城区方言点相比，远郊方言点的元音[u]相对位置都较低，怀柔、延庆、密云三个方言点的元音[u]都处于半高位置，第一共振峰值处于 400Hz 左右，而城区两个方言点的第一共振峰值都位于 300Hz 值左右。

从[i]、[y]的相对位置来，远郊方言点的元音[i]、[y]舌位高低大致持平，第一共振峰值大致是 200Hz 至 400Hz 之间，但是元音[y]的舌位略高于元音[i]。元音[i]、[y]的相对位置比较如图 12：

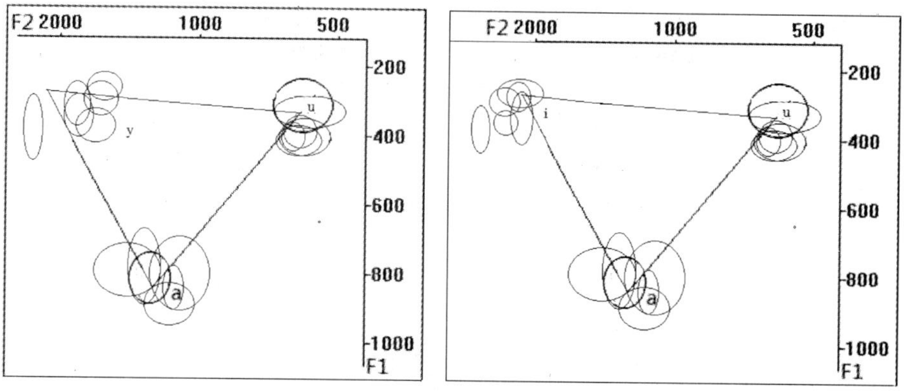

图 12　北京城区方言和近郊方言[i]、[u]、[a]和[y]、[u]、[a]声位对比图

如图 12 所示，除了延庆方言点的元音[y]第二共振峰值大于 2000Hz 之外，其余几个方言点的第一共振峰值都位于 1500Hz 至 2000Hz 之间。元音[i]和[y]的情况相似，延庆方言点的舌位最为靠前，和其他几个方言点没有交叉部分。大体来说，元音[i]的舌位都比[y]靠前，除了延庆方言点之外，[i]和[y]在第一共振峰上的分界点值为 2000Hz。大于 2000Hz 的是元音[i]，小于 2000Hz 的是元音[y]。图 13 是以海淀、东城为代表的城区方言和远郊方言舌尖前元音[ɿ]对比图：

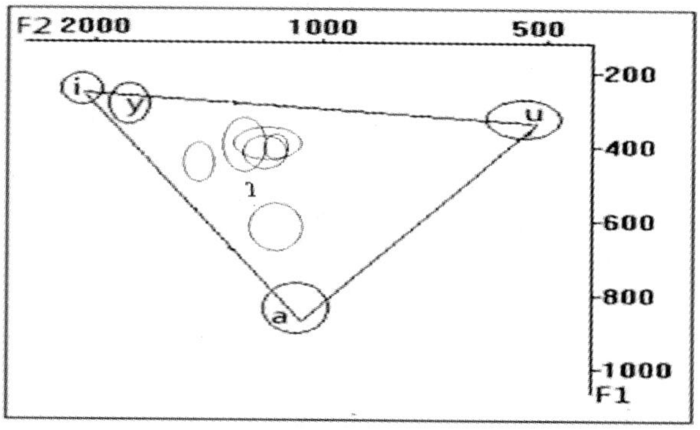

图 13　北京城区方言和远郊方言舌尖前元音[ɿ]声位对比图

远郊方言点的舌尖前元音[ɿ]和海淀元音[ɿ]相比，平谷、密云的舌位略微靠后，而怀柔则相反，舌位靠前，第二共振峰值最高，高于 1500Hz，其余几个点都处于 1000Hz 至 1500Hz 之间。舌位最高的是延庆，其余区县和海淀舌尖前元音[ɿ]的舌位高低大致相当。舌位最低的是东城方言点，第一共振峰值为 600Hz 左右，其余几个方言点则集中在 400Hz 左右。

和近郊方言相似，远郊方言的舌尖后元音[ʅ]的整体舌位也比舌尖前元音[ɿ]靠前，如图 14：

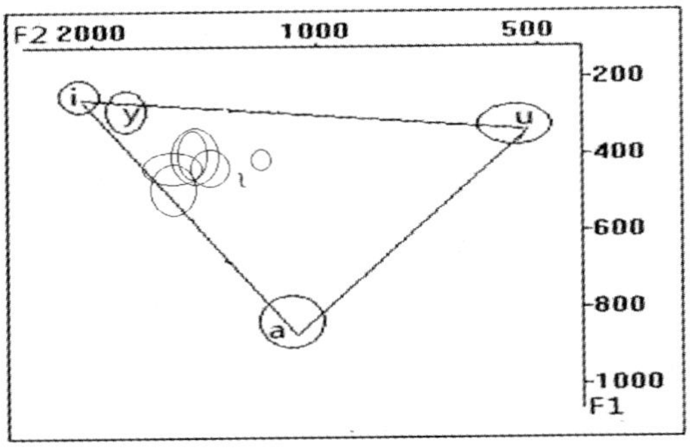

图 14　北京城区方言和远郊方言舌尖后元音[ʅ]声位对比图

如图 14 所示，远郊方言点元音[ʅ]第一共振峰值为 400Hz 左右。其中密云方言点的舌位最低，第一共振峰值位于 400Hz 至 600Hz 之间；平谷方言点的元音[ʅ]舌位最为靠后，第一共振峰值小于 1300Hz，其余方言点均位于 1500Hz 至 2000Hz 之间。从整体来看，远郊县舌尖后元音的分布位置和城区元音大致相当。比较特殊的是平谷方言点，和城区元音没有交叉部分。

远郊方言点的舌面后、半高、不圆唇元音[ɣ]游移性也较大，如图 15：

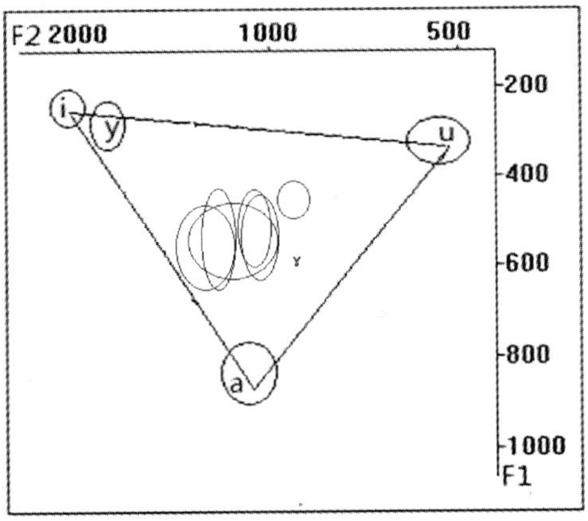

图 15　北京城区和远郊方言元音[ɣ]对比图

如图 15 所示，除了平谷方言点之外，远郊方言点的元音[ɣ]第一共振峰值处于 400Hz 至 600Hz 之间、第二共振峰值大致处于 1000Hz 至 1700Hz 之间。而平谷方言点的第一共振峰值处于 420Hz 左右，第二共振峰值为 900Hz 左右。相对来说，怀柔、密云元音[ɣ]的舌位较为靠前，延庆的舌位较低，且靠后。远郊方言点的几个元音和海淀、东城为代表的城区方言点相比，差别较近郊方言更大。总体来看，平谷方言点这几个单元音的舌位靠后，怀柔则靠前。密云的元音舌位大体上较低。

五、总　结

(一) 北京方言一级元音格局的共性特征

表 2、表 3 是北京十二区县一级元音的第一共振峰、第二共振峰值最大值、最小值、平均值对比表。

表 2　北京十二区县一级元音的第一共振峰最大值、最小值、平均值对比表

第一共振峰	a	i	u	y	ɿ	ʅ	ɣ
最大值	992.00Hz	387.30Hz	426.60Hz	381.80Hz	504.30Hz	622.70Hz	602.20Hz
最小值	672.60Hz	252.30Hz	320.10Hz	257.60Hz	337.60Hz	361.30Hz	408.80Hz
平均值	815.05Hz	320.33Hz	376.70Hz	318.89Hz	407.79Hz	430.26Hz	510.69Hz

表 3　北京十二区县一级元音的第一共振峰最大值、最小值、平均值对比表

第二共振峰	a	i	u	y	ɿ	ʅ	ɣ
最大值	1581.30Hz	2699.30Hz	715.70Hz	2296.30Hz	1578.40Hz	1646.70Hz	1386.60Hz
最小值	1020.50Hz	1370.70Hz	575.40Hz	1638.00Hz	1105.50Hz	1208.80Hz	906.10Hz
平均值	1287.06Hz	2152.08Hz	650.65Hz	1867.88Hz	1270.28Hz	1453.23Hz	1124.59Hz

由表 2、表 3 可知，北京方言的一级元音中，舌位最低的是元音[a]，第一共振峰平均值为 815.05Hz，是第一共振峰值最大的元音。[i]是舌位最前的元音，第二共振峰平均值为 2152.08Hz，是第二共振峰数值最大的元音。舌位最为靠后的元音是[u]，第二共振峰平均值为 650.63Hz，是第二共振峰值最小的元音。

另外，除了远郊方言点中的房山、平谷的一级元音[ɣ]舌位面积较小之外，其余十个县区的一级元音[ɣ]游移性最大。[ɣ]第一共振峰波动范围为 408.8Hz 到 602.2Hz 之间，波动幅度达到近 200Hz，是北京十二个方言点所有一级元音中第一共振峰值波动范围最大的元音。可见[ɣ]的游移性主要是由于舌位高低不同造成的。

(二)北京方言一级元音格局的差异性特征

通过对北京市十二区县一级元音第一、第二共振峰值的分析整理，可以得出如下数据：

根据表 4 的数据，可以画出北京城区方言点、近郊方言点、远郊方言点的一级元音舌位活动范围图。

表 4 北京市十二区县一级元音第一、第二共振峰极限值汇总表

方言点	第一共振峰最大值	第一共振峰最小值	第二共振峰最大值	第二共振峰最小值	[a]的第二共振峰平均值
城区方言点	780.70Hz	278.75Hz	1789.65Hz	585.60Hz	1206.00Hz
近郊方言点	811.83Hz	309.31Hz	2196.03Hz	651.52Hz	1255.65Hz
远郊方言点	837.05Hz	351.45Hz	2267.38Hz	681.88Hz	1374.70Hz

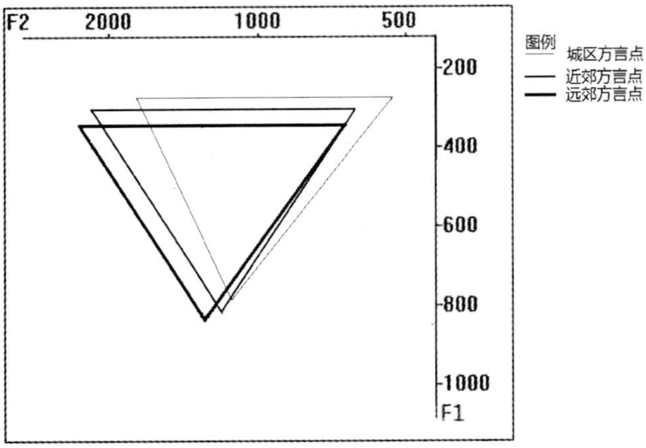

图 16 北京城区方言、近郊方言、远郊方言一级元音舌位活动范围对比图

图 16 是根据表 4 的实验数据做出的，可以看出北京市不同方言点一级元音的舌位活动范围。由于图 16 是根据极限实验数据画出的，它无法体现前、高元音比后高元音的舌位更高的语言事实。但是从该图中可以清晰观察到北京城区方言点、近郊方言点、远郊方言点的舌位特点，三个方言点的差异主要体现在整体舌位范围的前后、高低等因素上。具体总结如下：

(1)北京市城区方言点的一级元音整体舌位最为靠后、最高；

(2)北京市近郊方言点的一级元音整体舌位比城区方言点靠前、略低，比远郊方言点靠后、略高，处于居中位置；

(3)北京市远郊方言点的一级元音整体舌位最为靠前、最低。

整体来看，城区、近郊、远郊方言点一级元音的舌位呈现阶梯状特点，北京城区方言点的舌位最高、最靠后；近郊方言次之；远郊方言最靠前、舌位最低。

通过对北京十二区县一级元音的描写、对比及分析可以看出，虽然不同方言点之间一级元音的舌位活动范围非常接近，差异性较小，但即便如此，也不能否认差异的存在，即远郊方言的一级元音与城区和近郊方言的一级元音是有区别的。可以看到，以北京城区为中心对周边地区方言的辐射和影响，离城区越近差异就小，反之差异就大。本文对北京方言一级元音的特点进行考察和研究总结，可以看到语言接触中强势方言对周边方言的巨大影响力。

（作者：卢小群　中央民族大学教授
刘　珂　中央民族大学博士研究生）

项目名称：文学中的城市文化：巴黎与北京
项目编号：11WYC024
项目负责人：张迎旋
项目信誉保证单位：北京外国语大学

看得见的城市与看不见的城市：巴黎与北京的对望和对话

城市是一种话语。
实际上，它是一种语言。城市对其居民说话。
我们叙说着城市，我们居于其中的这个城市，
只因为我们生活其中，漫步其中并注视着它。
——罗兰·巴特《符号学与城市》

英文中的城市(city)一词来自法语的cité，后者又源自拉丁文的civitas，意思是“城邦”，本来是指城墙之内大家共居的现实，后扩展为凭借共同原则一起生活的精神框架。从词源来说，城市既是一个外在的物质上的组织，也是一个内在的道德上的组织。“城市”一词在西方社会表示的是最深层的文化关系网络：“城市：灰尘、魅力、玻璃、钢铁、混凝土构成的几何体……但这一粗糙结构下还有另一个城市：看不见的，想象的，由梦想与渴望构成，是它引发了所有变化。”[①]但是在中文里，“城市”所涵盖的意义有所不同。“城”既指城市，也指城墙；“市”既指城市，又指市场。城市则成为有城墙环绕，有高度组织，有细致规划，有精密管理的权力和贸易中心。无论如何，“城市不只是建筑物的群集，它更是各种密切相关并经常相互影响的各种功能的复合体——它不但是权力的集中，更是文化的归极(Polarization)”[②]。

作为启蒙运动的产物，都市主义(urbanism)占据了西方文化的核心位置，是政治秩序和社会动乱的根源，也是各种文学运动的动力源泉。从小说的兴起到喜剧现实主义、浪漫现实主义、自然主义、现代主义和后现代主义的每

---

① Hassan, Ihab, *Cities of Mind, Urban Words: The Dematerialization of Metropolis in Contemporary American Fiction*, *Literature and the Urban Experience: Essays on the City and Literature*, Rutgers, 1981, p. 94.

② (美)刘易斯·芒福德：《城市发展史》，宋俊岭等译，北京：中国建筑工业出版社，2005年，第91页。

一种叙事模式，在乌托邦小说、哥特式小说、侦探小说、西部小说和科幻小说等每一种小说体裁中，城市都是文学与生活的双重建构："随着历史和文化发生变化，包括与城市发展密切相关的从商业、工业到后工业时期的变化，文学要素也被重新概念化。这样，当文学给予城市以想象性的现实的同时，城市的变化反过来也促进文学文本的转变。"①

在中国，纵观文学史，从传统的乡土观念进行都市批判的倾向一直存在。尚未进入现代之前，中国就存在着一个从乡村到城市的文化连续带，不仅在建筑、政府管理方面如此，而且在日常生活、文化活动方面也是如此。中文里的"乡"不仅指田园牧歌般的乡村，也指"故乡"和"家乡"。由于文人对故土的依恋，乡村在中国文学作品中常以理想化或诗化的形象出现，而城市却往往成了"异乡"，成了腐朽堕落、污秽淫乱的渊薮。这种乡村高于城市的"反城市主义"的观念深深扎根于中国传统文化之中，并且在19世纪，随着帝国主义和殖民主义的入侵而日趋明显；到了20世纪初，很多中国文学作品都把城市表现为黑暗与死亡。李大钊在1919年2月20—23日的《晨报》上，连载了《青年与农村》一文，向城市里受过教育的青年发出强烈呼吁："都市上有很多罪恶，乡村里有许多幸福"；"都市上的生活，几乎是鬼的生活，乡村中的活动，全是人的活动"。②吴沃尧的小说《二十年目睹之怪现状》(1903—1905年在《新小说》上连载)亦是其中一例。小说开篇就回顾了上海在60年内从小渔村崛起为现代都市的过程。但繁荣的大上海只被看作"金玉其外败絮其中"的绣花枕头。和上海相比，北京更加难以描述，不是因为它历史悠久、面积庞大、人口众多，而是缺乏一个合适、有效的体系来描述它的复杂性。甚至有的学者们会怀疑北京是否属于西方话语中常说到的"城市"，上海的文化景观才可称得上真正意义上的"城市"。那么，北京到底能不能被封为"城市"呢？它是从何种意义上说的"城市"呢？

一、看得见的城市：巴黎与北京的文化对望

北京"首先是一个观念，然后才是一个城市……它虽不用言辞说话，却用建筑、体积、空间来说话。大大小小的厅堂、宫殿、花园、街道、城墙、大门、牌坊、庙宇，一起发出非常清晰的宣言"③。

乡村生活的荒凉、愚昧、停滞和压抑逐渐令人们感到失望，城市在现代中国文化中的地位越来越突出。通过严复翻译的西方社会科学和林纾翻译的

① (美)理查德·利罕：《文学中的城市：知识与文化的历史》，吴子枫译，上海：上海人民出版社，2009年，第3页。

② 李大钊：《青年与农村》，《李大钊选集》，北京：人民文学出版社，1962年，第149页。

③ (美)麦尔·杰弗瑞，《天安门之龙：圣城北京》，南卡罗来纳大学出版社，1991年。

西方文学艺术，西方思想的传播和西方文化的渗透将北京打造成了“光明之都”。1917年，《新青年》迁到北京，在其周围聚集的现代中国知识分子发起了“新文化运动”，从根本上改变了中国文学的性质和中国对现代性的体验：把城市重新设想为启蒙之光的源头，而城市知识分子则成为把光明带给农村劳苦大众的启蒙代言人。

和北京一样，巴黎也是思想的发源地。早在18世纪，巴黎的哲学就重新定义社会契约说。伏尔泰为一位已经被定罪的犯人辩护并成功地为之洗脱了罪名，这为巴黎在全世界赢得了正义必胜的美誉；19世纪时，小说家左拉再一次证明了这条法则，他为一位犹太军官德莱弗斯翻案使其恢复了名誉；在1943年，作家让·热奈因为屡次被判盗窃罪而面临终身监禁的境地，但因为“他是兰波一样的天才”而最终被免于处罚。这三则故事充分说明了法国作家在其文化中的重要性。

美国作家埃德蒙·怀特曾这样定位几座世界上的知名城市：“巴黎是个大城市，就像伦敦和纽约一样，而罗马是座村庄，洛杉矶是一群村落，苏黎世则是一潭死水。”①在20世纪五六十年代，有思想追求的美国大学生都会踏上去往巴黎的朝圣之路，“根据让·美罗的一项法国研究《美国文学中的巴黎》，从1824年到1978年，美国共出版了200种关于巴黎的小说”②。因为在形而上学上感到寒心，或者在道德方面存在冲突，美国和英国的浪漫青年对英语世界中的语言哲学无动于衷，转而崇尚萨特和加缪的法国存在主义哲学。这种和道德相关的哲学认为个人必须为他的一切行为负责，作家应该投身社会，有一点受世俗浸染就会陷入谎言的陷阱。在巴黎的“哲学咖啡馆”中，人们定期聚会，讨论道德伦理方面的问题。于是，在这座大城市，有着特殊的国际道德标准：不同的种族和宗教可以得到真正的宽容，总统和名人的绯闻无人问津，人们对最大胆的乱伦和谋杀不屑一顾，却固执地坚持一些荒唐的理论并为之争论不休；而且，法国人从不会谈“性”色变，在这方面有一种成熟的优越感。另外，巴黎有着其所特有的温情的墓地文化：“恐怕，这世上没有哪座城市拥有像巴黎这么多死去的名人了，皆因这座城实在让人过分眷恋，对于死者生者来说都是如此。”③

虽然巴黎的物品丰富多样，巴黎人热情洋溢，但巴尔扎克曾清醒地认识到，巴黎市民对金钱和快乐的欲望太强烈，以至于很快就会为此而精疲力竭：

---

① (美)埃德蒙·怀特：《巴黎，一个闲逛者的记忆》，何欣译，北京：新星出版社，2007年，第1页。

② (美)埃德蒙·怀特：《巴黎，一个闲逛者的记忆》，何欣译，北京：新星出版社，2007年，第2页。

③ 郑枫：《天使爱巴黎》，北京：华文出版社，2010年，“后记二”。

巴黎对什么都感兴趣，结果是对什么都不感兴趣。巴黎人无论什么年龄，就像孩子一样，某一两天对一样新东西很着迷。他万事抱怨，万事容忍，万事都要嘲笑，万事都会忘记，对万事都充满渴望，他品味万物，感受万物，万物都会被随意地抛之脑后……无论是他的国王、疆土、荣誉、偶像，无论是铜制的还是玻璃制的……[①]

在巴黎的“圣日耳曼草坪”，有三家咖啡馆：利普咖啡厅、花神咖啡馆和双偶咖啡店。它们像国家机构一样赫赫有名，关乎巴黎人的呼吸和心跳，因为那里曾经“谈笑有鸿儒，往来无白丁”。一些知识分子因为所住的旅店肮脏而拥挤，没有必要的家具和足够的暖气，所以经常到这些咖啡馆里取暖、吃喝、工作和社交。1940 年时，萨特和德波伏娃差不多是在花神咖啡馆安了家。在双叟咖啡店的平台上，萨特和让·热奈相识，毕加索和加缪经常出没，“弗朗索瓦·萨冈看着就像刚死了宠物的孩子，而亚历山大·卡德尔看上去像惊醒的猫头鹰”。[②]

与此同时，甚至略早一些时候，在 20 世纪 30 年代的北京兴起了京派文学。1933 年，沈从文离开上海到天津，与杨振声共同主编《大公报》文学副刊。林徽因在 1936 年编选并出版了这一副刊中的一些小说。郑振铎和巴金离开上海到北京，他们同其他北方作家一起创办了两个文学刊物：《文学季刊》和《水星》。除卞之琳、废名、何其芳、李广田、凌叔华、师陀和萧乾外，另外一些杰出的学者和作家，如李健吾、朱光潜、梁宗岱和冯至也从欧洲归来，定居北京。1937 年，朱光潜开始为商务印书馆主编《文学杂志》，他编辑文学作品的观点，代表了京派的思想：

(1)他们强调普通人与日常生活的精神状态，有强烈地方风味，比如沈从文和师陀的作品。(2) 弘扬人心纯洁、自然之美，以及理想童年，所以有一种典型的回忆式叙述方式，以及诗意的怀旧气氛。(3)强调乡土中国的视角，怀疑现代城市文明，这都与都市化的海派作家群形成鲜明对照。(4)对乡村是抒情方式，对城市则是讽刺方式，与此相连的，是努力通过文化批判(而非政治批判)，再造民族品格。[③]

---

① (美)埃德蒙·怀特：《巴黎，一个闲逛者的记忆》，何欣译，北京：新星出版社，2007 年，第 13 页。

② (美)埃德蒙·怀特：《巴黎，一个闲逛者的记忆》，何欣译，北京：新星出版社，2007 年，第 18 页。

③ 吴福辉：《乡村中国的文学形态》，《中国现代文学研究丛刊》，1987 年第 4 期，第 232—246 页。

由此看来，京派文学更看重生活的人类学层面，而非政治层面，并与当时的政治保持谨慎的距离。这就是为什么在官方的现代中国文学史上，京派文学被长期置于边缘的缘故。但是近来，人们开始意识到京派文学的重要性。因其不仅“填补了中国现代左翼文学与右翼文学之间的广阔地带”①，而且褒扬了那些抗拒政治化的文学流派，看重对日常生活进行文化与人类学层面的探索。

老舍20世纪30年代初曾在济南和青岛教过书，当时也回过北京。北京是他的出生地，他所描绘的北京和北京人的心态，其文化构形与京派类似：“即基本上是一种爱恨交织的情绪，一方面不满于传统中国文化越来越堕落的方面，另一方面又怀疑现代(西方)文明的非人化方面。”②因此，他也是偏重文化批判，并主张对城市文化进行多层次的体验。1935年，他说：“北京是我的老家。一想起这两个字就立刻有几百尺‘故都景象’在心中开映。”③从文学构形的角度说，北京不仅是一个地方，不只是沉淀中国文化传统的历史陈列室，或是上演现代中国人各种戏剧性命运的舞台。更重要的是，北京还是一座“变化之城”，一座“梦想之城”。向往更好生活的人们来此体验“幻想、希望、偶尔的满足和忧伤、期待、孤独，以及在神往的人生中遇到同路人的可能性”④。因此，老舍的作品值得称道的地方是赋予了北京城以生命和性格，这些对于历史而言微不足道的梦想与体验，却成了比传统和习俗，态度与制度更具生命力的“典型形象”，即老舍所说的“故都景象”。

同时，北京也会质疑巴黎的改造。于斯曼(Georges-Eugène Haussmann)在拿破仑三世的支持下，从19世纪50年代开始进行全面的都市重建计划：首先，从巴黎城中心向四面八方延伸出路面宽广的林荫大道，贫民窟和工厂区被驱赶到城市边缘地带，这在满足空间“扩张”的同时，造成了人们关系的“疏离”，巴黎一跃从“步行城市”发展到了“轨道城市”。其次，19世纪30年代兴起的“拱廊街”也成为巴黎乃至整个欧洲空间结构的缩影。商品的魔力带来了城市空间意义上的深刻变化：“街道成了购物的走廊，步行变成了消费的附庸。”⑤最后，于斯曼的城市规划导致了城市的分裂：虽然建设了供水和污水排放系统，建造了一系列整齐、宽敞和卫生的居民区，但贫民窟依然存在，只

① 吴福辉：《乡村中国的文学形态》，《中国现代文学研究丛刊》，1987年第4期，第230页。

② 张英进：《中国现代文学与电影中的城市：空间、时间与性别构形》，秦立彦译，南京：江苏人民出版社，2007年，第30页。

③ 曾广灿、吴怀彬主编：《老舍研究资料》(1—2卷)，北京：十月文艺出版社，1985年，第549页。

④ Chorney, Harold, *City of Dreams: Social Theory and the Urban Experience*, Ontario: Nelson Canada, 1990, p. 2.

⑤ 吕超：《比较文学新视域：城市异托邦》，北京：中国社会科学出版社，2011年，第98页。

是被放逐到郊区，那里的生存环境更为恶劣。于是，在一个富裕繁华的城市边上，一定伴随着一个贫穷衰败的城市。这就是所谓的“双元城市”：贫民与精英似乎生活在同一个城市里，但他们之间却找不到什么沟通的场所，被隔绝在物理和心理的双重空间中。另外，博物馆世界浮现在城市之中，除了文化保护和科教普及的功能外，也具有“文化政治”和“文化产业”的逻辑。在标准化和商品化的过程中，博物馆有沦为另类消费娱乐空间的危险，人们在博物馆的市场中难免遭遇异化。与博物馆一起沦陷的还有街道，由于城市的购物中心化，街道失去了公共性活力，沦为从一个消费空间到另一个消费空间的通道。

上述的质疑针对的是看得见的城市，对于看不见的城市，巴黎又给北京什么样的启示呢？

二、看不见的城市：巴黎与北京的文化对话

> 20世纪90年代中期，中国社会学家孙立平先生访问法国，他向法国高等社会科学院教授图海纳提了一个问题：法国近年来社会结构最重要的变化是什么，图海纳说，是从“金字塔”变到“马拉松”。他的意思是，过去的法国社会，是一种金字塔式的等级结构，在这样的一种结构之中，人们的地位是高低不同的，但同时又都在同一个结构之中。而在今天，这样的一种结构正在消失，而变成一场马拉松。今天的法国，就像一场马拉松一样，每跑一段，都会有人掉队，即被甩到了社会结构之外。被甩出去的人，甚至已经不再是社会结构中的底层，而是处在了社会结构之外。他认为，现在法国还在继续跑下去的只有四五百万人，其余都是掉队的了。坚持跑下去的，就是那些被吸纳进国际经济秩序中去的就业者。[①]

图海纳关于“金字塔”和“马拉松”的比喻，警示当今中国的现代化和城市化的发展，要避免城市中的“两极分化”和城乡间的“二元结构”，要反对“社会排斥”，致力于建设稳定、安全而公平的社会。因此，曾一果指出：“对中国城市发展而言，明确城市的发展伦理底蕴，自觉建构‘城市善’，对规范中国城市发展、解决中国城市问题、推进城市综合转型，尤为迫切与重要。”[②]因为在人与城市的关系中，人是目的，城市是载体与手段，要正确处理好人的发展与城市的发展之间的关系。换言之，要处理好人民生活的改善和幸福与城

① 吕超：《比较文学新视域：城市异托邦》，北京：中国社会科学出版社，2011年，第117页。

② 曾一果：《想象城市：中国当代文学与媒介中的“城市”》，哈尔滨：黑龙江人民出版社，2011年，第4页。

市经济的增长和扩张的关系。另一方面，不同国家的城市化道路具有本土特殊性和文化多样性。面对城市的趋同化，尤其需要建构"城市根"在本土的文化自信，达到文化创新与传承的统一。

那么，北京的文化内涵又如何阐释？

首先，在视觉层面上，北京的形象不仅是指城里既定的事物，比如胡同、城墙、宫殿、庙宇、茶馆和牌楼等，而且也指北京人流传并内化的文化构形，即围绕着老百姓生活的实际地方：积水潭就是很好的例子，这里与自然美景有关，而非单纯的建筑奇观。在老舍的笔下，湖水从积水潭通过什刹海，一直延伸到北海、南海，"好像北京是一首诗"，蜻蜓在"绿波上点着诗的句读"。[①]可见，北京的自然景观更能引发观察者心中微妙的诗意。

其次，在北京人的心理层面上，有着士绅心态和乡土情结。从北京人日常行为层面来说很重要的因素是空间构形，但时间却相对来说无足轻重。北京的居民们总有很多闲暇时光，可以通过日常行为的艺术来追求生活的美学。闲暇，是士绅的生活方式："明显的闲暇，是生存的核心。士绅们从日常工作中解放了出来，有足够的时间来扩展社会交往，结交对自己有利的朋友，或到名胜之地及外国旅行，游戏和娱乐，读书和做学问，重视与传统、古代有关的东西，培养宗教与道德。"[②]这种闲暇的心态如果从积极的方面来看，的确是一种生活的美学；但倘若饱食终日，无所事事，只光顾茶馆、赌场、酒楼和鸦片房的话，就会因为没能"生于忧患"而"死于安乐"："二百多年积下的历史尘垢，使一般的旗人既忘了自遣，也忘了自励。我们创造了一种独具风格的生活方式：有钱的真讲究，没钱的穷讲究。生命就这么浮沉在有讲究的一汪死水里。"[③]虽然老舍批判了清朝遗老遗少的"穷讲究"，却并不反对"日常生活的发明"(l'invention du quotidien)，这一概念的提出者是德瑟托(Michel De Certeau)，指的是普通人在占主导地位的社会—经济结构内做日常挣扎时发明或使用的策略。比如，阅读的艺术、行走的艺术、居住的艺术、烹调的艺术、谈话的艺术，等等。老舍本人就是德瑟托所说的"普通人"，他爱好中国拳术、唱京剧、说相声、养花、玩猫、收集国画和古董、玩骨牌、在小饭馆吃饭、写书法和旅行，等等。在他看来，北京人心态中的"闲暇"这一主题，也代表了生活的艺术和自我的修养，这种"日常艺术"是北京人传承并内化的文化内涵。

再次，在社会层面上，整个城市的人际关系网络沉浸在规则与戒律中，就像北京的鸟瞰图：整齐地划分为层层相套的城墙，每个人都有被划定的位

---

① 老舍：《老舍文集》(第一卷)，北京：人民文学出版社，1980 年，第 330 页。

② Yung-The Chow, *Social Mobility in China: Status Careers Among the Gentry in a Chinese Community*, New York : Atherton Press, 1996, p. 280.

③ 老舍：《正红旗下》，《老舍文集》(第七卷)，北京：人民文学出版社，1984 年，第 32 页。

置，不够自由却很安逸。这一空间构形，很接近塞奈特(Richard Sennett)所设想的“亲密意识形态”所统治的社区：“现在，人们普遍认为人与人之间的亲密，从道德上来说是一种善。现在，人们都希望体验与他人的接近和温暖，由此来发展个性。现在，一个广泛流行的神话是，社会的恶，可以被理解为非个人、异化、冷淡之恶。这三点的结合，就是亲密意识形态。”[①]而亲密与温暖，是北京居民之间关系的写照。四合院的建筑风格似乎预先就设定了居民们会有亲密的人际关系，保证了中国道德系统的稳定。但因为规则和戒律的存在，统治着该社会的仍是家庭关系，人们缺乏空间的流动性，传统的乡土价值观依旧占据主导地位。不过，这种局面随着现代化的进程和国家化的趋势而逐渐转变。

最后，在时空层面上，北京的空间极具渗透力，时间却变得无关紧要，闲暇的主导生活模式将日常活动艺术化，在无数的小细节中，时间被不可避免地空间化。在北京的建筑中，也体现了时间的空间化。根据牟复礼(F. W. Mote)，西方城市具有时间结构的多样性，但“北京的城市建筑，不太容易根据时代风格判断其年代”[②]。而巴黎却恰恰相反，有着西方城市典型的时间结构，甚至被雨果称为“一部由石头撰写的立体编年史书”。

“1800年以来，现代知识分子赖以生存的不是一个城市的规模和财富，而是这个城市的氛围和气质。”[③]随着城市现代化进程的加快，要想从城市的外在面貌区分城市的优劣越来越难。只有城市文化这种深层次的底蕴，才是识别城市特征的首要标识，只有从市民的生活风俗、审美情趣、生活理想、精神崇尚、行为方式、处世态度等方面才能把握城市的内在脉动。文学艺术是人文北京建设的重要组成部分。回顾和总结北京文学的历史，特别是近代以来的发展历程，对于在新的历史语境中文艺发展、文化建设，乃至首都的文化实力和影响力的提升，至关重要。

因而，我们面临“城与人”之间关系的重新构建，这不仅意味着二者的互动，更重要的是对“现代性”问题的回应：“不仅需要重新考量中国现代城市化进程的历史过程、社会动力和文化影响，而且必须把‘城市’作为一个整体，放置到与经济环境、人文地理和自然生态……的复杂关系网络中予以重新定位，而在这一网络中，‘都市感觉结构’无疑居于核心地位。”[④]

(作者：张迎旋　北京外国语大学副教授)

---

① Richard Sennett, *The Fall of Public Man: On the Social Psychology of Capitalism*, New York: Vintage Books, 1978, p. 259.

② (美)牟复礼：《传统中国文明中的城市》，《传统中国》新泽西州：培生出版社，1970年，第45—46页。

③ 罗岗：《想象城市的方式》，南京：江苏文艺出版社，2006年，第115页。

④ 罗岗：《想象城市的方式》，南京：江苏文艺出版社，2006年，第95页。

项目名称：文化诗学讲稿
项目编号：12WYA001
项目负责人：童庆炳
项目信誉保证单位：北京师范大学

文化诗学结构：中心、基本点、呼吁

20 世纪 90 年代，在邓小平南巡讲话后，中国的社会主义市场经济逐渐形成。这一时期，经济快速发展，国家实力大为加强，人民生活水平也大为提高。但商业经济的快速发展，也使“拜物主义”与“拜金主义”的思想开始流行。新时期初期轰动一时的文学理论研究也逐渐沉寂下来。在这种历史语境中，80 年代活跃的文学理论话语也逐渐萎缩。但文学理论学人不甘寂寞，从国外引进各种思想，其中影响力最大的是如下两种思潮：第一种是所谓的“语言论转向”，宣扬俄国形式主义文论和英美的“新批评”。根据现代形式主义文论的引进，也取得了一些成果。比较显著的是文学叙事学的研究。这种研究力图在小说的叙事技巧中寻找讲故事的方法，并联系中国古代和现代小说创作展开了中国独特的文学叙事研究。第二种是欧洲文化批评（又称文化研究）理论的引进，对纯文学本身不再感兴趣，而着意提倡所谓的“日常生活审美化”探讨，实际上这种或推崇时尚趣味，或批评商业主义带来的弊端的话语，已经溢出了文学理论，而进入了文化社会学的范围。幸亏这期间带有“文学性”的影视文化、摄影文化等大众视觉文化得到了很大发展，所以一些具有批判精神的理论家在大众文化问题获得了自己的有效的话语。

那么，那些不愿左顾右盼的要在文学理论这块园地里耕耘的学人怎么办呢？他们受到美国新历史主义的启发，特别是受它的“历史的文本性，文本的历史性”这句话的启发，于 90 年代后期提出了根植于中国文学土壤上的研究方法——“文化诗学”。其中，北师大文艺学研究中心和漳州师院文化诗学研究所，始终如一地坚持这一文学研究的理想。文化诗学的意义就是力图把所谓的“内部批评”和“外部批评”结合起来，把结构与历史结合起来，把文本与文化结合起来，加强文学理论和文学批评的历史深度和文化意味，走出一条文学理论的新路来。

我于 1998 年在“扬州会议”上第一次提出中国的“文化诗学”。1999 连续发表了《中西比较文论视野中的文化诗学》、《文化诗学的学术空间》和《文化诗学是可能的》三篇文章，之后，还断断续续发表了多篇论文。我对“文化诗学”的解释和理解不断有所发展。至今，我的“文化诗学”构想，大体上可以用体操的喊声“一、二、一”来概括，即“一个中心，两个基本点，一种呼唤”。

一、中　心

所谓“一个中心”，是对文学审美特征而言的。文化诗学所研究的对象是文学，那么首先把文学特征大体确定下来，是顺乎情理的。新时期以来，我质疑别林斯基的文学形象特征，又用很大的力气论证文学审美特征。我最近出的一个专题论文集《文学审美论的自觉》，就是对文学审美特征论的一次总结。我从80年代初开始反复讲过：如果一部文学作品经不起审美的检验，那么就不值得我们去评价它了，因为它还没有进“艺术文学”这个门槛。“审美”作为80年代美学热的“遗产”，我认为是可以发展的，却是不能丢弃的。不但不能丢弃，而且还要作为“中心”保留在“文化诗学”的审美结构中。为什么？历史经验不容忘记。在新中国成立后的十七年和十年“文革”中，我们的文学理论差不多就是照搬苏联文学理论，其中最核心的是“社会主义现实主义”理论，这个理论对于文学特征有一个规定，那就是继承了别林斯基关于文学与科学特征的理解：“人们只看到，艺术和科学不是同一件东西，却不知道它们之间的差别根本不在内容，而在处理一定内容所用的方法。哲学家用三段论法，诗人则用形象和图画说话，而他们所说的是同一件事。”[①]如季莫菲耶夫《文学概论》中说：文学的特征是“以形象的形式反映生活”。这种文学形象特征论是与西方古老的模仿论相搭配的。这种说法，在西方文化背景下也许不会使文学走向教条化、公式化、概念化，但在苏联的意识形态的文学宪法“社会主义现实主义”指导下的文学创作中，别林斯基的文学形象特征论，就不能不产生问题，公式化、概念化在斯大林时期屡见不鲜。在斯大林去世后，1956年开始出现了“解冻文学”思潮，就是拿“社会主义现实主义”前面的四个字来做文章。因为“社会主义现实主义”是把一个政治概念和一个文学概念捏合在一起，结果是政治压倒文学，这就产生了很严重的问题。西蒙诺夫提出了“社会主义时代的现实主义”，并建议把“社会主义现实主义”定义中“用社会主义精神从思想上改造和教育劳动人民的任务结合起来”半句话删去，结果引起了热烈的讨论，这种讨论也波及当时中国文坛。为什么“社会主义现实主义”这样的口号，就会出引导出公式化、概念化的作品呢？原因之一就是要用所谓“历史具体性”的形象描写去图解政策和概念。所以1956年开始的苏联的“解冻文学”的讨论结果之一，如阿·布罗夫在《美学应该是美学》一文中，就对诸如文学是“用形象的形式反映生活”等提法提出质疑，认为“这里没有充分

① （苏联）别列金娜选辑：《别林斯基论文学》，梁真译，上海：新文艺出版社，1958年，第20页。

解释出艺术的审美特性(哲学的定义不会提出这个任务)，所以这还不是美学定义”。

实际上，我们应该从 80 年代的“美学热”中体会到，审美是大问题。在“文革”时期，十亿人只有十个样板戏，我们处在审美饥饿中，那日子是很难过的。有的时候，为了满足一点点审美的需要，是要付出生命的代价的。那期间朝鲜的一部俗气的电影《卖花姑娘》在中国放映。大家蜂拥去看。结果起码有几十人的生命就丧失在可怕的拥挤践踏中。这是有案可查的。那么，审美的重要性在哪里？审美是与人的自由密切相联系的。80 年代“美学热”，大谈审美，这在当时就是要摆脱刚刚过去的“文革”的极“左”政治和思想的严重束缚，使人的思想感情得到一次解放和自由。大家也许还记得当时的北京美术馆举办裸体艺术展，引起轰动，美术馆门口人山人海，这是为什么？裸体艺术是美的，不是邪恶的，这是思想感情的一次大解放。这也是有案可查的。今天我们的自由问题解决了吗？当然没有。不同的是，过去完全被政治束缚住，今天我们的文艺往往是被商业主义的意识形态、被赚钱的文化老板的思想要求束缚住了，我们手中没有权力，我们所能掌握的只是文学艺术话语，因此，我们搞文学研究也好，搞文学批评也好，审美的超越、审美的自由就成为我们的选择，是我们重要的选择，我们选择审美的话语来抵制商业主义的意识形态。正是基于此，我把“审美”检验作为文化诗学结构的中心，道理就在这里。文学必须首先是文学。如果一篇文学作品被称为深刻的智慧的，却没有起码的艺术审美品质，那么文学不会在这里取得胜利。不要让那些没有意义或只具有负面意义的商业文化作品一再欺骗我们，我们需要的是真正具有审美价值和积极社会意义相融合的文学艺术精神食粮。

怪异的是，我在特定历史时期提出的文学审美特征论，一直遭到某几个人无端的攻击。最近董学文先生又在《天津社会科学》发表了一篇题为“文学理论研究‘西马化’模式的反思”的论文。这论文题目就不通。请问，在今日之中国有几个文学理论学人真的弄懂了“西马”？有哪家的文学理论是真的“西马化”？所谓“化”者彻头彻尾之谓也。请看今日之中国有哪位文学理论学人真的彻头彻尾“西马”化？所谓“西马”化“模式”在中国真的存在吗？另外，我的本来是一句比喻性的话：现实审美价值“就像有溶解力的水一样，可以把认识价值、道德价值、政治价值等都溶解于其中”，董把它概括为“审美溶解说”。董引的这句话是我 1983 年撰写的《文学与审美》一文中的话。原话被董断章取义，所以不得不把这段话抄录一下：“文学艺术对客观现实的反映，的确是在撷取其审美的价值，但这撷取并不是也不可能是孤立地撷取。审美价值与其他价值是矛盾的统一：一方面，审美价值不同于其他价值，另一方面，审美价值又和其他价值相互渗透。现实的审美价值和现实的其他价值并不是相互隔绝的，它们之间不存在鸿沟。应该看到，现实的审美价值具有一种溶解和综合的特性，它就像有溶解力的水一样，可以把认识价值、道德价值、政治价值、宗教价值等都溶解于其中，综合于其中。因此，文学艺术撷取现实的审美因素，不但不排斥非审美因素，相反，总是把非审美因素的认识因素、道德因素、政治因素、甚至自然属性交融到审美因素中去。这样文学艺术所撷取的审美因素总是以其独特的方式凝聚政治、道德、认识等各种因素。”[①]接着这段话，我举了毛泽东的《卜算子·咏梅》为例，说明这首词整篇都是审美话语符号，但折射出了强烈的政治、道德因素。接着还有这次的补充：“当然，认识、道德、政治等因素只有溶解于审美价值中，与审美价值化为一体，才可能成为文学艺术的对象和内容。单纯的认识、道德、政治价值，可以成为哲学、伦理学、政治学的对象和内容，却不能成为哲学、伦理学、政治学的对象和内容。”[②]我的这段话被董扣上了康德的“形式美学”的帽子，断章取义地说，我把“审美”作为“文学的唯一本质”，“遮蔽或抑制了对其他本质性因素的认知”。这真是见鬼了，我这段话不是一再强调审美价值和其他价值的关系吗，怎么就“遮蔽或抑制”了“其他本质性因素”？我这里用了“溶解”、“渗透”、“综合”、“凝聚”、“交融”这些词来讲审美价值和非审美价值的关系难道不对吗？难道“其他本质性因素”只有独立存在，与文本中的审美相隔绝，让作者单独做道德的、政治的说教或商业的宣传，不与“审美”话语发生关系，才是董学文先生所要求的吗？说老实话，我那篇文章的意思并不完全是自己发明的，而是读了苏联理论家斯托洛维奇的《审美价值的本质》一书所受到的启发，与康德“形式美学”无关，与“西马”更无关，不要给我戴这些高帽子。更为恶劣的是，董学文先生把我这段审美价值与其他非审美价值关系的论述，与我在另一部书《文学活动的审美维度》中专门谈到审美心理体验的阐释，即审美发生的瞬间，各心理器官完全畅通、达到无障碍状态的论述，故意拼贴在一起，然后指责说“这种论述混淆了文艺创作艺术逻辑和审美要求之间的区别”云云，还说我的话是“霸权话语”。什么是“艺术逻辑”，什么是“审美要求”，我谈到这些问题了吗？这些不着边的话，跟我有何关系？我请求批评我的人，不要像 1957 年整右派言论那样，把说话者在不同场合谈不同问题的话，离开原有的语境，随意组合在一起，构成说话者原本没有的意思，然后强加到人家的头上，再施加批判。这种不符合原本事实的批评只能暴露自己的粗暴和变态，此外还能说明什么呢？我对“审美”有自己的理解。我认为“审美”也是随时代的发展而发展的，不是固定不变的。每个人的审美观也各不相同，这也应该受到尊重。以前，我受狄德罗的影响谈“美在关系”说，做过多次演讲。我最近发表在《北京师范大学学报》2011 第 5 期上的那篇《〈文心雕龙〉“物以情

---

① 参见拙著《文学审美特征论》，武汉：华中师范大学出版社，2000 年，第 29 页。

② 参见拙著《文学审美特征论》，武汉：华中师范大学出版社，2000 年，第 30 页。

观”说》，表达了我对审美的新理解。我指出：审美须有“由外而内”又“由内而外”或“移入”与“移出”的过程，审美的实质是人的情感评价，用刘勰的话说就是“物以情观”。读者可以参阅，此不赘述。我希望那些批评我的人，先要对我的审美观的变化和发展有一个整体的把握，然后再来批评。不要摘取我著作中的只言片语，随意拼贴，就乱扣起帽子来。

二、基本点

一点是分析文学作品要进入历史语境，另一点是要有过细的文本分析，并把这两点结合起来。换句话说，我们在分析文学文本的时候，应把文本看成是**历史的暂时的产物**，它不是固定的、不变的，因此不能就文本论文本，像过去那样只是孤立地分析文本中的赋、比、兴，或孤立地分析文本隐喻、暗喻、悖论与陌生化，而要抓住文本的症候，置于特定的历史语境中，以历史文化的视野去细细地分析、解读和评论。

先来谈谈“两个基本点”的第一点——历史语境的问题。

语境本来是语言学的术语。语言学上有“本义”与“语境义”的区别。“本义”就是字典意义。每一个字，在词典中，都会有它的“本义”。比如“闹”这个字的本义是“喧哗”、“不安静”的意思，查一下《现代汉语词典》就可以弄清楚。但在“红杏枝头春意闹”这句诗中，这个“闹”字获得了独特语境，它的意思已不是“喧哗”、“不安静”的意思，而指春天生机勃勃之意。“生机勃勃”在这句诗的语境中就是“闹”字的“语境义”。

这个道理，我们的古人很早就明白了。刘勰在《文心雕龙·章句》篇中，提出了“章明句局”的理论，他说：“夫人之立言，因字而生句，积句而成章，积章而成篇。篇之彪炳，章无疵也；章之明靡，句无玷也；句之清英，字不妄也。振本而末从，知一而万毕也。”对这段话，我的理解是：人们进行写作，是由单个的文字组成句子。由句子组成章节，然后积累章节构成文章。但是，文章只有全篇焕发光彩，章节才不会有毛病；章节明白细致，句子才无差错；句子干净利落，用字才不会虚妄。所以抓住全篇命意这个根本，章节、句子这些枝节才会安置得当；抓住“本”或“一”这个整体，万千的句子、字词（即“从”或“末”）才会有着落。刘勰在这里所说的“振本而末从”的“本”和“知一而万毕”的“一”就是整体的语境，“从”或“万”则是字、词、句而已，即我们阅读文章一定要看语境来解释或理解字、词、句的意义。反过来说也是一样，意义是从整体语境这个“本”或“一”中看出来的。

以上所述是“语境”的“本义”，后来各个人文社会学科都用“语境”这个词，那就是“语境”这个词的引申义。当然，问题不是很简单的。在现代，要谈“语境”这个概念，我们会遭遇到许多麻烦。因为各个专业和学科，各种学术流派，都已经不完全把“语境”限于书写文本字与字、词与词上下的关联性上。

如英籍波兰人类学家马林诺夫斯基，很早就把语境的概念扩大，他提出了所谓的“文化语境”与“情境语境”。这已经离开了书写文本的语境。但我们又不能不说，最原始的语境概念就是从书写文本语境中产生的。现在有的学者把语境分成语言内语境——即语言学中的狭义“语境义”，以及语言外语境——即我们正在讨论的广义的“历史语境”。当然，这狭义的语境和广义的语境又是有联系的。书写文本语境就是语言环境，进一步说，文本意义产生于句子、句子群与句子、句子群的组成关系中。一个文本的结构展现为系统的特征，它由若干句子或句子群组成，任何一个组成部分的变化，都必然引起其他成分的变化。因此，文本语境的核心观念在于句子与句子或句子群与句子群之间的关系，关系重于句子或句子群。刘勰《文心雕龙·章句》篇所透露出来的意识，几乎包含了文本语境的基本要素。刘勰认为“句局”，即句子(包含停顿)是有局限的，孤立的句子或停顿，只是田间小路，不可能构成语境，从而不能显示完整意义。所以刘勰期待的是“章”，他强调“章明”，“章”作为句字构成的系统才可能“明”情达理，因为“章”才有“体”。这“体”就是“体式”，指语境而言。刘勰认为文本语境是由“前句”、“中篇”和“绝笔”(首尾文辞)三者的关系构成的；并认为“前句”预先包含了“中篇”的意义，而“绝笔”则追附了“前句”和“中篇”的意涵。换句话说，章节中，有前设句、中设句和后设句，前设句启示了中设句、后设句的意义，又需要中设句和后设句来确定它的意义。中设句的意义，也不可能孤立获得，它的意义取决于前设句与后设句，但它又给前设句和后设句以意义的制约。后设句意义取决于前设句和中设句，但它的存在又使前设句和中设句获得了意义。三者形成有机的整体。刘勰认为狭义文本语境的核心是前、中、后各个句子的关联性，所以强调“辞失其朋，则羁旅而无友”，最后的“赞”再次提出“辞忌失朋”。

但是刘勰的《文心雕龙·章句》篇的局限就在于没有论述广义的历史语境问题，因为文本的意义不仅仅存在于文本本身的语境之中，还在于时代的变化中，或者说历史语境的变化中。例如对于跟刘勰离得很近的伟大诗人陶渊明，刘勰的《文心雕龙》谈到了历代许多诗人作家，独独就没有提到陶渊明和他的诗篇。[①] 陶渊明在唐代虽然已经有影响了，但他在唐代的影响尚在“二谢”之下。星移斗转，一直到了宋代，到了苏轼那里，因苏轼自身有了独特的经历和隐逸的体验，对陶渊明的诗有情感的共鸣，以他在宋代文坛的崇高地位，给予陶渊明以极高的评价，说：“吾于诗人，无所甚好，独好渊明之诗。渊明作诗不多，然其诗质而实绮，癯而实腴，自曹、刘、鲍、谢、李、杜诸人，

① 现存刘勰的《文心雕龙·隐秀》篇有一处提到陶渊明，云：“彭泽之豪逸，心密语澄，而俱适乎壮采”。清代纪晓岚说，明代《永乐大典》所收此篇已经残缺，缺的部分大概是明人所补。一般研究者都同意纪晓岚的判断。此句是在补文之内。

皆莫及也。”[①]苏轼为什么这样评价陶渊明，使陶渊明声名鹊起，这就不但要进入陶渊明诗的历史语境，还要进入到苏轼所处的历史语境，包括文化语境和情境语境的双重语境，并结合分析陶渊明的作品，才能做出合理的解释。杜甫的诗篇在中国抗日战争时期特别受到推崇，可以说是流行一时，妇孺皆知，作为诗人杜甫的地位也被大大提高。杜甫还是那个杜甫，为什么在中国抗战中，似乎就与我们站在同一个战壕里？这就与杜甫诗中的爱国主义情感特别浓烈有关，这不但与杜甫诗歌的文化语境有关，更与抗日战争的历史语境密切相关。历史上这种文学现象不胜枚举。

历史语境正是文化诗学构思中面临的一个基本点。对于“历史语境”的理解，我的看法是要与马克思主义的历史主义联系起来考察。马克思在《哲学的贫困》中说：“人们按照自己的物质生产的发展建立相应的社会关系，正是这些人又按照自己的社会关系创造了相应的原理、观念和范畴。所以，这些观念、范畴也同它们所表现的关系一样，不是永恒的。它们是**历史的暂时的产物**。”[②]马克思说得多么好，人所揭示的原理、观念和范畴都是“历史的暂时的产物”。这也就是说，精神产品，其中也包括具有观念的文学作品，都是由于某种历史的机遇或遭遇，有了某种时代的需要才产生的；同时这些精神产品也不是永恒不变的。某个时期流行的精神产品，在另一个历史时期，由于历史语境的改变而不流行了。正如恩格斯所说：“当我们深思熟虑地考察自然、人类历史或我们自身的精神活动时，在我们面前首先呈现的是种种联系和交互作用的无限错综的图画，其中没有任何东西是不动和不变的，万物皆动、皆变、皆生、皆灭。……”[③]恩格斯在著名的《费尔巴哈与德国古典哲学终结》一书中进一步说：“要是我们研究工作中经常抱着这种观点(指形而上学)，那么凡要达到最终解决和永久真理的要求就永远失去意义了；我们永远不要忘记，我们所获得的一切知识，是必然受到我们在获得这些知识时所处的环境的局限和制约的。同时，那些在旧的、但还十分流行的形而上学看来不能克服的对立，如真理与谬误、善与恶、同一性和差别性、必然性与偶然性等等，再也不能使我们对之表示过度的尊敬了。我们知道，这些对立仅有相对的意义：凡是今天被承认是真理的东西，都有现时隐蔽着的而过些时候会显露出来的错误的方面；同样，凡现在被承认是谬误的东西，也都有真理的方面，因而，它从前才被认作真理；那些断定为必然的东西，是由种种纯粹的偶然所构成的，而被认为是偶然的东西，则是一种有必然性隐藏在里面的形式。”[④]

① 见《苏轼文集》(六)，北京：中华书局，1986 年，第 2515 页。

② 参见《马克思主义经典作家论历史科学》，北京：人民出版社，1961 年，第 122 页。

③ 参见《马克思主义经典作家论历史科学》，北京：人民出版社，1961 年，第 122—123 页。

④ 参见《马克思主义经典作家论历史科学》，北京：人民出版社，1961 年，第 126 页。

这些话已经把事物的历史发展与变化说得十分透彻，不需要再做任何解释了。正因为如此，列宁就把这个问题提到更高的高度来把握，说："在分析任何一个社会问题时，马克思主义理论的绝对要求，就是要把问题提到一定的历史范围之内。"①很清楚，在历史的联系中去把握对象，不是一般要求，而是"绝对要求"。

我们所提出的"历史语境"，有一个思想灵魂，它就是马克思、恩格斯所阐明的历史发展观。离开马克思、恩格斯所讲的伟大"历史感"、"历史性"和历史发展观这一点来理解历史语境，我们就不可能真正理解历史语境。

有人要问，你这里讲的历史语境和以前常说的"历史背景"是不是一样的？我的回答是，它们是有联系的，但又是不同的。所谓两者有联系，是说无论"历史背景"和"历史语境"都力图从历史的角度去理解文学的发展与变化。所谓两者又是不同的，是说"历史背景"只是关注到那些作家作品和文学的发生和发展，产生于哪个历史时期；哪个历史时期一般的政治、经济文化的状况是怎样的；这段历史与这段文学大体上有什么关系等。这完全是浅层的联系。"历史语境"则除了包含"历史背景"要说明的情况之外，要进一步深入到作家、作品产生的历史具体的机遇、遭际之中，切入到产生某个作家或某部作品或某种情调的抒情或某个场景的艺术描写的历史肌理里面去，这就是深层的联系了。这样，对于历史语境来说，就需要历史地具体展现大到文学思潮的更替的原因、小到某部作品细节描写的文化语境和情境语境，并紧密结合该文学现象做出深刻而具体的解释。换句话说，"历史背景"只讲外在的形势，而"历史语境"则除了要讲外在的形势之外，还要把作家、作品产生的文化状态和情境语境都摆进去。一些评论家只是从外在的历史背景来评价作品，做出的解释和结论是一般的、肤浅的，说不到关节点上，而若作家自己来谈自己的作品，他必定会把自己写作时的文化和具体情境摆进去，把"我"摆进去，所得出的解释和结论自然就不一样。这里，我想举郭沫若的一个例子。郭沫若于 1959 年写历史剧《蔡文姬》，评论家异口同声评论说：这是"为曹操翻案"。对于这个解释和结论，只要了解三国时期历史背景和 20 世纪 50 年代的历史背景就可以得出来了。可郭沫若对自己这个剧本最重要的评价是"蔡文姬就是我"。对于郭沫若的自我评价仅仅根据历史背景是得不出这个结论的。很多人对郭沫若的这句话都不能理解，一般都说：郭沫若无非对蔡文姬的遭遇比较同情，所以有此一说。这样的评论是不痛不痒的。我因为 2004 年获得主持教育部重大攻关课题"历史题材文学创作重大问题研究"，重读了郭沫若的全部历史剧。我特别研究了郭沫若在《〈蔡文姬〉序》说的话："我也可以照样说一句：蔡文姬就是我！——是照着我写的"，"其中有不少关于我的感情的东

① 参见《马克思主义经典作家论历史科学》，北京：人民出版社，1961 年，第 202 页。

西，也有不少关于我的生活的东西”，因为“在我的生活中，同蔡文姬有过类似的经历，相近的感情”。我就去翻郭沫若的书，研究一下《蔡文姬》怎么会有郭沫若“感情的东西”，跟蔡文姬有什么样的“类似的经历”、“相近的感情”，怎么会说蔡文姬是“照着我写的”。我终于发现了郭沫若“蔡文姬就是我”这个自我评价。

原来，1937 年抗日战争爆发，郭沫若冒着风险从日本回国，参加抗战。他回来后，写了一篇散文，发表于 1937 年 8 月上海的《宇宙风》月刊第 47 期上。题目是“我从日本回来了”。这篇散文是篇日记。大革命失败后，郭沫若于 1928 年逃亡日本，与安娜相识、相恋，终于结婚。他们在十年间生下了五个孩子，相依为命，度过了艰难的日子。日本发动侵略中国的“卢沟桥事变”后，郭沫若决定立刻回国参加抗日战争。他回国的情境的确与当年蔡文姬的选择相似。一边是故国的召唤，一边是妻子、儿女的爱恋，所以他感到无限的痛苦。蔡文姬到匈奴那里之后，与左贤王结婚，生下了两个儿女。左贤王当时对她说，你要是想回去故国，可以回去，但两个儿女决不许带走。所以，蔡文姬感到十分痛苦，一边是故国召唤，这是日思夜想的事情，她无论如何都要回去；一边是要与还处于幼年的儿女分离，这也是她不舍的。所以她的心情处在极度矛盾中。郭沫若离开日本，返回中国参加抗战，与蔡文姬的处境的确十分相似。郭沫若在那篇散文中写道：“昨夜睡甚不安，今晨四时半起床，将寝衣换上一件和服，踱进了自己的书斋。为妻及四儿一女留白，决心趁他们尚在熟睡中离去。……我怕通知他们，使风声伸张起来，同时也不忍心他们知道后的悲哀。我是把心肠硬下了。……自己禁不住淌下眼泪。……走上了大道，一步一回首地，望着妻儿所睡的家。灯光仍从开着的窗户露出，安娜定然是仍旧在看书，眼泪总是忍耐不住地涌。走到看不见家的一步了。……”[①]从郭沫若的这段叙述中，我们看得出，郭沫若写蔡文姬离开左贤王和儿女，不是凭空的。他是以他 1937 年离开日本回国作为情境语境来写的。因而写得十分真切。“语境”的重要性早就有不少作家和学者意识到了。例如法国的萨特在他的重要著作《什么是文学?》举过这样的例子：“假如有一张唱片不加评论反复播放普罗万或者昂古莱姆一对夫妻的日常谈话，我们根本听不懂他们在说什么；因为缺乏语境，即共同的回忆和共同的感知；这对夫妇的处境及他们的谋划，总之缺少对话的每一方知道的向对方显示的那个世界。”[②]萨特所举的例子，说明作者的“历史性”和读者的“历史性”，以及“写作和阅读是同一历史事实的两个方面”。他的思想是深刻的。

---

① 《郭沫若集》，广州：花城出版社，2006 年，第 350－352 页。

② 艾珉选编、(法)让-保尔·萨特著：《萨特读本》，桂裕芳等译，北京：人民文学出版社，2005 年，第 565 页。

由此，我们不难看出，所谓“历史背景”所指的一段历史的一般历史发展趋势和特点，最多是写某个历史时期的主要事件和人物，展示某段历史与某段文学发展的趋势和特点大体对应。“历史语境”则不同，它除了要把握某个历史时期的一般的历史发展趋势和特点之外，还必须揭示作家或作品所产生的具体的文化语境和情境语境。换言之，历史背景着力点在一般性，历史语境着力点是在具体性。文化诗学之所以强调历史语境，是因为只有揭示作家和作品所产生的具体的历史契机、文化变化、情境转换、遭遇凸显、心理状态等，才能具体深入了解这个作家为何成为具有这种特色的作家，这部作品为何成为具有如此思想和艺术风貌的作品。这样的作家和作品分析才可以说是历史具体性和深刻性的。

其次，再来谈谈文化诗学第二个基本点的过细“文本分析”问题。“文本细读”不能仅仅是俄国形式主义文论和英美新批评的遗产，中国古代的诗文小说评点，也是一种文本细读。我们谈到文本细读不但可以吸收俄国形式主义文论和英美新批评的传统，更应该重视中国古代诗文小说评点的传统。什么是文本细读是众所周知的，问题是如何进行文本细读，又如何把文本细读与历史语境结合起来。

我现在的大体看法是这样，无论是研究作家还是研究作品，都要抓住作家与作品的征兆性特点，然后把这“征兆”置于历史语境中去分析，那么这种分析就必然会显示出深度来，甚至会分析出作家和作品的思想与艺术追求来。人们可能会进一步问：你说的作家或作品的征兆又是什么？“征兆”是什么意思呢？法国学者阿尔都塞提出的“症候阅读”，最初属于哲学词语，后转为文学批评话语。此问题很艰涩，不是三言两语能说清楚的。我们这里只就文本话语的特征表现了作者思想变动或艺术追求的一种“症候”来理解。

我这里想举一个文论研究为例子。清华大学罗钢教授，花了十年时间，重新研究了王国维的《人间词话》提出的“境界”说。他的研究就有抓“症候”的特点。由于王国维的《人间词话》有好几种不同文本，文本的话语是增加、改动或删掉，都可能成为王国维的思想变化的“症候”。罗钢对此特别关注，并加以利用。如他举例说，《人间词话》手定稿第三则原本中间有一个括号，写道：“此即主观诗与客观诗所由分也”，但在《人间词话》正式发表时，这句话被删掉了。为什么被删掉？罗钢解释说：“比较合乎情理的解释还是王国维在写作这则词话时思想发生了变化。”再一个例子也是罗钢论文中不断提到的，就是王国维的《人间词话》原稿中都有一则词话：“昔人论诗词，有景语、情语之别，不知一切情语，皆景语也。”他发现，这则“最富于理论性”的词话被删掉了，这又是怎么回事呢？罗钢告诉我们：“王国维此处‘一切景语皆情语’的说法，其实脱胎于海甫定，即他在《屈子文学之精神》中所说的‘其写景物也亦必以自己之深邃之感情为之素地’。但这种观点和他在《人间词话》中据以立论的叔本华的直观说产生了直接的冲突，如果把‘观’分为‘观我’和‘观物’两个环节，那么‘观物’必须做到‘胸中洞然无物’。只有在这种‘洞然无物’的条件下，才能做到‘观物也深，体物也切’。这种‘洞然无物’是以取消一切情感为前提的，所以王国维才说‘客观的知识与主观的情感成反比例’，这种‘观物’与‘观我’是相互联系的两个方面，它们统一于一种审美认识论，假如站在这一立场上，‘一切景语皆情语’就是大谬不然的。这就是王国维最后发生犹疑和动摇的原因，这也说明，王国维企图以叔本华的‘观我’来沟通西方认识论和表现论美学，最终是不能成功的。”罗钢对于“症候阅读”法的运用，使他的论文常常能窥视到王国维等大家的思想变动的最深之处和最细微之处，从而作为有力的证据来说明他想说明的问题。但我对罗钢的分析，也不完全同意。实际上，“一切景语皆情语”，属于中华文论的“情景交融”说，是中华文化中天人合一的产物。王国维在发表他的《人间词话》之日，恰恰是他对德国美学入迷之时，他的整个《人间词话》的基因属于德国美学，所以他觉得“一切景语皆情语”不符合他信仰的德国美学，特别不符合德国叔本华的认识论美学，所以王国维发表时把这句话删除了。

文化诗学的两个基本点，即历史语境与文本分析，从我们上面的解释中可以看得很清楚，它们不是独立的两点，而是密切结合的。我们之所以强调历史语境的重要性，是因为它可以帮助我们深入细致地分析文本；我们强调文本分析，是置于历史语境的文本分析，而不是孤立的分析。所以，这两个基本点的关系应该是：我们面对分析的对象（作家、作品、文论），先要找出对象的症兆性，然后再把这症兆性放到历史语境中去分析，从而实现历史语境与文本细读的有效结合，使研究达到整体性、具体性、深刻性和具有现实针对性。

三、呼　吁

我在《文学评论》发表过一篇论文，题目是“植根于现实土壤的文化诗学”，我提出的理由是“‘文化诗学’的根由在现实的需要中”。我这样说过：“一段时间以来，我们的文学批评囿于语言的向度和审美的向度，被看成是内部的批评，对于文化的向度则往往视而不见，这样的批评显然局限于文学自身，而对文本的丰富文化含蕴置之不理，不能回应现实文化的变化。文学这种自外于现实的情况应该改变。文学是诗情画意的。诗情画意的文学本身包含了神话、宗教、历史、科学、伦理、道德、政治、哲学等文化含蕴。在优秀的文学作品中，诗情画意与文化含蕴是融为一体的，不能分离的。‘文化诗学’应该而且可以放开视野，从文学的诗情画意和文化含蕴的结合部来开拓文学理论和批评的园地。当一个批评家从作家的作品的诗情画意中发掘出某种文化精神来，而这种文化精神又能弥补现实文化精神的缺失，或批判现实文化中丑恶的、堕落的、消极的和缺乏诗意的倾向，那么这种文学理论与批评不就实现了内部批评与外部批评的统一，不是凸显了时代精神了吗?”我当时这样想，到今天仍然觉得是对的。这就是萨特在他的《什么是文学》所说的写作的“介入”：“不管你是以什么方式来到文学界的，不管你曾经宣扬过什么观点，文学把你投入战斗：写作，这是某种要求自由的方式；一旦你开始写作，不管你愿意不愿意，你已经介入了。”①作家要“介入”，为什么文学批评家不可以“介入”？文学理论应该摆脱自闭状态，去介入现实。

我一再说新时期以来的改革开放取得了巨大的成果，我们民族正在复兴，这是不容否认的事实。但同时，也面临许多严重的问题：环境污染，官员贪腐，房价高涨，贫富不均，坑蒙拐骗，金融动荡，通货膨胀，矿难不断，城乡发展不平衡，东西部发展不平衡。任何一个对国家事务关心的人，都可以列出“十大”矛盾，情况难道不是这样吗？我们的部分作家意识到了这些问题：艺术地反映高房价给人民带来的苦难的作品有之，艺术地反映官员贪污腐败的作品有之，艺术地反映城市化侵犯农民的土地和利益的作品有之，艺术地反映工业化给祖国带来环境污染的作品有之……我们的理论家和文艺批评家为什么不可以通过对这些作品的评论而介入现实呢？文化诗学就是要从文本批评走向现实干预。因此，关怀现实是文化诗学的一种精神。

但现在我又有了一种具有超越性的想法，那就是以文化诗学内部批评与外部批评的结合，结构与历史的结合，文本批评与介入现实的结合，以这些结合所暗含的走向平衡的精神，对现实进行一种呼吁——走向平衡。今天的中国也要“文化诗学”化。我们前面所指出的“十大”社会问题，几乎都是社会失衡的表现。比如：单纯追求 GDP，而不考虑环境的污染，这就如同一种单一的“内部批评”；官员贪腐，而不思考制度性的约束，这也如同单一的“内部批评”……其他问题都可作如是观。

实际上，如果我们从意识形态的角度来思考 20 世纪所出现的一系列文学理论批评形态，其背后都是暗示一种呼吁、一种文化、一种政治。俄国形式主义文论，在 20 世纪初，以语言分析的面貌出现，似乎与政治无关，实际上它的提出者和推崇者，就是当时俄国上空飘扬什么样颜色的旗帜的问题，与政治当局者吵架。英美新批评似乎是在文本的隐喻、悖论等词语上做文章，实际上其背后也是有深刻的社会原因的。有学者指出：“特别在美国，新批评的普及对文学研究的平民化起到了至关重要的作用。在 20 世纪四五十年代，二战结束后大批复员军人面临再学习、再就业的压力，而他们既没有足够的知识背景又没有受到过足够的知识训练。他们无法分享学院派掌握的那些浩

① 艾珉选编、(法)让-保尔·萨特著：《萨特读本》，桂裕芳等译，北京：人民文学出版社，2005年，第 563 页。

如烟海的档案资料。他们在文学上的立身之本只能是文学作品本身。通过对文本的分析，他们获得了一种非传统的、非学究式的接近文学的方法。另一种对新批评意识形态性的分析，新批评对结构与形式等文本秩序的追求代表了当时人们对于社会秩序的渴望以及对工业社会人异化的批判……”①

中国的文化诗学在20世纪90年代末和新世纪初被提出来，是因为社会在发展中许多地方失去平衡，它的出现是对于社会发展平衡的一种呼吁。它是一个文学理论话语，但这个话语折射出社会和时代的要求。我们似乎也可以从这样一个角度来看待文化诗学提出的问题意识和现实意义。

我认为，只要我们认清了文化诗学这个学科研究路径，就不要过多地提它，而是去论证它。我们爱护文化诗学最好的途径是在我们研究文学理论问题和文学批评的实践中，按照这条路去走。最终用我们的研究成果来证明它的有效性和时代精神，而不要总是在下定义作说明。文化诗学：一、二、一，一、二、一，让我们操练起来吧！

不论人们怎么说，如果我们的研究和批评按照“文化诗学”这条路去实践，我们的文学研究与批评的学术前途将一片光明。

[本文为作者2013年在闽南师范大学(原漳州师范学院)和北京师范大学主办的文化诗学会议上的发言，并发表于《福州大学学报(哲学社会科学版)》，2013年]

(作者：童庆炳　北京师范大学教授)

① 周小仪：《从形式回到历史——20世纪西方文论与学科体制探讨》，北京：北京大学出版社，2010年，第42页。

项目名称：北京话的历史与现状研究
项目编号：12WYA002
项目负责人：周建设
项目信誉保证单位：首都师范大学

北京话 AABB 形容词的语用研究
——以清末民初京味小说《春阿氏》为例

2010 年以来，“北京话的历史与现状研究”课题组搜集整理了冷佛、损公、剑胆等著名京味小说家的一批作品，发现其中有数以千计的词语既未被《北京话词语》等方言辞书收录，也未被《汉语大词典》等汉语辞书收录。我们称这些词为“未收录词”。系统解释数以千计的“未收录词”很有意义，但难度不小。

本文从京籍旗人著名作家冷佛最具代表性的京味小说《春阿氏》(1912 年出版)中选择 22 个 AABB 式性状类形容词作为考察对象，[①] 尝试着借鉴语用分析方式(而不是纯粹采用传统的词典编撰方式)对其做些分析，期望能够对解读京味文学作品和编撰“未收录词”词典提供参考。

一、性质类 AABB 形容词的语用分析

《春阿氏》中“未收录”的性质类 AABB 形容词共 8 个。

1. 悖悖谬谬

“悖”表示相反、违背道理，“谬”表示错误、差错 。“悖谬”表示荒谬，不合理。重叠形式“悖悖谬谬”，语义上表示不合情理。在具体使用中，“悖悖谬谬”的功能与“悖谬”不完全相同。例如：

若说老太太，也不是不糊涂，成日际闲话到晚，把我们那一位，所给闹急了。横竖她悖悖谬谬的，闹了几句，把老太太惹翻了。(《春阿氏》)

这里，若仅仅用“悖谬”双音节词语，则语气偏“刚性”，让人觉着“悖谬”是真的，确是“闹了几句”十分错误的话。用“悖悖谬谬”这样的 AABB 形式，语气则显得平和一些，因为前文铺垫说“老太太”“不是不糊涂”，老说一些不

---

① 选择该类词的主要原因在于试图挑战“未收录词”的解释难度。相对来说，该类词语分析难度较大，因为其基本语义往往早由 AB 确定，进一步分析其重叠形式 AABB 的功能，似乎无话可说，因此更需要有理论支撑、新视角、新方法和紧密结合语境细致研读作品。若该类分析能够获得成功，或者能够引起学界的广泛研究，对于未来系统编撰“未收录词”词典将具有铺垫作用。

招人待见的闲话，于是，作品中的人物“她”“以子之矛，攻子之盾”，也给老太太来个“糊涂闲话”，并非表示真的“差错”。

2. 好好端端

“好好端端”表示境况良好或形状完好无损。

①充当谓语。例如：

幸亏这孩子老实，若换一个旁人，因为你这一张嘴，就得窝心死，好好端端，这是图什么呢？(《春阿氏》)

其中的“好好端端”做谓语，揭示某种境况、事态(句中省略)的性质。

②做定语。例如：

我女儿受屈也罢，受罪也罢，甚么话我也不说，好好端端花棺采木，叫他小婆婆儿出来，顶丧架灵，咱们万事全俱，否则没什么话说的，连普大普二，一齐都给滚出来，咱们是一场官司。(《春阿氏》)

其中的“好好端端”做定语，揭示中心语“花棺采木”的性质。汉语辞书收录有“好端端”。“好好端端”意思与“好端端”基本相同，但在韵律节奏上存在细微差别，前者节奏语气舒缓，后者节奏语气较前者短促。

3. 坷坷坎坎

汉语辞书收录有“坎坷”一词，指坑洼，高低不平，常用来表示事情不顺利或不称心，没有收录“坷坷坎坎”。《春阿氏》里用了“坷坷坎坎”：

连升接了一看，果见报纸上，本京新闻栏内，有一条谋害亲人的新闻，正是小菊儿胡同文光家内的事情。润喜、钰福二人也抢着要看，连升道：“咳，别抢。我念给你们听罢。”说着，把报上话语坷坷坎坎的，念了一遍。

我们把重叠前可以单独使用的词称为“基词”。这里，用 AABB 重叠式将基词“坎坷”用活了，惟妙惟肖地表现出了读报人语言“停停顿顿”“结结巴巴”的神态。

4. 离离奇奇

“离奇”指木根盘曲的样子；表示奇特，不寻常。《汉书 · 邹阳传》有“蟠木根柢，轮囷离奇”。《春阿氏》如此用“离离奇奇”：

乌公皱眉道：“这案子实在难办。这些个离离奇奇，闪闪的的的地方，使人在五里雾中，摸不清其中头脑。”

这里用“离离奇奇”，基本语义并没有改变，但表达效果上则比“离奇”更为细腻。为了突出案件存疑颇多，神秘难测，光说“离奇”，语气略轻，用“离离奇奇”强化“离奇”的程度，有利于突出表现案件线索时隐时现的复杂性。

5. 琐琐碎碎

“琐碎”是形容词，重叠为“琐琐碎碎”，词性不变，以此表示事物的细小散乱之属性。由于性质总是事物的性质，因此，有的表示性质的形容词也经常用来指称具有该性质的事物，其词性也就兼具名词性了。例如：

托氏因儿子被害，儿媳投缸时，自己并未在场，未免也有些生疑，因此家庭骨肉之间，在默默无形中，皆不和睦。那一些琐琐碎碎，闲话流言，不屑细说。(《春阿氏》)

词性决定着该词的句法身份。例句中的“琐琐碎碎”有两种句法角色：①充当形容词，表达性质，修饰“闲话流言”，做定语，即“琐琐碎碎”的“闲话流言”。②充当名词，指称事物，做主语，即“琐琐碎碎”“不屑细说”。无论是表达性质还是指称事物，在句中的特殊作用较为明显，既将事物的细小散乱性清晰地表现出来了，又在语音节奏上与另一个四字格词语形成并列，产生节奏美。

6. 坦坦然然

“坦然”表示心里平静，没有顾虑的样子。《东周列国志》曰：“原来赵孟为箕郑父见为上军元帅，恐其鼓众同乱，假意召之。郑父不知是计，坦然入朝”，其中的“坦然”就是这种意思。重叠形式“坦坦然然”，加强语气，凸显“心境平静而没有顾虑”。

德氏亦怒道：“我在家里说话，怎么都行。我那孩子决不是那样人。凭她那小小年纪，砍死爷们，还坦坦然然放在床底下，这是断没有的事。”(《春阿氏》)

这里，“坦坦然然”用作状语，修饰“放”，表示“放”的状态，从语义关系看，指向主语，表示小小年纪的“她”心里“坦坦然然”。

7. 坦坦实实

“坦坦实实”，表示安稳。

①酒要少吃，事要别急。好在已经是定案了，你就坦坦实实的养静，管保什么事也没有。(《春阿氏》)

其中“坦坦实实”做状语，修饰“静养”，实际语义指向主语“你”，表示“你”心理“坦坦实实”。

②口中叨念道：

“这是个什么，为个臭老婆，你们娘儿俩，也值得伴嘴。这可是无事生非，放着心静不心静，人家出分子，坦坦实实的。我们在家里吵闹，您说有多么冤枉!”(《春阿氏》)

其中“坦坦实实”做谓语，陈述主语的属性。例句表明，“坦坦实实”既指心里踏实，心情安静，也指为人踏实，行事踏实。从读音语感上说，“坦坦实实”比“踏踏实实”似乎略显平和，因为舌面低中元音再到前鼻音结尾的“坦”比舌面前低元音结尾的“踏”成音轻松。

8. 消消停停

“消停”，本来是描述事物运动状态的词语，指运动的事物消失或者停止运动，因而具有“停止、停歇”之义，进而表达“安静、安稳”之义。如果以“安静、安稳”来描述心情和行为，则表示“心理从容”，“动作舒缓”。

既然大官人不肯落草，且在山寨消停几日，打听得没事了时，再下山来不迟。(《水浒传》)

其中“消停”指安静。

唤官身当祗应，几曾得片时间心上消停，不付能有一日刚宁静。(《香囊怨》)

其中“消停”指心理平静。

将“消停”重叠为“消消停停”，其表达效果略有不同。

①随在慧甫身后，拍了一掌，慧甫亦忙的止步，闪在一边，见那一群小儿，一个个欢欢喜喜，呼唤姐姐，阿氏低着粉颈，头也不抬，消消停停的走过，那一种惨淡形容，真令人观不忍睹。(《春阿氏》)

这里，“消消停停”做状语，表示阿氏神态平静稳健，不慌不忙。

②转身又进来道：“姐姐的心高，如今这个年月，哪能比先前。像你我做姑娘时候，要同现在比较，岂不是枉然吗。是了也就是了，停个一年半载，姑娘出了阁，少爷娶了亲，我看你消消停停，倒是造化。”(《春阿氏》)

其中“消消停停”做“你”的谓语，表示日子过得平平安安，不受冲击。依小说语境看，“消消停停”比“消停”节奏活泼，语气舒缓，更凸显出心情安静、行为稳健。

二、状态类AABB形容词的语用分析

《春阿氏》中“未收录”的状态类AABB形容词共14个。

1. 咕咕咙咙

“咕咕咙咙”，汉语辞书未收录，但收录了“鼓鼓囊囊”。《春阿氏》中说：

揭起脏被一看，雪白两弯玉臂，俱是疥癣。所枕的半头轨以下，咕咕咙咙，成团论码的俱是虱子臭虫。

其中的“咕咕咙咙”，语义上同“鼓鼓囊囊”，表示软外皮中塞得圆鼓鼓的，或者藏物凸起的样子。“咕咕咙咙”与“鼓鼓囊囊”读音相同、意义相同，但文字写法不同，当是AABB的异体表达式。

2. 恍恍摇摇

汉语辞书未收录“恍恍摇摇”，收录了“摇摇晃晃”。此二词基本语义一致，指摇摆的样子。《春阿氏》中不说“摇摇晃晃”，而说“恍恍摇摇”。例如：

文光连连答应，恍恍摇摇的去了。

推敲起来，不难发现，其韵律存在细微差别。京味儿语言“晃晃”二音收尾，声音相对洪亮，语义上表现摇摆幅度大，而“摇摇”作为后两字收尾音，声音明显弱一些，实际读音近似“悠悠”，是阳平声35度的变体，轻读接近22度。这样，能够显出所描述的摇摆动作更放松和舒缓。这种表达，有利于细

腻地表现小说人物搭话时唯唯诺诺（“连连答应”），走路时游哉悠哉（“恍恍摇摇”）的逼真神态。

3. 乱乱腾腾

乱，指没有秩序，不安静。腾，本义为马奔腾，用在动词后面表示动作的反复连续。腾腾，比喻旺盛，蒙眬，迷糊貌。“乱乱腾腾”表示没有秩序的事态。例如：

①乱乱腾腾，闹了两天两夜，直到接三之日，犹自忙忙碌碌，一起一起的接待亲友。（《春阿氏》）

②左翼翼尉乌珍，副翼尉鹤春，委翼尉普泰，并内城巡警厅所派委员，本区警察长官，还有各家侦探，一院里乱乱腾腾，好不热闹。（《春阿氏》）

例①用“乱乱腾腾”将热闹而无秩序的状态巧妙地刻画出来了。例②反映，院子里来了很多人，固然热闹，但是，这种热闹并不是人们所期盼的可以带来愉悦的氛围，因此，作者为了表现“乱”的程度深以及连续不断，便用 AABB 式“乱乱腾腾”以强化“乱得不安宁”。

4. 忙忙慌慌

汉语辞书未收录“忙忙慌慌”，收录了“慌慌忙忙”。“慌慌忙忙”指手忙脚乱、焦急不安或精神慌乱。《春阿氏》中不用“慌慌忙忙”，而用“忙忙慌慌”。例如：

乌公与市隐说道：“倒底是淡然见识，与平常人不同，开口先问水缸，这就是要紧地方。我那日忙忙慌慌的，也没顾得细看。今被淡然提起，我才恍然大悟。”（《春阿氏》）

从读音语感上分析，二者存在细微差别。从四字格词语首尾调值的起势和收势看，“忙忙慌慌”比“慌慌忙忙”更能表现语气的舒缓平和。

5. 迷迷离离

“迷离”在《木兰诗》中指兔的雌雄难辨：“雄兔脚扑朔，雌兔眼迷离，双兔傍地走，安能辨我是雄雌。”后来，人们常用“扑朔”、“迷离”和“扑朔迷离”形容事情错综复杂，难以辨别。“迷离”重叠为“迷迷离离”语义基本不变，但节奏感不同。例如：

正疑念间，忽想起昨日高僧点悟的几句话，不觉于人世红尘，顿为灰冷。转身便出了胡同，迷迷离离，走出安定站外。（《春阿氏》）

其中，“迷迷离离”做谓语，表现脑子复杂混乱，思维不清晰，通过“转身出”胡同，“走出”安定门的行为，叙述下意识的行走与脑子似乎没有紧密联系，从而凸显人物的“糊涂”程度。从韵律上看，若将句中的“迷迷离离”换为“迷离”，则节奏感明显弱一些。

6. 凄凄惨惨

“凄惨”意思是凄凉悲惨。凄凉悲惨是心理感受，人们对事态所产生的特定心理感受，其外部表现往往是可以觉察的，因此，“凄惨”兼具状态形容词身份。重叠形式“凄凄惨惨”有其独特的语用特性。例如：

①阿氏凄凄惨惨，扯住德氏的手，仿佛有千般委曲，一时说不出来的光景。(《春阿氏》)

②大家凄凄惨惨，送至长街，看着把车马焚了，然后散去。(《春阿氏》)

③额氏、玉吉并德氏母女及梁妈、蕙儿等，复又大哭一场。大家凄凄惨惨的，商量事后办法。(《春阿氏》)

就句法而言，例①例②例③均做谓语。例一指个体阿氏“凄凄惨惨”，通过描写“扯住德氏的手”“千般委曲说不出来”来表现阿氏的“凄凄惨惨”。例②指群体“大家”“凄凄惨惨”，通过描写“送至长街，看着把车马焚了”来衬托。例③写群体“凄凄惨惨”，则是通过前面的铺垫来实现的：额氏、玉吉并德氏母女及梁妈、蕙儿等“复又大哭一场”。就是说，因为哭致使大家产生了“凄凄惨惨”的感受。

再看做状语的“凄凄惨惨”。例如：

④此日又提出阿氏到堂审讯，阿氏出了监口，带着大铁锁，手待脚镣，凄凄惨惨的跪倒堂前。(《春阿氏》)

⑤说罢，喝令官人，带下暂押。普二也不敢再言，凄凄惨惨的退了下去。(《春阿氏》)

⑥说的阿氏眼泪簌簌的掉下来，凄凄惨惨的答道：“手巾是我的，大人也不用问了。”(《春阿氏》)

例④至例⑥中的“凄凄惨惨”做状语，修饰行为与言语，包括“凄凄惨惨的跪”、“凄凄惨惨的退”、“凄凄惨惨的答”。例4写凄凄惨惨的跪，借助了阿氏“带着大铁锁，手待脚镣”的形态。这里的“凄凄惨惨”在“跪”动词前，句法上充当状语，从语义关系上说，则指向主语“阿氏”，表示阿氏其人“凄凄惨惨”。例⑤由“喝令官人，带下暂押”事态做铺垫，以此表明“普二”才“不敢再言”，才“凄凄惨惨的退”下去。例⑥“凄凄惨惨的答”，其可视情景是“阿氏眼泪簌簌的掉下来”。

7. 凄凄切切

《春阿氏》中有这样的句子：

单言三蝶儿屋里，自闻额氏一死，犹如钢刀刺骨，万箭攒心的一般。只可怜当时天气，正在中元节后，斜月照窗，屋里孤灯一盏，半明半灭，独自躺在炕上，冷冷清清，凄凄切切，哭得死去活来，无人过问。

这里的“凄凄切切”，除了表达凄惨悲凉的性质外，在状态上还具有摹写作用，即表达“哭泣”的声音意象。这一点与“凄凄惨惨”不一样，推敲读音，不难发现，“凄凄惨惨”在表现“哭泣”的声音意象上不及“凄凄切切”贴切。

8. 惨惨切切

“惨惨切切”表示悲凉凄惨。例如：

蕙儿擦着眼泪，过来相扶，一面仍惨惨切切的问道：“你把实话告诉我，你惹下祸，打算远走高飞，也要告明了所去的地方，然后再走。你别的不顾，难道同胞骨肉，你连一句实话都不肯说吗?”(《春阿氏》)

例中“惨惨切切”做状语，修饰谓语中心语“问”，表示蕙儿“问”的方式，同时，语义上指向主语蕙儿，表示蕙儿悲凉凄惨的心境以及表现该心境的外部状态。

9. 凄凄恻恻

“凄凄恻恻”表示凄凉悲切。例如：

三蝶儿吓了一跳，不知何故，转身便跪在地下，凄凄恻恻的道：“奶奶别生气，有什么不是，请当时责罚我。大热的天气，奶奶要气坏了，谁来疼我们呀。”(《春阿氏》)

这里，通过受到惊吓，跪地求饶等细节，借助核心词语“吓”和“跪”，勾画出一幅悲切凄凉的“事态图像”。

10. 凄凄楚楚

“凄凄”表示悲伤的状态，例如古乐府《皑如山上雪》：“凄凄復凄凄，嫁娶不须啼。”“楚楚”表现茂盛的状态。例如“门前垂柳，楚楚可人”。将“凄凄楚楚”连用，表示悲凉程度较深。例如：

①德氏凄凄楚楚，不忍离别。(《春阿氏》)

②阿氏跪在地下，泪流如洗，先听了掌嘴二字，早吓得魂不附体了。今听堂上问官，又来追问。遂凄凄楚楚的回道：“我丈夫的死，我实在不知道。”(《春阿氏》)

例①“凄凄楚楚”做谓语，描述主语的悲凉状态。该状态的语境前提是：“阿氏在迷惘沉中，并不知道。德氏忙的过来，抹了眼泪，取出袖中手帕，替她擦抹。”例②“凄凄楚楚”用作状语，表明说话时的神情，其语境前提是：“阿氏跪在地下，泪流如洗，先听了掌嘴二字，早吓得魂不附体了。”

11. 闪闪的的

“闪闪的的”表示若隐若现。例如：

①乌公向公鹤道：“这案里头，一定有毛病，我看他闪闪的的，咬定是他儿媳妇，这话里就有了缘故了。”(《春阿氏》)

②暗想春英之死，是不是范氏所害，连他丈夫文光，也不知底细么？因问道：“阿氏的奸夫，现在哪里？你若指出名姓来，必予深究。若如此闪闪的的的，似实而虚，实在是不能断拟。”(《春阿氏》)

③这些个离离奇奇，闪闪的的的地方，使人在五里雾中，摸不清其中头脑。(《春阿氏》)

例①“闪闪的的”用来说明案情中涉嫌人员言行举止，躲躲闪闪，含含糊糊，不光明磊落。例②“闪闪的的”说明人物在交待事情的过程中闪烁其辞。为了突出描述事情本身的隐约，紧接着还用了“似实而虚”，“实在是不能断拟”加以强调。例③则用“闪闪的的”表明事情在某些方面的复杂性。

12. 盛盛武武

“盛盛武武”用来表示耀武扬威，含贬义。例如：

文光等坐车在后。定在刑部对面羊肉馆门外会齐，只见那官兵枪队，盛盛武武的，喝道驱人。(《春阿氏》)

这里，“官兵枪队，盛盛武武的”，描述官兵枪队仗势欺人的架势，“喝道驱人”的不可一世的神态。该词现已罕用。

13. 幽幽静静

“幽幽静静”是幽静的意思。这里重叠使用，其作用主要在于使语气舒缓，增加“幽静”的语义程度。例如：

如果他领出尸去，不与合葬，须在他坟地附近，幽幽静静找个地方，阿德氏就没话了。(《春阿氏》)

例中反映了一种特殊的句法现象，句中谓语中心词是“找”，找的对象是“地方”。“幽幽静静”，句法上用在“找”前面，充当状语，但在语义上，修饰处所，表示地方“幽幽静静”。

14. 庄庄重重

“庄重”，意思是严肃稳重，不随便，不轻浮，主要用于描述人的言行举止。重叠形式“庄庄重重”表示比“庄重”程度深，行为举止持续。例如：

①这一句话，说的乌公、鹤公并普公、福寿等都嗤嗤的笑了，德树堂扭过头去亦笑个不住，连升虽知说错，然而话已出口，驷不及舌，只得庄庄重重的接着回道：“文光家里，普云常去。若按报上说，阿氏是屈在已极，若不是阿氏害夫，必是范氏所为，毫无疑义了。”(《春阿氏》)

②钰福又回道：“范氏的外号儿，实在叫盖九城，自嫁文光之后，虽说的好穿好戴，嘴极能说，而庄庄重重，很透正派。连升所说的普津，原是个穷佐领。那佐领图记，还在外头署着呢。他兄弟普云，虽不是正派一路人，而确是文光的小使。”(《春阿氏》)

例①表明，说话者知道自己已经说错话，引起众人发笑，却无法修正，为了挽回尴尬局面，就必须使气氛严肃起来。怎么办？有效的办法就是说话者自己“庄严”起来，于是小说家便用“庄庄重重”来强化其接下来说话神态的严肃程度。这样，大家就会止住笑声，肃静地听他说话。例②的“庄庄重重”描述严肃稳重不轻浮，巧妙地运用了状态对比方法，先说“盖九城好穿好戴，嘴极能说”，给人以“不守妇道”的印象，紧接着用“而”转折，说她“庄庄重重”，进而说“很透正派”。

三、结　语

1. 理论基础借鉴与分析方法尝试

我国辞书关于 AABB 式词语的解释有成熟的范式。本文分析辞书“未收录词”AABB 形容词 22 个，没有完全依据传统的词典编撰法，而是尝试着采用语用分析法对其进行解释。国外对词语做语用分析，往往基于语言哲学、语义学、语用学等理论，比如“语言图像论”、“意义用法论”以及“语言与民族精神融合”思想等，但在中国，对汉语词语如语用分析，尚缺少明确的支撑理论和成熟经验，尚无固有模式可资借鉴。本文对汉语词语如语用分析，不生搬硬套国外理论，但对个体词语解释，借鉴了西方维特根斯坦的“意义用法论”，对词语语用功能的整体观察，参考了洪堡特关于语言与民族精神关系的思想。

2. 使用效果发现与语言风格提炼

本文分析发现，“未收录”的 22 个 AABB 形容词在作品中表现出了各自的语用功能，综合起来看，这类词语较好地表现出了四个方面的语用效果：一是强化语义程度，比方“离离奇奇”、“坦坦实实”、“乱乱腾腾”等；二是贴切描摹状态，比如“坷坷坎坎”、“恍恍摇摇”、“盛盛武武”等；三是协调节奏韵律，几乎所有 AABB 四字格在韵律节奏上都发挥着特有美感作用，若将其换为 AB 二字格，效果则会差一些；四是舒缓表达语气，比方“好好端端”、“消消停停”、“迷迷离离”等。这些语用效果，又在一定程度上反映了京味语言风格。认识京味语言特性，对解读京味文学作品、了解京味语言的文化意味，以及准确使用词语，具有启示作用。

3. 使用频率统计与消长状况评估

《春阿氏》发表于 100 多年前，作品中的 22 个 AABB 形容词辞书“未收录”，是否意味着在当今自然语言中也不使用？课题组做了小范围调研，[①] 访问了 92 位成年人，文化程度均在本科以上，其中北京人 16 位，京外地区 76 位。结果表明，这 22 个“未收录词”在当今有不同程度的使用。（参见“AABB 形容词使用情况统计表”）

第一，北京地区使用情况（“＞”表示“使用频率高于”）：

凄凄惨惨、琐琐碎碎＞忙忙慌慌＞坷坷坎坎、凄凄楚楚、咕咕哝哝＞凄凄切切、迷迷离离、消消停停、坦坦然然、乱乱腾腾、幽幽静静＞恍恍摇摇＞好好端端、庄庄重重＞盛盛武武＞凄凄恻恻、惨惨切切＞坦坦实实、离离奇奇、悖悖谬谬、闪闪的的

① 大数据时代，考察词语的使用频率和消长情况，有效途径之一是网络调查，比如搜索“人民网”、“新华网”、“中国网”等，但课题组尚未展开该工作。若正式启动“未收录词”的词典编撰，该项工作将随之进行。

第二，京外地区使用情况：

凄凄惨惨＞琐琐碎碎＞忙忙慌慌＞坷坷坎坎＞凄凄楚楚、凄凄切切＞迷迷离离＞咕咕哝哝、消消停停＞坦坦然然＞乱乱腾腾＞幽幽静静＞离离奇奇＞恍恍摇摇＞好好端端＞凄凄恻恻＞坦坦实实＞惨惨切切＞庄庄重重＞悖悖谬谬、闪闪的的＞盛盛武武

第三，京内外地区使用情况：

凄凄惨惨＞琐琐碎碎＞忙忙慌慌＞坷坷坎坎＞凄凄切切＞凄凄楚楚＞迷迷离离＞咕咕哝哝、消消停停＞坦坦然然＞乱乱腾腾＞幽幽静静＞恍恍摇摇＞好好端端＞离离奇奇＞凄凄恻恻＞坦坦实实＞庄庄重重＞惨惨切切＞盛盛武武＞悖悖谬谬、闪闪的的

其消长状况大致如下：第一，消亡。AABB 形容词“坦坦实实、离离奇奇、悖悖谬谬、闪闪的的”，所采访的 16 位北京人，无论在普通话中还是北京方言中都不使用。而京外地区所采访的 76 人中，普通话语境有 1.4％至 13.2％人使用，但家乡话语境下“闪闪的的”不说，其余有 1.4％至 11.8％的人员使用。可以说，这些词语处于消亡状态。第二，活跃。56.5％的 AABB 形容词，31％以上被采访的北京人在普通话背景下使用，而其中 21.7％的 AABB 形容词，31％ 以上被采访的京外地区的人在普通话背景下使用。其中，21.7％的 AABB 形容词，北京地区、京外地区均有 31％以上的被采访人使用。可以预测，这些词语最有可能成为普通话的规范(通用)词语。第三，不确定。中间地带的词语，既没有表现出明显的消亡趋势，也没有表现出明显的被扩大使用的趋势。这一类词语，还得听其自然，或者随着使用率的降低，自行消亡；或者随着使用率的提高，进入普通话规范(通用)词语行列。

这些词语的使用现状，对人们使用“未收录词”、编撰“未收录词”词典等，具有一定的参考价值。

参考文献

[1] 崔金生：《北京话与京味小说》，《新闻与写作》，2001 第 12 期。

[2]《辞海》编辑委员会编：《辞海》，上海：上海辞书出版社，1979 年。

[3]戴钦祥主编：《中华成语辞海》，北京：人民日报出版社，2002 年。

[4]高艾军、傅民编：《北京话词语》，北京：北京大学出版社，2001 年。

[5]《汉语大字典》编辑委员会编，徐中舒主编：《汉语大字典》，湖北辞书出版社、四川辞书出版社，1995 年。

[6]《汉语大词典》编辑委员会编，罗竹风主编：《汉语大词典》，上海：汉语大词典出版社，1997 年。

[7]胡明扬：《北京话初探》，北京：商务印书馆，1987 年。

[8]胡双宝：《北京话语汇研究略论》，《世界汉语教学》，1992 年第 3 期。

[9]金受申：《北京话词汇》，北京：商务印书馆，1961。

[10]李永康、高彦：《北京孔庙国子监史话》，北京：燕山出版社，2010 年。
[11]赵元任：《汉语口语语法》，北京：商务印书馆，1979 年。
[12]郑树民、张显传：《北京乡土史话》，北京：兵器工业出版社，1990 年。
[13]中国社会科学院语言研究所词典编辑室编：《现代汉语词典》，北京：商务印书馆，2013 年。
[14]周建设：《语义、逻辑与语言哲学》，北京：学苑出版社，2006 年。
[15]周建设主编：《现代汉语教程》，北京：人民教育出版社，2013 年。

（作者：周建设　首都师范大学教授
薛嗣媛　首都师范大学本科生）

项目名称：北京中轴线景观嬗变与北京精神研究
项目编号：12WYB011
项目负责人：苏　丹
项目信誉保证单位：清华大学

北京中轴线的历史与发展

一、北京中轴线的基本布局与历史变迁

（一）北京中轴空间概述

北京中轴线是自元代以来，北京城市东西对称建筑的对称轴，南起永定门、北至钟楼，长 7.95 千米。此条轴线上汇集了北京城市建筑的精髓，见证了北京城市的历史变迁。

北京中轴线是古代北京城市的中心标志和最辉煌的文化成就，也是世界城市建设历史上最杰出的城市设计范例之一。它承载着中国古都的历史和中华文化“天人合一”的精神内涵，包含了古人对天文学、地理学、人类学、环境学、宗教、哲学、建筑美学的理解，是 19 世纪以来最受中外建筑家、科学史家、人文学者所推崇和赞誉的，保存相对完好的、最为壮丽的中国古代建筑群组。从它的空间长度、历史厚度、艺术角度、文化维度上看，堪称世界唯一。

中国建筑大师梁思成曾赞美这条中轴线是“一根长达八公里，全世界最长，也最伟大的南北中轴线穿过全城。北京独有的壮美秩序就由这条中轴的建立而产生；前后起伏、左右对称的体形或空间的分配都是以这中轴线为依据的；气魄之雄伟就在这个南北延伸、一贯到底的规模”[①]。清华大学建筑学院吕舟教授指出：“北京传统中轴线体现了文化遗产的丰富性，沿途既有工业遗产——始建于 1901 年的前门老火车站、众多的老字号；也有线性遗产，中轴线上的重要节点万宁桥，是元代通惠河进入什刹海的门户，也是中国大运河北端的一个标志；同时，20 世纪新建的人民大会堂、人民英雄纪念碑、国家博物馆等也成为沿线新的遗产。”来京考察的国际古迹遗址理事会专家说：“这是一条独一无二的城市轴线。”[②]来自古巴的专家 Angela Rojas 评价其为

① 王铭珍：《梁思成先生与北京中轴线》，《北京档案》，2013 年第 1 期。

② 北京中轴线申遗文本撰写者：《让世界读懂我们的故事》，《中国文化报》，2011 年 8 月 10 日。

“会呼吸的城市轴线”，她说：“我喜欢这种和谐的‘混搭’。一条线串下来，历史在这座城市留下的经典痕迹都可以看到。中轴线的动态保护，为许多国际化城市的重建和复建提供了很好的参考。”①

(二)中轴线的形成与基本布局②

北京中轴线作为国都的中轴线，形成于740多年前的元大都始建之时。

元朝，北京中轴线正式形成，位置在今旧鼓楼大街的中心线及其向南的延伸线，越过太液池东岸的宫城中央。元世祖忽必烈弃金中都，在其东北方择址建设元朝国都——元大都，即明清北京城的前身。1292年，元大都建成，这时中轴线长3.7千米。

明朝，统治者将北京中轴线向东移动了150米，最终形成现在的格局。

1368年(明洪武元年)，徐达攻克元大都，将元大都北城墙拆掉南移，东、西、南仍沿用大都城墙，中轴线长4.78千米。此时，中轴线上建筑从南往北依次为承天门(即今天安门)、端门、紫禁城、大内禁苑(即今景山)、北中门(位于今景山北门以北约60米处)、皇城北门北安门、万宁桥、鼓楼、钟楼，终点在钟楼北“丁字街”，即今豆腐池胡同和马厂胡同东西一线。

1420年(明永乐十八年)，明朝沿用元大都的城市中轴线，并修建紫禁城，开始营建皇城，又将元大都南城墙向南推1千米，至此，形成明北京内城。1421年(明永乐十九年)，明成祖迁都北京。从永乐朝迁都北京至嘉靖朝中期，中轴线至大城国门丽正门(正统朝改称正阳门)，全长约4.813千米，至正阳门瓮城箭楼门(俗称“大前门”)，全长约4.953千米。

1553年(明嘉靖三十二年)，为加强京城的护卫安全，开始增建北京外城。中轴线向南延伸至外城正门永定门，全长约7.912千米，至永定门瓮城门，长约7.958千米；至永定桥，长约7.987千米。

1644年(大顺永昌元年)清朝定都北京之后，没有做大的改动，只是沿袭明代格局，这时的中轴线长7.86千米。北京城的中轴线上建筑从南往北依次为永定门箭楼(1957年拆除)、永定门城楼(1957年拆除，2005年重建)、天桥(1934年拆除)、正阳桥坊(五牌楼)、正阳门(前门)箭楼，正阳门城楼、中华门(明称大明门，清称大清门，民国时改为中华门，1954年拆除)、天安门、端门、午门、太和门、太和殿、中和殿、保和殿、乾清门、乾清宫、交泰殿、坤宁宫、坤宁门、御花园、钦安殿、顺贞门、神武门③、北上门(1956年拆除)、景山门、绮望楼、万春亭、寿皇门、寿皇殿④、地安门(1954年拆除)、

① 《“这是一条独一无二的中轴线”》，《北京日报》，2012年11月7日。

② 此部分文章的撰写参考郭超：《北京中轴线变迁研究》，北京：学苑出版社，2012年。

③ 午门、太和门、太和殿、中和殿、保和殿、乾清门、乾清宫、交泰殿、坤宁宫、坤宁门、御花园、钦安殿、顺贞门、神武门均为紫禁城内建筑。

④ 北上门、景山门、绮望楼、万春亭、寿皇门、寿皇殿均为景山建筑。

万宁桥、鼓楼和钟楼。

从这条中轴线的南端永定门起，就有天坛—先农坛、东便门—西便门、崇文门—宣武门、太庙—社稷坛、东三座门—西三座门、长安左门—长安右门、东华门—西华门、东直门—西直门、安定门—德胜门以中轴线为轴对称分布。故宫的建筑亦多数东西对称，太和殿等主要建筑坐落在中轴线上。在万门桥的河泥里发现的石老鼠(地支子鼠)和在前门附近的河里发现的石马(地支午马)，据说便是北京中轴线(子午线)的标志物。

图1 《康熙南巡图》中的北京中轴线意向：
永定门段(上左)、前门段(上右)、天安门段(下左)、午门段(下右)①

(三)中轴线的破坏与近现代建设

民国时期，北京(北平)中轴线并无太大变动，北洋政府拆除了天安门前的千步廊及前门瓮城。

图2 1932年(左)和1940年(右)的北京中轴线②

1949年，开国大典上使用的旗杆即在中轴线上。

① 图1来源为盛世收藏网，http：//zlk. sssc. cn。

② 引自“太阳 lsq647”的博文《北京中轴线天安门广场的百年沧桑巨变》，http：//blog. sina. com. cn/s/blog _ 58d9fed20102dtxm. html。

在新中国成立初期的拆除北京城运动中，中轴线的永定门城楼及瓮城、天桥、正阳桥牌楼(前门五牌楼)、正阳桥、中华门、北上门、地安门均被拆除。并且，为了适应国家政治与城市发展的需要，开始了天安门广场的扩建工作。

图 3　1950 年，为了迎接开国大典天安门广场整修工程付诸实施(上左)；1958 年的天安门广场，人民英雄纪念碑已经建成，中华门还存在(上右)；1976 年，毛主席纪念堂建成后，天安门广场扩大到现在的规模(中)；近现代改造后的北京中轴线俯瞰(下)。[①]

① 引自“太阳 lsq647”的博文《北京中轴线天安门广场的百年沧桑巨变》，http：//blog. sina. com. cn/s/blog _ 58d9fed20102dtxm. html。

1952 年，拆除了长安左门、长安右门。

1954 年，拆除了中华门，使得天安门广场扩大到现在的规模。

1958 年，在天安门广场中央(天安门南约 463 米，正阳门北约 440 米)建造了人民英雄纪念碑(1949 年奠基，1958 年建成)。1959 年，在广场两侧建设了两座对称的建筑：西侧为人民大会堂(1959 年建成)，东侧为中国革命博物馆及中国历史博物馆(即中国国家博物馆)①(1959 年建成)。它们是新中国成立后在中轴线上修建的第一批建筑物。

1976 年，毛泽东逝世之后，在原中华门的位置建造了毛主席纪念堂(1977 年建成)。

经过以上三次大修整之后，坐落于北京中轴线上的天安门广场变成如今这个南北长 880 米、东西宽 500 米、面积达 44 万平方米的世界上最大的广场。

至此，北京中轴线的近现代格局形成。

(四)中轴线的修缮与保护

1999 年，北京市规划委员会公布了北京市第一批 25 片历史文化保护区，揭开了北京城市保护性建设的序幕。随后制定的《北京中轴线城市设计》，是对北京城市中轴线实施整体保护的重要依据。②

2002 年，中轴线故宫部分的大修工作正式开展③。这是 1911 年后故宫的首次整体大修，也是故宫历史上规模最大、范围最广、时间最长、最细致的一次修缮。修缮工程预计到 2020 年完工。④

2004 年 2 月 14 日，重建永定门城楼工程正式开工，于当年 8 月竣工。永定门的修复意义重大，它恢复了北京旧城城市中轴线的完整性。永定门重建不仅是一个城楼的重建，而且是一个多功能的风景小区，一个宽 800 多米、长 1000 多米的公园。借助永定门城楼的复建工作，天坛部分西墙也被复建，天坛、先农坛之间的环境也得到改善。⑤

2007 年 5 月 9 日，前门大街前门至珠市口段开始改造，2008 年 5 月 28 日完工，同年 8 月 7 日对外开放。改造工程重现了前门大街明末清初的建筑风格。前门大街道路全长 846 米，分为有轨电车和御道。改造恢复的前门大街的有轨电车“当当车”，于 2009 年元旦开始运营。⑥

---

① 中国革命博物馆及中国历史博物馆在 1969 年合并为中国革命历史博物馆，1983 年以后恢复独立建制，2003 年，两馆合并为中国国家博物馆。

② 北京市发展和改革委员会：《北京市“十五”时期历史文化名城保护规划》，2010 年 11 月 3 日。

③ 新中国成立以来，对故宫陆续进行过 600 多项大大小小的保护性修缮工作。

④ 邱海旭、李伟等：《故宫百年大修》，《三联生活周刊》，2002 年第 14 期。

⑤ 张必忠：《北京永定门的拆毁与重建》，《北京社科规划》，2005 年 9 月。

⑥ 文静：《前门大街道路改造 27 日完工》，《京华时报》，2008 年 5 月 27 日。

2011年6月11日，北京中轴线申遗工作全面启动。已确定的中轴线申遗核心区总面积468.86公顷，建设控制与缓冲区面积4674.58公顷，总面积5143.44公顷。申遗面积涵盖60%的北京老城面积。除了带有元明清特色的既有保护建筑以外，天安门广场、人民大会堂、毛主席纪念堂、人民英雄纪念碑、国家博物馆等一批近现代建筑，也将纳入中轴线申遗的遗产申报点范围之内。①

同时，北京市文物局启动了中轴线申遗文物保护工程。未来五年，将对“鼓楼—地安门”、“前门—永定门”沿线文物建筑逐步进行修缮。包括地安门、永定门的瓮城和箭楼等一批中轴线上的标志性历史建筑，都有望实现复建，中轴线上的传统店铺和老字号也都将按照清末民初的原貌恢复。此前曾一度被北京市少年宫占用的景山寿皇殿，5年内将会修缮完毕并对外开放。②

二、北京中轴线的延伸与两翼发展③

(一)中轴线的第一次北延

1986年，北京申办1990年亚运会成功之后，包括国家奥林匹克体育中心、运动员村在内的亚运会工程，在北京中轴线北端上百公顷的庄稼地上破土动工。为了连接城市中心和亚运村，北京在二环路钟鼓楼桥引出鼓楼外大街，向北至三环后改名为北辰路，至北四环结束。这条路把中轴线向北延伸了约4.3千米，1991年通车。中轴线从原来的7.86千米延长到约13千米。并且在新的终点处新建了两座建筑，东边为奥体中心(始建于1986年，2007年改扩建)，西边是中华民族园(1994年开工)。

北京亚运会的这次历时4年、投资20多个亿的建设规模虽然无法和后来的北京奥运会相比，但这已经是北京继20世纪50年代兴建人民大会堂等“十大建筑”以来的一次最大规模的建设。

(二)中轴线的第二次北延

2001年，北京申奥成功后，中轴线再次向北延长约7千米，成为奥林匹克公园的轴线，直抵北五环，总长约20千米。东边建造了国家体育场——“鸟巢”(2003年开工，2008年竣工)，西边则是国家游泳中心——“水立方”(2003年开工，2008年竣工)。这两个建筑一圆一方，体现了中国古代“天圆地方”的观念。再向北，穿过奥林匹克公园，到达奥林匹克森林公园，该公园中间的仰山、奥海均在中轴线上。奥林匹克公园中轴线地下已有北京地铁8

① 丘瑞芳：《北京中轴线申遗文物工厂6月份正式启动》，《中国社会》，2011年5月20日。

② 张亚萌：《北京启动中轴线申遗文物保护工程》，《中国艺术报》，2011年6月15的。

③ 此部分文章的撰写参考贾冬婷：《中轴线，从亚运到奥运的心理轴线》，《三联生活周刊》，2007年第45期。

号线。该线将延长成为贯穿北京南北中轴线地下交通大动脉。中轴线再进行北延的设想已经出现，但规划尚未出台。

图 4　经过两次北延之后北京中轴线直抵北五环，总长约 20 千米(上)；俯瞰中轴线鸟巢、水立方段(下)①

(三)中轴线的两翼发展

中国国家博物馆的改扩建(2007 年开工，2010 年完成)，特别是国家大剧院(2001 年开工，2007 年建成)的建设，扩展了中轴线的两翼，并为其注入一种前卫与浪漫的因素，与近在咫尺的宏大故宫古建筑群和天安门广场近现代建筑群形成三个鲜明的层次和强烈的对比，使其成为一条充满想象力的轴线。

① 图 4，上图为北京 GOOGLE 地图截图；下图来源：http：//blog. sina. com. cn/s/blog _ 4c09303601017d5w. html。

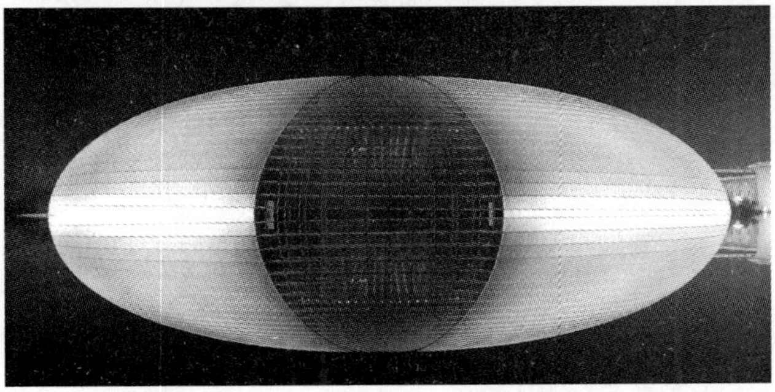

图 5　故宫古建筑群、人民大会堂和中国国家大剧院出现在同一视野中(上)，国家大剧院单体建筑(下)。[①]

(四)南中轴的治理与规划

2003 年，北京市启动了南中轴治理计划。对前门以南的道路进行改造。

2012 年，《南中轴线发展规划》出台，《规划》建议搬迁南苑机场，以打通南中轴路。由此，中轴线将从目前的永定门南延 10 千米，成为一条贯穿北京南城的高标准交通干线。南苑机场的搬迁改造工程于 2010 年就已经开展，计划 5 年内结束搬迁，以打通南中轴路。新南中轴路将穿越南苑机场，向南直抵京冀界。北京地铁 8 号线，又称奥运支线，未来将贯穿南北中轴线。而南苑机场原来的停机坪将作为停车场和 8 号线的中转站。

2014 年，根据《丰台区商业发展规划(2013—2020)》，将在南中轴沿线建设和配套三个 50 万平方米以上的高档综合商业中心，培育八大商圈，打造多条特色商业街区，升级建设多个社区商业终端，构筑“三区、八圈、多街、多点”的商业网络体系。

---

① 图 5，上图出自《中国新锐媒体视觉联盟加盟媒体竞报》，来源：http://torch.2008.sina.com.cn/hd/other/p/2008-04-24/172774018.shtml。下图来源：百度图片 http://image.baidu.com/i?tn=baiduimage&ps=1&ct=201326592&lm=-1&cl=2&nc=1&ie=utf-8&word=国家大剧院#z=0&pn=&ic=0&st=01&face=0&s=0&lm=-1。

三、北京新中轴空间景观分析

由上述内容可见，北京中轴线在经历了多次延展与修建之后，不仅成为一条长约30千米，贯穿北京城市南北的轴线，更嬗变为一块连接从古代到当代北京各个历史时期建筑与景观精髓的“混搭”的线性城市空间。它作为北京城市文化的浓缩展示，既有最重要的文化遗产，又有最先锋的当代建筑与景观，既传统又时尚，既喧闹又静谧，既庄严又活跃。

截至2014年，北京新中轴空间上的重要景观组群，从北向南依次为：

①奥林匹克森林公园；

②奥林匹克森林公园及其内的“鸟巢”、“水立方”、奥体中心和中华民族园；

③元大都城垣遗址公园；

④鼓楼、钟楼、地安门(1954年拆除，计划复建)、万宁桥和北起鼓楼大街，南至地安门大街，西起什刹海，东至交道口的城市区域[①]；

⑤北海公园；

⑥景山公园；

⑦故宫博物院；

⑧中山公园和劳动人民文化宫；

⑨天安门、天安门广场和周边建筑(包括人民大会堂、毛主席纪念堂、人民英雄纪念碑、国家博物馆、国家大剧院)；

⑩正阳门箭楼(前门)、正阳门城楼和前门大街；

⑪永定门城楼(1957年拆除，2005年重建)及公园；

⑫天坛公园和先农坛；

⑬北京南城高标准交通干线及高档商业配套(规划)。

(一)新中轴空间景观的历史层级分析

北京新中轴空间的景观按照建造时期可以分为5个层级：古代的建设、20世纪上半叶的开放措施、新中国成立时期的建设、以北京亚运会为契机的建设和以北京奥运会为契机的建设以及当代新发展。详见表1：

---

① 这一区域内有什刹海水系，以恭王府为代表的大量王府、故居，还有众多典型的胡同和四合院。区域内还拥有酒吧街、烟袋斜街、南锣鼓巷等各具特色的时尚前卫的创意街区。

表 1　北京新中轴空间景观历史层级分析表

历史层级	名称	初建时间①
古代的建设	景山和北海②	1179 年(金大定十九年)
	元大都城垣	1267 年(元至元四年)
	什刹海地区的街巷结构	1267 年(元至元四年)
	钟楼、鼓楼	1272 年(元至元九年)
	天安门	1417 年(明永乐十五年)
	故宫	1420 年(明永乐十八年)
	天坛、先农坛	1420 年(明永乐十八年)
	正阳门箭楼(前门)、城楼	1439 年(明正统四年)
	前门大街商业	15—16 世纪(明朝中叶)
20 世纪上半叶的开放措施	中山公园③对外开放	1914 年(民国三年)
	天坛作为公园对外开放	1918 年(民国七年)
	国立故宫博物院成立，天安门对外开放	1925 年(民国十四年)
	劳动人民文化宫④对外开放	1950 年
新中国成立时期的建设	天安门广场	1954 年
	人民英雄纪念碑	1958 年
	人民大会堂、国家博物馆	1959 年
	毛主席纪念堂	1977 年
以北京亚运会为契机的建设	奥体中心	1986 年
	鼓楼外大街和北辰路道路	1991 年
	中华民族园	1994 年

① 中轴线建筑及景观历史悠久，经过多次修缮或改建，此不赘述。只对本研究相关的改扩建加以说明。

② 远古时，煤山(景山)同北海等处均为永定河故道。煤山(景山)所处的河道地势较高，在永定河改道后逐渐成为土丘。辽代营建瑶屿行宫(今北海公园琼华岛)时，将余土堆积此处。金代大定十九年，金章宗在该地南侧建太宁宫，凿西华潭(今北海)，在此地堆成小丘，建成皇家苑囿，称“北苑”。

③ 北京中山公园原是明清两代的社稷坛，与太庙(今劳动人民文化宫)一起沿袭周代以来“左祖右社”的礼制建造，1914 年辟为中央公园。孙中山先生死后遗体曾在此停放，为纪念孙中山先生，1928 年由冯玉祥部下时任北平特别市长的何其巩等爱国人士改名中山公园。

④ 北京市劳动人民文化宫，前身是皇室太庙，建于明永乐十八年(1420 年)是明清两代封建皇帝祭祖的地方。解放后，周恩来总理亲自批准，把太庙改为劳动人民文化宫，交给北京市总工会作为工人文化娱乐活动的场所，并于 1950 年五一国际劳动节正式开放。

续表

历史层级	名称	初建时间
以北京奥运会为契机的建设以及当代新发展	后海酒吧街和南锣鼓巷酒吧街(自发形成)	2003 年
	永定门重建	2005 年
	国家大剧院	2007 年
	奥体中心改扩建	2007 年
	"鸟巢"、"水立方"	2008 年
	奥林匹克森林公园	2008 年
	前门大街改造	2008 年
	国家博物馆改扩建	2010 年
	北京南城高标准交通干线及高档商业配套(规划)	计划 2020 年之前

(二)新中轴空间景观的文化类型分析

北京新中轴空间的景观涵盖了多种文化类型，即国家形象景观、自然景观、商业景观、历史景观、体育文化景观、皇家文化景观、市井民俗景观、时尚创意景观和城市休闲景观等。详见表 2：

表 2　北京新中轴空间景观文化类型分析表

名称	景观类型
奥林匹克森林公园	自然景观、体育文化景观、城市休闲景观
奥林匹克公园和其内的"鸟巢"、"水立方"、奥体中心和中华民族园	国家形象景观、体育文化景观、时尚创意景观
元大都城垣遗址公园	历史景观、城市休闲景观
鼓楼、钟楼、地安门(1954 年拆除，计划复建)和北起鼓楼大街，南至地安门大街，西起什刹海，东至交道口的城市区域	自然景观、商业景观、历史景观、皇家文化景观、市井民俗景观、时尚创意景观、城市休闲景观
北海公园	自然景观、历史景观、城市休闲景观
景山公园	自然景观、历史景观、皇家文化景观、城市休闲景观
故宫博物院	国家形象景观、历史景观、皇家文化景观
中山公园和劳动人民文化宫	历史景观、城市休闲景观
天安门、天安门广场和周边建筑(包括人民大会堂、毛主席纪念堂、人民英雄纪念碑、国家博物馆、国家大剧院)	国家形象景观、时尚创意景观
正阳门箭楼(前门)、正阳门城楼和前门大街	历史景观、市井民俗景观

续表

名称	景观类型
永定门城楼及公园	历史景观、城市休闲景观
天坛公园和先农坛	国家形象景观、历史景观、皇家文化景观、城市休闲景观
北京南城高标准交通干线及高档商业配套（规划）	商业景观、城市休闲景观

（三）新中轴空间景观的认知度分析

北京中轴空间中有丰富的文物古迹、旅游资源和城市地标。其中：

北京的6处世界遗产①中，有2处在中轴区域之中，分别为：故宫和天坛。而北京中轴线本身也已经列入《中国世界文化遗产预备名单》。

北京的99处国家重点文物保护单位②中，有24个在中轴区域之内，分别为：天安门、人民英雄纪念碑、故宫、皇史宬、正阳门、太庙、社稷坛、可园、北京鼓楼和钟楼、天坛、妙应寺白塔、北海及团城、北京宋庆龄故居、恭王府及花园、郭沫若故居、大高玄殿、景山、关岳庙、醇亲王府、北京国会旧址、北平图书馆旧址、先农坛、大栅栏商业建筑、元大都城墙遗址。

北京的7个国家AAAAA级旅游景区③中，就有4个在中轴区域之内，分别为：故宫博物院、天坛公园、颐和园、恭王府景区和北京奥林匹克公园（鸟巢—水立方—中国科技馆—国家奥林匹克森林公园）。北京的64个国家AAAA级旅游景区④中，有8个在中轴区域之内，分别为：北京市规划展览馆、中山公园、什刹海风景区、北海公园、景山公园、中国科学技术馆、中华民族园、元大都城垣遗址公园。

2009年评选的新北京十六景⑤中，有一半在中轴区域之内，分别为：国家体育场（“鸟巢”）、国家游泳中心（“水立方”）、故宫博物院、天安门广场、天坛、什刹海（后海）、北海公园、国家大剧院。其中，“鸟巢”、“水立方”与国家大剧院也已经成为公认的北京新地标。

四、结　论

北京作为一座对称的城市，整齐对称的建筑与景观构成了北京城市独特

---

① 参见张百发：《北京的世界遗产》，北京：中国旅游出版社，2002年。

② 参见《北京全国重点文物保护单位列表》，http://zh.wikipedia.org。

③ 参见《国家AAAAA级旅游景区名单（2013年）》，国家旅游局官方通告。

④ 参见《国家AAAA(4A)级旅游景区名单》，豆丁网。

⑤ 据活动主办方北京市旅游局负责人介绍，此次评选活动从2009年4月11日开始，到10月12日投票结束，历经“网络海选”、“网络决选”、“专家评审”3个阶段，收到有效投票超过1400万张，其中包括来自日本、韩国、新加坡等国外选票。2009年10月23日，“新北京十六景”最终诞生。

的风格和宏伟的气势。纵贯全城的中轴线就是城市的对称轴，是北京的龙脉。北京中轴线串联了北京的标志性景观，串联了北京的历史与未来，是北京精神的缩影，是北京城市形象最重要的特征，也是北京城市未来发展的依据。它的布局与景观嬗变体现了北京城市文化与城市精神的变迁。

北京中轴线在明清时期形成基本格局，即传统的北京中轴线。在新中国成立初期，中轴线经过了第一次大型的拆改与建设，拓展出天安门广场和人民大会堂、毛主席纪念堂、人民英雄纪念碑、国家博物馆等一批近现代建筑群，形成其近现代格局。20世纪90年代初期，以北京亚运会为契机，对中轴线进行了第一次北延。21世纪初期，又以北京奥运会为契机，经过了第二次北延以及两翼发展，建设了“鸟巢”、“水立方”、国家大剧院、奥林匹克森林公园等一系列当代标志性建筑与景观，并因城市发展的需要，对南中轴进行了治理与规划，最终形成了北京中轴线的当代格局。在经过了多次延展与修建之后，北京中轴线不仅成为一条长约30千米，贯穿北京城市南北的轴线，更嬗变为一块连接从古代到当代北京各个历史时期建筑与景观精髓的“混搭”的线性城市空间。这个新的中轴空间为当代北京精神“爱国、创新、包容、厚德”所激发，也为其提供了形象化展示的舞台。

参考文献

[1]刘合林：《城市文化空间解读与利用——构建文化城市的新路径》，南京：东南大学出版社，2010年。

[2]郭超：《北京中轴线变迁研究》，北京：学苑出版社出版，2012年。

[3]北京规划委员会编：《创造北京未来的城市形象：北京中轴线城市设计》，北京：机械工业出版社，2005年。

[4]林山编著：《北京中轴线》，合肥：黄山书社，2013年。

[5]沈方、张富强：《北京中轴线历史文脉》，北京：金城出版社，2011年。

[6]魏成林主编：《创造北京未来的城市形象：北京中轴线城市设计》，北京：机械工业出版社，2005年。

[7][美]朱克英：《城市文化》，谈瀛洲、杨东霞、张廷佺译，上海：上海教育出版社，2006年。

[8]冯维波：《基于城市形象的城市设计——对我国城市设计中若干问题的思考》，《中国城市规划学会2002年年会论文集》，北京：中国建筑工业出版社，2003年。

[9][美]史蒂芬·梅尔维尔、里汀斯：《视觉与文本》，郁火星译，南京：江苏美术出版社，2008年。

[10]管文虎：《国家形象论》，成都：电子科技大学出版社，2000年。

（作者：苏　丹　清华大学教授）

项目名称：清代宫廷戏曲研究
项目编号：12WYB016
项目负责人：黄　卉
项目信誉保证单位：北京大学

同光年间清宫演戏宫外观众考
——以《翁同龢日记》为线索

清代宫廷戏曲既是中国古代戏曲史不可缺少的部分，也是宫廷文化的重要组成部分。研究中国戏曲史以及宫廷文化史，都不能不对宫廷戏曲进行全面、深入、细致的研究。朱希祖于1931年在《燕京学报》第10期发表的《整理升平署档案记》，是研究清宫戏曲的创始之作。之后，周明泰、王芷章、朱家溍、丁汝芹诸先生各有著述，① 涉及内廷演戏的各个方面，包括机构演变、演出形式、剧目、舞台、戏装与切末、太监伶人与民间艺人。其他研究者如傅惜华、杨常德、周妙中、郎秀华、王政尧、龚和德、么书仪、章宏伟等，② 或旨在廓清宫廷演剧的源流，或从演剧制度的变革入手，或探讨清代管理戏曲演出的机构的演变，或研究雅部与花部的递嬗。从整体上看，宫廷戏曲研究还处于起步阶段，许多重要问题仅仅是开始探索，尚未达到全面深入，更未达到如有些领域那样的成熟水平。

清代宫廷戏曲的研究已涉及清宫演戏的方方面面，但对于受众却少有人探究。宫廷戏曲的受众当然主要是居住在宫廷的特定人群——帝后妃嫔。由于受众的特殊性，宫廷戏曲演出的诸因素剧本、演员、剧场乃至服饰、道具都被赋予了特定的内涵。大量剧本专为这一群体而创作；演员是专为他们挑选的民间伶人和太监伶人；剧场则是为他们看戏而特意建造的豪华剧场。

宫廷戏曲的受众看似非常明确，无须探究，也尚未看到专门论述这一问题的著述。但需要指出的是，事实上宫廷戏曲的受众绝不局限在帝后妃嫔这一狭小范围，而是因时因地不同或多或少包括了皇族成员、朝廷的重臣、外

① 周明泰《清升平署存档事例漫抄》；王芷章《升平署志略》、《清代伶官传》；朱家溍《故宫退食录》；朱家溍、丁汝芹《清代内廷演剧始末考》；丁汝芹《清代内廷演剧史话》。

② 傅惜华《清代内廷戏台考略》等；杨常德《清宫演剧制度的变革及其意义》；周妙中《清代戏曲史》；郎秀华《清代升平署沿革》、《清代宫廷戏曲发展浅谈》；王政尧《清代戏剧文化史论》；龚和德《清代宫廷戏曲的舞台美术》；么书仪《晚清戏曲的变革》、《乾隆皇帝与戏曲》；廖奔《清宫剧场考》；章宏伟《故宫博物院清朝宫廷戏剧文献收藏现状》。

国使节等。这些宫外人员成为清宫演戏的观众，是因为帝后“赏听戏”。对于皇族成员和朝臣们来说，“奉旨听戏”的“荣宠”是其日常生活中的一项难以回避的重要内容。宫廷戏曲的演出，何时何地，邀请什么人参加，是宫廷文化所要探讨的，是十分有意义的。我们经常用“上行下效”，论述帝王的喜好对戏曲艺术的流行和发展产生的举足轻重的影响，至于怎样影响，却语焉不详。宫廷演戏活动的受邀请者，既是宫廷戏曲演出盛事的见证者，也是传播者和仿效者。他们可以说是沟通宫廷和民间的渠道和桥梁。

对于宫廷戏曲受众的研究，不仅有空间，也有条件。其资料主要是到清宫档案和清朝宗室、臣僚的记载中去搜寻，[①] 尤其是这些清朝宗室、臣僚记述的清宫演戏活动，既非寻常人物所能闻与，亦复少为他人所详载，成为考察清宫演戏活动的重要资料。而同光两朝是清代宫廷演戏的繁盛时期，是清代乃至中国戏曲史研究不容忽视的一部分。

翁同龢(1830—1904 年)，字声甫，号叔平，晚号松禅，江苏常熟人。翁同龢是咸丰六年(1856)殿试状元，为同治、光绪两帝之师，历官刑部侍郎，都察院左都御史，刑部、工部、户部尚书，协办大学士，军机大臣兼总理各国事务衙门大臣。作为经常获得“赏听戏”殊荣的晚清重臣，翁同龢在日记中对于亲历的宫廷演戏做了详细记载。这些记载始自同治四年(1865 年)十二月十四日，讫于光绪二十四年(1898 年)正月初四日，历时三十余年。更为难得的是，翁同龢记录的重点不在表演剧目与伶人名字，而是重在记述赏戏人员、礼仪方面，并细致到天气、着装、地点、座次、起止时间、饮食、赏物、费用、感受等方面，可以说是再现了清宫演戏的场景，成为考察清代宫廷戏曲演出和清宫礼仪文化的重要资料。它可与昇平署戏曲档案相互参证，在一定程度上补充了同期昇平署档案的记载。翁同龢因其身份特殊、其日记所载清宫演戏历时长、范围广、内容多，在同类史料中弥足珍贵。所以，本文以《翁同龢日记》为线索，探究清宫演戏的观众组成，以梳理在何时何地有何人被“赏听戏”，又是如何反映了清宫礼仪文化。

一、《翁同龢日记》记载的清宫演戏宫外观众

翁同龢是同光年间政界颇有影响的人物，显赫的身份使得他能够几十年出入内廷，并与众多王公大臣相与往还，经历了许多常人难以历见的人和事。翁同龢处事严谨，凡事必加留意记载。因此，他的日记在记事时间之长、涉

① 这一方面的资料，举要有(朝)朴趾源《热河日记》(又名《燕行录》)；(清)昭梿《啸亭杂录》、《啸亭续录》；(清)赵翼《檐曝杂记》；《翁心存日记》(张剑整理)；《翁同龢日记》(陈义杰整理)；《王文韶日记》(袁英光、胡逢祥整理)；(清)陈夔龙《梦蕉亭杂记》；《那桐日记》(北京市档案馆编)；《荣庆日记》(谢兴尧整理点校注释)等。

及范围之广、所记内容之丰富诸方面，远远超过同时代人。

作为一位经常被“赏听戏”的朝廷重臣，翁同龢以其亲身见闻对宫廷演戏做了大量的记载。在这方面，当时人日记和笔记杂录中也多有记述。如《曾国藩日记》中有关于同治八年(1869 年)正月十六日廷臣宴的记载，[①] 陈夔龙：《梦蕉亭杂记》对光绪二十九年(1903 年)六月二十六日万寿庆典演戏做过生动详细的描述，[②]《王文韶日记》中也有对光绪五、六年(1879 年、1880 年)和光绪二十八年(1902 年)的内廷演戏的记述，[③] 但这些记录少而分散；《那桐日记》和《荣庆日记》中也分别包含光绪二十八年(1902 年)、二十九年(1903 年)后清宫演戏的记载，[④] 却年代偏晚而时间短。

《翁同龢日记》对清宫演戏的记录，[⑤] 起自同治四年(1865 年)十二月二十四日同治皇帝在重华宫赐琉球国使臣茶果，设剧作乐，讫于光绪二十四年(1898 年)正月初四日光绪皇帝到西苑向慈禧太后请安、侍膳、听戏，时间跨度长达三十余年。演戏的时日，有重要节令如元旦、元宵、端午、中秋、除夕、立春、立冬、冬至等；也有皇太后圣寿节、皇帝万寿节；还有重要活动如宗亲宴、廷臣宴、内廷家宴；以及每月朔望日。演戏的地点，涉及重华宫(漱芳斋)、宁寿宫(畅音阁)、长春宫、纯一斋(颐年殿)、颐乐殿(德和园)，遍及那一时期清宫演戏之所。因此，在清代众多的日记与笔记杂录中，《翁同龢日记》无疑是最具戏曲史料价值的一部，为我们再现了清宫演戏的发展演变史。

据笔者不完全统计，《翁同龢日记》中记录的清宫演戏有 140 多次，大多涉及观众，尤其是对宫外被“赏听戏”的皇族宗亲、朝廷重臣颇多关注和记录。这些宫外观众是一个相对稳定和确定的群体，却又因时因地不同而有变化。在以往清宫演戏的论著中，对宫廷戏曲的受众大都笼统称之。这些皇族成员、朝廷重臣何时何地听戏，他们因何成为“赏听戏”的对象，未见到专门论述。笔者对《翁同龢日记》中清宫演戏观众，特别是宫外“赏听戏”群体的梳理，是为了更清晰地展现清宫演戏的面貌。

“赏听戏”人员，翁同龢记述并不统一，有时只笼统说“群臣”、“百官”、“诸臣”、“诸公”、“同人”、“王公百官”、“王大臣”；有时提到观众的身份，

---

① 《曾国藩全集》(第十九册)，记录了同治八年(1869 年)正月十六日“廷臣宴”并演戏，长沙：岳麓书社，1985 年。

② 陈夔龙：《梦蕉亭杂记》，记载光绪二十九年(1903 年)万寿节庆典，太原：山西古籍出版社，1996 年。

③ 袁英光、胡逢祥整理：《王文韶日记》，北京：中华书局，1989 年。

④ 北京市档案馆编：《那桐日记》，北京：新华出版社，2006 年。谢兴尧整理点校注释：《荣庆日记》，西安：西北大学出版社，1986 年。

⑤ 陈义杰点校：《翁同龢日记》，北京：中华书局，1989 年。

如“琉球国使臣”、“军机”、“内务府”、“南斋”、“乾清门侍卫”、“南书房”、“上斋”、“近支王公”、“毓庆宫”、“满洲命妇”、“枢廷”、“御前”、“内廷王公”、“六部”、“理藩院侍郎”、“王贝勒”、“两斋”、“书房”、“内务府三卿”、“尚书”、“大学士”、“总宪”、“戈什爱班”、“妃嫔”、“公主”、“命妇”等，却并不具体；有时因为翁同龢与这些人相熟，只提及姓、号、字、敬称，需要进一步考核；只有一小部分是明确的，姓名齐全，甚至点明职务。

外国使臣，是参与清宫听戏的人员，但《翁同龢日记》所载不多，只有三次：一次是同治四年(1865 年)十二月二十四日同治皇帝在重华宫招待琉球国使臣；[①] 一次是同治十年(1871 年)三月二十三日万寿节在宁寿宫“赏听戏”的人员中有琉球使臣杨光裕、蔡呈桢；[②] 再一次是光绪二十年(1894 年)八月十五日中秋节在宁寿宫“赏听戏”人员中有朝鲜使臣判中枢李承纯、户曹参闵永喆。[③] 这是朝廷为示怀柔特旨宣召。

命妇，是官员有封号的母亲、妻子，也是宫廷演戏的观众。翁同龢在日记中只出现两次命妇：一次是光绪十年(1884 年)十月初十日圣寿节宁寿宫庆典，[④] 云“满洲命妇多报病，惟福锟、崧申、巴克坦布三人之妻入内，闻终日侍立，进膳时在旁伺候一切”，侍宴、陪听戏的辛苦使命妇们以“报病”来逃避；一次是光绪二十三年(1897 年)十月十四日在仁寿殿的内廷家宴，[⑤] 不及命妇的姓名。

“赏听戏”的人员，主要由两部分人组成，一是“近支王公”，一是身居显位的“大臣”。“近支王公”有哪些，朝廷重臣是何人，就成为探讨清宫演戏观众的主要对象。兹分别论述之。

《翁同龢日记》所记“近支王公”，相当多的情况是笼统称为“近支王公”、“王公”、“王贝勒”。较为明确且涉及人员较多的记载有四次，均为慈禧皇太后圣寿节期间：一是光绪十八年(1892 年)十月十五日，[⑥] “近支王公”有滢贝勒、濂贝勒、载澜、载瀛、载泽、载济、载润、伦贝子、溥侗、载振、澍贝勒、溥僎 12 人；二是光绪十九年(1893 年)十月十三日，[⑦] 有礼王、克王、庆王、那王、漪贝勒、滢贝勒、濂贝勒、澍贝勒、润贝勒、伦贝子、载泽、载

① 陈义杰点校：《翁同龢日记》(第一册)，记曰“辰正，上御重华宫，赐琉球国使臣茶果，设剧作乐”，北京：中华书局，1989 年，第 438 页。

② 陈义杰点校：《翁同龢日记》(第二册)，记曰“今年听戏者有湖广总督李瀚章，琉球使臣杨光裕、蔡呈桢”，北京：中华书局，1989 年，第 846 页。

③ 陈义杰点校：《翁同龢日记》(第五册)，记曰“特旨宣朝鲜使臣判中枢李承纯、户曹参闵永喆听戏”，北京：中华书局，1997 年，第 2729 页。

④ 陈义杰点校：《翁同龢日记》(第四册)，北京：中华书局，1992 年，第 1884 页。

⑤ 陈义杰点校：《翁同龢日记》(第六册)，北京：中华书局，1998 年，第 3056 页。

⑥ 陈义杰点校：《翁同龢日记》(第五册)，北京：中华书局，1997 年，第 2563 页。

⑦ 陈义杰点校：《翁同龢日记》(第五册)，北京：中华书局，1997 年，第 2642 页。

澜、载瀛、载津、载济、溥侗、载振、溥僎 18 人；三是光绪二十一年(1895年)十月初九日，[1] 有恭王、礼王、醇王、庆王、克王、那王、端王、玛王、奕谟、载滢、载澍、载濂、载润、载澜、载瀛、载津、载振、载洵、溥伦、溥侗、溥僎、溥伟、溥倬 23 人；四是光绪二十三年(1897 年)十月十三日，[2] 有恭亲王、庆亲王奕劻、醇亲王载沣、端郡王载漪、载濂、载滢、载澜、载涛、载瀛、载振、溥僎、溥侗、载伟、溥倬 14 人。对《翁同龢日记》中历次记载加以统计，可知 32 位"近支王公"，即：

惇王、恭王，惠王、礼王、克勤王、那王、庆王、睿王、端王、玛王、庄王、肃王、醇王载沣、奕谟、恭王第四子、滢贝勒、濂贝勒、载澜、载瀛、载泽、载济、载润、澍贝勒、漪贝勒、载津、载洵、载振、溥侗、溥僎、溥伦、溥伟、溥倬

翻检《清史稿》之《皇子世表》，[3] 自清初，睿王、礼王、郑王、豫王、肃王、庄王、克勤王、顺承王八王世袭罔替，也就是"铁帽子王"。至同光年间《翁同龢日记》所载清宫演戏之"赏听戏"者，应为：

睿王：德长(同治四年袭睿亲王，光绪二年薨)、魁斌(光绪二年袭睿亲王)

礼王：世铎(道光三十年袭礼亲王)

郑王：承志(同治三年袭郑亲王，同治十年以罪革爵)、庆至(同治十年袭郑亲王，光绪四年薨)、凯泰(光绪四年袭郑亲王，光绪二十六年薨)

豫王：义道(道光二十一年袭豫亲王，同治七年薨)、本格(同治七年袭豫亲王，光绪二十四年薨)

肃王：华丰(咸丰三年袭肃亲王，同治八年薨)、隆懃(同治九年袭肃亲王，光绪二十四年薨)

庄王：奕仁(道光二十六年袭庄亲王，同治十三年薨)、载勋(光绪元年袭庄亲王，光绪二十六年以罪革爵)

克勤王：晋祺(咸丰十一年袭克勤郡王，光绪十五年加亲王衔，光绪二十六年薨)

顺承王：庆恩(咸丰四年袭顺承郡王，光绪七年薨)、讷勒赫(光绪七年袭顺承郡王)

此外，已知"近支王公"，只有庆亲王奕劻(咸丰二年封贝子，十年封贝勒，同治十一年加郡王衔，光绪十年晋庆郡王，二十年晋庆亲王)及其子载振出自清高宗(乾隆)十七子永璘。

出自清仁宗(嘉庆)支脉的为：惠王奕详(同治三年袭惠郡王，同治十一年

---

① 陈义杰点校：《翁同龢日记》(第五册)，北京：中华书局，1997 年，第 2853 页。

② 陈义杰点校：《翁同龢日记》(第六册)，北京：中华书局，1998 年，第 3055 页。

③ 赵尔巽等撰：《清史稿》(第十七、十八册)，北京：中华书局，1977 年。

加亲王衔)、贝勒奕谟(光绪十年晋贝子，光绪十五年加贝勒衔)、贝勒载润(光绪十二年袭贝勒)、载洵、载泽、载济。

出自清宣宗(道光)支脉的是：惇王奕诠(道光二十六年袭惇郡王，咸丰十年晋惇亲王)、恭王奕䜣(道光三十年封恭亲王)、醇王奕𫍽(道光三十年封醇郡王，同治三年加亲王衔，同治十一年晋亲王)、醇王载沣(光绪十六年袭醇亲王)、贝勒载濂(光绪十五年袭贝勒，加郡王衔)、贝勒载漪(咸丰十年袭贝勒，光绪十四年加郡王衔，光绪二十年晋端郡王)、载瀛、贝勒载滢(同治七年袭贝勒，光绪十五年加郡王衔)、贝勒载澍(光绪四年袭贝勒)、载澜、载津、载潢、贝勒溥伦(光绪七年袭贝子，光绪二十年加贝勒衔)、贝勒溥伟(光绪二十二年封贝勒，光绪二十四年袭恭亲王)、溥侗、溥僎。

也就是说，除了"铁帽子王"和庆亲王奕劻父子外，其余"近支王公"均为仁宗(嘉庆)、宣宗(道光)支脉，与同治、光绪皇帝的关系不出三代，算得上是真正的"近支"。

《翁同龢日记》中受到"赏听戏"的朝廷重臣，包括军机大臣、六部尚书、内务府大臣、御前大臣、上书房大臣、南书房大臣、理藩院大臣等。这些人既是朝廷重要典仪的参加者，也是清宫戏曲的观众。这些宫外观众，视不同的节庆，"赏听戏"人数不等，少则二三十人，多则七八十人。如光绪二十一年(1895 年)十月初九日圣寿节，"赏听戏"的王公大臣有 69 人；光绪二十二年(1896 年)正月十六日"廷臣宴"，参加的王公大臣达 82 人。

对于"赏听戏"朝廷重臣，翁同龢多数情况只笼统说"群臣"、"百官"、"王公百官"、"王大臣"，或点明"军机"、"内务府"、"南斋"、"乾清门侍卫"、"南书房"、"上斋"、"六部"、"尚书"、"大学士"，涉及具体人的为数不多，但我们还是能从中了解这些人员的成分。以光绪六年(1880 年)正月十六日乾清宫赐"廷臣宴"为例，翁同龢记载：

东边　龄、全，灵、景，恩、广、文、察

西边　沈，董，徐、潘，翁、李①

查阅《清史稿》之《大学士年表》、《军机大臣年表》、《院部大臣年表》等，②可得知光绪六年(1880 年)时重臣：

龄，即载龄，大学士

全，即全庆，大学士、工部尚书

灵，即灵桂，大学士、吏部尚书

景，即景廉，军机大臣、户部尚书

恩，即恩承，内务府大臣、礼部尚书

① 陈义杰点校：《翁同龢日记》(第三册)，北京：中华书局，1993 年，第 1472 页。

② 赵尔巽等撰：《清史稿》(第二十一、二十二、二十三册)，北京：中华书局，1977 年。

广，即广寿，内务府大臣、兵部尚书

文，即文煜，刑部尚书

察，即察杭阿，理藩院管理院务大臣

沈，即沈桂芬，大学士、军机大臣、兵部尚书

董，即董恂，户部尚书

徐，即徐桐，礼部尚书

潘，即潘祖荫，刑部尚书

翁，即翁同龢，工部尚书

李，即李鸿藻，军机大臣

光绪二十一年(1895 年)十月初九日圣寿节庆典，在丰泽园演戏，是《翁同龢日记》所记载“赏听戏”人员最详尽的，达 69 人，且清楚地记载了各大臣的座次：

东边：恭王照料。礼王、载滢、载澍、载濂；一间。载润、奕谟、溥伦、载澜、溥侗、载瀛、载津、载振、溥僎、溥伟、溥倬；一间。翁同龢、李鸿藻、刚毅、钱应溥；一间。李鸿章、张之万、麟书、崑冈、徐桐、熙敬；一间。敬信、荣禄、徐郙、启秀、照料。薛允升、孙家鼐、裕德、许应骙，一间。共三十六人。次日添醇王载沣、其兄载洵。

西边：庆王、照料。克勤郡王、那王、端王；一间。玛王、熙凌阿、那苏图、符珍、札拉丰阿、桂祥；一间。福森布、芬车、赓音布、明安、色楞额；一间。怀塔布、松溎、崇光、立山、照料。巴克坦布、文琳；一间。李文田、吴树梅、陆宝忠、张百熙、王懿荣、王文锦、曹鸿勋、高赓恩、张仁黼、胡聘之，山西抚。一间。共三十三人。

凡六十九人。①

根据《清史稿》，光绪二十一年(1895 年)，大学士有李鸿章、额勒和布、张之万、福锟、麟书、崑冈、徐桐 7 人；内务府大臣为福锟、崇光、立山、荣贵、怀塔布、文琳、启秀 7 人；军机大臣是奕䜣、世铎、孙毓汶、翁同龢、李鸿藻、徐用仪、刚毅、钱应溥 8 人；六部尚书则是：吏部麟书、熙敬、徐桐，户部熙敬、敬信、翁同龢，礼部崑冈、李鸿藻，兵部敬信、荣禄、孙毓汶、徐郙，刑部松溎、薛允升，工部怀塔布、孙家鼐，理藩院启秀，共 15 人。这些大学士、内务府大臣、军机大臣、六部尚书、理藩院管理事务大臣均是清宫演戏的观众。

由此也可以看出，对于皇族成员和朝臣们来说，“奉旨听戏”是其日常生活中的一项难以回避的重要内容。

---

① 陈义杰点校：《翁同龢日记》(第五册)，北京：中华书局，1997 年，第 2853 页。

二、清宫演戏宫外观众——宫廷仪典的参与者

宫廷戏曲有两个属性：一是礼仪功能，二是娱乐功能。宫廷戏曲的礼仪功能取决于其为宫廷礼乐文化的一部分。清代将戏曲演出列入朝廷仪典，重要节令：元旦、元宵、端午、中秋、除夕、立春、立冬；万寿节：即皇太后、皇帝寿辰；重要活动：即宗亲宴、廷臣宴、内廷家宴；朔望：即每月初一、十五，都有较为固定的戏曲演出活动。内廷喜庆事如皇子出生、册封嫔妃等，也要演戏以示庆贺。清宫演戏有相当一部分用于各种朝贺节庆的宴飨中，因此，清宫演戏观众也就成了宫廷仪典的参与者。或者可以说，戏曲演出作为宫廷仪典的组成部分，那些有资格参与朝廷仪典的皇族宗亲、朝廷重臣自然而然地成了清宫演戏的观众。

《翁同龢日记》中记载的“赏听戏”，大都与宫廷仪典相关，表现在听戏日期、着装、礼仪、地点、座次、饮食、赏物、花费等。

“赏听戏”的日期，翁同龢自同治四年(1865 年)十二月二十四日讫光绪二十四年(1898 年)正月初四，三十余年间记录了 140 多次，有重要节令、万寿节、重要活动、朔望等，其中“赏听戏”最多的是万寿节庆典，包括同治皇帝万寿三月二十三日、慈安太后圣寿七月十二日、光绪皇帝万寿六月二十六日、慈禧太后圣寿十月初十日。按例，皇帝万寿节演戏两日，皇太后圣寿节演戏三日。但由于慈禧皇太后酷爱听戏，每年圣寿节演戏的日子远远超过定例。《翁同龢日记》所记，光绪十年(1884 年)圣寿节，即从九月二十五日起到十月二十日均有戏曲演出；光绪十二年(1886 年)圣寿节，自十月初七日至十月十九日每日演戏；光绪二十三年(1897 年)圣寿节，自十月初六日至十月十六日演戏。

被“赏听戏”的宗亲、大臣的着装也要依例“蟒袍补褂”，或者按要求着装。翁同龢记光绪二十三年(1897 年)八月十五日中秋节庆，他就要“借衣”：

传花衣补褂，坐“翔云”轮船，戈什、军机，余皆平船。至排云殿祗候。未带花衣，从辛首领借得，否则无处可借也，记之。①

戏曲观演不仅是清宫廷礼乐文化的重要组成部分，也是官场的重要社交礼仪。因此，作为身处承流宣化要枢的皇族宗亲和朝廷重臣们，“奉旨听戏”也必须参与宫廷仪典。《翁同龢日记》中有多次详细记载庆典礼仪。正月十六日是廷臣宴的日子，翁同龢在光绪六年(1880 年)载：

是日乾清宫赐廷臣宴，巳初到兵部报房，皆染貂帽白出风蟒袍补褂。午初奏事处传，遂入，满东汉西，循南路行至戏毯旁鱼贯立。午正上升座。乐作，首领太监带从殿西间中门入，上垫一叩首，时桌张果菜已先设，先汤饭，

---

① 陈义杰点校：《翁同龢日记》(第六册)，北京：中华书局，1998 年，第 3033 页。

次赐御前食一器一叩首，赐奶茶一叩首，起立，捧酒者举玉爵，矩步至御座旁跪，上进酒，群臣离席伏，仍起立入座，捧爵者趋下居中叩首，捧酒者捧爵下居中跪，赐一杯，捧酒者一叩首，群臣不叩，赐酒至，接酒一叩首，饮讫仍坐，既而撤肴桌换果桌，此在进酒之先。赐元宵一品。搭盘子赏，遂在座一叩首，起立退出，仍序立毯旁，上起乃退，凡乐章五成戏三出，为时三刻而已。①

光绪十一年(1885年)，翁同龢再一次记录廷臣宴的礼节：

廷臣宴礼节：年年不同，因记之。入座一叩，饭，细粉鸡子二。赏御馔一器一叩，内监进奶茶，略如进酒式。群臣不叩。赏奶茶一叩，撤膳及诸臣前桌席前空虚，皆引身长跪，俟膳撤毕，良久乃换果桌。赐汤圆五枚一叩，起身离垫三步立，是时进酒者入殿升陛，群臣即席，进酒者跪，臣皆跪，进酒者趋下，向上一叩，群臣皆一叩。进酒者赐酒叩头，群臣不叩。内监以绿玉爵进酒，略如进酒仪，内监在一旁叩。群臣不叩。少顷，内监进汤茶，群臣亦不叩，赐茶汤清茶中有瓜子果仁。一叩，此时盘子东边向西，西边向东，交互而下。戏三出亦将毕。闻鼓声稍严即起立，在后者先出，在廊下一字排立，向上三叩头，趋下阶，后者先下，入时如此。仍向上排立。上还宫，群臣皆退。……②

被“赏听戏”的均是王公重臣，故听戏时的座次也就按位份排定。“奉旨听戏”既然是“荣宠”，座次也就成了身份的标志。翁同龢在日记中对座次的敏感和记录，也成为我们了解清宫礼仪文化的珍贵资料。

同治五年(1866)三月廿三日：余等在西边，坐次在南斋下。

同治五年(1866)七月十二日：余等坐第三间。在南斋上。

同治七年(1868)三月廿二日：坐次在伊、桂下南斋上，东边第四间。

同治八年(1869)三月廿二日：余等仍在东第五间，与南书房接席。名在桂、广两君后，南斋前。

同治八年(1869)三月廿三日：徐与余班在桂、广下，向例不如此。

同治十三年(1874)十月初九日：兄于西边第五间，余在东边第五间，相望也。

光绪六年(1880)六月廿五日：余在东边第四间，尚书共十一人。孙、张在第五间，而南斋孙、徐二君归入西边，与上斋同一间，向来不如是也。

光绪九年(1883)六月廿五日：辰初一刻入座，在东边门第三间，廿年来由第五间至此，钧天之梦长矣。一间惇、恭两王，二间惠王等近支，三间军机四人，四间尚书等九人，五间毓庆宫二人，两边略同。

① 陈义杰点校：《翁同龢日记》(第四册)，北京：中华书局，1992年，第1909页。

② 陈义杰点校：《翁同龢日记》(第六册)，北京：中华书局，1998年，第3055页。

光绪十年(1884)六月廿五日：余第四间，孙、张第五间。因四间人太多，余即第五间坐终日。

光绪十年(1884)十月初八日：辰正二刻入座，余在东第四间，凡十一人，延树南昨日归，添在此间也，仍坐第五间。

由翁同龢对座次的记载可以看出，清宫演戏时“赏听戏”也是朝廷政治的反映。宫中戏台坐南朝北，帝后妃嫔在戏台对面坐北朝南的正殿，皇族宗亲、朝廷重臣等在两廊。如光绪九年(1883 年)记第一间为亲王，第二间为亲王、郡王、贝勒、贝子等近支王公，第三间为军机大臣，第四间为各部尚书，第五间为南、上书房，以此类推。翁同龢自咸丰六年(1856 年)以一甲一名进士授修撰起，到同治元年(1862 年)成为帝师后有了“赏听戏”的“荣宠”，其座次在“第四间”、“第五间”。光绪八年(1882 年)，翁同龢成为军机大臣，因此在光绪九年(1883 年)万寿节宫中听戏，他的座次升到“第三间”后，他也感慨“廿年来由第五间至此，钧天之梦长矣”。

座次反映身份地位，还可以从陈夔龙《梦蕉亭杂记》的记载中得到印证。[①]陈夔龙在光绪二十九年(1903 年)“以汴抚入京”，正好赶上光绪帝万寿节。他以外官身份在颐和园随班行朝贺礼，听戏时居西边第六间。

座次也和演戏地点有关。同治年间宫中演戏，多在重华宫和宁寿宫。

同治六年(1867 年)五月二十六日，翁同龢记道：“自本月十七日起宫中土木之工繁兴，春杵邪许之声如海涛音，或云长春宫添造戏台，无稽之言不敢凭也。是日内务府大臣于未刻叩头，意者工将毕，赏赉。”[②]长春宫戏台建成后，同治年间未见翁同龢有长春宫赏戏大臣的记载。光绪十年(1884 年)九月二十六日，慈禧太后从长春宫移居储秀宫后，长春宫赏听戏渐渐出现。这一年十月初三日：“今日巳刻，演喜起舞，乐章并列，退后乃赐近支王公宴，于长春宫观剧也。”[③]十月初九日：“自初五日起，长春宫日日演剧，近支王公内府诸臣皆与。医者薛福辰，汪守正来祝，特命赐膳赐观长春之剧也，即宁寿宫赏戏而中官摈笛，近侍登场，亦罕事也。此数日长春宫戏八点钟方散。”[④]由此可知，长春宫戏台也成为宫中演戏的舞台。

慈禧太后即将归政于光绪皇帝，需要修建“颐养”之所。光绪十一年(1885年)到十四年(1888 年)，慈禧太后下旨由醇亲王奕譞负责重修三海。除了慈禧太后的寝宫仪鸾殿，与宫中演戏最密切的是南海中丰泽园的修建。丰泽园主殿颐年殿以及与之隔水相望的纯一斋，都是经常“赏听戏”的地方。纯一斋为

① 陈夔龙：《梦蕉亭杂记》，太原：山西古籍出版社，1996 年。

② 陈义杰点校：《翁同龢日记》(第一册)，北京：中华书局，1989 年，第 541 页。

③ 陈义杰点校：《翁同龢日记》(第四册)，北京：中华书局，1992 年，第 1882 页。

④ 陈义杰点校：《翁同龢日记》(第四册)，北京：中华书局，1992 年，第 1884 页。

水上戏台，更具特色。光绪十四年(1888 年)四月初十日："是日上恭奉皇太后驻跸西苑之南海"。光绪十四年(1888 年)后，在颐年殿和纯一斋演戏远远多于宁寿宫。关于纯一斋演戏，翁同龢在光绪十六年(1890 年)六月二十五日做了详细记录：

是日起三日赐听戏于西苑之纯一斋，斋在丰泽园之西，有门曰"静谷"，历三层殿座始至水座也。两廊十一间，以七间为王大臣等座，列毡垫两层，每间约六七人，余在第五间也，较宁寿宫为偪仄，且系地座，无高凳，终日盘膝，不能去帽，每入座必一叩首，礼节亦繁矣。辰正入座，先在戏台下立候已久，甫入即出脱褂，巳初早饭，午初果席，未正二晚饭，极丰腆精美，闻皆系慈圣指麾，盖从来未有也。果食、奶茶照旧。饭所在静谷门外，临河支帐子。列坐凡十余桌，甚敞，微嫌热耳。自辰正至申正一刻，凡三十三刻。归后乏极。①

而六月二十六日万寿节赏戏依然在纯一斋，王公百官"同至丰泽园西，列坐水次，荷花送香，极清适"。纯一斋听戏不仅凉爽，还有火车送"赏听戏"的皇族宗亲、朝廷重臣，只不过火车并非机车牵引，而是人来挽拽。光绪十七年(1891 年)十月初九日，翁同龢听戏后被"赐坐火轮车，以人推挽出福华门"。十月初十日，他又记"乘火车出福华门"。

光绪二十一年(1895 年)，颐和园德和园戏楼建成，"颐乐殿"这个名字和演戏渐联系在一起。自光绪二十二年(1896 年)正月十六日起，在颐和园演戏更多，"赏听戏"规模更大。《翁同龢日记》中说："传颐乐殿听戏，大学士、六部尚书、总宪、南上两书房皆与，共八十二人"，"听戏处两廊各十间，较宁寿宫为闳敞，其南头有屋可退坐"。在颐和园，举行盛典、演戏之外，还可以坐船游湖赏月。光绪二十二年(1896 年)八月十八日：

出乘舟，御前、军机坐"翔云"轮船，余皆小船无篷。停湖心，上侍皇太后御龙舟观焉。莲花万朵，周于四隅，如红线系隄上，既而明灯拥一方台至前，则戏台演戏一剧，随放花炮，亦极曼衍变幻之观。②

光绪二十三年(1897 年)八月十五日，庆贺中秋佳节的礼仪则是：

慈驾至，行三跪九叩礼，皇上、皇后随行礼，妃嫔等从后，群臣从上皆行礼。上左、后右。先读祝，系骈词，太后行礼毕，设坐于门外南向，上坐稍东，中官代行三献送燎，二次。祝词乐器皆道士步虚声也。太后及上立门上，赐团圆饼，宣群臣于阶前一一领之，六叩头。遂复入舟。果肴杂遝，惟时皓月皎洁，万象澄清，荷灯万盏，间以银花烟火，真大观矣。③

---

① 陈义杰点校：《翁同龢日记》(第五册)，北京：中华书局，1997 年，第 2381 页。

② 陈义杰点校：《翁同龢日记》(第五册)，北京：中华书局，1997 年，第 2936 页。

③ 陈义杰点校：《翁同龢日记》(第六册)，北京：中华书局，1998 年，第 3033 页。

清宫演戏，“赏听戏”的皇族宗亲、朝廷重臣在物质上有收入，也有支出。“奉旨听戏”的“荣宠”是精神上的，物质上的则来自皇帝、皇太后的赏赐；支出主要是付给宫廷伺候人员的花费。赏赐多为袍褂料、玉杯、瓷花瓶、荷包、如意、帽纬、手炉、鼻烟、香盒等每次多少不等，也有例外如光绪十八年（1892 年）十月十五日赏物之外，每人赏银七十四两。至于支付给伺候人员的花费，每次十几、二十几两不等，也是一笔花销。

总之，《翁同龢日记》中对同光时期宫廷演戏的记载，尤其是对“赏听戏”人员及其相关礼仪的细致描写，再现了庆功宴席的盛况，成为研究清代戏曲史的珍贵资料。而清宫演戏活动的受众，不仅是宫廷礼仪文化的参与者，也是宫廷戏曲演出盛事的见证者、传播者，更是戏曲沟通宫廷与民间的桥梁。他们的身份和审美取向，也会影响到清宫戏曲演出的曲目、表演。因此，以《翁同龢日记》为线索对清代宫廷戏曲的受众进行考察，可以与宫廷档案相互参证，再现清宫演戏的场景，对于戏曲史与宫廷文化研究均有意义。

（作者：黄　卉　北京大学副教授）

项目名称：十九世纪末二十世纪初北京口语研究
项目编号：12WYB018
项目负责人：张美兰
项目信誉保证单位：清华大学

从《清文指要》看清代北方话口语词

《清文指要》(一百章，以下简称《指要》)是《清文指要》(五十章)及《续编兼汉清文指要》(五十章)的合称，是清朝较早刊行的一部满汉双语教材。该书本是为了让通汉语而满语生疏的旗人学习满语和满汉翻译，在传播过程中也对外国人编写汉语教材产生了重大影响。1860 年，英国人威妥玛将《指要》改编成《问答篇》单独出版，后又进一步修订，收入他所编《语言自迩集》(1867)；此后深受《语言自迩集》影响的日韩汉语教材中先后改编了这段文字，形成不同版本(刘曼、张美兰，2012)。我们调查有七种文献版本(以 A、B、C、D、E、F、G 标示)的材料，它们是：

A. 嘉庆十四年(1809)夏三槐堂重刻本。

B. 嘉庆二十三年(1818)西安将军署重刻本。

C. 清人智信撰：《三合语录》收录《清文指要》(一百章)，有道光十年(1830)五云堂刻本。

D. (英)威妥玛编：《语言自迩集·谈论篇》(一百章)，1867 年，第一版，伦敦特纳出版社。

E. (日)广部精编：《亚细亚言语集(支那语官话部)·谈论篇》，1879 年，第一版(小石川清山堂社)。

F. (日)福岛九成编：《参订汉语问答篇国字解》，明治十三年(1880)九月力水书屋藏版，饭田平作发行。

G. (韩)宋宪奭编：《自习完璧支那语集成》第六编《谈论》34 篇，1921 年德兴书林版。收于《旧活字本 汉语会话书》，第 409—432 页。

这几个版本相隔不过数十年，内容上具有传承关系，B 版承自 A 版，D 版受 C 版直接影响，E 版、F 版、G 版则受 D 版直接影响。其中，F 版将 D 版 34 篇独白体课文改为对话体，并在内容上对部分篇目有所演绎。从语言特征上看，A 版、B 版、C 版三版共同特点：均以北方官话为背景，且有受满汉语言接触影响的痕迹，D 版、E 版、G 版三版则带有显著的北京话色彩，D 版、E 版以北京官话为目的语，G 版则沿袭 D 版；F 版因改编者为日本人长期在中国南方，故具有南方话色彩和受编者日本母语影响的个性特征等。从各版异文差异看，重在口语词汇的不同表达，形成同义替换关系、新旧成分并存等现象，以及同一词汇的书写形体差异等。这同时也反映了各本异文所体现语体差异、常用词历时先后使用倾向、南北地域分布等方面的语言变化。本文侧重谈几个版本所反映的清代北方话的用词面貌。因篇幅所限，我们选择其中几个动词、形容词以及虚词加以揭示。

1. 表疲劳义：乏、劳乏(疺)、乏乏

《清文指要》几个版本表示疲倦常用："乏、劳乏、乏乏"，字或做"疺"。在句中做谓语(例1、例2)或状语(例3)或补语(例4)，主要指身体的疲乏。如：

(1)A. 论起书籍学问来，非常的喜欢，接连不断的说一日话儿也不乏。

B. 论起书籍学问来，喜悦非常，接连不断的说一日也不乏。

C. 论起书籍学问来，滔滔的整日家说也不倦。

D. 论起学问来，很喜欢，讲今比古的，接连不断，整天家说也不乏。

E. 论起书和学问来，很喜欢，接连不断的，整天家说也不乏。

F. 周旋问答极周到，全是一团的和气。

G. 论起学问来，很喜欢，讲今比古的，接连不断，整天家说也不乏。

按：除F版改动大，C版用"倦"(全书仅此1例)，其余用"乏"。

(2)A. 我求的是阿哥疼爱我，就是乏些儿也罢。

B. 我所求阿哥若疼爱，就是乏些也罢。

C. 我所求者阿哥疼爱。

D. 我所求的是你纳疼爱我，就是劳乏些儿，可怎么样呢？

E. 我求的是哥哥疼爱我，就是劳乏些儿，可怎么样呢？

F. 你呐疼爱我，就是劳疺你。

G. 我求的是哥哥疼爱我，就是劳乏些儿，可怎么样呢？

(3)A. 阿哥骑着，我躲了你了，乏乏的又下来作什么？

B. 阿哥骑着，我躲了你了，乏乏的又下来作什么？

C. 阿哥骑着，我躲了你了啊，乏乏的又下来作甚么？

D. 兄台请骑着，我失躲避了啊，乏乏的又下来作甚么？

E. 大哥请骑着，我失躲避了啊，乏乏的又下来作甚么？

F. 老兄骑着，我失躲避了，你呐辛苦的下来作什么？

(4)A. 竟是把他的话截断来的，不然早来坐乏了。

B. 把他的话截断了来的，不然早坐乏了。

C. 把他的话截断来了，不然早来坐乏了。

D. 这才把他的话拦住了，不然早来都坐烦了。

E. 这才把他的话止住了，不然早来坐乏了。

F. 才把他的话拦住，教他起身去，我送他到门口，就来你呐这。不是这个样早来了。

多说话叫“劳唇乏舌”，浑身无力叫“乏”。如：

(5) A. 为什么费着唇舌说呢?

B. 为什么费唇舌呢?

C. 何必劳乏嘴说他呢?

D. 何必白劳唇乏舌的劝他呢?

E. 何必白劳唇乏舌的劝他呢?

(6) A. 浑身不得主意，悉软的了。

B. 浑身无力，稀软的了。

C. 浑身不得劲儿，稀软的了。

D. 浑身很乏，没有劲儿。

E. 浑身没劲儿，很软的。

F. 浑身狠疲，没有一点劲儿。

G. 浑身很乏，没有劲儿。

“乏”上古已有“缺乏，不足”义。《尚书大传》卷三：“行而无资谓之乏。”《左传·僖公三十年》：“行李之往来，共其乏困。”《国语·周语上》：“水土无所演，民乏财用，不亡何待?”“乏”的“疲乏”义，《三国志》已见，如：

(7)太祖与绍相持日久，百姓疲乏。(《三国志》卷六)

因缺少物资等造成疲乏，困倦。魏晋以后用例渐多，而元明清北方话中多用。如：

(8)为半钱债，而失四钱，兼有道路疲劳乏困。(《百喻经·债半钱喻》)

(9)如人困乏故求乘骑。(《佛本行集经》卷二十一)

(10)恨不的摔破袖里丝鞭，走乏我这坐下骅骝。(元《死生交范张鸡黍》第三折)

(11)孩儿们走得困乏，都叫买些酒吃了过去。(《水浒全传》第三十五回)

(12)这月娘觉身子乏困，便要床上侧侧儿。(《金瓶梅词话》第八十四回)

(13)素姐使得乏乏的，坐在一旁。(《醒世姻缘传》第九十五回)

(14)想了半天，更觉安心，把这一天的劳乏竟不理会。(《红楼梦》第九十五回)

(15)乏也忘了，困也没了。(《儿女英雄传》第一回)

根据我们调查，“乏”是一个具有北方话色彩的口语词。清代北方话作品《红楼梦》、《清文指要》、《儿女英雄传》中“乏”使用频率最高，除单独用外，有“解乏、歇乏、放乏、道乏、谢乏、养乏、害乏”等说法。而《儒林外史》、《何典》两部南方话作品中却未见使用。在美国人编撰《官话类编》(1902)中北方的“乏”是与南方的“倦”存在南北差异而呈现的，书中有4处“乏”、“倦”并立分别代表北京官话和南京官话(北京官话/南京官话)，如：

(16)亚伯身体虽然乏/倦了，还不能睡着。(《官话类编》第九十四课)

(17)这一程走的太快，把我累乏/弄倦了。(《官话类编》第六十四课)

《清文指要》中偶用“疲”，却是指人的性子有偏差。如：

(18)C. 你这个性情也太左，既然不能就罢咧。

D. 哎，你的性子也太疲了。

E. 你的性子也太疲了。

F. 你的性太疲了。

G. 哎，你的性子也太疲了。

2. 表“挂念，牵挂”义：惦记、惦念、罣心、想

《清文指要》几个版本表示“心里总是想着(人或事物)，放不下心”之义，出现的异文有“挂念”类和“惦记”类两组词。其中 A 版、B 版用“罣心”，F 版有类似的“罣在心头”，A 版、B 版、C 版或用“想”，C 版还用“关切”，D 版、E 版、G 版用“关心”，D 版、G 版用“惦记”，E 版用“结记”，D 版还用“惦念”。如：

(1)A. 也是亲戚里头这样的罣心罢咧，要是不相干的还想着我吗？

B. 也因为是亲戚里头罣心这样罢咧，若是不相干还这样想着我吗？

C. 也因是亲戚里头关切这样罢咧，若是傍不相干的还想到我么？

D. 我十分感情不尽。总还是亲戚们关心想着我，若是傍不相干儿的人，能够这么惦记我么？

F. 十分感情不尽了。也因其是亲戚关心想着我，若是傍不相干儿的人，还结记着我么？

G. 我十分感情不尽，总还是亲戚们关心想着我，若是傍不相干儿的人，能够这么惦记我么？

(2)A. 但只父母年老了，兄弟们又小。

B. 但只父母年老了，兄弟们又小。

C. 但只父母都有年纪了，兄弟们又小。

D. 但只惦记父母上了年纪，兄弟又小。

E. 但只父母上了年纪儿了，兄弟又小。

F. 所罣在心头的，只是我的两老上了年纪，兄弟还小。

G. 但只惦记父母上了年纪，兄弟又小。

刘宝霞(2012)指出：六朝以来，“挂”可表“挂念，牵挂”义，既可单用，也可组成并列式或补充式复合词使用，如“挂心(情/怀)”，也写作“罣”，唐代已有，近代沿用。到现代汉语中，“罣/挂心”保留于南方方言。而“惦记”是清代出现的新词，沿用至今。“惦”来源不详，《清文启蒙》(1730)发现了较早的 1

例，写作“垫”[①]。刘宝霞(2012)指出：“惦”不能单用，或跟助词“着”，或构成复合词“惦记”。“惦记”。《清文指要》D版独用的“惦念”屡见于清代作品，如《儿女英雄传》。至今“惦”、“惦记”、“惦念”等词也只在部分北方官话区使用，不见于南方方言。“记”从宋代开始表“挂念”义，“结记”CCL语料库中只见于《绿野仙踪》。因此，A版、B版、F版所用“罣心”、“罣在心头”都是旧词。D版、G版用“惦记”，E版用“结记”，D版“惦念”，都是带有北方话特征的新词。

3. 表“看”义：瞧、瞅(瞧)、看

《清文指要》诸版本表“看”义，出现的异文有瞧、看、瞅(瞧)。其中A版、B版、C版用“看”、“望”、“瞧”、“瞅”，D版、E版、F版、G版除“看”外，多用“瞧”。

(1)A. 眼珠儿也不动，直直的望着你。

B. 眼珠儿不动，直勾勾的瞧着你。

C. 不错眼珠儿钉着瞅你。

D. 不错眼珠儿的瞧着你。

E. 不错眼珠儿的瞧着你。

(2)A. 后来才看着等着瞧你的短处，料有了一点破绽，就跟进去就给一个凑手不及。

B. 后来看着等着瞧你的短处，略有一点破绽，跟进去就是一个凑手不及。

C. 然后观望着等着瞅你的空子，略有点空儿，跟进去就给你窟窿桥儿走。

D. 然后远远儿的观望着瞧你的空子，稍微有点儿破绽，跟进去就给你一个兜屁股将。

E. 然后远远儿的观望着瞧你的空子，若些微的有一点儿破绽，跟进去就给你一个兜屁股将。

F. 远远的看着，若有一点儿空子，就从中作弄，坏了人的事。

(3)A. 怎么看怎么讨人嫌啊。

B. 怎么看怎么讨人嫌。

C. 怎么瞧怎么讨人嫌。

D. 越瞧越讨人嫌。

E. 越瞧越讨人嫌。

F. (就是长得像个样，)心地倒没有一点儿明白。

G. 越瞧越讨人嫌。

---

① 《清文启蒙》该句作：“这皆因是阿哥平素间合朋友们和钞，才都这样诚心垫(惦)着罢咧。”

从产生时间上看，“看”早于“瞧”（元代前后①）、“瞜”（明代产生）；从使用地域看，“看”是通语层面的，南方官话也用“看”。在清代北方官话更多用“瞧”、“ 瞅（瞜）”。

4. 表“言说”义：说、提、题

《清文指要》诸版本表“言说”义，出现异文有“说”、“提”、“题”。其中以“提”为主。如：

（1）A. 提起他来，谁不知道？

B. 提起他来，谁不知道？

C. 提起他来，谁不知道？

D. 题②起他来，谁不知道呢？

E. 题起他来，谁不知道？

F. 说起他来，谁不知道呢？

（2）A. 实在是个好孩子，到如今从心里我替你想念啊。

B. 实在是一个好孩子，至今提起来，我替你叹息。

C. 实在是个好孩子，至今提起来，我替你伤心。

D. 那才真是个好孩子，到如今题③起他来，我都替你伤心。

E. 真是个好孩子，到如今题起来，我替你伤心。

F. 那真是个好孩子，提起他来，到如今还是伤心。

（3）A. 后来事情完了，也不题了。

B. 后来事完了，一字不提了。

C. 后头事情完了，提也不提了。

D. 后来事情完了，书连提也不提了。

E. 后头事情完了，提也不提了。

F. 到后来事情代他做完了，不但不提起那部书，并不道谢一句。

从元代开始，动词“题”、“提”表“言说”义十分常见。据王丽玲（2011）调查，清代以前文献中“言说”义“题”的使用频率总体上明显高于“提”，明代小说中“题”的比例仍很高；“提”元明时期的用例逐渐增加，清代“提”才明显超过并最终吞并了“题”。

5. 表“拾取”义：拣、捡、拿、取

《清文指要》诸版本表“拾取”义，出现的异文有“拿”、“取”、“拣”、“捡”。其中“拣”、“捡”清代始有此义。如：

---

① 《清平山堂话本》之《戒指儿记》有 2 例“稍（睄）见”。如：“被人稍（睄）见，如问无由，不无自身受辱。”“悄（睄）见那阮三手带着个金嵌宝石的戒指。”

② D 版《语言自迩集》之 1880 年第二版该句已改“题”为“提”字。

③ D 版《语言自迩集》之 1880 年第二版该句已改“题”为“提”字。

(1)A. 那里有一个金锞子，你去取来罢。 ……彼此相让，谁也不肯拿。

B. 那里有一个金锞子，你去取了罢。 ……彼此相让，谁也不肯拿。

C. 那里有一个金锞子，你去拿罢。 ……彼此对让许久，都不肯拿。

D. 那儿有个金元宝，你去拣去罢。 ……他们彼此对让，谁也不肯拣。

E. 那儿有一个金元宝，你去拣去罢。 ……他们俩彼此对让，谁也不肯拣。

F. 那儿有一个金元宝，你去捡罢。 ……他们俩彼此对让，都不肯捡。

G. 那儿有一个金元宝，你去拣去罢。 ……他们俩彼此对让，谁也不肯拣。

表“拾取”义，“拿”、“取”是一般的泛指。“捡”、“拣”大概是清代才开始有这个意义的。明末清初的《醒世姻缘传》“拣”106 例、“捡”2 例，都不表“拾取”义。但在《红楼梦》、《儿女英雄传》已用，例如：

(2)必定是外头去掉下来，不防被人拣了去，倒便宜他。(《红楼梦》第二十一回)

(3)那秃子便说道：“谁把这东西扔在这儿咧？这准是三儿干的，咱们给他带到厨房里去。”说着，弯下腰去拣那碹子起来。(《儿女英雄传》第六回)

(4)刘姥姥便伸箸子要夹，那里夹的起来，满碗里闹了一阵好的，好容易撮起一个来，才伸着脖子要吃，偏又滑下来滚在地下，忙放下箸子要亲自去捡，早有地下的人捡了出去了。(《红楼梦》第四十回)

(5)有人捡了送去，就给一万两银子，送信的还给五千呢。(《红楼梦》第九十五回)

“捡”、“拣”表“拾取”义，清代的特征，清代至今一直使用。

6. 形容听力差：沉、聋

耳朵沉谓听力差，北方话多用。清代始见。《清文指要》可以提供较早用例。如：

(1)A. 耳朵狠沉，总没听见。

B. 耳朵狠沉，总未听见。

C. 原来他的耳狠沉，总没听见。

D. 这个老妈儿的耳朵又很聋，总听不见。

E. 他耳朵很聋，总听不见。

F. 这个老妈妈，耳朵狠聋，总不听见。

《北京话词语》(增订本：249)收有“耳朵沉 er^3 tou $chen^2$”，又作“耳沉”，听力差。《汉语大词典》：“沉：方言，谓听觉失灵。”列举两个例证。老舍《四世同堂》十六：“四大妈的眼神儿差点事，可是耳朵并不沉。”河北梆子《畲塘关》第四场："亲公，山王耳沉了，未曾听见。"此两例偏晚。

又"耳沉"还可说成"重听"(汉代已见)、"耳重"(见于唐代)、"耳背"(见于元代)。各举一例如下：

(2)汉枚乘《七发》："虚中重听，恶闻人声。"

(3)唐张籍《咏怀》："眼昏书字大，耳重觉声高。"

(4)元无名氏《争报恩》第一折："妹子你莫耳朵背错听了。"

7. 形容身高：猛、高

形容身高，《清文指要》有"猛"、"高"。如：

A. 一个胖子，比阿哥略猛些。

B. 一个胖子，比阿哥略猛些。

C. 一个胖子，比阿哥略猛些。

D. 一个是胖子，比你纳略高些儿。

E. 一个是胖子，比大哥略高些儿。

F. 一个是胖子，比你呐略高些。

《汉语方言大词典》(2002：3961)：南昌称"猛子"，指高个子。如：一个猛子，一个矮子。济南称"猛拉"，指(人)稍高。如："他长的比你猛一点。"(多用于比较句)《新编北京方言词典》："猛重(zhong)"，形容词，两相比较，个头儿略大或分量略重。如："弟弟比哥哥显得个头儿猛重。"(页 317)《北京话语词汇释》：猛，富余，大一些的意思。如："我看你把这些纸先裁猛着点儿，宽打窄用出不了错。"(页 484)可见"猛"主要在北方用。

8. 表示"警告告诫、提醒注意"之义：仔细、隄(堤)防、小心

表示"警告、提醒"，《清文指要》有"仔细、隄(堤)防"、"小心"。如：

(1)A. 仔细啊，恐怕是陷害我罢。

B. 仔细着，这不定是陷害我罢。

C. 仔细呀，定不得他陷害我呢罢。

D. 要小心啊！保不定这是害我罢。

E. 仔细啊！保不定这是害我罢。

F. 那知道他倒有点不舒服的样子，你看不出么？

(2)A. 那个上我说仔细门坎子啊。

B. 那上头我说仔细门坎子啊。

C. 那上头我说阿哥小心着门坎子。

D. 我说兄台小心门坎子。

E. 我说大哥小心门坎子。

F. 我看他这个样，就说你小心着门坎。

(3)C. 仔细啊罪作久了，自己挨上饿的时候，后悔也不及了。

D. 堤防着日子久了，自己捱上了饿，那时候儿才后悔也就迟了啊。

E. 小心着久了的时候儿，自己捱上饿了，你后悔也就迟了啊。

F. 若你都照这个样，惯了癖气，我怕你折了福，自己捱上饿啊。到那时候，后悔已迟了。

G. 堤防着日子久了，自己捱上了饿，那时候儿才后悔也就迟了啊。

"提防(隄防)"，元代已见，如：元张可久《醉太平·无题》曲："尘蒙了镜台，粉淡了香腮，不提防今夜故人来。"

仔细：义同"小心，当心"，宋代已见，该词早期写作"子细"，元明清常见，多用于北方文献。《红楼梦》用例较多，如：

(1)贾赦道："你别哄我，我明儿还打发你太太过去问鸳鸯。你们说了，他不依，便没你们的不是。若问他，他再依了，仔细你的脑袋！"

(2)宝玉吃一大惊，又听那边有人喊道："藕官，你要死，怎弄些纸钱进来烧？我回去回奶奶们去仔细你的肉！"

(3)连丫头们都说："天老爷有眼，仔细雷要紧！"

(4)你还不好好的呢，这几日生气，仔细他捶你。

(5)贾母问："你往那里去！外头爆竹利害，仔细天上吊下火纸来烧了。"

清末"小心"一词渐渐多用，之后逐渐替代"仔细"。D版、E版、F版倾向于用"小心"。

9. 副词：A版、B版、C版"起初"——D版、E版"底根儿"、A版、B版、C版、D版、E版"起根儿"(北方话)

时间副词"当初"，《清文指要》七个版本都用"起初"，也用"当初"。但是偏向用"起根儿"、"底根儿"。如：

(1)A. 我起根儿脸软。

B. 我起根兒脸软。

C. 我起根儿脸软。

D. 我起根儿脸软。

E. 我起根儿脸软。

F. 我起先没应承。

(2)A. 起初是我一个阿哥买的。

B. 起初是我一个哥哥买的。

C. 起初是我一个伯祖买的。

D. 底根儿是我们家兄住着来着。

E. 底根儿我有个哥哥住着来着。

F. 说起来那屋子，地方狠好。

"底根儿"，元代已有，如：

(3)(柳云)师父，你怎生识的小圣来。(正末唱)我底根儿把你来看生见长。(元马致远《岳阳楼》第一折)

"起根儿"。在清代域外教科书中也常见。如：

(4)起根儿很干净，现在腌脏了。(《清语教科书》，日本明治时期教科书)

今《北京话词语》、《北京土语辞典》、《北京话语词汇释》、《新编北京方言词典》分别收有该词。可见"起根儿"、"底根儿"是当时北方口语词。

10. 事态助词：咯(了$_2$)、了

根据在句式中的语法意义，助词"了"动态助词(记为"了$_1$")和事态助词(记为"了$_2$")，《清文指要》中D版、E版、F版三版将部分事态助词"了$_2$"改为"咯"来标示。如：

(1)A. 除你之外，想来没有能成全我这个事的啊。因此烦琐你来了。

B. 除你之外，想来没有能成全我这事的。因此来烦琐你来了。

C. 除你之外，想来没有能成我这事情的。因此没法又烦琐阿哥来了。

D. 除你纳之外，再也没有能成全我这件事的人，因此我又烦琐你纳来咯。

E. 除你纳之外，想来也没有能够成全我这件事情的人，因此我又烦琐你纳来咯。

F. 除了你，没有人能够办得妥。只好再求你呐咯。

(2)A. 我明日黑早去，向他说妥当就完了。

B. 我明日黑早去，向他说妥当就完了。

C. 我明日黑早去，向他说妥就完了。

D. 明儿我起个黑早儿，和他说妥当了就完咯。

E. 明儿我起个黑早儿，和他说妥当了就完咯。

F. 我明天清早再去那说情，想他必是答应的。

(3)A. 前日我们几个人什么是游玩，竟受了罪了。

B. 前日我们几个人什么是游玩，竟受了罪了。

C. 前日我们几个人甚么是游顽，竟是受罪了。

D. 前儿我们几个人甚么是逛来着，竟是受了罪咧。

E. 前儿我们几个人甚么是逛，竟是受了罪咯。

F. 不要说哪，前天那是逛，倒是受罪咯。

高本汉《北京话语音读本》①对19世纪末20世纪初的二十篇北京话语篇进行了语音标注，其中动词后缀"了$_1$"标作"－liau"，句尾语气词"了$_2$"(体词性成分之后)多标为"la"，"了$_1$＋了$_2$"则多标为"－la"(参见艾溢芳2011)。

---

① 该书全名为《北京话语音读本——含一篇介绍发音的文章》(A Mandarin Phonetic Reader in The Pekinese Dialect)，于1918年发表于斯德哥尔摩，并收录于由隆德尔整理出版的丛书《东方研究档案》(Archives D'etudes Orientales)中的第13册。该书用英文写成，前半部分为作者对北京话语音的描写及研究，后半部分为真正的"读本"部分，作者选了二十篇中文文本，包括民间故事、笑话、会话交谈等，用隆德尔方言字母逐字进行标音转写。

威妥玛也认为"了$_1$"多读作"了 liao^3"，"了$_2$"或"了$_1$＋了$_2$"多读作"咯 lo^1"。在《语言自迩集》第二版练习一答案中有一段："了 liao^3，咯 lo^1(*to end*, or *be ended*)，跟在动词后面，表示动作完成，或事件出现。也许，把它称为过去时的一个标志(*a sign of the past tense*)更为确切。它还自由地充当句尾语助词(*a final expletive*)。口语句尾多用'咯'。"(*as a colloquial termination*)。(页 31)

由此可见，威妥玛(1886)和高本汉(1918)对清末民初北京话中"了$_1$"、"了$_2$(了$_1$＋了$_2$)"语音差异的记录和区分基本一致。而《清文指要》D 版、E 版、F 版则从字形上区分了这种差异，实属可贵。

11. 时间副词：刚刚(的)——将将(的)

《清文指要》时间副词有"刚刚"、"将将"异文对比。如：

(1)A. 将将的到了闸口根前，就坐上船。

B. 将将的到了闸口，坐上船。

C. 好容易到了闸口，坐上船。

D. 刚刚儿的到了闸口的跟前儿，坐上船。

E. 刚刚儿的到了闸口儿的跟前儿，坐上船。

F. 十二点钟才到了闸口。

(2)A. 路上除了打尖，也总没歇息，刚刚的赶上城门了。

B. 路上除了打尖，也总无歇息，将将的赶上城门了。

C. 路儿上除了打尖，也总没有歇，将将赶掩门进来了。

D. 道儿上除了打尖，也总没有敢歇着，刚刚儿的赶掩城门儿的时候儿，才进来了。

E. 道儿上除了打尖，也总没有歇着，刚刚儿的赶掩城门儿，才进来了。

F. 在道上除了打尖，一步也没歇，赶到城门边，刚刚儿的要关城咯。

(3)A. 再者娶的日子狠近，掐着指头算来，能有几日？

B. 再娶的日子又狠近了，掐着指头算，将将的几日空儿？

C. 况且娶的日子狠近了，屈指算来，将将的剩了十日。

D. 况且娶的日子眼看着就到了，掐着指头儿算，刚刚儿的剩了十天的工夫。

E. 况且娶的日子又很近了，掐着指头儿算，刚刚儿的十天。

F. 再加女儿出嫁的日期又远，所以大半的嫁衣自己做了。

(4)A. 又忍着的上，将将的才恍恍惚惚的睡着了。

B. 又略忍了一会，将将的才恍恍惚惚的困来了。

C. 又略忍了一会，好容易恍恍惚惚的困来了。

D. 又忍了一会儿，刚刚儿的恍恍惚惚的困上来咯。

E. 又忍了一会儿，刚刚儿的恍恍惚惚的困上来咯。

F. 到疫了才去睡，这一躺下就着了。

“刚”作“将”、“刚才”作“将才”，也见于《清文启蒙》和《儿女英雄传》①。中古时，“刚”是见母(k)一等字，后产生了 i 介音，声母随之化为 tɕ，因此“刚”在口语中读作“将”(精母三等字)；而今读 k 声母的“刚”则是后起的文读(A 版已有)，比白读“将”在语音层次上晚一些，在普通话中取代了“将”，后者只保存在一些方言中，“刚”作“将”还见于山东利津方言、胶南方言，“刚才”作“将才”还见于利津、济南、成都、昆明、合肥方言。(参见太田辰夫 1991：246)。A 版、B 版也有“刚/刚刚”，说明文读音 18 世纪末 19 世纪初已出，D 版、E 版、F 版、G 版以文读音“刚”代 A 版、B 版、C 版白读音“将”，反映了这种历时变化。

《官话类编》中也有“刚—强”、“刚才—强才”、“刚刚—强强”的异文，“刚刚”的用例较多。如：

(1)他等了你一点多钟，刚才/强才走喇。……才刚/才强到家，(雨)就下大了。

(2)我们今天走的早一点，起身的时候日头刚刚/强强出来。

(3)我才来的时候，他刚/强会说话。(注：强，is used in the South in the same way and with the same sense as 刚 in the North. In Central Mandarin both terms are used.)

可见，清末时“刚/将”在南方方言白读，在北方官话和中部(山东)官话中是文读居多，也杂有白读。

《语言自迩集》中对“刚”的异读“jiang^{1}将”有所记录，如：

(4)刚才 kang^1 ts‘ai^2 ……才刚；刚刚。有人认为“刚”字讹变于“将 chiang^1”。(声调练习)

又《北京话字音表》也记录了“将”的两读，kang 即“刚”的文读音：

kang	冈刚	—	岗	槓
	将$_1$	—	—	—
chiang	将$_2$	—	桨	将$_2$

威妥玛在给“刚”注音时，因不了解该字的文读音“刚”(kang)比白读音“将”晚出，故以后者为讹变。威妥玛和希利尔还敏锐地注意到“刚刚”中第二个“刚”的声调有所不同：

《语言自迩集·散语篇练习二十八答案》：刚刚儿装得下。kang^1 kang^2 —’rh chuang^1 tê^2 hsia^4.(原注：注意第二个“刚 kang^2”的声调。)

---

① (日)太田辰夫：《汉语史通考》，重庆：重庆出版社，1991 年，第 246—247 页。考察《儿女英雄传》也发现主要用副词“将”和“将才”，“刚”极少用，还用“才刚”。

在《元刊老乞大》中，表示"行动或情况发生在不久以前"，该释义的"恰"或"恰才"到清代本中被改为"刚"、"才刚"；"才，刚刚"义的"恰"到清代本中都不再使用，而是被改为"才"、"刚"、"才刚"。如：

(1a)恰才出去了，投羊市角头去了。(《旧老》55/20a)

(1b)才刚出门，往羊市角头去了。(《老新》55/23a)

12. 程度副词：料料、略略

《清文指要》程度副词有"料料"、"略略"、"才"的异文对比。如：

(1)A. 把好歹的东西全打下来了，那个上才料料[①]的松闲了些了。

B. 把肚子里所有的好歹东西都打下来了，那上头身子才略松快了些儿。

C. 好歹的东西都下来了，那上头才略松快了些了。

D. 把内里所有好啊歹的东西都打下来了，这心里才觉着松快些儿。

E. 内里所有的好啊歹的东西都打下来了，心里觉着才略松快些儿。

F. 若风能退散，那火自然的会平了。

G. 把内里所有的好啊歹的东西都打下来了，这心里才觉着松快些儿。

(2)A. 求的求磕头的磕头的上，我的性子才料料的消了些。

B. 求的求磕头的磕头，我的气才略消了些。

C. 求的求叩头的叩头的上头，我的气才略回了些。

D. 求的求磕头的磕头，这样儿的哀求，我的气才略平了些儿。

E. 求的求磕头的磕头，因为这上头，我的气才略平了些儿。

F. 哀求宽容他，我看他自己知错，不和他们动气。

(3)A. 不是好事啊，料戒一戒儿好啊。

B. 不是好事啊，略戒一戒好。

C. 不是好事啊，略戒一戒好。

D. 这不是好事啊，少喝点儿不好么？

E. 这不是好事啊，略戒一戒儿好。

各版都有副词"略"，A 版独有"料"、"料料的"，E 版作"略略儿的"。A 版"略"多作"料"，如"料、料料"即副词"略、略略"；有时"料"也作"略"，"大略"(3 例)即"大料"(也有"大料"1 例，D 版、G 版也各有 1 例)，"不略"即"不料"，"略估略估"即"料估料估"，"逆略"即"逆料"。

"略"，中古宕摄入声字，带塞音[－k]，当塞音[－k]音节复元音化后，就产生了现代北方官话的白读音"料"，因而"略"、"料"(中古效摄平声字)是文白异读的分化字。

《清文指要》A 版"略"多作"料"，表明 19 世纪前后宕摄入声字多读如效

① 各版都有"略"，但只有 A 版有"料/料料的"。

摄，在当时的官话中，宕摄入声字读 yɛ 是文读，读 iau 是白读(同类的字还有：“嚼、削、学”等)。A 版中以白读居多，但“料”也作“略”，说明也有文读，并存在一定程度的文白不分。威妥玛在《语言自迩集·谈论篇》第 10 章注释中注“略”为“$liao^4$或 lio^4”，并说“前一个读音更普遍”，说明在 19 世纪前后以至中后期，“略”在北京话中以白读“$liao^4$”为主；而“料”则只有 liau 一种读法。正是 A 版通过字形差异所反映出来的情况。A 版以后，副词“略”均作文读音 lyɛ，“料”也不再与“略”文白不分，与今天情况相同。

沈钟伟(2006)指出：“略”在辽代契丹小字材料中已出现了白读音[ljɛw]。如“经略”一词。另据高晓虹(2001)：“略”的 lye/liao 文白异读记录于北京话音韵材料清裕恩《音韵逢源》、民国王璞《京音字汇》中。“宕江曾梗通五摄的入声字有文白异读，这是今北京话中大家公认的一个重要特点。”(高晓虹，2001)因此“略/料”的文白异读体现了《清文指要》A 版的北京话特征。

13.“落”的异写异读：邋——落

表“遗失”、“把东西放在一个地方，忘记拿走”、“因为跟不上而被丢在后面”等语义，“落”读 la^4。《清文指要》A 版、B 版各有两处通过“落”的异写“邋”，直观地反映了“落”的异读情况。“邋”即今“落 la^4”，均为“因为跟不上而被丢在后面”义。如：

(1)A. 家里人邋在老远的(A41)

B. 家里人邋在老远的

C. 家里人们落的大远的

(2)A. 些微邋下了些(A51)

B. 些微邋下了些。

C. 略落后了。

D. 略落了点儿后。

E. 略落了点儿后。

而表示“落后”、“冷落”等书面语词中之“落”仍写作“落”。

表“遗失”、“把东西放在一个地方，忘记拿走”、“因为跟不上而被丢在后面”等语义，“落”读 la^4。“落”中古是宕摄开口一等，来母入声铎韵，收－k 尾。辽代以来，北方方言带－k 韵尾音节的复元音化，“落”、“洛”等字出现了读音 lao(参见沈钟伟，2006)，《中原音韵》已记录了“落”的文白异读：luo/lao。此后历代北京话音韵材料中亦多有反映，如明末徐孝的《重订司马温公等韵图经》和《合并字学集韵》、19 世纪英国人威妥玛的《语言自迩集》、李汝珍的《李氏音鉴》、裕恩的《音韵逢源》、民国王璞《京音字汇》等(详见高晓虹，2001)。但 la^4出现于何时尚乏记录。《语言自迩集》有所反映，其中“落”有三个读音：落 la^4，lao^4，lo^4，降下；下降；走路掉在别人后面；遗漏。(散语篇练习二十八答案)“落下”中读 la^4，如：“一个大钱都没有落下。” i^2 ko^4 ta^4 ch 'ien^2 tou^1 mei^2 yu^{3}la^4 hsia^4."我们十个人从前定得凑钱做买卖。后来落下了两个人，还有把本钱取回去的。"(原注：落下：退出，离队。落，音 la^4。)"鸟儿落在树上"、"他没落儿了"中为白读音 lao^4，"日头落"、"落款"中读 lao。"落款"本是书面语词，威妥玛注为白读。"鸟儿落在树上"。niao^3 —'rh lao^4 tsai^4 shu^4 shang^4."他没落儿了"。t'a^1 mei^2 lao^4 —'rh liao."日头落"jih—t'ou lao；"落款"lao k'uan^3。"失落"、"下落"中为白读音 lo^4。如："不知道他的下落"。pu^4 chih1 tao^4 t'a1 ti hsia^4 lo^4."失落"shih^1 lo^4。高晓虹、刘淑学(2006)所列《语言自迩集》中"落"的读音还有 lu^1，我们检索该书第二版中文译本未得。宕摄一等主要元音，董同龢、王力、邵荣芬、周法高、蒲力本、郑张尚芳、潘悟云等各家多拟作"a"(参见潘悟云，2002：85、88)，为此，我们猜测 la^{4}的来源是："落"的中古拟音 lak 脱落—k 韵尾造成的。

以上，我们通过《清文指要》七个版本异文，分析了动词"惦记、瞧/瞅、仔细/小心(堤防)、题/提(说)、拣/捡，形容词"乏、沉(聋)、猛(高)"；虚词中副词"底根儿/起根儿"、语气助词"咯"等词在清代口语中的北方话特点。指出了异写异读"落—邋(la^4)"、"略—料(liao^4)"、"将—刚(gang^1)"正体现了北方话文白异读特点。从中我们看到《清文指要》各版基本代表了清代口语的词汇特点，但 A 版、B 版、C 版三版均以北方官话为背景，有当时通语层面用词特点，D 版、E 版以北京官话为目的语，D 版、E 版、G 版三版则带有显著的北京话色彩，F 版在某些用词方面有南方话的特点。《清文指要》D 版、E 版、G 版三版是研究当时北方话口语词比较好的资料。

参考文献

[1] 北京大学中国语言学研究中心(CCL)语料库。

[2] 潘悟云：《汉语历史音韵学》，上海：上海教育出版社，2000 年。

[3] 汪维辉编：《朝鲜时代汉语教科书丛刊》，北京：中华书局，2005 年。

[4] 高晓虹：《北京话入声字文白异读的历史层次》，《语文研究》，2001 年第 2 期。

[5] 高晓虹、刘淑学：《〈语言自迩集〉中的入声字读音》，《语言教学与研究》，2006 年第 6 期。

[6] 刘宝霞：《程高本〈红楼梦〉异文与词汇研究》，《红楼梦学刊》，2012 年第 3 辑。

[7] 刘宝霞：《从〈红楼梦〉异文看明清常用词的历时演变和地域分布——以"诵读"义动词和"挂念"义动词为例》，(韩国)《中国言语研究》，2012 年第 42 辑。

[8] 刘　曼、张美兰：《清代著名的满汉双语教材〈清文指要〉(百章)及其价值》，《海外华文教育》，2012 年第 1 期。

[9] 沈钟伟：《辽代北方汉语方言的语音特征》，《中国语文》，2006 年第 6 期。

[10] 王丽玲：《也谈动词"提"言说义的来源》，《中国语文》，2011 年第 6 期。

[11] 张美兰：《明治期间日本汉语教科书中的北京话口语词》，《南京师范大学文学院学报》，2007 年第 2 期。

[12] 张美兰：《〈官话类编〉和十九世纪的汉语官话》，（韩国）《东亚文献研究》创刊号，2008 年。

[13] 张美兰：《清末汉语介词在南北方官话中的区别特征——以九江书局改写版〈官话指南〉为例》，《继往开来的语言学发展之路》，北京：语文出版社，2008 年 。

[14] 张美兰：《十九世纪末汉语官话词汇的南北特征——以九江书局版〈官话指南〉为例》，《韩汉语言研究》，（韩国）学古房出版社，2008 年。

[15] 张美兰：《同义词的地域分布特点与清代南北官话》，《汉语史学报》（第 10 辑），上海：上海教育出版社，2010 年。

（作者：张美兰　清华大学教授 ）

历史学学科

L I S H I X U E X U E K E

项目编号：北京城中轴线保护研究
项目名称：11LSA001
项目负责人：张宝秀
项目信誉保证单位：北京联合大学

京城脊梁　人天共成
——北京中轴线的空间形态与文化内涵

北京，我们伟大祖国的首都，世界著名的历史文化名城，堪称东方文化之都。北京的建城史已达3000余年，其作为首都的历史从金中都算起至今已860年。北京城历史悠久，文化底蕴深厚，是我国古代都城建设的杰作，是世界现存古代都城最伟大者之一。如今，北京正在加快向中国特色世界城市迈进的步伐。如此伟大的一座城市，确实有太多的话题可以说，也有太多的理由吸引人们关注它的历史和发展。那么，从何处着手呢？

中轴线！因为中轴线凝聚了北京这座城市文化历史发展的精髓。它不仅仅是北京城的脊梁，更是一条关乎北京人文历史、道德教化、风俗民情，乃至社会发展的命脉。把住了中轴线，就把住了北京文化的生命之根。

一、北京中轴线的形成与形态特点

依据“前朝后市”的规划思想以及明清北京城先有内城后有外城的发展轨迹，北京城中轴线，起自封建时代最集中象征皇权的金銮宝殿——三大殿，首先形成紫禁城内长约1公里的中轴线，然后向北延伸到钟鼓楼，向南延伸至永定门，形成贯通北京全城的中轴线，全长7.8公里。从发生学角度考量，北京城中轴线可以划分为三个段落，即作为发生地所在的中段，以及由此延伸的北段和南段。

就其形态而言，最终形成的中轴线就像是一曲气势磅礴、波澜起伏的乐章：有序曲，有高潮，还有尾声。南段是该乐章的“序曲”。以永定门、天桥、天坛、先农坛、正阳门大街为主要内容。中段是该乐章的“高潮”。它由九个部分组成：即正阳门、棋盘街、宫廷广场、天安门与端门、太庙、社稷坛、紫禁城、景山、地安门。毫无疑义，紫禁城是其中的“最高潮”。北段是该乐章的“尾声”，以地安门外大街及钟鼓楼为主要内容。

在我国，作为国都所在城市中轴线形成发展的文化，可谓源远流长。距今约5000年的辽宁建平县牛河梁红山文化晚期的“积石冢”群遗址，其中轴突出、三重圆环、三重方坛的形制，与后来的天坛建筑布局有着惊人的相似之处。考古发现的河南偃师 4000 多年前商都亳城，已经形成内有宫城、外有郭城、中轴线由宫城正门向南延伸到郭城南门的形制。

从公元 3 世纪的曹魏邺城、魏都洛阳，到以后的隋唐长安城、北宋后期的东京汴梁、南宋时期的临安，以及北京历史上的金中都、元大都，明清北京城的中轴线，不仅一脉相承，而且是日臻完善的。所以说，北京城中轴线是 5000 余年历史文化的积淀。而明清中轴线又是继承了元大都南半城的中轴线发展而来的。因此，也可以说，我们目前所说的北京城中轴线"肇始于元，发展定型于明"。

我国自夏代营建都邑，经过商代的发展，到了西周初年，已经形成了一个基本的都城规划制度。这就是《周礼·考工记》中提出的"营国制度"："匠人营国，方九里，旁三门。国中九经九纬，经途九轨。左祖右社，面朝后市，市朝一夫。"这便是在"井田制"的基础上发展而来的"营国制度"。

元大都是我国历史上比较接近《周礼·考工记》"营国制度"规划建设的都城。直接"脱胎"于元大都的明清北京城又是中国封建时代多个古都中的最后一个，是中国古代都城的最后结晶。既然其城市规划与建设均是巅峰之作，其中轴线自然也达到了前所未有的水平。

中轴线是北京城的脊梁。梁思成先生这样描述这条轴线："北京在部署上最出色的是它的南北中轴线，由南至北长达七公里余。在它的中心立着一座座纪念性的大建筑物。由外城正南的永定门直穿进城，一线引直，通过整个紫禁城到它北面的钟楼鼓楼，在景山巅上看得最为清楚。世界上没有第二个城市有这样大的气魄，能够这样从容地掌握这样的一种空间概念。更没有第二个国家有这样以巍峨尊贵的纯色黄琉璃瓦顶、朱漆描金的木构建筑物、毫不含糊的连属组合起来的宫殿与宫廷。环绕它的北京街型区域的分配也是有条不紊的城市的奇异孤例。"

在形态上，北京城中轴线具有以下四个特点：

一是从城市空间布局上，它是统领整个北京城建筑布局的脊梁，是北京城市规划的基准线和起始线，整个城市依它而展开。它控制了紫禁城、皇城、内城、外城"四城相套"的总格局，城墙、城门以及全城道路系统的总框架，还统领了诸如天、地、日、月"四坛"，风、雨、云、雷"四庙"以及五镇等重要场所的布局。

二是这条中轴线是南北方向的，这与北京的地理区位有关，北京地处北半球中纬度地带，又是季风影响十分显著的地方，为了冬季避寒、夏季通风和便于采光，坐北朝南的住房最为适宜；还与"面南而王"的传统思想密切相关。

三是相对这条中轴线，其两翼的对称十分突出。这种对称不仅仅在于建筑本身，就连这些建筑的名称都是对称的。如外城的左安门和右安门、东便门和西便门、天坛和先农坛两组对称的建筑群；内城的崇文门和宣武门、东直门和西直门；宫廷广场外面衙署的文东武西、宫庭广场上的长安左门和长安右门；皇城中的左祖和右社；紫禁城中的东华门和西华门、文华殿和武英殿、东六宫和西六宫、御花园中的万春亭和千秋亭等。

四是在这条中轴线的南北方向上，主要建筑（建筑群）由于其功能的不同，形成了规制、体量，乃至形态等的差异，加上过渡单元的存在，形成高低、远近、轻重的起伏。它既像诗篇，像乐章，又像一幅魅力无穷的画卷。

二、北京中轴线的文化内涵与功能

在文化内涵上，北京城中轴线是中国传统文化的凝聚之轴。《吕氏春秋·慎势》说："择天下之中而立国，择国之中而立宫。"城市规划建设中的"中"，既指中心，也指中轴。明清北京城由宫城、皇城、内城、外城四城相套回合而成，宫城是皇帝理政和居住的地方，全城的中心，即所谓的"天下之中"。

为了进一步突出这个"皇权至上"、"唯我独尊"主题，全城必然要形成对"中心"的拱卫之势，即以宫城为核心向南北两个方向延伸，形成坐北朝南、层层拱卫的格局。这就是中轴线。通过中轴线的延伸以及两侧的对称，全城不仅构成了一个有机的整体，产生了和谐的韵律，并且形成了基于丰富文化内涵的凝聚力。有趣的是，以宫城的轮廓为"□"，以中轴线为"丨"，所构成的恰恰就是一个"中"字。

就核心文化理念而言，与中轴线相关的，除了一个"中"，还有一个"正"，即"面南而王"的文化观念。这与北辰崇拜的文化理念和地处北半球中纬地带、季风气候特点十分明显的地理特点密切相关。侯仁之先生说："中轴线的方向，遵照'面南而王'传统规制，必须是自北向南的。"

这里所说的"中"与"正"的思想观念，与中国传统文化的子午线观念是一脉相承的，它不仅成就了北京城中轴线本身，还成就了整个北京城的格局，包括最具地标意义的城墙与城门体系、道路网格体系，以及最具象征意义的天、地、日、月四坛体系和风、雨、云、雷四庙体系等。天、地、日、月四坛的正门均面向中轴线，按"天南地北，日东月西"布局；风、雨、云、雷四座庙宇对称布局于中轴线东西两侧，而且互相呼应，共同组成清代皇城祈雨庙。

除了"中"与"正"作为北京城中轴线文化的核心理念之外，博大精深的中国传统文化在中轴线上多有体现，试看下列诸例：

（1）"天人合一"。"天人合一"有天、地、人融为一体的思想。上为天，中为人，下为地，视为"三才"，这是"天人合一"思想之精华。这里的"天"主要是指有意志的"天"，即天命之"天"。所谓"天人合一"，就是人与天命的天人合一。君主是天之子，他代表天的意志统治人间，即“上天之子，代天君临万民”。这是我国古代占统治地位的哲学思想。董仲舒的“天人感应”就是其集大成者。这种“天人合一”的思想统领了古代北京城中轴线的规划建设。明永乐初年紫禁城前三殿名为“奉天”、“华盖”、“谨身”；嘉靖年间改名为“皇极”、“中极”、“建极”；清代又改称“太和”、“中和”、“保和”，其核心思想就是“君权神授，奉天承运”。

(2)“象天设都”。古人认为，天界是一个以北极帝星为中心，以“四象、五宫、二十八宿”为主干，结构十分严密的社会体系。帝星所居的紫微垣位居中宫，而东宫苍龙，西宫白虎，南宫朱雀，北宫玄武并二十八宿，形成拱卫之势。对此，古人在都市建设中进行了不遗余力的模仿。如以宫城象征紫微垣，大城建筑象征二十八宿，乃至全天星斗等。这就是“王者制宫阙殿阁取法焉”。明清北京城，就是其登峰造极的成果。

(3)阴阳学说。“阴阳者，天地之道也”；“分阴阳，两仪立焉”；“阴阳谐和，而生水、火、木、金、土。五气顺布，四时行焉”。阴阳学说对古代北京城中轴线规划建设的影响几乎无处不在。如宫城分为前朝和后廷两部分：前朝为阳，所以三朝五门，多为奇数；后廷为阴，所以两宫六寝，多为偶数。前朝之殿多采用“九开间，五进深”，象征皇帝乃“九五之尊”；重檐庑殿顶或重檐歇山顶，九条脊，甚至连檐角小兽亦为“九数”(太和殿的檐角兽增至10个是特例)；门扇是四九的倍数，门钉是九九的倍数等。不仅如此，前朝三大殿坐落在“土”字形的汉白玉台基之上，是依据土在五行居于中，表示这里是天下的中央，同时土也代表江山社稷，期盼安定永固。

(4)礼制。《礼记·曲礼上》说：“道德仁义，非礼不成。教训正俗，非礼不备。分争辩讼，非礼不决。君臣、上下、父子、兄弟，非礼不定。”礼制自其诞生之日起，就渗进了社会生活的各个领域。表现在建筑的等级制度上，有些建筑只有“天子”才能拥有，如明堂、辟雍；有的是从建筑的尺寸和数量上做出规定，如“公之城盖方九里，宫方九百步；侯伯之城盖方七里，宫方七百步；子男之城盖方五里，宫方五百步”等；还有从建筑形式、色彩和工艺上加以限制，如天子宫殿为“四阿顶”，卿大夫以下宫室为两坡顶等。这种建筑等级制度历朝历代都有细则，明清两朝尤为苛刻。清代门钉只允许用在皇宫、坛庙和皇室成员府第，且规定了严格的行数、枚数系列标准。对三种不同手法彩绘、七种屋顶形式、四合院六种大门的适用等级都做出了严格的规定，不得僭越。

(5)《周礼·考工记》之“营国制度”。该制度记述的是周王朝建都邑的制度，也有人理解成一种都城规划建设的理想追求。该制度规定了王城的形制、规模和城门的数量，提出了王城干道网络规划，确立了“左祖右社，面朝后市”的主要格局，而将王城的其他部分，按各自的功能和规划要求，分别部署在主体的周围。这个模式，在我国封建社会的进程中，得到不断的革新和发展。我们今日所见的明清北京城(其中包括元大都遗留至今的街道格局)，在继承传统的基础上，因地、因时制宜，形成了独特的风格，体现出更加丰富的文化内涵。

通过以上对北京城中轴线文化内涵的分析，可以认为，正是基于当时人们对“天”以及“天人”关系的认识，才有了北京城中轴线。也正是北京城作为中国封建时代最后一个都城，其城市规划建设达到了前所未有的巅峰状况。所以说北京城中轴线是“人天共成”。

在城市功能上，中轴线是充分体现首都首位功能的政治之轴，这可以从各个局部分别承担的政治职能来说明，也可以从整体的政治功能来证明。例如，紫禁城三大殿是举行国家大典的场所，是统治者发号施令、决策统治的地方，当然成了国家政治的象征。北京城中轴线上的其他众多建筑，具体功能虽各有不同，如太庙用以祭祀皇家祖先，社稷坛用以祭祀社稷，天坛用以祭天，先农坛用以祭祀先农诸神并举行藉田典礼，钟鼓楼用以报时，等等，但其核心价值也无一不在显示皇家的尊严与权威，无一不是君权神授的宣示，无一不在执行政治的功能。即使是作为游憩之所的景山也还具有另一个政治身份——它是压胜前朝(元朝)的“镇山”和拱卫紫禁城的靠山，被称为“万岁山”。

三、北京中轴线的单元构成及其变化

北京城中轴线是由空间上若干个有不同的南北长度和东西宽度构成的空间单元共同组成的。而从文化内涵以及功能上看，每一个单元又是一个相对独立和统一的整体。这些单元相互连接而不间断。具有上述特征的若干单元连接而成的北京城中轴线，在空间形态上呈现为宽度不一的多个矩形总体上的纵向连缀和局部的横向排列。

我们以清代中轴线的构成为例，它包括下列 16 个单元：永定门，天桥，天坛，先农坛，正阳门大街，正阳门，棋盘街，宫廷广场，天安门、端门，太庙，社稷坛，紫禁城，景山，地安门，地安门外大街，钟楼、鼓楼。这些单元构成了中轴线的本体单元。这些单元中，有的具有附属部分，如附属紫禁城的大高玄殿、东苑和西苑，附属地安门外大街的什刹海、玉河等。对于边界不够清晰的，如正阳门大街、地安门外大街等单元的宽度定在包含临街一排房以及与大街对接的胡同口。

在由这 16 个单元组成的中轴线整体中，存在着两种结构。第一种结构中有“七个主要建筑群”，它们分别是主要作为城防工程的永定门建筑群和正阳门建筑群，主要作为礼仪空间的天坛建筑群和先农坛建筑群，主要作为政治活动场所的广场周边建筑群，主要作为皇家理政和生活场所的皇城建筑群，以及主要作为历史上北京时间发布地的钟鼓楼建筑群。第二种结构是“四个文化区”的划分，它们从南到北分别是祭祀文化区、传统商业文化区、皇家文化区和漕运、商业民俗文化区。

以辛亥革命推翻清朝统治为界线的前、后时期，北京城中轴线发生了种种变化。空间形态上变化相对较小，多数单元作为文物保护单位得以保全，总体格局得以维持，顺应时代从封建王朝到人民当家做主社会的变迁，其文化内涵和使用功能则发生了巨大的变化，由为帝王及其统治服务改变为为人民服务，博物馆、公园、广场等公共场所和文化场所成为其主要的存在形式。显然，这是一种进步，可以以天安门广场为例。

改造前的天安门广场，是明清皇城向南凸出的一个“T”字形宫廷广场。改造以后的天安门广场，充分显示了新时代人民当家做主的政治内容：广场上可以同时供数十万群众集会，大会堂可容纳上万名人民代表讨论和决定国家大事。每天有无数来自全国各地的民众在天安门广场观看升国旗仪式。人民英雄纪念碑已经成为全中国人民心中永远的丰碑。郭沫若的诗句“天安门外大广场，坦坦荡荡像汪洋，巨厦煌煌周八面，丰碑岳岳建中央”，准确描绘了新天安门广场的宏伟气象。

纵观天安门广场的变化，可以概括为以下六个方面：

第一，建筑外貌、空间格局的巨大变化。原来那个狭长、深远，而大道尽头平阔开展，为的是显示皇家绝对权威的“T”字形广场不见了，代之以宽阔、视线通达、可供数十万民众集会的“世界第一城市广场”。原中华门与正阳门之间的棋盘街等周边小规模空间单元均融入了天安门广场。一统、和谐、宏伟是今日天安门广场的外貌和空间特征。

第二，文化核心理念上的巨大变化。这个转变起自辛亥革命之后民众的政治集会多在天安门广场举行，而 1949 年新中国成立之后尤其是新的天安门广场竣工以后，这个情况变得更为固定和规范。它既是民众的心中向往和约定俗成，也成了政府工作安排的一种必然选择。

第三，在广场功能上的巨大变化。过去主要集中在御道和大明门（大清门）上，是为皇帝所代表的国家典礼服务；现在主要集中在整个广场，包括天安门、人民大会堂、国家博物馆等大型公共建筑在内。它既为国家典礼服务，为议政、施政服务，为民众大型集会服务，也为民众提供文化食粮服务。

第四，天安门地位的巨大变化。明清时期的天安门只是朝廷“金凤颁诏”的地方，主要是一个礼仪场所。那时候的天安门城楼，与紫禁城的关系更为密切，所以将其划分在“天安门、端门单元”。而现在的天安门，已经与广场融成一体，不可分割。事实上，天安门城楼的图案之所以能进入新中国的国徽，是因其作为天安门广场的中心和象征，而不是作为明清皇城的象征。

第五，改造以后的天安门广场，已经成为国家政治中心的象征、广大人民群众集会的场所和全国人民向往的地方。甚至可以说，天安门广场东侧国家博物馆乃国家历史之展现，西侧人民大会堂乃人民社稷之所在，是新时代新形式的“左祖右社”，天安门广场当之无愧成了中心。扩建后的天安门广场“已经成为平面布局的中心，占据了全城中最重要的地位。对比之下，紫禁城这个在旧日突出于全城中轴线上的古建筑群，则已经退居到广场‘后院’的次要地位”。

第六，改造后的天安门广场是北京城中轴线最为重要的组成部分，占据着无可替代的“政治之轴”中心地位。它与封建时代那个“T”字形广场已经不可同日而语，所代表的社会制度已经翻天覆地。

著名的历史地理学家侯仁之先生认为，紫禁城是北京城市发展历程上的“第一个里程碑”，代表的是封建王朝统治时期北京城市建设的核心，也是中国传统建筑艺术的一大杰作。到今天，它依然屹立在全城空间结构的中心，不仅是中国人民的艺术财富，而且已被列为“世界文化遗产”，享誉全球。天安门广场的改造，是新中国成立之后，在北京城的空间结构上，突出地标志一个新时代——人民当家做主时代的来临。它赋予具有悠久传统的全城中轴线以崭新的意义，显示出在城市建设上“古为今用，推陈出新”的时代特征，在文化传承上有着承前启后的特殊含义。我们把它看作北京城市发展历程上的“第二个里程碑”。由于亚运会的召开和后来国家奥林匹克体育中心的兴建，显示出北京走向国际性大城市的时代已经到来，这就是北京城市发展历程上的“第三个里程碑”。

四、北京中轴线的申遗依据与价值

随着历史前进的脚步，北京城中轴线不断完善、丰富，既包括其空间形态，也包括其文化内涵和功能作用。它已经形成一个独立存在的物质和非物质的完整体系，成为“关于北京人文历史、道德教化、风俗民情乃至社会发展的一条命脉”，成为理解和体验整个北京城历史文化的纲领所在。这也就是我们保护这个堪称“北京的灵魂、中国的象征、世界的唯一”的北京城中轴线以及申请加入世界文化遗产名录的根本原因。

根据以上所述，可以认为北京城中轴线的保护和申遗具备了充足的依据。而实际上还有一个重要问题需要回答，这就是：为什么要将北海包含于中轴线申遗范围之中？依据是什么？简而言之，元代在建设大都的过程中，元大内的中轴线以及由此生长起来的元大都城的中轴线都来自同一个原点。这个原点依傍金代白莲潭。当时的白莲潭包括现在的北海、中海、“什刹三海”及其向西延伸被后人称作“太平湖”的水面，面积比现在大很多。这个白莲潭呈向东弯凸的半圆形，长近 5 公里，宽约半公里。而上述原点就选在其圆弧顶点现在的万宁桥。通过万宁桥这个点，作一南北方向的子午线。这条子午线就是一直留存至今的北京城中轴线的起始。当时的规划者刘秉忠又将白莲潭分为南北两部分，南边一半就是现在的北海和中海，作为内苑必需的太液池，湖中安排蓬莱、瀛洲、方丈三山，形成了“一池三山”的胜景。北边一半称积水潭，供城内居民用水，后来发展成为京杭大运河漕运的终点码头。白莲潭—万宁桥原点—元大内中轴线—元大都中轴线—明清北京城中轴线，就是我们今天讨论的中轴线的成长轨迹。显然，元代统治者之所以选择这片湖泊作为整个城市中心的依托，是蒙古族作为游牧民族“逐水草而居”的习俗使然。从中华文化形成历史的角度来看这个问题，则是文化多元、融合一统特质的有力证据。所以，尽管这片湖泊不在中轴线的本体之内，人们仍然要择其代表北海纳入中轴线申遗的范围之中。

北京城中轴线是我国古代都城规划的杰作，是不断传承和发展的城市文脉，是中华文明与现代城市文化对接的纽带和桥梁，是人类文化遗产的重要内容。北京城中轴线对研究古代建都史和建筑史、展示北京优秀历史文化、促进北京城市可持续发展、丰富“世界文化遗产”等方面，具有无可替代的重要价值。

做好北京城中轴线的保护和申遗工作，有利于推进北京历史文化名城的整体保护，有利于提升北京城市的竞争力和国际影响力，有利于推进首都城市的长远发展。

（作者：张妙弟　北京联合大学教授）

项目名称：近代北京的疾疫与社会变迁
项目编号：11LSC016
项目负责人：王　娟
项目信誉保证单位：北京理工大学

试析疾疫对近代北京地区的多重影响(1840—1919)①

在传统史籍中，对俯拾皆是的流行病的名称一般统称为“疫”，合称“疾疫”。疾疫、战争、饥荒被称为人类悲剧的三大根源。其中，疫病对人类社会的威胁和破坏尤甚，故被认为是人类社会发展中最不和谐的音符。据不完全统计，秦汉至清，疫灾共发生250余次。从流行规律来看，至元明清时期，疫病流行达到历史上的顶峰。近代以来，中国社会处在一个急剧变革的时期，疫病的暴发达到令人瞠目的地步。针对北京地区的疾疫史研究，目前虽已引起一些学者的关注，但尚缺乏系统深入的研究，表现为既无专著问世，相关论述仅散见于一些社会史论著中，专题论文也较为零星。目前可见者有：尹钧科、于德源的《北京历史上的瘟疫及其经验教训》(《天津科技》，2003年第3期)；寒菊辑录的《清代北京地区瘟疫流行情况》(《中国档案报》，2003年5月19日)；何北明的《北京历史上的疾疫》(朱明德等主编：《蓟门集——北京燕山出版社，2003年》)等。这样的研究现状，实与北京的“首善”地位不相符，可谓一大学术缺憾。本文拟从疾疫对近代北京社会的影响角度进行专题探讨。

一、疾疫流行与人口减损

瘟疫对社会造成广泛影响，最直接的影响是造成人口损伤。清初，北京痘疹横行，从高处寒冷地区来的满人缺乏对瘟疫的抵抗力，畏之如虎。为了预防瘟疫的发生，清代统治者采取了一系列隔离、诊治措施，痘疹在一定程度上得到了控制，但并未得以根本消除。同治元年(1862年)痘疹在北京地区大规模暴发。这年春季京畿雨泽愆期，清廷曾三次举行大规模祈雨活动，但旱情并未得到缓解，大灾之后必有大疫，七八月间时疫盛行。② 关于死亡人

① 本文为北京市社会科学基金项目，“近代北京的疾疫与社会变迁研究”项目编号：11LSC016研究成果之一。

② 《清穆宗实录》卷三十六，同治元年八月壬子，北京：中华书局，1987年。

数，据清末来华的日本教育家、哲学家服部宇之吉记载："同治年间，北京痘疮流行，势极猖獗，以致呻吟之声流于户外，路上葬柩络绎不绝。"①

近代霍乱指的是真霍乱。真性霍乱传入中国始于嘉庆二十五年(1820 年)，对人口损伤较大，"获此疾者十有七八死，死甚速在一二日间"，此后迅速蔓延，道光元年(1821 年)传入北京，②"京师至棺木卖尽，以席裹身而葬"，③揭示出霍乱对人口损伤的严重程度。光绪二十六年(1900 年)京师霍乱，八国联军中很多人染病身亡。据载"八月十四日，闻昨日永定门又进洋兵数千，俱于城内、城外驻扎。近日各国洋人病死者不少，彼族喜吃牛羊肉鸡鸭黄酒西瓜葡萄等物，糊吃混餐，又兼不服水土，腹泻即死，闻两坛(按：天坛、先农坛)死者尤多"④。第二年，疫情继续发展，据《清末北京志资料》称："光绪二十七年(1901 年)六月，北京流行霍乱病，其势日益猖獗，每日因该病而死者达百余人。"⑤光绪二十八年(1902 年)疫情较之前年更为严重。该年入夏，京津一带瘟疫流行。据孙宝瑄《忘山庐日记》记载："京师数日内疾疫甚盛，死人无算，皆因霍乱。有顷刻死者，有半日死者。"⑥顺天府东南部及天津等地霍乱盛行，并迅速蔓延开来，如通县等地霍乱流行。⑦

近代北京虽不是疫源地，但由于频繁的人口流动，也成为鼠疫病区。⑧宣统二年(1910 年)，东三省鼠疫暴发，蔓延至北京地区。北京地区于宣统二年(1911 年)十二月发现鼠疫病例。据《申报》报道，十二月十六日，正阳门外打磨厂三星客栈的东北锦州旅客王桂林因鼠疫暴亡，当日该客栈一名李姓客人暴亡。二十日，刘姓等两名客人不治而亡，确诊为鼠疫。该次疫死人口多为客栈客人，如在三星客栈疫死多人之后，附近的排子胡同永泰和炭栈亦有病亡。此外，还涉及本城居民，如栓马胡同谢姓居民等因疫死亡。北京地区首例鼠疫患者出现后，清廷并未意识到事态的严重性，三星客栈王姓客人暴亡后三日才被埋葬，四日后才派巡警封锁客栈，这种延误造成附近地区陆续有人被传染身亡，随后疫情继续扩散。⑨

喉风，即白喉，是传统医学对各种喉症的一种泛称。史料对此多有记述，据《重楼玉钥》载，喉风发作时，"喉间起白腐一症，此害甚速。乾隆四十年前无是症，即有亦少。自廿年来患此者甚多，惟小儿尤甚，且多传染，一经误

① 张宗平、吕永和译：《清末北京志资料》，北京：北京燕山出版社，1994 年，第 461 页。
② 陈邦贤：《中国医学史》，北京：商务印书馆，1957 年，第 389 页。
③ (清)王士雄：《随息居重订霍乱论》，北京：中国中医药出版社，2008 年，第 20 页。
④ 于德源：《北京灾害史》，北京：同心出版社，2008 年，第 1004，439 页。
⑤ 张宗平、吕永和译：《清末北京志资料》，北京：北京燕山出版社，1994 年，第 462 页。
⑥ 李文海等：《近代中国灾荒纪年》，长沙：湖南教育出版社，1990 年，第 695、664—668 页。
⑦ 金士坚等：《通县志要》(卷九)，民国三十年(1941 年)铅印本。
⑧ 杨林生等：《1840 年以来我国鼠疫的时空分布规律》，《地理研究》，2000 年第 3 期，第 245 页。
⑨ 于德源：《北京灾害史》，北京：同心出版社，2008 年，第 1004、439 页。

治，遂至不救”。[①] 光绪二年(1876 年)京师天时亢旱，瘟疫暴发。时任坐粮厅监督的谭继洵家也未能幸免，谭嗣同时年十二岁，也被传染。“春季，北京发生了大瘟疫，先生被传染，死去三天，才苏醒过来，谭继洵替先生取一个字叫做复生。先生的二姊嗣淑也传染了喉疾，生命垂危。先生之母徐五缘亦被传染，遂于二月初一日卒，享年四十八岁。二姊嗣淑先母亲四日卒，伯兄嗣贻后母亲一日卒，……这一年先生亲属在京师死亡的计有六人。”[②]谭嗣同在《先妣徐夫人逸事状》中提到这次瘟疫时说，“光绪纪元二年春，京师疠疫熛起，暴死喉风者，衡宇相望。城门出丧，或哽噎不时通”，[③] 揭示出死于疫情的人数确实较多。

光绪二十六至二十八年(1900—1902 年)京师发生较为严重的疫情，与同期发生的界连数省的荒旱和八国联军的入侵有很大关系。光绪二十六年(1900年)陕西、山西、直隶等省大旱，其中，陕西“本年亢旱日久，灾区甚广，且大半连年无收，觉少盖藏，情形十分困苦”，统计饥民一百数十万。灾黎老幼逃荒求食，京师一直是外出灾民聚集之地，易于发生疫情。顺、直地方，自春入夏，降水稀少。据时任直隶总督兼北洋大臣的李鸿章奏报，“畿辅荒旱，赤地千里，民不聊生”，随之发生的瘟疫对灾区人民造成更沉重的打击。关于人口损伤情况，据《庚子记事》记载，该年“自四月以来，天气亢旱异常，京城内外，喉症、瘟疫等病相继而起，居民死者枕借”[④]。

由上，我们可以看出，疾疫对生命构成较大的威胁。虽然历史上关于疾疫的资料较为零散，记载也较为模糊，但有一点是可以肯定的，患病者的死亡率较高。由于治愈率较低，一旦社会上有人患病，周围人群十分担心自己是否会被传染，盲目与患者隔离，不敢进行正常的照顾与交流。这样，疾疫不仅直接造成人口的减损，而且还影响到人类的各种社会交往关系。鉴于近代北京地区疾疫往往与其他灾害相继发生，京师又是流动人口聚集地，疾疫对人口的打击，不仅限于北京，还影响到其他地区，尤其是京师附近。

二、民众恐慌及祈神信仰的形成

疾疫病菌的传染速度较快，如无有效救治，一经感染迅速侵及全身，短时间内大量人口暴亡。光绪二十七年(1901 年)霍乱暴发，每天有一百多人死亡，北京居民“亦不能不大为恐怖，惊慌失色”[⑤]。患者不适症状的传播，加剧了疫区的紧张状态。同治朝天花流行期间，“呻吟之声流于户外”，这对于身

① (清)郑梅涧：《重楼玉钥》，北京：中国医药科技出版社，2011 年，第 33 页。
② 杨廷福：《谭嗣同年谱》，北京：人民出版社，1957 年，第 31 页。
③ 蔡尚思、方行编：《谭嗣同全集》，北京：中华书局，1981 年，第 52 页。
④ 李文海等：《近代中国灾荒纪年》，长沙：湖南教育出版社，1990 年，第 695、664—668 页。
⑤ 张宗平、吕永和译：《清末北京志资料》，北京：北京燕山出版社，1994 年，第 462 页。

处其中的健康人群无疑在心理上产生极大的恐惧。疾病本身较强的传染性，使得疫区居民非常焦虑，担心自身健康随时会受到威胁。近代中国对疾疫的认知程度较低，缺乏有效的预防和应对措施，患者得不到相应的治疗，都加剧了人们对疾疫的恐惧程度。

民众面对疾疫的恐惧和无助，导致祈神心理。北京历史上药王庙香火很盛。在众多的药王庙中，最著名的有四座，即位于东直门内的东药王庙，位于地安门外西步量桥的西药王庙，位于安定门内之西的北药王庙和位于天坛之北的南药王庙。每年“岁之四月中旬至廿八日为药王诞辰，香火极胜。惟除夕至元旦，彻夜不断，拜庙进香者多不得入庙，于神路街外设香池数处，焚香遥拜”[①]。寺庙的建立为民众的祈祷活动提供了实现的场所，那些被传言很灵验的寺庙更是吸引着更大范围的群体前来祭拜。如良乡的石村药王庙，“凡四一在石村疾病者，祈祷有应。每年四月报赛社会极盛，远近毕来进香”[②]。

由于对疾疫缺乏科学的认识，在危机面前，民众无法准确把握发展进程，在实践中形成了迷信意识。医学知识尚未普及之前，药王或瘟神成为民众的心理寄托，他们相信神祇可以降临人间，驱赶瘟疫，带来健康和平安。于是社会群体妄图通过供奉神祇，诚心祈祷，以期避灾免疫的现象才会长期存在。如，光绪九年(1883 年)疫情期间，“比日京师坊市相率祀神过年，延僧礼忏，驱鬼送瘟，灯烛爆仗昼夜不绝，多以纸为人，具铙鼓楮钱送之城外。此汉制逐疫穿火投洛水之意也。闻一月来都城内外死者已万余人”[③]。再如，光绪二十八年(1902 年)霍乱流行期间，北京地区出现“愚民沿街遍市送瘟神，设符箓”的现象。[④] 这当然是一种封建迷信行为，也是民众无助心态的一种表现。

除建庙祭拜外，普通民众还将祈福避疫变为他们日常生活、节庆习俗中必不可少的重要活动。疾疫的盛行，对民俗信仰的形成与发展产生深远的影响。端午节是我国一个重要的传统节日，民俗活动众多，祛病除灾是重要内容之一。据张次溪编《北平岁时志》载：“五月初一日至初五日，为端阳节，又称端午，家家于门前插蒲艾，贴五雷天神符，供角黍樱桃桑椹等于佛前，亦以之相馈赠。闺人皆以绫罗巧制小虎桑椹葫芦之类，以彩线串之，悬于钗头，或系之儿背，谓可避鬼，且不病瘟，曰长命锁，一曰续命缕。又以雄黄酒书王字于小儿之额，或且涂其七孔及墙壁，谓可避毒虫。又有于是日午时，以朱墨书钟馗像，俗称朱砂判者，悬屋中，谓能驱鬼辟邪。亦有纳古墨于蟆腹，向日晒之，云其墨可疗疾，故都中有癞蛤蟆脱不过五月单五之语”[⑤]。富察敦

① 北京市东城区园林局编：《北京庙会史料》，北京：北京燕山出版社，1999 年，第 211 页。

② 周志中：《良乡县志》(卷六)，民国十三年(1924)铅印本。

③ 瞿宣颖编：《同光间燕都掌故辑略》，上海：世界书局，1936 年，第 67—68 页。

④ 《愚顽可笑》，《大公报》，1902 年 7 月 17 日。

⑤ 张次溪编：《北平岁时志》，台北：文海出版社影印本，第 113—114 页。

崇《燕京岁时记》对此也有记载："端午日用菖蒲、艾子插于门旁，以禳不祥，亦古者艾虎蒲剑之遗意。……每至端阳，闺阁中之巧者，用绫罗制成小虎及粽子、壶卢、樱桃、桑椹之类，以彩线穿之，悬于钗头，或系于小儿之背。古诗云：'玉燕钗头艾虎轻。'即此意也。……五月五日以彩丝系臂，辟鬼及兵，令人不病瘟。一名长命缕，一名续命缕。"①端午节期间，民间避疫的形式多样，目的单一，即祈福免灾。从中我们可以看出，面对疾疫时民众产生的迷信心态十分普遍。当然，随着社会的发展，科学知识的普及，民众心态也不断受到冲击。再如，在丰富的新年习俗活动中，送瘟神也是重要的一项。据《良乡县志》记载："十二月二十三日晚用糖祀灶卜吉，除夕男妇礼拜尊长，用辞旧岁，换桃符及门神贴挂前并春联迎祖先接灶君，院舍布芝麻秸爆竹送瘟……"②

瘟疫是人类社会发展的危害之一，在与疾病做斗争的过程中，逐渐形成一定的民俗信仰。同时，中国传统民俗信仰也带有瘟疫的烙印，适应了特定社会时期处于恐惧无助状态下民众的避疫心理需求。有些习俗，有助于人类社会抵御传染病。但是，民俗信仰与迷信有密切关系，很大程度上是民众对神秘力量的心理寄托，对科学认识传染病无疑具有可怕的副作用。而且，信仰的形成与变化是一个逐步的发展过程。近代科学理念已经萌芽，处于与传统思想的矛盾斗争中。只有对疾疫形成科学的认识，政府积极实施各项科学防疫举措，才能真正消除祈神信仰的根源。

三、统治者对政治生活的调试

疾疫对政治生活的影响也很大。自汉代始，包括疾疫在内的各种异常天象，被视为对统治者为政阙失的一种警示。"国家将有失道之败，而天乃先出灾害以谴告之，不知自省，又出怪异以警惧之，尚不知变，而伤败乃至。以此见天心之仁爱人君而欲止其乱也。"③灾异天谴论将灾害与政治统治紧密联系。这种传统观念影响深远，直至近代，"天变之兴，皆由人事之应，未有政事不阙于下而灾眚屡见于上者"④。

基于此，为了维护政治统治，统治者需要对自己的为政行为进行反省与调试。同治元年(1862年)京师痘疹流行，同治帝对自己为政进行自省时说："上苍垂象，变不虚生，且自上月以来，京师疫气盛行，至今未已。……天人交儆，必政令有阙所致。"为此，他诏求直言："特再行申谕中外大小臣工，务

---

① 富察敦崇：《燕京岁时记》，北京：北京古籍出版社，1981年，第66页。

② (清)《良乡县志》(卷一)，光绪十五年(1889)刻本。

③ (东汉)班固：《汉书》(卷五十六)，北京：中华书局标点本。

④ 《光绪朝东华录》，北京：中华书局，1958年，第1401页。

各斋心研虑，于朝廷政治得失之大且要者，悉矢忠赤，谠言无隐，亦毋徒以毛举细故，摭袭陈言，为虚承故事，应天以实不以文。”①纳谏是传统社会明君的一种美德。灾后，封建帝王通过求言方式，鼓励群臣对自己为政得失进行建言。同治帝这次求言还提出要对“朝廷政治得失之大且要者”进行直陈，不要列举琐碎的小事，进行纠缠。此时，清王朝已经日益衰落，社会矛盾日益激化。如能借机真正思考、解决关系国计民生的诸多问题，无疑对社会发展有益。但是近代社会千疮百孔，不是东边倒塌，便是西边剥落，道光帝所言“随时粘补修理，自然一律整齐”，② 是最高统治者的施政理念。因此，这很大程度上只是最高统治者故作姿态而已。

通过祈祷的方式，解除灾害的威胁。八国联军侵华期间，又兼旱灾，导致霍乱流行。慈禧太后所立大阿哥溥儁被派往大高殿祈祷，太仆寺卿王培佑被派往直隶邯郸县龙神庙迎请铁牌，在大光明殿供奉。③ 龙王成为这次祈祷的对象。到光绪二十八年(1902 年)，京畿一带灾情并未得到缓解，禳灾行为一直在进行。④

清理庶狱屡被实行以祛时疫。同治元年(1862 年)京师痘疹盛行，在监人犯也被传染，日有监毙。同治帝下旨清理庶狱，“以示矜恤而迓祥和”。这次因灾恤刑主要体现在两个方面。一是因灾速审。诉讼案件是封建时代官员榨取钱财的一个机会，很多无辜百姓被长期牵累其中。同治帝下旨刑部步军统领顺天府各衙门，将斩绞军统徒犯以下赶紧清厘，如有待质应讯之人，司坊各官取保后迅速传讯。二是因灾减刑。同治帝命令在京问刑各衙门实施减刑，除上年十月初九日恩诏以前军流以下各犯分别减等外，自咸丰十一年十月初九日恩诏以后至该年奉旨之日止，所拟军流以下等罪官一并分别减等。⑤

与祈祷、自谴、恤刑并行的诊治行动，也常被统治者说成是顺承天意之举。大疫流行时，统治者看到疫情极为严重，拨付一定经费，为京师贫民诊治，并督促五城御史认真查办。如光绪二十八年(1902 年)五月，清廷发款一万两为京师贫民治病。⑥

疾疫发生后，统治者对自己的为政行为进行反省，并设局施药医治贫困患者，这是政府调试功能的重要体现。政治腐败是王朝更替的根本原因，而灾害是引发王朝更替的导火索。历史上的农民起义无一不以灾荒为背景，近代太平天国起义更是如此。有鉴于此，统治者于大疫时期，往往运用政府行

① 《清穆宗实录》(卷三十五，同治元年七月戊申)，北京：中华书局，1987 年。

② 张集馨：《道咸宦海见闻录》，北京：中华书局，1981 年，第 89 页。

③ 《清德宗实录》(卷四百六十四，光绪二十六年五月丙辰)，北京：中华书局，1987 年。

④ 《依然守旧》，《大公报》，1902 年 7 月 11 日。

⑤ 《清穆宗实录》(卷三十六，同治元年八月壬子)，北京：中华书局，1987 年。

⑥ 《清德宗实录》(卷四百九十九，光绪二十八年五月戊寅)，北京：中华书局，1987 年。

政职能对影响社会秩序的行为进行调试，以期维护政治统治的正常进行。

四、疾疫与医学的回应和城市公共卫生的发展

疾疫给人类带来了恐惧，同时在客观上也增强了社会应对疾病的危机意识，切实促进了预防传染病医学机构的建设与发展。在应对疾疫方面，隔离是一种重要举措。为切断传播途径，清初规定：“凡民间出痘者，移之四十里外，防传染也。”[①]在对疾疫发生的病因及病理缺乏充分认识的情况下，隔离之举不失为一种避免疾病蔓延的有效措施。

近代北京地区医院的建立为预防传染病增强了又一道有力防线。光绪三十二年(1906 年)，民政部尚书善耆奏请于东城钱粮胡同成立内城官医院，于宣武门外梁家园设立外城官医院。院均分为中医、西医两部。内外城医院为官立性质，设总理一人，管理员一人，稽查员一人，医长一人，医官八人。[②]宣统二年(1910 年)，改归内外城巡警厅管辖，以卫生处佥事兼领院长。1912 年，京师市政公所成立，由市政督办朱启钤筹款，在香厂建筑楼房，设立仁民医院，归市政公所直辖，后因经费不足停办。1913 年，由京师警察厅呈准，将外城官医院移入仁民医院旧址办公。[③]

近代北京地区还出现了专门的传染病医院。东三省鼠疫后，清政府在沈阳召开了由伍连德主持的万国防疫会。借鉴各国首都建立传染病医院的经验，曾设内外城临时防疫处，并于 1915 年成立传染病医院。医院分四个科室，分别负责诊断、预防、检查和消毒。不久又添设研究部，召集医学专家配合本院研究传染病发生原理，并着手研制痘苗及各种血清疫苗。研究室除制造预防疫苗外，还招收讲习生，向他们传授细菌学、传染病学、热带病学、免疫学等，以期日后进一步传播普及传染病知识。1917—1918 年，绥远发生鼠疫，各地加强检验防卫工作，京师警察厅除拨款五千元赴各地采购消毒检查所需药品器械外，还筹款五千元在传染病医院附设京都临时防疫处。除传染病医院现有医护人员外，还临时聘请医员三人、药剂师一人、看护四人及消毒人员若干，并视疫情消长，事务繁简，酌量增减。以上临时聘雇人员，防疫事毕，即予撤销。[④]

城市公共卫生的建设和改造是预防传染病发生的有效途径。在人口聚集的大城市，生活垃圾是影响环境卫生的重要因素。为维持户外清洁，光绪三十四年(1908 年)，民政部颁布《预防时疫清洁规则》规定，街巷不得堆积污秽、

---

① (清)吴振棫：《养吉斋丛录》(卷 25)，北京：中华书局，2005 年。

② 田涛整理：《清末北京城市管理法规》，北京：北京燕山出版社，1997 年，第 103、75—78 页。

③ 吴廷燮：《北京市志稿》(卷八，卫生三)，北京：北京燕山出版社，1998 年。

④ 京都市政公所编：《京都市政汇览》，京都市政公所，1919 年，第 217 页。

煤炭，不得倾倒泔水及一切垃圾。对于固体废物，普通住户于门外放一个带盖子的污秽物容器，商铺于室内放置。每日由官设土车拉运，弃于僻静处所。凡泔水、洗涤器物水及其他污水，均须排泄于沟渠。沟渠不准倾倒灰土粪便及动物皮毛内脏骨头及尸体等。沟眼出现臭味及开沟时，须以氯气、灰松脂或石灰进行消毒。关于粪便处理，规则例禁陋习，厕所须每天打扫一次，不可任意漫溢。装运粪溺容器必须保证坚固，并覆盖密闭。粪车不得停留街市。①

自来水与北京城市公共卫生的近代化有密切关系。光绪三十四年(1908年)，农工商部溥颋等《奏请筹办京师自来水调员董理以资提倡》折，提出京师自来水一事，于卫生、消防关系最要。② 随后，拟定大概章程，招商集股，官督商办，定名为京师自来水有限公司，一切按照商业规定办理。公司专招华股，以洋银三百万元为额，分为三十万股，每股十元。开招股本，必须有殷实商号代为经理。直隶天津银号信用素著，在股本未齐以前，由该银号先行垫款。鉴于京师自来水事关北京地区卫生、消防，自来水公司呈文直隶总督统筹兼顾，每年筹拨官款银十五万两，预存银号以为保息之用，以昭信用。为减轻成本，依照铁路材料免税成案，公司申请购运材料、机器，经过崇文门关时一律免税。近代教育培育出的科技人才对自来水公司事业的起步起了推动作用。第二年，自来水公司聘请高等学堂化学系毕业生，时在教育品制造所工作的刘恩延，专门负责化验。从初步筹划，至刊登广告售水，短短两年多，北京地区开始饮用经过净化的自来水。虽然，在近代北京地区的水源供应中，水井尚未退出历史舞台，但自来水的地位越来越重要，居民的饮水卫生意识也日益提高，对于预防传染病的发生具有积极意义。

当然，近代北京在医学普及方面还存在局限性。以种痘为例，据调查，1926年北平郊外乡村中小孩因病死亡的原因不十分清楚，“但其中大部分的病症是能预防或治疗的，比如种牛痘就可以避免出天花的危险，本是很容易作到的事，可是直到现在村民仍有不少未种牛痘的。在调查的三八七人中已种牛痘者计三六一人，未种尚有二六人”③。在城市公共卫生建设方面，政府仍处于一个倡导的层面，尚未有效实施。北京地区排污系统并不完善，时人曾对此进行揭露：“雨则泥泞没胫，风则尘沙扑面，隙地则渣滓充盈，不将扫除之法，沟浍则污泥淤塞，不知疏浚之方。至若污暗水沟，不惟设备不良，且有梗塞不通之患。一经大雨，满地横流，而城内之水无从宣泄，恒以前门为尾

① 田涛整理：《清末北京城市管理法规》，北京：北京燕山出版社，1997年，第103、75—78页。

② 北京市档案馆等编：《北京自来水公司档案史料》，北京：北京燕山出版社，1986年第1期。

③ 李景汉：《北平郊外之乡村家庭》，上海：商务印书馆，1933年，第95—96页。

间，有水深至一二尺者。”[①]只有改善城市公共卫生，消除病菌滋生的环境，才能真正做到防患于未然。

（作者：张艳丽　北京市社会科学院副研究员）

① 吴德亮：《都市之卫生》，《大中华》，1915 年第 10 期。

项目名称：移民影响下北京多元文化形成的历史机理及对建设世界城市的启示
项目编号：11LSC020
项目负责人：李青淼
项目信誉保证单位：首都经济贸易大学

北京市域传统民居空间分异初探

以四合院为代表的北京民居是我国城市建设的瑰宝。这种建筑形式，较好地体现了北京本地的自然环境、历史文化和大众心理等方面的特征，是北京的符号。然而，学界通常关注的北京四合院，只是北京旧城(严格说，只是旧城中的内城)范围内的一种民居形式，这种民居形式与其他地区的民居相比，差别最大，具有最典型的京味特征，因此成为北京民居的代表。但另一方面，以这种形式来概括今天北京行政辖区内所有的民居也是不合适的。北京的区划范围，并不以民居建筑类型分布为准。在北京1.6万多平方公里的土地上，还分布着各式各样的民居，其中很多是上述典型北京四合院与周边地区民居的过渡类型。

一、研究回顾

以往学界有关北京传统民居的研究，切入点是上述北京典型四合院。最早系统注意到市域内民居空间差异的是邓云乡先生，他在《北京四合院》一书中，引用了《天咫偶闻》的记载，探讨了内外城之间四合院的差别。①从20世纪90年代开始，北京民居的研究热点逐步从旧城内波及京郊，尤其是西山一带的古村落，这里交通不便，受现代化冲击小，故保留了大量古民居，② 其中又以门头沟区斋堂镇爨底下村为代表。③ 21世纪以来出版的一系列北京民居的著作，对京郊民居个案关注增多，如顾军先生对近郊三家店、石门营等地

① 邓云乡：《北京四合院》，北京：人民日报出版社，1990年，第16页。

② 孙克勤：《京西古村落地域文化考察》，《中国地方志》，2008年第7期，第54—58页。

③ 业祖润、欧阳文、林川：《北京爨底下古山村环境与山地四合院民居探析》，《古建园林技术》，1999年第2期，第31—38页。

欧阳文：《北方山地合院式民居空间特征研究——以北京爨底山古村落为例》，《华中建筑》，2002年第3期，第72—76页。

民居的介绍，[①] 高巍先生对通惠河畔、爨底下村等处民居的介绍等，[②] 这些个案与内城四合院已有显著差异。在此基础上，业祖润先生等也尝试总结了京郊村落民居的类型和特征。[③] 还有一些人文地理学者如尹钧科先生从建筑形态出发，将北京郊区村落划分为四种类型。[④] 本文就是在前人研究的基础上，结合多年走访城乡获得的资料，对北京传统民居分异现象做一个简要总结，并探讨其分异原因。

二、研究对象与范围

本文的研究对象是传统民居，关注的内容包罗万象。我们在研究中发现，从宏观的庭院组合形式，到中观的庭院中各房屋之间的位置关系、房屋间数，乃至微观的建筑细作、材料选择、外观色彩等，各项内容间往往是彼此联系、环环相扣的，所以，研究中这些内容我们均有涉猎。此外，更宏观的城市街巷布局、村落布局也影响到庭院格局，故也列为研究内容。

本研究所谓的传统民居，主要指改革开放前建造的抬梁式房屋，这是相对于20世纪80年代起大量出现的“硬梢搁檩式”房屋而言的。前者主要靠柱、梁承重，墙体不承担屋面重量；后者则山墙、屋内部分隔断墙参与了承重作用。

本文的研究范围是北京市域十六个区县所涵盖的城市、市镇街区以及村落，由于时间有限，虽然团队走访了更多的街区、村落，但为研究方便，还是在各区域中选择了一些有代表性的样本，这些样本分布于不同的地貌形态及水系范围，距离市中心有近有远，并属于不同等级的聚落形式——如中心城区、中心城近郊区、县城、城镇、村落等。

三、传统民居空间分异现象

结合样本，本研究从七个方面归纳了北京市域内各地传统民居的不同表现形式，参见文后表1。

从表1所列内容，我们可以初步总结出市域传统民居空间分异的三个特征：第一，从内城到外城，再到近郊，及至远郊，距市中心越远，庭院格局大体越趋于简单，如多进向单进过渡，四合向三合、二合乃至排房过渡：内城不仅三进以上的院落比重较高，还会出现横向拓展的多路院落；外城、近郊以一进、二进院落较为普遍，一进院落仍以四合形式为主；远郊多数地区

---

① 顾军：《北京的四合院与名人故居》，北京：光明日报出版社，2004年。

② 高巍：《四合院》，北京：学苑出版社，2007年。

③ 业祖润：《北京民居》，北京：中国建筑工业出版社，2010年。

④ 尹钧科：《北京郊区村落发展史》，北京：北京大学出版社，2001年，第342—353页。

以一进院为主，三合院、二合院甚至排房的形式较为普遍。第二，不同地貌形式会影响到不同地区民居建筑材料的使用，以屋面为例，石板瓦或以石板瓦为底瓦的屋面在西山山区及山前地带非常普遍，据实地走访，其东线可达海淀镇、八宝山、王佐、长阳、良乡一线；而平顶覆泥房大致在永定河的沙质决口扇覆盖地区，东线基本不过长子营、采育。第三，有些分异现象难以用上述两类特征加以解释，如延怀盆地地处军都山山区，可院落格局却与怀柔、密云差别很大，反而与西山的门头沟相似，在没有找到合理的空间解说前，我们姑且认为此乃二者同属永定河水系所致。毕竟在古代，山区交通主要凭借水路，因此容易造成同一流域、水系内部文化习俗更为接近的情况。

四、传统民居空间分异原因

为什么即便在北京市域范围内，民居的空间差异依然会存在？本文经过研究发现，这是时空综合作用的产物。这一部分将从六个方面对分异原因进行探讨，前五个方面主要从空间角度展开讨论，第六个方面则加入时间角度的分析。

（一）自然环境因素

北京是华北平原、黄土高原和内蒙古高原三大地貌单元的交汇地，集中了平原、山地、盆地等多种地貌类型，加上各处局地小气候、地质、土壤、水文、植被的不同，这些都成为影响北京民居分异的因素。相比于现代化住宅的千篇一律，传统民居的地方性更加突出，这说明自然环境对传统民居的影响更为深刻。从聚落布局看，尹钧科先生曾总结出北京郊区四种不同的村落格局，[①] 由于自然条件不同（包括平原区、浅山区、深山区），导致农业生产条件（即耕作方式、耕作半径等）各异，而这种生产条件的差异会影响到生活空间上，于是村落会呈现出团聚、散列、团聚—散列、带状等分布方式。[②] 从庭院组合方式看，平原地区用地宽裕，道路规整，建造多进、多路院落在技术上无太大限制，也容易形成正南正北的坐向格局；而在山区，用地相对紧张，单进院落更受到青睐，庭院朝向也要依山就势。从单体建筑看，在延庆榆林堡出现一面坡建筑，系因康庄地处军都山背风坡，年降水量不足400mm，是市域内年降水最少的地区之一，故容易出现西北干旱、半干旱地区的屋顶形式。从建筑材料看，石板瓦屋面主要出现在西山及西山山前地区，这里广泛分布中生界的砂页岩，而构成石板瓦屋面的板岩，就是页岩经过轻微变质作用后而成的浅变质岩；平顶覆泥房主要分布在京南平原大兴区境内，历史上这里是永定河多次泛滥改道的地区，由于河水携带泥沙较多，泥沙冲出河

① 尹钧科：《北京郊区村落发展史》，北京：北京大学出版社，2001年，第342页。
② 金其铭：《中国农村聚落地理》，南京：江苏科学技术出版社，1989年，第183页。

道形成扇状堆积体，即决口扇，日久年深，会沿不同古河道形成数条沙带，沙地在盛行风的吹扬下又形成沙丘，于是成为当地建造房顶的主要材料之一；除此以外，在乡村地区，近山的村庄墙体多用毛石垒砌，近宽阔河谷的村庄墙体多用鹅卵石砌筑，这些都是不同自然环境下就地取材的结果。

(二)等级规制因素

明嘉靖起，北京城便有内外之分，清代满汉分城而治，内外城居民既体现出民族的差异，也体现出阶层的差异，即内城多皇亲国戚、贵族大臣，社会地位高，外城多普通百姓，偶有汉族大臣，以及商业、手工业者，社会地位较低，所以，内外城宅院在表现形式上会有一定差别，如院落组织形式、大门、屋面、游廊设置等。[①] 特别是二门的设置，内城远较外城普遍，这是因为二门的作用主要在于分割内外宅，封建时代讲究内外有别，内宅轻易不许外人或家中男仆进入，由于内城户主社会地位相对较高，家中往往豢养许多仆人，所以设置二门很有必要；而外城居民大多社会地位一般，家佣不过一两名，没有太多区分内外宅的需求，因此外城院落中的二门并不多见。等级差异在郊区村落中也有体现，延庆榆林堡村很多房屋为筒瓦屋面，正房多七檩进深，屋脊加设陡板，类同大脊，规制明显高出一般村落，这是因为古代榆林堡为国家重要驿站，八国联军入侵京城，慈禧仓皇西逃时也曾驻跸于此，故导致其建筑规制较高。另外，民居的一些发展变化也可用等级概念加以解释，此即文化地理学上的“等级扩散”现象。如西洋门做法于康熙年间传入中国，[②] 清末在北京蔚然成风，但该风气主要集中于旧城内，到近郊以及通州县城就较为少见了，农村则基本没有这种形式。又如传统四合院院落中种植花草，绝不铺设草坪，而今天幸存下来的一些旧城四合院多铺设草坪，这也是西化的结果，这种现象在郊区和农村是看不到的。除上述两点外，如屋内设炕，裱糊顶棚、糊墙、糊窗户等旧俗，今天在旧城内绝难看到，只能到农村、特别是远郊村落中去寻找。这反映了文化的递嬗，一般都是从内外城开始，而后波及近郊，最后影响到远郊；而传统文化的因素则恰好反之，以远郊村落中保留最多。

(三)聚落(住宅)功能因素

北京的郊区，平原多团聚型村落，山区多散列型村落，这与当地生产条件有关，但在北京近郊，村落却兼具团聚与散列特征，单从自然环境难以理解，尹钧科先生曾从聚落用途角度加以解释，认为明清近郊农民除耕种粮食作物外，也经营包括果园、菜地、牧场、苗圃在内的经济作物，以蔬菜种植

---

① 李青淼、韩茂莉：《北京内外城四合院布局差异原因探察》，《城市问题》，2007 年第 5 期，第 37—40 页。

② 王彬、徐秀珊：《北京老宅门》，北京：团结出版社，2002 年，第 71 页。

为例，由于需要精耕细作，农户住地不能离菜田过远，这导致村舍布局必然分散，也就是说，土地利用方式的多元化，决定了近郊村居布局呈现多样性。[①] 除此以外，大兴区青云店、长子营、采育等镇沿凤河两岸形成条带状村落，也与当地村民早年主要依靠凤河养殖水禽，供给皇家蕃育署有关。[②] 在外城，有些民居规制明显偏高，是因为这里清代曾为会馆，会馆与外城普通民居有一定差异，如占地规模较大，一般为多进、多路院落，大门多占一整间屋宇等，这些特征反而更接近内城四合院。此外，有的会馆门台与地面齐高，以方便车马进出，还有些会馆的建筑设计会带有一定的客籍风格。

（四）外来文化因素

北京自古就是一座移民城市，加之其处于不同地理单元交汇处，许多邻近区域的文化现象均可在此得到体现，包括民居。北京外城经常看到面宽三间口、四间口的院落，正房仅三间，厢房前檐墙不再正对正房山墙，而只对应正房次间的中部，甚至正房明间与次间中的檐柱；有时正房前檐墙距厢房山墙很近，即厢房会部分遮挡正房次间的光线，中间围合的院落也不再像内城那样方正，而更显得狭长。上述两点，很具有山西民居的特征，根据作者走访，这类院落的形成恰与晚清迁入的山西移民有关。[③] 类似院落在门头沟、房山山区也很常见，这与学界中当地多户人家早年来自山西的观点[④]是相互印证的。在怀柔最北的喇叭沟门满族乡，民居具有明显的满族特色，如砖砌坐地烟囱外置、窗户上下分扇等，而且这一习俗传入当地后，似乎并不只是满族人才独享，汉族的房屋也普遍照搬。

（五）城市建设因素

内外城之间城市街巷肌理不同，也对民居差异产生了重要影响。如两条相邻胡同间距不同，可影响到院落进深的大小，内城多进院比例高，这与内城胡同间距较大是有关的。又如，内城胡同多东西向，故院落轴线多垂直于胡同方向，大门一般开在倒座房一隅，成屋宇型大门；外城不少胡同南北向，故院落轴线多平行于胡同方向，大门一般设在倒座房山墙与厢房后檐墙间的院墙上，成为墙垣门形式。[⑤] 此外，对于北京四合院的大门，按照后天八卦中巽位和乾位是吉位的理念，一般开在东南角或西北角，但有些地方也有特例，如东城区新鲜胡同，向西通南小街，向东通东城根，北京城墙未拆时，从新

---

① 尹钧科：《北京郊区村落发展史》，北京：北京大学出版社，2001 年，第 351—352 页。

② 尹钧科：《北京郊区村落发展史》，北京：北京大学出版社，2001 年，第 353 页。

③ 李青淼、韩茂莉：《北京内外城四合院布局差异原因探察》，《城市问题》，2007 年第 5 期，第 37—40 页。

④ 尹钧科：《北京郊区村落发展史》，北京：北京大学出版社，2001 年，第 349 页。

⑤ 李青淼、韩茂莉：《北京内外城四合院布局差异原因探察》，《城市问题》，2007 年第 5 期，第 37—40 页。

鲜胡同向东走到城墙，无法直接出城，且东城根交通偏僻不便，故新鲜胡同主体交通流是向西到南小街，再折向南或向北，这样一来，对于胡同北侧的庭院，倘若大门还开在东南，那么院中居民每次进出院门，都要多绕自家南墙，颇为不便，于是新鲜胡同北侧很多院落将大门开在倒座房西侧。① 不仅新鲜胡同如此，南小街以东许多与新鲜胡同平行的胡同，如老君堂胡同、竹竿巷胡同、八大人胡同、大方家胡同等，均采用这种变式。显然，这种变式不能完全用风水来解释，而是与城市建设密切相关。

(六)建筑周期因素

为什么内外城、近郊多一进乃至数进四合院，到了平原郊区、西部山区便多一进形式的三合院、二合院，而北部山区却多排房？王鲁民先生论述北京合院发展历程的思路给了我们启示。王先生指出，北京城内的合院形式雏形于明初，定型于清代中前期，流布于清末。根据乾隆《京城全图》的记载，直到清代中叶，真正意义上的合院式院落在京城内仅一成多，多数院落为非对称院落(包括本文的二合院形式)或仅仅就是墙院(即本文的排房形式)。墙院之所以逐步过渡到合院，主要是清末“内满外汉”限定的解除，民国人口的增加以及传统礼制秩序的崩溃等原因所致。② 本文认为，王先生的这一观点对北京城如是，对周边的聚落亦如是。根据我们调查发现，凡呈现四合形式的传统庭院，其形成的历史周期往往较长，内外城姑且不论，以通州县城和西山的四合院为例，其正房建造在百年以上者比比皆是，想必这些院落在初建时，也是以排房为主，后来由于人口繁衍且用地有限，只能“内部挖潜”，由排房发展成为二合、三合乃至四合的院落；相比之下，今存平原郊区的传统住宅建造年代稍晚，故而到今天多只发展到二合院或三合院的阶段。而北部燕山一线今存的抬梁式房屋年代早者不过形成于日伪时期，年代晚者甚至形成于“文化大革命”时期，在此之前，茅草房是此地民居的一种普遍形式，由于形成期较短，至今仍为排房形式，最多在正房前左右两侧的厢房位置建造一些畜舍、储物间而已。也就是说，每个地方的民居空间组织形式都有其一套历史发展周期，各地民居所处的发展阶段不同，于是从某一个时间截面上看，会呈现出不同阶段所独有的形式与特色。

五、总结与启示

北京市域的传统民居大到庭院格局，小到建筑细作，各地之间有所差异，体现了一定的地方性特征。同时，这种分异是多层次的，是时空交互作用的

---

① 邓云乡：《北京四合院》，北京：人民日报出版社，1990 年，第 30 页。

② 王鲁民、宋鸣笛：《合院住宅在北京的使用与流布——从乾隆〈京城全图〉说起》，《南方建筑》，2012 年第 1 期，第 80—84 页。

产物。从空间上看，这种差异不仅体现在内城、外城、近郊、远郊等距市中心远近不同的地区，也体现在不同的地貌单元或不同的水系流域中。究其分异原因，则以空间上的原因为主，时间上的原因为辅：空间上的原因又分为自然环境因素与人文历史因素，后者可细分为等级规制、聚落功能、外来文化、城市建设四个影响方面；时间上的原因主要指各地民居的发展阶段不同，因此今天会呈现出不同阶段的特征。

我们所做的工作对今天的传统民居保护是有所启示的。第一，研究显示，对北京市域尚存的传统民居进行系统普查已迫在眉睫。这一建议多年前曾被提出，[①] 可惜一直没能付诸实施。我们的建议是，普查可以区县为单位进行，但为便于资料比对，普查标准应由市里统一规定，普查人员也宜做统一培训。第二，传统民居保护和修复中要注意其地方性问题。内城四合院虽是北京民居的一种典型形式，但却并非市域内"放之四海皆准"的标杆，不可随意复制于北京其他地方，每一地的民居都有当地特色，这是受当地环境、文化、社会发展影响的。比如旧城改造中，将原先外城四合院的规制无限提升，或在一些农村民俗游项目中，投资者建造出与当地民居风格截然不同的四合院，这些做法都是不可取的。第三，民居保护既要注意空间上的差异，也要注重时间上的差异。前面总结到，民居分异是时空综合作用的产物，时间上的差异会影响空间上的分异，因此，对不同时段风格的民居都要保护一些。以往的民居保护，重视新中国成立前甚至晚清以前的建筑，而对 20 世纪 50—80 年代建造的民居关注不够，建议今后对新中国成立以来陆续建造的有代表性的民居也要适当保留一些。第四，民居保护要和地方特色文化保护结合起来。要注重保护文化的整体性，民居保护要上升到街区、村落保护。特别要尽力留下那些世代在当地居住的居民，他们才是当地文化的主体和诠释者。第五，民居保护要和民生问题结合起来。传统民居要保护，居民生活水平也要提高。在不破坏民居整体风格的基础上，可以适当考虑丰富民居使用功能。要加快传统民居(特别是农村旧宅)内部水电改造，完善配套的硬件设施。第六，民居保护要和生态环境保护结合起来。中国的传统民居建设最讲究"人地和谐"，尽管过去这些老房子在与地方生态环境共生上做得相对较好，但随着人口的增加，现代化的推进，再以旧时的理念和方式去运营那些尚未拆改的旧居，则反而是对生态环境的破坏，这也是新式住宅能够取代传统民居的原因所在。所以，传统民居虽然要保留，但在经营理念和管理方法上要顺乎时代潮流，尽量降低对周边自然资源的索取和对生态景观的破坏。

---

① 孔繁峙：《北京传统四合院、胡同历史文化价值的发掘与保护》，《北京规划建设》，2005 年第 4 期，第 10—11 页。

表1 北京市域各地传统民居空间分异特征一览表

样本	样本地理属性	1. 村落、街区整体格局	2. 庭院组合形式	3. 各房屋间数、正房与厢房之关系	4. 大门位置及形式	5. 屋面、屋脊形式	6. 建筑细作、建筑材料、外观色彩	7. 房屋保护现状
朝阳门、建国门街道部分胡同(北至礼士胡同,南到外交部街)	市区,原旧城之内城,平原,北运河水系	胡同多东西向延展,庭院位于胡同南北两侧	二进、三进院为主,三进以上院落比例较其他地区高。三进院以"一进倒座房—二进正、厢房—三进后罩房"形式最普遍	正房以三间为主,常形成"三正两耳"或"三正四耳"格局。厢房一般也是三间,厢房前檐墙一般对应正房山墙,院落方正宽敞	胡同路南院落大门多开东南角,路北西北角,偶有特例。屋宇门房高、进深大于倒座房	以合瓦屋面为主,较高等级府邸有筒瓦屋面,箍头脊房屋居多,清水脊一般用于大门或垂花门	许多墀头墙盘头部分讲究,戗檐、拔檐、直檐有雕刻,有些在直檐下雕有垫花。带垂花门、抄手游廊的院落不少。青砖、红砖为主	私搭乱建现象非常严重
前门街道部分胡同(长巷头条—草厂十条)	市区,原旧城之外城,平原,北运河水系	胡同多南北向延展,庭院位于胡同东西两侧	普通民居以一进、二进为主,会馆规制略高。二进院中,一般以"一进倒座、正房、厢房—二进正房、厢房"形式较普遍	院落面宽较内城小,此时两厢进深较小,俗称"入浅",或两厢前檐墙不再对应正房山墙,而对应正房明间与次间之中的檐柱,或对应次间正中,院落显得狭长。耳房较少出现	胡同多南北向,故倒座房山墙与厢房后檐墙之间的墙垣门较常见,屋宇门体量较内城小,多小大门	合瓦屋面为主,筒瓦屋面较少见,箍头脊居多	一些墀头墙盘头部分选择素做,较少出现二门、抄手游廊,房屋带外廊的情况也少见。墙体色彩与内城相仿,以青砖为主,新近翻修者以红砖为主	私搭乱建现象严重

续表

样本	样本地理属性	1. 村落、街区整体格局	2. 庭院组合形式	3. 各房屋间数、正房与厢房之关系	4. 大门位置及形式	5. 屋面、屋脊形式	6. 建筑细作、建筑材料、外观色彩	7. 房屋保护现状
石景山模式口、门头沟三家店	近郊，平原，前者北运河水系，后者永定河水系	主要街道东西或西北—东南走向，庭院位于街道两侧	模式口以二进院为主，房屋多十六间，即倒座四间，大门一间，二进院正房五间，两厢各三间；三家店以二进院为主，房屋多二十间，即一进两厢各多两间厢耳	正房多五间，厢房后檐墙一般对应正房、倒座房山墙，前檐墙一般在正房次间正中	大门多开在东南一间（街北）或西北一间（街南），但也有开在正中一间者。大门一般与倒座房通体屋面	多棋盘心屋面，但底瓦为石板瓦，盖瓦为板瓦。正房、倒座房以清水脊居多，厢房、厢耳房以过陇脊居多	模式口墀头墙盘头部分多素做，三家店稍讲究。青砖、红砖为主，梁柱一般为原木颜色，不上色漆	私搭乱建现象严重
通州县城南大街部分胡同	郊区县城，平原，北运河水系	南大街南北向，两侧胡同东西向，庭院位于胡同南北两侧	以一进为主，四合形式，少数二进院，二进院者多以前院正房的明间为过厅	正房多五间或三间，五间者多“四破五”形式，厢房多三间，也有两间情况，厢房前檐墙一般对应正房次间正中	大门多屋宇形式，开在东南一间（街北）或西北一间（街南），也有在相同位置开墙垣门者	多合瓦屋面，也有干搓瓦屋面。屋脊多过陇形式，但两侧不做箍头脊，除此也有小脊子，清水脊较少	墀头墙盘头部分多简省，如缺两层拔檐、炉口等。倒座房多六檩“撅尾巴”房形式。青砖为主，新近翻修者以红砖为主	私搭乱建现象较为严重
大兴研阀村	郊区村落，平原，永定河水系	村落方整，街巷笔直	以一进合院为主，也有少数排房。一进院以二合为主，也有三合院。二合院以坐北向南正房和西厢房围合为主	正房以五间、七间为主，七间者尽间多为半间，形成“六破七”形式，厢房一般三间，也有两间的情况。厢房后檐墙对正房的山墙，前檐墙一般对次间和梢间之间的檐柱	村主街东西走向，支巷南北走向，大门一般开在东院墙或西院墙南端，一般做成门楼或只立墙垛	旧宅多为平顶覆泥结构	墀头墙多素做，戗檐扁长，一般只有两砖厚。五间正房者，梢间的槛墙以上，里侧三分之二是窗户，外侧三分之一是檐墙，颇有特色	房屋有一定闲置

续表

样本	样本地理属性	1. 村落、街区整体格局	2. 庭院组合形式	3. 各房屋间数、正房与厢房之关系	4. 大门位置及形式	5. 屋面、屋脊形式	6. 建筑细作、建筑材料、外观色彩	7. 房屋保护现状
门头沟碣石村、跃进村，房山水峪村	远郊村落，西山山地，前二者永定河水系，后者大清河水系	村内主要道路依山就势，庭院坐向多样，但以坐南向北居多	碣石、跃进村基本均为一进院，水峪村一进院为主，但多进院比重稍高。一进院以三合院形式最常见，也有部分四合院，或一正一厢式二合院，排房较少	三合院一般一正两厢，但碣石村也有缺一厢的情况。正房一般三间或五间，个别有四间的情况，系三间旁续盖一间，厢房一般两间，水峪村正房五间时，厢房多三间。正、厢间距离紧凑，类同于外城	水峪村屋宇门较多，且开在中路者不少；碣石、跃进村多墙垣门，有时倒座房旁也设墙垣门，而非屋宇门	多棋盘心屋面，底瓦多石板瓦，碣石村也有合瓦、干搓瓦屋面，底瓦为板瓦，水峪村有石板瓦屋面。清水脊居多，也有小脊子，部分厢房过陇脊	墙体多为毛石砌，但表面被抹上泥、灰，近来也抹水泥，一般只有墀头墙部分采用砖砌，但多为素做，水峪村个别讲究的盘头有雕花，戗檐一般扁长。	房屋有一定闲置
昌平德陵、永陵、长陵、献陵等村	远郊村落，军都山山前平原，北运河水系	旧村分布在监墙以内，院落、建筑基本与监门保持一致或90°的坐向	以一进院为主，所谓的二进院只是简单加一个二门，一进无倒座房，更无厢房，有时只安排一些畜舍。主院中以二合形式为主，也有三合形式，还有个别排房	院落多坐北朝南，正房为北房，一般三或四间，东、西厢房多两间，二合院一般缺东厢房，多不建耳房，或只有一侧建一间耳房。今五间者多是在三、四间的基础上续建	院墙简单，多以监墙砖围合，或以毛石堆砌，高在1米左右，大门一般是院墙留一豁口，讲究点的立墙垛	屋面干搓瓦居多，近山处施以盖瓦。多清水脊，但一般尽头无蝎子尾	墙体多为监墙砖砌就，表层抹泥，或监砖裸露，此为“文革”后所改；也有毛石砌就者，用白灰浆填缝。由于监墙砖较厚，盘头部分略显粗犷，拔檐一般一层，或缺失	房屋有一定闲置

续表

样本	样本地理属性	1. 村落、街区整体格局	2. 庭院组合形式	3. 各房屋间数、正房与厢房之关系	4. 大门位置及形式	5. 屋面、屋脊形式	6. 建筑细作、建筑材料、外观色彩	7. 房屋保护现状
怀柔帽山、头道穴、西府营村，密云古北口镇，河西村，二道沟村	远郊城镇、村落，军都山山地，潮白河水系	村落一般沿河谷展开，房屋院落多坐北朝南	基本以排房为主	排房多坐北朝南，一般最少为三间，有在三间基础上续盖一间或两间成四间或五间者，五间者居多，少数在排房一侧盖有耳房	院墙简单，多以毛石堆砌，高 1 米多，大门一般是院墙留一豁口，讲究点的立墙垛	常见干搓瓦屋面，近山处施以三陇或两陇盖瓦，底瓦、盖瓦均为板瓦。屋脊多为清水脊，也有小脊子	满族民居多有外置砖砌坐地烟囱，但有外置烟囱者并不限于满族住户。盘头多素做，或戗檐表面抹白灰，上绘以图画	房屋闲置严重
延庆永宁镇、榆林堡村	远郊城镇、村落，延怀盆地，永定河水系	永宁镇南街南北向，榆林堡主街东西向展开	以一进或二进合院为主，前后院多以正房中的过厅相连，过厅多设在梢间	正房开间较多，多五间，最低也是“四破五”形式，厢房以三间居多，也有两间形式。厢房前檐墙对正房次间中部	多屋宇型大门，占半间或一间，永宁也有倒座房旁设墙垣门	永宁屋面多干搓瓦，榆林堡屋面多筒瓦。屋脊多清水脊，也有小脊子	永宁墙体多青砖砌，榆林堡有墙体毛石铺砌，石间灌浆。盘头多素做，少数有雕花	房屋有一定闲置

（作者：李青淼　首都经济贸易大学讲师）

项目名称：清代北京地区粮价波动与社会应对
项目编号：12LSC014
项目负责人：李　军
项目信誉保证单位：中国农业大学

试论清朝政府应对首都粮价波动的制度与政策

一、引　言

研究清代粮价不仅在学术史上有着重要意义，而且具有较强的现实价值。一方面，考察经济生活状况，物价研究是一个重要的指标。价格是商品价值的货币表现，它的升降往往能直接反映社会生产的规模、劳动效率以及商品经济的发达程度。而粮食价格，主要是谷米价格，是中国历代史乘中唯一的有变必书的价格。谷米价格从某种程度上讲，是社会政治面貌、经济面貌的集中体现，是社会生产、流通、消费状况的集中反映。另一方面，清代是连接中国古代与现代的朝代，"对于当代社会有着直接的影响，我们在当代所面临的许多重大问题，如经济建设、政治改革、文化发展、中外交往、人口、宗教、民族、边疆、生态、城市化、地区发展不均衡等问题，都要追溯到清代才能了解其缘由"①。

清代粮价研究的学术史可大致划分为三个阶段：第一阶段，20 世纪 30 年代，汤向龙等一批学者对清代历史档案中道光朝至宣统朝的粮价资料的系统整理，侧重于对已有史料的摘录。第二阶段，20 世纪五六十年代之后，中国台湾学者全汉昇、王业键、陈仁义、黄国枢、黄莹珏等，美国学者李明珠(Lillian M. Li)、王国斌(R. Bin Wong)、濮德培(Peter C. Perdue)、马立博(Robert B. Marks)薛华(Carol H. Shiue)等，日本学者岸本美绪、安部健夫以及中国大陆学者吴承明、陈春声、陈支平等应用计量经济学研究方法，如价格相关分析、价格差相关分析、价格方差相关分析以及离散性相关分析对清代粮价进行了研究。第三个阶段，2000 年以来，随着《清代道光至宣统间粮价表》的整理出版、"清代粮价资料库"的建立，以及《康熙朝雨雪粮价史料》的出版，国内外开始对清代粮食价格研究予以了特别的关注，代表性的是彭凯

---

① 戴逸：《从大清史角度看待刘铭传保台建台的意义》，《学术界》，2006 年第 1 期，第 254—259 页。

翔、颜色等学者的研究。

就目前研究成果而言，在地域上，多集中于东南地区江沪浙闽粤一带粮食价格的研究，如前文所列清代粮价研究代表学者中，只有李明珠的研究主要是以华北地区作为核心而展开的。[①] 在研究方法上，国外的成果侧重于方法的使用，对史料的应用与把握有所欠缺，而国内更多地使用传统的历史学方法。[②] 在研究侧重点上，绝大部分研究是针对粮价数据本身而展开的，具体包括价格的趋势变动、短期波动和市场整合等方面；[③] 同时，也有少量涉及粮价制度和粮价政策的研究，其中粮价制度方面主要涉及清代的雨雪粮价相关的粮价奏报制。[④] 因此，以首都所在地的北京作为研究对象，对清廷应对粮价变动的措施进行梳理分析，既有利于填补学术空白、拓宽清代粮价的研究方法，也有利于加深对当今特大城市粮食供应和粮食安全的了解。

二、清代北京粮价变动分析

根据对 1773—1911 年北京粮价变动情况的观察与分析[⑤]，我们可以将清代的粮价大体分为较为平稳和大幅波动两个阶段。第一阶段，整体比较平稳阶段(1644—1801 年)。据估算，无论是否忽略通胀因素，19 世纪以前直隶全

---

① 参见：*Grain Price in Zhili Province*，1736—1911 (Lillian M. Li，In T. W. Rawski and Lillian M. Li，*Chinese History in Economic Perspective*，Berkeley：University of California Press，1992，pp. 70—100)，*Integration and disintegration in north China's grain markets*，1738—1911 (Lillian M. Li，*Journal of Economic History*，2000，60，pp. 665—699)。

② 参见：*Grain Market and Food Supplies in 18th Century Hunan* (R. Bin Wong and Peter C. Perdue，In T. W. Rawski and Lillian M. Li，*Chinese History in Economic Perspective*，Berkeley：University of California Press，1992，pp. 127—145)，*The Qing State and the Gansu Grain Market*，1739—1864 (Peter C. Perdue，In T. W. Rawski and Lillian M. Li，*Chinese History in Economic Perspective*，Berkeley：University of California Press，1992，pp. 101—126)，《粮食供需研究——视为〈雍正史〉的一章》([日]安部健夫，《东洋史研究》，1957 年第 4 期)，《清代中国的物价与经济波动》(岸本美绪，北京：社会科学文献出版社，2010 年)，1981 年第 1 期，第 1—27 页)，《制度、粮价与决策：清代山东"雨雪粮价"研究》(穆崟臣，长春：吉林大学出版社，2012 年)。

③ 参见：《清代粮价的长期变动(1763—1910)》(黄国枢、王业键，《经济论文》，1981 年第 1 期，第 1—27 页)，《我国长期米价研究(1644—2000)》(卢锋、彭凯翔，《经济学(季刊)》，2005 年第 1 期，第 427—460 页)，《利用粮价变动研究清代的市场整合》(吴承明，《中国经济史研究》，1996 年第 2 期，第 90—96 页)，《18 世纪中国南北方市场整合程度的比较——利用清代粮价数据的研究》(颜色、刘丛，《经济研究》，2011 年第 12 期，第 124—137 页)，《清代前期两广的市场整合》(马立博，见叶显恩主编的《清代地区社会经济研究》，北京：中华书局，1992 年)

④ 参见：《晴雨录·米价·康熙帝》(王家范，《探索与争鸣》，1993 年第 5 期，第 60—62 页)，《清代粮价陈报制度及其评价》(王业键，《清代经济史论文集(二)》，台北：稻乡出版社，2003 年，第 1—36 页)，《清代雨雪折奏制度考略》(穆崟臣，《社会科学战线》，2011 年第 11 期，第 103—110 页)，《关于清政府粮食价格政策的考察》(江太新，《经济研究》，1990 年第 3 期，第 73—76 页)，《试论康雍乾时期清政府的粮价平抑政策》(周志斌，《学海》，1995 年第 4 期，第 80—84 页)。

⑤ 由于目前所存清代北京地区粮价数据缺乏连续性，且区域仅限于大兴、宛平两个地区，难以反映全貌，因此本文的相关数据主要以顺天府的为据。此外，本文涉及的日期除特别说明，均指公历日期。

省粮价年均增长率都小于 1%，小麦价格 1738—1800 年年均增长率仅为 0.67%[①]。而北京作为首都，为保证社会秩序，清廷历来就很重视对京城粮价的平抑，粮价波动自然也不会太大，如北京地区 1771 年 10 月到 1898 年 12 月小麦、粟米、高粱等粮价有 9 成上下的月季变化未超过 5%的水平。第二阶段，大幅波动阶段(1801—1911 年)。这一阶段又分为五个时期。第一，1801—1814 年，北京出现粮价剧增，从 1799 年下半年开始北京粮价开始出现了大幅增长趋势，1802 年年中和 1814 年年中分别两次达到了当时历史的最高点；第二，1815—1856 年，北京粮价出现平稳的下降趋势，如小麦、粟米和高粱分别从每石 3.5 两、2.5 两和 2.0 两的水平逐渐降至 1856 年的每石 1.57 两、1.54 两和 0.82 两的水平；第三，1856—1865 年，北京粮价首先从 1856 年年初开始到 1858 年年中呈持续上涨态势，之后到 1865 年年中又有一个短暂的小幅平稳下降的过程；第四，19 世纪 60 年代中期到 19 世纪 80 年代，北京粮价首先在 19 世纪 60 年代后半期经历了一个较大幅度上涨，之后到 80 年代初又经历了一个小幅下降过程，之后从 1885 年下半年到 1889 年年间，又经历了一个较为稳定的时期；第五，1890—1911 年，北京粮价开始大幅上涨，其中，小麦、高粱和粟米的价格分别从每石 2.2 两、2.3 两和 1.5 两的水平上涨至 4.0 两、3.5 两和 2.3 两的水平。(见图 1)

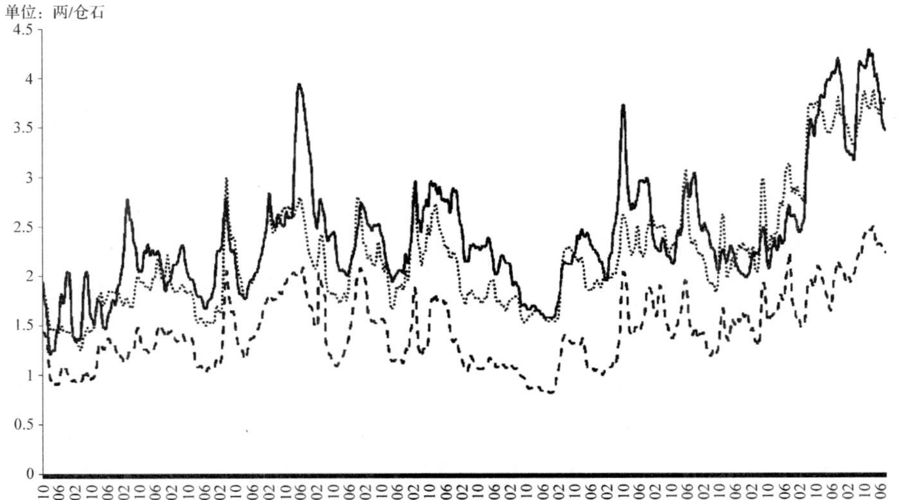

图 1　1771 年 10 月至 1911 年 6 月北京地区粟米、高粱和小麦等粮食价格趋势[②]

资料来源：1771 年 10 月—1821 年 1 月数据："清代粮价资料库"(王业键，http://140.109.152.38/Default.asp)；1821 年 5 月—1911 年 6 月数据：《清代道光至宣统间粮价表》(中国社会科学院经济研究所，桂林：广西师范大学出版社，2009 年)

---

① Lillian M Li. *Grain Prices in ZhiliProvice*, 1736—1911. *Chinese History in Economic Perspective*. California: University of California Press. 1992.

② 该图相关分析结果基于 Gensus X—12 法、由 EViews 软件得出。

从季节特征看，总体上，北京粮价每年三月至七月粮价较高，其中五月前后的粮价最高；每年九月至次年二月粮价较低，其中十月前后粮价最低。其中，小麦价格在每年四五月达到顶峰后开始下降，到八九月降至最低，秋季开始小幅上涨，冬季粮价大幅上涨；粟米和高粱价格变动相似，在每年六七月达到最高时开始下降，在十二月份降到最低后又开始上涨。（见图2）

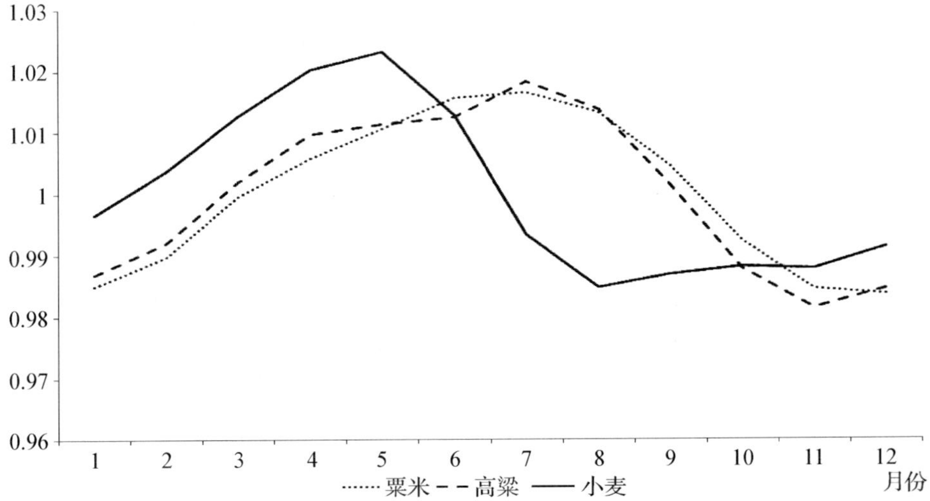

图2　1771年10月—1911年6月北京地区粟米、高粱和小麦等粮食作物季节因子①

资料来源：1771年10月—1821年1月数据："清代粮价资料库"（王业键，http://140.109.152.38/Default.asp）；1821年5月—1911年6月数据：《清代道光至宣统间粮价表》（中国社会科学院经济研究所，桂林：广西师范大学出版社，2009年）

影响粮价的因素很多，如市场机制的制约、人口与粮食生产的总均衡的函数、供给市场与需求市场之间的距离，以及交通运输条件等。粮价在这些因素的作用下均会发生变化，清代北京粮价的阶段性变动特征的原因也不例外。

第一，人口迅猛增长。清代北京粮价长期呈增长趋势与人口增长有着紧密的联系。清代北京人口整体呈持续增长趋势。据推算，顺治四年（1647年）北京地区人口130余万人，康熙朝晚期增至180万，乾隆朝达到200万以上，光绪朝虽在"丁戊奇荒"中损失大量人口，但到光绪八年（1882年）人口仍有近250万，清末宣统二年（1910年）近272万人。② 北京人口基数的持续增长必然引起市场粮食需求量增加，进而抬高粮价。康熙在一次廷议中也认为粮价之贵"盖因人民繁庶之故"。

第二，银钱比价变化。1815—1856年，北京粮价持续下降，在很大程度

① 该图相关分析结果基于移动平均法、由EViews软件得出。

② 韩光辉：《北京历史人口地理》，北京：北京大学出版社，1996年，第120页。

上是由于当时中国白银外流造成的银贵钱贱引起的。即白银外流导致银价升高，钱价相应降低，由此造成用白银来衡量的粮价出现下降。研究表明，银贵钱贱导致物价下跌，交易萎缩，商民皆困；银钱比例由 1∶1000 增至 1∶2200。[①]

第三，自然灾害。清代北京发生的自然灾害虽不算多，但对短期粮价的影响却很大。据统计，清代北京地区发生水灾 5 次，分别为顺治十年（1653 年）、康熙七年（1668 年）、嘉庆六年（1801 年）、光绪十六年（1890 年）、光绪十九年（1893 年）；旱灾 4 次，分别为康熙二十八年（1689 年）、道光十二年（1832 年）、同治六年（1867 年）、光绪二年（1876 年）。此外，清代北京共发生过 37 次地震。清前期最为活跃，中期相对稳定，后期又趋于活跃。其中，顺治、康熙、雍正三朝约占 73%，道光、咸丰、光绪四朝约占 22%，乾隆、嘉庆二朝约占 5%。[②]

第四，战争连带作用。清代中期以后粮价波动幅度日趋增大，与战争紧密相关。自嘉庆朝起，中国社会矛盾逐渐激化，内有白莲教起义、太平天国运动和义和团运动之忧，外有鸦片战争、甲午战争、八国联军侵华之患，不但影响了正常的市场秩序和农业生产，更破坏了清廷经过长期努力建立起来的一系列粮价调控体系。

第五，漕运输送与开仓放粮。清代的漕运和粮食仓储制度十分完备，对市场粮食流通量有较大的冲击力，漕粮的抵京时间和开仓放粮时间均会影响到粮价。根据李明珠的考察，粟米价格 5 月回落在一定程度上是受到清廷每年春天清空常平仓陈粮的影响。[③]

第六，农业生产制度的制约。北京地处温带地区，属于典型的半湿润大陆性季风气候。清代北京的农业耕作制度的基本模式是一年一熟，种粮以冬小麦为主，兼有玉米、高粱、小米、糜米等。小麦通常在九十月播种，次年五六月收割。因此，小麦价格在每年收获前的四五月青黄不接时达到最高，小麦进入市场后的八九月最低，同理，粟米和高粱在每年四月前后播种，九月前后收获。

三、清廷的应对措施

针对北京粮价波动的特点，清廷逐渐建立起了一系列粮价调控制度和政策。具体包括：粮价监控、粮食储备、发放禄米、设厂平粜、钱银兑换、倡

① 吴承明：《18 世纪与 19 世纪上叶的中国市场》，《中国的现代化：市场与社会》，北京：生活·读书·新知三联书店，2001 年，第 238—288 页。

② 尹钧科：《清代北京地区特大自然灾害》，《北京社会科学》，1996 年第 3 期，第 48—57 页。

③ Lillian M Li, *Fighting Famine in North China: State, Market, and Environmental Decline, 1690s—1990s*, Stanford University Press, 2010, pp. 126—127.

商贩运和迁旗出京等。

(一)粮价监控

清廷非常重视对雨雪分寸、收成分数、粮价、人口和储粮量等反映粮食供需情况的监控。研究表明，清代从康熙朝后期至道光朝初期，存在一种多渠道的粮价奏报体系：除总督、巡抚每月例有奏报外，布政使、按察使也常分别奏报，漕运总督与两淮盐政报其驻扎地所之粮价，八旗驻防将军、各省绿管提督，以至江南水师提督"查阅水操经由沿海各乡"，也查询民间食米价格，都向皇帝奏报。各镇总兵、税关监督，江宁、苏州、杭州三织造等官吏都有奏报粮价之责。官吏的出使、新任官员到职或官员陛见也常直接向皇帝奏报所属地区或赴任途中所见、新任地区等地粮价。① 由此形成了完备的雨雪粮价制度。粮价也是清廷日常议政的重大问题之一。如康熙四十八年(1709年)十一月，颁布谕旨："今京城米价甚贵，朕闻小米一石，须银一两二钱，麦子一石须银一两八钱。尔等与九卿会议，如何可以平价。"②

(二)粮食储备

清朝在继承前代的基础上形成了以官仓为主、民仓为辅、"常平仓"为骨干的全国粮食储备及供应体系。③ 这一体系脱胎于顺康，完善、兴盛于雍乾，衰亡于道宣，对于平抑粮价起到举足轻重的作用。清代北京的粮仓主要是京通仓。京通仓的设置缘于元代。元世祖定都燕京后，为储存从各地运到京师用以赡养军队、百官的粮食，开始修建京仓。同时，由于通州处于漕粮入京转运的枢纽，还在此修建了通仓。京、通二仓具有相同的性质，在清代归总督仓场衙门统管。京通仓由 14 个仓组成，其中京仓 12 个，通仓 2 个，共有仓廒 1176 座。依清制，每座仓廒为 5 间(个别有 4 间或 6 间)，乾隆朝以前，每廒贮粮定额 16000 石，乾隆三年(1738 年)为统计方便改为每廒 10000 石。④ 由此推算，清代京通仓所储漕粮总量超过千万石。另据史料记载，康熙六十年(1721 年)京通仓共有 580 万石储备粮，雍正年间总库存有 1300 万—1500 万石，乾隆年间也有 600 万—1000 万石，道光年间降至 300 万石以下，直到 19 世纪末还能保持在 100 万石的水平。⑤ 到嘉庆年间依然维持在 300 万—600 万石，这一巨大的粮食存量，为北京粮价的平稳提供了重要的保障。

---

① 陈金陵：《清朝的粮价奏报与其盛衰》，《中国社会经济史研究》，1985 年第 3 期，第 63—68 页。

② 《清圣祖实录》卷 240。

③ 陈桦：《中国社会救助活动的近代转型》，《学术月刊》，2007 年第 12 期，第 120—128 页。

④ 参见于德元：《北京漕运和仓场》，北京：同心出版社，2004 年，第 322—325 页。

⑤ 参见魏丕信：《18 实际中国的官僚制度与荒政》，南京：江苏人民出版社，2003 年，第 235 页；李文治、江太新：《清代漕运》，北京：中华书局，1995 年。

表 1　清代光绪朝前京通仓的规模

京仓				通仓	
仓名	仓廒数(座)	仓名	仓廒数(座)	仓名	仓廒数(座)
禄米仓	57	兴平仓	81	西仓	142
南新仓	76	太平仓	86	中仓	108
旧太仓	83	万安仓	93		
海运仓	100	裕丰仓	63		
北新仓	85	储济仓	108		
富新仓	64	本裕仓	30		

资料来源：根据于德元《北京漕运和仓场》(北京：同心出版社，2004 年)一书中数据整理

(三)发放禄米

发放禄米，是清代京通仓调节市场粮价的举措之一。清代北京的禄米包括官吏的俸米、皇室贵族王公的恩米和八旗士兵的甲米，均由京通仓发放。据记载，乾隆年间北京每年支放的八旗甲米约 240 万石，俸米 35 万—36 万石，合计近 300 万石。①

禄米发放在解决大量特殊群体的口粮问题的同时，也增加了市场上的粮食供给量。除官吏家庭食用外，禄米大多转售给粮商，进入流通领域。“八旗官兵，以所支之米，不运至家，惟图微利，一时即行变卖。”②据史料记载，乾隆十五年的一次廷议中提到：“官兵俸粮留食者三、四分，官局收买者二、三分，余俱在外流通，籍济民食。”③由此可知，京通仓发放的俸米、甲米至少有四成，超过百万石的粮食进入市场，构成了市场上商品粮的主体，即所谓“京城向无米贩，全赖甲米转售，以裕民食”④。

八旗官兵在支领官米时“随机贱价售予铺家”，“而家中食米，转零星用贵价向铺户籴买”的行为，也造成了京城粮价的波动。在此过程中许多粮商借机低买高卖，压低收粮价、抬高放粮价。为解决这一问题，清廷采取了调整放粮时间、设立八旗米局，以及打击转售米票、囤积居奇活动三个主要措施予以抑制。

① 参见吴建雍：《清代北京的粮食供应》，《北京历史与现实研究》，北京：中华书局，1989 年，第 167—186 页。

② 《清高宗实录》卷 241。

③ 《石渠余纪》卷 4。

④ 《清仁宗实录》卷 87。

1. 调整放粮时间

在京八旗俸甲米原分春、秋两季发放，春季自二月起，秋季自八月起发放，限3个月内领完。康熙四十三年(1704年)规定秋季甲米改为十月起发放，与春季甲米都限定在两个月内领完。次年(1705年)又规定，将在京八旗兵丁甲米匀作三份，二月至九月发给三分之二，十月至次年正月发给三分之一。雍正元年(1723年)又更改为，官员俸米照旧分春、秋两季，分别于二月、八月初一起发放；兵丁甲米则分三季，分别自三月、七月、十一月初一起发放，俱限两个月内领完，遇雨则宽限一个月。乾隆三年(1738年)又改为分四季，即每年二、五、八、十一月发放4次。乾隆十七年(1752年)再次修订甲米发放的时间，规定："将镶黄、正黄二旗于正月、四月、七月、十月支放，正白、正红、镶白三旗于二月、五月、八月、十一月支放，镶红、正蓝、镶蓝三旗于三月、六月、九月、十二月支放。"①八旗兵丁虽仍分四季支领甲米，但每二旗或三旗为一组轮流支放，使每个月仅有部分甲米经过兵丁之手流入市场，在一定程度上缓解了京通仓放粮对市场粮价的不利影响。

2. 设立八旗米局

为了防止官员、兵丁"领米则卖，致贱粜贵籴"，雍正六年(1728年)，按八旗满洲、蒙古、汉军等旗分，拨给官房，于京城设立米局二十四处；又于通州近仓之处，设立米局两处。各领户部银八千两做经费，将兵丁欲卖之米以时价买贮，及其欲买，则以平价卖给。② 然而，八旗米局虽然在设立之初起到了抑制囤积的作用，但同时也影响了粮食的流通。一批官员通过操控八旗米局，成为官商，官局演变为倒卖商。如乾隆十七年(1752年)，旗人将米票"卖给官局"，官局赴仓支领，再"卖给民局"，"大票中分出小票"，从中渔利。他们还串通其他局役，拣米满斛，"遂至日积月久，仓储有缺"。③ 八旗米局在经营了二十年后，到乾隆十七年(1752年)，终因"设立八旗米局，米价并未能平，且有勒买之弊，谕行停止"。

3. 打击转售米票、囤积居奇

米局取消后，清廷对俸米、甲米的流通采取"听民之便"和"取其太甚"相结合的政策。如乾隆三十四年(1769年)，通州"私设米局十二座，专为囤积俸米而设。每季八旗俸暨王俸，即数十万石，半系卖与米局。若辈势众心齐，素与花户斗级交通，各行店不敢与争，而八旗之领催、家人等，恃有各局支借钱文，未有不怂恿卖与米局者"④。乾隆谕令步军统领衙门会同顺天府进行

---

① 《钦定户部漕运全书》卷60。

② 《清高宗实录》卷66。

③ 《清高宗实录》卷408。

④ 《清高宗实录》卷827。

查禁，并指出要区别“空设米局”和“卖米行店”。对于前者“押令即行改业”，对于后者则“毋许胥役藉此滋扰”。[①]

（四）设厂平粜

清代的平粜不仅限于灾异之年，还作为正常年份调节粮价、赈济贫民、处理仓储陈粮的经常性举措，逐渐形成的每年定例粜变色米和设厂出粜的措施，既处理了陈米，又赈济了贫民，稳定了社会秩序，也减缓了京城粮价的波动。

由于总量巨大，京通仓每年的变色米，以及支放俸、甲米剩余的气头（仓顶之米）、廒底（仓底之米）、挽运漕粮时的土米，数量非常大。尤其是乾隆朝之前，“仓贮米石，陈陈相因，每有霉变之患，乃至红朽成灰”，只得“给与耕种之民，听其量力运出，以肥田亩”，造成了极大的浪费。[②] 史料记载，康熙五十六年（1717 年），京仓陈米多达四百三十余万石。[③] 雍正朝时京通仓的陈积也很多。乾隆二年（1737 年）时，“节年粜卖十万余石，尚存未粜米八十余万石，均系雍正三年（1725 年）以前陈积”。为此，清廷一方面加大了对京通仓陈粮的处理力度，规定：“每年春季放剩气头、廒底等米石，在本年十月以后发粜；秋季放剩者，在次年三、四月间发粜。”[④]另一方面，广泛设厂平粜。据文献记载，京师平粜始于康熙朝，此后平粜范围不断扩大，仓米对平抑粮价的作用亦日趋重要。康熙四十三年（1704 年），“以京城米贵，命每月发通仓米三万石运至五城平粜”[⑤]。雍正朝时，也是经常在五城之内设厂平粜，而且平粜范围日渐扩大。雍正四年（1726 年），因“五城设立米厂，俱在城内僻巷，老弱穷民，籴买甚难”，谕令巡城御史“在城内设米厂几处，以便穷民”；[⑥] 并“将京仓好米发五万石，分给五城，每城领米一万石”。[⑦] 雍正八年（1730 年），“五城各厂，买米人多”，又在“每城暨通州各添一厂，将成色米石，广为减粜”。并因“成色米石，价值即贱，尤便民间”，规定“随时发粜，不必拘定米数”。[⑧] 乾隆二年（1737 年），除五城设立十厂平粜外，还在京师四乡添设八厂，“广行粜卖”。[⑨] 乾隆九年（1744 年），经顺天府府尹蒋炳奏请，于四路同知驻扎处即通州、卢沟桥、沙河、黄村分设四厂平粜。[⑩]

---

① 《清高宗实录》卷 823。

② 《清圣祖实录》卷 299。

③ 《石渠余纪》卷 4。

④ 《钦定户部漕运全书》卷 65。

⑤ 《清朝文献通考》卷 34。

⑥ 《清朝文献通考》卷 34。

⑦ 《清世宗实录》卷 44。

⑧ 《清世宗实录》卷 101。

⑨ 《清高宗实录》卷 41。

⑩ 《清高宗实录》卷 216。

(五)钱银兑换

通过平粜，大量粮食进入市场，增加了粮食的供应量，抑制了粮价。但与此同时，大量钱币也借此聚集到了清廷手中，市场钱币供应量减少，又再次推动了市场粮价，使平粜调节粮价的作用大打折扣。清廷也认识到了这点，“平粜钱文，渐积渐多，钱文壅滞，市价势必渐昂”[①]。为此，清廷在每次平粜时，均会采取配套的货币措施，调节钱的流通，以使“米价、钱价俱各疏通”，保证出粜调节粮价的效果。这些措施主要有：将粜米所得钱文及时投入市面兑换银两，提高兵丁月饷搭放制钱的成数：最早兵丁月饷搭放的钱、银比为1∶9，后又改为2∶8，最高时甚至银、钱各半配给；京城各处工程劳役以钱文计价；在八旗米局存设期间，在京城内外开设官钱局十处，出粜工部余钱，“以平钱值”。[②] 通过多种渠道，出粜时清廷聚集的钱币再次回流至市场。

(六)倡商贩运

清代京师粮价，还与商贩粮食的多寡紧密相关。正如清人所言：“辇毂之下，商民云集，所出仓谷，不敷食用，每赖杂粮接济。是以年谷顺成，杂粮贱则二色(老米、梭米)不能独昂，稍欠则杂粮少而二色亦必长价”，“客麦愈多，则市值愈减”。[③] 这些情况都表明，估舶粮贾能否“源源辐辏”京师，直接影响到粮价的涨落。因而，清政府十分注意鼓励商贩粮食运京，并且把它视为“治本”良策。乾隆皇帝也认为：“分厂平粜……系补偏救弊之一策”，“懋迁有无，彼此转输不匮，乃闾阎糊口常计所资”。[④] 为此，清廷屡令地方官“出示晓谕丰收处所商民，令其往来贩粜”，并鼓励商贾贩运来京。如道光十二年，河南、山东“麦收尚好，商贩自运粮石北来售卖，于畿辅民食，不无裨益”。清廷特诏谕“著直隶总督通饬各地方官，出示晓谕，遇有北上商船所过闸座关隘，不准留难。如值水浅之处，并饬地方官量为疏通，便得遄行，以资接济”[⑤]。同时，还派出官员赴近京一带“招商贩运米粮，由天津、通州转运来京接济民食”[⑥]。

为倡商贩运，清代形成了一套保证粮食贸易的措施，主要包括整顿商道、免税贷款、禁遏籴和价格管理等鼓励和保护措施。例如，《大清律》中规定：“如有诓骗客货，累商久候……枷号一个月，发附近充军；若地方官失于觉察，及有意纵徇，交部分别议处；受财故纵，以枉法从重论。”[⑦]清廷为鼓励运

---

① 《钦定户部漕运全书》卷 65。

② 《皇朝政典类纂》卷 61。

③ 《石渠余纪》卷 4；《清高宗实录》卷 1058。

④ 《清高宗实录》卷 609。

⑤ 《清宣宗实录》卷 107。

⑥ 《清实录》，第 43 册，第 583 页。

⑦ 《清会典事例》卷 765。

粮进京，谕令粮商“沿途经过地方，著准其免税，以广招徕”[1]，减免粮食商品税。乾隆三年(1738年)，京师米价昂贵，近省商贾米船，陆续渐至，清廷谕令“格外加恩，俾其踊跃从事。著将临清、天津二关米豆之船，免其纳税。至通州、张家湾码头等登陆处所，旧有米豆、杂粮落地税银亦著免征”[2]。此外，清廷严禁临近直隶的省份“违例遏籴”，令其弛关禁、口禁、海禁，“俾商贩流通”。对囤积居奇、抬高粮价者，清廷严厉打击。乾隆时，对“有囤积米谷等货，尚未粜卖者……照值官为收买，免其惩治。隐匿不报，一经发觉，即照违制律严行治罪”[3]。

(七)迁旗出京

满清入关后，八旗人丁大量迁入北京，成为北京人口的重要组成部分。据推算，北京八旗人丁约在康熙朝前期有11万、后期则达到14万，雍正朝有15万，乾隆朝达到16万。为减轻人口压力清代自雍正朝便开始了降低北京旗人数量的措施：将旗兵及户口迁至直隶和畿辅各地，以及屯种东北。其中，雍正朝迁出3535名，乾隆朝迁出20730名。雍正、乾隆、嘉庆、道光四朝，经过多次迁旗之议，前后共迁移了包括宗室在内的八旗人口约4000丁(户)于东北及畿辅等地屯种。[4]

四、现代启示

民以食为天，历史和现实证明，粮食对社会的稳定和发展具有直接的影响力。古今中外各个政府均将对粮食的控制作为治国之利器。而粮价则是这一利器之柄，通过价格的杠杆作用，可将粮食的生产、流通、消费三大环节串成一体，以挥手之力定万斤之器。因此，粮食的控制力又以粮价调控提控能力为核心，为国家所重视。

清代政府在调控北京粮价的历史实践中，逐渐形成了一系列富有成效的措施，值得今人借鉴。其中的重要启示包括：尊重市场规律、实时监控粮价、保证粮食充足供给、调节市场货币量、控制粮食需求等。第一，尊重市场规律。清代政府在应对北京粮价波动时，注重运用市场的规律，一方面，遵从“凡物多则贱，少则贵”的黄金之律，通过控制市场供给量调节粮价；另一方面，深知“一人之市，价不能增”、“一人独售，则任其高勒矣”的垄断价格之意，通过打击做大私商将粮价定价权最大限度地握于己手。第二，实时监控粮价。如前所述，清代政府对粮价监控为中国历代之最，而形成的粮价奏报

---

① 《清实录》，第43册，第583页。

② 《清高宗实录》卷57。

③ 《清高宗实录》卷1280。

④ 韩光辉：《清代京师八旗人丁的增长与地理迁移》，《历史地理》(第六辑)，1988年，第197—208页。

制度更是十分完善，在监控粮价的同时，还对可能能影响到粮价的雨雪、收成等因素实时掌握，为制定及时、有效的粮价政策和措施提供了前提保障。第三，保证粮食充足供给。一方面，清代政府设立的京通仓为北京粮食供给提供了巨大的存量保障，是北京粮食市场的强大蓄水池，为政府调控北京粮价短期异常波动和长期走势提供了有力支持；另一方面，通过制定各种措施倡商贩运，使市场上的粮食大量涌入京城，增加了粮食市场供给量，保证了粮价的平稳。第四，调节市场货币量。一切经济现象都与货币有着紧密联系，政府的经济任何举措亦必须有相应的货币政策或措施相辅，否则将会事倍功半。如前所述，清代北京的平粜如若没有相应的银钱兑换措施相辅，则很难发挥平抑粮价的效果。第五，控制粮食需求。理论上讲，粮食需求的终端无疑是人，只要控制住了人口的数量，便可减少对粮食的需求，进而稳定粮价；但是，人口亦是社会发展、城市繁荣的重要资源，其增加无疑对社会利大于弊。当前北京面临这一问题，清代的北京亦存在这一问题。清代北京迁旗出京，将京城闲散、无业旗人、宗室出京外，通过优化人口结构的举措或许可给我们以启示。

（作者：李　军　中国农业大学副教授
胡　鹏　中国农业大学博士研究生）

综合学科

Z O N G H E X U E K E

项目名称：北京城市功能疏解与首都圈城镇体系研究
项目编号：13JDCSD003
项目负责人：叶堂林
项目信誉保证单位：首都经济贸易大学

北京医疗功能疏解研究

北京医疗资源疏解已经取得了一定的成绩，但尚处于功能疏解的初级阶段，其优质医疗资源除地坛医院、天坛医院、口腔医院采取整体搬迁外，其他三级医院均采取名院办分院的形式，在郊区新建一所综合医院，其疏解程度还远远不够。

一、北京医疗功能总体处于疏解的初级阶段

(一)北京市优质医疗资源分布不均，主要分布在首都功能核心区

1. 从医疗机构数量和质量分布来看

2012年首都功能核心区拥有医疗机构1144个，城市功能拓展区拥有2938个，城市发展新区拥有3777个，生态涵养发展区拥有2100个。虽然首都功能核心区拥有医疗机构绝对数量不大，但优质程度很高，中心城区集中了一些规模大、设备好、技术能力强的医院。以三级医院分布为例，北京市72家三级医院有35家在三环以内，接近全市总量的一半；有54家在五环以内，占全市总量的75%。其中，东城、西城和朝阳三个区聚集了超过一半的三级医院，其执业医师人数占北京市规模以上三级医院医师人数的68.8%，医院收入占北京市规模以上三级医院收入的73.4%，是全国患者来京看病最为集中的区域。

2. 从医疗人员数量分布来看

首都功能核心区、城市功能拓展区、城市发展新区和生态涵养发展区卫生技术人员数量都在上升，但卫生技术人员主要集聚在核心区和功能拓展区，首都功能核心区和城市功能拓展区的卫生技术人员数量远远大于城市发展新区和生态涵养发展区的卫生技术人员数量，前者是后者的3倍多(见表1)。

3. 从床位数量来看

从各区县看，东城区拥有的床位数最多，高达12978张，占北京市医疗机构总床位数的15.50%；延庆县拥有的床位数最少，为996张，仅占1.19%。根据城市功能区划分，2006—2012年首都功能核心区、城市功能拓

展区、城市发展新区和生态涵养发展区卫生机构实有床位数都在上升，但卫生机构实有床位数主要集聚在核心区和功能拓展区，首都功能核心区和城市功能拓展区的卫生机构实有床位数是城市发展新区和生态涵养发展区的 3 倍多（见表 2）。

表 1　北京市不同城市功能区医疗人员数量分布　　（单位：人）

地区＼年份	2009 年	2010 年	2011 年	2012 年
首都功能核心区	47869	50544	52128	55353
城市功能拓展区	70018	74505	80131	87156
城市发展新区	29768	32324	35143	38779
生态涵养发展区	12780	13720	14536	14968

资料来源：2009—2012 年北京市区域统计年鉴。

表 2　北京市不同城市功能区卫生机构实有床位数分布　　（单位：张）

地区＼年份	2007 年	2008 年	2009 年	2010 年	2011 年	2012 年
首都功能核心区	22887	22864	22956	23925	23853	24591
城市功能拓展区	32027	33021	36366	36946	37563	39719
城市发展新区	21408	22421	22686	23725	24672	26959
生态涵养发展区	7414	7890	8092	8275	8647	8898

资料来源：2006—2012 年北京市区域统计年鉴。

4. 从人均水平来看

每千人拥有的医疗卫生机构数在区县间最多相差近四倍，最丰富的是东城区、西城区和昌平区等，最匮乏的是平谷区、通州区等区县。每千人拥有的卫生人员数在区县间相差十倍，最低的是通州区，还不到平均水平的一半，最高的仍然是东城区，达到平均水平的 4 倍，其次是西城区。再看每千人拥有的床位数，最低的是密云县和通州区，不到平均水平的一半，最高的仍然是东城区，达到平均水平的 3 倍多，排位第二的是西城区。从城市功能区域划分来看，平均开放病床数主要集中在首都功能核心区和城市功能拓展区，这两者数量之和是城市发展新区、生态涵养发展区两区数量之和的 2 倍以上。从平均每千人口拥有医院床位数来看，首都功能核心区的数量远远大于城市功能拓展区、城市发展新区、生态涵养发展区，前者是后者的 3－4 倍。见表 3。

表 3 北京市平均每千人口拥有医院床位数 （单位：张）

地区＼年份	2006 年	2007 年	2008 年	2009 年	2010 年	2011 年	2012 年
首都功能核心区	9.628	10.411	10.253	10.198	10.965	11.028	11.128
城市功能拓展区	6.549	3.934	3.885	4.070	3.655	3.577	3.707
城市发展新区	6.463	4.035	4.035	3.938	3.349	3.365	3.603
生态涵养发展区	4.458	3.943	4.048	4.082	3.810	3.954	3.864

资料来源：2006—2012 年北京市区域统计年鉴。

(二)北京医疗资源总体已经呈现向周边疏解的趋势

1. 从医疗卫生机构数量变动趋势来看

首都功能核心区(东城、西城)是下降的，从 2004 年的 1818 家下降为 2012 年的 1144 家，下降了 37.07%。城市功能拓展区(海淀、丰台、朝阳、石景山)医疗机构数量是增加的，但增幅不大，从 2004 年的 2596 家上升为 2012 年的 2938 家，增长了 13.17%。增幅最大的是生态涵养发展区，2004—2012 年这 8 年间，从 2004 年的 512 家增长到 2012 年的 2100 家，增幅达到 310.16%。其次是城市发展新区，8 年间增幅达到 262.13%。具体见表 4。从上述数据可以看出，医疗资源向周边疏解的趋势非常明显。

表 4 北京市各功能区医疗卫生机构分布(2004—2012 年)

地区＼年份	卫生机构(个)		卫生机构比重(%)		增长率(%)
	2004 年	2012 年	2004 年	2012 年	2004—2012 年
首都功能核心区	1818	1144	30.46	11.47	−37.07
城市功能拓展区	2596	2938	43.49	29.46	13.17
城市发展新区	1043	3777	17.47	37.87	262.13
生态涵养发展区	512	2100	8.58	21.20	310.16
全市	5969	9959	100	100	67.10

资料来源：2004—2012 年北京市区域统计年鉴。

2. 从医疗人员数、卫生机构实有床位数变动趋势来看

首都功能核心区占比是下降的，而城市功能拓展区和城市发展新区医疗人员数、卫生机构实有床位数占比是上升的，生态涵养发展区医疗人员数、卫生机构实有床位数占比总体来说相对稳定(见表 5、表 6)。由此可见，北京市医疗人员数、卫生机构实有床位数虽然主要集中在首都功能核心区、城市功能拓展区，但总体上已经呈现往外疏解的趋势。以生态涵养区为例，虽然近几年来医疗卫生机构数量增幅很大，而医疗人员数、卫生机构实有床位数

增幅很小，这说明生态涵养区这几年增加的医疗卫生机构都是医疗人员数少、没有床位的小医院，缺乏优质的大医院入驻。这说明北京医疗资源疏解尚处于初级阶段。

表 5　北京市不同城市功能区医疗人员分布比例　　（单位:%）

年份 地区	2007 年	2009 年	2010 年	2011 年	2012 年
首都功能核心区	32.72	29.84	29.54	28.65	28.20
城市功能拓展区	41.80	43.64	43.55	44.04	44.41
城市发展新区	17.62	18.55	18.89	19.32	19.76
生态涵养发展区	7.86	7.97	8.02	7.99	7.63

资料来源：根据 2006—2012 年北京市区域统计年鉴计算得来。

表 6　北京市不同城市功能区卫生机构实有床位数分布比例（单位：张）

年份 地区	2007 年	2008 年	2009 年	2010 年	2011 年	2012 年
首都功能核心区	27.33	26.53	25.48	25.76	25.18	24.55
城市功能拓展区	38.25	38.31	40.36	39.78	39.65	39.65
城市发展新区	25.57	26.01	25.18	25.55	26.04	26.91
生态涵养发展区	8.85	9.15	8.98	8.91	9.13	8.88

资料来源：根据 2006—2012 年北京市区域统计年鉴计算得来。

(三)北京医疗资源服务对象的区域性和全国性，导致核心区的大医院不堪重负，“看病难”问题非常突出

由于首都核心区集聚了全国最为优质的医疗资源，这一方面导致近远郊及北京周边居民来市中心看病；另一方面，导致全国患者也集聚北京中心区，由此产生的一系列的问题，主要有：(1)20 世纪 50 年代建的大医院不堪重负，原因是发展空间受限，无法进行大规模扩建。三级医院平均每位医师年负担诊治患者达 2728.5 人次，比一级医院高出 58.2%。(2)郊区县百姓看病难的问题难以解决，原因是远郊区由于优质医疗资源较为匮乏，稍微严重些的病都要往市中心大医院跑。(3)中心城区看病难的问题越来越严重，原因在于郊区县居民、全国患者纷纷来中心城区大医院看病，导致中心城区的居民看病难正在加剧。2013 年北京市医疗机构的总诊疗人次是 2.19 亿，其中近一半是外地患者到北京来就诊。儿童医院、阜外心血管病医院、天坛医院、协和医院等全国知名的专科医院外地患者就诊比例超过了 70%。(4)拥有优质医疗资源引发了中心城区大医院周边交通拥堵，影响了整个北京的交通效率，同时也导致医患紧张、倒卖专家号等各种社会问题。相关研究表明，医院周边提供餐饮、住宿、商贸等各类人员，加上陪护的病人家属将近1万人。北京城市中心区本来空间资源就非常稀缺，一个大医院依附了很多的相关产业，那么多增量人口必然带来一系列的社会问题。

二、北京医疗资源疏解成效不显著的主要成因分析

近年来，北京市为了缓解医疗功能过于集中带来的压力，采取了一系列推动医疗大项目落户郊区的措施，但这些大项目的落户并没有发挥出预期的作用，优质医疗资源集中在中心城区的情况没有从根本上改变。本文从医疗资源的供给、需求和体制机制三个方面对其原因进行了分析。

(一)供给原因

1. 促进医疗资源疏解的投入非常有限，优质医疗资源无法被疏解

北京卫生支出占GDP比重总体上维持在6%左右，但投入的结果是政府卫生支出的比重在增加，由2004年的19.41%上升到2011年的28.19%，上升了近9个百分点。而个人卫生支出的比重在下降，由2004年的38.39%下降到2011年的25.44%，下降了13个百分点。也就是说，政府的投入主要用来降低个人卫生支出，真正用来改善医疗环境，促进医疗资源疏解的投入非常有限。要使优质医疗资源往周边疏解并形成相应的配套，这个成本是非常高的，导致医院搬不起。

2. 社会力量办医严重滞后，导致医疗服务供给明显不足

1997年我国就提出，其他社会力量和个人可以兴办医疗机构，作为政府办医的重要补充。2012年8月，北京市正式发布针对社会资本办医的鼓励政策，鼓励社会资本捐资举办医疗机构，或对非营利性医疗机构进行捐赠。尽管政策已经开了绿灯，但社会力量办医发展却严重滞后，截至2012年年底，全市医疗机构总数9816个，其中营利性医疗机构2834个，占28.87%，但按照医院床位数统计，全市总床位数105893张，其中营利性医疗机构共9516张，仅占8.99%，也就是说大部分营利性医疗机构规模较小，只能提供门诊服务，不能提供住院服务。社会力量办医严重滞后的原因有三个：一是公立医院提供了大量特需医疗服务，挤占了社会办医机构满足社会高端就医需求的发展空间。二是现行医保付费政策对社会办医造成了一定阻碍。三是人才匮乏是社会力量办医最大的瓶颈。公立医院内聚集了大批受过良好教育并具有丰富临床经验的医务人员，这些人都被当作事业单位人员，而不是自由职业者来管理，在职医生流动受到制约，使社会力量举办的营利性医疗机构无法聘用到足够多的优秀医疗人员。

(二)需求原因

1. 由于患者观念和利益机制原因，导致优质医疗资源的极大浪费

患者就医观念需改变，大病、小病都去最好的医院。协和医院的一位大夫表示，到他那里就诊的病人中，有近三分之一是根本不需要到协和医院，在基层医院完全可以解决问题。这是对优质医疗资源的浪费，导致优质资源没有发挥应有的作用，结果杀鸡用的是宰牛的刀。除患者的原因外，利益分配机制缺失也是重要的原因，导致转诊制度运行不畅。目前，我国尚未对转诊指标进行量化分级，什么病症、什么时间该上转还是下转都没有详细规定，全靠医院自己掌握。在这种情况下，受经济利益驱动，如果医院的病床闲置，就不会主动给病人转院。

2. 人们对优质医疗资源的迫切需求与优质医疗资源供给不足存在矛盾

随着人们的生活水平不断提高，人们对健康的要求也越来越高，对优质医疗资源需求也大幅上升，外地来北京看病的患者也越来越多，而相对其他地区来说，虽然近年来北京在医疗投入很大，但优质医疗资源的供需的紧张程度不但没有得到缓解，反而更为紧张。

(三)体制机制原因

1.“优势积累效应”与“虹吸效应”导致优质医疗资源不愿意被疏解

好医院是因为有很好的软硬件设施和优秀人才，而这些好医院凭借高超的医疗技术和成熟优质化的服务吸引着众多患者，在以药养医制度下，患者多医生收入水平就高，同时由于其制度完善利于人才发展也吸引着众多优秀医疗人才。结果这些患者提供的医疗案例和医疗人才的贡献又进一步加强了大医院的核心竞争力，导致医疗资源两极分化趋势加剧，形成“优势积累效应”。同时，优质医院规模扩张无法化解看病难问题，反而可能导致“虹吸”问题。因为医院越大，床位数就得扩张，医生还是从二级医院挖过来，导致对人才和病人的双重“虹吸”现象。比如同仁医院拥有中高级职称的医师达到 700 人，北京医院拥有中高级职称的医师则是 490 人，也就是说，仅在崇文门地区方圆一公里之内，就聚集了一千多名中高级医疗人才。另据北京市统计数据：东单地区拥有四家三级医院，日均近诊疗 2.4 万人次，诊疗人数几乎达到全市的十分之一。

2. 三甲医院大部分属于中央和军队，北京市政府没有能力疏解

优质医院疏解不出去的一个客观原因是，北京市市属市管的优质医疗资源数量不多，三级医院中只占三分之一，剩下的都是军队医院、中央直属和大学附属。这意味着，北京医疗资源的疏解需要从国家层面对北京市医疗资源配置进行顶层设计，单靠北京市努力疏解效果是有限的。

3. 优质医疗资源向周边疏解缺乏相应的利益激励机制

前文已经提到，优质医疗资源本身不想被疏解。由于历史原因，北京大

部分优秀的知名医疗机构都集中在核心城区，近十多年来该区域地价都翻了十几、甚至几十倍，从医院角度来说，搬走并不划算。而且三级医院大部分都建于20世纪七八十年代，建有医护人员家属楼，各种配套设施都已经成型。同时，优质医疗资源的核心是优秀人才，优秀人才需要周边良好的公共服务与之配套，首都功能核心区由于具有优质公共服务配套条件，导致优质医疗资源不愿意被疏解。对于患者来说，除了知名专家、优良条件之外，核心区具有交通便利的优势。因此，在没有相应的利益激励机制的情况下，优质的医疗资源是很难疏解的。

三、北京医疗资源疏解机制及对策

北京优质医疗资源需要疏解的原因很多，其根本原因在于功能过度集中，导致北京市中心人口密度过大、交通拥堵、空气质量恶化、带来社会安全隐患等，尚未形成在京津冀协同发展背景下的区域分工协作机制。如何实现北京医疗资源的有序地向周边疏解，本文认为应该从以下方面入手：

(一)明确各类医疗资源的功能定位，有序疏解北京优质医疗资源

进行顶层设计，出台京津冀一体化医疗规划，明确各类医疗资源的功能定位，有序疏解北京优质医疗资源。本文认为需要基于两个落脚点：一是增量疏解，如北京六环以内实施总量控制、区域限批，六环内禁止新建或扩建三级医院，不再增加医疗机构床位总量和高级医师总量，从而推进城市核心区优质医疗资源向郊区资源薄弱地区的转移。对于向六环外搬迁和疏散的三级医院给予土地、税收、进京指标等政策优惠措施，而对于在中心城区的医疗机构则采取适当限制发展的措施，如征收惩罚性的税收，增加其在市中心的运营成本，促进其向周边疏散。二是根据服务对象进行调整，该医疗资源如果是服务北京本地居民的那肯定是不能被疏解的，但如果是服务全国患者的就应该疏解到北京周边。在优质医疗资源疏解的基础上，未来可以规定除急诊外，北京六环以内看病必须凭北京市医保卡就医。

要想让北京医疗资源向周边疏解，交通基础设施和相应的配套设施需先行。本文认为要在北京周边30—70公里规划面向全国患者的构建5—8个医疗新城。围绕北京市主城区，呈放射状向郊区甚至北京周边扩展，基本上沿六环或未来七环分布，这些新医疗机构将成为未来的区域医疗中心。医疗新城实现医疗资源优质、产城融合、交通方便、周边配套齐全，吸引全国的患者前来就医。促进中心城区医疗资源向周边扩散的同时，应加大政府投入，把提升郊区县现有医疗资源服务能力作为推进医疗服务设施合理布局的重点。继续推进三级大医院对口支援郊区县医院的工作，加快建设面向北京居民的郊区区域医疗中心；建设分工明确、定位清晰的三级基本医疗卫生服务体系。

（二）创新医疗执业模式，优化医疗保障体系

一是要改变执业模式。我国的医疗执业模式主要以医院执业为主，导致病患向大医院集聚。假如可以把医院的优势功能加以分散，鼓励医师个人执业，提高社区医疗机构执业水平，必然能有效地分解中心城区医疗机构所承载的压力。因此，应改变现有的医疗体制，大力开展私人医师制度，鼓励医师独立执业，以将医疗服务分化成微小的单位，为广大人民提供更具针对性、个性化的服务，缓解医疗机构的拥挤。二是改变现有的医疗模式。实现我们现有的"治已病"医疗模式向"防未病"医疗模式的转变。目前，我国的医疗分级制度还不尽完善，应该形成一种新的医疗分级制度，让不同级别的医院各司其职、各有专攻，主要治疗适合自己治疗的疾病。提倡分级医疗制度，各有专攻特色，譬如：如果患者只是普通感冒等一般疾病，去三级甲等医院看病的话就需要自费。同时，只有下级医院出具转院证明才可以报销。三是搭建基于网络的医疗平台。国家应加大促进医疗资源全国均等化的力度，使各地都有好的医疗资源，这样病患就没有必要来北京看病。政府有必要搭建网络医疗平台，实现异地诊疗。

（三）鼓励中心城区优质医疗资源向周边新城疏解，推进医疗资源均衡发展

一是因地制宜，采取分区分类指导政策。对中心城区优质医疗资源发展采取严格限制，推进城市核心区的优质医疗资源向郊区、北京周边地区及资源薄弱的地区转移。东城、西城、石景山等医疗资源密集区，将严格控制床位规模；朝阳、海淀、房山、昌平等资源适宜区维持现有床位规模；而医疗资源较为薄弱的通州新城、顺义新城等重点新城和规划有外迁人口安置区、大型住宅居住区等区域应获政策倾斜。二是加大市级财政对新建居住区集中区县的转移支付力度，增强优质公共医疗服务资源优化配置能力。要加大对优质医疗资源优化配置的资金支持力度，鼓励形成良性循环机制，提高新建居住区公共卫生服务水平。三是完善区县之间"结对子"定向疏解医疗功能的工作机制，强化区县人口疏解和公共医疗服务资源的对接，以确保在疏解人口的同时，实现优质公共服务资源的疏解，让外迁至新建居住区的居民享受公共医疗服务的质量和水平不下降。四是加快推进名院办分院，加强区域内部优质公共医疗服务资源的均衡配置，关键是要建立优质资源整合与共享的长效机制，要选派相对优秀的医生去诊疗和服务，分院逐步成为真正的名院，真正推进区县之间的优质资源对接，满足新建居住区居民对优质公共医疗服务的需求。

（四）鼓励社会力量办医，增强现有优质医疗资源的活力

鼓励社会力量办医或对现有的三级医院进行股份制改造，增强现有优质医疗资源的活力。政府应该在增强社会自治功能上做文章，提升社会自我管理、自我服务的能力，通过向社会转移职能、购买服务、资金补贴、培育孵化等支持医疗卫生的发展。一是鼓励和支持社会资本参与提供公共医疗服务，特别是在社区医疗服务、养老保健服务等方面，要积极探索政府购买服务模式，通过招投标、合同外包等形式，发挥社会力量在提供高水平、高质量公共医疗服务上的更大作用。二是打通社会资本进入优质医疗资源的通道。明确各类医疗机构功能定位的同时，给社会办医留出空间，鼓励社会资本投向医疗资源稀缺及满足多元化服务需求的领域。鼓励社会资本举办康复医院、护理院及妇产、儿童等专科医院。允许在职医师开办诊所等措施，盘活医疗人力资源。三是对现有的三甲医院进行股份制改造。鼓励民营资本参股优质的医疗资源，优质医疗资源通过向社会募集资本，实现更加快速的发展，更好地满足患者的需求。

(五)完善医疗新城的公共服务配套，增强其对优质医疗资源的吸引力

1. 降低承接地生活成本，提高承接地生活便利程度

目前，阻碍中心城医疗功能向郊区疏解的重要原因是远郊区生活便利程度低、生活成本高、通勤时间长，一定程度上降低了生活质量。建议政府加大新城市政基础设施和生活配套设施的建设力度，提高生活便利程度的同时，应本着同城同价的原则对新城区居民收取基础设施、公共服务、交通市政设施的服务费用，并在适当的时候，对新城各种服务的费用采取更加优惠的政策，以降低郊区生活的成本。

2. 促进新城功能完善，实现新城公共服务与中心城区的均等化

公共资源均等化才是系统解决城市功能与人口过于集中问题的前提条件和重要基础。公共资源均等化意味着公共资源在各区县、城乡之间的公平投放，不同区县、城乡的公民享受公平的公共资源如就业、教育、医疗、社会保障等。有了公平而均等的公共资源，人口的流动就能够在各区县之间、城乡之间趋于平衡，北京中心城区医疗资源过于集中的问题自然能够逐步得到解决。因此，今后北京在配置重大公共项目和公共资源时，应优先安排新城建设，通过重大项目在新城的投资倾斜，逐步实现公共资源的均等化，从而增加新城的吸引力。

3. 通过降低企业所得税、土地优惠等优惠政策，吸引优质医疗资源迁入

合理的税收政策对新城发展有积极的促进作用。同样，税收对调整与优化城市的空间布局也有着十分重要的意义，根据不同区县的具体定位，对不同的产业、商业等实行不同的税收，对中心城区的企业实行高税收政策，对迁出中心城区的企业给予不同的税收减免，从而引导不同产业、商业在城市空间上的重新分布，推动中心城区的工业与服务业企业向周边新城的疏解，并限制新增产业与人口向中心城区的集聚。

（作者：叶堂林　首都经济贸易大学副教授）

项目名称：北京历史文化遗产英语译介研究
项目编号：12ZHB010
项目负责人：王建荣
项目信誉保证单位：北京交通大学

讲好中国文博故事需要强化译者的把关人功能
——以北京为例

一、引　言

习近平总书记在2013年12月30日中央政治局集体学习时所做的《建设社会主义文化强国　着力提高国家文化软实力》的讲话中强调，提高国家文化软实力，要努力展示中华文化独特魅力，要努力提高国际话语权，要加强国际传播能力建设，精心构建对外话语体系，增强对外话语的创造力、感召力、公信力，讲好中国故事，传播好中国声音，阐释好中国特色。习近平总书记指出："要系统梳理传统文化资源，让收藏在禁宫里的文物、陈列在广阔大地上的遗产，书写在古籍里的文字都活起来。要以理服人，以文服人，以德服人，提高对外文化交流水平……"①需要指出的是，讲好中国故事必须对我们所处的时代阶段有一个清醒的认识，从而提高文化交流的针对性和有效性。笔者以为，回溯东西方文化交流的发展嬗变，目前我们所处的时代和阶段呈现三大特征：一是中国的综合实力和国际地位不断上升，中西交流正从译入学习阶段转变为译出发声阶段，文化碰撞冲突日益凸显，中国文化译介的辩护功能日益提升。二是信息化时代到来，使思想交流和文化借鉴由走马观花式的文化猎奇逐渐转入对民族行为方式文化根源的深入解读。特别是大数据技术的成熟和使用，使价值判断难题摆脱了碎片化困扰而进入充分论证和精准解析阶段。三是电脑和手机翻译工具的普遍使用，使文化英译工作开始由小众事业转变为大众行为，同时全球化进程不断深化，文化传播方式日益由平面媒介的长距离长周期传递进入网络立体化迅捷互动的时代。这些变化和发展创造了中国文化走出去的源头活水，也形成了对讲好中国故事整体质量和效果控制的挑战。讲什么样的中国故事，怎样讲好中国故事日益成为重大历史任务和历史性课题，迫切需要加强顶层设计，找准着力点，调动各方面

① 习近平：《建设社会主义文化强国 着力提高国家文化软实力》，《人民日报》，2014年1月1日。

积极性，减少杂音、形成合力，提高对外传播的质量和效力。在这个过程中，专业的文化英译队伍承担着传播骨干和引导主流的作用，强化其把关人的角色意识成为亟待着力加强的核心环节。

二、文博英译者是文化对外传播的把关人

(一)传统把关人理论

把关人(gatekeeper)概念最早由传播学四大先驱之一库尔特·卢因(Kurt Lewin)提出。他提出在信息传播网络中存在有把关人，只有符合群体规范或把关人价值标准的信息内容才能进入传播渠道。① 怀特(D. M. White)重点考察了新闻传播的把关模式，他指出，在数量庞大的新闻素材中，新闻媒介不是也不可能是“有闻必录”，而是对信息做出了过滤、筛选和加工，所以把关人对信息进行去粗取精、去伪存真的加工和整理。后经众多传播学者的挖掘研究，把关人理论成为传播学控制分析领域最具科学性的理论之一。梁锋指出，大众传媒把关人的把关标准包括：“(1)新闻信息的客观属性；(2)专业标准和市场标准(新闻价值和新闻要素)；(3)媒介组织的立场和方针。”②可见，媒体把关不单是个人行为更是多环节、有组织的组织行为，以组织立场、方针和价值标准为指针的信息取舍选择和加工活动，使得信息传播不具有纯粹的“客观中立性”。信息选择固然受到受众需求、经营目标等因素的制约，但是那些符合组织目标和利益的内容更容易优先得到传播。

(二)现实把关人角色的“失守”

我们从服务国家文化走出去，讲好中国故事为出发点，不难发现，文博英译同样应当遵循把关人的传播规律，文博英译过程就是中国优秀传统文化外向流动的过程，专业的文博翻译队伍构成了整个文化对外传播组织的一个关口。这些译者应该自觉地站在国家的立场上，遵循国家的文化对外传播方针，以此为标准对文化信息进行筛选、过滤和加工，既不胡编乱造词不达意，也不真伪良莠不辨字字遵从，更不盲目迎合西方受众的期待和口味，扭曲文化信息的真实属性。以文博馆所为例，文博专家是文化信息的采集和处理的把关人，但这通常都是基于展位空间、展品特点而存在的，他们首先要以相应语境下的汉语表达要求作为把关的基本准则，预设的读者是地地道道的中国人群。而翻译者如果简单地认为自己只是一个把文字从汉语转化成英语的工作者，不免机械地等同为逐字逐句忠实转化的“机器人”。殊不知，中英文两种语言结构不同、逻辑迥异、背后的心理和意识形态差别巨大，如果不能充分认识自身所承担的组织把关人的角色，往往会误入唯语言是论的狭隘管

① 郭庆光：《传播学教程》，北京：中国人民大学出版社，2011年，第131页。

② 梁锋：《“把关人”》，《新闻前哨》，2013年第4期，第84页。

道，无法做出合格的、旨在面对西方受众的英语翻译作品。

以恭王府入口处的中外文对照指示牌为例，汉语介绍部分篇幅较长近500字，共有五段，分别介绍了恭王府的历史和两任显赫的主人，以府邸和花园为主线的制式结构、占地面积和景区级别，府邸结构和建筑特点，花园布局及“三绝一宝”的景点名胜古迹，“一座恭王府，半部清朝史”的文化意义。由于该展板右半幅留给汉语介绍，左半幅由英、韩、俄、日四种外语介绍构成，英译文本必须有所删减和提炼。

> Prince Gong's Mansion is the only well-remained mansion in China, built in Qing Dynasty.
>
> The official name inherited Prince Yi Xin, the last master living in the mansion.
>
> The mansion is approximately 60,000 square meters. It's built by two parts: a 32,000-square-meter mansion and a 28,000-square-meter garden.
>
> The Prince Gong's Mansion was listed as one of the major preservations of culturalrelics by the State Council in 1982. It was also nominated as one of the highest degree sceneries by the State Tourist Bureau.
>
> Prince Gong's Mansion has a long history, and represents the prince mansion's culture of Qing Dynasty. So it's not only an excellent scenery for tourists, but also a wonderful museum for people to learn the history and the culture of the city of Beijing.

从以上译文可以看出，译者虽然对原文在内容上做了删减，但是整体把关行为显得凌乱而缺乏重点，似乎是无奈之举，并不成功。第一，译者不能准确把握该文博馆所的文化传承特点，信息中心有失偏颇。第二，译者不能设身处地考虑观众的参观需求，缺乏受众意识。第三，英译者对文化对外传播的整体走向缺乏认识和认同，有“为译而译”之嫌。第四，译者应当还能提升译文的语言水准，进一步把好语言关。短短128字的译文，整个第二段重心放在面积介绍和数字的罗列上，不但不得要领更容易让受众感到乏味，甚至产生无意义的渲染夸大的自负形象的联想。内容更长的第三、四段流于空泛的介绍，像是在做广告。事实上，考虑到展板尺幅所限，原文中对恭王府历史意义和文化价值的推介应成为重点，尤其是“三绝一宝”和“一座恭王府，半部清朝史”的说法，形象生动，就是对恭王府文化的最好总结，可惜译者却直接跳过了。译者似乎也不很清楚，游览恭王府就是感受富丽规整的王府建筑、幽深别致的古典园林、中西咸宜的福文化。而恭王府的“福”字碑、“福池”、“百福图”、“福文化节”构成的福文化不单是恭王府的一道靓丽风景线，“一口田，衣禄全”也是中华传统的文化根本和内涵，同时也符合社会主义核心价值观的基本内容(这一点在英文导游的介绍中尤其应该重视，因其便于操作，符合传播特点，因此传播效果会更为明显，西方受众能够很好地对该价值标准及其衍生观念产生认同)。对这个重点的忽略无疑是文化英译中的败笔。译文文字处理方面，“the only well-remained mansion in China, built in Qing Dynasty”的表述有歧义，与原文“中国现存唯一保存完整的清代王府”有出入。整篇介绍对年代未做补充，是对王府旧主人和历史感的轻视，而原文做得很好，提到了府主人和珅(1776—1799年入住)、恭亲王奕䜣(1852—1898年入住)。“It was also nominated as one of the highest degree sceneries by the State Tourist Bureau.”与原文“2012年被国家旅游局评定为国家5A级旅游景区”的表述亦有出入，nominated表“提名”而非“评定”。译文中冠词的使用也十分混乱，定冠词the时有时无，scenery是不可数名词，前面加上an excellent也是语法上的错误。

(三)现实把关人“失守”的必然性

随着信息化时代到来，国内英语人才倍增，还有很多海外归国的学子和旅居境外的华裔都在从事着翻译工作。另外，电脑和手机翻译工具得到普遍使用，网络翻译、机器翻译大行其道。这样，英译活动已经不再专属于少部分专家学者译者，文博英译工作呈现原来的小众事业转变为大众行为的态势，但是由此出现的问题不容回避。很多文博英译者未经过专业训练，对译者的角色认识相对简单，他们也没有组织归属感，缺乏责任意识和担当意识，不清楚个人在对外文化传播中的把关功能。此外，相关的组织机构对译者的把关作用同样缺乏认识，不重视标准、规范的制定。这些因素容易使文博译介活动变得碎片化、无序化，从而影响文化表现的完整性和一致性，失去中国特色。相关政府机构和社会组织应充分发挥引导和协调作用，加强顶层设计，形成合力，提高效力。

三、讲好中国故事需要重构文博译者的把关人功能

讲好中国故事，提升中华文化对外传播的整体水平是个宏大的系统工程，单从文博英译者把关人功能的角度来看，应从角色结构的角度进行重构，以强化其功能，克服“失守”现象。

(一)把好政治关，传播好中国声音

在国际文化交流的舞台上，很多国外势力始终极力图谋妖魔化中国，丑化中国传统价值观念和政治伦理，分裂我们的民族和国家。中华传统文化是整个民族之魂，中国文博遗产是中华文化基因的优秀载体，译介文博遗产是沟通中西方理解和认同的重要桥梁。文博译者是中国文化向外传播过程的最后一道把关人，他们所筛选编织过的信息应当符合国家利益，不诋毁自身形象，而且能够有效地展开事实辩护，产生潜移默化的影响。

以北京历代帝王庙“下马碑”为例。

> Two steles erected in the Qing Dynasty appear in front of the gate of the Temple, on the right and left sides. On the stele appears the command (in six languages) that any official should get off his horse before entering. The stele was rebuilt in 1999.

括号内译者括起来的 in six languages 处理得实在简单了一些。原文介绍“用‘满、汉、蒙、回、藏、托忒’六种文字镌刻‘官员人等至此下马’，以示对历代帝王的尊敬”，译者对这六种文字的略译是缺乏政治责任感的表现，也是文化自觉性和自信心不足的表现。这六种文字即这六种语言种类与相应的民族实在有必要一一译出，这是在中国广阔大地上的许多文物古迹都能展示的铁一样的事实——中国自古就是一个多民族大团结的国家，西藏、新疆不容分裂。

现实中还有很多类似的情形呼吁翻译者加强自身修养，提高政治把关意识。例如，故宫中对“钧窑海棠式花盆”的介绍中提到“宫中陈设用瓷，曾一度外流”，英文译文为“Once it was exported to foreign countries”，译者擅自将“外流”改作“外借”或“出口”无异于将屈辱的历史一笑而过，这不仅是翻译态度的问题也是国家和故宫立场的问题。陈小慰曾撰文指出把“中国大陆”译作 mainland China（大陆中国）是对西方媒体的一种屈从：“这种‘迎合’西方受众的宣传只会在其内心强化‘两个中国’的负面影响，尤其出自官方网站，不啻自毁形象和反宣传，直接影响的是国家利益。”[①]

（二）把好文化关，阐释好中国特色

正如习近平总书记所强调，要提高国家文化软实力，要努力展示中华文化独特魅力，要系统梳理传统文化资源，让收藏在禁宫里的文物、陈列在广阔大地上的遗产都活起来。笔者认为，要把好文化关，译者首先对相关的文化知识要有系统的掌握，既有文化自觉，又有文化传播的担当，努力借助译介活动的小平台精心运作，让文物中沉睡的精神活起来，让具有普世意义的中国传统文化精髓参与到世界讨论的大平台上，让我们千百年沉淀的伦理价值和丰富实践为其他文化族群解决矛盾提供多样的思路和历史依据，着力从文化多元、文化共存的角度来说明中国文化的独特价值。

上文举到的恭王府英译简介就是典型的代表，译者恐怕都没有走进恭王府，更谈不上对恭王府文化的整体认知，否则绝不会把吸引大量游客的恭王府福文化置之脑后。而从康熙皇帝御笔题写“福”字碑到老百姓对“多子多才多田多寿多福”的追求到每年春分时节在此举办的“北京恭王府福文化节”，无不表达了中华儿女自古以来对国富、民强的追求，对大自然和知识的崇拜，对

① 陈小慰：《对外宣传翻译中的文化自觉与受众意识》，《中国翻译》，2013 年第 2 期，第 96 页。

家庭和土地的热爱，对这些富有中国特色的文化元素的对外传播译者责无旁贷。

除了对传统文化知识的学习和掌握，英译者还要在对相关文物或遗产的英译介绍中能对林林总总的传统文化元素予以加工，能去粗存精、去伪存真，搭建各色各样的文化多元、文化共存的桥梁。以北京非物质文化遗产“全聚德”为例，这家京城老字号可讲的故事有一大串。那么，译介者选择讲什么样的故事可能会影响到国家的文化形象。导游们为了讨个彩头，常常夸大渲染风水先生怎样掐指一算，把“德聚全”改为“全聚德”从而去了晦气，来了风水，生意终于踏上坦途。这种野史轶闻如果哪个文化景点都用上，岂不是向国外游客传达我们崇尚迷信的错误信号。而实际操作中，这种倾向并非个例。其实，如果选用周总理妙解“全聚德”的故事，幽默不减而且更彰显国家智慧。

> 客人们往往会问起“全聚德”字号是什么意思，周总理便告诉他们，“全即全而无缺，聚为聚而不散，德指仁德至上”，这是至今为止对“全聚德”三字最为经典的解释。[①]
>
> Whenever asked about the meaning of Quanjude, Chinese Premier Zhou Enlai would tell them “Quan means perfection without a flaw, Ju means gathering without departing, and De means virtues to be supreme”. Therefore, Quanjude together implies perfection, union, and benevolence.

我国文化遗产丰厚，所承载的中华故事生动多样，像“家国情怀”、“耕读文化”、“百善孝为先”、“和为贵”、“四海之内皆兄弟”等传统价值观念可以通过有文化自觉的英译者源源不断地传输出去，吸引西方世界更好地接受、认同乃至内化。

把好文化关，译者还要有坚定的文化自信、价值观自信意识，只有讲清楚中华文化的独特创造、价值理念、鲜明特色，我们的文化在国际舞台上才能发出更多更大的声音。文化英译者就是要把中华传统文化的元素源源不断、不厌其烦地转译出来，不可避重就轻、避难就易，也不应多虑曲高和寡。回避的结果必然是远离国际文化交流的舞台。以“康熙御书《大学》碑”为例，“碑”stele，“书法”calligraphy、“康熙”Emperor Kangxi（reign 1662—1722）“大学”*Da Xue*（*The Great Learning*）、《礼记》*Li Ji*（*Book of Rites*）、“曾子”Zengzi、“儒学”Confucianism，乃至“修身”cultivating the person、“齐家”regulating the family、“治国”governing the state、“平天下”making the world peaceful 等诸如此类的文化信息是该文物的独特承载，对这些元素的悉心表现不单是对文物、历史本身的尊重，也是对优秀中华文化理念的积极传承。而

① 唐军：《周恩来总理的“烤鸭外交”》，《河南商报》，2008 年 3 月 30 日。

实际操作中，很多译文"就简去繁"的所谓"大胆创新"实则是完全的失职。失职的角色还不局限于翻译者本人，很多组织机构也不能积极认识文化翻译对于文化发声的重要作用和潜在影响力。以北京为例，笔者对133个官方公布的博物馆做了调研，其中，无英文网站的有92个，占69.17%，译名错误或混乱的50个，占有译名博物馆的54.35%，无任何形式官方英文译名的41个。

（三）把好传播关，表述好中国故事

正如习近平总书记所强调，要加强国际传播能力建设，精心构建对外话语体系，增强对外话语的创造力、感召力、公信力。中国故事，国际表述，有良好受众意识的翻译者能从对外传播的角度看问题，首先应能保证译文语言的正确和流畅，是可读可听的。而下例中这样不可读的译文在文博翻译中也绝非偶然一现。

> "Mortal body" that is called "Living Buddha" evil spirit. Butddhist monk by common people is being enxhrined and worship in the western. Guanyin cave of western Guanying cave, and accordinges to legend that he is crossing a river that the all kinds of diseases the most superbly can bi ruled to the incarnation of public.（潭柘寺西观音洞）

这样的译文显然是译者没有能够或者没有能力把关，错误连篇，不知所云，根本无从实现传播的目的，更谈不上讲故事了。其次，把好传播关译者应能对传播信息能做出适当的增补，保证译文信息量的饱满程度，搭建弥补"知沟"的桥梁。例如，袁晓宁指出"标识辨别功能和历史文化意义的昭示功能应该是历史文化古迹名称的主要功能，将汉语拼音用作其英文名称只能实现有限的标识辨别功能，而不能实现历史文化意义的昭示功能，可能就不利于宣传中华文化"①。所以，通常文博译名会处理为专名译音＋通名译意②，如"国子监"Guo Zi Jian（The Imperial College）；朝代纪元要增补相应的起止年代，如"明永乐年间重建"，It was rebuilt during Ming Emperor Yongle's reign（1403—1424）；中国独有的文化语汇或意向要辅以解释，如"青白玉双鹤衔灵芝纹佩"，Gray-white jade Pei（pendant）with design of double cranes holding a Lingzhi plant in their mouths（symbol of immortality）③。再次，把好传播关译者还应能灵活删减冗赘信息，保证译文符合英文受众的阅读习惯，提升故事的吸引力和诱导功能。文博文化是中国传统文化资源的高度凝练和

---

① 袁晓宁：《论外宣英译策略的二元共存》，《中国翻译》，2013年第1期，第97页。

② 牛新生：《关于旅游景点名称翻译的文化反思——兼论旅游景点翻译的规范化研究》，《中国翻译》，2013年第3期，第100页。

③ 王建荣等：《文化软实力视阈下文物文化对外传播策略分析——以博物馆语境为例》，《北京交通大学学报(社会科学版)》，2010年第2期，第122页。

集中展现，当诉诸语言来表达，四字词语因其朗朗上口、夸张重复，因其无以复加的表现力，成为中文行文的特点且由来已久。虽然对于四字词语的英译在译介领域也有深入的研究，精妙的译法不在少数，不过现实情况则是，一旦过度忠实于原文，一字不舍地翻译出来，这样的英文，读者必茫然而不能卒读，译者本人也多会因译文的冗赘、啰嗦而有几分难堪。所以，为了传播的流畅性，为了符合西方读者的心路思路，译者必须敢于决策，华丽的辞藻剔一剔，留给西方观展者清新连贯、重点突出的语言环境，主动规避易于诱发"文博欣赏疲劳症"的语言障碍。

金錾花执壶。执壶呈葫芦形，圆形盖，宝珠形钮，通体錾刻花纹。造型秀丽，纹饰丰满，技艺娴熟，是清代皇帝的御用酒具。Gold ewer with chiseled designs Qing Dynasty (1644—1911 AD)

在博物馆语境下，有实物为证，精练的译文能有效地保证传播信道的干净、通畅，不失为一种明智的选择。

四、结　语

无论翻译者本人还是文博文化组织都需要调整认识，应当且必须承认，翻译者就是文化信息对外传播过程中的最后一个把关人，译者应当强化这种认识，组织则要给予重视和培养。英译者要从整个文化英译的初衷和目标出发对英译后的文化信息进行把关、确认，保持传播信道的流畅、合理，保证信息既有原汁原味的文化特色，又有内容上和方向上的正确性和易接纳性。译者还要强化责任意识，努力履行自己的职责，心中有大局，时时在学习，事事有沟通，强化创新意识，切实认定和认同自身所兼备的文化对外传播中的把关人角色。好的文博文化英译"有助于成功展示和宣传作为容器形态文化的文物所承载的中国意识形态文化和规则形态文化"①。只有更好地发挥文化英译的把关作用，努力讲好中国文博故事，我们才能有效地推动中国底蕴深厚的文博文化最大化其所承载的中国文化精髓，真正实现走出国门，走向世界。

（作者：王建荣　北京交通大学副教授）

① 王建荣等：《文化预设视角下的文物英译策略研究》，《东岳论丛》，2010年第6期，第184页。

项目名称：北京文化日历构建研究
项目编号：12ZHB013
项目负责人：张 勃
项目信誉保证单位：北京联合大学

北京节日的发展现状与未来建设①

节日是以历日、月份和季节等组成的历年为循环基础的、在社会生活中约定俗成的、具有特定活动的特定时日。它通过“非常性”与常日区别开来，并获得存在的意义和价值。节日的非常性主要体现在五个方面：(1)节日名称的特殊性；(2)在历法中位置的特殊性；(3)生活内容的特殊性；(4)活动空间的特殊性；(5)参与主体体验和情感的特殊性。节日名称、节日时间、节日活动以及节日活动空间共同构成一整套节日规范，社会成员通过对这一套规范的实践形成自己的节日生活，产生特殊的体验和情感。中国的节日文化十分丰富，历史非常悠久，早在先秦时期，就已有节日的萌芽，秦汉迄今，更是每个时代都有自己的节日。不同地方的人们则通过自己的生活实践形成本地的节日文化。北京的节日文化是北京地方文化的重要组成部分，既与其他地方的节日文化有共通之处，也带有浓厚的地方性色彩，并随着时代推移而发生或大或小的变化。本文拟在阐明北京节日当下特征的基础上，对北京节日未来建设问题进行思考。

一、北京节日的当下特征

北京拥有3000余年的建城史和860年的建都史(自金中都算起)，北京的首都地位或直接或间接但同样都十分深刻地影响北京节日文化的形态性质、功能发挥乃至发展脉络。北京节日的当下形态是历史性的结果，既有前人留下的文化遗产，又有今人的发明创造。

(一)多元并存

多种来源不同的节日共在并存，是北京节日多元性的主要表现。作为本土文化和民族文化的代表，传统节日是其中重要的一元。传统社会，北京拥有一套十分完整的岁时节日系统，根据明末刘侗、于奕正《帝京景物略》的记

① 本文为北京市哲学社会科学规划项目“北京文化日历构建研究”(项目编号：12ZHB013)、北京联合大学人才强校计划人才资助项目“国际比较视野下的北京文化日历构建研究”的系列成果之一。

载，北京居民的节日主要有立春、元旦、灯节、正月十九日、廿五日(填仓)、龙抬头、清明、东岳诞、碧霞元君诞、立夏日、四月八日、四月十八日、女儿节(端午)、五月十三日、六月六日、三伏日、七月七日、七月十五、立秋、中秋、重阳、十月朔、冬至、腊月八日、腊月廿四日、腊月廿五日、除夕等大约 30 个节日。此外，还有数量众多、分布于多处的庙会，它们以信仰中心——庙观及其附近区域为场所、在特定时间展开，往往兼具信仰、经济、社会等多种功能，是北京居民表达心理诉求、进行商贸交易、休闲娱乐、社会交往的特定时空，与平常日子相互间隔，张弛有度，共同构成了北京居民的日常生活节奏。近百年来，由于多种因素的作用，这些节日呈式微之势，数量大大减少，内容趋于简单，尽管如此，仍有相当一部分得以保留下来，比如春节、元宵节、龙抬头、清明、端午节、七月七日、七月十五、中秋、重阳、十月朔、冬至、腊月八日、除夕，等等，它们继续在北京居民的生活中占据着重要地位。同时，北京历史上一直是多民族杂居相处，目前更是全国各省市区中民族成分最为齐全的地区，而生活在北京的少数民族也多有自己的传统节日，并于节日期间开展多种多样的群体活动，这使得北京的传统节日本身也是一种多元存在。

第二种是政府主导的具有较强政治色彩的节日纪念日，主要是《全国年节及纪念日放假办法》中规定的节日纪念日，如国庆节、新年、劳动节、护士节、教师节、记者节、青年节、儿童节、妇女节、植树节、人民解放军建军纪念日、二七纪念日、五卅纪念日、七七抗战纪念日、八一五抗战胜利纪念日、九一八纪念日等。近年来，一些针对特殊人群设定的或具有专门主题的节日，如国际爱牙日、国际博物馆日、国家奥林匹克日、国际合作节等也属于此类。这类节日表达着官方在全球化、全球现代化过程中的诉求，是现代文化的代表。由于北京是首都，国家的政治中心，因此，这些政治色彩较为浓厚的节日纪念日在北京较之在其他地方，有更加突出的表现。以国庆节为例，每届节日来临，天安门广场上人山人海，近几年又兴起为人民英雄纪念碑敬献花篮的仪式。

第三种是外来节日，主要有圣瓦伦丁节(情人节)、复活节、愚人节、母亲节、父亲节、万圣节、圣诞节等，它们是异文化的代表，带着特有的文化符号，经过一定的本土化过程开始在北京地面上发芽成长。

第四种是近年来蓬勃兴起、蔚为大观的新兴地方节会。据不完全统计，2013 年在北京十六个区县兴办的这类节庆已超过 160 个，如大兴采育葡萄节、延庆冰雪欢乐节、平谷金秋采摘节、昌平草莓节、朝阳春分文化节等，海淀区这类节庆也十分丰富，比如香山红叶节、香山山花节、香山草莓文化旅游节、圆明园皇家庙会、颐和秋韵桂花展、樱桃采摘节等，这是地方政府、民众或社会组织等为发展本地经济、服务群众生活、进行地方文化传统建设而做出的积极努力。

第五种是新兴民间节日，目前已经显露较强生命力的如“光棍节”、中华母亲节等。

总之，具有不同来源的众多节日是本土文化与外来文化、传统文化与现代文化、汉族文化与其他民族文化的内容和表征，它们在不同的历法体系中占据一定的位置，共同为北京居民提供了多个具有内涵和意义的特殊时间段落。

(二)建构性色彩浓厚

节日的建构是指政府或者社会精英、民众有意识地积极介入节日发展演变过程，带着预设目标对既有节日加以改变，或者人为地设计新的节日，并通过动用多种资源使之活态存在于现实社会之中。这种现象传统社会也曾存在过，唐代出现的中和节、千秋节都是典型的建构型节日。[①] 而现存政府主导的具有较强政治色彩的节日纪念日基本上都是建构型节日。但是相比而言，当下北京节日的建构性色彩尤其浓厚。

这一方面表现在大量新兴地方节庆的出现。它们总是立足地方，充分利用当地特有的自然资源、物产资源、文化资源、民俗资源，在特定的地方举行，有着明确的目的取向，节日名称、活动时间、活动地点、活动内容、活动程序等也都是设计的结果。以香山红叶节为例，它充分利用山上林木秋天变红的自然优势和京人喜赏红叶的文化传统，自 1989 年起设立，迄今已连续举办 26 届，每届一般都在 10 月中旬开幕，期间还有精心策划的主题活动。比如 2013 年 10 月 14 日开幕、长达 30 天的第 25 届香山红叶文化节，便以“名山·红”为主题，安排了七大主题景区(东门广场的“名山·红”、枫林村的“林枫菊香”、“松涛花海”(知松园、翠微亭的“松下田园”、碧云寺的“碧云菊韵”、眼镜湖佳日园的“绚色晚秋”、双清别墅的“红色金秋”)和六项文化展览(凌空览胜图片展、重走红色进京路展、白瓷佛造像艺术展、千年香山历史文化展、“心悦拉萨”昭庙主题文化展、叶儿为什么这么样红——香山红叶文化节二十五周年回顾展)等活动。所有这些都体现了节日的建构性。

当下北京节日的建构性色彩浓厚还表现在对传统节日的重构方面。源远流长的传统节日以其民族性、生活性、复合性、共享性在北京居民的日常生活中占据突出位置。但近代以来，在多种因素共同作用下，传统节日的存废成为问题，传统节日的地位明显下降。进入 20 世纪 80 年代之后，在新的时代情境中，在多种力量的综合作用下，传统节日的多种价值被重新理解和认知，复兴传统节日成为国家和社会的一致诉求。由于社会的巨大变迁，复兴

---

① 相关内容可参见张勃：《唐代节日研究》，北京：中国社会科学出版社，2013 年，第 84—132 页。

传统节日的过程也是传统节日的建构过程，或者更确切地说，也是重构和重建的过程。一方面，人们在复兴传统节日的时候有意识地引入现代性元素；另一方面，为满足社会需求(包括想象的社会需求)也将传统节日作为文化建设和经济建设的重要资源加以应用。比如近年来出现的一些节会、庙会，如妙峰山传统民俗庙会、丫髻山传统文化庙会、厂甸庙会等，均可视为传统庙会的当代复兴。而这些庙会的主办者也总是格外强调自己与传统庙会的关联性，自觉地将其视为庙会传统的一部分，但事实上建构色彩十分鲜明。以2013年举办的第21届妙峰山传统文化庙会为例，它在宣称“妙峰山传统民俗庙会拥有四百多年历史”的同时，又明确“以传承挖掘保护传统民俗文化”为宗旨，以“金顶祈福纳吉祥、弘扬妙峰福文化”为主题，并设计举办了妙峰山庙会今昔图文展、特色旅游商品展卖活动以及“撞吉祥钟敲太平鼓”“带福还家”系福牌、走福路、逛福院、画福布、福树系福条、带福花等一系列祈福纳祥、民俗观光活动。[①] 又比如原来为女儿节、乞巧节的七夕被重构为中国情人节，原为全民节日、以游赏为主题的重阳节[②]被重构为以“敬老孝亲”为主题的中国老人节，也有着明确的目标诉求，具有鲜明的建构性。

此外，受西方节日影响而出现的带有一定对抗性质的新兴节日也是建构的结果，如将孟子的生日——农历四月初二定为中华母亲节，就是其中的典型。

(三)节日生活的自主性增强，分众性色彩鲜明

作为民俗事象，每一个节日都是关于何时、在哪里、举行什么样的活动以及如何举行这些活动的一整套规则，它既引导人们如何展开自己的节日生活，也规范着人们展开节日生活的时间、地点、内容和方式。传统社会的北京具有礼俗性质，节俗规则对人们的约束力较大，人们通常会按照节俗规则的要求行事，基于对神灵的信仰以及对神性惩罚的畏惧，对于节日中的禁忌更是严格遵守。但是当下是理性祛魅的时代，习俗的规范性大大降低，北京居民在过什么样的节日生活方面自主性大大增强。节日更多像是一个具有提示意义、需要人们去填充的时间容器。至于人们用什么去填充，起决定性作用的往往不是传统的习俗规定，而是居民的爱好与兴趣。在这种情况下，传统的节日习俗规制在很大程度上被打破了，那些曾经在北京地区颇具约束力的节日禁忌也大多失效。正月为一年之始，过去禁忌颇多，比如(正月初一)，不能说不吉利的话；小孩不能哭闹吵架；不能扫地、倒垃圾，否则会将财扫

① 参见 http://www.bj.xinhuanet.com/fw/2013－05/08/c_115687458.htm。

② 根据《燕京岁时记》的记载，在清代，“每届九月九日，则都人士提壶携榼，出郭登高。南则天宁寺、陶然亭、龙爪槐等处，北则蓟门烟树、清净化城等处，远则西山八刹等处。赋诗饮酒，烤肉分糕，洵一时之愉事也”。见富察敦崇、潘荣陛：《帝京岁时纪胜 燕京岁时记》，北京：北京古籍出版社，1981年，第79—80页。

出去或倒出去；不准看病吃药，否则一年到头都会生病；不能花钱(小孩压岁钱除外)，否则一年都受穷；从除夕至正月初五妇女不能到别人家去串门。而整个正月都不能剃头，否则死娘舅；不能婚嫁，所谓“正不娶，腊不订”，否则夫妻不能白头到老；等等。[①] 如今这些禁忌已为很多人所不知，即便知道，也很少遵循了。

与节日生活的自主性增强相关，节日生活的分众性色彩鲜明，这既表现在不同社会群体在过什么节方面具有较大差异，也表现在不同群体在过同一个节日时会有不同的方式和内容。而不同群体可以根据年龄、职业、族别、宗教信仰状况、婚姻状况、财富占有状况等来划分。比如新近兴起的“光棍节”的过节主体主要是处于未婚状态的男男女女；“情人节”的过节主体主要是处于恋爱中的男男女女；圣诞节的过节主体主要是基督教、天主教的信众以及青少年群体；儿童节、青年节、妇女节、老人节等亦都各有各的过节主体。又比如同是过春节，老年人喜欢家庭团聚，年轻人却热衷外出旅游。

(四)节日生活趋于简约，“非常性”不足

无论通过文献记载还是亲历者的回忆，我们都能发现，传统社会北京的节日时间跨度往往较长，尤其有较多的准备时间；节物品种丰富，而且多是自己动手准备；节俗中有许多不乏“繁文缛节”的仪式活动。相比之下，当前的节日生活趋于简约，具体表现为传统节日的节期(包括准备时间)普遍缩短，活动减少，仪式简化，节物更多从市场上购买，民俗主体投入其中的时间和精力都有所下降。这固然受科学技术水平提高和市场经济发达的影响，但更与现代社会生活方式整体上趋于方便快捷以及人们普遍追求便捷实用的心态有关。以拜年为例。拜年是老北京年节期间的重要仪式活动，虽然拜年的时间有早晚之分，拜年的形式有个体和集体之分，但都特别强调面对面以叩首、作揖、鞠躬等身体姿势和互致问候来表达新年的祝福。为了迎候拜年人，家家都要做精心的准备。“京城的小康人家多在客房的桌案上摆一只漆盒谓之‘百事大吉盒’，内分五槽，中间一圆槽，外围四‘扇面’槽。中槽放柿饼，周围四槽分别放桂圆(北京人谓‘圆圆’)、荔枝、红枣、栗子。家人与来拜年的客人共享，必祈新年诸般顺遂，百事(柿)吉利(栗)，以谐音讨吉言。”[②]但现在，拜年的仪式大大简化，手机短信、电子邮件和电话拜年在很大程度上取代了面对面的拜年，拜年的身体动作也因此在很大程度上消失了。

节日生活趋于简约，基本上符合当代北京居民的生活取向，也是北京居民选择的结果，但它同时带来了节日与常日差别不大(即“非常性”不足)、市民节日生活空洞化、节日体验不足的现实问题，也引起诸多市民对“年味儿不

① 常人春、陈燕京：《老北京的年节》，北京：中国城市出版社，2000 年，第 11—13 页。
② 常人春、陈燕京：《老北京的年节》，北京：中国城市出版社，2000 年，第 8 页。

足”的抱怨。

节日文化的多元并存、建构性色彩浓厚以及北京居民节日生活的自主性增强、趋于简约和节日体验不足，是当下北京节日的状况，也是我们思考其未来发展的基础和前提，并在很大程度上提供了建设的思路与方向。

二、关于北京节日建设的几点思考

节日是一种超越时空、超越国度民族的社会安排，每个社会、群体都有其约定俗成的节日。节日能够凝聚人心、传承文化、丰富生活、推动经济发展、促进社会和谐、缓释心理压力、满足情感需求，具有重要的文化、经济、政治、社会、休闲娱乐功能。节日的这些功能在当代得到越来越多的认可。而在全球化、现代化、休闲化时代，大众对于民族认同、国家认同、休闲娱乐的迫切需求也将为多种节日在今后的发展奠定坚实的基础。可以预言，北京的节庆活动将进一步繁荣，并产生更为广泛的经济收益和社会文化影响。自 20 世纪 80 年代起，北京节日就开始脱离自然发展的轨道而进入有意识、大规模建构的时代，而这一时代尚未结束，仍然会继续一段时间。建构时代，多种社会力量，尤其是具有公共权威资源的政府应该秉持怎样的理念，采用怎样的方法进行北京的节日文化建设，是值得我们进一步思考的关键问题。笔者将管见谨陈于下：

(一)需要将北京节日的建构提高到文化建设、经济建设、社会建设和城市建设的高度加以认识

节日作为时间的驿站，生活的华章，在传承发展民族文化和北京地方文化、保存世界文化多样性以及凝聚人心、推动经济发展、促进社会和谐、影响城市空间的功能布局、缓释社会成员心理压力、满足其精神情感需求等方面具有重要价值。这已被事实证明，也已成为社会共识。因此，北京节日的建构问题不是简单的小事情，而是关系着北京文化建设、经济建设、社会建设和城市建设的大事情。一方面，北京节日的建构是文化、经济、社会、城市建设的重要内容，另一方面也是进行上述诸多方面建设的重要方法和路径。

(二)以包容开放的心态对待来源不同的多种节日，充分尊重社会成员的选择自主性，同时采取措施，确保本土传统节日的主体地位

传统节日、外来节日、新兴地方节会、新兴民间节日以及政府主导的具有较强政治色彩的节日纪念日，代表着不同的文化，具有不同的意义和价值，它们在北京城市空间内的共在并存，是北京居民选择的结果。面对这样的事实，我们应该有一种包容开放的心态，将费孝通先生提出的“各美其美，美人之美，美美与共”作为基本原则，不随便将延续传统节日视为因循守旧而加以指责，不轻易将引进外来节日视为崇洋媚外而进行谩骂，不简单将重构节日视为数典忘祖而展开批评，而这也是北京发展成为世界城市的必然要求。当然，在以包容开放的心态对待多种节日的时候，我们还是应该更加重视本土传统节日的建设，并使其在北京节日体系中处于主体地位，这不但是因为这些节日刚刚经历了重创而尚在复兴之中而需要格外关照，更因为它们是重大的民族文化遗产，是我之所以为我的基因。确保本土传统节日的主体地位，也是将北京发展成为有中国特色世界城市的必然要求。

(三)加强顶层设计，在认真调查当下北京节日时空间布局的基础上统筹规划，注重各区县之间节庆活动的区别与联系，并有意识地培育品牌节庆

近年来，北京新兴地方节庆活动增长迅速，但这些节庆活动大多是北京下辖 16 个区县或各区县下的乡镇、村落等自行建构的，缺乏宏观上的统筹安排，这导致了节庆活动具有明显的时空间分异特征。在时间上“形成三个鲜明的节庆高峰，即 9—10 月的金秋高峰、2 月的春节高峰和 4—5 月的春季高峰”①。在空间上也存在较大差异，各区县多寡不一。“节事举办较少的区县，如通州、平谷，每年仅 6—7 次。而节事举办较多的区县，如怀柔、房山、门头沟每年举办的节事数量均在 15 次以上；从节事规模来看，各区县也存在着明显差异。”②为了促进节庆活动时空总体布局的优化，更好地发挥节日的多种功能，有必要加强顶层设计，将 16 个区县作为一个整体加以考虑，仔细分析和评估不同区县的资源优势和节日发展现状，在此基础上建构新的节庆活动或对某些节庆活动进行培育，使其成为北京城市的文化品牌。

而在这个过程中，依据服务性原则、因地制宜原则、重点突出原则、连续性原则和准入标准原则组织编订北京文化日历具有重要意义。所谓北京文化日历，就是根据北京节日活动举办日期的先后和空间分布，将相关信息进行有序编排而形成的文本。它用简明的方式揭示出北京节日活动的时空安排和丰富性程度。第一，北京文化日历的编制过程，也是对北京既有文化活动进行普查的工作过程，对于摸清家底，分析发展态势，发现特点、优势和不足之处具有重要意义，而这为宏观上统筹安排北京辖区内不同区县的文化活动乃至进一步设计新的文化活动奠定了基础，可以促进北京文化活动的科学建设和理性发展。第二，北京文化日历设立准入标准，将一批内涵丰富、参与度广、影响力大、发展前景好的地方节庆纳入其中，有助于打造文化品牌。第三，它为广大公众参与节日活动提供了行动指南。③

---

① 刘敏、刘爱利：《北京节庆活动的发展演进与综合效应研究》，《江苏商论》，2010 年第 5 期，第 27 页。

② 戴琳琳、盖世杰：《北京郊区节事旅游发展时空分异特征》，《地理科学进展》，2011 年第 8 期，第 1060—1061 页。

③ 关于文化日历作用的更多阐述，参见张勃：《城市文化日历构建及其相关问题的思考》，《青海社会科学》，2012 年第 5 期，第 126—128 页。

（四）对具体节日进行建构时，格外注重公共文化空间的营造、传统地方节物的发掘利用和仪式活动的引入

节日是以其非常性与平日区分开来的日子，当下节日“非常性”缺失严重，人们的节日体验不足是亟须破解的节日难题。为此，无论是新兴节日还是传统节日都必须在建构或重构过程中走内涵式发展的道路，格外注重公共文化空间的营造、传统地方节物的发掘利用和仪式活动的引入，以增强节日的非常性，并因此提升节日的吸引力和人们在节日中的审美享受、物质享受，带给人们更多的愉悦感。

都市社会节日的一个共性便是居民喜欢从事户外活动，在北京，至少元代时已然如此，明清时期则更为明显，并因而形成了相对固定的节日公共活动空间，比如明代年节期间的白塔寺，元宵节期间东华门外的灯市，浴佛节期间的戒坛，端午节期间的天坛、金鱼池、高梁桥、松林和满井，中元节期间的水关、泡子河，重阳节期间的香山诸山、法藏寺、显灵宫、报国寺等。①节日公共空间对节日发展意义重要。当前北京应该加强对节日公共空间的营造和利用，为市民过节提供具有吸引力的活动场所。

对加强节日的非常性而言，节物也具有重要价值。正如已有学者指出的：“节日需要直接可以品尝、观赏、把玩的节日物质产品或节俗象征物。”②北京的传统节日中原本有许多带有鲜明地方特色的节物，通常为居民自己制作或者从市场上购买得到，只是近代以来多有丧失。如今进行传统节日的重构，便有必要一方面将其中仍具现代价值的部分重新加以利用，另一方面则开发新的产品，以满足不同群体新的需要。而在建构新节日时，也需要格外利用好传统地方节物，这是令节日具有地方性或者说有特色的重要手段。

作为节日的构成要素，仪式活动的重要价值在于它通过身体参与的方式让参与者获得独特的精神价值和情感体验。在节日建构过程中重视仪式活动并引导市民参与其中，是使节日避免空洞化的有效路径。

（五）注意处理好政府与企业组织、社会组织以及居民的关系，在政府发挥重要作用的同时，充分调动企业组织、民间组织和北京居民的积极性

在当前节日建构过程中，政府参与组织、策划与实施，起着极其重要的作用，但是节日的生命力归根结底要依赖广大民众尤其是居民的积极参与。没有广大民众的参与，场面再隆重的节日也只能喧嚣一时。因此，政府有必要在调查民众需求和充分考虑传统节日资源的基础上，通过有计划地展现一些“非常活动”并提供“非常活动”得以开展的设施，来激发普通居民主动参与

① 参见(明)刘侗、于奕正：《帝京景物略》，北京：北京古籍出版社，1983年。

② 萧放：《传统节日的复兴与重建》，《传统节日与非物质文化遗产》，北京：学苑出版社，2011年，第31页。

的热情。值得注意的是，近几年来，企业组织、社会组织或者独立开展，或者通过与政府合作的方式，也参与到节日的建构过程中，这种参与是应该尊重并予以大力支持的。

(六)整合力量，成立专门组织，加强北京节日的基础研究和应用研究，为北京节日建设提供坚实的学术支持

北京节日建设具有重要意义，而且进展迅猛，但相应的研究相对落后，难以跟上形势的发展。有鉴于此，有必要迅速整合力量，成立专门组织，针对北京节日展开多角度的研究，具体包括：(1)北京历史时期节日文化研究；(2)北京岁时民俗文献的挖掘、整理与利用；(3)北京节日的当代传承与未来发展趋势研究；(4)北京市民当代节日生活研究；(5)北京新兴地方节庆建构中的经验、存在问题与对策研究；(6)北京节日功能发挥的理论与经验研究；(7)北京节庆的时空间分异研究；等等，从而为北京节日的建设提供智力支持。

总之，只要正确认识和充分重视北京节日建设的重要性，秉承正确的理念，在认真研究的基础上积极建设，北京节日就一定能够形成多种节日功能互补、和谐共生的格局，不仅服务于大众的生活，而且为首都发展起到更加积极的促进作用。

（作者：张　勃　北京联合大学研究员）

项目名称：基于语料库的法律常用词语应用研究
项目编号：12ZHC025
项目负责人：崔玉珍
项目信誉保证单位：中国政法大学

立法语言中的“应当”初探

一、立法语言中“应当”的争议

立法语言中情态动词占据着重要的地位，因为情态词是立法者用以表达其立法意图的重要手段，而情态词的核心就是情态动词。从这可看出情态动词是立法语言中的重要成员，相关的研究是立法语言规范化、保证国家法规实效、促进我国法制建设必不可少的一部分。

“应当”是一个高频率的情态动词，由于其语义上的复杂和使用上的不明确，引起了很多学者的关注，王敏(1996)，周赟(2006、2008)，孙政、孔祥参(2009)等都对立法语言的“应当”做了深入的研究，并提出了各自的观点。

周赟(2006、2008)，孙政、孔祥参(2009)都认为“应当”是表义务的情态动词，和“必须”在法理上的性质是相同的，都是表示不可不为的模式，但在强度上和“必须”不同。王敏(1996)《法律规范中的“必须”与“应当”辨析》一文则认为，在立法语言中“应当”与“必须”不仅在程度上有所不同，而且两者的性质也有根本差异，法律后果也不相同。具体说，前者只表示社会的理想指向，是引导性的价值标准，而后者才是具体指向客观现实的必然行为规范，是不可不为的。

其实前人研究关注的焦点只有一个，那就是：立法语言中的“应当”是否表达了义务性法律规范？如果是，它与“必须”在表达义务性法律规范时的区别在哪里？

前人研究已经取得了一定的成绩，但对于立法语言中的“应当”无论从广度上还是深度上都还有很大的研究空间，具体体现在以下几方面：

第一，前人对立法语言中“应当”的研究都是从法学角度出发探究“应当”的意义，但“应当”作为法律语言领域的现象，法学角度的解释是不够的。

所谓法律语言学是法律和语言学的交叉，这不是简单的交叉，而是语言形式和法律内容的紧密结合，因此对法律领域“应当”的研究也应该从这一法哲学出发，把“应当”和其所表达的法律内容结合起来。但同时我们也应该看到，“应当”是从全民语言进入到法律语言领域的，它的法律领域的意义肯定是根植于全民语言的，但进入法律领域之后，根植于全民语言的意义因为和法律内容紧密关联，因此它的意义就充满了与全民语言中的意义不一样的特性。

因此，我们对法律领域的“应当”进行研究不能单纯从法学的角度出发，而应该首先从语言学的角度出发，把“应当”在全民语言这一领域的意义作为参照，然后再从法律语言的角度出发，探究“应当”进入法律领域之后的意义。

第二，前人对法律领域“应当”的研究都是进行自省式的分析，这只能在一定程度上捕捉到“应当”的某些规律和特点，但难以把该词语的使用全貌反映出来，也难以挖掘出其完整的使用特点和规律。

总之，到目前为止对“应当”一词在立法语言中的理解和使用还没有统一的认识，全面的、深入的、从法律语言学角度出发的对“应当”的研究到目前也还没有。

基于以上的想法，本文将首先从语言学的角度出发探讨分析“应当”应采用的视角、理论和方法，然后再从法律语言学的角度出发、结合数据讨论“应当”在立法语言中的使用。

二、从主观化的角度分析“应当”

情态一直以来都是语言学界关注的一个话题。根据 Lyons(1977)的定义，情态是说话人对句子所表达的命题或命题所描写的情境的观点或态度。从这个定义我们就可以看出情态和人、人的认知、人头脑里的概念有着密不可分的关系，情态意义的形成离不开人的认知。因此，如果要全面了解“应当”在共时层面复杂的语义，我们必须从认知角度去摸清当前“应当”复杂语义的不同类型和特点。因而本文将尝试先从认知视角出发来分析立法语言中“应当”的复杂语义，以期可以清楚区分“应当”的不同意义，然后再进一步讨论“应当”在立法语言中的使用。

具体到认知视角，情态词的意义和说话人的主观态度有着密切的关系，因而主观性和主观化是情态词研究的一个很好的切入点。所以在对“应当”进行研究的过程中，本文将以有关主观性的认知理论为理论支撑，继而进行具体分析。

在认知领域的主观性理论里面，其中的两大理论影响比较大：一是“行、知、言”三域理论，二是 Traugott 的主观性和主观化理论。本文认为这两个理论可以结合并作为分析“应当”的理论支撑。下面，我们首先来具体看一下这两方面的理论，然后再探讨它们的结合以及在“应当”研究中的运用。

（一）“行、知、言”三域理论

“行、知、言”三域理论主要来自 Sweeter (1990)。Sweeter (1990)提出了

人类概念系统中存在 content, epistemic modality, speech acts 三个层次，沈家煊(2003)把那三大层次概括为三个不同的概念域：行为领域、知识领域、言语领域，简称为行域、知域和言域。“行”指行为、行状，“知”指知识、认识，“言”指言语、言说。语词的行域义是基本的，知域义和言域义都是从这个基本义相继引申出来的。例如“能”字：

(1)小王能说法语。[行域]

(2)我能骗你吗？[知域]

(3)能把笔记借我一阅！[言域]

例(1)中的“能”直接和行为有关，表能力，因此是行域；例(2)中的“能”表说话者对命题可能性的推断，因此是知域；而例(3)中的“能”涉及言外行为，表明该句的语力(illocutionary force)是“请求”，因此属于言域。

从上面可看出，“行、知、言”三个概念域可以很好地解释一词多义的现象，特别是情态词的一词多义现象。其实，行、知、言三域对“应当”多义现象的解释同样起作用，例如：

(4)北京去郑州应当要坐 5 个多小时。[行域]

(5)今天应当要下雨。[知域]

(6)你应当去看一下老师。[言域]

例(4)中的“应当”表陈述，是行域；例(5)中的“应当”表说话者对命题可能性的判断，是知域；而例(6)中的“应当”涉及说话者对听话者的建议，因此属于言域。

因此，从上面的分析可看出，行、知、言三域理论适用于“应当 ”的研究。

(二)Traugott 的(交互)主观化研究

早在 20 世纪初，Bréal 就在其著作中论证了主观性在语言中的重要作用，后经 Benveniste 和 Lyons (1977, 1982)的进一步强调，主观性研究在语言学中得到众多的关注，Traugott 是众多研究中的佼佼者。

E. C. Traugott 认为(交互)主观化就是一种历史中反复出现的演变模式，是一个语义演变的过程。在此过程中语言元素(语素、词、短语及结构式)从客观发展出表达言者参照(speaker-reference)、表达言者视角(speaker-perspective)的新的意义。因此，在历时过程中，某些词语项或结构式主观性的义项总是晚于概念性(ideational)的义项出现，而交互主观性的义项总是晚于主观性的义项出现。

在上面的基础上，Traugott 进一步提出(交互)主观化((inter)subjectification)是一种机制，在该机制中，主观化是一个意义被言者用来编码或者调节(regulate)自己的态度或信念；交互主观化是该意义主观化以后，被重新用来编码表示听者指向的意义(Traugott, 2010: 35)。该机制图示如下(基于 Traugott and Dasher, 2002: 225)：

(7)无/弱主观性＞主观性＞交互主观性

non-/less subjective ＞ subjective ＞ intersubjective

总之，Traugott 的(交互)主观化研究把研究焦点放在了(交互)主观性对词语意义的影响上，不同词语意义在(交互)主观性上的特点很不一样。

(三)“行、知、言”三域理论和(交互)主观化研究的融合

前人多把“行、知、言”三域理论和 Traugott 的(交互)主观化研究看成两种截然不同的研究，但实际上它们在思想上如出一辙，两者都是从主观化的角度来探讨语言成分在意义上的不同，因而在实际的运用上有异曲同工之妙，都能很好地对词语当前的意义进行解释，而且对具有复杂意义的词语两者都具有很强的解释力。不同的是，“行、知、言”三域理论是从共时层面来解释词语的意义，主要关注一词多义的现象；而 Traugott 的(交互)主观化研究则注重从历时层面来解释词语当前意义的形成。

但在笔者看来，要全面解释共时层面词语的意义，我们不但要关注词语在共时层面的体现，也要关注词语在历时层面的演变，因为只有从历时演变的过程才能更加容易抓住共时层面词语的不同意义，也能根据历时演变的过程对共时层面词语的使用提出更多、更深刻的看法。

因此，笔者认为应该把“行、知、言”三域理论和 Traugott 的(交互)主观化研究结合起来，根据主观性的强弱来区分“行、知、言”三域理论，无/弱主观性的词语用法对应的是行域，具有主观性的词语用法对应的是知域，而具有交互主观性的词语用法对应的则是言域。这也将是本文对“应当”进行研究的理论方法，为了行文方便，笔者在论述过程仍采用行域、知域和言域这三个概念，但概念的内涵比“行、知、言”三域理论中相应概念的内涵更为丰富。

三、从法律语言学的角度分析“应当”

本文将运用行域、知域和言域这三个概念域对法律领域的“应当”进行分析。对法律领域“应当”的研究不同于普通领域对“应当”的研究，这主要有两方面的原因：

第一，一旦“应当”进入了法律领域，它将为表达一定的法律内容所服务，因而它在法律领域的使用特点和规律要根据其出现的法律语境决定。

第二，情态词的语力会直接影响它表达什么的法律内容。情态词和认知有着密切的关联，情态词意义的形成由认知决定，而认知同时会影响情态词的语力。语力是 Searle 在言语行为理论中提出的重要概念，该概念主要是指有些词语因为语境或使用者或其他因素而导致另一行为的发生，这种情况该词语也就具有了语力，言外的语力。

同一情态词不同意义所具有的语力的不同，因此何时、何处适用何种情态意义，在法律领域就显得尤为重要，因为它将直接影响到法条的效力。

从行、知、言三域的语力来看，情态词处于行域时语力最弱，因为行域意义是针对命题的，是客观的、非主观的；处于知域时，一般也不具备言外语力，尽管知域的意义具有强烈的主观性，但由于这个主观性还只是针对说话人自身的，不过也要注意一点，如果说话人处于强势的地位，说话人的知域表达也会给受话人带来影响；而处于言域时语力是最强的，因为这时候词语的发出将会引发受话者动作的实施。

情态词具有的语力和其所表达的法律规范是密切关联的。通常认为，法律具有三大规范：禁止、义务和授权。① 这三大法律规范都要求人们遵守，因此表达这三种法律规范的词语也就必须具有相应的语力，只有这样才能使立法者的立法意图得到实现。

具体到“应当”一词，上文提到，前人研究对法律领域“应当”一词的最大争议在于“应当”是否具有表达义务性法律规范的功能。其实这一争议可以从“应当”在行、知、言三域的使用情况可以得知。因此，本文从法律语言学的角度对法律领域中“应当”的具体研究如下：

第一，考察立法语言中“应当”在行、知、言三域的使用全貌。

第二，根据“应当”在行、知、言三域的使用全貌，分析当前“应当”在立法语言中的使用状况、特点和规律，同时结合语力来分析其与所表述的法律规范之间的关系。

第三，紧扣法律内容和法律形式的关系，分析当前立法语言中“应当”和其所要表达的法律内容是否吻合，从而进一步对立法语言中“应当”的使用提出建议。

四、立法语言中的“应当”

根据上文的研究思路，下面我们来具体分析立法语言中“应当”的使用。由于中国法律条文数量庞大，本文将以《刑事诉讼法》为例来考察立法语言中“应当”的使用情况，原因在于《刑事诉讼法》作为规范刑法程序的程序法，对当前的司法实践有着强大的影响力。

(一)“应当”在《刑事诉讼法》中的使用状况

在《刑事诉讼法》中，情态词的使用相当广泛。经过笔者的统计，《刑事诉讼法》一共出现了361个“应当”，均与程序规范有关。由此可见，《刑事诉讼法》中的“应当”对《刑事诉讼法》的法条表达有着重要影响，如何理解《刑事诉讼法》中的“应当”直接关系到《刑事诉讼法》的理解和应用。因此，本文将主要对《刑事诉讼法》中的“应当”进行分析，以期能更有利于《刑事诉讼法》的司法实践应用。

---

① 舒国滢主编：《法理学导论》，北京：北京大学出版社，2006年。

“应当”在《刑事诉讼法》中一共出现了 361 次，它在行、知、言三域的具体分布如下：

“应当”	行域	知域	言域	总数
数量	89	220	52	361
百分比	24.7%	60.9%	14.4%	100%

从上表可看出，“应当”在《刑事诉讼法》中的意义在行、知、言三域都有体现，但其使用的频率有很大的区别，倾向性相当明显。“应当”的意义大多属于知域，占了总用例的 60.9%；其次是行域，占了 24.7%的比重；最少的是言域，只有 14.4%的用例。下面我们来看一些具体的例子：

(8) 在侦查、审查起诉、审判时发现有应当排除的证据的，应当依法予以排除，不得作为起诉意见、起诉决定和判决的依据。(第五十四条)

(9) 违反前款规定的，应当依法追究法律责任。(第四十条)

(10) 送达传票、通知书和其他诉讼文件应当交给收件人本人。(第一百零五条)

(11) 被取保候审的犯罪嫌疑人、被告人应当遵守以下规定。(第六十九条)

例(8)中的“应当”表示“应该”的意思，直接和动作“排除”关联，属于行域，因为这个例子中是说话人对一种事实的陈述，体现的是一种命题意义，具有比较明显的客观性。

例(9)和例(10)的“应当”属于知域，因为这两个例子中“应当”体现了说话人通过逻辑思考后而得出一定的结论，体现的是一种认识意义，具有一定的主观化。这个例子比例(2)更能体现出说话人在说出一个命题的同时表明了自己对这个命题的立场和态度，也就是 Traugott 所说的，用某一语言形式来编码话语中“自我”的印记。

例(11)的“应当”则属于言域。吴福祥(2004) 提到主观化和交互主观化的一个明显区别就是：“主观化是意义变得更强烈地聚焦于说话者，而交互主观化是意义变得更强烈地聚焦于受话者。但交互主观化总是蕴涵着主观化，不可能存在没有某种主观化程度的交互主观化（一个形式若没有某种程度的主观化就不可能有交互主观化现象）。”例(9)和例(10)的“应当”都体现了主观化的特点，因此属于知域。但在例(11)中，“应当”不再是聚焦到说话者的语言成分，而是聚焦到了受话者“被取保候审的犯罪嫌疑人、被告人”上，从而达到交互主观化的目的。

总的来说，《刑事诉讼法》中的“应当”有三种不同的用法：一种是行域的意义，表“应该”，通常和命题意义关联；一种是知域的意义，表说话人对命题的认识、立场和态度；一种是言域的意义，表对受话者的关注。

(二)“应当”在《刑事诉讼法》中的使用特点

“应当”可以处于行、知、言三个概念域之中，但处于不同概念域的“应当”具有不同的语力。

行域中的“应当”是说话人对一个命题的客观陈述，因此这个概念域中的“应当”只涉及命题，是不会产生语力的。

知域中的“应当”表达了说话人对某一命题的认识、立场和态度，由于这个概念域中的“应当”只涉及说话人、只是说话人表达“自我”印记的一种编码，因此它也不会产生语力。这一点可以从前人研究得到印证，王敏(1996)就认为“应当”只表示社会的理想指向，是引导性的价值标准而不是义务性的价值标准。这一点很好地印证了知域中的“应当”并不具有语力，但具有引导性的作用。而知域中“应当”的引导性作用，笔者认为主要是受中国法律条文的立法者的影响。法律条文的说话人就是立法者，而立法者在中国当前社会具有强势地位，因此法律条文中表达立法者认识、立场和态度的法条就会引起众多人的关注，并且具有一定的威慑力，从而起到引导的作用。

但另一方面也有不少人误认为知域中的“应当”具有语力，这在前人研究中也有所反映。这个误解产生的原因最主要的就是立法者在中国当前社会的强势地位很容易使民众夸大立法者在法律条文中所表达的认识、立场和态度，把立法者在法律条文中所表达的认识、立场和态度等同于立法者在法律条文中所表达的法律规范，从而从性质上就错误理解了“应当”。

言域中的“应当”则具有了语力，因为该概念域中的“应当”把焦点引到了受话者身上，这时候的“应当”不仅仅表达了立法者的认识、立场和态度，还表达了立法者对受话者的要求，因此产生了“要求”的语力。这点同样可以在前人研究中得到反映。前人多认为“应当”是一个表义务性法律规范的情态词，但程度没有“必须”高。这种理解实际上就是言语中的“应当”产生了“要求”的语力，它要求受话者实行法条中的动作。立法者有着独特的强势地位，立法者所提出的要求对受话者而言就产生了强制性，因此就产生了表义务性情态规范这一功能。

可见，不同概念域中的“应当”具有不同的意义，其使用也就有了不同的语力。但无论如何，“应当”在《刑事诉讼法》中的使用很复杂，不同的语境具有不同的意义、属于不同的概念域，不同的意义和概念域进一步导致了不同的语力，从而影响了“应当”所表达的法律内容，也影响了人们对立法语言中“应当”的理解。

(三)立法语言中“应当”的使用建议

从前文我们可以看到，立法语言中“应当”在行、知、言三域都有体现，这就给我们理解法律条文中的“应当”带来了极大的不便，很难立刻把握某一法律语境中“应当”的意义。同时从立法语言的规范化来看，立法语言要求表达明晰、具有单义性，而目前立法语言中的“应当”使用和立法语言的规范化要求还存在一定的距离。因此，笔者认为，应该消除立法语言中“应当”的多义性，规定“应当”只使用某一概念域的意义。但到底“应当”应当使用哪个概念域的意义？这就要求我们要把所有的情态词都找出来，并且按照本文的方法对全部情态词进行详细的分析，然后再系统地给出具体的使用建议。这也是笔者即将要展开的下一步工作。

五、余　论

本文重新解释了行、知、言三域，在此基础上以《刑事诉讼法》为例对立法语言中的“应当”进行了研究，从而清楚地揭示了“应当”的不同意义以及该意义带来的法律效力。

但本文的研究还是远远不足的，例如：

第一，从历时层面来看，当前“应当”的众多意义是如何演变出来的？

对于汉语这种非形态的分析型语言，词和短语之间、词和词之间，甚至同一个词内部各种用法之间的区别有时很难截然分清。因此，只有坚持共时与历时的结合，用动态的、联系的观点来对相关现象进行多角度、多侧面的考察，才能充分揭示出许多以前没有注意到的现象和问题，也才能对汉语语法研究中各种纷繁复杂的现象做出科学合理的解释。

第二，从共时层面来看，“应当”在整个中国法律条文中的使用全貌是怎样的？

第三，除“应当”之外，立法语言中的其他情态动词在行、知、言三域的具体表现是如何的？它们所表述的法律内容具体是什么？

总之，有关立法语言中对“应当”的研究或其他情态动词的研究还很不够，有待以后更深入、更全面地研究。

参考文献

[1] J. Lyons, 1977, *Semantics*. Cambridge: Cambridge University Press.

[2] E. Sweeter, 1990, *From Etymology to Pragmatics: Metaphorical and Cultural Aspects of Semantic Structure*. Cambridge: Cambridge University Press.

[3] E. C. Traugott, 2010, (Inter)subjectivity and (inter)subjectification: A reassessment, In Kristin et al(eds.) *Subjectification, intersubjectification and grammaticalization*, 29—71. Berlin/New York: Mouton De Gruyter.

[4] E. C. Traugott and R. B. Dasher, 2002, *Regularity in Semantic Change*. Cambridge, UK: Cambridge University Press.

[5] 高丽娟：《基于汉英平行语料库的中国立法语篇情态动词对比分析》，《绍兴文理学院学报》，2010年第5期。

[6] 郝丰玲、余玲丽：《法律英语语篇和英语政治新闻语篇核心情态动词的对比分析——一项基于语料库的研究》，《宁波工程学院学报》，2008 年第 1 期。
[7] 孙政、孔祥参：《浅析法律语言中的“应当”与“必须”》，《沈阳干部学院》，2009 年第 6 期。
[8] 王敏：《法律规范中的“必须”与“应当”辨析》，《法学》，1996 年第 8 期。
[9] 吴福祥：《近年来语法化研究的进展》，《外语教学与研究》，2004 年第 1 期。
[10] 杨永芳：《英汉情态动词动力情态的主观性对比分析》，《教学与管理(理论版)》，2010 年第 8 期。
[11] 赵侃、张发祥：《〈劳动合同法〉中情态动词的人际功能研究》，《吉林省教育学院学报(学科版)》，2009 年第 10 期。
[12] 张黎：《〈刑法〉中情态动词的人际功能分析》，《河南电视广播大学学报》，2010 年第 3 期。
[13] 张群芳：《商务合同中情态动词的语用功能分析》，《湖南第一师范学报》，2008 年第 4 期。
[14] 周赟：《对法律文本中“应当”一词的语义分析》，《南阳师范学院学报(社会科学版)》，2006 年第 10 期。
[15] 舒国滢主编：《法理学导论》，北京：北京大学出版社，2006 年。
[16] 沈家煊：《复句三域“行、知、言”》，《中国语文》，2003 年第 3 期。

（作者：崔玉珍　中国政法大学 副教授）

城市学学科

C H E N G S H I X U E X U E K E

项目名称：北京地区住宅外墙保温的现状调研及节能对策研究
项目编号：11CSB004
项目负责人：穆静波
项目信誉保证单位：北京建筑大学

既有建筑外墙保温节能改造施工的难点与对策

一、引　言

既有居住建筑的节能改造，主要是对早期建设标准低、节能效果差的居住建筑，为提高其保温性能和供热效率所进行的系统性改造，以达到节能减排、改善居住环境的目的。由于我国早期经济落后，建筑的标准低、能耗高、能源利用率低。如北方地区的单位建筑面积采暖能耗相当于同气候条件欧盟国家的2—3倍[1]，且不符合新节能标准的建筑存量大。例如北京市2009年年底的统计数据[2]，城镇住宅37325万 m^2 中，按照新节能标准建造的房屋8695万 m^2，仅占23.3%。改造任务艰巨。

随着国家节能减排、保护环境、提高居住建筑品质的一系列政策、标准、规范的推行[3-4]，既有建筑节能改造工程已大面积展开。然而，在工程实施过程中，由于管理不到位、技术不成熟等种种原因影响了工程质量，有的工程甚至发生了火灾、中毒、坠落等事故，造成了重大损失和不良的社会影响。

二、节能改造施工的难点

城镇居住建筑的节能改造，主要对象是围护结构(含墙体、屋顶、门窗)、供热采暖或空调制冷(热)系统。改造施工主要包括增加外墙保温和屋面保温层、更换外门窗、改装供热采暖系统等内容。其中，外墙保温施工的工程量大、周期长、安全隐患多，主要特点如下：

(1)施工场地条件差。目前，我国城镇需要节能改造的居住建筑主要是多层和高层住宅楼，建筑密度大，施工场地狭窄；多数处于城镇中心位置，环境保护要求高。

(2)多数住宅楼的产权形式为多户共用、产权私有，使施工组织与安排困难，与用户联络、协调工作量大。

(3)作业基体复杂。施工对象多为老旧房屋，作业面存在较多障碍(如空调室外机、排风排烟管等)；外墙基体装修做法种类多，可靠性差，牢固程度以及与保温改造层次黏结力差异大，不易控制施工质量。

(4)安全隐患多。改造施工过程需在施工对象被使用条件下进行，存在多种安全隐患。如脚手架及垂直运输设备的架设安装不能采用常规方法与建筑结构拉结，施工现场存在大量非作业人员活动。施工对象内部存在大量火源和易燃品，火灾隐患大。而一旦发生火灾，后果比新建工程更为严重。

三、施工关键问题的对策

城镇既有多层住宅建筑多为混合结构，外墙种类包括实心或多孔砖墙、砌块墙体等。高层住宅建筑多为混凝土剪力墙结构和框架结构，其外墙形式主要有现浇钢筋混凝土墙体、现浇轻骨料混凝土墙体、预制混凝土夹芯墙板、砌块墙体等。

(一)脚手架的选择与搭设

外脚手架是既有建筑外墙保温及外窗更换的重要施工设施和安全防护设施。它的选择与使用合理与否，不仅对工期、造价有较大影响，对施工安全、火灾防范也有着更重要的意义。

1. 控制材料和搭设方式，防止火灾发生

外墙保温材料多为可燃物，施工过程中往往处于暴露状态，极易引发火灾。因此，脚手架材料的种类及搭设方式，必须考虑防火要求，避免或减少火灾隐患。如导致 58 人遇难的上海某 28 层住宅楼节能改造工程重大火灾事故(图 1)，其重要起因就是脚手架。该工程外墙保温改造施工采用扣件式钢管脚手架，周圈封闭设置，在竖向上通过型钢悬挑支架分四段搭设。由于施工人员在 10 层室外为加固悬挑支架违规进行焊接作业，溅落的熔渣引燃了下段脚手架防护平台上的聚氨酯保温材料碎块引发了火灾。而脚手架所使用的尼龙安全网、竹笆脚手板等起到了蔓延和助燃作用。在大风作用下，楼体四周同时燃烧，阻断了逃生和救援通道，是灾害扩大的主要原因。因此，既有建筑脚手架不但需要有足够的承载能力和高空稳定性，还应使用难燃和不燃材料搭设，有利于防止火灾发生和火势蔓延；此外，采取周圈不全封闭搭设脚手架、各方向墙面不同时施工，也有利于火灾发生时的人员撤离和救援。

2. 合理选择架体，采取必要的安全和稳定措施

既有住宅楼多为平屋面，宜采用工具式吊篮作为外脚手架进行施工。该种架子安全设施较全、可靠，且仅架设在屋顶，具有搭设简单、使用方便、与既有建筑连接少、对用户干扰少等优点，宜优先选用。脚手架的搭设后及使用中，应做好人员培训、检查验收及监管工作。

使用吊篮架需注意的是，支架底部必须坚实、稳定，不应直接支设在保温层上；应在屋顶对每个吊篮单独设置可靠的安全绳固定点，安全绳不得与吊篮上任何部位有联系，作业人员佩戴的安全带及安全锁扣必须可靠地挂设

图 1　某住宅楼改造引发火灾

在安全绳上；应排除影响吊篮正常运行的障碍，并在吊篮下方设置安全隔离区和警告标志；作业人员应从地面进入吊篮内，不得从建筑物顶部、窗口或其他孔洞处上下吊篮；每个吊篮内作业人员不应超过 2 人，严禁超载运行，且保持荷载均衡；遇有雨雪、大雾、风沙及大风等恶劣天气时，应停止作业，并将吊篮平台停放至地面。

对多层住宅建筑也可搭设落地式脚手架。其优点是操作面大、稳定性较好、装拆及操作均较为简单，且不需要增加电力负荷。在常用的扣件式、碗扣式、盘销式、门式等几种架体形式中，盘销式和门式架子具有重量轻、稳定性好、搭拆简单快捷、架体内部可以设置上人斜道等优点，是较好的形式。

搭设落地式脚手架时，对使用中的居住建筑，连墙杆——这一保证架体稳定和承载能力的重要杆件难以设置。除了公用楼梯间、电梯厅部位的窗洞口可以充分利用外，其他部位应采用特殊的连接方法，如在混凝土墙、柱、梁或构造柱、圈梁等可靠部位装设锚栓或设置埋件等。但其数量、间距必须通过计算确定，安装后应进行拉拔试验，检验合格后再使用。

（二）控制施工质量

外墙保温改造是对建筑物外观和建筑物能耗水平、室内使用舒适度等的综合提升。不仅涉及改造后能否满足国家节能标准、日常运行能耗费用、相关政策和经济效益，同时还影响到改造后建筑外观质量和安全性。

1. 查明基体状况，做好基体处理

建筑基体结构类型、表面装修种类、现有状况及老化程度，对节能改造方案以及施工质量有重大影响。20 世纪 80 年代以前建成的城镇住宅外墙多为实心砖墙，外墙装修以清水墙为主。90 年代建成的住宅楼，中小城镇以实心砖墙、多孔砖墙、空心砌块墙为主，大城市多为钢筋混凝土墙体；外墙装修形式主要包括抹灰表面刷涂料、瓷砖、干黏石等。施工前应做好结构检测，并按基体实际状况进行相应处理，以保证保温系统的牢固和安全。

对于需进行结构抗震加固改造的老旧房屋，应根据加固改造后外墙的材料种类进行处理。对原墙面上由于拆除、冻害、析盐、侵蚀所产生的损坏进行修复；油渍及污染部分应进行清洗；墙面的缺损、孔洞应用聚合物砂浆填补密实，凹陷部位分层抹平。对墙体表面的涂料层应清理干净。对墙面抹灰、干黏石、瓷砖等装饰层，不但要检查该层次本身的强度，还应通过拉拔试验检查其与墙体的黏结强度，不满足强度要求者应全部清除；仅个别点位空鼓或强度不足者，应进行局部处理。

对平整度较差的墙面，应在清理后抹灰找平，以保证保温材料与墙体有足够的黏结面积，满足黏结力要求；同时，也可避免为适应墙体表面而切削保温材料，影响保温效果。对墙体上安装的空调机、窗护栏、水落管、线路等附着物应清除或拆移，以减少施工障碍和热桥，保证保温层的完整性。

2. 合理选择保温系统，保证联结可靠

既有住宅建筑改造的外墙保温宜采用外保温系统，该系统应具有连接、保温、防护、饰面等各种性能，满足保温、防水和装饰等功能性要求。外保温材料宜使用燃烧性能为 A 级(不燃体)或复合 A 级的热固性保温材料，否则应设置足够的水平防火隔离带。常用的外墙保温系统有：岩棉板外保温系统、玻璃棉板外保温系统、复合硬质酚醛泡沫板外保温系统、复合硬泡聚氨酯板外保温系统等，其主要构造如图 2。

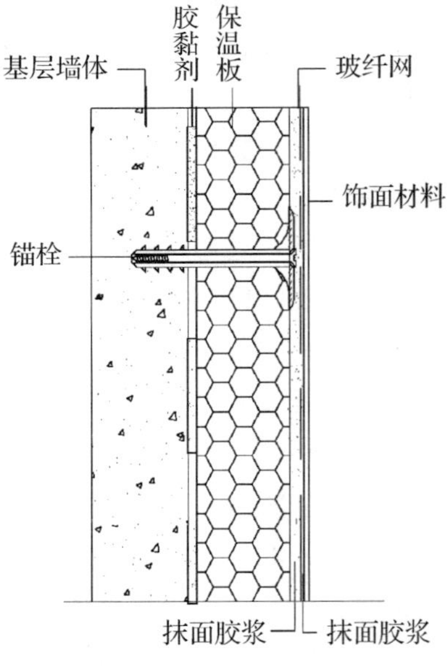

图 2　外保温系统构造

既有住宅建筑改造的外墙宜采用涂料作为饰面材料，有利于减少荷载、提高安全性，也可简化施工过程、缩短施工工期。

保温板与墙体基面的联结宜采用黏锚结合的方式。黏贴施工前，应对基层墙体表面进行黏结强度验证检测，并按下式确定黏结面积率：

$$F=B\cdot S\geqslant 0.10\mathrm{N/mm^2}$$

式中，F——基层墙体与胶黏剂应达到的黏结强度，$\mathrm{N/mm^2}$；

B——基层墙体与所用胶黏剂的实测黏结强度，$\mathrm{N/mm^2}$；

S——黏结面积率。

如黏结强度不能满足要求时，应根据实测数据，采取界面处理和增加锚栓密度等联结方案。

粘贴保温层宜采用满粘方式(特别是高层建筑)，形成无空腔的保温系统，以防止正负风压引起保温系统破坏。当采用空腔保温系统时，宜采取点框粘或条粘，不宜点粘，使板面应力分布均匀，避免应力集中。保温板与基层墙体必须粘结牢固、无松动和虚粘现象，实际黏结面积率、黏结强度及安装构造应满足相应体系的规定要求。锚栓的数量、位置与分布、锚固深度、锚固力应符合设计和相关标准的要求。当基层为轻质墙体时，应根据风压值核算锚栓数量。对锚栓的锚固力应通过现场拉拔试验进行检验。

(三)加强安全管理

既有居住建筑节能改造施工现场条件复杂、安全隐患多，应采取有效措施。主要包括：

(1)在外墙保温层施工前，应完成门窗更换以及需要焊接作业的工作内容。在施工作业期间，尽量撤离楼内居住人员。不能撤离时，必须采取作业区与非作业区防火分隔、外门窗防火封堵及其他施工现场综合防火措施。

(2)按项目规模配备充足的安全管理人员，作业人员必须通过安全生产教育培训和考核。在施工前应编制安全专项方案，并通过论证和审批，施工中严格执行。

(3)要充分考虑居住人员及施工人员的进出安全，加强对施工现场出入口、预留洞口、人员出入口等部位的防护管理，加强对施工作业人员安全帽佩戴情况、安全带佩戴和系挂情况以及现场安全网的使用情况进行检查。

(4)加强脚手架作业安全防护工作。要严格按照专项方案搭设脚手架，作业面要满铺脚手板，对搭设在楼面等建筑结构上的脚手架，必须对支撑架体的建筑结构进行承载力验算，当不能满足承载力要求时应采取可靠的加固措施。

(5)对原房屋外立面部分附属设施、构件拆除时，应避免对原建筑结构造成损伤。拆除施工开始前，要告知周围人员，并设置禁区围栏、警告标志，派专人监护，禁止非拆除人员进入作业现场。

(6)外墙保温工程附近不应进行焊接等明火施工作业，确需明火施工作业的，应采取可靠的防火保护措施，并严格禁止与外保温施工交叉作业。

(7)可燃、难燃保温材料的施工应分区段进行，各区段保持足够的防火间距，在固定保温材料后应及时涂抹防护层。施工现场应设置临时消火栓系统，并在作业工位配备足够的消防灭火器材。

(8)对施工期间撤离了楼内居民的工程，要做好楼内的安防工作，避免居民家中财产损失。

四、结　论

建筑节能改造是提高既有居住建筑品质、节约能源、加强环境保护的重点内容。北京市既有建筑外墙保温节能改造任务繁重时间紧迫、意义重大，在外墙保温工程实施中，应针对工程特点，重视脚手架搭设和使用安全、做好房屋基体检查和处理、提高各层次与基体的连接质量，并加强安全防火措施的落实与管理。希望引起有关各方面的重视，使保温节能改造技术得以推广和应用。

参考文献

[1] 住宅和城乡建设部编写组：《系统·适宜·平衡——城市既有居住建筑节能改造规划方法与实践》，北京：中国建筑工业出版社，2011 年。

[2] 北京市住房和城乡建设委员会、北京市发展和改革委员会：《北京市“十二五”时期民用建筑节能规划》，2011 年。

[3] 北京市住房和城乡建设委员会：《北京市老旧小区综合改造外墙外保温施工技术导则》，2012 年。

[4] 住房和城乡建设部标准定额研究所：《居住建筑节能设计标准应用技术导则——严寒和寒冷、夏热冬冷地区》，北京：中国建筑工业出版社，2010 年。

（作者：穆静波　北京建筑大学教授）

项目名称：北京城市景观文化生态发展研究
项目编号：12CSB003
项目负责人：黄　艳
项目信誉保证单位：清华大学

通过实体的设计重建大都市生态景观

在过去的几十年里，全球大都市中普遍存在的现象是，大都市的发展导致了城市扩张进一步恶化、景观的破碎、环境品质退化、社区的混乱、社会和经济不公以及地区文化价值的单一等问题。尽管我们已经致力于发展有效的城市空间结构和空间形式的优化，如新城市主义、智慧增长和可持续发展等，但这些大都市发展的负面影响依旧日益严重。

在城市空间中，我们能非常清晰地看到，本地市民的传统生活模式是如何被积压的、新建地带是如何抹去关于过去的记忆、个性化的文化特征是如何被放进统一的框架中的。除了少数被专门划出的保护区，留在城市景观中普通居民的日常生活景观已被主流文化的高速路、公园和写字楼轻易地抹去。在这个问题上，许多设计师、规划师和研究者起到了帮凶的作用，他们屏蔽了许多地方的象征和传统，于是这种文化就被“消化”了。

全球化还带来了地域文化特征的丧失、文化的同一性等。与美国一样，在我国很难找到没有麦当劳、家乐福的城市了。虽然这些服务零售机构对地区经济活力有贡献，但这些连锁企业的物理特征却是完全相同的，而根本不必考虑它所处的位置——纽约、北京还是巴黎。甚至，郊区发展模式中的物理特征也是如此，极少有例外。作为独立的实体，每个地区、城市和民族团体都具有它们自己的文化规范和含义，并且与当地传统和特定空间界限的概念相联系，它们具有共同的基于同质的文化或民族特征的社会准则。这些问题如果继续被忽视下去，我国当前大都市中文化迷失的状况将进一步恶化。

大都市中的生态区是由经年累月的相互作用的各种现象共同塑造的，包括物理的、生物的、社会的和文化的现象，所有这些共同塑造了地区的自然特征和文化特征。人类活动不仅介入到生物自然现象，并影响了它，而且参与到社区生活的重建中。实际上只有少数的环境不会受到人类的冲击，特别是在大都市地区。

大都市景观不是静止的实体，它们一方面受到全球化和当地推动力的影响，另一方面也影响了它们的社会产品及其在形态方面的表现。中央领导多次在重大场合提出生态文明的理念，实际上是高瞻远瞩，为我们城市和环境的发展提出了切实可行的指导。显然，生态文明的含义不应局限在自然生态的范畴，而应延伸至文化和精神的领域。在此理念的支撑下，结合专业的具体特性，提出通过实体的设计来重建大都市中的自然与文化生态景观，不失为一种务实的态度。

一、基于文化生态理念的可持续地方主义

所谓文化生态，就是要恢复一种普通人与他们所处环境之间的和谐关系。这就要求我们必须认识到，景观环境不是孤立的片段、单独的个体，而是相互关联、相互影响的整套系统；它具有生态系统的特性，有其生长、蔓延、变化的客观规律。可以说，城市文化就是一个生态系统。

我国拥有巨大的自然资源和独特的人文景观，但过去几十年大量农村人口涌入大城市，对城市和乡村景观都带来极大的冲击，使得景观构架发生了巨大变化。一方面过去农业社会的聚居方式和景观不复存在，另一方面全球化的压力还会持续地影响城市景观、规划师和管理者。如果城市依然像过去几十年那样超速发展，大都市扩展所带来的恶果将进一步加剧，而不当的空间结构将使得这种问题更加严重，这种发展模式显然不是可持续的。

可持续的发展意味着持久和稳定，追求的是在社区发展中对环境、经济和社会公正方面平衡的考虑。“发展应既满足这一代人的需求，也应满足下一代和几代人的需求”①，经济和社会发展应尊重生态系统的有限容量和景观，并减缓人类活动带来的冲击。

基于文化生态的可持续地方主义，这个概念上的转变包含丰富的思想和实践，伴随着关于地方感和可持续性的特殊理念，并且与当代社会、经济、政治及技术现实相适应，致力于坚守城市化带来的冲击——杂乱无序的蔓延、城市生活品质的下降、环境恶化、社会与经济不公，以及对地方感的侵蚀。它与当代社会、文化、经济、政治 和技术的动力相适应，从而塑造了大都市景观，并且利用地方主义和可持续性来修整和调整它。

因此，这就要求我们确实领会并贯彻以下这些实际的问题，并以之作为思考和行动基石。

(一)空间的地方感

城市的社会—文化景观是极度复杂的。19世纪和20世纪的地方主义者非常关注在大都市人口扩张过程中景观的均匀化问题，以及当地价值和传统的永存性。地方主义者、文化地理学家、景观建筑师和城市规划师们针对在大

① Jacobs，lane. *The Death and Life of Creat American Cities*. New York：Random House，1961，p. 203.

都市景观中“地方感”消失的问题进行了大量的研究并提出了补救办法。需要特别关注的是，在可持续地方主义的实体设计的脉络中，怎样有效地定义一个区域的空间品质；怎样在创造和维持地方感的过程当中利用地方特质；以及如何具体地指出在不同尺度上它们是怎样被把控的。

笔者认为，文化生态可以作为将文化因素融入生态规划核心的一个途径。一个试图抓住空间存在地方精髓的例子是位于奥斯汀（Austin）的野花中心（Wildflower Center）(2005)，它的设计有效地抓住了地方的特点和场地的视觉本质。这种西北太平洋的地方主义以环境需求、优先顺序为指导，并且通过建筑形式表达出来；反过来，这种形式对当地自然光、能源保护很敏感，木头材料的应用也与景观相适应。（见图 1）

图 1　Wildflower Center 花园现在甚至成了婚纱拍摄的热门外景地

(二)地区和地方特色

可持续地方主义强调抓住地方的精髓，并且解读它，使之反映到设计和建筑形式之中。所有的地区都包括“必须被发现和保持的精髓，它表达了这个地方的独特性”①。一个地方精髓最独特的方面存在于当地的地理、气候和风俗，以及对当地自然材料的利用与转化。寻求一个生态区的地方特色包括但不限于：

1. 通过研究自然和文化历史去揭示当地形式和物种独特性的复杂性方面，以及那些基于人们为了适应景观满足自身需求而产生的形式

我们需要发现、理解和解读当地文化独创性的符号或象征，因为它们都是在我们城市的片段、零碎的空间中竞争着、被改造着和再确认着。

2. 寻求人们在这个地区的审美方面的经历和记忆

历史保护经常使用静止的方法去庆祝某个文化中的某个历史时刻。在城

---

① AJberti. Marina, John M. Marzluff, *Integrating humans into ecology: opportunities and challenges for studying urban ecosystems*. fiio. snVoce53 (12), p. 1171.

市脉络中，城市空间已经存储了不同社会团体的记忆。我们需要研究在充分考虑不同文化镜头的情况下怎样去揭示这些记忆，怎样去解释并设计城市景观。

需要特别指出的是，保护并不是意味着其外观和用途都必须保持不变。判断是否需要保护应取决于建筑或景观是否受到了这种改变的伤害。如果没有伤害，那么设计就是好的：好的设计意味着对一个地区的品格或外观起到积极的贡献，而绝不是伤害。

3. 对地方影响、价值、气候和地理保持敏感

与此相关的概念还包括与生态地方主义相融合的生态适应性，包括文脉和文化方面的适应性，而文脉特征应被特别强调。然而，可持续的地方主义不仅仅是在某个空间和时间中做有形的实体方面的设计，更重要的是文脉和文化方面的规划。因而对地区或地方特色的研究必须包括对自然和文化历史、地区和当地生态系统、本土植物群，以及对人们社会价值的探索。无论何时，“自然的进程总是相似的，并出现了相似的景观。反过来，相似的文化驱动力会在不同生态物理景观中创造相似的形式”[①]。

位于费城的美国国家历史公园(Independence National Historical Park)，对历史保护的过程从某种程度上解释了公园的殖民历史也是白人男性殖民者历史的一部分。这个公园看起来像是“自然的”和“历史的”，但这两个词包罗万象，在实际的效果上，只是纪念了一小部分人的历史。公园的种族历史和使用方面的象征随着公园周围社区日益增强的中产阶级化而逐渐褪去。研究者们利用人种志的方法去揭示历史、象征、社会意义和那些至今或过去曾经生活在公园周围的种族群体的文化代表。(见图 2、图 3)

图 2　美国国家历史公园北侧的独立大厅

图 3　美国国家历史公园的卫星航拍图

① Alanen, Arnold R and Robert Z, Melnick, eds. 2000. *Preserving Cultural Landscapes in America*. Baltimore: Johns Hopkins University Press.

二、通过实体的设计来重建生态区

从视觉、空间和物理的角度来说，城市景观决定了环境的特质。我们不仅要关注建筑本身的设计品质，更要关注建筑之间的那些空间。

好的设计应该以参与区域发展进程为目标，而且无论在哪儿都应秉承这样的理念：有助于提升可持续发展；提升现存环境的品质；吸引商业和投资；并且加强城市居民的自豪感和归属感。还要考虑：是否最好地利用了空间并创造了紧凑的城市；是否能使得城市健壮地成长，具有自我更新的能力，使得城市更适合居住、更有吸引力和绿色；是否能带来多样性、更可持续发展的环境和可达性等，都应作为设计方案是否被接纳的重要标准。

一方面，地方性的设计和规划应体现理论和经验性的证据；另一方面，建造方案也需要以形象化的手段来清晰地表达未来的景象。文化生态的理念致力于加强地方性的特征，通过提升实体设计，为地方度身定做，并且对地方形象、气候、习俗、材料和技术具有高度敏感的反应，以期在大都市景观中，使得地方感的侵蚀降到最低。

实体的设计主要包括以下这些方面：

(一)通过对现有都市中心的保护、复兴和再生，对受人类影响的生态区进行设计

保护的对象具有三个方面的含义：历史文化建筑单体；历史风土人情生活方式的保护；景观的保护(指的是某个景象的保护)。进一步解释，就是当我们用相机拍照时，所记录下的画面，这个画面也是需要被保护的，实际上，它是反映景观文化生态系统最直观的表现，也是以前被忽视得最多的部分。也就是说，任何出现在被保护景象内的外来入侵者都是被禁止的；而且，历史景观的保护不能仅仅停留在单体和物质实体的保护，与其相联系的当初的人们的活动、行为也是被保护的一部分。

具有文化生态价值的都市景观不仅包括建筑或空间，还应包括其他形成历史环境的基本要素。应把它们置于几个世纪的设计和规划进程中，从而带来有益于几代人的景观品质。设计工作既包括历史建筑的保护、鉴定方面的政策，还包括必不可少的一系列的测试和论证。

而且，保护并不意味着外观和用途都必须保持不变。实际上，如果能加强建筑及其环境或城镇景观，那么一定的改变是可取的。(见图 4)

(二)通过空间和时间的尺度来进行实体的设计

从宏观到微观尺度上，都在空间和时间的尺度内强调实体设计。而且，城市景观的实体设计决不能忽视细节，必须提供一个全面的地区景象而且不忽视任何细节——比如城市内部形式的细节特征。

城市景观被看作“关系的艺术”，更是“环境的艺术”。笔者更倾向于在形

图 4　卢浮宫玻璃金字塔的方案当初虽然引起争议，但多年后人们却认为它以对比的方式强化了原建筑的特色，不仅给巴黎古老的城市景观增添了现代的气息，而且吸引了更多的游客

式上和空间上良好结合，对于那些步行的人们来说显得“自然”的场所：场所的形状是由时间和需要塑造的，而不是生硬的、自以为是的城市准则。

强调城市设计是一门艺术，是基于欧洲历史上把空间作为“场所”的理念，通过分层的广场和街道连接各个场所（见图 5），而不是让人们把时间都花在交通上。这种对传统城市价值的重新认识在当代可持续发展的理念下被重新解释，它们的目标却不谋而合。

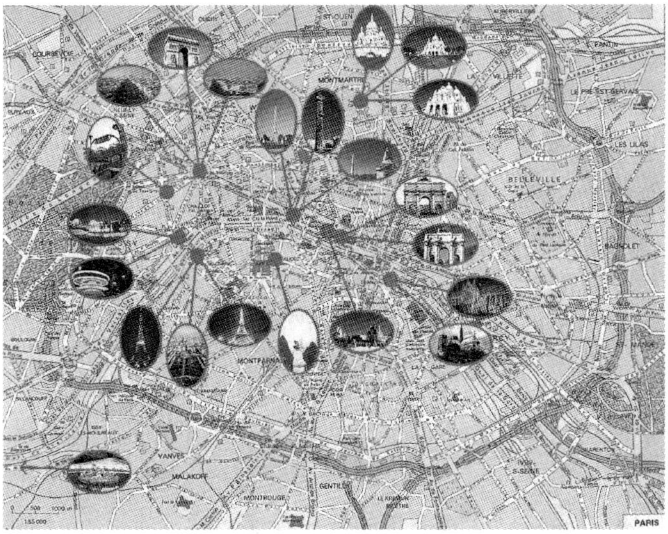

图 5　从巴黎市中心地图可以看出，街道和广场不仅是城市开放空间，也把各个重点景观带有机地连接起来，人们在步行中体验了巴黎的历史文化。它被称为“文化”生态区

(三)运用不同的工具和模式，对当地景观进行视觉化的平面分析，提出可供选择的视觉形象

运用的技术包括但不局限于调查、面对面的交流和紧张的研讨会，还可以利用观察、访问、图片文献和当地新闻文章，去揭示景观的复杂性及变化的维度，并总结出它们的相似性以及相互间的不同点。在较大的范围内，特别是那些公认的视觉敏感的地点，则需要对设计方案进行精确的视觉分析，通过视觉模拟技术，从多个角度对该地点的视觉效果进行分析。

为了判断一项发展提案是否会破坏或促进一个历史建筑的景观，建筑师或城市设计师必须提出一个在特定背景下的设计，从所有角度进行论证，既有近期、也有远期的设计。例如对伦敦天际线的保护法案就是基于关键的视点，而且新建筑的设计应有利于保护和加强最有价值历史建筑的景象。这么做的好处在于能够与公众可达的观察位置相联系，而且具有多层次的视点。应该按照历史建筑的重要程度或视觉价值进行分层管理，首先确定最重要的国家甚至国际标志性景观，如天安门、天坛等——它们决定了城市景观规划的大框架——这一点要时时刻刻都放在设计师的脑子里，而其他的建筑物景观都是与之相关联的，要对不同的关系进行梳理。

实体的设计还包括(但不局限于)以下这些方面：

(1)关注某个地方的特性而不是普遍性，通过加强空间的地方感，使之与当地环境条件相适应。

(2)对适合地区的、当地的和无害植物材料的使用。

(3) 对当地建造材料的使用。

由波士顿再发展管理局(Boston Redevelopment Authority)主持的 Fenway Special Study Areas 在地方视觉方面的努力起到示范性作用，其目标是为在波士顿地区指导大都市扩展而建立一个地方性的愿景。在该项目中，有当地居民、商业机构和社区组织共同参与，力图为波士顿当前和将来的生活品质做出评估以及指导的框架。Fenway 地区应该是波士顿这一美国最具历史文化特色城市的核心之一，对波士顿文化和城市多样性起到重要作用，它包括许多博物馆、医院、大学、公园、球场和著名街道。这种综合用途的区域既吸引了各种人群和机构的兴趣，也面临由此带来的社会和经济压力：将住宅用地改造为公共开发空间的冲动；经济产业的需求；以及人口密度不断增长等，都对城市文化产生了冲击。

好的设计应能带来多样性、更可持续发展的环境和可达性。能使得城市健壮地成长，具有自我更新的能力，更适合居住、更有吸引力和绿色；在好设计和吸引经济投资之间有很强的联系。

对城市设计进行详细的研究，从特征鉴定的角度充分考虑历史文脉。这些鉴定必须明确：哪些是形成当地特色的因素、哪些是重要的特征和必须遵循的原则，包括街道景观、比例、高度、城市肌理、自然地貌、天际线的重要景象、地标性建筑、区域和它们的设施装置，包括背景和重要的地方性景象、风景和全景图等。（见图 6）

图 6　波士顿 Boylston 大街街道景观

如何使得商业繁荣与居住品质得以和谐发展，就需要制定基于现有城市景观特色的都市设计导则，为公共和私人在公共领域的投资计划提出依据。虽然调研的许多数据是静止不变的，但从中提炼出的规划却是动态有机的，将会不断生长并与周边环境相协调。对于街道景观的研究包括以下这些方面（见图 7、图 8、图 9）：

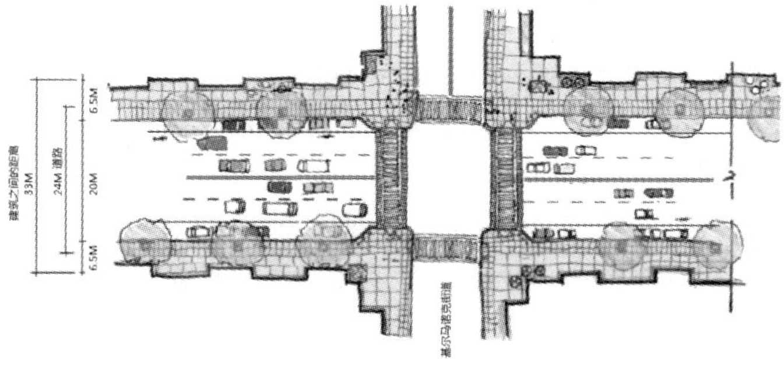

图 7　Boylston 大街细部

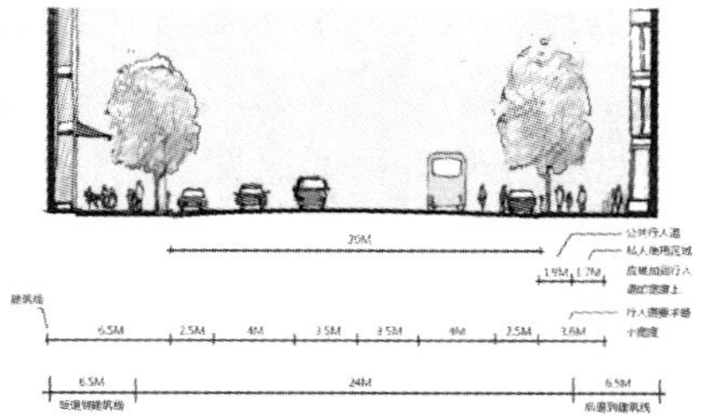

图 8　Boylston 大街剖面

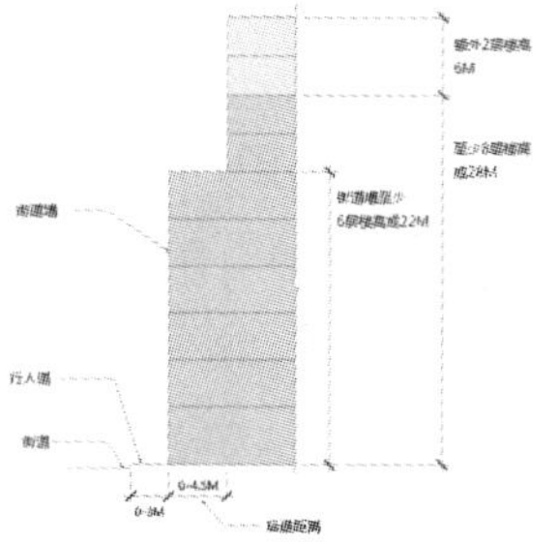

图 9　Boylston 大街建筑尺寸导则

- 步行道品质的提升(包括车行道、步行道、商用道等的具体尺度)；
- 建筑的高度；
- 建筑的退后尺度；
- 街道建筑墙面风格的连续性；
- 开放空间；
- 汽车和自行车的停放等。

从以上案例我们可以看出，只有在不忽视细节的前提下保持综合性的地区形象才能确保通过实体的设计和规划，在各种不同空间尺度比例上——地点、街区、邻里、城市和地区，清晰地考虑城市景观文化生态的问题，在大都市区域内修复生态区并使之得到复兴，从而建立包括城市、村庄和邻里社区在内的可持续发展的愿景。其结果可能并不是起初设想的，但至少这些问题在进行实体设计时都已经被检查和协调过了。

当然，大都市地区是非常复杂的系统，在多个空间和时间维度上相互作用、相互连接的物理、社会、经济和政治体系，及其动态性尚未得到足够的理解，有待于提出一系列有助于城市文化生态可持续发展的概念、形式和法规等，从而进一步为实体设计提供支持，同时也使实体设计的效果与设想之间的差异减小。

参考文献

[1] (美)阿摩斯·拉普卜特：《建成环境的意义——非言语表达方法》，黄兰谷等译，北京：中国建筑工业出版社，1992 年。

[2] (美)刘易斯·芒福德：《城市发展史——起源、演变和前景》，倪同彦、宋俊岭译，北京：中国建筑工业出版社，1989 年。

[3] (美)尼尔·科克伍德：《景观建筑细部的艺术——基础、实践与案例研究》，杨晓龙译，北京：中国建筑工业出版社，2006 年。

[4] Land Use and Urban Design Guidelines-*Fenway Special Study Areas*, Boston Redevelopment Authority, 2002.

[5] Alanen, Arnold R. and Robert Z, Melnick. *Preserving Cultural Landscapes in* America. Baltimore: Johns Hopkins University Press, 2000.

[6] AJberti. Marina, John M. Marzluff. *Integrating humans into ecology: opportunities and challenges for studying urban ecosystems*. fiio. snVoce53 (12): 1169—1179, 2003.

[7] Campbell. Scott. *Green cities, growing cities, just cities*? Journal of the American Planning Association 62 (3): 296—312, 2006.

[8] Jacobs, lane. *The Death and Life of Great American Cities*. New York: Random House, 1961.

[9] Towards an Urban Renaissance, 1999. Lord Rogers of Riverside: *towards an urban renaissance*. Final Report of the Urban Task Force. Chaired by Lord Rogers of Riverside,

HMSO, 1999 and 2002.

[10] Planning Policy Statement 1 (PPS1). *Delivering Sustainable Development*, 2005(2).

[11] Steiner. Frederick. *Human Ecology: Following Nature's Lead*. Washington. DC: Island Press, 2002.

[12] Hough, Michael. *Out of Place: Restoring Identity to the Regional Landscape*. Boston: Yale University Press, 1990.

(作者:黄　艳　清华大学副教授)

项目名称：基于城市增长边界的北京城市空间管理研究
项目编号：12CSC012
项目负责人：谢天成
项目信誉保证单位：中共北京市委党校

新时期首都城市增长边界与空间管理研究

目前，我国城镇化进程仍处于加速发展阶段，随着国家新型城镇化规划的深入实施，城市人口规模和用地规模将不断增加，由于土地城镇化明显快于人口城镇化，合理确定城市用地规模与城市边界成为当前研究热点。一百多年前的“田园城市”理论就提出要在中心城区外围设立永久性绿带来限制城市的发展，通过对人口规模的限定来限制城市范围的扩大[1]。20 世纪 70 年代，美国波特兰都市区规划将城市增长边界作为推动规划实施的重要手段①，取得了较好的效果。伴随着经济社会的快速发展，我国首都城市空间与规模不断发生变化，作为特大型城市，其空间如何有序增长受到高度关注。北京市在 2003 年出台了《北京第二道绿化隔离地区规划》，划定绿色限建区，并以绿线、蓝线和紫线等控制界线，随后编制了《北京市限建区规划(2006—2020年)》，划定城市扩展的刚性边界和弹性边界，对于引导城市控制有序增长起到了一定的作用[2]，但城市空间仍继续呈“摊大饼”式蔓延，与环境承载力之间的矛盾加剧，交通拥堵、环境污染、城市过度膨胀、传统城市文化风貌逐渐消退等“大城市病”问题凸显，需要我们重新审视和思考首都城市空间发展策略，特别是要结合城市总体规划修编工作，深入研究合理确定城市空间增长边界，遏制“摊大饼”式无序蔓延，努力实现城市空间“理性增长”[3]。

一、首都城市空间增长现状

首都城市空间增长主要表现为建成区面积的扩大和城市用地的增长。梳理近百年首都北京城市空间增长与演变的历史过程，根据各过程所表现出的特点，可以划分为若干阶段[4]，不同阶段城市空间增长规模、速度与方向不尽相同。新世纪以来，首都北京以奥运建设全面启动为契机，加快推进城市建设，调整优化城市空间布局。2004 年编制的《北京市城市总体规划(2004—

① 城市增长边界(UGB)起源于 20 世纪 50 年代的美国。1958 年，肯塔基州首次提出城市增长边界并付诸应用。1973 年，俄勒冈州通过法案要求所有城市将城市增长边界纳入土地综合利用规划。

2020 年》(后简称《总体规划》)提出构建“两轴—两带—多中心”的城市空间结构，以及“中心城—新城—镇”的市域城镇结构，重点建设通州、顺义、亦庄、大兴、房山、昌平、怀柔、密云、平谷、延庆、门头沟 11 个新城。在建设用地规模上，《总体规划》提出要建立城市发展的动态监控机制，严格控制城镇建设用地规模，到 2020 年全市建设用地规模控制在 1650 平方公里，人均建设用地控制在 105 平方米，其中中心城城镇建设用地规模约 778 平方公里，人均建设用地控制在 92 平方米。

从目前首都城市空间发展现状来看，“两轴—两带—多中心”空间结构已初步形成，但城市空间发展呈“多中心集聚与粗放蔓延并存”的态势，中心城“一心”独大的局面没有得以根本改变。首先，各区县之间往往从自身角度出发提出各自的发展定位与目标，同质竞争严重，削弱了城市空间结构调整的力度；其次，新城发展不均衡，就业、公共服务、交通等配套不足，职住分离明显，“睡城”、“卧城”现象突出，形成“钟摆式”交通①；最后，主要产业功能区布局相对集中且协调性不足，是导致区域交通拥堵、市域经济社会发展不平衡的重要原因。从产业布局来看，由于近年来北部海淀区北清路航天城、昌平生命科技园、未来科技城等园区建设，以及东部通州产业发展的滞后，影响总体规划中的“两带”战略布局。

在用地规模上，2010 年全市建设用地面积达到 2483 平方公里，近 10 年年均增长约 97 平方公里，人均建设用地达到 127 平方米②；中心城城镇建设用地面积达到 823 平方公里，近 10 年年均增长约 21 平方公里；全市建设用地及中心城城镇建设用地分别超过 2020 年建设用地指标 833 平方公里、45 平方公里，中心城区空间总体呈现由五环向六环“摊大饼”式蔓延趋势(见图 1)。

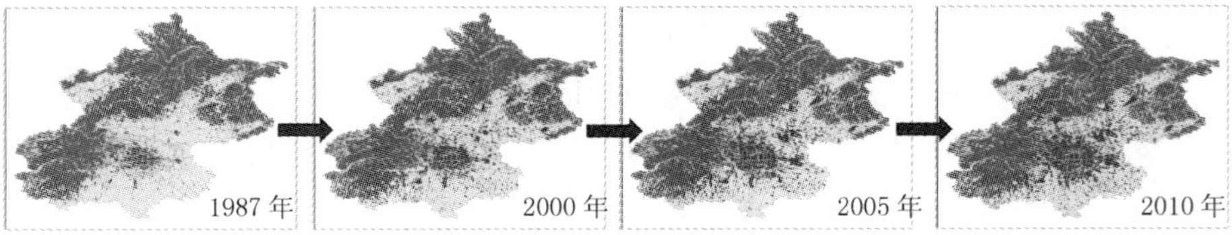

图 1　1987—2010 年首都城市空间增长演化示意图

资料来源：北京市交通委

二、加快确定首都城市增长边界的机遇与挑战

首都城市空间增长，是城市内部、外部自然、社会、经济等众多条件共同作用的结果，与宏观政策及城市功能定位息息相关。2013 年，全市人均

① 住建部前副部长仇保兴 2014 年 2 月指出回龙观这类新城是失败的(http://news.xinhuanet.com/yuqing/2014－02/24/c_126179555.htm)。

② 以 2010 年 1961.9 万常住人口计算。

GDP达到15000美元，首都发展进入新的阶段。在新的发展起点上，必须准确把握经济发展与城市建设管理的阶段性特征，加快确定首都城市增长边界。

(一)重大机遇

1. 推进首都发展和管理，要求遏制城市“摊大饼”式发展

2014年2月，习近平在北京市考察工作，就推进首都发展和管理工作提出明确城市战略定位、调整疏解非首都核心功能、提升城市建设、健全城市管理体制、加大大气污染治理力度等五点要求，特别提出要提升基础设施建设质量，形成适度超前、相互衔接、满足未来需求的功能体系，遏制城市“摊大饼”式发展。一方面，新时期“四个中心”的战略定位，要求深入研究和明确与城市功能定位相适宜的城市规模与城市空间结构；另外一方面，调整疏解非首都核心功能要与优化城市空间布局同步，强化城市空间管理。

2. 京津冀协同发展战略实施，要求首都城市空间具有更宽的视野

2014年2月，习近平专题听取京津冀协同发展工作汇报，强调实现京津冀协同发展是重大国家战略，要自觉打破自家“一亩三分地”的思维定式，并就推进京津冀协同发展提出七点要求。在城市布局上，要“调整优化城市布局和空间结构，促进城市分工协作”，要求首都城市空间布局不能“独善其身”，应更多地考虑京津冀空间视角，加快推进京津冀城市群一体化。

3. 国家新型城镇化规划深入实施，要求加快确定首都城市增长边界

党的十八届三中全会提出要“优化城市空间结构和管理格局，增强城市综合承载能力”和“从严合理供给城市建设用地，提高城市土地利用率”；2013年12月，中央城镇化工作会议再次明确提出“科学设置开发强度，尽快把每个城市特别是特大城市开发边界划定，把城市放在大自然中，把绿水青山保留给城市居民”；2014年3月，出台实施的国家新型城镇化规划，要求“城市规划要由扩张性规划逐步转向限定城市边界、优化空间结构的规划，合理确定城市规模、开发边界、开发强度和保护性空间”。在当前资源环境条件下，首都作为人口超过2000万的特大型城市，土地城镇化现象突出①，土地资源瓶颈和交通拥堵、雾霾天气等“大城市病”问题已严重制约首都可持续发展。尽管首都城镇化水平较高，2013年城镇化率达到86.2%，与高收入国家城镇化水平接近，但城镇化质量不高，建设用地粗放低效，城市空间布局不合理，因此，北京市在实施新型城镇化规划过程中，需要加快确定首都城市增长边界，以引领城市空间“精明增长”，进而提升城镇化质量。

(二)主要挑战

1. 人口规模不断增长

依据我国城市规划用地标准，人口规模与城市建设用地规模成正相关，

① 2013年北京市土地出让金合计达到1821.81亿元。

人口规模增长将直接影响首都建设用地规模和城市空间增长。《北京市城市总体规划(2004—2020年)》提出到2020年北京市总人口规模规划控制在1800万人左右,年均增长率控制在1.4%以内;其中户籍人口1350万人左右,居住半年以上外来人口450万人左右;北京市城镇人口规模规划控制在1600万人左右,占全市人口的比例为90%左右。实际上,全市常住人口呈现总量不断增长,居住半年以上外来人口总量大、增速快的趋势。2009年,全市常住人口即突破1800万人,达到1860万人(见图2)。到2013年年底,全市常住人口达到2114.8万人,高于2020年目标数314.8万人;户籍人口1316.3万人,接近2020年户籍人口目标数;居住半年以上外来人口则达到802.7万人,超过2020年居住半年以上外来人口目标数352.7万人。

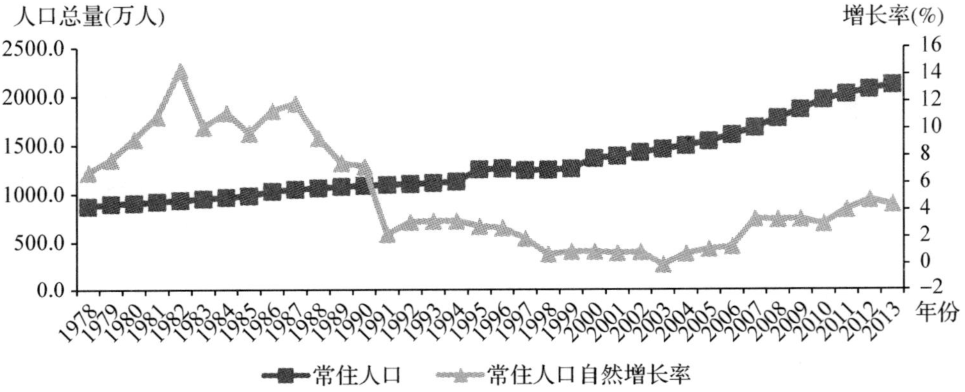

图2 首都1978—2013年常住人口数量增长及自然增长率变化

资料来源:北京统计信息网(www.bjstats.gov.cn)

从增长速度来看,2004—2013年常住人口年均增长率达到2.9%,是总体规划目标增长速度的两倍,近几年来常住人口自然增长率仍呈上升趋势,2013年达到4.41%。目前,首都仍处于集聚为主的发展阶段,在当前区域差距和城乡差距明显的背景下,未来首都人口规模增速尽管有可能减缓,但人口总量将会持续增加,城市建设用地的需求也将随之加大,人地矛盾将会更加突出,规划和确定城市增长边界的难度也将更大。

2. 资源环境压力不断增加

首都资源环境问题的凸显,要求城市增长边界具有多元化的目标,也使得确定城市增长边界工作更为复杂。在土地资源方面,全市总土地面积16422.78平方公里,但三分之二为山地和丘陵,适宜城镇建设和产业发展的土地资源仅约6000平方公里,根据《北京市第二次全国土地调查主要数据成果公报》,1996—2009年,全市年均减少13.5万亩耕地,全市耕地数量距离《北京市土地利用总体规划(2006—2020年)》中预计到2020年年末全市耕地保有量指标322万亩,仅有约18.7万亩的占用空间,在当前国家建设用地指标严格管控的背景下，首都土地供给压力日益增大，耕地和基本农田保护形势也更加严峻。在生态环境方面，随着雾霾、暴雨等极端天气的频繁出现，首都“宜居城市”的战略定位受到质疑，迫切需要更多的土地资源推进生态文明建设。此外，严重拥堵的交通问题，也亟须通过优化城市空间布局以缓解交通压力。

三、合理确定首都城市增长边界的若干建议

(一)深入研究符合首都功能定位的城市规模

进一步强化首都全国政治中心、文化中心、国际交往中心、科技创新中心的核心功能，加快调整疏解非首都核心功能，构建符合城市战略定位要求的发展模式和产业体系。坚持功能疏解与人口疏解同步、功能疏解与城市空间优化同步，根据首都土地、水、生态环境等资源条件以及产业承载力，严格按照主体功能定位发展，深入研究符合首都功能定位的城市人口规模和用地规模。在建设用地指标上，要按照“总量锁定、增量递减、存量优化、流量增效、质量提高”的基本要求，通过“建设用地控制线、产业区块控制线、基本农田控制线、生态网络控制线”四线管控，严格控制建设用地规模，努力实现规划建设用地总规模“零增长”，构建具有首都特色、科学合理的城镇化格局、农业发展格局、生态安全格局，遏制首都城市空间继续“摊大饼”式无序蔓延。在人口规模上，要未雨绸缪，深入研究首都综合承载力和不同发展阶段的适宜人口规模，设置科学合理的年度人口增长指标，实现人口规模的理性增长；要充分发挥市场在资源配置中的决定性作用，通过加快产业转型升级和非核心功能调整疏解，促进人口合理分布。

(二)“减”、“加”并举，推进产城融合

对中心城区“做减法”，疏解中心城区就业、教育、医疗、文化等功能；对已有新城“做加法”，提升新城产业发展、公共服务、吸纳就业、人口集聚功能；加快产城融合，推进现有产业园区向城市综合型经济园区和新区、新城全面转型。要预防“城镇化运动”，严格限制“新一轮”新区、新城规划，防止城市边界无序蔓延。要积极引入社会资本参与新型城镇化建设，弱化房地产业发展的内在动力；进一步强化房地产业监管，严格控制以“产城融合”为噱头的房地产开发，避免“睡城”、“死城”和“鬼城”等现象。此外，要以50个重点村(点)建设为抓手，切实提升城乡接合部规划建设和管理服务水平，保护生态用地和农业用地，形成有利于改善城市生态环境质量的生态缓冲地带。

(三)充分发挥轨道交通对城市空间增长的引领作用

轨道交通具有运量大、速度快等特点，从巴黎、东京等世界城市发展实践来看[5]，轨道交通建设可以疏散中心城区人口、有效缓解交通压力。近年来，首都轨道交通建设迅速推进，轨道交通对首都城市空间布局的影响进一

步增强，特别是中心城区与周边新城相连的轨道交通，吸引大量人口向中心城区边缘地区和新城流动，将成为影响首都空间结构演化的重要因素。一是借鉴东京通过轨道交通引导城市功能结构调整、斯德哥尔摩轨道系统支撑城市拓展等经验，倡导公共交通支撑和引导城市发展的规划模式，建立以"公共交通为导向"的土地开发模式，加快推进怀柔、平谷、密云、延庆等轨道交通（或市郊铁路）建设，进一步发挥轨道交通建设对城市空间演化的引领作用，实现城市空间的"精明增长"；二是坚持线路规划与人口居住、就业相协调、与城市功能布局相吻合，加快优化现有轨道交通网络，建立多层级、功能分工明确的轨道网络。

（四）完善基本农田和绿化隔离带对城市空间的调控机制

一是要根据土地利用总体规划，推进高标准农田建设，严格划定和永久保护基本农田，城市总体规划和新型城镇化规划都要依据基本农田规划，特别是五环至六环城乡接合部的基本农田，要实行严格管理、永久保护，任何单位和个人不得擅自占用或改变用途，严控各区县通过"增减挂钩"、"占补平衡"等政策间接输送建设用地。坚持农地农用，不得借农地流转之名违规搞非农业建设，严格禁止工商资本下乡"圈地"行为。二是要发挥第二道绿化隔离区以及由北郊森林公园、南郊生态郊野公园、东郊生态休憩公园、西北郊历史文化公园四大郊野公园组成的中心城区外缘郊野公园环作用，明确划定组团间绿色限建区和楔形绿色限建区，形成中心城区与新城、新城与新城之间的巨大绿化隔离空间，有效调控城市空间，遏制"摊大饼"式蔓延。

（五）强化城市增长管理与监督

城市增长边界的划定，是首都健康发展的重要环节，需要加强城市规划与经济社会发展、主体功能区建设、国土资源利用、生态环境保护、基础设施建设等规划的相互衔接，加快实施经济社会发展总体规划、城市规划、土地利用规划等"多规合一"，形成"一张蓝图"。同时，要确保城市增长边界的权威性、严肃性和连续性，坚持"一张蓝图干到底"，加强规划实施督察，制定城市增长边界考核指标体系，纳入区县党政领导干部考核和离任审计。

参考文献

[1]（英）霍华德：《明日的田园城市》，金经元译，北京：商务印书馆，2010年。

[2]龙瀛：《城市空间理性增长研究：以北京亦庄新城为例》，《和谐城市规划——2007中国城市规划年会论文集》，哈尔滨：黑龙江科学技术出版社，2007年。

[3]孙洪铭：《北京城市新总体规划方案中的城市空间布局问题研究》，《中国名城》，2011年第7期。

[4]方修琦：《近百年来北京城市空间扩展与城乡过渡带演变》，《城市规划》，2002年第4期。

[5]肖亦卓：《国际城市空间扩展模式——以东京和巴黎为例》，《城市问题》，2003 年第 3 期。

（作者：谢天成　中共北京市委党校副教授）

项目名称：基于区域协作与区域治理的北京世界城市建设机制研究
项目编号：12CSC013
项目负责人：唐　燕
项目信誉保证单位：清华大学

基于区域协作与区域治理的世界城市建设机制探索：兼谈对北京的启示

一、世界城市的崛起与地方/区域治理的影响①

(一)发现世界城市

“世界城市”作为全球城市等级体系中的关键节点和“控制”中心，其概念和理论在19世纪初引起学界关注，到20世纪60年代相关研究逐步增多，进而发展成城市与区域研究的热门话题。1915年，盖迪斯(Geddes)使用“世界城市”一词来指代承载世界商务的重要城市与地点(周素卿，2003)。霍尔(Hall，1966)将世界城市定义为那些已对全世界或大多数国家产生经济、政治、文化影响的国际第一流大都市。1986年，弗里德曼(Friedmann)在“世界城市假说”中提出了衡量世界城市的七项标准(见图1)：主要的金融中心；跨国公司总部所在地；国际性机构的集中地；第三产业的高度增长；主要制造业中心；世界交通的重要枢纽；城市人口达到一定标准。1995年，他又从流量和全球化的吻合视角将世界城市的判断标准进一步发展为：与世界经济融合的职能；空间组织与协调基点；全球经济控制能力；国际资本积累之地；国际与国内移民的终点。20世纪90年代初期，沙森(Sassen)通过对全球领先的生产服务性公司的分析来诠释世界城市，从服务业的国际化、集中度和强度定义世界城市。之后，卡斯蒂尔斯(Castells)从全球流动空间的角度，把世界城市描述为世界范围内“最具有直接影响力”的点以及中心。1999年，全球化与世界级城市研究小组与网络(GaWC)在其调查学报中，以国际公司的“高级生产者服务业”供应，如会计、广告、金融和法律服务等为比较对象，对世界城市进行了排名。

① 具体可参见课题组已发表论文：武廷海、唐燕、张城国：《世界城市的规划目标体系与战略路径》，《北京规划建设》，2012年第4期，第85—89页。

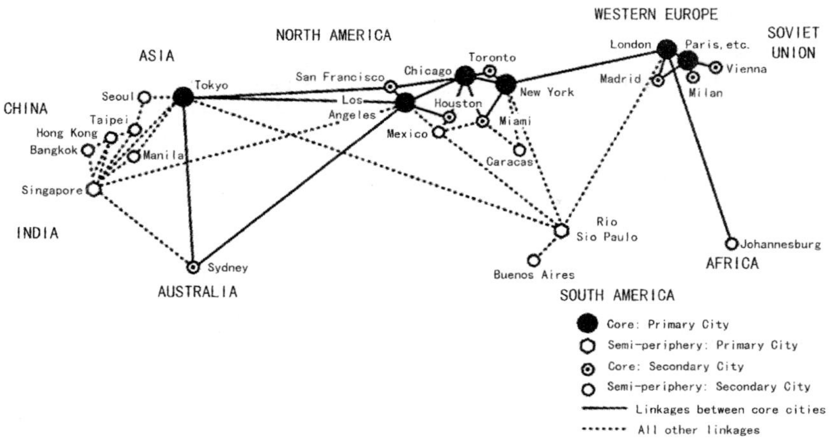

图 1　世界城市的层级与网络体系

资料来源：Friedmann J，The World City Hypotheses，*Development and Change*，1986，17(1)，p. 71

(二)“治理”视野下的世界城市发展：地方/区域治理的重要性

西方学者探讨世界城市的内容主要有三个方面：(1)世界城市的社会经济和空间结构特征；(2)民族国家和世界城市政府在“治理”上所面临的问题与挑战；(3)国家空间尺度重构和世界城市形成与发展的理论及实证议题。

从“治理”角度来探讨世界城市，涉及“全球化”与“国家/地方”之间的关系问题，以及“世界城市”与“周边区域”的协同发展问题。本质上来说，世界城市/区域的形成和发展是全球化资本着床(embeddedness)效应的体现，而承托这一宏观过程的国家制度和政府机构则是一种多尺度的“地方化”(localization)力量。泰勒(Taylor，2000)认为，世界城市和地域型国家并不是“非此即彼”的二元选项，二者应在将来的研究中得以整合。基尔(Keil，1998)指出，世界城市虽可被视为“后民族国家”阶段的一种权力管制场域，但包括地方政府、市民社会和非国家组织在内的各种新都市治理形式并没有停止演化，而是在各种社会—空间尺度上日趋繁复。可见，世界城市从来没有被所谓的全球化过程“夷平”，国家、区域及地方的政经架构也没有从全球化进程中消失(Evans，1997；Weiss，1997，2000)，这个视角对理解世界城市的形成与发展尤为重要，它证明了在全球化大趋势的推动下，地方/区域在塑造和管理“世界城市”的过程中依然将扮演积极主动的角色。

城市是物质、制度和观念的综合体，资本积累与政治体制的合力仍掌控着城市的生产过程。过去十多年间，亚太地区的学者对本地区的世界/全球城市也展开了各种研究。20 世纪 90 年代末的亚洲金融危机过后，道格拉斯(Douglass，2000)对亚太地区的巨型都会区及世界城市发展进行了都市治理分析，包括：建立更具包容性的治理方式，建设更宜居的城市，应对都市贫困，以及处理不均衡的空间发展和城乡差距等。在东亚地区，“发展型国家”(developmental state)经常被提及，以表述东亚世界城市和民族国家之间的关系。希尔和金(Hill，Kim，2000)认为：有别于弗里德曼和萨森提出的世界/全球城市范式，亚洲的世界城市东京和首尔体现了一种以国家为中心的(state-centered)，而不是前者以市场为中心的(market-centered)世界城市建构过程。这种分异在随后一系列针对东京、台北和新加坡的案例研究中被演绎开来(Saito，2003；Saito and Thornley，2003；Wang，2003；Fujita，1991；Olds等，2004)，也为我们思索如何建设中国的世界城市提供了思路借鉴。

二、世界城市的建设趋势：从“世界城市”到“世界城市地区”

(一)世界城市地区的形成

世界城市正在向世界城市地区发展，并作为国家核心的空间竞争单元占据了全球经济格局的制高点。以纽约、伦敦、东京等“第一层级”世界城市的空间发展规律和演进趋势来看，世界城市的发展和建设早已超出了“城市”的行政管理范围，而是不断从更大的地域空间入手，举“区域之合力”来打造基于区域协作和区域良治的“世界城市地区”。“波士华城镇群”、“大伦敦/英国东南部”、“东京都市圈”、“大巴黎地区”等地域空间单元的涌现，及其规划建设和区域治理的推行等，皆是此种趋势的最好明证(见图2)。1980—2010年，大伦敦地区的人口增长约100万，纽约大都市区(纽约市—北新泽西—长岛)的人口增长约600万，大东京地区的人口增长约700万①，据世界银行的有关分析，未来这些世界城市和地区的人口增长仍将持续相当长的时间。

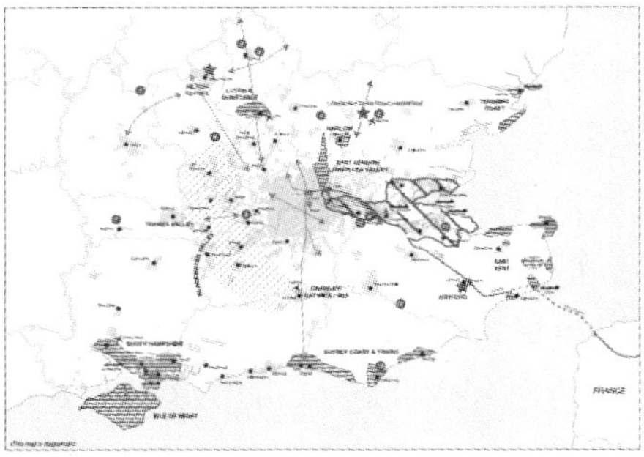

英国东南部区域空间战略规划图

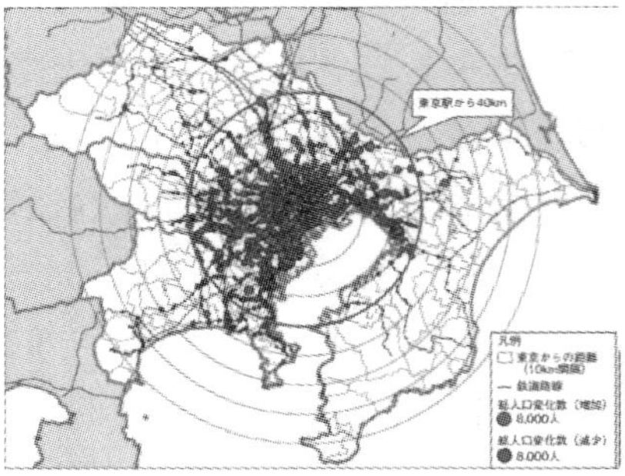

日本首都圈

① 数据来源：大伦敦地区，http://en.wikipedia.org/wiki/Greater_London#Population；纽约大都市区，Hobbs F等，Demographic trends in the 20th century；大东京地区，http://www.mitsuifudosan.co.jp/english/realestate_statics/download/real_estate_statistics_35_2.pdf。

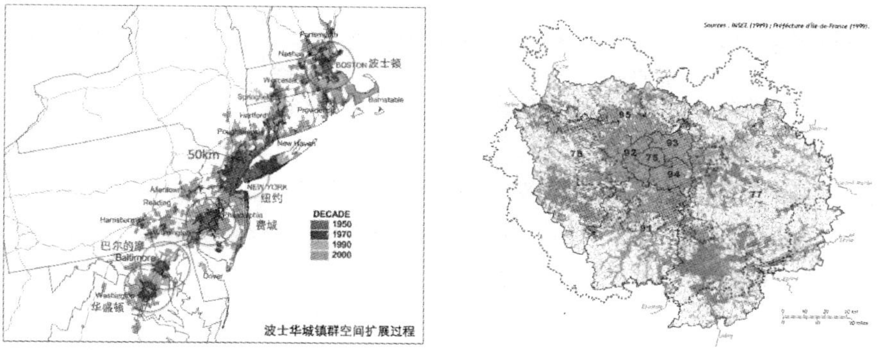

波士华城镇群空间扩展　　　　大巴黎地区空间发展

图 2　伦敦、东京、纽约、巴黎向“世界城市地区”演进

资料来源：SERA，2006. The South East Plan：A Clear Vision for the South East；日本国土交通省国土计划局大都市圈计划科，http：//www. mlit. go. jp/kokudokeikaku/vision/index. html；Regional Plan Association，America 2050：Urban Growth in the Northeast Megaregion，　http：//www. america2050. org/2011/03/urban-growth-in-the-northeast-megaregion. html；INSEE，1999，prefecture of France

（二）“城市/区域病”的涌现与协同发展需求

如今，世界城市地区在空间拓展、环境保护、人口增长、职能分工和交通联络等方面面临一系列的问题和挑战，甚至形成严重的“城市/区域病”，急需通过多元有效的区域协同和治理途径来加以应付和解决。例如，美国东北部各大城市不得不通过交通拥堵收费来缓解过度依赖小汽车通行所造成的城市拥堵，并不断号召“精明增长”及划定“增长边界”来防止无须扩张；日本首都圈不得不通过空间结果调整，力争将“单中心”发展模式转型为“多中心”发展来缓解东京的压力，促进首都群的区域协同；因发展资源和政治权利的过度集中而快速扩张的首尔首都圈成为政治、经济、文化的“巨无霸”，造成韩国国内南北区域发展失衡、内部矛盾加剧，不得不尝试通过“迁都”，即建设“世宗新行政中心”的方式来加以化解（见图 3）。

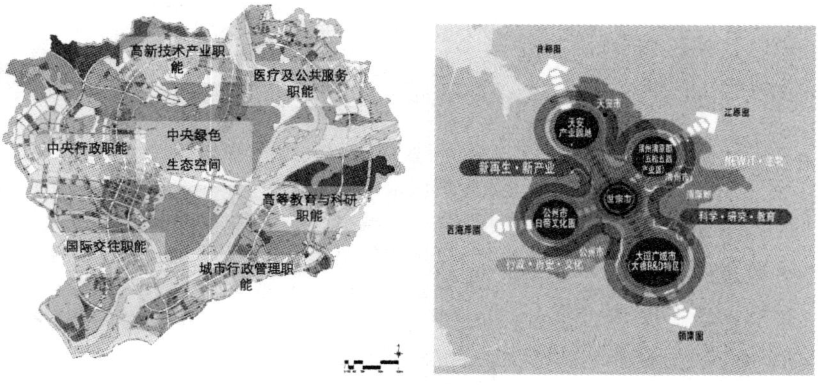

图 3　首尔迁都计划：韩国世宗新行政中心的城市功能组团及用地规划

资料来源：杜立群等：《韩国行政中心迁移的经验与启示》，《北京规划与建设》，2013年第 3 期，第 148—151 页

三、世界城市的区域空间规律与地区治理：国际经验借鉴

(一)世界城市的区域空间规律

二战以来，世界城市在发展过程中与周边腹地之间存在着广泛的人口、产业、功能、生态保护等各方各面的流动、沟通与合作，形成了以世界城市为核心的世界城市地区，呈现大都市区/带或城镇群等多种形式，“区域”支撑对于世界城市的未来发展至关重要。

1. 发展目标：健康、绿色与可持续发展

从世界城市发展的目标层面来考察，伦敦、东京和纽约几乎无一例外地将“可持续发展”确定为城市未来建设的总目标。这表明大部分世界城市在经历了消耗性的城市增长过程，并逐渐占领世界经济的中心位置之后，开始越来越关注和重视更加以人为本、环境友好的城市增长方式，将之作为未来城市规划建设的核心内容。寻求“可持续”的城市发展已经成为新时代、新社会、新挑战对世界城市提出的客观要求。世界城市为有效实现可持续的城市建设目标，更加具体的分项目标被制定出来，涉及城市建设环境、经济、交通、绿化、基础设施、资源、居住等各个方面(见表 1)。

表 1 世界城市规划建设的总目标与分项目标

世界城市	规划总目标	规划分项目标
纽约	建设世界上最可持续的大都市	8 个分项目标：(1)给 100 万新增纽约人提供住处，同时使得住房更加可支付和可持续；(2)通过增加运输能力提高几百万居民、参观者和工作者的出行次数；(3)保证所有纽约人的居住范围中有一个 10 分钟步行可达的公园；(4)对老化的城市水网做好发展应对，保证长时期的供水可靠性；(5)对城市道路、地铁、铁路等进行有史以来最完善的维修；(6)通过升级城市的能源基础设施，给每个纽约人提供更加清洁可靠的能源；(7)减少 30%以上的全球热排放量；(8)成为美国大城市中空气最干净的城市；(9)治理城市中所有受污染的土地；(10)通过减少水污染和保护自然区域，把 90%的水岸线开放为休闲场所
伦敦	将伦敦建设成为一个示范性的可持续发展城市，实现增长、公平和可持续发展	6 个分项目标：(1)在不侵蚀开放空间的情况下，在行政区划范围内容纳城市的增长；(2)将伦敦建设成适宜人们居住的更健康和更好的城市；(3)将伦敦建设成保持强劲、多样化长期经济发展的繁荣城市；(4)增强社会包容性，处理好掠夺和歧视问题；(5)提高伦敦的可达性；(6)将伦敦打造成示范性的世界城市，减少和应对气候变化，建设更有吸引力、设计良好的绿色之城

续表

世界城市	规划总目标	规划分项目标
东京	建设更高水平的成熟都市	8个分项目标：(1)恢复东京的美丽：作为水和绿色之城；(2)通过环形道路改变东京；(3)让东京成为世界上环境负荷最低的城市；(4)提高城市安全，强化东京的灾害预防；(5)为高级市民和抚养孩子的家庭创造安全社会；(6)通过文化和产业提升东京的形象；(7)创造一个这样的社会：有能力的个人可以追求他们的雄心；(8)促进体育建设，为孩子们提供梦想

资料来源：《纽约 2030》，http：//www. nyc. gov/html/planyc2030/html/home/hcme. shtml；《大伦敦发展战略规划》，GLA；《东京十年规划》，http：//www. ktr. mlit. go. jp/honkyoku/road/3kanjo/progress/index. htm

2. 人口流动：在郊区化趋势后出现回流

世界城市地区的人口变化往往经历了“城市化—郊区化/逆城市化—再城市化”三个明显的发展阶段，目前由于中心城区的复兴和职能提升引发的吸引力，人口回流的趋势明显。在纽约(见图 4)：(1)二战前，中心城及周边整体快速增长(1900—1940 年)，曼哈顿地区的快速扩散与外围近郊的快速集聚并存。(2)随后出现逆城市化进程(1950—1980 年)，先是中心城逐步衰退且人口持续下降、外围地区人口快速集聚；接着逆城市化加速，纽约中心城和都市地区的人口均大幅递减。(3)之后，纽约开始经历全球化影响下的中心城及近郊地区的新一轮人口恢复和增长(1980 年以后)，特别是 2000 年后，金融、信息主导的生产性服务业在纽约市兴起，吸引了全球人口和就业的快速聚集。

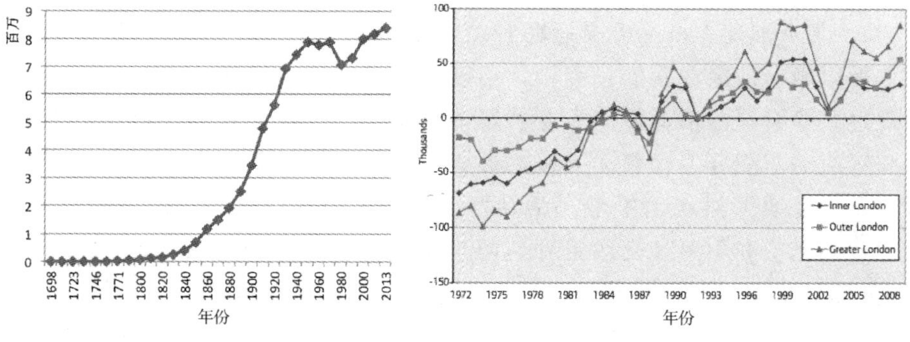

图 4　纽约市(左)和大伦敦(右)的多年人口变化情况

数据来源：Wikipedia，Demographics of New York City；Greater London Authority，The London Plan，2011，http：//www. london. gov. uk/priorities/planning/publications/the-london-plan

3. 产业结构：巨大调整和整体升级

二战后，全球生产制造及服务业的空间分布急剧重组，世界城市的制造业份额迅速下降，高端服务业、高新技术产业和文化创意产业快速增长，对区域和全球的控制力、影响力越来越大，成为世界城市新的经济增长引擎。“制造业外迁＋中心区服务业高级化”的发展趋势在伦敦、东京、纽约等地表现明显(见图 5)。伦敦随着二战后地价、劳动力成本的不断上升，产业结构不断升级，20 世纪 50 年代伦敦制造业占到总就业规模的 1/3，90 年代早期衰减到 10%。1980 年以来，伦敦与区域性、国际性功能紧密联系的高端服务业快速发展，商业和金融服务业占总就业的比重上升到 1/3，创造了伦敦 40%以上的财富；其他服务产业包括文化、旅游、设计、零售和娱乐业等，新增就业地点主要指向城市中心区或者密集发展地区。

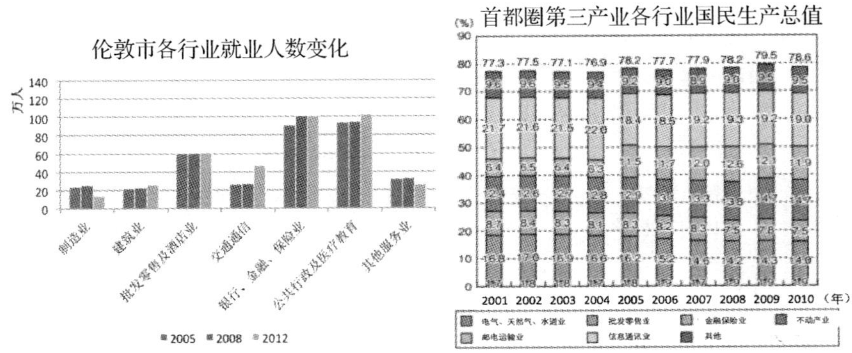

图 5　伦敦市(左)和东京首都圈(右)的行业就业比重变动情况

数据来源：ONS，APS，Employment Rates by Industry for Those of Working-age and Those Aged 16＋，Borough. https：//www. nomisweb. co. uk/；日本国土交通省，平成 25 年度(2013 年)首都圈白皮书，http：//www. mlit. go. jp/report/press/toshi02 _ hh _ 000040. html

4. 区域职能：沿主要交通联系线及门户地区积极进行区域职能构建

世界城市地区在发展过程中，不断在区域范围内沿着主要交通联系线及门户地区等设置并培育新的专业性职能聚集空间，以实现核心城市的职能疏解和区域的职能分工和联动升级，形成“廊道＋圈层”的空间布局模型。世界城市及周边地区涌现出了中央活动区、边缘城市、新城镇等新的职能空间。例如，大巴黎利用洲际交通走廊与门户布局高端服务功能聚集区，一些具体措施包括：20 世纪 70 年代末以后在马恩拉瓦莱相继修建以教育文化、科技研发、国际文化旅游功能为一体的新城；1994 年大巴黎地区区域整治纲要(SDRIF)在主要的门户地区提出建设 5 个“欧洲中心”，发展全球金融商务、国际门户、科研与高新技术产业、国际娱乐、文化交往等职能(见图 6)。

5. 功能疏解：功能过度集中的世界城市地区需要合理疏解

合理疏散过于集中的城市功能，可以在区域层面调整世界城市及其周边地区的资源聚集程度和均衡布局关系，实现世界城市与周边城市的分工与协作。东京通过几次首都政府职能及城市功能转移，促成了环首都的三代新城建设，实现了两次大的功能疏散(见图 7)：(1)第一次是在二战后的 20 年间，

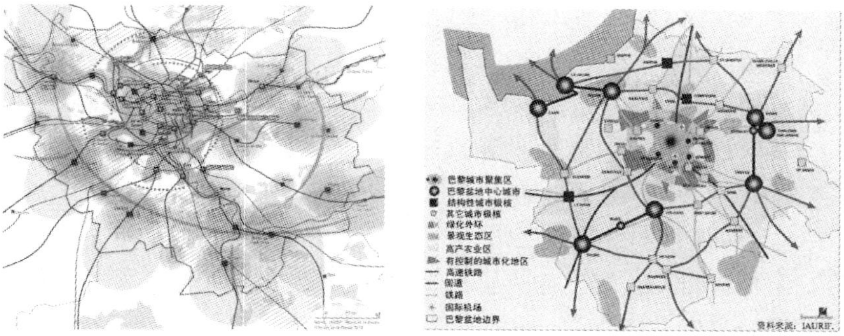

图 6　大巴黎地区的职能拓展战略

资料来源：IAURIF，刘健改绘

1956 年，日本出台《首都圈整备法》，通过转移政府机构和吸引企业入驻等做法兴建东京都邻县的“副都心”。首先建设的有埼玉、新宿和涩谷等，后来包括近郊工业职能组团（京滨）、居住组团（多摩）、科研基地（筑波）、生产物流基地（横滨港）等；（2）第二次疏散开始于 20 世纪 80 年代，逐步通过高铁建设来疏解人口和首都功能。1989 年，东京继续转移办公等城市职能（临海副都心、幕张新中心），1995 年，其副都心总数达到 7 个，均距离东京 30 公里左右。

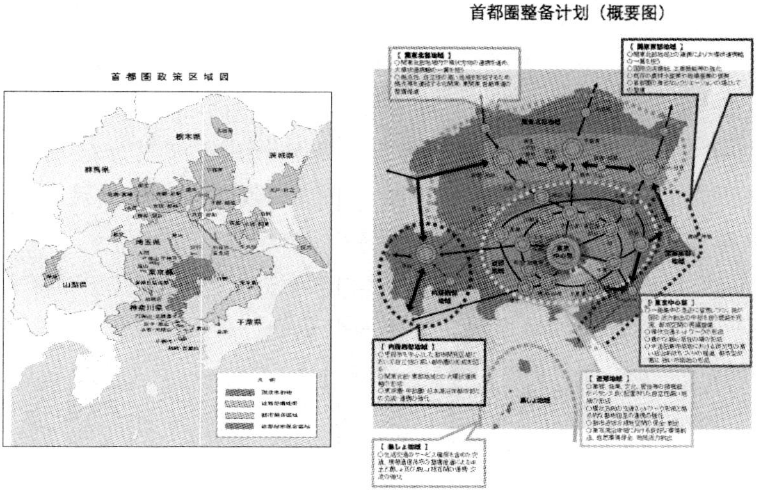

图 7　日本首都圈的职能疏散

资料来源：日本国土交通省，平成 25 年度（2013 年）首都圈白皮书，

http：//www.mlit.go.jp/report/press/toshi02 _ hh _ 000040.html

6．生态安全：世界城市地区发展普遍面临的重要问题

世界城市均在区域协调过程中对生态安全格局进行了重点考虑，将其作为规划发展的基础和前提，尤其重视水资源的保护和利用（缘自全球气候变暖、海平面上升和水资源短缺等特殊背景）。《美国 2050》规划强调，即使在气

候潮湿的美国东北部，水仍然是宝贵的资源。美国东北部复杂的城市发展模式、对土地和资源的高需求等为水源保护带来了特殊挑战，问题需要整个区域的协调解决。《美国2050》对东北部地区的洪泛区，以及包括高质量流域饮用水、公共水源地和野生动物水源地等进行了整体考量。此外，创立于1993年的“流域农业委员会（WAC）”通过切萨皮克湾项目（Chesapeake Bay Program）、八目鳗伙伴野生风景河（The Lamprey Partnership Wild Scenic River）等项目，来建构相关社区、政府部门和国家公园等之间的合作伙伴关系，用以保护水资源和生态环境。

（二）世界城市地区的区域治理与协作

通过顶层制度设计，设置专门负责区域协调的政府机构或部门，合理利用和配置世界地区的各种资源和权力，是现实世界城市地区协同发展的重要途径之一，在很多国家都有采用，具体方式则因各国体制和背景的差异有所不同。另外，设置跨境合作区、建立区域协作财政机制，以及非正式区域合作途径等，对世界城市地区的协同发展也起着重要作用。

1. 组建大都市地区政府

在大都市地区组建“区域政府”来负责相关的区域事物，是一种强有力的区域协调途径。例如，在英国伦敦地区，都市区层面有“大伦敦政府（Greater London Authority，GLA）”，它由1888年伦敦成立的伦敦郡议会（LCC）逐步演进而来。1999年，新的大伦敦法案（Greater London Act 1999）为大伦敦管理层级的建立奠定了基础，确定由大伦敦政府（英格兰下属的一级行政区划之一）来管理伦敦及其周边地区的共同发展。大伦敦地区面积为1579平方公里，其行政界线与1986年撤销的大伦敦议会基本一致，包括伦敦城与32个伦敦自治市，共33个次级行政区，截至2005年人口750万（见图8）。在面积更大的英国东南部层级上，则设有专门的“区域发展署”与“区域议会”来管理这个范围内的区域事务，其发展也经历了不断变化的过程。

图8“大伦敦政府”的管辖范围

资料来源：http：//en. wikipedia. org/wiki/London-Plan

2. 成立区域联盟

全球化和区域一体化不仅带来城市区域的空间重组，而且也引发了区域治理体系的重构(Brenner，2000)。德国自 1995 年逐步确定建设 11 个具有欧洲影响力的大都市区的目标以来，各城市地区都在积极探索促进区域协作的方法和途径，“区域联盟”组织几乎遍及德国各个主要的城市地区(见图 9)。德国区域联盟的传统最早可以追溯到柏林在 20 世纪初期建立的区域机构，然后是鲁尔区于 1920 年成立的“鲁尔矿区住区联盟（SVR：Regionalverband Ruhr)”。目前的一些地区代表有：汉诺威地区具有高度强权的区域联盟体制；鲁尔区通过长期运作的“鲁尔地区联盟(RVR)”来协调地区整体发展，该组织几经变更；斯图加特及其周边地区建立了区域机构“斯图加特区域联盟(VRS：Verband Region Stuttgart)”，它是保障区域工作协调运行的“心脏”。

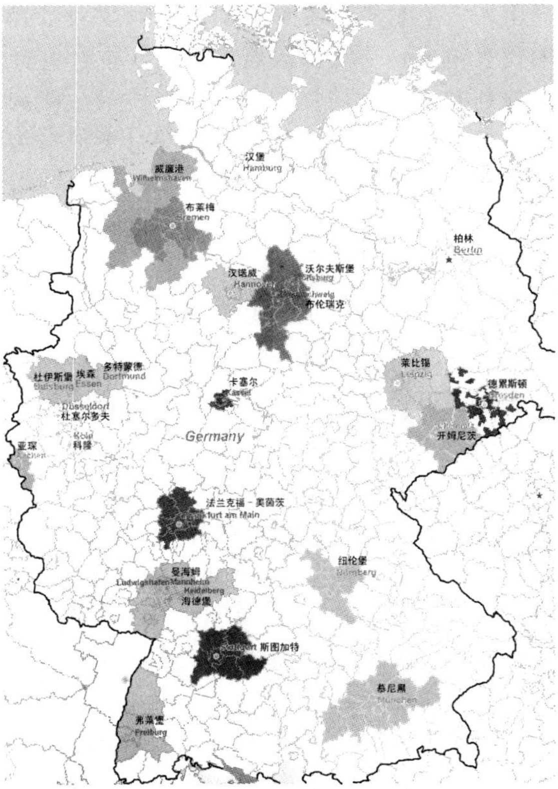

图 9　德国主要“区域联盟”组织的空间分布

资料来源：Herausgegeben von der Arbeitsgemeinschaft der Regionalverbände in Ballungsräumen und dem Regionalverband Ruhr，*Regional-verbände*：*Starke Partner für die Zukunftsgestaltung in Ball ungsräumen*，Dortmund ：Tuschen GmbH，Druck und Medienhaus，2006

3. 专设单一功能的区域管理部门

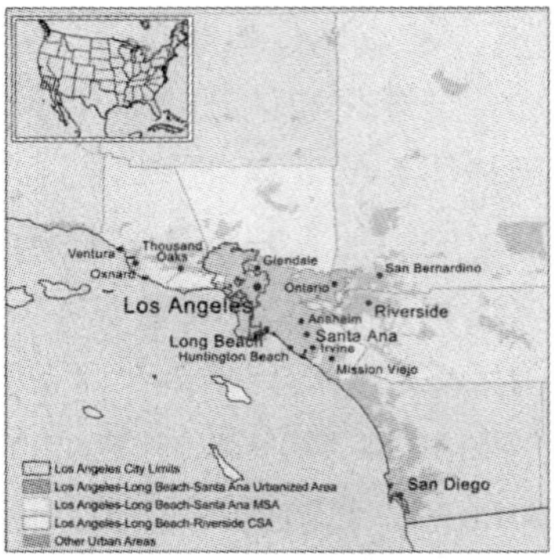

图 10　洛杉矶大都市地区

典型的例子有洛杉矶大都市区的“南海岸大气质量管理委员会及南加州政府联盟”。与美国其他大都市区相比，大洛杉矶地区的一个突出特点是作为中心城市的洛杉矶市在整个大都市区经济活动的中心地位并不突出，长期以来，郊区人口增长始终高于市区，因此区域呈现高度分散化的特点(见图 10)。该地区的大都市议会和市长拥有城市发展和财政权力，县政府则负责社会福利、公共卫生等职能。为此，洛杉矶大都市区成立了一些职能相对单一的区域机构来管理区域事务，其中比较重要的是南海岸大气质量管理委员会和南加州政府联合会。前者由该地区各市、县、州的代表组成，受联邦政府的委托，主要负责制定和实施洛杉矶地区的大气质量规划和土地利用规划等；后者成员主要来自区域议会，负责进行区域性交通问题的协调。这些区域机构针对大都市区的主要问题而设立，职能明确，具有较强的独立性和自治性，同时与地方政府形成一定的协调和制约关系。

4. 跨境重点合作区

从区域协作的客观需求出发，通过划定特殊运作机制的“跨境重点合作区”，有利于集中协调解决重大区域难题，并对区域协作的其他方面进行探索和示范。德国柏林在建设第二国际机场时考虑到城内的用地十分有限，而将柏林环绕其中的勃兰登堡州土地广袤，因此将新机场选择在柏林和勃兰登堡州的交界地。让机场既服务首都又带动区域发展的设想成为理想之选。在经过近十年的两地谈判和协商之后，扩建在柏林州和勃兰登堡州之间的舍讷费尔德机场作为第二国家机场的做法于 2006 年开始动工，并改名为“柏林－勃兰登堡国际机场(BBI)”，2012 年后，它成为柏林唯一的机场(其他机场先后关闭)。“柏林－勃兰登堡国际机场(BBI)”地区是柏林、勃兰登堡两州实现跨境合作的重要示范区，该地区的发展规划一直是“柏林－勃兰登堡区域联合规划部”的重要工作内容(见图 11)。作为两州区域规划中的一个重点交集区，两州联合规划部为该地区未来发展和区域协调单独制定的各种规划起着重要的引领作用。

5. 财务机制与区域基金

财务制度是促进区域机制有效运作的重要保障，建立“区域基金”等途径可以为世界城市地区的区域协作解决资金来源问题，以此确保区域行动的正常开展与运行。区域协同的各项经费一部分可以来自中央/上级政府；另一部分可以通过地方上交税收来实现，东京都的“都区基金”便是这样。东京都是

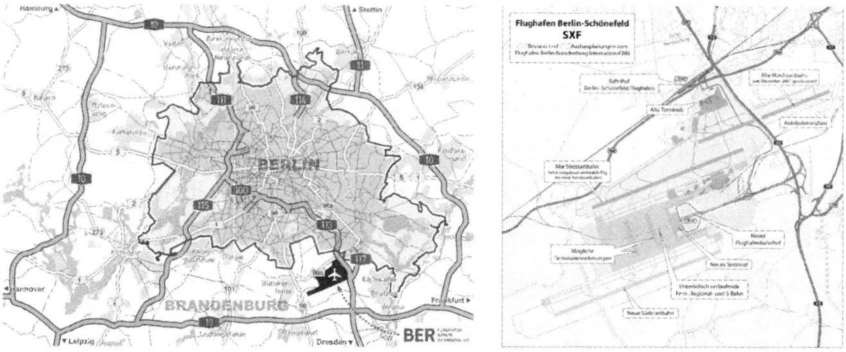

图 11 “柏林—勃兰登堡国际机场”合作区的建设情况

资料来源：http：//de. wikipedia. org/wiki/Flughafen _ Berlin _ Brandenburg

一个包括 23 个特别行政区、26 个市、5 个町和 8 个村在内的广域地方公共团体。由于特别行政区所在的区域里，人口高度集中、市街区相连，因此需要设置有“都区制度”这一与普通的府县和市町村关系有所区别的制度来保证地区协调发展。东京都依据法令，借助“一揽子赋税”征收了原本应属于市町村税的市町村民税法人部分、固定资产税、特别土地保有税等用于协同发展，并按照一定比例在东京都与特别行政区之间进行财政调整。当一个行政区的基本财政支出需要超过自身的基本财政收入时，东京都将采取划拨的形式加以弥补。

6. 非正式的区域合作途径

其他非正式的区域合作途径更是种类繁多、形式多样，它们是区域协调发展的重要助力剂。以德国为例：柏林的非正式区域合作机制包括由两州接壤处（柏林与勃兰登堡）的地方政权建立的东、南、西、北四个促进公众参与和社会对话的“邻里论坛”，以及勃兰登堡远郊地区的地方“自助发展（self-help development）计划”等；斯图加特地区有非正式的区域组织、专业组织和非正式网络，它们与政府和正式区域联盟之间保持着密切的合作关系；汉诺威地区在法定规划之外编制了各种用于探索和引导的“非法定规划”；科隆—波恩地区的城市之间通过非正式的区域合作组织“科隆—波恩区域（RCB）”实现了良好的地区间协作，它是一个自愿参与的组织，成员除了地方政府外，还包括银行、贸易联盟、商业部门等。

四、北京建设世界城市的区域机制启示：京津冀地区协同发展

上述研究表明，在努力建设世界城市的过程中①，北京也需要充分调动和

① 《北京城市总体规划（2004—2020）》明确了北京作为“国家首都、国际城市、历史名城、宜居城市”的城市定位。2009 年年底，北京市委书记刘淇在工作报告中提出“建设世界城市”的战略目标。

协调区域力量，借助积极有效的区域协作和治理机制来实现迈向世界城市的长远目标。习近平总书记在 2014 年 2 月的北京座谈会上明确指示并强调“京津冀协同发展是重大国家战略”，更加证明和揭示出“区域协作”对于北京及其周边地区未来发展的重大意义。

在以京、津为核心的“京津冀”多中心城市区域中，北京、天津、保定的人口规模在千万以上，沧州、石家庄、唐山的人口在 500 万以上，即使是规模较小的张家口、廊坊、承德，也拥有 200 万到 400 万的人口规模。长期以来形成的行政壁垒、地域竞争和政治经济隔离等因素，使得真正意义上的区域一体化、区域联合协作在京津冀地区尚处于启蒙阶段。地区在跨行政区合作、缓解恶性竞争、保护生态环境、区域联动发展等方面尚存在着很多问题，严重阻碍了区域的联动发展和核心城市的实力显现。目前，京津冀地区内的治理活动主要表现在一些萌芽状态的区域合作活动及大量非正式的区域协议中(见图 12)。

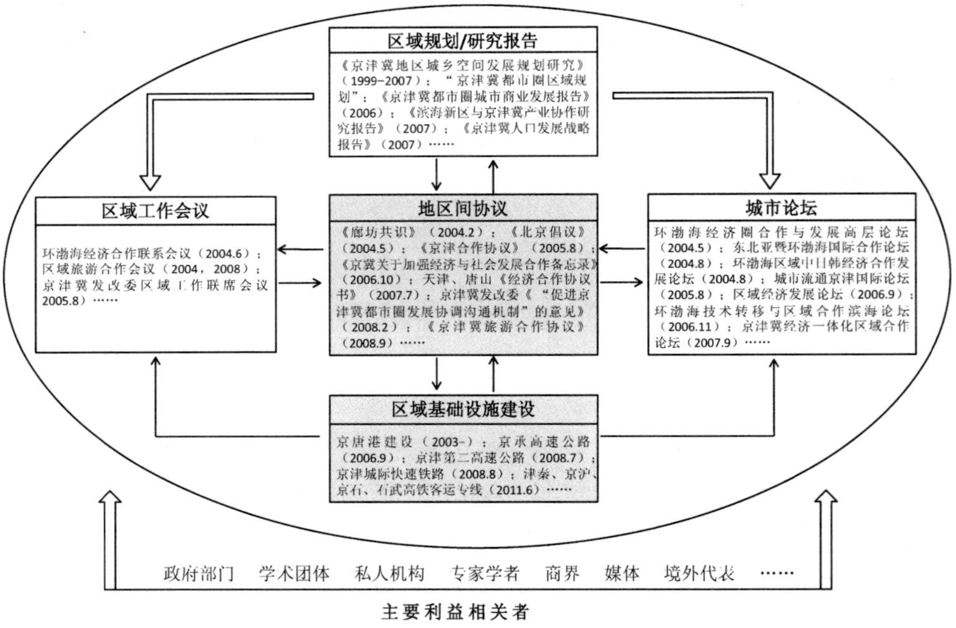

图 12　京津冀地区萌芽状态的区域合作途径及主要利益相关者

资料来源：唐燕：《德国大都市地区的区域治理与协作》，北京：中国建筑工业出版社，2009 年

参照国际经验，未来京津冀地区的区域协作与治理机制依照制度建设、顶层设计由难到易的程度，可以尝试的方式多种多样(见图 13)，其协同效果也将因具体途径而异(见图 14)：(1)借助行政调整组建大都市区政府(如将燕郊、固安等地并入北京，成立“大北京政府”)→(2)京津冀三地共同组成专门负责区域事务的“区域联盟”→(3)设置功能相对单一的区域机构(如专门负责

编制和落实区域规划的“京津冀联合区域规划部门”)→(4)设置专门的三地跨境合作示范区(如以“北京新机场”为契机，在三地的共同交界地段划定出“京畿新区”，作为三地区域合作的试验田)→(5)签订区域协议、建立地区联席会议等稳定的区域协商机制(如建立三地“市长联席会议”，坚持每年召开，用以解决主要的区域矛盾和达成区域合作等)→(6)其他非正式区域协作途径(如城市或地区间的双方或多方非正式合作协作、建立非正式区域合作机构、成立区域论坛等)。

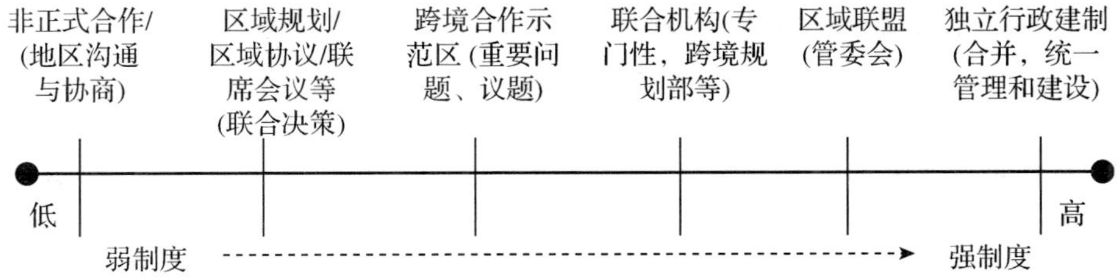

图 13　京津冀地区的区域协作与治理创新途径(依制度化程度和实现的难易表述)

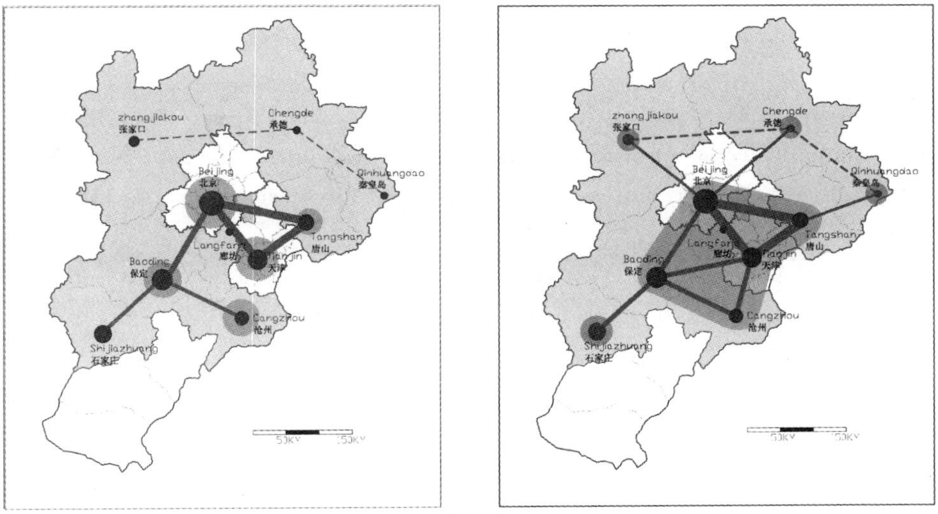

图 14　京津冀地区区域协作的情景分析

资料来源：唐燕：《德国大都市地区的区域治理与协作》，北京：中国建筑工业出版社，2009 年

总体上，从京津冀地区未来的空间发展趋势来看，北京需要借助区域协作机制解决的关键议题将主要集中在以下领域：(1)首都职能疏散：确定北京需要疏散的职能内容及其外围承接地；(2)人口的聚集与分散：在未来一段时间内，北京市的人口聚集和分散趋势将同时并存，需要研究和明确北京的人口容量及其波动范围，设定外围地区的城镇规模和人口发展目标，通过区域整合对人口分布进行平衡和优化；(3)自然生态与城市环境的保护：北京目前面临的雾霾、水资源短缺等一系列生态和环境问题都需要在区域中寻找出路；

(4)区域职能建构：北京周边可以有意识地建设和发展一些高品质的专业职能中心，从而形成分工协作合理的区域职能结构；(5)交通、文化、生态等多元网络的区域融合：这些网络需要在区域层面上进行整合和提升，其价值也无疑将因此得以拔高。

综上所述，北京建设世界城市的目标任重而道远，其区域协作与区域治理的良好发展也需要在很长一段时间内，甚至在经历各种阵痛之后，才能慢慢走向明晰和成熟。因此，北京建设世界城市的区域机制研究，应该是一个随着形式变化不断深入调整、暂时没有“终止符”的重大课题。

参考文献

[1] Brenner N, The Urban Question As A Scale Question: Reflections on Henri Lefebvre, Urban Theory and the Politics of Scale, *International Journal of Urban and Regional Research*, 2000, 24 (2).

[2] Douglass Mike, Mega-urban Regions and World City Formation: Globalisation, the Economic Crisis and Urban Policy Issues in Pacific Asia, *Urban Studies*, 2000, 37(12).

[3] Evans Peter, The Eclipse of the State? Reflections on Stateness in an Era of Globalization, *World Politics*, 1997, 50(1).

[4] Friedmann J, The world city hypotheses, Development and Change, 1986, 17(1).

[5] Friedmann J, Where we stand: a decade of world city research, In Knox P N and Taylor PJ (eds.) : *World Cities: in a World Economy*, Cambridge: Cambridge University Press, 1995.

[6] Fujita K, A world city and flexible specialization: restructuring the Tokyo metropolis, *International Journal of Urban and Regional Research*, 1991, 15 (2).

[7] Hall Peter, *The World Cities*, London: Heinemann, 1966.

[8] Hill R C, Kim J W, Global cities and developmental states: New York, Tokyo and Seoul, *Urban Studies*, 2000, 37 (1).

[9] Keil R, Globalization Makes States: Perspectives on Local Governance in the Age of the World City, *Review of International Political Economy*, 1998, 5 (4).

[10] Olds K, Yeung H, Pathways to Global City Formation: A View from the Developmental City-state of Singapore, *Review of International Political Economy*, 2004, 11 (3).

[11] Sassen Saskia, *The Global City: New York, London, Tokyo*, Princeton: Princeton University Press, 1991.

[12] Satio A, Thornley A, Shifts in Tokyo's World City Status and the Urban Planning Response, *Urban Studies*, 2003, 40 (4).

[13] Saito A, Global City Formation in A Capitalist Developmental State: Tokyo and Waterfront Sub-centre Project, *Urban Studies*, 2003, 40 (2).

[14] Taylor P J, World Cities and Territorial States Under Conditions of Contemporary Glo-

balization，*Political Geography*，2000，19 (1).

[15] Wang C H，Taipei as a Global City：A Theoretical and Empirical Examination，*Urban Studies*，2003，40(2).

[16] Weiss Linda，Globalization and the Myth of the Powerless State，*New Left Review*，1997(225).

[17] Weiss Linda，Globalization and State Power，*Development and Society*，2000，29(1).

[18] 杜立群等：《韩国行政中心迁移的经验与启示》，《北京规划与建设》，2013 年第 3 期。

[19] 唐燕：《德国大都市地区的区域治理与协作》，北京：中国建筑工业出版社，2009 年。

[20] 武廷海、唐燕、张城国：《世界城市的规划目标体系与战略路径》，《北京规划建设》，2012 年第 4 期。

[21]周素卿：《全球化与新都心的发展：曼哈顿意象下的信义计划区》，《地理学报(台北)》，2003 年第 34 期。

（作者：唐　燕　清华大学副教授）

后 记

为更好地宣传和推介北京市社会科学基金项目研究成果，促进研究成果的转化和应用，北京市哲学社会科学规划办公室编辑出版了 2014 年度《北京市社会科学基金项目阶段成果选编》。

本书收录的是 2014 年 7 月北京市社会科学基金项目年度中期检查过程中征集到的部分在研项目阶段性成果。该年度有 562 个在研项目参加了年度中期检查，总体来看，绝大部分项目研究工作进展顺利，取得了大量的阶段性研究成果，且成果质量较高，转化形式多样，社会影响广泛。与此同时，各课题组对本书的编辑出版工作给予了高度的重视和大力的支持，积极踊跃地选送阶段成果参加成果选编。我们聘请专家对参选的 252 项阶段成果进行了筛选，最终将 78 项阶段成果收录到本辑中。

由于本书收录的阶段成果分别由各课题组提供，不免在文章的体例格式、内容繁简、行文风格上有所不同。由于哲学、科社、党建入选的篇数较少，所以我们将三个学科合在了一起，编为“哲学·科社·党建”篇目，与此同时，在 2013 年的基础上，我们增加了城市学学科，特此加以说明。

本书的出版得到了北京市社会科学基金项目各信誉保证单位及其科研管理部门、各项目负责人以及文章作者的大力支持，同时，也得到了首都师范大学出版社有关领导和责任编辑的大力支持。在此，特致以诚挚的感谢！

北京市哲学社会科学规划办公室
2015 年 3 月